JN384129

코딩 더 매트릭스

Coding The Matrix

발행일 2015년 5월 10일 1판 발행
2015년 10월 28일 2판 발행
2016년 10월 18일 3판 발행

지은이 필립 클라인
옮긴이 마이클
펴낸이 한창훈
펴낸곳 루비페이퍼

주소 경기도 부천시 원미구 중동 소향로 143 1118호
전화 032 322 6754
팩스 031 8039 4526
홈페이지 www.RubyPaper.co.kr
출판등록 2013년 11월 6일 제 385-2013-000053 호

디자인 너미날
ISBN 979-11-951492-9-2

Linear Algebra through
Computer Science Applications

Coding The Matrix

코딩 더 매트릭스

필립 클라인 지음 | 마이클 옮김

루비페이퍼

Coding the Matrix

역자 서문

요즘 세계적으로 성공한 IT 기업 중 두 개를 꼽으라 한다면, 많은 사람이 애플과 구글을 선택할 것이다. 애플은 OS/응용 소프트웨어와 하드웨어의 환상적인 최적화와 완성도 높은 서비스 및 사용자 환경으로 소비자를 사로잡고 있다. 반면에 구글은 검색 엔진 분야에서 거둔 성공을 기반으로 유튜브, Gmail, 지도, 내비게이션 등 일상에서 늘 사용하는 다양한 애플리케이션 서비스와 이러한 서비스를 제공하는 데 필요한 인프라를 제공한다.

성공한 IT 서비스 기업들은 최고 수준의 애플리케이션 서비스 및 소프트웨어 개발 능력을 보유하고 있다. 훌륭한 소프트웨어 또는 서비스의 개발은 단순히 뛰어난 컴퓨터 프로그래밍 기술만으로 될 수 있는 것이 아니다. 여기에는 프로그램들이 원하는 의도와 목적에 맞게 효과적으로 실행되게 하는 여러 가지 수학적 개념에 기반을 둔 프로그래밍 또는 운영 최적화가 수반된다. 특히, 선형대수(Linear Algebra)는 우리가 일상적으로 접하는 많은 응용 서비스 분야의 소프트웨어 개발과 프로그래밍 최적화에 폭넓게 사용된다.

'프로그래밍에 선형대수 개념이 많이 사용될까?' 라고 생각하는 사람도 있을 것이다. 하지만 우리 주변을 둘러보면, 오히려 선형대수 개념이 적용되지 않는 분야를 찾기 어렵다. 이미지/데이터 압축, 이미지 렌더링, 정보검색/추출, 정보보호, 암호화, 인증, 에러 검출/정정, 대용량/대규모 데이터 처리, 기계학습, 근사화(approximation), 최적화(optimization) 등의 분야가 대표적인 예다.

아마도 가장 잘 알려진 적용 사례는 구글이 웹 페이지의 우선순위를 정하는 데 사용하는 PageRank 알고리즘일 것이다. 구글의 검색엔진은 사용자의 웹 페이지 액세스에 대한 모델링과 엄청난 규모의 웹 페이지 리스트에 대해 선형대수를 활용한 신속한 확률계산과 우선순위 결정으로 인터넷 검색시장에서 독보적인 위치를 차지하고 있다.

이렇듯, 소프트웨어 개발에서 선형대수 개념이 차지하는 중요성은 상당하지만, 프로그래밍을 공부하는 일반적인 사람이 선형대수를 프로그래밍에 연결하기는 쉽지 않을 수 있다. 이 책은 이러한 틈을 메워주는 좋은 매개체가 될 거라 확신한다. 이 책의 저자(필립 클라인 : 브라운 대학 컴퓨터 과학과 교수)는 하버드에서 응용수학을 전공하고 MIT에서 컴퓨터 과학과 박사학위를 받았다. 이 책은 전반적인 선형대수학의 기본 개념을 설명하고 그것을 어떻게 컴퓨터 분야에 응용하는지 다양한 예와 파이썬을 이용해 직접 테스트해본다.

역자는 이 책의 번역을 시작하기 전에 저자와 한 시간 정도 화상미팅을 가졌다. 이 미팅을 통해 저자의 원문 집필의도와 지향하는 바를 더 잘 알 수 있었으며 최대한 그것을 번역에 반영하려고 노력하였다. 아무쪼록 이 책을 통해, 독자들이 선형대수를 프로그래밍에 접목하는 방법을 배우고 더욱 나은 소프트웨어를 개발할 수 있는 토대를 마련하기를 기대한다.

2015년 4월 30일
마이클

책 소개

이 책은 소프트웨어 개발에 자주 사용되는 선형대수의 수학적 개념과 이론적 배경, 활용 기법을 전반적으로 소개하고, 이 개념들이 실제 프로그래밍에 어떻게 적용될 수 있는지 예제와 Lab 과제를 통해 보여 준다. 각 장에서 다루는 내용은 학부 선형대수 과목을 수강한 경험이 있는 사람이라면 이해하는 데 큰 어려움이 없을 것이다. Lab 과제는 파이썬을 사용하여 수행하며 파이썬을 잘 모르더라도 따라 하는데 어렵지 않을 만큼 샘플코드와 충분한 설명이 주어진다.

파이썬은 인터넷 서비스에 필요한 애플리케이션을 구현하는데 자주 사용되는 프로그래밍 언어이므로 Lab을 따라하면서 파이썬에 친숙해지는 것도 앞으로 다른 애플리케이션 개발하는 데 많은 도움이 될 것이다.

이 책은 모두 14장으로 구성되어 있다.

1장에서는 전반적인 선형대수적 개념을 다루는 데 필요한 기본적인 함수와 확률 개념에 대한 내용을 다룬다. 또한, 파이썬 익숙하지 않은 독자를 위해 파이썬 프로그래밍을 소개한다.

2장에서는 선형대수에서 필수적인 필드의 개념을 다루며, 실수 필드와 복소수 필드, 그리고 이와는 조금 다르고 낯설지만, 컴퓨팅에서 유용한 갈루아 필드를 소개한다.

3~5장에서는 독자들에게 친숙한 벡터, 벡터공간, 행렬, 선형방정식/시스템에 대해서 다룬다.

6~7장에서는 좌표계, 기저, 차원의 개념에 대해서 다룬다.

8장에서는 행렬 또는 벡터로 표현된 선형시스템을 푸는 데 유용한 가우스 소거법에 대해 상세히 살펴본다

9장에서는 기계학습의 기본을 다루며, 힐 클라이밍과 그래디언트 디센트와 같은 최적화 방법을 사용하여 트레이닝 데이터에 대한 에러를 최소화하는 방법을 구현해 본다.

10장에서는 최소제곱 응용, 선형 및 이차함수 피팅, 근사 데이터 다루는 방법에 대해 상세히 알아본다.

11장에서는 웨이브릿과 같은 특수기저에 대해 알아보며, 이러한 기저를 사용한 데이터 및 이미지 압축을 Lab을 통해 구현하고 테스트해 본다.

12장에서는 방대한 양의 데이터를 처리하는 데 필수적으로 사용되는 특이값 분해와 주성분분해(PCA)의 이론적 배경과 활용 방법을 알아보며, 실제로 얼굴 이미지의 처리에 이러한 기법들을 활용하는 것을 Lab 과제를 통해 구현하고 시험해 본다.

13장에서는 고유값, 고유벡터를 계산하고 찾는 방법에 대해 살펴보고, 웹 사용자 모델링과 같은 비연속 동적 프로세스 모델링에 대해 상세히 살펴본다. 또한, 처리해야 할 엔트리 수가 큰 경우 이를 효과적으로 다루는 누승법에 대해서도 살펴본다. 이러한 누승법을 활용하여 구글의 PageRank와 유사한 기능의 pageranking 시스템을 구현해 테스트해 본다.

14장에서는 어떤 주어진 제약조건하에서 최적의 솔루션을 찾는 방법인 선형프로그램 기법에 대해 다루며, 이러한 선형 프로그램을 여러 가지 최적화에 어떻게 사용할 수 있는지 실제 예를 통해 살펴본다.

여기서 다룬 내용에 대한 실제 프로그래밍 응용 예는 여러 분야에 걸쳐 다루어진다. 예를 들어, 3장 Lab에서는 도트곱을 사용한 유사성 측정방법에 대해 의원들의 투표기록 비교를 통해 알아본다. 인터넷 등 네트워크를 통한 통신에 흔히 사용되는 에러 검출 및 정정에 대해서는 5장의 Lab에서 시험해 볼 수 있으며, 6장 Lab에서는 이미지의 원근감을 수정하는 것과 기저변경을 통한 이미지 표현을 구현해 본다. 또한, 8장 Lab에서는 임계치를 이용한 비밀공유 기법에 대해 살펴보고 보안/인증 분야 응용에 중요한 수학적 기반 중 하나인 정수 인수분해를 시험해 본다.

9장부터 14장에서는 기계학습, 프로그램 최적화 및 최적의 솔루션 찾는 방법, 데이터 압축 및 대규모(빅 데이터) 처리를 하는 데 필요한 중요한 개념이다.

Contents

Introduction

매트릭스(Matrix)란 영화에 다음과 같은 장면이 있다. 니오(Neo)는 의자에 묶여 있고 모피어스(Morpheus)가 70년대의 비디오테이프 카트리지 같은 기계장치를 주입한다. 테이프가 재생됨에 따라 싸우는 방법에 대한 지식이 니오의 머릿속으로 입력된다. 니오는 아주 짧은 시간에 싸움에 대한 전문가가 된다.

영화에서 처럼 학생들을 의자에 묶어 선형대수학에 대한 지식을 주입할 수 있으면 좋겠지만, 두뇌는 그런 방식으로 지식을 습득하지 않는다. 입력 장치가 장애가 되는 경우는 드물다. 학생들은 많은 연습이 필요하다. 하지만 어떤 연습이 필요할까?

당연히 학생들은 행렬-행렬 곱셈과 같은 기본적인 계산법에 대해 연습할 필요가 있다. 이러한 기본적 계산법은 초보적인 선형대수학의 근간이 되며 전통적인 선형대수학 과정은 거의 대부분의 시간을 여기에 투자한다. 물론, 학생들은 선형대수학을 이루는 추상적 개념에 대해 이해하기 위해 증명과 반증을 찾아 나가야 한다.

하지만 그들은 또한 선형대수학을 사용하여 다른 영역의 문제에 대해 생각하는 연습을 해야 하고, 이러한 문제를 해결하기 위해 실질적으로 선형대수적 계산을 사용하는 연습을 할 필요가 있다. 이런 것들이 학생들이 그래픽과 기계학습과 같은 다른 토픽에 대해 공부하려 할 때 선형대수학 클래스에서 배워야 할 가장 필요한 기술이다. 이 책은 컴퓨터를 전공하는 학생들을 위한 것이다. 이들에게는 그들에게 가장 의미가 있는 용용 분야인 그들의 전공 분야에 대한 응용을 보여주는 것이 가장 의미가 있을 것이다.

더욱이 컴퓨터를 전공하는 학생들에게 선형대수학을 가르치는 사람이 가진 장점은 학생들이 컴퓨터를 이용한 계산에 대해 잘 안다는 것이다. 그들은 대부분의 다른 학생들이 잘 알지 못하는 학습법에 대해 잘 알고 있다. 즉, 그들은 읽기, 쓰기, 디버깅 및 컴퓨터 프로그램 사용을 통해 학습할 수 있다.

예를 들어, 행렬-벡터 또는 행렬-행렬 곱셈에 대한 프로그램을 작성하는 방법은 여러 가지 있다. 각 방법마다 연산의 의미에 대해 고유한 방식의 통찰을 제공한다. 이러한 프로그램들을 작성해 보는 것은 그 의미를 전달하는 데 더욱 효과적이고 손으로 계산하는 데 같은 시간을 들이는 것보다 연산들 사이의 관계를 이해시키는 데 더 효과적이다.

또한, 계산의 고도화는 선형대수의 좀 더 추상적이고 수학적인 측면을 보는 데 도움이 된다. 객체 지향 프로그래밍에 대한 지식이 있으면, 값들과 연산이 묶여 있는 *필드*(field)의 개념을 이해하는 데 도움이 된다. 서브타입(subtype)에 대해 알면 어떤 벡터공간은 내적공간이라는 것을 이해하는 데 도움이 된다. 루프 또는 재귀적 방법에 대한 이해는 예를 들어 기저(basis) 또는 직교 기저의 존재에 대한 증명 과정을 이해하는 데 도움이 된다.

계산적 사고(computational thinking)는 미국 과학 재단 NSF(National Science Foundation)의 컴퓨터, 정보과학 및 공학(Computer and Information Science and Engineering) 분야의 전직 수장

이었던 지넷 윙(Jeannette Wing)에 의해 제안된 용어로 컴퓨터 전공 학생들이 가져야 하는 기술과 개념을 말한다. 이 책에서 계산적 사고는 기초적인 선형대수학을 확실히 알아가는 데 꼭 필요한 요소이다.

참고 웹 사이트

웹 사이트 `codingthematrix.com`에는 책에서 주어진 문제를 해결하는 데 필요한 데이터, 예제 코드들이 제공된다.

대상 독자

이 책은 프로그램 경험이 많은 학생들에게는 이해하기 쉽다. 이 책을 사용하는 클래스를 수강하는 학생 대부분은 적어도 두 학기의 컴퓨터 과정 클래스를 들었거나 혹은 스스로 프로그래밍에 대해 공부해 본 적이 있을 것이다. 또한, 이산 수학 과정과 같은 클래스에서 다루는 증명 기법에 대해 조금 알고 있는 것이 바람직하다.

프로그래밍 경험은 어떤 프로그래밍 언어를 사용했든 상관없다. 이 책에서는 파이썬(Python)을 사용하고, 처음 두 개의 lab은 파이썬 프로그래밍에 익숙해지도록 하기 위한 것이다. 이 책에서 작성하는 프로그램은 특별히 정교한 프로그램은 아니다. 예를 들어, 객체 지향 프로그래밍에 대해 공부할 필요가 없도록 기본 코드를 제공한다.

어떤 장은 $*$ 표시가 되어 있는데, 이 장들은 추가적인 수학적 내용을 제공한다. 하지만 이 책을 이해하는 데 꼭 필요한 것은 아니다.

Labs

책의 중요한 부분은 lab이다. 각 장에 lab 과제가 있으며, 학생들은 작은 프로그램을 작성하고 주어진 모듈들을 사용하여 최근에 다루었거나 혹은 곧 다루게 될 개념을 적용하는 데 관련된 태스크(task) 또는 일련의 태스크를 수행한다. Lab 과제를 실질적으로 해 보게 하는 것은 선형대수학에서 공부한 것으로 뭔가 의미 있고 또한 그 개념을 보여주는 것을 해 보게 하려는 목적이다.

대부분의 학생들은 lab을 이 책에서 가장 재미있는 부분으로 생각한다. Lab은 그들이 클래스에서 배우는 지식이 실제 컴퓨터 공학 분야에서 의미 있는 무엇인가를 할 수 있게 도와준다.

프로그래밍 언어

이 책에서는 파이썬을 사용한다. 파이썬은 벡터와 행렬에 대한 기본 자료형을 제공하지 않는다. 이때문에 학생들은 파이썬이 제공하는 자료형을 사용하여 벡터와 행렬을 만들 기회가 주어진다. 스스로 벡터와 행렬에 대해 구현해 보면 그 내용에 대해 명확하게 이해할 것이다. 파이썬은 복소수, 집합, 리스트(시퀀스), 딕셔너리(dictionary)(함수를 표현하기 위해 사용)를 제공한다. 또한, 파이썬은 *컴프리헨션*(comprehension)이라고 하는 표현식을 제공한다. 이것은 집합을 정의하는 수학적 표기법과 유사한 간단하면서도 강력한 구문을 사용하여 집합, 리스트, 또는 딕셔너리를 생성한다. 이 구문을 사용하면 우리가 작성하는 프로시저 중 많은 것들이 오직 한 라인의 코드로 된다.

이 책을 읽기 위해 처음부터 파이썬에 대해 알고 있어야 하는 것은 아니다. 파이썬은 처음 두 lab에서 간단히 소개되고 여러 가지 예가 책 전반에 걸쳐 소개될 것이다.

벡터와 행렬 표현

전통적으로 벡터는 필드 원소들(field elements)의 시퀀스로 표현된다. 이 책에서도 동일한 표현을 사용하지만, 다른 것도 또한 사용한다. 특히 파이썬 프로그램에서 벡터는 유한 집합 D를 필드로 매핑하는 함수로 표현된다. 유사하게 행렬은 전통적으로 2차원 배열 또는 필드 원소의 격자(grid)로 표현된다. 이 책에서도 행렬은 동일한 표현을 사용하여 나타내지만, 두 유한 집합의 카테시안 곱 $R \times C$에서 필드로의 함수로도 표현된다.

벡터와 행렬에 대한 이러한 조금 더 일반적인 표현은 그것들이 응용에 좀 더 직접적으로 연결되게 한다. 예를 들어, 정보 검색(information retrieval) 분야에서는 전통적으로 문서를 벡터로 표현한다. 이때, 벡터는 문서 내 각 단어가 몇 번 나타나는지 그 횟수를 명시한다. 이 책에서는 이러한 벡터를 영어 단어의 정의역 D에서 실수의 집합으로의 함수로 정의한다. 또 다른 예로, 1024×768 크기의 흑백 사진을 벡터로 표현하는 경우를 보자. 이때, 벡터는 정의역 $D = \{1, \ldots, 1024\} \times \{1, .., 768\}$에서 실수로의 함수로 정의된다. 이 함수는 각 픽셀 (i, j)에 대해 그 픽셀의 이미지 밝기를 명시한다.

프로그램을 하는 사람의 관점에서 보면 벡터를 문자열(단어의 경우) 또는 터플(픽셀의 경우)을 사용하여 직접 인덱싱하는 것이 확실히 더 편리하다. 하지만 좀 더 중요한 잇점은 벡터에 대한 정의역 D를 선택해야 하므로 벡터의 관점에서 응용에 대해 생각해 보게 하는 것이다.

또 다른 잇점은 프로그램에서의 형식 검사(type-checking) 또는 물리적인 계산에서의 단위 검사와 유사하다는 것이다. $R \times C$ 행렬 A에 대해, 행렬-벡터 곱 $A\boldsymbol{x}$는 $\boldsymbol{x}$가 C-벡터인 경우에만 성립한다. 즉, 행렬-행렬 곱 AB는 C가 B의 행-라벨(row-label)들의 집합인 경우에만 성립한다. 이러한 제약은 연산의 의미를 더욱더 강화한다.

마지막으로, 임의의 유한 집합(단지 연속적인 정수들의 시퀀스가 아니라)을 원소들을 구분하는 데 사용하는 것은 벡터 또는 행렬을 구성하는 원소들의 순서가 항상(또는 심지어 자주) 중요한 것은 아님을 명확하게 하는 데 도움이 된다.

근본적인 질문

이 책은 응용 분야 뿐만 아니라 응용 분야에 대해 알아볼 때 발생되는 근본적인 질문과 계산 문제를 중요하게 다룬다. 다음은 몇 가지 근본적인 질문을 나열한 것이다.

- 선형시스템에 대한 해가 유일한지 어떻게 알 수 있는가?
- $GF(2)$상의 선형시스템에 대한 해의 개수를 어떻게 찾을 수 있는가?
- 벡터들의 집합 $\mathcal{V}$가 벡터 $\boldsymbol{v}_1, \ldots, \boldsymbol{v}_n$들의 생성(span)과 동일한지 어떻게 알 수 있는가?
- 선형방정식들의 시스템은 어떤 다른 선형방정식들을 의미하는가?
- 행렬이 가역적인지 어떻게 알 수 있는가?
- 모든 벡터공간이 동차 선형시스템의 해집합으로 표현될 수 있는가?

근본적인 계산 문제

선형대수학에서 중심이 되는 몇가지 계산 문제가 있다. 이러한 계산 문제는 다양한 응용에 대해 다룰때 여러가지 형태로 나타나며 이 책에서는 그들 사이의 관계에 대해 살펴 본다. 몇가지 예를 들면 다음과 같다.

- 행렬 방정식 $M\boldsymbol{x} = \boldsymbol{b}$에 대한 해를 구하는 것.
- $M\boldsymbol{x}$와 $\boldsymbol{b}$ 사이의 거리를 최소화하는 벡터 $\boldsymbol{x}$를 구하는 것.
- 주어진 벡터 $\boldsymbol{b}$에 대해, $\boldsymbol{b}$에 가장 가까운 벡터를 찾는 것. 이 벡터를 주어진 기저로 표현한 것은 k-스파스(sparse)이다.
- 행렬 부등식 $M\boldsymbol{x} \leq \boldsymbol{b}$에 대한 해를 구하는 것.
- 주어진 행렬 M에 대해, M에 가장 가까운 행렬을 구하는 것. 이 행렬의 랭크(rank)는 최대 k이다.

다중 표현

이 책에서 가장 중요한 주제는 동일한 객체를 다수의 상이한 표현을 사용하여 나타내는 것이다. 컴퓨터를 전공하는 학생들은 이러한 개념에 대해 잘 알것이다. 또한 이것은 선형대수학에서 반복해서 다루어 진다.

- 생성자(generator) 또는 동차 선형방정식들에 의한 벡터공간 표현하기
- 동일한 벡터공간에 대한 상이한 기저
- 벡터 또는 행렬을 나타내는 데 사용되는 상이한 자료 구조
- 상이한 행렬 분해

복수의 필드

선형대수 개념의 일반화를 보여주고 더 넓은 응용 범위를 다루기 위해 세 개의 필드: 실수, 복소수, 유한 필드 $GF(2)$에 대해 알아본다. 대부분의 예는 독자들에게 가장 익숙한 실수에 대한 것이다. 복소수는 벡터를 다루기 위한 준비이다. 벡터는 평면위의 점들과 이들의 변환을 나타내기 위해 사용할 수 있다. 복소수는 또한 유한 푸리에(Fourier) 변환과 고유값에 대해 살펴보는 데서 다루어진다. 유한 필드 $GF(2)$는 암호화, 인증, 체크섬(checksum), 네트워크 코딩, 비밀공유, 에러 수정 코드와 같은 정보에 연관된 많은 응용분야에 사용된다.

복수의 코드는 내적 공간의 개념을 보여 주는 데 도움이 된다. 실수상의 벡터에 대한 내적은 매우 간단하다. 복소수상의 벡터에 대한 내적은 약간 더 복잡하다. 유한 필드상의 벡터에 대한 내적은 없다.

Chapter 1

함수

벡터와 행렬에 대해 알아보는 데 있어서 중요한 기본적인 수학적 개념은 집합(set), 시퀀스(sequence)(순서 있는 리스트), 함수, 그리고 확률이론이다.

이장에서는 파이썬(Python)에 대해서도 소개한다. 파이썬은 이 책에서 사용하는 프로그래밍 언어로, 다음과 같은 일을 하는 데 사용한다: (1) 수학적 대상(혹은 수학 객체)(mathematical object)에 대한 모델링 (2) 계산적 프로시저 작성 (3) 데이터 분석 수행

1.1 집합에 대한 용어와 표기법

여러분은 아마도 집합의 개념에 대해 잘 알고 있을 것이다. 집합은 수학 객체를 모아 놓은 것으로, 집합에 속하는 각 객체는 많아야 한 번 그 집합에 나타나는 것으로 간주한다. 집합에 속하는 객체들은 그 집합의 *원소*이다. 집합은 원소를 중괄호(curly brace) 안에 열거하여 나타낸다. 예를 들어, $\{\heartsuit, \spadesuit, \clubsuit, \diamondsuit\}$는 전통적인 카드 한 벌의 무늬를 나타내는 집합이다. 집합은 원소들 사이에 순서가 없으므로 집합 내 원소의 순서는 중요하지 않다.

기호 $\in$는 객체가 집합에 속하는 것을 나타내기 위해 사용한다. 즉, 집합이 객체를 *포함한다*. 예를 들어, $\heartsuit \in \{\heartsuit, \spadesuit, \clubsuit, \diamondsuit\}$이다.

만약 어떤 집합 S_1의 모든 원소가 다른 집합 S_2에 속하면, S_1은 S_2에 포함된다($S_1 \subseteq S_2$라고 씀). 만약 두 집합이 정확하게 동일한 원소들로 이루어지면, 두 집합은 같다. 두 집합이 같다는 것은 다음 두 단계를 사용하면 쉽게 증명된다: (1) 첫 번째 집합이 두 번째 집합에 포함됨을 증명한다 (2) 두 번째 집합이 첫 번째 집합에 포함됨을 증명한다.

집합은 원소 수가 무한 개인 무한집합일 수 있다. 2장에서, 모든 실수의 집합 $\mathbb{R}$과 모든 복소수의 집합 $\mathbb{C}$에 대해 살펴본다.

만약 집합 S가 유한집합이면, $|S|$를 사용하여 집합의 *크기(cardinality)*, 즉 집합이 포함하는 원소의 개수를 나타낸다. 예를 들어, 카드 무늬들로 구성된 집합은 크기가 4이다.

1.2 카테시안 곱(Cartesian product)

두 집합 A와 B의 *카테시안 곱*(데카르트 곱)은 $a \in A$와 $b \in B$의 모든 쌍 (a, b)으로 이루어진 집합이다.

Example 1.2.1: 집합 $A = \{1, 2, 3\}$, $B = \{\heartsuit, \spadesuit, \clubsuit, \diamondsuit\}$에 대해, 카테시안 곱은 다음과 같다.

$$\{(1, \heartsuit), (2, \heartsuit), (3, \heartsuit), (1, \spadesuit), (2, \spadesuit), (3, \spadesuit), (1, \clubsuit), (2, \clubsuit), (3, \clubsuit), (1, \diamondsuit), (2, \diamondsuit), (3, \diamondsuit)\}$$

Quiz 1.2.2: Example 1.2.1(2 페이지)의 $A \times B$의 크기는?

Answer

$|A \times B| = 12.$

Proposition 1.2.3: 유한 집합 A와 B에 대해, $|A \times B| = |A| \cdot |B|$이다.

Quiz 1.2.4: $\{1, 2, 3, \ldots, 10, J, Q, K\} \times \{\heartsuit, \spadesuit, \clubsuit, \diamondsuit\}$의 크기는?

Answer

Proposition 1.2.3을 사용하면, 첫 번째 집합의 크기는 13, 두 번째 집합의 크기는 4이다. 따라서 카테시안 곱의 크기는 $13 \cdot 4 = 52$이다.

카테시안 곱은 르네 데카르트(René Descartes)의 이름을 따서 명명되었다. 데카르트에 대해서는 7장에서 살펴볼 것이다.

1.3 함수

비공식적으로 말해, 함수는 가능한 입력 집합 D의 각 원소에 대해 가능한 출력을 할당하는 규칙이다. 이때, 출력은 함수에 의한 입력의 *상(image)*이고, 입력은 출력의 *원상(pre-image)*이다. 가능한 입력 집합 D는 함수의 *정의역(domain)*이다.

공식적으로 말하면, 함수는 쌍 (a, b)들의 집합(무한 집합도 가능)이며, 이때 각 쌍의 첫 번째 원소는 모두 다르다.

Example 1.3.1: 정의역 $\{1, 2, 3, \ldots\}$을 가지는 배수 함수 (doubling function)는

$$\{(1, 2), (2, 4), (3, 6), (4, 8), \ldots\}$$

정의역 자체도 숫자들의 쌍으로 구성될 수 있다.

Example 1.3.2: 정의역 $\{1, 2, 3, \ldots\} \times \{1, 2, 3, \ldots\}$을 가지는 곱셈 함수 (multiplication function)는 다음과 같이 나타낼 수 있다.

$$\{(1, 1), 1), ((1, 2), 2), \ldots, ((2, 1), 2), ((2, 2), 4), ((2, 3), 6), \ldots\}$$

함수 f에 대해, f에 의한 q의 상(함수값)을 $f(q)$로 나타낸다. 만약 $r = f(q)$이면, q는 *f에 의해*

r로 *매핑된다*고 한다. "q가 r로 매핑된다"는 것을 $q \mapsto r$로 표현한다(이 표기법은 함수를 명시하지 않는데 어떤 함수를 말하는지 명확할 때 유용하다).

함수를 나타낼 때 함수의 *공역*(*co-domain*)을 명시하는 것이 편리하다. 공역은 함수값이 선택되는 집합이다. 공역의 모든 원소가 함수값이 되어야 하는 것은 아니다.

다음 표기법을 살펴보자.

$$f : D \longrightarrow F$$

여기서, f는 함수를 의미하며, 집합 D는 함수의 *정의역*, 집합 F는 *공역*(가능한 출력의 집합)을 의미한다. 좀 더 간단하게 말하면, "D에서 F로의 함수" 또는 D를 F로 매핑하는 함수"라고 한다.

Example 1.3.3: 시저(Caesar)는 암호 체계(cryptosystem)를 사용했다고 알려져 있다. 시저가 사용한 암호 체계는 알파벳의 각 문자를 그다음 세 번째 문자로 대치하는 것이다(마지막 세 문자 X,Y, Z는 랩 어라운드(wrap-around) 적용).[a] 따라서 평문(plaintext) MATRIX는 암호문(ciphertext) PDWULA로 암호화 된다. 평문의 문자를 암호문의 문자로 매핑하는 함수는 다음과 같이 쓸 수 있다.

$$A \mapsto D, B \mapsto E, C \mapsto F, D \mapsto G, W \mapsto Z, X \mapsto A, Y \mapsto B, Z \mapsto C$$

이 함수의 정의역과 공역은 둘 다 알파벳 $\{A, B, \ldots, Z\}$이다.

[a]어떤 역사가는 시저의 암살은 그가 풀기 쉬운 암호 체계를 사용했기 때문일 수 있다고 추측하였다.

Example 1.3.4: 코사인(cosine) 함수, *cos*는 실수의 집합($\mathbb{R}$)을 실수의 집합으로 매핑하는 함수이다.

$$\cos : \mathbb{R} \longrightarrow \mathbb{R}$$

물론, cos 함수의 함수값은 모든 실수를 포함하는 것이 아니라 -1과 1 사이의 값만 가진다.

함수 f의 *치역*은 모든 정의역 원소들에 대한 함수값들의 집합이다. 다시 말하면, 함수 f의 치역은 공역의 원소들 중 실제로 함수값이 되는 공역 원소들의 집합이다. 예를 들어, 시저의 암호화 함수의 치역은 알파벳 전체이고, 코사인 함수의 치역은 -1과 1 사이 수의 집합이다.

Example 1.3.5: 함수 *prod*를 고려해 보자. 이 함수는 1보다 큰 정수 쌍을 입력으로 받아 두 정수의 곱을 출력한다. 정의역(입력 집합)은 1보다 큰 정수 쌍이다. 공역은 1보다 큰 모든 정수들의 집합이라 정의하자. 하지만 정의역의 어떤 원소도 소수(prime number)로 매핑되지 않기 때문에 함수의 치역은 합성수(*composite number*)들의 집합이다.

1.3.1 함수, 프로시저, 계산 문제

이 책에서 다루는 내용 중에 함수와 밀접하게 관련되어 있는 개념이 두 가지 있다. 이들은 *프로시저*와 *계산 문제*(*computational problem*)이며 주의 깊게 구분할 필요가 있다.

- *프로시저*는 계산 절차에 대한 정확한 기술이다. 이것은 입력(*매개변수*)을 받아들여 출력(리턴값)을 생성한다.

Example 1.3.6: 이 예제는 프로시저를 정의하는 파이썬 문법을 보여준다.

```
def mul(p,q): return p*q
```

일반적으로 프로시저를 "함수"로 흔히 언급하지만, 여기서는 혼란을 방지하기 위해 그렇게 언급하지 않는다.

- 계산 문제는 프로시저가 필요할 수도 있는 입력-출력에 대한 사양(스펙)(input-output specification)이다.

Example 1.3.7:

- *input:* 1보다 큰 정수의 쌍 (p, q)
- *output:* 곱 pq

Example 1.3.8:

- *input:* 1보다 큰 정수 m
- *output:* 곱이 m인 정수 쌍 (p, q)

이제, 이 개념들이 서로 어떻게 다른지 살펴보자.

- 프로시저와는 달리, 함수 또는 계산 문제는 입력을 사용하여 출력을 어떻게 계산하는지에 대한 정보를 주지 않는다. 동일한 입력-출력 사양을 만족하거나 동일한 함수를 구현하는 많은 다른 프로시저가 존재한다. 정수 곱셈을 위한 방법을 생각해 보자. (초등학교에서 배운) 일반적인 긴 곱셈 방법, Karatsuba 알고리즘(긴 정수 곱셈을 위해 파이썬에서 사용), 좀 더 빠른 Schönhage-Strassen 알고리즘(11장에서 다루는 패스트 푸리에 변환을 사용), 더욱더 빠른 Fürer 알고리즘(2007년에 개발됨)을 사용할 수 있다.

- 때로는 동일한 프로시저가 다른 함수를 위해 사용될 수 있다. 예를 들어, 파이썬 프로시저 `mul`은 음의 정수와 정수가 아닌 수를 곱하는 데 사용될 수 있다.

- 함수와는 달리, 계산 문제는 모든 입력에 대해 하나의 유일한 출력을 명시할 필요는 없다. 예를 들어, Example 1.3.8(4 페이지)에서, 만약 입력이 12이면, 출력은 $(2, 6)$ 또는 $(3, 4)$ 또는 $(4, 3)$ 또는 $(6, 2)$이다.

1.3.2 함수와 연관된 두 가지 계산 문제

비록 *함수*와 *계산 문제*는 다르게 정의되지만, 이 둘은 명백히 서로 연관되어 있다. 각각의 함수 f에 대해 대응하는 계산 문제가 있다.

Forward problem: 함수 f의 정의역에 속하는 원소 a에 대해 $f(a)$, 즉 a의 함수값을 계산하여라.

Example 1.3.7(4 페이지)은 Example 1.3.2(2 페이지)에 정의된 함수에 대응하는 계산 문제이다.

하지만 또 다른 계산 문제가 함수와 연관될 수 있다.

Backward problem: 함수의 공역의 원소 r에 대해 임의의 원상을 계산하여라(원상이 존재하지 않을 경우, 존재하지 않음을 리포트).

여기서 언급한 두 계산 문제가 서로 얼마나 다른지 알아보자. 정의역의 임의의 원소에 대해 f의 함수값을 계산하는 프로시저 $P(x)$가 있다고 가정하자. 이제, 어떤 함수값 r의 원상을 계산하기 위한 프로시저를 생각해 보자. 명백히, 정의역의 각 원소 q에 대해 $P(x)$를 적용하여 출력이 r이 되는지 알아보면 된다.

이 방법은 터무니없이 낭비적인 것처럼 보인다. 정의역은 비록 유한하더라도 그 크기가 아주 큰 집합일 수 있다. 따라서 원상 문제를 푸는 데 필요한 시간이 $P(x)$ 계산 시간보다 훨씬 클 수 있다. 그렇더라도 모든 함수에 적용 가능한 더 나은 방법은 없다.

Example 1.3.7(4 페이지)(정수의 곱셈)와 Example 1.3.8(4 페이지)(정수의 인수분해)을 고려해 보자. 계산의 복잡도 면에서 정수의 곱셈이 정수의 인수분해보다 훨씬 간단하다. 이 사실이 RSA 암호 체계의 보안성에 대한 기반이다. RSA 암호 체계는 WWW(World-Wide Web)에서 전자 상거래를 할 때 보안을 보장해 주는 핵심이다.

그럼에도 불구하고, 이 책에서 소개되듯이, 원상을 찾는 것은 아주 유용할 수 있다.

이런 맥락에서, 함수 개념에 대한 보편성은 또한 약점이 될 수 있다. 이러한 사실을 고려하여, 원상 문제를 임의의 함수가 아니라 특정 종류의 함수에 적용하는 것을 고려해 보자. 이렇게 하는 것도 역시 위험 요소가 있다. 만약 적용하는 특정 종류의 함수가 너무 제한적이면, 원상 문제를 풀기 위한 빠른 프로시저가 존재해도 이것은 실질적인 문제를 해결하는 데 도움이 되지 않을 수 있다. 그러므로 계산상의 어려움과 적용 가능성 사이에서 길을 찾는 것이 필요하다.

선형대수학에서, 적용하기에 적절한 분야가 있는지 알아볼 것이다. 5장에서 소개되는 *선형 함수*들은 많은 실질적인 문제를 모델링하는 데 아주 유용하며, 이런 함수들에 대한 원상 문제는 풀수 있다.

1.3.3 주어진 정의역과 공역을 가지는 함수들의 집합에 대한 표기법

집합 D와 F에 대해, D에서 F로의 모든 함수를 F^D로 나타낸다. 예를 들어, 단어의 집합 W에서 실수의 집합 $\mathbb{R}$로의 함수들에 대한 집합은 $\mathbb{R}^W$로 표현한다.

Fact 1.3.9: 임의의 유한 집합 D와 F에 대해, $|D^F| = |D|^{|F|}$이다.

1.3.4 항등함수

임의의 정의역 D에 대해, 함수 $\text{id}_D : D \longrightarrow D$를 D에 대한 *항등함수*라 한다. 모든 $d \in D$에 대해, 항등함수는 다음과 같이 정의된다.

$$\text{id}_D(d) = d$$

1.3.5 함수의 합성

*함수의 합성*은 두 개의 함수를 결합하여 하나의 새로운 함수를 얻는 것이다. 나중에는 함수의 합성에 대해 행렬의 곱도 정의할 것이다. 주어진 두 함수 $f : A \longrightarrow B$와 $g : B \longrightarrow C$에 대해, 함수 $g \circ f$는 g와 f의 합성함수라 하며, 정의역은 A, 공역은 C이다. 이 합성 함수는 모든 $x \in A$에 대해 다음 규칙에 의해 정의된다.

$$(g \circ f)(x) = g(f(x))$$

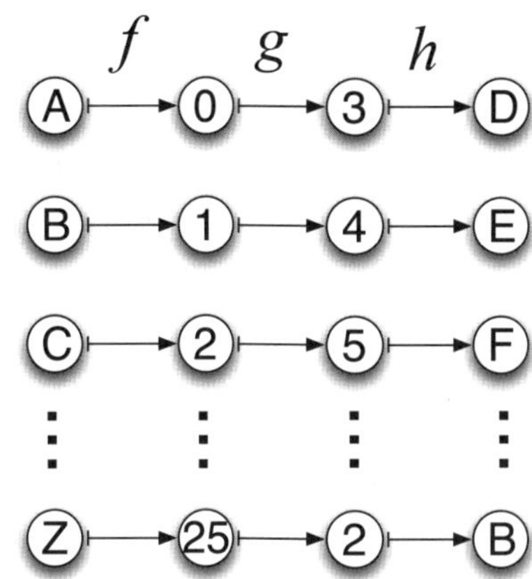

Figure 1.1: 이 그림은 함수 f, g, h의 합성을 나타낸 것이다. 각 함수는 정의역을 나타내는 원에서 공역을 나타내는 원까지의 화살표로 표현된다. 세 함수의 합성은 세 개의 화살표에 의해 표현된다.

만약 함수 f의 치역이 함수 g의 정의역에 포함되지 않는다면, $g \circ f$라 쓰는 것은 맞는 표현이 아니다.

Example 1.3.10: 함수 f와 g의 정의역과 공역이 $\mathbb{R}$, $f(x) = x + 1$, 그리고 $g(y) = y^2$이라고 하자. 그러면, $g \circ f(x) = (x + 1)^2$이다.

Example 1.3.11: 함수

$$f : \{A, B, C, \ldots, Z\} \longrightarrow \{0, 1, 2, \ldots, 25\}$$

를 다음을 사용하여 정의해 보자.

$$A \mapsto 0, B \mapsto 1, C \mapsto 2, \cdots, Z \mapsto 25$$

함수 g는 다음과 같이 정의하자. g의 정의역과 공역은 둘 다 $\{0, 1, 2, \ldots, 25\}$이고, $g(x) = (x + 3) \bmod 26$이다. 세 번째 함수 h에 대해, 정의역은 $\{0, ...25\}$, 공역은 $\{A, ..., Z\}$, 그리고 $0 \mapsto A$, $1 \mapsto B$, $\cdots$ 라고 하자. 그러면, $h \circ (g \circ f)$는 Example 1.3.3(3 페이지)에 기술된 시저의 암호를 구현한 함수이다.

직관력을 높이기 위해, 그림을 사용하여 유한한 정의역과 공역을 가지는 함수들의 합성을 표현할 수 있다. 그림 1.1은 Example 1.3.11(6 페이지)에서 합성되는 세 개의 함수를 나타낸 것이다.

1.3.6 함수 합성의 결합법칙

함수를 합성할 때 결합법칙이 성립한다.

Proposition 1.3.12 (Associativity of composition): 함수 f, g, h에 대해, 만약 합성함수가 존재한다면 다음이 성립한다.

$$h \circ (g \circ f) = (h \circ g) \circ f$$

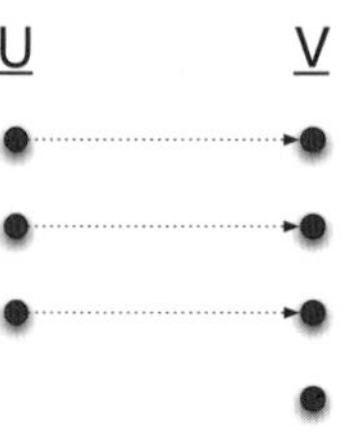

Figure 1.2: 함수 $f : U \to V$는 전사함수가 아니다. 왜냐하면, 공역의 네 번째 원소는 f의 함수값이 되지 않기 때문이다.

Proof

x를 함수 f의 정의역에 속하는 임의의 원소라 하자.

$$\begin{aligned}
(h \circ (g \circ f))(x) &= h((g \circ f)(x)), \ h \circ (g \circ f)\text{의 정의에 의해} \\
&= h(g(f(x)), \ g \circ f\text{의 정의에 의해} \\
&= (h \circ g)(f(x)), \ h \circ g\text{의 정의에 의해} \\
&= ((h \circ g) \circ f)(x), \ (h \circ g) \circ f\text{의 정의에 의해}
\end{aligned}$$

□

결합법칙이 성립하므로, 함수 합성을 나타낼 때 괄호를 사용할 필요가 없다. 즉, $h \circ (g \circ f)$는 $(h \circ g) \circ f$와 동일하므로 단순히 $h \circ g \circ f$로 쓸 수 있다.

1.3.7 역함수

암호문 PDWULA을 수신한 시저의 부관이라 생각해 보자. 원래의 평문을 얻기 위해 이 부관은 암호 함수(Example 1.3.3(3 페이지))에 의해 암호문의 각 문자로 매핑된 원래의 문자를 찾아야 한다. 즉, 그는 P에 매핑되는 문자(M), D에 매핑되는 문자(A) 등을 차례로 찾아야 한다. 이런 과정을 수행하는 것은 암호문의 각 문자에 대해 또 *다른* 함수, 구체적으로는 암호 함수의 효과를 거꾸로 뒤집는 함수를 적용하는 것으로 볼 수 있다. 이런 함수를 암호 함수의 *역함수*라고 한다.

또 다른 예로 Example 1.3.11(6 페이지)의 함수 f와 h를 고려해 보자. f는 $\{A, \ldots, Z\}$에서 $\{0, \ldots, 25\}$로의 함수이고, h는 $\{0, \ldots, 25\}$에서 $\{A, \ldots, Z\}$로의 함수이다. 각 함수는 다른 함수의 효과를 거꾸로 뒤집는 함수이다. 다시 말해, $h \circ f$는 $\{A, \ldots, Z\}$에 대한 항등함수이고, $f \circ h$는 $\{0, \ldots, 25\}$에 대한 항등함수이다. h는 f의 역함수이고, 또한 h는 f의 역함수이다.

Definition 1.3.13: 다음 조건이 만족하면 함수 f와 g는 서로의 *역함수*이다.

- $f \circ g$가 정의되고, g의 정의역에 대해 항등함수이다
- $g \circ f$가 정의되고 f의 정의역에 대해 항등함수이다.

모든 함수가 역함수를 가지는 것은 아니다. 역함수를 가지는 함수는 가역적이라고 한다. 그림 1.2와 1.3은 비가역적인 함수의 예를 보여준다.

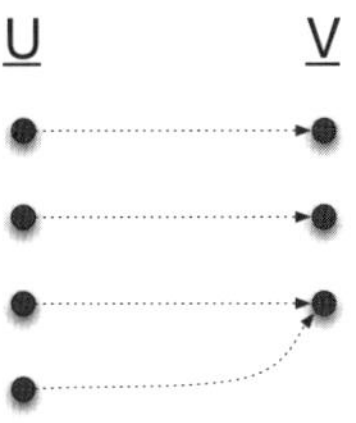

Figure 1.3: 함수 $f : U \to V$는 단사함수가 아니다. 왜냐하면, 공역의 세 번째 원소는 두 개의 원소에 대한 f의 함수값이기 때문이다.

Definition 1.3.14: 함수 $f : D \longrightarrow F$를 고려해 보자. 모든 $x, y \in D$에 대해 $f(x) = f(y)$는 $x = y$임을 의미하면, f는 *단사함수*(*one-to-one*)라 한다. 만약 모든 $z \in F$에 대해, $f(x) = z$을 만족하는 $x \in D$가 존재하면, f는 *전사함수*(*onto*)라 한다.

Example 1.3.15: Example 1.3.5(3 페이지)에서 정의된 함수 *prod*를 고려해 보자. 소수는 원상을 가지지 않으므로, 이 함수는 전사함수가 아니다. 동일한 정수에 매핑되는 복수의 정수 쌍, 예를 들어 $(2, 3)$과 $(3, 2)$이 있으므로 이 함수는 단사함수도 아니다.

Lemma 1.3.16: 가역함수(역함수가 존재하는 함수)는 단사함수이다.

Proof

함수 f는 단사함수가 아니라고 하고 x_1과 x_2는 $f(x_1) = f(x_2)$를 만족하는 정의역 내 서로 다른 원소라고 해 보자. 그리고 $y = f(x_1)$이라고 하자. f는 가역적이라고 가정해 보자. 그러면, 역함수의 정의에 의해 $f^{-1}(y) = x_1$이며 동시에 $f^{-1}(y) = x_2$가 된다. 하지만 둘 다 참이 되는 것은 불가능하므로 이것은 모순이다. □

Lemma 1.3.17: 가역함수는 전사함수이다.

Proof

함수 f가 전사함수가 아니라고 하고, $\hat{y}$는 정의역 내 어떠한 원소의 함수값(image)도 되지 않는 공역의 원소라고 하자. f는 가역적이라고 가정해 보자. 그러면, $\hat{y}$는 f^{-1}에 의한 함수값 $\hat{x}$를 가진다. 역함수의 정의에 의해 $f(\hat{x}) = \hat{y}$이지만 이것은 모순이다. □

Theorem 1.3.18 (Function Invertibility Theorem): 함수가 가역적이 될 필요충분조건은 그 함수가 단사함수이며 동시에 전사함수(즉, 전단사함수)인 경우이다.

Proof

Lemma 1.3.16과 1.3.17은 가역함수는 단사함수이며 전사함수임을 보여준다. 역으로, 함수 f는 단사힘수이며 동시에 전사함수라고 가정해 보자. 정의역이 f의 공역인 함수 g를 다음과 같이 정의해 보자.

> f의 공역의 각 원소 $\hat{y}$에 대해, f는 전사함수이므로 f의 정의역은 $f(\hat{x}) = \hat{y}$인 어떤 원소 $\hat{x}$를 포함한다. 이 경우, $g(\hat{y}) = \hat{x}$ 라 정의하자.

$g \circ f$는 f의 정의역에 대해 항등함수라고 해보자. $\hat{x}$는 f의 정의역에 있는 임의의 원소라 하고, $\hat{y} = f(\hat{x})$라 하자. f는 단사함수이므로, $\hat{x}$는 f의 함수값이 $\hat{y}$가 되는 f의 정의역에 있는 유일한 원소이다. 따라서 $g(\hat{y}) = \hat{x}$이다. 이것은 $g \circ f$가 항등함수임을 보여준다.

또한, $f \circ g$는 g의 정의역에 대해 항등함수라고 해보자. $\hat{y}$는 g의 정의역에 있는 임의의 원소라 하자. 그러면, 함수 g의 정의에 의해, $f(g(\hat{y})) = \hat{y}$가 된다. □

Lemma 1.3.19: 모든 함수는 많아야 하나의 역함수를 가진다.

Proof

$f : U \to V$는 가역함수라 하자. g_1과 g_2는 f의 역함수라고 해 보자. $v \in V$인 모든 원소에 대해, $g_1(v) = g_2(v)$가 되어 g_1과 g_2는 동일한 함수임을 보여주자.

$v \in V$는 f의 공역에 있는 임의의 원소라 하자. f는 단사함수이므로(Lemma 1.3.17에 의해), $v = f(u)$임을 만족하는 어떤 원소 $u \in U$가 존재한다. 역함수의 정의에 의해 $g_1(v) = u$이고 $g_2(v) = u$이다. 따라서 $g_1(v) = g_2(v)$이다. □

1.3.8 가역함수를 합성한 함수의 가역성

Example 1.3.11(6 페이지)에서, 세 개의 함수를 합성한 것이 시저의 암호체계를 구현한 함수라는 것을 살펴보았다. 합성되는 세 개의 함수는 모두 가역적이며, 이들을 합성한 함수도 가역적이다. 이것은 우연의 일치가 아니다.

Lemma 1.3.20: 만약 f와 g가 가역함수이고 $f \circ g$가 존재하면, $f \circ g$는 가역함수이고, $(f \circ g)^{-1} = g^{-1} \circ f^{-1}$이다.

Problem 1.3.21: Lemma 1.3.20을 증명하여라.

Problem 1.3.22: 그림 1.1, 1.2, 1.3에서 보여준 것과 같은 다이어그램을 사용하여 다음 내용에 반례 (counterexample)가 되는 함수 g와 f를 명시하여라.

False Assertion 1.3.23: f와 g는 함수이고 $f \circ g$는 가역적이라고 가정하자. 그러면, f와 g는 가역적이다.

□

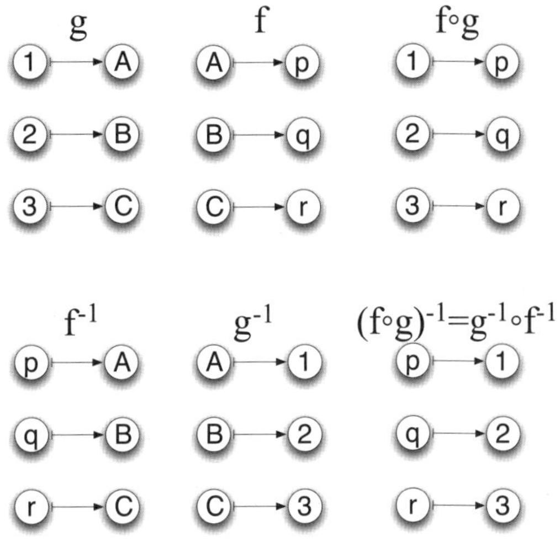

Figure 1.4: 그림의 윗부분은 두 가역함수 f, g와 그들의 합성함수 $f \circ g$를 보여준다. 합성함수 $f \circ g$는 가역적이며 이것은 Lemma 1.3.20를 나타낸 것이다. 그림의 아랫부분은 g^{-1}, f^{-1}, 그리고 $(f \circ g)^{-1}$을 보여준다. $(f \circ g)^{-1} = g^{-1} \circ f^{-1}$이며 이것도 Lemma 1.3.20를 보여주는 것이다.

1.4 확률

벡터와 행렬이 중요하게 사용되는 한 분야는 확률이다. 예를 들어, 구글의 페이지 랭크(PageRank) 시스템도 벡터와 행렬을 확률 계산에 사용한다. 이 책에서는 아주 초보적인 확률이론에 대해서 다룰 것이다.

확률이론은 무엇이 일어날 수 있는지, 그리고 그것이 일어날 가능성이 얼마나 되는지에 관한 것이다. 확률이론은 확률에 대한 계산법(calculus)이며, 가상적 실험에 대해 예측하는 데 사용된다 (일단 실제로 무엇이 일어나면, 통계(*statistics*)를 사용하여 그것이 무엇을 의미하는지 알아본다).

1.4.1 확률분포

유한한 정의역 Ω에서 음수가 아닌 실수의 집합 $\mathbb{R}^+$로의 함수 $\Pr(\cdot)$는 만약 $\sum_{\omega \in \Omega} \Pr(\omega) = 1$이면 *(이산) 확률분포*이다. 정의역의 원소는 *실험결과*(*outcome*)라고 한다. $\Pr(\cdot)$에 의한 실험결과의 함수값은 실험결과의 *확률*이라고 한다. 확률은 실험결과의 상대적인 가능도 (*relative likelihoods*)에 비례한다고 가정한다. 여기서, *가능도*(*likelihood*)란 용어는 상식적인 개념을 의미하기 위해 사용하고, *확률*은 가능도의 수학적 개념을 의미하기 위해 사용한다.

균등 분포

가장 단순한 예로 모든 실험결과가 동일한 가능성을 가지며 동일한 확률이 할당되는 경우를 생각해 볼 수 있다. 이러한 경우의 확률분포를 균등(*uniform*)하다고 한다.

Example 1.4.1: 하나의 동전을 던지는 경우를 모델링하면, $\Omega = \{\text{heads(앞면)}, \text{tails(뒷면)}\}$이다. 두 실험결과가 동일한 가능성을 가지므로 두 결과에 동일한 확률을 할당한다. 즉, $\Pr(\text{heads}) = \Pr(\text{tails})$이다. 확률의 합은 1이 되어야 하므로, $\Pr(\text{heads}) = 1/2$, $\Pr(\text{tails}) = 1/2$이다. 파이썬에서, 이러한 확률분포를 다음과 같이 나타낸다.

```
>>> Pr = {'heads':1/2, 'tails':1/2}
```

Example 1.4.2: 하나의 주사위를 굴리는 경우를 모델링하면, $\Omega = \{1, 2, 3, 4, 5, 6\}$이고, $\text{Pr}(1) = \text{Pr}(2) = \cdots = \text{Pr}(6)$이다. 6개 실험결과에 대한 확률의 합은 1이 되어야 하므로, 각 결과에 대한 확률은 $1/6$이어야 한다. 파이썬으로 나타내면 다음과 같다.

```
>>> Pr = {1:1/6, 2:1/6, 3:1/6, 4:1/6, 5:1/6, 6:1/6}
```

Example 1.4.3: 두 개의 동전을 던지는 경우를 모델링하면, $\Omega = \{HH, HT, TH, TT\}$이고, 각각의 실험결과는 동일한 확률 1/4을 가진다. 파이썬으로 나타내면 다음과 같다.

```
>>> Pr = {('H', 'H'):1/4, ('H', 'T'):1/4, ('T','H'):1/4, ('T','T'):1/4}
```

비균등 분포

조금 더 복잡한 경우에는 서로 다른 실험결과는 상이한 확률을 가진다.

Example 1.4.4: $\Omega = \{A, B, C, \ldots, Z\}$라 하고, 각 문자에 대해 스크래블(Scrabble) 게임을 시작할 때 그 문자를 뽑을(추출할) 가능성에 따라 확률을 할당하자. 다음은 각 문자가 적혀 있는 스크래블 타일의 수를 나타낸다.

A	9	B	2	C	2	D	4
E	12	F	2	G	3	H	2
I	9	J	1	K	1	L	1
M	2	N	6	O	8	P	2
Q	1	R	6	S	4	T	6
U	4	V	2	W	2	X	1
Y	2	Z	1				

문자 R을 뽑을 가능성은 G를 뽑을 가능성보다 2배 더 크고, C보다 3배, 그리고 Z보다 6배 더 크다. 확률은 이 가능성에 비례하여 할당해야 한다. 각 문자에 대해 이 문자를 뽑을 확률이 그 문자가 적힌 타일의 수와 어떤 수 c를 곱한 값이 되게 하는 그런 c가 있어야 한다.

$$\text{Pr}[\text{문자 X 추출}] = c \cdot \text{문자 X가 적힌 타일 수}$$

모든 문자에 대한 확률을 더하면, 다음과 같다.

$$1 = c \cdot \text{총 타일 수}$$

총 타일 수는 95개 이므로, $c = 1/95$이라 정의한다. 그러므로 E를 뽑을 확률은 $12/95 \approx 0.126$이다. 문자 A를 뽑을 확률은 9/95이며, 마찬가지 방식으로 다른 문자를 뽑을 확률도 계산된다. 파이썬으로 표현한 확률분포는 다음과 같다.

```
{'A':9/95, 'B':2/95, 'C':2/95, 'D':4/95, 'E':12/95, 'F':2/95,
```

```
'G':3/95, 'H':2/95, 'I':9/95, 'J':1/95, 'K':1/95,  'L':1/95,
'M':2/95, 'N':6/95, 'O':8/95, 'P':2/95, 'Q':1/95,  'R':6/95,
'S':4/95, 'T':6/95, 'U':4/95, 'V':2/95, 'W':2/95,  'X':1/95,
'Y':2/95, 'Z':1/95}
```

1.4.2 사건과 확률의 합

Example 1.4.4(11 페이지)에서 모음(vowel)을 뽑을 확률은 무엇인가?

실험결과들에 대한 집합을 사건(*event*)이라 부른다. 예를 들어, 모음을 뽑을 사건은 집합 $\{A, E, I, O, U\}$로 나타낸다.

Principle 1.4.5 (확률이론의 기본 원칙): 어떤 사건에 대한 확률은 그 사건을 구성하는 실험결과들에 대한 확률의 합이다.

이 원칙에 따르면, 추출한 결과가 모음일 확률은 42/95이다.

$$9/95 + 12/95 + 9/95 + 8/95 + 4/95 = 42/95$$

1.4.3 랜덤 입력에 함수 적용

랜덤 입력에 함수를 적용하는 것에 대해 생각해 보자. 함수에 대한 입력이 랜덤이므로, 출력도 랜덤하다고 간주하여야 한다. 입력에 대한 확률분포와 함수의 사양이 주어진 경우, 확률이론을 사용하여 출력의 확률분포를 구할 수 있다.

Example 1.4.6: 함수 $f : \{1,2,3,4,5,6\} \longrightarrow \{0,1\}$을 다음을 이용하여 정의해 보자.

$$f(x) = \begin{cases} 0 & \text{만약 } x\text{가 짝수인 경우} \\ 1 & \text{만약 } x\text{가 홀수인 경우} \end{cases}$$

Example 1.4.2(11 페이지)와 같이 하나의 주사위를 굴려 집합 $\{1,2,3,4,5,6\}$에 있는 수 중에서 하나를 얻는 경우를 고려해 보자. 다음에, 이렇게 얻은 수에 $f(\cdot)$를 적용하여 0 또는 1을 얻는다. 이러한 실험의 결과에 대한 확률 함수는 무엇인가?

만약 주사위를 굴렸을 때 나오는 숫자가 2, 4 또는 6이면, 이 실험의 결과는 0이다. Example 1.4.2(11 페이지)에서 다루었듯이, 주사위를 굴렸을때 나오는 값에 대한 확률은 각각 1/6이다. 그러므로 확률이론의 기본 원칙에 의해 함수의 출력은 확률 $1/6 + 1/6 + 1/6 = 1/2$의 확률을 가지고 0이 된다. 마찬가지로, 이 함수의 출력은 1/2의 확률로 1이 된다. 따라서 이 함수의 출력에 대한 확률분포는 `{0: 1/2., 1:1/2.}`이다.

Quiz 1.4.7: Example 1.4.3(11 페이지)에 기술된 바와 같이, 두 개의 동전을 던지는 경우를 고려해 보자. 이 실험의 결과는 쌍 (x, y)이며, 여기서 x와 y 각각은 `'H'` 또는 `'T'` (heads 또는 tails)이다. 함수

$$f : \{(\texttt{'H'}, \texttt{'H'})\ (\texttt{'H'}, \texttt{'T'}), (\texttt{'T'}, \texttt{'H'}), (\texttt{'T'}, \texttt{'T'})\}$$

를 다음을 사용하여 정의해 보자.

$$f((x,y)) = \texttt{H}\text{가 나타나는 횟수}$$

이때, 함수의 출력에 대한 확률분포를 구하여라.

Answer

```
{0: 1/4., 1:1/2., 2:1/4.}
```

Example 1.4.8 (시저의 Scrabble 게임): Example 1.3.11(6 페이지)에 정의된 함수 f는 A를 0으로, B를 1로, $\cdots$ 매핑하는 함수이다. 함수 f를 Example 1.4.4(11 페이지)에 기술된 확률분포에 따라 랜덤하게 선택된 문자에 적용하는 실험을 고려해 보자. 이때 출력에 대한 확률분포는 무엇인가?

함수 f는 가역함수이므로, 출력이 0이 되는 입력은 오직 하나가 있으며, 그것은 A이다. 따라서 출력이 0이 될 확률은 입력이 A가 될 확률과 정확하게 동일하며 그 값은 $9/95$이다. 마찬가지로, f의 공역을 구성하는 0에서 25까지의 정수 각각에 대해, 각 정수에 매핑되는 문자는 정확하게 하나가 있어 출력이 각 정수가 될 확률은 입력이 각 문자가 될 확률과 동일하다. 따라서 확률분포는 다음과 같다.

```
{0:9/95., 1:2/95., 2:2/95., 3:4/95., 4:12/95., 5:2/95.,
          6:3/95., 7:2/95., 8:9/95., 9:1/95., 10:1/95.,  11:1/95.,
          12:2/95., 13:6/95., 14:8/95., 15:2/95., 16:1/95.,  17:6/95.,
          18:4/95., 19:6/95., 20:4/95., 21:2/95., 22:2/95.,  23:1/95.,
          24:2/95., 25:1/95.}
```

앞의 예제는 만약 함수가 가역함수이면 확률이 보존된다는 것을 나타낸다. 즉, 다양한 출력에 대한 확률은 입력에 대한 확률과 매칭된다. 따라서 만약 입력이 균등 분포에 따라 선택되면, 출력의 분포도 또한 균등 분포가 된다.

Example 1.4.9: 시저의 암호체계에서는 문자를 알파벳 순으로 뒤로 3 알파벳 위치만큼 이동하여 암호화한다. 물론 이동하는 알파벳 위치 k는 반드시 3일 필요는 없으며, 0에서 25까지의 정수 중 어느 값이라도 상관없다. 이때, k를 키(*key*)라고 한다. 키 k를 집합 $\{0,1,\ldots,25\}$에 대한 균등 분포가 되게 선택하고, 이 키를 이용하여 문자 P를 암호화한다고 가정해 보자. 함수 $w : \{0,1,\ldots,25\} \longrightarrow \{A,B,\ldots,Z\}$는 키를 암호문에 매핑하는 함수라고 하자.

$$\begin{aligned} w(k) &= h(f(P) + k \bmod 26) \\ &= h(15 + k \bmod 26) \end{aligned}$$

함수 $w(\cdot)$는 가역함수이다. 입력은 균등 분포에 따라 선택되므로 출력도 또한 균등 분포이다. 따라서 키가 랜덤하게 선택될 때 암호문은 동일한 확률로 26개 문자 중의 어느 하나가 된다.

1.4.4 완벽한 비밀 유지

Example 1.4.9(13 페이지)의 개념을 더욱더 단순한 암호체계에 적용해 보자. 암호체계는 명백히 다음 두 가지 요구 조건을 만족해야 한다.

- 원래 의도된 수신자는 암호화된 메시지를 해독할 수 있어야 한다.
- 의도되지 않은 수신자는 암호화된 메시지를 해독할 수 없어야 한다.

첫 번째 요건은 복잡하지 않고 간단하다. 두 번째 요건의 경우, 암호체계의 안정성에 대한 오해를 없애야 한다. 사용하는 암호체계에 대해 남들이 알지 못하게 해 정보 보안을 지킬 수 있다는 개념은 은둔 *보안(security through obscurity)*이라 흔히 불린다. 1881년에 오거스트 커크호프(August Kerckhoffs)로 알려진 독일의 한 교수(Jean-Guillame-Hubert-Victor-François-Alexandre-August Kerckhoffs von Niewenhof)는 이러한 접근 방식에 대해 비평하였다. *커크호프의 원칙*에 의하면 *암호체계의 안정성은 암호체계 자체의 비밀유지에 의존 해서는 안 되며 오직 사용된 키값의 비밀유지에만 의존해야 한다*는 것이다.

커크호크의 엄격한 요구조건을 만족하는 암호화 방법이 있다. 이 방법은 제대로만 사용되면 깨뜨릴 수 없다.[1] 앨리스(Alice)와 밥(Bob)은 영국군을 위해 일한다고 가정해 보자. 밥은 보스턴 항구에 배치된 어떤 부대의 지휘관이다. 앨리스는 수 킬로미터 떨어져 배치된 장군이다. 어떤 시점에 앨리스는 육지를 통해 공격할지 또는 바다를 통해 공격할지를 알리는 한 비트의 메시지 p(평문)를 밥에 전달해야 한다(0=육지, 1=바다). 미리 합의를 이룬 계획에 의하면, 앨리스는 메시지를 암호화하여 한 비트의 암호문 c를 얻고, 이것을 한 개 또는 두 개의 손전등을 매달아 밥에게 전달한다(손전등 1개=0, 손전등 2개=1). 앨리스와 밥은 식민지의 운명이 그들 사이 통신의 안정성에 달려 있다는 것을 알고 있다(실제로 반군 이브(Eve)는 이 계획에 대해 알고 지켜보고 있을 것이다.)

시간을 거슬러 되돌아가 보자. 앨리스와 밥은 그들의 암호 전문가와 상의해 다음과 같은 방식을 제안받는다고 하자.

나쁜 방식: 앨리스와 밥은 균등 확률분포($\text{pr}(\clubsuit) = 1/3, \text{pr}(\heartsuit) = 1/3, \text{pr}(\spadesuit) = 1/3$)에 따라 집합 $\{\clubsuit, \heartsuit, \spadesuit\}$에서 랜덤하게 k를 선택한다. 앨리스와 밥은 둘 다 k에 대해 알아야 하지만 그것을 비밀로 유지해야 한다. 이것이 키값이다. 앨리스가 키값을 사용하여 평문 메시지 p를 암호화해야 할 필요가 있을 때, 다음 표를 참고하여 암호문 c를 얻는다.

p	k	c
0	$\clubsuit$	0
0	$\heartsuit$	1
0	$\spadesuit$	1
1	$\clubsuit$	1
1	$\heartsuit$	0
1	$\spadesuit$	0

이 암호체계는 암호체계가 갖추어야 할 첫 번째 요구 조건을 만족한다. 즉, 키 k를 알고 있는 밥은 암호문 c를 수신하면 평문 p를 얻을 수 있다. 표에서 어떤 행도 동일한 k 값과 c 값을 가지지 않는다.

하지만 이 방식으로는 이브에게 정보 유출이 있을 수 있다. 예를 들어, 메시지가 0이라고 가정해 보자. 이 경우, 만약 $k = \clubsuit$(1/3의 확률로 일어남)이면 $c = 0$이고, 만약 $k = \heartsuit$ 또는 $k = \spadesuit$(확률이론의 기본 원칙에 의해 2/3의 확률로 일어남)이면 $c = 1$이다. 따라서 이 경우에 $c = 1$일 가능성이

[1]옛 소련이 이 방법을 잘못 사용한 역사적으로 중요한 사례가 있는데, 이것은 VENONA에 대해 찾아 보면 된다.

$c=0$일 가능성보다 두 배 더 크다. 이제, 메시지가 1이라고 가정해 보자. 이 경우 동일한 방식으로 분석해 보면 $c=0$일 가능성이 $c=1$일 가능성보다 두 배 더 크다.

그러므로 이브는 암호문 c를 보면 평문 p에 관한 일부 정보를 알게 되는 것이다. c를 알아도 이브는 평문 p의 값을 확실하게 결정할 수는 없다. 하지만 $p=0$이 될 가능성을 추정할 수 있다. 예를 들어, c를 보기 전에는 이브는 $p=0$과 $p=1$일 가능성이 똑같다고 생각하였다. 만약 $c=1$인 것을 알면, $p=0$일 가능성이 $p=1$일 가능성 보다 두 배 더 크다는 것을 추론할 수 있다. 정확한 계산은 베이즈 규칙(Bayes' Rule)에 의해 정해진다. 베이즈 규칙은 여기서는 다루지 않지만 아주 간단하다.

이러한 정보 유출 문제를 해결하기 위해, p에 대한 가능한 값으로 ♠가 쓰이지 않게 변경해 보자.

좋은 방식: 앨리스와 밥은 집합 $\{\clubsuit, \heartsuit\}$에서 균등 확률분포($\text{pr}(\clubsuit)=1/2, \text{pr}(\heartsuit)=1/2$)에 따라 랜덤하게 k를 선택한다. 앨리스가 평문 메시지 p를 암호화할 필요가 있을 때, 다음 표를 참고하여 암호문 c를 얻는다.

p	k	c
0	♣	0
0	♡	1
1	♣	1
1	♡	0

1.4.5 완벽한 비밀 유지와 가역 함수

다음 두 함수를 고려해 보자.

$$f_0 : \{\clubsuit, \heartsuit\} \longrightarrow \{0,1\}$$

$$f_1 : \{\clubsuit, \heartsuit\} \longrightarrow \{0,1\}$$

이 함수들은 다음과 같이 정의되며, 둘 다 가역함수이다.

$$f_0(x) = \text{키값이 } x\text{일때 0을 암호화한 것}$$

$$f_1(x) = \text{키값이 } x\text{일때 1을 암호화한 것}$$

각 함수에 대해, 입력 x가 균등하고 랜덤하게 선택되면 출력도 또한 균등 분포에 따라 분포하게 될 것이다. 이것은 출력의 확률분포는 암호화 되는 것이 0인지 혹은 1인지에 대한 의존성이 없음을 의미한다. 따라서 출력을 아는 것은 이브에게 어느 것이 암호화되는지에 대한 어떠한 정보도 주지 않는다. 이러한 방식은 완벽한 비밀 유지가 가능하다고 말할 수 있다.

1.5 *Lab: 파이썬 소개—집합, 리스트, 딕셔너리, 컴프리헨션*

이 책에서 모든 코드는 파이썬(버전 3.x)을 사용하여 작성할 것이다. 파이썬 코드를 작성하는 경우 *컴프리헨션* 사용이 강조된다. 컴프리헨션은 전통적인 for-loop 없이 집합, 리스트, 또는 딕셔너리의 각 원소에 대한 계산을 표현할 수 있게 해준다. 컴프리헨션을 사용하면 더욱 간결하고 이해하기 쉬운 코드를 작성할 수 있으며, 표현하고자 하는 수학적 계산에 대한 개념을 더욱 명확하게 나타낼 수 있다. 컴프리헨션은 파이썬에 익숙한 사람에게도 생소할 수 있으므로, 관련 내용에 대해 적어도 한번은 찾아보기를 권장한다.

파이썬을 시작하기 위해, 콘솔(console)을 열고 python3(혹은 python)을 입력하면 된다. 콘솔은 쉘(shell) 또는 터미널(terminal), 또는 Windows 환경에서는 "Command Prompt" 혹은 "MS-DOS Prompt"라고도 불린다. 사용하고 있는 버전(예를 들어, Python 3.3.3)이 무엇인지를 나타내는 내용이 표시된 후, >>>이 나타날 것이다. 이것은 *프롬프트(prompt)*라고 하며, 파이썬이 표현식이 입력되기를 기다리는 것을 나타낸다. 표현식이 입력되면 파이썬은 이것을 평가하여 결과를 출력하고 또다시 프롬프트를 보여준다. 이 환경에서 빠져나오려면 `quit()`을 입력하거나 `Control-D`를 누른다. 파이썬의 실행이 너무 오래 걸려 실행을 중지하려면 `Control-C`를 누르면 된다.

이러한 환경은 때때로 "read-eval-print loop"의 머리글자를 사용해 *REPL*이라고 한다. 이것은 입력을 읽어 들여 평가하고, 결과가 있으면 출력한다. 이 책의 과제에서 주로 사용하는 파이썬 환경은 REFL이다. 과제의 각 태스크(task)마다 특정 형태의 표현식을 찾는 것이 필요하다.

파이썬 코드를 실행하는 데는 두 가지 다른 방법이 있다. REPL 내에서 *모듈(module)*을 임포트할 수 있으며, 커맨드 라인(command line)으로부터(REPL 밖에서) 파이썬 스크립트(script)를 실행할 수 있다. 다음 lab 과제에서 모듈과 임포트하는 것에 대해 다룰 것이다. 이것은 파이썬을 사용하는데 있어 중요한 부분이다.

1.5.1 *간단한 표현식*

산술 연산과 숫자

산술적 계산을 하기 위한 계산기로 파이썬을 사용할 수 있다. 이항 연산자 $+, *, -, /$는 일반적인 방식대로 동작한다. 어떤 숫자를 음수가 되게 하려면 $-$를 단항 연산자로 사용하면 된다(예를 들어, -9). 지수는 이항 연산자 $**$에 의해 표현되고, 정수 나눗셈에 대한 트렁케이션(truncation)은 $//$로 나타낸다. 정수를 다른 정수로 나누어 그 나머지를 찾는 것(modulo)은 % 연산자를 사용하여 나타낸다. 연산자 $**$는 $*, /, //$보다 우선순위가 높고, $*, /, //$는 $+, -$보다 우선순위가 높으며, 그룹으로 묶을 때는 괄호를 사용한다.

파이썬으로 계산 결과를 얻으려면 표현식을 입력하고 엔터키를 누른다.

```
>>> 44+11*4-6/11
87.454545454545454
>>>
```

파이썬은 결과를 출력하고, 그다음에 다시 프롬프트를 보여준다.

Task 1.5.1: 파이썬을 사용하여 1주는 몇 분인지 계산하여라

Task 1.5.2: 파이썬을 사용하여 모듈로(modulo) 연산자 %를 사용하지 않고 2304811을 47로 나눈 나머지를 찾아라 (힌트: // 사용)

파이썬은 과학적 표기법에 대해서는 전통적인 프로그래밍에서 사용하는 표기법을 사용한다. `6.022e23`은 6.02×10^{23}을 의미하고, `6.626e-34`은 6.626×10^{-34}를 나타낸다. 나중에 알게 되겠지만, 파이썬은 제한된 정밀도의 연산을 사용하므로 반올림 오차가 있다.

```
>>> 1e16 + 1
1e16
```

문자열(String)

문자열은 단일 인용부호로 둘러싸인 일련의 문자들을 말한다. 문자열을 입력하면 파이썬은 그 문자열을 그대로 반복하여 보여준다.

```
>>> 'This sentence is false.'
'This sentence is false.'
```

문자열을 나타내기 위해 이중 인용부호를 사용할 수도 있다. 이것은 문자열 자체가 단일 인용부호를 포함하고 있는 경우에 유용하다.

```
>>> "So's this one."
"So's this one."
```

파이썬은 주어진 표현식을 평가하여(표현식의 값을 찾아) 그 값을 출력한다. 문자열의 값은 문자열 자신이다.

비교, 조건, 불리언(Boolean)

연산자 ==, <, >, <=, >=, !=을 사용하여 값(예를 들어, 문자열과 숫자)을 비교할 수 있다. 연산자 !=는 같지 않음을 나타낸다.

```
>>> 5 == 4
False
>>> 4 == 4
True
```

이러한 비교 결과에 대한 값은 불리언값(True 또는 False)이다. 값이 불리언인 표현식을 불리언 표현식이라 한다.

불리언 연산자, 예를 들어, `and`, `or`, `not`은 더 복잡한 불리언 표현식을 만드는 데 사용될 수 있다.

```
>> True and False
False
>>> True and not (5 == 4)
True
```

Task 1.5.3: 673과 909의 합이 3으로 나누어지는지 알아보는 불리언 표현식을 입력하여라

1.5.2 *할당문(Assignment statement)*

다음은 서술문(*statement*)이지만 표현식은 아니다. 파이썬은 서술문을 실행은 하지만 에러 메시지나 값을 생성하지는 않는다.

```
>>> mynum = 4+1
```

위 결과는 변수 mynum에 값 5가 바인딩된다. 결과적으로, 파이썬이 오직 mynum으로 이루어진 표현식을 평가하면, 그 결과 값은 5이다. 그러므로 mynum의 값은 5이다.

어떤 값이 할당되게 될 변수는 할당 서술문의 좌변(*left-hand side*)이라 하고, 값이 할당되는 표현식은 우변(*right-hand side*)이라 부른다.

변수 이름은 문자로 시작되어야 하고 도트(dot)와 같은 특정 기호는 사용하지 않아야 한다. 밑줄(underscore)은 변수 이름에 사용될 수 있다. 변수에는 어떤 타입의 값도 바인딩될 수 있다. 변수 mynum에 다시 문자열을 바인딩할 수도 있다.

```
>>> mynum = 'Brown'
```

이러한 바인딩은 mynum에 다시 새로운 어떤 값이 할당되거나 파이썬이 종료될 때까지 유지된다. 이것을 *top-level* 바인딩이라 한다. 변수에 임시로 값을 바인딩하는 예는 나중에 살펴볼 것이다.

할당문에서 변수와 바인딩하는 것은 표현식의 값이지 표현식 자체가 아님을 명심하자. 파이썬은 먼저 우변을 평가하고 그다음에야 비로소 그 결과값을 좌변에 할당한다. 이것은 대부분의 프로그래밍 언어에 공통된 방식이다.

다음 할당을 고려해 보자.

```
>>> x = 5+4
>>> y = 2 * x
>>> y
18
>>> x = 12
>>> y
18
```

두 번째 할당문에서 y에는 표현식 2 * x의 값이 할당된다. 표현식 2 * x의 값이 18이므로 y에는 18이 바인딩된다. 세 번째 할당문에서 x에는 12가 새롭게 바인딩된다. 하지만 이 경우에도 y에 바인딩된 값이 18이라는 것은 변하지 않는다.

1.5.3 *조건 표현식*

조건 표현식을 나타내는 구문은 다음과 같다.

⟨*표현식*⟩ if ⟨*조건*⟩ else ⟨*표현식*⟩

조건은(*condition*)은 불리언 표현식이어야 한다. 파이썬은 조건을 평가하여 값이 True 또는 False인지에 따라 첫 번째 표현식 또는 두 번째 표현식을 평가하며, 그 결과를 전체 조건 표현식의 결과로 사용한다.

예를 들어, 표현식 x if x>0 else -x의 값은 x의 절대값이다.

Task 1.5.4: x에 -9, y에 1/2을 할당하자. 다음 표현식의 값을 예측해 보고, 실제 이 표현식을 입력하여 예측한 결과가 맞는지 알아보자.

```
2**(y+1/2) if x+10<0 else 2**(y-1/2)
```

1.5.4 집합(Set)

파이썬은 복수의 값들을 묶어(그룹화하여) 처리하게 하는 간단한 자료구조를 제공한다. 이러한 자료구조를 컬렉션(*collection*)이라 한다. 이러한 컬렉션 중에서 집합부터 먼저 살펴보자.

집합은 순서가 없는 컬렉션이며 각 원소는 집합 내에 오직 한 번만 표시된다. 어떤 표현식의 값이 집합이라는 것을 나타내기 위해 중괄호 ({})를 사용할 수 있다. 파이썬은 중괄호를 사용하여 집합을 출력한다.

```
>>> {1+2, 3, "a"}
{'a', 3}
>>> {2, 1, 3}
{1, 2, 3}
```

여기서, 주의할 점은 중복된 원소는 제거되고 출력된 원소들의 순서도 입력 원소의 순서와 반드시 일치하는 것은 아니라는 것이다.

집합 S의 크기(*cardinality*)는 그 집합 내 원소의 수를 나타내며, 수학적 표현을 사용하면 $|S|$라고 쓴다. 파이썬에서 집합의 크기는 `len(·)`이란 프로시저를 사용하여 얻는다.

```
>>> len({'a', 'b', 'c', 'a', 'a'})
3
```

합산하기(Summing)

컬렉션 내 원소의 합은 `sum(·)`이란 프로시저를 사용하여 구한다.

```
>>> sum({1,2,3})
6
```

만약 어떤 이유로(나중에 하나의 예를 살펴볼 것임) 합산의 시작을 영이 아닌 어떤 다른 값에서 하고자 할 경우, `sum(·)`의 두 번째 인수로 그 값을 제공하면 된다:

```
>>> sum({1,2,3}, 10)
16
```

집합의 멤버십 테스트하기

집합의 원소인지에 대한 테스트는 `in` 연산자와 `not in` 연산자를 사용하여 할 수 있다. 만일 S가 집합이면, x `in` S는 x의 값이 S의 원소이면 `True`로 평가되고 그렇지 않으면 `False`로 평가되는 불리언 표현식이다. 표현식 `not in`의 값은 이와 반대이다.

```
>>> S={1,2,3}
>>> 2 in S
True
>>> 4 in S
False
>>> 4 not in S
True
```

합집합과 교집합

두 집합 S와 T의 *합집합*(*union*)은 S 또는 T(또는 양쪽 모두)에 속하는 모든 원소의 값을 포함하는 새로운 집합이다. 파이썬은 |을 합집합 연산자로 사용한다:

```
>>> {1,2,3} | {2,3,4}
{1, 2, 3, 4}
```

S와 T의 *교집합*(*intersection*)은 S와 T 양쪽에 속하는 모든 원소의 값을 포함하는 새로운 집합이다. 파이썬은 &을 교집합 연산자로 사용한다.

```
>>> {1,2,3} & {2,3,4}
{2, 3}
```

집합을 변경하기

변경이 가능한 값을 *mutable* 값이라고 한다. 집합은 변경이 가능하다. 즉, 집합의 원소는 add와 remove 메서드를 사용하여 추가하거나 삭제할 수 있다.

```
>>> S={1,2,3}
>>> S.add(4)
>>> S.remove(2)
>>> S
{1, 3, 4}
```

자바(Jave)와 C++ 같은 객체지향 프로그래밍 언어를 사용하는 사람에게는 도트 연산자를 사용하는 구문이 익숙할 것이다. add(·)와 remove(·)는 메서드들이다. 메서드는 도트의 왼쪽에 대한 표현식의 값을 추가 인자로 가지는 프로시저로 생각할 수 있다.

파이썬은 어떤 집합에 또 다른 컬렉션(예를 들어, 집합 또는 리스트)의 모든 원소를 추가하기 위해 update(...) 메서드를 제공한다.

```
>>> S.update({4, 5, 6})
>>> S
{1, 3, 4, 5, 6}
```

마찬가지로, 어떤 집합과 또 다른 컬렉션의 교집합을 취하여 다른 컬렉션에 속하지 않는 모든 원소를 그 집합에서 제거할 수 있다.

```
>>> S.intersection_update({5,6,7,8,9})
>>> S
{5, 6}
```

두 개의 변수가 동일한 어떤 값에 바이드되어 있다고 가정해 보자. 이때 한 변수를 통해 바인드되어 있는 값을 변경하면 다른 변수도 변경된 값을 참조하게 된다.

```
>>> T=S
>>> T.remove(5)
>>> S
{6}
```

이것은 파이썬이 자료구조의 사본은 하나만 저장한다는 사실을 나타낸다. 파이썬에서 할당문 T=S가 실행된 후, T와 S 둘 다 동일한 자료구조를 가리킨다. 이렇듯 파이썬은 많은 다른 변수가 동일한 집합을 가리킬 수 있어 집합 크기가 아주 클 경우에도 메모리 요구 조건을 크게 증가시키지 않는다.

파이썬은 집합과 같은 컬렉션을 복사하는 메서드를 제공한다.

```
>>> U=S.copy()
>>> U.add(5)
>>> S
{6}
```

위의 할당문은 U를 S의 값이 아니라 그 값의 사본에 바인드한다. 따라서 U 값을 변경하여도 S 값에 영향을 주지 않는다.

집합 컴프리헨션

파이썬은 *컴프리헨션*이라고 하는 표현식을 제공하는데, 이것은 다른 컬렉션을 사용하여 새로운 컬렉션을 만드는 데 사용된다. 컴프리헨션은 값이 컬렉션인 표현식을 구성하는 데 유용하고 전통적인 수학적 표기법과 유사하여 많이 사용하게 될 것이다. 예를 하나 들어보자.

```
>>> {2*x for x in {1,2,3} }
{2, 4, 6}
```

이것은 집합 {1,2,3}에 대한 집합 컴프리헨션이라고 한다. 집합 컴프리헨션이라 불리는 이유는 그 값이 집합이기 때문이다. 이 표기법은 집합을 다른 집합에 대해 나타내는 전통적인 수학적 표기법(이 예제의 경우, $\{2x : x \in \{1,2,3\}\}$)과 유사하다. 값을 계산하기 위해, 파이썬은 집합 {1,2,3}의 각 원소에 대해 제어 변수 x를 반복하여 각 원소에 임시로 바인딩하고 표현식 2*x을 평가한다. 이렇게 얻어진 각 값은 최종 집합의 원소가 된다. 컴프리헨션의 평가 중에 형성된 x의 바인딩은 평가가 끝나면 유지되지 않는다.

Task 1.5.5: 집합 $\{1,2,3,4,5\}$에 대한 컴프리헨션을 작성해 보자. 이 컴프리헨션의 값은 처음 다섯 개 양의 정수의 제곱값으로 이루어진 집합이다.

Task 1.5.6: 집합 $\{0,1,2,3,4\}$에 대한 컴프리헨션을 작성해 보자. 이 컴프리헨션의 값은 2^0부터 시작하여 처음 다섯 개 2의 거듭제곱으로 구성된 집합이다.

합집합 연산자 | 또는 교집합 연산자 &를 사용하여 두 집합의 합집합 또는 교집합에 대한 표현식을 작성할 수 있다. 이러한 표현식을 컴프리헨션에 사용해 보자.

```
>>> {x*x for x in S | {5, 7}}
{1, 25, 49, 9}
```

if ⟨*조건*⟩을 컴프리헨션의 마지막("}"을 닫기 전에)에 추가하여 집합 내의 몇몇 값들을 건너뛸 수 있다.

```
>>> {x*x for x in S | {5, 7}  if x > 2}
{9, 49, 25}
```

이러한 조건을 나타내는 구문을 필터(*filter*)라고 한다.

두 집합의 카테시안 곱에 대해 컴프리헨션을 작성할 수도 있다.

```
>>>{x*y for x in {1,2,3} for y in {2,3,4}}
{2, 3, 4, 6, 8, 9, 12}
```

이 컴프리헨션은 x와 y의 모든 조합의 곱으로 이루어진 집합을 생성한다. 이러한 것을 *이중(double) 컴프리헨션*이라 한다.

Task 1.5.7: 위의 컴프리헨션,

{x*y for x in {1,2,3} for y in {2,3,4}}

의 값은 7개 원소로 구성된 집합이다. {1,2,3}과 {2,3,4}를 원소가 3개인 다른 두 개의 집합으로 바꾸어 컴프리헨션 결과가 9개 원소로 이루어진 집합이 되게 해 보자

다음은 필터를 가진 이중 컴프리헨션의 예를 보여준다.

```
>>> {x*y for x in {1,2,3} for y in {2,3,4} if x != y}
{2, 3, 4, 6, 8, 12}
```

Task 1.5.8: 앞의 컴프리헨션에서 {1,2,3}과 {2,3,4}을 두 개의 서로 겹치지 않는(disjoint) 3개의 원소로 구성된 집합으로 대체하여 결과가 5개 원소로 이루어진 집합이 되게 해 보자

Task 1.5.9: 집합 S와 T는 할당된 집합이라고 가정하자. *교집합 연산자* &를 사용하지 않고 S에 대한 컴프리헨션을 작성하여 그 결과 값이 S와 T의 교집합이 되게 해 보자. 힌트: 컴프리헨션의 마지막에 필터를 사용하여 멤버십을 테스트하면 된다.

S = {1,2,3,4}와 T = {3,4,5,6}를 사용하여 작성한 컴프리헨션을 테스트해 보자.

Remarks

원소가 없는 빈 집합은 set()에 의해 표현된다. 빈 집합은 {}을 사용하여 나타낼 수 있을 것으로 생각되지만, 이것은 나중에 살펴보듯이 다른 것을 나타내는데 사용된다.

집합은 또 다른 집합을 원소로 가질 수 없다. 파이썬에서 집합의 원소는 변경할 수 없고, 집합은 변경 가능하다. 다음 예의 에러 메시지를 보면 그 이유가 분명해 질 것이다.

```
>>> {{1,2},3}
Traceback (most recent call last):
  File "<stdin>", line 1, in <module>
TypeError: unhashable type: 'set'
```

변경 불가능한 집합은 *frozenset*이라 부른다. Frozenset은 다른 집합의 원소가 될 수 있지만, 여기서는 사용하지 않는다.

1.5.5 리스트(List)

파이썬은 리스트를 사용하여 일련의 값들을 나타낸다. 리스트에서 순서는 중요하며 원소의 중복도 허용된다. 리스트는 중괄호 대신 대괄호([])를 사용하여 나타낸다. 원소가 없는 빈 리스트는 [ ]로 표현된다.

```
>>> [1,1+1,3,2,3]
[1, 2, 3, 2, 3]
```

리스트의 원소에 제한은 없다. 리스트는 집합 또는 또 다른 리스트를 포함할 수 있다.

```
>>> [[1,1+1,4-1],{2*2,5,6}, "yo"]
[[1, 2, 3], {4, 5, 6}, 'yo']
```

그러나 집합은 리스트를 포함할 수 없다. 왜냐하면, 리스트는 변경 가능한 자료형이기 때문이다.

리스트의 길이(*length*)는 프로시저 `len(·)`을 사용하여 얻을 수 있으며, 리스트에 있는 원소들의 개수를 말한다. 이때, 리스트의 어떤 원소는 리스트일 수도 있고 동일한 값을 가질 수도 있다.

```
>>> len([[1,1+1,4-1],{2*2,5,6}, "yo", "yo"])
4
```

집합에 대한 장에서 살펴보았듯이, 컬렉션의 원소에 대한 합은 `sum(·)`을 사용하여 계산할 수 있다.

```
>>> sum([1,1,0,1,0,1,0])
4
>>> sum([1,1,0,1,0,1,0], -9)
-5
```

위 두 번째 예에서, `sum(·)`에 대한 두 번째 인자는 합산을 시작하는 값이다.

Task 1.5.10: 값이 리스트 `[20, 10, 15, 75]` 내 원소들의 평균이 되는 표현식을 작성하여라

리스트 연결

하나의 리스트에 있는 원소들을 다른 리스트에 있는 원소들과 결합하여(원래 리스트를 변경하지 않고) 새로운 리스트를 만들수 있다. 이때 사용하는 것이 + 연산자이다.

```
>>> [1,2,3]+["my", "word"]
[1, 2, 3, 'my', 'word']
>>> mylist = [4,8,12]
>>> mylist + ["my", "word"]
[4, 8, 12, 'my', 'word']
>>> mylist
[4, 8, 12]
```

`sum(·)`을 사용하여 여러 리스트들을 연결할 수 있다. 이때, `sum(·)`의 두 번째 인자는 빈 리스트 `[]` 이다.

```
>>> sum([ [1,2,3], [4,5,6], [7,8,9] ])
Traceback (most recent call last):
  File "<stdin>", line 1, in <module>
TypeError: unsupported operand type(s) for +: 'int' and 'list'
>>> sum([ [1,2,3], [4,5,6], [7,8,9] ], [])
[1, 2, 3, 4, 5, 6, 7, 8, 9]
```

리스트 컴프리헨션

이제, 리스트 컴프리헨션(결과 값이 리스트인 컴프리헨션)을 어떻게 작성하는지 알아 보자. 아래 예는 집합의 원소들에 대해 컴프리헨션을 적용하여 하나의 리스트를 생성하는 것을 보여준다.

```
>>> [2*x for x in {2,1,3,4,5} ]
[2, 4, 6, 8, 10]
```

생성된 리스트 내 원소들의 순서는 집합 내 원소들의 순서와 일치하지 않을 수 있다. 왜냐하면, 집합에서 순서는 의미가 없기 때문이다.

또한, 리스트의 원소들에 대해 컴프리헨션을 적용하여 새로운 리스트를 만들 수 있다.

```
>>> [ 2*x for x in [2,1,3,4,5] ]
[4, 2, 6, 8, 10]
```

리스트 `[2,1,3,4,5]`는 원소들 사이의 순서를 명시한다. 파이썬은 컴프리헨션을 평가할 때 리스트 내 원소들을 그 순서대로 체크한다. 그러므로 컴프리헨션에 의해 생성된 리스트 내 원소들의 순서는 컴프리헨션을 적용한 리스트 내 원소들의 순서에 대응한다.

또한, 두 개의 제어값을 사용하여 복수의 컬렉션에 대한 리스트 컴프리헨션을 작성할 수 있다. 집합에서 언급했듯이, 이러한 것을 "이중 컴프리헨션"이라 한다. 다음은 두 개의 리스트에 대한 리스트 컴프리헨션을 보여주는 예이다.

```
>>> [ x*y for x in [1,2,3] for y in [10,20,30] ]
[10, 20, 30, 20, 40, 60, 30, 60, 90]
```

위 예제의 결과 리스트는 `[1,2,3]`과 `[10,20,30]`의 원소들의 모든 조합으로 이루어진 원소들을 가진다.

두 개의 집합에 대해 컴프리헨션을 사용하여 카테시안 곱을 생성할 수도 있다.

Task 1.5.11: 리스트 `['A','B','C']`와 `[1,2,3]`에 대해 이중 리스트 컴프리헨션을 작성하라. 이때, 컴프리헨션의 결과 값은 모든 가능한 2-원소 리스트 [문자, 숫자]로 구성된 리스트이다. 다시 말해, 결과 값은 다음과 같다.

```
[['A', 1], ['A', 2], ['A', 3], ['B', 1], ['B', 2],['B', 3],
['C', 1], ['C', 2], ['C', 3]]
```

Task 1.5.12: `LofL`에 어떤 리스트가 할당된다고 가정해 보자. 이때, 할당되는 리스트의 원소들은 숫자들의 리스트이다. 모든 리스트에 있는 모든 숫자들의 합을 평가하는 표현식을 작성하라. 이때, 표현식은 다음 형태를 가지며

sum([sum(...

하나의 컴프리헨션을 포함한다. [[.25, .75, .1], [-1, 0], [4, 4, 4, 4]]을 LofL에 할당한 후 작성한 표현식을 테스트해 보자. 작성한 표현식은 임의 길이의 리스트에 대해 동작해야 한다.

인덱싱(indexing)에 의해 리스트의 원소 얻기

리스트의 각 원소를 얻는 방법은 두 가지 있다. 하나는 인덱싱을 사용하는 것이다. 다른 프로그래밍 언어(예를 들어, Java, C++)에서와 같이 인덱싱은 대괄호로 인덱스(index)를 감싸면 된다. 다음은 하나의 예를 보여 준다. 리스트의 첫 번째 원소에 대한 인덱스는 0이라는 것에 주의하자.

```
>>> mylist[0]
4
>>> ['in','the','CIT'][1]
'the'
```

슬라이스(Slice): 어떤 리스트의 슬라이스는 그 리스트의 연속된 일부 원소들(즉, 특정 범위의 정수로 인덱싱된 원소들)로 구성된 새로운 리스트이다. 슬라이스에 포함되는 원소의 범위는 콜론으로 분리된 쌍 $i : j$를 이용하여 명시한다. 이때, 인덱스 i는 슬라이스를 구성하는 첫 번째 원소를, 그리고 j는 마지막 원소 바로 다음의 인덱스를 나타낸다. 따라서 mylist[1:3]은 mylist의 인덱스 1과 2에 해당하는 원소로 구성된 리스트이다.

(Prefix): 만약 슬라이스의 범위를 나타내는 쌍의 첫 번째 엔트리 i가 0이면 생략할 수 있다. 따라서 mylist[:2]는 mylist의 첫 두 원소로 이루어진다. 이러한 표기법은 어떤 리스트의 prefix를 얻는 데 유용하다.

(Suffix): 만약 슬라이스의 범위를 나타내는 쌍의 두 번째 엔트리 j가 리스트의 길이이면 생략할 수 있다. 따라서 mylist[1:]는 mylist의 첫 번째 원소를 제외한 모든 원소로 이루어진다.

```
>>> L = [0,10,20,30,40,50,60,70,80,90]
>>> L[:5]
[0, 10, 20, 30, 40]
>>> L[5:]
[50, 60, 70, 80, 90]
```

불연속 슬라이싱 콜론으로 분리된 트리플(*triple*) $a{:}b{:}c$를 사용하여 매 c 번째 원소를 포함하도록 슬라이싱할 수 있다. 예를 들어, 다음은 리스트 L로부터 짝수 번의 인덱스를 가지는 원소와 홀수 번의 인덱스를 가지는 원소로 구성된 리스트를 만들수 있음을 보여 준다.

```
>>> L[::2]
[0, 20, 40, 60, 80]
>>> L[1::2]
[10, 30, 50, 70, 90]
```

언패킹(unpacking)으로 리스트 원소 얻기

리스트의 원소를 얻는 두 번째 방법은 *언패킹*이다. `mylist =[4,8,12]`처럼 리스트에 하나의 변수를 할당하는 대신에 변수들의 리스트를 할당할 수 있다.

```
>>> [x,y,z] = [4*1, 4*2, 4*3]
>>> x
4
>>> y
8
```

여기서, 할당 서술문의 왼쪽을 "변수들의 리스트"라고 했지만, 이것은 편의상 그렇게 부른 것이다. 실제로 파이썬에서는 값이 변수들의 리스트인 것을 생성하는 것이 허용되지 않는다. 위의 할당문은 단순히 왼쪽에 있는 변수들의 각각에 할당하는 편리한 방법일 뿐이다.

Task 1.5.13: 할당문 왼쪽에 있는 리스트의 길이가 할당문 오른쪽 리스트의 길이와 일치하지 않을 때 무슨일이 생기는지 확인해 보자.

언패킹은 컴프리헨션에서도 마찬가지 방식으로 사용될 수 있다.

```
>>> listoflists = [[1,1],[2,4],[3, 9]]
>>> [y for [x,y] in listoflists]
[1, 4, 9]
```

여기서, 2-원소 리스트 `[x,y]`는 `LofL`의 모든 원소에 대해 이터레이션(iteration)된다. 이때, `LofL`의 어떤 원소가 2-원소 리스트가 아니면 에러가 발생할 것이다.

리스트 변경하기: =의 왼쪽에 인덱싱 사용

리스트는 변경 가능하며, =의 왼쪽에 인덱싱을 사용하여 i 번째 원소를 다른 것으로 바꿀 수 있다. 이것은 할당문과 유사하다.

```
>>> mylist = [30, 20, 10]
>>> mylist[1] = 0
>>> mylist
[30, 0, 10]
```

슬라이스도 할당문의 왼쪽에 사용될 수 있지만 여기서는 사용하지 않는다.

1.5.6 *터플(Tuple)*

리스트와 마찬가지로, 터플은 순서가 있는 일련의 원소들로 구성된다. 하지만 터플은 변경할 수 없으며, 따라서 집합의 원소가 될 수 있다. 터플에 대한 표기법은 리스트와 같으며 다른 점은 대괄호 대신에 일반 괄호 ()를 사용한다는 것이다.

```
>>> (1,1+1,3)
(1, 2, 3)
>>> {0, (1,2)} | {(3,4,5)}
{(1, 2), 0, (3, 4, 5)}
```

인덱싱과 언패킹으로 터플의 원소 얻기

터플의 원소는 인덱싱을 사용하여 얻을 수 있다.

```
>>> mytuple = ("all", "my", "books")
>>> mytuple[1]
'my'
>>> (1, {"A", "B"}, 3.14)[2]
3.14
```

터플에 언패킹을 사용할 수도 있다. 다음은 변수 할당을 보여주는 한 예다.

```
>>> (a,b) = (1,5-3)
>>> a
1
```

어떤 경우에는 괄호를 사용하지 않아도 된다.

```
>>> a,b = (1,5-3)
```

또는 심지어 아래와 같이 쓸수도 있다.

```
>>> a,b = 1,5-3
```

언패킹을 컴프리헨션에 적용할 수 있다.

```
>>> [y for (x,y) in [(1,'A'),(2,'B'),(3,'C')] ]
['A', 'B', 'C']
```

Task 1.5.14: S를 정수의 집합, 예를 들어, $\{-4,-2,1,2,5,0\}$이라 하자. 결과 값이 3-원소 터플 (i,j,k)의 리스트인 3중(triple) 컴프리헨션을 작성해 보자. 이때, i,j,k는 그 합이 영이 되는 S의 원소들이다.

Task 1.5.15: 앞의 Task의 컴프리헨션을 수정하여 그 결과 리스트가 $(0,0,0)$을 포함하지 않게 해 보자. 힌트: 필터 추가

Task 1.5.16: 표현식을 더 수정하여 그 결과 리스트가 첫 번째 터플을 제외한 모든 다른 터플을 포함하지 않게 해보자

앞의 Task는 합이 영이 되는 S의 3-원소 터플 i,j,k를 계산하는 방법을 제공한다. S의 원소 중 합이 영이 되는 100-원소 터플이 있는지 결정하기를 원한다고 해 보자. 앞의 Task에서 사용된 방법을 적용할 경우 어떤 문제가 발생할 수 있는지 생각해 보자. S를 구성하는 정수가 아주 많을 경우에도 빠르고 확실하게 문제를 해결할 수 있는 방법이 있는가?(만약 있다면, 그 방법으로 Ph.D를 받을 수 있을 것이다.)

다른 컬렉션으로부터 리스트 또는 집합 얻기

파이썬은 생성자(constructor) set(·)을 사용하여 다른 컬렉션(예를 들어, 리스트)으로부터 집합을 계산할 수 있다. 마찬가지로, 생성자 list(·)는 리스트를 계산하고, 생성자 tuple(·)은 터플을 계산한다.

```
>>> set(range(10))
{0, 1, 2, 3, 4, 5, 6, 7, 8, 9}
>>> set([1,2,3])
{1, 2, 3}
>>> list({1,2,3})
[1, 2, 3]
>>>
>>> set((1,2,3))
{1, 2, 3}
```

Task 1.5.17: 어떤 리스트 L에 대해, len(L)과 len(list(set(L)))이 서로 다른 L의 예를 찾아 보자.

1.5.7 반복 수행이 가능한 다른 형태

터플 컴프리헨션

보통의 컴프리헨션 구문, 예를 들어 (i for i in range(10))을 사용하여 터플을 생성할 수 있을 것이라고 생각한다. 하지만 이 표현식의 값은 터플이 아니라 *제너레이터*(*generator*)이다.

제너레이터는 파이썬의 매우 강력한 특징이지만 여기서는 소개하지 않는다. 다만, 리스트, 집합, 또는 터플 대신에 제너레이터에 대해 컴프리헨션을 작성할 수 있다는 것은 알아 두자. 또한, set(·), list(·), 또는 tuple(·)을 사용하여 제너레이터를 집합, 리스트, 또는 터플로 바꿀 수 있다.

Range

파이썬에서 range는 등차 수열(arithmetic progression)의 원소들로 구성된 리스트의 역할을 한다. 임의의 정수 n에 대해, range(n)은 0에서 $n-1$까지 정수들의 시퀀스를 나타낸다. 예를 들어, range(10)은 0에서 9까지의 정수를 나타낸다. 그러므로 컴프리헨션
sum({i*i for i in range(10)})의 값은 정수 각각의 제곱의 합이다.

비록 range는 시퀀스를 표현하지만, 이것은 리스트가 아니다. 일반적으로, 우리는 range의 원소들에 대해 이터레이션(iteration)을 수행하거나 set(·) 또는 list(·)를 사용하여 range를 집합 또는 리스트로 바꾼다.

```
>>> list(range(10))
[0, 1, 2, 3, 4, 5, 6, 7, 8, 9]
```

Task 1.5.18: range(n)의 형태인 range에 대해 컴프리헨션을 작성해 보자. 이때 컴프리헨션의 값은 1부터 99까지 홀수들의 집합이다.

하나, 둘, 또는 세 개의 인자를 가지는 range를 형성할 수 있다. 표현식 range(a,b)는 정수들의 시퀀스 $a, a+1, a+2, \ldots, b-1$를 나타낸다. 표현식 range(a,b,c)는 $a, a+c, a+2c, \ldots$(b 바로 앞에서 멈춤)를 나타낸다.

Zip

이터레이션(반복 수행)을 할 수 있는 또 다른 컬렉션으로는 *zip*이 있다. zip은 길이가 모두 같은 다른 컬렉션들로 부터 만들어진다. zip의 각 원소는 각 입력 컬렉션에서 한 원소씩 모아 구성된 터플이다.

```
>>> list(zip([1,3,5],[2,4,6]))
[(1, 2), (3, 4), (5, 6)]
>>> characters = ['Neo', 'Morpheus', 'Trinity']
>>> actors = ['Keanu', 'Laurence', 'Carrie-Anne']
>>> set(zip(characters, actors))
{('Trinity', 'Carrie-Anne'), ('Neo', 'Keanu'), ('Morpheus', 'Laurence')}
>>> [character+' is played by '+actor
...      for (character,actor) in zip(characters,actors)]
['Neo is played by Keanu', 'Morpheus is played by Laurence',
 'Trinity is played by Carrie-Anne']
```

Task 1.5.19: 알파벳의 처음 다섯 문자로 구성된 리스트 ['A','B','C','D','E']를 L에 할당하자. 다음에, 어떤 표현식에 L을 사용하여 그 값이 다음과 같이 되게 하자.

[(0, 'A'), (1, 'B'), (2, 'C'), (3, 'D'), (4, 'E')]

사용하는 표현식은 range와 zip을 사용해야 하고 컴프리헨션을 사용해서는 안 된다.

Task 1.5.20: 리스트 [10, 25, 40]와 [1, 15, 20]를 가지고 3-원소 리스트를 생성하는 컴프리헨션을 작성해 보자. 이때, 3-원소 중 첫 번째는 10과 1의 합이고, 두 번째는 25와 15의 합이며, 세 번째는 40과 20의 합이다. 작성하는 표현식은 리스트가 아니라 zip을 사용해야 한다.

reversed

리스트 L의 원소들을 역순으로 이터레이션하기 위해 reversed(L)을 사용해 보자. 이것은 리스트 L을 변경하지 않는다.

```
>>> [x*x for x in reversed([4, 5, 10])]
[100, 25, 16]
```

1.5.8 딕셔너리(*Dictionary*)

정의역이 유한한 함수를 사용할 경우가 많이 있을 것이다. 파이썬에는 딕셔너리(*dictionary*)라고 하는 컬렉션이 제공되는데, 이러한 함수들을 표현하는 데 적합하다. 개념적으로, 딕셔너리는 키-값(key-value) 쌍들의 집합이다. 그러므로 딕셔너리는 키-값 쌍들에 대해 명시하는 구문은 집합에 대한 구문과 비슷하다. 딕셔너리는 중괄호를 사용하며, 집합의 원소들을 열거하는 대신에 키-값 쌍들을 열거한다. 각 키-값 쌍은 콜론을 사용하여 표시한다. 키에 대한 표현식 뒤에 콜론이 따라오며, 콜론 뒤에는 값에 대한 표현식이 사용된다.

$$키 : 값$$

함수 f는 알파벳의 각 문자를 알파벳 내 그 문자의 순위에 따라 매핑한다고 할 경우, 다음과 같이 쓸 수 있다.

```
{'A':0, 'B':1, 'C':2, 'D':3, 'E':4, 'F':5, 'G':6, 'H':7, 'I':8,
 'J':9, 'K':10, 'L':11, 'M':12, 'N':13, 'O':14, 'P':15, 'Q':16,
 'R':17, 'S':18, 'T':19, 'U':20, 'V':21, 'W':22, 'X':23, 'Y':24,
 'Z':25}
```

집합에서 처럼 키-값 쌍의 순서는 상관없으며, 키는 변경 불가능해야 한다(집합, 리스트, 또는 딕셔너리는 사용 할 수 없음). 여기서는 주로 정수, 문자열, 또는 정수와 문자열의 터플을 키로 사용할 것이다.

표현식을 사용하여 키와 값을 명시할 수 있다.

```
>>> {2+1:'thr'+'ee', 2*2:'fo'+'ur'}
{3: 'three', 4: 'four'}
```

딕셔너리에서 각 키에 대응하는 값은 오직 하나 있다. 만약 동일한 키에 대해 복수의 값이 주어지면, 오직 하나만 그 키에 결부될 것이다.

```
>>> {0:'zero', 0:'nothing'}
{0: 'nothing'}
```

딕셔너리의 인덱싱

특정 키에 대응하는 값은 리스트 또는 터플을 인덱싱하는 것과 동일한 구문을 사용하여 구할 수 있다. 딕셔너리 표현식 바로 오른쪽에 대괄호로 감싼 키를 사용하면 된다.

```
>>> {4:"four", 3:'three'}[4]
'four'
>>> mydict = {'Neo':'Keanu', 'Morpheus':'Laurence',
 'Trinity':'Carrie-Anne'}
>>> mydict['Neo']
'Keanu'
```

만일 딕셔너리에 키가 표시되지 않으면, 파이썬은 그것을 에러로 간주한다.

```
>>> mydict['Oracle']
Traceback (most recent call last):
  File "<stdin>", line 1, in <module>
KeyError: 'Oracle'
```

딕셔너리의 멤버십 테스트하기

딕셔너리에 어떤 키가 들어 있는지 테스트하는 것은 집합의 멤버십 테스트에 사용한 `in` 연산자를 사용하면 된다.

```
>>> 'Oracle' in mydict
False
>>> mydict['Oracle'] if 'Oracle' in mydict else 'NOT PRESENT'
'NOT PRESENT'
>>> mydict['Neo'] if 'Neo' in mydict else 'NOT PRESENT'
'Keanu'
```

딕셔너리들의 리스트

Task 1.5.21: `dlist`는 딕셔너리들로 구성된 리스트이고 `k`는 `dlist`의 모든 딕셔너리에 나타나는 키라고 하자. `dlist`에 대한 컴프리헨션을 작성해 보자. 이때, 결과 리스트의 i 번째 원소는 `dlist`의 i 번째 딕셔너리의 키 `k`에 대응하는 값이다.

작성한 컴프리헨션을 테스트해 보자. 다음은 테스트 데이터의 예이다.

```
dlist = [{'James':'Sean', 'director':'Terence'}, {'James':'Roger',
'director':'Lewis'}, {'James':'Pierce', 'director':'Roger'}]
k = 'James'
```

Task 1.5.22: Task 1.5.21의 컴프리헨션을 수정하여 `k`가 일부 딕셔너리에 나타나지 않을 수 있는 경우를 처리하게 해 보자. 컴프리헨션결과 리스트의 i 번째 원소는 만약 `dlist`의 i 번째 딕셔너리가 키 `k`를 포함하면 `k`에 대응하는 그 딕셔너리의 값이고, 그렇지 않으면 `'NOT PRESENT'`가 된다.

작성한 컴프리헨션을 `k = 'Bilbo'`와 `k = 'Frodo'`를 사용하고 다음의 딕셔너리 리스트를 사용하여 테스트해 보자.

```
dlist = [{'Bilbo':'Ian','Frodo':'Elijah'},
         {'Bilbo':'Martin','Thorin':'Richard'}]
```

딕셔너리 변경하기: =의 왼쪽에 인덱싱 사용

딕셔너리는 변경 가능하며, (새로운 또는 예전) 키를 주어진 값에 매핑할 수 있다. 이러한 것은 리스트의 원소를 할당하는 데 사용된 구문, 즉 할당문의 왼쪽에 인덱스를 사용하면 된다.

```
>>> mydict['Agent Smith'] = 'Hugo'
>>> mydict['Neo'] = 'Philip'
>>> mydict
{'Neo': 'Philip', 'Agent Smith': 'Hugo', 'Trinity': 'Carrie-Anne',
 'Morpheus': 'Laurence'}
```

딕셔너리 컴프리헨션

컴프리헨션을 사용하여 딕셔너리를 만들 수 있다.

```
>>> { k:v for (k,v) in [(3,2),(4,0),(100,1)] }
{3: 2, 4: 0, 100: 1}
>>> { (x,y):x*y for x in [1,2,3] for y in [1,2,3] }
{(1, 2): 2, (3, 2): 6, (1, 3): 3, (3, 3): 9, (3, 1): 3,
 (2, 1): 2, (2, 3): 6, (2, 2): 4, (1, 1): 1}
```

Task 1.5.23: range를 사용하여 그 결과 값이 딕셔너리인 컴프리헨션을 작성해 보자. 키는 0에서 99까지의 정수이고 키에 대응하는 값은 그 키의 제곱이 되어야 한다.

Task 1.5.24: 변수 D에 어떤 집합을 할당해 보자 D ={'red','white','blue'}. 그다음에, D에 대한 항등함수를 나타내는 딕셔너리를 평가하는 컴프리헨션을 작성해 보자.

Task 1.5.25: 변수 base=10, digits=set(range(base))를 사용하여 딕셔너리 컴프리헨션을 작성해 보자. 이 컴프리헨션은 0과 999 사이의 각 정수를 10진수로 표시한 정수의 각 자리를 나타내는 세 개의 자릿수로 이루어진 리스트에 매핑한다. 이 컴프리헨션의 결과 값은 다음과 같아야 한다.

```
{0: [0, 0, 0], 1: [0, 0,  1], 2: [0, 0, 2], 3: [0, 0, 3], ...,
 10: [0, 1, 0], 11: [0, 1, 1], 12: [0, 1, 2], ...,
 999: [9, 9, 9]}
```

작성한 표현식은 사용한 수 체계의 기수(base)가 무엇이든 상관없이 동작해야 한다. 예를 들어, 변수 base에 2를 할당하고 {0,1}을 digits에 할당할 경우, 컴프리헨션의 결과값은 다음과 같아야 한다.

```
{0: [0, 0, 0], 1: [0, 0, 1], 2: [0, 1, 0], 3: [0, 1, 1],
 ..., 7: [1, 1, 1]}
```

딕셔너리에 대해 이터레이션하는 컴프리헨션

keys() 또는 values()을 사용하여 딕셔너리의 키 또는 값에 대해 이터레이션하는 리스트 컴프리헨션을 작성할 수 있다.

```
>>> [2*x for x in {4:'a',3:'b'}.keys() ]
[6, 8]
>>> [x for x in {4:'a', 3:'b'}.values()]
['b', 'a']
```

주어진 두 개의 딕셔너리 A와 B에 대해, 섹션 1.5.4에서 살펴본 *합집합* 연산자 | 와 교집합 연산자 &를 사용하여 키의 합집합 또는 교집합에 대한 컴프리헨션을 작성할 수 있다.

```
>>> [k for k in {'a':1, 'b':2}.keys() | {'b':3, 'c':4}.keys()]
['a', 'c', 'b']
>>> [k for k in {'a':1, 'b':2}.keys() & {'b':3, 'c':4}.keys()]
['b']
```

많은 경우, items()를 사용하여 딕셔너리의 (키, 값) 쌍에 대한 컴프리헨션을 작성하기를 원할 것이다.

```
>>> [myitem for myitem in mydict.items()]
[('Neo', 'Philip'), ('Morpheus', 'Laurence'),
 ('Trinity', 'Carrie-Anne'), ('Agent Smith', 'Hugo')]
```

여기서, 아이템은 터플이므로, 언패킹을 사용하여 키와 값을 분리하여 액세스할 수 있다.

```
>>> [k + " is played by " + v for (k,v) in mydict.items()]
['Neo is played by Philip, 'Agent Smith is played by Hugo',
'Trinity is played by Carrie-Anne', 'Morpheus is played by Laurence']
>>> [2*k+v for (k,v) in {4:0,3:2, 100:1}.items() ]
[8, 8, 201]
```

Task 1.5.26: 어떤 직원들의 ID(0에서 $n-1$까지 정수들의 부분 집합)를 급여에 매핑하는 딕셔너리를 d라고 하자. 그리고 L은 n-원소 리스트이고, 이 중 i 번째 원소는 직원 번호 i의 이름이라고 하자. 직원 이름을 급여에 매핑하는 딕셔너리가 되는 컴프리헨션을 작성해 보자. 이때, 직원 이름은 모두 다르다고 가정할 수 있다. 하지만 모든 직원 ID가 d에 있는 것은 아니다.

작성한 컴프리헨션을 다음 데이터를 사용하여 테스트해 보자.

```
id2salary = {0:1000.0, 3:990, 1:1200.50}
names = ['Larry', 'Curly', '', 'Moe']
```

1.5.9 *한 줄로 된 프로시저 정의하기*

파이썬에서 입력의 두 배를 리턴하는 프로시저, $twice : \mathbb{R} \longrightarrow \mathbb{R}$는 다음과 같이 쓸 수 있다.

```
def twice(z): return 2*z
```

def는 프로시저의 정의를 시작하는 단어이고, 정의되는 함수의 이름은 twice이다. 변수 z는 프로시저의 입력 인수이다. 일단 프로시저가 정의되고 나면, 통상의 표기법을 사용하여 그것을 호출할 수 있다. 즉, 통상적인 호출 방법은, 예를 들어 twice(1+2)와 같이, 프로시저의 이름 다음에 괄호로 감싼 표현식을 사용한다.

표현식 1+2의 값 3은 프로시저로 전달되는 실질적인 입력값이다. 프로시저가 호출될 때 입력 인수(변수)는 임시로 실제 입력값에 바인딩되고, 프로시저의 몸체가 실행된다. 마지막에, 실제 입력값에 대한 바인딩이 제거된다. (바인딩은 임시적임).

Task 1.5.27: twice(z)의 정의를 타이핑하여 입력하자. 정의가 입력된 후 생략 부호(ellipsis)가 나타날 것이다. 이때, 엔터키를 누르자. 그다음에, 어떤 실제 입력값을 가지고 프로시저를 호출해 보자. 재미삼아 문자열 또는 리스트를 사용해 보자. 마지막으로, 파이썬이 변수 z가 포함된 표현식을 평가하게 하여 z가 어느 값에도 바인딩되어 있지 않음을 확인해 보자.

Task 1.5.28: 다음과 같이 명시된 한 줄로 된 프로시저, `nextInts(L)`을 정의해 보자.

- *input:* 정수들의 리스트 L
- *output:* 정수들의 리스트. 이 리스트의 i 번째 원소는 L의 i 번째 원소보다 1 더 크다.
- *example:* 입력 $[1,5,7]$, 출력 $[2,6,8]$.

Task 1.5.29: 다음과 같이 명시된 한 줄로 된 프로시저, `cubes(L)`을 정의해 보자.

- *input:* 숫자들의 리스트 L
- *output:* 숫자들의 리스트. 이 리스트의 i 번째 원소는 L의 i 번째 원소의 세제곱이다.
- *example:* 입력 $[1,2,3]$, 출력 $[1,8,27]$.

Task 1.5.30: 다음 스펙을 가지는 한 줄로 된 프로시저, `dict2list(dct,keylist)`을 정의해 보자.

- *input:* 딕셔너리 *dct*, *dct*의 키들로 구성된 리스트 *keylist*
- *output:* 리스트 L. 여기서, $i = 0, 1, 2, \dots, \text{len}(keylist) - 1$에 대해 $L[i] = dct[\text{keylist}[i]]$
- *example:* 입력 *dct*=`{'a':'A', 'b':'B', 'c':'C'}`, *keylist*=`['b','c','a']`, 출력 `['B', 'C', 'A']`

Task 1.5.31: 다음과 같이 명시된 한 줄로 된 프로시저, `list2dict(L, keylist)`을 정의해 보자.

- *input:* 리스트 L, 변경 불가능한 원소들의 리스트 *keylist*
- *output:* $i = 0, 1, 2, \dots, \text{len}(L) - 1$에 대해, keylist$[i]$를 $L[i]$에 매핑하는 딕셔너리
- *example:* 입력 L=`['A','B','C']`, *keylist*=`['a','b','c']`, 출력 `{'a':'A', 'b':'B', 'c':'C'}`

힌트: zip 또는 range에 대해 컴프리헨션 적용

Task 1.5.32: 다음 스펙을 가지는 프로시저, `all_3_digit_numbers(base, digits)`을 작성해 보자.

- *input:* 양의 정수 *base*, 원소가 $\{0, 1, 2, \dots, base - 1\}$인 집합 *digits*
- *output:* 기수가 $base$인 3개의 자릿수로 이루어진 모든 숫자들의 집합

예를 들어,

```
>>> all_3_digit_numbers(2, {0,1})
{0, 1, 2, 3, 4, 5, 6, 7}
>>> all_3_digit_numbers(3, {0,1,2})
{0, 1, 2, 3, 4, 5, 6, 7, 8, 9, 10, 11, 12, 13, 14, 15, 16, 17, 18,
 19, 20, 21, 22, 23, 24, 25, 26}
>>> all_3_digit_numbers(10, {0,1,2,3,4,5,6,7,8,9})
{0, 1, 2, 3, 4, 5, 6, 7, 8, 9, 10, 11, 12, 13, 14, 15, 16, 17, 18,
 19, 20, 21, 22, 23, 24, 25, 26, 27, 28, 29, 30, 31, 32, 33, 34, 35,
   ...
985, 986, 987, 988, 989, 990, 991, 992, 993, 994, 995, 996, 997, 998, 999}
```

1.6 *Lab: 파이썬—모듈 및 제어 구조—역 인덱스*

여기서는 간단한 검색 엔진을 만들어 볼 것이다. 하나의 프로시저가 많은 양의 문서를 읽어 들여 후속되는 검색 질의에 신속하게 응답할 수 있게 그것들을 인덱싱한다. 다른 프로시저들은 인덱스를 사용하여 검색 질의에 응답하게 된다.

이 lab의 주요 목적은 파이썬 프로그래밍을 좀 더 연습해 보기 위한 것이다.

1.6.1 *기존 모듈 사용하기*

파이썬은 모듈(*module*)이라고 하는 컴포넌트들로 구성된 많은 라이브러리(library)를 제공한다. 모듈에 정의된 정의들을 사용하기 위해서 모듈 자체를 임포트하거나 혹은 모듈에서 사용하고자 하는 특정 정의를 임포트해야 한다. 만약 모듈을 임포트하는 경우, 그 모듈에 정의된 프로시저 또는 변수는 *정규화된 이름*(*qualified name*)을 사용하여 참조해야 한다. 정규화된 이름은 모듈의 이름 뒤에 도트 연산자가 오고 그다음에 참조하고자 하는 객체의 이름이 뒤따른다.

예를 들어, 라이브러리 `math`는 제곱근(square-root), 코사인(cosine), 자연로그(natural logarithm)와 같은 많은 수학적 프로시저와 π, e와 같은 수학적 상수를 포함한다.

Task 1.6.1: 다음 명령을 사용하여 `math` 모듈을 임포트해 보자.

```
>>> import math
```

방금 임포트한 모듈에 대해 내장 프로시저 `help(모듈 이름)`를 호출해 보자.

```
>>> help(math)
```

이것은 도움말 페이지를 열어 모듈에 대한 설명을 콘솔에 보여 줄 것이다. 이때, `f`를 누르면 다음 페이지로 넘어가고, `b`를 누르면 이전 페이지로 돌아가며, `q`를 누르면 도움말 페이지를 종료한다.

모듈 `math`에 의해 정의된 프로시저를 사용하여 3의 제곱근을 계산하고 그 값을 다시 제곱해 보자. 결과는 예상과 다를 수 있다. 파이썬은 정수가 아닌 실수를 제한적인 정밀도로 표현하며, 따라서 계산 값은 엄밀히 말하면 근사값이다.

다음으로, -1의 제곱근, π의 코사인 값, e의 자연로그 값을 계산해 보자.

제곱근 함수의 이름은 sqrt이다. 따라서, 이 함수의 정규화된 이름은 math.sqrt이다. 코사인과 자연로그의 이름은 각각 cos와 log이고, π와 e의 이름은 각각 pi와 e이다.

모듈의 프로시저와 변수를 파이썬 환경으로 가져오는 다른 방법은 다음 구문을 사용하는 것이다. 이것은 모듈로부터 항목 그 자체를 명시적으로 임포트하는 것이다.

from ⟨*모듈 이름*⟩ import ⟨*항목 이름*⟩

임포트된 후에는 항목 이름을 사용하여 그것을 참조할 수 있다.

Task 1.6.2: 모듈 random은 $\{a, a+1, \ldots, b\}$ 사이에서 균등하고 랜덤하게 선택된 정수를 리턴하는 프로시저 randint(a,b)를 정의한다. 다음 명령을 사용하여 이 프로시저를 임포트해 보자.

```
>>> from random import randint
```

randint를 몇 번 호출해 보자. 그런 다음에 한 줄로 된 프로시저 movie_review(영화 이름)을 작성해 보자. 이 프로시저는 영화 이름을 나타내는 문자열을 입력 인수로 받아 들여 두 개 이상의 가능한 문자열(제안: "See it!", "A gem!", "Ideological claptrap!") 사이에서 균등하게 선택된 문자열을 리턴한다.

1.6.2 *모듈 작성하기*

모듈은 필요에 따라 새롭게 만들수 있다. 선택된 모듈 이름의 파일에 프로시저에 대한 정의와 변수 할당을 텍스트로 작성하고, 파일 이름 뒤에 .py를 붙이면 된다. 사용할 수 있는 텍스트 편집기는 kate, vim, 또는 emacs 등이 있다.

이렇게 만든 파일도 import 서술문을 가질 수 있어 작성 중인 모듈의 코드도 다른 모듈에서 정의된 정의를 사용할 수 있다.

만약 작성된 모듈이 파이썬의 현재 작업 디렉터리에 있으면, 이 모듈은 임포트할 수 있다.[2]

Task 1.6.3: Lab 1.5의 Task 1.5.30와 1.5.31에서, 프로시저 dict2list(dct, keylist)와 list2dict(L, keylist)을 작성하였다. http://resources.codingthematrix.com에서 dictutil.py 파일을 다운로드 하자. (이 사이트는 책에서 다루는 문제에 사용되는 필요 코드와 샘플 데이터를 제공한다.) 제공된 dictutil.py 파일을 편집하여, pass가 나타날 때마다 적절한 서술문으로 대체하자. 이 모듈을 임포트하여 프로시저를 테스트해 보자. 이 모듈은 나중에 가끔 사용하게 될 것이다.

다시 로딩하기(Reloading)

작성한 모듈을 디버깅할 때, 모듈을 편집한 다음 그것을 다시 현재 파이썬 세션에 로드할 수 있으면 유용할 것이다. 파이썬은 imp 모듈에 reload(module) 프로시저를 제공한다. 이 프로시저는 다음 명령을 사용하여 임포트된다.

```
>>> from imp import reload
```

만일 from ... import ... 구문을 사용하여 특정한 정의를 임포트할 경우, 그것을 다시 로드할 수 없다.

[2]환경 변수 PYTHONPATH은 파이썬이 모듈들을 검색하게 될 일련의 디렉터리를 지정한다.

Task 1.6.4: `dictutil.py`을 편집하자. 다음 스펙을 가지는 프로시저 `listrange2dict(L)`을 정의해 보자.

- *input:* 리스트 L
- *output:* $i = 0, 1, 2, \ldots, \text{len}(L) - 1$에 대해 i를 $L[i]$에 매핑하는 딕셔너리

이 프로시저는 처음부터 작성해도 되고 또는 `list2dict(L, keylist)`을 사용하여 작성해도 된다.

작성한 모듈을 다시 로드하기 위해 다음 서술문을 사용해 보자.

```
>>> reload(dictutil)
```

그다음에, 리스트 `['A','B','C']`에 대하여 `listrange2dict`을 테스트해 보자.

1.6.3 *루프와 조건문*

집합, 리스트, 딕셔너리, 터플, range, 또는 zip의 원소 각각에 대한 반복적 수행은 컴프리헨션으로만 되는 것은 아니다. 전통적인 프로그래머라면 *for 루프*: `for x in {1,2,3}: print(x)`를 사용할 것이다. 이 서술문에서 변수 `x`는 집합의 원소 각각에 차례로 바인딩되고, 서술문 `print(x)`는 `x`에 바인딩된 각 원소에 대해 실행된다.

비슷한 용도로 *while-루프*: `while v[i] == 0: i = i+1` 가 사용된다.

또한, 조건문도 사용된다(조건 표현식과는 다름).

```
if x > 0: print("positive")
```

1.6.4 *들여쓰기(Indentation)를 이용한 파이썬의 그룹화*

때때로, 몸체가 한 문장 이상으로 구성되는 루프 또는 조건문을 정의할 필요가 있을 것이다. 대부분의 프로그래밍 언어는 일련의 문장을 블록으로 그룹화하는 방식이 있다. 예를 들어, c와 Java에서는 블록으로 묶을 문장을 중괄호로 감싸주면 된다.

파이썬에서는 *들여쓰기*를 사용하여 문장의 그룹화를 나타낸다. **어떤 블록을 구성하는 모든 문장은 동일한 수만큼 들여 써야 한다.** 파이썬에서는 이것을 꼭 지켜야 한다. 여기서 제공하는 파이썬 파일은 4칸 들여쓰기를 사용한다. 또한, 동일한 블록에서 탭(tab)과 스페이스(space)를 혼용하지 말자. 사실 파이썬에서는 들여쓰기를 위해 탭을 사용하지 말 것을 권장한다.

최상위 레벨의 문장은 들여쓰기를 하지 않아야 한다. 제어문의 몸체를 구성하는 문장의 그룹은 제어문보다 더 들여 써야 한다. 다음 예를 살펴보자.

```
for x in [1,2,3]:
  y = x*x
  print(y)
```

위 문장은 1, 4, 그리고 9를 출력한다(루프가 실행된 후, `y`는 9에 바인딩되어 있고 `x`는 3에 바인딩된 상태가 유지 된다).

Task 1.6.5: 위의 for-루프를 파이썬에 타이핑하여 입력해 보자. 첫 번째 라인을 입력한 후, 파이썬이 생략 부호(...)를 출력하는 것을 볼 수 있을 것이다. 이것은 파이썬이 들여쓰기 된 문장들의

블록을 기다린다는 것을 나타낸다. 다음 라인을 입력하기 전에 하나 또는 두 개의 스페이스를 입력해 보자. 파이썬은 다시 생략 부호를 출력할 것이다. (앞에서 입력한 빈칸 수만큼) 하나 또는 두 개의 스페이스를 입력하고 다음 라인을 입력하자. 또다시 파이썬은 생략 부호를 출력할 것이다. 엔터키를 눌러 보자. 그러면 파이썬은 루프를 실행할 것이다.

동일한 방식의 들여쓰기가 조건문과 프로시저를 정의하는 데 사용될 수 있다.

```
def quadratic(a,b,c):
   discriminant = math.sqrt(b*b - 4*a*c)
   return ((-b + discriminant)/(2*a), (-b - discriminant)/(2*a))
```

또한, 원하는 대로 중첩해 사용할 수도 있다.

```
def print_greater_quadratic(L):
  for a, b, c in L:
    plus, minus = quadratic(a, b, c)
    if plus > minus:
      print(plus)
    else:
      print(minus)
```

많은 텍스트 편집기들은 파이썬 코드를 작성할 때 들여쓰기를 처리하는 것을 도와준다. 예를 들어, .py 확장자를 가진 파일을 emacs를 사용하여 편집하는 경우를 살펴보자. 이때, 콜론으로 라인을 끝내고 리턴키를 누르면 emacs는 그다음 라인을 적당한 수 만큼 자동으로 들여쓰기 해 주어 어떤 블록에 속하는 라인을 입력해 넣기 쉽게 해 준다. 각 라인을 입력하고 리턴을 누르면, emacs는 다시 그다음 라인을 들여쓰기 해 줄 것이다. 하지만 emacs는 블록의 마지막 라인이 언제 입력되는지 알 수 없다. 따라서 블록 밖에 처음으로 라인을 작성할 필요가 있을 경우, 들여쓰기를 해제하기 위해 Delete를 눌러야 한다.

1.6.5 *루프에서 빠져나오기*

다른 많은 프로그래밍 언어와 마찬가지로, 파이썬은 break 문을 실행할 경우 루프 실행을 종료하고 그 break 문을 포함하는 가장 안쪽 중첩 루프 바로 다음에서 실행을 계속한다.

```
>>> s = "There is no spoon."
>>> for i in range(len(s)):
...   if s[i] == 'n':
...     break
...
>>> i
9
```

1.6.6 *파일로부터 읽어 오기*

파이썬에서 파일(*file*) 객체는 파일을 참조하거나 액세스하는 데 사용된다. 표현식 open('stories_small.txt')은 주어진 이름을 가진 파일을 액세스하게 해 주는 파일 객체를 리턴한다. 컴프리헨션 또는 for 루프를 사용하여 파일 내의 각 라인을 반복적으로 액세스할 수 있다.

```
>>> f = open('stories_big.txt')
>>> for line in f:
...  print(line)
```

만약 파일이 지나치게 크지 않으면, list(·)를 사용하여 파일 내의 라인들로 이루어진 리스트를 직접 구해 보자. 예를 들어, 다음과 같이 해 보자.

```
>>> f = open('stories_small.txt')
>>> stories = list(f)
>>> len(stories)
50
```

같은 파일로부터 다시 읽어 오기 위해서는 먼저 open을 다시 호출하여 새로운 파일 객체를 생성하는 것이 필요하다.

1.6.7 *미니 검색 엔진*

이제, 일종의 검색 엔진으로 동작하는 프로그램을 작성해 볼 것이다.

"문서(documents)"들로 이루어진 파일이 하나 주어지고, 각 문서는 이 파일의 한 라인을 차지한다. 이때, 주어진 어떤 단어를 포함하는 문서들을 찾아내는 자료구조(*역 인덱스*라고 함)를 만들어 보자. 문서들은 문서 번호에 의해 식별된다. 파일 내의 첫 번째 라인에 의해 표현되는 문서는 0번, 두 번째 라인에 의해 표현되는 문서는 1번, 등등이다.

문자열에 대해 정의된 메서드인 split()을 사용할 수 있다. 메서드 split()은 문자열을 공백으로 나누어 서브 문자열(substring)로 분리하고 서브 문자열들의 리스트를 반환한다.

```
>>> mystr = 'Ask not what you can do for your country.'
>>> mystr.split()
['Ask', 'not', 'what', 'you', 'can', 'do', 'for', 'your', 'country.']
```

여기서, 마침표(period)는 서브 문자열의 일부로 간주한다. Lab을 좀 더 쉽게 하기 위해 문서 파일들이 제공되는데, 여기서 구두점(punctuation)은 공백을 사용해 단어들과 분리되어 있다.

흔히 리스트 원소들의 인덱스를 추적하면서 원소들 각각에 대해 이터레이션을 하고자 한다. 이를 위해 파이썬은 enumerate(L)를 제공한다.

```
>>> list(enumerate(['A','B','C']))
[(0, 'A'), (1, 'B'), (2, 'C')]
>>> [i*x for (i,x) in enumerate([10,20,30,40,50])]
[0, 20, 60, 120, 200]
>>> [i*s for (i,s) in enumerate(['A','B','C','D','E'])]
['', 'B', 'CC', 'DDD', 'EEEE']
```

Task 1.6.6: 주어진 문자열(문서)들의 리스트에 대해 딕셔너리를 리턴하는 프로시저, makeInverseIndex(strlist)을 작성해 보자. 이때, 반환되는 딕셔너리는 각 단어를 그 단어가 나타나는 문서들의 문서 번호로 이루어진 집합으로 매핑한다. 이러한 딕셔너리를 역 인덱스 자료구조라 한다. (힌트: enumerate를 사용)

Task 1.6.7: 역 인덱스와 질의 단어들의 리스트를 받아 들여 질의에 들어 있는 임의의 단어를 포함하는 모든 문서들을 지정하는 문서 번호들의 집합을 리턴하는 프로시저 `orSearch(inverseIndex, query)`를 작성해 보자.

Task 1.6.8: 역 인덱스와 질의 단어들의 리스트를 받아 들여 질의에 들어 있는 모든 단어들을 포함하는 모든 문서들을 지정하는 문서 번호들의 집합을 리턴하는 프로시저 `andSearch(inverseIndex, query)`를 작성해 보자.

작성한 프로시저를 다음 두 개의 파일에 적용해 보자.

- `stories_small.txt`
- `stories_big.txt`

1.7 Review questions

- $f : A \longrightarrow B$는 무엇을 의미하는가?
- 함수 f가 가역함수가 될 조건은 무엇인가?
- 함수 합성에서 결합성은 무엇인가?
- 어떤 함수가 확률 함수가 될 조건은 무엇인가?
- 확률이론의 기본 원칙은 무엇인가?
- 만일 가역함수의 입력이 균등 분포에 따라 랜덤하게 선택될 경우 출력의 분포는 무엇인가?

1.8 Problems

파이썬 컴프리헨션 문제

다음의 각 문제에 대해 컴프리헨션을 사용하여 한 줄로 된 프로시저를 작성해 보자.

Problem 1.8.1: `increments(L)`
input: 숫자들의 리스트 `L`
output: i 번째 원소는 `L`의 i 번째 원소에 1이 더해진 숫자들의 리스트
Example: `increments([1,5,7])`는 `[2,6,8]`을 리턴해야 한다.

Problem 1.8.2: `cubes(L)`
input: 숫자들의 리스트 `L`
`output:` i 번째 원소는 `L`의 i 번째 원소를 세제곱한 숫자들의 리스트
Example: 주어진 $[1, 2, 3]$에 대해 $[1, 8, 27]$을 리턴한다.

Problem 1.8.3: `tuple_sum(A, B)`
input: 동일한 길이의 리스트 `A`와 `B`. 각 리스트의 원소 각각은 숫자들의 쌍 (x, y)이다
output: 쌍 (x, y)의 리스트. 이 리스트의 i 번째 쌍의 첫 번째 원소는 `A` 내 i 번째 쌍의 첫 번째 원소와 `B` 내 i 번째 쌍의 첫 번째 원소의 합이다
Example: 주어진 리스트 $[(1, 2), (10, 20)]$와 $[(3, 4), (30, 40)]$에 대해, $[(4, 6), (40, 60)]$을 리턴한다.

Problem 1.8.4: `inv_dict(d)`
input: 가역함수 `f`를 나타내는 딕셔너리 `d`
output: 함수 `f`의 역함수를 나타내는 딕셔너리. 이 딕셔너리의 키는 `d`의 값이고 그 값은 `d`의 키이다.
Example: 주어진 영어-프랑스어 딕셔너리에 대해
`{'thank you': 'merci', 'goodbye':  'au revoir'}`
프랑스어-영어 딕셔너리를 리턴한다.
`{'merci':'thank you', 'au revoir':'goodbye'}`

Problem 1.8.5: 먼저, 다음 스펙을 가지는 프로시저, `row(p, n)`을 작성해 보자.

- *input:* 정수 p, n
- *output:* n-원소 리스트. 이 리스트의 원소 i는 $p + i$
- *example:* 주어진 $p = 10$, $n = 4$에 대해, $[10, 11, 12, 13]$을 리턴한다.

다음에, 그 결과 값이 20-원소 리스트들의 15-원소 리스트인 컴프리헨션을 작성해 보자. 이때, i 번째 리스트의 j 번째 원소는 $i + j$이다. `row(p, n)`를 컴프리헨션에 사용할 수 있다.

마지막으로, 동일한 컴프리헨션을 `row(p, n)`를 사용하지 않고 작성해 보자. (힌트: `row(p, n)`에 대한 호출을 `row(p, n)`의 몸체를 형성하는 컴프리헨션으로 대체)

함수의 역함수

Problem 1.8.6: 다음 함수는 가역적인가? 만약 그렇다면, 이유를 설명해 보자. 그렇지 않다면, 이 함수의 정의역 그리고/또는 공역을 변경하여 가역적으로 만들 수 있는가? 그림으로 나타내 보자.

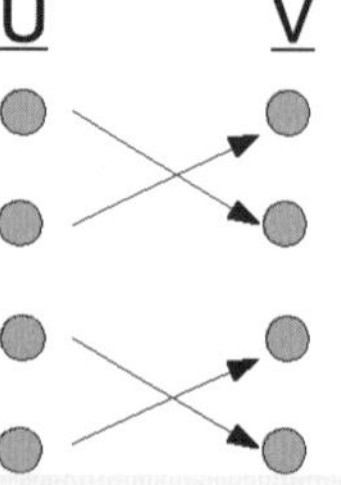

Problem 1.8.7: 다음 함수는 가역적인가? 만약 그렇다면, 이유를 설명해 보자. 그렇지 않다면, 이 함수의 정의역 그리고/또는 공역을 변경하여 가역적으로 만들 수 있는가? 그림으로 나타내

보자.

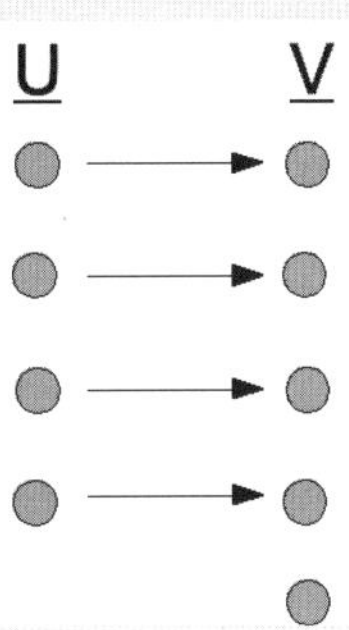

함수의 합성

Problem 1.8.8: 함수 $f : \mathbb{R} \to \mathbb{R}$이라 하자. 이때, $f(x) = abs(x)$이다. $g(x) = \sqrt{x}$인 함수 $g(x)$에 대해, $g \circ f$가 정의되게 하는 정의역과 공역을 선택할 수 있는가? 만약 그렇다면, 정의역과 공역을 명시해 보자. 그렇지 않다면, 그 이유를 설명해 보자. f 또는 g의 정의역 그리고/또는 공역을 변경하여 $g \circ f$가 정의되게 할 수 있는가?

Problem 1.8.9: 다음 그림과 같은 함수 f와 g를 고려해 보자

f: 1 → 11, 2 → 12, 3 → 13

g: 13 → 21, 12 → 22, 11 → 23

합성 함수 $f \circ g$가 정의 되는가? 만약 그렇다면, 그림으로 나타내고, 그렇지 않으면 그 이유를 설명해 보자.

확률

Problem 1.8.10: 정의역 $\{1, 2, 3, 5, 6\}$과 공역 $\{2, 3, 4, 6, 7\}$을 가지는 함수 $f(x) = x + 1$은 그 정의역에서 다음 확률 함수를 가진다: $\Pr(1) = 0.5$, $\Pr(2) = 0.2$, 그리고 $\Pr(3) = \Pr(5) = \Pr(6) = 0.1$. $f(x)$의 출력으로서 짝수를 가질 확률은 얼마인가? 홀수를 가질 확률은?

Problem 1.8.11: 정의역 $\{1, 2, 3, 4, 5, 6, 7\}$과 공역 $\{0, 1, 2\}$을 가지는 함수 $g(x) = x \ mod \ 3$은 그 정의역에서 다음 확률 함수를 가진다: $\Pr(1) = \Pr(2) = \Pr(3) = 0.2$, 그리고 $\Pr(4) = \Pr(5) = \Pr(6) = \Pr(7) = 0.1$. $g(x)$의 출력으로서 1을 가질 확률은 얼마인가? 0 또는 2를 가질 확률은?

Chapter 2

필드(Field)

이장에서는 필드(field)의 개념을 소개한다. 필드는 *덧셈*과 *곱셈* 연산값이 정의되는 값들의 컬렉션이다. 독자 대부분은 실수의 필드에 대해 익숙하다. 하지만 복소수의 필드나 0과 1으로만 구성된 필드에 대해서는 아마도 생소할 것이다. 여기서 필드에 대해 살펴보고 몇몇 응용 예에 대해 알아본다.

2.1 복소수에 대한 소개

만약 실수만 고려한다면, $x^2 = -1$의 해는 없다. 이런 문제를 해결하기 위해, 수학자들은 **i**를 도입하였다. 이것은 보통 -1*의 제곱근*으로 정의된다.

정의에 의하면,

$$\mathbf{i}^2 = -1$$

양쪽 변에 9를 곱하면 다음과 같다.

$$9\mathbf{i}^2 = -9$$

이것은 다음처럼 변경할 수 있다.

$$(3\mathbf{i})^2 = -9$$

따라서, 3**i**는 식 $x^2 = -9$의 해이다. 마찬가지로, 임의의 양수 b에 대하여 $x^2 = -b$의 해는 $\sqrt{b} \times \mathbf{i}$이다. 실수와 **i**의 곱은 *허수*(*imaginary* number)라고 한다.

식 $(x-1)^2 = -9$의 해는 무엇일까? $x - 1 = 3\mathbf{i}$로 설정하면 풀 수 있으며, 해는 $x = 1 + 3\mathbf{i}$이다. 어떤 실수와 허수의 합을 복소수라고 한다. 복소수는 *실수부*(*real part*)와 *허수부*(*imaginary part*)를 갖는다.

2.2 파이썬에서의 복소수

파이썬은 복소수를 지원한다. -9의 제곱근인 허수 3**i**는 `3j`라고 쓴다.

```
>>> 3j
3j
```

따라서, `j`는 **i**의 역할을 한다(전자.전기 공학에서 i는 전류를 의미한다).

-1의 제곱근인 허수 **i**는 변수 `j`와의 혼동을 없애기 위해 `1j`라고 쓴다.

```
>>> j
Traceback (most recent call last):
  File "<stdin>", line 1, in <module>
NameError: name 'j' is not defined
>>> 1j
1j
```

파이썬에서 실수와 허수를 더하기 위해 +를 사용할 수 있으므로, $(x-1)^2 = -9$의 해를 `1+3j`라고 쓸수 있다.

```
>>> 1+3j
(1+3j)
```

사실상, 연산자 $+, -, *, /, **$은 모두 다 복소수에 대해서도 쓸수 있다. 두 복소수를 더할 때, 실수부는 실수부끼리, 허수부는 허수부끼리 더하면 된다.

```
>>> (1+3j) + (10+20j)
(11+23j)
>>> x=1+3j
>>> (x-1)**2
(-9+0j)
```

파이썬에서 `(-9+0j)`은 비록 허수부가 영이지만 복소수로 간주된다.

일반적인 산술 연산에서와 같이, 곱셈은 덧셈보다 우선순위가 높고 거듭제곱은 곱셈보다 우선순위가 높다. 이러한 우선순위에 대한 규칙을 다음 예제를 통해 알아 보자.

```
>>> 1+2j*3
(1+6j)
>>> 4*3j**2
(-36+0j)
```

복소수의 실수부와 허수부를 도트 표기법을 사용하여 구할 수 있다.

```
>>> x.real
1.0
>>> x.imag
3.0
```

객체지향 프로그래밍 언어에서 인스턴스 변수들을 액세스하는 데 도트 표기법을 사용하는 것이 우연은 아니다. 파이썬에서 복소수는 클래스를 형성한다.

```
>>> type(1+2j)
<class 'complex'>
```

복소수 클래스는 복소수에 대해 산술 연산을 하는 데 사용되는 프로시저(메서드, 멤버 함수)를 정의한다.

2.3 필드의 추상화

프로그래밍 언어에서, 오버로딩(*overloading*)이란 서로 다른 자료형의 값들에 대해 동작하는 서로 다른 프로시저에 동일한 이름(예를 들어, +)을 사용하는 것을 말한다. 이 개념이 왜 유용한지 예를 보자. $ax+b=c$ 형태의 식을 풀기 위해 프로시저, `solve1(a, b, c)`를 작성해 보자. 여기서, a는 영이 아니다.

```
>>> def solve1(a,b,c): return (c-b)/a
```

이것은 아주 단순한 프로시저이다. 심지어 복소수가 뭔지 전혀 몰라도 작성할 수 있을 것이다. 이것을 사용하여 식 $10x+5=30$을 풀어보자.

```
>>> solve1(10, 5, 30)
2.5
```

놀라운 점은 동일한 프로시저가 복소수가 포함된 식을 푸는 데도 사용될 수 있다는 것이다. 식 $(10+5\mathbf{i})x+5=20$을 풀어보자.

```
>>> solve1(10+5j, 5, 20)
(1.2-0.6j)
```

이 프로시저는 심지어 복소수 인수를 가지는 경우에도 동작한다. 왜냐하면 프로시저가 옳은지는 제공되는 숫자의 종류에 의존적인 것이 아니기 때문이다. 그것은 단지 *나눗셈* 연산자는 *곱셈* 연산자의 역이고 *뺄셈* 연산자는 *덧셈* 연산자의 역이라는 사실에만 의존한다.

이러한 개념이 유용한 것은 이런 단순한 프로시저의 차원이 아니다. 선형대수학에서 개념, theorem, 프로시저 등 많은 것들이 실수뿐만 아니라 복소수와 다른 종류의 숫자에 대해서도 성립한다. 이것을 이루는 방식은 간단하다.

- 개념, theorem, 프로시저를 산술 연산자 $+, -, *, /$에 대해 기술한다.
- 이들 연산자는 교환법칙 $(a+b=b+a)$, 결합법칙 $(a(b+c)=ab+ac)$과 같은 기본적 법칙만을 만족한다고 가정한다.

개념, theorem, 프로시저는 이들 기본 법칙에만 의존하므로, 필드[1]라 불리는 임의의 수 체계에 적용할 수 있다. 적용 분야에 따라 다른 필드가 필요할 수 있다.

이 책에서는 세 개의 필드를 가지고 선형대수학의 보편성(generality)을 보여 준다.

- $\mathbb{R}$, 실수 필드
- $\mathbb{C}$, 복소수 필드
- $GF(2)$, 0과 1로 이루어진 필드

객체 지향 프로그래밍에서는 클래스 이름을 사용하여 그 클래스의 인스턴스들의 집합을 참조할 수 있다. 예를 들어, 클래스 `Rectangle`의 인스턴스들을 Rrectangles로서 참조한다. 수학에서는 필드의 이름, 예를 들어 $\mathbb{R}$ 또는 $GF(2)$를 사용하여 값들의 집합을 참조한다.

[1]객체지향 프로그래밍에 대해 알고 있는 사람에게 필드는 산술 연산자들을 위한 메서드들을 가져야 하는 어떤 인터페이스를 만족하는 클래스와 비슷하다.

2.4 복소수 필드 $\mathbb{C}$ 다루기

각 복소수 z는 두 개의 일반적인 수 z.real과 z.imag로 이루진다. 그러므로 전통적으로 z는 평면 (복소 평면) 위의 어떤 점, 위치를 명시한다고 생각한다.

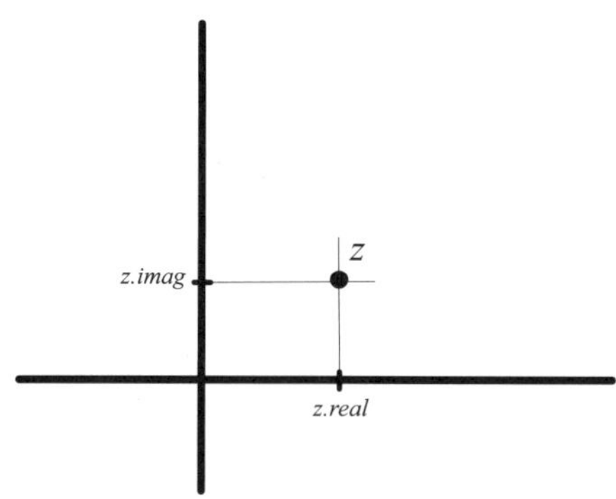

직관적으로 보기 위해, 복소수의 집합 S를 사용하여 흑백 이미지를 나타내 보자. 점이 나타나길 원하는 복소 평면의 각 위치에 대해 S 내의 복소수를 포함하자.

다음 그림은 $S = \{2+2\mathbf{i}, 3+2\mathbf{i}, 1.75+1\mathbf{i}, 2+1\mathbf{i}, 2.25+1\mathbf{i}, 2.5+1\mathbf{i}, 2.75+1\mathbf{i}, 3+1\mathbf{i}, 3.25+1\mathbf{i}\}$를 보여 준다.

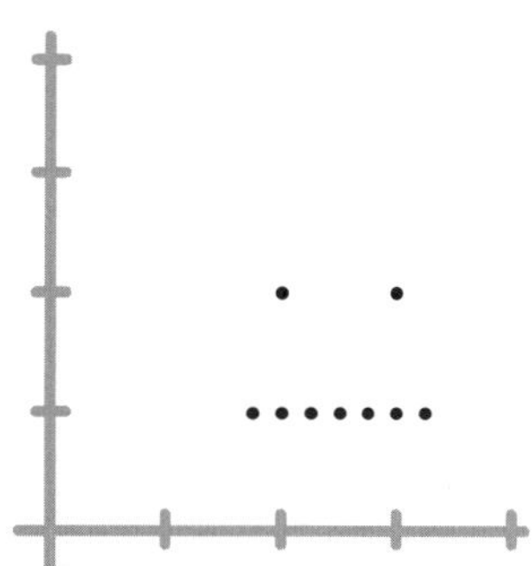

Task 2.4.1: 먼저, 변수 S에 위의 복소수들로 구성된 리스트 혹은 집합을 할당하자.

복소 평면에 점을 그리는 plotting 모듈이 제공된다. 이 모듈은 프로시저, plot을 정의한다. 다음과 같이 모듈에서 클래스를 임포트하자.

```
>>> from plotting import plot
```

다음에, 아래와 같이 S의 점들을 그려 보자.

```
>>>> plot(S, 4)
```

파이썬은 복소 평면에 S의 점들을 나타내는 윈도우를 생성한다. 프로시저 plot의 첫 번째 인수는 복소수(또는 2-터플)들의 컬렉션이다. 두 번째 인수는 그림의 스케일(크기)을 설정한다. 이 예에서 윈도우는 복소수를 보여 줄수 있고, 복소수의 실수부와 허수부는 절대값이 4보다 작다. 스케일 인수는 선택적인 인수이며 디폴트 값은 1이다. 또 다른 선택적 인수는 점의 크기를 설정하는 인수이다.

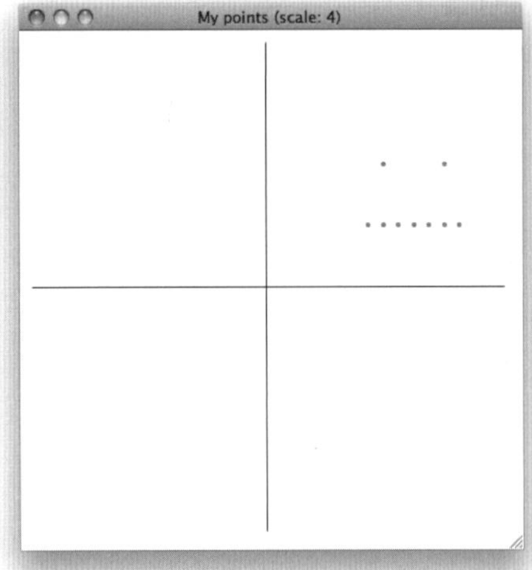

2.4.1 복소수의 절대값

복소수 z의 절대값은 $|z|$로 쓰며(파이썬에서는 `abs(z)`로 표현), 복소 평면의 원점에서 대응하는 점까지의 거리를 말한다.

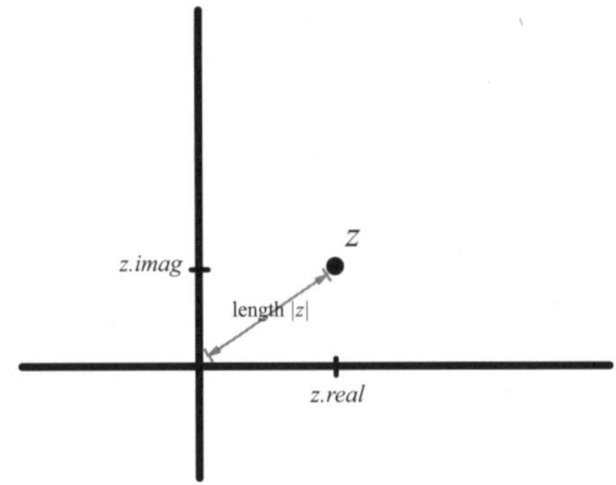

피타고라스 정리에 의하면, $|z|^2 = (z.\mathrm{real})^2 + (z.\mathrm{imag})^2$이다.

```
>>> abs(3+4j)
5.0
>>> abs(1+1j)
1.4142135623730951
```

Definition 2.4.2: 복소수 z의 *공액 복소수*는 $\bar{z}$로 쓰며, z.real $- z$.imag로 정의된다.

파이썬에서는 `z.conjugate()`라고 쓴다.

```
>>> (3+4j).conjugate()
(3-4j)
```

$\mathbf{i}^2 = -1$이란 사실을 사용하여 z와 $\bar{z}$로 표현되는 $|z|^2$에 대한 식을 얻을 수 있다.

$$|z|^2 = z \cdot \bar{z} \tag{2.1}$$

Proof

$$\begin{aligned} z \cdot \bar{z} &= (z.\text{real} + z.\text{imag}\,\mathbf{i}) \cdot (z.\text{real} - z.\text{imag}\,\mathbf{i}) \\ &= z.\text{real} \cdot z.\text{real} - z.\text{real} \cdot z.\text{imag}\,\mathbf{i} + z.\text{imag}\,\mathbf{i} \cdot z.\text{real} - z.\text{imag}\,\mathbf{i} \cdot z.\text{imag}\,\mathbf{i} \\ &= z.\text{real}^2 - z.\text{imag}\,\mathbf{i} \cdot z.\text{imag}\,\mathbf{i} \\ &= z.\text{real}^2 - z.\text{imag} \cdot z.\text{imag}\,\mathbf{i}^2 \\ &= z.\text{real}^2 + z.\text{imag} \cdot z.\text{imag} \end{aligned}$$

여기서, 마지막 등호는 $\mathbf{i}^2 = -1$에 의해 성립된다. □

2.4.2 복소수 덧셈하기

어떤 복소수, 예를 들어 $1 + 2\mathbf{i}$를 S의 각 복소수 z에 더한다고 가정해 보자. 즉, 다음 함수를 S의 각 원소에 적용하여 새로운 집합을 얻는다.

$$f(z) = 1 + 2\mathbf{i} + z$$

이 함수는 각각의 실수 좌표(x 좌표)를 1만큼, 그리고 각각의 허수 좌표(y 좌표)를 2만큼 증가시킨다. 그 결과는 아래에 보여준 것과 같이, 그래프를 오른쪽으로 1칸 그리고 위쪽으로 2칸 이동한 것과 같다.

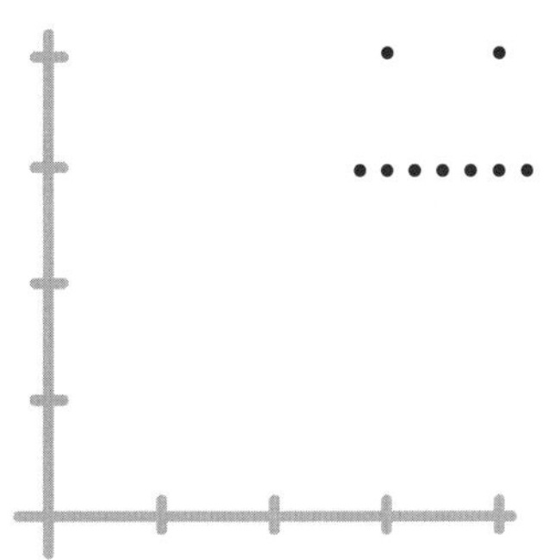

S의 수들에 대한 이러한 변환을 *평행이동(translation)*이라고 부른다. 평행이동은 다음 형태를 가진다.

$$f(z) = z_0 + z \tag{2.2}$$

여기서, z_0는 복소수이다. 평행이동은 그래프를 복소 평면의 임의의 위치로 옮길 수 있다. 예를 들어, 실수 좌표가 음수인 수 z_0를 더하는 것은 그래프를 왼쪽으로 이동하는 효과가 있다.

Task 2.4.3: 컴프리헨션을 사용하여 새로운 그래프를 생성해 보자. 이 그래프는 S의 원소 각각에 $1 + 2\mathbf{i}$를 더하여 얻어진 점들의 집합을 제공한다.

```
>>> plot({1+2j+z for z in S}, 4)
```

Quiz 2.4.4: 복소수의 집합 S의 "left eye"는 $2 + 2\mathbf{i}$에 위치해 있다. $f(z) = z_0 + z$에 의해 "left eye"를 원점으로 평행이동하는 z_0의 값은 무엇인가?

Answer

$z_0 = -2 - 2\mathbf{i}$이다. 즉, 평행이동 $f(z) = -2 - 2\mathbf{i} + z$이다.

Problem 2.4.5: 서로 다른 임의의 두 점 z_1과 z_2에 대해 다음을 보여라.

- z_1을 z_2로 매핑하는 평행이동이 있다
- z_2를 z_1으로 매핑하는 평행이동이 있다
- z_1을 z_2로, 그리고 z_2를 z_1으로 둘 다 매핑하는 평행이동은 없다

복소수를 화살표로 나타내기 평행이동 $f(z)$를 화살표로 보여 주는 것은 도움이 된다. 화살표의 꼬리는 복소 평면의 임의의 점 z에 위치하고 화살표의 머리는 z가 이동한 점 $f(z)$에 위치한다. 물론, 이 표현이 고유한 것은 아니다.

평행이동은 $f(z) = z_0 + z$ 형태를 가지므로, 평행이동은 z_0에 의해 표현된다. 그러므로, 복소수 z_0를 화살표로 나타내는 것이 적절하다

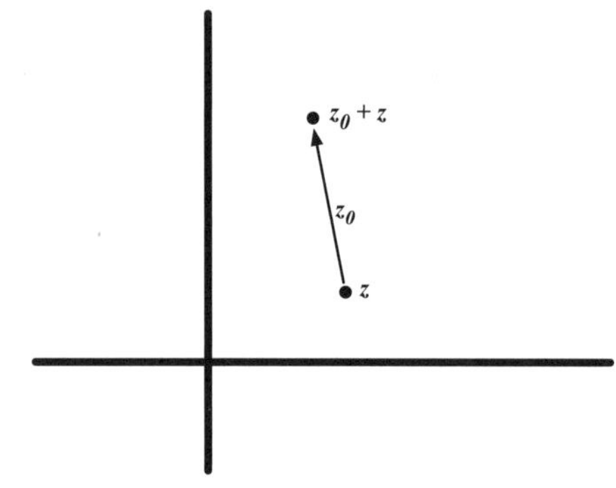

다시 말하지만 이 표현이 고유한 것은 아니다. 예를 들어, 복소수 $z_0 = 5 - 2\mathbf{i}$는 꼬리가 $0 + 0\mathbf{i}$에 있고 머리는 $5 - 2\mathbf{i}$에 위치한 화살표, 또는 꼬리는 $1 + 1\mathbf{i}$에 있고 머리는 $6 - 1\mathbf{i}$에 위치한 화살표로 나타낼 수 있다. 혹은 비슷한 방식으로 다르게 나타낼 수도 있다.

Problem 2.4.6: 두개의 화살표를 사용하여 복소수 $z_0 = -3 + 3\mathbf{i}$를 나타내는 그림을 그려보자. 이때, 화살표의 두 꼬리는 서로 다른 점에 위치한다.

평행이동 합성하기, 화살표 더하기 $f_1(z) = z_1 + z$ 와 $f_2(z) = z_2 + z$를 두 개의 평행이동이라고 하자. 이 둘을 합성하면 $z \mapsto (z_2 + z_1) + z$에 의해 정의되는 또 다른 평행이동이 만들어 진다.

$$\begin{aligned}(f_2 \circ f_1)(z) &= f_2(f_1(z)) \\ &= f_2(z_1 + z) \\ &= z_2 + z_1 + z\end{aligned}$$

두 개의 평행이동을 합쳐 하나로 만들수 있음을 그림 2.1에서 보여 준다. 여기서, 각 평행이동은 화살표로 표현된다.

z_1으로 표시한 평행이동 화살표는 하나의 점(여기서는 원점)을 또 다른 점으로 매핑하고, 그것은 다시 z_2에 의해 세 번째 점으로 매핑된다. 원점을 세 번째 점으로 매핑하는 화살표는 두 개의 다른

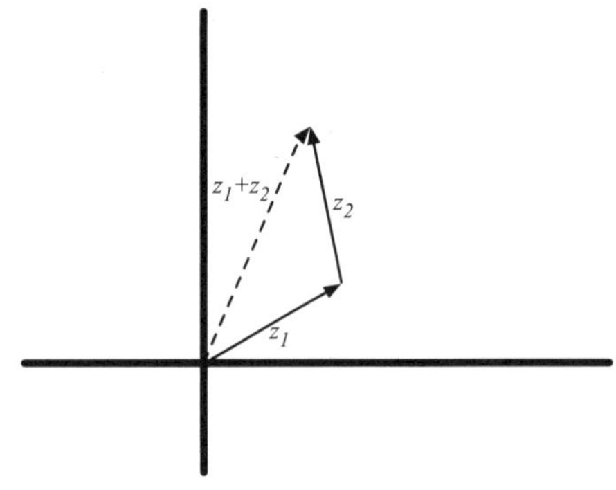

Figure 2.1: 이 그림은 복소수 덧셈을 기하학적으로 나타낸 것이다.

평행이동의 합성이며 $z_1 + z_2$ 로 표현된다.

2.4.3 양의 실수로 복소수 곱하기

S의 각 복소수를 이등분해 보자.

$$g(z) = \frac{1}{2}z$$

이 연산은 단순히 각 복소수의 실수 좌표와 허수 좌표를 반으로 줄이는 것이다. 결과는 그래프의 점들을 원점에 더 가까워지게 하고 또한 서로에게 더 가까워지게 한다.

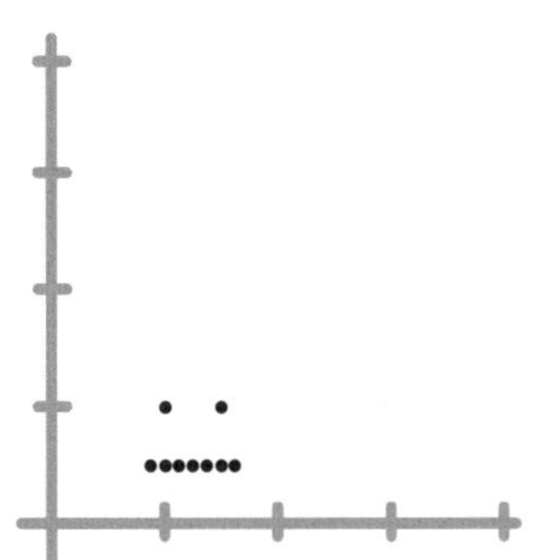

이런 연산을 스케일링(*scaling*)이라고 한다. 스케일링은 그래프의 크기 변경을 가져온다. 마찬가지로, 각 복소수를 2배 하는 것은 점들을 원점과 서로에게 더 가까워지게 한다.

Task 2.4.7: Task 2.4.3의 컴프리헨션을 사용하여 "My scaled points"라는 이름의 새로운 그래프를 생성해 보자. 새로운 그래프의 점들은 S의 각 복소수를 이등분한 것이다.

2.4.4 음수로 복소수 곱하기: 180도 회전

다음은 복소수를 -1로 곱한 결과를 보여 준다.

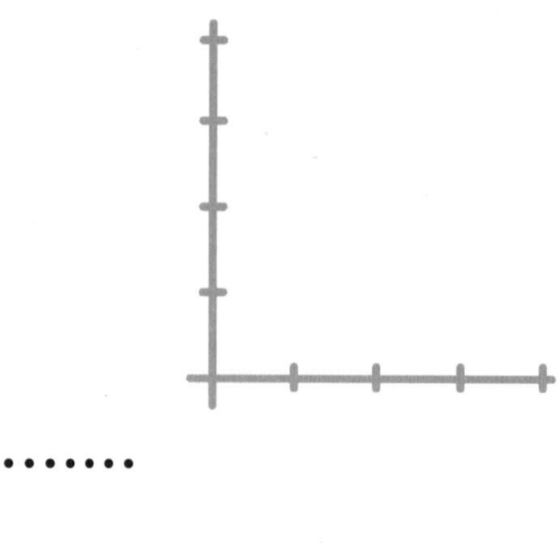

원점 주위를 회전하는 어떤 도형 위에 표시된 점들을 생각해 보자. 아래 그림은 이 도형을 180도 회전한 결과이다.

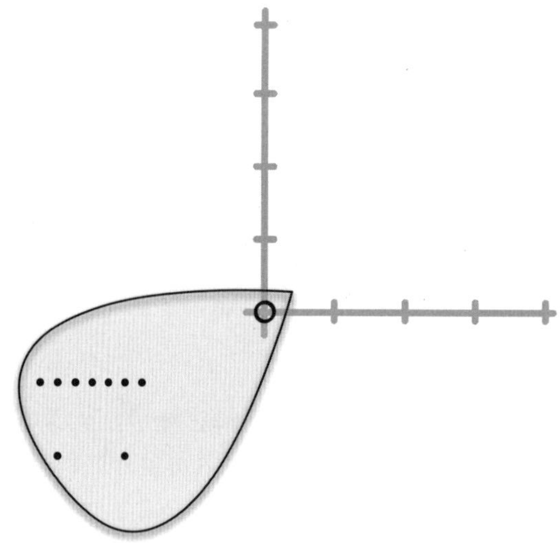

2.4.5 i를 곱하기: 90도 회전

어떻게 하면 도형을 90도만 회전할 수 있을까?

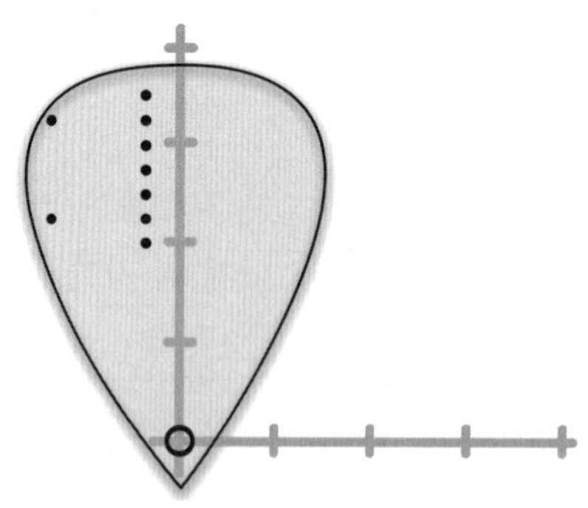

방법은 (x, y)에 위치한 점을 $(-y, x)$로 움직이는 것이다. (x, y)에 위치한 복소수는 $x + \mathbf{i}y$이다. 이제, $\mathbf{i}^2 = -1$이라는 사실을 이용할 때다. 다음과 같이 $x + \mathbf{i}y$에 $\mathbf{i}$를 곱해 보자.

$$h(z) = \mathbf{i} \cdot z$$

그러면, $\mathbf{i}x + \mathbf{i}^2 y = \mathbf{i}x - y$가 얻어진다. 이것은 점 $(-y, x)$로 나타낸 복소수이다.

Task 2.4.8: "Rotated and scaled"라는 새로운 그래프를 생성해 보자. 이 그래프는 S의 점들을 90도 회전하고 1/2만큼 스케일링한 것이다. 컴프리헨션을 사용하여 S의 점들을 하나의 복소수와 곱해 보자.

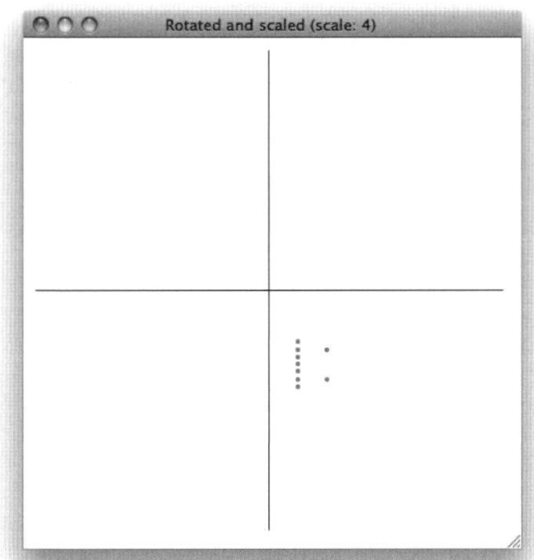

Task 2.4.9: 컴프리헨션을 사용하여 새로운 그래프를 생성해 보자. 이 그래프는 S의 점들을 90도 회전하고 1/2만큼 스케일링 한 후, 다시 아래쪽으로 1칸 그리고 오른쪽으로 2칸 이동한 것이다. 컴프리헨션을 사용하여 S의 점들을 하나의 복소수와 곱하고 다른 복소수에 더해 보자.

Task 2.4.10: `image` 모듈이 제공된다. 이 모듈은 `.png` 포맷의 파일에 저장된 이미지를 읽어 들이는 프로시저, `file2image(filename)`을 가지고 있다. 이 프로시저를 임포트하여 호출해 보자. 이때, 이미지를 포함하는 파일의 이름을 인수로 전달하고 반환된 값을 변수 `data`에 할당한다. 하나의 흑백(grayscale) 이미지, `img01.png`가 예로써 제공된다(프로시저 file2image는 3-튜플의 리스트들로 구성된 리스트인 컬러 이미지를 반환하므로, 이 컬러 이미지를 프로시저 color2gray를 사용하여 흑백 이미지로 변환해야 한다).

변수 `data`의 값은 리스트들로 구성된 리스트이고, `data[y][x]`는 픽셀 `(x,y)`의 밝기이다. 픽셀 `(0,0)`은 이미지의 맨 아래 왼쪽이고 픽셀 `(width-1, height-1)`은 맨 위 오른쪽이다. 픽셀의 밝기는 0(검은색)과 255(흰색) 사이의 숫자이다.

컴프리헨션을 사용하여 리스트 `pts`에 복소수 $x + \mathbf{i}y$의 집합을 할당해 보자. 이때 픽셀 (x, y)의 이미지 밝기는 120보다 작다. 리스트 `pts`를 그래프로 그려 보자.

Task 2.4.11: 파이썬 프로시저 `f(z)`를 작성해 보자. 이 프로시저는 리스트 `S`의 점들을 원점에 중심을 둔 점들의 집합이 되게 평행이동한다. 결과값이 평행이동된 점들의 집합이 되게 `S`와 `f`에 대한 컴프리헨션을 작성해 보자. 그리고 결과값을 그래프로 그려 보자.

Task 2.4.12: `S`의 점들 대신 `pts`의 점들을 가지고 Task 2.4.8을 반복해 보자

2.4.6 복소 평면의 단위원: *편각*과 각도

180 또는 90도 회전을 복소수 곱에 의해 나타낼 수 있다. 이것은 우연이 아님을 살펴볼 것이다. 사실 어떠한 회전도 표현 가능하다. 하지만, 회전 각도의 측도로 각도(angle) 대신 *라디안*(*radian*)을 사용하는 것이 편리하다.

단위원 위에 있는 복소수의 *편각*

단위원을 고려해 보자. 단위원은 복소 평면의 원점에 중심을 둔 반지름이 1인 원이다.

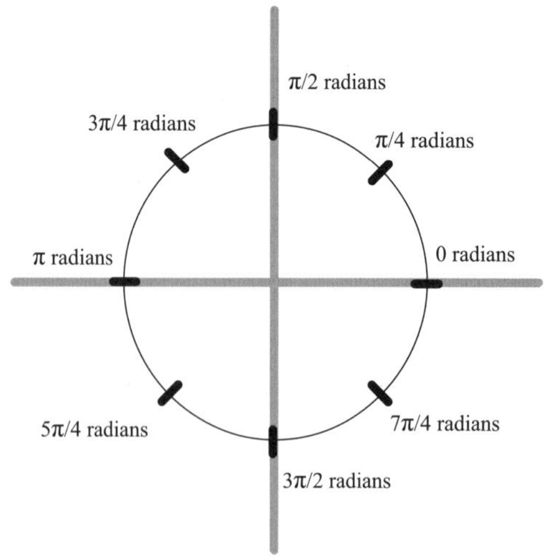

원위의 점 z는 원의 가장 오른쪽 점인 $1 + 0\mathbf{i}$에서 시작하여 z에 도착할 때까지 원을 따라 반시계

방향으로 이동하는 거리로 표현된다. 이러한 거리를 z의 *편각*이라 한다.

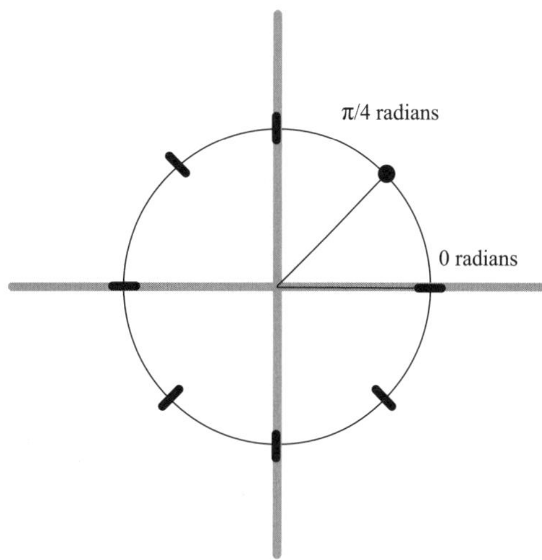

Example 2.4.13: 단위원의 둘레는 2π이므로, 원의 절반에 해당하는 점의 편각은 π이고, 1/8에 해당하는 점의 편각은 $\pi/4$이다.

단위원 위의 두 복소수에 의해 형성된 각도

단위원 위에 있는 점들을 거리를 사용하여 어떻게 표시하는지 살펴보았다. 마찬가지로, 원점에서 단위원 위의 두 점 z_1과 z_2까지의 선분에 의해 형성된 각도에 숫자를 할당할 수 있다. 이 각도는 라디안으로 표현되며, z_2에서 z_1까지 반시계 방향으로 원을 따라 이동한 거리이다.

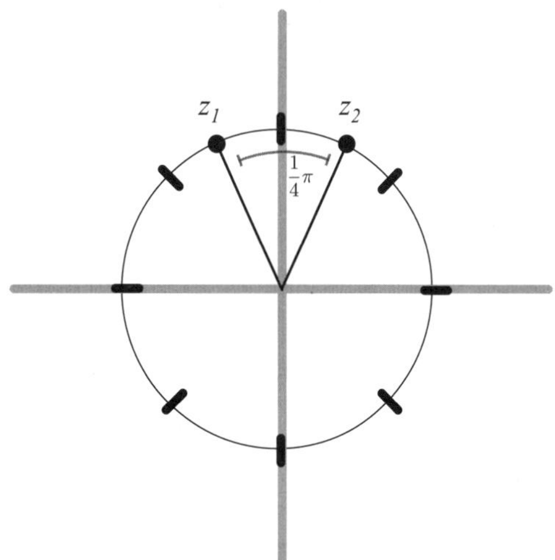

Example 2.4.14: z_1은 편각이 $\frac{5}{16}\pi$인 원위의 점이고 z_2는 편각이 $\frac{3}{16}\pi$인 원위의 점이라고 하자. 그러면, z_2에서 시작하여 원을 따라 반시계 방향으로 이동해야 하는 거리는 $\frac{1}{8}\pi$이다. 따라서, $\frac{1}{8}\pi$는 원점-z_1 선분과 원점-z_2 선분 사이의 각도이다.

Remark 2.4.15: z의 편각은 z와 $1 + 0\mathbf{i}$에 의해 형성된 각이다.

2.4.7 오일러 공식

오일러(Leonhard Euler)는 정수론과 대수학, 복소해석학, 미적분학, 미분기하학, 유체역학, 위상수학, 그래프 이론, 그리고 심지어 음악이론과 지도제작법 등 많은 수학분야의 기초이론에 공헌한 수학자이다. 오일러 공식은 임의의 실수 θ에 대해, $e^{\mathbf{i}\cdot\theta}$는 편각이 θ인 단위원 위의 점 z라는 것을 의미한다. 여기서, e는 잘 알려진 초월수(transcendental number) 2.718281828....이다.

Example 2.4.16: 점 $-1 + 0\mathbf{i}$의 편각은 π이다. π를 오일러 공식에 대입하면, 식 $e^{\mathbf{i}\pi} + 1 = 0$을 얻는다.

Task 2.4.17: `math` 모듈로부터 `e`와 `pi`의 정의를 임포트하자. `n`은 정수 20이라 하고, `w`는 복소수 $e^{2\pi\mathbf{i}/n}$이라 하자. $w^0, w^1, w^2, \ldots, w^{n-1}$로 이루어진 리스트를 생성하는 컴프리헨션을 작성해 보자. 그리고 이 복소수들을 그래프로 그려 보자.

2.4.8 복소수에 대한 극좌표 표현

오일러 공식은 단위원 위에 있는 복소수를 쉽게 표현할 수 있는 방법을 제시한다. 임의의 복소수 z를 고려해보자. L을 원점에서 z까지의 복소 평면 위에 있는 선분이라고 하고, z'은 이 선분이 단위원과 교차하는 점이라고 하자.

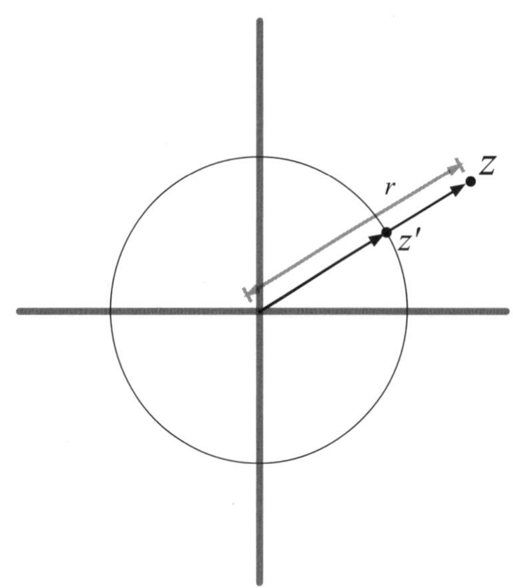

r은 z까지의 선분의 길이라고 하자. z'은 z를 축소한 것이라고 보면, 다음과 같이 쓸 수 있다.

$$z' = \frac{1}{r}z$$

θ를 z'의 편각이라 하자. 오일러 공식에 의하면, $z' = e^{\theta\mathbf{i}}$이다. 따라서 다음을 얻는다.

$$z = re^{\theta\mathbf{i}}$$

여기서, r과 θ는 z의 극좌표이다. 복소수에서 z의 *편각*은 θ라고 정의하고, z의 *절대값*($|z|$)은 r이라고 정의한다.

2.4.9 첫 번째 지수 법칙

지수에 대한 곱은 그 지수들을 더하면 된다.

$$e^u e^v = e^{u+v}$$

이 규칙은 복소수 z를 어떻게 회전시키는지 이해하는 데 도움을 준다. $r = |z|$, $\theta = \arg z$(z의 편각)인 경우, 다음과 같이 쓸 수 있다.

$$z = re^{\theta \mathbf{i}}$$

2.4.10 τ 라디안 회전

τ를 라디안 값이라 하자. z를 τ만큼 회전한 것은 z와 절대값은 같고 편각은 z보다 τ만큼 더 커야 한다. 즉, τ만큼 회전한 z는 $re^{(\theta+\tau)\mathbf{i}}$이다. 이 값을 z로 부터 어떻게 구할까?

$$\begin{aligned} re^{(\theta+\tau)\mathbf{i}} &= re^{\theta\mathbf{i}}e^{\tau\mathbf{i}} \\ &= ze^{\tau\mathbf{i}} \end{aligned}$$

따라서 τ만큼 회전한 것을 나타내는 함수는 단순히 다음과 같이 쓸 수 있다.

$$f(z) = ze^{\tau\mathbf{i}}$$

Task 2.4.18: Task 2.4.1의 복소수로 이루어진 집합 S를 기억해 보자. S의 원소들을 $\pi/4$만큼 회전한 것으로 이루어진 집합을 반환하는 컴프리헨션을 작성해 보자. 이 컴프리헨션의 값을 그래프로 그려 보자.

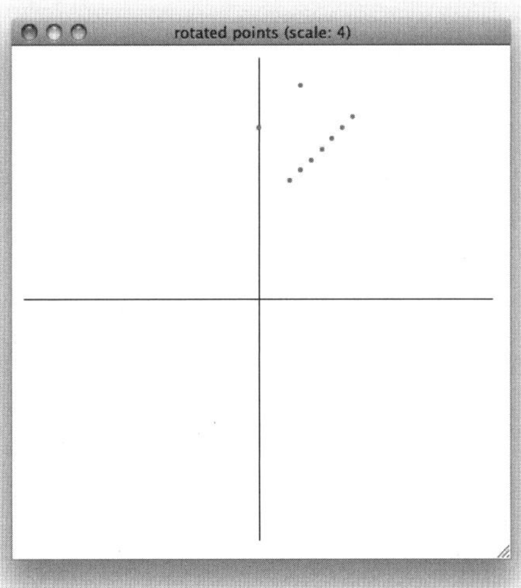

Task 2.4.19: 마찬가지로, Task 2.4.10를 기억해 보자. 리스트 pts는 어떤 이미지에서 얻은 점들로 이루어진 리스트이다. pts를 구성하는 복소수들을 $\pi/4$만큼 회전한 것을 그래프로 그려 보자.

2.4.11 연산 결합하기

Task 2.4.20: 집합 pts를 변환하는 컴프리헨션을 작성해 보자. 이 변환은 이미지가 중심에 위치하도록 평행이동하고, $\pi/4$만큼 회전하며, 그다음에 1/2만큼 스케일링한다. 결과를 그래프로 그려 보자.

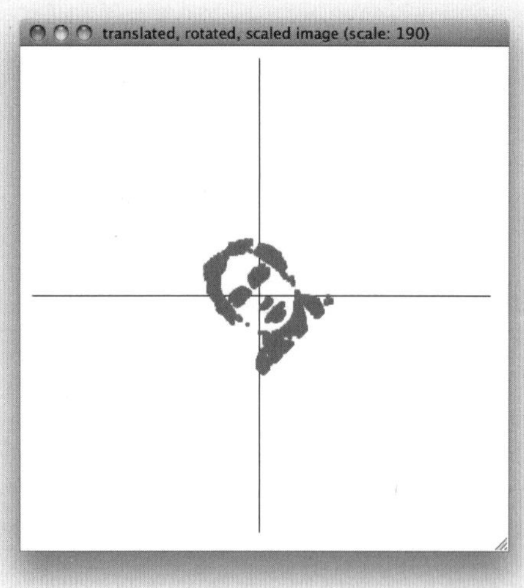

복소수는 필드를 형성하므로, 익숙한 대수적 규칙들을 사용할 수 있다. 예를 들어, $a \cdot (b \cdot z) = (a \cdot b) \cdot z$. 이 규칙을 사용하면, 두 개의 스케일링 연산은 하나로 결합될 수 있다. 2만큼 스케일링한 다음 3만큼 스케일링하는 것은 6만큼 스케일링하는 것과 같다.

마찬가지로, 회전은 곱셈에 의해 수행되므로, 두 개의 회전을 하나로 결합할 수 있다. $\frac{\pi}{4}$만큼 회전($e^{\frac{\pi}{4}\mathbf{i}}$를 곱함)한 후 $\frac{\pi}{3}$만큼 회전($e^{\frac{\pi}{3}\mathbf{i}}$를 곱함)하는 것은 $e^{\frac{\pi}{4}\mathbf{i}} \cdot e^{\frac{\pi}{3}\mathbf{i}}$를 곱하는 것과 같다. $e^{\frac{\pi}{4}\mathbf{i}} \cdot e^{\frac{\pi}{3}\mathbf{i}}$는 $e^{\frac{\pi}{4}\mathbf{i}+\frac{\pi}{3}\mathbf{i}}$와 동일하고 $\frac{\pi}{4} + \frac{\pi}{3}$만큼 회전하는 것과 같다.

스케일링과 회전 둘 다 곱셈으로 이루어지므로, 회전과 스케일링도 결합할 수 있다. $\frac{\pi}{4}$만큼 회전($e^{\frac{\pi}{4}\mathbf{i}}$를 곱함)한 후 $\frac{1}{2}$만큼 스케일링하는 것은 $\frac{1}{2}e^{\frac{\pi}{4}\mathbf{i}}$를 곱하는 것과 같다.

2.4.12 3차원 이상의 경우

복소수는 이미지, 조금 더 일반적으로 말하면 평면 위의 점들의 집합을 변환하는 데 아주 편리하다. 아마도 3차원 이상의 점들에 대한 연산에 동일한 방식을 적용할 수 있는지 궁금할 것이다. 하지만, 이것에 대해서는 다음 장에서 살펴본다.

2.5 $GF(2)$에 대해 알아보기

$GF(2)$는 *갈루아 필드*(*Galois Field 2*)를 간략하게 표현한 것이다.[2]

$GF(2)$ 필드는 설명하기 아주 쉽다. 이것은 두 개의 원소 0과 1을 갖는다. $GF(2)$에서 산술 연산은 두 개의 작은 표로 요약할 수 있다.

×	0	1
0	0	0
1	0	1

+	0	1
0	0	1
1	1	0

덧셈은 modulo 2 이며, 이것은 배타적 논리합(exclusive-or)과 같다. 특히, $1 + 1 = 0$이다.

뺄셈은 덧셈과 동일하다. 1의 음수는 1이고, 0의 음수는 0이다.

$GF(2)$에서 곱셈은 일반적인 0과 1의 곱셈과 같다. 0을 곱하면 0이 되고, 1에 1을 곱하면 1이 된다. 나눗셈의 경우 1로 나눌 수는 있지만 0으로 나눌수는 없다(일반 산술 연산과 동일함).

$GF(2)$를 아주 단순하게 구현한 모듈 `GF2`가 제공된다. 이 모듈은 $GF(2)$의 원소 1 역할을 하는 값 `one`을 정의한다. 통상적인 zero는 $GF(2)$의 원소 0 역할을 한다(일관성을 위해, `GF2` 모듈은 `zero`를 0으로 정의한다).

```
>>> from GF2 import one
>>> one*one
one
>>> one*0
0
>>> one + 0
one
>>> one+one
0
>>> -one
one
```

2.5.1 완벽한 비밀 유지 – 다시 방문

1장에서 완벽한 비밀 유지가 가능한(1비트 전송의 경우) 암호체계에 대해 기술하였다. 앨리스와 밥은 키 k를 $\{\clubsuit, \heartsuit\}$로부터 균등하고 랜덤하게 선택한다. 그다음에, 앨리스는 다음 암호화 함수를 사용하여 평문의 비트 p를 암호문의 비트 c로 변환한다.

---

[2]갈루아는 1811년에 태어난 수학자로, 10대에 추상대수학의 필드에 대한 기반을 확립한 사람이다. 그는 20살에 결투에서 사망하였다.

p	k	c
0	♣	0
0	♡	1
1	♣	1
1	♡	0

암호화 방법은 $GF(2)$ 덧셈이다. ♣를 0, ♡를 1로 대체하면, 암호화 표는 $GF(2)$의 덧셈 표가 된다.

p	k	c
0	0	0
0	1	1
1	0	1
1	1	0

각 평문 $p \in GF(2)$에 대해, 함수 $k \mapsto k + p$ ($GF(2)$에서 $GF(2)$로의 매핑)는 가역적이다(단사이며 전사 함수임). 그러므로 키 k가 균등하고 랜덤하게 선택될때, 암호문도 균등분포를 가진다. 이 사실은 이런 방식의 암호체계를 사용하면 완벽한 비밀 유지가 가능하다는 것을 보여준다.

$GF(2)$ 대신 정수 사용하기

왜 앨리스와 밥은 $GF(2)$ 대신에 일반적인 정수를 사용할 수 없을까? 각 $x \in \mathbb{Z}$에 대해, $\mathbb{Z}$에서 $\mathbb{Z}$로의 매핑인 함수 $y \mapsto x+y$가 가역함수인 것은 마찬가지다. 하지만, 이것이 암호체계로서 동작하지 않는 이유는 $\mathbb{Z}$에 대한 균등 분포가 없어 첫 번째 단계인 키를 선택하는 것이 불가능하기 때문이다.

긴 메시지 암호화하기

그렇다면, 어떻게 긴 메시지를 암호화할 수 있을까? 컴퓨터 분야의 학생들은 긴 메시지는 긴 비트열로 나타낼수 있음을 안다. 암호화될 메시지가 n 비트로 구성되어 있다고 가정해 보자. 앨리스와 밥은 동일하게 긴 시퀀스의 키 비트열 $k_1 \ldots k_n$을 선택해야 한다. 앨리스가 평문 $p_1 \ldots p_n$을 선택했다면, 그녀는 암호문 $c_1 \ldots c_n$을 한 비트씩 차례로 얻는다.

$$
\begin{aligned}
c_1 &= k_1 + p_1 \\
c_2 &= k_2 + p_2 \\
&\vdots \\
c_n &= k_n + p_n
\end{aligned}
$$

이러한 시스템으로 완벽한 비밀 유지가 가능하다고 비공식적으로 주장해 보자. 앞서 주장은 암호문의 각 비트 c_i는 평문의 대응하는 비트 p_i에 대해 아무 정보도 주는 게 없다는 것을 보여 준다. 이 사실로부터 시스템은 완벽한 비밀 유지가 가능하다고 추론한다.

다중 비트 시스템에 대한 설명은 다소 성가시고 완벽한 비밀 유지에 대한 주장은 구체적이지 않다. 3장에서 $GF(2)$ 벡터를 사용하여 설명을 단순화할 수 있음을 보여 줄 것이다.

일회성 패드(one-time pad)

기술한 암호체계는 *일회성 패드*라고 불린다. 이름에서 제안되듯이 키의 각 비트는 오직 한 번만 사용된다는 것이 중요하다. 즉, 평문의 각 비트는 그 키의 해당 비트를 가지고 암호화된다. 이것은 양측이 오랫동안 떨어져 있는 경우에는 부담이 될 수 있다. 왜냐하면, 양측은 떨어지기 전에 키에 사용될 많은 비트에 대해 반드시 동의해야 하기 때문이다.

1930년부터 구 소련은 통신을 위해 일회성 패드를 사용하였다. 하지만 2차대전 동안에 키로 사용할 비트가 소진되어 일부 비트를 재사용하기 시작했다. 미국과 영국은 이 사실을 우연히 알게 되었고 이것을 이용하여(VENONA라는 비밀 프로젝트에서) 암호화된 메시지의 약 1%를 부분적으로 암호해제하여 줄리어스 로젠버그(Julius Rosenburg)와 앨저 히스(Alger Hiss)가 스파이 행위에 가담한 사실을 폭로하였다.

Problem 2.5.1: 11-심볼 메시지를 다음과 같이 암호화하였다고 생각하자. 각 심볼은 0과 26 사이의 숫자에 의해 표현된다($A \mapsto 0, B \mapsto 1, \ldots, Z \mapsto 25, space \mapsto 26$). 각 숫자는 5-비트 이진 시퀀스 ($0 \mapsto 00000, 1 \mapsto 00001, ..., 26 \mapsto 11010$)에 의해 표현된다. 마지막으로, 55비트의 결과 시퀀스는 결함이 있는 일회성 패드를 사용하여 암호화 된다. 키는 55개의 랜덤 비트가 아니라 5개 랜덤 비트로 구성된 동일한 시퀀스를 11번 복사한 것이다. 암호문은 다음과 같다.

10101 00100 10101 01011 11001 00011 01011 10101 00100 11001 11010

평문을 찾아보자.

2.5.2 네트워크 코딩(Network coding)

네트워크를 통해 비디오 스트리밍을 하는 문제를 생각해 보자. 다음은 단순한 네트워크의 예를 보여준다.

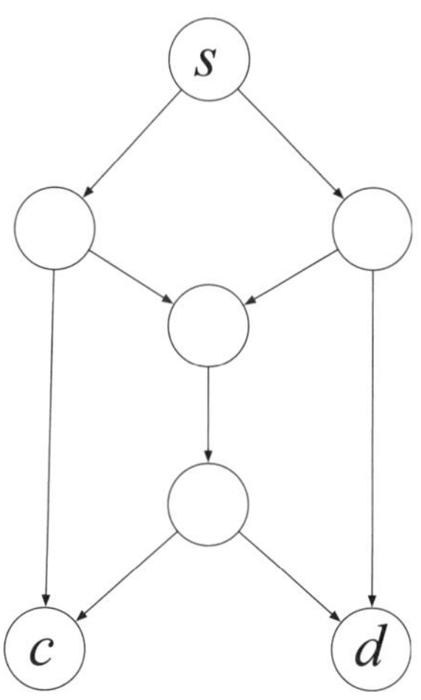

맨 위의 s라고 표시된 노드는 맨 아래 c와 d로 표시된 두 개의 노드 각각에 비디오를 스트리밍 하여야 한다. 네트워크의 각 링크는 1Mbps의 커패시티를 가진다. 하지만 비디오 스트리밍을 위해서는 2Mbps가 필요하다. 사용자가 한 명뿐이라면 문제가 없을 것이다. 아래에 보여준 것처럼, 네트워크는 동시에 두 개의 1Mbps 스트림을 s에서 c로 보낼 수 있다.

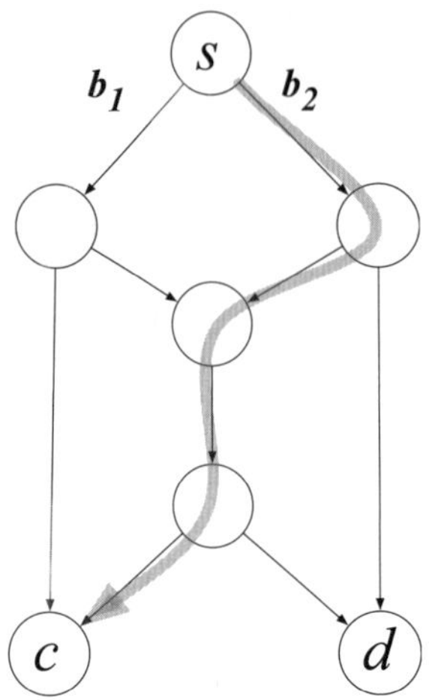

1초에 백만 번 1비트 b_1이 하나의 경로로 보내지고 다른 비트 b_2는 또 다른 경로로 전송된다. 따라서 사용자에게 전달되는 총 비트 속도는 2Mbps이다.

하지만 아래에 보여주는 것과 같이, 동일한 방식으로 두 개의 비트스트림을 두 명의 사용자 각각에게 전송할 수는 없다. 이유는 두 비트스트림이 네트워크 경로의 한 링크에서 대역폭(bandwidth)을 차지하기 위해 경쟁하게 될 것이기 때문이다.

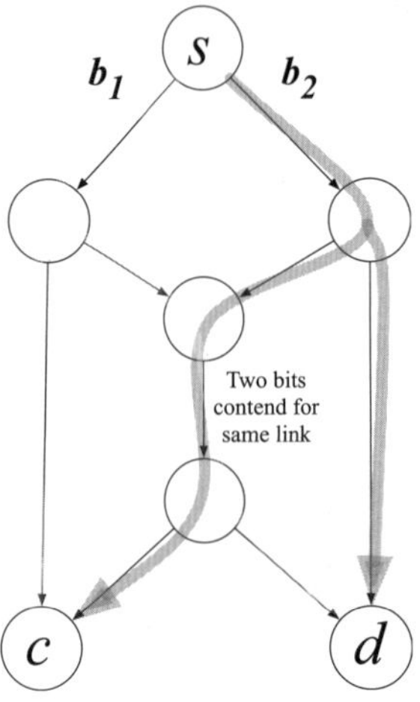

$GF(2)$는 이 문제에 대한 해결책이 된다. 네트워크 노드가 약간의 계산을 할 수 있다는 사실을 이용할 수 있다. 이 방법을 그림으로 나타내면 다음과 같다.

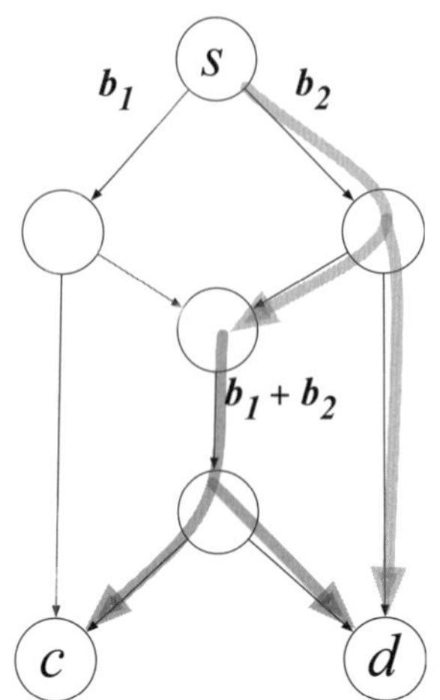

한가운데 노드에 비트 b_1과 b_2가 도착하면 두 비트는 $GF(2)$ 덧셈으로 결합하여 하나의 비트가 된다. 이 한 비트는 도시된 것과 같이 사용자 c와 d에게 전송된다. 사용자 c는 비트 b_1과 b_1+b_2를 수신하며, 비트 b_2를 계산할 수 있다. 사용자 d는 비트 b_2와 b_1+b_2을 수신하며 또한 비트 b_1을 계산할수 있다.

보여준 바와 같이, 네트워크는 한 쌍의 사용자에게 단지 1Mbps의 스트리밍을 지원하는 것처럼 보이지만 실제로는 2Mbps 스트리밍을 지원한다. 물론, 이런 방식의 라우팅은 더 큰 네트워크와 더 많은 사용자에게도 적용될 수 있다. 이런 개념을 *네트워크 코딩*이라 한다.

2.6 Review questions

- 필드 이름 3개를 말해 보자.
- 복소수의 공액 복소수는 무엇인가? 이것은 복소수의 절대값과 무슨 관계가 있는가?
- 복소수의 덧셈은 어떻게 동작하는가?
- 복소수의 곱셈은 어떻게 동작하는가?
- 복소수에서 평행이동은 어떻게 정의될 수 있는가?
- 복소수에서 스케일링은 어떻게 정의될 수 있는가?
- 복소수에서 180도 회전은 어떻게 정의될 수 있는가?
- 복소수에서 90도 회전은 어떻게 정의될 수 있는가?
- $GF(2)$ 값의 덧셈은 어떻게 동작하는가?
- $GF(2)$ 값의 곱셈은 어떻게 동작하는가?

2.7 Problems

파이썬의 컴프리헨션 문제

컴프리헨션을 사용하여 다음 세 개의 프로시저를 작성해 보자.

Problem 2.7.1: `my_filter(L, num)`
input: 숫자들의 리스트와 하나의 숫자
output: num의 배수를 포함하지 않는 숫자들의 리스트
example: 주어진 L = $[1, 2, 4, 5, 7]$과 num=2에 대해, $[1, 5, 7]$을 리턴한다.

Problem 2.7.2: `my_lists(L)`
input: 음이 아닌 정수들의 리스트 L
output: 리스트들로 구성된 리스트. L 내의 모든 원소 x에 대해, $1, 2, \ldots, x$를 포함하는 리스트 생성
example: 주어진 $[1, 2, 3]$에 대해, $[[1], [1, 2], [1, 2, 3]]$을 리턴한다.
example: 주어진 $[0]$에 대해, $[[\ ]]$을 리턴한다.

Problem 2.7.3: `my_function_composition(f, g)`
input: 두 개의 함수 f와 g. 함수들은 딕셔너리로 표현되며 $g \circ f$ 존재
output: 함수 $g \circ f$를 나타내는 딕셔너리
example: 주어진 $f = \{0{:}'a', 1{:}'b'\}$, $g = \{'a'{:}'apple', 'b'{:}'banana'\}$에 대해, $\{0{:}'apple', 1{:}'banana'\}$을 리턴한다.

파이썬의 루프 문제

다음 문제의 프로시저에 대해, 아래 포맷을 사용하자.

```
def <ProcedureName>(L):
    current = ...
    for x in L:
        current = ...
    return current
```

작성한 프로시저가 초기에 `current`에 할당하는 값은 입력 리스트 `L`이 비어 있는 경우 그 프로시저의 리턴값이 된다. 이것은 입력 리스트가 빈 리스트인 경우 응답을 어떻게 정의해야 하는지에 대한 지침이 된다. 여기서, 파이썬의 내장 프로시저인 `sum(·)`과 `min(·)`을 사용하는 것은 허용되지 않는다.

Problem 2.7.4: `mySum(L)`
Input: 숫자들의 리스트
Output: 리스트 내 숫자들의 합

Problem 2.7.5: `myProduct(L)`
input: 숫자들의 리스트
output: 리스트 내 숫자들의 곱

Problem 2.7.6: `myMin(L)`
input: 숫자들의 리스트
output: 리스트 내 최소 숫자

Problem 2.7.7: `myConcat(L)`
input: 문자열들의 리스트
output: `L` 내 모든 문자열의 결합

Problem 2.7.8: `myUnion(L)`
input: 집합들의 리스트
output: `L` 내 모든 집합의 합집합

위의 문제 각각에서, `current`의 값은 어떤 연산 $\diamond$를 사용하여 `myList`의 원소와 결합한다. 프로시저가 맞는 결과를 리턴하도록 하기 위해 `current`는 연산 $\diamond$에 대한 항등원(*identity element*)을 가지고 초기화되어야 한다. 연산 $\diamond$에 대한 항등원은 임의의 값 x에 대하여 $i \diamond x = x$를 만족하는 그런 값 i를 말한다.

입력 리스트가 빈 리스트일 경우 출력값은 `current`의 초기값(이 경우엔 루프의 몸체가 전혀 실행되지 않으므로)이 되게 프로시저의 구조를 정의하는 것이 편리하다.

Problem 2.7.9: 위에서 언급한 내용을 참고하여 다음 각각에 대한 답을 찾아보자.

1. 빈 집합에 있는 숫자들의 합
2. 빈 집합에 있는 숫자들의 곱
3. 빈 집합에 있는 숫자들 중 최소값
4. 문자열들을 원소로 가지는 리스트가 빈 리스트인 경우의 결합
5. 집합들을 원소로 가지는 리스트가 빈 리스트인 경우의 합집합

이러한 방식으로 집합들을 원소로 가지는 리스트가 빈 리스트인 경우 교집합을 정의하면 무슨 문제가 발생할 수 있는지 알아보자.

복소수 덧셈 연습

Problem 2.7.10: 다음 문제들의 각각은 두 개의 복소수의 합을 구하는 것이다. 각각에 대해 해를 구하고 그림 2.1과 같이 그림으로 나타내어 보자. 그리는 화살표는 더해지는 벡터에(대략적으로) 대응되어야 한다.

a. $(3 + 1\mathbf{i}) + (2 + 2\mathbf{i})$

b. $(-1 + 2\mathbf{i}) + (1 - 1\mathbf{i})$

c. $(2 + 0\mathbf{i}) + (-3 + .001\mathbf{i})$

d. $4(0 + 2\mathbf{i}) + (.001 + 1\mathbf{i})$

지수의 곱

Problem 2.7.11: 지수의 첫 번째 법칙을 사용하여(섹션 2.4.9) 두 지수의 곱을 하나의 지수로 표현해 보자. 예를 들어, $e^{(\pi/4)\mathbf{i}}e^{(\pi/4)\mathbf{i}} = e^{(\pi/2)\mathbf{i}}$이다.

a. $e^{1\mathbf{i}}e^{2\mathbf{i}}$

b. $e^{(\pi/4)\mathbf{i}}e^{(2\pi/3)\mathbf{i}}$

c. $e^{-(\pi/4)\mathbf{i}}e^{(2\pi/3)\mathbf{i}}$

복소수에 대한 연산 결합

Problem 2.7.12: 다음 스펙을 가지는 프로시저, `transform(a,b, L)`을 작성해 보자

- *input:* 복소수 a와 b, 복소수들의 리스트 L
- *output:* $f(z) = az + b$를 L 내의 각 복소수에 적용하여 얻은 복소수들의 리스트

다음의 각 문제에 명시된 변환을 이루기 위해, `a`와 `b` 값으로 어떤 값을 선택해야 하는지 설명해 보자. 만일 명시된 변환을 이룰 방법이 없으면, 그 이유를 설명해 보자.

a. z를 위로 1유닛, 오른쪽으로 1유닛 평행이동하고, 다음에 시계 방향으로 90도 회전한 후 2만큼 스케일링해 보자.

b. 실수부를 2만큼, 허수부를 3만큼 스케일링하고, 반시계 방향으로 45도 회전한 후, 아래로 2유닛, 왼쪽으로 3유닛 평행이동해 보자.

$GF(2)$ 연산

Problem 2.7.13: 다음의 각 문제에 대해 $GF(2)$ 연산의 결과를 계산해 보자.

a. $1 + 1 + 1 + 0$

b. $1 \cdot 1 + 0 \cdot 1 + 0 \cdot 0 + 1 \cdot 1$

c. $(1 + 1 + 1) \cdot (1 + 1 + 1 + 1)$

네트워크 코딩

Problem 2.7.14: 섹션 2.5.2에서 사용된 네트워크 예를 생각해 보자. 주어진 순간에 전송되어야 할 비트는 $b_1 = 1$, $b_2 = 1$이다. 네트워크의 각 링크를 그 링크를 통해 전송되어야 비트를 가지고 표시해 보자. 이때, 비트는 네트워크 코딩 기법에 따라 전송된다. 사용자 노드 c와 d는 어떻게 b_1과 b_2를 수신할 수 있는지 설명해 보자.

Chapter 3

벡터

3.1 벡터란 무엇인가?

*벡터*란 단어는 "운반하다"라는 뜻의 라틴어에서 유래되었다. 이 용어는 어떤 것을 한 장소에서 다른 곳으로 이동하는 벡터의 방향성에서 비롯된다.

어떤 전통적인 선형대수학 클래스에서는 벡터를 숫자들의 리스트로 생각하도록 가르친다.

$$[3.14159, 2.718281828, -1.0, 2.0]$$

이런 방식의 벡터 표기법은 일반적으로 사용된다.[1] 그러므로 이에 대해 알아둘 필요가 있다. 이 책에서는 가끔 파이썬의 리스트를 사용하여 벡터를 나타낸다.

Definition 3.1.1: 4개의 실수를 원소로 가지는 벡터를 $\mathbb{R}$*상의 4-벡터*라고 한다.

한 벡터의 모든 원소는 하나의 필드에서 나와야 한다. 앞 장에서 살펴본 세 가지 필드의 예는 $\mathbb{R}$, $\mathbb{C}$, 그리고 $GF(2)$이다. 그러므로 우리는 이들 각 필드상의 벡터를 가질 수 있다.

Definition 3.1.2: 필드 $\boldsymbol{F}$와 양의 정수 n에 대해, $\boldsymbol{F}$에 속하는 n개 원소를 가지는 벡터를 $\boldsymbol{F}$ *상의* n*-벡터*라고 한다. $\boldsymbol{F}$상의 n-벡터들의 집합은 $\boldsymbol{F}^n$으로 나타낸다.

예를 들어, $\mathbb{R}$상의 4-벡터들의 집합을 $\mathbb{R}^4$라고 쓴다.

이 표기법은 D에서 $\boldsymbol{F}$로의 *함수*들의 집합에 대한 표기법인 $\boldsymbol{F}^D$를 생각나게 한다. 사실, $\boldsymbol{F}^d$는 $\boldsymbol{F}^{\{0,1,2,3,\ldots,d-1\}}$를 줄여 표현한 것으로 해석할 수도 있다. 이 해석에 따르면, $\boldsymbol{F}^d$는 $\{0, 1, \ldots, d-1\}$에서 $\boldsymbol{F}$로의 함수들의 집합이다.

예를 들어, 4-벡터 $[3.14159, 2.718281828, -1.0, 2.0]$는 사실상 함수이다.

$$\begin{aligned} 0 &\mapsto 3.14159 \\ 1 &\mapsto 2.718281828 \\ 2 &\mapsto -1.0 \\ 3 &\mapsto 2.0 \end{aligned}$$

[1] 종종 [ ] 대신 ( )가 사용된다.

3.2 벡터는 함수이다

일단 벡터는 함수란 해석을 받아들이게 되면 많은 응용 분야가 보일 것이다.

Example 3.2.1: 벡터로 나타낸 문서: 정보 검색이라고 부르는 분야에 대한 예가 하나 있다. 정보 검색은 수많은 문서들로부터 원하는 정보를 찾는 문제를 다룬다.

정보 검색에서 많은 연구는 문법을 완전히 무시하는 아주 단순한 모델, 즉 문서들에 대한 *word-bag* 모델에 기반을 두고 있다. 문서는 단순히 단어들로 구성된 멀티셋(multiset)(또는 bag)으로 간주된다. 멀티셋은 집합과 같지만, 동일 원소를 여러 번 포함할 수 있다. 동일 원소가 나타나는 횟수는 그 원소의 중복도(*multiplicity*)라고 한다.

단어들의 bag은 함수 f에 의해 나타낼 수 있다. 이때, f의 정의역은 단어들의 집합이고 치역은 실수들의 집합이다. 어떤 단어의 상(대응되는 값)은 그 단어의 중복도이다. WORDS를 단어(예를 들어, 영어 단어)들의 집합이라고 하자. 그러면, f는 WORDS에서 $\mathbb{R}$로 매핑된다는 것을 나타내기 위해 다음과 같이 쓴다.

$$f : \text{WORDS} \longrightarrow \mathbb{R}$$

이러한 함수는 벡터를 나타내는 것으로 해석될 수 있으며, 실수 $\mathbb{R}$상의 *WORDS-벡터*라고 부른다.

Definition 3.2.2: 유한 집합 D와 필드 $\boldsymbol{F}$에 대해, $\boldsymbol{F}$상의 D*-벡터*는 D에서 $\boldsymbol{F}$로의 함수이다.

이러한 정의는 컴퓨터 과학자들이 사용하는 것이다. 이것은 자료구조를 표현하는 데 적합하다. 하지만 수학자들이 사용하는 정의와는 중요한 다른 점이 두 가지 있다.

- 정의역 D는 유한해야 한다. 이것은 수학적으로 중요한 의미가 있다. 만약 D가 무한한 경우엔 성립하지 않는 정리들에 대해 알아 볼 것이다. 무한한 정의역을 가지는 함수들을 사용하여 가장 잘 모델링할 수 있는 중요한 수학적 질문들이 있다. 수학을 계속 공부한다면 이러한 질문들을 만나게 될 것이다.

- 선형대수학에 대한 전통적인 추상적 접근법은 벡터를 직접적으로 정의하지 않는다. 필드는 특정 대수적 법칙을 만족하는 어떤 연산자들$(+, -, *, /)$을 가지는 값들의 집합으로서 정의된다. 마찬가지로, 벡터공간도 특정 대수적 법칙을 만족하는 어떤 연산자들을 가지는 집합으로서 정의된다. 이 경우 벡터는 그 집합 내에 있는 것들이다. 이러한 접근법은 조금 더 일반적이지만 더 추상적이다. 따라서 이해하기는 조금 더 힘들 수 있다. 수학을 계속하여 공부한다면 추상적 접근법에 대해 매우 익숙하게 될 것이다.

이 책에서 사용하는 좀 더 구체적인 접근법으로 돌아와 보자. 섹션 1.3.3의 표기법에 따르면, $\boldsymbol{F}^D$는 정의역 D와 공변역 $\boldsymbol{F}$를 가지는 함수들의 집합이다. 즉, $\boldsymbol{F}$상의 모든 D-벡터들의 집합이다.

Example 3.2.3: 벡터를 함수로 나타내는 표기법을 보여주기 위해 다음을 고려해 보자.

(a.) $\mathbb{R}^{WORDS}$: Example 3.2.1(68 페이지)에서 보여준 $\mathbb{R}$상의 모든 $WORDS$-벡터들의 집합

(b.) $GF(2)^{\{0,1,\ldots,n-1\}}$: $GF(2)$상의 모든 n-벡터들의 집합

3.2.1 파이썬의 딕셔너리를 이용한 벡터 표현

가끔은 파이썬의 리스트를 사용하여 벡터를 나타낼 것이다. 하지만 벡터는 유한한 정의역을 가지는 함수라고 얘기 하였다. 파이썬의 딕셔너리는 유한한 정의역을 가지는 함수들을 표현하는 데 편리하다. 그러므로 벡터를 표현하는 데 딕셔너리를 종종 사용한다.

예를 들어, 섹션 3.1의 4-벡터는 {0:3.14159, 1:2.718281828, 2:-1.0, 3:2.0}으로 나타낼 수 있다.

Example 3.2.1(68 페이지)에서, 문서들의 word-bag 모델을 다루었다. 이 모델에서 문서는 $\mathbb{R}$ 상의 WORDS-벡터에 의해 표현된다. 이러한 벡터는 딕셔너리로 표현할 수 있겠지만 이렇게 표현한 딕셔너리는 아마도 20만 개의 키-값 쌍으로 구성될 것이다. 통상적인 문서는 WORDS 내에 있는 단어들의 일부만을 사용한다. 그러므로 대부분의 값들은 영이다. 정보 검색에서 하나의 벡터는 일반적으로 많은 문서를 가진다. 각 벡터를 20만 원소를 가지는 딕셔너리로 표현하는 것은 낭비적이다. 대신에 값이 영인 키-값 쌍을 생략하는 방식을 채용한다. 이것을 *스파스(sparse) 표현*이라고 한다. 예를 들어, "The rain in Spain falls mainly on the plain"이란 문서는 다음 딕셔너리에 의해 나타내어진다.

```
{'on': 1, 'Spain': 1, 'in': 1, 'plain': 1, 'the': 2, 'mainly': 1,
                                         'rain': 1, 'falls': 1}
```

이 벡터는 영을 'snow', 'France', 'primarily', 'savannah', 그리고 WORDS의 다른 원소들에 할당한다는 사실을 명시할 필요는 없다.

3.2.2 Sparsity

대부분의 원소값이 영인 벡터를 *스파스(sparse)* 벡터라고 한다. 만약 영이 아닌 원소의 수가 최대 k 개인 벡터는 *k-스파스*라고 한다. k-스파스 벡터는 k에 비례하는 공간을 사용하여 표현될 수 있다. 예를 들어, 많은 문서로 구성된 자료 모음을 WORD-벡터들로 나타내려고 하면 필요한 저장 공간은 모든 문서를 구성하는 총 단어의 수에 비례한다.

물리적 센서(예를 들어, 이미지 또는 소리)를 통해 얻은 데이터를 나타내는 벡터는 스파스하지 않을 가능성이 높다. 앞으로 살펴볼 장에서, 주어진 벡터와 파라미터 k에 대해 "가장 가까운(closest)" k-스파스 벡터를 찾는 계산 문제를 다룰 것이다. 벡터가 가깝다는 것이 무엇을 의미하는지 알고 나면 이런 계산 문제를 해결하는 것은 어렵지 않다.

이러한 계산 문제에 대한 해법은 이미지와 오디오 세그먼트를 *압축*하는 데 중요한 요소인 것 같다. 압축이란 동일한 저장 공간에 더 많은 데이터를 저장할 수 있게 만드는 것이다. 이것은 기본적으로 틀린 말은 아니지만 고려해야할 문제가 있다. 이미지나 음성을 표현하는 벡터들은 전혀 스파스 벡터가 아니다. 섹션 6.2에서 이 문제를 해결하는 방법을 보여 줄 것이다. 11장에서는 이 개념에 기반을 둔 몇몇 압축 방식에 대해 알아볼 것이다.

5장에서는 행렬과 그 표현법에 대해 소개한다. 행렬은 보통 스파스하므로, 저장 공간과 계산 시간을 줄이기 위해 원소값이 영인 것은 표현하지 않는 딕셔너리를 사용하여 표현할 것이다.

하지만 실질적인 문제에서 발생하는 많은 행렬은 스파스한지 명백하게 판단하기 쉽지 않다. 12장에서 행렬이 스파스함을 나타내는 또 다른 형태인 *로우-랭크(낮은 랭크)*(low-rank)에 대해 알아볼 것이다. 로우-랭크 행렬은 데이터를 설명하는 요인을 찾기 위해 데이터를 분석하는 데 사용된다. 주어진 행렬과 파라미터 k에 대해, 계수가 최대 k인 가장 가까운 행렬을 찾는 것을 목적으로 하는 계산

문제를 생각해 보자. 선형 대수는 이러한 계산 문제에 대한 해법을 제공하며 주성분 분해(*principal component analysis*)라고 부르는 방법이 널리 사용된다. 주성분 분해의 일부 응용 분야에 대해서도 살펴볼 것이다.

3.3 벡터로 무엇을 표현할 수 있는가?

벡터로 표현할 수 있는 두 가지 예로 멀티셋과 집합에 대해 살펴보았다. 이제, 몇 가지 예를 더 살펴보자.

이진 문자열(binary string) n-비트 이진 문자열 10111011, 예를 들어, 어떤 암호 체계의 비밀키는 $GF(2)$상의 n-벡터, $[1, 0, 1, 1, 1, 0, 1, 1]$에 의해 표현될 수 있다. 선형대수학을 사용하여 단순한 암호화 방법을 명시하고 분석할 수 있는지 알아볼 것이다.

속성(attribute) 학습 이론에서 각 항목이 속성 이름과 속성값의 컬렉션으로 표현되는 데이터 집합에 대해 고려해 볼 것이다. 이러한 컬렉션은 속성 이름을 대응하는 값에 매핑하는 함수로 표현된다.

예를 들어, 위의 항목들이 국회의원이라고 해보자. 이때, 각 국회의원은 어떤 법안들에 대해 투표한 결과에 의해 표현된다. 하나의 투표는 $+1$(*aye*), -1(*nay*), 또는 0(*abstain*)으로 나타낸다. Lab 3.12에서 두 국회의원의 정책 투표에 차이를 측정하는 방법에 대해 살펴 볼 것이다.

항목들이 소비자라고 해보자. 각 소비자는 나이(age), 교육 수준(education level), 그리고 소득(income)에 의해 예를 들어 다음과 같이 표현할 수 있다.

```
>>> Jane = {'age':30, 'education level':16, 'income':85000}
```

소비자들이 좋아하는 어떤 특정 제품에 대한 데이터가 주어진 경우, 새로운 소비자가 그 제품을 좋아할지를 예측하는 함수를 찾고자 한다고 생각해 보자. 이것은 기계 학습(*machine learning*)의 한 예이다. Lab 9.4에서 조직 샘플을 기술하는 벡터를 고려할 것이다. 여기서는 아주 초보적인 기계 학습 기술을 사용하여 암이 양성인지 또는 악성인지 예측하고자 할 것이다.

시스템의 상태 또한, 진화하는 시스템의 다른 상태를 나타내는 함수/벡터에 대해 알아볼 것이다. 세계를 나타내는 데 사용될 수 있는 상태는, 예를 들어, 인구가 가장 많은 5개 국가의 인구를 명시하는 것이다.

```
{'China':1341670000, 'India':1192570000, 'US':308745538,
 'Indonesia':237556363, 'Brazil':190732694}
```

13장에서 선형대수학은 알려진 간단한 규칙과 시간에 따라 진화하는 시스템을 분석하는 방법을 제공한다는 것을 알아 볼 것이다.

확률 분포 아래와 같이, 유한한 확률 분포는 유한한 정의역에서 실수로의 함수이다.

```
{1:1/6, 2:1/6, 3:1/6, 4:1/6, 5:1/6, 6:1/6}
```

따라서 확률 분포는 벡터로 간주할 수 있다. 13장에서 선형대수학은 시간에 따라 진화하는 랜덤 프로세스(random process)를 간단한 확률 규칙에 따라 분석하는 방법을 제공한다는 것을 알아 볼 것이다. 이러한 랜덤 프로세스 중 하나는 구글이 웹 페이지의 우선순위를 정하는 데 사용하는 PageRank의 근간을 이룬다.

이미지 1024×768의 흑백 이미지는 쌍들의 집합 $\{(i,j) : 0 \le i < 1024, 0 \le j < 768\}$에서 실수로의 함수로 볼 수 있고, 따라서 벡터로 볼 수 있다. 픽셀의 좌표 쌍 (i,j)은 픽셀 (i,j)의 밝기라고 부르는 숫자로 매핑된다. 이미지를 벡터로 표현하는 몇가지 응용에 대해 살펴볼 것이다. 살펴볼 응용 예는 서브샘플링(subsampling), 블러링(blurring), 지정된 서브이미지(subimage) 검색, 얼굴 검출(face detection)이다.

Example 3.3.1: 흑백 이미지의 예에서와 같이, 딕셔너리의 형태로 된 벡터로 표현된 4x8 그래디언트(gradient)를 고려해 보자. 여기서, 0은 검은색이고 255는 흰색이다.

```
{(0,0): 0,     (0,1): 0,     (0,2): 0,     (0,3): 0,
 (1,0): 32,    (1,1): 32,    (1,2): 32,    (1,3): 32,
 (2,0): 64,    (2,1): 64,    (2,2): 64,    (2,3): 64,
 (3,0): 96,    (3,1): 96,    (3,2): 96,    (3,3): 96,
 (4,0): 128,   (4,1): 128,   (4,2): 128,   (4,3): 128,
 (5,0): 160,   (5,1): 160,   (5,2): 160,   (5,3): 160,
 (6,0): 192,   (6,1): 192,   (6,2): 192,   (6,3): 192,
 (7,0): 224,   (7,1): 224,   (7,2): 224,   (7,3): 224}
```

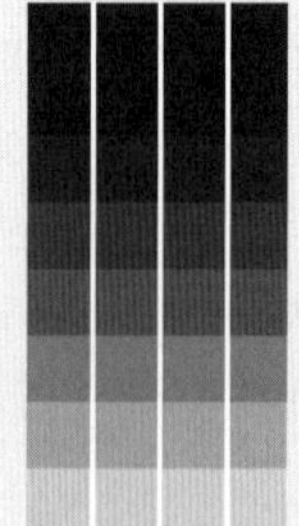

공간상의 점 2장에서 평면의 점들은 복소수에 의해 표현될 수 있음을 살펴보았다. 이후로는 벡터를 사용하여 평면, 3차원, 그리고 더 높은 차원의 공간에 있는 점들을 나타낸다.

Task 3.3.2: 여기서는 파이썬의 리스트를 사용하여 벡터를 표현해 볼 것이다.
파이썬에서, 변수 L에 2-원소 리스트들로 구성된 리스트를 할당해 보자.

```
>>> L = [[2, 2], [3, 2], [1.75, 1], [2, 1], [2.25, 1], [2.5, 1], [2.75,
  1], [3, 1], [3.25, 1]]
```

Task 2.4.1에서 설명된 `plot` 모듈을 사용하여 이 2-벡터들을 그래프로 그려보자.

```
>>> plot(L, 4)
```

복소수와는 다르게 벡터들은 더 높은 차원의 공간, 예를 들어, 3차원 공간상의 점들을 표현할 수 있다

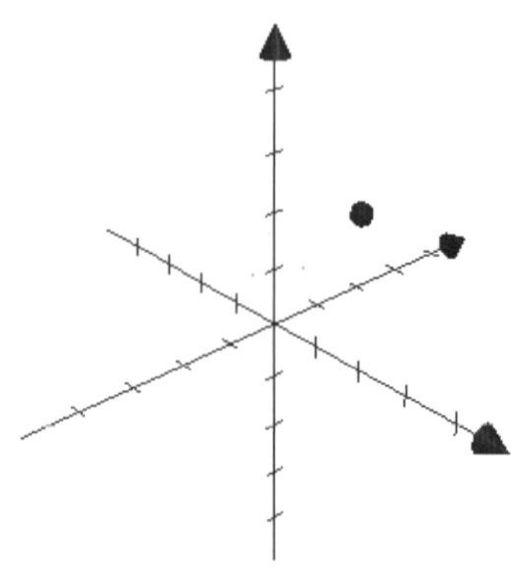

3.4 벡터 덧셈

벡터로 무엇을 나타낼 수 있는지 예를 보았다. 이제, 벡터를 가지고 할 수 있는 연산에 대해 알아보자. 벡터는 기하학적 포인트를 나타내는 데 유용하다는 것을 알아 보았다. 벡터의 개념은 기하학에서 유래되었고, 기본적인 벡터 연산들은 기하학적 관점에서 대부분 쉽게 이유를 설명할 수 있다. 벡터 덧셈부터 살펴보자.

3.4.1 평행이동과 벡터 덧셈

2장에서 복소평면에서의 *평행이동*은 복소수 z_0를 입력 복소수에 더하는 함수 $f(z) = z_0 + z$에 의해 이루어진다는 것을 살펴보았다. 마찬가지로, 어떤 벡터를 입력 벡터에 더하는 함수 $f(\boldsymbol{v}) = \boldsymbol{v}_0 + \boldsymbol{v}$에 의해 평행이동을 이룰 수 있다.

Definition 3.4.1: n-벡터들의 덧셈은 대응하는 원소들의 덧셈으로 정의된다.

$$[u_1, u_2, \ldots, u_n] + [v_1, v_2, \ldots, v_n] = [u_1 + v_1, u_2 + v_2, \ldots, u_n + v_n]$$

파이썬에서 2-원소 리스트들로 나타낸 2-벡터들에 대해, 덧셈 프로시저는 다음과 같다.

```
def add2(v,w):
    return [v[0]+w[0], v[1]+w[1]]
```

Quiz 3.4.2: "동쪽으로 1마일, 북쪽으로 2마일 이동하라"는 것을 벡터 덧셈을 사용하여 2-벡터에서 2-벡터로의 함수로 나타내는 평행이동을 작성해 보자. 그다음에 이 함수를 벡터 $[4, 4]$와 $[-4, -4]$에 적용한 결과를 보여 주자.

Answer

$f(\boldsymbol{v}) = [1, 2] + \boldsymbol{v}$

$$\begin{aligned} f([4,4]) &= [5,6] \\ f([-4,-4]) &= [-3,-2] \end{aligned}$$

$[1, 2]$와 같은 벡터는 평행이동에 대응하므로, 벡터를 한 점에서 다른 점, 예를 들어, $[4, 4]$에서 $[5, 6]$으로 또는 $[-4, -4]$에서 $[-3, -2]$으로 무엇인가를 "운반하는" 것으로 생각할 수 있다. 이처럼 벡터는 운반자의 개념이 있다.

Task 3.4.3: Task 3.3.2에서 정의된 리스트 L을 생각해 보자. 2-벡터 덧셈을 정의하는 프로시저를 작성하고, 컴프리헨션을 사용하여 $[1, 2]$를 L의 각각에 더하여 얻어진 점들을 그래프로 그려보자.

```
>>> plot([add2(v, [1,2]) for v in L], 4)
```

Quiz 3.4.4: n-벡터들을 n-원소 리스트들로 나타낸다고 가정해 보자. 이렇게 나타낸 두 개의 벡터들의 합을 계산하는 프로시저, addn을 작성해 보자.

Answer

```
def addn(v, w): return [x+y for (x,y) in zip(v,w)]
```

또는

```
def addn(v, w): return [v[i]+w[i] for i in range(len(v))]
```

모든 필드 $\boldsymbol{F}$는 영을 원소로 가진다. 따라서 $\boldsymbol{F}$상의 D-벡터들로 구성된 집합 $\boldsymbol{F}^D$는 필연적으로 영벡터를 가진다. 영벡터는 모든 원소의 값이 영인 벡터를 말하며, $\mathbf{0}_D$ 또는 D를 명시할 필요가 없을 때는 단순히 $\mathbf{0}$로 나타낸다.

함수 $f(\boldsymbol{v}) = \boldsymbol{v} + \mathbf{0}$에 의한 평행이동은 그 결과가 입력과 동일한 평행이동이다.

3.4.2 벡터 덧셈의 결합성과 교환성

필드에서 덧셈의 두 가지 성질은 *결합성(associativity)*과 *교환성(commutativity)*이다. 덧셈의 결합성은 $(x + y) + z = x + (y + z)$을 의미하고, 교환성은 $x + y = y + x$을 의미한다. 벡터의 덧셈은 결합적이고 교환적인 연산에 대해 정의되므로 결합법칙과 교환법칙이 성립한다.

Proposition 3.4.5 (벡터 덧셈의 결합성과 교환성): 임의의 벡터 $\boldsymbol{u}, \boldsymbol{v}, \boldsymbol{w}$에 대해 다음이 성립한다.

$$(\boldsymbol{u} + \boldsymbol{v}) + \boldsymbol{w} = \boldsymbol{u} + (\boldsymbol{v} + \boldsymbol{w})$$

$$\boldsymbol{u} + \boldsymbol{v} = \boldsymbol{v} + \boldsymbol{u}$$

3.4.3 벡터를 화살표로 표현하기

평면상의 복소수와 유사하게 $\mathbb{R}$상의 n-벡터들은 $\mathbb{R}^n$의 화살표로 보여줄 수 있다. 2-벡터 $[3, 1.5]$는 꼬리가 원점에 있고 머리가 $(3, 1.5)$에 있는 화살표로 나타낼 수 있다.

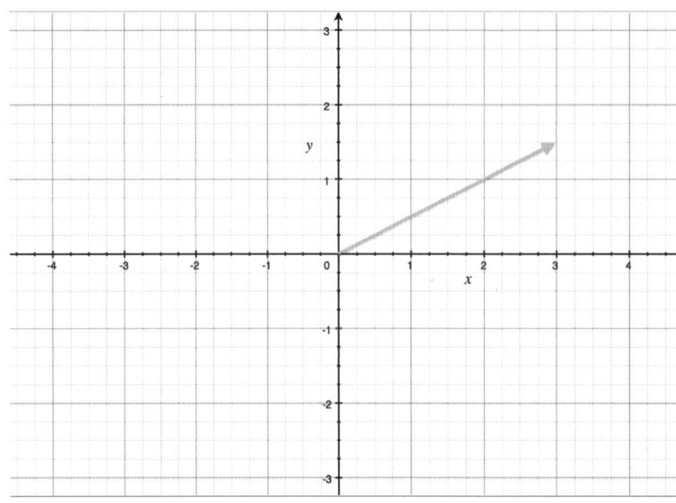

또는, 꼬리는 $(-2, -1)$에 있고 머리는 $(1, 0.5)$에 있는 화살표로 나타낼 수도 있다.

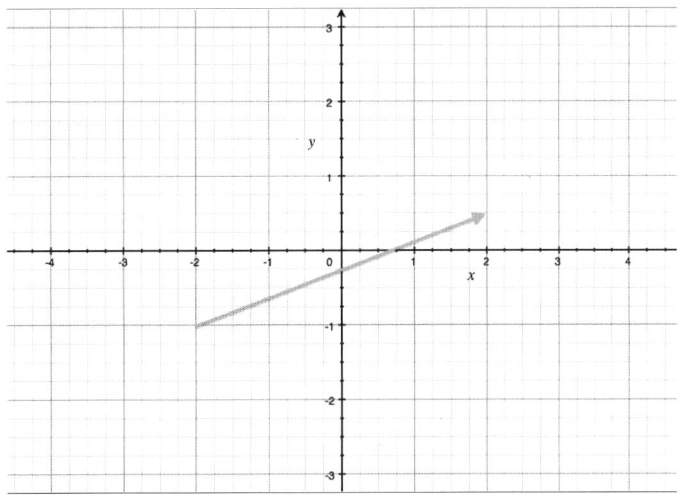

Exercise 3.4.6: 두 개의 서로 다른 화살표를 사용하여 벡터 $[-2, 4]$를 나타내는 그림을 그려 보자.

3차원에서, 예를 들어, 벡터 $[1, 2, 3]$은 꼬리는 원점에 있고 머리는 $[1, 2, 3]$에 있는 화살표로 나타낼 수 있다.

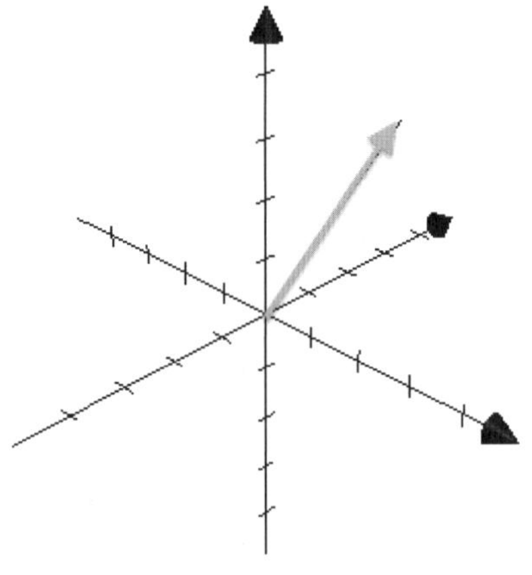

또는 꼬리는 $[0, 1, 0]$, 머리는 $[1, 3, 3]$에 있는 화살표로 나타낼 수 있다.

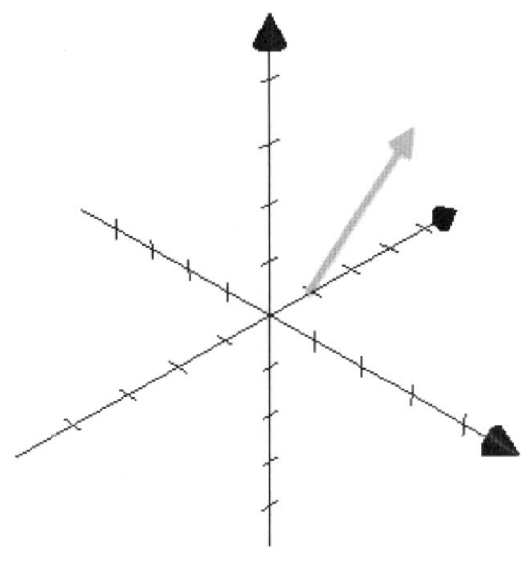

복소수처럼, ℝ상의 벡터들의 덧셈을 화살표를 사용하여 보여 줄 수 있다. $\boldsymbol{u}$와 $\boldsymbol{v}$를 더하는 것은 $\boldsymbol{v}$ 화살표의 꼬리를 $\boldsymbol{u}$ 화살표의 머리에 놓고 $\boldsymbol{u}$의 꼬리에서 $\boldsymbol{v}$의 머리까지 새로운 화살표를 그리면 된다.

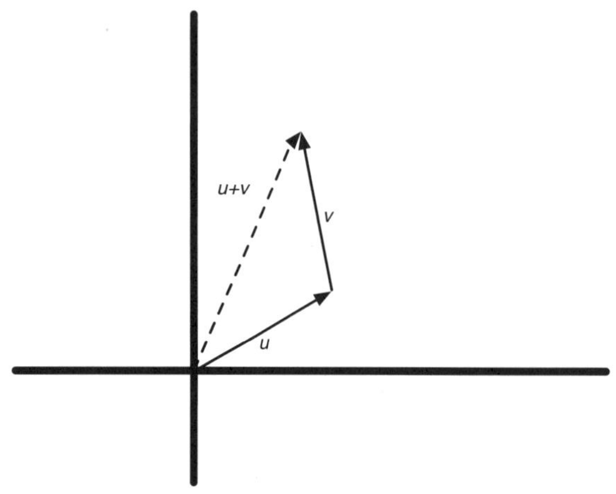

위의 그림은 다음과 같이 해석할 수 있다. $\boldsymbol{u}$에 대응하는 평행이동과 $\boldsymbol{v}$에 대응하는 평행이동이 합쳐져 $\boldsymbol{u}+\boldsymbol{v}$에 대응하는 평행이동을 얻는다.

Exercise 3.4.7: $[-2,4]+[1,2]$을 보여주는 그림을 그려 보자.

3.5 스칼라-벡터 곱셈

2장에서 *스케일링*은 복소평면에서 입력된 복소수를 양의 실수 r와 곱하는 함수 $f(z)=r\,z$에 의해 나타낼 수 있음을 살펴보았다. 음의 실수를 곱하면 동일하지만 180도 회전된 스케일링을 얻는다. 벡터에 대해서도 비슷한 연산이 있으며 스칼라-벡터 곱(*scalar-vector multiplication*)이라고 부른다. 벡터에서 필드 원소(예를 들어, 숫자)는 스칼라라고 불리며, 그 이유는 곱셈을 통해 벡터를 스케일링 하는 데 사용될 수 있기 때문이다. 이 책에서는 그리스 문자(예를 들어, α,β,γ)를 사용하여 스칼라를 나타낸다.

Definition 3.5.1: 벡터 $\boldsymbol{v}$와 스칼라 α의 곱셈은 $\boldsymbol{v}$의 원소 각각을 α와 곱하는 것으로 정의된다.

$$\alpha\,[v_1,v_2,\ldots,v_n]=[\alpha\,v_1,\alpha\,v_2,\ldots,\alpha\,v_n]$$

Example 3.5.2: $2\,[5,4,10]=[2\cdot 5,2\cdot 4,2\cdot 10]=[10,8,20]$

Quiz 3.5.3: n-벡터들을 n-원소 리스트들로 나타낸다고 해 보자. 벡터 `v`를 스칼라 `alpha`와 곱하는 프로시저, `scalar_vector_mult(alpha, v)`를 작성해 보자.

Answer

```
def scalar_vector_mult(alpha, v):
    return [alpha*v[i] for i in range(len(v))]
```

Task 3.5.4: L 내의 벡터들을 0.5만큼 스케일링한 결과와 −0.5만큼 스케일링한 결과를 그래프로 그려 보자.

$2\,[1,2,3]+[10,20,30]$과 같은 표현식을 어떻게 해석해야 할까? 스칼라-벡터 곱셈을 먼저 수행할까 또는 벡터 덧셈을 먼저 수행할까? 일반적인 산술 연산에서 곱셈이 덧셈보다 우선순위가 높은것처럼, 스칼라-벡터 곱셈은 벡터 덧셈보다 우선순위가 높다. 따라서, 괄호가 없다면 스칼라-벡터 곱이 먼저 수행되며, 위 표현식의 결과는 $[2,4,6]+[10,20,30]=[12,24,36]$이 된다.

3.5.1 화살표 스케일링하기

$\mathbb{R}$상의 벡터를 양의 실수로 스케일링하는 것은 벡터의 방향을 바꾸지 않고 대응하는 화살표의 길이를 변경한다. 예를 들어, $[3,1.5]$를 나타내는 화살표는 아래와 같다.

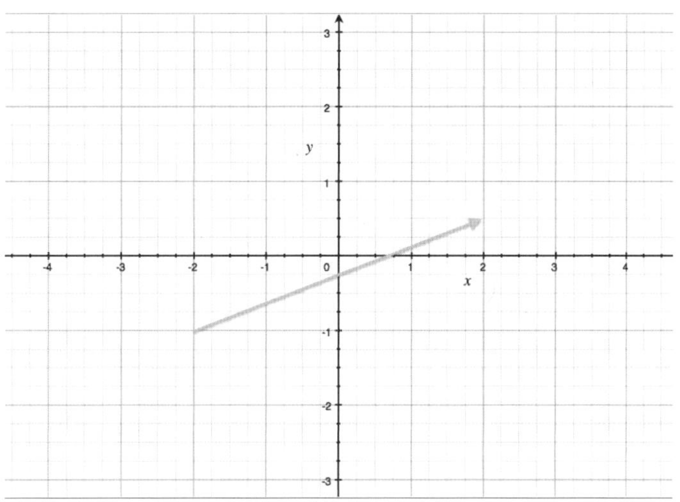

그리고, 이 벡터를 2배한 화살표는 다음과 같다.

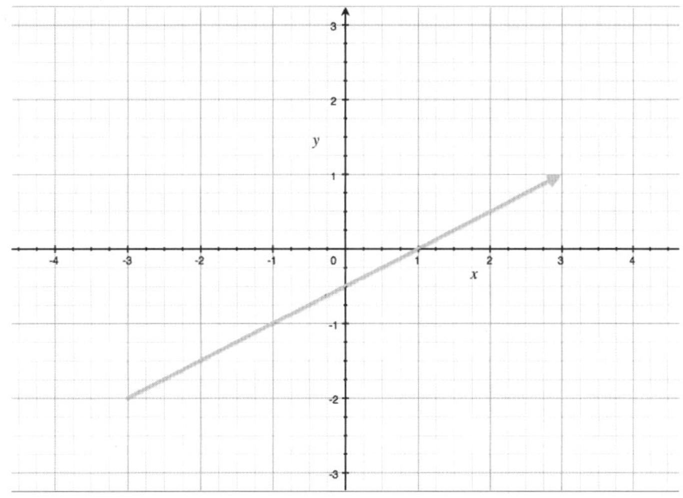

벡터 $[3,1.5]$는 평행이동 $f(\boldsymbol{v})=[3,1.5]+\boldsymbol{v}$에 대응하고, 이 벡터를 2배한 ($[6,3]$)은 방향은 같으며 길이가 2배인 평행이동에 대응한다.

벡터를 음의 실수로 곱하는 것은 그 벡터의 모든 원소값의 부호를 바꾸는 것이다. 복소수와 관련하여 살펴보았듯이, 이것은 화살표의 방향을 반대로 하는 것이다. 예를 들어, $[3,1.5]$에 -2을 곱하면

$[-6, -3]$이 되고 다음과 같이 나타낸다.

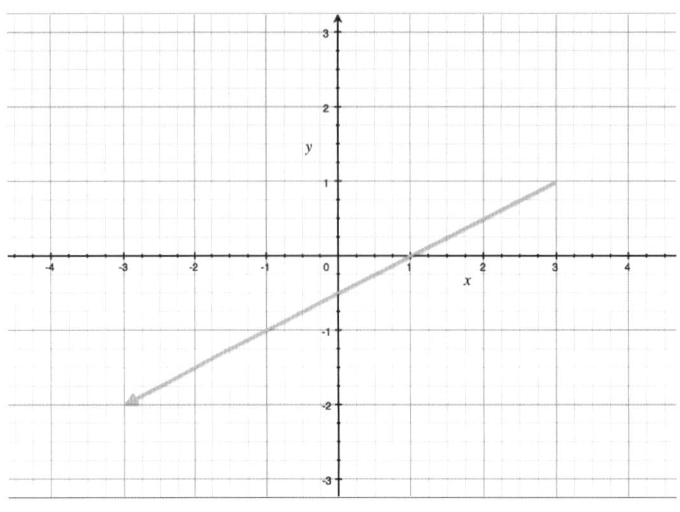

3.5.2 스칼라-벡터 곱셈의 결합성

벡터를 스칼라와 곱한 다음에 그 결과를 또 다른 스칼라와 곱하는 것은 단순화할 수 있다.

Proposition 3.5.5 (스칼라-벡터 곱셈의 결합성): $\alpha(\beta \boldsymbol{v}) = (\alpha\beta)\boldsymbol{v}$

Proof

좌변과 우변이 동일하다는 것을 보여 주기 위해 좌변의 각 엔트리가 우변의 대응하는 엔트리와 동일함을 보여 준다. 정의역 D의 각 원소 k에 대해, $\beta\boldsymbol{v}$의 엔트리 k는 $\beta\boldsymbol{v}[k]$이고, 따라서 $\alpha(\beta\boldsymbol{v})$의 엔트리 k는 $\alpha(\beta\boldsymbol{v}[k])$이다. $(\alpha\beta)\boldsymbol{v}$의 엔트리 k는 $(\alpha\beta)\boldsymbol{v}[k]$ 이다. 필드의 결합법칙에 의하면, $\alpha(\beta\boldsymbol{v}[k])$와 $(\alpha\beta)\boldsymbol{v}[k]$는 동일하다. □

3.5.3 원점을 지나는 선분

$\boldsymbol{v}$를 $\mathbb{R}$상의 2-벡터 $[3, 2]$라고 하자. 스칼라들의 집합 $\{0, 0.1, 0.2, 0.3, \ldots, 0.9, 1.0\}$을 고려해 보자. 이 집합 내 각 스칼라 α에 대해, $\alpha\boldsymbol{v}$는 $\boldsymbol{v}$보다 약간 작지만 같은 방향을 가리키는 벡터이다.

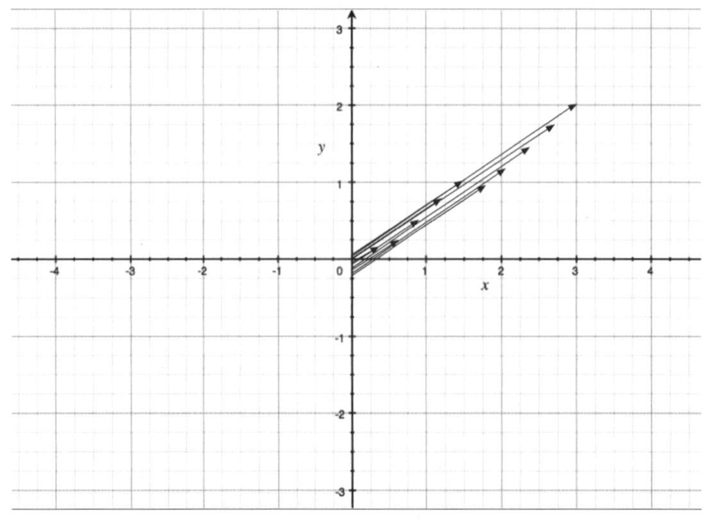

다음의 프로시저는 스칼라 각각에 $\boldsymbol{v}$를 곱하여 얻은 점들을 보여 주는 것이다.

```
plot([scalar_vector_mult(i/10, v) for i in range(11)], 5)
```

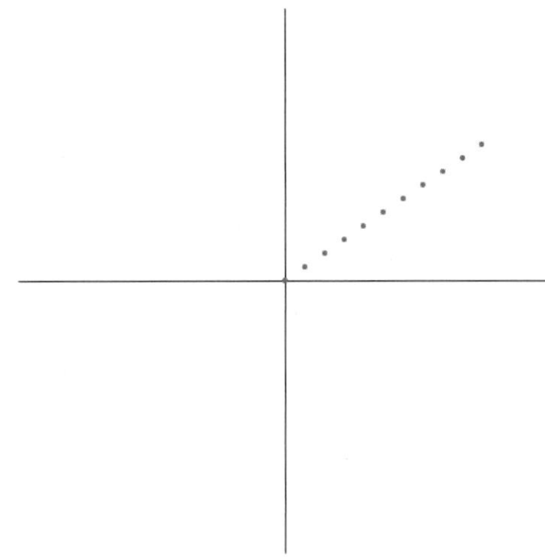

위 그래프는 원점에서 점 $(3,2)$까지의 선분을 따라 그린 것처럼 보인다. $\boldsymbol{v}$에 곱하는 스칼라로서 0과 1 사이의 모든 실수를 포함하면 어떻게 될까? 아래 점들의 집합은 원점과 $\boldsymbol{v}$ 사이의 선분을 형성한다.

$$\{\alpha \boldsymbol{v} \ : \ \alpha \in \mathbb{R}, 0 \leq \alpha \leq 1\}$$

모든 점을 다 그릴수는 없지만(파이썬으로도 셀수 없이 무한한 점들의 집합을 처리할 수는 없다) 충분히 빽빽하게(예를 들어, 100개의 점) 샘플하면 이러한 선분을 그림으로 보여 줄 수 있다.

```
plot([scalar_vector_mult(i/100, v) for i in range(101)], 5)
```

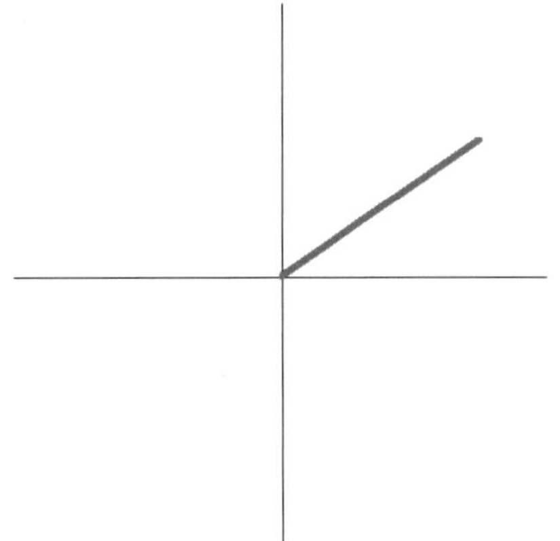

3.5.4 원점을 지나는 직선

무한한 점들의 집합을 다 처리한다고 가정해 보자. 스칼라 α가 모든 실수 영역이면 어떤 형태를 얻을까? 1보다 더 큰 스칼라들은 $\boldsymbol{v}$보다 큰 벡터가 생기게 하고, 음수의 스칼라들은 반대 방향으로 가리키는 벡터를 만들어 낸다. 이것들을 함께 그리면 다음과 같다.

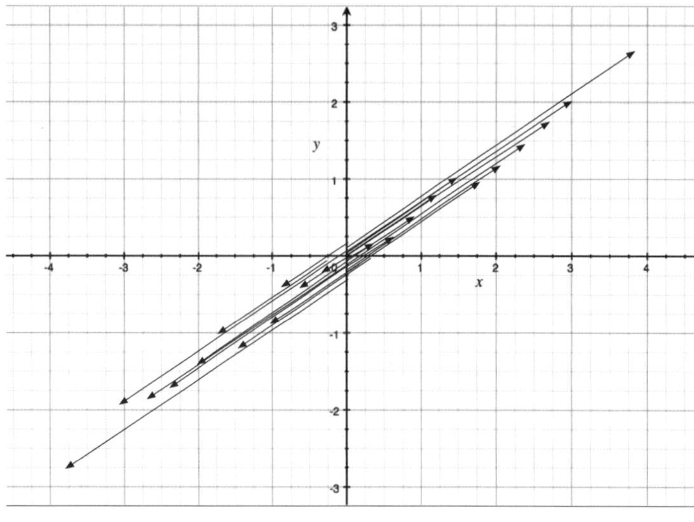

점 $\{\alpha \boldsymbol{v} \,:\, \alpha \in \mathbb{R}\}$은 원점과 $\boldsymbol{v}$를 지나는 직선을 형성한다.

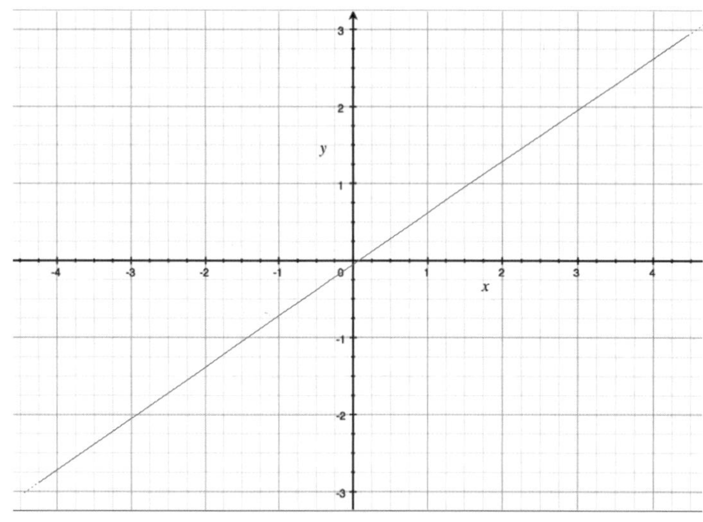

Review question: *원점과 또 다른 점 사이의 선분을 하나의 벡터에 대한 스칼라 배수(scalar multiple)들의 집합으로 표현해 보자.*

Review question: *원점을 지나는 직선을 하나의 벡터에 대한 스칼라 배수들의 집합으로 표현해 보자.*

3.6 벡터 덧셈과 스칼라 곱셈 결합하기

3.6.1 원점을 지나지 않는 선분과 직선

원점을 지나는 직선 또는 선분을 형성하는 점들의 집합을 기술할 수 있다. 임의의 직선 또는 선분을 형성하는 점들의 집합을 기술할 수 있다면 훨씬 더 유용할 것이다. $[0,0]$에서 $[3,2]$까지의 선분을 형성하는 점들은 $\{\alpha\,[3,2] \;:\; \alpha \in \mathbb{R}, 0 \leq \alpha \leq 1\}$이라는 것은 이미 살펴보았다. 이런 점들에 $[x,y] \mapsto [x+0.5, y+1]$ 평행이동을 적용하면,

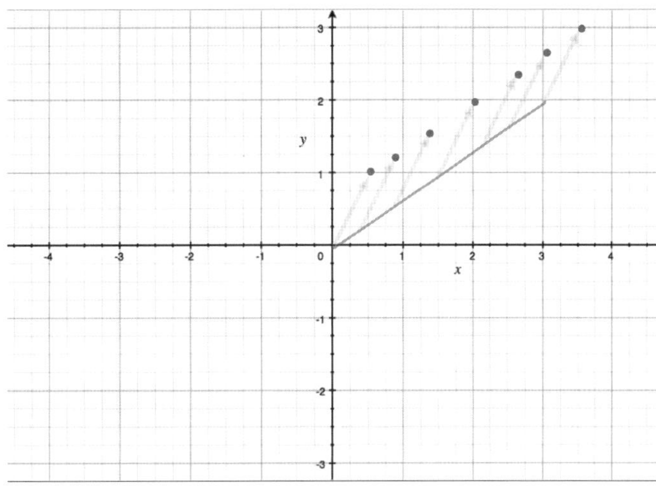

[0.5, 1]에서 [3.5, 3]까지의 선분을 얻는다.

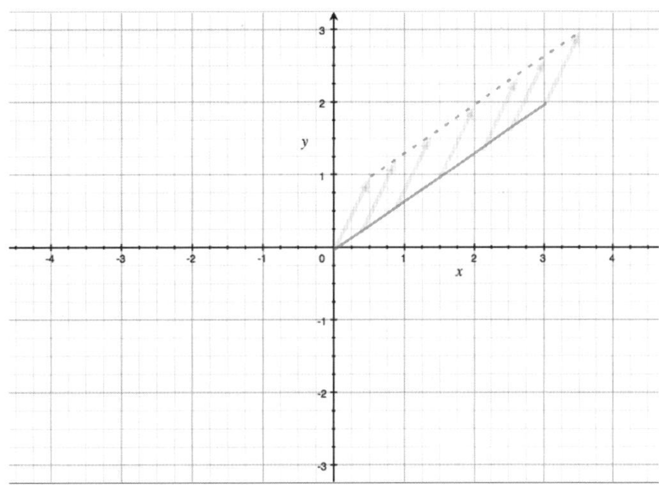

따라서 이 선분을 만드는 점들의 집합은 다음과 같다.

$$\{\alpha\,[3,2] + [0.5,1] \;:\; \alpha \in \mathbb{R}, 0 \leq \alpha \leq 1\}$$

이 선분은 다음 문장을 사용하여 그래프로 그릴 수 있다.

```
plot([add2(scalar_vector_mult(i/100., [3,2]), [0.5,1]) for i in range(101)], 4)
```

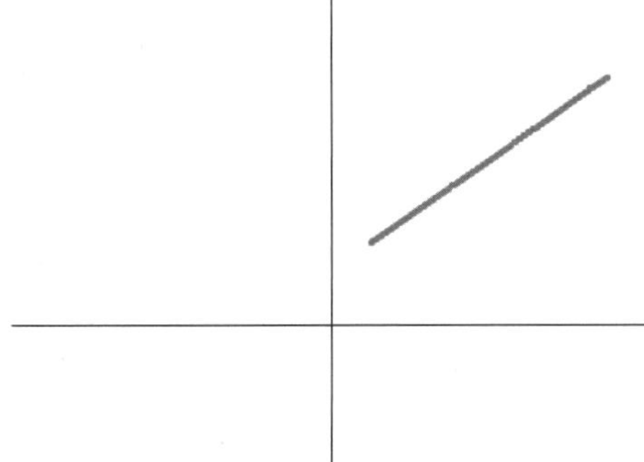

마찬가지로, 두 개의 주어진 점들을 지나는 전체 직선을 나타낼 수 있다. 예를 들어, $[0,0]$과 $[3,2]$를 지나는 직선은 $\{\alpha\,[3,2]\ :\ \alpha \in \mathbb{R}\}$이다. 이 집합의 각 점에 $[0.5,1]$을 더하면 $[0.5,1]$과 $[3.5,3]$을 지나는 직선: $\{[0.5,1] + \alpha\,[3,2]\ :\ \alpha \in \mathbb{R}\}$을 얻는다.

Exercise 3.6.1: 주어진 $\mathbb{R}^2$상의 점들 $\boldsymbol{u} = [2,3]$와 $\boldsymbol{v} = [5,7]$에 대해, 원점에서 어떤 점 $\boldsymbol{w}$까지의 선분을 평행이동하여 $\boldsymbol{u}$-$\boldsymbol{v}$ 선분을 얻을 수 있는 그런 점 $\boldsymbol{w}$는 무엇인가? 양쪽 끝점에 적용되는 평행이동 벡터는 무엇인가?

Exercise 3.6.2: 주어진 $\mathbb{R}^2$상의 한 쌍의 점 $\boldsymbol{u} = [1,4]$, $\boldsymbol{v} = [6,3]$에 대해, 이 두 점 사이의 선분을 형성하는 점들의 집합을 구하는 수학적 표현식을 작성해 보자.

3.6.2 스칼라-벡터 곱셈과 벡터 덧셈의 분배 법칙

선분과 직선의 형성에 대해 좀 더 잘 이해하기 위해, 스칼라-벡터 곱셈과 벡터 덧셈을 결합하는 데 발생되는 두 가지 성질을 사용해 보자. 이 성질 둘 다 필드에 대한 분배 법칙 $x(y+z) = xy + xz$에서 비롯된다.

Proposition 3.6.3 (*벡터 덧셈에 대한 스칼라-벡터 곱의 분배*):

$$\alpha(\boldsymbol{u} + \boldsymbol{v}) = \alpha\boldsymbol{u} + \alpha\boldsymbol{v} \tag{3.1}$$

Example 3.6.4: 예로서, 다음 곱셈을 고려해 보자.

$$2\,([1,2,3] + [3,4,4]) = 2\,[4,6,7] = [8,12,14]$$

위 식은 아래와 동일하다.

$$2\,([1,2,3] + [3,4,4]) = 2\,[1,2,3] + 2\,[3,4,4] = [2,4,6] + [6,8,8] = [8,12,14]$$

Proof

Proposition 3.5.5의 증명에 사용된 것과 같은 방법을 사용한다. 식 (3.1)의 좌변이 우변과 동일하다는 것을 보여 주기 위해 좌변의 각 엔트리는 우변의 대응하는 엔트리와 동일하다는 것을 보여 준다.

정의역 D의 각 원소 k에 대해, $(\boldsymbol{u}+\boldsymbol{v})$의 엔트리 k는 $\boldsymbol{u}[k] + \boldsymbol{v}[k]$이고, 따라서 $\alpha\,(\boldsymbol{u}+\boldsymbol{v})$의 엔트리 k는 $\alpha\,(\boldsymbol{u}[k] + \boldsymbol{v}[k])$이다.

$\alpha\,\boldsymbol{u}$의 엔트리 k는 $\alpha\boldsymbol{u}[k]$이고 $\alpha\,\boldsymbol{v}$의 엔트리 k는 $\alpha\,\boldsymbol{v}[k]$ 이다. 따라서, $\alpha\,\boldsymbol{u} + \alpha\,\boldsymbol{v}$의 엔트리 k는 $\alpha\,\boldsymbol{u}[k] + \alpha\,\boldsymbol{v}[k]$이다.

마지막으로, 필드에 대한 분배 법칙에 의해, $\alpha(\boldsymbol{u}[k] + \boldsymbol{v}[k]) = \alpha\,\boldsymbol{u}[k] + \alpha\,\boldsymbol{v}[k]$이다. □

Proposition 3.6.5 (스칼라 덧셈에 대한 스칼라-벡터 곱의 분배):

$$(\alpha + \beta)\boldsymbol{u} = \alpha\boldsymbol{u} + \beta\boldsymbol{u}$$

Problem 3.6.6: Proposition 3.6.5을 증명하여라.

3.6.3 볼록결합(Convex combination) 들여다 보기

$[0.5, 1]$와 $[3.5, 3]$을 잇는 선분을 이루는 점들의 집합에 대한 표현식은 $\{\alpha\,[3,2]+[0.5,1] \;:\; \alpha \in \mathbb{R}, 0 \leq \alpha \leq 1\}$이다. 이 표현식의 형태가 선분의 한 끝점은 포함하는 데 다른 끝점은 포함하지 않는다는 것이 이상하게 보일 수 있다. 이러한 비대칭은 부적절하다. 약간의 벡터 대수학을 사용하여 조금 더 나은 표현식을 얻을 수 있다.

$$\begin{aligned}
\alpha\,[3,2]+[0.5,1] &= \alpha\,([3.5,3]-[0.5,1])+[0.5,1] \\
&= \alpha\,[3.5,3]-\alpha\,[0.5,1]+[0.5,1], \text{ Proposition 3.6.3에 의해} \\
&= \alpha\,[3.5,3]+(1-\alpha)\,[0.5,1], \text{ Proposition 3.6.5에 의해} \\
&= \alpha\,[3.5,3]+\beta\,[0.5,1]
\end{aligned}$$

여기서, $\beta = 1-\alpha$이다. 이제, $[0.5, 1]$와 $[3.5, 3]$를 잇는 선분에 대한 표현식을 아래와 같이 쓸 수 있다.

$$\{\alpha\,[3.5,3]+\beta\,[0.5,1] \;:\; \alpha,\beta \in \mathbb{R}, \alpha,\beta \geq 0, \alpha+\beta=1\}$$

위 식은 양 끝점에 대해 대칭이다.

$\alpha\,\boldsymbol{u}+\beta\,\boldsymbol{v}$ 형태의 표현식은 $\boldsymbol{u}$와 $\boldsymbol{v}$의 볼록결합이라고 한다. 여기서, $\alpha, \beta \geq 0$, $\alpha+\beta=1$이다. 위 예에 의하면, 임의의 $\mathbb{R}$상의 n-벡터들의 쌍 $\boldsymbol{u}, \boldsymbol{v}$에 대해 다음과 같이 말할 수 있다.

Proposition 3.6.7: $\boldsymbol{u}$-$\boldsymbol{v}$ 선분은 $\boldsymbol{u}$와 $\boldsymbol{v}$의 볼록결합들의 집합으로 구성된다.

Example 3.6.8: 아래 표는 $\mathbb{R}$상의 1-벡터와 2-벡터들의 볼록결합을 보여 준다.

1. $\mathbf{u_1} = [2]$, $\mathbf{v_1} = [12]$
2. $\mathbf{u_2} = \begin{bmatrix} 5 \\ 2 \end{bmatrix}$, $\mathbf{v_2} = \begin{bmatrix} 10 \\ -6 \end{bmatrix}$

	$\alpha = 1$ $\beta = 0$	$\alpha = .75$ $\beta = .25$	$\alpha = .5$ $\beta = .5$	$\alpha = .25$ $\beta = .75$	$\alpha = 0$ $\beta = 1$
$\alpha\mathbf{u_1}+\beta\mathbf{v_1}$	$[2]$	$[4.5]$	$[7]$	$[9.5]$	$[12]$
$\alpha\mathbf{u_2}+\beta\mathbf{v_2}$	$\begin{bmatrix} 5 \\ 2 \end{bmatrix}$	$\begin{bmatrix} 6.25 \\ -2 \end{bmatrix}$	$\begin{bmatrix} 7.5 \\ -2 \end{bmatrix}$	$\begin{bmatrix} 8.75 \\ -4 \end{bmatrix}$	$\begin{bmatrix} 10 \\ -6 \end{bmatrix}$

Task 3.6.9: 파이썬 프로시저, `segment(pt1, pt2)`를 작성해 보자. 이 프로시저는 2-원소 리스트들로 표현된 주어진 점들에 대해 이 점들을 양 끝점으로 하는 선분을 따라 일정한 간격으로 배치된 100개의 점으로 구성된 리스트를 리턴한다.

`pt1` $= [3.5, 3]$, `pt2` $= [0.5, 1]$일 경우, 리턴 결과인 100개의 점을 그래프로 그려 보자.

Example 3.6.10: 이미지를 나타내는 벡터들의 쌍에 대한 볼록결합을 고려해 보자

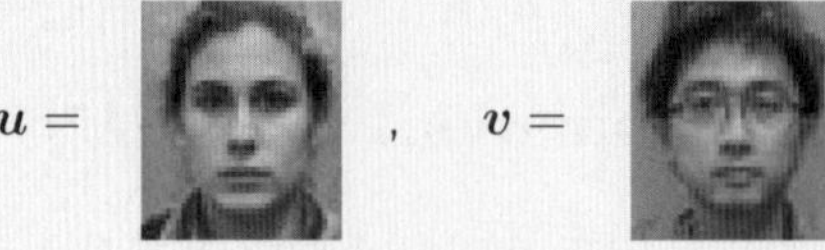

예를 들어, 스칼라 $\frac{1}{2}$과 $\frac{1}{2}$을 가지는 볼록결합은 평균을 의미하며 아래와 같이 보여질 수 있다.

두 얼굴 이미지 사이의 "선분"을 나타내기 위해 여러 가지 볼록결합을 적용할 수 있다.

$1\boldsymbol{u}+0\boldsymbol{v}$ $\frac{7}{8}\boldsymbol{u}+\frac{1}{8}\boldsymbol{v}$ $\frac{6}{8}\boldsymbol{u}+\frac{2}{8}\boldsymbol{v}$ $\frac{5}{8}\boldsymbol{u}+\frac{3}{8}\boldsymbol{v}$ $\frac{4}{8}\boldsymbol{u}+\frac{4}{8}\boldsymbol{v}$ $\frac{3}{8}\boldsymbol{u}+\frac{5}{8}\boldsymbol{v}$ $\frac{2}{8}\boldsymbol{u}+\frac{6}{8}\boldsymbol{v}$ $\frac{1}{8}\boldsymbol{u}+\frac{7}{8}\boldsymbol{v}$ $0\boldsymbol{u}+1\boldsymbol{v}$

이 이미지들을 비디오의 프레임으로 사용하면 크로스페이드(crossfade) 효과를 얻는다.

3.6.4 아핀결합(Affine combination) 들여다 보기

$[0.5, 1]$과 $[3.5, 3]$을 지나는 무한 직선에 대해 알아보자. 이러한 직선은 $\{[0.5, 1] + \alpha\,[3, 2] \;:\; \alpha \in \mathbb{R}\}$의 점들로 구성된다는 것을 살펴보았다. 비슷한 방식으로 이 집합을 아래와 같이 다시 쓸 수 있다.

$$\{\alpha\,[3.5, 3] + \beta\,[0.5, 1] \;:\; \alpha \in \mathbb{R}, \beta \in R, \alpha + \beta = 1\}$$

$\alpha\,\boldsymbol{u} + \beta\,\boldsymbol{v}$ 형태의 표현식은 $\boldsymbol{u}$와 $\boldsymbol{v}$의 아핀결합이라고 부른다. 여기서, $\alpha + \beta = 1$이다. 위 예를 기반으로 다음과 같이 말할 수 있다.

Hypothesis 3.6.11: $\boldsymbol{u}$와 $\boldsymbol{v}$를 지나는 직선은 $\boldsymbol{u}$와 $\boldsymbol{v}$의 아핀결합들의 집합으로 구성된다.

4장에서는 3개 이상의 벡터들에 대한 아핀결합과 볼록결합에 대해 알아볼 것이다.

3.7 딕셔너리에 기반을 둔 벡터 표현

섹션 3.2에서 벡터는 어떤 정의역 D에서 필드로의 함수라고 하였고, 섹션 3.2.1에서는 이러한 함수를 파이썬의 딕셔너리를 사용하여 나타낸다고 하였다. 파이썬 클래스, `Vec`을 정의하여 하나의 인스턴스가 두 개의 필드(인스턴스 변수(*instance variable*)와 속성(*attributes*))를 가지게 하면 편리하다.

- `f`, 파이썬의 딕셔너리에 의해 표현되는 함수
- `D`, 파이썬의 집합에 의해 표현되는 함수의 정의역

섹션 3.2.1에 기술된 관례에 따르면 값이 영인 엔트리는 딕셔너리 f에서 생략될 수 있다. 이것은 스파스(sparse) 벡터들을 컴팩트하게 표현할 수 있게 해준다.

Vec의 각 인스턴스가 정의역을 일일이 알고 있도록 요구하는 것은 좋은 생각이 아닌 것 같다. 예를 들어, 섹션 3.2.1에서 언급한 것처럼 정보 검색에서는 일반적으로 많은 문서들이 다루어 지며 각각은 극히 일부분의 단어들만을 포함한다. 그러므로 허용되는 단어들의 전체 리스트에 대한 사본을 각 문서마다 만든다면 메모리 낭비를 초래한다. 다행히, 섹션 1.5.4에서 보았듯이 파이썬에서는 다수의 변수들(혹은 인스턴스 변수들)이 메모리의 동일한 집합을 포인트할 수 있게 허용된다. 따라서, 주의 깊게 처리한다면, 문서들을 나타내는 모든 벡터들이 동일한 정의역을 포인트하게 할 수 있다.

클래스 Vec을 정의하는 데 필요한 파이썬 코드는 다음과 같다.

```
class Vec:
    def __init__(self, labels, function):
        self.D = labels
        self.f = function
```

일단, 파이썬이 위 정의를 처리하면, 아래와 같이 Vec의 인스턴스를 생성할 수 있다.

```
>>> Vec({'A','B','C'}, {'A':1})
```

첫 번째 인수는 새로운 인스턴스의 D 필드에 할당되고, 두 번째는 f 필드에 할당된다. 이 표현식의 값은 새로운 인스턴스가 될 것이다. 이 값은 아래와 같이 어떤 변수에 할당할 수도 있다.

```
>>> v = Vec({'A','B','C'}, {'A':1})
```

그다음에 v의 두 필드는 예를 들어, 아래와 같이 액세스 가능하다.

```
>>> for d in v.D:
...  if d in v.f:
...   print(v.f[d])
...
1.0
```

Quiz 3.7.1: 다음 스펙을 가지는 프로시저, zero_vec(D)을 작성해 보자.

- *input:* 집합 D
- *output:* D-벡터를 나타내는 Vec의 인스턴스. 이때, D-벡터의 모든 엔트리 값은 영이다.

Answer

스파스 표현을 나타내는 데 흔히 쓰는 방식을 사용하여 프로시저를 아래와 같이 작성할 수 있다.

```
def zero_vec(D): return Vec(D, {})
```

흔히 쓰는 방식을 사용하지 않을 경우, 다음과 같이 쓸 수 있다.

```
def zero_vec(D): return Vec(D, {d:0 for d in D})
```

프로시저, zero_vec(D)은 제공되는 파일 vecutil.py에 정의되어 있다.

3.7.1 세터(Setter)와 게터(Getter)

다음에 보여 주는 퀴즈들에서 클래스 기반으로 표현된 벡터에 대해 동작하는 프로시저를 작성하게 될 것이다. 나중에 나오는 문제에서는 이 프로시저 중 일부를 클래스 Vec을 정의하는 모듈에 포함할 것이다.

다음 프로시저는 어떤 값을 Vec v의 지정된 엔트리에 할당하는 데 사용될 수 있다.

```
def setitem(v, d, val): v.f[d] = val
```

두 번째 인수 d는 정의역 v.D의 멤버이어야 한다. 이 프로시저는 예를 들어, 다음과 같이 사용될 수 있다.

```
>>> setitem(v, 'B', 2.)
```

Quiz 3.7.2: 다음 스펙을 가지는 프로시저, getitem(v, d)을 작성해 보자.

- *input:* Vec의 인스턴스 v, 집합 v.D의 한 원소 d
- *output:* v의 엔트리 d의 값

스파스-표현 관례를 고려한 방식으로 프로시저를 작성해 보자. 힌트: 프로시저는 조건 표현식 (섹션 1.5.3)을 사용하여 한 줄로 쓸 수 있다.
작성한 프로시저는 앞서 정의한 벡터 v의 엔트리 'A'를 얻는 데 사용할 수 있다.

```
>>> getitem(v, 'A')
1
```

Answer

다음 해법은 조건 표현식을 사용한다.

```
def getitem(v,d): return v.f[d] if d in v.f else 0
```

if-문을 사용할 경우, 아래와 같이 쓸 수 있다.

```
def getitem(v,d):
    if d in v.f:
        return v.f[d]
    else:
        return 0
```

3.7.2 스칼라-벡터 곱셈

Quiz 3.7.3: 다음 스펙을 가지는 프로시저, scalar_mul(v, alpha)을 작성해 보자.

- *input:* Vec의 인스턴스와 스칼라 alpha
- *output:* 스칼라-벡터 곱 alpha × v를 나타내는 Vec의 새로운 인스턴스

출력 벡터가 입력 벡터만큼이나 스파스하게 되도록 하는 좋은 방법이 있지만, 꼭 그렇게 할 필요는 없다. 작성하는 프로시저에 getitem(v, d)을 사용할 수 있지만, 반드시 그렇게 해야 하는 것은 아니다. 작성한 프로시저가 인수로 전달된 벡터를 수정하지 않게 주의하도록 하자. 작성한 프로시저는 Vec의 새로운 인스턴스를 생성한다. 하지만, 이렇게 생성된 새로운 인스턴스는 이전 인스턴스와 동일한 D를 포인트해야 한다.

작성한 프로시저를 벡터 v에 적용해 보자

```
>>> scalar_mul(v, 2)
<__main__.Vec object at 0x10058cd10>
```

이제, 결과 Vec의 딕셔너리를 들여다 보자.

```
>>> scalar_mul(v, 2).f
{'A': 2.0, 'C': 0, 'B': 4.0}
```

Answer

다음 프로시저는 sparsity을 유지하지 않는다.

```
def scalar_mul(v, alpha):
 return Vec(v.D, {d:alpha*getitem(v,d) for d in v.D})
```

sparsity을 유지하기 위해서는 다음과 같이 쓸 수 있다.

```
def scalar_mul(v, alpha):
 return Vec(v.D, {d:alpha*value for d,value in v.f.items()})
```

3.7.3 덧셈

Quiz 3.7.4: 다음 스펙을 가지는 프로시저, add(u, v)을 작성해 보자.

- *input:* Vec의 인스턴스 u와 v
- *output:* u와 v의 벡터 합인 Vec의 인스턴스

작성한 프로시저가 사용되는 한 예는 다음과 같다.

```
>>> u = Vec(v.D, {'A':5., 'C':10.})
>>> add(u,v)
<__main__.Vec object at 0x10058cd10>
>>> add(u,v).f
{'A': 6.0, 'C': 10.0, 'B': 2.0}
```

스파스 표현이 용인되도록 getitem(v, d)을 사용할 것을 권장한다. 출력 벡터를 스파스하게 만들려고 노력하지 말 것을 권장한다. 마지막으로, 딕셔너리 컴프리헨션을 사용하여 Vec의 새로운 인스턴스에 대한 딕셔너리를 정의할 것을 권장한다.

Answer

```
def add(u, v):
 return Vec(u.D,{d:getitem(u,d)+getitem(v,d) for d in u.D})
```

3.7.4 음의 벡터, 벡터 덧셈의 가역성, 벡터 뺄셈

벡터 $\boldsymbol{v}$에 대한 음의 벡터는 $-\boldsymbol{v}$이며 $\boldsymbol{v}$의 각 원소값의 부호를 바꾸어 얻는다. 벡터를 화살표로 나타낼 경우, $-\boldsymbol{v}$는 동일한 길이를 가지며 방향이 완전히 정반대를 가리키는 화살표이다.

벡터 $\boldsymbol{v}$를 평행이동으로 볼 경우(예를 들어, "동쪽으로 2마일, 북쪽으로 3마일 이동"), 음의 벡터 $-\boldsymbol{v}$는 역 평행이동이다.(예를 들어, "동쪽으로 −2마일, 북쪽으로 −3마일 이동"). 즉, 한 평행이동을 적용하고 그다음에 다른 평행이동을 적용하면 제자리로 돌아온다.

벡터 뺄셈은 음의 벡터의 덧셈으로 정의된다. $\boldsymbol{u} - \boldsymbol{v}$는 $\boldsymbol{u} + (-\boldsymbol{v})$로 정의된다. 이 정의는 벡터 뺄셈의 정의, 즉 대응하는 원소들을 빼는 것과 동등하다.

벡터 뺄셈은 벡터 덧셈의 역이다. 어떤 벡터 $\boldsymbol{w}$에 대해, 다음 함수를 고려해 보자.

$$f(\boldsymbol{v}) = \boldsymbol{v} + \boldsymbol{w}$$

이 함수는 $\boldsymbol{w}$를 그 입력에 더하는 것이다. 그리고 아래 함수는 그 입력에서 $\boldsymbol{w}$를 빼는 것이다.

$$g(\boldsymbol{v}) = \boldsymbol{v} - \boldsymbol{w}$$

위에서 하나의 함수는 그 입력을 $\boldsymbol{w}$만큼 평행이동하고, 다른 하나는 그 입력을 $-\boldsymbol{w}$만큼 평행이동한다. 이러한 함수들은 서로의 역함수이다.

$$\begin{aligned}(g \circ f)(\boldsymbol{v}) &= g(f(\boldsymbol{v}))\\ &= g(\boldsymbol{v} + \boldsymbol{w})\\ &= \boldsymbol{v} + \boldsymbol{w} - \boldsymbol{w}\\ &= \boldsymbol{v}\end{aligned}$$

Quiz 3.7.5: 다음 스펙을 가지는 파이썬 프로시저, neg(v)을 작성해 보자.

- *input:* Vec의 인스턴스 v
- *output:* 음의 v를 나타내는 딕셔너리

작성한 프로시저가 사용되는 한 예는 아래와 같다.

```
>>> neg(v).f
{'A': -1.0, 'C': 0, 'B': -2.0}
```

위의 프로시저를 작성하는 방법은 두 가지가 있다. 하나는 컴프리헨션을 사용하여 출력 벡터의 .f 필드를 분명하게 계산하는 것이다. 다른 하나는 Quiz 3.7.3에서 정의한 프로시저, scalar_mul 을 적절하게 호출하는 것이다.

Answer

```
def neg(v):
    return Vec(v.D, {d:-getitem(v, d) for d in v.D})
```

또는

```
def neg(v):
    return Vec(v.D, {key:-value for key, value in v.f.items()})
```

또는

```
def neg(v): return scalar_mul(v, -1)
```

3.8 $GF(2)$상의 벡터

지금까지는 $\mathbb{R}$상의 벡터에 대해서만 살펴보았다. 이 섹션에서는 $GF(2)$상의 벡터에 대해 고려해 보고 몇 가지 응용 예를 제시한다. 섹션 2.5에서 기술한 것을 기억해 보면, $GF(2)$는 0과 1만을 값으로 가지는 필드이다. 1에 1을 더한 값은 0이고, 뺄셈은 덧셈과 동일하다.

간결하게 나타내기 위해, 때때로 $GF(2)$상의 특정 n-벡터들을 n-비트의 비트열로 나타낼 것이다. 예를 들어, 세 번째 엔트리만 영인 4-벡터를 1101이라고 쓴다.

Quiz 3.8.1: *$GF(2)$ 벡터 덧셈 연습:* 1101 + 0111의 값은 무엇인가?
(Note: 이것은 1101 − 0111 와 동일하다)

Answer

1010

3.8.1 완벽한 비밀 유지 – 다시 보기

앨리스와 밥, 그리고 그들의 완벽한 비밀유지에 대한 필요성에 대해 기억해 보자. 섹션 2.5.1에서 한 비트의 평문을 암호화하는 것은 $GF(2)$ 덧셈을 사용하여 그 비트를 한 비트의 키에 더하는 것으로 구성된다는 것을 살펴보았다. 또한, 평문에 대한 일련의 비트들을 암호화하기 위해서는 각 비트를 키에 대응하는 비트를 가지고 암호화하면 된다는 것도 알아보았다. 이러한 프로세스는 $GF(2)$상의 벡터들에 대한 덧셈을 사용하면 더 간결하게 표현할 수 있다.

앨리스는 10-비트의 평문 $\boldsymbol{p}$를 밥에게 전송해야 한다고 가정해 보자.

Vernam's cypher: 앨리스와 밥은 10-벡터 $\boldsymbol{k}$를 랜덤하게 선택한다.
앨리스는 다음 식에 따라 암호문 $\boldsymbol{c}$를 계산한다.

$$\boldsymbol{c} = \boldsymbol{p} + \boldsymbol{k}$$

위 식에서 덧셈은 벡터의 덧셈이다.

첫 번째 체크해야 할 것은 이 암호체계로 암호화된 것을 해독(암호해제) 가능한지이다. $\boldsymbol{k}$와 $\boldsymbol{c}$를 알고 있는 밥은 $\boldsymbol{p}$를 얻을 수 있다. 그는 다음 식을 사용하여 해독할 수 있다.

$$\boldsymbol{p} = \boldsymbol{c} - \boldsymbol{k} \tag{3.2}$$

Example 3.8.2: 예를 들어, 앨리스와 밥은 다음 10-벡터를 키로 사용하기로 결정한다.

$$\boldsymbol{k} = [0, 1, 1, 0, 1, 0, 0, 0, 0, 1]$$

앨리스는 아래 메시지를 밥에게 전송하고자 한다.

$$\boldsymbol{p} = [0, 0, 0, 1, 1, 1, 0, 1, 0, 1]$$

그녀는 $\boldsymbol{p}$를 $\boldsymbol{k}$에 더하여 위 메시지를 암호화한다.

$$\boldsymbol{c} = \boldsymbol{k} + \boldsymbol{p} = [0, 1, 1, 0, 1, 0, 0, 0, 0, 1] + [0, 0, 0, 1, 1, 1, 0, 1, 0, 1]$$

$$\boldsymbol{c} = [0, 1, 1, 1, 0, 1, 0, 1, 0, 0]$$

밥은 $\boldsymbol{c}$를 수신하면, $\boldsymbol{k}$를 더하여 암호문을 해독한다.

$$\boldsymbol{c} + \boldsymbol{k} = [0, 1, 1, 1, 0, 1, 0, 1, 0, 0] + [0, 1, 1, 0, 1, 0, 0, 0, 0, 1] = [0, 0, 0, 1, 1, 1, 0, 1, 0, 1]$$

해독된 메시지는 원문 메시지와 동일하다.

다음으로, 이 암호체계로 완벽한 비밀유지가 가능한지 체크해 보자. 체크하는 방식에 대해서는 아마 익숙할 것이다. 각 평문 $\boldsymbol{p}$에 대해, 함수 $\boldsymbol{k} \mapsto \boldsymbol{k} + \boldsymbol{p}$는 전단사 함수이며 따라서 가역적이다. 키 $\boldsymbol{k}$는 균등하고 랜덤하게 선택된다. 그러므로, 암호문 $\boldsymbol{c}$도 또한 균등 분포를 따른다.

3.8.2 *GF*(2)를 사용한 전부가 아니면 아무것도 공유하지 않는 비밀 공유

$GF(2)$상의 n-벡터 $\boldsymbol{v}$로 표현되는 중간고사 시험문제가 있다고 가정해 보자. 이것을 두 명의 조교, 앨리스와 밥에게 제공하여 그들이 중간고사 시험을 감독하게 한다. 하지만 이 두 조교를 완전히 신뢰할 수는 없다. 한 조교가 어떤 학생에게 뇌물을 받고 시험문제를 사전에 유출할 수도 있으므로 조교에게 시험 문제를 각각 줄 수는 없다.

혹시 있을 수도 있는 부정에 대한 예방 조치의 일환으로, 각 조교에게 시험 문제를 재구성할 수 있는 정보의 일부를 준다. 두 조교는 함께 시험 문제를 재구성할 수는 있지만 혼자서는 어떠한 정보도 얻을 수 없다.

어떻게 하면 될까? $GF(2)$상의 n-벡터 $\boldsymbol{v}_A$를 균등 분포에 따라 랜덤하게 선택한다. 그다음에, 또 다른 n-벡터 $\boldsymbol{v}_B$를 아래와 같이 계산한다.

$$\boldsymbol{v}_B := \boldsymbol{v} - \boldsymbol{v}_A$$

마지막으로, 앨리스에게 $\boldsymbol{v}_A$를 주고, 밥에게는 $\boldsymbol{v}_B$를 준다.

시험을 감독해야 할 때, 두 조교는 함께 모여 그들에게 주어진 벡터를 가지고 시험 문제를 재구성한다. 그들은 단순히 각자에게 주어진 벡터를 더하면 된다.

$$\boldsymbol{v}_A + \boldsymbol{v}_B$$

$\boldsymbol{v}_B$의 정의에 의하면, 이렇게 더하면 비밀 벡터 $\boldsymbol{v}$가 구해진다.

조교 중 한 명이 정직하지 않다고 할 때 이 방식은 얼마나 안전할까? 앨리스가 정직하지 않은 조교이며 시험에 대한 정보를 돈을 받고 팔려고 한다고 가정해 보자. 밥은 정직한 조교이므로 앨리스는 밥의 도움을 받을 수는 없다고 가정하자. 앨리스는 그녀에게 주어진 $\boldsymbol{v}_A$로부터 시험 $\boldsymbol{v}$에 대해 무엇을 알 수 있을까? 앨리스에게 주어진 정보는 균등하고 랜덤하게 선택 되었으므로 앨리스는 주어진 정보로부터 아무것도 얻지 못한다.

이제, 밥이 정직하지 못한 조교라고 가정해 보자. 밥은 그에게 주어진 정보 $\boldsymbol{v}_B$로부터 시험에 대해 무엇을 얻을 수 있을까? 함수 $f : GF(2)^n \longrightarrow GF(2)^n$에 대해 아래와 같이 정의해 보자

$$f(\boldsymbol{x}) = \boldsymbol{v} - \boldsymbol{x}$$

함수 $g(\boldsymbol{y}) = \boldsymbol{v} + \boldsymbol{x}$는 f의 역함수이다. 따라서 f는 가역함수이다.[2] 그러므로 $\boldsymbol{v}_B = f(\boldsymbol{v}_A)$이고 $\boldsymbol{v}_A$는 균등분포에 따라 선택되므로, $\boldsymbol{v}_B$의 분포 역시 균등 분포이다. 이것은 밥이 그에게 주어진 정보로부터 시험에 대해 아무것도 얻을 수 없음을 보여 준다.

여기서, 주요 개념은 각 패스워드를 두 부분으로 쪼개어 서로 다른 서버에 저장하는 것이다. 하나의 서버만 공격해서는 패스워드를 탈취할 수 없다.

Problem 3.8.3: 3명의 조교에게 n-비트 비밀을 제공하는 방법에 대해 설명해 보자. 3명 중 임의의 두 명이 함께 공모해도 비밀에 대해 아무것도 얻을 수 없도록 해야 한다.

3.8.3 *Lights Out*

$GF(2)$상의 벡터들은 *Lights Out*이라 불리는 퍼즐을 분석하는 데 사용될 수 있다. 여기서 사용되는 퍼즐은 5×5 격자 형태의 발광되는 버튼이다.

[2]사실상 $GF(2)$가 사용되므로, g는 f와 동일한 함수이다. 하지만 이 사실은 여기서 중요하지 않다.

처음에 일부 버튼은 불이 켜져 있고 다른 일부는 꺼져 있다. 버튼을 누르면 그 버튼의 현재 상태가 반대로 바뀌고(켜져 있던 것은 꺼지고, 꺼져 있던 것은 켜짐) 동시에 눌러진 버튼 주변 4개 버튼의 상태도 반대로 바뀐다. 이 퍼즐의 목표는 모든 버튼의 불을 꺼지게 하는 것이다.

이 문제를 푸는 것은 계산 문제이다.

Computational Problem 3.8.4: *Lights Out 퍼즐 풀기:*
주어진 초기 상태에서, 모든 버튼의 불을 꺼지도록 하기 위해 눌러야 하는 버튼의 시퀀스를 찾아 보자. 또는, 그런 시퀀스는 존재하지 않는다고 보고하자.

위 계산 문제에 대해 다음과 같은 질문이 있을 수 있다

Question 3.8.5: 가능한 모든 시작 상태에 대해 이 퍼즐을 풀수 있는 방법이 있는가?

물론, 위의 질문과 계산 문제는 통상의 5×5 퍼즐에 대해서 뿐만 아니라 임의의 차원의 퍼즐에 대해서도 생각해 볼 수 있다.

벡터는 이러한 퍼즐과 무슨 관계가 있을까? 퍼즐의 상태는 각 격자 위치에 하나의 엔트리를 가지는 $GF(2)$상의 벡터에 의해 나타낼 수 있다. 정의역은 터플의 집합 $(0,0),(0,1),\cdots,(4,3),(4,4)$이다. 불이 켜진 상태는 1, 꺼진 상태는 0으로 나타내자. 그러면, 위 그림의 퍼즐 상태는 다음과 같다.

```
{(0,0):one, (0,1):one, (0,2):one, (0,3):one, (0,4):0,
 (1,0):one, (1,1):one, (1,2):one, (1,3):0,   (1,4):one,
 (2,0):one, (2,1):one, (2,2):one, (2,3):0,   (2,4):one,
 (3,0):0,   (3,1):0,   (3,2):0,   (3,3):one, (3,4):one,
 (4,0):one, (4,1):one, (4,2):0,   (4,3):one, (4,4):one}
```

위 벡터를 $\boldsymbol{s}$라고 하자.

*상태이동*은 하나의 버튼을 누르는 것으로 구성되며 퍼즐의 상태를 변경한다. 예를 들어, 맨 위의 왼쪽 버튼 $(0,0)$을 누르면, $(0,0),(0,1),(1,0)$에 있는 버튼의 상태가 반대로 전환된다. 그러므로 이 변화는 "버튼벡터(button vector)"로 나타낼 수 있다.

```
{(0,0):one, (0,1):one, (1,0):one}
```

이 벡터는 $\boldsymbol{v}_{0,0}$라고 하자.

$\boldsymbol{s}$에서 시작하여 버튼 $(0,0)$을 누른 결과인 새로운 상태는 벡터 $\boldsymbol{s}+\boldsymbol{v}_{0,0}$에 의해 표현된다. 이유는 무엇일까?

- $\boldsymbol{v}_{0,0}$가 0이 되게 하는 각 엔트리 (i,j)에 대해, $\boldsymbol{s}$와 $\boldsymbol{s}+\boldsymbol{v}_{0,0}$의 엔트리 (i,j)는 동일하다

- $\boldsymbol{v}_{0,0}$가 1이 되게 하는 각 엔트리 (i,j)에 대해, $\boldsymbol{s}$와 $\boldsymbol{s}+\boldsymbol{v}_{0,0}$의 엔트리 (i,j)는 서로 다르다

버튼 $(0,0)$을 눌렀을 때 상태가 변환되는 바로 그 위치들에 대한 원소값이 1이 되게 벡터 $\boldsymbol{v}_{0.0}$를 선택해 보자.

이제 퍼즐의 상태는 아래 그림과 같다.

그다음에, 버튼 $(1,1)$을 누를 것이다. 그러면, $(1,1),(0,1),(1,0),(2,1)$에 있는 버튼의 상태가 반대로 전환된다. 이 버튼에 대응하는 벡터는 아래와 같다.

```
{(1,1):one, (0,1):one, (1,0):one, (2,1):one, (1,2):one}
```

이 벡터를 $\boldsymbol{v}_{1,1}$이라고 하자. 버튼 $(1,1)$이 눌러지기 전의 상태는 벡터 $\boldsymbol{s}+\boldsymbol{v}_{0,0}$에 의해 표현된다. 버튼 $(1,1)$이 눌러진 후의 상태는 $\boldsymbol{s}+\boldsymbol{v}_{0,0}+\boldsymbol{v}_{1,1}$에 의해 표현된다.

요약하면, 상태이동, 즉 버튼을 누르는 것을 실행하는 것은 퍼즐의 상태를 다음과 같이 업데이트 하는 것을 의미한다

새로운 상태 := 이전 상태 + 버튼벡터

여기서, 덧셈은 $GF(2)$상의 벡터들의 덧셈을 의미한다. 따라서 버튼벡터는 평행이동으로 볼 수 있다.

다음은 3×3 퍼즐을 푸는 한 예를 소개한다.

state + move = new state

다시 5×5 퍼즐의 경우로 돌아 오면, 모두 25개의 버튼이 있고 각 버튼에 대해 대응하는 버튼벡터가 있다. 이 벡터들을 사용하여 퍼즐을 풀 수 있다. 주어진 초기 상태에 대해 모든 버튼의 불이 꺼지도록 눌러야 하는 버튼의 시퀀스를 찾는 문제는 벡터를 사용하여 표현하면 초기 상태를 나타내는 주어진 벡터 $\boldsymbol{s}$에 대해 다음을 만족하는 버튼벡터들의 시퀀스 $\boldsymbol{v}_1, \ldots, \boldsymbol{v}_m$를 선택하는 것이다.

$$(\cdots((\boldsymbol{s} + \boldsymbol{v}_1) + \boldsymbol{v}_2) \cdots) + \boldsymbol{v}_m = \text{원소가 모두 영인 벡터}$$

벡터 덧셈의 결합성에 의해 위 식의 좌변의 괄호는 없어도 상관 없으며, 그 결과를 다시 쓰면 다음과 같다.

$$\boldsymbol{s} + \boldsymbol{v}_1 + \boldsymbol{v}_2 + \cdots + \boldsymbol{v}_m = \text{원소가 모두 영인 벡터}$$

위 식의 양쪽 변에 $\boldsymbol{s}$를 더해 보자. 어떤 벡터에 자신을 더하면 원소가 모두 영인 벡터가 되고, 원소가 모두 영인 벡터에 어떤 벡터를 더하면 그 벡터 자체이다. 따라서 다음식이 얻어진다.

$$\boldsymbol{v}_1 + \boldsymbol{v}_2 + \cdots + \boldsymbol{v}_m = \boldsymbol{s}$$

만일 특정 버튼의 벡터가 좌변에 두 번 나타나면, 두 벡터는 상쇄되어 없어진다. 따라서 각 벡터가 많아야 한 번 나타나는 경우에 대해서만 생각해도 된다.

벡터 덧셈은 교환법칙이 성립하므로 덧셈의 순서는 상관없다. 따라서 주어진 초기 상태에서 모든 버튼의 불이 꺼지게 하는 방법을 찾는 것은 합이 주어진 초기 상태에 대응하는 벡터 $\boldsymbol{s}$가 되는 그런 버튼벡터들의 부분집합을 선택하는 것과 같다.

연습삼아 2×2 퍼즐을 풀어보자. 2×2 퍼즐에 대한 버튼벡터는 다음과 같다.

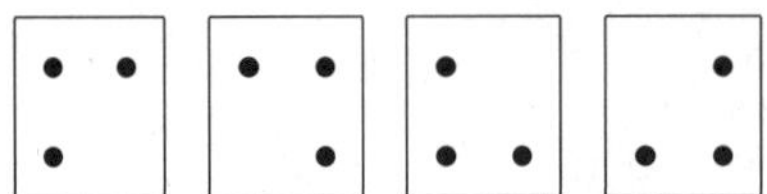

여기서, 검은색 점은 1을 나타낸다.

Quiz 3.8.6: 합이 인 버튼벡터들의 부분집합을 찾아 보자.

Answer

• •	=	• • •	+	• • •

벡터들을 사용하여 *Lights Out* 퍼즐을 모델링하는 방법을 알게 되었다. 그러므로 Computational Problem 3.8.4 (*Lights Out 퍼즐 풀기*)는 좀 더 일반적인 문제의 특수한 경우로 이해할 수 있다.

Computational Problem 3.8.7: *어떤 주어진 벡터를* $GF(2)$상의 다른 주어진 벡터들의 한 부분집합의 합으로 표현하기

- *input:* $GF(2)$상의 벡터 $\boldsymbol{s}$와 벡터들의 리스트 L
- *output:* L 내의 벡터들의 부분집합(이 부분집합의 합은 $\boldsymbol{s}$가 됨). 또는 이러한 부분집합은 없다고 리포트

이 문제에 대한 해법은 무작위적(brute-force)으로 계산할 수 있다. 즉, L 내의 벡터들의 모든 가능한 부분집합을 하나씩 적용해 보는 것이다. 경우의 수는 $2^{|L|}$이다. 예를 들어, *Lights Out* 문제에서 L은 각 버튼에 대해 하나씩 25개의 벡터들로 구성된다. 이 경우 가능한 부분 집합의 개수는 $2^{25} = 33,554,432$이다.

하지만 이런 문제의 해법을 계산하는 훨씬 나은 방법이 있다. 4에서 조금 더 일반적인 문제인, Computational Problem 4.1.8를 소개할 것이다. 8장에서는 이것을 해결하는 알고리즘을 기술할 것이다. 이 알고리즘은 *Lights Out* 문제뿐만 아니라 정수 인수분해와 같은 좀 더 중요한 문제들에도 관련된다.

3.9 도트곱(Dot product)

두 개의 D-벡터들 $\boldsymbol{u}$와 $\boldsymbol{v}$에 대해, 도트곱은 대응하는 엔트리들의 곱의 합이다.

$$\boldsymbol{u} \cdot \boldsymbol{v} = \sum_{k \in D} \boldsymbol{u}[k]\ \boldsymbol{v}[k]$$

예를 들어, 일반적인 벡터 $\boldsymbol{u} = [u_1, \ldots, u_n]$, $\boldsymbol{v} = [v_1, \ldots, v_n]$에 대해,

$$\boldsymbol{u} \cdot \boldsymbol{v} = u_1 v_1 + u_2 v_2 + \cdots + u_n v_n$$

위 연산의 결과는 벡터가 아니라 스칼라임에 주의하자. 이러한 이유 때문에 도트곱은 때로는 벡터들의 스칼라 곱(*scalar product*)이라 불린다.

Example 3.9.1: $[1, 1, 1, 1, 1]$과 $[10, 20, 0, 40, -100]$의 도트곱을 고려해 보자. 도트곱을 구하기 위해, 두 벡터의 대응하는 엔트리들을 정렬하여 쓰고 대응하는 엔트리들의 쌍을 곱하여 그 결과 값들을 더할 수 있다.

	1		1		1		1		1		
•	10		20		0		40		-100		
	10	+	20	+	0	+	40	+	(-100)	=	-30

일반적으로, 원소가 모두 1인 한 벡터와 다른 벡터 $\boldsymbol{v}$의 도트곱은 $\boldsymbol{v}$의 원소들의 합과 같다.

$$\begin{aligned}[1,1,\ldots,1]\cdot[v_1,v_2,\ldots,v_n] &= 1\cdot v_1+1\cdot v_2+\cdots+1\cdot v_n \\ &= v_1+v_2+\cdots+v_n\end{aligned}$$

Example 3.9.2: $[0,0,0,0,1]$과 $[10,20,0,40,-100]$의 도트곱을 고려해 보자.

	0		0		0		0		1	
•	10		20		0		40		-100	
	0	+	0	+	0	+	0	+	(-100)	= -100

일반적으로, $\boldsymbol{u}$의 오직 한 원소, 예를 들어, i 번째 원소가 1이고, 나머지 다른 원소들은 0이면, $\boldsymbol{u}\cdot\boldsymbol{v}$는 $\boldsymbol{v}$의 i 번째 원소이다.

$$\begin{aligned}&[0,0,\cdots,0,1,0,\cdots,0,0]\cdot[v_1,v_2,\cdots,v_{i-1},v_i,v_{i+1},\ldots,v_n] \\ &= 0\cdot v_1+0\cdot v_2+\cdots+0\cdot v_{i-1}+1\cdot v_i+0\cdot v_{i+1}+\cdots+0\cdot v_n \\ &= 1\cdot v_i \\ &= v_i\end{aligned}$$

Quiz 3.9.3: n-벡터 $\boldsymbol{v}$의 원소들의 평균을 도트곱으로 표현해 보자.

Answer

$\boldsymbol{u}$를 모든 원소값이 $1/n$인 벡터라고 하자. 그러면, $\boldsymbol{u}\cdot\boldsymbol{v}$는 $\boldsymbol{v}$의 원소들의 평균값이 된다.

Quiz 3.9.4: 다음 스펙을 가지는 프로시저, `list_dot(u, v)`을 작성해 보자.

- *input:* 필드 요소들로 구성된 동일한 길이를 가지는 리스트 `u`와 `v`
- *output:* 벡터로 간주되는 `u`와 `v`의 도트곱

`sum(·)` 프로시저를 리스트 컴프리헨션과 함께 사용해 보자.

Answer

```
def list_dot(u, v): return sum([u[i]*v[i] for i in range(len(u))])
```

또는

```
def list_dot(u, v): return sum([a*b for (a,b) in zip(u,v)])
```

3.9.1 총 비용 또는 잇점

Example 3.9.5: D를 식품들의 집합, 예를 들어, 맥주를 만드는 데 사용되는 4가지 재료라고 하자.

$$D = \{\text{hops}, \text{malt}, \text{water}, \text{yeast}\}$$

벡터 *cost*는 각 식품을 단위량당 어떤 가격에 매핑한다.

$$\textit{cost} = \text{Vec}(D, \{\text{hops} : \$2.50/ounce, \text{malt} : \$1.50/pound, \text{water} : \$0.006, \text{yeast} : \$0.45/gram\})$$

벡터 *quantity*는 각 식품을 양(예를 들어, 파운드)에 매핑한다. 예를 들어, 대략 6갤런의 스타우트(stout)를 만들수 있는 각 재료에 대한 양이 있다.

$\textit{quantity} = \text{Vec}(\{\text{hops:6 ounces, malt:14 pounds, water:7 gallons, yeast:11 grams}\})$

이때, 총 비용은 *cost*와 *quantity*의 도트곱이다.

$$\textit{cost} \cdot \textit{quantity} = \$2.50 \cdot 6 + \$1.50 \cdot 14 + \$0.006 \cdot 7 + \$0.45 \cdot 11 = \$40.992$$

벡터 *value*는 각 식품을 파운드당 칼로리에 매핑한다.

$$\textit{value} = \{\text{hops} : 0, \text{malt} : 960, \text{water} : 0, \text{yeast} : 3.25\}$$

6갤런의 스타우트에 들어 있는 총 칼로리[a]는 *value*와 *quantity*의 도트곱이다.

$$\textit{value} \cdot \textit{quantity} = 0 \cdot 6 + 960 \cdot 14 + 7 \cdot 0 + 3.25 \cdot 11 = 13475.75$$

[a] 이 수치는 원재료에 기반을 둔 것으로 실제 만들어진 스타우트에 포함된 칼로리의 양보다 많을 것이다.

3.9.2 선형방정식

Definition 3.9.6: 선형방정식(일차 방정식)은 $\boldsymbol{a} \cdot \boldsymbol{x} = \beta$의 형태를 가지는 식으로, $\boldsymbol{a}$는 벡터, β는 스칼라이며, $\boldsymbol{x}$는 벡터 변수이다.

스칼라 β는 선형방정식의 우변이라 불리는데, 이유는 그것이 통상적으로 등호의 오른쪽에 쓰여지기 때문이다.

Example 3.9.7: *센서 노드의 에너지 사용률:* 센서 네트워크는 작고 가격이 저렴한 노드들로 이루어진다. 각 센서 노드는 몇몇 하드웨어 요소들(예를 들어, 무선 장치, 온도 센서, 메모리, CPU)로 구성된다. 흔히 센서 노드는 배터리로 구동되고 외진 곳에 배치되므로 각 구성요소의 전력 소모가 주요 관심사다. D를 아래와 같이 정의해 보자.

$$D = \{\textit{무선 장치(radio)}, \textit{센서(sensor)}, \textit{메모리(memory)}, \textit{CPU}\}$$

각 하드웨어 구성요소를 전력 소모에 매핑하는 함수는 벡터이며, 이것을 $\boldsymbol{rate}$라고 하자.

$$\boldsymbol{rate} = \text{Vec}(D, \{\textit{메모리} : 0.06\text{W}, \textit{무선 장치} : 0.1\text{W}, \textit{센서} : 0.004\text{W}, \textit{CPU} : 0.0025\text{W}\})$$

각 구성요소를 테스트 기간 동안에 각각이 켜져 있는 시간의 양에 매핑하는 함수는 벡터이며 이것을 *duration*이라고 부른다.

$$\boldsymbol{duration} = \text{Vec}(D, \{\text{메모리} : 1.0\text{s}, \text{무선 장치} : 0.2\text{s}, \text{센서} : 0.5\text{s}, CPU : 1.0\text{s}\})$$

테스트 기간 동안 센서 노드에 의해 소모된 총 에너지는 ***rate***와 ***duration***의 도트곱이다.

$$\boldsymbol{duration} \cdot \boldsymbol{rate} = 0.0845J$$

총 에너지는 줄(Joule) (와트-초(Watt-seconds))로 측정된다.

```
>>> D = {'memory', 'radio', 'sensor', 'CPU'}
>>> rate = Vec(D, {'memory':0.06, 'radio':0.1, 'sensor':0.004, 'CPU':0.0025})
>>> duration = Vec(D, {'memory':1.0, 'radio':0.2, 'sensor':0.5, 'CPU':1.0})
>>> rate*duration
0.0845
```

이제, 각 하드웨어 구성요소의 전력 소모에 대해 실질적으로 알 수 없다고 가정해 보자. 즉, *rate*의 엔트리들의 값은 알려져 있지 않다. 아마도 이러한 값들은 여러 번의 테스트 기간 동안에 소모된 총 전력량을 테스트하여 계산할 수 있다. 예를 들어, 세 번의 테스트 기간이 있다고 가정해 보자. $i = 1, 2, 3$에 대해, 벡터 $\boldsymbol{duration}_i$은 각 하드웨어 구성요소가 테스트 기간 i 동안에 켜져 있는 시간을 나타내고, 스칼라 β_i는 테스트 기간 동안에 사용된 총 전력량을 나타낸다. ***rate***를 벡터-값 변수라 생각하고 이 변수들을 포함하는 3개의 선형방정식을 작성해 보자.

$$\begin{aligned} \boldsymbol{duration}_1 \cdot \boldsymbol{rate} &= \beta_1 \\ \boldsymbol{duration}_2 \cdot \boldsymbol{rate} &= \beta_2 \\ \boldsymbol{duration}_3 \cdot \boldsymbol{rate} &= \beta_3 \end{aligned}$$

이 방정식들로부터 ***rate***의 엔트리들을 계산할 수 있을까? 이것은 아래 두 개의 질문으로 귀결된다.

1. 선형방정식들을 만족하는 벡터를 찾는 알고리즘이 있는가?
2. 선형방정식들을 만족하는 정확히 하나의 해, 즉 벡터가 있는가?

비록 선형방정식들을 만족하는 *어떤* 벡터를 계산하는 알고리즘이 있다고 하더라도, 방정식들을 만족하는 벡터가 오직 하나만 있지 않으면, 계산된 해가 정말로 찾고자 하는 해인지 알 수 없다.

Example 3.9.8: 몇몇 duration 벡터들이 있다.

```
>>> duration1 = Vec(D, {'memory':1.0, 'radio':0.2, 'sensor':0.5, 'CPU':1.0})
>>> duration2 = Vec(D, {'sensor':0.2, 'CPU':0.4})
>>> duration3 = Vec(D, {'memory':0.3, 'CPU':0.1})
```

`duration1*rate = 0.11195`, `duration2*rate = 0.00158`, `duration3*rate = 0.02422`을 만족하는 벡터, `rate`을 찾을 수 있는가? 이러한 벡터가 오직 하나밖에 없는가?

Quiz 3.9.9: 다음 표에 있는 데이터를 사용하여 각 하드웨어 구성요소의 에너지 소모율을 계산해 보자. 표는 4번의 각 테스트 기간에 각 하드웨어 구성요소가 얼마나 오랫동안 동작하고 얼마나 많은 에너지가 센서 노드를 통해 전달되는지를 명시한다.

	radio	sensor	memory	CPU	소모된 총 에너지
test 0	1.0 sec	1.0 sec	0 sec	0 sec	1.5 J
test 1	2.0 sec	1.0 sec	0	0	2.5 J
test 2	0	0	1.0 sec	1.0 sec	1.5 J
test 3	0	0	0	1.0 sec	1 W

Answer

radio	sensor	memory	CPU
1 W	0.5 W	0.5 W	1 W

Definition 3.9.10: 일반적으로, *선형방정식들의 시스템*(줄여서 *선형시스템*)은 방정식들의 컬렉션이다.

$$\begin{aligned} \boldsymbol{a}_1 \cdot \boldsymbol{x} &= \beta_1 \\ \boldsymbol{a}_2 \cdot \boldsymbol{x} &= \beta_2 \\ &\vdots \\ \boldsymbol{a}_m \cdot \boldsymbol{x} &= \beta_m \end{aligned} \tag{3.3}$$

여기서, $\boldsymbol{x}$는 벡터 변수이다. 해는 모든 방정식을 만족하는 벡터 $\hat{\boldsymbol{x}}$이다.

이제, 센서 노드 구성요소들의 에너지 소모량을 추정하는 것과 관련된 두 가지 질문으로 돌아가 보자. 먼저, 해의 유일성(uniqueness)에 대한 질문을 살펴보자.

Question 3.9.11: *선형시스템에 대한 해의 유일성*
주어진 선형시스템(예를 들어, (3.3))에 대해, 어떻게 해가 오직 하나밖에 없는지 말할 수 있을까?

두 번째, 해를 계산하는 질문에 대해 살펴보자.

Computational Problem 3.9.12: *선형시스템 풀기*

- *input:* 벡터들의 리스트 $\boldsymbol{a}_1, \ldots, \boldsymbol{a}_m$, 그리고 대응하는 스칼라 $\beta_1, \ldots, \beta_m$ (우변)
- *output:* 선형시스템 (3.3)을 만족하는 벡터 $\hat{\boldsymbol{x}}$ 또는 해가 없음이라고 리포트

Computational Problem 3.8.7에서, 주어진 벡터를 $GF(2)$상의 다른 주어진 벡터들의 부분집합의 합으로 나타내는 것은 이 문제의 특별한 경우에 해당될 것이다. 다음 두개 섹션에서는 이들의 연관성을 알아볼 것이고 좀 더 나중에 나오는 섹션에서는 계산 문제들을 푸는 알고리즘에 대해 기술할 것이다.

3.9.3 유사성(Similarity) 측정하기

도트곱은 $\mathbb{R}$상의 벡터들 사이의 유사성을 측정하는 데 사용될 수 있다.

투표기록 비교하기

Lab 3.12에서 도트곱을 사용하여 상원 의원들의 투표기록을 비교할 것이다. 정의역 D는 상원 의원이 투표한 법안들의 집합이다. 각 상원 의원은 벡터로 표현되며, 이 벡터는 법안을 $\{+1, -1, 0\}$에 매핑한다. 이때, $\{+1, -1, 0\}$는 *찬성*, *반대*, 또는 *기권*에 대응한다. 두 상원 의원, 예를 들어, 오바마와 맥케인의 도트곱을 고려해 보자. 각 법안에 대해, 두 의원이 동의하면(두 의원이 동시에 찬성 또는 반대), 대응하는 엔트리의 곱은 1이다. 만일 두 의원이 동의하지 않으면(한 사람은 찬성하고 다른 사람은 반대), 곱은 -1이다. 만약 한 의원 또는 두 의원 모두 기권하면, 곱은 0이다. 이러한 곱들을 모두 더하면 두 의원의 의견이 어느 정도 일치하는지 알 수 있다. 합이 높을수록 의견이 일치하는 정도가 크다. 합이 양수이면 대체로 의견이 일치하고, 음수이면 대체로 의견이 일치하지 않음을 나타낸다.

오디오 세그먼트 비교하기

예를 들어, 짧은 오디오 클립이 있는데, 이것이 긴 오디오 세그먼트에 나타나는지 검색하고자 한다고 가정해 보자. 어떻게 짧은 오디오 클립을 긴 오디오 세그먼트에서 찾을 수 있을까?

다음 예에서 이러한 문제를 다룬다. 먼저, 준비의 일환으로 좀 더 단순한 문제를 고려해 보자. 동일한 길이를 가지는 오디오 세그먼트들 사이의 유사성을 측정해 보자.

수학적으로 오디오 세크먼트는 파형(waveform)이며 시간에 대한 연속함수이다.

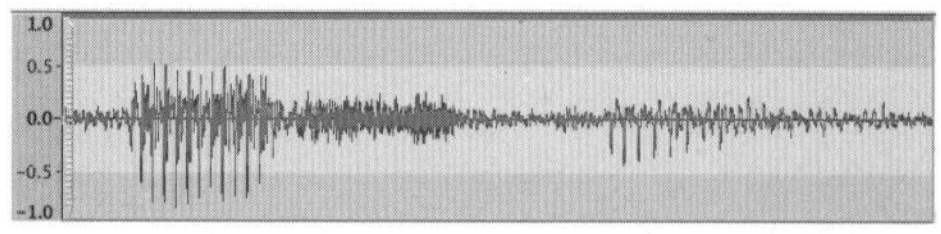

함수의 값은 *진폭(amplitude)*이다. 진폭은 양수값과 음수값 사이를 왔다 갔다(진동) 한다. 진동의 정도는 오디의 볼륨에 따라 다르다.

컴퓨터에서 오디오 세그먼트는 일련의 숫자들로 표현되며, 이 숫자들은 일정한 시간 간격, 예를 들어, 1초에 $44,100$번 샘플링된 연속함수의 값들이다.

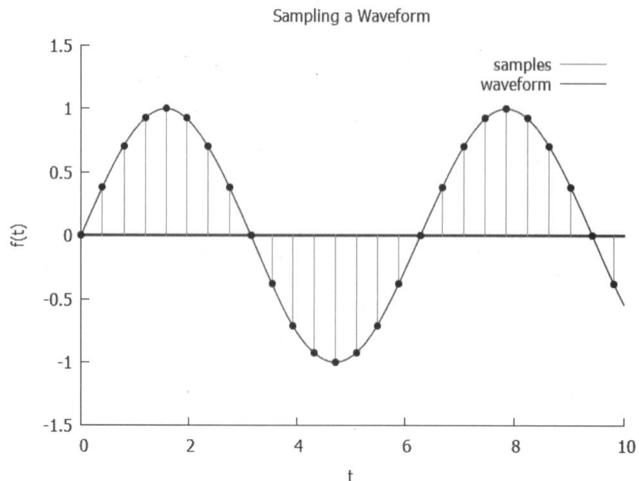

먼저, 두 개의 길이가 같은 긴 오디오 세그먼트를 비교하는 것을 고려해 보자. 두 오디오 세그먼트는 각각 n개의 샘플을 가지며 n-벡터 $\boldsymbol{u}$와 $\boldsymbol{v}$로 표현된다.

5	-6	9	-9	-5	-9	-5	5	-8	-5	-9	9	8	-5	-9	6	-2	-4	-9	-1	-1	-9	-3
5	-3	-9	0	-1	3	0	-2	-1	6	0	0	-4	5	-7	1	-9	0	-1	0	9	5	-3

두 세그먼트를 비교하는 한 가지 단순한 방법은 도트곱 $\sum_{i=1}^{n} \boldsymbol{u}[i]\ \boldsymbol{v}[i]$을 사용하는 것이다. 여기서, i번째 곱의 값은 만약 $\boldsymbol{u}[i]$와 $\boldsymbol{v}[i]$가 동일한 부호를 가지면 양수이고, 서로 반대 부호를 가지면 음수이다. 따라서 서로 일치하는 정도가 크면 도트곱의 값도 더 크다.

거의 동일한 오디오 세그먼트들은(비록 소리 크기가 다르더라도) 다른 세그먼트들 보다 곱의 값이 더 크다. 하지만 만약 두 세그먼트의 속도(tempo) 또는 음의 높이(pitch)가 약간만 다르면, 도트곱의 값은 작아질 것이며 아마도 거의 영에 가깝게 될 것이다.

오디오 클립 찾기

긴 오디오 세그먼트에서 짧은 오디오 클립을 찾는 문제로 돌아가 보자. 예를 들어, 긴 오디오 세그먼트는 23개 샘플들로 구성되고 짧은 오디오 클립은 11개의 샘플들로 구성된다고 해 보자.

긴 세그먼트의 샘플 10에서 22까지는 짧은 클립을 구성하는 샘플들과 일치한다고 가정해 보자. 이것을 확인하기 위해, 긴 세그먼트의 샘플 10에서 22까지로 구성된 벡터를 형성하여 이 벡터를 짧은 클립의 샘플들로 구성된 벡터와 도트곱을 계산할 수 있다.

5	-6	9	-9	-5	-9	-5	5	-8	-5	-9	9	8	-5	-9	6	-2	-4	-9	-1	-1	-9	-3
										2	7	4	-3	0	-1	-6	4	5	-8	-9		

물론, 보통 긴 세그먼트의 어느 부분에서 짧은 클립과 일치하는 부분을 찾을수 있을지 전혀 모른다. 0번째 위치, 또는 1번째, ..., 또는 12번째 위치에서 시작할 수도 있다. 시작 가능한 위치는 $23 - 11 + 1$ 개(짧은 클립이 나타나기에 끝에 너무 가까운 위치는 제외)이다. 각 시작 위치에 대한 가능성은 적절한 도트곱을 계산함으로써 평가할 수 있다.

5	-6	9	-9	-5	-9	-5	5	-8	-5	-9	9	8	-5	-9	6	-2	-4	-9	-1	-1	-9	-3
2	7	4	-3	0	-1	-6	4	5	-8	-9												

5	-6	9	-9	-5	-9	-5	5	-8	-5	-9	9	8	-5	-9	6	-2	-4	-9	-1	-1	-9	-3
	2	7	4	-3	0	-1	-6	4	5	-8	-9											

5	-6	9	-9	-5	-9	-5	5	-8	-5	-9	9	8	-5	-9	6	-2	-4	-9	-1	-1	-9	-3
		2	7	4	-3	0	-1	-6	4	5	-8	-9										

5	-6	9	-9	-5	-9	-5	5	-8	-5	-9	9	8	-5	-9	6	-2	-4	-9	-1	-1	-9	-3
			2	7	4	-3	0	-1	-6	4	5	-8	-9									

5	-6	9	-9	-5	-9	-5	5	-8	-5	-9	9	8	-5	-9	6	-2	-4	-9	-1	-1	-9	-3
				2	7	4	-3	0	-1	-6	4	5	-8	-9								

5	-6	9	-9	-5	-9	-5	5	-8	-5	-9	9	8	-5	-9	6	-2	-4	-9	-1	-1	-9	-3
					2	7	4	-3	0	-1	-6	4	5	-8	-9							

5	-6	9	-9	-5	-9	-5	5	-8	-5	-9	9	8	-5	-9	6	-2	-4	-9	-1	-1	-9	-3
						2	7	4	-3	0	-1	-6	4	5	-8	-9						

5	-6	9	-9	-5	-9	-5	5	-8	-5	-9	9	8	-5	-9	6	-2	-4	-9	-1	-1	-9	-3
							2	7	4	-3	0	-1	-6	4	5	-8	-9					

5	-6	9	-9	-5	-9	-5	5	-8	-5	-9	9	8	-5	-9	6	-2	-4	-9	-1	-1	-9	-3
								2	7	4	-3	0	-1	-6	4	5	-8	-9				

5	-6	9	-9	-5	-9	-5	5	-8	-5	-9	9	8	-5	-9	6	-2	-4	-9	-1	-1	-9	-3
									2	7	4	-3	0	-1	-6	4	5	-8	-9			

5	-6	9	-9	-5	-9	-5	5	-8	-5	-9	9	8	-5	-9	6	-2	-4	-9	-1	-1	-9	-3
										2	7	4	-3	0	-1	-6	4	5	-8	-9		

…

5	-6	9	-9	-5	-9	-5	5	-8	-5	-9	9	8	-5	-9	6	-2	-4	-9	-1	-1	-9	-3
											2	7	4	-3	0	-1	-6	4	5	-8	-9	

…

5	-6	9	-9	-5	-9	-5	5	-8	-5	-9	9	8	-5	-9	6	-2	-4	-9	-1	-1	-9	-3
												2	7	4	-3	0	-1	-6	4	5	-8	-9

이 예의 경우, 긴 세그먼트는 23개 숫자로 구성되고 짧은 클립은 11개 숫자로 구성되어 결국 $23 - 11$개의 도트곱이 필요하게 된다. 이 12개의 숫자를 출력 벡터에 넣자.

Quiz 3.9.13: 긴 세그먼트는 $[1, -1, 1, 1, 1, -1, 1, 1, 1]$이고, 짧은 클립은 $[1, -1, 1, 1, -1, 1]$라고 해 보자. 도트곱을 계산하여 어느 위치에서 가장 잘 매치되는지 나타내어 보자.

Answer

도트곱은 $[2, 2, 0, 0]$이고, 따라서 가장 매치가 잘 되는 시작 위치는 긴 세그먼트의 1번째 또는 2번째 위치이다.

Quiz 3.9.14: 이런 방식의 검색은 보편적으로 적용할 수 있는 것은 아니다. 예를 들어, 긴 세그먼트 $[1, 2, 3, 4, 5, 6]$에서 짧은 클립 $[1, 2, 3]$을 찾아 보자. 도트곱을 사용하는 방법으로 찾을 수 있는 가장 매치가 잘되는 것은 무엇인가?

Answer

긴 세그먼트에서 시작 가능한 위치는 4군데 있다. 가능한 각 시작 위치에서 도트곱을 적용하면 다음 벡터를 얻는다.

$$[1 + 4 + 9, 2 + 6 + 12, 3 + 8 + 15, 4 + 10 + 18] = [14, 20, 26, 32]$$

도트곱의 값에 따르면, 가장 매치가 잘 되는 시작 위치는 4번째 위치이다. 하지만 이것은 명백히 잘못 선택된 위치이다.

이제, 이러한 도트곱을 수행하는 프로그램을 작성할 것이다.

Quiz 3.9.15: 다음 스펙을 가지는 프로시저, `dot_product_list(needle,haystack)`을 작성해 보자.

- *input:* 짧은 리스트 `needle`과 긴 리스트 `haystack`. 두 리스트 모두 숫자들을 포함한다.
- *output:* `len(haystack)-len(needle)`의 길이로 구성된 리스트. 출력 리스트의 엔트리 i는 needle과 `haystack`의 어떤 서브리스트와의 도트곱과 동일하며, 이때, 이 서브리스트는 `haystack`의 위치 i에서 시작하며 needle과 동일한 길이를 가진다.

작성한 프로시저는 컴프리헨션과 Quiz 3.9.4의 프로시저, `list_dot(u,v)`을 사용해야 한다.
힌트: 섹션 1.5.5에서 다룬 슬라이스를 사용할 수 있다.

Answer

```
def dot_product_list(needle, haystack):
    s = len(needle)
    return [dot(needle, haystack[i:i+s]) for i in range(len(haystack)-s)]
```

선형 필터에 대해 들여다 보기

섹션 3.9.3에서 짧은 클립을 긴 세그먼트의 슬라이스와 비교하였다. 이 프로세스는 슬라이스를 벡터로 만들어 슬라이스와 짧은 클립의 도트곱을 구함으로써 수행하였다. 동일한 것을 계산하는 또 다른 방법이 있다. 이 방법은 짧은 클립을 0으로 패딩하여 긴 벡터로 만들고, 그다음에 패딩된 벡터와 긴 세그먼트의 도트곱을 계산하는 것이다.

5	-6	9	-9	-5	-9	-5	5	-8	-5	-9	9	8	-5	-9	6	-2	-4	-9	-1	-1	-9	-3
0	**0**	**0**	**0**	**0**	**0**	**0**	**0**	**0**	**0**	2	7	4	-3	0	-1	-6	4	5	-8	-9	**0**	**0**

마찬가지로, 짧은 클립에 대한 벡터와 긴 세그먼트에 대한 벡터를 다르게 맞추어 대응하는 도트곱을 계산할 수 있다. 이 프로세스는 *선형 필터*(*linear filter*)를 적용하는 예이다. 짧은 클립은 필터의 *커널*(*kernel*) 역할을 한다. 좀 더 실질적인 예에서는 짧은 클립에 대한 벡터와 긴 세그먼트에 대한 벡터의 길이가 훨씬 더 길 것이다. 긴 세그먼트의 길이는 $5,000,000$이고 짧은 클립의 길이는 $50,000$이라고 가정해 보자. 그러면, 거의 $5,000,000$ 번의 도트곱 계산이 필요하고, 각 계산에 약 $50,000$개의 영이 아닌 숫자가 관여하게 된다. 이런 계산에는 많은 시간이 필요할 것이다.

다행스러운 것은 계산을 손쉽게 하는 방법이 있다는 것이다. 5장에서는 행렬-벡터 곱이 입력 벡터 $\boldsymbol{u}$와 커널로부터 출력 벡터 $\boldsymbol{w}$를 계산하는 편리한 표기법이라는 것을 살펴본다. 그리고 11장에서는 이러한 도트곱을 빠르게 계산할 수 있는 알고리즘 하나를 소개한다. 이 알고리즘은 13장에서 다루는 개념에 기반을 두고 있다.

3.9.4 $GF(2)$상의 벡터들에 대한 도트곱

$\mathbb{R}$상의 벡터들에 대한 도트곱의 몇몇 응용에 대해 살펴보았다. 이제, $GF(2)$상의 벡터들에 대한 도트곱에 대해 알아보자.

Example 3.9.16: 11111와 10101의 도트곱을 고려해 보자.

$$\begin{array}{ccccccccccc} & 1 & & 1 & & 1 & & 1 & & 1 & \\ \bullet & 1 & & 0 & & 1 & & 0 & & 1 & \\ \hline & 1 & + & 0 & + & 1 & + & 0 & + & 1 & = & 1 \end{array}$$

다음에, 11111와 00101의 도트곱을 고려해 보자.

$$\begin{array}{ccccccccccc} & 1 & & 1 & & 1 & & 1 & & 1 & \\ \bullet & 0 & & 0 & & 1 & & 0 & & 1 & \\ \hline & 0 & + & 0 & + & 1 & + & 0 & + & 1 & = & 0 \end{array}$$

일반적으로, 원소가 모두 1인 벡터와 어떤 다른 벡터의 도트곱을 구하면 그 값은 곱해진 다른 벡터의 패리티(parity)이다. 즉, 1의 개수가 짝수이면 0, 홀수이면 1이 된다.

3.9.5 패리티 비트(Parity bit)

데이터를 저장하고 전송할 때 에러가 발생할 수 있다. 보통 시스템은 이러한 에러가 자주 발생하지 않을 경우 이것을 검출할 수 있도록 설계된다. 에러 검출에 사용되는 가장 기본적인 방법은 *패리티 검사 비트*(*parity check bit*)이다. n-비트 시퀀스를 신뢰할 수 있게 전송하기 위해 하나의 추가적인 비트, n-비트 시퀀스의 패리티 비트를 계산하여 그것을 n-비트 시퀀스와 함께 전송한다.

패리티 검사에는 다음과 같은 약점이 있다.

- 만약 정확하게 2비트 에러(좀 더 일반적으로 말하면 짝수개의 에러)가 있을 경우, 패리티 검사는 문제를 검출할 수 없을 것이다. 섹션 4.6.4에서는 *체크섬 함수*(*checksum function*)에 대해 다루는데, 체크섬으로 에러 검출을 훨씬 더 잘할 수 있다.

- 만약 한 비트 에러가 있을 경우에, 패리티 검사로는 어느 비트 위치에 에러가 발생했는지 알 수 없다. 섹션 5.7.3에서는 에러 위치를 알아낼 수 있는 *에러정정코드*(*error-correcting codes*)에 대해 다룬다.

3.9.6 단순한 인증 기법

안전하지 못한 네트워크상의 컴퓨터에 사용자가 로그온할 수 있게 하는 기법에 대해 고려해 보자. 이러한 기법은 인증 기법이라 불리는데, 그 이유는 사용자가 본인이 누구라고 주장하는 것에 대한 증명을 제공해 주는 방법이기 때문이다. 이런 기법 중 가장 잘 알려진 것은 패스워드(비밀번호)에 기반을 두고 있다. 사용자 해리(Harry)는 그의 패스워드를 컴퓨터 캐롤(Carole)에게 전송하고 컴퓨터는 그것이 맞는 패스워드인지 확인한다.

이 기법은 만약 엿듣는 사람, 예를 들어 이브(Eve)가 있어 네트워크를 통해 전송되는 비트를 읽을 수 있으면 큰 문제가 발생할 수 있다. 이브는 패스워드를 알아내기 전에 한 번만 로그온하는 것을 관찰할 필요가 있고, 그다음부터는 해리로서 로그온할 수 있다.

좀 더 안전한 방법은 *시도 응답*(*challenge-response*) 기법으로, 사용자가 컴퓨터 캐롤에 로그온하려고 시도하는 것이다. 몇 번의 로그온 시도에 대해 캐롤은 패스워드를 가지고 있지 않으면 맞게 답할 가능성이 별로 없는 질문을 사용자에게 반복해서 묻는다. 만약 사용자가 몇 개의 질문에 맞게 대답하면, 캐롤은 사용자가 패스워드를 가지고 있다고 결론을 내린다.

간단한 시도 응답 기법의 예를 들어 보자. 패스워드는 n-비트 문자열, 즉 $GF(2)$상의 n-벡터 $\hat{\boldsymbol{x}}$라 하고 이것은 균등하고 랜덤하게 선택되었다고 가정해 보자. i 번째 시도에서 캐롤은 영이 아닌 n-벡터 $\boldsymbol{a}_i$ *시도 벡터*를 선택하여 그것을 사용자에게 전송한다. 사용자는 $\boldsymbol{a}_i$와 $\hat{\boldsymbol{x}}$의 도트곱이 되어야 하는 한 비트 β_i를 다시 전송하고, 캐롤은 $\beta_i = \boldsymbol{a}_i \cdot \hat{\boldsymbol{x}}$ 인지 검사한다. 만약 사용자가 몇 번의 시도를 통과하면, 캐롤은 사용자가 패스워드를 가지고 있다고 간주하여 로그온하게 허용한다.

Example 3.9.17: 패스워드는 $\hat{\boldsymbol{x}} = 10111$이다. 해리는 로그인을 시작한다. 응답으로 캐롤은 시도 벡터 $\boldsymbol{a}_1 = 01011$을 선택하여 해리에게 전송한다. 해리는 도트곱 $\boldsymbol{a}_1 \cdot \hat{\boldsymbol{x}}$을 계산한다.

$$\begin{array}{cccccccccccc} & 0 & & 1 & & 0 & & 1 & & 1 & & \\ \bullet & 1 & & 0 & & 1 & & 1 & & 1 & & \\ \hline & 0 & + & 0 & + & 0 & + & 1 & + & 1 & = & 0 \end{array}$$

그리고 결과 비트 $\beta_1 = 0$을 캐롤에게 전송한다.

그다음에, 캐롤은 시도 벡터 $\boldsymbol{a}_2 = 11110$을 해리에게 전송한다. 해리는 도트곱 $\boldsymbol{a}_2 \cdot \hat{\boldsymbol{x}}$을 계산한다.

$$\begin{array}{cccccccccccc} & 1 & & 1 & & 1 & & 1 & & 0 & & \\ \bullet & 1 & & 0 & & 1 & & 1 & & 1 & & \\ \hline & 1 & + & 0 & + & 1 & + & 1 & + & 0 & = & 1 \end{array}$$

그리고 결과 비트 $\beta_2 = 1$를 캐롤에게 다시 보낸다.

이 과정은 k번 반복된다. 캐롤은 만약 $\beta_1 = \boldsymbol{a}_1 \cdot \hat{\boldsymbol{x}}, \beta_2 = \boldsymbol{a}_2 \cdot \hat{\boldsymbol{x}}, \ldots, \beta_k = \boldsymbol{a}_k \cdot \hat{\boldsymbol{x}}$이면 해리를 로그인하게 허용한다.

3.9.7 단순한 인증 기법 공격하기

이러한 단순한 시도 응답 기법을 어떻게 공격할 수 있을지 생각해 보자. 예를 들어, 이브는 해리가 맞게 응답하는 m번의 시도를 엿듣는다고 가정해 보자. 이브는 시도 벡터들 $\boldsymbol{a}_1, \boldsymbol{a}_2, \ldots, \boldsymbol{a}_m$의 시퀀스와 대응하는 응답 비트들 $\beta_1, \beta_2, \ldots, \beta_m$을 알게 된다. *이브는 이 정보로 패스워드에 대해 무엇을 알아낼 수 있을까?*

이브는 패스워드를 모르므로, 벡터 변수 $\boldsymbol{x}$로 패스워드를 표현한다. 이브는 해리가 응답 비트들을 맞게 계산했다는 것을 알고 있으므로, 다음 선형방정식들이 참이라는 것을 안다.

$$\begin{aligned} \boldsymbol{a}_1 \cdot \boldsymbol{x} &= \beta_1 \\ \boldsymbol{a}_2 \cdot \boldsymbol{x} &= \beta_2 \\ &\vdots \\ \boldsymbol{a}_m \cdot \boldsymbol{x} &= \beta_m \end{aligned} \tag{3.4}$$

이브는 Computational Problem 3.9.12에 대한 알고리즘을 사용하여 선형시스템의 해를 구해 패스워드를 계산할 수 있다고 생각할 수도 있다. 실제로 이브는 선형시스템의 어떤 해를 구할 수 있을지도 모른다. 하지만 이 해가 맞는 것인가? Question 3.9.11에 대해 생각해 볼 필요가 있다. 이 선형시스템은 유일한 해를 가지는가?

선형시스템이 유일한 해를 갖기를 기대하는 것은 아마도 어려울 수 있다. 이브는 만약 해의 개수가 지나치게 많지 않아 해를 모두 계산할 수 있고 그래서 하나씩 확인할 수만 있으면 만족해할 것이다. 따라서 다음의 질문과 계산 문제에 대해 주목해 보자.

Question 3.9.18: *$GF(2)$상의 선형시스템에 대한 해의 개수*
주어진 $GF(2)$상의 선형시스템에 대해 얼마나 많은 해가 있는가?

Computational Problem 3.9.19: *$GF(2)$상의 선형시스템에 대한 모든 해 계산하기*
주어진 $GF(2)$상의 선형시스템에 대한 모든 해를 찾아보자.

하지만 이브에게는 또 다른 공격 방안이 있다. 비록 패스워드를 정확하게 알아내지는 못하지만, 해리의 응답 비트들에 대한 정보를 사용하여 앞으로 일어날 미래 시도들(future challenges)에 대한 답을 구할 수 있다. 미래 시도 벡터들 $\boldsymbol{a}$ 중 어떤 것에 대해, $\boldsymbol{x}$와의 도트곱이 m개의 방정식들로부터 계산될 수 있는가? 좀 더 일반적으로 기술하면 다음과 같다.

Question 3.9.20: 선형방정식들의 시스템은 어떤 다른 선형방정식들을 나타내는가(암시하는가)? 만약 그렇다면, 이러한 다른 선형방정식들은 무엇인가?

다음으로 도트곱의 성질에 대해 알아보는 데, 이 중 하나는 위 질문에 대해 응답하는 데 도움이 된다.

3.9.8 도트곱의 대수적 성질

이 섹션에서는 단순하지만 강력한 도트곱의 대수적 성질을 소개한다. 이 성질들은 어떤 필드에서든 상관없이(예를 들어, $\mathbb{R}$ 또는 $GF(2)$) 성립한다.

교환성(Commutativity) 두 벡터의 도트곱을 계산할 때 벡터의 순서는 상관없다.

Proposition 3.9.21 (도트곱의 교환성): $\boldsymbol{u} \cdot \boldsymbol{v} = \boldsymbol{v} \cdot \boldsymbol{u}$

도트곱의 교환법칙은 스칼라-스칼라 곱이 교환적이라는 사실에 기반을 둔다.

Proof

$$\begin{aligned}
[u_1, u_2, \ldots, u_n] \cdot [v_1, v_2, \ldots, v_n] &= u_1 v_1 + u_2 v_2 + \cdots + u_n v_n \\
&= v_1 u_1 + v_2 u_2 + \cdots + v_n u_n \\
&= [v_1, v_2, \ldots, v_n] \cdot [u_1, u_2, \ldots, u_n]
\end{aligned}$$

□

동질성(Homogeneity) 다음 성질은 도트곱을 스칼라-벡터 곱에 연관시킨다. 즉, 도트곱의 벡터 중 하나에 스칼라를 곱하는 것은 도트곱의 결과값에 곱하는 것과 같다.

Proposition 3.9.22 (도트곱의 동질성): $(\alpha\, \boldsymbol{u}) \cdot \boldsymbol{v} = \alpha\, (\boldsymbol{u} \cdot \boldsymbol{v})$

Problem 3.9.23: Proposition 3.9.22을 증명해 보자.

Problem 3.9.24: $(\alpha\boldsymbol{u})\cdot(\alpha\boldsymbol{v}) = \alpha(\boldsymbol{u}\cdot\boldsymbol{v})$은 항상 참이 되는 것은 아님을 반례를 들어 보자.

분배성(Distributivity) 마지막 성질은 도트곱을 벡터 덧셈에 관련시킨다.

Proposition 3.9.25: (벡터 덧셈에 대한 도트곱의 분배법칙) $(\boldsymbol{u}+\boldsymbol{v})\cdot\boldsymbol{w} = \boldsymbol{u}\cdot\boldsymbol{w}+\boldsymbol{v}\cdot\boldsymbol{w}$

Proof

$\boldsymbol{u} = [u_1,\ldots,u_n], \boldsymbol{v} = [v_1,\ldots,v_n], \boldsymbol{w} = [w_1,\ldots,w_n]$.

$$\begin{aligned}
(\boldsymbol{u}+\boldsymbol{v})\cdot\boldsymbol{w} &= ([u_1,\ldots,u_n]+[v_1,\ldots,v_n])\cdot[w_1,\ldots,w_n]\\
&= [u_1+v_1,\ldots,u_n+v_n]\cdot[w_1,\ldots,w_n]\\
&= (u_1+v_1)w_1+\cdots+(u_n+v_n)w_n\\
&= u_1w_1+v_1w_1+\cdots+u_nw_n+v_nw_n\\
&= (u_1w_1+\cdots+u_nw_n)+(v_1w_1+\cdots+v_nw_n)\\
&= [u_1,\ldots,u_n]\cdot[w_1,\ldots,w_n]+[v_1,\ldots,v_n]\cdot[w_1,\ldots,w_n]
\end{aligned}$$

□

Problem 3.9.26: $(\boldsymbol{u}+\boldsymbol{v})\cdot(\boldsymbol{w}+\boldsymbol{x}) = \boldsymbol{u}\cdot\boldsymbol{w}+\boldsymbol{v}\cdot\boldsymbol{x}$는 참이 아님을 반례를 들어 보자.

Example 3.9.27: 실수상의 벡터들에 대한 분배성의 예를 들어 보자. $[27,37,47]\cdot[2,1,1] = [20,30,40]\cdot[2,1,1]+[7,7,7]\cdot[2,1,1]$이다.

$$\begin{array}{rrrrrrr}
 & 20 & & 30 & & 40 & \\
\bullet & 2 & & 1 & & 1 & \\
\hline
 & 20\cdot 2 & + & 30\cdot 1 & + & 40\cdot 1 & = 110
\end{array}$$

$$\begin{array}{rrrrrrr}
 & 7 & & 7 & & 7 & \\
\bullet & 2 & & 1 & & 1 & \\
\hline
 & 7\cdot 2 & + & 7\cdot 1 & + & 7\cdot 1 & = 28
\end{array}$$

$$\begin{array}{rrrrrrr}
 & 27 & & 37 & & 47 & \\
\bullet & 2 & & 1 & & 1 & \\
\hline
 & 27\cdot 2 & + & 37\cdot 1 & + & 47\cdot 1 & = 138
\end{array}$$

3.9.9 단순한 인증 기법 공격하기 – 다시 보기

섹션 3.9.7에서 어떤 시도에 대한 해리의 응답을 사용하여 이브가 다른 시도에 대한 답을 구할 수 있는지 질문하였다. 이 질문은 $GF(2)$상의 벡터들에 대한 분배성을 사용하여 답할 수 있다.

Example 3.9.28: 이 예는 Example 3.9.17(104 페이지)의 연장선에 있다. 캐롤은 이전에 해리에게 시도 벡터 01011과 11110을 전송하였고, 이브는 해리의 응답 비트가 0과 1임을 알게 되었다. 만약 이브가 해리로서 로그인하려 하고 캐롤은 01011과 11110의 합을 시도 벡터로서 전송한다고 가정해 보자. 이브는 분배성을 이용하여 시도 벡터와 패스워드 $\boldsymbol{x}$의 도트곱을 계산할 수 있다. 이브는 비록 패스워드는 알지 못하지만 다음을 계산할 수 있다.

$$\begin{aligned}(01011 + 11110) \cdot \boldsymbol{x} &= 01011 \cdot \boldsymbol{x} + 11110 \cdot \boldsymbol{x} \\ &= 0 + 1 \\ &= 1\end{aligned}$$

실제 패스워드를 사용하여 확인해 보면, 위의 결과가 시도 벡터에 대한 맞는 응답임을 알 수 있다.

이 개념을 좀 더 깊이 살펴보자. 예를 들어, 캐롤은 이전에 관찰된 세 개의 시도 벡터의 합을 시도 벡터로서 전송한다고 가정해 보자. 이브는 이전 세 개의 시도 벡터들에 대한 응답들의 합으로서 응답 비트(패스워드와의 도트곱)를 계산할 수 있다.

다음 식에 의하면, 이브는 임의의 수의 이전 시도 벡터들의 합에 대해 맞는 응답을 계산할 수 있어 바르게 응답할 수 있음을 보여 준다.

$$\begin{aligned}\text{만약} \quad & \boldsymbol{a}_1 \cdot \boldsymbol{x} = \beta_1 \\ & \boldsymbol{a}_2 \cdot \boldsymbol{x} = \beta_2 \\ \vdots \quad & \quad \vdots \\ & \boldsymbol{a}_k \cdot \boldsymbol{x} = \beta_k \\ \text{그러면,} \quad & (\boldsymbol{a}_1 + \boldsymbol{a}_2 + \cdots + \boldsymbol{a}_k) \cdot \boldsymbol{x} = (\beta_1 + \beta_2 + \cdots + \beta_k)\end{aligned}$$

Problem 3.9.29: 이브는 다음의 시도 및 응답을 알고 있다.

시도	응답
110011	0
101010	0
111011	1
001100	1

어떻게 시도 011101과 000100에 대해 맞는 응답들을 구할 수 있는지 보여 주자.

이브는 수백 번의 시도 $\boldsymbol{a}_1, \ldots, \boldsymbol{a}_n$와 응답 $\beta_1, \ldots, \beta_n$을 관찰하였으며 이제 시도 $\boldsymbol{a}$에 대한 응답을 원한다고 상상해 보자. 그녀는 합이 $\boldsymbol{a}$와 동일하게 되는 $\boldsymbol{a}_1, \ldots, \boldsymbol{a}_n$의 부분집합을 찾아야 한다.

Question 3.9.20에서 선형방정식들의 시스템(연립일차방정식)은 어떤 다른 선형방정식들을 나타내는지 질문하였다. 이 질문에 대한 부분적 답은:

$$\begin{aligned}\text{만약} \quad & \boldsymbol{a}_1 \cdot \boldsymbol{x} = \beta_1 \\ & \boldsymbol{a}_2 \cdot \boldsymbol{x} = \beta_2 \\ \vdots \quad & \quad \vdots \\ & \boldsymbol{a}_k \cdot \boldsymbol{x} = \beta_k \\ \text{그러면,} \quad & (\boldsymbol{a}_1 + \boldsymbol{a}_2 + \cdots + \boldsymbol{a}_k) \cdot \boldsymbol{x} = (\beta_1 + \beta_2 + \cdots + \beta_k)\end{aligned}$$

그러므로 시도 벡터들과 그 응답 비트들을 관찰함으로써 이브는 임의의 시도 벡터에 대한 응답을 구할 수 있다. 즉, 응답은 이전에 관찰된 시도 벡터들의 *임의의 부분집합*의 합이다.

물론, 이브는 새로운 시도 벡터는 그러한 이전 벡터들의 합으로 표현될 수 있다는 것을 알고 있고 어느 합인지 결정할 수 있다는 가정하에서 말이다. 이것은 정확히 Computational Problem 3.8.7이다. 선형대수학에서 계산 문제의 중요성에 대해 인지하기 시작하게 될 것이다. 동일한 계산 문제는 퍼즐을 푸는 데도 적용되고, 인증 기법을 공격하는 데도 사용된다. 물론, 많은 다른 경우에도 이런 계산 문제가 적용된다.

3.10 Vec 구현

섹션 3.7에서 벡터들을 표현하기 위한 초보적인 파이썬 클래스를 정의하였고 이러한 벡터 표현을 다루기 위한 몇몇 프로시저를 작성하였다.

3.10.1 Vec을 다루기 위한 구문

Vec의 클래스 정의를 확장하여 일부 표기법을 편리하게 만들어 보자.

동작	구문
벡터 덧셈	`u+v`
벡터의 음수	`-v`
벡터 뺄셈	`u-v`
스칼라-벡터 곱	`alpha*v`
스칼라에 의한 벡터의 나눗셈	`v/alpha`
도트곱	`u*v`
엔트리 값 얻기	`v[d]`
엔트리 값 설정	`v[d] = ...`
벡터의 등호 테스트	`u == v`
벡터 출력하기	`print(v)`
벡터 복사하기	`v.copy()`

또한, 표현식이 Vec의 인스턴스를 결과로 가지면, 표현식의 값은 잘 알려지지 않은 파이썬의 어떤 형태로 표현되는 것이 아니라

```
>>> v
<__main__.Vec object at 0x10058cad0>
```

값이 벡터인 표현식으로 표현된다.

```
>>> v
Vec({'A', 'B', 'C'},{'A': 1.0})
```

3.10.2 구현

Problem 3.14.10에서 Vec을 구현할 것이다. 하지만 파이썬으로 클래스들을 정의하는 것이 목적이 아니므로, 클래스 정의를 작성할 필요는 없다. 클래스 정의는 제공될 것이다. 필요한 것은 몇몇 프로시저의 없는 몸체 부분을 채워 넣는 것이다. 이들 프로시저의 대부분은 섹션 2.7에서 작성하였다.

3.10.3 Vec 사용하기

setitem(v, d, val), add(u,v), scalar_mul(v, alpha)와 같은 이름을 가진 프로시저의 몸체를 작성할 것이다. 하지만 실제로 Vec을 다른 코드에서 사용하는 데 이름을 가진 프로시저 대신 연산자들을 사용해야 한다. 예를 들어,

```
>>> setitem(v, 'a', 1.0)
```

대신에

```
>>> v['a'] = 1.0
```

그리고,

```
>>> b = add(b, neg(scalar_mul(v, dot(b,v))))
```

대신에

```
>>> b = b - (b*v)*v
```

사실 Vec을 사용하는 vec 모듈 밖의 코드에서는 vec 모듈로부터 Vec만을 임포트할 것이다.

```
from vec import Vec
```

따라서 이름을 가진 프로시저들은 이름 공간에 임포트되지 않을 것이다. vec 모듈 내의 이름 있는 프로시저들은 vec 모듈 자체 내에서만 사용된다.

3.10.4 Vec 출력하기

클래스 Vec은 인스턴스를 출력을 위한 문자열로 변환하는 프로시저를 정의한다.

```
>>> print(v)

 A B C
------
 1 0 0
```

벡터 v를 출력하기 위한 프로시저는 정의역 v.D에서 어떤 순서를 선택해야 한다. sorted(v.D, key=hash)를 사용해 보자. 이것은 숫자는 크기순으로, 문자열은 알파벳순으로, 그리고 터플은 어떤 적절한 순서로 정렬한다.

3.10.5 Vec 복사하기

Vec 클래스는 .copy() 메서드를 정의한다. 이 메서드는 Vec의 인스턴스에서 호출되며 예전 인스턴스와 동일한 새로운 인스턴스를 리턴한다. 새로운 인스턴스는 예전 인스턴스와 정의역 .D를 공유한다. 하지만 초기값이 예전 인스턴스와 동일한 새로운 함수 .f를 가진다.

원래는 Vec을 복사할 필요가 없다. 스칼라-벡터 곱셈과 벡터 덧셈 연산은 Vec의 새로운 인스턴스를 리턴하고 입력값을 변경하지 않는다.

3.10.6 리스트에서 Vec으로

Vec 클래스는 벡터들을 표현하기 위한 유용한 방법이긴 하지만 유일한 표현 방법인 것은 아니다. 섹션 3.1에서 언급하였듯이, 때로는 벡터를 리스트로 나타내기도 할 것이다. 리스트 L은 $\{0, 1, 2, \ldots, \text{len}(L)-1\}$로부터의 함수로 볼 수 있고, 따라서 리스트 기반의 표현에서 딕셔너리 기반의 표현으로 변경할 수 있다.

Quiz 3.10.1: 다음 스펙을 가지는 프로시저, `list2vec(L)`을 작성해 보자.

- *input:* 필드 원소들의 리스트 L
- *output:* 정의역 $\{0, 1, 2, \ldots, \text{len}(L) - 1\}$을 가지는 Vec의 인스턴스 $\boldsymbol{v}$. 이때 정의역의 각 정수 i에 대해 $\boldsymbol{v}[i] = L[i]$이다.

Answer

```
def list2vec(L):
  return Vec(set(range(len(L))), {k:x for k,x in enumerate(L)})
```

또는

```
def list2vec(L):
  return Vec(set(range(len(L))), {k:L[k] for k in range(len(L))})
```

이 프로시저는 작은 Vec 예를 신속히 생성할 수 있게 해 준다. 제공된 파일 vecutil.py에 이 프로시저에 대한 정의가 포함되어 있다.

3.11 선형방정식들의 삼각시스템에 대한 해 구하기

Computational Problem 3.9.12에 한발 더 다가가기 위해(선형시스템의 해 구하기), 시스템이 어떤 특정 형태를 보이는 경우 그 시스템의 해를 구하는 알고리즘에 대해 기술한다.

3.11.1 상삼각시스템(Upper-triangular system)

*선형방정식들의 상삼각시스템*은 다음 형태를 가진다.

$$
\begin{array}{lllllllllll}
[& a_{11}, & a_{12}, & a_{13}, & a_{14}, & \cdots & a_{1,n-1}, & a_{1,n} &] \cdot \boldsymbol{x} & = & \beta_1 \\
[& 0, & a_{22}, & a_{23}, & a_{24}, & \cdots & a_{2,n-1}, & a_{2,n} &] \cdot \boldsymbol{x} & = & \beta_2 \\
[& 0, & 0, & a_{33}, & a_{34}, & \cdots & a_{3,n-1}, & a_{3,n} &] \cdot \boldsymbol{x} & = & \beta_3 \\
 & & & & & \vdots & & & & & \\
[& 0, & 0, & 0, & 0, & \cdots & a_{n-1,n-1}, & a_{n-1,n} &] \cdot \boldsymbol{x} & = & \beta_{n-1} \\
[& 0, & 0, & 0, & 0, & \cdots & 0, & a_{n,n} &] \cdot \boldsymbol{x} & = & \beta_n
\end{array}
$$

즉,

- 첫 번째 벡터는 영을 가지지 않아도 된다
- 두 번째 벡터는 첫 번째 위치의 값이 영이다

- 세 번째 벡터는 첫 번째와 두 번째 위치의 값이 영이다

- 네 번째 벡터는 첫 번째, 두 번째, 그리고 세 번째 위치의 값이 영이다

  ⋮

- $n-1$ 번째 벡터는 $n-1$ 번째와 n 번째 엔트리를 제외한 모든 엔트리가 영이다

- n 번째 벡터는 n 번째 엔트리 이외에는 모두 영이다

Example 3.11.1: 다음은 4-벡터들을 사용한 한 예이다.

$$\begin{array}{rcl} [\ 1,\ 0.5,\ -2,\ 4\ ] \cdot \boldsymbol{x} & = & -8 \\ [\ 0,\ 3,\ 3,\ 2\ ] \cdot \boldsymbol{x} & = & 3 \\ [\ 0,\ 0,\ 1,\ 5\ ] \cdot \boldsymbol{x} & = & -4 \\ [\ 0,\ 0,\ 0,\ 2\ ] \cdot \boldsymbol{x} & = & 6 \end{array}$$

우변은 $-8, 3, -4$, 그리고 6이다.

*상삼각시스템*이란 용어의 기원은 영이 아닌 엔트리들의 위치를 고려하면 명백해진다. 즉, 영이 아닌 엔트리들은 삼각형을 형성한다.

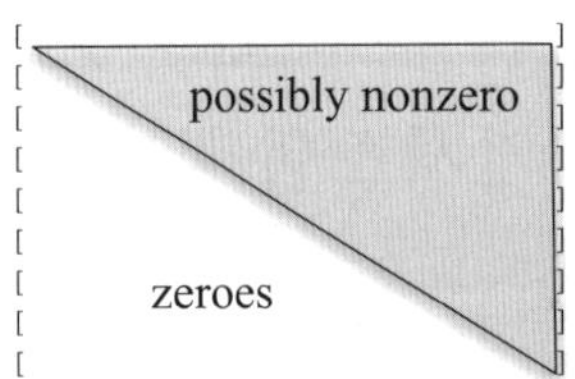

$\boldsymbol{x} = [x_1, x_2, x_3, x_4]$라 하고 도트곱의 정의를 사용하면, 이 시스템을 미지수 x_1, x_2, x_3, x_4에 대한 4개의 일반적인 방정식으로 나타낼 수 있다.

$$\begin{array}{rcrcrcrcl} 1x_1 & + & 0.5x_2 & - & 2x_3 & + & 4x_4 & = & -8 \\ & & 3x_2 & + & 3x_3 & + & 2x_4 & = & 3 \\ & & & & 1x_3 & + & 5x_4 & = & -4 \\ & & & & & & 2x_4 & = & 6 \end{array}$$

3.11.2 후진대입법(Backward substitution)

여기서는 해를 구하는 전략에 대해 기술한다. 먼저, 4번째 식을 사용하여 x_4의 값을 구한다. 그 다음에, x_4의 값을 3번째 식에 대입하여 x_3에 대한 값을 구한다. x_3와 x_4의 값을 2번째 식에 대입하여 x_2의 값을 구한다. x_2, x_3, 그리고 x_4의 값을 첫 번째 식에 대입하여 x_1의 값을 구한다. 각 단계에서 오직 하나의 변수에 대한 값을 구하면 된다.

따라서, 위 시스템은 다음과 같이 해를 구할 수 있다.

$$\begin{array}{lllllll} & 2x_4 & = & 6 & & & \\ \text{따라서} & x_4 & & & = & 6/2 & = & 3 \\ \\ & 1x_3 & = & -4-5x_4 & = & -4-5(3) & = & -19 \\ \text{따라서} & x_3 & & & = & -19/1 & = & -19 \\ \\ & 3x_2 & = & 3-3x_3-2x_4 & = & 3-2(3)-3(-19) & = & 54 \\ \text{따라서} & x_2 & & & = & 54/3 & = & 18 \\ \\ & 1x_1 & = & -8-0.5x_2+2x_3-4x_4 & = & -8-4(3)+2(-19)-0.5(18) & = & -67 \\ \text{따라서} & x_1 & & & = & -67/1 & = & -67 \end{array}$$

위에서 보여준 알고리즘을 후진대입법이라 부르는데, 그 이유는 마지막 식에서 시작하여 첫 번째 식까지 반대 방향으로 진행하며 풀어가기 때문이다.

Quiz 3.11.2: 위 기법을 사용하여 다음 시스템에 대한 해를 손으로 풀어보자.

$$\begin{array}{rcrcrcr} 2x_1 & + & 3x_2 & - & 4x_3 & = & 10 \\ & & 1x_2 & + & 2x_3 & = & 3 \\ & & & & 5x_3 & = & 15 \end{array}$$

Answer

$$x_3 = 15/5 = 3$$

$$x_2 = 3 - 2x_3 = -3$$

$$x_1 = (10 + 4x_3 - 3x_2)/2 = (10 + 12 + 9)/2 = 31/2$$

Exercise 3.11.3: 다음 시스템에 대한 해를 구해보자.

$$\begin{array}{rcrcrcr} 1x_1 & - & 3x_2 & - & 2x_3 & = & 7 \\ & & 2x_2 & + & 4x_3 & = & 4 \\ & & & & -10x_3 & = & 12 \end{array}$$

3.11.3 후진대입법의 첫 번째 구현

후진대입법의 알고리즘을 벡터와 도트곱을 사용하여 표현하는 편리한 방법이 있다. 이 프로시저는 해 벡터(solution vector) **x**를 원소가 모두 영인 벡터로 초기화한다. 그다음에 마지막 엔트리에서 시작하여 **x**의 각 엔트리를 채워 나간다. x_i 엔트리를 채워야 하는 시점에서 보면, 엔트리 $x_{i+1}, x_{i+2}, \ldots, x_n$의 값은 이미 채워져 있고 나머지 엔트리들은 모두 영이다. 따라서 프로시저는 도트곱을 사용하여 값이 이미 알려진 변수들이 포함된 표현식의 일부를 계산할 수 있다.

$$\text{엔트리 } a_{ii} \cdot x_i \text{의 값} = \beta_i - (\text{값을 알고 있는 변수들이 포함된 표현식})$$

따라서,

$$x_i\text{의 값} = \frac{\beta_i - (\text{값을 알고 있는 변수들이 포함된 표현식})}{a_{ii}}$$

이 개념을 사용하여 다음 스펙을 가지는 프로시저, triangular_solve_n(rowlist, b)을 작성해 보자.

- *input:* 어떤 정수 n에 대해, n-벡터들의 리스트 rowlist로 구성된 삼각시스템과 길이가 n인 숫자들의 리스트 $\boldsymbol{b}$
- *output:* $i = 0, 1, \ldots, n-1$에 대해 rowlist[i]와 $\boldsymbol{x}$의 도트곱이 $\boldsymbol{b}[i]$가 되게하는 그러한 벡터 $\boldsymbol{x}$

프로시저의 이름에 포함된 n은 이 프로시저가 rowlist 내의 각 벡터가 정의역 $\{0, 1, 2, \ldots, n-1\}$을 가져야 한다는 것을 나타낸다(나중에는 이 요구조건이 없는 프로시저를 작성할 것이다).

코드는 다음과 같다.

```
def triangular_solve_n(rowlist, b):
    D = rowlist[0].D
    n = len(D)
    assert D == set(range(n))
    x = zero_vec(D)
    for i in reversed(range(n)):
        x[i] = (b[i] - rowlist[i] * x)/rowlist[i][i]
    return x
```

Exercise 3.11.4: triangular_solve_n을 파이썬에 입력하여 위에서 예로 든 시스템에 적용해 보자.

3.11.4 언제 알고리즘이 동작할까?

후진 대입 알고리즘은 모든 상삼각시스템에 대해 동작하는 것은 아니다. 만약 rowlist[i][i] 값이 어떤 i에 대해 영이면, 알고리즘은 해를 구하지 못할 것이다. 그러므로 이 알고리즘을 사용할 때는 엔트리들이 영이 되지 않아야 한다는 요구조건이 있다. 따라서 위에서 주어진 스펙은 완전한 것이 아니다.

만약 대각 엔트리들이 영이 아니면, 알고리즘은 선형방정식들의 시스템에 대한 유일한 해를 찾을 수 있을 것이다. 증명은 귀납법을 이용하면 된다. 이것은 각 이터레이션마다 어떤 변수에 할당된 값은 그 변수에 대해 가능한 유일한 값이고 이전 이터레이션에서 변수들에 할당된 값들과 일관성이 있다는 사실에 기반을 두고 있다.

Proposition 3.11.5: 길이가 n인 n-벡터들의 리스트 rowlist와 n-벡터 $\boldsymbol{b}$에 의해 명시되는 삼각시스템에서, 만약 $i = 0, 1, \ldots, n-1$에 대해 rowlist[i][i] $\neq 0$ 이면, triangular_solve_n(rowlist, b)로 찾은 해는 시스템의 유일한 해이다.

한편,

Proposition 3.11.6: 길이가 n인 n-벡터들의 리스트 rowlist에서, 만약 어떤 정수 i에 대해 rowlist$[i][i] = 0$이면, 삼각시스템이 해를 가지지 않는 벡터 $\boldsymbol{b}$가 있다.

Proof

k는 n 보다 작은 가장 큰 정수이며 rowlist$[k][k] = 0$을 만족한다고 하자. $\boldsymbol{b}$는 벡터이고 영이 아닌 원소 k 외에 모든 다른 원소는 그 값이 영이라고 하자. 알고리즘은 $i = n-1, n-2, \ldots, k+1$에 대해 이터레이션한다. 각 이터레이션에서 그 이터레이션 전의 x 값은 영벡터이고 b[i]는 영이며, 따라서 x[i]에는 영이 할당된다. 이러한 각 이터레이션에서 할당된 값은 이전 이터레이션에서 변수들에 할당된 값들과 일관성이 있는 가능한 유일한 값이다.

마지막으로, 알고리즘은 $i = k$가 되고, 이 시점의 식은 다음과 같다.

rowlist[k][k]*x[k]+rowlist[k][k+1]*x[k+1]+ $\cdots$ +rowlist[k][n-1]*x[n-1] = *nonzero*

하지만 변수들 x[k+1], x[k+2], x[n-1]은 모두 영이 되고 rowlist[k][k]는 영이다. 따라서 방정식의 좌변은 영이 되어 식은 만족될 수 없다. □

3.11.5 임의의 정의역을 가진 벡터들에 대한 후진대입법

다음에, 프로시저 triangular_solve(rowlist, label_list, b)을 작성하여 rowlist 내 벡터들의 정의역이 $\{0, 1, 2, \ldots, n-1\}$이 될 필요가 없는 삼각시스템의 해를 구해 보자. 시스템이 삼각시스템이란 것이 의미하는 것은 무엇인가? 인수 label_list는 정의역의 순서를 지정하는 리스트이다. 시스템이 삼각시스템이 되기 위해,

- rowlist의 첫 번째 벡터는 영을 가지지 않아도 된다
- 두 번째 벡터는 label_list의 첫 번째 원소에 의해 표기되는 엔트리의 값이 영이다.
- 세 번째 벡터는 label_list의 첫 두 원소에 의해 표기되는 엔트리들의 값이 영이다.

  ⋮

프로시저의 스펙은 다음과 같다.

- *input:* 양의 정수 n에 대해, 모두 동일한 n-원소 정의역 D를 가지는 n개 Vecs의 리스트 *rowlist*, D의 원소들로 구성된 리스트 *label_list*, 그리고 n 개 숫자들로 구성된 리스트 b
  이때, $i = 0, 1, \ldots, n-1$에 대해,
  - *rowlist*$[i]$[label_list$[j]$]은 $j = 0, 1, 2, \ldots, i-1$ 이면 영이고 $j = i$ 이면 영이 아닌 값이다.
- *output:* Vec $\boldsymbol{x}$. $i = 0, 1, \ldots, n-1$에 대해 rowlist$[i]$와 $\boldsymbol{x}$의 도트곱은 $b[i]$와 같다.

이 프로시저는 섹션 3.11.3에서 주어진 프로시저를 약간만 변경하면 된다.

이 프로시저가 어떻게 사용되는지 보여주면 다음과 같다.

```
>>> label_list = ['a','b','c','d']
>>> D = set(label_list)
>>> rowlist=[Vec(D,{'a':4, 'b':-2,'c':0.5,'d':1}), Vec(D,{'b':2,'c':3,'d':3}),
                Vec(D,{'c':5, 'd':1}), Vec(D,{'d':2.})]
```

```
>>> b = [6, -4, 3, -8]
>>> triangular_solve(rowlist, label_list, b)
Vec({'d', 'b', 'c', 'a'},{'d': -4.0, 'b': 1.9, 'c': 1.4, 'a': 3.275})
```

triangular_solve에 대한 코드는 아래와 같다. 이것은 프로시저, zero_vec(D)을 사용한다는 사실에 주목하자.

```
def triangular_solve(rowlist, label_list, b):
    D = rowlist[0].D
    x = zero_vec(D)
    for j in reversed(range(len(D))):
        c = label_list[j]
        row = rowlist[j]
        x[c] = (b[j] - x*row)/row[c]
    return x
```

프로시저, triangular_solve(rowlist, label_list, b)와 triangular_solve_n(rowlist, b)는 triangular 모듈에 포함되어 있다.

3.12 *Lab: 도트곱을 사용하여 투표기록 비교하기*

미국 상원의원의 투표기록을 $\mathbb{R}$상의 벡터로서 나타내고 도트곱을 사용하여 투표기록을 비교할 것이다. 이 lab에서는 리스트만 사용하여 벡터를 나타낸다.

여기서는 벡터를 사용하여 상원 의원들의 정치적 성향을 객관적으로 평가할 것이다. 각 의원의 투표기록은 벡터로서 나타낼 수 있으며 이 벡터의 각 원소는 상원 의원이 주어진 입법 현안에 어떻게 투표했는지 나타낸다. 두 의원의 "투표 벡터"의 차이를 비교함으로써 의원들이 어떤 성향을 보이는지 알 수 있다.

사용하는 데이터는 다소 오래된 것이다. 하지만 오바마가 상원 의원으로서 어떤 성향을 보였는지 알아볼 수 있다. 좀 더 최근 데이터를 사용해 보고자 하는 경우 resources.codingthematrix.com에 올려놓을 더 많은 데이터 파일을 사용할 수 있을 것이다.

3.12.1 *파일 읽어 들이기*

마지막 lab에서와 같이 lab에서 사용할 정보는 여백으로 구분되는 텍스트 파일에 저장되어 있다. 109대 상원의 투표기록은 voting_record_dump109.txt 파일에 들어 있다.

파일의 각 라인은 다른 상원 의원의 투표기록을 나타낸다. 파일에서 데이터를 읽어 들이는 방법을 잊어버린 경우 다음과 같이 하면 된다.

```
>>> f = open('voting_record_dump109.txt')
>>> mylist = list(f)
```

프로시저 split(·)을 사용하여 파일의 각 라인을 리스트로 분리할 수 있다. 리스트의 첫 번째 원소는 상원 의원의 이름, 두 번째는 소속 정당, 세 번째는 소속 주, 나머지는 법안들에 대한 의원의 투표기록이다. "1"은 찬성, "−1"은 반대, 그리고 "0"은 기권을 나타낸다.

Task 3.12.1: 프로시저, `create_voting_dict(strlist)`을 작성해 보자. 이 프로시저는 주어진 문자열의 리스트(소스 파일에서 읽어 들인 투표기록)에 대해 상원 의원의 성을 그 의원의 투표기록을 나타내는 리스트에 매핑하는 딕셔너리를 리턴한다. 정수의 문자열 표현(예를 들어, '1')을 실제 정수(예를 들어, 1)로 변경해 주는 내장 프로시저, `int(·)`을 사용할 필요가 있을 것이다.

3.12.2 *도트곱을 사용하여 투표를 비교하기 위한 두 가지 방법*

$\boldsymbol{u}$ 와 $\boldsymbol{v}$는 두 개의 벡터라고 하자. 엔트리들이 모두 1, 0, 또는 -1인 간단한 경우를 생각해 보자. $\boldsymbol{u}$와 $\boldsymbol{v}$의 도트곱은 다음과 같이 정의된다.

$$\boldsymbol{u} \cdot \boldsymbol{v} = \sum_k \boldsymbol{u}[k]\boldsymbol{v}[k]$$

k번째 엔트리를 고려해 보자. 만약 $\boldsymbol{u}[k]$와 $\boldsymbol{v}[k]$ 둘 다 1이면, 위 식의 대응하는 항은 1이다. 만약 $\boldsymbol{u}[k]$와 $\boldsymbol{v}[k]$ 둘 다 -1이면, 대응하는 항은 또한 1이다. 따라서, 위 식의 항이 1이라는 것은 의견의 일치(동의)를 나타낸다. 한편, 만약 $\boldsymbol{u}[k]$와 $\boldsymbol{v}[k]$가 서로 다른 부호이면, 대응하는 항은 -1이다. 따라서, 위 식의 항이 -1인 것은 의견의 불일치를 나타낸다. 만약 $\boldsymbol{u}[k]$와 $\boldsymbol{v}[k]$ 중 어느 하나 또는 둘 다 영이면, 대응하는 항은 0이 되고, 이것은 해당 엔트리가 의견 일치 또는 불일치에 대한 정보를 제공하지 않는다는 것을 의미한다. 그러므로 $\boldsymbol{u}$와 $\boldsymbol{v}$의 도트곱은 $\boldsymbol{u}$와 $\boldsymbol{v}$가 얼마나 일치하는지를 나타내는 측도이다.

3.12.3 *정책 비교*

주어진 두 명의 상원 의원의 마음이 얼마나 일치하는지를 알아보고자 한다. 벡터 $\boldsymbol{u}$와 $\boldsymbol{v}$의 도트곱을 사용하여 얼마나 자주 두 의원의 의견이 일치하는지를 판단할 것이다.

Task 3.12.2: 프로시저, `policy_compare(sen_a, sen_b, voting_dict)`을 작성해 보자. 이 프로시저는 주어진 두 상원 의원의 이름과 투표기록을 나타내는 리스트에 이름을 매핑하는 딕셔너리에 대해 두 의원의 투표정책 사이의 유사도를 나타내는 도트곱을 리턴한다.

Task 3.12.3: 프로시저, `most_similar(sen, voting_dict)`을 작성해 보자. 이 프로시저는 주어진 상원 의원의 이름과 투표기록을 나타내는 리스트에 이름을 매핑하는 딕셔너리에 대해 정치적 성향이 입력한 의원과 가장 유사한 의원의 이름을 리턴한다.

Task 3.12.4: 프로시저, `least_similar(sen, voting_dict)`을 작성해 보자. 이 프로시저는 이름이 `sen`인 의원과 투표기록이 가장 일치하지 않는 의원의 이름을 리턴한다.

Task 3.12.5: 이 프로시저들을 사용하여 어느 상원 의원이 로드 아일랜드의 전설적인 의원 링컨 채피(Lincoln Chafee)와 가장 비슷한지 알아 보자. 그다음에, 이 프로시저들을 사용하여 어느 의원이 펜실베니아의 릭 샌토럼(Rick Santorum)과 가장 일치하지 않는지 찾아보자. 이들의 이름을 리턴한다.

Task 3.12.6: 가장 좋아하는 주 출신의 두 상원 의원들의 투표기록이 얼마나 유사한가?

3.12.4 *평균적 민주당원과의 비교*

Task 3.12.7: 프로시저, `find_average_similarity(sen, sen_set, voting_dict)`을 작성해 보자. 이 프로시저는 주어진 상원 의원의 이름 `sen`에 대해 이 의원의 투표기록을 `sen_set`에 있는 모든 의원들의 투표기록과 비교하여 각각에 대해 도트곱을 계산하여 평균 도트곱을 리턴한다.

작성한 프로시저를 사용하여 어느 의원이 민주당(Democrats)의 집합(입력 파일에서 이 집합을 추출할 수 있음)과 평균 유사도가 가장 높은지 계산해 보자.

마지막 Task에서는 각 의원의 기록을 민주당 상원 의원 각각의 투표기록과 비교해야 한다. 만약 동일한 계산을 모든 넷플릭스(Netflix) 가입자들의 영화에 대한 선호도에 대해 수행한다면 너무 시간이 오래 걸려 실용적이지 않을 것이다.

다음으로, 도트곱의 대수적 성질, 즉 *분배성*을 사용하면 계산을 간편화할 수 있음을 알아볼 것이다.

$$(\boldsymbol{v}_1 + \boldsymbol{v}_2) \cdot \boldsymbol{x} = \boldsymbol{v}_1 \cdot \boldsymbol{x} + \boldsymbol{v}_2 \cdot \boldsymbol{x}$$

Task 3.12.8: 프로시저, `find_average_record(sen_set, voting_dict)`을 작성해 보자. 이 프로시저는 상원 의원들의 이름으로 구성된 주어진 집합에 대해 평균 투표기록을 찾는다. 즉, 의원들의 투표기록을 나타내는 리스트에 대해 벡터 덧셈을 수행하고, 그다음에 벡터 덧셈의 결과인 합을 벡터들의 개수로 나눈다. 결과는 벡터이다.

이 프로시저를 사용하여 민주당의 집합에 대한 평균 투표기록을 계산하고 그 결과를 변수 `average_Democrat_record`에 할당하자. 다음에, 어느 의원의 투표기록이 평균 민주당의 투표기록과 가장 유사한지 찾아보자. Task 3.12.7와 동일한 결과를 얻었는가? 이유를 설명할 수 있는가?

3.12.5 *최대 경쟁자*

Task 3.12.9: 의견 일치가 가장 안 되는 두 상원 의원이 누구인지 찾는 프로시저 `bitter_rivals(voting_dict)`을 작성해 보자.

이 일을 위해서는 투표기록의 각 쌍을 비교해야 한다. 이것을 누구나 아는 뻔한 방식보다 더 빠르게 할 수는 없을까? *빠른 행렬곱*을 사용하는 조금 더 효율적인 알고리즘이 있다. 행렬곱에 대해서는 나중에 살펴볼 것이다. 그렇지만 이론적으로 빠른 알고리즘에 대해서는 다루지 않을 것이다.

3.12.6 *개방형 연구*

현대 정치의 부정직한 사안들에서 진실을 엄밀히 검사하는 단순하지만 강력한 도구들을 작성하였다. 이것들을 사용하여 다음 질문 중 적어도 하나에 대해 답해 보자.

- 누가/어느 주가 가장 공화당/민주당다운 상원 의원/주인가?
- 존 맥케인(John McCain)은 진짜로 독립적인(개성이 강한) 사람인가?

- 버락 오바마는 정말로 극단주의적인 사람인가?
- 어느 두 상원 의원이 가장 격렬한 경쟁자인가?
- 어느 상원 의원이 가장 큰 정적을 가지고 있는가? (만약 도트곱의 값이 아주 부정적인 경우, 즉 어떤 음수의 임계값보다 작을 경우, 두 의원은 정적이라고 가정한다)

3.13 Review Questions

- 벡터 덧셈은 무엇인가?
- 벡터 덧셈의 기하학적 해석은 무엇인가?
- 스칼라-벡터 곱은 무엇인가?
- 스칼라-벡터 곱은 관련되지만 벡터 덧셈은 연관되지 않는 분배적 성질(distributive property)은 무엇인가?
- 스칼라-벡터 곱과 벡터 덧셈 둘 다 연관된 분배적 성질은 무엇인가?
- 스칼라-벡터 곱은 원점과 주어진 한 점을 지나는 직선을 나타내는 데 어떻게 사용되는가?
- 스칼라-벡터 곱과 벡터 덧셈은 주어진 한 쌍의 점을 지나는 직선을 나타내는 데 어떻게 사용되는가?
- 도트곱은 무엇인가?
- 도트곱을 스칼라-벡터곱에 연관시키는 *동질성*은 무엇인가?
- 도트곱을 벡터 덧셈에 연관시키는 분배적 성질은 무엇인가?
- 도트곱을 사용하여 표현되는 선형방정식은 무엇인가?
- 선형시스템은 무엇인가?
- 상삼각 선형시스템은 무엇인가?
- 상삼각 선형시스템의 해는 어떻게 구하는가?

3.14 Problems

벡터 덧셈 연습

Problem 3.14.1: 벡터 $\boldsymbol{v} = [-1, 3]$과 $\boldsymbol{u} = [0, 4]$에 대해, 벡터 $\boldsymbol{v} + \boldsymbol{u}$, $\boldsymbol{v} - \boldsymbol{u}$, 그리고 $3\boldsymbol{v} - 2\boldsymbol{u}$를 구하여라. 이 벡터들을 동일한 그래프상에 화살표로 그려보자.

Problem 3.14.2: 주어진 벡터 $\boldsymbol{v} = [2, -1, 5]$와 $\boldsymbol{u} = [-1, 1, 1]$에 대해, 벡터 $\boldsymbol{v} + \boldsymbol{u}$, $\boldsymbol{v} - \boldsymbol{u}$, $2\boldsymbol{v} - \boldsymbol{u}$, 그리고 $\boldsymbol{v} + 2\boldsymbol{u}$를 구하여라.

Problem 3.14.3: $GF(2)$상의 벡터 $\boldsymbol{v} = [0, one, one]$와 $\boldsymbol{u} = [one, one, one]$에 대해, $\boldsymbol{v} + \boldsymbol{u}$와 $\boldsymbol{v} + \boldsymbol{u} + \boldsymbol{u}$를 구하여라.

하나의 $GF(2)$ 벡터를 다른 벡터들의 합으로 표현하기

Problem 3.14.4: $GF(2)$상의 7-벡터들이 주어져 있다.

a =	1100000	**d** =	0001100
b =	0110000	**e** =	0000110
c =	0011000	**f** =	0000011

다음 벡터 $\boldsymbol{u}$ 각각에 대해, 합이 $\boldsymbol{u}$인 위 벡터들의 부분집합을 찾아라. 만약 그런 부분집합이 존재하지 않으면 존재하지 않음을 리포트하라.

1. $\boldsymbol{u} = 0010010$
2. $\boldsymbol{u} = 0100010$

Problem 3.14.5: $GF(2)$상의 7-벡터들이 주어져 있다.

a =	1110000	**d** =	0001110
b =	0111000	**e** =	0000111
c =	0011100	**f** =	0000011

다음 벡터 $\boldsymbol{u}$ 각각에 대해, 합이 $\boldsymbol{u}$인 위 벡터들의 부분집합을 찾아라. 만약 그런 부분집합이 존재하지 않으면 존재하지 않음을 리포트하라.

1. $\boldsymbol{u} = 0010010$
2. $\boldsymbol{u} = 0100010$

$GF(2)$상의 선형방정식들의 해 구하기

Problem 3.14.6: 다음 선형방정식들을 만족하는 $GF(2)$상의 벡터 $\boldsymbol{x} = [x_1, x_2, x_3, x_4]$를 구하여라.

$$\begin{aligned} 1100 \cdot \boldsymbol{x} &= 1 \\ 1010 \cdot \boldsymbol{x} &= 1 \\ 1111 \cdot \boldsymbol{x} &= 1 \end{aligned}$$

$\boldsymbol{x} + 1111$도 또한 위 식들을 만족함을 보여라.

도트곱을 사용한 방정식 만들기

Problem 3.14.7: 아래 방정식들을 고려해 보자.

$$\begin{array}{ccccccccc} 2x_0 & + & 3x_1 & - & 4x_2 & + & x_3 & = & 10 \\ x_0 & - & 5x_1 & + & 2x_2 & + & 0x_3 & = & 35 \\ 4x_0 & + & x_1 & - & x_2 & - & x_3 & = & 8 \end{array}$$

도트곱을 사용하여 위 방정식들을 만들어라. 특히, 위 식들이 다음 식과 같이 되게하는 리스트로 표현되는 세 개의 벡터 v1, v2, v3를 찾아라.

$$\begin{aligned} \texttt{v1} \cdot \boldsymbol{x} &= 10 \\ \texttt{v2} \cdot \boldsymbol{x} &= 35 \\ \texttt{v3} \cdot \boldsymbol{x} &= 8 \end{aligned}$$

여기서, x는 $\mathbb{R}$상의 4-벡터이다.

직선과 선분 그리기

Problem 3.14.8: 모듈 plot을 사용하여 다음을 그려 보자.

(a) $[-1.5, 2]$와 $[3, 0]$을 지나는 직선의 일부분

(b) $[2, 1]$와 $[-2, 2]$ 사이의 선분

각각에 대해 사용한 파이썬 문장을 제공하여라.

도트곱 연습

Problem 3.14.9: $\mathbb{R}$상의 벡터 $\boldsymbol{u}$와 $\boldsymbol{v}$의 각 쌍에 대해, 표현식 $\boldsymbol{u} \cdot \boldsymbol{v}$를 계산하여라.

(a) $\boldsymbol{u} = [1, 0], \boldsymbol{v} = [5, 4321]$

(b) $\boldsymbol{u} = [0, 1], \boldsymbol{v} = [12345, 6]$

(c) $\boldsymbol{u} = [-1, 3], \boldsymbol{v} = [5, 7]$

(d) $\boldsymbol{u} = [-\frac{\sqrt{2}}{2}, \frac{\sqrt{2}}{2}], \boldsymbol{v} = [\frac{\sqrt{2}}{2}, -\frac{\sqrt{2}}{2}]$

Vec 클래스를 위한 프로시저 작성하기

Problem 3.14.10: 파일 vec.py를 컴퓨터에 다운로드하여 편집해 보자. 이 파일은 아무 일도 하지 않는 파이썬 문장 pass를 사용하여 프로시저를 정의한다. 모듈 vec을 임포트하여 Vec의 인스턴스를 생성할 수 있다. 하지만 현재 $*$, $+$와 같은 연산은 아무일도 하지 않는다. pass 문장이 나타날 때마다 이것을 적절한 코드로 바꾸어라. 프로시저를 위해 작성한 코드는 7개의 다른 것에 대한 호출을 포함할 수 있다. 하지만 클래스 정의는 변경하지 않아야 한다.

Docstrings 각 프로시저 몸체의 시작에(3중 인용 부호에 의해 구분된) 여러 줄의 문자열이 있다. 이것은 문서 문자열(documentation string) (*docstring*)이라 불린다. 문서 문자열은 프로시저가 무엇을 해야 하는지를 명시한다.

Doctests 프로시저를 위해 제공하는 문서 문자열은 또한 프로시저가 `Vecs`에 제공해야 하는 기능의 예들을 포함한다. 이 예들은 파이썬과의 상호작용을 보여준다. 즉, 문장과 표현식이 파이썬에 의해 평가되고 파이썬의 응답을 보여 준다. 이러한 예들은 테스트(*doctests*라고 부른다)로서 제공된다. `Vec` 구현 동작이 이러한 예와 매칭되게 프로시저를 작성해야 한다. 그렇지 않으면 구현이 잘못된 것이다.[a]

파이썬은 `vec`과 같은 모듈이 doctests를 통과하는지 테스트하는 편리한 방법을 제공한다. 이 테스트를 위해 파이썬 세션에 있을 필요조차 없다. 콘솔에서 현재 작업 디렉토리가 `vec.py`를 포함하는 디렉토리가 되게하고 다음을 입력한다.

```
python3 -m doctest vec.py
```

여기서, `python3`은 파이썬 실행코드의 이름이다. 만약 작성한 구현이 모든 테스트를 통과하면, 위 명령어는 아무것도 출력하지 않는다. 하지만 테스트를 통과하지 못하면, 위 명령어는 통과하지 못한 테스트에 대한 정보를 출력한다.

또한, 파이썬 세션 내에서 모듈의 doctest를 실행할 수 있다.

```
>>> import doctest
>>> doctest.testfile("vec.py")
```

Assertions 작성된 대부분의 프로시저에 대해, docstring 후 첫 번째 문장은 *assertion*이다. assertion을 실행하는 것은 조건이 참임을 확인하고 만약 그렇지 않으면 에러를 발생시킨다. assertion은 프로시저들을 사용하는데 에러를 검출하기 위해 있다. 이것을 확실히 이해하기 위해 assertion을 확인해 보자. assertion은 제거할 수 있지만 그렇게 할 경우 발생할 수 있는 위험을 감수해야 한다.

정의역이 임의의 집합: 여기서, 구현한 벡터는 그 정의역이 예를 들어 문자열의 집합이 될 수 있게 허용된다. 정의역이 정수들로 구성되어 있다고 가정하는 실수를 저지르지 말자. 만약 작성한 코드가 `len` 또는 `range`를 포함하면, 뭔가 잘못하고 있는 것이다.

스파스(Sparse) 표현: 작성한 프로시저들은 스파스 표현, 즉, 정의역 `v.D`의 원소가 딕셔너리 `v.f`의 키가 아닌 경우를 처리할 수 있어야 한다. 예를 들어, `getitem(v, k)`은 심지어 `k`가 `v.f`의 키가 아니더라도 모든 정의역의 원소에 대한 값을 리턴해야 한다. 하지만 작성한 프로시저들이 두 벡터를 더할 때 sparsity를 보유하게 할 필요는 없다. 다시 말하면, `Vec`의 두 인스턴스 `u`와 `v`에 대해, `u.D`의 모든 원소가 인스턴스 `u+v`의 딕셔너리로 명백히 표현되어도 상관없다.

몇몇 다른 프로시저들은 sparsity를 생각하여 작성할 필요가 있다. 예를 들어, 두 벡터는 심지어 그들의 `.f` 필드가 같지 않더라도 동일할 수 있다. 한 벡터의 `.f` 필드는 값이 영인 키-값 쌍을 포함할 수 있고 다른 벡터의 `.f` 필드는 이러한 특정키를 생략할 수 있다. 이러한 이유 때문에,

`equal(u, v)` 프로시저는 주의해서 작성해야 할 필요가 있다.

[a]각 프로시저에 대해 제공된 예들은 그 프로시저를 테스트하기 위한 것이다. 하지만, 등식은 테스트에서 `equal(u,v)`가 아니라 프로시저를 위해 사용되므로 `equal(u,v)`에 대한 정의에 오류가 있으면 다른 프로시저의 테스트가 실패하게 할 수 있다.

Chapter 4

벡터공간

앞 장에서 살펴본 벡터들의 응용에서 4가지 질문이 있었다. 곧 두 가지 질문을 더 만나게 될 것이다. 하지만 이장에서는 이러한 질문들에 대해 어떤 답도 제공하지 않을 것이다. 대신에 그 질문들을 새롭고 더 어려운 질문들로 변경할 것이다. 질문에 대한 답은 6장과 7장에 나올 것이다. 이 장에서는 질문들에 대한 답과 이 책에서 다루는 모든 것에 기반이 되는 벡터공간에 대한 개념에 대해 알아볼 것이다.

4.1 선형결합(일차결합)

4.1.1 선형결합의 정의

Definition 4.1.1: $\boldsymbol{v}_1, \ldots, \boldsymbol{v}_n$ 각각을 벡터라고 하자. $\boldsymbol{v}_1, \ldots, \boldsymbol{v}_n$의 *선형결합*을 다음과 같은 합이라고 정의하자.

$$\alpha_1 \boldsymbol{v}_1 + \cdots + \alpha_n \boldsymbol{v}_n$$

여기서, $\alpha_1, \ldots, \alpha_n$은 스칼라이다. 이 선형결합에서 $\alpha_1, \ldots, \alpha_n$ 각각은 *계수*라고 한다. α_1은 $\boldsymbol{v}_1$의 계수이고, α_2는 $\boldsymbol{v}_2$의 계수이며, ..., α_n은 $\boldsymbol{v}_n$의 계수이다.

Example 4.1.2: 다음은 $[2, 3.5]$와 $[4, 10]$의 선형결합 중 하나이다.

$$-5\,[2, 3.5] + 2\,[4, 10]$$

이것은 $[-5 \cdot 2, -5 \cdot 3.5] + [2 \cdot 4, 2 \cdot 10]$와 같고, $[-10, -17.5] + [8, 20]$이 되며, 결국 $[-2, 2.5]$이다.

동일한 벡터들에 대한 또 다른 선형결합은 아래와 같이 쓸 수 있다.

$$0\,[2, 3.5] + 0\,[4, 10]$$

이것은 영벡터 $[0, 0]$이다.

만약 선형결합에서 모든 계수가 영이면, *자명한*(trivial) 선형결합이라고 한다.

4.1.2 선형결합의 사용

Example 4.1.3: *주식 포트폴리오:* D를 주식들의 집합이라고 하자. $\mathbb{R}$상의 D-벡터는 포트폴리오(portfolio)를 나타낸다. 즉, 이것은 각 주식을 소유하고 있는 주식의 수에 매핑한다.

n 개의 뮤츄얼 펀드(mutual fund)가 있다고 하자. $i = 1, \ldots, n$에 대해, 뮤츄얼 펀드 i의 각 소유 주식 수는 각 주식의 어떤 특정 분량에 대한 소유권을 나타내며, 그러므로 D-벡터 $\boldsymbol{v}_i$에 의해 표현될 수 있다. α_i를 소유하고 있는 주식 펀드 i의 소유 주식 수라고 하자. 그러면, 주식의 총 소유권은 다음 선형결합에 의해 나타낼 수 있다.

$$\alpha_1 \boldsymbol{v}_1 + \cdots + \alpha_n \boldsymbol{v}_n$$

Example 4.1.4: *식단 계획:* 1930년대와 1940년대에 미국군은 병사들의 영향 요구량을 만족하는 최소 비용의 식단을 찾고자 했다. 경제학자 조지 스티글러(George Stigler)는 77개의 서로 다른 식품(밀가루, 연유, 양배추 ...)과 9가지의 영향 요구량(칼로리, 비타민, 리보플래빈(riboflavin ...))을 고려하였다. 각 식품에 대해, 그는 식품의 한 유닛이 9개 영향 요구량 각각을 얼마나 만족하는지 계산하였다. 결과는 각 식품에 하나씩 77개의 9-벡터 $\boldsymbol{v}_i$로 나타낼 수 있다.

가능한 식단은 각 식품의 양에 의해 표현되며, 밀가루 1파운드, 양배추 0.5파운드 등으로 나타낸다. $i = 1, \ldots, 77$에 대해, α_i는 식단에 의해 명시된 식품 i의 양이라고 하자. 그러면, 선형결합은 아래와 같다.

$$\alpha_1 \boldsymbol{v}_1 + \cdots + \alpha_{77} \boldsymbol{v}_{77}$$

위 식은 그 식단에 의해 제공되는 총 영향에 대한 값을 나타낸다.

14장에서 명시된 영향에 대한 목표치를 이루는 최소 비용 식단을 어떻게 찾는지에 대해 살펴볼 것이다.

Example 4.1.5: *평균 얼굴:* 섹션 3.3에서 언급했듯이, 흑백 사진, 예를 들어 얼굴 사진은 벡터로 저장될 수 있다. 이러한 3개 벡터의 계수가 1/3, 1/3, 1/3인 선형결합은 3개 얼굴 사진의 평균을 얻는다.

$\frac{1}{3}$  $+ \ \frac{1}{3}$ 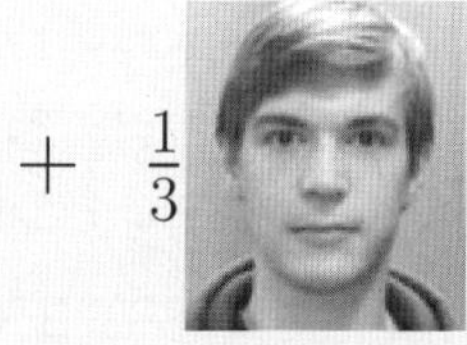 $+ \ \frac{1}{3}$  $=$ 

얼굴 사진의 평균에 대한 개념은 나중에 얼굴 인식에 대한 방법을 기술할 때 나온다.

Example 4.1.6: *제품과 리소스:* JunkCo 공장은 5가지 리소스(resource), 금속(metal), 콘크리트(concrete), 플라스틱(plastic), 물(water), 그리고 전기(electricity)를 사용하여 물건을 만든다. D를 리소스들의 집합이라고 하자. 이 공장은 다섯 종류의 다른 제품을 만들 수 있다.

    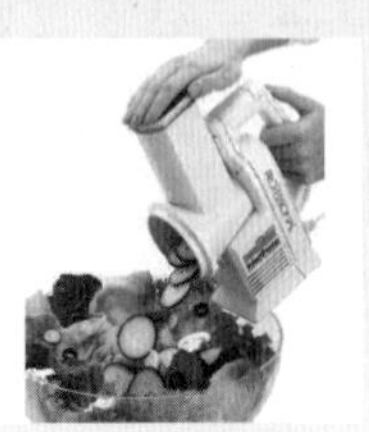

다음은 각 제품을 만드는 데 각 리소스가 얼마만큼 사용되는지 항목별로 나타낸 표이다.

	금속	콘크리트	플라스틱	물	전기
garden gnome	0	1.3	.2	.8	.4
hula hoop	0	0	1.5	.4	.3
slinky	.25	0	0	.2	.7
silly putty	0	0	.3	.7	.5
salad shooter	.15	0	.5	.4	.8

i 번째 제품의 리소스 사용률은 $\mathbb{R}$상의 D-벡터 $\boldsymbol{v}_i$에 저장된다. 예를 들어, gnome 제품은 다음과 같이 표현된다.

$$\boldsymbol{v}_{\text{gnome}} = \texttt{Vec(D,\{'콘크리트':1.3,'플라스틱':.2,'물':.8,'전기':.4\})}$$

이 공장에서는 α_{gnome}개의 정원 gnomes, α_{hoop}개의 hula hoop, α_{slinky}개의 slinkies, α_{putty}개의 silly putties, 그리고 α_{shooter}개의 salad shooters를 만들려고 계획하고 있다고 가정해 보자. 총 리소스 사용률은 아래와 같은 선형결합으로 표현된다.

$$\alpha_{\text{gnome}}\, \boldsymbol{v}_{\text{gnome}} + \alpha_{\text{hoop}}\, \boldsymbol{v}_{\text{hoop}} + \alpha_{\text{slinky}}\, \boldsymbol{v}_{\text{slinky}} + \alpha_{\text{putty}}\, \boldsymbol{v}_{\text{putty}} + \alpha_{\text{shooter}}\, \boldsymbol{v}_{\text{shooter}}$$

예를 들어, JunkCo는 240개의 gnomes, 55개의 hoops, 150개의 slinkies, 133개의 putties, 그리고 90개의 shooters를 만들기로 결정한다고 해 보자. 다음은 파이썬에서 선형결합을 Vec 클래스를 사용하여 어떻게 쓸 수 있는지 보여준다.

```
>>> D = {'metal','concrete','plastic','water','electricity'}
>>> v_gnome=Vec(D,{'concrete':1.3,'plastic':.2,'water':.8,'electricity':.4})
>>> v_hoop =Vec(D, {'plastic':1.5, 'water':.4, 'electricity':.3})
>>> v_slinky = Vec(D, {'metal':.25, 'water':.2, 'electricity':.7})
>>> v_putty = Vec(D, {'plastic':.3, 'water':.7, 'electricity':.5})
>>> v_shooter = Vec(D,{'metal':.15,'plastic':.5,'water':.4,'electricity':.8})

>>> print(240*v_gnome+55*v_hoop+150*v_slinky+133*v_putty+90*v_shooter)

 plastic metal concrete water electricity
------------------------------------------
     215    51      312   373         356
```

다음 섹션에서는 이 예를 가지고 다른 것을 만들어 볼 것이다.

4.1.3 계수에서 선형결합으로

길이가 n인 벡터들의 리스트 $[\boldsymbol{v}_1, \ldots, \boldsymbol{v}_n]$에 대해, 길이가 n인 계수들의 리스트 $[\alpha_1, \ldots, \alpha_n]$를 대응하는 선형결합 $\alpha_1 \boldsymbol{v}_1 + \cdots + \alpha_n \boldsymbol{v}_n$에 매핑하는 함수 f가 있다. 섹션 1.3.2에서 살펴보았듯이, 두 개의 계산문제, *전진*문제(forward problem)와 *후진*문제(backward problem)가 있다. 전진문제는 주어진 정의역의 원소에 대해 함수의 상(함수값)을 찾는 것이고, 후진문제는 주어진 공역의 원소에 대해 존재하는 임의의 원상(pre-image)을 찾는 것이다.

*전진*문제를 해결하는 것은 어렵지 않다.

Quiz 4.1.7: 다음 스펙을 가지는 프로시저, `lin_comb(vlist, clist)`를 정의해 보자.

- *input:* 벡터들의 리스트 `vlist`, 스칼라들로 구성된 동일한 길이의 리스트 `clist`
- *output:* `clist` 내 대응하는 값들을 계수로 가지는 `vlist` 내 벡터들의 선형결합인 벡터

Answer

```
def lin_comb(vlist,clist):
  return sum([coeff*v for (coeff,v) in zip(clist, vlist)])
```

또는

```
def lin_comb(vlist,clist):
  return sum([clist[i]*vlist[i] for i in range(len(vlist))])
```

예를 들어, JunkCo 공장은 전진문제에 대해 이 프로시저를 사용할 수 있다. 즉, 주어진 각 제품의 양에 대해 각 리소스가 얼마만큼 요구되는지 계산할 수 있다.

4.1.4 선형결합에서 계수로

예를 들어, 어떤 산업 스파이가 있다고 가정해 보자. 이 스파이의 목적은 JunkCo 공장에서 얼마나 많은 정원 gnomes가 생산되는지 알아내는 것이다. 이를 알아내기 위해, 공장에서 각 리소스를 얼마나 소비하는지 몰래 지켜볼 수 있다. 즉, 함수 f의 출력인 벡터 $\boldsymbol{b}$를 얻을 수 있다.

첫 번째 질문은 후진문제를 풀 수 있는가? 다시 말하면, 함수 f에 대해 $\boldsymbol{b}$의 원상을 구할 수 있는가? 두 번째 질문은 해가 하나뿐인지 아닌지 어떻게 알 수 있는가? 만약 $\boldsymbol{b}$의 원상이 다수 있다면, 정원 gnomes 수를 제대로 계산했는지 확신할 수 없다.

첫 번째 질문은 계산문제이다.

Computational Problem 4.1.8: *주어진 벡터를 다른 주어진 벡터들의 선형결합으로 표현하기*

- *input:* 벡터 $\boldsymbol{b}$ 와 n 벡터들의 리스트 $[\boldsymbol{v}_1, \ldots, \boldsymbol{v}_n]$
- *output:* 다음을 만족하는 계수들의 리스트 $[\alpha_1, \ldots, \alpha_n]$

$$\boldsymbol{b} = \alpha_1 \boldsymbol{v}_1 + \cdots + \alpha_n \boldsymbol{v}_n$$

또는 해가 없다고 리포트

5장에서, 선형시스템의 해를 구하는 것은 주어진 벡터 $\boldsymbol{b}$와 동일한 주어진 벡터들 $\boldsymbol{v}_1, \ldots, \boldsymbol{v}_n$의 선형결합을 찾는 것과 같다는 것을 알아볼 것이다. 그러므로 위 계산문제는 선형방정식들의 시스템의 해를 구하는 Computational Problem 3.9.12와 동일하다. 또한 해가 없거나 하나밖에 없는지에 대한 질문은 선형시스템의 해가 유일한지에 대한 Question 3.9.11과 같다.

Example 4.1.9: *(Lights Out)* 섹션 3.8.3에서 *Lights Out* 퍼즐의 상태는 $GF(2)$상의 벡터에 의해 표현될 수 있고, 각 버튼은 $GF(2)$상의 버튼 벡터에 대응한다는 것을 알아보았다.

퍼즐의 초기 상태를 $\boldsymbol{s}$라고 하자. 퍼즐에 대한 해를 찾는것(모든 버튼을 끄기 위해 눌러야 하는 버튼의 순서)은 합이 $\boldsymbol{s}$인 버튼 벡터들의 부분집합을 찾는것과 같다.

이 문제는 선형결합의 개념을 사용하여 구성할 수 있다. $GF(2)$상에서 계수는 0이 아니면 1이다. 25개 버튼 벡터들의 선형결합은 다음과 같다.

$$\alpha_{0,0}\boldsymbol{v}_{0,0} + \alpha_{0,1}\boldsymbol{v}_{0,1} + \cdots + \alpha_{4,4}\boldsymbol{v}_{4,4}$$

이것은 버튼 벡터들의 어떤 부분집합의 합이며, 이 부분집합은 대응하는 계수들이 1인 경우에 해당한다.

여기서의 목적은 합이 $\boldsymbol{s}$인 25개 버튼 벡터들의 선형결합을 찾는 것이다.

$$\boldsymbol{s} = \alpha_{0,0}\boldsymbol{v}_{0,0} + \alpha_{0,1}\boldsymbol{v}_{0,1} + \cdots + \alpha_{4,4}\boldsymbol{v}_{4,4} \tag{4.1}$$

즉, 또 다시 Computational Problem 4.1.8를 풀어야 한다.

Quiz 4.1.10: 2×2 *Lights Out* 퍼즐을 사용하여 $\boldsymbol{s} =$ [grid] 을 아래 버튼 벡터들의 선형결합으로 어떻게 표현하는지 보여라.

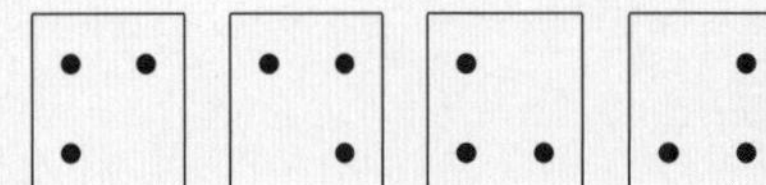

Answer

[grid] = 1 [grid] + 0 [grid] + 0 [grid] + 1 [grid]

4.2 생성(Span)

4.2.1 생성의 정의

Definition 4.2.1: 벡터들 $\boldsymbol{v}_1, \ldots, \boldsymbol{v}_n$의 모든 선형결합으로 이루어진 집합을 이 벡터들의 생성이라 하고 Span $\{\boldsymbol{v}_1, \ldots, \boldsymbol{v}_n\}$라고 쓴다.

$\mathbb{R}$ 또는 $\mathbb{C}$와 같은 무한 필드 위의 벡터들에 대해, 생성은 보통 무한집합이다. 다음 섹션에서 이러한 집합의 기하학에 대해 알아 볼 것이다. 유한 필드인 $GF(2)$상의 벡터들에 대해서 생성은

유한하다.

Quiz 4.2.2: 필드 $GF(2)$상의 Span $\{[1,1],[0,1]\}$에 몇 개의 벡터가 있는가?

Answer

모든 가능한 선형결합은 다음과 같다.

$$0\,[1,1]+0\,[0,1]=[0,0]$$
$$0\,[1,1]+1\,[0,1]=[0,1]$$
$$1\,[1,1]+0\,[0,1]=[1,1]$$
$$1\,[1,1]+1\,[0,1]=[1,0]$$

따라서 생성에는 4개의 벡터가 있다.

Quiz 4.2.3: 필드 $GF(2)$상의 Span $\{[1,1]\}$에 몇 개의 벡터가 있는가?

Answer

모든 가능한 선형결합은 아래와 같다.

$$0\,[1,1]=[0,0]$$
$$1\,[1,1]=[1,1]$$

따라서 생성에는 2개의 벡터가 있다.

Quiz 4.2.4: 2-벡터들로 구성되는 집합에서 공집합의 생성에는 몇 개의 벡터가 있는가?

Answer

선형결합이 없다고 생각하는 실수를 범하지 말자. 즉, 계수들에 대한 숫자 할당이 하나도 없다고 생각하지 말자. 한 가지 할당은 빈 할당(empty assignment)이다. 벡터들의 공집합의 합을 구하면(Problem 2.7.9을 생각해 보면) $[0,0]$이 구해진다.

Quiz 4.2.5: $\mathbb{R}$상의 2-벡터 $[2,3]$의 생성에는 몇 개의 벡터가 있는가?

Answer

무한개가 있다. 생성은 $\{\alpha\,[2,3]\ :\ \alpha\in\mathbb{R}\}$이다. 이것은 섹션 3.5.3에서 보았듯이 원점과 $[2,3]$을 지나는 직선 위의 점들을 구성한다.

Quiz 4.2.6: Span $\{v\}$가 유한개의 벡터들로 구성되는 $\mathbb{R}$상의 2-벡터 v는 무엇인가?

Answer

영벡터 $[0, 0]$.

4.2.2 선형방정식들의 시스템이 암시하는 다른 방정식들

Example 4.2.7: 섹션 3.9.6의 단순한 인증기법에 대해 다시 생각해 보자. 패스워드는 $GF(2)$ 상의 벡터 $\hat{\boldsymbol{x}}$이다. 컴퓨터는 사용자에게 시도 벡터 $\boldsymbol{a}$을 전송하여 사용자가 패스워드를 알고 있는지 테스트한다. 사용자는 도트곱 $\boldsymbol{a} \cdot \hat{\boldsymbol{x}}$로 응답해야 한다.

한편, 엿듣는 사람인 이브는 사용자와 컴퓨터 사이의 모든 통신을 모니터링하고 있다. 이브가 시도 $\boldsymbol{a}_1 = [1, 1, 1, 0, 0]$, $\boldsymbol{a}_2 = [0, 1, 1, 1, 0]$, $\boldsymbol{a}_3 = [0, 0, 1, 1, 1]$와 대응하는 응답 $\beta_1 = 1$, $\beta_2 = 0$, $\beta_3 = 1$을 안다고 가정해 보자. 어떤 가능한 시도 벡터들에 대해 이브는 올바른 응답을 구할 수 있는가?

$\boldsymbol{a}_1, \boldsymbol{a}_2, \boldsymbol{a}_3$의 모든 선형결합을 고려해 보자. 세 개의 벡터가 있으므로 세 개의 계수 $\alpha_1, \alpha_2, \alpha_3$를 선택한다. 각 계수 α_i에 대해, 0과 1의 두 가지 선택이 있다. 그러므로 생성에는 8개의 벡터가 있으며 아래와 같다.

$$
\begin{aligned}
0\,[1,1,1,0,0] + 0\,[0,1,1,1,0] + 0\,[0,0,1,1,1] &= [0,0,0,0,0] \\
1\,[1,1,1,0,0] + 0\,[0,1,1,1,0] + 0\,[0,0,1,1,1] &= [1,1,1,0,0] \\
0\,[1,1,1,0,0] + 1\,[0,1,1,1,0] + 0\,[0,0,1,1,1] &= [0,1,1,1,0] \\
1\,[1,1,1,0,0] + 1\,[0,1,1,1,0] + 0\,[0,0,1,1,1] &= [1,0,0,1,0] \\
0\,[1,1,1,0,0] + 0\,[0,1,1,1,0] + 1\,[0,0,1,1,1] &= [0,0,1,1,1] \\
1\,[1,1,1,0,0] + 0\,[0,1,1,1,0] + 1\,[0,0,1,1,1] &= [1,1,0,1,1] \\
0\,[1,1,1,0,0] + 1\,[0,1,1,1,0] + 1\,[0,0,1,1,1] &= [0,1,0,0,1] \\
1\,[1,1,1,0,0] + 1\,[0,1,1,1,0] + 1\,[0,0,1,1,1] &= [1,0,1,0,1]
\end{aligned}
$$

만약 시도가 생성내에 있으면, 이브는 올바른 응답을 계산할 수 있다. 예를 들어, 시도는 위 표의 마지막 벡터인 $[1, 0, 1, 0, 1]$이라고 해보자.

$$[1,0,1,0,1] = 1\,[1,1,1,0,0] + 1\,[0,1,1,1,0] + 1\,[0,0,1,1,1]$$

그러면,

$$
\begin{aligned}
[1,0,1,0,1] \cdot \hat{\boldsymbol{x}} &= (1\,[1,1,1,0,0] + 1\,[0,1,1,1,0] + 1\,[0,0,1,1,1]) \cdot \hat{\boldsymbol{x}} \\
&= 1\,[1,1,1,0,0] \cdot \hat{\boldsymbol{x}} + 1\,[0,1,1,1,0] \cdot \hat{\boldsymbol{x}} + 1\,[0,0,1,1,1] \cdot \hat{\boldsymbol{x}} && \text{분배성에 의해} \\
&= 1\,([1,1,1,0,0] \cdot \hat{\boldsymbol{x}}) + 1\,([0,1,1,1,0] \cdot \hat{\boldsymbol{x}}) + 1\,([0,0,1,1,1] \cdot \hat{\boldsymbol{x}}) && \text{동질성에 의해} \\
&= 1\beta_1 + 1\beta_2 + 1\beta_3 \\
&= 1 \cdot 1 + 1 \cdot 0 + 1 \cdot 1 \\
&= 0
\end{aligned}
$$

좀 더 일반적으로, 벡터 $\hat{x}$가 임의의 필드상에서 아래 선형방정식을 만족하면

$$\begin{aligned} \boldsymbol{a}_1 \cdot \boldsymbol{x} &= \beta_1 \\ &\vdots \\ \boldsymbol{a}_m \cdot \boldsymbol{x} &= \beta_m \end{aligned}$$

$\hat{x}$와 $\boldsymbol{a}_1, \ldots, \boldsymbol{a}_m$의 생성에 있는 임의의 벡터 $\boldsymbol{a}$의 도트곱을 계산할 수 있다. $\boldsymbol{a} = \alpha_1\, \boldsymbol{a}_1 + \cdots + \alpha_m\, \boldsymbol{a}_m$라고 해 보자. 그러면, 다음이 성립한다.

$$\begin{aligned} \boldsymbol{a} \cdot \boldsymbol{x} &= (\alpha_1\, \boldsymbol{a}_1 + \cdots + \alpha_m\, \boldsymbol{a}_m) \cdot \boldsymbol{x} \\ &= \alpha_1\, \boldsymbol{a}_1 \cdot \boldsymbol{x} + \cdots + \alpha_m\, \boldsymbol{a}_m \cdot \boldsymbol{x} && \text{분배성에 의해} \\ &= \alpha_1\, (\boldsymbol{a}_1 \cdot \boldsymbol{x}) + \cdots + \alpha_m\, (\boldsymbol{a}_m \cdot \boldsymbol{x}) && \text{동질성에 의해} \\ &= \alpha_1\, \beta_1 + \cdots + \alpha_m\, \beta_m \end{aligned}$$

위 식은 Question 3.9.20(선형방정식들의 시스템은 다른 선형방정식들을 암시하는가?)에 대한 답을 준다. 만약 그렇다면, 암시되는 선형방정식들은 무엇인가? $\boldsymbol{a}_1, \ldots, \boldsymbol{a}_m$의 생성에 있는 모든 벡터 $\boldsymbol{a}$에 대해, 선형방정식들의 시스템은 $\boldsymbol{a} \cdot \boldsymbol{x} = \beta$ 형태의 선형방정식을 암시한다.

하지만 이것은 질문에 대해 일부분만 답한 것이다. 선형시스템에 의해 암시되는 유일한 선형방정식들이 있음은 아직 보여주지 않았다. 나중에 나오는 장에서 이 부분에 대해 다룰 것이다.

Example 4.2.8: (*단순한 인증기법 공격하기:*) 이브는 이미 시도 벡터들 $\boldsymbol{a}_1, \ldots, \boldsymbol{a}_m$과 대응하는 응답을 안다고 해 보자. 이브는 Span $\{\boldsymbol{a}_1, \ldots, \boldsymbol{a}_m\}$에 있는 임의의 시도에 대해 답할 수 있다. 이것은 모든 가능한 시도를 포함하는가? 이것은 $GF(2)^n$이 Span $\{\boldsymbol{a}_1, \ldots, \boldsymbol{a}_m\}$과 동일한지 질문하는 것과 같다.

4.2.3 생성자(Generator)

Definition 4.2.9: $\mathcal{V}$를 벡터들의 집합이라 하자. 만약 $\boldsymbol{v}_1, \ldots, \boldsymbol{v}_n$이 $\mathcal{V} =$ Span $\{\boldsymbol{v}_1, \ldots, \boldsymbol{v}_n\}$을 만족하는 벡터들이면, $\{\boldsymbol{v}_1, \ldots, \boldsymbol{v}_n\}$은 $\mathcal{V}$에 대한 *생성집합*(generating set)이라 하고 벡터 $\boldsymbol{v}_1, \ldots, \boldsymbol{v}_n$을 $\mathcal{V}$에 대한 *생성자*(generator)들이라고 한다.

Example 4.2.10: $\mathcal{V}$를 $GF(2)$상의 5-벡터들로 구성된 집합 $\{00000, 11100, 01110, 10010, 00111, 11011, 01001, 10101\}$이라 하자. Example 4.2.7(129 페이지)에서 이 8개 벡터들은 11100, 01110, 그리고 00111의 생성임을 보았다. 그러므로 11100, 01110, 00111은 $\mathcal{V}$에 대한 생성집합을 형성한다.

Example 4.2.11: $\{[3, 0, 0], [0, 2, 0], [0, 0, 1]\}$은 $\mathbb{R}^3$에 대한 생성집합이라고 주장해 보자. 이 주장을 증명하려면, 이 세 벡터들의 선형결합들로 구성된 집합이 $\mathbb{R}^3$와 동일함을 보여야 한다. 이것은 아래 두 가지를 보여야 한다는 것을 의미한다.

1. 모든 선형결합은 $\mathbb{R}^3$ 내의 벡터이다.

2. $\mathbb{R}^3$ 내의 모든 벡터는 선형결합이다.

첫 번째 경우는 $\mathbb{R}^3$가 $\mathbb{R}$상의 모든 3-벡터들을 포함하므로 명백하다. 두 번째 경우를 증명하기 위해 $[x, y, z]$는 $\mathbb{R}^3$ 내의 임의의 벡터라고 하자. $[x, y, z]$는 선형결합으로 쓸수 있음을 보여야 한다. 즉, x, y, z에 대한 계수들을 명시해야 한다.

$$[x, y, z] = (x/3)\,[3, 0, 0] + (y/2)\,[0, 2, 0] + z\,[0, 0, 1]$$

4.2.4 선형결합의 선형결합

$\mathbb{R}^3$에 대한 또 다른 생성집합은 $\{[1, 0, 0], [1, 1, 0], [1, 1, 1]\}$이라고 주장해 보자. 이번에는 이들의 생성이 $\mathbb{R}^3$의 모든 생성을 포함한다는 것을 증명해야 한다. 이것은 Example 4.2.11(130 페이지)의 세 벡터의 각각을 선형결합으로 나타내면 된다.

$$[3, 0, 0] = 3\,[1, 0, 0]$$
$$[0, 2, 0] = -2\,[1, 0, 0] + 2\,[1, 1, 0]$$
$$[0, 0, 1] = 0\,[1, 0, 0] - 1\,[1, 1, 0] + 1\,[1, 1, 1]$$

왜 이렇게만 하면 충분할까? 왜냐하면, 이전 벡터들의 각각은 다시 새로운 벡터들의 선형결합으로 나타낼 수 있기 때문에 이전 벡터들의 임의의 선형결합은 새로운 벡터들의 선형결합으로 변경할 수 있다. Example 4.2.11(130 페이지)에서 임의의 3-벡터 $[x, y, z]$는 이전 벡터들의 선형결합으로 나타낼 수 있고, 따라서 새로운 벡터들의 선형결합으로 나타낼 수 있다.

이것을 명백하게 알아보자. 먼저, $[x, y, z]$를 이전 벡터들의 선형결합으로 구성해 보자.

$$[x, y, z] = (x/3)\,[3, 0, 0] + (y/2)\,[0, 2, 0] + z\,[0, 0, 1]$$

다음으로 이전 벡터의 각각을 새로운 벡터들의 동등한 선형결합으로 대체하자.

$$[x, y, z] = (x/3)\left(3\,[1, 0, 0]\right) + (y/2)\left(-2\,[1, 0, 0] + 2\,[1, 1, 0]\right) + z\left(-1\,[1, 0, 0] - 1\,[1, 1, 0] + 1\,[1, 1, 1]\right)$$

그다음에 스칼라-벡터 곱의 결합성(Proposition 3.5.5)과 벡터 덧셈에 대한 스칼라 곱의 분배성(Proposition 3.6.3)을 사용하여 곱하면 다음과 같다.

$$[x, y, z] = x\,[1, 0, 0] - y\,[1, 0, 0] + y\,[1, 1, 0] - z\,[1, 0, 0] - z\,[1, 1, 0] + z\,[1, 1, 1]$$

마지막으로 스칼라 덧셈에 대한 스칼라-벡터 곱의 분배성(Proposition 3.6.5)을 사용하여 정리하면 아래와 같다.

$$[x, y, z] = (x - y - z)\,[1, 0, 0] + (y - z)\,[1, 1, 0] + z\,[1, 1, 1]$$

$\mathbb{R}^3$ 내의 임의의 벡터는 $[1, 0, 0]$, $[1, 1, 0]$,$[1, 1, 1]$의 선형결합으로 나타낼 수 있음을 보였다. 이것은 $\mathbb{R}^3$는 Span $\{[1, 0, 0], [1, 1, 0], [1, 1, 1]\}$의 부분집합임을 보여준다.

물론, 이들 벡터의 모든 선형결합은 $\mathbb{R}^3$에 속하고, 이것은 Span $\{[1, 0, 0], [1, 1, 0], [1, 1, 1]\}$은 $\mathbb{R}^3$의 부분집합임을 의미한다. 이 두 집합의 각각은 다른 집합의 부분집합이므로 두 집합은 동일하다.

Quiz 4.2.12: 이전 벡터들 $[3,0,0]$, $[0,2,0]$, 그리고 $[0,0,1]$의 각각을 새로운 벡터들 $[2,0,1]$, $[1,0,2]$, $[2,2,2]$, $[0,1,0]$들의 선형결합으로 나타내 보자.

Answer

$$\begin{aligned}[3,0,0] &= 2\,[2,0,1] - 1\,[1,0,2] + 0\,[2,2,2] \\ [0,2,0] &= -\frac{2}{3}\,[2,0,1] - \frac{2}{3}\,[1,0,2] + 1\,[2,2,2] \\ [0,0,1] &= -\frac{1}{3}\,[2,0,1] + \frac{2}{3}\,[1,0,2] + 0\,[2,2,2]\end{aligned}$$

4.2.5 표준 생성자(Standard generator)

$[x,y,z]$를 벡터 $[3,0,0]$, $[0,2,0]$, $[0,0,1]$의 선형결합으로 표현하는 식을 보았다. 이 식은 세 개 벡터의 특수 형태이기 때문에 특별히 간단하다. 만약 $[1,0,0]$, $[0,1,0]$, $[0,0,1]$을 사용한다면 식은 더욱더 간단해진다.

$$[x,y,z] = x\,[1,0,0] + y\,[0,1,0] + z\,[0,0,1]$$

이 식이 간단한 것은 사용된 벡터들이 $\mathbb{R}^3$에 대한 가장 자연스러운 생성자임을 나타낸다. 실제로, 이 생성자들에 대한 $[x,y,z]$의 좌표 표현은 $[x,y,z]$이다.

이러한 세 벡터를 $\mathbb{R}^3$에 대한 표준 생성자라고 하고, $\boldsymbol{e}_0, \boldsymbol{e}_1, \boldsymbol{e}_2$로 나타낸다.

예를 들어, $\mathbb{R}^4$에 대한 표준 생성자를 나타낼 때는 $\boldsymbol{e}_0, \boldsymbol{e}_1, \boldsymbol{e}_2, \boldsymbol{e}_3$를 사용하고 $[1,0,0,0]$, $[0,1,0,0]$, $[0,0,1,0]$,$[0,0,0,1]$을 의미한다.

임의의 양의 정수 n에 대해, $\mathbb{R}^n$에 대한 표준 생성자는 아래와 같다.

$$\begin{aligned}\boldsymbol{e}_0 &= [1,0,0,0,\ldots,0] \\ \boldsymbol{e}_1 &= [0,1,0,0,\ldots,0] \\ \boldsymbol{e}_2 &= [0,0,1,0,\ldots,0] \\ &\vdots \\ e_{n-1} &= [0,0,0,0,\ldots,1]\end{aligned}$$

여기서, e_i의 i 번째 위치만 1이고 나머지 위치는 모두 영이다.

임의의 유한한 정의역 D와 필드 $\boldsymbol{F}$에 대해, $\boldsymbol{F}^D$에 대한 생성자가 당연히 있다. 이러한 생성자들에 대한 정의는 다음과 같다. 각 $k \in D$에 대해, $\boldsymbol{e}_k$는 함수 $\{k:1\}$이다. 즉, $\boldsymbol{e}_k$은 k를 1에 매핑하고 정의역의 모든 다른 원소를 0에 매핑한다.

$\boldsymbol{F}^D$에 대한 "표준 생성자"는 $\boldsymbol{F}^D$에 대한 생성자라는 것을 증명하는 것은 어렵지 않다. 따라서 증명은 생략한다.

Quiz 4.2.13: 프로시저, `standard(D, one)`을 작성해 보자. 이 프로시저는 주어진 정의역 `D`와 필드에 대해 주어진 숫자 one에 대해 $\mathbb{R}^D$에 대한 표준 생성자들의 리스트를 리턴한다(숫자 one은 인수로 제공되므로 이 프로시저는 $GF(2)$를 사용할 수 있다).

Answer

```
>>> def standard(D, one): return [Vec(D, {k:one}) for k in D]
```

Example 4.2.14: (2×2 *Lights Out* 퍼즐의 해결 가능성) 2×2 *Lights Out* 퍼즐은 모든 초기 상태에 대해서 풀 수 있는가? 이 질문은 2×2 버튼 벡터가 $GF(2)^D$에 대한 생성자인지 묻는 것과 같다.

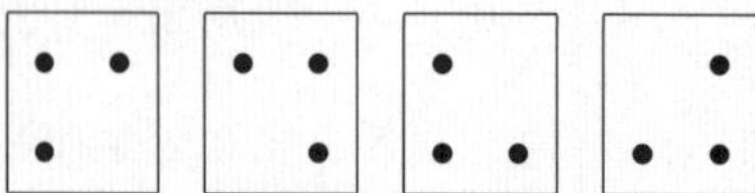

여기서, $D = \{(0,0),(0,1),(1,0),(1,1)\}$이다.

모든 초기 상태의 퍼즐에 대한 솔루션을 구할 수 있다는 사실을 증명하기 위해서는 표준 생성자들의 각각을 버튼 벡터들의 선형결합으로 나타낼 수 있다는 것을 보여주기만 하면 된다.

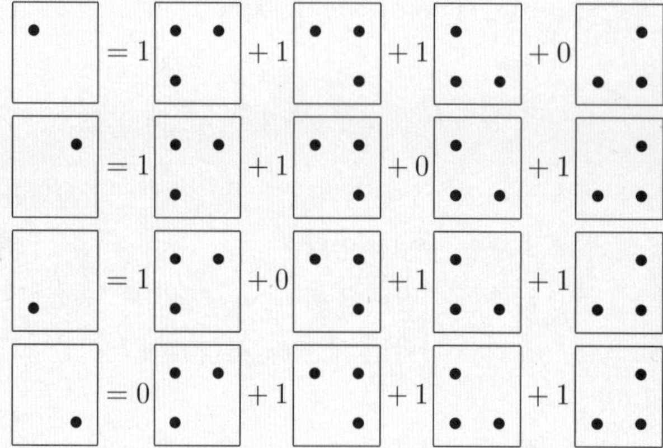

Exercise 4.2.15: 아래 각 문제에 대해 주어진 벡터들이 $\mathbb{R}^2$를 생성하는지 알아 보자. 만약 가능하다면, $\mathbb{R}^2$에 대한 각 표준 생성자를 주어진 벡터들의 선형결합으로 나타내 보자. 만약 아래 문제 중 어느 하나에 대해 이것이 가능하지 않다면, 먼저 하나의 벡터를 추가한 다음에 수행해 보자.

1. $[1,2],[3,4]$

2. $[1,1],[2,2],[3,3]$

3. $[1,1],[1,-1],[0,1]$

Exercise 4.2.16: 벡터 $[1,1,1]$, $[0.4,1.3,-2.2]$가 주어져 있다. 하나의 벡터를 추가하여 $\mathbb{R}^3$에 대한 표준 생성자 각각을 주어진 세 벡터의 선형결합으로 나타내어 보자.

4.3 벡터들의 집합에 대한 기하적 구조

3장에서 직선과 선분을 벡터들을 사용하여 어떻게 표현하는지 살펴보았다. 물리적인 시뮬레이션이나 그래픽 응용에서는 평면과 같은 더 높은 차원의 기하학적 객체를 다루어야 할 필요가 있을 수 있다. 아마도 벽, 테이블의 표면을 나타내거나 복잡한 3차원 객체의 표면을 많은 평평한 다각형을 붙여 나타내야 할 수도 있다. 이 섹션에서는 $\mathbb{R}$상의 벡터들의 생성에 대한 기하적 구조를 살펴본다. 그리고, 다른 종류의 벡터들의 집합에 대한 기하구조도 알아 본다.

4.3.1 $\mathbb{R}$상의 벡터들의 생성에 대한 기하적 구조

하나의 영이 아닌 벡터 $\boldsymbol{v}$의 모든 선형결합에 대해 고려해 보자.

$$\text{Span}\ \{\boldsymbol{v}\} = \{\alpha\,\boldsymbol{v}\ :\ \alpha \in \mathbb{R}\}$$

섹션 3.5.3에서 이 집합은 원점과 점 $\boldsymbol{v}$를 지나는 직선을 형성한다는 것을 보았다. 직선은 1차원 객체이다.

더욱더 단순한 경우는 벡터들로 이루어진 집합의 공집합에 대한 생성이다. Quiz 4.2.4에서 이러한 생성은 정확하게 하나의 벡터, 즉 영벡터로 구성된다는 것을 보여 주었다. 따라서, 이 경우 생성은 영차원 객체로 간주되는 하나의 점으로 구성된다.

두 개의 벡터들에 대한 생성을 살펴보자. 아마도 이것은 2차원 기하학적 객체, 즉 평면이다.

Example 4.3.1: Span $\{[1,0],[0,1]\}$은 무엇인가? 이 벡터들은 $\mathbb{R}^2$에 대한 표준 생성자들이고 그래서 모든 2-벡터는 생성 내에 있다. 따라서 Span $\{[1,0],[0,1]\}$은 유클리드 평면(Euclidean plane)의 모든 점을 포함한다.

Example 4.3.2: Span $\{[1,2],[3,4]\}$은 무엇인가? Exercise 4.2.15에서 $\mathbb{R}^2$에 대한 표준 생성자들은 벡터들의 선형결합으로 표현될 수 있음을 살펴보았다. 따라서 이 두 벡터의 선형결합으로 구성되는 집합은 평면의 모든 점을 포함한다는 것을 알수 있다.

Example 4.3.3: 두 개의 3-벡터들의 생성은 무엇인가? $[1,0,1.65]$와 $[0,1,1]$의 선형결합은 원점을 지나는 평면을 형성한다. 아래 그림은 이러한 평면의 일부를 보여준다.

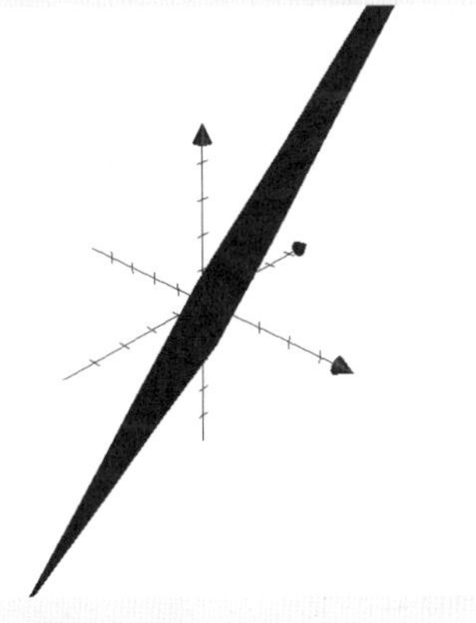

평면을 그리는 데 두 개의 벡터를 사용할 수 있다.

집합 $\{\alpha\,[1,0.1.65]+\beta\,[0,1,1]\ :\alpha \in \{-5,-4,\ldots,3,4\}, \beta \in \{-5,-4,\ldots,3,4\}\}$의 점들을 그래

프로 나타내면 다음과 같다.

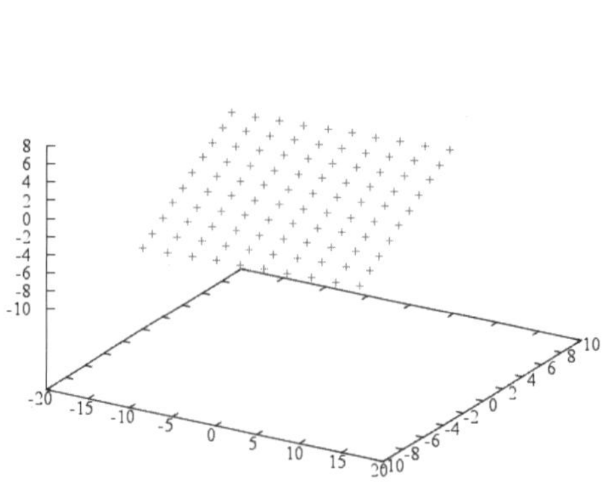

Example 4.3.4: 모든 두 개의 서로 다른 벡터들은 평면을 생성하는가? Span $\{[1,2],[2,4]\}$은 무엇인가? 임의의 계수 α_1과 α_2에 대해 다음과 같이 쓸 수 있다.

$$\begin{aligned}\alpha_1[1,2]+\alpha_2[2,4] &= \alpha_1[1,2]+\alpha_2(2\,[1,2]) \\ &= \alpha_1[1,2]+(\alpha_2\cdot 2)[1,2] \\ &= (\alpha_1+2\alpha_2)[1,2]\end{aligned}$$

이것은 Span $\{[1,2],[2,4]\}$ = Span $\{[1,2]\}$임을 보여 준다. 섹션 3.5.3에서 Span $\{[1,2]\}$은 평면이 아니라 직선을 형성한다는 것을 살펴보았다

이들 예에 의하면, $\mathbb{R}$상의 두 벡터의 생성은 평면 또는 평면보다 차원이 낮은 객체(직선 또는 점)이다. 임의의 벡터들의 집합에 대한 생성은 원점을 포함해야 한다. 이유는 자명한 선형결합(모든 계수가 영인 경우)이 집합에 포함되기 때문이다.

- 영벡터들의 생성은 점, 즉 영차원 객체를 형성한다. 이것은 원점이다.
- 하나의 벡터의 생성은 원점을 지나는 직선, 즉 1차원 객체, 또는 어떤 점, 즉 원점을 형성한다.
- 두 벡터의 생성은 원점을 지나는 평면, 즉 2차원 객체, 또는 원점을 지나는 직선, 또는 어떤 점, 즉 원점을 형성한다.

점, 직선, 또는 평면과 같은 기하적 객체는 플랫(flat)이라 불린다. 더 높은 차원의 flat도 있다. $\mathbb{R}^3$상의 모든 것은 3차원 flat이다. 비록 생각하기는 쉽지 않지만, 4차원 공간 $\mathbb{R}^4$ 내에 3차원 flat을 정의할 수 있다. 더 높은 차원에서도 마찬가지로 생각할 수 있다.

지금까지 살펴본 것을 일반적으로 표현하면 아래 가설과 같다.

Hypothesis 4.3.5: $\mathbb{R}$상의 k 벡터들의 생성은 원점을 포함하는 k-차원의 flat 또는 원점을 포함하는 더 낮은 차원의 flat을 형성한다.

이러한 패턴에 따르면 다음과 같은 질문이 있을 수 있다.

Question 4.3.6: k개 벡터들로 구성된 주어진 컬렉션의 생성이 k-차원 객체인지 어떻게 알 수 있는가? 좀 더 일반적으로, 주어진 벡터들의 컬렉션에 대해 생성의 차원을 어떻게 예측할 수 있는가?

이 질문은 7장에서 답하기 시작할 것이다.

4.3.2 동차 선형시스템의 해집합에 대한 기하적 구조

아마도 평면을 명시하는 좀 더 익숙한 방식은 방정식, 예를 들어 $\{(x,y,z) \in \mathbb{R}^3 \ : \ ax+by+cz=d\}$을 사용하는 것이다. 당분간은 원점 $(0,0,0)$을 포함하는 평면에 집중하고자 한다. 원점이 방정식 $ax+by+cz=d$를 만족하기 위해서 d는 영이어야 한다.

Example 4.3.7: 앞에서 보여준 평면 Span $\{[1,0,1.65],[0,1,1]\}$은 다음과 같이 나타낼 수 있다.

$$\{(x,y,z) \in \mathbb{R}^3 \ : \ 1.65x + 1y - 1z = 0\}$$

도트곱을 사용하여 위 방정식을 다시 쓰면 다음을 얻는다.

$$\{[x,y,z] \in \mathbb{R}^3 \ : \ [1.65,1,-1] \cdot [x,y,z] = 0\}$$

따라서, 평면은 우변이 영인 선형방정식의 해집합이다.

Definition 4.3.8: 우변이 영인 선형방정식은 동차 선형방정식이다.

Example 4.3.9: 아래 직선은 Span $\{[3,2]\}$로 나타낼 수 있다.

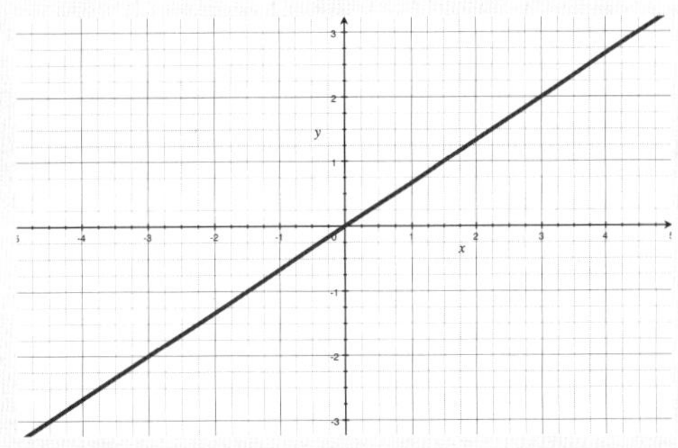

하지만, 이 직선은 또한 다음 식으로 나타낼 수도 있다.

$$\{[x,y] \in \mathbb{R}^2 \ : \ 2x - 3y = 0\}$$

즉, 위 직선은 동차 선형방정식의 해집합이다.

Example 4.3.10: 아래 직선은 Span $\{[-1,-2,2]\}$로 나타낼 수 있다.

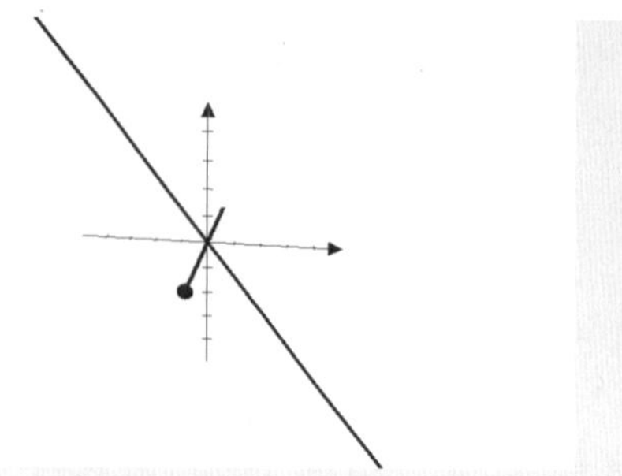

또한, 이 직선은 동차 선형방정식 쌍들의 해집합으로 나타낼 수도 있다.

$$\{[x, y, z] \in \mathbb{R}^3 \ : [4, -1, 1] \cdot [x, y, z] = 0, [0, 1, 1] \cdot [x, y, z] = 0\}$$

즉, 위 직선은 두 동차 선형방정식들을 만족하는 트리플(triple) $[x, y, z]$들의 집합으로 구성된다.

Definition 4.3.11: 우변이 모두 영인 선형시스템(선형방정식들의 컬렉션)은 *동차* 선형시스템이라고 한다.

위에서 보여준 예를 일반화하면 다음 가설(hypothesis)을 얻는다.

Hypothesis 4.3.12: 원점을 포함하는 flat은 동차 선형시스템의 해집합이다.

아직은 이 가설을 공식적으로 정당화하거나 *flat*을 정식으로 정의할 단계는 아니다. 지금은 이러한 정의의 근간이 되는 개념을 찾아가는 중이다.

4.3.3 원점을 포함하는 flat의 두 가지 표현

컴퓨터 분야에서는 동일한 데이터를 여러 가지 방식으로 표현하는 것을 유용하게 본다. 지금까지 원점을 포함하는 flat을 나타내는 두 가지 방법을 살펴보았다.

- 어떤 벡터들의 생성으로서
- 동차 선형시스템의 해집합으로서

위의 각 표현법은 필요에 따라 사용된다. 두 개의 주어진 직선을 포함하는 평면을 찾고자 한다고 해보자. 직선 Span $\{[4, -1, 1]\}$와 직선 Span $\{[0, 1, 1]\}$은 아래와 같다.

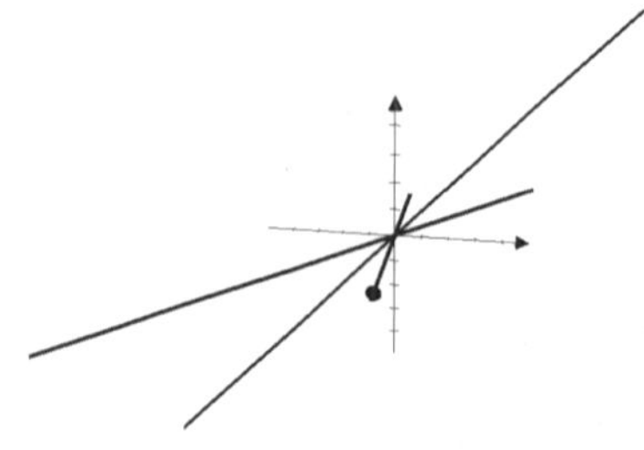

위 직선들은 생성을 나타내므로, 해를 얻는것은 어렵지 않다. 위 두 직선을 포함하는 평면은 Span $\{[4, -1, 1], [0, 1, 1]\}$이다.

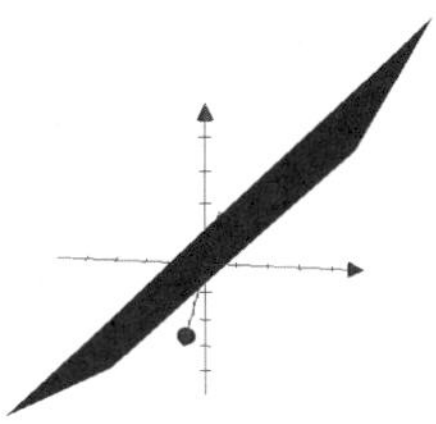

한편, 주어진 두 평면의 교점을 찾고자 한다고 해 보자. 평면 $\{[x, y, z] \ : \ [4, -1, 1] \cdot [x, y, z] = 0\}$와 평면 $\{[x, y, z] \ : \ [0, 1, 1] \cdot [x, y, z] = 0\}$은 아래와 같다.

각 평면은 동차 선형시스템의 해집합으로 표현되므로, 해를 구하는 것은 어렵지 않다. 두 평면에 속하는 점들의 집합은 두 방정식 $\{[x, y, z] \ : \ [4, -1, 1] \cdot [x, y, z] = 0, [0, 1, 1] \cdot [x, y, z] = 0\}$을 만족하는 벡터들의 집합이다.

각각의 표현은 그 유용성이 있으므로, 하나의 표현법에서 다른 것으로 변환할 수 있는지 알아 보자. 벡터들의 생성으로 표현되는 임의의 집합을 동차 선형시스템의 해집합으로 표현할 수 있는가? 반대인 경우는 어떤가? 이러한 변환 문제는 섹션 7.5에서 좀 더 다룰 것이다. 먼저, 이러한 표현에 대해 수학적으로 더 잘 이해하는 것이 필요하다.

4.4 벡터공간

4.4.1 두 표현의 공통점은 무엇인가?

앞에서 기술한 두 가지 표현법에 대한 연관성을 알아 보자. $\boldsymbol{F}^D$의 부분집합 $\mathcal{V}$는 $\mathcal{V}$가 $\boldsymbol{F}$상의 어떤 D-벡터들의 생성이든지 아니면 선형시스템의 해가 되든지 상관없이 세 가지 성질을 가진다.

Property V1: $\mathcal{V}$는 영벡터를 포함한다.

Property V2: 모든 벡터 $\boldsymbol{v}$에 대해, 만약 $\mathcal{V}$가 $\boldsymbol{v}$를 포함하면 $\mathcal{V}$는 모든 스칼라 α에 대해 $\alpha\,\boldsymbol{v}$를 포함하고 스칼라-벡터 곱에 대해 닫혀 있다.

Property V3: 모든 벡터들의 쌍 $\boldsymbol{u}$, $\boldsymbol{v}$에 대해, 만약 $\mathcal{V}$가 $\boldsymbol{u}$와 $\boldsymbol{v}$를 포함하면 $\mathcal{V}$는 $\boldsymbol{u}+\boldsymbol{v}$를 포함한다.

먼저, $\mathcal{V} = \text{Span}\ \{\boldsymbol{v}_1, \ldots, \boldsymbol{v}_n\}$이라고 해 보자. 그러면, $\mathcal{V}$는 다음을 만족한다.

- Property V1, 왜냐하면

$$0\,\boldsymbol{v}_1 + \cdots + 0\,\boldsymbol{v}_n$$

- Property V2, 왜냐하면

$$\text{만약 } \boldsymbol{v} = \beta_1\,\boldsymbol{v}_1 + \cdots + \beta_n\,\boldsymbol{v}_n\text{이면 } \alpha\,\boldsymbol{v} = \alpha\,\beta_1\boldsymbol{v}_1 + \cdots + \alpha\,\beta_n\,\boldsymbol{v}_n\text{이다}$$

- Property V3, 왜냐하면

$$\begin{array}{rrcl} \text{만약} & \boldsymbol{u} & = & \alpha_1\,\boldsymbol{v}_1 + \cdots + \alpha_n\,\boldsymbol{v}_1\text{이고} \\ & \boldsymbol{v} & = & \beta_1\,\boldsymbol{v}_1 + \cdots + \beta_n\,\boldsymbol{v}_n\text{이면} \\ & \boldsymbol{u}+\boldsymbol{v} & = & (\alpha_1+\beta_1)\boldsymbol{v}_1 + \cdots + (\alpha_n+\beta_n)\boldsymbol{v}_n\text{이다} \end{array}$$

이제, $\mathcal{V}$는 해집합 $\{\boldsymbol{x}\ :\ \boldsymbol{a}_1\cdot\boldsymbol{x} = 0,\quad \ldots,\quad \boldsymbol{a}_m\cdot\boldsymbol{x} = 0\}$이라고 해 보자. 그러면 $\mathcal{V}$는 다음을 만족한다.

- Property V1, 왜냐하면

$$\boldsymbol{a}_1\cdot\boldsymbol{0} = 0,\quad \ldots,\quad \boldsymbol{a}_m\cdot\boldsymbol{0} = 0$$

- Property V2, 왜냐하면

$$\begin{array}{rrclcrcl} \text{만약} & \boldsymbol{a}_1\cdot\boldsymbol{v} & = & 0, & \ldots, & \boldsymbol{a}_m\cdot\boldsymbol{v} & = & 0\text{ 이면} \\ & \alpha\,(\boldsymbol{a}_1\cdot\boldsymbol{v}) & = & 0, & \cdots, & \alpha\,(\boldsymbol{a}_m\cdot\boldsymbol{v}) & = & 0\text{ 이고} \\ \text{따라서} & \boldsymbol{a}_1\cdot(\alpha\,\boldsymbol{v}) & = & 0, & \cdots, & \boldsymbol{a}_m\cdot(\alpha\,\boldsymbol{v}) & = & 0\text{ 이다} \end{array}$$

- Property V3, 왜냐하면

$$\begin{array}{rrclcrcl} \text{만약} & \boldsymbol{a}_1\cdot\boldsymbol{u} & = & 0, & \ldots, & \boldsymbol{a}_m\cdot\boldsymbol{u} & = & 0\text{ 이고} \\ & \boldsymbol{a}_1\cdot\boldsymbol{v} & = & 0, & \ldots, & \boldsymbol{a}_m\cdot\boldsymbol{v} & = & 0\text{ 이면} \\ & \boldsymbol{a}_1\cdot\boldsymbol{u}+\boldsymbol{a}_1\cdot\boldsymbol{v} & = & 0, & \ldots, & \boldsymbol{a}_m\cdot\boldsymbol{u}+\boldsymbol{a}_m\cdot\boldsymbol{v} & = & 0\text{ 이고} \\ \text{따라서} & \boldsymbol{a}_1\cdot(\boldsymbol{u}+\boldsymbol{v}) & = & 0, & \ldots, & \boldsymbol{a}_m\cdot(\boldsymbol{u}+\boldsymbol{v}) & = & 0\text{ 이다} \end{array}$$

4.4.2 벡터공간의 정의와 예

Property V1, V2, V3를 사용하여 두 종류의 표현법(벡터들의 생성, 동차 선형시스템의 해집합)을 포함하는 개념을 정의해 보자.

Definition 4.4.1: 벡터들의 집합 $\mathcal{V}$는 만약 Property V1, V2, V3를 만족하면 *벡터공간*이라고 한다.

Example 4.4.2: 어떤 벡터들의 생성은 벡터공간이다.

Example 4.4.3: 동차 선형시스템의 해집합은 벡터공간이다.

Example 4.4.4: 원점을 포함하는 (직선 또는 평면과 같은) flat은 어떤 벡터들의 생성 또는 동차 선형시스템의 해집합으로 표현할 수 있으므로 벡터공간이다.

"만약 $\mathcal{V}$가 $\boldsymbol{v}$를 포함하면 $\mathcal{V}$는 모든 스칼라 α에 대해 $\alpha\boldsymbol{v}$를 포함한다"란 표현은 수학적 용어로 표현하면 다음과 같다.

"$\mathcal{V}$는 스칼라-벡터 곱셈에 대해 *닫혀 있다.*"

"만약 $\mathcal{V}$가 $\boldsymbol{u}$와 $\boldsymbol{v}$를 포함하면 $\mathcal{V}$는 $\boldsymbol{u}+\boldsymbol{v}$를 포함한다"란 표현을 수학적 용어로 표현하면 다음과 같다.

"$\mathcal{V}$는 벡터 덧셈에 대해 *닫혀 있다.*"

일반적으로 집합이 어떤 연산에 대해 닫혀있다고 하면 이 집합은 그 원소들을 사용하여 연산한 결과로 생성되는 임의의 객체를 포함한다는 것을 의미한다.

$\boldsymbol{F}^D$ 자체는 어떤가?

Example 4.4.5: 임의의 필드 $\boldsymbol{F}$와 임의의 유한 정의역 D에 대해, F상의 D-벡터들의 집합 $\boldsymbol{F}^D$는 벡터공간이다. 이유는? $\boldsymbol{F}^D$는 영벡터를 포함하고 스칼라-벡터 곱과 벡터 덧셈에 대해 닫혀 있다. 예를 들어, $\mathbb{R}^2$, $\mathbb{R}^3$, 그리고 $GF(2)^4$는 모두 벡터공간이다.

벡터공간이 되는 $\boldsymbol{F}^D$의 가장 작은 부분집합은 무엇인가?

Proposition 4.4.6: 임의의 필드 $\boldsymbol{F}$와 임의의 유한 정의역 D에 대해, 영벡터로 구성되는 한 원소 집합 $\mathbf{0}_D$는 벡터공간이다.

Proof

집합 $\{\mathbf{0}_D\}$는 명백히 영벡터를 포함한다. 따라서, Property V1이 만족된다. 임의의 스칼라 α에 대해, $\alpha\,\mathbf{0}_D = \mathbf{0}_D$이다. 따라서 Property V2를 만족한다. 즉, $\{\mathbf{0}_D\}$는 스칼라-벡터 곱에 대해 닫혀 있다. 마지막으로, $\mathbf{0}_D+\mathbf{0}_D = \mathbf{0}_D$이다. 따라서 Property V3이 성립한다. 즉, $\{\mathbf{0}_D\}$는 벡터 덧셈에 대해 닫혀 있다. □

Definition 4.4.7: 영벡터만으로 구성된 벡터공간은 *자명한*(trivial) 벡터공간이다.

Quiz 4.4.8: 생성이 $\{\mathbf{0}_D\}$가 되는 벡터들의 최소 개수는 몇 개인가?

Answer

답은 영이다. Quiz 4.2.4에 대한 해답에서 다루었듯이, $\{\mathbf{0}_D\}$는 D-벡터들로 구성된 집합 중 공집합의 생성과 같다. Quiz 4.2.6에 대한 해답에서 살펴보았듯이, $\{\mathbf{0}_D\}$는 $\{\mathbf{0}_D\}$의 생성인 것은 맞지만, 이것은 단지 동일한 생성을 가지는 다른 집합이 있음을 보여 준다. 보통 관심이 있는 것은 가장 작은 크기의 집합이다.

4.4.3 부분공간(Subspace)

Definition 4.4.9: 만약 $\mathcal{V}$와 $\mathcal{W}$는 벡터공간이고 $\mathcal{V}$가 $\mathcal{W}$의 부분집합이면, $\mathcal{V}$는 $\mathcal{W}$의 *부분공간*이라고 한다.

집합은 그 자신의 부분집합이다. 따라서, $\mathcal{W}$의 한 부분공간은 $\mathcal{W}$ 자신이다.

Example 4.4.10: $\{[0,0]\}$의 유일한 부분공간은 그 자신이다.

Example 4.4.11: 집합 $\{[0,0]\}$은 $\{\alpha\,[2,1]\ :\ \alpha \in \mathbb{R}\}$의 부분공간이고, $\{\alpha\,[2,1]\ :\ \alpha \in \mathbb{R}\}$은 $\mathbb{R}^2$의 부분공간이다.

Example 4.4.12: 집합 $\mathbb{R}^2$는 $\mathbb{R}^3$에 포함되지 않기 때문에 $\mathbb{R}^3$의 부분공간이 아니다. 사실 $\mathbb{R}^2$는 2-벡터들로 구성되고 $\mathbb{R}^3$는 2-벡터들을 포함하지 않는다.

Example 4.4.13: $\mathbb{R}^2$에 포함된 벡터공간은 무엇인가?

- 가장 작은 것은 $\{[0,0]\}$이다.
- 가장 큰 것은 $\mathbb{R}^2$ 자신이다.
- 임의의 영이 아닌 벡터 $[a,b]$에 대해, 원점과 $[a,b]$를 지나는 직선 Span $\{[a,b]\}$는 벡터공간이다.

$\mathbb{R}^2$가 임의의 다른 부분공간을 가지는가? $\mathcal{V}$는 $\mathbb{R}^2$의 부분공간이라 해 보자. $\mathcal{V}$는 영이 아닌 어떤 벡터 $[a,b]$를 가지고 또한 Span $\{[a,b]\}$에 속하지 않는 어떤 다른 벡터 $[c,d]$를 가진다고 가정해 보자. 이 경우, $\mathcal{V} = \mathbb{R}^2$임을 증명해 보자.

Lemma 4.4.14: $ad \neq bc$

Proof

$[a,b] \neq [0,0]$이므로, $a \neq 0$ 또는 $b \neq 0$(또는 둘 다 0이 아니다).
Case 1: $a \neq 0$. 이 경우, $\alpha = c/a$라고 정의하자. $[c,d]$는 Span $\{[a,b]\}$ 내에 있지 않으므로, $[c,d] \neq \alpha\,[a,b]$이어야 한다. $c = \alpha\,a$이므로, $d \neq \alpha\,b$이어야 한다. α에 c/a를 대입하면 $d \neq \frac{c}{a}b$이다. 양변에 a를 곱하면, $ad \neq cb$이다.
Case 2: $b \neq 0$. 이 경우, $\alpha = d/b$라 정의 하자. $[c,d] \neq \alpha\,[a,b]$이므로, $c \neq \alpha\,a$이다. α를 대체하고 양변에 b를 곱하면, $ad \neq cb$이 된다. □

이제, $\mathcal{V} = \mathbb{R}^2$임을 보여 주자. 이것을 보이기 위해, $\mathbb{R}^2$의 모든 벡터는 $\mathcal{V}$ 내의 두 벡터, 즉 $[a,b]$와 $[c,d]$의 선형결합으로 나타낼 수 있음을 보여 준다.

$[p,q]$를 $\mathbb{R}^2$ 내 임의의 벡터라고 하자. $\alpha = \frac{dp-cq}{ad-bc}$, $\beta = \frac{aq-bp}{ad-bc}$라고 정의 하자. 그러면, 다음과

같이 쓸 수 있다.

$$\begin{aligned} &\alpha\,[a,b] + \beta\,[c,d] \\ &= \frac{1}{ad-bc}[(pd-qc)a + (aq-bp)c, (pd-qc)b + (aq-bp)d] \\ &= \frac{1}{ad-bc}[adp - bcp, adq - bcq] \\ &= [p,q] \end{aligned}$$

$[p,q]$는 $[a,b]$와 $[c,d]$의 선형결합과 동일하다. $[p,q]$는 $\mathbb{R}^2$의 임의의 원소이므로, $\mathbb{R}^2 = \text{Span}\ \{[a,b],[c,d]\}$이다.

$\mathcal{V}$는 $[a,b]$와 $[c,d]$를 포함하고 스칼라-벡터 곱셈과 벡터 덧셈에 대해 닫혀 있으므로, 이것은 Span $\{[a,b],[c,d]\}$의 모든 것을 포함한다. 이것은 $\mathcal{V}$가 $\mathbb{R}^2$의 모든 것을 포함한다는 것을 증명한다. $\mathcal{V}$ 내의 모든 벡터는 $\mathbb{R}^2$에 속하므로, $\mathcal{V}$는 또한 $\mathbb{R}^2$의 부부집합이다. $\mathcal{V}$와 $\mathbb{R}^2$ 각각은 서로의 부분집합이므로, 이 둘은 동일해야 한다.

벡터공간의 개념은 집합을 형성하는 아래 두 가지 방법을 고려하여 살펴보았다.

- 어떤 벡터들의 생성으로서
- 동차 선형시스템의 해집합으로서

이들 각각은 벡터공간이다. 특히, 각각은 어떤 필드 $\boldsymbol{F}$와 정의역 D에 대해 $\boldsymbol{F}^D$의 부분공간이다.

Question 4.4.15: $\boldsymbol{F}^D$의 임의의 부분공간이 벡터들로 구성된 유한 집합의 생성으로 표현될 수 있는가?

Question 4.4.16: $\boldsymbol{F}^D$의 임의의 부분공간이 동차 선형시스템의 해집합으로 표현될 수 있는가?

7장에서 위 질문에 대한 답은 둘 다 "예"라는 것을 알게 될 것이다. 하지만 이런 답을 하려면 몇 가지 더 알아야 할 것이 있다.

4.4.4 *추상(Abstract) 벡터공간

임의의 벡터공간은 유한한 수의 벡터들의 생성으로 표현될 수 있고, 또한 동차 선형시스템의 해집합으로 표현될 수 있다고 얘기하고 싶다. 하지만, 수학의 공식적인 정의에 따르면 이것은 옳지 않다.

이 책에서 벡터는 유한 정의역 D에서 필드 $\boldsymbol{F}$로의 함수로 정의되었다. 하지만 현대 수학은 어떤 것을 정의할 때 그 내부구조 보다는 그것이 만족시키는 공리(axiom)들로 정의하는 경향이 있다 (필드의 개념을 다룰 때 이런 개념을 비공식적으로 살펴보았다).

이러한 좀 더 추상적인 방법에 따르면, 벡터의 개념은 정의하지 않는다. 대신에 필드 $\boldsymbol{F}$상의 벡터공간은 (어떤 공리들을 만족하는) 덧셈 연산과 스칼라-곱셈 연산을 가지고 있으며 Property V1, V2, V3를 만족하는 임의의 집합 $\mathcal{V}$로 정의한다. $\mathcal{V}$의 원소들은 그것이 무엇이든 벡터 역할을 한다.

이런 식의 정의는 벡터들이 특정 내부구조에 한정되는 것을 피하고 결과적으로 훨씬 넓은 클래스의 수학적 객체들을 벡터로 간주하게 허용한다. 예를 들어, $\mathbb{R}$에서 $\mathbb{R}$로의 모든 함수들의 집합은 추상적 정의에 따르면 벡터공간이다. 이런 공간의 부분공간이 벡터들로 구성된 유한 집합의 생성이 되느냐란 질문은 이 책의 범위를 벗어난다.

이 책에서는 추상적 접근을 피하는데, 그 이유는 벡터에 대한 좀 더 확고한 개념이 직관을 넓히는 데 도움이 되기 때문이다.

4.5 아핀(Affine)공간

원점을 포함하지 않는 점, 직선, 평면 등에 대해 알아 보자.

4.5.1 원점을 지나지 않는 flat

섹션 3.6.1에서 원점을 지나지 않는 선분은 원점을 지나는 선분을 평행이동하여, 즉 $f([x, y]) = [x, y] + [0.5, 1]$과 같은 함수를 적용하여 얻을수 있다는 것을 살펴보았다.

원점을 지나지 않는 직선을 어떻게 나타낼 수 있을까? 2가지 방법이 섹션 3.6.4에서 소개되었다. 먼저, 원점을 지나는 직선을 가지고 시작해 보자.

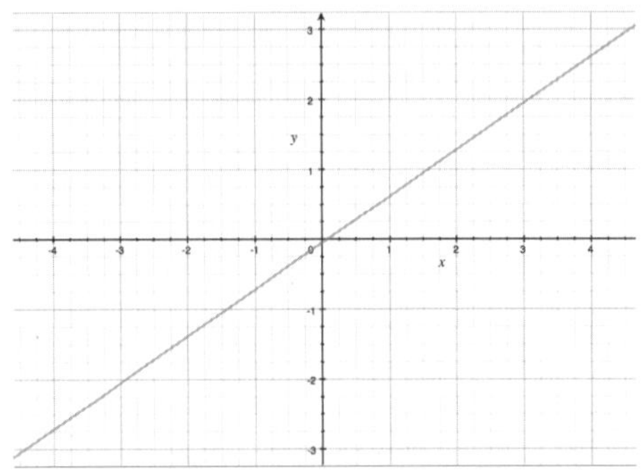

이제 이러한 직선의 점들은 벡터공간 $\mathcal{V}$를 형성함을 안다.

어떤 벡터 $\boldsymbol{a}$를 선택하여 그것을 $\mathcal{V}$ 내 모든 벡터에 더할 수 있다.

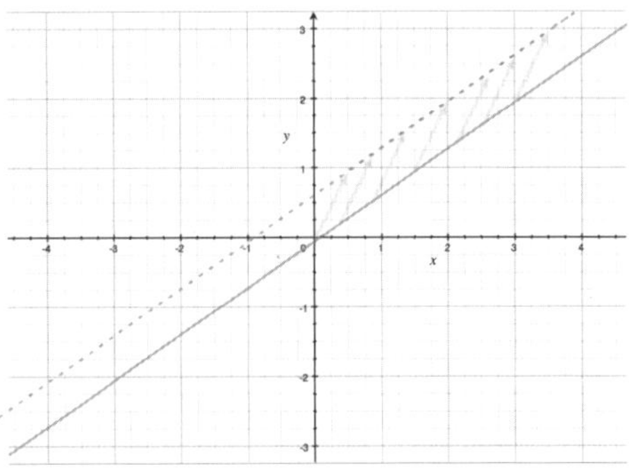

수학적 용어로 결과 집합을 다음과 같이 쓸 수 있다.

$$\{\boldsymbol{a} + \boldsymbol{v} \ : \ \boldsymbol{v} \in \mathcal{V}\}$$

이러한 집합 표현을 $\boldsymbol{a} + \mathcal{V}$로 줄여 표현할 것이다.

결과 집합은 $\boldsymbol{a}$를 지나는(원점을 지나지 않는) 직선이다.

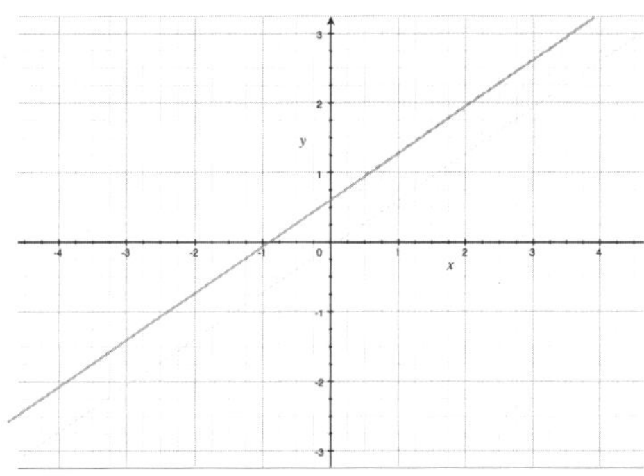

이제, 똑같은 과정을 평면에 대해 적용해 보자.

Example 4.5.1: 점 $\boldsymbol{u}_1 = [1, 0, 4.4]$, $\boldsymbol{u}_2 = [0, 1, 4]$, 그리고 $\boldsymbol{u}_3 = [0, 0, 3]$을 지나는 한 평면이 있다.

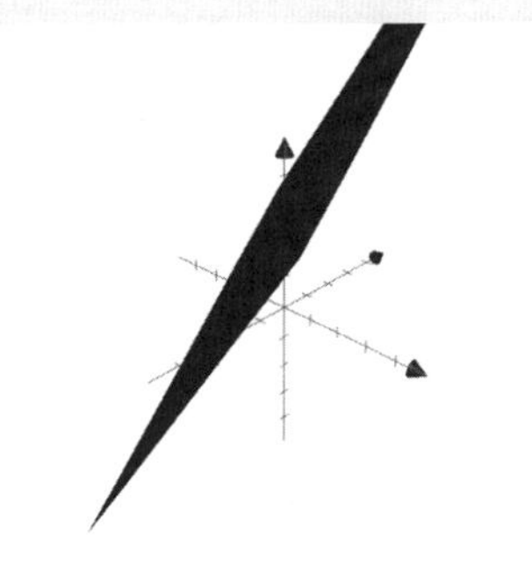

평면 위의 점들의 집합을 벡터공간의 평행이동으로 어떻게 나타낼 수 있을까?

$\boldsymbol{a} = \boldsymbol{u}_2 - \boldsymbol{u}_1$, $\boldsymbol{b} = \boldsymbol{u}_3 - \boldsymbol{u}_1$라고 정의하고 $\mathcal{V}$는 벡터공간 Span $\boldsymbol{a}, \boldsymbol{b}$ 라고하자. 그러면, $\mathcal{V}$의 점들은 평면을 형성한다.

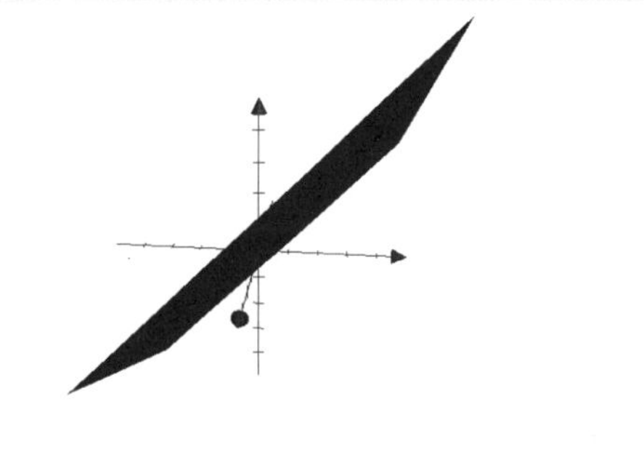

이제, 다음 집합을 고려해 보자.

$$\boldsymbol{u}_1 + \mathcal{V}$$

직관적으로, 평면의 평행이동은 평면이다. 또한, $\boldsymbol{u}_1 + \mathcal{V}$는 다음을 포함한다.

- 점 $\boldsymbol{u}_1$ ($\mathcal{V}$가 영벡터를 포함하므로)
- 점 $\boldsymbol{u}_2$ ($\mathcal{V}$가 $\boldsymbol{u}_2 - \boldsymbol{u}_1$을 포함하므로)

- 점 $\boldsymbol{u}_3$ ($\mathcal{V}$가 $\boldsymbol{u}_3 - \boldsymbol{u}_1$을 포함하므로).

평면 $\boldsymbol{u}_1 + \mathcal{V}$는 $\boldsymbol{u}_1$, $\boldsymbol{u}_2$, $\boldsymbol{u}_3$를 포함하므로 이 점들을 지나는 유일한 평면이어야 한다.

4.5.2 아핀결합

섹션 3.6.4에서 점 $\boldsymbol{u}$와 $\boldsymbol{v}$를 지나는 직선을 나타내는 또 다른 방법을 살펴보았다. 이 방법은 $\boldsymbol{u}$와 $\boldsymbol{v}$의 아핀결합으로 나타내는 것이다. 여기서는 이런 개념을 일반화한다.

Definition 4.5.2: 선형결합 $\alpha_1 \boldsymbol{u}_1 + \cdots + \alpha_n \boldsymbol{u}_n$은 계수들의 합이 1이면 *아핀* 결합이라고 한다.

Example 4.5.3: 선형결합 $2\,[10., 20.] + 3\,[0, 10.] + (-4)\,[30., 40.]$은 그 계수들의 합이 $2 + 3 + (-4) = 1$이므로 벡터들의 아핀결합이다.

Example 4.5.4: Example 4.5.1(144 페이지)에서 $\boldsymbol{u}_1$, $\boldsymbol{u}_2$, $\boldsymbol{u}_3$를 지나는 평면을 다음과 같이 표현하였다.

$$\boldsymbol{u}_1 + \mathcal{V}$$

여기서, $\mathcal{V} = \text{Span}\,\{\boldsymbol{u}_2 - \boldsymbol{u}_1, \boldsymbol{u}_3 - \boldsymbol{u}_1\}$이다.

$\mathcal{V}$에 있는 벡터들은 선형결합으로 나타낼 수 있다.

$$\alpha\,(\boldsymbol{u}_2 - \boldsymbol{u}_1) + \beta\,(\boldsymbol{u}_3 - \boldsymbol{u}_1)$$

따라서 $\boldsymbol{u}_1 + \mathcal{V}$ 내의 벡터들은 다음의 선형결합으로 표현할 수 있다.

$$\boldsymbol{u}_1 + \alpha\,(\boldsymbol{u}_2 - \boldsymbol{u}_1) + \beta\,(\boldsymbol{u}_3 - \boldsymbol{u}_1)$$

이것은 아래와 같이 쓸 수 있다.

$$(1 - \alpha - \beta)\,\boldsymbol{u}_1 + \alpha \boldsymbol{u}_2 + \beta\,\boldsymbol{u}_3$$

$\gamma = 1 - \alpha - \beta$라고 하자. 그러면, 위 표현은 아래의 아핀결합으로 다시 표현할 수 있다.

$$\gamma\,\boldsymbol{u}_1 + \alpha\,\boldsymbol{u}_2 + \beta\,\boldsymbol{u}_3$$

즉, $\boldsymbol{u}_1 + \mathcal{V}$ 내 벡터들은 $\boldsymbol{u}_1$, $\boldsymbol{u}_2$, $\boldsymbol{u}_3$의 모든 아핀결합들로 구성된 집합이다.

어떤 벡터 컬렉션의 모든 아핀결합으로 구성된 집합은 그 컬렉션의 *아핀 hull*이라고 한다.

Example 4.5.5: $\{[0.5, 1], [3.5, 3]\}$의 아핀 hull은 무엇인가? 섹션 3.6.4에서 아핀결합들로 구성된 집합을 살펴 보았다.

$$\{\alpha\,[3.5, 3] + \beta\,[0.5, 1]\ :\ \alpha \in \mathbb{R}, \beta \in R, \alpha + \beta = 1\}$$

이것은 $[0.5, 1]$과 $[3.5, 3]$을 지나는 직선이다.

Example 4.5.6: $\{[1,2,3]\}$의 아핀 hull은 무엇인가? 이것은 계수들의 합이 1이 되는 선형결합들 $\alpha\,[1,2,3]$으로 구성된 집합이다. 여기서, 계수는 α 하나밖에 없으므로 $\alpha = 1$이다. 따라서, 아핀 hull은 하나의 벡터 $[1,2,3]$으로 구성된다.

위 예에서 다음과 같은 점을 살펴보았다.

- 1-벡터 컬렉션의 아핀 hull은 한 점(컬렉션 내의 하나의 벡터), 즉 0-차원 객체이다
- 2-벡터 컬렉션의 아핀 hull은 직선(두 벡터를 지나는 직선), 즉 1-차원 객체이다
- 3-벡터 컬렉션의 아핀 hull은 평면(세 벡터를 지나는 평면), 즉 2-차원 객체이다

하지만 성급하게 결론을 내리지는 말자.

Example 4.5.7: $\{[2,3],[3,4],[4,5]\}$의 아핀 hull은 무엇인가?

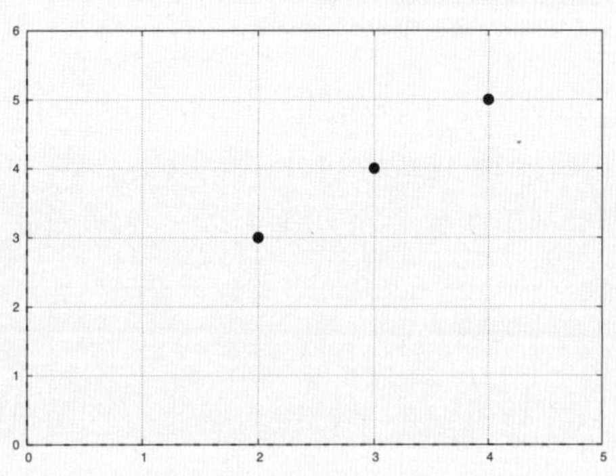

이러한 점들은 모두 직선 위에 놓여 있다. 그러므로 이 아핀 hull은 평면이라기보다는 직선이다.

벡터들의 생성과 마찬가지로 벡터들의 아핀 hull은 벡터 개수 보다 차원이 낮은 객체를 가질 수 있다. Question 4.3.6의 생성에 대한 질문처럼 아핀 hull의 차원을 어떻게 예측할 수 있느냐고 질문할 수 있다. Example 4.5.1(144 페이지)에서 다루었듯이, $\boldsymbol{u}_1, \boldsymbol{u}_2, \boldsymbol{u}_3$의 아핀 hull은 Span $\{\boldsymbol{u}_2 - \boldsymbol{u}_1, \boldsymbol{u}_3 - \boldsymbol{u}_1\}$의 평행이동이다. 그러므로 아핀 hull의 차원은 아마도 Span $\{\boldsymbol{u}_2 - \boldsymbol{u}_1, \boldsymbol{u}_3 - \boldsymbol{u}_1\}$과 같을 것이다. 따라서, 아핀 hull의 차원에 대한 질문은 새로운 것이 아니다.

좀 더 일반적으로 말하면, 섹션 4.5.3에서 살펴보겠지만 어떤 벡터들의 모든 아핀 hull은 어떤 다른 벡터들의 생성에 대한 평행이동이므로 아핀 hull과 생성의 차원에 대한 질문은 동일한 것이다.

4.5.3 아핀공간

Definition 4.5.8: *아핀공간*은 벡터공간을 평행이동한 결과이다. 즉, 집합 $\mathcal{A}$는 다음을 만족하는 벡터 $\boldsymbol{a}$와 벡터공간 $\mathcal{V}$가 있으면 아핀공간이다.

$$\mathcal{A} = \{\boldsymbol{a} + \boldsymbol{v} \ : \ \boldsymbol{v} \in \mathcal{V}\}$$

즉, $\mathcal{A} = \boldsymbol{a} + \mathcal{V}$이다.

이제 *flat*이 어떤 n에 대해 $\mathbb{R}^n$의 부분집합인 아핀공간이라고 말할 수 있다.

Example 4.5.9: Example 4.5.1(144 페이지)에서 살펴보았듯이, 점 $\boldsymbol{u}_1 = [1, 0, 4.4]$, $\boldsymbol{u}_2 = [0, 1, 4]$, $\boldsymbol{u}_3 = [0, 0, 3]$을 지나는 평면은 $\boldsymbol{u}_1$을 $\boldsymbol{u}_2 - \boldsymbol{u}_1$과 $\boldsymbol{u}_3 - \boldsymbol{u}_1$의 생성에 속하는 각 점에 덧셈한 결과로 나타낼 수 있다. Span $\{\boldsymbol{u}_2 - \boldsymbol{u}_1, \boldsymbol{u}_3 - \boldsymbol{u}_1\}$은 벡터공간이므로, $\boldsymbol{u}_1$, $\boldsymbol{u}_2$, $\boldsymbol{u}_3$를 지나는 평면은 아핀공간이다.

또한, 섹션 4.5.2에서 살펴보았듯이, 평면은 $\boldsymbol{u}_1$, $\boldsymbol{u}_2$, $\boldsymbol{u}_3$의 아핀결합들로 구성된 집합이다. 따라서 이 경우 벡터들의 아핀결합은 아핀공간이라고 말할 수 있다. 일반적인 경우에도 이것이 사실인지 알아보자.

Lemma 4.5.10: 임의의 벡터 $\boldsymbol{u}_1, \ldots, \boldsymbol{u}_n$에 대해 다음이 성립한다.

$$\{\alpha_1 \boldsymbol{u}_1 + \cdots + \alpha_n \boldsymbol{u}_n \ : \sum_{i=1}^{n} \alpha_i = 1\} = \{\boldsymbol{u}_1 + \boldsymbol{v} \ : \ \boldsymbol{v} \in \text{Span}\ \{\boldsymbol{u}_2 - \boldsymbol{u}_1, \ldots, \boldsymbol{u}_n - \boldsymbol{u}_1\}\} \quad (4.2)$$

위 식을 말로 표현하면, $\boldsymbol{u}_1, \ldots, \boldsymbol{u}_n$의 아핀 hull은 $\boldsymbol{u}_1$을 $\boldsymbol{u}_2 - \boldsymbol{u}_1, \ldots, \boldsymbol{u}_n - \boldsymbol{u}_1$의 생성에 있는 각 벡터에 더함으로써 얻어지는 집합과 동일하다.

이 lemma는 벡터들의 아핀 hull이 아핀공간임을 보여준다. 이 사실은 예를 들어 평면과 직선이 교차하는 것을 찾는 방법을 익히는 데 도움이 된다.

증명은 Example 4.5.4(145 페이지)에 주어진 계산을 따르면 된다.

Proof

Span $\{\boldsymbol{u}_2 - \boldsymbol{u}_1, \ldots, \boldsymbol{u}_n - \boldsymbol{u}_1\}$ 내의 모든 벡터는 아래와 같은 형태로 표현할 수 있다.

$$\alpha_2 (\boldsymbol{u}_2 - \boldsymbol{u}_1) + \cdots + \alpha_n (\boldsymbol{u}_n - \boldsymbol{u}_1)$$

따라서 식 (4.2)의 우변에 있는 모든 벡터는 다음과 같이 쓸 수 있다.

$$\boldsymbol{u}_1 + \alpha_2 (\boldsymbol{u}_2 - \boldsymbol{u}_1) + \cdots + \alpha_n (\boldsymbol{u}_n - \boldsymbol{u}_1)$$

이것은 Example 4.5.1(144 페이지)에서 살펴본 동질성과 분배성을 사용하여 아래와 같이 다시 쓸 수 있다.

$$(1 - \alpha_2 - \cdots - \alpha_n) \boldsymbol{u}_1 + \alpha_2 \boldsymbol{u}_2 + \cdots + \alpha_n \boldsymbol{u}_n \quad (4.3)$$

위 식은 계수들의 합이 1이므로 $\boldsymbol{u}_1, \boldsymbol{u}_2, \ldots, \boldsymbol{u}_n$의 아핀결합이다. 따라서 식 (4.2)의 우변의 모든 벡터는 좌변과 같다.

역으로, 좌변의 모든 벡터 $\alpha_1 \boldsymbol{u}_1 + \alpha_2 \boldsymbol{u}_2 + \cdots + \alpha_n \boldsymbol{u}_n$에 대해, $\sum_{i=1}^{n} \alpha_i = 1$이므로, $\alpha_1 = 1 - \alpha_2 - \cdots - \alpha_n$이다. 따라서 좌변의 벡터는 (4.3)와 같이 나타낼 수 있으며 이것은 좌변의 벡터가 우변에 있음을 보여준다. □

이제, 아핀공간을 아래 두 가지 방법으로 표현할 수 있음을 알게 되었다.

- $\boldsymbol{a} + \mathcal{V}$, 여기서 $\mathcal{V}$는 어떤 벡터들의 생성
- 어떤 벡터들의 아핀 hull

이 두 개의 표현 방법은 근본적으로 다른 것이 아니다. 앞에서 살펴보았듯이 하나의 표현을 다른

것으로 변경하는 것은 어렵지 않다. 이제 아주 다른 형태의 표현에 대해 살펴보자.

4.5.4 아핀공간을 선형시스템의 해집합으로 표현하기

섹센 4.3.2에서 원점을 포함하는 flat이 동차 선형시스템의 해집합으로 표현될 수 있는 예들을 살펴보았다. 이제 원점을 포함하지 않는 flat을 비동차 선형시스템의 해집합으로 표현한다.

Example 4.5.11: Example 4.5.1(144 페이지)에서 보았듯이, 점 $[1, 0, 4.4]$, $[0, 1, 4]$, $[0, 0, 3]$을 지나는 평면은 이 점들의 아핀 hull이다. 하지만, 이 평면은 또한 방정식 $1.4x + y - z = -3$의 해집합이며 다음과 같이 나타낼 수 있다.

$$\{[x, y, z] \in \mathbb{R}^3 \ : \ [1.4, 1, -1] \cdot [x, y, z] = -3\}$$

Example 4.5.12: 섹션 3.6.4에서 보았듯이(또한, Example 4.5.5(145 페이지) 참조), $[0.5, 1]$과 $[3.5, 3]$을 지나는 직선은 $[0.5, 1]$과 $[3.5, 3]$의 모든 아핀결합들의 집합으로 구성된다.

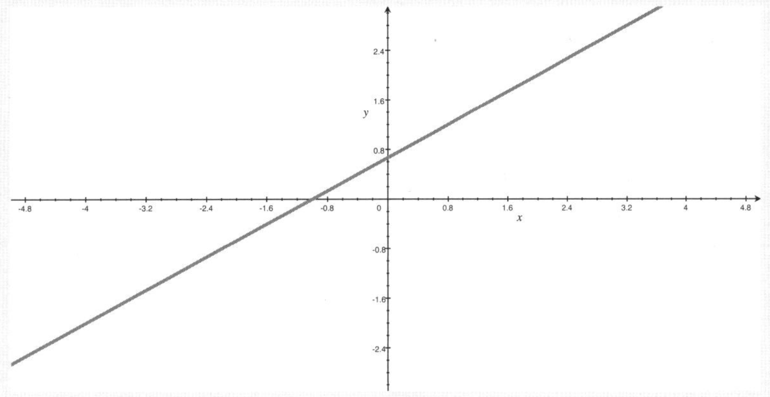

이 직선은 또한 방정식 $2x - 3y = -2$의 해집합이며 다음과 같이 표현된다.

$$\{[x, y] \in \mathbb{R}^2 \ : \ [2, -3] \cdot [x, y] = -2\}$$

Example 4.5.13: 아래 직선은 $[1, 2, 1]$과 $[1, 2, -2]$의 모든 아핀결합들의 집합으로 표현할 수 있다.

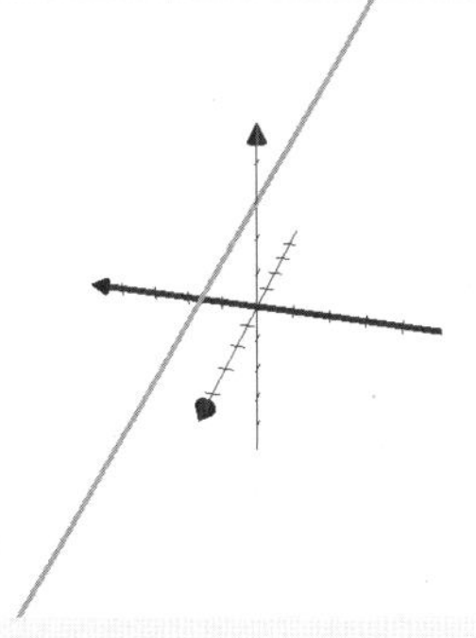

이 직선은 또한 방정식 $4x - y + z = 3$과 $y + z = 3$을 구성하는 선형시스템의 해집합이며 아래와

같이 표현된다.

$$\{[x,y,z] \in \mathbb{R}^3 \ : \ [4,-1,1] \cdot [x,y,z] = 3, [0,1,1] \cdot [x,y,z] = 3\}$$

4.5.5 두 가지 표현법 – 다시 보기

섹션 4.3.3에서 원점을 포함하는 flat들에 대해 살펴보았듯이, 두 가지 방법으로 표현할 수 있는 것은 유용할 수 있다.

Example 4.5.14: 두 개의 직선이 주어져 있고 이 두 직선을 포함하는 평면을 찾고자 한다고 해 보자.

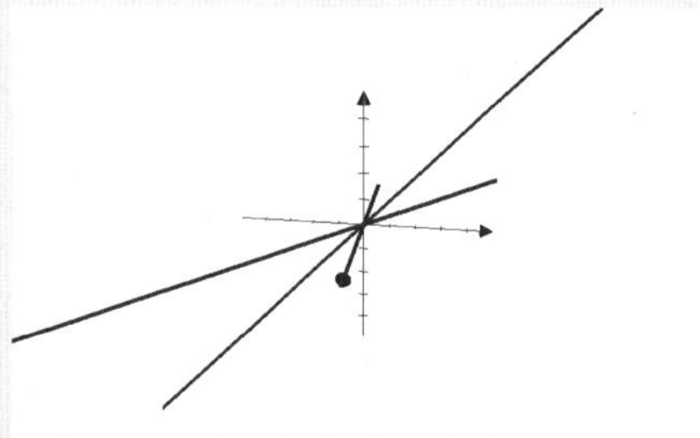

첫 번째 직선은 Span $\{[4,-1,1]\}$이고 두 번째 직선은 Span $\{[0,1,1]\}$이다. 그러므로 두 직선을 포함하는 평면은 Span $\{[4,-1,1],[0,1,1]\}$이다.

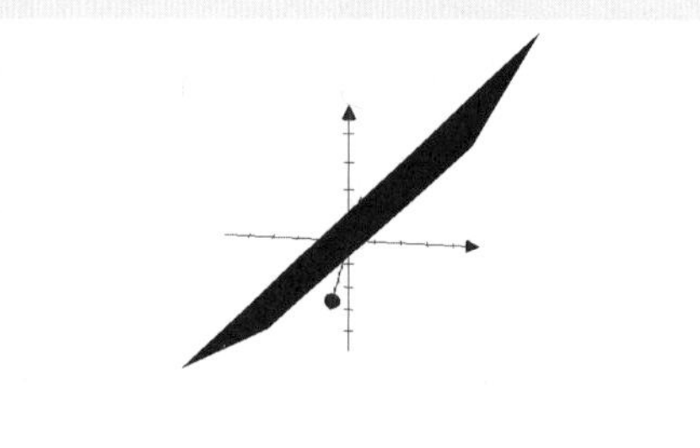

다음으로, 두 번째 종류의 표현 방식에 대한 예를 살펴보자.

Example 4.5.15: 원점을 지나는 두 개의 평면이 있다.

이들의 교집합을 찾아 보자.

첫 번째 평면은 $\{[x,y,z] \ : \ [4,-1,1] \cdot [x,y,z] = 0\}$이고, 두 번째 평면은 $\{[x,y,z] \ : \ [0,1,1] \cdot [x,y,z] = 0\}$이다. 각 평면은 우변이 영인 선형시스템의 해집합으로 나타낸다. 교집합

을 구성하는 점들의 집합은 두 방정식을 만족하는 바로 그 집합이다.

$$\{[x, y, z] \ : \ [4, -1, 1] \cdot [x, y, z] = 0, [0, 1, 1] \cdot [x, y, z] = 0\}$$

이러한 점들의 집합은 직선을 형성한다. 하지만 이 직선을 그리기 위해서는 벡터의 생성으로 나타내는 것이 도움이 된다. 우변이 영인 선형시스템에서 해집합에 대한 생성자들의 집합으로 표현하는 것에 대해서는 나중에 다룰 것이다. 이러한 해집합은 Span $\{[1, 2, -2]\}$이다.

표현 방식에 따라 다른 연산들이 쉬워지므로 동일한 기하 객체의 한 표현 방식을 다른 것으로 변경하는 것이 유용할 수 있다. 컴퓨터 그래픽에서 발생되는 한 예를 사용하여 이것을 보여 줄 것이다. 장면(scene)은 흔히 수천 개의 삼각형으로 구성된다. 빛이 어느 하나의 특정 삼각형을 비추는지 테스트할 수 있을까? 만약 그렇다면 어느 삼각형을 비추는가?

삼각형의 모서리는 벡터 $\boldsymbol{v}_0$, $\boldsymbol{v}_1$, $\boldsymbol{v}_2$에 위치해 있다고 해 보자. 그러면 삼각형을 포함하는 평면은 이 벡터들의 아핀 hull이다.

다음으로, 빛은 점 $\boldsymbol{b}$에서 발생하여 벡터 $\boldsymbol{d}$를 나타내는 화살표 방향으로 향한다고 해 보자. 빛은 점들의 집합을 구성하는 광선(ray)을 형성한다.

$$\{\boldsymbol{b} + \alpha \boldsymbol{d} \ : \ \alpha \in \mathbb{R}, \alpha \geq 0\}$$

이것은 다음 직선의 일부를 형성한다.

$$\{\boldsymbol{b} + \alpha \boldsymbol{d} \ : \ \alpha \in \mathbb{R}\}$$

지금까지는 삼각형, 삼각형을 포함하는 평면, 광선, 광선을 포함하는 직선에 대해 첫 번째 종류의 표현을 사용한다. 빛이 어느 삼각형을 비추는지 찾기 위해 다음의 교집합을 찾아 보자.

- 삼각형을 포함하는 평면
- 빛의 광선을 포함하는 직선

보통, 교집합은 하나의 점으로 구성될 것이다. 이 점이 삼각형 내에 있는지, 그리고 광선에 속하는지 테스트할 수 있다.

하지만 평면과 직선의 교집합을 어떻게 찾을 수 있을까? 이제, 두 번째 표현 방식을 사용해 보자.

- 하나의 선형시스템의 해집합으로 평면에 대한 표현을 찾는다
- 또 다른 선형시스템의 해집합으로 직선에 대한 표현을 찾는다

평면과 직선 둘 모두에 속하는 점들의 집합은 두 선형시스템의 해집합에 들어 있는 바로 그 점들의 집합이다. 이것은 원래의 두 선형시스템의 모든 방정식들로 구성된 새로운 선형시스템의 해집합에 있는 점들의 집합이다.

Example 4.5.16: 삼각형의 꼭지점들이 $[1, 1, 1]$, $[2, 2, 3]$, $[-1, 3, 0]$이라고 하자.

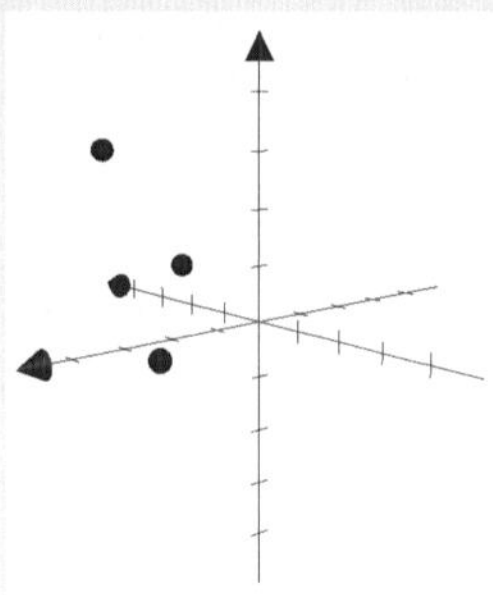

삼각형은 아래와 같을 것을 것이다.

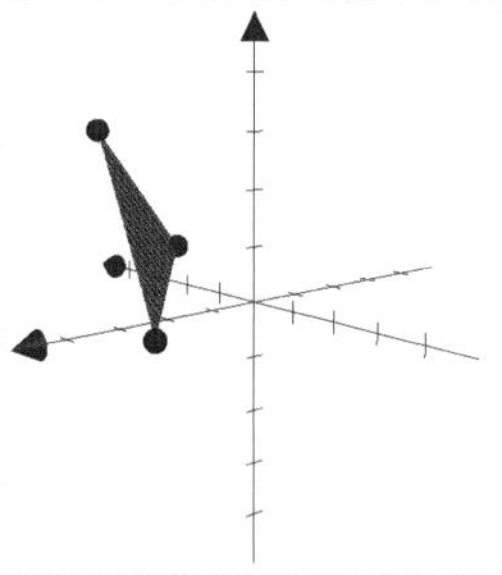

빛의 광선은 $\boldsymbol{p} = [-2.2, 0.8, 3.1]$에서 발생하여 $\boldsymbol{d} = [1.55, 0.65, -0.7]$ 방향으로 움직인다.

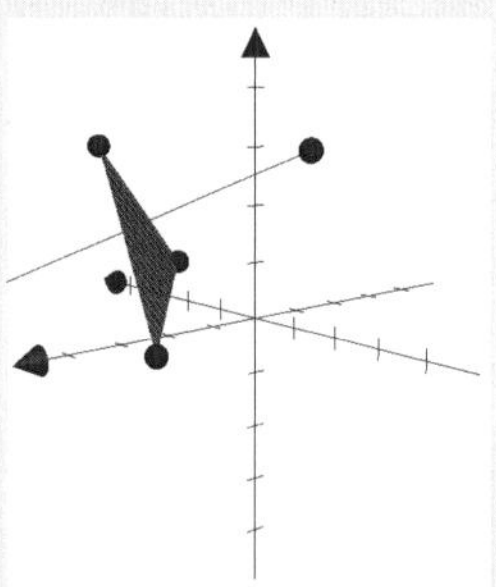

그림을 보면 광선은 삼각형에서 교차하는 것을 볼 수 있다. 하지만 컴퓨터는 어떻게 이것을 알 수 있을까?

다음은 삼각형을 포함하는 평면을 보여 준다.

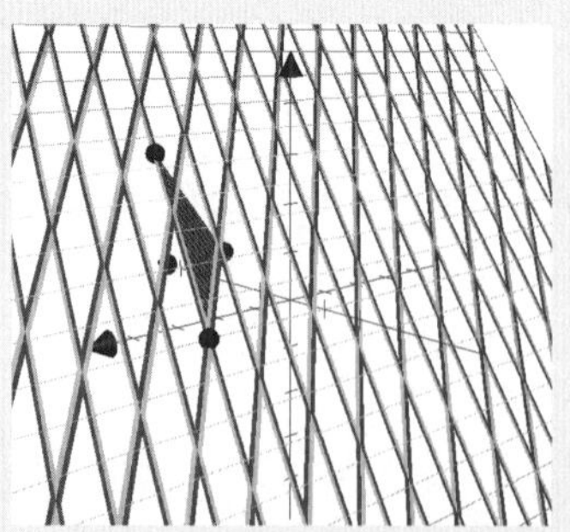

해공간이 평면인 선형방정식을 찾는 방법에 대해서는 나중에 다룰 것이다. 이러한 방정식 중 하나는 $[5, 3, -4] \cdot [x, y, z] = 4$이다.

또한, 해공간이 빛의 광선을 포함하는 직선인 선형시스템을 찾는 것에 대해 나중에 다룰 것이다. 이러한 한 시스템은 아래와 같다.

$$[0.275..., -0.303..., 0.327...] \cdot [x, y, z] = 0.1659...$$
$$[0, 0.536..., 0.498...] \cdot [x, y, z] = 1.975...$$

평면과 직선의 교집합을 찾기 위해 3개의 선형방정식을 함께 나타내면 아래와 같다.

$$[5, 3, -4] \cdot [x, y, z] = 4$$
$$[0.275..., -0.303..., 0.327...] \cdot [x, y, z] = 0.1659...$$
$$[0, 0.536..., 0.498...] \cdot [x, y, z] = 1.975...$$

이렇게 결합된 선형시스템의 해집합은 평면과 직선 둘 다에 속하는 점들로 구성된다. 이것은 두 번째 표현 방법을 사용하는 것이다. 이 경우, 해집합은 단지 하나의 점으로 구성된다. 이 점을 찾기 위해 첫 번째 종류의 표현 방식으로 변경해 보자.

선형시스템의 해를 구하는 알고리즘에 대해서는 나중에 알아볼 것이다. 해는 $\boldsymbol{w} = [0.9, 2.1, 1.7]$이다. 그러므로 점 $\boldsymbol{w}$는 평면과 직선의 교집합이다.

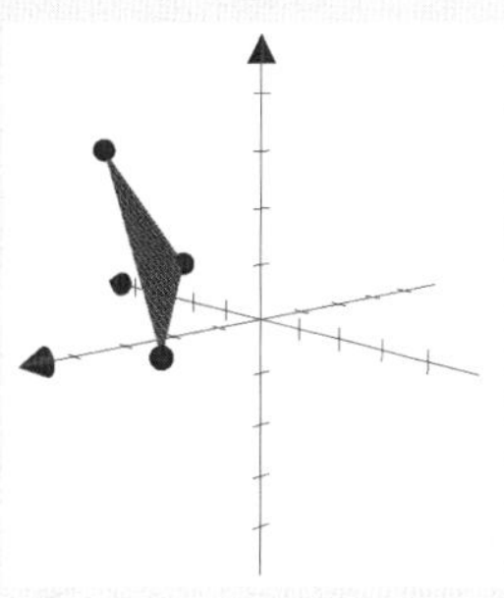

일단, 직선과 평면의 교집합인 점을 찾았는데, 이 교집합이 삼각형과 광선에 속하는지는 어떻게 알아낼 수 있을까? 이 목적을 위해 다시 첫 번째 표현 방식으로 되돌아가 보자.

Example 4.5.17: 교집합의 점은 평면에 있고, 이것은 꼭지점들의 아핀결합이다.

$$\boldsymbol{w} = \alpha_0\,[1, 1, 1] + \alpha_1\,[2, 2, 3] + \alpha_2\,[-1, 3, 0]$$

여기서, 계수들의 합은 1이다. 교집합의 점은 만약 그것이 꼭지점들의 볼록결합(convex combination)이면 삼각형 내에 있다. 이 경우, 이 점을 아핀결합으로 표현하는 방법은 한 가지 밖에 없음을 알아볼 것이며 계수들을 찾는 방법에 대해서도 알아볼 것이다.

$$\boldsymbol{w} = 0.2\,[1, 1, 1] + 0.5\,[2, 2, 3] + 0.3\,[-1, 3, 0]$$

계수들은 음수가 아니므로, 교집합의 점은 사실상 삼각형 내에 있음을 안다.

체크해 봐야 할 것이 한가지 더 있다. 교집합의 점이 광선을 구성하는 직선의 '절반' 내에 있는지 체크해봐야 한다. 광선은 점 $\{\boldsymbol{p} + \alpha\boldsymbol{d} \ : \ \alpha \in \mathbb{R}, \alpha \geq 0\}$의 집합이다. 직선은 점 $\{\boldsymbol{p} + \alpha\boldsymbol{d} \ : \ \alpha \in \mathbb{R}, \alpha \geq 0\}$의 집합이다. 교집합의 점 $\boldsymbol{w}$가 광선 내에 있는지 알아보기 위해, $\boldsymbol{w} = \boldsymbol{p} + \alpha\boldsymbol{d}$를 만족하는 그러한 α의 유일한 값을 찾고 이 값이 음수가 아님을 체크한다.

벡터 방정식 $\boldsymbol{w} = \boldsymbol{p} + \alpha\boldsymbol{d}$는 벡터의 각 엔트리에 하나씩 3개의 스칼라 방정식과 같다. α의 값을 찾기 위해 첫 번째 엔트리를 고려해 보자. $\boldsymbol{w}$의 첫 번째 엔트리는 0.9이고, $\boldsymbol{p}$의 첫 번째

엔트리는 −2.2이며, $\boldsymbol{d}$의 첫 번째 엔트리는 3.1이다. 따라서, α는 다음 방정식을 만족해야 한다.

$$0.9 = -2.2 + \alpha\, 1.55$$

이것을 풀면, $\alpha = 2$이다. α 값이 음수가 아니므로, 교집합의 점은 사실 광선에 속한다.

이 예는 flat을 나타내는 두 가지 방법인 (1) 선형결합들의 집합 또는 (2) 선형시스템의 해집합으로 표현된 것을 다른 표현으로 변환하는 것을 필요로 하였다.

4.6 동차 혹은 비동차 선형시스템

섹션 4.4에서 동차 선형시스템의 해집합이 벡터공간인 것을 살펴보았다. 그러면 임의의 선형시스템의 해집합은 어떨까? 이것은 아핀공간인가? 해집합이 공집합인 경우를 제외하면 이것은 아핀공간이다.

4.6.1 일반적인 선형시스템에 대응하는 동차 선형시스템

섹션 3.9.2에서는 센서 노드의 하드웨어 구성요소들에 대한 전력 소모율을 계산하는 문제를 다루었다. 거기서는 이 문제를 $\mathbb{R}$상의 선형시스템에 대한 해를 찾는 문제로 다루었고 Question 3.9.11에서 *오직 하나의 해가 있는지 어떻게 알 수 있는가?*라는 질문을 던졌다.

섹션 3.9.7에서는 단순한 인증기법을 공격하는 것에 대해 살펴보았다. 거기서는 엿듣는 사람인 이브가 인증에 대한 시도를 관찰하여 비밀번호를 계산해 낼 수도 있는 방법을 발견하였다. 또한, 이러한 문제를 $GF(2)$상의 선형방정식들의 시스템에 대한 해를 찾는 문제로 다루었고 Question 3.9.18을 통해 *$GF(2)$상의 주어진 선형시스템에 대해 얼마나 많은 해가 존재하는가?*라는 질문을 던졌다.

이러한 각각의 응용에 있어서, 첫 번째 질문에 대한 답은 대응하는 동차 선형방정식들의 시스템(즉, 각 방정식의 우변이 영임)을 살펴보면 구할수 있을 것이다.

Lemma 4.6.1: $\boldsymbol{u}_1$을 선형방정식들의 시스템이라 하자.

$$\begin{aligned} \boldsymbol{a}_1 \cdot \boldsymbol{x} &= \beta_1 \\ &\vdots \\ \boldsymbol{a}_m \cdot \boldsymbol{x} &= \beta_m \end{aligned} \tag{4.4}$$

그러면, 또 다른 벡터 $\boldsymbol{u}_2$가 해가 될 필요충분조건은 $\boldsymbol{u}_2 - \boldsymbol{u}_1$이 대응하는 동차 방정식들의 시스템에 대한 해가 되는 것이다.

$$\begin{aligned} \boldsymbol{a}_1 \cdot \boldsymbol{x} &= 0 \\ &\vdots \\ \boldsymbol{a}_m \cdot \boldsymbol{x} &= 0 \end{aligned} \tag{4.5}$$

Proof

$i = 1, \ldots, m$에 대해, $\boldsymbol{a}_i \cdot \boldsymbol{u}_1 = \beta_i$이다. 따라서, $\boldsymbol{a}_i \cdot \boldsymbol{u}_2 = \beta_i$ iff $\boldsymbol{a}_i \cdot \boldsymbol{u}_2 - \boldsymbol{a}_i \cdot \boldsymbol{u}_1 = 0$ iff $\boldsymbol{a}_i \cdot (\boldsymbol{u}_2 - \boldsymbol{u}_1) = 0$. □

동차 선형시스템에 대한 해집합은 벡터공간 $\mathcal{V}$이다. Lemma 4.6.1의 주장을 아래와 같이 다시 말할 수 있다.

> $\boldsymbol{u}_2$가 원래의 선형시스템 (4.4)에 대한 해가 될 필요충분조건은 $\boldsymbol{u}_2 - \boldsymbol{u}_1$이 $\mathcal{V}$ 내에 있는 것이다. 여기서, $\mathcal{V}$는 동차 선형시스템 (4.5)의 해집합이다.

$\boldsymbol{v}$를 $\boldsymbol{u}_2 - \boldsymbol{u}_1$에 대입하여($\boldsymbol{u}_2 = \boldsymbol{u}_1 + \boldsymbol{v}$) 재구성하면 다음과 같다.

> $\boldsymbol{u}_1 + \boldsymbol{v}$가 원래의 선형시스템에 대한 해가 될 필요충분조건은 $\boldsymbol{v}$가 $\mathcal{V}$ 내에 있는 것이다.

이것은 아래와 같이 다시 말할 수 있다.

$$\{\text{원래의 선형시스템에 대한 해}\} = \{\boldsymbol{u}_1 + \boldsymbol{v} \ : \ \boldsymbol{v} \in \mathcal{V}\} \tag{4.6}$$

우변의 집합은 아핀공간이다!

Theorem 4.6.2: 임의의 선형시스템에 대해, 해집합은 공집합이거나 또는 아핀공간이다.

Proof

만약 선형시스템이 해를 가지지 않으면, 그 해집합은 공집합이다. 만약 선형시스템이 적어도 하나의 해 $\boldsymbol{u}_1$를 가지면, 해집합은 $\{\boldsymbol{u}_1 + \boldsymbol{v} \ : \ \boldsymbol{v} \in \mathcal{V}\}$이다. □

Question 4.4.16에서 *모든 벡터공간이 동차 시스템의 해공간이 되는가?*란 질문을 하였고 그 답은 '그렇다'라고 하였다. 이것을 다르게 물으면, *모든 아핀공간이 선형시스템의 해집합인가?*라고 할 수 있다. 이 질문에 대한 답은 이전 질문에 대한 답과 마찬가지로 '그렇다'이다.

Example 4.6.3: 다음 선형시스템의 해집합은 공집합이다

$$\begin{bmatrix} 0 & 0 \end{bmatrix} \cdot \boldsymbol{x} = 1$$

다음 선형시스템의 해집합은 한 원소 집합 $\left\{\begin{bmatrix} 2 \\ 5 \end{bmatrix}\right\}$이다.

$$\begin{bmatrix} 1 & 0 \end{bmatrix} \cdot \boldsymbol{x} = 2$$
$$\begin{bmatrix} 0 & 1 \end{bmatrix} \cdot \boldsymbol{x} = 5$$

그러므로 다음과 같이 나타낼 수 있다.

$$\left\{\begin{bmatrix} 2 \\ 5 \end{bmatrix} + \boldsymbol{v} \ : \ v \in \left\{\begin{bmatrix} 0 \\ 0 \end{bmatrix}\right\}\right\}$$

아래 선형시스템의 해집합은 $\left\{ \begin{bmatrix} -2 \\ -1 \end{bmatrix} + \alpha \begin{bmatrix} 1 \\ 2.5 \end{bmatrix} \ : \ \alpha \in \mathbb{R} \right\}$이다.

$$\begin{bmatrix} 2 & -5 \end{bmatrix} \cdot \boldsymbol{x} = 1$$
$$\begin{bmatrix} 4 & -10 \end{bmatrix} \cdot \boldsymbol{x} = 2$$

따라서 아래와 같이 표현할 수 있다.

$$\left\{ \begin{bmatrix} -2 \\ -1 \end{bmatrix} + \boldsymbol{v} \ : \ \boldsymbol{v} \in \text{Span} \left\{ \begin{bmatrix} 1 \\ 2.5 \end{bmatrix} \right\} \right\}$$

4.6.2 해의 개수 – 다시 보기

이제, Question 3.9.11(*선형시스템의 해가 오직 하나밖에 없는지 어떻게 말할 수 있는가?*)에 대한 일부 답을 줄 수 있다.

Corollary 4.6.4: 선형시스템이 해를 갖는다고 해 보자. 해가 유일하게 될 필요충분조건은 대응하는 동차 선형시스템에 대한 유일한 해가 영벡터인 것이다.

해의 유일성에 대한 질문은 아래와 같이 대체된다.

Question 4.6.5: 동차 선형시스템이 유일한 자명한 해를 갖는지 어떻게 말할 수 있는가?

더욱이, Question 3.9.18($GF(2)$상의 주어진 선형방정식들의 시스템에 대한 해가 얼마나 많은가?)은 식 (4.6)에 의해 부분적으로 답이 주어진다. 즉, 해의 개수는 $|\mathcal{V}|$인데, 이것은 대응하는 동차 시스템에 대한 해들로 구성된 벡터공간의 크기를 의미한다.

따라서 $GF(2)$상의 선형시스템에 대한 해의 개수를 구하는 질문은 아래와 같이 된다.

Question 4.6.6: $GF(2)$상의 동차 선형시스템에 대한 해의 개수를 어떻게 찾을 수 있는가?

이러한 질문들에 대한 답을 구하는 데 동차 선형시스템에 대한 해집합은 벡터공간이라는 사실을 이용하게 될 것이다.

4.6.3 평면과 직선의 교차

다음은 평면과 직선의 교집합을 구하는 데 Theorem 4.6.2을 어떻게 사용할 수 있는지에 대한 한 예를 보여 준다.

Step 1: 평면은 아핀공간이므로, 그것을 선형시스템의 해집합으로 나타내고자 한다.

Step 2: 직선은 아핀공간이므로, 그것을 두 번째 선형시스템의 해집합으로 나타내고자 한다.

Step 3: 두 선형시스템을 결합하여 두 선형시스템의 모든 선형방정식들로 구성된 하나의 선형시스템을 형성한다. 결합된 선형시스템의 해들은 평면과 직선 둘 모두에 속하는 점들이다.

결합된 선형시스템의 해집합은 다수의 벡터(직선이 평면 내에 있을 경우) 또는 단 하나의 벡터(직선이 평면과 교차하는 점)로 구성될 수 있다.

이러한 접근방식은 괜찮아 보이긴 하지만, 아직까지 어떻게 수행해야 할지 모른다.

4.6.4 체크섬(Checksum) 함수

이 섹션에서는 동차 선형방정식들의 또 다른 응용을 보여 준다.

큰 데이터 청크(chunk) 또는 프로그램에 대한 체크섬은 큰 데이터 청크가 변경되지 않았음을 확인하기 위해 사용되는 작은 데이터 청크이다. 예를 들어, 다음은 파이썬에 대한 다운로드 페이지의 일부이다

MD5 checksums and sizes of the released files:

```
3c63a6d97333f4da35976b6a0755eb67  12732276  Python-3.2.2.tgz
9d763097a13a59ff53428c9e4d098a05  10743647  Python-3.2.2.tar.bz2
3720ce9460597e49264bbb63b48b946d   8923224  Python-3.2.2.tar.xz
f6001a9b2be57ecfbefa865e50698cdf  19519332  python-3.2.2-macosx10.3.dmg
8fe82d14dbb2e96a84fd6fa1985b6f73  16226426  python-3.2.2-macosx10.6.dmg
cccb03e14146f7ef82907cf12bf5883c  18241506  python-3.2.2-pdb.zip
72d11475c986182bcb0e5c91acec45bc  19940424  python-3.2.2.amd64-pdb.zip
ddeb3e3fb93ab5a900adb6f04edab21e  18542592  python-3.2.2.amd64.msi
8afb1b01e8fab738e7b234eb4fe3955c  18034688  python-3.2.2.msi
```

각각의 다운로드 가능한 파이썬 릴리즈에 대해 체크섬과 릴리즈 파일의 크기가 나열되어 있다.

*체크섬 함수*는 큰 데이터 파일을 작은 데이터 청크인 체크섬으로 매핑하는 함수이다. 가능한 체크섬의 개수는 가능한 파일의 수보다 훨씬 작으므로, 일대일 체크섬 함수는 없다. 즉, 동일한 체크섬으로 매핑되는 다른 파일들이 항상 존재할 것이다. 체크섬 함수를 사용하는 목표는 전송 중에 또는 스토리지에서 파일의 손상 또는 오류를 검출하는 것이다.

여기서는 랜덤 오류를 검출할 가능성이 많은 함수, 즉 임의의 파일 F에 대해 파일에 임의의 변경이 발생하면 체크섬도 아마 변경되는 그러한 함수를 찾는 것이다.

실용적이지는 않지만 개념을 이해하는 데 도움이 되는 체크섬 함수에 대해 알아보자. 입력은 $GF(2)$상의 n-비트 벡터로 표현된 "파일"이고 출력은 64-벡터이다. 함수는 64개의 n-벡터 $\boldsymbol{a}_1, \ldots, \boldsymbol{a}_{64}$에 의해 명시되며 정의는 다음과 같다.

$$\boldsymbol{x} \mapsto [\boldsymbol{a}_1 \cdot \boldsymbol{x}, \ldots, \boldsymbol{a}_{64} \cdot \boldsymbol{x}]$$

$\boldsymbol{p}$를 "파일"이라고 해 보자. 오류는 랜덤 n-벡터 $\boldsymbol{e}$(에러)의 합으로 모델링한다. 따라서 파일에 오류가 있는 버전은 $\boldsymbol{p}+\boldsymbol{e}$이다. 오류가 있는 파일이 원래 파일과 동일한 체크섬을 가질 확률에 대한 식을 찾고자 한다.

원래 파일에 대한 체크섬은 $[\beta_1, \ldots, \beta_m]$이다. 이때, $i = 1, \ldots, m$에 대해 $\beta_i = \boldsymbol{a}_i \cdot \boldsymbol{p}$이다. $i = 1, \ldots, m$에 대해, 오류가 있는 파일의 체크섬 비트 i는 $\boldsymbol{a}_i \cdot (\boldsymbol{p}+\boldsymbol{e})$이다. 도트곱은 벡터 덧셈에 대해 분배법칙이 성립하므로(Proposition 3.9.25), 이 체크섬 비트는 $\boldsymbol{a}_i \cdot \boldsymbol{p} + \boldsymbol{a}_i \cdot \boldsymbol{e}$이다. 따라서 오류가 있는 파일의 체크섬 비트 i가 원래 파일과 동일할 필요충분조건은 $\boldsymbol{a}_i \cdot \boldsymbol{p} + \boldsymbol{a}_i \cdot \boldsymbol{e} = \boldsymbol{a}_i \cdot \boldsymbol{p}$ — 즉, $\boldsymbol{a}_i \cdot \boldsymbol{e} = 0$인 것이다.

따라서 오류가 발생한 파일의 전체 체크섬이 원래 파일과 동일하게 될 필요충분조건은 $i = 1, \ldots, m$에 대해 $\boldsymbol{a}_i \cdot \boldsymbol{e} = 0$이다. 다시 말하면, $\boldsymbol{e}$가 아래 동차 선형시스템의 해집합에 속하는 것이다.

$$\begin{aligned} \boldsymbol{a}_1 \cdot \boldsymbol{x} &= 0 \\ &\vdots \\ \boldsymbol{a}_m \cdot \boldsymbol{x} &= 0 \end{aligned}$$

랜덤 n-벡터 $\boldsymbol{e}$가 해집합에 속할 확률은 다음과 같다.

$$\frac{\text{해집합 내 벡터의 개수}}{\text{GF(2)상의 } n\text{-벡터의 개수}}$$

$GF(2)$상의 n-벡터의 개수는 2^n이다. 그러므로 이 확률을 계산하기 위해, Question 4.6.6(*$GF(2)$ 상의 동차 선형시스템에 대한 해의 개수를 어떻게 찾는가?*)에 대한 답이 필요하다.

4.7 Review questions

- 선형결합은 무엇인가?
- 계수는 무엇인가?
- 벡터들의 생성은 무엇인가?
- 표준 생성자는 무엇인가?
- flat의 예는 어떤 것이 있는가?
- 동차 선형방정식은 무엇인가?
- 동차 선형시스템은 무엇인가?
- 원점을 포함하는 flat을 나타내는 두 가지 표현 방식은 무엇인가?
- 벡터공간은 무엇인가?
- 부분공간은 무엇인가?
- 아핀결합은 무엇인가?
- 벡터들의 아핀 hull은 무엇인가?
- 아핀공간은 무엇인가?
- 원점을 포함하지 않는 flat을 나타내는 두 가지 표현 방식은 무엇인가?
- 선형시스템의 해집합은 항상 아핀공간인가?

4.8 Problems

Vec 리뷰

컨테이너(container) 내의 벡터

Problem 4.8.1:

1. 다음 계산문제에 대해 컴프리헨션을 사용하는 프로시저, vec_select을 작성하고 테스트해 보자.
   - *input:* 동일한 정의역을 가진 벡터들로 구성된 리스트 veclist와 그 정의역의 원소 k
   - *output:* veclist 내 벡터들 v로 구성된 veclist의 부분리스트. 이때, v[k]는 영이다.
2. 다음에 대해 내장 프로시저인 sum(·)을 사용하는 프로시저, vec_sum을 작성하고 테스트해

보자.

- *input:* 벡터들의 리스트 veclist와 이 벡터들의 공통 정의역인 집합 D
- *output:* veclist 내 벡터들의 벡터 합

작성한 프로시저는 veclist의 길이가 0인 경우에도 동작해야 한다.

힌트: sum(·)이 선택적으로 두 번째 인수를 취하는 Python Lab을 기억해 보자. 이때, 선택적인 두 번째 인수는 합을 시작하는 원소이다. 이것은 벡터가 될 수 있다.

Disclaimer: Vec 클래스는 벡터 v에 대해 표현식 0 + v가 v로 평가되게 하는 그런 방식으로 정의된다. 굳이 이렇게 하는 이유는 합산할 벡터의 개수가 영이 아닐때 sum([v1,v2,... vk])이 벡터들의 합으로 올바르게 평가되게 하기 위한 것이다. 하지만 이것은 벡터의 개수가 영이면 동작하지 않는다.

3. 작성한 프로시저들을 모아 다음을 위한 프로시저, vec_select_sum을 만들어 보자.
   - *input:* 집합 D, 정의역 D를 가진 벡터들의 리스트 veclist, 정의역의 원소 k
   - *output:* veclist 내 모든 벡터 v의 합. 여기서, v[k]는 영이다.

Problem 4.8.2: 다음을 위한 프로시저, scale_vecs(vecdict)을 작성하고 테스트해 보자.

- *input:* 양수를 벡터에 매핑하는 딕셔너리 vecdict(Vec의 인스턴스)
- *output:* 벡터들(vecdict 내 각 항목에 대해 하나씩)의 리스트. 만약 vecdict가 벡터 $\boldsymbol{v}$에 매핑하는 키 k를 포함하는 경우, 출력은 벡터 $(1/k)\boldsymbol{v}$를 포함해야 한다.

선형결합

$GF(2)$상의 벡터들의 생성

Problem 4.8.3: 다음 스펙을 가지는 프로시저, GF2_span을 작성해 보자.

- *input:* 라벨(label)들의 집합 D, 라벨-집합 D를 가지는 $GF(2)$상의 벡터들의 리스트 L
- *output:* L 내 벡터들의 모든 선형결합들로 구성된 리스트

(힌트: 루프(또는 재귀)와 컴프리헨션을 사용하여라. 작성한 프로시저를 리스트 L이 빈 리스트인 예에 대해 반드시 테스트해 보자.)

Problem 4.8.4: a, b를 실수라 하고 방정식 $z = ax + by$를 고려해 보자. 두 개의 3-벡터 $\boldsymbol{v}_1, \boldsymbol{v}_2$에 대해, 이 방정식을 만족하는 점들 $[x, y, z]$의 집합이 $\boldsymbol{v}_1$과 $\boldsymbol{v}_2$의 선형결합들로 구성된 바로 그 집합임을 증명해 보자. (힌트: a, b를 포함하는 식을 사용하여 벡터들을 명시)

Problem 4.8.5: a, b, c를 실수라 하고 방정식 $z = ax + by + c$를 고려해 보자. 세 개의 3-벡터

$\boldsymbol{v}_0, \boldsymbol{v}_1, \boldsymbol{v}_2$에 대해 방정식을 만족하는 점들 $[x, y, z]$의 집합이 바로 아래 집합임을 증명해 보자.

$$\{\boldsymbol{v}_0 + \alpha_1\, \boldsymbol{v}_1 + \alpha_2\, \boldsymbol{v}_2 \ : \ \alpha_1 \in \mathbb{R}, \alpha_2 \in \mathbb{R}\}$$

(힌트: a, b, c를 포함하는 식을 사용하여 벡터들을 명시)

선형결합과 기하학

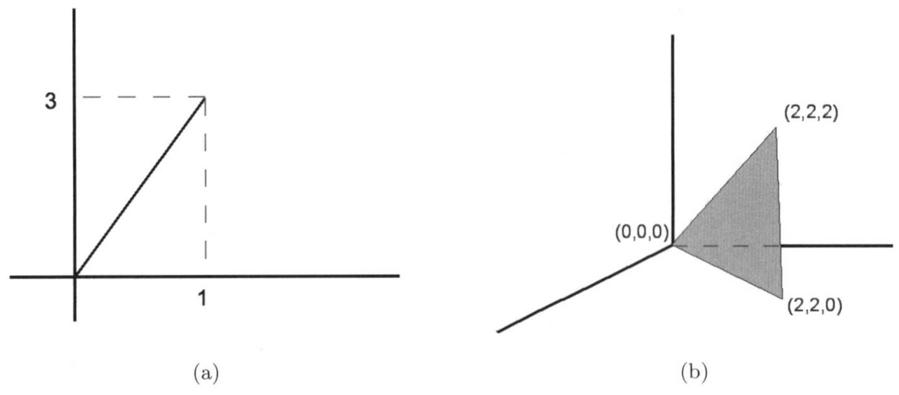

(a) (b)

Figure 4.1: Problem 4.8.6에 대한 그림.

Problem 4.8.6: 선형결합을 사용하여 Figure 4.1(a)의 선분을 표현해 보자. Figure 4.1(b)의 삼각형을 포함하는 평면에 대해서도 선형결합으로 표현해 보자.

벡터공간

Problem 4.8.7: $\{[x, y, z] \ : \ x, y, z \in \mathbb{R}, x + y + z = 1\}$이 벡터공간을 형성함을 증명하거나 그렇지 않은 반례를 제시해 보자.

Problem 4.8.8: $\{[x, y, z] \ : x, y, z \in \mathbb{R}$ and $x+y+z = 0\}$이 벡터공간임을 증명하거나 그렇지 않은 반례를 제시해 보자.

Problem 4.8.9: $\{[x_1, x_2, x_3, x_4, x_5] \ : x_1, x_2, x_3, x_4, x_5 \in \mathbb{R}, x_2 = 0$ or $x_5 = 0\}$ 이 벡터공간임을 증명하거나 그렇지 않은 반례를 제시해 보자.

Problem 4.8.10: 아래 질문에 답해 보자.

1. $\mathcal{V}$를 짝수개의 1을 가지는 $GF(2)$상의 5-벡터들로 구성된 집합이라 하자. $\mathcal{V}$는 벡터공간인가?
2. $\mathcal{V}$를 홀수개의 1을 가지는 $GF(2)$상의 5-벡터들로 구성된 집합이라 하자. $\mathcal{V}$는 벡터공간인가?

Chapter 5

행렬

5.1 행렬이란 무엇인가?

5.1.1 전통적인 행렬

전통적으로 $\boldsymbol{F}$상의 행렬은 엔트리들이 $\boldsymbol{F}$의 원소들인 2-차원 배열이다. 다음은 $\mathbb{R}$상의 한 행렬을 보여 준다.

$$\begin{bmatrix} 1 & 2 & 3 \\ 10 & 20 & 30 \end{bmatrix}$$

이 행렬은 2개의 행과 3개의 열을 가지고 있다. 그래서, 2×3 행렬이라 한다. 전통적으로 행과 열은 숫자로 참조한다. 첫 번째 행은 $\begin{bmatrix} 1 & 2 & 3 \end{bmatrix}$, 두 번째 행은 $\begin{bmatrix} 10 & 20 & 30 \end{bmatrix}$이다. 첫 번째 열은 $\begin{bmatrix} 1 \\ 10 \end{bmatrix}$, 두 번째 열은 $\begin{bmatrix} 2 \\ 20 \end{bmatrix}$, 그리고 세 번째 열은 $\begin{bmatrix} 3 \\ 30 \end{bmatrix}$이다.

일반적으로, m개 행과 n개 열을 가진 행렬은 $m \times n$ 행렬이라 한다. 행렬 A에 대해, i, j *원소*는 i번째 행과 j번째 열에 있는 원소로 정의되며, 전통적으로 $A_{i,j}$ 또는 A_{ij}로 나타낸다. 파이썬 표기법으로는 $A[i, j]$이다.

행 i는 아래 벡터이다.

$$\begin{bmatrix} A[i,0], & A[i,1], & A[i,2], & \cdots & A[i,m-1] \end{bmatrix}$$

그리고, 열 j는 다음의 벡터이다.

$$\begin{bmatrix} A[0,j], & A[1,j], & A[2,j], & \cdots & A[n-1,j] \end{bmatrix}$$

전통적인 행렬을 행-리스트(row-list)들로 구성된 리스트로 표현하기

행렬을 어떻게 표현할 수 있을까? 아마도 제일 먼저 떠오르는 것이 *행-리스트들로 구성된 리스트*이다. 즉, 행렬 A의 각 행은 숫자들의 리스트로 표현되고 행렬은 이러한 리스트들로 구성된 리스트 L에 의해 표현된다. 다시 말하면, 행렬은 다음을 만족하는 리스트 L이다.

$$A[i, j] = L[i][j] \text{ , 모든 } 0 \le i < m\text{와 } 0 \le j < n\text{에 대해}$$

예를 들어, 행렬 $\begin{bmatrix} 1 & 2 & 3 \\ 10 & 20 & 30 \end{bmatrix}$은 `[[1,2,3],[10,20,30]]`으로 표현된다.

Quiz 5.1.1: 값이 행-리스트들로 구성된 리스트인 중첩된 컴프리헨션을 작성해 보자. 여기서, 행-리스트로 구성된 리스트는 원소가 모두 영인 3×4 행렬을 나타낸다.

$$\begin{bmatrix} 0 & 0 & 0 & 0 \\ 0 & 0 & 0 & 0 \\ 0 & 0 & 0 & 0 \end{bmatrix}$$

힌트: 먼저, 행에 대한 컴프리헨션을 작성하라. 그다음에 이 표현식을 리스트들로 구성된 리스트에 대한 컴프리헨션에 사용하라.

Answer

```
>>> [[0 for j in range(4)] for i in range(3)]
[[0, 0, 0, 0], [0, 0, 0, 0], [0, 0, 0, 0]]
```

전통적인 행렬을 열-리스트(column-list)들로 구성된 리스트로 표현하기

행렬을 다루기 편리하게 만드는 것은 행과 열의 쌍대성(duality)이다. 열을 가지고 할 수 있는 모든 것은 행을 가지고 할 수 있다. 따라서 행렬 A는 *열-리스트들로 구성된 리스트*에 의해 표현할 수 있다. 즉, 행렬은 다음을 만족하는 리스트 L이다.

$$A[i, j] = L[j][i] \text{ , 모든 } 0 \leq i < m \text{와 } 0 \leq j < n \text{에 대해}$$

예를 들어, 행렬 $\begin{bmatrix} 1 & 2 & 3 \\ 10 & 20 & 30 \end{bmatrix}$은 `[[1,10],[2,20],[3,30]]`으로 표현된다.

Quiz 5.1.2: 값이 열-리스트들로 구성된 리스트인 중첩된 컴프리헨션을 작성해 보자. 여기서, 열-리스트로 구성된 리스트는 3×4 행렬을 나타내며 이 행렬의 i, j 원소는 $i - j$이다.

$$\begin{bmatrix} 0 & -1 & -2 & -3 \\ 1 & 0 & -1 & -2 \\ 2 & 1 & 0 & -1 \end{bmatrix}$$

힌트: 먼저, 열 j에 대한 컴프리헨션을 작성하라(j는 정수라고 가정). 다음에, 이 표현식을 j가 제어 변수인 컴프리헨션에 사용하라.

Answer

```
>>> [[i-j for i in range(3)] for j in range(4)]
[[0, 1, 2], [-1, 0, 1], [-2, -1, 0], [-3, -2, -1]]
```

5.1.2 행렬에 대해 알아보기

예제에서는 전통적인 표기법을 자주 사용할 것이다. 하지만 벡터를 정의할 때 벡터 엔트리들이 임의의 유한 집합의 원소들에 의해 식별되게 하는 것이 유용하듯이 행렬의 행과 열을 임의의 유한 집합을 사용하여 참조할 수 있게 하고자 한다.

F상의 D-벡터를 집합 D에서 **F**로의 함수로 정의하였듯이, **F**상의 $R \times C$ *행렬*을 카테시안 곱 $R \times C$로의 함수로 정의한다. R의 원소들을 *행 라벨(row label)*이라 하고 C의 원소들을 *열 라벨(column label)*이라 한다.

Example 5.1.3: 다음은 $R =$ {'a', 'b'}이고 $C =$ {'#', '@', '?'}인 예이다.

	@	#	?
a	1	2	3
b	10	20	30

열 라벨들은 열 위에, 그리고 행 라벨들은 행 왼쪽에 열거된다.

공식적으로, 이 행렬은 $R \times C$에서 $\mathbb{R}$로의 함수이다. 파이썬에서 함수는 딕셔너리 표기법을 사용하여 나타낼 수 있다.

```
{('a','@'):1, ('a','#'):2, ('a', '?'):3, ('b', '@'):10, ('b',  '#'):20,
 ('b','?'):30}
```

5.1.3 행, 열, 엔트리

행렬이 유용한 것은 행과 열을 벡터로 해석할 수 있기 때문이다. Example 5.1.3(163 페이지)의 행렬은 아래와 같이 해석할 수 있다.

- 행 'a'는 벡터 Vec({'@', '#', '?'}, {'@':1, '#':2, '?':3})이다.
- 행 'b'는 벡터 Vec({'@', '#', '?'}, {'@':10, '#':20, '?':30})이다.
- 열 '#'은 벡터 Vec({'a','b'}, {'a':2, 'b':20})이다.
- 열 '@'은 벡터 Vec({'a','b'}, {'a':1, 'b':10})이다.

Quiz 5.1.4: Vec을 사용하여 열 '?'에 대한 파이썬 표현식을 작성해 보자.

Answer

```
Vec({'a','b'}, {'a':3, 'b':30})
```

$R \times C$ 행렬 $M(r \in R,\ c \in C)$에 대해, *M의 r, c 원소*는 (r, c) 쌍이 매핑하는 것으로 정의되며 $M_{r,c}$ 또는 $M[r, c]$로 나타낸다. 행과 열은 아래와 같이 정의된다.

- $r \in R$에 대해, 행 r은 각 원소 $c \in C$에 대해 엔트리 c가 $M[r, c]$인 그러한 C-벡터이다.
- $c \in C$에 대해, 열 c은 각 원소 $r \in R$에 대해 엔트리 r이 $M[r, c]$인 그러한 R-벡터이다.

M의 행 r은 $M[r, :]$ 또는 $M_{r,:}$로, 그리고 M의 열 c은 $M[:, c]$ 또는 $M_{:,c}$로 나타낸다.

행들로 구성된 딕셔너리 표현

행렬의 각 행은 벡터이므로, Vec의 인스턴스로 표현할 수 있다. 행-라벨을 행에 매핑하기 위해 딕셔너리를 사용한다. 이 책에서는 이러한 표현을 *rowdict*라고 한다. 예를 들어, Example 5.1.3(163 페이지)의 행렬에 대한 rowdict 표현은 아래와 같다.

```
{'a': Vec({'#', '@', '?'}, {'@':1, '#':2, '?':3}),
 'b': Vec({'#', '@', '?'}, {'@':10, '#':20, '?':30})}
```

열들로 구성된 딕셔너리 표현

행과 열의 쌍대성에 의하면 열-라벨은 Vec의 인스턴스로 표현된 열로 매핑하는 딕셔너리로 표현된다. 이 책에서는 이러한 표현을 *coldict*라고 한다.

Quiz 5.1.5: 값이 Example 5.1.3(163 페이지)의 행렬에 대한 coldict 표현인 파이썬 표현식을 작성해 보자.

Answer

```
{'#': Vec({'a','b'}, {'a':2, 'b':20}),
 '@': Vec({'a','b'}, {'a':1, 'b':10}),
 '?': Vec({'a','b'}, {'a':3, 'b':30})}
```

5.1.4 행렬의 파이썬 구현

행렬을 나타내는 몇 가지 다른 표현을 정의하였다. 나중에 몇 가지 더 정의할 것이다. 하지만 벡터 클래스 Vec과 유사한 클래스 Mat을 정의하는 것이 행렬을 나타내는 데 편리하다. 클래스 Mat의 인스턴스는 다음 두 필드를 가질 것이다.

- 집합들의 쌍 (R, C)에 바인딩될 D(D가 하나의 집합인 Vec과는 다름)
- 쌍 $(r, c) \in R \times C$을 필드 원소에 매핑하는 함수를 나타내는 딕셔너리에 바인딩될 f

행렬 표현에도 벡터를 표현할 때 사용한 sparsity표현을 사용한다. 즉, 행렬의 엔트리 중 값이 영인 것은 딕셔너리에 표현할 필요가 없다. 행렬에 대한 sparsity는 벡터의 경우보다 더 중요하다. 이유는 보통 행렬이 벡터보다 훨씬 크기 때문이다. C-벡터는 $|C|$개의 엔트리를 가지지만 $R \times C$ 행렬은 $|R| \cdot |C|$개의 엔트리를 가진다.

벡터와 행렬 표현 사이의 한 가지 중요한 차이점은 D 필드의 사용이다. 벡터에서 D의 값은 집합이고 딕셔너리의 키들은 이 집합의 원소들이다. 행렬에서 D의 값은 집합들의 쌍 (R, C)이고 딕셔너리의 키들은 카테시안 곱 $R \times C$의 원소들이다. 이렇게 사용하는 이유는 크기가 큰 스파스(sparse) 행렬의 경우 $R \times C$의 집합 전체를 저장하는 데 너무 많은 공간이 필요하기 때문이다.

클래스 Mat을 정의하는 데 필요한 파이썬 코드는 다음과 같다.

```
class Mat:
    def __init__(self, labels, function):
        self.D = labels
        self.f = function
```

일단 파이썬이 이 정의를 처리하고 나면 Mat의 인스턴스를 생성할 수 있다.

```
>>> M=Mat(({'a','b'}, {'@', '#', '?'}), {('a','@'):1, ('a','#'):2,
          ('a','?'):3, ('b','@'):10, ('b','#'):20, ('b','?'):30})
```

Vec에서와 같이, 첫 번째 인수는 새로운 인스턴스의 D 필드에 할당되고 두 번째는 f 필드에 할당된다.

Vec에서와 마찬가지로 Mat의 인스턴스를 다루는 프로시저를 작성하고 Mat에 대한 좀 더 정교한 클래스 정의를 작성할 것이다. 그리하여 *와 같은 연산자를 사용할 수 있게 하고 아래와 같은 출력이 가능하게 할 것이다.

```
>>> print(M)
        #  @  ?
     ---------
 a  |   2  1  3
 b  |  20 10 30
```

5.1.5 단위행렬

Definition 5.1.6: 유한 집합 D에 대해, $D \times D$ *단위행렬*은 행-라벨 집합과 열-라벨 집합이 둘 다 D이고 모든 $d \in D$에 대해 엔트리 (d, d)는 1(모든 다른 엔트리는 0)인 행렬이다. 단위행렬은 $\mathbb{1}_D$로 나타낸다. 보통 집합 D는 문맥상 명확하여 단위행렬은 $\mathbb{1}$로 쓴다.

예를 들어, 다음은 {'a','b','c'}×{'a','b','c'} 단위행렬이다.

```
       a b c
     -------
 a  |  1 0 0
 b  |  0 1 0
 c  |  0 0 1
```

Quiz 5.1.7: Mat의 인스턴스로 표현되는 {'a','b','c'}×{'a','b','c'} 단위행렬에 대한 표현식을 작성해 보자.

Answer

```
Mat(({'a','b','c'},{'a','b','c'}),{('a','a'):1,('b','b'):1,('c','c'):1})
```

Quiz 5.1.8: 한 줄로 된 프로시저, identity(D)를 작성해 보자. 이 프로시저는 주어진 유한 집합 D에 대해 Mat의 인스턴스로 표현된 $D \times D$ 단위행렬을 리턴한다.

Answer

```
def identity(D): return Mat((D,D), {(d,d):1 for d in D})
```

5.1.6 행렬 표현의 변환

여러 가지 다른 행렬 표현 방식이 사용될 것이므로 이들 사이의 변환이 가능하면 편리할 것이다.

Quiz 5.1.9: 한 줄로 된 프로시저, `mat2rowdict(A)`를 작성해 보자. 이 프로시저는 주어진 `Mat`의 인스턴스에 대해 동일한 행렬의 rowdict 표현을 리턴한다. 딕셔너리 컴프리헨션을 사용해 보자.

```
>>> mat2rowdict(M)
{'a': Vec({'@', '#', '?'},{'@': 1, '#': 2, '?': 3}),
 'b': Vec({'@', '#', '?'},{'@': 10, '#': 20, '?': 30})}
```

힌트: 첫째, 값이 행 `r` `Vec`인 표현식을 작성하여라. `F` 필드의 값은 딕셔너리 컴프리헨션에 의해 정의된다. 둘째, 이 표현식을 r이 제어 변수인 딕셔너리 컴프리헨션에 사용하여라.

Answer

`r`이 `M`의 행-라벨에 바인딩된다고 가정하면, 행 `r`은 그 표현식의 값이다.

```
Vec(A.D[1],{c:A[r,c] for c in A.D[1]})
```

이 표현식을 딕셔너리 컴프리헨션의 키 `r`에 대응하는 값으로 사용하고자 한다.

```
    {r:...  for r in A.D[0]}
```

이 두 표현식을 합쳐 다음 프로시저를 정의한다.

```
def mat2rowdict(A):
 return {r:Vec(A.D[1],{c:A[r,c] for c in A.D[1]}) for r in A.D[0]}
```

Quiz 5.1.10: 한 줄로 된 프로시저, `mat2coldict(A)`을 작성해 보자. 이 프로시저는 주어진 `Mat`의 인스턴스에 대해 동일한 행렬의 coldict 표현을 리턴한다. 딕셔너리 컴프리헨션을 사용해 보자.

```
>>> mat2coldict(M)
{'@': Vec({'a', 'b'},{'a': 1, 'b': 10}),
 '#': Vec({'a', 'b'},{'a': 2, 'b': 20}),
 '?': Vec({'a', 'b'},{'a': 3, 'b': 30})}
```

Answer

```
def mat2coldict(A):
 return {c:Vec(A.D[0],{r:A[r,c] for r in A.D[0]}) for c in A.D[1]}
```

5.1.7 matutil.py

matutil.py 파일이 제공된다. 이 모듈은 나중에도 사용하게 될 것이다. 이 파일은 Quiz 5.1.8의 프로시저, identity(D)와 섹션 5.1.6의 변환 프로시저들을 포함한다. 이것은 또한 프로시저, rowdict2mat(rowdict)와 coldict2mat(coldict)을 포함한다. rowdict2mat(rowdict)는 mat2rowdict(A)의 역이고 coldict2mat(coldict)는 mat2coldict(A)의 역이다.[1] 이 파일은 또한 프로시저, listlist2mat(L)을 포함한다. 이 프로시저는 필드 원소들의 리스트들로 구성된 리스트 L에 대해 Mat의 인스턴스를 리턴한다. 이 인스턴스의 행들은 L의 원소들인 리스트들에 대응한다. 이 프로시저는 작은 행렬의 예를 쉽게 생성하는 데 편리하다.

```
>>> A=listlist2mat([[10,20,30,40],[50,60,70,80]])
>>> print(A)
        0  1  2  3
      -------------
  0  |  10 20 30 40
  1  |  50 60 70 80
```

5.2 열공간(Column space)과 행공간(Row space)

행렬은 여러 가지 목적을 위해 사용되며 그중 한 가지는 벡터들의 묶음을 만드는 데 사용된다. 행렬을 벡터들의 묶음으로 해석하는 두 가지 방법이 있다. 열들의 묶음과 행들의 묶음이 그것들이다. 따라서 행렬과 연관된 벡터공간은 두 개가 있다.

Definition 5.2.1: 행렬 M에 대해,

- M의 *열공간*은 Col M으로 나타내며 M의 열들에 의해 생성된 벡터공간이다.
- M의 *행공간* 은 Row M으로 나타내며 M의 행들에 의해 생성된 벡터공간이다.

Example 5.2.2: $\begin{bmatrix} 1 & 2 & 3 \\ 10 & 20 & 30 \end{bmatrix}$의 열공간은 Span $\{[1,10],[2,20],[3,30]\}$이다. 이 경우, $[2,20]$과 $[3,30]$은 $[1,10]$의 스칼라배이므로 열공간은 Span $\{[1,10]\}$과 동일하다.

위 행렬의 행공간은 Span $\{[1,2,3],[10,20,30]\}$이다. 이 경우, $[10,20,30]$은 $[1,2,3]$의 스칼라배이므로, 행공간은 Span $\{[1,2,3]\}$과 동일하다.

섹션 5.5.1, 5.5.2, 5.10.6에서 열공간과 행공간의 중요성에 대해 좀 더 알아볼 것이다. 섹션 5.7에서는 행렬과 연관된 또 하나의 중요한 벡터공간에 대해 살펴볼 것이다.

5.3 벡터로서의 행렬

여기서는 행렬을 유용하게 만드는 연산들을 기술할 것이다. 먼저, 행렬은 벡터로 해석될 수 있다는 점에 주목하자. 특히, $\boldsymbol{F}$상의 $R \times S$ 행렬은 $R \times S$에서 $\boldsymbol{F}$로의 함수이다. 따라서 $\boldsymbol{F}$상의 $R \times S$-벡

[1]각 프로시저의 인수는 벡터들의 딕셔너리 또는 벡터들의 리스트가 될 수 있다.

터로 해석될 수 있다. 이 해석을 사용하면 유용한 벡터 연산들인 *스칼라-벡터 곱셈*과 *벡터 덧셈*을 행렬에 대해 사용할 수 있다. 클래스 Mat에는 이러한 연산들이 구현될 것이다(행렬에서는 도트곱을 사용하지 않을 것이다).

Quiz 5.3.1: 프로시저, mat2vec(M)을 작성해 보자. 이 프로시저는 주어진 Mat의 인스턴스에 대해 대응하는 Vec의 인스턴스를 리턴한다. 예로서, 이 프로시저를 Example 5.1.3(163 페이지)에 주어진 행렬 M에 적용한 결과를 보여준다.

```
>>> print(mat2vec(M))
 ('a', '#') ('a', '?') ('a', '@') ('b', '#') ('b', '?') ('b', '@')
------------------------------------------------------------------
          2          3          1         20         30         10
```

Answer

```
def mat2vec(M):
  return Vec({(r,s) for r in M.D[0] for s in M.D[1]}, M.f)
```

Mat은 벡터연산들을 포함할 것이므로 mat2vec(M)은 필요하지 않을 것이다.

5.4 전치(Transpose)

행렬의 *전치*는 행과 열을 바꾸는 것을 의미한다.

Definition 5.4.1: $P \times Q$ 행렬의 전치는 M^T로 나타내며, 모든 $i \in P, j \in Q$에 대해 $(M^T)_{j,i} = M_{i,j}$을 만족하는 $Q \times P$ 행렬이다.

Quiz 5.4.2: 프로시저, transpose(M)을 작성해 보자. 이 프로시저는 행렬을 나타내는 Mat의 주어진 인스턴스에 대해 행렬의 전치행렬을 리턴한다.

```
>>> print(transpose(M))
        a  b
      ------
 #  |   2 20
 @  |   1 10
 ?  |   3 30
```

Answer

```
def transpose(M):
    return Mat((M.D[1], M.D[0]), {(q,p):v for (p,q),v in M.F.items()})
```

만약 $M^T = M$이면, 행렬 M은 *대칭행렬*이라 한다.

Example 5.4.3: 행렬 $\begin{bmatrix} 1 & 2 \\ 3 & 4 \end{bmatrix}$는 대칭행렬이 아니다. 하지만 행렬 $\begin{bmatrix} 1 & 2 \\ 2 & 4 \end{bmatrix}$는 대칭행렬이다.

5.5 선형결합의 행렬-벡터 곱셈과 벡터-행렬 곱셈

행렬을 가지고 무엇을 할까? 대부분의 경우 행렬을 벡터로 곱셈한다. 행렬을 벡터로 곱하는 방법은 두 가지이다. 행렬-벡터 곱셈과 벡터-행렬 곱셈이 그것이다. 각각에 대해, 두 가지 곱셈의 정의를 선형결합과 도트곱을 사용하여 보여줄 것이다. 상황에 따라 다른 해석이 필요할 수 있으므로 이들 정의에 대해 잘 알아둘 필요가 있다.

5.5.1 선형결합의 행렬-벡터 곱셈

Definition 5.5.1 (*행렬-벡터 곱셈의 선형결합 정의*): M을 $\boldsymbol{F}$상의 $R \times C$ 행렬이라 하자. $\boldsymbol{v}$는 $\boldsymbol{F}$상의 C-벡터라 하자. 그러면 $M * \boldsymbol{v}$는 선형결합이다.

$$\sum_{c \in C} \boldsymbol{v}[c] \; (M\text{의 열 } c)$$

만약 M이 $R \times C$이지만 $\boldsymbol{v}$는 C-벡터가 아니면, $M * \boldsymbol{v}$는 성립하지 않는다.

전통적인 행렬의 경우, 만약 M이 $\boldsymbol{F}$상의 $m \times n$ 행렬이면 $\boldsymbol{v}$가 $\boldsymbol{F}$상의 n-벡터인 경우에만 $M * \boldsymbol{v}$가 정의된다. 다시 말하면, 행렬의 열 수는 벡터의 엔트리 개수와 일치해야 한다.

Example 5.5.2: 전통적인 행렬을 사용하는 한 예를 고려해 보자.

$$\begin{aligned} \begin{bmatrix} 1 & 2 & 3 \\ 10 & 20 & 30 \end{bmatrix} * [7,0,4] &= 7\,[1,10] + 0\,[2,20] + 4\,[3,30] \\ &= [7,70] + [0,0] + [12,120] = [19,190] \end{aligned}$$

Example 5.5.3: $\begin{bmatrix} 1 & 2 & 3 \\ 10 & 20 & 30 \end{bmatrix}$에 벡터 $[7,0]$을 곱할 수 있을까? 이것은 성립하지 않는다. 2×3 행렬에 2-벡터를 곱할 수 없다. 행렬은 열이 3개 이지만 벡터는 엔트리가 두 개뿐이다.

Example 5.5.4: 이제, 아래와 같은 행 라벨과 열 라벨을 가지는 행렬에 대한 예를 살펴 보자.

	@	#	?
a	2	1	3
b	20	10	30

*

@	#	?
0.5	5	-1

=

a	b
3.0	30.0

Example 5.5.5: *Lights Out:* Example 4.1.9(127 페이지)에서, *Lights Out* 퍼즐에 대한 해(버튼의 불이 모두 꺼지게 하기 위해 눌러야 하는 버튼의 시퀀스)는 "버튼 벡터"들의 선형결합이라는

것을 살펴보았다. 이제, 이러한 선형결합을 행렬-벡터의 곱으로 표현할 수 있다. 이때, 행렬의 열들이 버튼 벡터들이다.

예를 들어, 다음 선형결합은

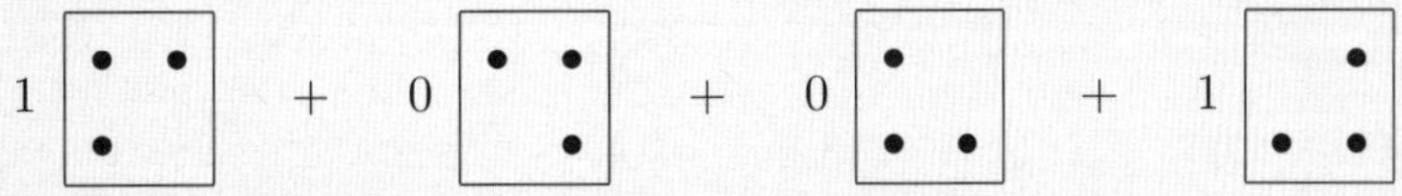

$$1 \quad + \quad 0 \quad + \quad 0 \quad + \quad 1$$

아래와 같이 표현할 수 있다.

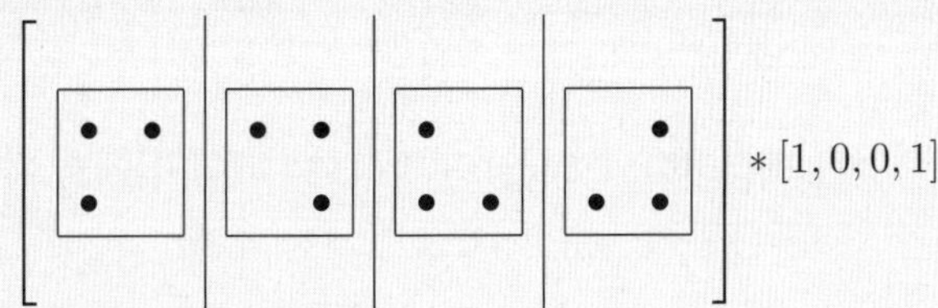

5.5.2 선형결합의 벡터-행렬 곱셈

행렬-벡터 곱셈의 정의를 행렬을 구성하는 *열*들의 선형결합으로 살펴보았다. 이제, 벡터-행렬 곱셈을 행렬을 구성하는 *행*들의 선형결합으로 정의해 보자.

Definition 5.5.6 (*벡터-행렬 곱셈의 선형결합 정의*): M을 $R \times C$ 행렬이라 하자. $\boldsymbol{w}$는 R-벡터라 하자. 그러면 $\boldsymbol{w} * M$은 선형결합이다.

$$\sum_{r \in R} \boldsymbol{w}[r] \, (M\text{의 행 } r)$$

만약 M은 $R \times C$ 행렬이지만 $\boldsymbol{w}$가 R-벡터가 아니면 $\boldsymbol{w} * M$은 성립하지 않는다. 행렬-벡터 곱셈은 벡터-행렬 곱셈과 다르다. 사실, $M * \boldsymbol{v}$는 성립하지만 $\boldsymbol{v} * M$은 성립하지 않거나 혹은 그 반대인 경우가 많다. 숫자를 곱할 때는 교환성을 염두에 둔다. 하지만 행렬과 벡터 사이의 곱은 교환성이 성립하지 않는다는 사실에 주의해야 한다.

Example 5.5.7:

$$\begin{aligned} [3,4] \quad * \quad \begin{bmatrix} 1 & 2 & 3 \\ 10 & 20 & 30 \end{bmatrix} \quad &= \quad 3\,[1,2,3] \quad + \quad 4\,[10,20,30] \\ &= \quad [3,6,9] \quad + \quad [40,80,120] \quad = \quad [43,86,129] \end{aligned}$$

Example 5.5.8: $[3,4,5] * \begin{bmatrix} 1 & 2 & 3 \\ 10 & 20 & 30 \end{bmatrix}$ 은 가능한가? 이것은 성립하지 않는다.

3-벡터와 2×3 행렬을 곱할 수 없다. 벡터의 엔트리 수는 행렬의 행 수와 일치해야 한다.

Remark 5.5.9: 행렬의 전치는 행과 열을 바꾼다. M의 행은 M^T의 열이다. 그러므로 $\boldsymbol{w} * M$은 $M^T * \boldsymbol{w}$로 정의할 수 있다. 하지만 이런 방식으로 구현하는 것은 바람직하지 않다. 전치는 완전히 새로운 행렬을 생성한다. 만약 행렬이 크면, 벡터-행렬의 곱을 계산하기 위해 이렇게 하는 것은 효율적이지 않다.

Example 5.5.10: 섹션 4.1.2에서 선형결합의 응용 예를 살펴보았다. Example 4.1.6(124 페이지)의 JunkCo 공장의 데이터 표를 기억해 보자.

	metal	concrete	plastic	water	electricity
garden gnome	0	1.3	.2	.8	.4
hula hoop	0	0	1.5	.4	.3
slinky	.25	0	0	.2	.7
silly putty	0	0	.3	.7	.5
salad shooter	.15	0	.5	.4	.8

각 제품에 대응하는 것은 벡터이다. Example 4.1.6(124 페이지)에서 아래 벡터들을 정의 하였다.

v_gnome, v_hoop, v_slinky, v_putty, and v_shooter,

이 벡터들의 정의역은 각각 다음과 같다.

{'metal','concrete','plastic','water','electricity'}

행이 다음의 벡터인 행렬 M을 구성할 수 있다.

```
>>> rowdict = {'gnome':v_gnome, 'hoop':v_hoop, 'slinky':v_slinky,
               'putty':v_putty, 'shooter':v_shooter}
>>> M = rowdict2mat(rowdict)
>>> print(M)

           plastic metal concrete water electricity
          ------------------------------------------
   putty  |    0.3     0        0   0.7         0.5
   gnome  |    0.2     0      1.3   0.8         0.4
  slinky  |      0  0.25        0   0.2         0.7
    hoop  |    1.5     0        0   0.4         0.3
 shooter  |    0.5  0.15        0   0.4         0.8
```

이 예에서, JunkCo는 제품을 위한 각 리소스 양 $\alpha_{\text{gnome}}, \alpha_{\text{hoop}}, \alpha_{\text{slinky}}, \alpha_{\text{putty}}, \alpha_{\text{shooter}}$을 결정하였다. 각 리소스의 총 사용율을 제공하는 것은 벡터로 표현되며 이 벡터의 정의역은 {*metal, concrete, plastic, water, electricity*}이다. 이 벡터는 제품 p에 대한 계수가 α_p인 표의 행들로 구성된 선형결합이다.

총 사용율 벡터는 벡터-행렬의 곱으로 구할 수 있다.

$$[\alpha_{\text{gnome}}, \alpha_{\text{hoop}}, \alpha_{\text{slinky}}, \alpha_{\text{putty}}, \alpha_{\text{shooter}}] * M \tag{5.1}$$

다음은 파이썬에서 벡터-행렬 곱셈을 사용하여 총 사용율을 어떻게 계산할 수 있는지 보여준다. 여기서, 별표 *는 곱셈 연산자로 사용된다.

```
>>> R = {'gnome', 'hoop', 'slinky', 'putty', 'shooter'}
>>> u = Vec(R, {'putty':133, 'gnome':240, 'slinky':150, 'hoop':55,
```

```
                        'shooter':90})
>>> print(u*M)

 plastic metal concrete water electricity
------------------------------------------
     215     51       312   373          356
```

5.5.3 주어진 벡터의 선형결합 표현을 행렬-벡터 곱셈으로 구성하기

선형결합은 행렬-벡터 또는 벡터-행렬 곱으로 표현될 수 있다는 것을 살펴보았다. 이제, 이 개념을 사용하여 주어진 벡터를 선형결합으로 표현하는 문제를 다시 구성해 보자.

Example 5.5.11: 섹션 4.1.4의 *산업 스파이* 문제를 기억해 보자. 이 문제는 주어진 JunkCo 공장의 데이터 표와 소비한 리소스 양에 대해 생산된 제품의 양을 계산하는 것이다. $\boldsymbol{b}$를 소비된 리소스들의 벡터라 하자. $\boldsymbol{x}$는 벡터 변수라고 정의하자. (5.1)를 고려하여 다음의 행렬-벡터 방정식을 얻는다.

$$\boldsymbol{x} * M = \boldsymbol{b}$$

산업 스파이 문제를 푸는 것은 위 방정식을 푸는 것과 같다.

Example 5.5.12: Example 4.1.9(127 페이지)에서 *Lights Out* 퍼즐의 주어진 초기 상태 $\boldsymbol{s}$에 대해 모든 버튼의 불이 꺼지게 하기 위해 눌러야 하는 버튼들의 시퀀스를 찾는 문제는 $\boldsymbol{s}$를 버튼 벡터들의 ($GF(2)$상의) 선형결합으로 표현하는 문제로서 나타낼 수 있다. Example 5.5.5(169 페이지)에서 지적하였듯이 버튼벡터들의 선형결합은 행렬-벡터 곱 $B * \boldsymbol{x}$로 쓸 수 있다. 여기서, B는 행렬이며 이 행렬의 열들은 버튼 벡터들이다. 따라서 올바른 계수들을 찾는 문제는 $B * \boldsymbol{x} = \boldsymbol{s}$를 만족하는 그러한 벡터 $\boldsymbol{x}$를 찾는 문제로 표현할 수 있다.

아래 보여준 파이썬 프로시저는 $n \times n$ *Lights Out* 퍼즐에 대한 버튼 벡터들의 딕셔너리를 생성한다. GF2 모듈에서 정의된 값을 사용한다는 사실에 주의하자.

```
def button_vectors(n):
 D = {(i,j) for i in range(n) for j in range(n)}
 vecdict={(i,j):Vec(D,dict([((x,j),one) for x in range(max(i-1,0),min(i+2,n))]
                     +[((i,y),one) for y in range(max(j-1,0), min(j+2,n))]))
                     for (i,j) in D}
 return vecdict
```

반환된 딕셔너리의 엔트리 (i, j)는 버튼 (i, j)에 대응하는 버튼 벡터이다.

이제, 열들이 5×5 *Lights Out*에 대한 버튼 벡터들인 행렬 B를 구성할 수 있다.

```
>>> B = coldict2mat(button_vectors(5))
```

퍼즐이 어떤 특정 구성에서 시작할 때, 예를 들어 중간 버튼만 불이 켜져 있을 때, 어느 버튼 벡터를 눌러야 하는지 찾고자 한다고 해 보자. 이 구성을 나타내는 벡터 $\boldsymbol{s}$를 만들어 보자.

```
>>> s = Vec(b.D, {(2,2):one})
```

이제, 방정식 $B * \boldsymbol{x} = \boldsymbol{s}$의 해를 구해야 한다.

5.5.4 행렬-벡터 방정식의 해 구하기

위에 보여준 각 예와 많은 다른 응용에서 다음과 같은 계산 문제에 직면하게 된다.

Computational Problem 5.5.13: *행렬-벡터 방정식의 해 구하기*

- *input:* $R \times C$ 행렬 A와 R-벡터 $\boldsymbol{b}$
- *output:* $A * \hat{\boldsymbol{x}} = \boldsymbol{b}$를 만족하는 C-벡터 $\hat{\boldsymbol{x}}$

비록 위 계산문제를 $A * \boldsymbol{x} = \boldsymbol{b}$ 형태의 방정식을 푸는 것으로 명시하였지만, 이 문제에 대한 알고리즘은 $\boldsymbol{x} * A = \boldsymbol{b}$ 형태의 행렬-벡터 방정식을 풀면 된다. 왜냐하면, 이 알고리즘은 A의 전치행렬인 A^T에 적용할 수 있기 때문이다.

Example 5.5.14: Example 4.4.13(141 페이지)에서 Span $\{[a, b], [c, d]\}$을 고려하였다. 이때, $a, b, c, d \in \mathbb{R}$이다.

1. 만약 $[c, d]$가 Span $\{[a, b]\}$에 있지 않으면 $ad \neq bc$이다.
2. 이 경우, $\mathbb{R}^2$의 모든 벡터 $[p, q]$에 대해 다음을 만족하는 계수 α와 β가 있다.

$$[p, q] = \alpha\,[a, b] + \beta\,[c, d] \tag{5.2}$$

위의 2에서, p, q, a, b, c, d를 사용한 α와 β에 대한 식이 실질적으로 주어진다: $\alpha = \frac{dp-cq}{ad-bc}$, $\beta = \frac{aq-bp}{ad-bc}$.

식 (5.2)는 행렬-벡터 방정식으로 다시 쓸 수 있다.

$$\begin{bmatrix} a & c \\ b & d \end{bmatrix} * [\alpha, \beta] = [p, q]$$

따라서 α와 β에 대한 식은 행렬-벡터 방정식을 푸는 알고리즘을 제공한다. 이때, 이 행렬-벡터 방정식의 행렬은 2×2이고 행렬의 두 번째 열은 첫 번째 열의 생성이 아니다.

예를 들어, 행렬방정식 $\begin{bmatrix} 1 & 2 \\ 3 & 4 \end{bmatrix} * [\alpha, \beta] = [-1, 1]$을 풀기 위해,

$\alpha = \frac{4 \cdot -1 - 2 \cdot 1}{1 \cdot 4 - 2 \cdot 3} = \frac{-6}{-2} = 3$, $\beta = \frac{1 \cdot 1 - 3 \cdot -1}{1 \cdot 4 - 2 \cdot 3} = \frac{4}{-2} = -2$로 설정한다.

이러한 계산 문제를 위한 알고리즘은 나중에 다루게 될 것이다. 지금은 이러한 알고리즘들을 구현한 `solver` 모듈을 제공한다. 이 모듈은 다음 스펙을 가지는 프로시저, `solve(A, b)`를 포함한다.

- *input:* `Mat`의 인스턴스 A와 `Vec`의 인스턴스 $\boldsymbol{v}$
- *output:* 임의의 벡터 $\boldsymbol{u}$가 있을 경우 $A\boldsymbol{u} = \boldsymbol{v}$를 만족하는 벡터 $\boldsymbol{u}$(어떤 허용 에러 내에서)

출력 벡터는 행렬-벡터 방정식의 해가 아닐 수 있음에 주의하자. 특히, 만약 행렬-벡터 방정식에 대한

해가 없으면, solve(A,b)에 의해 리턴되는 벡터는 해가 아니다. 그러므로 solve(A,b)로 부터 얻는 각각의 답 u에 대해 A*u를 b와 비교하여 체크해야 한다.

더욱이, 행렬과 벡터가 $\mathbb{R}$위에 있으면, 계산은 파이썬의 제한된 정밀도 산술 연산을 사용한다. 비록 방정식 $A * \boldsymbol{x} = \boldsymbol{b}$가 해를 가지는 경우에도 리턴된 벡터 u는 정확한 해가 아닐 수 있다.

Example 5.5.15: solve(A,b)를 사용하여 산업 스파이 문제를 풀어보자. JunkCo는 금속 51 유닛, 콘크리트 312 유닛, 플라스틱 215 유닛, 물 373.1 유닛, 전기 356 유닛을 사용한다고 해 보자. 이러한 것은 벡터 $\boldsymbol{b}$로 나타낸다.

```
>>> C = {'metal','concrete','plastic','water','electricity'}
>>> b = Vec(C, {'water':373.1,'concrete':312.0,'plastic':215.4,
                'metal':51.0,'electricity':356.0})
```

벡터-행렬방정식 $\boldsymbol{x} * M = \boldsymbol{b}$를 풀고자 한다. 이때 M은 Example 5.5.10(171 페이지)에서 정의된 행렬이다. solve(A,b)는 행렬-벡터 방정식의 해를 구하므로 M의 전치행렬을 첫 번째 인수 A로 제공한다.

```
>>> solution = solve(M.transpose(), b)
>>> print(solution)

 putty gnome slinky hoop shooter
---------------------------------
   133    240     150    55       90
```

이 벡터는 방정식을 푸는가? 이것은 잉여 벡터(residual vector)(흔히 *residual*이라고 불림)를 계산함으로써 테스트할 수 있다.

```
>>> residual = b - solution*M
```

만약 해가 정확하다면, 잉여 벡터는 영벡터이다. 잉여 벡터가 거의 영벡터인지 알아보는 쉬운 방법은 벡터 엔트리들의 제곱의 합을 계산하는 것이다. 엔트리들의 제곱의 합은 엔트리들 자신의 도트곱이다.

```
>>> residual * residual
1.819555009546577e-25
```

위의 값은 약 10^{-25}로 거의 영이다.

하지만 아직까지는 JunkCo의 비밀을 정말 알아냈는지 확신할 수 없다. 계산한 해는 방정식에 대한 유일한 해가 아닐 수 있다. 이 주제에 대해서는 나중에 좀 더 살펴볼 것이다.

Example 5.5.16: Example 5.5.12(172 페이지)를 계속하면, solve(A,b)를 사용하여 가운데 버튼의 불만 켜져 있는 상태에서 시작하여 5×5 *Lights Out* 퍼즐을 풀어 보자.

```
>>> s = Vec(b.D, {(2,2):one})
>>> sol = solve(B, s)
```

이것이 정말로 해가 되는지 체크해 볼 수 있다.

```
>>> B*sol == s
True
```

여기서는 $GF(2)$의 원소들이 정확하게 표현되므로 파이썬의 정밀도에 의한 문제는 없다. 더욱이, 이 문제에서는 방정식에 대한 해가 여러 개 있어도 상관없다. 이 퍼즐의 해는 눌러야 하는 버튼들의 하나의 시퀀스를 알려 준다.

```
>>> [(i,j) for (i,j) in sol.D if sol[i,j] == one]
[(4,0),(2,2),(4,1),(3,2),(0,4),(1,4),(2,3),(1,0),(0,1),(2,0),(0,2)]
```

5.6 도트곱의 행렬-벡터 곱셈

도트곱으로 행렬-벡터 곱셈을 정의할 것이다.

5.6.1 정의

Definition 5.6.1 (행렬-벡터 곱셈의 도트곱 정의): 만약 M이 $R \times C$ 행렬이고 $\boldsymbol{u}$는 C-벡터이면, $M * \boldsymbol{u}$는 R-벡터 $\boldsymbol{v}$이다. 이때, $\boldsymbol{v}[r]$은 M의 행 r과 $\boldsymbol{u}$의 도트곱이다.

Example 5.6.2: 행렬-벡터 곱셈을 고려해 보자.

$$\begin{bmatrix} 1 & 2 \\ 3 & 4 \\ 10 & 0 \end{bmatrix} * [3, -1]$$

이 곱셈은 3-벡터이다. 첫 번째 엔트리는 첫 번째 행 $[1, 2]$와 $[3, -1]$의 도트곱이며, 그 결과는 $1 \cdot 3 + 2 \cdot (-1) = 1$이다. 두 번째 엔트리는 두 번째 행 $[3, 4]$와 $[3, -1]$의 도트곱이며, 그 결과는 $3 \cdot 3 + 4 \cdot (-1) = 5$이다. 세 번째 엔트리는 $10 \cdot 3 + 0 \cdot (-1) = 30$이다. 따라서 위 곱은 $[1, 5, 30]$이다.

$$\begin{bmatrix} 1 & 2 \\ 3 & 4 \\ 10 & 0 \end{bmatrix} * [3, -1] \quad = \quad [\quad [1, 2] \cdot [3, -1], \quad [3, 4] \cdot [3, -1], \quad [10, 0] \cdot [3, -1] \quad] \quad = \quad [1, 5, 30]$$

Definition 5.6.3 (벡터-행렬 곱셈의 도트곱 정의): 만약 M은 $R \times C$ 행렬이고 $\boldsymbol{u}$는 R-벡터이면, $\boldsymbol{u} * M$은 C-벡터 $\boldsymbol{v}$이다. 이때, $\boldsymbol{v}[c]$는 $\boldsymbol{u}$와 M의 열 c의 도트곱이다.

5.6.2 응용 예

Example 5.6.4: 고해상도 이미지가 있다고 해 보자. 이 이미지를 웹페이지에 올렸을 때 페이지 로딩이 빨라지게 이미지의 해상도를 줄이고자 한다.그래서, 이미지를 *다운샘플링*(downsample) 하고자 한다고 해 보자.

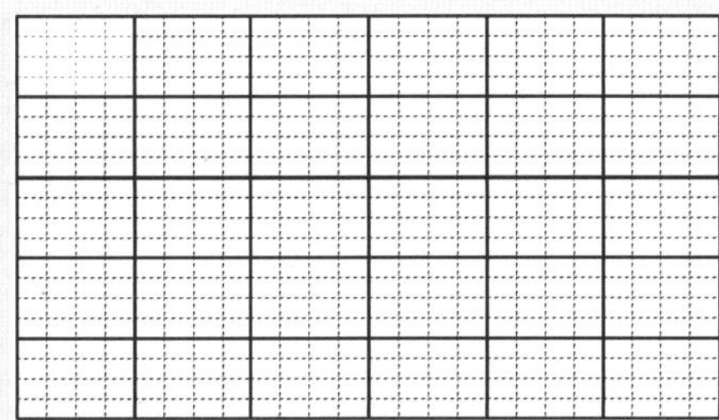

저해상도 이미지의 각 픽셀(실선으로 표시된 사각형)은 고해상도 이미지의 픽셀(점선으로 표시된 사각형)들의 작은 격자에 해당한다. 저해상도 이미지의 픽셀값은 고해상도 이미지의 대응하는 픽셀들의 평균값이다.

고해상도 이미지를 벡터 $\boldsymbol{u}$로 나타내 보자. Quiz 3.9.3에서 보았듯이 평균은 도트곱으로 나타낼 수 있다. 다운샘플링에서 저해상도 이미지의 각 픽셀을 생성하기 위해 픽셀값은 $\boldsymbol{u}$의 엔트리들로 구성된 부분집합의 평균으로 계산된다. 따라서 저해상도 이미지를 계산하는 데는 이미지의 픽셀 각각에 대해 하나의 도트곱이 필요하다.

행렬-벡터 곱셈의 도트곱 정의를 사용하면, 각 행이 $\boldsymbol{u}$와 도트곱이 되는 벡터인 행렬 M을 구성할 수 있다. M의 열-라벨들은 고해상도 이미지의 픽셀들의 좌표이다. M의 행-라벨들은 저해상도 이미지의 픽셀들의 좌표이다. 저해상도 이미지를 나타내는 벡터 $\boldsymbol{v} = M * \boldsymbol{u}$라고 나타낸다.

고해상도 이미지의 크기는 3000×2000이고 750×500 크기의 저해상도 이미지를 만들고자 한다고 해 보자. 고해상도 이미지는 정의역이 $\{0, 1, \ldots, 2999\} \times \{0, 1, \ldots, 1999\}$인 벡터 $\boldsymbol{u}$로 나타내고, 저해상도 이미지는 정의역이 $\{0, 1, \ldots, 749\} \times \{0, 1, \ldots, 499\}$인 벡터 $\boldsymbol{v}$로 나타낸다.

행렬 M은 열-라벨 집합 $\{0, 1, \ldots, 2999\} \times \{0, 1, \ldots, 1999\}$을 가지며 행-라벨 집합 $\{0, 1, \ldots, 749\} \times \{0, 1, \ldots, 499\}$을 가진다. 각각의 저해상도 픽셀 좌표 쌍 (i, j)에 대해, M의 대응하는 행은 벡터이며 이 벡터의 원소는 아래 4×4 격자의 고해상도 픽셀 좌표들을 제외하고는 모두 영이다.

$$(4i, 4j), (4i, 4j + 1), (4i, 4j + 2), (4i, 4j + 3), (4i + 1, 4j), (4i + 1, 4j + 1), \ldots, (4i + 3, 4j + 3)$$

이때 위 값은 $\frac{1}{16}$이다.

행렬 M을 구성하는 파이썬 코드는 아래와 같다.

```
D_high = {(i,j) for i in range(3000) for j in range(2000)}
D_low ={(i,j) for i in range(750) for j in range(500)}
M = Mat((D_low, D_high),
   {((i,j), (4*i+m, 4*j+n)):1./16 for m in range(4) for n in range(4)
                                  for i in range(750) for j in range(500)})
```

하지만 이러한 형태의 행렬을 실제로 생성하고자 하는 사람은 없을 것이다! 이 코드는 단지 예로 보여주기 위한 것일 뿐이다.

Example 5.6.5: 어떤 이미지와 이미지의 특정 영역을 구성하는 픽셀들의 좌표들로 구성된 집합이 주어져 있다. 이때, 이미지의 주어진 특정 영역을 희미하게 만든 이미지를 생성하고자 한다.

이미지에서 희미하게 처리할 영역이 사람의 얼굴이라고 해보자. 이미지에 대한 이러한 변환은 행렬-벡터 곱셈 $M * \boldsymbol{v}$로 표현할 수 있다(실제로 이러한 행렬을 명백하게 구성할 이유는 없지만, 11 장에서 다루듯이 이러한 행렬의 존재는 변환을 신속하게 계산하는 데 유용하다).

이 경우는 입력 이미지와 출력 이미지의 크기는 동일하다. 희미하게 처리해야 할 각 픽셀에 대한 픽셀값은 여러 주변 픽셀값들의 평균으로 계산된다. 여기서도 평균은 도트곱으로 계산될 수 있으며 행렬-벡터 곱셈은 행렬의 각 행에 대해 하나씩 도트곱을 수행하는 것으로 해석될 수 있음을 이용한다.

평균하는 것은 모든 주변 픽셀들을 동일하게 처리하는 것이다. 이것은 원하지 않는 시각적 효과를 만드는 경향이 있으며 사람의 눈에 자연스럽지 못하다. 가우스 블러(Gaussian blur)는 중심에 가까운 픽셀에 높은 가중치를 주고 중심에서 멀어질수록 어떤 특정 공식에 의해 가중치를 줄인다.

블러링(blurring)할 때 단순한 평균을 사용하든 가중치 기반 평균을 사용하든 변환은 섹션 3.9.3에서 언급한 *선형 필터*(linear filter)이다.

Example 5.6.6: 섹션 3.9.3에서와 같이, 어떤 오디오 세그먼트 내에서 오디오 클립을 찾는 것은 그 오디오 클립이 위치할 수 있는 가능한 각 위치에 대해 하나씩 여러 개의 도트곱을 찾는 것으로 나타낼 수 있다. 이러한 도트곱을 찾는 것은 행렬-벡터 곱셈으로 표현하는 것이 편리하다.

짧은 시퀀스 $[0, 1, -1]$을 아래와 같은 어떤 긴 시퀀스 내에서 찾고자 한다고 해 보자.

$$[0, 0, -1, 2, 3, -1, 0, 1, -1, -1]$$

긴 시퀀스 내에서 짧은 시퀀스가 위치할 수 있는 가능한 각 위치에 대해 하나씩 도트곱을 계산할 필요가 있다. 긴 시퀀스는 10개의 엔트리를 가지고 있어 짧은 시퀀스가 위치할 수 있는 위치는 10개이며 그래서 10번의 도트곱 계산이 필요하다.

이중 마지막 두 위치는 짧은 시퀀스의 모든 엔트리들이 놓일 수 없으므로 가능한 위치가 아니라고 생각할 수도 있다. 하지만 *랩어라운드*(wrap-around)를 적용하면 짧은 시퀀스를 긴 시퀀스의 마지막에서 시작하여 처음으로 랩어라운드하여(돌아와서) 찾는다. 이것은 마치 긴 시퀀스가 원형의 띠에 쓰여 있는 것과 같다.

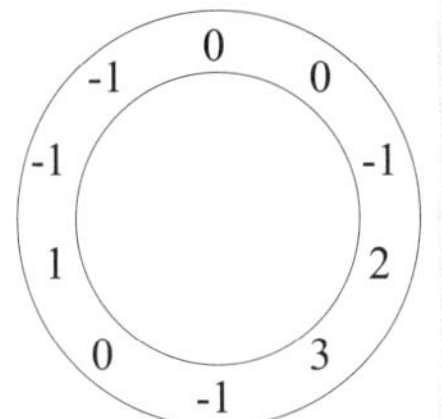

10개의 도트곱을 계산하는 것은 10개의 행을 가진 행렬과 10-원소의 긴 시퀀스와 곱하는 것으로 표현된다.

$$\begin{bmatrix} 0 & 1 & -1 & 0 & 0 & 0 & 0 & 0 & 0 & 0 \\ 0 & 0 & 1 & -1 & 0 & 0 & 0 & 0 & 0 & 0 \\ 0 & 0 & 0 & 1 & -1 & 0 & 0 & 0 & 0 & 0 \\ 0 & 0 & 0 & 0 & 1 & -1 & 0 & 0 & 0 & 0 \\ 0 & 0 & 0 & 0 & 0 & 1 & -1 & 0 & 0 & 0 \\ 0 & 0 & 0 & 0 & 0 & 0 & 1 & -1 & 0 & 0 \\ 0 & 0 & 0 & 0 & 0 & 0 & 0 & 1 & -1 & 0 \\ 0 & 0 & 0 & 0 & 0 & 0 & 0 & 0 & 1 & -1 \\ -1 & 0 & 0 & 0 & 0 & 0 & 0 & 0 & 0 & 1 \\ 1 & -1 & 0 & 0 & 0 & 0 & 0 & 0 & 0 & 0 \end{bmatrix} * [0, 0, -1, 2, 3, -1, 0, 1, -1, -1]$$

이 곱의 결과는 벡터 $[1, -3, -1, 4, -1, -1, 2, 0, -1, 0]$이다. 도트곱의 값이 두 번째로 큰 값은 2 이고, 이것은 최고 매칭 위치에서 발생한다. 비록 도트곱이 가장 큰 값은 5이지만 이것은 최고 매칭 위치가 아니다.

랩어라운드를 적용하는 이유는 무엇인가? 이유는 가능해 보이는 것보다 훨씬 빠르게 행렬-벡터 곱을 계산할 수 있는 그런 알고리즘을 사용할 수 있기 때문이다. 11장에서 기술하는 *고속 푸리에 변환*(FFT: Fast Fourier Transform) 알고리즘은 행렬이 특수한 형태일 수 있다는 사실을 이용한다.

5.6.3 선형방정식들의 시스템을 행렬-벡터 방정식으로 구성하기

섹션 3.9.2에서 선형방정식은 $\boldsymbol{a} \cdot \boldsymbol{x} = \beta$ 형태의 방정식으로 정의하였고 선형방정식들의 시스템(일차 연립방정식)을 이러한 방정식들의 컬렉션으로 정의하였다.

$$\begin{aligned} \boldsymbol{a}_1 \cdot \boldsymbol{x} &= \beta_1 \\ \boldsymbol{a}_2 \cdot \boldsymbol{x} &= \beta_2 \\ &\vdots \\ \boldsymbol{a}_m \cdot \boldsymbol{x} &= \beta_m \end{aligned}$$

행렬-벡터 곱셈의 도트곱 정의를 사용하여 이러한 방정식들의 시스템을 하나의 행렬-벡터 방정식으로 다시 쓸 수 있다. A를 행들이 $\boldsymbol{a}_1, \boldsymbol{a}_2, \ldots, \boldsymbol{a}_m$인 행렬이라 하자. $\boldsymbol{b}$는 벡터 $[\beta_1, \beta_2, \ldots, \beta_m]$라 하자. 그러면, 선형방정식들의 시스템은 행렬-벡터 방정식 $A * \boldsymbol{x} = \boldsymbol{b}$와 동일하다.

Example 5.6.7: Example 3.9.7(96 페이지)에서는 센서 노드들의 하드웨어 구성 요소들에 대한 전류 소모를 알아보았다. D = {'radio', 'sensor', 'memory', 'CPU'}라 정의하자. 이 예제의 목적은 각 하드웨어 구성 요소에 대해 그 구성 요소가 사용하는 전류를 나타내는 D-벡터를 계산하는 것이었다.

먼저 5개의 테스트 기간이 있었다. $i = 0, 1, 2, 3, 4$에 대해 테스트 기간 i 동안에 각 하드웨어 구성 요소가 켜져 있는 시간을 나타내는 벡터 $duration_i$가 있다.

```
>>> D = {'radio', 'sensor', 'memory', 'CPU'}
>>> v0 = Vec(D, {'radio':.1, 'CPU':.3})
>>> v1 = Vec(D, {'sensor':.2, 'CPU':.4})
>>> v2 = Vec(D, {'memory':.3, 'CPU':.1})
>>> v3 = Vec(D, {'memory':.5, 'CPU':.4})
>>> v4 = Vec(D, {'radio':.2, 'CPU':.5})
```

아래와 같은 D-벡터 rate을 계산하고자 한다.

v0*rate = 140, v1*rate = 170, v2*rate = 60, v3*rate = 170, and v4*rate = 250

이러한 방정식들의 시스템은 행렬-벡터 방정식으로 나타낼 수 있다.

$$\begin{bmatrix} \text{v0} \\ \hline \text{v1} \\ \hline \text{v2} \\ \hline \text{v3} \\ \hline \text{v4} \end{bmatrix} * [x_0, x_1, x_2, x_3, x_4] = [140, 170, 60, 170, 250]$$

파이썬으로 계산을 수행하기 위해 아래 벡터를 구성한다.

```
>>> b = Vec({0, 1, 2, 3, 4},{0: 140.0, 1: 170.0, 2: 60.0, 3: 170.0, 4: 250.0})
```

그리고, 행들이 v0, v1, v2, v3, v4인 행렬 A를 구성한다.

```
>>> A = rowdict2mat([v0,v1,v2,v3,v4])
```

다음으로, 행렬-벡터 방정식 A*x=b를 푼다.

```
>>> rate = solve(A, b)
```

얻어진 벡터는 다음과 같다.

Vec(D, {'radio':500, 'sensor':250, 'memory':100, 'CPU':300})

이제, 선형방정식들의 시스템은 행렬-벡터 방정식들로 나타낼 수 있다는 것을 알았으므로 선형방정식들이 연관된 문제와 방정식은 행렬-벡터 방정식들이 포함된 문제로 다시 표현할 수 있다.

- *선형시스템의 해를 구하는 것*(Computational Problem 3.9.12)은 *행렬방정식의 해를 구하는 것*(Computational Problem 5.5.13)이 된다.
- *GF*(2)*상의 선형시스템에 대해 얼마나 많은 해가 있는지*에 대한 질문(Question 3.9.18)은 인증 기법을 공격하는 것(Section 3.9.7)과 관련하여 시작되었으며 *GF*(2)*상의 행렬-벡터 방정식에 대한 해가 얼마나 많은지*에 대한 질문이 된다.

- Computational Problem 3.9.19은 *GF*(2)*상의 선형시스템에 대한 모든 해를 계산하는 것*이며 이것은 *GF*(2)*상의 행렬-벡터 방정식에 대한 모든 해를 계산하는 것*이다.

5.6.4 삼각시스템(Triangular system)과 삼각행렬(Triangular matrix)

섹션 3.11에서 선형방정식들의 삼각시스템에 대한 해를 구하는 알고리즘을 기술하였다. 그리고 조금 전에 선형방정식들의 시스템은 행렬-벡터 방정식으로 표현할 수 있음을 살펴보았다. 삼각시스템을 가지고 시작할 때 무슨 일이 일어나는지 살펴보자.

Example 5.6.8: Example 3.11.1(111 페이지)의 삼각시스템을 행렬-벡터 방정식으로 다시 표현하면 다음과 같다.

$$\begin{bmatrix} 1 & 0.5 & -2 & 4 \\ 0 & 3 & 3 & 2 \\ 0 & 0 & 1 & 5 \\ 0 & 0 & 0 & 2 \end{bmatrix} * \boldsymbol{x} = [-8, 3, -4, 6]$$

삼각시스템으로 시작하였으므로, 결과 행렬은 특수한 형태를 가진다. 즉, 두 번째 행의 첫 번째 엔트리는 영이고, 세 번째 행의 첫 번째와 두 번째 엔트리들은 영이며, 네 번째 행의 첫 번째와 두 번째와 세 번째 엔트리들은 영이다. 영이 아닌 엔트리들이 삼각형을 형성하므로 이러한 행렬을 *삼각행렬*이라 한다.

Definition 5.6.9: $n \times n$ *상삼각*(upper-triangular) 행렬 A는 $i > j$에 대해 $A_{ij} = 0$인 행렬이다.

삼각형을 형성하는 엔트리들은 영이 될 수도 있고 그렇지 않을 수도 있다.

이러한 정의는 전통적인 행렬들에 적용된다. 임의의 행-라벨과 열-라벨 집합을 가지는 행렬들에 대해 일반화하기 위해 라벨 집합들의 순서를 명시한다.

Definition 5.6.10: R과 C를 유한 집합이라 하자. L_R은 R의 원소들로 구성된 리스트이고 L_C는 C의 원소들로 구성된 리스트라 하자. $R \times C$ 행렬 A는 $i > j$에 대해 만약 다음 조건이 만족되면 L_R과 L_C에 대한 *삼각행렬*이다.

$$A[L_R[i], L_C[j]] = 0$$

Example 5.6.11: `{a, b, c}`× `{@, #, ?}` 행렬

	@	#	?
a	0	2	3
b	10	20	30
c	0	35	0

은 `[a, b, c]`와 `[@, ?, #]`에 대해 삼각행렬이다. 행과 열을 리스트 순서에 따라 다시 정렬하면 삼각행렬이 됨을 볼 수 있다.

	@	?	#
b	10	30	20
a	0	3	2
c	0	0	35

재정렬된 행과 열을 가진 행렬을 보여주는 것을 쉽게 하기 위해 Mat 클래스는 리스트 L_R과 L_C를 두 개의 인수로 가지는 출력 메서드를 제공할 것이다.

```
>>> A = Mat(({'a','b','c'}, {'#',  '@', '?'}),
...         {('a','#'):2, ('a','?'):3,
...         ('b','@'):10, ('b','#'):20, ('b','?'):30,
...         ('c','#'):35})
>>>
>>> print(A)

        #  ?  @
      ----------
 a  |   2  3  0
 b  |  20 30 10
 c  |  35  0  0

>>> A.pp(['b','a','c'], ['@','?','#'])

        @  ?  #
      ----------
 b  |  10 30 20
 a  |   0  3  2
 c  |   0  0 35
```

Problem 5.6.12: (그래프 알고리즘들에 대한 지식이 있는 학생을 위함) 주어진 행렬에 대해 행-라벨들의 리스트와 열-라벨들의 리스트를 찾는 알고리즘을 디자인해 보자. 이때, 주어진 행렬은 행-라벨 리스트와 열-라벨 리스트에 대한 삼각 형렬이다. 또는 그러한 리스트가 존재하지 않는다고 리포트 하자.

5.6.5 행렬-벡터 곱셈의 산술적 성질

행렬-벡터 곱셈의 도트곱 해석을 사용하여 두 개의 중요한 성질을 유도해 보자. 첫 번째 성질은 다음 섹션에서 행렬-벡터 방정식에 대한 해를 특징짓는 데 사용되고 에러정정코드에 사용될 것이다.

Proposition 5.6.13: M을 $R \times C$ 행렬이라 하자.

- 임의의 C-벡터 $\boldsymbol{v}$와 임의의 스칼라 α에 대해,

$$M * (\alpha\,\boldsymbol{v}) = \alpha\,(M * \boldsymbol{v}) \tag{5.3}$$

- 임의의 C-벡터 $\boldsymbol{u}$와 $\boldsymbol{v}$에 대해,

$$M * (\boldsymbol{u} + \boldsymbol{v}) = M * \boldsymbol{u} + M * \boldsymbol{v} \tag{5.4}$$

Proof

식 (5.3)이 성립하는 것을 보이기 위해 각 $r \in R$에 대해 좌변의 엔트리 r이 우변의 엔트리 r과 동일하다는 것을 보여주면 된다. 행렬-벡터 곱셈의 도트곱 해석에 의하면,

- 좌변의 엔트리 r은 M의 행 r과 $\alpha\boldsymbol{v}$의 도트곱과 같고,
- 우변의 엔트리 r은 M의 행 r과 $\boldsymbol{v}$의 도트곱을 α배 한 것과 같다.

이들 두 값은 도트곱의 동질성, Proposition 3.9.22에 의해 동일하다.

식 (5.4)에 대한 증명도 유사하며 이것은 연습으로 남겨둔다. □

Problem 5.6.14: 식 (5.4)를 증명해 보자.

5.7 영공간(Null space)

5.7.1 동차 선형시스템과 행렬방정식

섹션 4.6에서 동차 선형시스템이 소개되었다. 동차 선형시스템은 우변의 값들이 모두 영인 선형방정식들의 시스템이다. 이러한 시스템은 우변이 영벡터인 행렬-벡터 방정식 $A * \boldsymbol{x} = \mathbf{0}$으로 표현할 수 있다.

Definition 5.7.1: 행렬 A의 *영공간*은 집합 $\{\boldsymbol{v} \;:\; A * \boldsymbol{v} = \mathbf{0}\}$이다. 이것은 Null A로 나타낸다.

Null A는 동차 선형시스템의 해집합이므로 벡터공간(섹션 4.4.1)이다.

Example 5.7.2: $A = \left[\begin{array}{c|c|c} 1 & 4 & 5 \\ 2 & 5 & 7 \\ 3 & 6 & 9 \end{array}\right]$라고 하자. 첫 두 열의 합은 세 번째 열과 동일하므로, $A * [1, 1, -1]$은 영벡터이다. 따라서 $[1, 1, -1]$은 Null A에 속한다. 식 (5.3)에 의하면, 임의의 스칼라 α에 대해 $A * (\alpha\,[1, 1, -1])$도 영벡터이다. 그래서 $\alpha\,[1, 1, -1]$도 또한 Null A에 속한다. 예를 들어, $[2, 2, -2]$는 Null A 내에 있다.

Problem 5.7.3: 주어진 각 행렬에 대해, 행렬의 영공간에 있는 영이 아닌 벡터를 찾아라.

1. $\begin{bmatrix} 1 & 0 & 1 \end{bmatrix}$

2. $\begin{bmatrix} 2 & 0 & 0 \\ 0 & 1 & 1 \end{bmatrix}$

3. $\begin{bmatrix} 1 & 0 & 0 \\ 0 & 0 & 0 \\ 0 & 0 & 1 \end{bmatrix}$

여기서 식 (5.4)를 사용한다.

Lemma 5.7.4: 임의의 $R \times C$ 행렬 A와 C-벡터 $\boldsymbol{v}$에 대해 벡터 $\boldsymbol{z}$가 A의 영공간에 있을 필요충분조건은 $A * (\boldsymbol{v} + \boldsymbol{z}) = A * \boldsymbol{v}$이다.

Proof

Lemma 5.7.4은 다음과 같이 말할 수 있다.

1. 만약 벡터 $\boldsymbol{z}$가 A의 영공간에 있으면, $A * (\boldsymbol{v} + \boldsymbol{z}) = A * \boldsymbol{v}$이다.
2. 만약 $A * (\boldsymbol{v} + \boldsymbol{z}) = A * \boldsymbol{v}$이면, $\boldsymbol{z}$는 A의 영공간에 있다.

표현을 간단하게 하기 위해, 둘을 분리하여 증명한다.

1. $\boldsymbol{z}$는 A의 영공간에 있다고 해 보자. 그러면, 다음이 성립한다.

$$A * (\boldsymbol{v} + \boldsymbol{z}) = A * \boldsymbol{v} + A * \boldsymbol{z} = A * \boldsymbol{v} + \mathbf{0} = A * \boldsymbol{v}$$

2. $A * (\boldsymbol{v} + \boldsymbol{z}) = A * \boldsymbol{v}$라고 해 보자. 그러면, 다음이 성립한다.

$$\begin{aligned} A * (\boldsymbol{v} + \boldsymbol{z}) &= A * \boldsymbol{v} \\ A * \boldsymbol{v} + A * \boldsymbol{z} &= A * \boldsymbol{v} \\ A * \boldsymbol{z} &= \mathbf{0} \end{aligned}$$

□

5.7.2 행렬-벡터 방정식의 해공간

Lemma 4.6.1(섹션 4.6.1)에서 보았듯이, 선형방정식들의 시스템에 대한 두 해는 대응하는 동차 방정식들의 시스템에 대한 해를 구하는 벡터에 따라 다르다. 이것을 행렬-벡터 방정식들에 대해 고쳐 말하고 다시 증명해 보자.

Corollary 5.7.5: $\boldsymbol{u}_1$은 행렬-벡터 방정식 $A*\boldsymbol{x} = \boldsymbol{b}$의 해라고 해 보자. 그러면, $\boldsymbol{u}_2$도 또한 해가 될 필요충분조건은 $\boldsymbol{u}_1 - \boldsymbol{u}_2$가 A의 영공간에 속하는 것이다.

Proof

$A * \boldsymbol{u}_1 = \boldsymbol{b}$이면,

$A * \boldsymbol{u}_2 = \boldsymbol{b}$가 될 필요충분조건은 $A * \boldsymbol{u}_2 = A * \boldsymbol{u}_1$이다.

Lemma 5.7.4에 $\boldsymbol{v} = \boldsymbol{u}_2$와 $\boldsymbol{z} = \boldsymbol{u}_1 - \boldsymbol{u}_2$를 적용하면,

$A * \boldsymbol{u}_2 = A * \boldsymbol{u}_1$이 될 필요충분조건은 $\boldsymbol{u}_1 - \boldsymbol{u}_2$가 A의 영공간에 있는 것이다.

이 둘을 결합하면 증명이 완료된다. □

하드웨어 구성 요소들의 전력 소모율을 계산하는 방법에 대해 알아볼 때(섹션 3.9.2), 선형방정식들의 시스템에 대한 해가 유일한지 질문하였다. Corollary 4.6.4에서 보았듯이, 해의 유일성은 대응하는 동차 시스템이 오직 하나의 자명한 해(trivial solution)를 가지느냐에 달려 있다. 동일한 corollary를 행렬에 대한 용어로 진술하면 다음과 같다.

Corollary 5.7.6: 행렬-벡터 방정식 $A\boldsymbol{x} = \boldsymbol{b}$가 해를 가진다고 해 보자. 이 해가 유일한 해가 될 필요충분조건은 A의 영공간이 영벡터로만 구성되는 것이다.

따라서 해의 유일성은 다음 질문으로 요약된다.

Question 5.7.7: 행렬의 영공간이 영벡터로만 구성되는지 어떻게 알 수 있는가?

이것은 Question 4.6.5의 *동차 선형시스템이 오직 자명한 해만을 가지는지 어떻게 알 수 있는가?* 란 질문을 행렬 용어를 사용하여 다시 말한 것에 불과하다.

섹센 3.9.7에서 인증 기법을 공격하는 것에 대해 알아볼 때, $GF(2)$상의 선형방정식들의 시스템에 대한 해의 개수를 찾는 것에 대한 관심을 표명했었다(Question 3.9.18). 섹션 4.6.1에서 보았듯이 이것은 동차 시스템에 대한 해의 개수를 찾는 것과 동일하다(Question 4.6.6). 이것을 행렬 용어로 다시 말하면 다음과 같다.

Question 5.7.8: $GF(2)$상의 행렬의 영공간에 대한 크기(cardinality)를 어떻게 찾는가?

5.7.3 에러정정코드에 대한 소개

리차드 해밍(Richard Hamming)은 뉴저지의 벨 연구소에서 근무할 때 뉴욕에 있는 컴퓨터를 사용해야 했다. 이 당시의 컴퓨터는 전자기계식 릴레이를 사용하던 것으로 크게 신뢰할 수 있는 것은 아니었다. 하지만 컴퓨터는 에러가 발생하면 그것을 검출할 수 있었기에 에러가 발생하면 진행 중인 계산을 다시 시작하였다. 그렇지만 컴퓨터는 세 번 시도한 후에는 다음 계산으로 넘어간다.

해밍은 주중에는 컴퓨터를 많이 사용하지 않고 주말에 주로 사용하였다. 그는 주말에 컴퓨터가 계산하도록 많은 일들을 금요일 오후에 입력하고 월요일에 결과를 보고자 하였다.

하지만 월요일에 결과를 확인하였을 때 무슨 문제가 발생했는지 계산이 하나도 성공적으로 이루어지지 않은 것을 발견하였다. 그는 그다음 주말에 다시 시도하였지만 동일한 현상이 발생하였다. 그는 스스로에게 묻기를 만약 컴퓨터가 입력에 에러가 있음을 검출할 수 있다면 그 에러가 어디서 발생하는지는 왜 알 수 없을까?

해밍은 이러한 문제에 대한 한 가지 해결 방법이 복제(replication)라는 것을 오랫동안 알고 있었다. 만약 가끔씩 발생하는 비트 에러가 걱정이면, 비트열을 세 번씩 작성하면 된다. 즉, 각 비트 위치에 대해 세 비트열에 나타나는 비트가 다르면 두 번 나타나는 비트를 선택한다. 하지만 이 방법은 필요 이상으로 많은 비트를 사용하게 된다.

이러한 경험을 바탕으로 해밍은 *에러정정코드*(error-correcting code)를 발견하였다. 그가 발견한 첫 번째 코드는 *해밍코드*(Hamming code)라 불리며, 지금도 예를 들어 플래시 메모리에서 사용된다. 해밍과 다른 연구자들은 계속해서 많은 에러정정코드를 발견하였다. 오늘날 이러한 에러정정코드는 데이터 전송(WIFI, 셀룰러 폰, 위성 및 우주선과의 통신, 디지털 텔레비전)과 저장 장치(RAM, 디스크 드라이브, 플래시 메모리, CD, DVD)등 곳곳에서 사용되고 있다.

해밍코드는 오늘날 *선형 이진 블럭 코드*(linear binary block code)라고 한다.

- *선형*이라 하는 이유는 코드가 선형대수에 기반을 두고 있기 때문이다
- *이진*이라 하는 이유는 코드의 입력과 출력이 이진수이기 때문이다
- *블럭*이라 하는 이유는 코드가 고정길이의 비트 시퀀스에 관련되기 때문이다

데이터의 전송과 저장은 *잡음 채널*(noisy channel)에 의해 모델링되는데, 잡음 채널에서는 데이터의 비트가 때때로 반대로 뒤바뀐다. 비트들의 블럭은 $GF(2)$상의 벡터로 표현된다. 이진 블럭 코드는 함수 $f : GF(2)^m \longrightarrow GF(2)^n$을 정의한다(해밍코드에서 m은 4이고 n은 7이다).

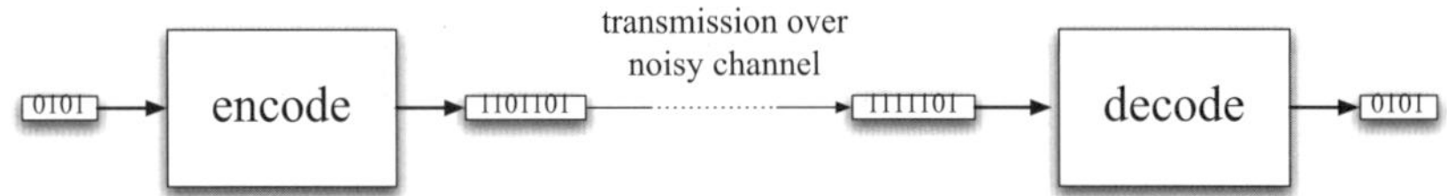

블럭 크기가 m비트이고 반대쪽에서 신뢰할 수 있게 그 비트들을 수신하려면, 먼저 f를 사용하여 비트 블럭을 n-벡터로 변경하고 그다음에 그것을 잡음 채널로 전송한다. 채널의 반대쪽에서 수신자가 수신하는 n-벡터는 몇몇 위치의 비트가 원래의 것과 다를 수 있다. 수신자는 벡터가 채널을 통과하면서 어느 위치의 비트들이 변경되었는지 어떻게든 알아내야 한다.

인코딩된 집합, 즉 f의 상을 $\mathcal{C}$로 나타내 보자. 이것은 채널로 전송되는 n-벡터들의 집합이다. $\mathcal{C}$의 벡터들은 *코드워드*(codewords)라고 한다.

5.7.4 선형코드

$\boldsymbol{c}$는 채널로 전송한 코드워드라 하고 $\tilde{\boldsymbol{c}}$는 채널을 통해 수신된 벡터(반드시 코드워드일 필요는 없음)라 하자. 보통 $\tilde{\boldsymbol{c}}$와 $\boldsymbol{c}$는 채널에서 에러가 발생한 몇 개 소수의 비트 위치에서만 값이 다르다. 이것을 식으로 표현하면,

$$\tilde{\boldsymbol{c}} = \boldsymbol{c} + \boldsymbol{e}$$

여기서, $\boldsymbol{e}$는 에러가 발생한 위치의 값이 1인 벡터이다. $\boldsymbol{e}$를 *에러 벡터*라고 한다.

수신자는 $\tilde{\boldsymbol{c}}$를 수신하게 되며 $\boldsymbol{c}$를 알기 위해 $\boldsymbol{e}$를 알아내야 한다.

선형코드에서 코드워드의 집합 $\mathcal{C}$는 행렬 H의 영공간이다. 이것은 수신자의 일을 간단하게 해준다. 식 (5.4)를 사용하면,

$$H * \tilde{\boldsymbol{c}} = H * (\boldsymbol{c} + \boldsymbol{e}) = H * \boldsymbol{c} + H * \boldsymbol{e} = \boldsymbol{0} + H * \boldsymbol{e} = H * \boldsymbol{e}$$

왜냐하면, $\boldsymbol{c}$는 H의 영공간에 있기 때문이다.

따라서 수신자는 $\boldsymbol{e}$에 대해 뭔가 유용한 정보, 즉 $H * \boldsymbol{e}$를 알게 된다(이것은 $H * \tilde{\boldsymbol{c}}$ 와 동일하므로 계산할 수 있다). 벡터 $H * \boldsymbol{e}$는 *에러 신드롬*(error syndrome)이라 한다. 만약 에러 신드롬이 영벡터이면 수신자는 $\boldsymbol{e}$가 모두 영, 즉 에러가 발생하지 않았다고 가정한다. 만약 에러 신드롬이 영벡터가 아니면, 수신자는 에러가 발생했으며 $\boldsymbol{e}$가 모두 영인 것은 아니라는 것을 알게 된다. 수신자는 벡터 $H * \boldsymbol{e}$로부터 $\boldsymbol{e}$를 알아내야 한다. 이것을 알아내는 방법은 사용된 특정 코드에 따라 다르다.

5.7.5 해밍코드

해밍코드에서 코드워드들은 7-벡터들이다.

$$H = \begin{bmatrix} 0 & 0 & 0 & 1 & 1 & 1 & 1 \\ 0 & 1 & 1 & 0 & 0 & 1 & 1 \\ 1 & 0 & 1 & 0 & 1 & 0 & 1 \end{bmatrix}$$

코드의 열들과 그 순서에 대해 어떤 특별한 것이 있는지 주의해 보자.

잡음 채널은 많아야 한 비트 에러를 발생시킨다고 해보자. 그러면, $\boldsymbol{e}$는 1이 하나만 있다. 행렬-벡터 곱 $H * \boldsymbol{e}$로부터 에러가 발생한 위치를 결정할 수 있는가?

Example 5.7.9: e는 세 번째 위치에 1을 가지며 $\boldsymbol{e} = [0, 0, 1, 0, 0, 0, 0]$이라 해 보자. 그러면 $H * \boldsymbol{e}$는 H의 세 번째 열이고 그 값은 $[0, 1, 1]$이다.

$\boldsymbol{e}$가 많아야 한 비트 에러를 갖는다고 하면, 에러가 발생한 비트 위치는 $H * \boldsymbol{e}$로부터 결정할 수 있다. 이것은 해밍코드를 사용하면 수신자는 한 비트 에러를 교정할 수 있다는 것을 보여준다.

Quiz 5.7.10: $H * \boldsymbol{e}$는 $[1, 1, 0]$이라고 해 보자. 이 경우, $\boldsymbol{e}$는 무엇인가?

Answer

$[0, 0, 0, 0, 0, 1, 0]$.

Quiz 5.7.11: 해밍코드로는 2비트 에러를 교정할 수 없음을 보여보자. 즉, 두 개의 서로 다른 벡터 $\boldsymbol{e}_1$과 $\boldsymbol{e}_2$에 대해 각 벡터는 많아야 두 개의 1을 가지며 $H * \boldsymbol{e}_1 = H * \boldsymbol{e}_2$인 그러한 두 벡터 $\boldsymbol{e}_1$과 $\boldsymbol{e}_2$를 보여주면 된다.

Answer

가능한 답이 여러 개 있다. 예를 들어, $\boldsymbol{e}_1 = [1, 1, 0, 0, 0, 0, 0]$과 $\boldsymbol{e}_2 = [0, 0, 1, 0, 0, 0, 0]$ 또는 $\boldsymbol{e}_1 = [0, 0, 1, 0, 0, 1, 0]$과 $\boldsymbol{e}_2 = [0, 1, 0, 0, 0, 0, 1]$.

다음으로, 해밍코드는 에러의 수가 2개 이하인 경우에만 에러를 검출할 수 있음을 보여준다. 수신자는 만약 $H * \boldsymbol{e}$가 영벡터인 경우 에러가 없다고 가정한다는 것을 기억해 보자. $H * \boldsymbol{e} = \boldsymbol{0}$이 되게 정확히 2개의 1을 $\boldsymbol{e}$에 설정하는 방법이 있는가? $\boldsymbol{e}$가 두 개의 1을 가질 때 $H * \boldsymbol{e}$는 H의 두 개의 대응하는 열들의 합이 된다. 만약 두 열의 합이 $\boldsymbol{0}$이면, ($GF(2)$ 산술연산에 의해) 그 두 열은 동일해야 한다.

Example 5.7.12: $e = [0,0,1,0,0,0,1]$이라 해 보자. 그러면, $H * e = [0,1,1] + [1,1,1] = [1,0,0]$이다.

하지만 2비트 에러가 1비트 에러로 잘못 해석될 수 있다는 사실에 주의하자. 예에서 만약 수신자가 많아야 1비트 에러가 있다고 가정하면 에러 벡터는 $e = [0,0,0,1,0,0,0]$이라고 생각할 것이다.

Lab 5.14에서 해밍코드를 구현하여 테스트해 볼 것이다.

5.8 스파스(Sparse) 행렬-벡터 곱 계산

행렬과 벡터의 곱을 계산하기 위해 선형결합 또는 도트곱 정의를 사용할 수 있지만, sparsity를 이용하기에는 편리하지 않다.

도트곱의 정의와 행렬-벡터 곱셈의 도트곱 정의를 결합하여 다음과 같은 정의를 얻는다.

Definition 5.8.1 (행렬-벡터 곱셈의 일반적 정의:): 만약 M이 $R \times C$ 행렬이고 $\boldsymbol{u}$가 C-벡터이면, $M * \boldsymbol{u}$는 각 $r \in R$에 대해 다음을 만족하는 R-벡터 $\boldsymbol{v}$이다.

$$v[r] = \sum_{c \in C} M[r,c]\boldsymbol{u}[c] \tag{5.5}$$

이러한 정의에 기반을 둔 행렬-벡터 곱셈을 구현하는 가장 쉬운 방법은 다음과 같다.

1 for i in R:
2 $\quad v[i] := \sum_{j \in C} M[i,j]u[j]$

하지만 이것은 M의 많은 엔트리들이 영이며 심지어 M의 스파스 표현에도 나타나지 않는다는 사실을 이용하지 않는다. 위 두 번째 라인의 합을 좀 더 영리하게 구현하여 스파스 표현에 나타나지 않는 M의 엔트리들에 대응하는 항을 생략하는 것을 시도해 볼 수 있다. 하지만 위 표현은 이렇게 효과적인 구현을 지원하지 않는다. 그렇지만 좀 더 일반적인 개념, 즉 실제로 표현되는 M의 엔트리들에 대해 반복적으로 수행(이터레이션)하는 것은 그럴듯해 보인다.

이것을 가능하게 하는 것은 출력 벡터 $\boldsymbol{v}$를 영벡터로 초기화하고, 그다음에 M의 영이 아닌 엔트리들에 대해 이터레이션하여 식 (5.5)에 의해 명시된 항들을 더하는 것이다.

1 initialize $\boldsymbol{v}$ to zero vector
2 for each pair (i,j) such that the sparse representation specifies $M[i,j]$,
3 $\quad v[i] = v[i] + M[i,j]u[j]$

유사한 알고리즘이 벡터-행렬 곱을 계산하는 데 사용될 수 있다.

Remark 5.8.2: 이 알고리즘은 벡터의 sparsity를 이용하려고 하지 않는다. 행렬-벡터 또는 벡터-행렬 곱셈을 수행할 때 벡터의 sparsity를 이용하려고 하는 것은 일반적으로 그럴만한 가치가 없다.

Remark 5.8.3: 출력 벡터에 영들이 있을 수 있지만 이러한 영들은 "우연"이라고 간주하고 흔하지 않은 경우이므로 이러한 경우를 찾으려고 노력할만한 가치는 없다.

5.9 행렬과 함수의 만남

5.9.1 행렬에서 함수로

모든 행렬 M에 대해 행렬-벡터 곱셈을 사용하여 함수 $\boldsymbol{x} \mapsto M * \boldsymbol{x}$를 정의할 수 있다. 행렬 M에 대해 살펴보는 것은 일정 부분 이 함수에 대해 알아보는 것이며 그 반대도 마찬가지다. 이러한 함수를 참조할 수 있는 이름이 있으면 편리하다. 하지만 이러한 함수를 나타내는 이름은 특별히 없다. 이 섹션에서는 편의상 f_M이라 할 것이다. 공식적으로 정의하면, 만약 M이 필드 $\boldsymbol{F}$상의 $R \times C$ 행렬이면 함수 $f_M : \boldsymbol{F}^C \longrightarrow \boldsymbol{F}^R$은 $f_M(\boldsymbol{x}) = M * \boldsymbol{x}$에 의해 정의된다.

이것은 선형 대수학에서 사용되는 전통적인 정의는 아니다. 여기서 이것을 사용하는 것은 교육적 목적을 위해서다.

Example 5.9.1: M은 행렬

	#	@	?
a	1	2	3
b	10	20	30

이라고 하자

그러면, 함수 f_M의 정의역은 $\mathbb{R}^{\{\#,@,?\}}$, 공역은 $\mathbb{R}^{\{a,b\}}$ 이다. 예를 들어, 벡터

#	@	?
2	2	-2

의 치역은 벡터

a	b
0	0

이다.

Problem 5.9.2: M^T는 M의 전치행렬이다. M^T에 대응하는 함수는 f_{M^T}이다.

1. f_{M^T}의 정의역은 무엇인가?
2. 공역은 무엇인가?
3. 치역이 모두 영벡터인 f_{M^T}의 정의역에 있는 한 벡터를 제시해 보자.

5.9.2 함수에서 행렬로

어떤 모르는 행렬 M에 대응하는 함수 $f_M : \boldsymbol{F}^A \longrightarrow \boldsymbol{F}^B$이 있다고 해 보자. $f_M(\boldsymbol{x}) = M * \boldsymbol{x}$인 행렬 M을 계산하고자 한다.

먼저, M에 대한 열-라벨 집합을 알아보자. f_M의 정의역은 $\boldsymbol{F}^A$이므로, $\boldsymbol{x}$는 A-벡터이다. 곱 $M * \boldsymbol{x}$가 성립하려면 M의 열-라벨 집합은 A가 되어야 한다.

f_M의 공역은 $\boldsymbol{F}^B$이므로, M을 $\boldsymbol{x}$에 곱한 결과는 B-벡터이어야 한다. 이것이 성립하려면 M의 행-라벨 집합은 B가 되어야 한다.

M은 $B \times A$ 행렬이어야 한다는 것은 알고 있다. 하지만 이 행렬의 엔트리는 무엇인가? 엔트리들을 찾기 위해 행렬-벡터 곱의 선형결합 정의를 사용한다.

$\boldsymbol{F}^A$에 대한 표준 생성자를 기억해 보자. 각 원소 $a \in A$에 대해 a는 1에 매핑하고 A의 다른 모든 원소는 0에 매핑하는 생성자 $\boldsymbol{e}_a$가 있다. 선형결합 정의에 의하면 $M * \boldsymbol{e}_a$는 M의 열 a이다. 이것은 M의 열 a는 $f_M(\boldsymbol{e}_a)$와 동일해야 함을 보여 준다.

5.9.3 행렬을 유도하는 예

이 섹션에서는 함수에서 행렬을 유도하는 방법을 보여주는 예를 다룬다. 이것은 함수가 $\boldsymbol{x} \mapsto M * \boldsymbol{x}$인 어떤 행렬 M이 있다는 것을 가정한다. *경고:* 이 예들 중 적어도 하나의 경우 이 가정이 사실이 아니다.

Example 5.9.3: $s(\cdot)$는 x-좌표를 2만큼 스케일링하는 $\mathbb{R}^2$에서 $\mathbb{R}^2$로의 함수라고 하자. 어떤 행렬 M에 대해 $s([x, y]) = M * [x, y]$라고 가정하자. $[1, 0]$의 상은 $[2, 0]$이고 $[0, 1]$의 상은 $[0, 1]$이다. 따라서 $M = \begin{bmatrix} 2 & 0 \\ 0 & 1 \end{bmatrix}$이다.

Example 5.9.4: $r_{90}(\cdot)$은 $\mathbb{R}^2$에서 $\mathbb{R}^2$로의 함수라 하자. 이 함수는 2D 상의 점들을 원점에 대해 반시계 방향으로 90도 회전하는 것이다.
어떤 행렬 M에 대해 $r_{90}([x, y]) = M * [x, y]$라고 가정하자. M을 찾기 위해 두 표준 생성자 $[1, 0]$과 $[0, 1]$의 함수값을 찾아 보자.

점 $[1, 0]$을 원점에 대해 90도 회전하면 $[0, 1]$이 구해진다. 따라서 이것이 M의 첫 번째 열이어야 한다.

점 $[0, 1]$을 원점에 대해 90도 회전하면 $[-1, 0]$이 된다. 따라서 이것은 M의 두 번째 열이어야 한다. 그러므로 $M = \begin{bmatrix} 0 & -1 \\ 1 & 0 \end{bmatrix}$이다.

Example 5.9.5: 임의의 각도 θ에 대해, $r_\theta(\cdot)$는 $\mathbb{R}^2$에서 $\mathbb{R}^2$로의 함수라 하자. 이 함수는 원점에 대해 θ만큼 반시계 방향으로 점들을 회전하는 것이다. 행렬 M에 대해 $r_\theta([x, y]) = M * [x, y]$라고 가정하자.

점 $[1, 0]$을 θ만큼 회전하면 점 $[\cos\theta, \sin\theta]$가 얻어진다. 그러므로 이 점은 M의 첫 번째 열이어야 한다.

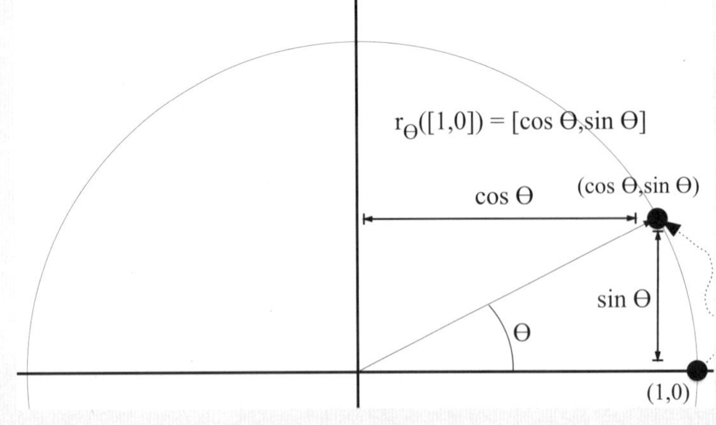

점 $[0, 1]$을 θ만큼 회전하면 점 $[-\sin\theta, \cos\theta]$가 얻어진다. 따라서 이것이 M의 두 번째 열이어야 한다.

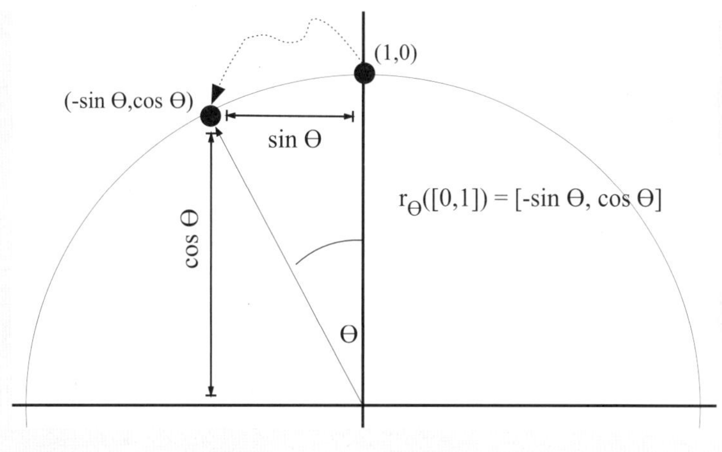

따라서 $M = \begin{bmatrix} \cos\theta & -\sin\theta \\ \sin\theta & \cos\theta \end{bmatrix}$이다.

예를 들어, 30도 회전할 경우 행렬은 $\begin{bmatrix} \frac{\sqrt{3}}{2} & -\frac{1}{2} \\ \frac{1}{2} & \frac{\sqrt{3}}{2} \end{bmatrix}$이다. 마지막으로, 복소수의 경우 어떤 각도만큼 회전하는 것은 단순히 곱셈하는 것이다(섹션 2.4.10).

Example 5.9.6: $t(\cdot)$은 어떤 점을 1유닛 오른쪽으로 그리고 2유닛 위쪽으로 평행이동하는 $\mathbb{R}^2$에서 $\mathbb{R}^2$로의 함수라 하자. 어떤 행렬 M에 대해 $t([x, y]) = M * [x, y]$라고 가정하자. $[1, 0]$의 함수값은 $[2, 2]$이고 $[0, 1]$의 함수값은 $[1, 3]$이다. 따라서 $M = \begin{bmatrix} 2 & 1 \\ 2 & 3 \end{bmatrix}$이다.

5.10 선형함수

각 예제에서 함수는 행렬-벡터 곱셈으로 표현될 수 있다고 가정한다. 하지만 이 가정은 모든 예에서 다 유효한 것은 아니다. 함수가 행렬-벡터 곱셈으로 표현될 수 있는지는 어떻게 알 수 있을까?

5.10.1 행렬-벡터 곱으로 표현될 수 있는 함수

섹션 4.4에서 다음에 대해 성립하는 세 가지 성질 Property V1, V2, V3를 소개하였다.

- 어떤 벡터들의 생성
- 동차 선형시스템의 해집합

Property V1, V2, V3를 만족하는 벡터들로 구성된 임의의 집합은 *벡터공간*이라 한다.

여기서도 유사하게 접근해 보자. 섹션 5.6.5에서 행렬-벡터 곱셈의 두 가지 대수적 성질을 증명하였다. 이제, 이러한 대수적 성질을 사용하여 특수한 종류의 함수인 *선형함수*를 정의한다.

5.10.2 정의와 간단한 예제

Definition 5.10.1: $\mathcal{U}$와 $\mathcal{V}$는 필드 $\boldsymbol{F}$상의 벡터공간이라 하자. 함수 $f : \mathcal{U} \longrightarrow \mathcal{V}$은 다음 두 성질을 만족할 경우 *선형* 함수라 한다.

Property L1: f의 정의역 내 임의의 벡터 $\boldsymbol{u}$와 $\boldsymbol{F}$ 내 임의의 스칼라 α에 대해,

$$f(\alpha\,\boldsymbol{u}) = \alpha\, f(\boldsymbol{u})$$

Property L2: f의 정의역 내 임의의 두 벡터 $\boldsymbol{u}$와 $\boldsymbol{v}$에 대해,

$$f(\boldsymbol{u} + \boldsymbol{v}) = f(\boldsymbol{u}) + f(\boldsymbol{v})$$

(*선형함수*란 말은 *선형변환*이란 말과 같다.)
M은 필드 $\boldsymbol{F}$상의 행렬 $R \times C$라 하고, 아래 함수를 $f(\boldsymbol{x}) = M * \boldsymbol{x}$에 의해 정의해 보자.

$$f : \boldsymbol{F}^C \longrightarrow \boldsymbol{F}^R$$

정의역과 공역은 벡터공간이다. Proposition 5.6.13에 의하면, 함수 f는 Property L1과 L2를 만족한다. 따라서 f는 선형함수이다. 다음을 증명해 보자.

Proposition 5.10.2: 임의의 행렬 M에 대해 함수 $\boldsymbol{x} \mapsto M * \boldsymbol{x}$는 선형함수이다.

다음은 특수한 경우를 보여 준다.

Lemma 5.10.3: $\boldsymbol{F}$상의 임의의 C-벡터 $\boldsymbol{a}$에 대해, $f(\boldsymbol{x}) = \boldsymbol{a} \cdot \boldsymbol{x}$에 의해 정의된 함수 $f : \boldsymbol{F}^C \longrightarrow \boldsymbol{F}$는 선형함수이다.

Proof

A는 $\{0\} \times C$ 행렬이라 하고, 이 행렬의 유일한 행은 $\boldsymbol{a}$라 하자. 그러면, $f(\boldsymbol{x}) = A * \boldsymbol{x}$이고 위의 lemma는 Proposition 5.10.2에 의해 성립된다. □

도트곱의 이중 선형성(Bilinearity) Lemma 5.10.3에 의하면, 임의의 벡터 $\boldsymbol{w}$에 대해, 함수 $\boldsymbol{x} \mapsto \boldsymbol{w} \cdot \boldsymbol{x}$는 $\boldsymbol{x}$의 선형함수이다. 따라서 도트곱 함수 $f(\boldsymbol{x}, \boldsymbol{y}) = \boldsymbol{x} \cdot \boldsymbol{y}$는 첫 번째 인수에 대해 선형이다(즉, 두 번째 인수로서 벡터를 적용한다면). 도트곱의 대칭에 의해(Proposition 3.9.21), 도트곱 함수는 또한 두 번째 인수에 대해 선형이다. 도트곱 함수가 *이중 선형*이라는 것은 이 함수가 각 인수에 대해 선형이라는 것을 의미한다.

Example 5.10.4: $\boldsymbol{F}$를 임의의 필드라 하자. $(x, y) \mapsto x + y$에 의해 정의되는 $\boldsymbol{F}^2$에서 $\boldsymbol{F}$로의 함수는 선형함수이다. 이것은 도트곱의 이중 선형성을 사용하여 증명할 수 있다.

Quiz 5.10.5: 정의역 $\mathbb{R}^2$를 가지며 $[x, y] \mapsto xy$에 의해 정의되는 함수는 선형함수가 아님을 보여 주자. 이것은 함수가 Property L1 또는 Property L2의 어느 하나에 위배되는 입력을 제공하면 된다.

Answer

$$f([1,1]+[1,1]) = f([2,2]) = 4$$

$$f([1,1]) + f([1,1]) = 1+1$$

Quiz 5.10.6: 90도 회전 $r_{90}(\cdot)$은 선형함수임을 보여라.

Answer

스칼라-곱셈 성질 Property L1은 다음과 같이 증명된다.

$$\begin{aligned} \alpha\, f([x,y]) &= \alpha\,[-y,x] \\ &= [-\alpha y, \alpha x] \\ &= f([\alpha x, \alpha y]) \\ &= f(\alpha\,[x,y]) \end{aligned}$$

벡터-덧셈 성질 Property L2도 유사하게 증명된다.

$$\begin{aligned} f([x_1,y_1]) + f([x_2,y_2]) &= [-y_1,x_1] + [-y_2,x_2] \\ &= [-(y_1+y_2), x_1+x_2] \\ &= f([x_1+x_2, y_1+y_2]) \end{aligned}$$

Exercise 5.10.7: $g : \mathbb{R}^2 \longrightarrow \mathbb{R}^3$을 $g([x,y]) = [x,y,1]$로 정의해 보자. g는 선형함수인가? 만약 선형함수이면 증명해 보자. 그렇지 않다면, 반례를 들어보자.

Exercise 5.10.8: $h : \mathbb{R}^2 \longrightarrow \mathbb{R}^2$는 y축에 대한 반사(reflection)를 나타내는 함수라 정의해 보자. h에 대한 명백한(즉, 대수적) 정의를 제공해 보자. 이 함수는 선형함수인지 설명해 보자.

Problem 5.10.9: 섹션 5.9.3에서 다룬 예들 중 적어도 하나의 경우 함수를 $f(\boldsymbol{x}) = M * \boldsymbol{x}$로 나타낼 수 없다. 이러한 함수는 어느 것인가? 수치적 예를 사용하여 선형함수를 정의하는 성질 Properties L1 및 L2를 만족하지 않는다는 것을 보여 주자.

5.10.3 선형함수와 영벡터

Lemma 5.10.10: 만약 $f : \mathcal{U} \longrightarrow \mathcal{V}$가 선형함수이면, f는 $\mathcal{U}$의 영벡터를 $\mathcal{V}$의 영벡터에 매핑한다.

Proof

$\mathbf{0}$을 $\mathcal{U}$의 영벡터, $\mathbf{0}_\mathcal{V}$를 $\mathcal{V}$의 영벡터라 하자.

$$f(\mathbf{0}) = f(\mathbf{0}+\mathbf{0}) = f(\mathbf{0}) + f(\mathbf{0})$$

양변에서 $f(\mathbf{0})$를 빼면 다음이 얻어진다.

$$\mathbf{0}_\mathcal{V} = f(\mathbf{0})$$

□

Definition 5.10.11: 행렬의 영공간(Definition 5.7.1)과 마찬가지로 선형함수 f의 *커널(kernel)*을 $\{\boldsymbol{v} \,:\, f(\boldsymbol{v}) = \mathbf{0}\}$라고 정의하자. f의 커널을 Ker f로 나타낸다.

Lemma 5.10.12: 선형함수의 커널은 벡터공간이다.

Problem 5.10.13: Ker f는 벡터공간의 성질 Property V1, V2, V3(섹션 4.4)를 만족한다는 것을 보여 주어 Lemma 5.10.12를 증명하여라.

5.10.4 선형함수와 직선의 관계는 무엇인가?

함수 $f : \mathcal{U} \longrightarrow \mathcal{V}$는 선형함수라 가정해 보자. $\boldsymbol{u}_1$과 $\boldsymbol{u}_2$는 $\mathcal{U}$ 내 두 개의 벡터라 하고 선형결합 $\alpha_1\,\boldsymbol{u}_1 + \alpha_2\,\boldsymbol{u}_2$와 f의 함수값을 고려해 보자.

$$\begin{aligned} f(\alpha_1\,\boldsymbol{v}_1 + \alpha_2\,\boldsymbol{v}_2) &= f(\alpha_1\,\boldsymbol{v}_1) + f(\alpha_2\,\boldsymbol{v}_2) && \text{Property L2에 의해} \\ &= \alpha_1\,f(\boldsymbol{v}_1) + \alpha_2\,f(\boldsymbol{v}_2) && \text{Property L1에 의해} \end{aligned}$$

$\boldsymbol{u}_1$과 $\boldsymbol{u}_2$의 선형결합의 상(함수값)은 $f(\boldsymbol{u}_1)$과 $f(\boldsymbol{u}_2)$의 선형결합에 대응한다고 해석할 수 있다.

이것은 기하학적으로 무엇을 의미하는가? 정의역 $\mathcal{U}$가 $\mathbb{R}^n$인 경우에 대해 고려해 보자. 점 $\boldsymbol{u}_1$과 $\boldsymbol{u}_2$를 지나는 직선은 $\boldsymbol{u}_1$과 $\boldsymbol{u}_2$의 아핀 hull, 즉 모든 아핀결합들로 구성된 집합이다.

$$\{\alpha_1\,\boldsymbol{u}_1 + \alpha_2\,\boldsymbol{u}_2 \;:\; \alpha_1, \alpha_2 \in \mathbb{R}, \alpha_1 + \alpha_2 = 1\}$$

이러한 모든 아핀결합들에 대한 f의 상들의 집합은 무엇인가?

$$\{f(\alpha_1\,\boldsymbol{u}_1 + \alpha_2\,\boldsymbol{u}_2) \;:\; \alpha_1, \alpha_2 \in \mathbb{R}, \alpha_1 + \alpha_2 = 1\}$$

위 식은 아래와 같고,

$$\{\alpha_1\,f(\boldsymbol{u}_1) + \alpha_2\,f(\boldsymbol{u}_2) \;:\; \alpha_1, \alpha_2 \in \mathbb{R}, \alpha_1 + \alpha_2 = 1\}$$

$f(\boldsymbol{u}_1)$과 $f(\boldsymbol{u}_2)$의 모든 아핀결합들의 집합이다. 이것은 다음을 보여 준다.

$\boldsymbol{u}_1$과 $\boldsymbol{u}_2$를 지나는 직선에 대한 f의 상은 $f(\boldsymbol{u}_1)$과 $f(\boldsymbol{u}_2)$를 지나는 “직선”이다.

이유는 f가 $\boldsymbol{u}_1$과 $\boldsymbol{u}_2$를 동일한 점에 매핑할 수도 있기 때문이다. 동일한 두 점의 아핀결합들로 구성된 집합은 한 점으로 구성된 집합이다.

여기서 주어진 선형결합의 상에 대한 주장은 2개 이상의 벡터들의 선형결합을 처리하도록 확장할 수 있다.

Proposition 5.10.14: 선형함수 f, f의 정의역 내 임의의 벡터 $\boldsymbol{u}_1, \ldots, \boldsymbol{u}_n$과 임의의 스칼라 $\alpha_1, \ldots, \alpha_n$에 대해, 다음이 성립한다.

$$f(\alpha_1\, \boldsymbol{u}_1 + \cdots + \alpha_n\, \boldsymbol{u}_n) = \alpha_1\, f(\boldsymbol{u}_1) + \cdots + \alpha_n\, f(\boldsymbol{u}_n)$$

그러므로 임의의 flat의 선형함수에 대한 상은 또 다른 flat이다.

5.10.5 단사함수인 선형함수

커널(kernel)의 개념을 사용하여 선형함수가 단사함수인지 알아보는 기준을 제공할 수 있다.

Lemma 5.10.15 (One-to-One Lemma): 선형함수가 단사함수일 필요충분조건은 함수의 커널이 자명한 벡터공간이 되는 것이다.

Proof

$f : \mathcal{V} \longrightarrow \mathcal{W}$는 선형함수라 하자. 증명은 두 가지 방향으로 진행된다.

Ker f가 어떤 영이 아닌 벡터 $\boldsymbol{v}$를 포함한다고 하자. 그래서, $f(\boldsymbol{v}) = \mathbf{0}_\mathcal{V}$이다. 또한, Lemma 5.10.10에 의해 $f(\mathbf{0}) = \mathbf{0}_\mathcal{V}$이다. 따라서 f는 단사함수가 아니다.

Ker $f = \{\mathbf{0}\}$라고 하자. $\boldsymbol{v}_1, \boldsymbol{v}_2$는 $f(\boldsymbol{v}_1) = f(\boldsymbol{v}_2)$를 만족하는 임의의 벡터라고 하자. 그러면 $f(\boldsymbol{v}_1) - f(\boldsymbol{v}_2) = \mathbf{0}_\mathcal{V}$이다. 선형성에 의해 $f(\boldsymbol{v}_1 - \boldsymbol{v}_2) = \mathbf{0}_\mathcal{V}$이고, $\boldsymbol{v}_1 - \boldsymbol{v}_2 \in$ Ker f이다. Ker f는 $\mathbf{0}$만으로 구성되므로, $\boldsymbol{v}_1 - \boldsymbol{v}_2 = \mathbf{0}$이고, 따라서 $\boldsymbol{v}_1 = \boldsymbol{v}_2$이다. □

이 간단한 lemma는 선형시스템의 해가 유일한가란 질문에 대해 새로운 관점을 제공한다. 함수 $f(\boldsymbol{x}) = A * \boldsymbol{x}$를 고려해 보자. 선형시스템 $A * \boldsymbol{x} = \boldsymbol{b}$의 해를 구하는 것은 함수 f에 대한 $\boldsymbol{b}$의 원상(pre-image)을 구하는 것으로 해석될 수 있다. 만약 원상이 존재하면, 그것은 f가 단사함수일 경우 유일할 것이다.

5.10.6 전사함수인 선형함수

One-to-One Lemma는 선형함수가 단사인지 결정하는 기준을 제공한다. 전사함수는 어떤가?

정의역 $\mathcal{V}$를 가진 함수 f의 상은 집합 $\{f(v) \ : \ v \in \mathcal{V}\}$임을 기억하자. 함수 f가 전사란 것은 함수의 치역과 공역이 동일함을 의미한다는 것도 기억하자.

Question 5.10.16: 선형함수가 전사인지 어떻게 알 수 있을까?

$f : \mathcal{V} \longrightarrow \mathcal{W}$가 선형함수일 때 f의 상을 Im f로 나타낸다. 따라서 f가 전사인지 질문하는 것은 Im $f = \mathcal{W}$인지 질문하는 것이다.

Example 5.10.17: (Solvability of *Lights Out*) 3×3 *Lights Out* 퍼즐은 어떠한 초기 상태의 경우에도 풀 수 있는가? (Question 3.8.5).

Example 5.5.5(169 페이지)에서 보여준 것처럼 행렬을 사용하여 *Lights Out* 퍼즐을 나타낼 수 있다. 열이 버튼 벡터인 행렬 M을 구성해 보자.

$$M = \left[\begin{array}{c|c|c|c|c|c|c} \begin{smallmatrix}\bullet&\bullet&\\\bullet&&\\&&\end{smallmatrix} & \begin{smallmatrix}\bullet&\bullet&\bullet\\&\bullet&\\&&\end{smallmatrix} & \begin{smallmatrix}&\bullet&\bullet\\&&\bullet\\&&\end{smallmatrix} & \begin{smallmatrix}\bullet&&\\\bullet&\bullet&\\\bullet&&\end{smallmatrix} & \begin{smallmatrix}&\bullet&\\\bullet&\bullet&\bullet\\&\bullet&\end{smallmatrix} & \cdots & \begin{smallmatrix}&&\\&&\bullet\\&\bullet&\bullet\end{smallmatrix} \end{array}\right]$$

해결 가능한 초기 상태(모든 버튼의 불을 끄게 할 수 있는 초기 상태)의 집합은 이러한 열들의 모든 선형결합들로 구성된 집합, 즉 행렬의 열공간이다. Example 4.2.14(133 페이지)에서 보았듯이, 2×2 *Lights Out*의 경우, 모든 초기 상태의 구성에 대해서 풀 수 있다. 3×3 *Lights Out*은 어떤가?

$D = \{(0,0), \ldots, (2,2)\}$라 하고 $f : GF(2)^D \longrightarrow GF(2)^D$는 $f(\boldsymbol{x}) = M * \boldsymbol{x}$에 의해 정의된다고 하자. 풀수 있는 초기 상태 구성에 대한 집합은 f의 상이다. 모든 초기 상태들로 구성된 집합은 f의 공역이다. 그러므로 모든 위치에 대해 풀 수 있는지에 대한 질문은 f가 전사인지에 대한 질문과 동일하다.

Question 5.10.16에 대한 답을 제공하는 데 한 발짝 더 나아갈 수 있다.

Lemma 5.10.18: 선형함수의 상은 그 함수의 공역의 부분공간이다.

Proof

$f : \mathcal{V} \longrightarrow \mathcal{W}$는 선형함수라 하자. 명백하게 Im f는 $\mathcal{W}$의 부분집합이다. Im f는 $\mathcal{W}$의 부분공간임을 보이기 위해, Im f는 벡터공간의 성질 Property V1, V2, V3를 만족해야 한다는 것을 보여야 한다.

- *V1:* Lemma 5.10.10에서 보았듯이 f는 $\mathcal{V}$의 영벡터를 $\mathcal{W}$의 영벡터로 매핑한다. 따라서 $\mathcal{W}$의 영벡터는 Im f에 속한다.

- *V2:* $\boldsymbol{w}$는 Im f 내의 벡터라고 하자. Im f의 정의에 의하면, $f(\boldsymbol{v}) = \boldsymbol{w}$를 만족하는 그런 벡터 $\boldsymbol{v}$가 $\mathcal{V}$ 내에 있어야 한다. 임의의 스칼라 α에 대해, 다음이 성립한다.

$$\alpha\, \boldsymbol{w} = \alpha\, f(\boldsymbol{v}) = f(\alpha\, \boldsymbol{v})$$

  따라서 $\alpha\, \boldsymbol{w}$는 Im f 내에 있다.

- *V3:* $\boldsymbol{w}_1$과 $\boldsymbol{w}_2$는 Im f 내에 있는 벡터라 하자. Im f의 정의에 의해, $f(\boldsymbol{v}_1) = \boldsymbol{w}_1$과 $f(\boldsymbol{v}_2) = \boldsymbol{w}_2$를 만족하는 벡터 $\boldsymbol{v}_1$과 $\boldsymbol{v}_2$가 $\mathcal{V}$ 내에 있어야 한다. 선형함수의 Property L1에 의하면 $\boldsymbol{w}_1 + \boldsymbol{w}_2 = f(\boldsymbol{v}_1) + f(\boldsymbol{v}_2) = f(\boldsymbol{v}_1 + \boldsymbol{v}_2)$이다. 따라서 $\boldsymbol{w}_1 + \boldsymbol{w}_2$는 Im f 내에 있다.

□

Question 5.10.16에 대한 답을 완성하기 위해서는 7장까지 기다려야 한다.

5.10.7 행렬에 의해 표현될 수 있는 $\boldsymbol{F}^C$에서 $\boldsymbol{F}^R$로의 선형함수

함수 $f : \boldsymbol{F}^C \longrightarrow \boldsymbol{F}^R$는 선형함수라고 해 보자. 섹션 5.9.2의 방법을 사용하여 행렬 M을 얻을 수 있다. 즉, 각각의 $c \in C$에 대해, M의 열 c는 표준 생성자 $\boldsymbol{e}_c$의 f에 의한 상이다.

결과 행렬 M이 $f(\boldsymbol{x}) = M * \boldsymbol{x}$를 만족 하는지 어떻게 아는가? 선형성을 보면 알 수 있다. 임의의 벡터 $\boldsymbol{x} \in \boldsymbol{F}^C$, 각 $c \in C$에 대해 α_c는 $\boldsymbol{x}$의 엔트리 c의 값이라 하자. 그러면, $\boldsymbol{x} = \sum_{c \in C} \alpha_c\, \boldsymbol{e}_c$이다. f는 선형이므로, $f(\boldsymbol{x}) = \sum_{c \in C} \alpha_c f(\boldsymbol{e}_c)$이다.

한편, 행렬-벡터 곱셈의 선형결합 정의에 의하면, $M * \boldsymbol{x}$는 계수가 스칼라 $\alpha_c (c \in C$에 대해)인 M의 열들의 선형결합이다. M은 각 $c \in C$에 대해 열 c가 $f(\boldsymbol{e}_c)$인 그런 행렬이라 하자. 그래서, $M\boldsymbol{x}$도 또한 $\sum_{c \in C} \alpha_c f(\boldsymbol{e}_c)$와 동일하다. 이것은 모든 벡터 $\boldsymbol{x} \in \boldsymbol{F}^C$에 대해 $f(\boldsymbol{x}) = M * \boldsymbol{x}$임을 보여 준다.

이 결과는 아래 Lemma로 요약된다.

Lemma 5.10.19: 만약 $f : \boldsymbol{F}^C \longrightarrow \boldsymbol{F}^R$이 선형함수이면, 모든 벡터 $\boldsymbol{x} \in \boldsymbol{F}^C$에 대해 $f(\boldsymbol{x}) = M * \boldsymbol{x}$을 만족하는 $\boldsymbol{F}$상의 $R \times C$ 행렬 M이 있다.

5.10.8 대각행렬

$d_1, \ldots, d_n$을 실수라 하자. $f : \mathbb{R}^n \longrightarrow \mathbb{R}^n$은 $f([x_1, \ldots, x_n]) = [d_1 x_1, \ldots, d_n x_n]$을 만족하는 함수라 하자. 이 함수에 대응하는 행렬은 다음과 같다.

$$\begin{bmatrix} d_1 & & \\ & \ddots & \\ & & d_n \end{bmatrix}$$

이러한 행렬은 *대각* 행렬이라 한다. 이유는 대각선을 구성하는 엔트리들만이 영이 아닐 수 있기 때문이다.

Definition 5.10.20: 정의역 D에 대해, $D \times D$ 행렬 M은 $r \neq c$인 모든 쌍 $r, c \in D$에 대해 $M[r, c] = 0$이면 *대각* 행렬이다.

대각행렬은 12장과 13장에서 매우 중요하다.

Quiz 5.10.21: 다음 스펙을 가지는 프로시저, `diag(D, entries)`을 작성해 보자.

- *input:* 집합 `D`와 `D`를 필드의 원소에 매핑하는 딕셔너리 `entries`
- *output:* 엔트리 `(d,d)`가 `entries[d]`인 대각행렬

Answer

```
def diag(D, entries):
 return Mat((D,D), {(d,d):entries[d] for d in D})
```

특별히 간단하고 유용한 대각행렬은 섹션 5.1.5에 정의된 *단위* 행렬이다. 예를 들어, $\{\texttt{a},\texttt{b},\texttt{c}\} \times \{\texttt{a},\texttt{b},\texttt{c}\}$ 단위행렬은 다음과 같다.

```
      a b c
     -------
a  |  1 0 0
b  |  0 1 0
c  |  0 0 1
```

단위행렬은 $\mathbb{1}_D$ 또는 $\mathbb{1}$로 나타낸다는 것을 기억하자.

단위행렬이라 부르는 이유는 무엇인가? $f(\boldsymbol{x}) = \mathbb{1} * \boldsymbol{x}$에 의해 정의되는 함수 $f : \boldsymbol{F}^D \longrightarrow \boldsymbol{F}^D$를 고려해 보자. $\mathbb{1} * \boldsymbol{x} = \boldsymbol{x}$이므로, 함수 f는 $\boldsymbol{F}^D$상의 항등함수이다.

5.11 행렬-행렬 곱셈

한 쌍의 행렬을 곱할 수도 있다. A는 $R \times S$ 행렬이라 하고 B는 $S \times T$ 행렬이라고 해 보자. 그러면, A와 B를 곱할 수 있으며, 이 곱의 결과는 $R \times T$ 행렬이다. "$A \times B$"를 나타내는 전통적인 방식은 두 행렬 사이에 연산자를 표시하지 않고 단순히 AB로 나타낸다.

하지만 행렬을 구현한 `Mat` 클래스에서는 행렬-행렬 곱셈을 나타내기 위해 $*$ 연산자를 사용할 것이다.

AB는 BA와 다르다는 것에 주의하자. 사실 하나의 곱은 성립되고 다른 것은 성립되지 않을 수도 있다. 행렬 곱셈은 교환법칙이 성립하지 않는다.

5.11.1 행렬-벡터 및 벡터-행렬 곱셈으로 표현한 행렬-행렬 곱셈

행렬-행렬 곱셈의 두 가지 정의에 대해 알아보자. 하나는 행렬-벡터 곱셈으로 표현되고 다른 하나는 벡터-행렬 곱셈으로 표현된다.

Definition 5.11.1 (행렬-행렬 곱셈의 *벡터-행렬* 정의): A의 각 행-라벨 r에 대해,

$$AB\text{의 행 } r = (A\text{의 행 } r) * B \tag{5.6}$$

Example 5.11.2: 아래 행렬 A는 3×3 단위행렬과 약간 다르다.

$$A = \begin{bmatrix} 1 & 0 & 0 \\ 2 & 1 & 0 \\ 0 & 0 & 1 \end{bmatrix}$$

곱 AB를 고려해 보자. 여기서, B는 $3 \times n$ 행렬이다. 행렬-행렬 곱셈의 벡터-행렬 정의를 사용하기 위해 A는 세 개의 행으로 구성된다고 생각한다.

$$A = \begin{bmatrix} 1 \quad 0 \quad 0 \\ \hline 2 \quad 1 \quad 0 \\ \hline 0 \quad 0 \quad 1 \end{bmatrix}$$

행렬-행렬 곱 AB의 행 i는 벡터-행렬 곱이다.

$$(A\text{의 행 } i) * B$$

벡터-행렬 곱셈의 선형결합 정의에 따르면, 이 곱은 B의 행들의 선형결합이며 계수들은 A의 행 i의 엔트리들이다.

행들을 사용하여 B를 표현하면 다음과 같다.

$$B = \begin{bmatrix} \boldsymbol{b}_1 \\ \hline \boldsymbol{b}_2 \\ \hline \boldsymbol{b}_3 \end{bmatrix}$$

그러면,

$$\begin{aligned} AB\text{의 행 } 1 &= 1\,\boldsymbol{b}_1 + 0\,\boldsymbol{b}_2 + 0\,\boldsymbol{b}_3 &= \boldsymbol{b}_1 \\ AB\text{의 행 } 2 &= 2\,\boldsymbol{b}_1 + 1\,\boldsymbol{b}_2 + 0\,\boldsymbol{b}_3 &= 2\boldsymbol{b}_1 + \boldsymbol{b}_2 \\ AB\text{의 행 } 3 &= 0\,\boldsymbol{b}_1 + 0\,\boldsymbol{b}_2 + 1\,\boldsymbol{b}_3 &= \boldsymbol{b}_3 \end{aligned}$$

A에 의한 좌변 곱의 효과는 행 1의 2배를 행 2에 더하는 것이다.

Example 5.11.2(197 페이지)의 행렬 A는 *기본행-덧셈 행렬(elementary row-addition matrix)*이다. 이 행렬은 단위행렬에 대각 원소가 아닌 것 중 많아야 1개의 영이 아닌 엔트리를 더한 것이다. 좌변에 기본행-덧셈 행렬을 곱하는 것은 한 행의 곱을 또 다른 행에 더하는 것이다. 이러한 행렬은 8장의 알고리즘에서 사용한다.

Definition 5.11.3 (행렬-행렬 곱셈의 *행렬-벡터* 정의): B의 각 열-라벨 s에 대해,

$$AB\text{의 열 } s = A * (B\text{의 열 } s) \tag{5.7}$$

Example 5.11.4: $A = \begin{bmatrix} 1 & 2 \\ -1 & 1 \end{bmatrix}$라고 하고, B는 열들이 $[4,3]$, $[2,1]$, $[0,-1]$인 행렬이라 하자.

$$B = \left[\begin{array}{c|c|c} 4 & 2 & 0 \\ 3 & 1 & -1 \end{array}\right]$$

이제, AB는 행렬이며, 이 행렬의 열 i는 A에 B의 열 i를 곱한 결과이다. $A * [4,3] = [10,-1]$, $A * [2,1] = [4,-1]$, $A * [0,-1] = [-2,-1]$이므로,

$$AB = \left[\begin{array}{c|c|c} 10 & 4 & -2 \\ -1 & -1 & -1 \end{array}\right]$$

Example 5.11.5: Example 5.9.5(189 페이지)의 행렬은 $\mathbb{R}^2$의 점들을 30도 회전하는 것이다.

$$A = \begin{bmatrix} \cos\theta & -\sin\theta \\ \sin\theta & \cos\theta \end{bmatrix} = \begin{bmatrix} \frac{\sqrt{3}}{2} & -\frac{1}{2} \\ \frac{1}{2} & \frac{\sqrt{3}}{2} \end{bmatrix}$$

행렬 B는 열들이 Task 3.3.2의 리스트 L에 속하는 $\mathbb{R}^2$의 점들이 되게 구성한다.

$$B = \left[\begin{array}{c|c|c|c|c|c|c|c|c} 2 & 3 & 1.75 & 2 & 2.25 & 2.5 & 2.75 & 3 & 3.25 \\ 2 & 2 & 1 & 1 & 1 & 1 & 1 & 1 & 1 \end{array}\right]$$

이제, AB 행렬의 열 i는 좌변의 B의 열 i에 A를 곱한 결과, 즉 L의 i번째 점을 30도 회전한 것이다.

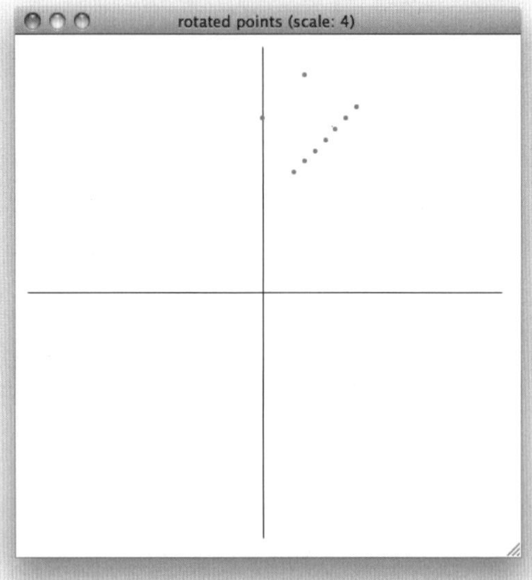

Example 5.11.6: Example 4.2.11(130 페이지)에서 살펴보았듯이, "이전" 벡터 $[3,0,0]$, $[0,2,0]$, $[0,0,1]$을 보여 주는 식은 "새로운" 벡터 $[1,0,0]$, $[1,1,0]$, $[1,1,1]$의 선형결합으로 나타낼 수 있다.

$$[3,0,0] = 3\,[1,0,0] + 0,\ [1,1,0] + 0\,[1,1,1]$$
$$[0,2,0] = -2\,[1,0,0] + 2\,[1,1,0] + 0\,[1,1,1]$$
$$[0,0,1] = 0\,[1,0,0] - 1\,[1,1,0] + 1\,[1,1,1]$$

이러한 식들은 행렬-벡터 곱셈의 선형결합 정의를 사용하여 다시 쓸 수 있다.

$$[3,0,0] = \left[\begin{array}{c|c|c} 1 & 1 & 1 \\ 0 & 1 & 1 \\ 0 & 0 & 1 \end{array}\right] * [3,0,0]$$

$$[0,2,0] = \left[\begin{array}{c|c|c} 1 & 1 & 1 \\ 0 & 1 & 1 \\ 0 & 0 & 1 \end{array}\right] * [-2,2,0]$$

$$[0,0,1] = \left[\begin{array}{c|c|c} 1 & 1 & 1 \\ 0 & 1 & 1 \\ 0 & 0 & 1 \end{array}\right] * [0,-1,1]$$

행렬-행렬 곱셈의 행렬-벡터 정의를 사용하여 위 세 식들을 결합하여 하나의 식을 형성한다.

$$\left[\begin{array}{c|c|c} 3 & 0 & 0 \\ 0 & 2 & 0 \\ 0 & 0 & 1 \end{array}\right] = \left[\begin{array}{c|c|c} 1 & 1 & 1 \\ 0 & 1 & 1 \\ 0 & 0 & 1 \end{array}\right] \left[\begin{array}{c|c|c} 3 & -2 & 0 \\ 0 & 2 & -1 \\ 0 & 0 & 1 \end{array}\right]$$

행렬-벡터 및 벡터-행렬 정의에 의하면, 행렬-행렬 곱셈은 단순히 행렬-벡터 곱 또는 벡터-행렬 곱의 컬렉션에 대한 편리한 표기법임을 의미한다. 행렬-행렬 곱셈에 대한 좀 더 깊은 의미는 섹션 5.11.3에서 다룬다.

한편, 행렬-행렬 곱셈의 정의를 행렬-벡터 또는 벡터-행렬 곱셈의 정의와 결합하여 좀 더 정교한 행렬-행렬 곱셈의 정의를 얻을 수 있다. 예를 들어, 행렬-행렬 곱셈의 행렬-벡터 정의를 행렬-벡터 곱셈의 도트곱 정의와 결합하여 다음을 얻는다.

Definition 5.11.7 (행렬-행렬 곱셈의 도트곱 정의): AB의 엔트리 rc는 A의 행 r과 B의 열 c의 도트곱이다.

Problem 5.17.18에서 UN의 투표 데이터를 사용할 것이다. 행렬의 각 행은 각 UN 회원국의 투표기록을 가지는 그런 행렬 A를 구성할 것이다. 행렬-행렬 곱셈을 사용하여 모든 회원국 쌍의 투표기록의 도트곱을 계산할 것이다. 이러한 데이터를 사용하여 어느 두 회원국이 가장 큰 의견 불일치를 보이는지 찾을 수 있다.

행렬-행렬 곱셈은 시간이 굉장히 많이 걸린다는 것을 알게 될 것이다. 연구자들은 행렬-행렬 곱셈에 대한 좀 더 빠른 알고리즘을 발견하였다. 이 알고리즘은 행렬이 매우 크고 조밀하며 대략 정방형일 때 특히 도움이 된다(이러한 알고리즘 중 첫 번째로 개발된 것이 스트라센(Strassen)의 알고리즘이었으며 여전히 가장 실용적이다).

모든 도트곱의 근사값(의견 불일치가 가장 큰 최상위 몇몇 회원국 쌍을 찾을 수 있을 만큼은 정확함)을 계산하는 심지어 더 빠른 알고리즘도 있다.

5.11.2 그래프, 결합행렬(Incidence matrix), 계수 경로(Counting path)

영화 *Good Will Hunting*에서 수업이 끝날 때 교수는 다음과 같이 말한다. "중앙 복도 칠판에 상급 푸리에 시스템을 적어 놓았다. 여러분 중 누군가가 학기말까지 그것을 증명할 수 있기를 희망한다. 그것을 증명하는 사람은 나에게 인정받는 것은 말할 것도 없고, 명예와 부를 얻을 것이며 그의 업적이 기록되고 그의 이름이 MIT Tech에 인쇄될 것이다. 이전 수상자는 노벨상 수상자들, 필즈 메달(Fields Medal) 수상자들, 유명한 천체 물리학자들, 그리고 하찮은 MIT 교수들을 포함한다."

MIT에서 잡역부로 일하는 Will Hunting은 그 문제를 보고 몰래 풀어 해답을 적어 놓는다. 주말 동안에 클래스는 떠들썩 했다. 이 문제를 푼 학생은 도대체 누굴까?

주어진 문제는 푸리에 시스템과는 아무 상관이 없다. 그것은 행렬을 사용하여 그래프를 표현하고 조작하는 것과 관련되어 있다.

그래프

비공식적으로 말하면, *그래프*는 *꼭지점*(vertex) 또는 *노드*(node)라고 불리는 점들과 *에지*(edge)라고 하는 링크들을 가진다. Will의 문제에 나타난 그래프에 대한 그림은 아래와 같다. 여기서 명심할 점은 이 그래프는 노드 또는 에지들의 기하학적 위치를 명시하지 않고 단지 어느 에지가 어느 노드에 연결되는지만 보여준다는 것이다.

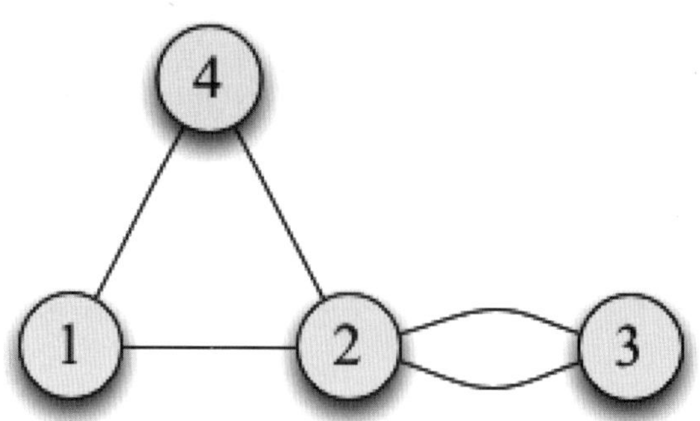

이 그래프의 노드는 1, 2, 3, 4로 표시한다. 양 끝이 2와 3인 에지는 두 개 있고, 양 끝이 1과 2인 에지는 하나 있다.

인접행렬(Adjacency matrix)

Will의 문제의 첫 번째 부분은 그래프의 인접행렬을 찾는 것이다. 그래프 G의 인접행렬 A는 $D \times D$ 행렬이며, 여기서 D는 노드 라벨들의 집합이다. Will의 그래프에서 $D = \{1, 2, 3, 4\}$이다. 노드들의 임의의 쌍 i, j에 대해 $A[i, j]$는 양 끝이 i와 j인 에지들의 개수이다. 그러므로 Will의 그래프의 인접행렬은 아래와 같다.

	1	2	3	4
1	0	1	0	1
2	1	0	2	1
3	0	2	0	0
4	1	1	0	0

위 행렬은 대칭행렬이라는 사실에 주의하자. 이것이 의미하는 것은 만약 어떤 에지의 양 끝이 i와 j이면, 그 에지의 양 끝은 또한 j와 i라는 것이다. 나중에 *유향*(directed) 그래프에 대해 알아볼 것인데, 이것은 다루기에 좀 더 복잡할 것이다.

또한, 이 행렬의 대각 원소들은 영이란 것에 주목하자. 이것은 Will의 그래프는 *셀프루프(self-loop)*가 없다는 사실을 의미한다. 셀프루프는 양 끝이 동일한 노드인 에지이다.

워크(Walk)

문제의 두 번째 부분은 그래프에서 워크(walks)를 푸는 것이다. 워크는 번갈아 나오는 노드들과 에지들의 시퀀스이다.

$$v_0 \; e_0 \; v_1 \; e_1 \; \cdots \; e_{k-1} \; v_k$$

여기서, 각 에지는 그 에지의 바로 양 끝점 사이에 있다. 다음은 각 에지에 라벨을 붙인 Will의 그래프를 보여 준다.

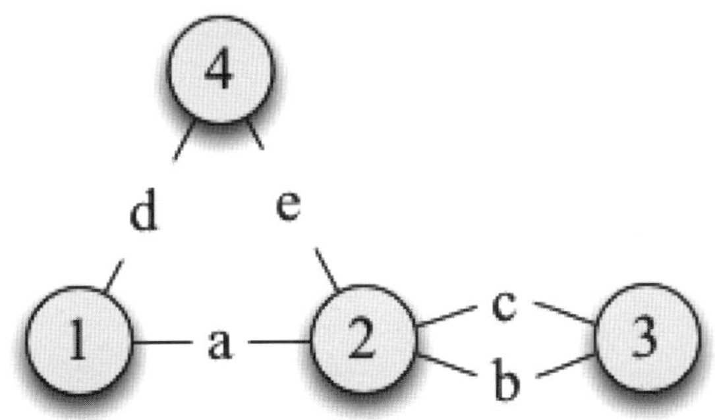

그리고, 아래 그림은 동일한 그림에 워크 3 c 2 e 4 e 2을 표시한 것이다.

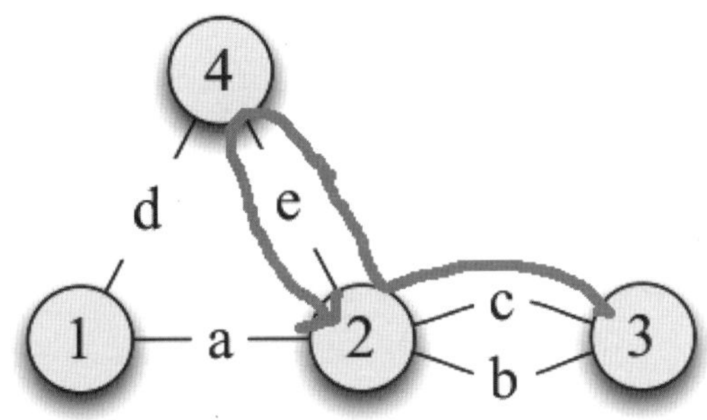

워크는 한 에지를 여러 번 사용할 수 있다. 또한, 워크는 그래프의 모든 노드를 방문할 필요는 없다. (모든 노드를 방문하는 워크는 외판원 순회(traveling-salesperson tour)이며, 이러한 순회 중 길이가 가장 짧은 것을 찾는 것은 계산상 어려운 문제의 유명한 예이다).

Will의 문제는 3단계 워크에 관련되며, 이것이 의미하는 것은 워크가 3개의 에지들로 구성된다는 것이다. 예를 들어, 다음은 노드 3에서 노드 2로의 모든 3단계 워크이며 총 10개가 있다.

3 c 2 e 4 e 2, 3 b 2 e 4 e 2, 3 c 2 c 3 c 2, 3 c 2 c 3 b 2, 3 c 2 b 3 c 2,
3 c 2 b 3 b 2, 3 b 2 c 3 c 2, 3 b 2 c 3 b 2, 3 b 2 b 3 c 2, 3 b 2 b 3 b 2

워크의 개수 계산하기

행렬-행렬 곱셈은 노드들의 모든 쌍 i, j에 대해 i에서 j로의 2단계 워크의 개수, i에서 j로의 3단계 워크의 개수 등을 계산하는 데 사용될 수 있다.

먼저, 인접행렬 A 자체는 1단계 워크의 개수를 내포한다. 노드들의 각 쌍 i, j에 대해 $A[i, j]$는 양 끝이 i와 j인 에지들의 개수이고, 그러므로 i에서 j로의 1단계 워크의 개수이다.

2단계 워크는 어떤가? i에서 j로의 2단계 워크는 i에서 어떤 노드 k로의 1단계 워크에 이어 k에서 j로의 1단계 워크로 구성된다. 따라서 i에서 j로의 2단계 워크의 개수는 다음과 같다.

	i에서 1로의 1단계 워크의 개수	×	1에서 j로의 1단계 워크의 개수
+	i에서 2로의 1단계 워크의 개수	×	2에서 j로의 1단계 워크의 개수
+	i에서 3으로의 1단계 워크의 개수	×	3에서 j로의 1단계 워크의 개수
+	i에서 4로의 1단계 워크의 개수	×	4에서 j로의 1단계 워크의 개수

이것은 도트곱의 형태를 가진다. A의 행 i는 벡터 $\boldsymbol{u}$이며, $\boldsymbol{u}[k]$는 i에서 k로의 1단계 워크의 개수이다. A의 열 j는 벡터 $\boldsymbol{v}$이며, $\boldsymbol{v}[k]$는 k에서 j로의 1단계 워크의 개수이다. 그러므로 행 i와 열 j의

도트곱은 i에서 j로의 2단계 워크의 개수이다. 따라서 행렬-행렬 곱셈의 도트곱 정의에 의하면, 곱 AA는 2단계 워크의 개수를 내포한다.

```
>>> D = {1,2,3,4}
>>> A = Mat((D,D), {(1,2):1, (1,4):1, (2,1):1, (2,3):2, (2,4):1, (3,2):2,
                    (4,1):1, (4,2):1})
>>> print(A*A)

       1 2 3 4
     ---------
 1  |  2 1 2 1
 2  |  1 6 0 1
 3  |  2 0 4 2
 4  |  1 1 2 2
```

이제, 3단계 워크를 고려해 보자. i에서 j로의 3단계 워크는 i에서 어떤 노드 k로의 2단계 워크에 이어 k에서 j로의 1단계 워크로 구성된다. 따라서 i에서 j로의 3단계 워크의 개수는 다음과 같다.

	i에서 1로의 2단계 워크의 개수	×	1에서 j로의 1단계 워크의 개수
+	i에서 2로의 2단계 워크의 개수	×	2에서 j로의 1단계 워크의 개수
+	i에서 3으로의 2단계 워크의 개수	×	3에서 j로의 1단계 워크의 개수
+	i에서 4로의 2단계 워크의 개수	×	4에서 j로의 1단계 워크의 개수

이미 알고 있듯이, AA는 2단계 워크의 개수를 제공한다. 다시 행렬-행렬 곱셈의 도트곱 정의를 사용하면, 곱 $(AA)A$는 3단계 워크의 개수를 제공한다.

```
>>> print((A*A)*A)

       1  2  3 4
     -----------
 1  |  2  7  2 3
 2  |  7  2 12 7
 3  |  2 12  0 2
 4  |  3  7  2 2
```

3에서 2로의 3단계 워크의 개수는 10개가 아니라 12개이다. 워크 $3\ c\ 2\ a\ 1\ a\ 2$와 $3\ b\ 2\ a\ 1\ a\ 2$을 빠뜨렸다. 어쨌든, Will의 문제를 푸는 데 절반 정도까지 왔다. 함수들을 생성하는 것에 관한 문제는 그렇게 어렵지는 않다. 다항식(11장)과 행렬식(13장)을 사용하면 된다. 이 책에서는 생성 함수에 대해서는 다루지 못하겠지만, 어려워 다루지 않는 것은 아니다.

(불멸의 명성이 아니라면) 그래프를 구성하는 두 노드 사이의 k-단계 워크의 개수를 왜 계산하고자 할까? 이러한 워크의 개수는 소셜 네트워크[1]를 모델링하는 그래프에서 두 노드의 쌍이 얼마나 밀접하게 결합되어 있는지를 측정하는 하나의 방법으로 사용될 수 있다(비록 훨씬 더 낫고 빠른 방법이 있긴 하지만).

5.11.3 행렬-행렬 곱셈과 함수 합성

행렬 A와 B는 행렬-벡터 곱셈 $f_A(\boldsymbol{y}) = A * \boldsymbol{y}$와 $f_B(\boldsymbol{x}) = B * \boldsymbol{x}$를 통해 함수를 정의한다. 두 행렬을 곱한 결과인 행렬 AB도 또한 함수 $f_{AB}(\boldsymbol{x}) = (AB) * \boldsymbol{x}$를 정의한다. 이 함수에는 주목할 만한 것이 있다.

Lemma 5.11.8 (행렬-곱셈 Lemma): $f_{AB} = f_A \circ f_B$

Proof

표기상의 편의를 위해 전통적인 행-라벨 및 열-라벨을 가정한다. 열들을 사용하여 B를 나타내 보자.

$$B = \left[\begin{array}{c|c|c} & & \\ \boldsymbol{b}_1 & \cdots & \boldsymbol{b}_n \\ & & \end{array}\right]$$

행렬-행렬 곱셈의 행렬-벡터 정의에 의하면, AB의 열 j는 $A * (B$의 열 $j)$이다.

임의의 n-벡터 $\boldsymbol{x} = [x_1, \ldots, x_n]$에 대해,

$$\begin{aligned} f_B(\boldsymbol{x}) &= B * \boldsymbol{x} && f_B\text{의 정의에 의해} \\ &= x_1\boldsymbol{b}_1 + \cdots + x_n\boldsymbol{b}_n && \text{행렬-벡터 곱셈의 선형결합 정의에 의해} \end{aligned}$$

그러므로,

$$\begin{aligned} f_A(f_B(\boldsymbol{x})) &= f_A(x_1\boldsymbol{b}_1 + \cdots x_n\boldsymbol{b}_n) \\ &= x_1(f_A(\boldsymbol{b}_1)) + \cdots + x_n(f_A(\boldsymbol{b}_n)) && f_A\text{의 선형성에 의해} \\ &= x_1(A\boldsymbol{b}_1) + \cdots + x_n(A\boldsymbol{b}_n) && f_A\text{의 정의에 의해} \\ &= x_1(AB\text{의 열 }1) + \cdots + x_n(AB\text{의 열 }n) && AB\text{의 행렬-벡터 정의에 의해} \\ &= (AB) * \boldsymbol{x} && \text{행렬-벡터 곱셈의} \\ & && \text{선형결합 정의에 의해} \\ &= f_{AB}(\boldsymbol{x}) && f_{AB}\text{의 정의에 의해} \end{aligned}$$

□

Example 5.11.9: 함수 합성이 교환적이지 않기 때문에 행렬-행렬 곱셈이 교환적이지 않다는 사실이 놀랍지 않다. 함수 $f([x_1, x_2]) = [x_1 + x_2, x_2]$와 $g([x_1, x_2]) = [x_1, x_1 + x_2]$를 고려해 보자. 이 함수들은 다음 행렬에 대응한다.

$$A = \begin{bmatrix} 1 & 1 \\ 0 & 1 \end{bmatrix}, B = \begin{bmatrix} 1 & 0 \\ 1 & 1 \end{bmatrix}$$

위 행렬은 둘 다 기본 행-덧셈 행렬이다. 함수들의 합성을 보자.

$$f \circ g([x_1, x_2]) = f([x_1, x_1 + x_2]) = [2x_1 + x_2, x_1 + x_2]$$
$$g \circ f([x_1, x_2]) = g([x_1 + x_2, x_2]) = [x_1 + x_2, x_1 + 2x_2]$$

대응하는 행렬-행렬 곱은 다음과 같다.

$$AB = \begin{bmatrix} 1 & 1 \\ 0 & 1 \end{bmatrix} \begin{bmatrix} 1 & 0 \\ 1 & 1 \end{bmatrix} = \begin{bmatrix} 2 & 1 \\ 1 & 1 \end{bmatrix}$$
$$BA = \begin{bmatrix} 1 & 0 \\ 1 & 1 \end{bmatrix} \begin{bmatrix} 1 & 1 \\ 0 & 1 \end{bmatrix} = \begin{bmatrix} 1 & 1 \\ 1 & 2 \end{bmatrix}$$

이것은 행렬-행렬 곱셈이 교환적이지 않음을 보여 준다.

Example 5.11.10: 보통 특정 행렬들의 곱은 곱하는 순서에 상관이 없다. Example 5.11.9(204 페이지)의 행렬 A와 B는 둘 다 기본 행-덧셈 행렬이다. 그러나 하나는 행 1을 행 2에 더하는 것이고 다른 하나는 행 2를 행 1에 더하는 것이다.

3개의 기본 행-덧셈 행렬을 고려해 보자. 각 행렬은 행 1의 배수를 또 다른 행에 더한다.

- 행렬 $B = \begin{bmatrix} 1 & 0 & 0 & 0 \\ 2 & 1 & 0 & 0 \\ 0 & 0 & 1 & 0 \\ 0 & 0 & 0 & 1 \end{bmatrix}$는 행 1의 2배를 행 2에 더한다.
- 행렬 $C = \begin{bmatrix} 1 & 0 & 0 & 0 \\ 0 & 1 & 0 & 0 \\ 3 & 0 & 1 & 0 \\ 0 & 0 & 0 & 1 \end{bmatrix}$는 행 1의 3배를 행 3에 더한다.
- 행렬 $D = \begin{bmatrix} 1 & 0 & 0 & 0 \\ 2 & 1 & 0 & 0 \\ 0 & 0 & 1 & 0 \\ 4 & 0 & 0 & 1 \end{bmatrix}$는 행 1의 4배를 행 4에 더한다.

행렬 $A = \begin{bmatrix} 1 & 0 & 0 & 0 \\ 2 & 1 & 0 & 0 \\ 3 & 0 & 1 & 0 \\ 4 & 0 & 0 & 1 \end{bmatrix}$를 고려해 보자. 이 행렬은 한 번에 위 덧셈들을 수행한다. 덧셈들은 한 번에 하나씩 임의의 순서로 수행될 수 있으며, B, C, D의 곱은 순서에 상관없이 항상 A가 된다.

함수 합성은 결합적이므로, 행렬-곱셈 Lemma(Lemma 5.11.8)는 다음을 암시한다.

Corollary 5.11.11: 행렬-행렬 곱셈은 결합적이다.

Example 5.11.12:

$$\begin{bmatrix} 1 & 0 \\ 1 & 1 \end{bmatrix} \left(\begin{bmatrix} 1 & 1 \\ 0 & 1 \end{bmatrix} \begin{bmatrix} -1 & 3 \\ 1 & 2 \end{bmatrix} \right) = \begin{bmatrix} 1 & 0 \\ 1 & 1 \end{bmatrix} \begin{bmatrix} 0 & 5 \\ 1 & 2 \end{bmatrix} = \begin{bmatrix} 0 & 5 \\ 1 & 7 \end{bmatrix}$$

$$\left(\begin{bmatrix} 1 & 0 \\ 1 & 1 \end{bmatrix} \begin{bmatrix} 1 & 1 \\ 0 & 1 \end{bmatrix} \right) \begin{bmatrix} -1 & 3 \\ 1 & 2 \end{bmatrix} = \begin{bmatrix} 1 & 1 \\ 1 & 2 \end{bmatrix} \begin{bmatrix} -1 & 3 \\ 1 & 2 \end{bmatrix} = \begin{bmatrix} 0 & 5 \\ 1 & 7 \end{bmatrix}$$

Example 5.11.13: 섹션 5.11.2를 기억해 보자. 그래프 G와 인접행렬 A에 대해, 곱 $(AA)A$는 노드들의 쌍 i, j 각각에 대해 i에서 j로의 3단계 워크의 개수를 제공한다. 동일한 방식을 적용하여 살펴보면 $((AA)A)A$는 4단계 워크의 개수를 나타낸다. 행렬-행렬 곱셈은 결합 법칙이 성립하므로 괄호는 의미가 없으며 $AAAA$로 쓸 수 있다.

행렬 A를 k 번 곱한 것은 다음과 같다.

$$\underbrace{AA\cdots A}_{k \text{ times}}$$

이것은 A^k로 쓰고 "A의 k 제곱" 이라고 한다.

5.11.4 행렬-행렬 곱의 전치

행렬 전치는 예상할 수 있는 대로 행렬-행렬 곱셈과 관련된다.

Proposition 5.11.14: 행렬 A와 B에 대해 다음이 성립한다.

$$(AB)^T = B^T A^T$$

Example 5.11.15:

$$\begin{bmatrix} 1 & 2 \\ 3 & 4 \end{bmatrix} \begin{bmatrix} 5 & 0 \\ 1 & 2 \end{bmatrix} = \begin{bmatrix} 7 & 4 \\ 19 & 8 \end{bmatrix}$$

$$\begin{aligned} \begin{bmatrix} 5 & 0 \\ 1 & 2 \end{bmatrix}^T \begin{bmatrix} 1 & 2 \\ 3 & 4 \end{bmatrix}^T &= \begin{bmatrix} 5 & 1 \\ 0 & 2 \end{bmatrix} \begin{bmatrix} 1 & 3 \\ 2 & 4 \end{bmatrix} \\ &= \begin{bmatrix} 7 & 19 \\ 4 & 8 \end{bmatrix} \end{aligned}$$

Proof

A는 $R \times S$ 행렬이고 B는 $S \times T$ 행렬이라 하자. 그러면 행렬-행렬 곱셈의 도트곱 정의에 의해, 모든 $r \in R$과 $t \in T$에 대해,

$$(AB)^T\text{의 엔트리 } t,r \quad = AB\text{의 엔트리 } r,t \quad = (A\text{의 행 } r)\cdot(B\text{의 열 } t)$$

$$\begin{aligned} B^TA^T\text{의 엔트리 } t,r \quad &= (B^T \text{ 의 행 } t)\cdot(A^T\text{의 열 } r) \\ &= (B\text{의 열 } t)\cdot(A\text{의 행 } r) \end{aligned}$$

마지막으로, 행렬-행렬 곱셈과는 달리 벡터 도트곱은 교환적이다. 따라서,

$$(A\text{의 행 } r)\cdot(B\text{의 열 } t) = (B\text{의 열 } t)\cdot(A\text{의 행 } r)$$

□

여기서, 곱셈의 순서에 주목하자. "$(AB)^T = A^TB^T$"라고 생각할 수도 있지만, 행 및 열 라벨들을 보면 이것은 잘못된 것이라는 것을 알 수 있다. A는 $R \times S$이고 B는 $S \times T$라고 해 보자.

- A의 열-라벨 집합은 B의 행-라벨 집합과 일치하므로, 곱 AB가 정의 된다.
- 하지만 A^T는 $S \times R$ 행렬이고 B는 $T \times S$ 행렬이다. 따라서 A^T의 열-라벨 집합은 B^T의 행-라벨 집합과 일치하지 않으므로 A^TB^T는 정의되지 않는다.
- 한편, B^T의 열-라벨 집합은 A^T의 행-라벨 집합과 일치한다. 따라서 B^TA^T는 정의 된다.

Example 5.11.16: 이 예는, 비록 B^TA^T와 A^TB^T 둘 다 정의 될 수 있지만, B^TA^T만 $(AB)^T$와 동일하다는 것을 보여 준다.

$$\begin{aligned} \begin{bmatrix} 1 & 2 \\ 3 & 4 \end{bmatrix}^T \begin{bmatrix} 5 & 0 \\ 1 & 2 \end{bmatrix}^T &= \begin{bmatrix} 1 & 3 \\ 2 & 4 \end{bmatrix} \begin{bmatrix} 5 & 1 \\ 0 & 2 \end{bmatrix} \\ &= \begin{bmatrix} 5 & 7 \\ 10 & 10 \end{bmatrix} \end{aligned}$$

이 결과를 Example 5.11.15(206 페이지)와 비교해 보자.

5.11.5 열벡터와 행벡터

열벡터 $m \times 1$ 행렬은 그 왼쪽에 행렬을 곱할때 벡터처럼 동작하므로 *열벡터*라고 한다. 다음 행렬-행렬 곱을 고려해 보자.

$$\begin{bmatrix} & & \\ & M & \\ & & \end{bmatrix} \begin{bmatrix} u_1 \\ \vdots \\ u_n \end{bmatrix}$$

행렬-행렬 곱셈의 행렬-벡터 정의에 의하면, M에 열이 하나밖에 없는 행렬 $\boldsymbol{u}$를 곱한 결과는 열이 하나인 행렬이 된다.

$$\begin{bmatrix} & & \\ & M & \\ & & \end{bmatrix} \begin{bmatrix} u_1 \\ \vdots \\ u_n \end{bmatrix} = \begin{bmatrix} v_1 \\ \vdots \\ v_m \end{bmatrix} \tag{5.8}$$

$\begin{bmatrix} u_1 \\ \vdots \\ u_n \end{bmatrix}$를 벡터 $\boldsymbol{u}$로 해석하고 $\begin{bmatrix} v_1 \\ \vdots \\ v_m \end{bmatrix}$를 벡터 $\boldsymbol{v}$로 해석하면 식 (5.8)은 행렬-벡터 식 $M * \boldsymbol{u} = \boldsymbol{v}$로 해석할 수 있다.

행벡터 벡터를 행렬로 해석하는 또 다른 방법이 있다. 그것은 행이 하나밖에 없는 행렬이다. 이러한 행렬은 *행벡터*라 한다. 행벡터의 오른쪽에 행렬 M을 곱하는 것은 벡터-행렬 곱셈과 같이 동작한다.

$$\begin{bmatrix} v_1 & \dots & v_m \end{bmatrix} \begin{bmatrix} & & \\ & M & \\ & & \end{bmatrix} = \begin{bmatrix} u_1 & \cdots & u_n \end{bmatrix}$$

5.11.6 모든 벡터는 열벡터로 해석된다.

선형 대수학의 관례에 따르면, 행렬과 벡터가 관련된 것을 표현할 때 모든 벡터는 열벡터로 해석된다. 따라서 전통적으로 행렬-벡터 곱은 $M\boldsymbol{v}$로 나타낸다.

벡터-행렬 곱에 대한 대응하는 표기법은 $\boldsymbol{v}^T M$이다. 이것은 좀 이상해 보인다. 벡터의 전치를 구하는 것은 의미가 없다. 하지만 $\boldsymbol{v}$는 열이 하나 있는 행렬로 해석되므로 열이 하나 있는 행렬의 전치는 행이 하나 있는 행렬이다.

벡터를 행벡터 대신 열벡터로 해석하는 이유는 행렬-벡터 곱셈이 벡터-행렬 곱셈보다 더 흔하기 때문이다.

Example 5.11.17: 열벡터 관례에 따르면, Example 5.5.2(169 페이지)의 행렬-벡터 곱 $\begin{bmatrix} 1 & 2 & 3 \\ 10 & 20 & 30 \end{bmatrix} * [7, 0, 4]$는 다음과 같이 나타낸다.

$$\begin{bmatrix} 1 & 2 & 3 \\ 10 & 20 & 30 \end{bmatrix} \begin{bmatrix} 7 \\ 0 \\ 4 \end{bmatrix}$$

Example 5.11.18: 열벡터 관례에 따르면, 벡터-행렬 곱 $[3, 4] * \begin{bmatrix} 1 & 2 & 3 \\ 10 & 20 & 30 \end{bmatrix}$은 아래와 같이 표현된다.

$$\begin{bmatrix} 3 \\ 4 \end{bmatrix}^T \begin{bmatrix} 1 & 2 & 3 \\ 10 & 20 & 30 \end{bmatrix}$$

벡터를 행렬로 해석함으로써 행렬-행렬 곱셈의 결합성을 이용할 수 있다. 이것은 다음 섹션에서 이용될 것이고, 또한 8장과 10장의 행렬-벡터 방정식을 푸는 알고리즘에서도 이용될 것이다.

이제부터는 벡터는 열벡터로 간주하여 행렬-벡터 또는 벡터-행렬 곱셈에서 *를 사용하지 않을 것이다. 하지만 파이썬 코드에서는 행렬-벡터, 벡터-행렬, 행렬-행렬 곱셈에 *를 사용한다.

5.11.7 선형결합의 선형결합 – 다시 보기

Example 4.2.11(130 페이지)에서는 세 개의 이전 벡터 $[3,0,0]$, $[0,2,0]$, $[0,0,1]$ 각각을 세 개의 새로운 벡터 $[1,0,0]$, $[1,1,0]$, $[1,1,1]$의 선형결합으로 나타내었다. 그다음에 이전 벡터들의 선형결합은 새로운 벡터들의 선형결합으로 변환될수 있음을 보여 주었다. 이 섹션에서는 이러한 변환이 행렬-행렬 곱셈의 결합성의 결과임을 보여 준다.

Example 5.11.6(199 페이지)에서 보았듯이, 이전 벡터 각각은 새로운 벡터들의 선형결합이라는 것을 표현하기 위해 행렬방정식을 사용할 수 있다.

$$\left[\begin{array}{c|c|c} 3 & 0 & 0 \\ 0 & 2 & 0 \\ 0 & 0 & 1 \end{array}\right] = \left[\begin{array}{c|c|c} 1 & 1 & 1 \\ 0 & 1 & 1 \\ 0 & 0 & 1 \end{array}\right] \left[\begin{array}{c|c|c} 3 & -2 & 0 \\ 0 & 2 & -1 \\ 0 & 0 & 1 \end{array}\right] \tag{5.9}$$

이전 벡터들의 선형결합을 행렬-벡터 곱으로 나타내면 다음과 같다.

$$\begin{bmatrix} x \\ y \\ z \end{bmatrix} = \left[\begin{array}{c|c|c} 3 & 0 & 0 \\ 0 & 2 & 0 \\ 0 & 0 & 1 \end{array}\right] \begin{bmatrix} x/3 \\ y/2 \\ z \end{bmatrix}$$

식 (5.9)를 사용하여 행렬을 대체하면,

$$\begin{bmatrix} x \\ y \\ z \end{bmatrix} = \left(\left[\begin{array}{c|c|c} 1 & 1 & 1 \\ 0 & 1 & 1 \\ 0 & 0 & 1 \end{array}\right] \begin{bmatrix} 3 & -2 & 0 \\ 0 & 2 & -1 \\ 0 & 0 & 1 \end{bmatrix} \right) \begin{bmatrix} x/3 \\ y/2 \\ z \end{bmatrix}$$

이것은 결합성에 의해 다음과 같이 다시 쓸 수 있다.

$$\begin{bmatrix} x \\ y \\ z \end{bmatrix} = \left[\begin{array}{c|c|c} 1 & 1 & 1 \\ 0 & 1 & 1 \\ 0 & 0 & 1 \end{array}\right] \left(\begin{bmatrix} 3 & -2 & 0 \\ 0 & 2 & -1 \\ 0 & 0 & 1 \end{bmatrix} \begin{bmatrix} x/3 \\ y/2 \\ z \end{bmatrix} \right)$$

괄호 안의 표현 $\begin{bmatrix} 3 & -2 & 0 \\ 0 & 2 & -1 \\ 0 & 0 & 1 \end{bmatrix} \begin{bmatrix} x/3 \\ y/2 \\ z \end{bmatrix}$을 간단하게 바꾸면 $\begin{bmatrix} x-y \\ y-z \\ z \end{bmatrix}$이 얻어지고,

이것을 대입하면 다음식이 구해진다.

$$\begin{bmatrix} x \\ y \\ z \end{bmatrix} = \left[\begin{array}{c|c|c} 1 & 1 & 1 \\ 0 & 1 & 1 \\ 0 & 0 & 1 \end{array}\right] \begin{bmatrix} x-y \\ y-z \\ z \end{bmatrix}$$

위 식은 $[x,y,z]$를 새로운 벡터들의 선형결합으로 나타낼 수 있음을 보여 준다.

이 예에서 보여주듯이, 선형결합의 선형결합은 또한 선형결합이 된다는 사실은 행렬-행렬 곱셈의 결합성의 결과이다.

5.12 내적(Inner product)과 외적(Outer product)

벡터는 행렬로 해석할 수 있으므로, 두 개의 이러한 벡터들을 행렬로 간주하여 곱할 때 무슨 일이 일어나는지 알아볼 것이다. 이렇게 곱하는 방식은 두 가지가 있다.

5.12.1 내적

$\boldsymbol{u}$와 $\boldsymbol{v}$는 두 개의 D-벡터라고 하자. "행렬-행렬" 곱 $\boldsymbol{u}^T\boldsymbol{v}$를 고려해 보자. 첫 번째 행렬은 하나의 행만 있고 두 번째 행렬은 하나의 열만 가진다. 행렬-행렬 곱셈의 도트곱 정의에 의하면 이 곱은 값이 $\boldsymbol{u}\cdot\boldsymbol{v}$인 하나의 엔트리로 구성된다.

Example 5.12.1:

$$\begin{bmatrix} 1 & 2 & 3 \end{bmatrix}\begin{bmatrix} 3 \\ 2 \\ 1 \end{bmatrix} = \begin{bmatrix} 10 \end{bmatrix}$$

이러한 이유로 인해, $\boldsymbol{u}$와 $\boldsymbol{v}$의 도트곱은 흔히 $\boldsymbol{u}^T\boldsymbol{v}$로 나타내고, 종종 *내적*이라고 한다. 하지만 "내적"이란 용어는 또 다른 의미를 가지고 있는데, 이것에 대해서는 9장에서 다룰 것이다.

5.12.2 외적

이제, $\boldsymbol{u}$와 $\boldsymbol{v}$는 임의의 벡터(정의역이 공통일 필요는 없음)라 하고 $\boldsymbol{u}\boldsymbol{v}^T$를 고려해 보자. $\boldsymbol{u}$의 정의역의 각 원소 s와 $\boldsymbol{v}$의 정의역의 각 원소 t에 대해, $\boldsymbol{u}\boldsymbol{v}^T$의 s,t 원소는 $\boldsymbol{u}[s]\ \boldsymbol{v}[t]$이다.

Example 5.12.2:

$$\begin{bmatrix} u_1 \\ u_2 \\ u_3 \end{bmatrix}\begin{bmatrix} v_1 & v_2 & v_3 & v_4 \end{bmatrix} = \begin{bmatrix} u_1v_1 & u_1v_2 & u_1v_3 & u_1v_4 \\ u_2v_1 & u_2v_2 & u_2v_3 & u_2v_4 \\ u_3v_1 & u_3v_2 & u_3v_3 & u_3v_4 \end{bmatrix}$$

이러한 종류의 곱은 벡터 $\boldsymbol{u}$와 $\boldsymbol{v}$의 *외적*이라 한다.

5.13 역함수와 역행렬

함수를 정의하는 행렬의 개념으로 돌아가 보자. 행렬 M에 대해 함수 $f(\boldsymbol{x}) = M\boldsymbol{x}$가 정의된다. f가 역함수를 가지는 경우에 대해 살펴보자. 함수 g는 만약 $f\circ g$와 $g\circ f$가 항등함수이면 f의 역함수이다.

5.13.1 선형함수의 역함수는 선형함수이다

Lemma 5.13.1: 만약 f가 선형함수이고 g는 f의 역함수이면, g도 또한 선형함수이다.

Proof

다음 두 가지를 증명해야 한다.

1. g의 정의역 내 모든 벡터 쌍 $\boldsymbol{y}_1, \boldsymbol{y}_2$에 대해, $g(\boldsymbol{y}_1 + \boldsymbol{y}_2) = g(\boldsymbol{y}_1) + g(\boldsymbol{y}_2)$.
2. g의 정의역 내 모든 스칼라 α와 벡터 $\boldsymbol{y}$에 대해, $g(\alpha\, \boldsymbol{y}) = \alpha\, g(\boldsymbol{y})$.

첫 번째 경우에 대해 증명해 보자. $\boldsymbol{y}_1$과 $\boldsymbol{y}_2$는 g의 정의역 내에 있는 벡터라 하자. $\boldsymbol{x}_1 = g(\boldsymbol{y}_1)$이고 $\boldsymbol{x}_2 = g(\boldsymbol{y}_2)$이다. 역함수의 정의에 의해, $f(\boldsymbol{x}_1) = \boldsymbol{y}_1$이고 $f(\boldsymbol{x}_2) = \boldsymbol{y}_2$이다.

$$\begin{aligned} g(\boldsymbol{y}_1 + \boldsymbol{y}_2) &= g(f(\boldsymbol{x}_1) + f(\boldsymbol{x}_2)) \\ &= g(f(\boldsymbol{x}_1 + \boldsymbol{x}_2)) && f\text{의 선형성에 의해} \\ &= \boldsymbol{x}_1 + \boldsymbol{x}_2 && g\text{는 } f\text{의 역함수이므로} \\ &= g(\boldsymbol{y}_1) + g(\boldsymbol{y}_2) && g\text{는 } f\text{의 역함수이므로} \end{aligned}$$

두 번째 경우에 대한 증명은 첫 번째와 유사하므로 생략한다. □

Problem 5.13.2: 두 번째 경우를 증명하여 Lemma 5.13.1의 증명을 완료해 보자.

5.13.2 역행렬

Definition 5.13.3: A는 $\boldsymbol{F}$상의 $R \times C$ 행렬이라 하고, B는 $\boldsymbol{F}$상의 $C \times R$ 행렬이라 하자. 함수 $f : \boldsymbol{F}^C \longrightarrow \boldsymbol{F}^R$는 $f_A(\boldsymbol{x}) = A\boldsymbol{x}$라 정의하고 함수 $g : \boldsymbol{F}^R \longrightarrow \boldsymbol{F}^C$는 $g(\boldsymbol{y}) = B\boldsymbol{y}$라 정의하자. 만약 f와 g가 서로의 역함수이면, 행렬 A와 B는 서로의 역행렬이라 한다. 만약 A가 역행렬을 가지면 A는 *가역행렬*(invertible matrix)이라 한다. 역함수의 유일성(Lemma 1.3.19)을 사용하여 어떤 행렬은 많아야 하나의 역행렬을 가진다는 것을 보여줄 수 있다. 가역행렬 A의 역행렬은 A^{-1}로 나타낸다.

가역적이지 않은 행렬은 종종 *특이행렬*(singular matrix)이라 한다. 하지만 이 책에서는 이 용어를 사용하지 않는다.

Example 5.13.4: 3×3 단위행렬 $\mathbb{1} = \begin{bmatrix} 1 & 0 & 0 \\ 0 & 1 & 0 \\ 0 & 0 & 1 \end{bmatrix}$은 $\mathbb{R}^3$상의 항등함수에 대응한다.

항등함수의 역함수는 그 자신이다. 따라서 $\mathbb{1}$은 그 자신의 역행렬이다.

Example 5.13.5: 3×3 대각행렬 $\begin{bmatrix} 2 & 0 & 0 \\ 0 & 3 & 0 \\ 0 & 0 & 4 \end{bmatrix}$의 역함수는 무엇인가? 이 행렬은

$f([x, y, z]) = [2x, 3y, 4z]$에 의해 정의된 함수 $f : \mathbb{R}^3 \longrightarrow \mathbb{R}^3$에 대응한다. 이 함수의 역함수는

$g([x,y,z]) = [\frac{1}{2}x, \frac{1}{3}y, \frac{1}{4}z]$이며, 이것은 행렬 $\begin{bmatrix} \frac{1}{2} & 0 & 0 \\ 0 & \frac{1}{3} & 0 \\ 0 & 0 & \frac{1}{4} \end{bmatrix}$에 대응한다.

Example 5.13.6: 3×3 대각행렬 $\begin{bmatrix} 2 & 0 & 0 \\ 0 & 0 & 0 \\ 0 & 0 & 4 \end{bmatrix}$은 함수 $f([x,y,z]) = [2x, 0, 4z]$에 대응하며, 이것은 가역함수가 아니므로 이 행렬은 역행렬을 가지지 않는다.

Example 5.13.7: Example 5.11.2(197 페이지)의 다음 기본 행-덧셈 행렬을 고려해 보자.

$$A = \begin{bmatrix} 1 & 0 & 0 \\ 2 & 1 & 0 \\ 0 & 0 & 1 \end{bmatrix}$$

이 행렬은 함수 $f([x_1, x_2, x_3]) = [x_1, x_2 + 2x_1, x_3])$에 대응한다. 즉, 이 함수는 첫 번째 엔트리의 2배를 두 번째 엔트리에 더한다. 역함수는 두 번째 엔트리에서 첫 번째 엔트리의 2배를 빼는 함수 $f^{-1}([x_1, x_2, x_3]) = [x_1, x_2 - 2x_1, x_3]$이다. 따라서 A의 역행렬은 아래와 같다.

$$A^{-1} = \begin{bmatrix} 1 & 0 & 0 \\ -2 & 1 & 0 \\ 0 & 0 & 1 \end{bmatrix}$$

이 행렬은 또한 행-덧셈 행렬이다.

Example 5.13.8: 다음은 또 다른 기본 행-덧셈 행렬이다.

$$B = \begin{bmatrix} 1 & 0 & 5 \\ 0 & 1 & 0 \\ 0 & 0 & 1 \end{bmatrix}$$

이 행렬은 세 번째 엔트리의 5배를 첫 번째 엔트리에 더하는 함수 $f([x_1, x_2, x_3])$에 대응한다. 즉, $f([x_1, x_2, x_3]) = [x_1 + 5x_3, x_2, x_3]$이다. f의 역함수는 첫 번째 엔트리에서 세 번째 엔트리의 5배를 빼는 함수, $f^{-1}([x_1, x_2, x_3]) = [x_1 - 5x_3, x_2, x_3]$이다. f^{-1}에 대응하는 행렬은 B의 역행렬이다.

$$B^{-1} = \begin{bmatrix} 1 & 0 & -5 \\ 0 & 1 & 0 \\ 0 & 0 & 1 \end{bmatrix}$$

이것은 또 다른 기본 행-덧셈 행렬이다.

명백히, 모든 기본 행-덧셈 행렬은 가역적이고 그 역행렬은 또한 기본 행-덧셈 행렬이다. 하나의 행에 대한 서로 다른 배수를 모든 다른 행에 더하는 행렬은 어떤가?

Example 5.13.9: Example 5.11.10(205 페이지)의 행렬을 고려해 보자.

$$A = \begin{bmatrix} 1 & 0 & 0 & 0 \\ 2 & 1 & 0 & 0 \\ 3 & 0 & 1 & 0 \\ 4 & 0 & 0 & 1 \end{bmatrix}$$

이 행렬은 첫 번째 행의 2배를 두 번째 행에, 첫 번째 행의 3배를 세 번째 행에, 첫 번째 행의 4배를 네 번째 행에 더한다. 이 행렬의 역행렬은 두 번째 행에서 첫 번째 행의 2배를, 세 번째 행에서 첫 번째 행의 3배를, 네 번째 행에서 첫 번째 행의 4배를 빼는 행렬이다.

$$A^{-1} = \begin{bmatrix} 1 & 0 & 0 & 0 \\ -2 & 1 & 0 & 0 \\ -3 & 0 & 1 & 0 \\ -4 & 0 & 0 & 1 \end{bmatrix}$$

Example 5.13.10: 함수 $f([x_1, x_2]) = [x_1 + x_2, x_1 + x_2]$에 대응하는 행렬 $\begin{bmatrix} 1 & 1 \\ 1 & 1 \end{bmatrix}$은 어떤가? 이 함수는 $[1, -1]$과 $[0, 0]$ 둘다 $[0, 0]$에 매핑하므로 가역적이지 않다. 그러므로 이 행렬은 비가역행렬이다.

5.13.3 역행렬의 사용

Lemma 5.13.11: 만약 $R \times C$ 행렬 A가 역행렬 A^{-1}을 가지면, AA^{-1}는 $R \times R$ 단위행렬이다.

Proof

$B = A^{-1}$라고 하자. $f_A(\boldsymbol{x}) = A\boldsymbol{x}$, $f_B(\boldsymbol{y}) = B\boldsymbol{y}$라 정의하자. 행렬-곱셈 Lemma (Lemma 5.11.8)에 의하면, 함수 $f_A \circ f_B$는 모든 R-벡터 $\boldsymbol{x}$에 대해 $(f_A \circ f_B)(\boldsymbol{x}) = AB\boldsymbol{x}$를 만족한다. 한편, $f_A \circ f_B$는 항등함수이고, 따라서 AB는 $R \times R$ 단위행렬이다. □

다음 행렬-벡터 식을 고려해 보자.

$$A\boldsymbol{x} = \boldsymbol{b}$$

만약 A가 역행렬 A^{-1}를 가지면, 식의 양변에 A^{-1}를 곱함으로써 다음 식을 얻는다.

$$A^{-1}A\boldsymbol{x} = A^{-1}\boldsymbol{b}$$

$A^{-1}A$는 단위행렬이므로, 다음식이 얻어진다.

$$\mathbb{1}\boldsymbol{x} = A^{-1}\boldsymbol{b}$$

단위행렬에 의한 곱셈은 항등함수이므로, 다음을 얻는다.

$$\boldsymbol{x} = A^{-1}\boldsymbol{b} \tag{5.10}$$

이것은 만약 식 $A\boldsymbol{x} = \boldsymbol{b}$가 해를 가진다면 그 해는 $A^{-1}\boldsymbol{b}$이어야 한다는 것을 말해 준다. 역으로, 만약 $\hat{\boldsymbol{x}} = A^{-1}\boldsymbol{b}$라고 하면 $A\hat{\boldsymbol{x}} = AA^{-1}\boldsymbol{b} = \mathbb{1}\boldsymbol{b} = \boldsymbol{b}$이다. 이것은 $A^{-1}\boldsymbol{b}$가 $A\boldsymbol{x} = \boldsymbol{b}$에 대한 해임을 보여준다.

이것은 다음과 같이 요약된다.

Proposition 5.13.12: 만약 A가 가역적이면, A의 행-라벨 집합과 동일한 정의역을 가지는 임의의 벡터 $\boldsymbol{b}$에 대해 행렬-벡터 식 $A\boldsymbol{x} = \boldsymbol{b}$는 정확하게 하나의 해를 가지며 그 해는 $A^{-1}\boldsymbol{b}$이다.

이 결과는 수학적으로 매우 유용한 것이다. 예를 들어, 다음 Proposision은 13장에서 고유값을 다루는 데 사용된다. 상삼각행렬 A를 고려해 보자.

Lemma 5.13.13: A는 상삼각행렬이라 하자. 그러면 A가 가역적이 될 필요충분조건은 A의 대각 원소가 모두 영이 아니어야 한다.

Proof

A의 모든 대각 원소가 영이 아니라고 하자. Proposition 3.11.5에 의하면, 임의의 우변 벡터 $\boldsymbol{b}$에 대해, $A\boldsymbol{x} = \boldsymbol{b}$에 대한 해는 정확하게 하나가 있다. 따라서 함수 $\boldsymbol{x} \mapsto A\boldsymbol{x}$는 전단사이다.

한편, A의 대각 원소 중 적어도 하나는 영이라고 하자. Proposition 3.11.6에 의해, 방정식 $A\boldsymbol{x} = \boldsymbol{b}$가 해를 가지지 않게 하는 벡터 $\boldsymbol{b}$가 있다. 만약 A가 역행렬을 가지면 Proposition 5.13.12에 의해 $A^{-1}\boldsymbol{b}$는 해가 될 것이다. □

Proposition 5.13.12은 궁극적으로 선형 프로그램(14장)을 푸는 알고리즘을 고안하는 데 반복적으로 사용될 것이다.

하지만 이 결과를 적용하기 위해서는 언제 행렬이 가역적이 되는지에 대한 유용한 기준을 찾아야 한다. 다음 섹션에서 이 과정을 시작한다. 하지만 7장까지 끝나지 않을 것이다.

식 (5.10)은 행렬-벡터 방정식 $A\boldsymbol{x} = \boldsymbol{b}$를 푸는 방법이 A의 역행렬을 찾아 그것에 $\boldsymbol{b}$를 곱하는 것이라고 생각하게 할 수 있다. 이것은 전통적으로 수학을 공부하는 학생에게 제시된 것이다. 하지만 이것은 컴퓨터에서 부동소수점으로 표현된 실수를 가지고 연산을 해야할 때는 별로 좋은 생각이 아니다. 왜냐하면, 이 방법으로는 다른 방법들보다 훨씬 부정확한 답을 찾게될 수 있기 때문이다.

5.13.4 가역행렬의 곱은 가역행렬이다.

Proposition 5.13.14: 만약 A와 B는 가역행렬이고 행렬 곱 AB가 정의된다면, AB는 가역행렬이고 $(AB)^{-1} = B^{-1}A^{-1}$이다.

Proof

함수 f와 g를 $f(\boldsymbol{x}) = A\boldsymbol{x}$와 $g(\boldsymbol{x}) = B\boldsymbol{x}$라 정의하자.

A와 B는 가역행렬이라 하자. 그러면, 대응하는 함수 f와 g는 가역적이다. 그러므로 Lemma 1.3.20에 의해 $f \circ g$는 가역적이고 그 가역 함수는 $g^{-1} \circ f^{-1}$이다. 따라서 $f \circ g$에 대응하는 행렬(즉, AB)는 가역행렬이고 그 가역행렬은 $B^{-1}A^{-1}$이다. □

Example 5.13.15: $A = \begin{bmatrix} 1 & 1 \\ 0 & 1 \end{bmatrix}$와 $B = \begin{bmatrix} 1 & 0 \\ 1 & 1 \end{bmatrix}$는 함수 $f : \mathbb{R}^2 \longrightarrow \mathbb{R}^2$와 $g : \mathbb{R}^2 \longrightarrow \mathbb{R}^2$에 대응한다.

$$f\left(\begin{bmatrix} x_1 \\ x_2 \end{bmatrix}\right) = \begin{bmatrix} 1 & 1 \\ 0 & 1 \end{bmatrix}\begin{bmatrix} x_1 \\ x_2 \end{bmatrix} = \begin{bmatrix} x_1 + x_2 \\ x_2 \end{bmatrix}$$

f는 가역 함수이다.

$$g\left(\begin{bmatrix} x_1 \\ x_2 \end{bmatrix}\right) = \begin{bmatrix} 1 & 0 \\ 1 & 1 \end{bmatrix}\begin{bmatrix} x_1 \\ x_2 \end{bmatrix} = \begin{bmatrix} x_1 \\ x_1 + x_2 \end{bmatrix}$$

g는 가역 함수이다.

함수 f와 g는 가역적이고, 그래서 함수 $f \circ g$도 가역적이다.

행렬-곱셈 Lemma에 의하면, 함수 $f \circ g$는 다음 행렬곱에 대응한다.

$$AB = \begin{bmatrix} 1 & 1 \\ 0 & 1 \end{bmatrix}\begin{bmatrix} 1 & 0 \\ 1 & 1 \end{bmatrix} = \begin{bmatrix} 2 & 1 \\ 1 & 1 \end{bmatrix}$$

그래서, 행렬은 가역적이다.

Example 5.13.16: $A = \begin{bmatrix} 1 & 0 & 0 \\ 4 & 1 & 0 \\ 0 & 0 & 1 \end{bmatrix}$, $B = \begin{bmatrix} 1 & 0 & 0 \\ 0 & 1 & 0 \\ 5 & 0 & 1 \end{bmatrix}$

행렬 A를 곱하는 것은 첫 번째 원소의 4배를 두 번째 원소에 더하는 것이다.

$$f([x_1, x_2, x_3]) = [x_1, x_2 + 4x_1, x_3])$$

이 함수는 가역적이다.

행렬 B를 곱하는 것은 첫 번째 원소의 5배를 세 번째 원소에 더하는 것이다.

$$g([x_1, x_2, x_3]) = [x_1, x_2, x_3 + 5x_1]$$

이 함수는 가역적이다.

행렬-곱셈 Lemma에 의하면, 행렬 AB를 곱하는 것은 합성 함수 $f \circ g$에 대응한다.

$$(f \circ g)([x_1, x_2, x_3]) = [x_1, x_2 + 4x_1, x_3 + 5x_1]$$

함수 $f \circ g$도 또한 가역 함수이다. 따라서 AB는 가역행렬이다.

Example 5.13.17: $A = \begin{bmatrix} 1 & 2 & 3 \\ 4 & 5 & 6 \\ 7 & 8 & 9 \end{bmatrix}$, $B = \begin{bmatrix} 1 & 0 & 1 \\ 0 & 1 & 0 \\ 1 & 1 & 0 \end{bmatrix}$

곱 $AB = \begin{bmatrix} 4 & 5 & 1 \\ 10 & 11 & 4 \\ 16 & 17 & 7 \end{bmatrix}$는 비가역적이다. 그래서 A와 B 중 적어도 하나는 비가역적이고 $\begin{bmatrix} 1 & 2 & 3 \\ 4 & 5 & 6 \\ 7 & 8 & 9 \end{bmatrix}$은 비가역적이다.

5.13.5 역행렬에 대해 좀 더 알아보기

앞에서 살펴보았듯이, AA^{-1}는 단위행렬이다. 역으로 추측하여 다음과 같이 생각할 수 있다. 임의의 행렬 A에 대해 만약 B는 AB가 단위행렬 $\mathbb{1}$이 되게 하는 행렬이면, B는 A의 역행렬이다. 하지만 이것은 사실이 아니다.

Example 5.13.18: 간단한 반례를 들어 보자.

$$A = \begin{bmatrix} 1 & 0 & 0 \\ 0 & 1 & 0 \end{bmatrix}, B = \begin{bmatrix} 1 & 0 \\ 0 & 1 \\ 0 & 0 \end{bmatrix}$$

그러면,

$$AB = \begin{bmatrix} 1 & 0 & 0 \\ 0 & 1 & 0 \end{bmatrix} \begin{bmatrix} 1 & 0 \\ 0 & 1 \\ 0 & 0 \end{bmatrix} = \begin{bmatrix} 1 & 0 \\ 0 & 1 \end{bmatrix}$$

하지만 $f_A(\boldsymbol{x}) = A\boldsymbol{x}$로 정의된 함수 $f_A : \boldsymbol{F}^3 \longrightarrow \boldsymbol{F}^2$와 $f_B(\boldsymbol{y}) = B\boldsymbol{y}$로 정의된 함수 $f_B : \boldsymbol{F}^2 \longrightarrow \boldsymbol{F}^3$는 서로의 역함수가 아니다. 사실상, $A \begin{bmatrix} 0 \\ 0 \\ 1 \end{bmatrix}$와 $A \begin{bmatrix} 0 \\ 0 \\ 0 \end{bmatrix}$는 둘 다 $\begin{bmatrix} 0 \\ 0 \end{bmatrix}$이다.

이것은 함수 f_A는 단사함수가 아니고 그래서 비가역 함수임을 나타내는 것이다.

따라서 $AB = I$가 성립한다고 해도 A와 B가 반드시 서로의 역함수되는 것은 아니다. 하지만 다음은 성립한다.

Corollary 5.13.19: 행렬 A와 B가 서로의 역함수가 될 필요충분조건은 AB와 BA 둘다 단위행렬이 되는 것이다.

Proof

- A와 B는 서로의 역함수라 하자. B는 A의 역함수이므로, Lemma 5.13.11는 AB가 단위행렬임을 암시한다. A는 B의 역함수이므로, 동일한 lemma는 BA가 단위행렬임을 암시한다.

- 역으로, AB와 BA 둘 다 단위행렬이라 하자. 행렬-곱셈 Lemma(Lemma 5.11.8)에 의하면, A와 B에 대응하는 함수들은 서로의 역함수이다. 그러므로 A와 B는 서로의 역행렬이다.

□

Question 5.13.20: 행렬 M이 가역적인지 어떻게 알 수 있는가?

이 질문은 다른 질문에 연관시킬 수 있다. 정의에 따르면, 만약 함수 $f(\boldsymbol{x}) = M\boldsymbol{x}$가 가역 함수, 즉 전단사함수이면, M은 가역행렬이다.

- *단사:* 이 함수는 선형(일차) 함수이므로, One-to-One Lemma에 의하면 이 함수는 만약 그 커널이 자명하면, 즉 M의 영공간이 자명하면 단사함수이다.

- *전사:* Question 5.10.16에서 질문하길 *선형함수가 전사함수인지 어떻게 알 수 있는가?*

만약 선형함수가 전사함수인지 알 수 있으면 행렬이 가역적인지 알 수 있을 것이다.

다음 두 장에서 이러한 질문들에 대한 답을 찾는 방법을 알게 될 것이다.

5.14 *Lab: 에러정정코드*

이 lab에서는 $GF(2)$상의 벡터와 행렬을 사용한다. 따라서 설명에서 1이 나오면 이것은 실제로 모듈 GF2의 값 one이라는 것을 기억하자.

5.14.1 *검사행렬(Check matrix)*

섹션 5.7.3에서 에러정정코드가 소개되었다. 살펴본 바와 같이, 선형 이진 코드에서 코드워드의 집합 $\mathcal{C}$는 $GF(2)$상의 벡터공간이다. 이러한 코드에서 검사행렬이라고 하는 행렬 H가 있는데 $\mathcal{C}$는 H의 영공간이다. 수신기는 벡터 $\tilde{\boldsymbol{c}}$를 수신할 때 수신된 벡터에 H를 곱하여 그 결과 벡터(*에러 신드롬*(error syndrome)이라고 함)가 영벡터인지 검사함으로써 수신된 것이 코드워드인지 검사할 수 있다.

5.14.2 *생성행렬(Generator matrix)*

벡터공간 $\mathcal{C}$는 검사행렬 H의 영공간으로 특징지어졌다. 벡터공간을 명시하는 또 다른 방법은 생성자를 사용하는 것이다. 선형코드에 대한 *생성행렬*은 행렬 G이며 G의 열들은 코드워드의 집합 $\mathcal{C}$에 대한 생성자이다.[2]

행렬-벡터 곱셈의 선형결합 정의에 의해, 모든 행렬-벡터 곱 $G * \boldsymbol{p}$는 G의 열들의 선형결합이고, 그러므로 코드워드이다.

[2]전통적으로 생성행렬은 그 행들이 $\mathcal{C}$에 대한 생성자가 되게 정의한다. 여기서는 표현의 단순화를 위해 이러한 전통적인 방식에서 벗어난다.

5.14.3 *해밍코드(Hamming's code)*

해밍은 4-비트 메시지를 7-비트 *코드워드*로 표현할 수 있는 코드를 발견하였다. 생성행렬은 다음과 같다.

$$G = \begin{bmatrix} 1 & 0 & 1 & 1 \\ 1 & 1 & 0 & 1 \\ 0 & 0 & 0 & 1 \\ 1 & 1 & 1 & 0 \\ 0 & 0 & 1 & 0 \\ 0 & 1 & 0 & 0 \\ 1 & 0 & 0 & 0 \end{bmatrix}$$

4-비트 메시지는 $GF(2)$상의 4-벡터 $\boldsymbol{p}$에 의해 표현된다. $\boldsymbol{p}$의 부호화는 행렬-벡터 곱 $G * \boldsymbol{p}$의 결과인 7-벡터이다.

f_G는 부호화 함수이고, 이 함수는 $f_G(\boldsymbol{x}) = G * \boldsymbol{p}$에 의해 정의된다고 하자. f_G의 상, 즉 모든 코드워드의 집합은 G의 행공간이다.

Task 5.14.1: 생성행렬 G를 나타내는 `Mat`의 인스턴스를 생성해 보자. 모듈 `matutil`의 프로시저, `listlist2mat`을 사용할 수 있다. 작업은 $GF(2)$상에서 이루어 지므로, 1을 나타내기 위해 모듈 `GF2`로부터의 값 `one`을 사용해야 한다. 메시지 $[1, 0, 0, 1]$을 부호화한 것은 무엇인가?

5.14.4 *복호화(Decoding)*

G의 행 중 4개는 $GF(2)^4$상의 표준 기저 벡터 $\boldsymbol{e}_1, \boldsymbol{e}_2, \boldsymbol{e}_3, \boldsymbol{e}_4$이다. 이것은 워드와 코드워드 사이의 관계에 대해 무엇을 암시하는가? 컴퓨터를 사용하지 않고 코드워드 $[0, 1, 1, 1, 1, 0, 0]$을 쉽게 복호화할 수 있는가?

Task 5.14.2: 좀 전에 수행한 수동 복호화 과정에 대해 생각해 보자. 4×7 행렬 R을 구성해 보자. R은 임의의 코드워드 $\boldsymbol{c}$에 대해 행렬-벡터 곱 $R * \boldsymbol{c}$가 부호화한 것이 $\boldsymbol{c}$가 되는 4-벡터와 동일하게 되는 그런 행렬이다. 행렬-행렬 곱 RG는 무엇이 되어야 하는가? 이 행렬을 계산하고 예상하는 것과 비교해 보자.

5.14.5 *에러 신드롬(Error syndrome)*

앨리스(Alice)는 잡음 채널을 통해 코드워드 $\boldsymbol{c}$를 전송한다고 해 보자. $\tilde{\boldsymbol{c}}$는 밥(Bob)에 의해 수신된 벡터라 하자. $\tilde{\boldsymbol{c}}$가 $\boldsymbol{c}$와 다를 수 있다는 것을 나타내기 위해 다음과 같이 표현한다.

$$\tilde{\boldsymbol{c}} = \boldsymbol{c} + \boldsymbol{e}$$

여기서, $\boldsymbol{e}$는 에러 벡터이며 오류가 발생한 위치의 값은 1이다.

만약 밥은 에러 벡터 $\boldsymbol{e}$를 알아낼 수 있으면, 코드워드 $\boldsymbol{c}$를 복구할 수 있어 원래 메시지를 알 수 있다. 에러 벡터 $\boldsymbol{e}$를 찾아내기 위해 밥은 검사행렬을 사용한다. 해밍코드의 경우, 검사행렬은 다음과 같다.

$$H = \begin{bmatrix} 0 & 0 & 0 & 1 & 1 & 1 & 1 \\ 0 & 1 & 1 & 0 & 0 & 1 & 1 \\ 1 & 0 & 1 & 0 & 1 & 0 & 1 \end{bmatrix}$$

에러 벡터를 알아내는 첫 번째 단계로서, 밥은 *에러 신드롬*을 계산한다. 에러 신드롬은 벡터 $H * \tilde{\boldsymbol{c}}$ 이며 이것은 $H * \boldsymbol{e}$와 동일하다.

행렬 H를 주의깊게 살펴보자. 이 행렬의 열들의 순서에 무언가 특별한 것이 있는가?

함수 f_H를 $f_H(\boldsymbol{y}) = H * \boldsymbol{y}$로 정의하자. f_H에 의한 임의의 코드워드의 이미지는 영벡터이다. 이제, f_H와 f_G의 합성 함수인 $f_H \circ f_G$를 고려해 보자. 임의의 벡터 $\boldsymbol{p}$에 대해 $f_G(\boldsymbol{p})$는 코드워드 $\boldsymbol{c}$이고 임의의 코드워드 $\boldsymbol{c}$에 대해 $f_H(\boldsymbol{c}) = \boldsymbol{0}$이다. 이것은 임의의 벡터 $\boldsymbol{p}$에 대해 $(f_H \circ f_G)(\boldsymbol{p}) = \boldsymbol{0}$ 임을 의미한다.

행렬 HG는 함수 $f_H \circ f_G$에 대응한다. 이러한 사실에 기반을 둔 행렬 HG의 엔트리들을 추측해 보자.

Task 5.14.3: 검사행렬 H를 나타내는 `Mat`의 인스턴스를 생성해 보자. 행렬-행렬 곱 HG를 계산하여라. 결과는 추측한 것과 일치하는가?

5.14.6 *에러 찾기*

밥은 코드워드에서 많아야 1비트 에러가 있다고 가정한다. 따라서 $\boldsymbol{e}$의 엔트리 중 많아야 한 비트가 영이 아니고 그 비트는 위치 $i \in \{1, 2, \ldots, 7\}$에 있다고 하자. 이 경우, $H * \boldsymbol{e}$의 값은 무엇인가? (힌트: H의 열들의 순서에 대한 특별한 성질을 사용)

Task 5.14.4: 에러 신드롬을 받아 들여 대응하는 에러 벡터 $\boldsymbol{e}$를 리턴하는 프로시저, `find_error`를 작성해 보자.

밥은 코드워드가 아닌 $\tilde{\boldsymbol{c}} = [1, 0, 1, 1, 0, 1, 1]$을 수신하였다고 해 보자. 밥의 목적은 앨리스가 전송하려고 했던 원래의 4-비트 메시지를 알아내는 것이다. 그러기 위해 `find_error`를 사용하여 대응하는 에러 벡터 $\boldsymbol{e}$를 알아내고 그다음에 $\boldsymbol{e}$를 $\tilde{\boldsymbol{c}}$에 더하여 정확한 코드워드를 알아낸다. 마지막으로, Task 5.14.2의 행렬 R을 사용하여 원래의 4-벡터를 구한다.

Task 5.14.5: 다음 스펙을 가지는 한 줄로 된 프로시저, `find_error_matrix`를 작성해 보자.

- *input:* 열들이 에러 신드롬들인 행렬 `S`
- *output:* c 번째 열이 `S`의 c 번째 열에 대응하는 에러인 행렬

이 프로시저는 `find_error` 프로시저와 `matutil` 모듈의 몇몇 프로시저들을 함께 사용하는 컴프리헨션으로 구성된다.

작성한 프로시저를 열이 $[1, 1, 1]$과 $[0, 0, 1]$인 행렬에 대해 테스트해 보자.

5.14.7 *종합하여 구성하기*

이제, 전체 문자열을 부호화하여 에러에 대해 보호하려고 할 것이다. 먼저, 텍스트를 비트들의 행렬로 표현하는 것에 대해 약간 알아봐야 한다. 문자들은 *UTF-8*이라고 하는 가변 길이 부호화 기법을 사용하여 표현된다. 각 문자는 어떤 수의 바이트에 의해 표현된다. 문자 c의 값은 `ord(c)`를 사용하여 찾을 수 있다. 문자 'a', 'A', 공백문자의 수치 값은 무엇인가?

수치 값이 있으면 chr(i)를 사용하여 문자를 얻을 수 있다. 다음을 사용하면 0에서 255까지인 문자열들의 수치 값을 볼 수 있다.

```
>>> s = ''.join([chr(i) for i in range(256)])
>>> print(s)
```

모듈 bitutil은 $GF(2)$ 값들의 리스트, $GF(2)$상의 행렬들, 그리고 문자열들 사이를 변환하기 위한 몇몇 프로시저들을 정의한다. 이러한 프로시저 중 2개는 str2bits(str)와 bits2str(L)이다.

프로시저, str2bits(str)은 다음 스펙을 가진다.

- *input:* 문자열
- *output:* 문자열을 나타내는 $GF(2)$ 값들(0과 one)의 리스트

프로시저, bits2str(L)은 역으로 변환하는 프로시저이다.

- *input:* $GF(2)$ 값들의 리스트
- *output:* 대응하는 문자열

Task 5.14.6: str2bits(str)을 위에서 정의된 문자열에 적용해 보자. 그리고, bits2str(L)은 원래 문자열로 되돌려 준다는 것을 확인해 보자.

해밍코드는 한 번에 4비트씩 연산한다. 4-비트 시퀀스는 *니블*(nibble)(때때로 *nybble*)이라 한다. 비트들의 리스트(예를 들어, str2bits에 의해 생성된)를 부호화하기 위해 리스트를 니블로 쪼개어 각 니블별로 부호화한다.

각 니블을 변환하기 위해, 니블은 4-벡터로 해석되며 생성행렬 G가 곱해진다. 한 가지 방안은 비트들의 리스트를 4-벡터들의 리스트로 변환하고 그다음에 컴프리헨션을 사용하여 그 리스트 내의 각 벡터에 G를 곱한다. 행렬로 된 표현을 위해서는 비트들의 리스트를 행렬 B로 변환할 것이다. 이때, B의 각 열은 니블을 나타내는 4-벡터이다. 따라서, $4n$ 비트들의 시퀀스는 $4 \times n$ 행렬 P에 의해 표현된다. 모듈 bitutil은 비트들의 리스트를 행렬로 변환하는 프로시저 bits2mat(bits)와 행렬 A를 비트들의 리스트로 변환하는 프로시저 mat2bits(A)를 정의한다.

Task 5.14.7: 문자열을 비트들의 리스트인 행렬 P로 변환하고 다시 문자열로 변환해 보자. 그리고 원래 시작한 문자열을 얻을 수 있는지 확인해 보자.

Task 5.14.8: 이러한 프로시저들을 합쳐 문자열 "I'm trying to free your mind, Neo. But I can only show you the door. You're the one that has to walk through it."을 나타내는 행렬 P를 계산해 보자.

위의 메시지를 잡음 통신 채널을 통해 전송한다고 상상해 보자. 이 채널은 비트들을 전송하지만, 가끔 잘못된 비트를 전송하여 1이 0이 되기도 하고 그 반대 현상도 일어난다.

모듈 bitutil은 프로시저 noise(A, s)를 제공한다. 이 프로시저는 주어진 행렬 A와 확률 파라미터 s에 대해 A와 동일한 행-라벨 및 열-라벨을 가지는 행렬을 리턴한다. 하지만 이 행렬의 엔트리들은 확률 분포 {1:s, 0:1-s}에 따라 $GF(2)$로부터 선택된 것이다. 예를 들어, noise(A, 0.02)의 각 엔트리는 0.02의 확률로 1이 되고 0.98의 확률로 영이 될 것이다.

Task 5.14.9: 행렬 P를 전송할 때 잡음 채널의 효과를 만들기 위해 `noise(P, 0.02)`을 사용하여 랜덤행렬 E를 생성해 보자. 행렬 $E + P$ 는 어떤 에러를 도입할 것이다. 잡음의 효과를 보기 위해 잡음이 추가된 행렬을 다시 텍스트로 변환해 보자.

변환된 텍스트는 원래의 텍스트와 상당히 다를 것이다. 해밍코드를 사용하여 이러한 문제를 해결해 보자. 행벡터 $\boldsymbol{p}$에 의해 표현된 워드를 부호화하기 위해 $G * \boldsymbol{p}$를 계산한다는 것을 기억하자.

Task 5.14.10: 행렬 P의 열들에 의해 표현되는 워드를 부호화하여 행렬 C를 구해 보자. P로부터 C를 계산하는 데 루프나 컴프리헨션을 사용하지 않아야 한다. 부호화하기 전에 텍스트를 표현하는 데 몇 개의 비트가 사용되는가? 부호화한 후에는 몇 개의 비트가 사용되는가?

Task 5.14.11: 부호화된 데이터를 잡음 채널을 통해 전송한다고 가정해 보자. `noise`를 사용하여 에러 확률이 0.02인 적절한 잡음 행렬을 구성하고 그것을 C에 더하여 잡음이 추가된 행렬 `CTILDE`를 얻는다. 에러를 정정하지 않고 `CTILDE`를 복호화하고 그것을 텍스트로 변환해 수신된 정보가 얼마나 변형되었는지 알아보자.

Task 5.14.12: 여기서는 다음 스펙을 가지는 한 줄로 된 프로시저, `correct(A)`를 작성해 보자.

- *input:* 행렬 A. 이 행렬의 각 열은 코드워드와 많아야 한 비트 다르다.
- *output:* 열들이 대응하는 유효한 코드워드들인 행렬.

이 프로시저는 루프와 컴프리헨션을 포함하지 않아야 한다. 단지 행렬-행렬 곱셈과 행렬-행렬 덧셈을 이 lab에서 작성한 프로시저와 함께 사용해 보자.

Task 5.14.13: 작성한 프로시저, `correct(A)`를 `CTILDE` 에 적용하여 코드워드들의 행렬을 구해 보자. 이 행렬을 Task 5.14.2에서 다룬 행렬 R을 사용하여 복호화하여 열들이 4-벡터들인 행렬을 얻는다. 그다음에 이 4-벡터들에 대응하는 문자열을 구한다.

해밍코드는 오류가 발생한 모든 문자들을 교정할 수 있는가? 만약 그렇지 않다면, 그 이유를 설명해 보자.

Task 5.14.14: 이 과정을 에러 확률이 다른 경우에 반복하여 해밍코드가 다른 환경에서는 얼마나 잘 에러를 교정하는지 알아보자.

5.15 *Lab: 2D에서의 변환*

5.15.1 *평면의 점들에 대한 표현*

평면의 점 (x, y)를 `{'x','y'}`-벡터 $\begin{bmatrix} x \\ y \end{bmatrix}$로 표현하는 것에 대해 익숙할 것이다. 이 lab에서는 `{'x','y','u'}`-벡터 $\begin{bmatrix} x \\ y \\ u \end{bmatrix}$를 사용할 것인데, 이유는 곧 명백해 질 것이다. 이렇게 표현하는 것은 *동차 좌표*(homogeneous coordinates)라 한다. 여기서는 완전히 일반적인 동차 좌표를 사용하지는 않고 u 좌표가 항상 1인 것을 사용할 것이다.

5.15.2 *변환*

기하학적 변환은 행렬 M에 의해 표현될 것이다. 이러한 변환을 한 점의 위치에 적용하기 위해 행렬-벡터 곱셈을 사용하여 행렬에 그 점을 나타내는 위치 벡터를 곱한다.

예를 들어, 어떤 점을 수직 방향으로 2만큼 스케일링하고자 한다고 해 보자. 평면의 점들을 2-벡터 $\begin{bmatrix} x \\ y \end{bmatrix}$로 표현한다면, 이 변환은 다음 행렬에 의해 표현될 것이다.

$$\begin{bmatrix} 1 & 0 \\ 0 & 2 \end{bmatrix}$$

이러한 변환은 행렬-벡터 곱셈을 사용하여 벡터에 적용할 수 있다.

$$\begin{bmatrix} 1 & 0 \\ 0 & 2 \end{bmatrix} \begin{bmatrix} x \\ y \end{bmatrix}$$

예를 들어, 어떤 점의 위치가 $(12, 15)$이면, 다음과 같이 계산된다.

$$\begin{bmatrix} 1 & 0 \\ 0 & 2 \end{bmatrix} \begin{bmatrix} 12 \\ 15 \end{bmatrix} = \begin{bmatrix} 12 \\ 30 \end{bmatrix}$$

하지만, 여기서는 평명상의 점들을 3-벡터 $\begin{bmatrix} x \\ y \\ u \end{bmatrix}$ $(u = 1)$로 나타내므로, 이 변환은 다음 행렬에 의해 표현될 것이다.

$$\begin{bmatrix} 1 & 0 & 0 \\ 0 & 2 & 0 \\ 0 & 0 & 1 \end{bmatrix}$$

이것을 행렬-벡터 곱셈에 의해 점 (x, y)에 적용하면 다음과 같다.

$$\begin{bmatrix} 1 & 0 & 0 \\ 0 & 2 & 0 \\ 0 & 0 & 1 \end{bmatrix} \begin{bmatrix} x \\ y \\ 1 \end{bmatrix}$$

예를 들어, 점 $(12, 15)$에 적용하면 아래와 같이 계산된다.

$$\begin{bmatrix} 1 & 0 & 0 \\ 0 & 2 & 0 \\ 0 & 0 & 1 \end{bmatrix} \begin{bmatrix} 12 \\ 15 \\ 1 \end{bmatrix} = \begin{bmatrix} 12 \\ 30 \\ 1 \end{bmatrix}$$

결과 벡터에서도 또한 u 엔트리가 1이 됨에 유의 하자.

이러한 변환을 동시에 여러 개의 점들에 적용하고자 한다고 해 보자. Examples 5.11.4와 5.11.5에서 보여주었듯이, 행렬-행렬 곱셈의 행렬-벡터 정의에 따르면 이러한 변환을 여러 개의 점에 적용하기 위해서는 이 점들을 사용하여 위치 행렬을 만들고 그 위치 행렬의 좌측에 변환을 나타내는 행렬을 곱하면 된다.

$$\begin{bmatrix} 3 & 0 & 0 \\ 0 & 3 & 0 \\ 0 & 0 & 1 \end{bmatrix} \left[\begin{array}{c|c|c|c} 2 & 2 & -2 & -2 \\ 2 & -2 & 2 & 2 \\ 1 & 1 & 1 & 1 \end{array}\right] = \left[\begin{array}{c|c|c|c} 6 & 6 & -6 & -6 \\ 6 & -6 & 6 & 6 \\ 1 & 1 & 1 & 1 \end{array}\right]$$

5.15.3 *이미지 표현*

여기서는 파이썬의 행렬을 사용하여 이미지들을 조작해 볼 것이다. 이렇게 하기 위해 이미지들을 행렬로 표현해야 한다. 이미지를 평면상의 화소점(colored point)들의 집합으로 표현해 보자.

화소점

화소점을 나타내기 위해서는 점의 위치와 컬러를 명시해야 한다. 그러므로, 라벨 $\{'x', 'y', 'u'\}$을 가지는 *위치* 벡터와 라벨 $\{'r', 'g', 'b'\}$을 가지는 *컬러* 벡터의 2개 벡터를 사용하여 점을 나타낸다. 위치 벡터는 통상적인 방식과 같이 (x, y) 쌍으로 점의 위치를 나타낸다. 당분간 u 엔트리는 항상 1이라고 하자. 나중에 이 엔트리가 어떻게 사용되는지 알아보게 될 것이다. 예를 들어, 점 $(12, 15)$는 벡터 `Vec({'x','y','u'}, {'x':12, 'y':15, 'u':1}`로 나타낼 것이다.

컬러 벡터는 점의 컬러를 나타낸다. $'r'$, $'g'$, $'b'$ 엔트리는 컬러 채널 *붉은색*, *초록색*, *파란색*에 대한 밝기를 나타낸다. 예를 들어, 붉은색은 함수 $\{'r' : 1\}$로 나타낸다.

이미지를 나타내는 방법

보통, 이미지는 직사각형 픽셀들의 직사각형 격자이고, 각 픽셀에는 컬러가 할당된다. 여기서는 이미지 변환을 수행할 것이므로 조금 더 일반적인 표현을 사용할 것이다.

일반화된 이미지(generalized image)는 일반화된 픽셀들의 격자로 구성된다. 이때, 각 픽셀은 4변형(quadrilateral)이다(반드시 직사각형일 필요는 없음).

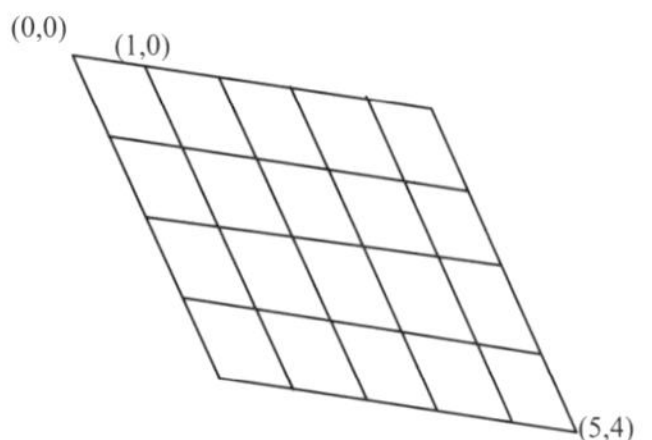

일반화된 픽셀들의 모서리(corner)에 있는 점들은 정수쌍 (x, y)에 의해 식별되고 *픽셀 좌표*라고 부른다. 맨위 왼쪽 모서리의 픽셀 좌표는 $(0, 0)$이고, 이 모서리 바로 오른쪽 모서리의 픽셀 좌표는

$(1,0)$이다. 예를 들어, 맨위 왼쪽 일반화된 픽셀의 네 모서리의 픽셀 좌표는 $(0,0),(0,1),(1,0),(1,1)$이다.

각 모서리에는 평면에서의 위치가 할당되고 일반화된 각 픽셀에는 컬러가 할당된다. 모서리들의 평면의 점들에 대한 매핑은 행렬, 즉 *위치 행렬*(location matrix)에 의해 주어진다. 각 모서리는 위치 행렬의 열에 대응하고 이 열의 라벨은 그 모서리의 픽셀 좌표쌍 (x,y)이다. 열은 모서리의 위치를 나타내는 `{'x','y','u'}`-벡터이다. 따라서 위치 행렬의 행 라벨들은 'x', 'y', 그리고 'u'이다.

일반화된 픽셀의 컬러에 대한 매핑은 또 다른 행렬, *컬러 행렬*(color matrix)에 의해 주어진다. 일반화된 각 픽셀은 컬러 행렬의 열에 대응하고, 이 열의 라벨은 일반화된 픽셀의 맨위 왼쪽 모서리의 픽셀 좌표쌍이다. 열은 일반화된 픽셀의 컬러를 나타내는 `{'r','g','b'}`-벡터이다.

예를 들어, 아래 이미지는 4개의 일반화된 픽셀들로 구성되며 총 9개의 모서리를 가지고 있다.

이 이미지는 다음의 위치 행렬과 컬러 행렬에 의해 표현된다.

```
      (0, 0) (0, 1) (0, 2) (1, 2) (1, 1) (1, 0) (2, 2) (2, 0) (2, 1)
     ---------------------------------------------------------------
 x  |    0      0      0      1      1      1      2      2      2
 y  |    0      1      2      2      1      0      2      0      1
 u  |    1      1      1      1      1      1      1      1      1
```

```
      (0, 0) (0, 1) (1, 1) (1, 0)
     -----------------------------
 b  |   225    125     75    175
 g  |   225    125     75    175
 r  |   225    125     75    175
```

위치 행렬에 적절한 변환을 적용하면 다음을 얻는다.

```
      (0, 0) (0, 1) (0, 2) (1, 2) (1, 1) (1, 0) (2, 2) (2, 0) (2, 1)
     ---------------------------------------------------------------
 x  |    0      2      4     14     12     10     24     20     22
 y  |    0     10     20     22     12      2     24      4     14
 u  |    1      1      1      1      1      1      1      1      1
```

이것을 변경되지 않은 컬러 행렬과 결합하면 다음과 같다.

5.15.4 *이미지 로딩과 표시*

몇 가지 도움이 되는 프로시저를 가진 모듈 `image_mat_util`이 제공된다.

- `file2mat`
  - *input:* .png 이미지 파일의 경로 이름을 제공하는 문자열
  - *output:* 이미지를 나타내는 2-터플(위치 행렬, 컬러 행렬)
- `mat2display`
  - *input:* 위치 행렬과 컬러행렬(두 개의 인수)
  - *output:* 웹브라우저에 이미지 표시

Task 5.15.1: `.png` 이미지 파일을 다운로드하여 `file2mat`을 사용하여 로딩하고 `mat2display`를사용하여 화면(스크린)에 표시해 보자.

5.15.5 *선형변환*

다수의 간단한 선형변환을 제공하는 `transform`이란 이름의 모듈을 작성할 것이다. 이미지에 대해 연산하는 프로시저를 작성하는 대신, 작성한 메서드들은 변환 행렬을 리턴할 것이고, 이 변환 행렬은 행렬 곱셈을 사용하여 특정 이미지에 적용될 수 있다. 각 task에 대해 프로시저를 작성하는 것뿐만 아니라 `matrix_resources/images`에 제공된 몇몇 이미지들에 대해 테스트해 보자.

Task 5.15.2: 인수를 가지지 않으며 위치 벡터들에 대한 단위행렬을 리턴하는 프로시저, `identity()`를 작성해 보자. 이 행렬을 먼저 어떤 점들에 적용하고 그다음에 이미지에 적용하여 아무것도 변하지 않음을 확인해 보자. (*힌트:* 올바른 행 및 열 라벨들을 생각해 보자.)

5.15.6 *평행이동*

평행이동은 점 (x, y)를 $(x+\alpha, y+\beta)$로 이동하는 변환이다. 이때, α와 β는 변환의 파라미터들이다. 변환을 나타내는 2×2 행렬을 제시할 수 있는가? 다시 말하면, $x' = Mx$인 행렬 M이 있는가? 이때, x와 x'은 각각 변환 이전과 변환 이후의 점에 대한 좌표이다. (*힌트:* 변환은 원점 또는 영벡터에 대해 어떻게 동작하는가?)

이제, 2-차원 점들을 3-차원 벡터로 표현하는 것에 대해 고려해 보자. 여기서, 3-차원 벡터의 세 번째 좌표는 1로 고정되어 있다. 이것은 *동차 좌표*로 알려진 표현의 특수한 경우이다. 평행이동을 나타내는 3×3 행렬을 제시할 수 있는가?

Task 5.15.3: 두 개의 평행이동 파라미터를 가지며 대응하는 3×3 평행이동 행렬을 리턴하는 프로시저, `translation(alpha, beta)`을 작성해 보자. 작성한 프로시저를 몇몇 이미지들에 대해 테스트해 보자.

5.15.7 *스케일링*

스케일링 변환은 점 (x, y)를 $(\alpha x, \beta y)$로 변환한다. 이때, α와 β는 각각 x- 및 y-스케일링 파라미터이다. 스케일링은 벡터 $\begin{bmatrix} x \\ y \end{bmatrix}$를 곱하는 2×2 행렬에 의해 표현될 수 있는가? 스케일링은 벡터 $\begin{bmatrix} x \\ y \\ 1 \end{bmatrix}$을 곱하는 3×3 행렬로 나타낼 수 있는가?

Task 5.15.4: x- 및 y-스케일링 파라미터를 가지며 벡터 $\begin{bmatrix} x \\ y \\ 1 \end{bmatrix}$을 곱하는 대응하는 3×3 스케일링 행렬을 리턴하는 프로시저, `scale(alpha, beta)`을 작성해 보자.

5.15.8 *회전이동(Rotation)*

- 동차 좌표에서 벡터 $(1, 0, 1)$은 어떤 점을 나타내는가? 원점에 대해 반시계 방향으로 30도 회전한 후 이점의 동차 좌표는 무엇인가?
- 벡터 $(0, 1, 1)$과 $(0, 0, 1)$에 대한 동일한 질문에 답해 보자.
- 원점에 대해 반시계 방향으로 30도 회전한 것을 나타내는 3×3 행렬 M은 무엇인가? 즉, 행렬 M은 $x' = Mx$를 만족하며 x와 x'은 각각 회전 이전과 회전 이후의 점의 좌표이다.
- 원점에 대해 반시계 방향으로 θ 라디안 회전한 것에 대한 일반적인 행렬 형태는 무엇인가? 이것을 이 책에서 유도한 2×2 회전 행렬과 비교해 보자.

Task 5.15.5: 라디안으로 표현된 각도를 인자로 가지며 대응하는 회전 행렬을 리턴하는 프로시저, `rotation(theta)`을 작성해 보자. *힌트:* 모듈 `math`의 `sin(·)`와 `cos(·)` 둘 다 이용 가능하다.

5.15.9 *원점이 아닌 것을 중심으로 한 회전이동*

Task 5.15.6: 세 개의 파라미터 – 라디안으로 표현한 각도 `theta`, x 좌표, y 좌표를 가지며 (x, y)에 대해 반시계 방향으로 `theta`만큼 회전하는 행렬을 리턴하는 프로시저, `rotation_about(theta, x, y)`를 작성해 보자. *힌트:* 이미 작성했던 프로시저들을 사용하라.

5.15.10 *대칭이동(Reflection)*

y-축에 대한 대칭이동은 점 (x, y)를 $(-x, y)$로 변환한다.

Task 5.15.7: 파라미터를 가지지 않으며 y-축에 대한 대칭이동에 대응하는 행렬을 리턴하는 프로시저, `reflect_y()`을 작성해 보자.

Task 5.15.8: 파라미터를 가지지 않으며 x-축에 대한 대칭이동에 대응하는 행렬을 리턴하는 프로시저, `reflect_x()`을 작성해 보자.

5.15.11 *컬러 변환*

여기서 이미지 표현은 위치뿐만 아니라 컬러에 대한 변환을 지원한다. 이러한 변환은 대응하는 행렬을 컬러 행렬에 곱함으로써 적용된다.

Task 5.15.9: r, g, b 스케일링 파라미터를 가지며 대응하는 스케일링 행렬을 리턴하는 프로시저, `scale_color`을 작성해 보자.

Task 5.15.10: 컬러 이미지를 흑백 이미지로 변경하는 행렬을 리턴하는 프로시저, `grayscale()`을 작성해 보자. 두 이미지는 여전히 RGB로 표현된다는 것에 주의하자. 만약 원 이미지의 픽셀이 각 컬러 채널의 값으로 r, g, b를 가지면, 흑백 이미지에서 픽셀은 3개 컬러 채널의 값으로 모두 $\frac{77r}{256} + \frac{151g}{256} + \frac{28b}{256}$을 가진다.

5.15.12 *좀 더 일반적인 대칭이동*

Task 5.15.11: 두 개의 점을 인자로 가지며 그 두 점에 의해 정의된 직선에 대한 대칭이동을 나타내는 행렬을 리턴하는 프로시저, `reflect_about(x1,y1, x2,y2)`을 작성해 보자.
(*힌트:* 회전이동, 평행이동, 간단한 대칭이동 사용)

5.16 Review questions

- 선형함수는 무엇인가?
- 행렬의 전치는 무엇인가?
- 행렬의 sparsity는 무엇이며 그것은 계산에서 왜 중요한가?
- 행렬-벡터 곱셈의 선형결합 정의는 무엇인가?
- 벡터-행렬 곱셈의 선형결합 정의는 무엇인가?
- 행렬-벡터 곱셈의 도트곱 정의는 무엇인가?
- 벡터-행렬 곱셈의 도트곱 정의는 무엇인가?
- 단위행렬은 무엇인가?

- 상삼각행렬은 무엇인가?
- 대각행렬은 무엇인가?
- 선형함수는 무엇인가?
- 선형함수 $f : \boldsymbol{F}^n \longrightarrow \boldsymbol{F}^m$을 행렬로 표현할 수 있는 두 가지 방식은 무엇인가?
- 선형함수의 커널 및 이미지는 무엇인가?
- 행렬의 영공간, 열공간, 행공간은 무엇인가?
- 행렬-행렬 곱셈의 행렬-벡터 정의는 무엇인가?
- 행렬-행렬 곱셈의 벡터-행렬 정의는 무엇인가?
- 행렬-행렬 곱셈의 도트곱 정의는 무엇인가??
- 행렬-행렬 곱셈의 결합성은 무엇인가?
- 행렬-벡터 및 벡터-행렬 곱셈은 행렬-행렬 곱셈을 사용하여 어떻게 나타낼 수 있는가?
- 외적은 무엇인가?
- 도트곱은 행렬-행렬 곱셈을 사용하여 어떻게 표현할 수 있는가?
- 행렬의 역행렬은 무엇인가?
- 두 행렬이 서로의 역행렬인지를 체크하는 하나의 기준은 무엇인가?

5.17 Problems

행렬-벡터 곱셈

Problem 5.17.1: 다음 행렬-벡터 곱을 계산해 보자(이것을 계산하는 데 컴퓨터를 사용하지 말 것을 권한다).

1. $\begin{bmatrix} 1 & 1 \\ 1 & -1 \end{bmatrix} * [0.5, 0.5]$
2. $\begin{bmatrix} 0 & 0 \\ 0 & 1 \end{bmatrix} * [1.2, 4.44]$
3. $\begin{bmatrix} 1 & 2 & 3 \\ 2 & 3 & 4 \\ 3 & 4 & 5 \end{bmatrix} * [1, 2, 3]$

Problem 5.17.2: 모든 벡터 $[x, y]$에 대해 $M * [x, y] = [y, x]$를 만족하는 2×2 행렬 M은 무엇인가?

Problem 5.17.3: 모든 벡터 $[x, y, z]$에 대해, $M * [x, y, z] = [z + x, y, x]$를 만족하는 3×3 행렬 M은 무엇인가?

Problem 5.17.4: 모든 벡터 $[x, y, z]$에 대해, $M * [x, y, z] = [2x, 4y, 3z]$를 만족하는 3×3 행렬 M은 무엇인가?

행렬-행렬 곱셈: 행렬의 차원

Problem 5.17.5: 다음의 각 문제에 대해, 주어진 행렬-행렬 곱이 유효한지 답해 보자. 만약 유효하면, 결과 행렬의 행과 열의 수를 알아보자(행렬 자체를 제공할 필요는 없다).

1. $\begin{bmatrix} 1 & 1 & 0 \\ 1 & 0 & 1 \end{bmatrix} \begin{bmatrix} 2 & 1 & 1 \\ 3 & 1 & 2 \end{bmatrix}$
2. $\begin{bmatrix} 3 & 3 & 0 \end{bmatrix} \begin{bmatrix} 1 & 4 & 1 \\ 1 & 7 & 2 \end{bmatrix}$
3. $\begin{bmatrix} 3 & 3 & 0 \end{bmatrix} \begin{bmatrix} 1 & 4 & 1 \\ 1 & 7 & 2 \end{bmatrix}^T$
4. $\begin{bmatrix} 1 & 4 & 1 \\ 1 & 7 & 2 \end{bmatrix} \begin{bmatrix} 3 & 3 & 0 \end{bmatrix}^T$
5. $\begin{bmatrix} 1 & 4 & 1 \\ 1 & 7 & 2 \end{bmatrix} \begin{bmatrix} 3 & 3 & 0 \end{bmatrix}$
6. $\begin{bmatrix} 2 & 1 & 5 \end{bmatrix} \begin{bmatrix} 1 & 6 & 2 \end{bmatrix}^T$
7. $\begin{bmatrix} 2 & 1 & 5 \end{bmatrix}^T \begin{bmatrix} 1 & 6 & 2 \end{bmatrix}$

행렬-행렬 곱셈 연습

Problem 5.17.6: 다음을 계산해 보자.

1. $\begin{bmatrix} 2 & 3 \\ 4 & 2 \end{bmatrix} \begin{bmatrix} 1 & 2 \\ 2 & 3 \end{bmatrix}$
2. $\begin{bmatrix} 2 & 4 & 1 \\ 3 & 0 & -1 \end{bmatrix} \begin{bmatrix} 1 & 2 & 0 \\ 5 & 1 & 1 \\ 2 & 3 & 0 \end{bmatrix}$
3. $\begin{bmatrix} 2 & 2 & 1 \end{bmatrix} \begin{bmatrix} 3 & 1 \\ -2 & 6 \\ 1 & -1 \end{bmatrix}$

4. $\begin{bmatrix} 1 & 2 & 3 \end{bmatrix} \begin{bmatrix} 1 \\ 2 \\ 3 \end{bmatrix}$

5. $\begin{bmatrix} 1 \\ 2 \\ 3 \end{bmatrix} \begin{bmatrix} 1 & 2 & 3 \end{bmatrix}$

6. $\begin{bmatrix} 4 & 1 & -3 \\ 2 & 2 & -2 \end{bmatrix}^T \begin{bmatrix} -1 & 1 \\ 1 & 0 \end{bmatrix}$ (T는 "전치행렬"을 의미)

Problem 5.17.7: 행렬 A는 다음과 같다고 하자.

$$A = \begin{bmatrix} 2 & 0 & 1 & 5 \\ 1 & -4 & 6 & 2 \\ 3 & 0 & -4 & 2 \\ 3 & 4 & 0 & -2 \end{bmatrix}$$

행렬 B가 다음과 같은 경우, AB와 BA를 계산해 보자(컴퓨터를 사용하지 말고 계산해 보자).

1. $B = \begin{bmatrix} 0 & 1 & 0 & 0 \\ 0 & 0 & 1 & 0 \\ 0 & 0 & 0 & 1 \\ 1 & 0 & 0 & 0 \end{bmatrix}$ 2. $B = \begin{bmatrix} 0 & 0 & 0 & 1 \\ 0 & 0 & 1 & 0 \\ 0 & 1 & 0 & 0 \\ 1 & 0 & 0 & 0 \end{bmatrix}$ 3. $B = \begin{bmatrix} 0 & 0 & 0 & 1 \\ 0 & 1 & 0 & 0 \\ 1 & 0 & 0 & 0 \\ 0 & 0 & 1 & 0 \end{bmatrix}$

Problem 5.17.8: a, b는 숫자라고 하고 $A = \begin{bmatrix} 1 & a \\ 0 & 1 \end{bmatrix}$, $B = \begin{bmatrix} 1 & b \\ 0 & 1 \end{bmatrix}$라고 하자.

1. AB는 무엇인가? 이것을 a와 b를 사용하여 나타내 보자.

2. 행렬 M과 영이 아닌 정수 k에 대해, M^k를 M과 그 자신의 k-제곱이라 하자.

$$\underbrace{MMM \ldots M}_{k \text{ times}}$$

A의 a에 1을 대입해 보자. A^2, A^3은 무엇인가? n이 양의 정수인 경우 A^n은 무엇인가?

Problem 5.17.9: 행렬 A는 다음과 같다고 하자.

$$A = \begin{bmatrix} 4 & 2 & 1 & -1 \\ 1 & 5 & -2 & 3 \\ 4 & 4 & 4 & 0 \\ -1 & 6 & 2 & -5 \end{bmatrix}$$

행렬 B가 다음과 같을 때 컴퓨터를 사용하지 않고 AB와 BA를 계산해 보자. (생각해 볼 것: 행렬-행렬 곱셈의 어느 정의가 여기서 가장 유용할까? AB의 j 번째 열에 영향을 주는 B의 위치 (i,j)에 있는 영이 아닌 엔트리는 무엇인가? BA의 i 번째 행에 영향을 주는 것은 무엇인가?)

(a) $\begin{bmatrix} 0 & 0 & 0 & 0 \\ 0 & 0 & 1 & 0 \\ 0 & 0 & 0 & 0 \\ 0 & 0 & 0 & 0 \end{bmatrix}$ (b) $\begin{bmatrix} 0 & 0 & 0 & 0 \\ 0 & 1 & 0 & 0 \\ 0 & 0 & 0 & 0 \\ 0 & 0 & 1 & 0 \end{bmatrix}$ (c) $\begin{bmatrix} 1 & 0 & 0 & 0 \\ 1 & 0 & 0 & 0 \\ 0 & 0 & 0 & 0 \\ 0 & 0 & 0 & 0 \end{bmatrix}$

(d) $\begin{bmatrix} 0 & 1 & 0 & 1 \\ 0 & 0 & 0 & 0 \\ 0 & 0 & 0 & 0 \\ 0 & 1 & 0 & 0 \end{bmatrix}$ (e) $\begin{bmatrix} 0 & 0 & 0 & 2 \\ 0 & 0 & 0 & 0 \\ 0 & 0 & 0 & 0 \\ 0 & -3 & 0 & 0 \end{bmatrix}$ (f) $\begin{bmatrix} -1 & 0 & 0 & 0 \\ 0 & 2 & 0 & 0 \\ 0 & 0 & 2 & 0 \\ 0 & 0 & 0 & 3 \end{bmatrix}$

열-벡터 및 행-벡터 행렬 곱셈

Problem 5.17.10: 다음 행렬 곱셈을 계산해 보자.

(a) $\begin{bmatrix} 2 & 3 & 1 \\ 1 & 3 & 4 \end{bmatrix} \begin{bmatrix} 2 \\ 2 \\ 3 \end{bmatrix}$

(b) $\begin{bmatrix} 2 & 4 & 1 \end{bmatrix} \begin{bmatrix} 1 & 2 & 0 \\ 5 & 1 & 1 \\ 2 & 3 & 0 \end{bmatrix}$

(c) $\begin{bmatrix} 2 & 1 \end{bmatrix} \begin{bmatrix} 3 & 1 & 5 & 2 \\ -2 & 6 & 1 & -1 \end{bmatrix}$

(d) $\begin{bmatrix} 1 & 2 & 3 & 4 \\ 1 & 1 & 3 & 1 \end{bmatrix} \begin{bmatrix} 1 \\ 2 \\ 3 \\ 4 \end{bmatrix}$

(e) $\begin{bmatrix} 4 \\ 1 \\ -3 \end{bmatrix}^T \begin{bmatrix} -1 & 1 & 1 \\ 1 & 0 & 2 \\ 0 & 1 & -1 \end{bmatrix}$ (T는 "전치행렬" 을 의미함.)

행렬 클래스

Problem 5.17.11: 행렬 클래스 `Mat`을 구현하는 모듈 `mat`을 작성할 것이다. `Mat`의 인스턴스를 위해 사용되는 자료구조는 `Vec`의 인스턴스를 위해 사용된 것과 유사하다. 차이점은 정의역 `D`가 하나의 집합 대신에 집합들의 쌍(즉, 2-터플)을 저장한다는 것이다. 딕셔너리 `f`의 키는 `D` 내의 두 집합의 카테시안 곱의 원소들로 구성된 쌍들이다.

Mat을 위해 정의된 연산들은 엔트리 세터(setter) 및 게터(getter), 상등 테스트(equality test), 덧셈과 뺄셈과 음수, 스칼라 곱, 전치, 벡터-행렬 및 행렬-벡터 곱셈, 행렬-행렬 곱셈을 포함한다. Vec처럼, 클래스 Mat은 +와 *같은 연산자들을 사용할 수 있게 정의된다. Mat의 인스턴스를 사용하는 구문은 아래와 같고, 여기서 A와 B는 행렬, v는 벡터, alpha는 스칼라, r은 행 라벨, c는 열 라벨이다.

연산(operation)	구문(syntax)
행렬 덧셈 및 뺄셈	A+B, A-B
행렬의 부정(negative)	-A
스칼라-행렬 곱셈	alpha*A
행렬 상등 테스트	A == B
행렬 전치	A.transpose()
행렬 엔트리 얻기 및 설정	A[r,c], A[r,c] = alpha
행렬-벡터 및 벡터-행렬 곱셈	v*A, A*v
행렬-행렬 곱셈	A*B

프로시저, getitem, setitem, mat_add, mat_scalar_mul, equal, transpose, vector_matrix_mul, matrix_vector_mul, matrix_matrix_mul 을 작성해 보자.

파일 mat.py를 작업 디렉토리에 두고 각 프로시저에 대해 pass 문장을 동작하는 버전으로 대체하자. Problem 3.14.10에서 vec.py를 가지고 했던 것처럼 doctest를 사용하여 구현한 것을 테스트해 보자. 구현은 행렬를 가지고 동작되게 해야 한다. 이때, 이 행렬의 행-라벨 집합들은 열-라벨 집합들과 다르다.

Note: 행렬-벡터 곱셈을 위해 섹션 5.8에서 기술한 스파스(sparse) 행렬-벡터 곱셈 알고리즘 ("일반적인" 정의에 기초한 것)을 사용해 보자. 벡터-행렬 곱셈에 대한 유사한 알고리즘을 사용해 보자. 곱셈 알고리즘에서 전치행렬은 사용하지는 말자. 임의의 외부 프로시저 또는 vec 이외의 다른 모듈을 사용하지 말자. 특히, matutil의 프로시저를 사용하지 말자. 만약 이것을 사용한다면, Mat 구현은 크기가 큰 스파스 행렬들에 사용할 만큼 효과적이지 않을 것이다.

파이썬에서의 행렬-벡터 및 벡터-행렬 곱셈 정의

몇 가지 프로시저들을 작성해 볼 것이다. 각 프로시저는 행렬-벡터 곱셈 또는 벡터-행렬 곱셈의 *명시된 정의*를 사용하여 행렬-벡터 곱셈을 구현한다.

- 이러한 프로시저들은 getitem(M, k)을 작성한 후 그리고 Mat에 다른 임의의 덧셈을 하기 전에 작성하여 실행할 수 있다.
- 이러한 프로시저들은 sparsity를 이용하도록 고안해서는 안 된다.
- 작성한 코드는 Mat의 일부인 행렬-벡터 및 벡터-행렬 곱셈 연산을 사용해서는 안 된다.
- 작성한 코드는 matutil 모듈의 프로시저들인 mat2rowdict, mat2coldict, rowdict2mat(rowdict) 및/또는 coldict2mat(coldict)을 사용해야 한다.

작성한 프로시저들을 사용하여 아래 결과를 생성해 보자.

- $\begin{bmatrix} -1 & 1 & 2 \\ 1 & 2 & 3 \\ 2 & 2 & 1 \end{bmatrix} \begin{bmatrix} 1 \\ 2 \\ 0 \end{bmatrix} = \begin{bmatrix} 1 \\ 5 \\ 6 \end{bmatrix}$

- $\begin{bmatrix} 4 & 3 & 2 & 1 \end{bmatrix} \begin{bmatrix} -5 & 10 \\ -4 & 8 \\ -3 & 6 \\ -2 & 4 \end{bmatrix} = \begin{bmatrix} -40 & 80 \end{bmatrix}$

Problem 5.17.12: 프로시저, `lin_comb_mat_vec_mult(M,v)`을 작성해 보자. 이 프로시저는 선형결합 정의를 사용하여 M과 v를 곱한다. 이 문제에서 v에 대해 허용되는 유일한 연산은 `v[k]`을 사용하여 엔트리의 값을 얻는 것이다. 리턴되는 벡터는 선형결합으로서 계산되어야 한다.

Problem 5.17.13: 선형결합 정의를 사용하여 v와 M에 곱하는 프로시저, `lin_comb_vec_mat_mult(v,M)`을 작성해 보자. 이 문제에서, v에 대해 허용되는 유일한 연산은 `v[k]`을 사용하여 엔트리의 값을 얻는 것이다. 리턴되는 벡터는 선형결합으로서 계산되어야 한다.

Problem 5.17.14: 도트곱 정의를 사용하여 M과 v를 곱하는 프로시저, `dot_product_mat_vec_mult(M,v)`을 작성해 보자. 이 문제에서, v에 대해 허용되는 유일한 연산은 v와 또 다른 벡터 u의 도트곱, 즉 `u*v` 또는 `v*u`이다. 리턴되는 벡터의 엔트리들은 도트곱을 사용하여 계산되어야 한다.

Problem 5.17.15: 도트곱 정의를 사용하여 v와 M를 곱하는 프로시저, `dot_product_vec_mat_mult(v,M)`을 작성해 보자. 이 문제에서, v에 대해 허용되는 유일한 연산은 v와 또 다른 벡터 u의 도트곱, 즉 `u*v` 또는 `v*u`이다. 리턴되는 벡터의 엔트리들은 도트곱을 사용하여 계산되어야 한다.

파이썬에서의 행렬-행렬 곱셈 정의

몇 가지 프로시저들을 작성할 것이다. 각 프로시저는 행렬-행렬 곱셈의 *명시된 정의*를 사용하여 행렬-행렬 곱셈을 구현한다.

- 이러한 프로시저들은 행렬-벡터 및 벡터-행렬 곱셈을 수행하는 `mat.py` 내의 프로시저들을 작성하여 테스트한 이후에만 작성하여 실행할 수 있다.
- 이러한 프로시저들은 sparsity를 이용하도록 고안해서는 안 된다.
- 작성한 코드는 `Mat`의 일부인 행렬-행렬 곱셈을 사용해서는 안 된다. 이런 이유 때문에 `Mat` 부분을 완성하기 전에 이 프로시저들을 작성할 수 있다.
- 작성한 코드는 `matutil` 모듈의 프로시저들인 `mat2rowdict`, `mat2coldict`, `rowdict2mat(rowdict)` 및/또는 `coldict2mat(coldict)`을 사용해야 한다.

Problem 5.17.16: 행렬-행렬 곱셈의 행렬-벡터 곱셈 정의를 사용하여 프로시저, `Mv_mat_mat_mult(A,B)`을 작성해 보자. 이 프로시저의 경우, `A`에 대해 허용되는 유일한 연산은 `*` 연산자를 사용하는 행렬-벡터 곱셈 `A*v`이다. `matrix_vector_mul` 프로시저 또는 이전 문제에서 정의된 어떤 프로시저도 사용하지 말자.

Problem 5.17.17: 벡터-행렬 정의를 사용하여 프로시저, `vM_mat_mat_mult(A,B)`를 작성해 보자. 이 프로시저의 경우, `B`에 대해 허용되는 유일한 연산은 `*` 연산자를 사용하는 벡터-행렬 곱셈 `v*B`이다. `vector_matrix_mul` 프로시저 또는 이전 문제에서 정의된 어떤 프로시저도 사용하지 말자.

행렬-행렬 곱셈을 통한 도트곱

Problem 5.17.18: A는 어떤 행렬이라 하고, 이 행렬의 열 라벨들은 국가 이름이고 행 라벨들은 UN에서 행사한 투표라고 하자. 여기서, $A[i,j]$는 국가 j의 투표 i에 대한 찬성, 반대, 또는 기권 여부에 따라 $+1$, -1, 또는 0이다.

정치랩에서 하는 것처럼, 투표 기록을 비교함으로써 국가를 비교할 수 있다. $M = A^T A$라 하자. 그러면, M의 행 및 열 라벨들은 국가이고 $M[i,j]$는 국가 i의 투표기록과 국가 j의 투표기록의 도트곱이다.

제공된 파일 `UN_voting_data.txt`에는 각 국가별로 한 줄씩 엔트리가 있다. 이 한 줄에는 국가 이름과 그 다음에 $+1$의 수, -1의 수, 0의 수가 공백문자로 분리되어 있다. 데이터를 읽어들여 행렬 A를 구성해 보자. 그다음에, 행렬 $M = A^T A$를 구성해 보자. (Note: 이 작업에는 컴퓨터에 따라 15분에서 1시간까지 시간이 걸릴 것이다.)

M을 사용하여 다음 질문에 답해 보자.

1. 어떤 두 국가의 의견 불일치가 가장 큰가? (이들 국가의 도트곱은 가장 부정적인 값(음수값)을 가진다.)
2. 가장 의견 불일치가 큰 10개의 국가 쌍은 무엇인가?
3. 어떤 두 국가의 의견이 가장 잘 일치하는가? (이들 국가의 도트곱은 가장 큰 양수를 가진다).

힌트: $M.f$ 내의 항목들은 그 값이 도트곱인 키-값 쌍들이다. 컴프리헨션을 사용하여 키-값 쌍들의 리스트를 얻고, 그다음에 `sorted([(value,key) for key,value in M.f.items()])` 표현식을 사용하여 값에 따라 정렬할 수 있다.

컴프리헨션 연습

Problem 5.17.19: 다음 스펙을 가지는 한 줄로 된 프로시저, `dictlist_helper(dlist, k)`을 작성해 보자.

- *input:* 모두 동일한 키를 가지는 딕셔너리들로 구성된 리스트 `dlist`, 키 `k`
- *output:* i 번째 원소가 `dlist`의 i 번째 딕셔너리의 키 `k`에 대응하는 값인 리스트

- *example:* 입력이 dlist=[{'a':'apple', 'b':'bear'}, {'a':1, 'b':2}], k='a'인 경우, 출력은 ['apple', 1]이다.

이 프로시저는 컴프리헨션을 사용해야 한다.

이 문제에 대한 솔루션은 나중에 사용될 것이므로 저장해 두자.

2×2 행렬의 역행렬

Problem 5.17.20:

1. 공식을 사용하여 선형시스템 $\begin{bmatrix} 3 & 4 \\ 2 & 1 \end{bmatrix} \begin{bmatrix} x_1 \\ x_2 \end{bmatrix} = \begin{bmatrix} 1 \\ 0 \end{bmatrix}$의 해를 구해보자.
2. 공식을 사용하여 선형시스템 $\begin{bmatrix} 3 & 4 \\ 2 & 1 \end{bmatrix} \begin{bmatrix} y_1 \\ y_2 \end{bmatrix} = \begin{bmatrix} 0 \\ 1 \end{bmatrix}$의 해를 구해 보자.
3. 구한 해를 사용하여 $\begin{bmatrix} 3 & 4 \\ 2 & 1 \end{bmatrix}$와 M의 곱이 단위행렬이 되게 하는 2×2 행렬 M을 찾아보자.
4. M과 $\begin{bmatrix} 3 & 4 \\ 2 & 1 \end{bmatrix}$의 곱과 $\begin{bmatrix} 3 & 4 \\ 2 & 1 \end{bmatrix}$와 M의 곱을 계산하고 Corollary 5.13.19을 사용하여 M이 $\begin{bmatrix} 3 & 4 \\ 2 & 1 \end{bmatrix}$의 역행렬인지 결정하여라.

가역행렬의 기준

Problem 5.17.21: 아래의 각 부분에 대해, Corollary 5.13.19을 사용하여 주어진 행렬들의 쌍은 서로의 역행렬임을 또는 서로의 역행렬이 아님을 보여라.

1. $\mathbb{R}$상의 행렬 $\begin{bmatrix} 5 & 1 \\ 9 & 2 \end{bmatrix}, \begin{bmatrix} 2 & -1 \\ -9 & 5 \end{bmatrix}$
2. $\mathbb{R}$상의 행렬 $\begin{bmatrix} 2 & 0 \\ 0 & 1 \end{bmatrix}, \begin{bmatrix} \frac{1}{2} & 0 \\ 0 & 1 \end{bmatrix}$
3. $\mathbb{R}$상의 행렬 $\begin{bmatrix} 3 & 1 \\ 0 & 2 \end{bmatrix}, \begin{bmatrix} 1 & \frac{1}{6} \\ -2 & \frac{1}{2} \end{bmatrix}$
4. $GF(2)$상의 행렬 $\begin{bmatrix} 1 & 0 & 1 \\ 0 & 1 & 0 \end{bmatrix}, \begin{bmatrix} 0 & 1 \\ 0 & 1 \\ 1 & 1 \end{bmatrix}$

Problem 5.17.22: 가역적이지만 $f(\boldsymbol{x}) = A\boldsymbol{x}$를 만족하는 행렬 A가 존재하지 않는 함수 f를 (정의역, 공역, 규칙에 의해) 명시해 보자.

Chapter 6

기저(Basis)

6.1 좌표계(Coordinate system)

6.1.1 데카르트의 생각

1618년 프랑스의 수학자 르네 데카르트(René Descartes)는 수학자들이 기하학을 보는 방식을 완전히 바꾼 개념을 발견하였다.

데카르트는 아침에 침대에 누워서 수학에 대해 생각하곤 하였다. 그는 고대 그리스 이후 사용되고 있는 기하학에 대한 주요 접근 방식이 필요 이상으로 복잡하고 다루기 어렵다는 것을 알았다.

일화에 의하면, 그는 침대에 누워 방의 천장 모서리 주위를 날고 있는 파리를 보고 있다가 기하학에 대한 훌륭한 생각이 떠올랐다고 한다. 데카르트는 파리의 위치는 두 개의 숫자, 즉 파리 근처 두 개의 벽으로부터 파리까지의 거리로 기술할 수 있다는 것을 깨달았다. 더욱이 그는 심지어 두 벽이 수직이 아니라도 이것이 사실이라는 것을 알게 되었다. 또한, 그는 기하학적 분석을 대수적으로 접근할 수 있음을 알게 되었다.

6.1.2 좌표표현

앞에서 얘기한 파리의 위치를 특정하는 두 개의 숫자를 *좌표*라고 한다. 벡터 분석에서 벡터공간 $\mathcal{V}$에 대한 *좌표계*는 $\mathcal{V}$의 생성자 $\boldsymbol{a}_1, \ldots, \boldsymbol{a}_n$에 의해 명시된다. $\mathcal{V}$ 내의 모든 벡터 $\boldsymbol{v}$는 선형결합으로 나타낼 수 있다.

$$\boldsymbol{v} = \alpha_1\, \boldsymbol{a}_1 + \cdots + \alpha_n\, \boldsymbol{a}_n$$

그러므로 $\boldsymbol{v}$는 계수들의 벡터 $[\alpha_1, \ldots, \alpha_n]$에 의해 나타낼 수 있다. 이러한 문맥에서, 계수들은 *좌표*라고 하고 벡터 $[\alpha_1, \ldots, \alpha_n]$은 $\boldsymbol{a}_1, \ldots, \boldsymbol{a}_n$에 대한 $\boldsymbol{v}$의 *좌표표현*이라고 한다.

하지만 점에 대한 좌표 할당만으로는 충분하지 않다. 혼동을 없애기 위해, 각 점에 대한 좌표 할당은 정확하게 한 가지 방식으로 이루어져야 한다. 이렇게 하기 위해서는 생성자 $\boldsymbol{a}_1, \ldots, \boldsymbol{a}_n$을 주의 깊게 선택해야 한다. 섹션 6.7.1에서 이러한 *좌표표현의 존재와 유일성*에 대해 다룬다.

Example 6.1.1: 벡터 $\boldsymbol{v} = [1, 3, 5, 3]$는 $1\,[1, 1, 0, 0] + 2\,[0, 1, 1, 0] + 3\,[0, 0, 1, 1]$와 동일하다. 따라서 $\boldsymbol{v}$의 벡터 $[1, 1, 0, 0], [0, 1, 1, 0], [0, 0, 1, 1]$에 대한 좌표표현은 $[1, 2, 3]$이다.

Example 6.1.2: 벡터 $[6, 3, 2, 5]$의 벡터 $[2, 2, 2, 3], [1, 0, -1, 0], [0, 1, 0, 1]$에 대한 좌표표현은 무엇인가? 아래 관계가 성립하므로,

$$[6, 3, 2, 5] = 2\,[2, 2, 2, 3] + 2\,[1, 0, -1, 0] - 1\,[0, 1, 0, 1],$$

구하고자 하는 좌표표현은 $[2, 2, -1]$이다.

Example 6.1.3: 이제, $GF(2)$상의 벡터에 대한 예를 살펴보자. 벡터 [0,0,0,1]의 벡터 [1,1,0,1], [0,1,0,1], [1,1,0,0]에 대한 좌표표현은 무엇인가? 아래 관계가 성립하므로,

$$[0, 0, 0, 1] = 1\,[1, 1, 0, 1] + 0\,[0, 1, 0, 1] + 1\,[1, 1, 0, 0]$$

$[0, 0, 0, 1]$의 좌표표현은 $[1, 0, 1]$이다.

6.1.3 좌표표현과 행렬-벡터 곱셈

좌표를 왜 벡터로 나타낼까? 사실 이것은 행렬-벡터 및 벡터-행렬 곱셈의 선형결합 정의의 관점에서 보면 어렵지 않게 이해가 된다. 좌표축이 $\boldsymbol{a}_1, \ldots, \boldsymbol{a}_n$이라고 해 보자. 행렬 $A = \left[\begin{array}{c|c|c} \boldsymbol{a}_1 & \cdots & \boldsymbol{a}_n \end{array}\right]$을 구성해 보자. 이때, 이 행렬의 열들은 생성자들이다.

- "$\boldsymbol{u}$는 $\boldsymbol{a}_1, \ldots, \boldsymbol{a}_n$에 대한 $\boldsymbol{v}$의 좌표표현이다."라는 것을 행렬-벡터 방정식으로 쓸 수 있다.

$$A\boldsymbol{u} = \boldsymbol{v}$$

- 그러므로, 좌표표현 $\boldsymbol{u}$에서 표현할 벡터를 나타내려면 A와 $\boldsymbol{u}$를 곱한다.
- 더욱이, 벡터 $\boldsymbol{v}$에서 그 좌표표현을 얻으려면 행렬-벡터 방정식 $A\boldsymbol{x} = \boldsymbol{v}$를 풀면 된다. A의 열들은 $\mathcal{V}$에 대한 생성자들이고 $\boldsymbol{v}$는 $\mathcal{V}$에 속하므로 방정식은 적어도 하나의 해를 가져야 한다.

좌표표현을 다룰 때 흔히 행렬-벡터 곱셈이 사용될 것이다.

6.2 손실압축(Lossy compression) 들여다 보기

이 섹션에서 좌표표현의 한 가지 응용에 대해 기술한다. 많은 수의 2000×1000 흑백 이미지를 저장할 필요가 있다고 해 보자. 이러한 각 이미지는 D-벡터에 의해 표현될 수 있다. 여기서, $D = \{0, 1, \ldots, 19999\} \times \{0, 1, \ldots, 999\}$이다. 하지만 이미지를 좀 더 컴팩트하게(compactly) 저장하고자 한다. 이를 위해 3가지 전략을 고려해 보자.

6.2.1 Strategy 1: 벡터를 가장 가까운 스파스 벡터로 대체하기

만약 이미지 벡터가 아주 작은 수의 영이 아닌 값을 가지면, 그것은 컴팩트하게 저장될 수 있다. 하지만 이러한 경우는 매우 드물 것이다. 그러므로 하나의 이미지를 다른 이미지로 대체하는 전략을 고려해 보자. 이때, 대체된 이미지는 스파스한 것이지만 유사하게 인식될 것이라고 기대한다. 이러한 압축 방법은 원래의 이미지 정보에 대한 손실이 있으므로 *손실압축*이라고 한다.

벡터를 가장 가까운 k-스파스 벡터로 대체하는 것을 고려해 보자. 이 전략에는 다음 질문이 따른다.

Question 6.2.1: 주어진 벡터 $\boldsymbol{v}$와 양의 정수 k에 대해, $\boldsymbol{v}$에 가장 가까운 k-스파스 벡터는 무엇인가?

아직은 벡터들 사이의 거리를 정의하지 않았기 때문에 "가장 가까운"이란 의미에 대해 언급할 단계는 아니다. $\mathbb{R}$상의 벡터들 사이의 거리는 9장에서 다루며, 가장 가까운 k-스파스 벡터는 $\boldsymbol{v}$에서 단순히 크기가 가장 큰 k개 엔트리를 제외한 나머지 엔트리를 모두 영으로 대체함으로써 얻을 수 있음을 알게 될 것이다. 결과 벡터는 k-스파스일 것이고, 그러므로 더 컴팩트하게 나타낼 수 있다. 하지만 이것이 이미지를 압축하는 좋은 방법인가?

Example 6.2.2: 이미지 ▯■▯■ 는 4개의 픽셀로 된 하나의 행으로 구성되며, 픽셀의 밝기는 200, 200, 75, 75이다. 따라서 이 이미지는 4개의 숫자로 표현된다. 가장 가까운 2-스파스 이미지는 밝기 200, 200, 0, 0을 가지는 다음 이미지이다. ▯■▯■.

현실적인 이미지를 살펴보자.

위 이미지의 10%를 제외한 나머지 엔트리를 영으로 대체한 결과는 아래와 같다.

결과 이미지는 많은 픽셀의 밝기가 영으로 설정되어 원래 이미지와 너무 많이 다르다. 이런 방식의

압축 방법은 잘 동작하지 않을 것이다.

6.2.2 Strategy 2: 이미지 벡터를 좌표표현으로 표현하기

또 다른 전략은 원래 이미지의 화질에 열화가 없게 하는 것이다.

- 이미지를 압축하려고 하기 전에 벡터들의 컬렉션 $\boldsymbol{a}_1, \ldots, \boldsymbol{a}_n$을 선택한다.
- 다음에, 각 이미지 벡터에 대해 그 벡터의 $\boldsymbol{a}_1, \ldots, \boldsymbol{a}_n$에 대한 좌표표현 $\boldsymbol{u}$를 찾아 그것을 저장한다.[1]
- 좌표표현으로부터 원래 이미지를 복원하기 위해 대응하는 선형결합을 계산한다.[2]

Example 6.2.3: $\boldsymbol{a}_1 =$  (밝기가 255, 0, 255, 0인 4개의 픽셀을 가진 하나의 행으로 구성된 이미지), $\boldsymbol{a}_2 =$  (밝기가 0, 255, 0, 255인 4개의 픽셀을 가진 하나의 행으로 이루어진 이미지).

이제, 이미지 (픽셀 밝기는 200, 75, 200, 75)를 $\boldsymbol{a}_1$과 $\boldsymbol{a}_2$에 대해 표현하고자 한다고 해 보자.

$$= \frac{200}{255}\boldsymbol{a}_1 + \frac{75}{255}\boldsymbol{a}_2$$

따라서 이 이미지는 좌표표현 $[\frac{200}{255}, \frac{75}{255}]$에 의해 압축된 형태로 나타낼 수 있다.

한편, 이미지 (픽셀 밝기는 255, 200, 150, 90)는 $\boldsymbol{a}_1$과 $\boldsymbol{a}_2$의 선형결합으로 표현할 수 없어 $\boldsymbol{a}_1$과 $\boldsymbol{a}_2$에 대한 좌표표현을 가지지 않는다.

이전 예제가 제안하듯이, 이 전략이 확실히 동작하기 위해서는 모든 가능한 $2,000 \times 1,000$ 이미지 벡터가 $\boldsymbol{a}_1, \ldots, \boldsymbol{a}_n$의 선형결합으로 표현될 수 있어야 한다. 이것은 결국 $\mathbb{R}^D = \text{Span } \{\boldsymbol{a}_1, \ldots, \boldsymbol{a}_n\}$인지에 대한 질문이 된다.

좀 더 일반적으로 나타내면, 다음 질문이 된다.

Question 6.2.4: 주어진 벡터공간 $\mathcal{V}$에 대해, $\mathcal{V} = \text{Span } \{\boldsymbol{a}_1, \ldots, \boldsymbol{a}_n\}$인지 어떻게 알 수 있는가?

더욱이, 이 전략은 선형결합에서 사용된 벡터 수 n이 픽셀들의 수보다 훨씬 작을 경우에만 압축에 유용할 것이다. 이러한 벡터들을 선택하는 것이 가능한가? 생성(span)이 $\mathbb{R}^D$와 동일하게 되는 최소 개수의 벡터들은 무엇인가?

일반적으로 나타내면, 이것은 다음 질문이 된다.

Question 6.2.5: 주어진 벡터공간 $\mathcal{V}$에 대해, 생성이 $\mathcal{V}$와 동일하게 되는 최소 개수의 벡터들은 무엇인가?

이미지 압축에 대한 두 번째 전략은 결국 실패하게 될 것이다. 모든 가능한 $2,000 \times 1,000$ 이미지의 집합을 생성하는 데 필요한 최소 개수의 벡터들의 수는 작지 않아 압축을 달성하기 어렵다.

---

[1] 섹션 6.1.3에서 언급한 것처럼, 이것은 행렬-벡터 방정식의 해를 구하는 것에 의해 이루어질 수 있다.

[2] 섹션 6.1.3에서 언급한 것처럼, 이것은 행렬-벡터 곱셈에 의해 이루어질 수 있다.

Strategy 3: 하이브리드 방식

성공적인 전략은 앞의 두 전략, 좌표표현과 가장 가까운 k-스파스 벡터를 결합하는 것이다.

Step 1: 벡터 $\boldsymbol{a}_1, \ldots, \boldsymbol{a}_n$을 선택한다.

Step 2: 압축하고자 하는 각 이미지에 대해, 대응하는 벡터 $\boldsymbol{v}$를 취하고 $\boldsymbol{a}_1, \ldots, \boldsymbol{a}_n$에 대한 좌표표현 $\boldsymbol{u}$를 찾는다.[3]

Step 3: 다음에, $\boldsymbol{u}$를 가장 가까운 k-스파스 벡터 $\tilde{\boldsymbol{u}}$로 대체하고 $\tilde{\boldsymbol{u}}$를 저장한다.

Step 4: $\tilde{\boldsymbol{u}}$로부터 원래 이미지를 복원하기 위해 $\boldsymbol{a}_1, \ldots \boldsymbol{a}_n$의 대응하는 선형결합을 계산한다.[4]

이 방법이 얼마나 잘 동작할까? 그것은 Step 1에서 선택한 벡터에 달려 있다. 선택되는 벡터는 다음 2개의 성질을 가져야 한다.

- *Step 2는 항상 성공해야 한다.* 임의의 벡터 $\boldsymbol{v}$를 컬렉션 내의 벡터들에 대해 표현하는 것이 가능해야 한다.
- *Step 3는 이미지를 크게 왜곡하지 않아야 한다.* 좌표표현이 $\tilde{\boldsymbol{u}}$인 이미지는 좌표표현이 $\boldsymbol{u}$인 원래 이미지와 많이 다르지 않아야 한다.

이 전략이 얼마나 잘 동작할까? 벡터들을 선택하는 데 잘 알려진 방식(11장에서 상세히 기술)을 Step 1에서 사용하고 단지 10%에 해당하는 숫자만 사용하여 다음과 같은 훌륭한 결과를 얻는다.

6.3 생성자 집합을 찾기 위한 두 개의 Greedy 알고리즘

이 섹션에서는 Question 6.2.5에 답하기 위한 두 개의 알고리즘을 고려해 보자.

주어진 벡터공간 $\mathcal{V}$에 대해 생성이 $\mathcal{V}$와 동일하게 되는 최소 개수의 벡터들은 무엇인가?

여기서 발견하는 개념은 Question 6.2.4를 포함하여 많은 다른 질문에도 유용하다는 사실을 알게 될 것이다.

[3]섹션 6.1.3에서 언급한 것처럼, 이것은 행렬-벡터 방정식의 해를 구하는 것에 의해 이루어질 수 있다.
[4]섹션 6.1.3에서 언급한 것처럼, 이것은 행렬-벡터 곱셈에 의해 이루어질 수 있다.

6.3.1 Grow 알고리즘

어떻게 최소 개수의 벡터들을 얻을 수 있을까? 자연스럽게 생각할 수 있는 두 가지 방식은 *Grow* 알고리즘과 *Shrink* 알고리즘이다. *Grow* 알고리즘은 아래와 같다.

```
def GROW(𝒱)
  B = ∅
  repeat while possible:
      find a vector v in 𝒱 that is not in Span B, and put it in B
```

이 알고리즘은 더이상 추가할 벡터가 없을 때, 즉 B가 $\mathcal{V}$의 생성일 때 종료된다. 따라서 만약 알고리즘이 종료되면, 생성 집합을 찾은 것이다. 이렇게 찾은 생성 집합이 필요 이상으로 크지는 않은가?

이 알고리즘은 그렇게 제한적이지 않다. 보통 어느 벡터를 추가할지 선택의 여지가 많다.

Example 6.3.1: $\mathbb{R}^3$에 대한 생성자들의 집합을 선택하는 데 Grow 알고리즘을 사용해 보자. 섹션 4.2.3에서는 $\mathbb{R}^n$에 대한 *표준* 생성자가 정의 되었다. Grow 알고리즘의 첫 번째 이터레이션(iteration)에서 집합 B에 벡터 $[1,0,0]$을 추가 한다. 명백히, $[0,1,0]$은 Span $\{[1,0,0]\}$ 내에 있지 않다. 그래서 두 번째 이터레이션에서 이 벡터를 B에 추가한다. 마찬가지로 세 번째 이터레이션에 $[0,0,1]$를 B에 추가한다. 임의의 벡터 $\boldsymbol{v} = (\alpha_1, \alpha_2, \alpha_3) \in \mathbb{R}^3$는 Span $(\boldsymbol{e}_1, \boldsymbol{e}_2, \boldsymbol{e}_3)$ 내에 있다. 왜냐하면, 아래와 같은 선형결합을 구성할 수 있기 때문이다.

$$\boldsymbol{v} = \alpha_1 \boldsymbol{e}_1 + \alpha_2 \boldsymbol{e}_2 + \alpha_3 \boldsymbol{e}_3$$

그러므로 B에 추가할 벡터 $\boldsymbol{v} \in \mathbb{R}^3$는 더이상 없고 알고리즘은 종료된다.

6.3.2 Shrink 알고리즘

주어진 벡터공간 $\mathcal{V}$를 생성하는 최소 개수의 벡터들의 집합을 찾기 위한 노력의 일환으로 이제 *Shrink* 알고리즘을 살펴보자.

```
def SHRINK(𝒱)
  B = some finite set of vectors that spans 𝒱
  repeat while possible:
      find a vector v in B such that Span (B − {v}) = 𝒱, and remove v from B
```

이 알고리즘은 생성 집합에서 더이상 제거할 벡터가 없을 때 종료된다. 알고리즘의 실행 중 어느 시점에서나 B는 $\mathcal{V}$를 생성하고 알고리즘의 종료 시점에도 $\mathcal{V}$를 생성한다. 따라서 이 알고리즘은 확실하게 생성 집합을 찾는다. 이렇게 찾은 집합이 필요 이상으로 크지는 않은가?

Example 6.3.2: 단순한 예로 B는 처음에 다음 벡터들로 구성되어 있다고 생각해 보자.

$$\begin{aligned}\boldsymbol{v}_1 &= [1,0,0]\\ \boldsymbol{v}_2 &= [0,1,0]\\ \boldsymbol{v}_3 &= [1,2,0]\\ \boldsymbol{v}_4 &= [3,1,0]\end{aligned}$$

$\boldsymbol{v}_4 = 3\boldsymbol{v}_1 + \boldsymbol{v}_2$이므로, 첫 번째 이터레이션에 Span B를 변경하지 않고 B에서 $\boldsymbol{v}_4$를 제거할 수 있다. 첫 번째 이터레이션 후 $B = \{\boldsymbol{v}_1, \boldsymbol{v}_2, \boldsymbol{v}_3\}$이다. $\boldsymbol{v}_3 = \boldsymbol{v}_1 + 2\boldsymbol{v}_2$이므로, 두 번째 이터레이션에 $\boldsymbol{v}_3$를 B에서 제거할 수 있어 $B = \{\boldsymbol{v}_1, \boldsymbol{v}_2\}$가 된다. 마지막으로, Span $B = \mathbb{R}^2$이고 $\boldsymbol{v}_1$ 또는 $\boldsymbol{v}_2$ 혼자로는 $\mathbb{R}^3$를 생성할 수 없다. 그러므로 Shrink 알고리즘은 종료된다.

Note: 위에서 살펴본 알고리즘들은 실제로 구현할 수 있는 것이 아니다. 이것은 알고리즘적 생각을 살펴보는 추상적 알고리즘이다.

- 입력, 즉 벡터공간이 어떻게 정해지는지 명시하지 않음.
- 각 단계가 어떻게 수행되는지 명시하지 않음.
- 각 이터레이션에서 어느 벡터를 선택하는지 명시하지 않음.

사실, 마지막 항목은 나중에 증명에서 이용할 것이다. 이 경우, 어느 벡터를 추가하거나 혹은 제거할지에 대한 선택은 자유롭게 할 수 있다.

6.3.3 Greedy 알고리즘이 실패하는 경우

최소 생성 집합을 찾는 Grow 및 Shrink 알고리즘을 분석하기 전에, 유사한 알고리즘들이 다른 그래프에 관한 문제에서 어떻게 수행되는지 살펴보고자 한다.

지배집합(Dominating set) *지배집합*은 그래프의 모든 노드가 그 집합 내에 있거나 집합 내 어떤 노드의 이웃(하나의 에지를 통해)이 되는 그러한 노드들의 집합이다. *최소 지배집합 문제*(minimum-dominating-set problem)의 목적은 최소 크기의 지배집합을 찾는 것이다.

지배집합을 교차로에 배치된 안전요원들의 집합으로 생각해 볼 수 있다. 각 교차로는 그 교차로 또는 이웃 교차로에 있는 한 안전요원이 지켜보아야 한다.

다음 그래프를 고려해 보자.

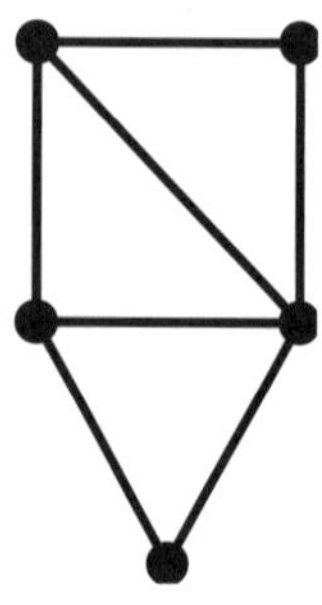

지배집합은 아래와 같이 표시된다.

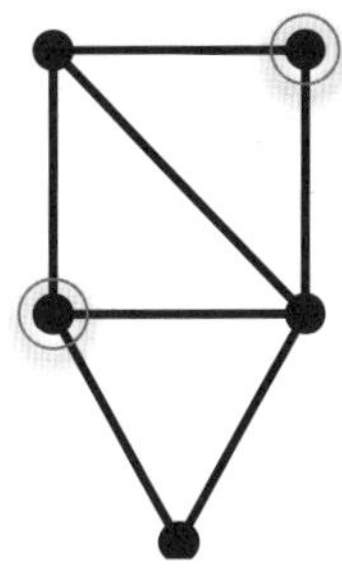

Grow 알고리즘을 사용하여 지배집합을 찾는 것을 고려해 볼 수 있다.

> *지배집합을 위한 Grow 알고리즘:*
> B를 초기화하여 공집합을 만든다; B가 지배집합이 아닌 경우 노드 v를 B에 추가한다.

또는 Shrink 알고리즘을 사용하여 지배집합을 찾을 수도 있다.

> *지배집합을 위한 Shrink 알고리즘:*
> B를 초기화하여 모든 노드가 포함되게 한다; $B - \{v\}$가 지배집합이 되는 그러한 노드 v가 있을 경우 v를 B에서 제거한다.

이들 알고리즘은 어떤 경우에는 결국 위에서 보여준 지배집합을 선택할 수도 있다. 하지만 더 작은 지배집합이 있을 수 있다.

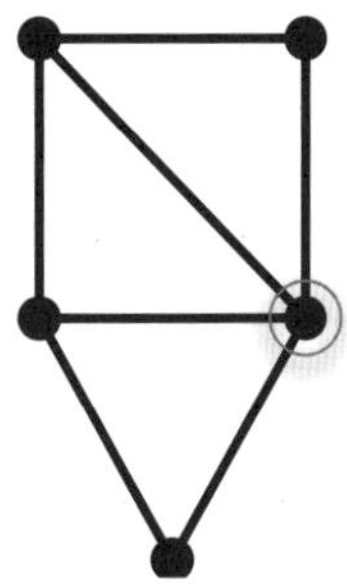

Grow 및 Shrink 알고리즘은 *greedy* 알고리즘이라 불린다. 이런 알고리즘은 매 단계에서 미래에 대한 고려 없이 현시점에서 최선인 선택을 하기 때문이다. 이 예는 greedy 알고리즘이 최선의 솔루션을 찾는 데 신뢰할 만큼 좋은 것이 아님을 보여준다.

벡터공간에 대한 가장 작은 생성 집합을 찾는 Grow 및 Shrink 알고리즘은 아주 훌륭하다. 나중에 알게 되겠지만 이 알고리즘들은 실제로 가장 크기가 작은 솔루션을 찾는다.

6.4 최소 스패닝포리스트(Minimum Spanning Forest)와 $GF(2)$

Grow 및 Shrink 알고리즘을 그래프 문제인 *최소 스패닝포리스트*를 사용하여 보여줄 것이다. 브라운 대학 캠퍼스의 온수 공급망을 교체해야 한다고 생각해 보자. 각 캠퍼스 지역에 하나의 노드가 있고 각 에지에는 가중치가 부여된 그래프가 주어진다.

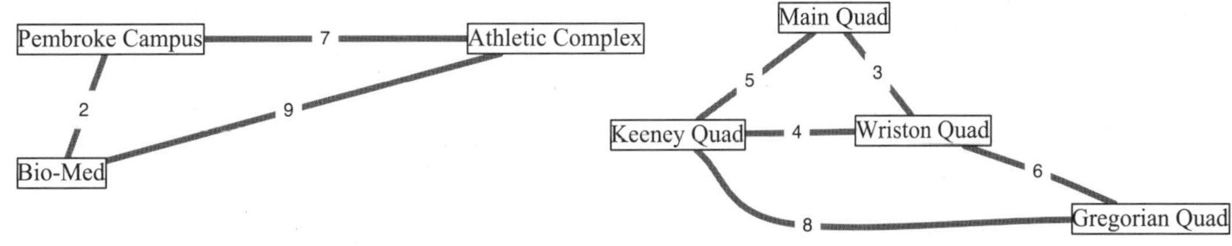

에지는 서로 다른 지역 사이의 설치 가능한 온수 공급관을 나타내고, 에지의 가중치는 이 관을 설치하는 데 필요한 비용을 나타낸다. 여기서의 목적은 설치할 온수 공급관의 집합을 선택하는 것인데, 그래프에서 연결된 지역의 모든 쌍은 설치된 관으로 연결되며 그 비용도 최소가 되어야 한다.

6.4.1 정의

Definition 6.4.1: 그래프 G에 대해, 에지들의 시퀀스

$$[\{x_1, x_2\}, \{x_2, x_3\}, \{x_3, x_4\}, \ldots, \{x_{k-1}, x_k\}]$$

는 x_1-x_k *경로*(또는 x_1*에서* x_k*로의 경로*)라고 한다.

이 그래프에서

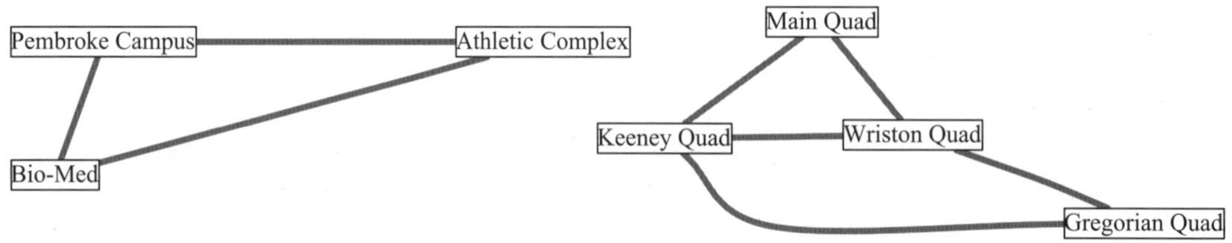

"Main Quad"에서 "Gregorian Quad"로의 경로는 존재하지만 "Main Quad"에서 "Athletic Complex" 로의 경로는 없다.

Definition 6.4.2: 만약 그래프 G의 모든 에지 $\{x, y\}$에 대해 S의 에지들로 구성되는 x에서 y로의 경로가 존재하면, 에지들의 집합 S는 G에 대한 *스패닝*(spanning)이다.

예를 들어, 다음 그림에서 짙은 검은색 에지는 도시한 그래프에 대한 스패닝이다.

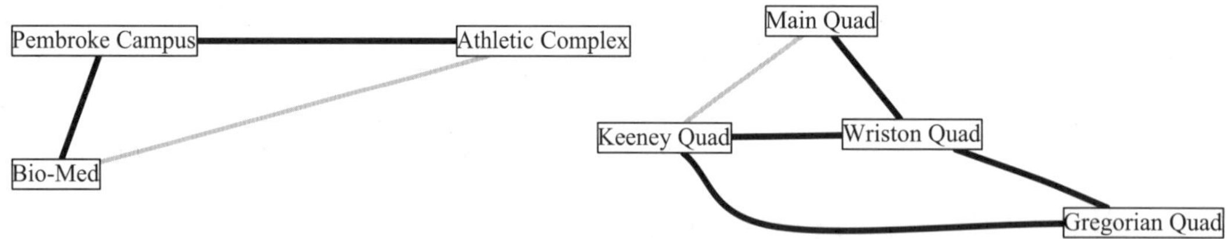

이러한 개념의 "스패닝(spanning)"과 선형대수학에서 사용하는 개념 사이의 연관성에 대해 곧 알아볼 것이다.

Definition 6.4.3: *포리스트*(forest)는 사이클(여러 개의 에지들로 구성될 수 있는 루프)을 포함하지 않는 에지들의 집합이다.

예를 들어, 위 그림의 짙은 검은색 에지는 포리스트를 구성하지 않는다. 이유는 세 개의 짙은 검은색 에지가 사이클을 형성하기 때문이다. 한편, 다음 그림의 짙은 검은색 에지는 포리스트를 형성한다.

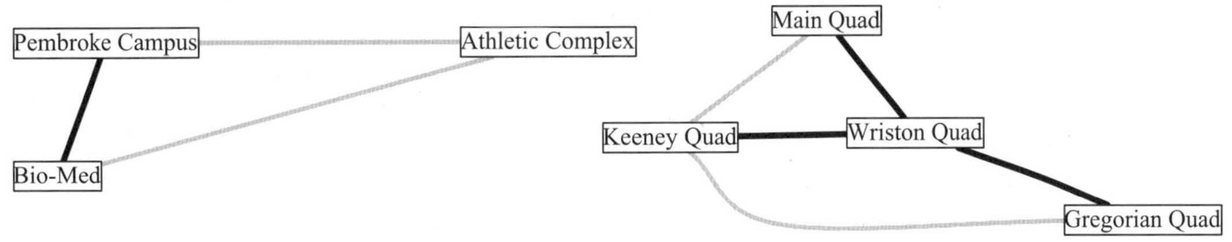

그래프 이론의 포리스트는(나무의 가지들은 뻗어나가다 다시 합류하여 사이클을 형성하지 않는다는 측면에서) 생물학적 포리스트, 즉 나무들의 컬렉션과 유사하다.

계산 문제인 *최소 스패닝포리스트*[5](약어로, MST)에 대한 두 가지 알고리즘이 제공될 것이다.

- *input:* 그래프 G와 G의 에지들에 대한 실수값 *가중치* 할당
- *output:* 스패닝이며 포리스트인 에지들로 구성된 최소 가중치 집합 B

"포리스트(forest)"란 용어를 쓰는 이유는 솔루션은 어떠한 사이클도 포함할 필요가 없으며, 따라서 나무들의 컬렉션과 유사하기 때문이다.

6.4.2 최소 스패닝포리스트에 대한 Grow 및 Shrink 알고리즘

*최소 스패닝포리스트*에 대한 알고리즘은 많다. 하지만 여기서는 두 가지 알고리즘, 즉 Grow 알고리즘과 Shrink 알고리즘에 중점을 둘 것이다. 먼저 Grow 알고리즘을 살펴보자.

```
def GROW(G)
  B := ∅
  consider the edges in order, from lowest-weight to highest-weight
  for each edge e:
      if e's endpoints are not yet connected via edges in B:
        add e to B.
```

이 알고리즘은 어느 벡터를 추가할지 자유롭게 선택한다.

가중치를 크기가 증가하는 순으로 배열하면 $2, 3, 4, 5, 6, 7, 8, 9$이다. 얻어진 솔루션은 가중치 $2, 3, 4, 6, 7$을 가지는 에지들로 구성되며 아래와 같다.

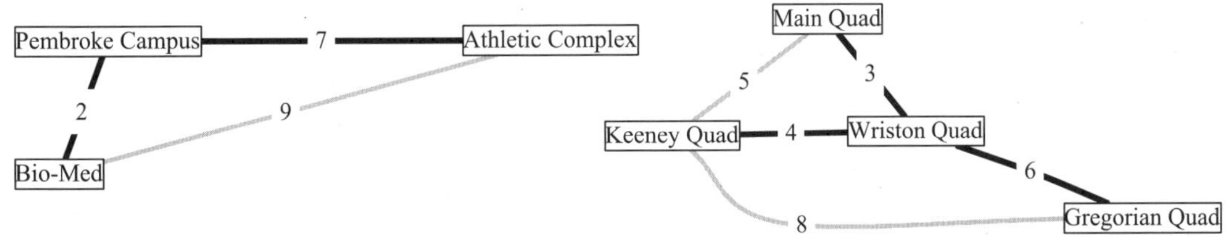

이번엔 Shrink 알고리즘을 살펴보자.

[5]이 문제는 또한 *최소값 스패닝포리스트*(minimum-weight spanning forest)라고 한다. *최대값 스패닝포리스트*(maximum-weight spanning forest)는 단순히 가중치를 역으로 함으로써 동일한 알고리즘을 사용하여 풀 수 있다.

```
def SHRINK(G)
  B = {all edges}
  consider the edges in order, from highest-weight to lowest-weight
  for each edge e:
      if every pair of nodes are connected via B - {e}:
         remove e from B.
```

이 알고리즘은 어느 벡터를 제거할지 자유롭게 선택한다. 가중치를 크기가 감소하는 순으로 배열하면 $9, 8, 7, 6, 5, 4, 3, 2$이다. 솔루션은 가중치 $7, 6, 4, 3, 2$를 가지는 에지들로 구성된다.

Grow 알고리즘과 Shrink 알고리즘에 의해 얻는 솔루션은 동일하며 맞는 솔루션이다.

6.4.3 선형대수학으로 *최소 스패닝포리스트* 구성하기

최소 스패닝포리스트에 대한 Grow 및 Shrink 알고리즘이 벡터공간에 대한 생성자들의 집합을 찾는 것과 유사한 것은 우연이 아니다. 이 섹션에서는 $GF(2)$상의 벡터들을 사용하여 그래프를 모델링하는 방법에 대해 기술한다.

D는 노드들의 집합이라 하자. 예를 들어, $D = \{\text{Pembroke, Athletic, Bio-Med, Main, Keeney, Wriston, Gregorian}\}$이다. D의 부분집합은 대응하는 엔트리들은 1이고 다른 엔트리들은 0인 벡터에 의해 표현된다. 예를 들어, 부분집합 `{Pembroke, Main, Gregorian}`은 어떤 벡터에 의해 표현되고 이 벡터의 딕셔너리는 `{Pembroke:one, Main:one, Gregorian:one}`이며 다음과 같이 쓸 수 있다.

Pembroke	Athletic	Bio-Med	Main	Keeney	Wriston	Gregorian
1			1			1

각 에지는 D의 2-원소 부분집합이고 그래서 어떤 벡터, 즉 e의 양 끝은 1이고 다른 곳은 0인 벡터에 의해 표현된다. 예를 들어, Pembroke와 Athletic을 연결하는 에지는 벡터 `{'Pembroke':one, 'Athletic':one}`에 의해 표현된다.

그래프의 모든 에지에 대응하는 벡터들은 다음과 같다.

edge	vector						
	Pem.	Athletic	Bio-Med	Main	Keeney	Wriston	Greg.
{Pem., Athletic}	1	1					
{Pem., Bio-Med}	1		1				
{Athletic, Bio-Med}		1	1				
{Main, Keeney}				1	1		
{Main, Wriston}				1		1	
{Keeney, Wriston}					1	1	
{Keeney, Greg.}					1		1
{Wriston, Greg.}						1	1

`{Keeney, Gregorian}`을 나타내는 벡터는 아래와 같고

Pembroke	Athletic	Bio-Med	Main	Keeney	Wriston	Gregorian
				1		1

이것은, 예를 들어 {Keeney, Main}, {Main, Wriston}, {Wriston, Gregorian}을 나타내는 아래 벡터들의 합이다.

Pembroke	Athletic	Bio-Med	Main	Keeney	Wriston	Gregorian
			1	1		
			1		1	
					1	1

위 벡터들을 더하면 엔트리 Main과 Wriston에 있는 1은 상쇄되고 엔트리 Keeney와 Gregorian에 있는 1만 남는다.

일반적으로, 엔트리 x와 y가 1인 벡터는 그래프의 x에서 y로의 경로를 형성하는 에지들에 대응하는 벡터들의 합이다. 따라서 이러한 벡터들에 대해서는 하나의 벡터가 어떤 다른 벡터들의 생성에 속하는지 쉽게 알아낼 수 있다.

Example 6.4.4: {Pembroke, Bio-Med}, {Main, Wriston}, {Keeney, Wriston}, {Wriston, Gregorian}을 나타내는 벡터들의 생성은 {Main, Keeney}에 대응하는 벡터를 포함하지만, {Athletic, Bio-Med}에 대응하는 벡터 또는 {Bio-Med, Main}에 대응하는 벡터는 포함하지 않는다.

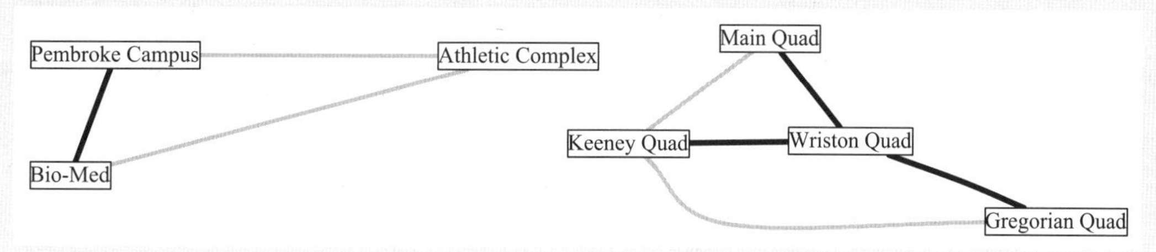

Example 6.4.5: {Athletic, Bio-Med}, {Main, Keeney}, {Keeney, Wriston}, {Main, Wriston}을 나타내는 벡터들의 생성은 {Pembroke, Keeney} 또는 {Main, Gregorian} 또는 {Pembroke, Gregorian}을 포함하지 않는다.

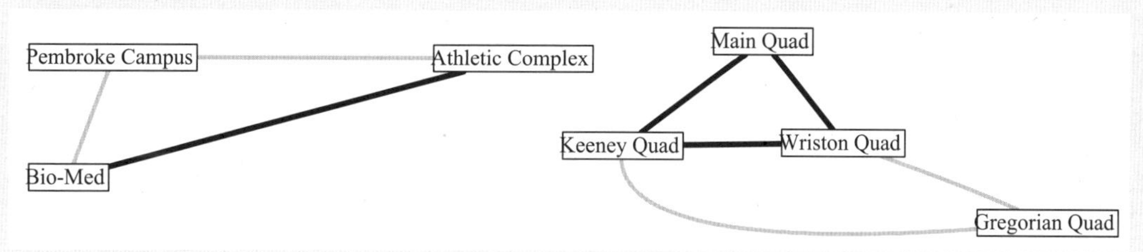

에지 추가(Grow 알고리즘에서) 또는 에지 제거(Shrink 알고리즘에서)를 결정하기 위해 MSF 알고리즘에 사용된 조건들은 단순히 생성 조건(span condition)을 테스트하는 것이며 이것은 벡터의 Grow 및 Shrink 알고리즘에서와 동일하다.

6.5 선형(일차)종속

6.5.1 Superfluous-Vector 보조정리

Grow 및 Shrink 알고리즘을 더 잘 이해하기 위해서는 생성을 변경하지 않고 생성자들의 집합에서 벡터를 제거하는 것이 어떻게 가능한지 이해할 필요가 있다.

Lemma 6.5.1 (Superfluous-Vector Lemma): 임의의 집합 S와 임의의 벡터 $\boldsymbol{v} \in S$에 대해, 만약 $\boldsymbol{v}$가 S 내의 다른 벡터들의 선형결합으로 표현될 수 있으면, Span $(S - \{\boldsymbol{v}\})$ = Span S 이다.

Proof

$S = \{\boldsymbol{v}_1, \ldots, \boldsymbol{v}_n\}$이라 하고, $\boldsymbol{v}_n$은 다음과 같다고 하자.

$$\boldsymbol{v}_n = \alpha_1\,\boldsymbol{v}_1 + \alpha_2\,\boldsymbol{v}_2 + \cdots + \alpha_{n-1}\,\boldsymbol{v}_{n-1} \tag{6.1}$$

이때, Span S 내의 모든 벡터는 또한 Span $(S - \{\boldsymbol{v}\})$ 내에 있음을 보여 주려고 한다. Span S 내의 모든 벡터 $\boldsymbol{v}$은 아래와 같이 표현할 수 있다.

$$\boldsymbol{v} = \beta_1\,\boldsymbol{v}_1 + \cdots \beta_n\,\boldsymbol{v}_n$$

식 (6.1)을 $\boldsymbol{v}_n$에 대입하면 다음을 얻는다.

$$\begin{aligned}\boldsymbol{v} &= \beta_1\,\boldsymbol{v}_1 + \beta_2\,\boldsymbol{v}_2 + \cdots + \beta_n\,(\alpha_1\,\boldsymbol{v}_1 + \alpha_2\,\boldsymbol{v}_2 + \cdots + \alpha_{n-1}\,\boldsymbol{v}_{n-1})\\ &= (\beta_1 + \beta_n\alpha_1)\boldsymbol{v}_1 + (\beta_2 + \beta_n\alpha_2)\boldsymbol{v}_2 + \cdots + (\beta_{n-1} + \beta_n\alpha_{n-1})\boldsymbol{v}_{n-1}\end{aligned}$$

이것은 Span S 내의 임의의 벡터는 $S - \{\boldsymbol{v}_n\}$ 내 벡터들의 선형결합으로 표현될 수 있고, 따라서 Span $(S - \{\boldsymbol{v}_n\})$ 내에 있다는 보여 준다. □

6.5.2 일차종속 정의하기

Grow 알고리즘과 Shrink 알고리즘은 최적의 솔루션을 제공하고 많은 다른 질문에 대한 답을 주며 일차종속이라는 개념으로 연관되어 있다.

Definition 6.5.2: 벡터 $\boldsymbol{v}_1, \ldots, \boldsymbol{v}_n$은 만약 영벡터가 벡터들의 **자명하지 않은**(nontrivial) 선형결합으로 표현될 수 있으면 *일차종속*이다.

$$\mathbf{0} = \alpha_1\boldsymbol{v}_1 + \cdots + \alpha_n\boldsymbol{v}_n$$

이 경우, 이러한 선형결합을 $\boldsymbol{v}_1, \ldots, \boldsymbol{v}_n$의 *일차종속성*이라고 한다.

한편, 만약 영벡터와 동일한 *유일한* 선형결합이 자명한(trivial) 선형결합이면 $\boldsymbol{v}_1, \ldots, \boldsymbol{v}_n$은 일차독립이라고 한다.

자명하지 않은 선형결합에서는 적어도 하나의 계수가 영이 아니다.

Example 6.5.3: 벡터 $[1,0,0]$, $[0,2,0]$, $[2,4,0]$은 다음 식에서 보여주는 것과 같이 일차종속이다.

$$2\,[1,0,0] + 2\,[0,2,0] - 1\,[2,4,0] = [0,0,0]$$

따라서, 선형결합 $2\,[1,0,0] + 2\,[0,2,0] - 1\,[2,4,0]$은 $[1,0,0]$, $[0,2,0]$, $[2,4,0]$의 일차종속성을 보여준다.

Example 6.5.4: 벡터 $[1,0,0]$, $[0,2,0]$, $[0,0,4]$는 일차독립이다. 이것은 벡터들의 특별히 단순한 형태 때문에 쉽게 이해할 수 있다. 즉, 각 벡터는 다른 벡터들이 영을 가지는 위치에 영이 아닌 엔트리를 가진다. 임의의 자명하지 않은 선형결합을 고려해 보자.

$$\alpha_1\,[1,0,0] + \alpha_2\,[0,2,0] + \alpha_3\,[0,0,4]$$

즉, 계수들 중 적어도 하나는 영이 아니다. α_1은 영이 아니라고 하자. 그러면, $\alpha_1\,[1,0,0]$의 첫 번째 엔트리는 영이 아니다. $\alpha_2\,[0,2,0]$의 첫 번째 엔트리는 영이고 $\alpha_3\,[0,0,4]$의 첫 번째 엔트리도 영이므로, 이 두 벡터를 $\alpha_1\,[1,0,0]$에 더해도 첫 번째 엔트리 값은 변하지 않아 영이 아니다. 이것은 첫 번째 계수가 영이 아닌 임의의 선형결합으로부터 영벡터를 얻을 수 없음을 보여 준다. 두 번째 계수와 세 번째 계수가 영이 아닌 경우에도 똑같은 논리가 적용된다. 따라서 자명하지 않은 선형결합으로부터 영벡터를 얻는 방법은 없다.

Example 6.5.3(250 페이지)에서는 일차종속을 보여 주는 방정식을 쉽게 찾을 수 있는 벡터들을 사용한다. Example 6.5.4(250 페이지)에서는 매우 단순한 논리를 사용하여 일차종속을 보여 준다. 대부분의 경우, 일차종속을 보여주는 것은 쉽지 않다.

Computational Problem 6.5.5: *일차종속 테스트하기*

- *input:* 벡터들의 리스트 $[\boldsymbol{v}_1, \ldots, \boldsymbol{v}_n]$
- *output:* 벡터들이 일차종속이면 DEPENDENDENT, 그렇지 않으면 INDEPENDENT

이 계산 문제는 두 개의 예전 질문을 다시 말하는 것이다.

- $A = \begin{bmatrix} \boldsymbol{v}_1 & \cdots & \boldsymbol{v}_n \end{bmatrix}$라고 하자. 벡터 $\boldsymbol{v}_1, \ldots, \boldsymbol{v}_n$이 일차종속일 필요충분조건은 $A\boldsymbol{u} = \boldsymbol{0}$을 만족하는 영이 아닌 벡터 $\boldsymbol{u}$가 존재하는 것, 즉 A의 영공간은 영이 아닌 벡터를 포함하는 것이다. 이것은 Question 5.7.7의 *행렬의 영공간이 영벡터로만 구성되는지 어떻게 알 수 있는가?*란 질문이다.

- 섹션 5.7.2에서 언급했듯이, 이 Question 은 Question 4.6.5: *동차 선형시스템이 자명한 해만 가지는지 어떻게 알 수 있는가?와 동일하다.*

Problem 6.5.6: 영벡터를 포함하는 독립 집합은 없다는 것을 보여라.

6.5.3 최소 스패닝포리스트의 일차종속

*최소 스패닝포리스트*에서 일차종속은 어떤가? 사이클을 형성하는 에지들에 대응하는 벡터들을 함께 더하면 영벡터를 얻을 수 있다. 이러한 덧셈에서, 각 엔트리 x에 대해 정확히 두 개의 벡터가 x 위치에 1을 가진다. 예를 들어, 다음에 대응하는 벡터들은

{`Main`, `Keeney`}, {`Keeney`, `Wriston`}, {`Main`, `Wriston`}

아래와 같다.

Pembroke	Athletic	Bio-Med	Main	Keeney	Wriston	Gregorian
			1	1		
				1	1	
			1		1	

이러한 벡터들의 합은 영벡터이다.

그러므로, 만약 S가 에지들에 대응하는 벡터들의 컬렉션이고 이러한 에지들의 어떤 부분집합이 사이클을 형성하면, 이 부분집합의 에지들에 대응하는 벡터들에 계수 1을 할당함으로써 자명하지 않은 선형결합으로 영벡터를 얻을 수 있다.

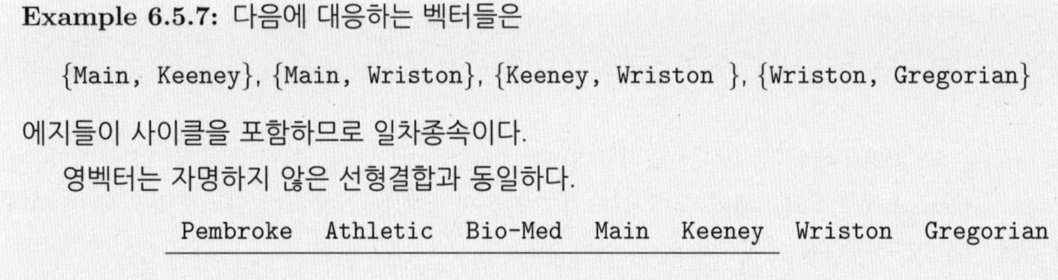

Example 6.5.7: 다음에 대응하는 벡터들은

{`Main`, `Keeney`}, {`Main`, `Wriston`}, {`Keeney`, `Wriston` }, {`Wriston`, `Gregorian`}

에지들이 사이클을 포함하므로 일차종속이다.

영벡터는 자명하지 않은 선형결합과 동일하다.

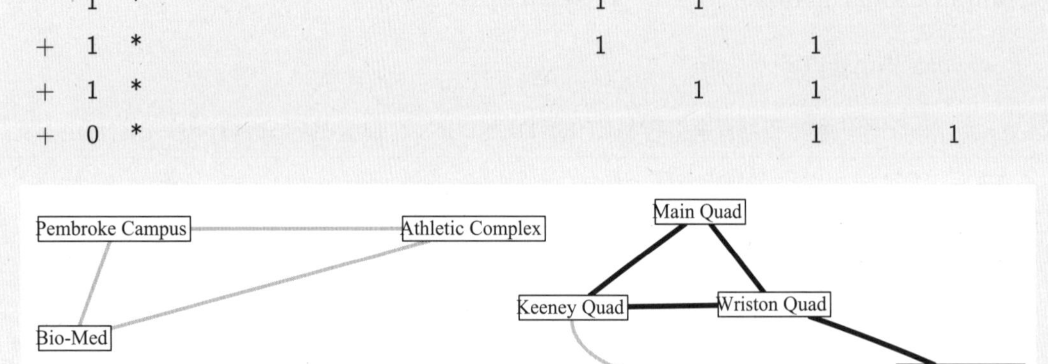

		Pembroke	Athletic	Bio-Med	Main	Keeney	Wriston	Gregorian
1	*				1	1		
+ 1	*				1		1	
+ 1	*					1	1	
+ 0	*						1	1

역으로, 만약 에지들의 집합이 사이클을 포함하지 않으면(즉, 포리스트이면), 대응하는 벡터들의 집합은 다음 그림과 같이 일차독립이다.

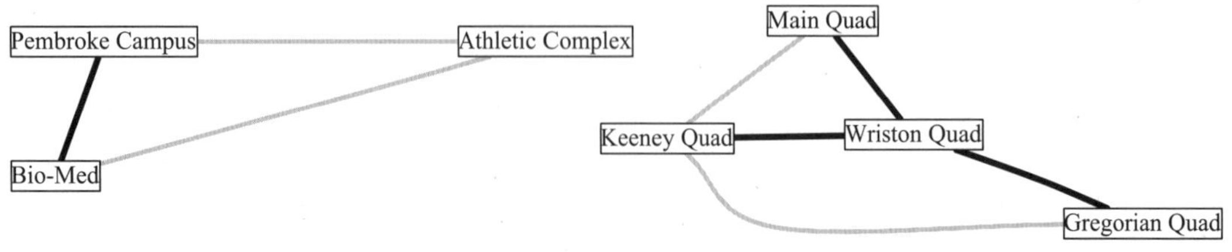

6.5.4 일차독립/종속의 성질

Lemma 6.5.8: 일차독립 집합의 부분집합은 일차독립이다.

예를 들어, MSF에서 스패닝포리스트에 대응하는 벡터들의 집합은 일차독립이고, 따라서 임의의 부분집합도 일차독립이다.

Proof

S와 T는 벡터들의 부분집합이라 하고, S는 T의 부분집합이라 하자. 증명하고자 하는 것은 만약 T가 일차독립이면 S는 일차독립이라는 것이다. 이것은 만약 S가 일차종속이면 T는 일차종속이라는 대우명제와 동일하다.

이것이 참이라는 것은 쉽게 알 수 있다. 만약 영벡터가 어떤 벡터들의 자명하지 않은 선형결합으로 표현될 수 있으면 선형결합에 어떤 다른 벡터들을 추가하여도 그렇게 표현할 수 있다.

공식적으로는 다음과 같이 증명할 수 있다. $T = \{\boldsymbol{s}_1, \ldots, \boldsymbol{s}_n, \boldsymbol{t}_1, \ldots, \boldsymbol{t}_k\}$, $S = \{\boldsymbol{s}_1, \ldots, \boldsymbol{s}_n\}$이라고 하자. S는 일차종속이라 가정하자. 그러면, 일부는 영이 아닌 다음 식을 만족하는 계수 $\alpha_1, \ldots, \alpha_n$이 존재한다.

$$\mathbf{0} = \alpha_1 \boldsymbol{s}_1 + \cdots + \alpha_n \boldsymbol{s}_n$$

그러므로,

$$\mathbf{0} = \alpha_1 \boldsymbol{s}_1 + \cdots + \alpha_n \boldsymbol{s}_n + 0\,\boldsymbol{t}_1 + \cdots 0\,\boldsymbol{t}_k$$

이것은 영벡터는 T 내의 벡터들의 자명하지 않은 선형결합으로 표현될 수 있다는 것, 즉 T는 일차종속이라는 것을 보여 준다. □

Lemma 6.5.9 (Span Lemma): $\boldsymbol{v}_1, \ldots, \boldsymbol{v}_n$은 벡터들이라 하자. 벡터 $\boldsymbol{v}_i$가 다른 벡터들의 생성 내에 있을 필요충분조건은 영벡터가 $\boldsymbol{v}_1, \ldots, \boldsymbol{v}_n$의 선형결합으로 표현될 수 있으며 $\boldsymbol{v}_i$의 계수가 영이 아닌 것이다.

그래프에서, Span Lemma의 의미는 만약 에지 e와 다른 에지들의 부분집합으로 구성되는 사이클이 있으면, 에지 e는 다른 에지들의 생성 내에 있다는 것이다.

Proof

많은 다른 "필요충분조건"에 대한 증명과 마찬가지로 두 가지 방향이 있다.

먼저, $\boldsymbol{v}_i$는 다른 벡터들의 생성 내에 있다고 하자. 즉, 다음을 만족하는 계수 $\alpha_1, \ldots, \alpha_{n-1}$이 존재한다.

$$\boldsymbol{v}_i = \alpha_1\, \boldsymbol{v}_1 + \cdots + \alpha_{i-1}\, \boldsymbol{v}_{i-1} + \alpha_{i+1} \boldsymbol{v}_{i+1} + \cdots \alpha_n \boldsymbol{v}_n$$

$\boldsymbol{v}_i$를 우변으로 옮기면 다음을 얻는다.

$$\mathbf{0} = \alpha_1\, \boldsymbol{v}_1 + \cdots + (-1)\, \boldsymbol{v}_i + \cdots + \alpha_n\, \boldsymbol{v}_n$$

이것이 보여 주는 것은 엔트리가 모두 영인 벡터는 $\boldsymbol{v}_1, \ldots, \boldsymbol{v}_n$의 선형결합으로 표현되고 $\boldsymbol{v}_i$의 계수는 영이 아니라는 것이다.

이제, 다른 방향을 살펴보자. 다음 식을 만족하는 계수 $\alpha_1, \ldots, \alpha_n$이 존재하고

$$\mathbf{0} = \alpha_1 \boldsymbol{v}_1 + \cdots + \alpha_i \boldsymbol{v}_i + \cdots + \alpha_n \boldsymbol{v}_n$$

$\alpha_i \neq 0$ 라고 하자.

양변에서 $\alpha_i \boldsymbol{v}_i$를 빼고 $-\alpha_i$로 나누면 다음을 얻는다.

$$1\,\boldsymbol{v}_i = (\alpha_1/-\alpha_i)\,\boldsymbol{v}_1 + \cdots + (\alpha_{i-1}/-\alpha_i)\,\boldsymbol{v}_{i-1} + (\alpha_{i+1}/-\alpha_i)\,\boldsymbol{v}_{i+1} + \cdots + (\alpha_n/-\alpha_i)\,\boldsymbol{v}_n$$

이것은 $\boldsymbol{v}_i$가 다른 벡터들의 생성 내에 있음을 보여준다. □

6.5.5 Grow 알고리즘 분석하기

Corollary 6.5.10 (Grow-Algorithm Corollary): Grow 알고리즘에 의해 얻어진 벡터들은 일차독립이다.

Proof

$n = 1, 2, \ldots$에 대해, $\boldsymbol{v}_n$은 Grow 알고리즘의 n번째 이터레이션에 B에 추가된 벡터라 하자. 귀납법에 의해 $\boldsymbol{v}_1, \boldsymbol{v}_2, \ldots, \boldsymbol{v}_n$은 일차독립이라는 것을 보여 준다.

$n = 0$인 경우, 추가된 벡터는 없고 주장하는 것은 사실이다. $n = k-1$에 대해 주장하는 것이 사실이라고 가정하고 $n = k$인 경우에 대해 증명해 보자.

k 번째 이터레이션에 B에 추가된 벡터 $\boldsymbol{v}_k$는 $\boldsymbol{v}_1, \ldots, \boldsymbol{v}_{k-1}$의 생성 내에 있지 않다. 그러므로 Span Lemma에 의하면 다음을 만족하는 임의의 계수 $\alpha_1, \ldots, \alpha_k$에 대해,

$$\mathbf{0} = \alpha_1 \boldsymbol{v}_1 + \cdots + \alpha_{k-1} \boldsymbol{v}_{k-1} + \alpha_k \boldsymbol{v}_k$$

α_k는 영이어야 한다. 따라서 아래와 같이 쓸 수 있다.

$$\mathbf{0} = \alpha_1 \boldsymbol{v}_1 + \cdots + \alpha_{k-1} \boldsymbol{v}_{k-1}$$

하지만, $n = k-1$인 경우 $\boldsymbol{v}_1, \ldots, \boldsymbol{v}_{k-1}$은 일차독립이고 그래서, $\alpha_1, \ldots, \alpha_{k-1}$은 모두 영이다. 앞에서 증명하였듯이, 영벡터와 동일하게 되는 $\boldsymbol{v}_1, \ldots, \boldsymbol{v}_k$의 유일한 선형결합은 *자명한* 선형결합이다. 즉, $\boldsymbol{v}_1, \ldots, \boldsymbol{v}_k$는 일차독립이다. 이것은 $n = k$인 경우에 주장하는 것이 성립한다는 것을 증명한다. □

*최대 스패닝포리스트*에 대한 Grow 알고리즘에서 어떤 에지 $\{x, y\}$를 추가할지 고려할 때, 이전에 선택된 에지들을 사용하는 x에서 y로의 경로가 없는 경우에만 그 에지를 추가한다. 즉, 만약 $\{x, y\}$에 대응하는 벡터가 이전에 선택된 에지들에 대응하는 벡터들에 의해 생성되지 않는 경우에만 추가한다. 그러므로 만약 어떤 에지를 추가 한다면, 그 에지는 이전에 추가된 에지들과 사이클을 형성하지 않는다. 즉, 대응하는 벡터들의 집합은 계속해서 일차독립을 유지한다.

6.5.6 Shrink 알고리즘 분석하기

Corollary 6.5.11 (Shrink-Algorithm Corollary): Shrink 알고리즘에 의해 얻어진 벡터들은 일차독립이다.

Proof

$B = \{\boldsymbol{v}_1, \ldots, \boldsymbol{v}_n\}$은 Shrink 알고리즘에 의해 얻어진 벡터들의 집합이라 하자. 이 벡터들은 일차종속이라는 모순을 가정해 보자. 그러면 영벡터 $\mathbf{0}$는 자명하지 않은 선형결합으로 표현될 수 있다.

$$\mathbf{0} = \alpha_1 \boldsymbol{v}_1 + \cdots + \alpha_n \boldsymbol{v}_n$$

이때, 계수들 중 적어도 하나는 영이 아니다. α_i는 영이 아닌 계수라고 하자. 일차종속 Lemma에 의하면 $\boldsymbol{v}_i$는 다른 벡터들의 선형결합으로 표현될 수 있다. 그러므로, Superfluous-Vector Lemma(Lemma 6.5.1)에 의해, Span $(B - \{\boldsymbol{v}_i\})$ = Span B이다. 따라서 Shrink 알고리즘은 $\boldsymbol{v}_i$를 제거해야만 한다. □

MSF Shrink 알고리즘에서 어떤 에지 $\{x, y\}$를 제거할지 고려할 때, 만약 남아 있는 에지들을 사용하는 x-y 경로가 있을 경우에만 그 에지를 제거한다. 만약 에지 $\{x, y\}$가 사이클의 일부이면, 알고리즘은 사이클의 다른 에지들이 x-y 경로를 형성하므로 그 에지를 제거해도 된다.

6.6 기저

Grow 알고리즘과 Shrink 알고리즘은 벡터공간 $\mathcal{V}$를 생성하는 벡터들의 집합을 찾는다. 각 알고리즘이 찾은 벡터들의 집합은 일차독립이다.

6.6.1 기저 정의하기

이제, 선형대수학에서 가장 중요한 개념을 다룬다.

Definition 6.6.1: $\mathcal{V}$는 벡터공간이라 하자. $\mathcal{V}$에 대한 *기저*(basis)는 $\mathcal{V}$에 대한 생성자들로 구성된 일차독립 집합이다.

따라서 $\mathcal{V}$의 벡터들의 집합 B는 만약 B가 다음 두 성질을 만족하면 $\mathcal{V}$에 대한 *기저*이다.

Property B1 (*Spanning*) Span $B = \mathcal{V}$이다.

Property B2 (*Independent*) B는 일차독립이다.

Example 6.6.2: $\mathcal{V}$는 $[1, 0, 2, 0]$, $[0, -1, 0, -2]$, $[2, 2, 4, 4]$에 의해 생성된 벡터공간이라 정의 하자. 그러면 집합 $\{[1, 0, 2, 0], [0, -1, 0, -2], [2, 2, 4, 4]\}$은 일차독립이 아니므로 $\mathcal{V}$에 대한 기저가 아니다. 예를 들어,

$$1\,[1, 0, 2, 0] - 1\,[0, -1, 0, -2] - \frac{1}{2}\,[2, 2, 4, 4] = \mathbf{0}$$

하지만 집합 $\{[1, 0, 2, 0], [0, -1, 0, -2]\}$은 기저이다.

- 이 두 벡터는 각기 다른 벡터가 영을 가지는 위치에 영이 아닌 엔트리를 가지므로 일차독립이라 할 수 있다. 일차독립에 대한 이러한 설명은 Example 6.5.4(250 페이지)에 기술되어 있다.

- 이 두 벡터는 $\mathcal{V}$를 생성한다고 할 수 있다. Superfluous-Vector Lemma(Lemma 6.5.1)에 의하면 $\mathcal{V}$의 세 번째 벡터 $[2,2,4,4]$는 아래와 같이 첫 두 벡터의 선형결합으로 표현될 수 있으므로 없어도 된다.

$$[2,2,4,4] = 2\,[1,0,2,0] - 2\,[0,-1,0,-2] \tag{6.2}$$

집합 $\{[1,0,2,0],[0,-1,0,-2]\}$은 $\mathcal{V}$를 생성하고 일차독립이므로 기저이다.

Example 6.6.3: 또한, $\{[1,0,2,0],[2,2,4,4]\}$는 동일한 벡터공간 $\mathcal{V}$에 대한 기저이다.

- 일차독립을 보여주기 위해 임의의 자명하지 않은 선형결합을 고려해 보자.

$$\alpha_1\,[1,0,2,0] + \alpha_2\,[2,2,4,4]$$

  만약 α_2가 영이 아니면 그 합은 예를 들어 두 번째 위치에 영이 아닌 엔트리를 가진다. 만약 α_2는 영이지만 α_1이 영이 아니면 그 합은 첫 번째 위치에 영이 아닌 엔트리를 가진다.

- 이 벡터들이 $\mathcal{V}$를 생성함을 보여 주기 위해, 다시 Superfluous-Vector Lemma을 사용해 보자. 벡터 $[0,-1,0,-2]$는 다른 벡터들의 선형결합으로 표현될 수 있으므로 없어도 된다. 식 (6.2)를 약간 바꾸면 다음을 얻는다.

$$[0,-1,0,-2] = -1\,[1,0,2,0] + \frac{1}{2}\,[2,2,4,4]$$

Example 6.6.4: 벡터공간 $\mathbb{R}^3$에 대해서는 어떤가? $\mathbb{R}^3$에 대한 하나의 기저는 $[1,0,0],[0,1,0],[0,0,1]$이다. 이것이 기저라는 것을 어떻게 아는가?

- 모든 벡터 $[x,y,z]\in\mathbb{R}^3$은 $x[1,0,0]+y[0,1,0]+z[0,0,1]$으로 표현될 수 있다. 이 표현은 이러한 벡터들이 $\mathbb{R}^3$을 생성함을 보여 준다.

- 이 벡터들이 일차독립이라는 것은 어떻게 아는가? 이 세 벡터 중 어느 것도 다른 두 벡터의 선형결합으로 표현될 수 없음을 보여 주면 된다. $[1,0,0]$을 고려해 보자. 다른 두 벡터 중 어느 것도 영이 아닌 첫 번째 엔트리를 가지지 않으므로 $[1,0,0]$은 다른 벡터들의 선형결합으로 표현될 수 없다. $[0,1,0]$과 $[0,0,1]$에 대해서도 똑같은 논리가 적용된다. 이것은 $\mathbb{R}^3$의 차원은 3임을 보여 준다.

Example 6.6.5: $\mathbb{R}^3$의 또 다른 기저는 $[1,1,1],[1,1,0],[0,1,1]$이다. 이 벡터들이 $\mathbb{R}^3$을 생성함을 어떻게 아는가? 벡터 $[1,0,0],[0,1,0],[0,0,1]$은 생성임을 이미 알고 있다. 따라서 만약 이

벡터들이 $[1,1,1],[1,1,0],[0,1,1]$의 생성에 있으면 $[1,1,1],[1,1,0],[0,1,1]$은 $\mathbb{R}^3$을 생성한다.

$$\begin{aligned}[1,0,0] &= [1,1,1]-[0,1,1] \\ [0,1,0] &= [1,1,0]+[0,1,1]-[1,1,1] \\ [0,0,1] &= [1,1,1]-[1,1,0]\end{aligned}$$

벡터 $[1,1,1],[1,1,0],[0,1,1]$이 일차독립인 것은 어떻게 아는가? 이 벡터들이 일차종속이라고 해 보자. 일차종속 Lemma에 의하면 이 벡터들 중 하나는 다른 두 벡터에 의해 표현될 수 있다. 아래 세 가지 경우에 대해 살펴보자.

- $[1,1,1]$은 선형결합 $\alpha\,[1,1,0]+\beta\,[0,1,1]$으로 표현될 수 있는가? 이 선형결합의 첫 번째 엔트리가 1이 되기 위해서는 α가 1이어야 한다. 세 번째 엔트리가 1이 되기 위해서는 β가 1이어야 한다. 이 경우 두 번째 엔트리는 2가 되어야 함을 의미한다. 따라서 $[1,1,1]$은 선형결합으로 표현될 수 없다.
- $[1,1,0]$은 선형결합 $\alpha\,[1,1,1]+\beta\,[0,1,1]$으로 표현될 수 있는가? 이 선형결합의 첫 번째 엔트리가 1이 되기 위해서는 α가 1이어야 한다. 그러므로 두 번째 엔트리가 1이 되기 위해서는 β는 0이 되어야 한다. 하지만 세 번째 엔트리가 0이 되기 위해서는 β가 -1이 되어야 한다.
- $[0,1,1]$은 선형결합 $\alpha\,[1,1,1]+\beta\,[1,1,0]$으로 표현될 수 있는가? 위의 두 경우에서와 마찬가지로 생각해 보면 선형결합으로 표현될 수 없다.

Example 6.6.6: 영벡터만으로 구성된 자명한 벡터공간은 기저를 가지는가? 물론 기저는 공집합이다. Quiz 4.2.4에서 살펴보았듯이 공집합의 생성은 영벡터로 구성되는 집합이다. 자명하지 않은 공집합의 선형결합은 없으므로 공집합은 일차독립이다(공집합의 모든 선형결합에 대해 영이 아닌 계수는 없다).

Example 6.6.7: 그래프 G에서, 그래프를 형성하는 에지들로 구성된 집합의 기저는 G에 대해 스패닝(spanning)(Definition 6.4.2)이고 포리스트(Definition 6.4.3)인 에지들의 집합 B에 대응한다. 따라서 기저는 정확하게 스패닝포리스트이다. 다음은 두 개의 예를 보여 준다.

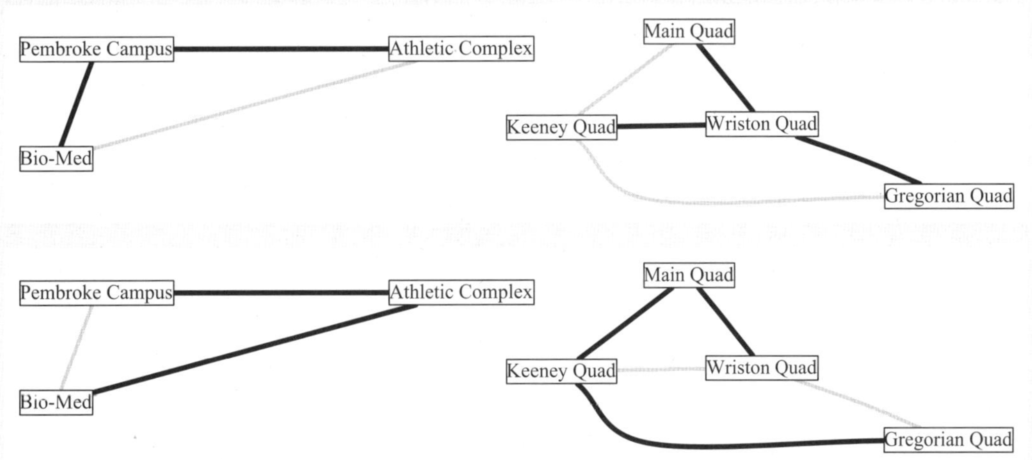

Example 6.6.8: T는 그래프를 구성하는 에지들, 예를 들어 그래프에서 실선으로 된 에지들의 부분집합이라 하자.

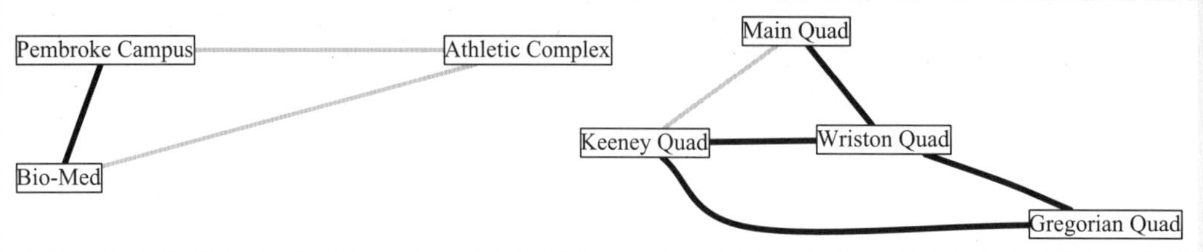

다음 그림에서 짙은 검은색 에지들의 집합 B는 Span T에 대한 기저를 형성한다.

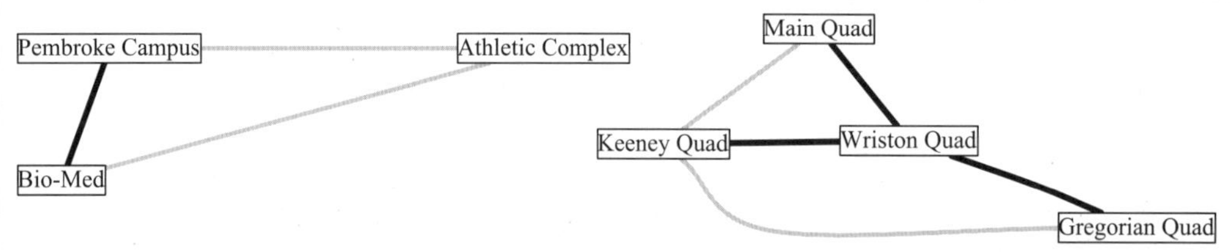

B는 Span T에 대한 기저임을 확인해 보자. B의 에지들은 어떠한 사이클도 형성하지 않아 B는 일차독립이다. 그리고 T의 모든 에지에 대해 끝점들은 B의 에지들을 통해 연결되어 Span B = Span T이다.

다음 그림에서 짙은 검은 에지들은 Span T에 대한 기저의 또 다른 예를 형성한다.

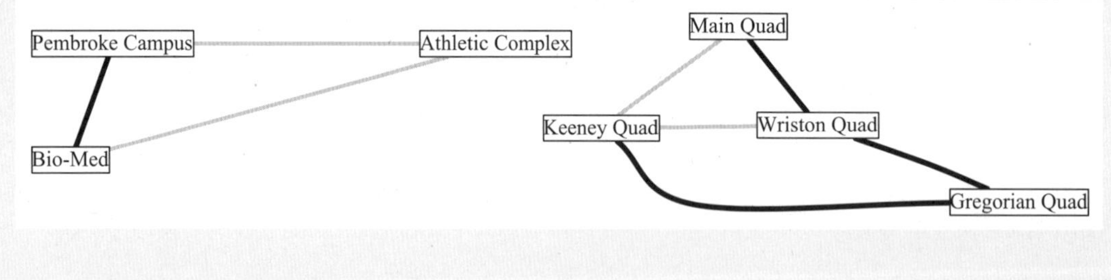

6.6.2 F^D에 대한 표준 기저

섹션 4.2.5에서 $\boldsymbol{F}^D$에 대한 생성자들의 집합인 *표준 생성자들*을 정의하였다. 다음 lemma에 따르면, 이러한 생성자들에 대한 더 나은 이름(사실상 전통적인 이름)은 $\boldsymbol{F}^D$에 대한 *표준* ***기저*** *벡터*이다.

Lemma 6.6.9: $\boldsymbol{F}^D$에 대한 표준 생성자들은 기저를 형성한다.

Problem 6.6.10: Lemma 6.6.9를 증명해 보자. 방법은 $[1, 0, 0], [0, 1, 0], [0, 0, 1]$은 기저임을 보여 주는 Example 6.6.4(255 페이지)의 논리를 일반화하면 된다.

6.6.3 모든 벡터공간은 기저를 가짐을 보여 주기

모든 벡터공간 $\mathcal{V}$는 기저를 가진다는 것을 증명하고자 한다. Grow 알고리즘과 Shrink 알고리즘은 이것을 증명하는 방법을 각기 제공하지만 아직은 증명할 준비가 되어 있지 않다.

- Grow-Algorithm Corollary가 의미하는 것은 만약 Grow 알고리즘이 종료되면 알고리즘에 의해 선택된 벡터들의 집합은 벡터공간 $\mathcal{V}$에 대한 기저라는 것이다. 하지만 *알고리즘이 항상 종료된다는 것을 아직 보여 주지는 않았다!*
- Shrink-Algorithm Corollary가 의미하는 것은 만약 $\mathcal{V}$를 생성하는 벡터들로 구성된 유한 집합을 가지고 Shrink 알고리즘을 실행할 수 있으면 알고리즘이 종료될 때 $\mathcal{V}$에 대한 기저가 선택될 것이라는 것이다. 하지만 *모든 벡터공간 $\mathcal{V}$가 벡터들의 어떤 유한 집합에 의해 생성된다는 것을 보여 주지는 않았다.*

이러한 것들은 수학적으로 쉬운 문제가 아니다. 위의 이슈는 다음 장에서 해결할 것이다. 이 책에서는 D가 유한 집합인 D-벡터들에 대해서만 다루지만 수학분야에서 D는 무한 집합일 수 있으며 이 책에서는 다루지 않는 다양한 어려움을 초래한다.

6.6.4 생성에 대한 기저를 포함하는 벡터들의 임의의 유한 집합

만약 $\mathcal{V}$가 벡터들로 구성된 유한 집합의 생성으로 명시되면 $\mathcal{V}$는 기저를 가진다는 것을 보여 줄 수 있다. 이때, 기저는 그 유한 집합의 부분집합으로 구성된다.

Lemma 6.6.11 (Subset-Basis Lemma): 벡터들로 구성된 임의의 유한 집합 T는 Span T에 대한 기저인 부분집합 B를 포함한다.

이 결과는 그래프에서 모든 그래프는 스패닝포리스트를 포함한다는 사실에 대응한다.

Proof

$\mathcal{V}$ = Span T라고 하자. Grow 알고리즘의 한 버전을 사용한다.

def subset_basis(T):
  Initialize B to the empty set.
  Repeat while possible: select a vector $\boldsymbol{v}$ in T that is not in Span B, and put it in B.

이 알고리즘은 선택된 벡터 $\boldsymbol{v}$가 집합 T 내에 있어야 한다는 점에서 일반적인 Grow 알고리즘과 다르다. 그럼에도 불구하고 이 알고리즘은 Grow 알고리즘의 한 인스턴스인가? 이 알고리즘은 Span B가 T 내 모든 벡터를 포함할 때 종료된다. 반면에, 원래의 Grow 알고리즘은 일단 Span B가 $\mathcal{V}$ 내의 모든 벡터를 포함하면 종료된다. 하지만 이것은 상관없다. Span B가 T의 모든 벡터를 포함할 때 Span B도 또한 T 내 벡터들의 모든 선형결합을 포함하며 그래서 Span B = $\mathcal{V}$이다. 따라서 여기서 사용한 Grow 알고리즘은 원래 Grow 알고리즘의 한 인스턴스이고 기저를 찾아 준다. □

이 증명은 실제로 Grow 알고리즘의 한 버전에 대한 프로시저이고 실질적으로 구현될 수 있다.

Example 6.6.12: $T = \{[1,0,2,0],[0,-1,0,-2],[2,2,4,4]\}$라고 하자. 다음 프로시저는 Span T에 대한 기저인 부분집합 B를 찾아야 한다.

- $B = \emptyset$로 초기화한다.

- Span $\emptyset$ 내에 있지 않은 T의 벡터를 선택하여 그것을 S에 추가한다. Span $\emptyset$은 영벡터만으로 구성되어 있으므로 선택된 첫 번째 벡터는 영이 아니어야 한다. $[1, 0, 2, 0]$이 선택된다고 해 보자.
- Span $\{[1, 0, 2, 0]\}$에 들어 있지 않은 T의 벡터를 선택하자. $[0, -1, 0, -2]$가 선택된다고 가정해 보자.
- Span $\{[1, 0, 2, 0], [0, -1, 0, -2]\}$ 내에 있지 않은 T의 벡터를 선택하자. T 내에 그러한 벡터는 더이상 없다. T의 모든 벡터는 Span $\{[1, 0, 2, 0], [0, -1, 0, -2]\}$ 내에 있다. 그러므로 프로시저는 종료된다.

Problem 6.6.13: Lemma 6.6.11을 Shrink 알고리즘에 기초하여 증명해 보자.

6.6.5 $\mathcal{V}$에 속하는 벡터들의 임의의 일차독립 부분집합은 $\mathcal{V}$에 대한 기저를 형성하도록 확장될 수 있는가?

Subset-Basis Lemma와 유사하게, *Superset*-Basis Lemma를 증명하고자 한다. 이 lemma는 아래와 같다.

> 임의의 벡터공간 $\mathcal{V}$와 벡터들로 구성된 임의의 일차독립 집합 T에 대해, $\mathcal{V}$는 T의 모든 벡터를 포함하는 기저를 가진다.

아마도 Grow 알고리즘을 적용하여 이러한 기저를 다음과 같이 찾을 수 있을 것이다.

```
def superset_basis(T, V):
  Initialize B to be equal to T.
  Repeat while possible: select a vector in V that is not in Span B, and put it in B.
  Return B
```

처음에, B는 T의 모든 벡터를 포함한다(사실상 T와 동일하다). Grow-Algorithm Corollary에 의하면, 집합 B는 알고리즘이 수행되는 동안 내내 일차독립이다. 알고리즘이 종료될 때 Span $B = \mathcal{V}$이다. 그러므로 알고리즘이 종료될 때 B는 $\mathcal{V}$에 대한 기저이다. 더욱이, B는 여전히 T의 모든 벡터를 포함한다. 왜냐하면, 알고리즘은 B에서 어떠한 벡터도 제거하지 않았기 때문이다.

이러한 논리에 한 가지 이슈가 있다. 모든 벡터공간은 기저를 가진다는 것을 보여 주려는 섹션 6.6.3에서와 같이, *알고리즘이 종료된다는 것을 보여주지 않았다!* 이 이슈는 다음 장에서 해결될 것이다.

6.7 고유 표현(Unique representation)

섹션 6.1에서 살펴보았듯이, 생성자 $\boldsymbol{a}_1, \ldots, \boldsymbol{a}_n$에 의해 명시된 $\mathcal{V}$에 대한 좌표계에서 $\mathcal{V}$의 각 벡터 $\boldsymbol{v}$는 좌표표현 $[\alpha_1, \ldots, \alpha_n]$을 가진다. 이 좌표표현은 $\boldsymbol{v}$가 다음의 선형결합으로 표현될 수 있는 계수들로 구성된다.

$$\boldsymbol{v} = \alpha_1\, \boldsymbol{a}_1 + \cdots + \alpha_n\, \boldsymbol{a}_n$$

그러나 각 벡터 $\boldsymbol{v}$가 *고유한*(unique) 좌표표현을 가지게 하는 그런 성질을 제공하는 축(axis)이 필요한다. 어떻게 하면 이것을 보장할 수 있을까?

6.7.1 기저를 사용한 표현의 유일성

$\mathcal{V}$에 대한 기저를 형성하도록 축벡터를 선택해 보자.

Lemma 6.7.1 (Unique-Representation Lemma): $\boldsymbol{a}_1, \ldots, \boldsymbol{a}_n$은 벡터공간 $\mathcal{V}$에 대한 기저라고 하자. 임의의 벡터 $\boldsymbol{v} \in \mathcal{V}$에 대해, $\boldsymbol{v}$의 기저 벡터들에 대한 표현은 정확하게 하나만 존재한다.

그래프 G에서 위 lemma는 다음 사실에 대응한다. G의 임의의 스패닝포리스트 F와 임의의 꼭지점의 쌍 x, y에 대해, 만약 G가 x-y 경로를 포함하면 F는 정확하게 하나의 그러한 경로를 포함한다.

Proof

Span $\{\boldsymbol{a}_1, \ldots, \boldsymbol{a}_n\} = \mathcal{V}$이기 때문에, 모든 벡터 $\boldsymbol{v} \in \mathcal{V}$는 적어도 하나의 $\boldsymbol{a}_1, \ldots, \boldsymbol{a}_n$에 대한 표현을 가진다. 두 개의 표현이 있다고 해 보자.

$$\boldsymbol{v} = \alpha_1 \boldsymbol{a}_1 + \cdots + \alpha_n \boldsymbol{a}_n = \beta_1 \boldsymbol{a}_1 + \cdots + \beta_n \boldsymbol{a}_n$$

그러면 하나의 선형결합을 다른 것에서 뺌으로써 영벡터를 얻을 수 있다.

$$\begin{aligned} \mathbf{0} &= \alpha_1 \boldsymbol{a}_1 + \cdots + \alpha_n \boldsymbol{a}_n - (\beta_1 \boldsymbol{a}_1 + \cdots + \beta_n \boldsymbol{a}_n) \\ &= (\alpha_1 - \beta_1)\boldsymbol{a}_1 + \cdots + (\alpha_n - \beta_n)\boldsymbol{a}_n \end{aligned}$$

벡터 $\boldsymbol{a}_1, \ldots, \boldsymbol{a}_n$은 일차독립이므로, 계수들 $\alpha_1 - \beta_1, \ldots, \alpha_n - \beta_n$은 모두 영이 되어야 한다. 따라서 두 표현은 실제로 동일한 것이다. □

6.8 기저변경 들여다 보기

*기저변경*은 하나의 기저에 대한 어떤 벡터의 좌표표현을 또 다른 기저에 대한 동일한 벡터의 좌표표현으로 바꾸는 것이다.

6.8.1 표현에서 벡터로의 함수

$\boldsymbol{a}_1, \ldots, \boldsymbol{a}_n$은 필드 $\boldsymbol{F}$상의 벡터공간 $\mathcal{V}$에 대한 기저를 형성한다고 하자. 함수 $f : \boldsymbol{F}^n \mapsto \mathcal{V}$를 다음과 같이 정의하자.

$$f([x_1, \ldots, x_n]) = x_1 \boldsymbol{a}_1 + \cdots + x_n \boldsymbol{a}_n$$

즉, f는 어떤 벡터의 $\boldsymbol{a}_1, \ldots, \boldsymbol{a}_n$에 대한 표현을 벡터 그 자체로 매핑한다. Unique-Representation Lemma에 의하면, $\mathcal{V}$의 모든 벡터는 $\boldsymbol{a}_1, \ldots, \boldsymbol{a}_n$에 대해 정확히 하나의 표현을 가진다. 그래서 함수 f는 전단사이고 가역적이다.

Example 6.8.1: 벡터공간 $\mathbb{R}^3$에 대한 하나의 기저는 $\boldsymbol{a}_1 = [2, 1, 0], \boldsymbol{a}_2 = [4, 0, 2], \boldsymbol{a}_3 = [0, 1, 1]$

로 구성된다고 하자. 이러한 벡터들을 열로서 가지는 행렬은 다음과 같다.

$$A = \left[\begin{array}{c|c|c} 2 & 4 & 0 \\ 1 & 0 & 1 \\ 0 & 2 & 1 \end{array}\right]$$

그러면 $f(\boldsymbol{x}) = A\boldsymbol{x}$에 의해 정의된 함수 $f : \mathbb{R}^3 \longrightarrow \mathbb{R}^3$는 어떤 벡터의 $\boldsymbol{a}_1, \ldots, \boldsymbol{a}_3$에 대한 표현을 벡터 그 자체로 매핑한다. $\boldsymbol{a}_1, \boldsymbol{a}_2, \boldsymbol{a}_3$는 기저를 형성하므로, 모든 벡터는 이러한 벡터들에 대한 고유 표현을 가지며 f는 가역함수이다. 역함수는 $g(\boldsymbol{y}) = M\boldsymbol{y}$에 의해 정의된 함수 $g : \mathbb{R}^3 \longrightarrow \mathbb{R}^3$이고 여기서 M은 아래와 같다.

$$M = \begin{bmatrix} \frac{1}{4} & \frac{1}{2} & -\frac{1}{5} \\ \frac{1}{8} & -\frac{1}{4} & \frac{1}{4} \\ -\frac{1}{4} & \frac{1}{2} & \frac{1}{2} \end{bmatrix}$$

따라서 M은 A의 역행렬이다.

6.8.2 하나의 표현에서 또 다른 표현으로

이제, $\boldsymbol{a}_1, \ldots, \boldsymbol{a}_n$은 $\mathcal{V}$에 대한 하나의 기저를 형성하고 $\boldsymbol{b}_1, \ldots, \boldsymbol{b}_m$은 또 다른 기저를 형성한다고 해 보자. $f : \boldsymbol{F}^n \longrightarrow \mathcal{V}$와 $g : \boldsymbol{F}^m \longrightarrow \mathcal{V}$를 다음과 같이 정의해 보자.

$$f([x_1, \ldots, x_n]) = x_1\, \boldsymbol{a}_1 + \cdots + x_n\, \boldsymbol{a}_n\ ,\ g([y_1, \ldots, y_m]) = y_1\, \boldsymbol{b}_1 + \cdots + \boldsymbol{y}_m\, \boldsymbol{b}_m$$

행렬-벡터 정의의 선형결합 정의에 의하면, 이들 함수의 각각은 행렬-벡터 곱셈에 의해 표현될 수 있다.

$$f(\boldsymbol{x}) = \left[\begin{array}{c|c|c} & & \\ \boldsymbol{a}_1 & \cdots & \boldsymbol{a}_n \\ & & \end{array}\right] \left[\begin{array}{c} \boldsymbol{x} \end{array}\right]\ ,\ g(\boldsymbol{y}) = \left[\begin{array}{c|c|c} & & \\ \boldsymbol{b}_1 & \cdots & \boldsymbol{b}_m \\ & & \end{array}\right] \left[\begin{array}{c} \boldsymbol{y} \end{array}\right]$$

더욱이, 섹션 6.8.1에 의하면 함수 f와 g는 둘 다 가역 함수이다. Lemma 5.13.1에 의해 이 함수들의 역함수는 선형함수이다.

이제, 함수 $g^{-1} \circ f$를 고려해 보자. 이것은 선형함수들의 합성 함수이며 또한 선형함수이다. 이 합성 함수의 정의역은 f의 정의역 $\boldsymbol{F}^n$이고, 공역은 g의 정의역 $\boldsymbol{F}^m$이다. 그러므로 Lemma 5.10.19에 의해 $C\boldsymbol{x} = (g^{-1} \circ f)(\boldsymbol{x})$을 만족하는 행렬 C가 있다.

행렬 C는 *기저변경* 행렬이다.

- C를 곱하는 것은 어떤 벡터의 $\boldsymbol{a}_1, \ldots, \boldsymbol{a}_n$에 대한 좌표표현을 $\boldsymbol{b}_1, \ldots, \boldsymbol{b}_n$에 대한 좌표표현으로 변경하는 것이다.

$g^{-1} \circ f$는 가역 함수들의 합성이므로, 또한 가역 함수이다. 마찬가지 방식으로, $D\boldsymbol{y} = (f^{-1} \circ g)(\boldsymbol{y})$을 만족하는 행렬 D가 존재 한다.

- D를 곱하는 것은 어떤 벡터의 $\boldsymbol{b}_1, \ldots, \boldsymbol{b}_k$에 대한 좌표표현을 $\boldsymbol{a}_1, \ldots, \boldsymbol{a}_n$에 대한 좌표표현으로 변경하는 것이다.

마지막으로, $f^{-1} \circ g$와 $g^{-1} \circ f$는 서로의 역함수이므로 행렬 C와 D는 서로의 역행렬이다.

벡터들에 대한 서로 다른 표현 사이를 매핑하는 함수를 원하는 이유는 무엇인가? 그 이유는 여러 가지 있다. 다음 섹션에서 그중 한 가지인 이미지의 원근감을 다루는 것에 대해 살펴볼 것이다. Lab 6.12는 기저변경을 사용하여 원근감을 유사하게 다룰 것이다. 기저변경은 11장, 12장, 그리고 13장에서 아주 중요하다.

6.9 원근감 렌더링(Perspective rendering)

좌표표현의 응용처럼, 원근감을 고려하여 3차원 점들의 집합에서 카메라 뷰를 어떻게 합성하는지 살펴보자. 카메라 뷰 합성에 적용되는 수학적 기반은 실제 이미지에서 원근감을 제거하는 데 유용할 것이다.

6.9.1 현실의 점

아래와 같은 좌표를 가지는 와이어 프레임 큐브(wire-frame cube)를 구성하는 점들을 가지고 시작해 보자.

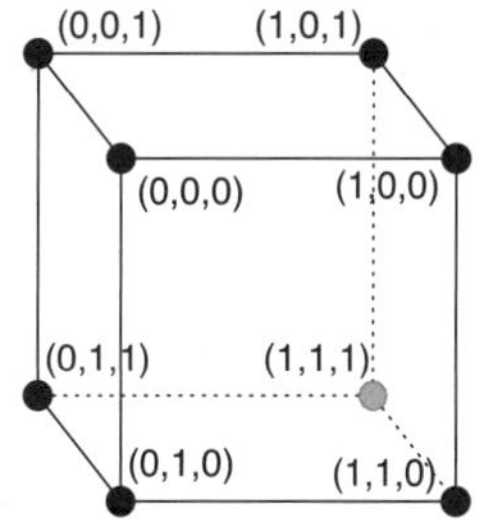

그림의 좌표들이 약간 이상하게 보일지 모른다. 점 $(0, 1, 0)$은 수직으로 점 $(0, 0, 0)$의 바로 아래에 놓여 있다. 우리는 보통 위로 올라감에 따라 y 좌표가 증가하는 그런 표현에 익숙하다. 이 좌표계는 픽셀 좌표가 동작하는 방식과 일치하도록 하기 위해 사용된다.

와이어 프레임 큐브를 구성하는 점들의 리스트는 다음과 같이 생성할 수 있다.

```
>>> L = [[0,0,0],[1,0,0],[0,1,0],[1,1,0],[0,0,1],[1,0,1],[0,1,1],[1,1,1]]
>>> corners = [list2vec(v) for v in L]

>>> def line_segment(pt1, pt2, samples=100):
    return [(i/samples)*pt1 + (1-i/samples)*pt2 for i in range(samples+1)]

>>> line_segments = [line_segment(corners[i], corners[j]) for i,j in
 [(0,1),(2,3), (0,2),(1,3),(4,5),(6,7),(4,6),(5,7),(0,4),(1,5),(2,6), (3,7)]]

>>> pts = sum(line_segments, [])
```

카메라로 이 큐브의 사진을 찍는다고 생각해 보자. 큐브의 사진은 어떻게 보일까? 명백히 카메라의 위치와 카메라가 향하는 방향에 따라 다를 것이다. 카메라는 $(-1, -1, -8)$에 위치되어 큐브의 정면을 포함하는 평면을 똑바로 향하게 될 것이다.

6.9.2 카메라와 이미지 평면

카메라의 단순화된 모델인 *핀홀*(pinhole) 카메라를 살펴보자. 카메라의 위치와 방향은 고정되어 있다고 가정하자. 핀홀은 *카메라 중심*(camera center)이라고 불리는 점이다.

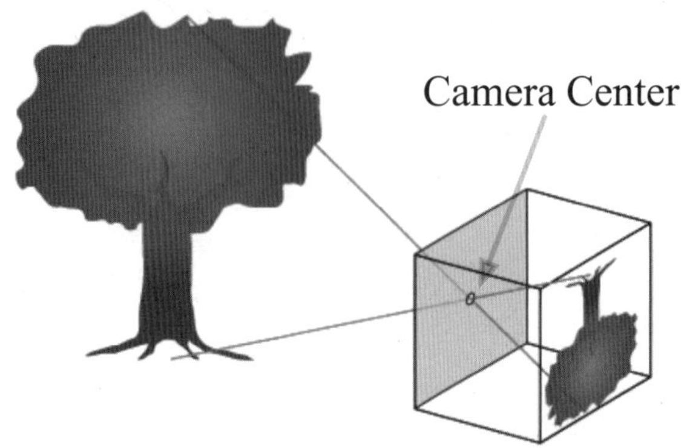

카메라의 뒤쪽에는 이미지 센서 어레이(image sensor array)가 있다. 광자(photon)는 현장의 물체에 반사되어 카메라 중심을 통해 이미지 센서 어레이로 들어간다. 현장의 광자는 카메라 중심을 통해 직선으로 이동하는 경우에만 이미지 센서 어레이에 도달한다. 이미지는 역으로 나타난다.

수학적 설명을 쉽게 하기 위해 보통 더 단순한 모델이 적용된다. 이러한 모델에서 이미지 센서 어레이는 카메라 중심과 현장의 물체 사이에 있다.

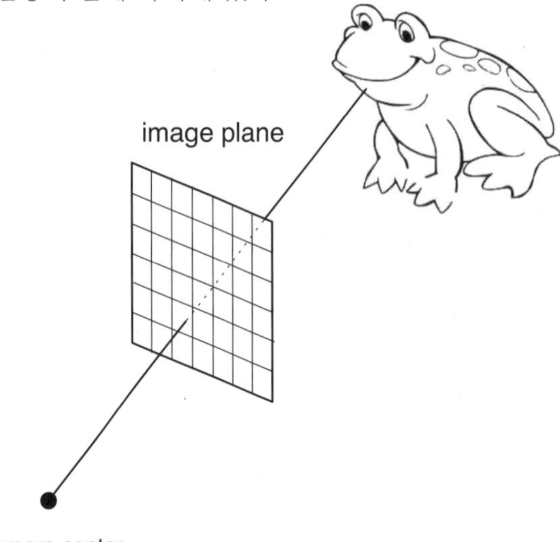

이 경우, 광자는 카메라 중심을 통해 직선으로 이동하는 경우에만 이미지 센서 어레이에 감지 된다는 규칙은 계속 유지한다.

이미지 센서 어레이는 *이미지 평면*이라 불리는 평면에 위치해 있다. 광자는 현장의 물체, 위 그림의 경우 개구리의 턱에 반사되어 카메라 중심을 향해 직선으로 이동한다. 광자는 이동중에 이미지 평면의 센서 어레이에 부딪힌다.

센서 어레이는 직사각형 센서 요소들의 격자이다. 이미지 센서 어레이의 각 요소는 부딪히는 빨간색, 녹색, 파란색 빛의 양을 측정하여 세 개의 숫자를 생성한다. 광자가 부딪히는 센서 요소는 어느 것인가? 그것은 이미지 평면과 광자가 이동하는 직선 사이의 교점에 위치한 센서 요소이다.

이러한 이미지 센싱 결과는 직사각형의 픽셀 요소의 격자이고 각 격자에는 컬러가 할당된다.

픽셀들은 센서 요소들에 대응한다.

픽셀에는 이전에 보여준 것과 같은 좌표가 할당된다.

(0,0)					(5,0)
(0,3)					(5,3)

6.9.3 카메라 좌표계

센서 에레이의 각 점 $\boldsymbol{q}$에 대해 $\boldsymbol{q}$에 부딪히는 빛은 카메라 중심을 향해 직선으로 이동하는 빛이다. 따라서 $\boldsymbol{q}$의 센서에 의해 검출되는 컬러는 현장의 어떤 점 $\boldsymbol{p}$에 위치해 있으며, 이 $\boldsymbol{p}$와 원점을 지나는 직선은 이미지 평면과 $\boldsymbol{q}$에서 만난다.

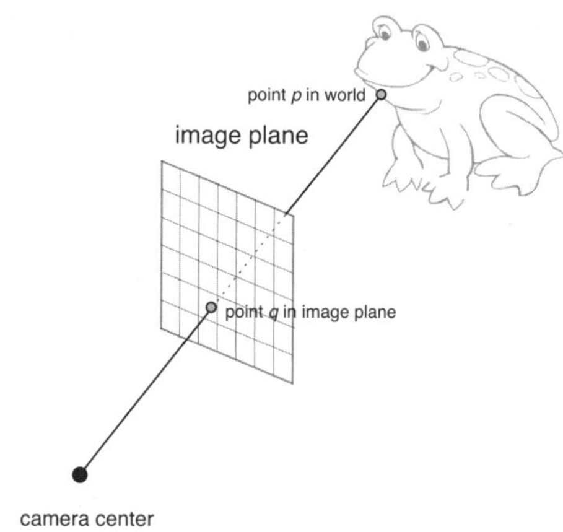

와이어 프레임 큐브의 이미지를 합성하기 위해, 현장의 점 $\boldsymbol{p}$를 이미지 평면의 대응하는 점 $\boldsymbol{q}$의 픽셀 좌표로 매핑하는 함수를 정의해야 한다.

간단하게 이러한 함수를 표현할 수 있는 특별히 편리한 기저가 있다. 우리는 이것을 *카메라 좌표계*라고 한다.

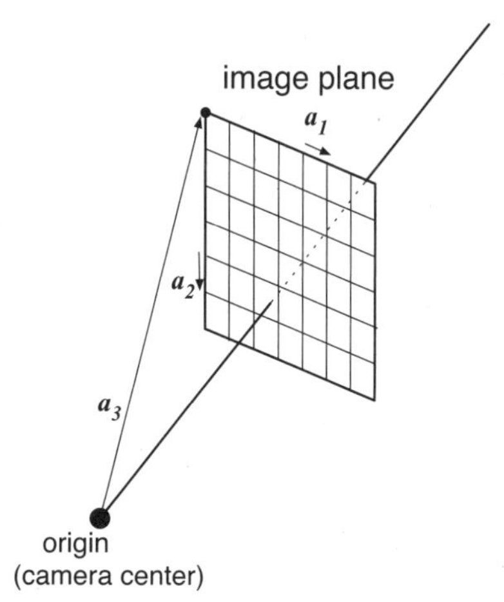

원섬은 카메라 중심이나고 정의된다. 첫 번째 기저벡터 $\boldsymbol{a}_1$은 센서 요소의 맨 위 왼쪽 모서리에서 맨 위 오른쪽 모서리로 수평방향으로 향하는 벡터이다. 두 번째 벡터 $\boldsymbol{a}_2$는 센서 요소의 맨 위 왼쪽 모서리에서 맨 아래 왼쪽 모서리로 수직방향으로 향하는 벡터이다. 세 번째 벡터 $\boldsymbol{a}_3$는 원점(카메라 중심)에서 센서 요소의 맨 위 왼쪽 모서리 $(0,0)$으로 향하는 벡터이다.

이러한 기저에는 뭔가 좋은 점이 있다. $\boldsymbol{q}$는 이미지 평면의 점이라 하고

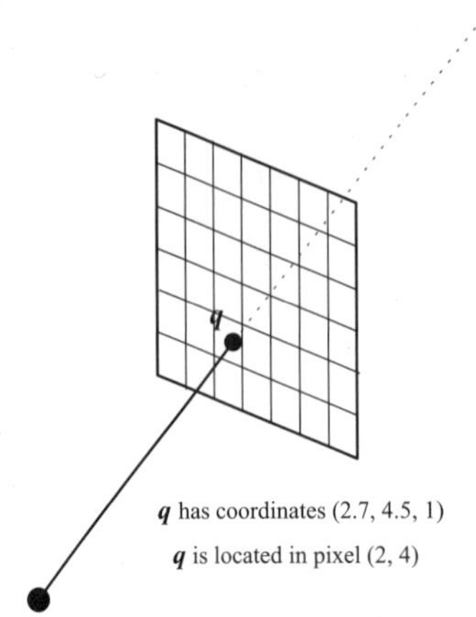

이 좌표계에서 $\boldsymbol{q}$의 좌표는 $\boldsymbol{x} = (x_1, x_2, x_3)$이고, 그래서 $\boldsymbol{q} = x_1\,\boldsymbol{a}_1 + x_2\,\boldsymbol{a}_2 + x_3\,\boldsymbol{a}_3$라고 하자.

그러면 세 번째 좌표 x_3는 1이고, 첫 번째와 두 번째 좌표 x_1, x_2는 어느 픽셀이 점 $\boldsymbol{q}$를 포함하는지 알려 준다.

```
def pixel(x): return (x[0], x[1])
```

x_1과 x_2의 소수점 아래를 잘라 정수 i, j로 만들어 픽셀(만약 i, j 픽셀이 존재하면)의 좌표를 얻을 수 있다.

6.9.4 현장의 카메라 좌표에서 이미지 평면 내 대응하는 점의 카메라 좌표로

이미지 평면의 한 점을 옆에서 살펴보자. 그러면 센서 어레이의 가장자리(edge)만 볼 수 있다.

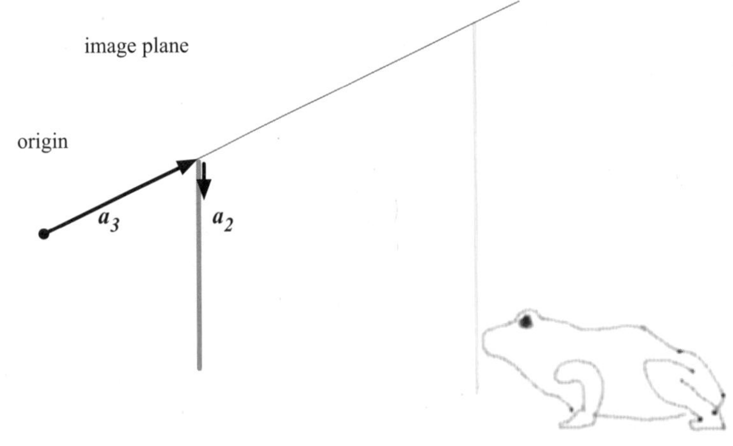

이러한 경우, 기저 벡터 $\boldsymbol{a}_2$와 $\boldsymbol{a}_3$는 볼수 있지만 $\boldsymbol{a}_1$은 우리가 바라보는 방향으로 바로 향하고 있어 볼 수 없다.

이제, $\boldsymbol{p}$는 이미지 평면보다 훨씬 멀리 있는 현장의 한 점이라고 해 보자.

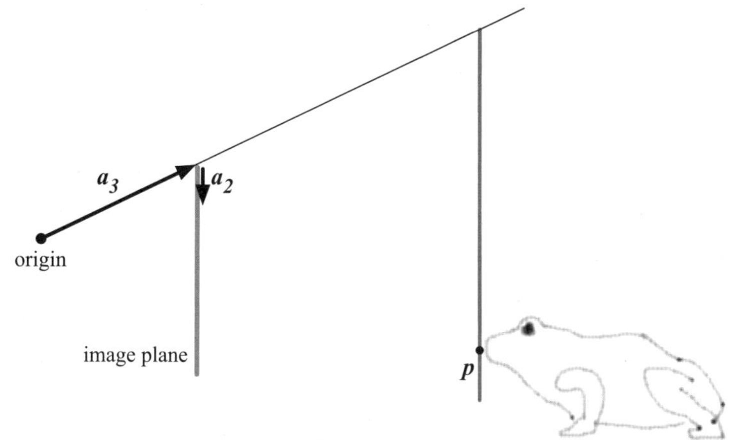

이미지 평면에 평행한 $\boldsymbol{p}$를 지나는 평면의 가장자리를 볼 수 있다. $\boldsymbol{p}$를 카메라 기저 벡터들의 선형 결합으로 나타내 보자.

$$\boldsymbol{p} = x_1\,\boldsymbol{a}_1 + x_2\,\boldsymbol{a}_2 + x_3\,\boldsymbol{a}_3$$

벡터 $x_3\,\boldsymbol{a}_3$를 센서 어레이의 맨 아래 왼쪽 모서리를 지나 이미지 평면에 평행한 $\boldsymbol{p}$를 지나는 평면까지 확장한다고 생각해 보자.

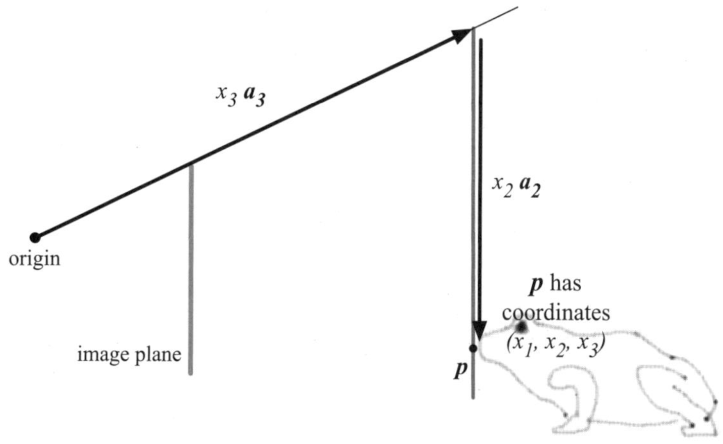

벡터 $x_2\,\boldsymbol{a}_2$는 수직으로 아래로 확장되고 벡터 $x_1\,\boldsymbol{a}_1$은 보이지는 않지만 수평으로 우리를 향해 확장된다.

$\boldsymbol{q}$는 $\boldsymbol{p}$와 원점을 지나는 직선이 이미지 평면과 만나는 점이라고 하자.

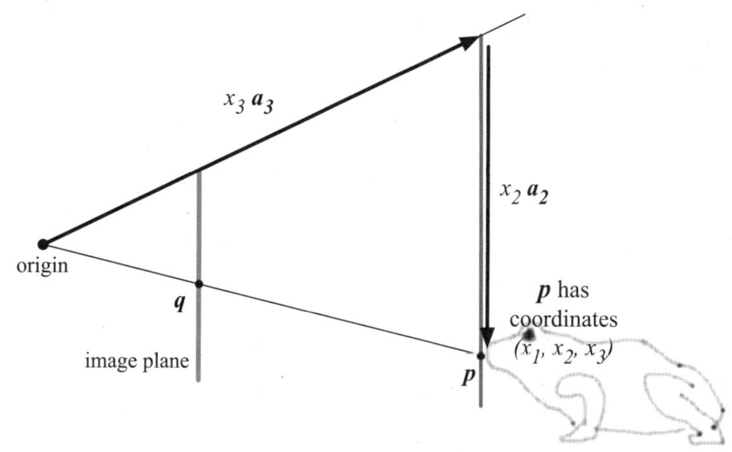

$\boldsymbol{q}$의 좌표는 무엇인가?

원점, $\boldsymbol{a}_3$의 머리(꼬리가 원점에 위치할 경우), $\boldsymbol{q}$에 의해 형성되는 삼각형은 원점, $x_3\,\boldsymbol{a}_3$의 머리, 점 $\boldsymbol{p}$에 의해 형성되는 삼각형을 축소한 형태이다. $\boldsymbol{a}_3$에 의해 형성된 옆면은 $x_3\,\boldsymbol{a}_3$에 의해 형성된 옆면 길이의 $1/x_3$배이므로, $\boldsymbol{q}$의 좌표는 $\boldsymbol{p}$의 각 좌표의 $1/x_3$배이다. 즉, $\boldsymbol{q}$의 좌표는 $(x_1/x_3, x_2/x_3, x_3/x_3)$이다.

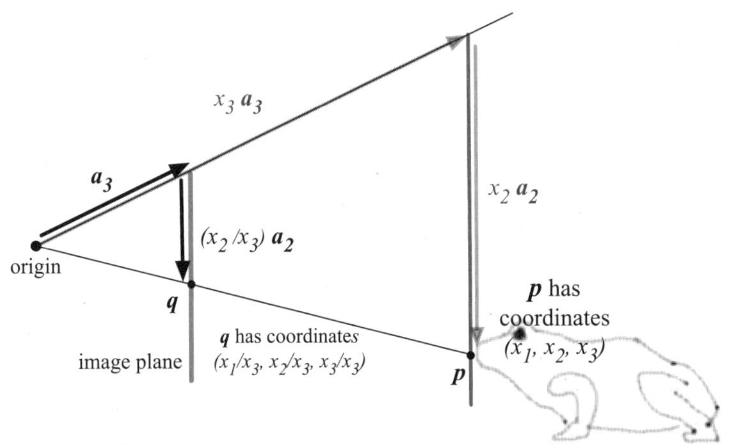

따라서 카메라 기저가 사용될 때 $\boldsymbol{p}$의 표현에서 $\boldsymbol{q}$의 표현으로의 변경은 아주 쉽다. 즉, 단순히 각 엔트리를 세 번째 엔트리로 나누면 된다.

```
def scale_down(x): return list2vec([x[0]/x[2], x[1]/x[2], 1])
```

6.9.5 현장 좌표에서 카메라 좌표로

이제, 아래 매핑이 어떻게 이루어지는지 알게 되었다.

- 현장의 한 점에 대한 카메라 좌표표현으로부터
- 그 점을 "보는" 픽셀의 좌표로

하지만 와이어 프레임 큐브의 점들을 매핑하려면 큐브에 있는 점의 좌표를 동일한 점에 대한 카메라 좌표표현으로 매핑하는 것이 필요하다.

먼저, 카메라 기저 벡터들을 적어 보자.

이것을 두 단계로 해 보자. 첫 번째 단계에서 현장 좌표의 $(-1, -1, -8)$에서 카메라 중심을 찾는다. 카메라 좌표계를 사용하려면 카메라를 $(0, 0, 0)$에 두고 와이어 프레임 큐브의 각 점에 $(1, 1, 8)$을 더하여 그 점들을 평행이동시킨다.

```
>>> shifted_pts = [v+list2vec([1,1,8]) for v in pts]
```

두 번째 단계에서 기저변경을 해야 한다. `shifted_pts`의 각 점에 대해, 카메라 기저에 대한 그 점의 좌표표현을 얻는다.

이렇게 하기 위해, 먼저 카메라 기저 벡터들을 적는다. 1×1 차원의 이미지 센서 어레이를 구성하는 100개의 수평 픽셀과 100개의 수직 픽셀이 있다고 생각해 보자. 그러면 $a_1 = [1/100, 0, 0]$이고 $\boldsymbol{a}_2 = [0, 1/100, 0]$이다. 세 번째 기저 벡터 $\boldsymbol{a}_3$에 대해, 센서 어레이는 카메라 중심이 센서 어레이의 중심과 일렬로 있다. $\boldsymbol{a}_3$는 카메라 중심에서 센서 어레이의 맨 위 왼쪽 모서리로 향하며, 그래서 $\boldsymbol{a}_3 = [0, 0, 1]$이다.

```
>>> cb = [list2vec([1/xpixels,0,0]),
          list2vec([0,1/ypixels,0]),
          list2vec([0,0,1])]
```

shifted_pts 내 점들의 카메라 기저에 대한 좌표들은 다음과 같이 찾는다.

```
>>> reps = [vec2rep(cb, v) for v in shifted_pts]
```

6.9.6 픽셀 좌표로

다음으로, 이 점들을 이미지 평면으로 투영한 것을 구한다.

```
>>> in_camera_plane = [scale_down(u) for u in reps]
```

이 점들은 이미지 평면에 놓여 있으므로, 이 점들의 세 번째 좌표는 모두 1이고, 첫 번째 및 두 번째 좌표는 픽셀 좌표로 해석할 수 있다.

```
>>> pixels = [pixel(u) for u in in_camera_plane]
```

결과는 plotting 모듈의 프로시저, plot을 사용하여 볼 수 있다.

```
>>> plot(pixels, 30, 1)
```

하지만 두 번째 픽셀 좌표를 증가시키는 것은 아래쪽으로 움직이는 것에 대응하지만, 프로시저 plot은 두 번째 좌표를 수학에서 보통 사용하는 방식으로 해석한다는 것을 명심하자. 그래서 도형은 이미지에서 보게 되는 것을 수직으로 뒤집은 것일 것이다.

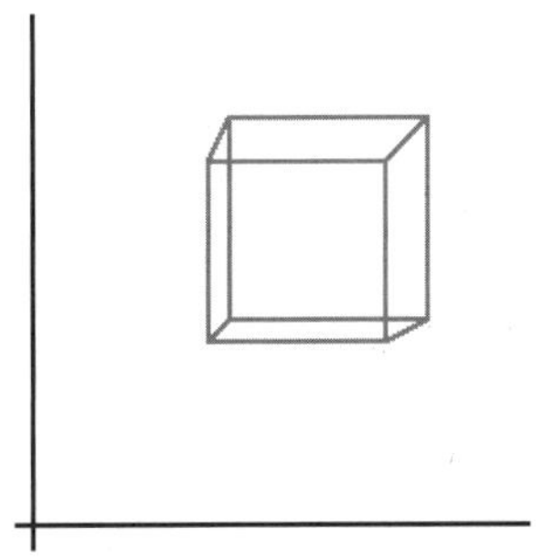

6.10 기저를 찾는 것과 관련된 계산 문제

기저는 아주 유용하다. 그래서 주어진 벡터공간에 대해 기저를 찾는 구현 가능한 알고리즘을 가지는 것은 중요하다. 하지만 벡터공간은 아주 크고 심지어 무한할 수 있다. 벡터공간이 어떻게 프로시저의 입력이 될 수 있는가? 벡터공간 $\mathcal{V}$를 명시하는 두 가지 방법이 있다.

1. $\mathcal{V}$에 대한 생성자들을 명시하기. 이것은 $\mathcal{V} = \text{Col } A$를 만족하는 행렬 A를 명시하는 것과 같다.
2. 해집합이 $\mathcal{V}$인 동차 선형시스템을 명시하기. 이것은 $\mathcal{V} = \text{Null } A$를 만족하는 행렬 A를 명시하는 것과 같다.

$\mathcal{V}$를 명시하는 이러한 각의 방법에 대해, 기저를 찾는 계산 문제를 고려해 보자.

Computational Problem 6.10.1: *주어진 벡터들에 의해 생성되는 벡터공간의 기저 찾기*

- *input:* 벡터들의 리스트 $[\boldsymbol{v}_1, \ldots, \boldsymbol{v}_n]$
- *output:* Span $\{\boldsymbol{v}_1, \ldots, \boldsymbol{v}_n\}$에 대한 기저를 형성하는 벡터들의 리스트

Lemma(Lemma 6.6.11)의 방식과 Problem 6.14.17의 프로시저 `subset_basis(T)`을 사용할 수 있을 것이라고 생각할 수 있다. 하지만 이 방법은 어떤 벡터가 다른 벡터들의 생성 내에 있다는 것을 알 수 있는 방법이 있어야 가능하며, 이 질문에 대해 답하는 것 자체가 쉽지 않은 문제이다.

Computational Problem 6.10.2: *동차 선형시스템의 해집합의 기저 찾기*

- *input:* 벡터들의 리스트 $[\boldsymbol{a}_1, \ldots, \boldsymbol{a}_m]$
- *output:* 시스템 $\boldsymbol{a}_1 \cdot \boldsymbol{x} = 0, \ldots, \boldsymbol{a}_m \cdot \boldsymbol{x} = 0$의 해집합에 대한 기저를 형성하는 벡터들의 리스트

이 문제는 다음과 같이 다시 말할 수 있다.

주어진 아래 행렬에 대해

$$A = \begin{bmatrix} \boldsymbol{a}_1 \\ \hline \vdots \\ \hline \boldsymbol{a}_m \end{bmatrix},$$

A의 영공간에 대한 기저를 찾는 것이다.

이 문제에 대한 알고리즘은 몇 가지 질문들에 대해 도움이 된다. 예를 들어, 기저를 가지는 것은 해집합이 자명한지를 알려 줄 것이다. 만약 기저가 공집합이 아니면 해집합은 자명하지 않다.

8장과 10장에서 이러한 문제들을 푸는 효율적인 알고리즘에 대해 살펴볼 것이다.

6.11 교환(Exchange) 보조정리

최저 스패닝트리 알고리즘은 정말로 가중치가 최소인 스패닝트리를 찾는가? 앞에서 계산 문제의 한 예인 최소 지배집합(Minimum Dominaing Set)에 대해 살펴보았는데, greedy 알고리즘은 때때로 이 문제에 대한 최상의 답을 찾지 못한다. 그러면 최소 스패닝트리 문제의 경우는 왜 다른가?

6.11.1 보조정리

벡터들에 적용하는 교환 Lemma에 대해 살펴보자. 섹션 6.4.3에서 보았듯이 MSF와 벡터들은 밀접하게 연관되어 있다. 섹션 6.11.2에서는 교환 lemma를 사용하여 MSF에 대한 Grow 알고리즘의 정확성을 증명한다.

Lemma 6.11.1 (Exchange Lemma): S는 벡터들의 집합이라 하고 A는 S의 부분집합이라 하자. $\boldsymbol{z}$는 Span S의 벡터이고 $A \cup \{\boldsymbol{z}\}$는 일차독립이라 하자. 그러면, Span S = Span $(\{\boldsymbol{z}\} \cup S - \{\boldsymbol{w}\})$을 만족하는 벡터 $\boldsymbol{w} \in S - A$가 존재 한다.

이것을 *교환*(Exchange) Lemma라고 한다. 이유는 이 lemma에 의하면, 생성을 변경하지 않으면서 어떤 벡터 $\boldsymbol{z}$는 생성에 포함시키고 또 다른 벡터는 제거할 수 있기 때문이다. 집합 A는 특정 벡터들이 제거되는 것을 방지하는 데 사용된다.

Proof

$S = \{\boldsymbol{v}_1, \ldots, \boldsymbol{v}_k, \boldsymbol{w}_1, \ldots, \boldsymbol{w}_\ell\}$, $A = \{\boldsymbol{v}_1, \ldots, \boldsymbol{v}_k\}$라고 해 보자. $\boldsymbol{z}$는 Span S 내에 있으므로 S 내 벡터들의 선형결합으로 표현될 수 있다.

$$\boldsymbol{z} = \alpha_1\, \boldsymbol{v}_1 + \cdots + \alpha_k\, \boldsymbol{v}_k + \beta_1\, \boldsymbol{w}_1 + \cdots + \beta_\ell\, \boldsymbol{w}_\ell \tag{6.3}$$

만약 계수들 $\beta_1, \ldots, \beta_\ell$이 모두 영이면, $\boldsymbol{z} = \alpha_1\, \boldsymbol{v}_1 + \cdots + \alpha_k\, \boldsymbol{v}_k$가 되어야 하며, 이것은 $A \cup \{\boldsymbol{z}\}$가 일차독립이라는 사실에 모순된다. 따라서 계수들 $\beta_1, \ldots, \beta_\ell$이 모두 영이 될 수는 없다. β_j는 영이 아닌 계수라 해 보자. 그러면 식 (6.3)은 다음과 같이 다시 쓸수 있다.

$$\begin{aligned}\boldsymbol{w}_j = (1/\beta_j)\, \boldsymbol{z} + (-\alpha_1/\beta_j)\, v_1 + \cdots + (-\alpha_k/\beta_j)\, \boldsymbol{v}_k + (-\beta_1/\beta_j)\, \boldsymbol{w}_1 + \ldots + (-\beta_{j-1}/\beta_j)\, \boldsymbol{w}_{j-1} \\ +(-\beta_{j+1}/\beta_j)\, \boldsymbol{w}_{j+1} + \cdots + (-\beta_\ell/\beta_j)\, \boldsymbol{w}_\ell\end{aligned} \tag{6.4}$$

Superfluous-Vector Lemma(Lemma 6.5.1)에 의해 다음을 얻는다.

$$\text{Span } (\{z\} \cup S - \{\boldsymbol{w}_j\}) = \text{Span } (\{z\} \cup S) = \text{Span } S$$

□

다음 섹션에서는 MSF에 대한 Grow 알고리즘의 정확성을 증명하는 데 교환 Lemma를 사용한다. 다음 장에서는 교환 Lemma를 좀 더 중요하고 관련된 방식으로 사용하여 벡터공간 $\mathcal{V}$에 대한 모든 기저는 동일한 크기를 가진다는 것을 보여 준다. 이것은 선형대수학의 중요 결과이다.

6.11.2 MSF에 대한 Grow 알고리즘의 정확성에 대한 증명

여기서 알고리즘 Grow(G)는 G에 대한 최소 가중치 스패닝트리를 리턴한다는 것을 보여 준다. 단순화를 위해 모든 에지의 가중치는 서로 다르다고 가정하자. T^*는 G에 대한 진정한 최소 가중치 스패닝트리라고 하고 T는 알고리즘에 의해 선택된 에지들의 집합이라 하자. $e_1, e_2, \ldots, e_m$은 G의 에지들을 가중치가 높은 순서로 정열한 것이라 하자. e_k는 T와 T^*에 있지 않은 최소 가중치 에지라 하자. 이것은 $e_1, \ldots, e_{k-1}$은 모두 T와 T^*에 있음을 의미한다. 아래 두 가지 경우를 살펴보자.

- *Case 1:* e_k는 T^*에 속하지만 T에는 속하지 않는다. $e_1, \ldots, e_{k-1}$은 T^*에 있으므로, T^*는 스패닝트리이고, e_k는 $e_1, \ldots, \boldsymbol{e}_{k-1}$의 에지들과 사이클을 형성하지 않아 e_k의 양 끝점은 $\{e_1, \ldots, e_{k-1}\}$의 에지들을 통해 연결되지 않는다. 그러므로 알고리즘은 e_k를 해집합에 추가해야 하는데 이것은 모순이다.

- *Case 2:* e_k는 T에 속하지만 T^*에는 속하지 않는다. A는 $e_1, \ldots, e_{k-1}$에 대응하는 벡터들로 구성되고 S는 T^* 내의 모든 에지들에 대응하는 벡터들로 구성된다고 하자. $\boldsymbol{z}$는 e_k에 대응하는 벡터라 하자. 알고리즘이 e_k를 포함했으므로, 집합 $A \cup \{\boldsymbol{z}\}$는 일차독립이다. 그러므로 교환 Lemma에 의하면 다음을 만족하는 벡터 $\boldsymbol{w}$가 $S - A$ 내에 존재한다.

$$\text{Span } S = \text{Span } (S \cup \{\boldsymbol{z}\} - \{\boldsymbol{w}\}]) \tag{6.5}$$

벡터 $\boldsymbol{w}$는 S에 속하므로, 이것은 T^* 내의 에지 e_n에 대응한다. 그러므로, $S \cup \{\boldsymbol{z}\} - \{\boldsymbol{w}\}$는 에지들의 집합 $T^* \cup \{e_k\} - \{e_n\}$에 대응한다. 식 (6.5)는 G의 노드들의 모든 쌍이 $T^* \cup \{e_k\} - \{e_n\}$ 내의 에지들을 통해 연결되어 있음을 암시한다. 하지만 이러한 에지들의 집합은 가중치가 높은 에지를 가중치가 낮은 에지로 대체함으로써 T^*로부터 얻어진다. 이것은 T^*는 최소 가중치 스패닝트리가 아님을 보여 주는데 이것은 모순이다.

위 두 가지 경우에 의해 Grow(G)의 정확성에 대한 증명이 완료된다.

6.12 *Lab: 원근감 수정(Perspective rectification)*

이 lab의 목적은 평평한 표면의 이미지에서 원근감을 제거하는 것이다. 다음 이미지(`board.png`)를 고려해 보자.

화이트보드에 몇몇 재미있는 선형 대수에 관한 것이 적혀 있는 것처럼 보인다.

새로운 이미지를 합성해 볼 것이다. 이 새로운 이미지는 카메라에 의해 포착된 것이 절대 아니다. 사실, 전통적인 카메라는 원근감이 너무 부족하므로 이러한 이미지를 포착하는 것이 불가능하다. 이러한 변환을 수행하는 기법은 좌표계의 개념을 사용한다. 실질적으로, 이것은 두 개의 좌표계를 고려해야 하며 한 좌표표현과 다른 좌표표현 사이의 변환을 필요로 한다.

원래 이미지를 직사각형의 격자라고 생각하고 각 격자에는 컬러가 할당된다고 해보자(직사각형은 픽셀에 해당한다). 이미지 내의 이러한 각 직사각형은 화이트보드의 평면에 있는 평행사변형에 대응한다. 원근감이 없는 이미지는 이러한 각 평행사변형에 원래 이미지의 대응하는 직사각형에 해당하는 컬러를 색칠함으로써 생성된다.

원근감이 없는 이미지는 픽셀 좌표를 화이트보드 내 평면의 대응하는 점의 좌표로 매핑하는 함수가 있으면 쉽게 만들수 있다. 이러한 함수는 어떻게 유도할 수 있을까?

동일한 문제는 wiimote 라이트펜(light pen)을 사용하는 경우에도 발생한다. 라이트펜으로부터 나온 빛은 wiimote의 특정 센서 요소에 부딪히고 wiimote는 이 센서 요소의 좌표를 컴퓨터에 알려준다. 컴퓨터는 마우스를 그 위치까지 이동하기 위해 스크린상의 대응하는 위치를 계산해야 한다. 그러므로 센서 요소의 좌표를 컴퓨터 스크린의 좌표로 매핑하는 함수를 유도하는 방법이 필요하다.

이러한 매핑을 유도하는 기본적인 방식은 예를 이용하는 것이다. 이미지 평면의 점들과 화이트보드 평면의 대응하는 점들로 구성된 몇 개의 입력-출력쌍을 찾는다. 그리고는 이러한 원리에 들어맞는 함수를 유도한다.

6.12.1 *카메라 기저*

카메라 기저 $\boldsymbol{a}_1, \boldsymbol{a}_2, \boldsymbol{a}_3$을 사용해 보자.

- 원점은 카메라 중심이다.
- 첫 번째 벡터 $\boldsymbol{a}_1$은 화이트보드 요소의 맨 위 왼쪽 모서리에서 맨 위 오른쪽 모서리로 향하는 수평방향 벡터이다.
- 두 번째 벡터 $\boldsymbol{a}_2$는 화이트보드의 맨 위 왼쪽 모서리에서 맨 아래 왼쪽 모서리로 향하는 수직 방향 벡터이다.
- 세 번째 벡터 $\boldsymbol{a}_3$는 원점(카메라 중심)에서 센서 요소의 맨 위 왼쪽 모서리 (0,0)으로 향하는 벡터이다.

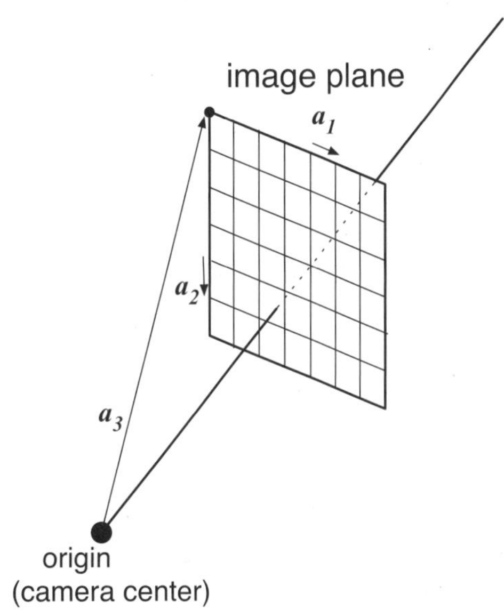

이 기저는 센서 요소의 맨 위 왼쪽 모서리 (x_1, x_2)가 좌표표현 $(x_1, x_2, 1)$을 가진다는 이점이 있다.

6.12.2 *화이트보드 기저*

또한, *화이트보드 기저* $\boldsymbol{c}_1, \boldsymbol{c}_2, \boldsymbol{c}_3$을 정의 한다.

- 원점은 카메라 중심이다.
- 첫 번째 벡터 $\boldsymbol{c}_1$은 화이트보드의 맨 위 왼쪽 모서리에서 맨 위 오른쪽 모서리로 향하는 수평 방향 벡터이다.
- 두 번째 벡터 $\boldsymbol{c}_2$는 화이트보드의 맨 위 왼쪽 모서리에서 맨 아래 왼쪽 모서리로 향하는 수직 방향 벡터이다.
- 세 번째 벡터 $\boldsymbol{c}_3$는 원점(카메라 중심)에서 화이트보드의 맨 위 오른쪽 모서리로 향하는 벡터이다.

나중에 알게 되겠지만, 이 기저는 어떤 점 $\boldsymbol{q}$의 주어진 좌표표현 (y_1, y_2, y_3)에 대해 원점과 $\boldsymbol{q}$를 지나는 적선과 화이트보드 평면의 교점은 좌표 $(y_1/y_3, y_2/y_3, y_3/y_3)$을 가진다는 이점이 있다.

6.12.3 *픽셀에서 화이트보드상의 점으로 매핑하기*

여기서의 목적은 이미지 평면에 있는 어떤 점의 카메라 좌표표현을 화이트보드 평면에 있는 대응하는 점의 화이트보드 좌표표현으로 매핑하는 함수를 유도하는 것이다.

기저변경이 이러한 함수의 핵심이다. 생각해 볼 두 개의 좌표계가 있다. 하나는 기저 $\boldsymbol{a}_1, \boldsymbol{a}_2, \boldsymbol{a}_3$에 의해 정의되는 카메라 좌표계이고, 다른 하나는 기저 $\boldsymbol{c}_1, \boldsymbol{c}_2, \boldsymbol{c}_3$에 의해 정의되는 화이트보드 좌표계이다. 따라서 어떤 점에 대해 두 개의 좌표표현이 주어진다. 이들 각각의 좌표표현은 유용하다.

1. *픽셀 좌표에서 카메라 좌표로의 변환은 쉽다:* 픽셀 좌표 (x_1, x_2)를 가지는 점은 카메라 좌표 $(x_1, x_2, 1)$을 가진다.

2. *공간의 점 $\boldsymbol{q}$의 화이트보드 좌표에서 화이트보드 상의 대응하는 점 $\boldsymbol{p}$의 화이트보드 좌표로의 변환은 쉽다:* 만약 $\boldsymbol{q}$가 화이트보드 좌표 (y_1, y_2, y_3)을 가지면 $\boldsymbol{p}$는 화이트보드 좌표 $(y_1/y_3, y_2/y_3, y_3/y_3)$을 가진다.

픽셀 좌표에서 화이트보드 좌표로 매핑하는 함수를 구성하기 위해서는 중간에 어떤 단계를 추가할 필요가 있다. 즉, 어떤 점 $\boldsymbol{q}$의 카메라 좌표에서 동일한 점의 화이트보드 좌표로의 매핑이 필요하다.

어떤 벡터가 카메라 좌표에 대한 좌표표현인지 또는 화이트보드 좌표에 대한 좌표표현인지 추적하는 데 도움이 되도록 이러한 두 종류의 벡터들에 대해 서로 다른 정의역을 사용할 것이다. 카메라 좌표에 대한 좌표표현은 정의역 C={'x1','x2','x3'}을 가질 것이다. 화이트보드 좌표에 대한 좌표표현은 정의역 R={'y1','y2','y3'}을 가질 것이다.

다음 스펙을 가지는 함수 $f : \mathbb{R}^C \longrightarrow \mathbb{R}^R$을 유도하고자 한다.

- *input:* 어떤 점 $\boldsymbol{q}$의 카메라 좌표에 대한 좌표표현 $\boldsymbol{x}$

- *output:* 원점과 $\boldsymbol{q}$를 지나는 직선이 화이트보드 평면과 $\boldsymbol{p}$에서 교차하는 그러한 점 $\boldsymbol{p}$의 화이트보드 좌표에 대한 좌표표현 $\boldsymbol{y}$

여기에는 약간의 문제가 있다. 만약 $\boldsymbol{q}$가 화이트보드 평면과 평행한 원점을 지나는 평면에 놓여 있으면 원점과 $\boldsymbol{q}$를 지나는 직선은 화이트보드 평면과 교차하지 않는다. 당분간은 이 문제에 대해 고려하지 않을 것이다.

함수 f를 두 함수의 합성함수 $f = g \circ h$로 나타낼 것이다. 여기서, 함수 h와 g는 다음과 같이 정의된다.

- $h : \mathbb{R}^C \longrightarrow \mathbb{R}^R$:
  - *input:* 카메라 기저에 대한 어떤 점의 좌표표현
  - *output:* 화이트보드 기저에 대한 동일한 점의 좌표표현
- $g : \mathbb{R}^R \longrightarrow \mathbb{R}^R$:
  - *input:* 어떤 점 $\boldsymbol{q}$의 화이트보드 좌표에 대한 좌표표현
  - *output:* 원점과 $\boldsymbol{q}$를 지나는 직선은 화이트보드 평면의 점 $\boldsymbol{p}$에서 교차하는 그러한 점 $\boldsymbol{p}$의 화이트보드 좌표에 대한 좌표표현

6.12.4 *화이트보드상에 있지 않은 점을 화이트보드상의 점으로 매핑하기*

이 섹션에서는 함수 g에 대한 프로시저를 개발한다.

화이트보드상의 점의 좌표 y_3은 1이 되도록 화이트보드 좌표계를 디자인한다. 카메라에 더 가까운 점일 경우 y_3 좌표는 1보다 작다.

점 $\boldsymbol{q}$는 화이트보드상에 있지 않은 점, 예를 들어 카메라에 더 가까운 점이라고 해보자. 원점과 $\boldsymbol{q}$를 지나는 직선을 고려해 보자. 이 직선은 화이트보드 평면과 어떤 점 $\boldsymbol{p}$에서 교차한다. 점 $\boldsymbol{q}$로부터 어떻게 점 $\boldsymbol{p}$를 계산할 수 있는가?

아래 그림은 이 상황에 대한 상면도(위에서 내려다 본 도면)이다.

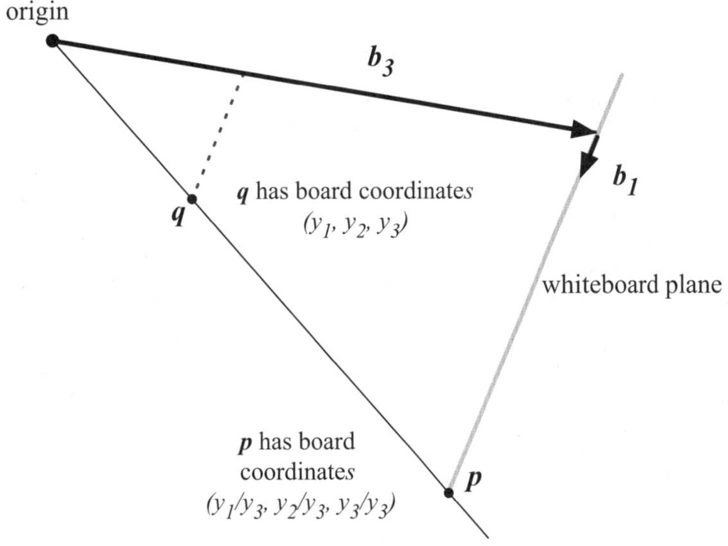

이 뷰는 화이트보드의 맨 위 가장자리, 화이트보드상에 있지 않은 점 $\boldsymbol{q}$, $\boldsymbol{q}$에 대응하는 화이트보드상의 점 $\boldsymbol{p}$(원점과 $\boldsymbol{q}$ 사이의 직선은 화이트보드 평면과 $\boldsymbol{p}$에서 교차한다는 측면에서)를 보여준다.

$\boldsymbol{q}$의 화이트보드 좌표표현을 (y_1, y_2, y_3)이라고 하자. 이 그림에서 y_3은 1보다 작다. 기본적인 기하학적 추론에 의하면 점 $\boldsymbol{p}$의 화이트보드 좌표표현은 $(y_1/y_3, y_2/y_3, y_3/y_3)$이다. 화이트보드 평면상의 점에 대한 요구조건대로 세 번째 좌표가 1임에 주목 하자.

Task 6.12.1: 다음 스펙을 가지는 프로시저, `move2board(y)`을 작성해 보자.

- *input:* 점 $\boldsymbol{q}$의 화이트보드 좌표표현인 `{'y1','y2','y3'}`-벡터 $\boldsymbol{y}$.
(q는 원점을 지나는 평면에 있지 않다고 가정한다. 이때, 이 평면은 화이트보드 평면에 평행이다. 즉, y3 엔트리는 영이 아니다.)
- *output:* 점 $\boldsymbol{p}$의 화이트보드 좌표표현인 `{'y1','y2','y3'}`-벡터 $\boldsymbol{z}$. 이때, 원점과 $\boldsymbol{q}$를 지나는 직선은 화이트보드 평면과 $\boldsymbol{p}$에서 교차한다.

6.12.5 *기저변경 행렬*

앞에서 g에 대한 프로시저를 개발하였다. 이제, h에 대한 프로시저를 찾는 것을 시작해 보자.

점 $\boldsymbol{q}$를 카메라 좌표계 $\boldsymbol{a}_1, \boldsymbol{a}_2, \boldsymbol{a}_3$과 화이트보드 좌표계 $\boldsymbol{c}_1, \boldsymbol{c}_2, \boldsymbol{c}_3$에 대해 나타내고 행렬-벡터 곱셈의 선형결합 정의를 사용하면 다음을 얻는다.

$$\left[\begin{array}{c} \boldsymbol{q} \end{array}\right] = \left[\begin{array}{c|c|c} \boldsymbol{a}_1 & \boldsymbol{a}_2 & \boldsymbol{a}_3 \end{array}\right] \begin{bmatrix} x_1 \\ x_2 \\ x_3 \end{bmatrix} = \left[\begin{array}{c|c|c} \boldsymbol{c}_1 & \boldsymbol{c}_2 & \boldsymbol{c}_3 \end{array}\right] \begin{bmatrix} y_1 \\ y_2 \\ y_3 \end{bmatrix}$$

$A = \left[\begin{array}{c|c|c} \boldsymbol{a}_1 & \boldsymbol{a}_2 & \boldsymbol{a}_3 \end{array}\right]$, $C = \left[\begin{array}{c|c|c} \boldsymbol{c}_1 & \boldsymbol{c}_2 & \boldsymbol{c}_3 \end{array}\right]$라고 하자. $\boldsymbol{y} \mapsto C\boldsymbol{y}$에 의해 정의된 $\mathbb{R}^3$에서 $\mathbb{R}^3$로의 함수는 가역 함수이므로 행렬 C는 역행렬 C^{-1}을 가진다. $H = C^{-1}A$라고 하자. 그러면 간단한 대수적 계산을 통해 다음을 얻을 수 있다.

$$\left[\begin{array}{c} \quad H \quad \end{array}\right] \begin{bmatrix} x_1 \\ x_2 \\ x_3 \end{bmatrix} = \begin{bmatrix} y_1 \\ y_2 \\ y_3 \end{bmatrix}$$

이것은 단순히 기저변경은 행렬 곱셈이라는 주장을 다시 말하는 것이다.

6.12.6 *기저변경 행렬 계산하기*

기저변경 행렬 H가 존재함을 알고 있다. 그러나 이것을 계산하는 데 카메라 기저 또는 화이트보드 기저를 사용하지 않는다. 왜냐하면, 이들 기저를 모르기 때문이다. 대신에, 기저변경 행렬 H는 다음 과정을 통해 계산될 것이다. 먼저, 알려진 점들에 대해 H가 어떻게 동작하는지 관찰하고, 이러한 관찰에 기반을 둔 선형시스템을 구성하며, 이 선형시스템의 해를 구하여 H의 엔트리를 찾는다.

$$H = \begin{bmatrix} h_{y_1,x_1} & h_{y_1,x_2} & h_{y_1,x_3} \\ h_{y_2,x_1} & h_{y_2,x_2} & h_{y_2,x_3} \\ h_{y_3,x_1} & h_{y_3,x_2} & h_{y_3,x_3} \end{bmatrix}$$ 라고 하자.

$\boldsymbol{q}$는 이미지 평면의 점이라고 하자. 만약 $\boldsymbol{q}$가 픽셀 x_1, x_2의 맨위 왼쪽 모서리라면 그 카메라 좌표는 $(x_1, x_2, 1)$이고, 다음과 같이 쓸 수 있다.

$$\begin{bmatrix} y_1 \\ y_2 \\ y_3 \end{bmatrix} = \begin{bmatrix} h_{y_1,x_1} & h_{y_1,x_2} & h_{y_1,x_3} \\ h_{y_2,x_1} & h_{y_2,x_2} & h_{y_2,x_3} \\ h_{y_3,x_1} & h_{y_3,x_2} & h_{y_3,x_3} \end{bmatrix} \begin{bmatrix} x_1 \\ x_2 \\ 1 \end{bmatrix}$$

여기서, (y_1, y_2, y_3)은 $\boldsymbol{q}$의 화이트보드 좌표이다.

곱셈을 전개하면 다음을 얻는다.

$$y_1 = h_{y_1,x_1}x_1 + h_{y_1,x_2}x_2 + h_{y_1,x_3} \quad (6.6)$$

$$y_2 = h_{y_2,x_1}x_1 + h_{y_2,x_2}x_2 + h_{y_2,x_3} \quad (6.7)$$

$$y_3 = h_{y_3,x_1}x_1 + h_{y_3,x_2}x_2 + h_{y_3,x_3} \quad (6.8)$$

만약 알려진 카메라 좌표와 화이트보드 좌표를 가진 점이 있으면, 이 좌표들을 사용하여 모르는 H의 엔트리들로 된 세 개의 선형방정식을 얻는다. 이러한 세 개의 점들을 사용하여 9개의 선형방정식을 얻을 것이며 H의 엔트리들에 대해 풀 수 있을 것이다.

예를 들어, 보드 이미지를 관찰하여 화이트보드의 맨아래 왼쪽 모서리의 픽셀 좌표를 찾을 수 있다. 이미지 뷰어를 사용하여 이미지를 열고 커서(cursor)로 모서리를 가리키고 픽셀 좌표를 읽을 수 있다.[6] 이렇게 얻은 좌표는 $x_1 = 329$, $x_2 = 597$이다. 그러므로, 이 모서리로부터 빛을 검출한 센서 요소는 카메라 좌표로 $(x_1, x_2, x_3) = (329, 597, 1)$에 위치해 있다.

이 값들을 x_1, x_2에 대입하면 다음을 얻는다.

$$y_1 = h_{y_1,x_1}329 + h_{y_1,x_2}597 + h_{y_1,x_3} \quad (6.9)$$

$$y_2 = h_{y_2,x_1}329 + h_{y_2,x_2}597 + h_{y_2,x_3} \quad (6.10)$$

$$y_3 = h_{y_3,x_1}329 + h_{y_3,x_2}597 + h_{y_3,x_3} \quad (6.11)$$

동일한 점에 대한 화이트보드 좌표는 $(0.2, 0.1, 0.3)$이라고 가정해 보자. 그러면 이 값들을 방정식에 대입하여 값을 모르는 H의 엔트리들로 된 세 개의 방정식을 얻을 수 있다. 이미지의 다른 점들을 고려하여 더 많은 수의 방정식들을 얻을 수 있고 결국 H의 엔트리들에 대해 해를 구할 수 있을 만큼 충분한 수의 방정식을 얻을 수 있다. 이러한 방식은 $h(\boldsymbol{x}) = \boldsymbol{y}$를 만족하는 입력-출력 쌍 $(\boldsymbol{x}, \boldsymbol{y})$로부터 함수 h에 대해 알아가는 것이다.

문제는 이러한 점들에 대한 화이트보드 좌표를 모른다는 것이다. 하지만 유사한 방식을 사용하여 $f(\boldsymbol{x}) = \boldsymbol{y}$를 만족하는 입력-출력 쌍들로부터 함수 f에 대해 알 수 있다. 예를 들어, 만약 $\boldsymbol{x}$가 $(329, 597, 1)$이면 $\boldsymbol{y} = f(\boldsymbol{x})$는 $(0, 1, 1)$이다.

H의 엔트리들을 계산하는 데 f에 대한 입력-출력 쌍을 알고 있다는 사실을 어떻게 사용할 수 있는가? 그러려면 약간의 대수적 계산이 필요하다. (y_1, y_2, y_3)은 카메라 좌표가 $(329, 597, 1)$인 점 $\boldsymbol{q}$의 화이트보드 좌표라고 하자. y_1, y_2, y_3의 값은 모르지만 (섹션 6.12.4로부터) 다음을 알고 있다.

$$0 = y_1/y_3$$

$$1 = y_2/y_3$$

그래서,

$$0y_3 = y_1$$

$$1y_3 = y_2$$

첫 번째 식은 $y_1 = 0$임을 의미한다. 이것을 식 (6.9)와 결합하면 다음 선형방정식을 얻는다.

$$h_{y_1,x_1}329 + h_{y_1,x_2}597 + h_{y_1,x_3} = 0$$

[6]이런 목적을 위해 사용할 수 있는 더 간단한 프로그램들이 있다. Mac OS에서는 따로 프로그램을 설치할 필요 없이 직사각형 영역의 스크린샷을 만드는 툴을 사용할 수 있다.

두 번째 식은 $y_3 = y_2$임을 의미한다. 그러므로 식 (6.10)과 (6.11)을 결합하면 다음 식을 얻을 수 있다.

$$h_{y_3,x_1}329 + h_{y_3,x_2}597 + h_{y_3,x_3} = h_{y_2,x_1}329 + h_{y_2,x_2}597 + h_{y_2,x_3}$$

따라서 H의 모르는 엔트리들에 대한 두 개의 선형방정식을 얻는다.

화이트보드의 나머지 세 모서리를 고려하여 6개의 방정식을 더 얻을 수 있다. 일반적으로, 다음을 만족하는 수 x_1, x_2, w_1, w_2에 대해 안다고 해보자.

$$f([x_1, x_2, 1]) = [w_1, w_2, 1]$$

$[y_1, y_2, y_3]$은 카메라 좌표가 $[x_1, x_2, 1]$인 점의 화이트보드 좌표라고 하자.

섹션 6.12.4에 따르면 원래의 점 $\boldsymbol{p}$의 화이트보드 좌표는 $(y_1/y_3, y_2/y_3, 1)$이다. 이것은 다음을 보여 준다.

$$w_1 = y_1/y_3$$
$$w_2 = y_2/y_3$$

양변에 y_3을 곱하면 다음을 얻는다.

$$w_1 y_3 = y_1$$
$$w_2 y_3 = y_2$$

이 식들을 식 (6.6), (6.7), (6.8)과 결합하면 다음을 얻을 수 있다.

$$w_1(h_{y_3,x_1}x_1 + h_{y_3,x_2}x_2 + h_{y_3,x_3}) = h_{y_1,x_1}x_1 + h_{y_1,x_2}x_2 + h_{y_1,x_3}$$
$$w_2(h_{y_3,x_1}x_1 + h_{y_3,x_2}x_2 + h_{y_3,x_3}) = h_{y_2,x_1}x_1 + h_{y_2,x_2}x_2 + h_{y_2,x_3}$$

곱셈을 전개하고 모든 항을 한쪽으로 모으면 다음을 얻는다.

$$(w_1x_1)h_{y_3,x_1} + (w_1x_2)h_{y_3,x_2} + w_1h_{y_3,x_3} - x_1h_{y_1,x_1} - x_2h_{y_1,x_2} - 1h_{y_1,x_3} = 0 \quad (6.12)$$
$$(w_2x_1)h_{y_3,x_1} + (w_2x_2)h_{y_3,x_2} + w_2h_{y_3,x_3} - x_1h_{y_2,x_1} - x_2h_{y_2,x_2} - 1h_{y_2,x_3} = 0 \quad (6.13)$$

x_1, x_2, w_1, w_2에 대한 숫자를 가지고 시작했으므로 알고 있는 계수들을 가진 두 개의 선형방정식을 얻는다. 선형방정식은 계수벡터(엔트리들이 계수인 벡터)와 미지수들의 벡터와의 도트곱의 값을 나타내는 방정식으로 표현될 수 있다는 사실을 기억하자.

Task 6.12.2: 정의역 $D = R \times C$ 라고 정의하자.

두 개의 D-벡터 $\boldsymbol{u}$와 $\boldsymbol{v}$로 구성되는 리스트 $[\boldsymbol{u}, \boldsymbol{v}]$를 출력하는 프로시저, `make_equations(x1, x2, w1, w2)`을 작성해 보자. 여기서 식 (6.12)와 (6.13)은 다음과 같이 표현된다.

$$\boldsymbol{u} \cdot \boldsymbol{h} = 0$$
$$\boldsymbol{v} \cdot \boldsymbol{h} = 0$$

이때, $\boldsymbol{h}$는 H의 모르는 엔트리들의 D-벡터이다.

화이트보드의 네 모서리를 사용하여 8개의 방정식을 얻는다. 하지만 얼마나 많은 점들을 이용하든 f의 입력-출력쌍만을 사용하여 H를 정확히 알아내는 것을 기대할 수는 없다.

이유를 살펴보자. $\hat{H}$는 이러한 방정식들을 모두 만족하는 행렬이라고 해 보자. 즉, 임의의 입력 벡터 $\boldsymbol{x} = [x_1, x_2, 1]$에 대해 $g(\hat{H}\boldsymbol{x}) = f(\boldsymbol{x})$이다. 임의의 스칼라 α에 대해 행렬-벡터 곱셈의 대수적 성질은 다음과 같다.

$$(\alpha\hat{H})\boldsymbol{x} = \alpha(\hat{H}\boldsymbol{x})$$

$[y_1, y_2, y_3] = \hat{H}\boldsymbol{x}$라 하자. 그러면, $\alpha(\hat{H}\boldsymbol{x}) = [\alpha y_1, \alpha y_2, \alpha y_3]$이다. g는 첫 번째와 두 번째 엔트리를 세 번째 엔트리로 나누므로, 세 엔트리 모두에 α를 곱하는 것은 g의 출력을 바꾸지 않는다.

$$g(\alpha\hat{H}\boldsymbol{x}) = g([\alpha y_1, \alpha y_2, \alpha y_3]) = g([y_1, y_2, y_3])$$

이것은 만약 $\hat{H}$가 H에 대한 적합한 행렬이면 $\alpha\hat{H}$도 적합한 행렬임을 보여 준다.

이 결과는 이미지로부터 화이트보드의 크기(scale)를 알아낼 수 없음을 의미한다. 엄청나게 큰 화이트보드가 아주 멀리 떨어져 있을 수 있고, 또는 아주 작은 화이트보드가 매우 가까이 있을 수 있다. 다행인 것은 이것은 함수 f에 영향을 주지 않는다는 것이다.

어떤 행렬 H를 정확히 알아내기 위해 스케일링 식(scaling equation)을 부여해 보자. 단순히 어떤 엔트리, 예를 들어 `('y1', 'x1')` 엔트리는 1과 같아야 한다고 해 보자. 이것은 $\boldsymbol{w} \cdot \boldsymbol{h} = 1$로서 나타낼 것이다.

Task 6.12.3: `('y1', 'x1')` 엔트리는 1인 D-벡터 $\boldsymbol{w}$를 작성해 보자.

이제, 9개 방정식으로 구성된 선형시스템을 가지고 있다. 이 시스템을 풀기 위해, 행들이 계수 벡터들인 $\{0, 1, \ldots, 8\} \times D$ 행렬 L을 구성하고, 또한 스케일링 식에 대응하는 위치의 엔트리만 1을 가지고 나머지 엔트리들은 모두 영인 $\{0, 1, \ldots, 8\}$-벡터 $\boldsymbol{b}$를 구성한다.

Task 6.12.4: 이미지에서 화이트보드의 모서리들에 대한 픽셀 좌표는 다음과 같다.

왼쪽 위	$x_1 = 358, x_2 = 36$
왼쪽 아래	$x_1 = 329, x_2 = 597$
오른쪽 위	$x_1 = 592, x_2 = 157$
오른쪽 아래	$x_1 = 580, x_2 = 483$

L에 $\{0, 1, \ldots, 8\} \times D$ 행렬을 할당하자. 이 행렬의 행은 순서대로 아래와 같다.

- `make_equations(x1, x2, w1, w2)`을 왼쪽 위 모서리에 적용해서 얻은 벡터 $\boldsymbol{u}$와 $\boldsymbol{v}$,
- `make_equations(x1, x2, w1, w2)`을 왼쪽 아래 모서리에 적용하여 얻은 벡터 $\boldsymbol{u}$와 $\boldsymbol{v}$,
- `make_equations(x1, x2, w1, w2)`을 오른쪽 위 모서리에 적용하여 얻은 벡터 $\boldsymbol{u}$와 $\boldsymbol{v}$,
- `make_equations(x1, x2, w1, w2)`을 오른쪽 아래 모서리에 적용하여 얻은 벡터 $\boldsymbol{u}$와 $\boldsymbol{v}$,
- 위에서 분류되지 않은 것으로부터 얻은 벡터 $\boldsymbol{w}$.

위치 8의 엔트리는 1이고 그외 다른 엔트리들은 모두 영인 $\{0, 1, \ldots, 8\}$-벡터를 $\boldsymbol{b}$에 할당하자. 방정식 $L\boldsymbol{h} = \boldsymbol{b}$를 풀어 얻은 해를 $\boldsymbol{h}$에 할당하자. 이 해가 방정식의 해임을 확인해 보자. 마지막으로, 엔트리들이 벡터 $\boldsymbol{h}$에 의해 주어지는 행렬을 H에 할당하자.

6.12.7 이미지 표현

2D 기하 lab에서 사용된 이미지 표현에 대해 기억해 보자. *일반화된 이미지*는 일반화된 픽셀들의 격자로 구성된다. 여기서, 각 일반화된 픽셀은 사변형이다(반드시 직사각형일 필요는 없음).

일반화된 픽셀들의 모서리에 있는 점들은 정수들의 쌍 (x, y), 즉 픽셀 좌표들이다.

각 모서리에는 평면의 위치가 할당되고 각 일반화된 픽셀에는 컬러가 할당된다. 모서리를 평면의 점으로 매핑하는 것은 행렬, 즉 *위치행렬*에 의해 주어진다. 각 모서리는 위치행렬의 열에 대응하고 그 열의 라벨은 그 모서리의 픽셀 좌표의 쌍 (x, y)이다. 열은 모서리의 위치를 나타내는 `{'x','y','u'}`-벡터이다. 따라서, 위치행렬의 행라벨들은 'x', 'y', 그리고 'u'이다.

일반화된 픽셀들의 컬러에 대한 매핑은 또 다른 행렬, 즉 *컬러행렬*에 의해 주어진다. 각 일반화된 픽셀은 컬러행렬의 열에 대응하며, 이 열의 라벨은 일반화된 픽셀의 왼쪽 위 모서리의 픽셀 좌표들의 쌍이다. 이 열은 일반화된 픽셀의 컬러를 나타내는 `{'r','g','b'}`-벡터이다.

모듈, `image_mat_util`은 다음 프로시저들을 정의한다.

- `file2mat(filename, rowlabels)`. 이 프로시저는 .png 이미지 파일에 대한 주어진 경로와 선택적으로 주어진 행라벨들의 터플에 대해 그 이미지를 나타내는 행렬들의 쌍 `(points, colors)`을 리턴한다.

- `mat2display(pts, colors, row_labels)`. 이 프로시저는 행렬 `pts`와 `colors`, 그리고 선택적으로 행라벨들의 터플에 의해 주어진 이미지를 표시한다. 이 lab에서 사용하게 될 몇 가지 선택적 파라미터들이 추가로 있다.

2D 기하 lab에서처럼, 위치 변환을 적용하여 새로운 위치들을 얻고, 결과 이미지를 보게 될 것이다.

6.12.8 원근감이 없는 이미지 합성

이제, H를 사용하여 합성 이미지를 만드는 데 관련되는 것들에 대해 살펴보자.

Task 6.12.5: 이미지 파일 `board.png`에서 일반화된 이미지를 구성해 보자.

```
(X_pts, colors) = image_mat_util.file2mat('board.png', ('x1','x2','x3'))
```

Task 6.12.6: 행렬 `X_pts`의 열들은 이미지 내 점들의 카메라 좌표표현이다. 이러한 점들에 대한 화이트보드 좌표표현을 얻고자 한다. 변환 `H`를 `X_pts`의 각 열에 적용하기 위해 행렬-행렬 곱셈을 사용한다.

```
Y_pts = H * X_pts
```

Task 6.12.7: `Y_pts`의 각 열은 이미지 내 점 q의 화이트보드 좌표표현 (y_1, y_2, y_3)을 제공한다. 또 다른 행렬 `Y_board`를 구성할 필요가 있다. 이 행렬의 각 열은 화이트보드를 포함하는 평면의 대응하는 점 p의 화이트보드 좌표표현 $(y_1/y_3, y_2/y_3, 1)$을 제공한다.

다음 스펙을 가지는 프로시저, `mat_move2board(Y)`을 작성해 보자.

- *input:* 행렬 Mat. 이 행렬의 각 열은 점 q의 화이트보드 좌표를 제공하는 'y1', 'y2', 'y3'-

벡터이다.

- *output:* 행렬 Mat. 이 행렬의 각 열은 화이트보드 평면의 대응하는 점(원점과 $\boldsymbol{q}$를 지나는 직선이 화이트보드 평면과 교차하는 점)이다.

조그만 한 예를 살펴보자.

```
>>> Y_in = Mat(({'y1', 'y2', 'y3'}, {0,1,2,3}),
     {('y1',0):2, ('y2',0):4, ('y3',0):8,
      ('y1',1):10, ('y2',1):5, ('y3',1):5,
      ('y1',2):4, ('y2',2):25, ('y3',2):2,
      ('y1',3):5, ('y2',3):10, ('y3',3):4})
>>> print(Y_in)

         0  1  2  3
      ------------
 y1  |  2 10  4  5
 y2  |  4  5 25 10
 y3  |  8  5  2  4

>>> print(mat_move2board(Y_in))

            0 1    2    3
      ------------------
 y1  |  0.25 2     2 1.25
 y2  |    0.5 1 12.5  2.5
 y3  |      1 1    1    1
```

작성한 프로시저, mat_move2board가 동작하면 그것을 사용하여 Y_pts로부터 Y_board를 유도해 보자.

```
>>> Y_board = mat_move2board(Y_pts)
```

mat_move2board(Y)을 구현하는 간단한 방법은 Mat을 열 딕셔너리(column dictionary)(coldict)로 변환하고, 각 열에 대해 작성한 프로시저, move2board(y)을 호출하며, 결과 열 딕셔너리를 도로 행렬로 변환하는 것이다.

Task 6.12.8: 마지막으로, 결과를 표시해 보자.

```
>>> image_mat_util.mat2display(Y_board, colors, ('y1', 'y2', 'y3'),
scale=100, xmin=None, ymin=None)
```

Task 6.12.9: 만약 시간이 있다면 `cit.png`를 가지고 반복해 보자. 이것은 브라운 대학 컴퓨터 과학과 빌딩의 사진이다. 이 빌딩의 벽에 있는 직사각형(예를 들어, 창문 중 하나)을 선택하고, 좌표 $(0,0,1),(1,0,1),(0,1,1),(1,1,1)$을 선택된 직사각형의 모서리에 할당하는 좌표계를 정의한다. 그다음에, 이 점들에 대응하는 픽셀들을 찾는다.

6.13 Review questions

- 좌표표현은 무엇인가?
- 벡터와 그 벡터에 대한 행렬을 사용한 좌표표현 사이의 변환은 어떻게 표현할 수 있는가?
- 일차종속은 무엇인가?
- 벡터들의 집합이 일차독립이란 것은 어떻게 증명할 수 있는가?
- Grow 알고리즘은 무엇인가?
- Shrink 알고리즘은 무엇인가?
- 일차종속과 스패닝(spanning)의 개념을 어떻게 그래프의 에지들의 부분집합에 적용할 수 있는가?
- 왜 Grow 알고리즘의 출력이 일차독립인 벡터들의 집합인가?
- 왜 Shrink 알고리즘의 출력이 일차독립인 벡터들의 집합인가?
- 기저는 무엇인가?
- 고유 표현(unique representation)은 무엇인가?
- 기저변경은 무엇인가?
- 교환 Lemma는 무엇인가?

6.14 Problems

$\mathbb{R}$상의 벡터들의 생성

Problem 6.14.1: $\mathcal{V} = \text{Span}\ \{[2,0,4,0],[0,1,0,1],[0,0,-1,-1]\}$이라 하자. 다음 각 벡터를 $\mathcal{V}$의 생성자들의 선형결합으로 나타내어 그것이 $\mathcal{V}$에 속한다는 것을 보여라.

(a) $[2,1,4,1]$

(b) $[1,1,1,0]$

(c) $[0,1,1,2]$

Problem 6.14.2: $\mathcal{V} = \text{Span}\ \{[0,0,1],[2,0,1],[4,1,2]\}$라고 하자. 다음 각 벡터를 $\mathcal{V}$의 생성자들의 선형결합으로 나타내어 그것이 $\mathcal{V}$에 속한다는 것을 보여라.

(a) $[2,1,4]$

(b) $[1,1,1]$

(c) $[5,4,3]$

(d) $[0,1,1]$

$GF(2)$상의 벡터들의 생성

Problem 6.14.3: $\mathcal{V} = \text{Span}\ \{[0,1,0,1],[0,0,1,0],[1,0,0,1],[1,1,1,1]\}$이라 하자. 이때, 이 벡터들은 $GF(2)$상에 있다. $GF(2)$상의 다음 벡터들에 대해, 각 벡터를 $\mathcal{V}$의 생성자들의 선형결합으로 나타냄으로써 그것이 $\mathcal{V}$에 속한다는 것을 보여라.

(a) $[1,1,0,0]$

(b) $[1,0,1,0]$

(c) $[1,0,0,0]$

Problem 6.14.4: 다음 그래프를 나타내는 $GF(2)$상의 벡터들은

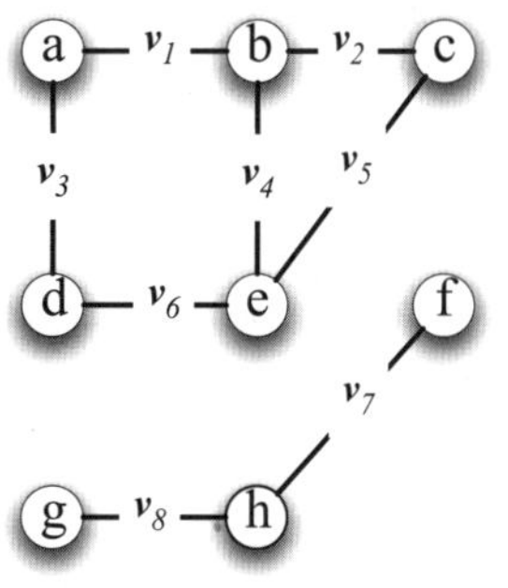

아래와 같다.

	a	b	c	d	e	f	g	h
$\boldsymbol{v}_1$	1	1						
$\boldsymbol{v}_2$		1	1					
$\boldsymbol{v}_3$	1			1				
$\boldsymbol{v}_4$		1			1			
$\boldsymbol{v}_5$			1		1			
$\boldsymbol{v}_6$				1	1			
$\boldsymbol{v}_7$						1		1
$\boldsymbol{v}_8$							1	1

$GF(2)$상의 다음 벡터들에 대해, 각 벡터를 위 벡터들의 선형결합으로 나타냄으로써 그것이 위

벡터들의 생성에 속한다는 것을 보여라.

(a) $[0, 0, 1, 1, 0, 0, 0, 0]$

(b) $[0, 0, 0, 0, 0, 1, 1, 0]$

(c) $[1, 0, 0, 0, 1, 0, 0, 0]$

(d) $[0, 1, 0, 1, 0, 0, 0, 0]$

$\mathbb{R}$상의 일차종속

Problem 6.14.5: 아래의 각 부분에 대해, 영벡터를 벡터들의 자명하지 않은 선형결합으로 나타냄으로써 $\mathbb{R}$상의 주어진 벡터들이 일차종속임을 보여 보자.

(a) $[1, 2, 0], [2, 4, 1], [0, 0, -1]$

(b) $[2, 4, 0], [8, 16, 4], [0, 0, 7]$

(c) $[0, 0, 5], [1, 34, 2], [123, 456, 789], [-3, -6, 0], [1, 2, 0.5]$

Problem 6.14.6: 아래의 각 부분에 대해, 영벡터를 벡터들의 자명하지 않은 선형결합으로 나타냄으로써 $\mathbb{R}$상의 주어진 벡터들이 일차종속임을 보여 보자.

(a) $[1, 2, 3], [4, 5, 6], [1, 1, 1]$

(b) $[0, -1, 0, -1], [\pi, \pi, \pi, \pi], [-\sqrt{2}, \sqrt{2}, -\sqrt{2}, \sqrt{2}]$

(c) $[1, -1, 0, 0, 0], [0, 1, -1, 0, 0], [0, 0, 1, -1, 0], [0, 0, 0, 1, -1], [-1, 0, 0, 0, 1]$

Problem 6.14.7: 아래 벡터들 중 하나는 다른 두 벡터들의 선형결합으로 표현함으로써 필요하지 않음(superfluous)을 보여라.

$$\begin{aligned} \boldsymbol{u} &= [3, 9, 6, 5, 5] \\ \boldsymbol{v} &= [4, 10, 6, 6, 8] \\ \boldsymbol{w} &= [1, 1, 0, 1, 3] \end{aligned}$$

Problem 6.14.8: 4개의 벡터들은 일차종속이지만 그중 임의의 3개는 일차독립인 그러한 4개의 벡터를 제시해 보자.

$GF(2)$상의 일차종속

Problem 6.14.9: 아래의 각 부분에 대해, 영벡터를 벡터들의 자명하지 않은 선형결합으로 나타냄으로써 $GF(2)$상의 주어진 벡터들이 일차종속임을 보여 보자.

(a) $[1, 1, 1, 1], [1, 0, 1, 0], [0, 1, 1, 0], [0, 1, 0, 1]$

(b) $[0,0,0,1], [0,0,1,0], [1,1,0,1], [1,1,1,1]$

(c) $[1,1,0,1,1], [0,0,1,0,0], [0,0,1,1,1], [1,0,1,1,1], [1,1,1,1,1]$

Problem 6.14.10: 아래의 각 부분은 Problem 6.14.4에 명시된 $GF(2)$상의 벡터들 중 일부를 명시한다. 합이 영벡터인 그러한 벡터들의 부분집합을 제시함으로써 이 벡터들은 일차종속임을 보여 보자. (힌트: 그래프를 보는 것이 도움이 될 것이다.)

(a) $\{\boldsymbol{v}_1, \boldsymbol{v}_2, \boldsymbol{v}_3, \boldsymbol{v}_4, \boldsymbol{v}_5\}$

(b) $\{\boldsymbol{v}_1, \boldsymbol{v}_2, \boldsymbol{v}_3, \boldsymbol{v}_4, \boldsymbol{v}_5, \boldsymbol{v}_7, \boldsymbol{v}_8\}$

(c) $\{\boldsymbol{v}_1, \boldsymbol{v}_2, \boldsymbol{v}_3, \boldsymbol{v}_4, \boldsymbol{v}_6\}$

(d) $\{\boldsymbol{v}_1, \boldsymbol{v}_2, \boldsymbol{v}_3, \boldsymbol{v}_5, \boldsymbol{v}_6, \boldsymbol{v}_7, \boldsymbol{v}_8\}$

$\mathbb{R}$상의 벡터들에 대한 교환 Lemma

Problem 6.14.11: $S = \{[1,0,0,0,0], [0,1,0,0,0], [0,0,1,0,0], [0,0,0,1,0], [0,0,0,0,1]\}$, $A = \{[1,0,0,0,0], [0,1,0,0,0]\}$이라고 하자. 다음 각 벡터 $\boldsymbol{z}$에 대해,
Span S = Span $(S \cup \{\boldsymbol{z}\} - \{\boldsymbol{w}\})$을 만족하는 $S - A$ 내의 벡터 $\boldsymbol{w}$를 찾아 보자.

(a) $\boldsymbol{z} = [1,1,1,1,1]$

(b) $\boldsymbol{z} = [0,1,0,1,0]$

(c) $\boldsymbol{z} = [1,0,1,0,1]$

$GF(2)$상의 벡터들에 대한 교환 Lemma

Problem 6.14.12: Problem 6.14.4에 명시된 $GF(2)$상의 벡터들을 고려해 보자.

$S = \{\boldsymbol{v}_1, \boldsymbol{v}_2, \boldsymbol{v}_3, \boldsymbol{v}_4\}$라고 하자. 다음의 각 부분은 $A \cup \{\boldsymbol{z}\}$가 일차독립인 그러한 S의 부분집합 A와 벡터 $\boldsymbol{z}$를 명시한다. 각 부분에 대해, Span S = Span $(S \cup \{\boldsymbol{z}\} - \{\boldsymbol{w}\})$을 만족하는 $S - A$ 내의 벡터 $\boldsymbol{w}$를 명시해 보자. (힌트: 그래프의 서브그래프를 그려보는 것이 도움이 될 것이다.)

(a) $A = \{\boldsymbol{v}_1, \boldsymbol{v}_4\}$, $\boldsymbol{z}$는

a	b	c	d	e	f	g	h
			1	1			

이다.

(b) $A = \{\boldsymbol{v}_2, \boldsymbol{v}_3\}$, $\boldsymbol{z}$는

a	b	c	d	e	f	g	h
		1	1				

이다.

(c) $A = \{\boldsymbol{v}_2, \boldsymbol{v}_3\}$, $\boldsymbol{z}$ 는

a	b	c	d	e	f	g	h
1				1			

이다.

Problem 6.14.13: 다음 스펙을 가지는 프로시저, `rep2vec(u, veclist)`을 작성하여 테스트해 보자.

- *input:* 벡터 $\boldsymbol{u}$와 Vecs $[\boldsymbol{a}_0, \ldots, \boldsymbol{a}_{n-1}]$의 리스트 *veclist*. $\boldsymbol{u}$의 정의역은 $\{0, 1, 2, n-1\}$이고 n은 veclist의 길이이다.

- *output:* $\boldsymbol{u}$가 $\boldsymbol{a}_0, \ldots, \boldsymbol{a}_{n-1}$에 대한 $\boldsymbol{v}$의 좌표표현이 되는 벡터 $\boldsymbol{v}$. 여기서, $\boldsymbol{u}$의 엔트리 i는 $i = 0, 1, 2 \ldots, n-1$인 경우에 대한 $\boldsymbol{a}_i$의 계수이다.

작성한 프로시저는 루프나 컴프리헨션을 사용하지 않아야 하지만, Mat과 Vec의 인스턴스에 대한 연산들을 사용할 수 있고 또한 matutil 모듈의 프로시저들을 사용할 수 있다. 프로시저, coldict2mat과 rowdict2mat(matutil에 정의된)은 딕셔너리뿐만 아니라 리스트들에 대해서도 동작한다.

다음은 이 프로시저가 어떻게 사용되는지 보여 준다.

```
>>> a0 = Vec({'a','b','c','d'}, {'a':1})
>>> a1 = Vec({'a','b','c','d'}, {'b':1})
>>> a2 = Vec({'a','b','c','d'}, {'c':1})
>>> rep2vec(Vec({0,1,2}, {0:2, 1:4, 2:6}), [a0,a1,a2])
Vec({'a', 'c', 'b', 'd'},{'a': 2, 'c': 6, 'b': 4, 'd': 0})
```

다음 예들을 가지고 작성한 프로시저를 테스트해 보자.

- $\mathbb{R}$상의 $\boldsymbol{u} = [5, 3, -2]$, veclist $= [[1, 0, 2, 0], [1, 2, 5, 1], [1, 5, -1, 3]]$

- $GF(2)$상의 $\boldsymbol{u} = [1, 1, 0]$, veclist $= [[1, 0, 1], [1, 1, 0], [0, 0, 1]]$

위 예의 벡터들은 수학적 표기법으로 제공되지만, 프로시저에서는 벡터들이 Vec의 인스턴스로서 표현되어야 한다. 프로시저, list2vec(모듈 vecutil에 정의된)을 사용하여 리스트 표현의 예제 벡터들을 이 프로시저의 입력으로 사용되도록 Vec으로 변환할 수 있다.

또한, GF2 예를 시험해 볼 때는 숫자 1대신에 모듈 GF2에 정의된 one을 사용해야 한다.

다음 문제와 앞으로 다룰 문제에서는 섹션 5.5.4에 기술된 solver 모듈의 solve 프로시저를 사용해야 한다.

Problem 6.14.14: 다음 스펙을 가지는 프로시저, vec2rep(veclist, v)을 작성하고 테스트해 보자.

- *input:* 벡터들 $[\boldsymbol{a}_0, \ldots, \boldsymbol{a}_{n-1}]$의 리스트 veclist, 정의역 $\{0, 1, 2, \ldots, n-1\}$을 가지는 벡터 $\boldsymbol{v}$. 여기서, n은 veclist의 길이이다. 벡터 $\boldsymbol{v}$는 Span $\{\boldsymbol{a}_0, \ldots, \boldsymbol{a}_{n-1}\}$ 내에 있다고 가정할 수 있다.

- *output:* 벡터 $\boldsymbol{u}$. 이 벡터의 $\boldsymbol{a}_0, \ldots, \boldsymbol{a}_{n-1}$에 대한 좌표표현은 $\boldsymbol{v}$이다.

Problem 6.14.13에서처럼, 작성한 프로시저는 루프 또는 컴프리헨션을 직접 사용하지 않아야 한다. 하지만 matutil에 정의된 프로시저들은 사용할 수 있다.

다음은 이 프로시저가 어떻게 사용되는지 보여준다.

```
>>> a0 = Vec({'a','b','c','d'}, {'a':1})
>>> a1 = Vec({'a','b','c','d'}, {'b':1})
```

```
>>> a2 = Vec({'a','b','c','d'}, {'c':1})
>>> vec2rep([a0,a1,a2], Vec({'a','b','c','d'}, {'a':3, 'c':-2}))
Vec({0, 1, 2},{0: 3.0, 1: 0.0, 2: -2.0})
```

다음 예를 가지고 작성한 프로시저를 테스트해 보자.

- $\mathbb{R}$ 내의 $\boldsymbol{v} = [6, -4, 27, -3]$, veclist $= [[1, 0, 2, 0], [1, 2, 5, 1], [1, 5, -1, 3]]$
- $GF(2)$ 내의 $\boldsymbol{v} = [0, 1, 1]$, veclist $= [[1, 0, 1], [1, 1, 0], [0, 0, 1]]$

Problem 6.14.13에서처럼, 위 예들은 수학적 표기법으로 제공되지만, 프로시저에서는 벡터들이 Vec의 인스턴스로서 표현되어야 하고, 모듈 GF2로부터의 값 one이 GF(2) 예에서 사용되어야 한다.

Problem 6.14.15: 다음 스펙을 가지는 프로시저, is_superfluous(L, i)을 작성하고 테스트해 보자.

- *input:* 벡터들의 리스트 L, $\{0, 1, \ldots, n-1\}$의 정수 i. 여기서, $n = \text{len}(L)$이다.
- *output:* 참(True), 만약 L 내 벡터들의 생성이 다음 생성과 같으면

$$L[0], L[1], \ldots, L[i-1], L[i+1], ..., L[n-1]$$

작성한 프로시저는 루프 또는 컴프리헨션을 사용하지 않아야 한다. 하지만 모듈 matutil에 정의된 프로시저들과 solver 모듈에 정의된 프로시저 solve(A,b)을 사용할 수 있다. 아마도 작성한 프로시저는 $\text{len}(L)$이 1인 특별한 경우가 필요할 것이다.

solve(A,b)는 항상 벡터 $\boldsymbol{u}$를 리턴한다는 것에 주목해 보자. $\boldsymbol{u}$는 방정식 $A\boldsymbol{x} = \boldsymbol{b}$에 대한 해라는 사실을 체크해 보자. 더욱이, $\mathbb{R}$상에서 비록 해가 존재해도 solve에 의해 리턴되는 해는 반올림(roundoff) 에러 때문에 근사값이다. 리턴되는 벡터 $\boldsymbol{u}$가 해인지 체크하기 위해서는 잉여벡터 $\boldsymbol{b} - A * \boldsymbol{u}$를 계산해서 그것이 영벡터에 가까운지 테스트해야 한다.

```
>>> residual = b - A*u
>>> residual * residual
1.819555009546577e-25
```

만약 잉여벡터 엔트리들의 제곱의 합(잉여벡터와 그 자신의 도트곱)이 예를 들어 10^{-14}보다 작으면, $\boldsymbol{u}$는 정말로 해라고 간주해도 괜찮다. 다음은 is_superfluous(L, v)가 어떻게 사용되는지 보여준다.

```
>>> a0 = Vec({'a','b','c','d'}, {'a':1})
>>> a1 = Vec({'a','b','c','d'}, {'b':1})
>>> a2 = Vec({'a','b','c','d'}, {'c':1})
>>> a3 = Vec({'a','b','c','d'}, {'a':1,'c':3})
>>> is_superfluous(L, 3)
True
```

```
>>> is_superfluous([a0,a1,a2,a3], 3)
True
>>> is_superfluous([a0,a1,a2,a3], 0)
True
>>> is_superfluous([a0,a1,a2,a3], 1)
False
```

다음 예를 가지고 작성한 프로시저를 테스트해 보자.

- R상의 $L = [[1, 2, 3]], \boldsymbol{v} = [1, 2, 3]$
- R상의 $L = [[2, 5, 5, 6], [2, 0, 1, 3], [0, 5, 4, 3]]\,, \boldsymbol{v} = [0, 5, 4, 3]$
- $GF(2)$상의 $L = [[1, 1, 0, 0], [1, 1, 1, 1], [0, 0, 0, 1]]\,, \boldsymbol{v} = [0, 0, 0, 1]$

Problems 6.14.13과 6.14.14에서처럼, 이 예들은 수학적 용어로 표기되어 있지만 파이썬 표현으로 바꾸어야 한다.

Problem 6.14.16: 다음 스펙을 가지는 프로시저, `is_independent(L)`을 작성하고 테스트해 보자.

- *input:* 벡터들의 리스트 L
- *output:* 만약 벡터들이 일차독립인 리스트를 형성하면 참(`True`)

이 프로시저를 위한 알고리즘은 Span Lemma(Lemma 6.5.9)에 기초해야 한다. 다음 중 어느 하나를 서브루틴으로 사용할 수 있다.

- Problem 6.14.15의 프로시저, `is_superfluous(L, b)`, 또는
- `solver` 모듈로부터의 `solve(A,b)` 프로시저(Problem 6.14.15의 조건 참조)).

이 프로시저를 위해서는 루프 또는 컴프리헨션이 필요할 것이다.

다음은 이 프로시저가 어떻게 사용되는지 보여준다.

```
>>> a0 = Vec({'a','b','c','d'}, {'a':1})
>>> a1 = Vec({'a','b','c','d'}, {'b':1})
>>> a2 = Vec({'a','b','c','d'}, {'c':1})
>>> a3 = Vec({'a','b','c','d'}, {'a':1,'c':3})
>>> is_independent([a0, a1, a2])
True
>>> is_independent([a0, a2, a3])
False
>>> is_independent([a0, a1, a3])
True
>>> is_independent([a0, a1, a2, a3])
False
```

Note: 일차독립인 집합과 일차독립인 리스트 사이에는 약간의 기술적 차이가 있다. 리스트는 어떤 벡터 $\boldsymbol{v}$를 두 번 포함할 수 있고, 이런 경우에 이 리스트는 일차종속으로 간주된다. 작성한 코드는 이러한 경우를 특별하게 처리해서는 안 된다. 이 프로시저 작성을 끝낼 때까지 이러한 경우에 대해 생각하지 말자.

다음 예를 가지고 작성한 프로시저를 테스트해 보자.

- $\mathbb{R}$상의 $[[2,4,0],[8,16,4],[0,0,7]]$
- $\mathbb{R}$상의 $[[1,3,0,0],[2,1,1,0],[0,0,1,0],[1,1,4,-1]]$
- $GF(2)$상의 $[[1,0,1,0],[0,1,0,0],[1,1,1,1],[1,0,0,1]]$

마찬가지로 이 예들은 수학적 표기법을 사용하여 제공되지만, 프로시저에서 벡터들은 `Vec`의 인스턴스로서 표현되어야 하고 $GF(2)$ 벡터들의 1은 모듈 `GF2`에 정의된 값 `one`으로 바꾸어야 한다.

Problem 6.14.17: 다음 스펙을 가지는 프로시저, `subset_basis(T)`을 작성하고 테스트해 보자.

- *input:* 벡터들의 리스트 T
- *output:* T의 벡터들로 구성된 리스트 S. S는 T의 생성에 대한 기저이다.

작성한 프로시저는 Grow 알고리즘의 한 버전 또는 Shrink 알고리즘의 한 버전이어야 한다. 어느 것이 더 쉬운지 알아보기 위해 각각에 대해 생각해 보자. 이 프로시저를 위해 루프 또는 컴프리헨션이 필요할 것이다. 다음 중 어느 하나를 서브루틴으로서 사용할 수 있다.

- Problem 6.14.15로부터의 프로시저 `is_superfluous(L, b)`, 또는
- Problem 6.14.16 또는 제공된 모듈 `independence`로부터의 프로시저 `is_independent(L)`, 또는
- `solver` 모듈로부터의 프로시저 `solve(A,b)`(Problem 6.14.15의 단서 참조)

다음은 이 프로시저가 어떻게 사용되는지 보여준다.

```
>>> a0 = Vec({'a','b','c','d'}, {'a':1})
>>> a1 = Vec({'a','b','c','d'}, {'b':1})
>>> a2 = Vec({'a','b','c','d'}, {'c':1})
>>> a3 = Vec({'a','b','c','d'}, {'a':1,'c':3})
>>> subset_basis([a0,a1,a2,a3])
[Vec({'a', 'c', 'b', 'd'},{'a': 1}), Vec({'a', 'c', 'b', 'd'},{'b':
1}),
 Vec({'a', 'c', 'b', 'd'},{'c': 1})]
>>> subset_basis([a0,a3,a1,a2])
[Vec({'a', 'c', 'b', 'd'},{'a': 1}),
 Vec({'a', 'c', 'b', 'd'},{'a': 1, 'c': 3}),
```

```
 Vec({'a', 'c', 'b', 'd'},{'b': 1})]
```

리턴되는 리스트는 벡터들이 T 내에 나타나는 순서에 영향을 받게 될 가능성이 높다는 사실에 주목하자. 또한, 서로 다른 유효한 출력이 있다는 사실에도 주목하자.

작성한 프로시저를 다음 예를 가지고 테스트해 보자.

- $\mathbb{R}$상의 $[1,1,2,1],[2,1,1,1],[1,2,2,1],[2,2,1,2],[2,2,2,2]$
- $GF(2)$상의 $[1,1,0,0],[1,1,1,1],[0,0,1,1],[0,0,0,1],[0,0,1,0]$

마찬가지로, 이 예들은 수학적 표기법을 사용하여 표시되지만, 이 프로시저에서 벡터들은 Vec 인스턴스로서 표현되어야 하고, $GF(2)$ 벡터들의 1은 모듈 GF2에 정의된 값 one으로 바꾸어야 한다.

Problem 6.14.18: 다음 스펙을 가지는 프로시저, superset_basis(T, L)을 작성하고 테스트해 보자.

- *input:* 벡터들의 일차독립인 리스트 T, T 내 모든 벡터가 L의 생성에 있는 그러한 벡터들의 리스트 L
- *output:* T내 모든 벡터들을 포함하는 일차독립인 리스트 S. S의 생성은 L의 생성과 동일하다(즉, S은 L의 생성에 대한 기저이다).

작성한 프로시저는 Grow 알고리즘의 한 버전 또는 Shrink 알고리즘의 한 버전에 기초해야 한다. 어느 것이 더 쉬운지 알아보기 위해 각각에 대해 생각해 보자. 이 프로시저를 위해 루프 또는 컴프리헨션이 필요할 것이다. 다음 중 어느 하나를 서브루틴으로서 사용할 수 있다.

- Problem 6.14.15로부터의 프로시저 is_superfluous(L, b), 또는
- Problem 6.14.16로부터의 프로시저 is_independent(L), 또는
- solver 모듈로부터의 프로시저 solve(A,b)(Problem 6.14.15의 단서 참조)

다음은 이 프로시저가 어떻게 사용되는지 보여준다.

```
>>> a0 = Vec({'a','b','c','d'}, {'a':1})
>>> a1 = Vec({'a','b','c','d'}, {'b':1})
>>> a2 = Vec({'a','b','c','d'}, {'c':1})
>>> a3 = Vec({'a','b','c','d'}, {'a':1,'c':3})
>>> superset_basis([a0, a3], [a0, a1, a2])
[Vec({'a', 'c', 'b', 'd'},{'a': 1}), Vec({'a', 'c', 'b', 'd'},{'b':
1}),
 Vec({'a', 'c', 'b', 'd'},{'c': 1})]
```

작성한 프로시저를 다음 예를 가지고 테스트해 보자.

- $\mathbb{R}$상의 $T=[[0,5,3],[0,2,2],[1,5,7]], L=[[1,1,1],[0,1,1],[0,0,1]]$

- $\mathbb{R}$상의 $T = [[0,5,3],[0,2,2]], L = [[1,1,1],[0,1,1],[0,0,1]]$
- $GF(2)$상의 $T = [[0,1,1,0],[1,0,0,1]], L = [[1,1,1,1],[1,0,0,0],[0,0,0,1]]$

Problems 6.14.13과 6.14.14에서처럼, 이 예들은 수학적 용어로 표현되어 있지만 파이썬 표현으로 바꾸어야 한다.

Problem 6.14.19: 다음 스펙을 가지는 프로시저, `exchange(S, A, z)`을 작성하고 테스트해 보자.

- *input:* 벡터들의 리스트 S, 모두 S 내에 있는 벡터들의 리스트 A (len(A) < len(S)), 그리고 $A + [z]$가 일차독립인 벡터 z
- *output:* S에는 속하지만 A에는 속하지 않으며 다음을 만족하는 벡터 $\boldsymbol{w}$

$$\text{Span } S = \text{Span } (\{\boldsymbol{z}\} \cup S - \{\boldsymbol{w}\})$$

작성한 프로시저는 교환 Lemma(Lemma 6.11.1)의 증명을 따라야 한다. 모듈 `solver` 또는 Problem 6.14.14로부터의 프로시저 `vec2rep(veclist, u)`을 사용해야 한다. 벡터가 리스트 내에 있는지 표현식 `v in L`을 사용하여 테스트할 수 있다.

다음은 이 프로시저가 어떻게 사용되는지 보여준다.

```
>>> S=[list2vec(v) for v in [[0,0,5,3] , [2,0,1,3],[0,0,1,0],[1,2,3,4]]]
>>> A=[list2vec(v) for v in [[0,0,5,3],[2,0,1,3]]]
>>> z=list2vec([0,2,1,1])
>>> print(exchange(S, A, z))

 0 1 2 3
--------
 0 0 1 0
```

작성한 프로시저를 다음 예를 가지고 테스트해 보자.

- $\mathbb{R}$ 내의 $S = [[0,0,5,3],[2,0,1,3],[0,0,1,0],[1,2,3,4]], A = [[0,0,5,3],[2,0,1,3]]$, $\boldsymbol{z} = [0,2,1,1]$
- $GF(2)$ 내의 $S = [[0,1,1,1],[1,0,1,1],[1,1,0,1],[1,1,1,0]], A = [[0,1,1,1],[1,1,0,1]]$, $\boldsymbol{z} = [1,1,1,1]$

Chapter 7

차원(Dimension)

기저에서 중요한 사실은 벡터공간에 대한 모든 기저는 동일한 크기를 가진다는 것이다. 이것에 대해서는 섹션 7.1에서 증명한다. 섹션 7.2에서는 이 사실을 사용하여 벡터공간에 대한 *차원*을 정의한다. 이 개념은 벡터공간, 동차 선형시스템, 선형함수, 그리고 행렬에 대해 중요한 많은 통찰력을 얻는데 도움을 준다.

7.1 기저의 크기

선형대수학의 중심이 되는 결과가 다음에 기술된다(이 결과에 대해 여기서 사용하는 이름은 표준은 아니다).

7.1.1 Morphing 보조정리와 그 응용

Lemma 7.1.1 (Morphing Lemma): $\mathcal{V}$는 벡터공간이라 하자. S는 $\mathcal{V}$에 대한 생성자들의 집합이라 하고 B는 $\mathcal{V}$에 속하는 벡터들로 구성된 일차독립인 집합이라 하자. 그러면, $|S| \geq |B|$이다.

이 lemma에 대해 곧 증명할 것이다. 우선, 이것이 선형대수학에서 가장 중요한 결과를 증명하는 데 어떻게 사용될 수 있는지 알아보자.

Theorem 7.1.2 (Basis Theorem): $\mathcal{V}$는 벡터공간이라 하자. $\mathcal{V}$에 대한 모든 기저는 동일한 크기를 가진다.

Proof

B_1과 B_2는 $\mathcal{V}$에 대한 두 기저라고 하자. $S = B_1$과 $B = B_2$를 Morphing Lemma에 적용하면 $|B_1| \geq |B_2|$라고 할 수 있다. $S = B_2$와 $B = B_1$을 적용하면 $|B_2| \geq |B_1|$이다. 이들 부등식을 결합하면 $|B_1| = |B_2|$를 얻는다. □

Theorem 7.1.3: $\mathcal{V}$는 벡터공간이라 하자. $\mathcal{V}$에 대한 생성자들의 집합이 $\mathcal{V}$에 대한 생성자들로 구성된 *가장 작은* 집합이 되는 필요충분 조건은 이 집합이 $\mathcal{V}$에 대한 기저인 것이다.

Proof

T는 $\mathcal{V}$에 대한 생성자들의 집합이라 하자. 증명해야 하는 것은 (1) 만약 T가 $\mathcal{V}$에 대한 기저이면 T는 $\mathcal{V}$에 대한 생성자들로 구성된 가장 작은 집합이다 (2) 만약 T가 $\mathcal{V}$에 대한 기저가 아니면 생성자들로 구성된 T보다 더 작은 집합이 있다.

(1) T는 기저라고 해 보자. S는 $\mathcal{V}$에 대한 생성자들로 구성된 가장 작은 집합이라 하자. Morphing Lemma에 의하면, $|T| \leq |S|$이고, 그래서 T도 또한 생성자들의 가장 작은 집합이다.

(2) T는 기저가 아니라고 해 보자. 기저는 생성자들로 구성된 일차독립인 집합이다. T는 생성자들로 구성된 집합이므로 그것은 일차종속이어야 한다. Linear-Dependence Lemma (Lemma 6.5.9)에 의하면 T 내에는 다른 벡터들의 생성에 속하는 일부 벡터들이 있다. 그러므로 Superfluous-Vector Lemma(Lemma 6.5.1)에 의하면, T에서 제거하면 $\mathcal{V}$에 대한 생성자들의 집합이 되는 일부 벡터가 존재한다. 따라서 T는 생성자들로 구성된 가장 작은 집합이 아니다.

□

7.1.2 Morphing 보조정리의 증명

Morphing Lemma의 증명은 알고리즘적이다. S를 집합 S'으로 변환하는 알고리즘을 제공한다. 집합 S'은 여전히 $\mathcal{V}$를 생성하고 S와 동일한 크기를 가지지만 B의 모든 원소들을 포함한다. 이것은 $|S|$가 적어도 $|B|$와 같다는 것을 보여 준다.

"Morphing Lemma"라고 불리는 이유는 무엇인가? 알고리즘은 S를 단계적으로 수정하여 점점 더 많은 B의 벡터들을 포함하며 동시에 S의 크기와 S가 $\mathcal{V}$를 생성한다는 사실을 유지한다. 이 과정은 B의 모든 벡터를 포함할 때까지 계속된다. 각 단계에서 알고리즘은 B의 벡터를 S에 포함시키고 S의 크기를 유지하기 위해 그 벡터를 S에서 제거한다. 제거할 벡터를 선택하는 것은 서브루틴, 섹션 6.11.1의 교환 Lemma에 의해 이루어진다.

편의를 위해 Morphing Lemma(Lemma 7.1.1)를 아래에 다시 기술한다.

> $\mathcal{V}$는 벡터공간이라 하자. S는 $\mathcal{V}$에 대한 생성자들의 집합이라 하고 B는 $\mathcal{V}$에 속하는 벡터들로 구성된 일차독립인 집합이라 하자. 그러면, $|S| \geq |B|$이다.

Proof

$B = \{\boldsymbol{b}_1, \ldots, \boldsymbol{b}_n\}$이라고 하자. S를 단계적으로 변환하여 집합의 크기를 증가시키지 않으면서 점점 더 많은 B에 속하는 벡터들을 포함할 것이다. $k = 0, 1, \ldots, |B|$에 대해, k 단계 후에 얻어진 집합을 S_k라고 한다. 귀납법을 k에 대해 적용하여 $\mathcal{V}$를 생성하고 $\boldsymbol{b}_1, \ldots, \boldsymbol{b}_k$를 포함하지만 S와 동일한 크기를 가지는 그러한 집합 S_k가 있다는 것을 증명할 것이다.

먼저, $k = 0$인 경우를 고려해 보자. 집합 S_0는 S이고, $\mathcal{V}$를 생성한다고 가정하며 S와 동일한 크기를 가진다. 이 경우는 B의 어떠한 벡터도 포함할 필요가 없어 기본 단계는 성립한다.

이제, 귀납적 단계를 증명해 보자. $k = 1, \ldots, n$에 대해, S_{k-1}로부터 S_k를 다음과 같이 얻는다. $A_k = \{\boldsymbol{b}_1, \ldots, \boldsymbol{b}_{k-1}\}$이라고 하자. $\boldsymbol{b}_k \cup A_k$는 일차독립이므로, Exchange Lemma를 A_k와 S_{k-1}에 적용할 수 있다. $\{\boldsymbol{b}_k\} \cup (S_{k-1} - \{\boldsymbol{w}\})$가 $\mathcal{V}$를 생성하는 그러한 벡터 $\boldsymbol{w} \in S_{k-1} - A_k$가

있다. $S_k = \{\boldsymbol{b}_k\} \cup S_{k-1} - \{\boldsymbol{w}\}$라고 정의하자. 그러면 $|S_k| = |S_{k-1}|$이고 S_k는 $\mathcal{V}$를 생성하며 S_k는 $\boldsymbol{b}_1, \ldots, \boldsymbol{b}_k$를 포함한다. 따라서 귀납적 단계가 증명된다. □

Example 7.1.4: S는 다음 그래프의 짙은 색 에지에 대응하는 벡터들의 집합이라 하자.

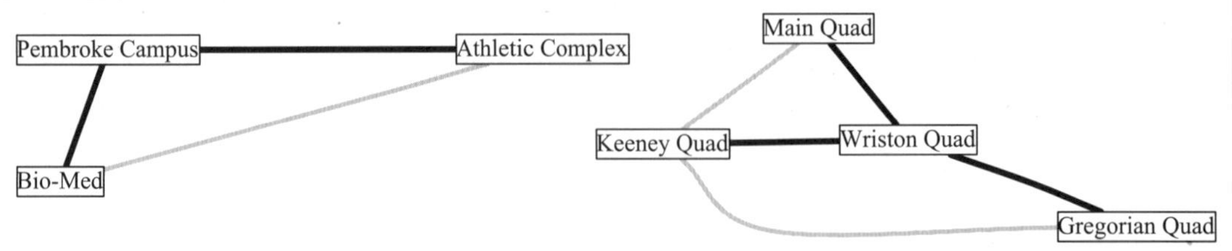

어떻게 하면 S를 다음 그림의 짙은 색 에지들에 대응하는 벡터들의 집합 B로 변경(morph)할 수 있는가?

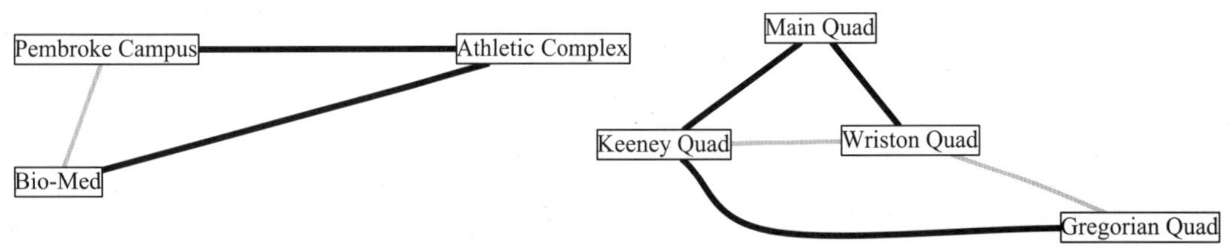

B에 속하는 에지들을 하나씩 S에 추가하고, Exchange Lemma에 따라 각 단계에서 S로부터 에지들을 제거한다. 먼저, 예를 들어, 양 끝이 Bio-Med와 Athletic인 에지를 추가한다.

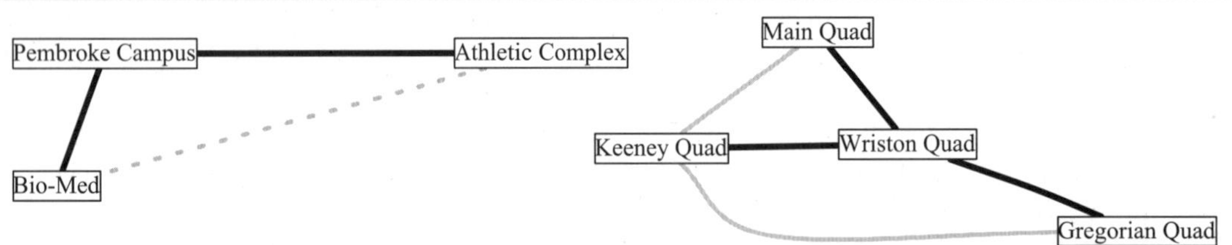

이로 인해, 예를 들어, 양 끝이 Bio-Med와 Pembroke인 에지가 제거된다.

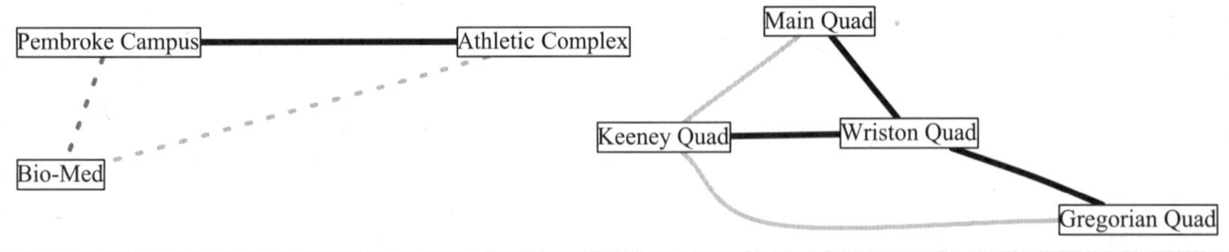

결과는 다음의 포리스트가 된다.

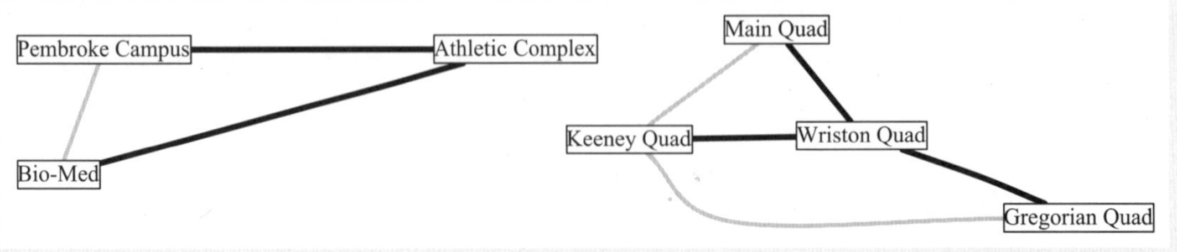

다음에, 예를 들어, 양끝이 Keeney와 Main인 에지를 추가하고 양 끝이 Keeney와 Wriston인 에지를 제거한다.

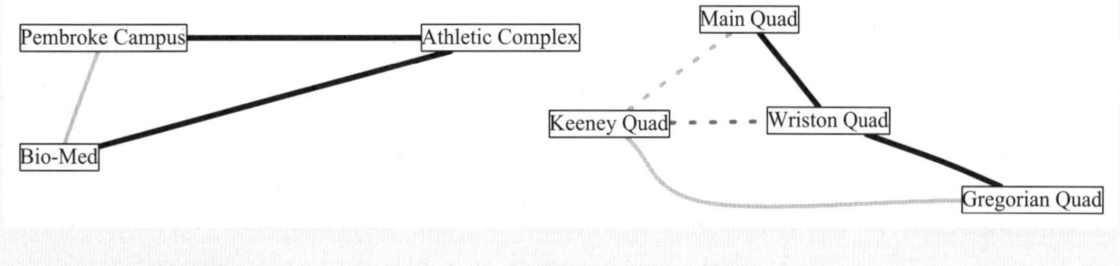

결과는 아래와 같다.

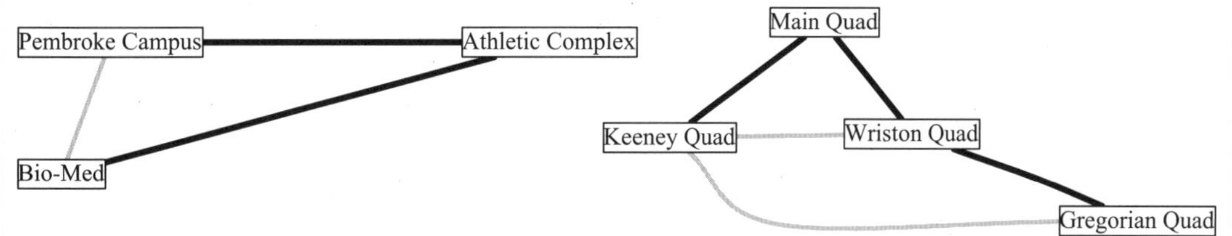

마지막으로, 양 끝이 Keeney와 Gregorian인 에지를 추가하고 양 끝이 Wriston와 Gregorian인 에지를 제거한다.

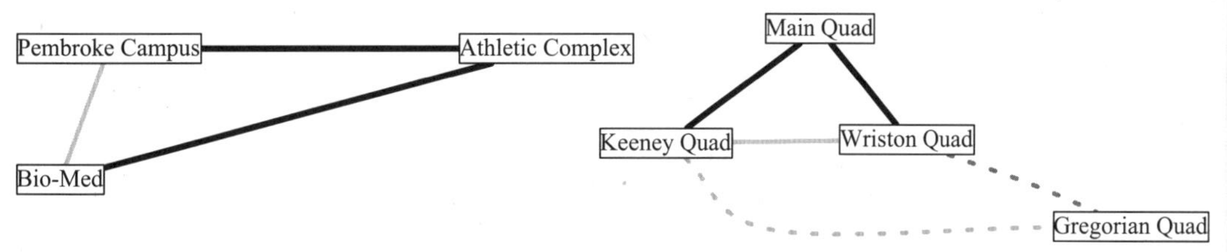

결과는 목표로 하는 스패닝포리스트 B가 얻어진다.

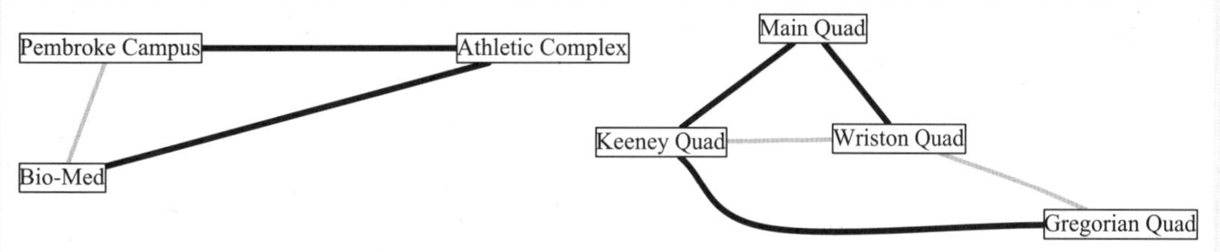

7.2 차원과 랭크

$\mathcal{V}$의 모든 기저는 동일한 크기를 가진다는 것을 보여 주었다.

7.2.1 정의 및 예제

Definition 7.2.1: 벡터공간의 *차원*은 그 벡터공간에 대한 기저의 크기로 정의하자. 벡터공간 $\mathcal{V}$의 차원은 $\dim \mathcal{V}$로 표현된다.

Example 7.2.2: $\mathbb{R}^3$에 대한 하나의 기저는 표준 기저 $\{[1,0,0],[0,1,0],[0,0,1]\}$이다. 그러므로 $\mathbb{R}^3$의 차원은 3이다.

Example 7.2.3: 좀 더 일반적으로, 임의의 필드 $\boldsymbol{F}$와 유한집합 D에 대해, $\boldsymbol{F}^D$에 대한 하나의 기저는 표준기저이고 이것은 $|D|$ 벡터들로 구성된다. 그러므로 $\boldsymbol{F}^D$의 차원은 $|D|$이다.

Example 7.2.4: $S = \{[-0.6,-2.1,-3.5,-2.2],[-1.3,1.5,-0.9,-0.5],[4.9,-3.7,0.5,-0.3],[2.6,-3.5,-1.2,-2.0],[-1.5,-2.5,-3.5,0.94]\}$라고 하자. Span S의 차원은 무엇인가?

만약 S가 일차독립이라는 것을 알고 있다면, S는 Span S에 대한 기저이고 그래서 $\dim$ Span S는 S의 크기, 즉 5라는 것을 알 수 있을 것이다.

하지만 예를 들어 S가 일차독립인지 모른다고 해 보자. Subset-Basis Lemma(Lemma 6.6.11)에 의하면 S는 기저를 포함한다. 그리고 그 기저의 최대 크기는 $|S|$이어야 한다. 따라서 $\dim$ Span S는 5보다 작거나 같아야 한다.

S는 영이 아닌 벡터들을 포함하므로 Span S도 영이 아닌 벡터를 포함한다. 그러므로 $\dim$ Span S는 영보다 크다.

Definition 7.2.5: 벡터들의 집합 S의 *랭크*(rank)를 Span S의 차원이라 정의하자. S의 랭크는 rank S로 나타낸다.

Example 7.2.6: Example 6.5.3(250 페이지)에서 보여주었듯이, 벡터 $[1,0,0],[0,2,0],[2,4,0]$은 일차 종속이다. 그러므로 이 벡터들의 랭크는 3보다 작다. 이들 중 임의의 두 벡터는 세 벡터들의 생성에 대한 기저를 형성한다. 따라서 랭크는 2이다.

Example 7.2.7: Example 7.2.4(295 페이지)에서 주어진 집합 S는 1과 5 사이의 랭크를 가진다.

Example 7.2.4(295 페이지)에서 보여주었듯이, Subset-Basis Lemma(Lemma 6.6.11)는 다음을 보여 준다.

Proposition 7.2.8: 벡터들로 구성된 임의의 집합 S에 대해, rank $S \leq |S|$이다.

Definition 7.2.9: 행렬 M에 대해, M의 *행랭크*는 그 행렬의 행의 랭크이고 M의 *열랭크*는 그 행렬의 열의 랭크이다.

마찬가지로, M의 행랭크는 Row M의 차원이고, M의 열랭크는 Col M의 차원이다.

Example 7.2.10: 다음 행렬을 고려해 보자.

$$M = \begin{bmatrix} 1 & 0 & 0 \\ 0 & 2 & 0 \\ 2 & 4 & 0 \end{bmatrix}$$

이 행렬의 행들은 Example 7.2.6(295 페이지)의 벡터들이다. 앞에서 살펴보았듯이, 이 벡터들을 구성하는 집합은 랭크가 2이고, 그래서 M의 행랭크는 2이다.

M의 열들은 $[1, 0, 2]$, $[0, 2, 4]$, $[0, 0, 0]$이다. 세 번째 벡터는 영벡터이므로, 열공간을 생성하는데 필요하지 않다. 처음 두 벡터 각각에서 하나의 원소는 영이 아니고 다른 두 개는 영이므로 이 두 벡터는 일차독립이다. 따라서 열랭크는 2이다.

Example 7.2.11: 다음 행렬을 고려해 보자.

$$M = \begin{bmatrix} 1 & 0 & 0 & 5 \\ 0 & 2 & 0 & 7 \\ 0 & 0 & 3 & 9 \end{bmatrix}$$

각 행은 하나의 영이 아닌 원소와 영인 다른 원소를 가진다. 그래서, 세 행들은 일차독립이다. 따라서, M의 행랭크는 3이다.

M의 열들은 $[1, 0, 0]$, $[0, 2, 0]$, $[0, 0, 3]$, $[5, 7, 9]$이다. 처음 세 열은 일차독립이고 네 번째는 처음 세 열의 선형결합으로 나타낼 수 있다. 따라서 열랭크는 3이다.

위 두 예에서 행랭크는 열랭크와 동일하다. 이것은 우연이 아니다. 어떤 행렬에 대해서도 행랭크와 열랭크가 동일하다는 것을 보여줄 것이다.

Example 7.2.12: 벡터들의 집합 $S = \{[1, 0, 3], [0, 4, 0], [0, 0, 3], [2, 1, 3]\}$를 고려해 보자. S의 첫 세 벡터들은 일차독립이라는 것을 보여줄 수 있다. 따라서 S의 랭크는 3이다. 한편, 다음 행렬을 고려해 보자.

$$M = \begin{bmatrix} 1 & 0 & 3 \\ 0 & 4 & 0 \\ 0 & 0 & 3 \\ 2 & 1 & 3 \end{bmatrix}$$

이 행렬의 행들은 S의 벡터들이다.

S의 랭크는 3이므로 M의 행랭크도 3이라고 추론할 수 있다. 더욱이, 각 열은 하나의 영이 아닌 원소와 영인 다른 원소들을 가지므로 세 열들은 일차독립이다. 따라서 M의 열랭크는 3이다.

7.2.2 기하학적 구조

섹션 4.3.1에서, 주어진 벡터들의 생성에 의해 형성된 기하적 객체의 차원을 예측하는 것에 대해 알아보았다.

이제 좌표계에 대해 기하학적으로 이해할 수 있다. 이러한 기하적 객체의 차원은 객체의 점들에 할당되어야 하는 최소 개수의 좌표이다. 좌표의 수는 기저의 크기이고, 기저의 크기는 주어진 벡터들로 구성된 집합의 랭크이다.

예를 들어 보자.

- Span $\{[1,2,-2]\}$은 직선, 즉 1차원 객체이다. 반면에, Span $\{[0,0,0]\}$은 점, 즉 1차원 구조이다. 첫 번째 벡터공간은 차원이 1이고 두 번째 벡터공간은 차원이 0이다.
- Span $\{[1,2],[3,4]\}$은 $\mathbb{R}^2$의 모든 것, 2차원 객체를 구성한다. 반면에, Span $\{[1,3],[2,6]\}$은 직선, 즉 1차원 객체이다. 첫 번째는 차원이 2이고 두 번째는 차원이 1이다.
- Span $\{[1,0,0],[0,1,0],[0,0,1]\}$은 $\mathbb{R}^3$의 모든 것, 즉 3차원 객체이다. 반면에 Span $\{[1,0,0],[0,1,0],[1,1,0]\}$은 평면 즉 2차원 객체이다. 첫 번째는 차원이 3이고 두 번째는 차원이 2이다.

7.2.3 그래프의 차원 및 랭크

6장에서 스패닝(spanning), 일차독립, 그리고 기저의 개념을 아래와 같이 그래프에 적용하여 기술하였다.

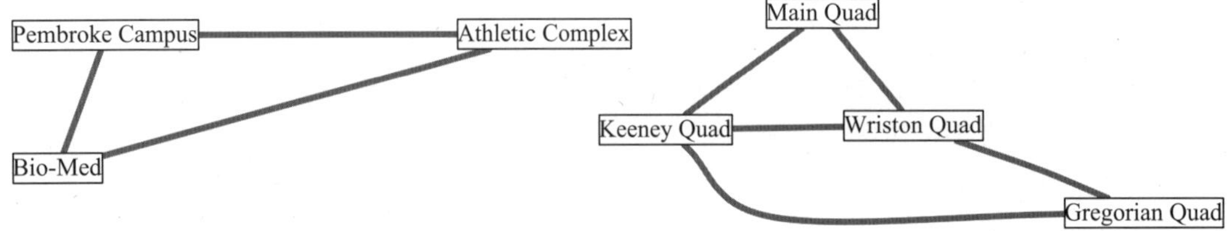

Example 6.6.8(257 페이지)에서 에지들의 부분집합의 생성에 대한 기저들의 예를 살펴보았다. T는 다음 그림에서 짙은 에지들의 집합이라 하자.

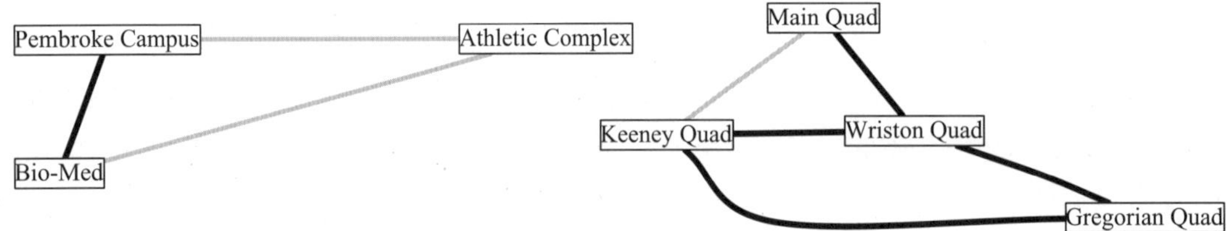

다음의 각 그림에서 짙은 에지들은 T에 대한 기저를 형성한다.

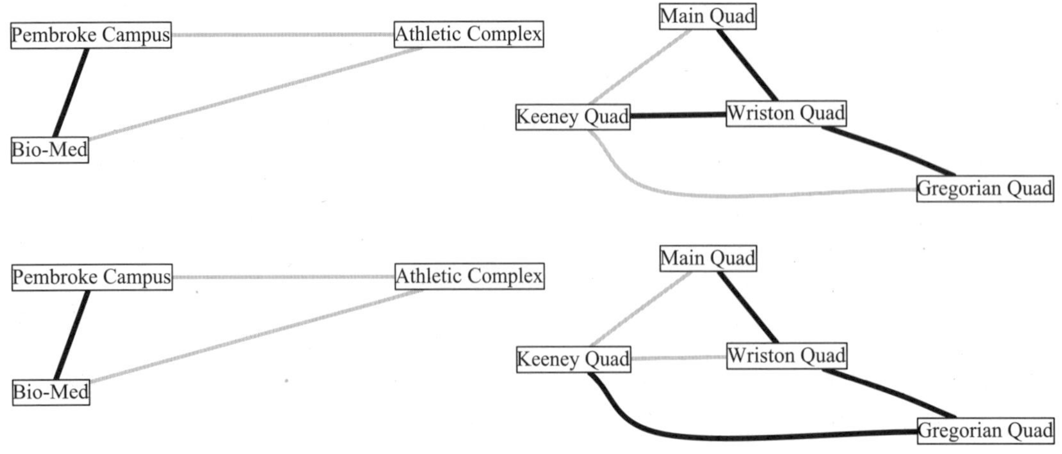

각 기저는 크기가 4이다. 따라서 $\dim \text{Span}\ T = 4$이고 $\text{rank}\ T = 4$이다.

그래프를 구성하는 에지들의 집합 T는 만약 T의 에지들의 모든 쌍이 T의 에지들로 구성된 어떤 경로에 속하는 경우 *연결 서브그래프*(connected subgraph)를 형성한다. 연결 서브그래프 T의 랭크는 T 내 에지들의 양 끝점인 노드들의 수보다 하나 작다. 예를 들어, 하나의 에지로 구성된 집합은 랭크가 1이며, 사이클을 형성하는 세개의 에지로 구성된 집합은 랭크가 2이다.

위의 각 그림에서, 짙은 에지들은 노드들을 공유하지 않는 두 개의 연결 서브그래프를 구성한다. 왼쪽의 연결 서브그래프는 하나의 에지로 구성되며 랭크는 1이다. 오른쪽의 연결 서브그래프는 4 개의 노드를 가지며 랭크는 3이다. 모든 짙은 에지들로 구성된 집합의 랭크는 $1 + 3 = 4$이다.

7.2.4 $GF(2)$상의 벡터공간의 크기

섹션 4.6.2에서 살펴보았듯이, 아래와 같은 $GF(2)$상의 선형시스템에 대한 해의 개수는

$$\begin{aligned} \boldsymbol{a}_1 \cdot \boldsymbol{x} &= \beta_1 \\ &\vdots \\ \boldsymbol{a}_m \cdot \boldsymbol{x} &= \beta_m \end{aligned}$$

벡터공간 V 내 벡터들의 수와 동일하며, 이 벡터공간 V는 동차 선형방정식들의 대응하는 시스템에 대한 해들로 구성된다.

섹션 4.6.4에서 살펴본 파일의 검출되지 않은 오류의 확률을 계산하기 위한 것과 유사하게, $GF(2)$ 상의 벡터공간 $\mathcal{V}$의 크기를 알 필요가 있다.

d는 $\mathcal{V}$의 차원이라 하고 $\boldsymbol{b}_1, \ldots, \boldsymbol{b}_d$는 V에 대한 기저라고 하자. Unique Representation Lemma (Lemma 6.7.1)에 의하면, V 내의 각 벡터는 기저벡터들의 선형결합으로 유일하게 표현된다. 따라서, V 내 벡터들의 수는 이 기저벡터들의 선형결합들의 수와 동일하다. d 개 기저벡터가 있으므로, 각 선형결합에는 d 개 계수가 있다. 각 계수는 0 또는 1이 될 수 있다. 그러므로, 2^d 개의 다른 선형결합이 있다.

7.2.5 $\mathcal{V}$에 속하는 벡터들의 임의의 일차독립 집합은 $\mathcal{V}$에 대한 기저를 형성하도록 확장될 수 있다.

이제, 차원에 대한 개념이 있으므로, 섹션 6.6.5에 기술된 Superset-Basis Lemma를 증명할 수 있다.

Lemma 7.2.13 (Superset-Basis Lemma): 임의의 벡터공간 $\mathcal{V}$와 $\mathcal{V}$에 속하는 벡터들로 구성된 임의의 일차독립 집합 A에 대해, $\mathcal{V}$는 A의 모든 원소를 포함하는 기저를 가진다.

Proof

섹션 6.6.5에서 증명을 시작하였지만 차원에 대한 개념이 없어 증명을 완료할 수 없었다. 이제 다시 시도해 보자.

Grow 알고리즘의 한 버전을 사용해 보자.

def superset_basis($T, \mathcal{V}$):
　Initialize B to be equal to T.
　Repeat while possible: select a vector in $\mathcal{V}$ that is not in Span B, and put it in B.

Return B

초기에, B는 T의 모든 원소를 포함하고(사실, T와 동일하다) 일차독립이다. Grow-Algorithm Corollary에 의하면, 집합 B는 알고리즘이 수행되는 동안에 계속 일차독립이 유지된다. 만약 알고리즘이 종료되면 Span $B = \mathcal{V}$이다. 그러므로, 종료될 때 B는 $\mathcal{V}$에 대한 기저이다. 더욱이, B는 여전히 T의 모든 원소를 포함한다. 이유는 알고리즘이 B에서 어떤 벡터도 제거하지 않았기 때문이다.

알고리즘이 종료한다는 것은 어떻게 보여 줄 수 있을까? 어떤 필드 $\boldsymbol{F}$와 어떤 집합 D에 대해, 벡터공간 $\mathcal{V}$는 $\boldsymbol{F}^D$ 내의 벡터들로 구성된다. 여기서, D는 유한하다고 가정한다. 그러므로, $|D|$ 벡터들로 구성되는 $\boldsymbol{F}^D$에 대한 표준기저가 있다.

Morphing Lemma에 의하면, B는 $\boldsymbol{F}^D$에 속하는 벡터들로 구성된 일차독립 집합이므로, B의 크기은 $\boldsymbol{F}^D$에 대한 표준기저의 크기보다 작거나 동일하다. 하지만, Grow 알고리즘의 각 이터레이션은 B의 크기를 1씩 증가시킨다. 따라서, 알고리즘은 종료되지 않고 영원히 계속 진행될 수 없다(사실, 알고리즘은 $|D|$ 이터레이션을 넘어서 진행될 수는 없다). □

이 증명은 모든 벡터공간은 $\boldsymbol{F}^D$의 부분공간이며 D는 유한집합이라는 사실에 의존한다. 만약 D가 무한집합일 수 있으면, 증명은 더욱 복잡해질 것이다.

7.2.6 차원 원리(Dimension principle)

Superset-Basis Lemma는 다음 원리를 증명하는 데 사용된다.

Lemma 7.2.14 (Dimension Principle): 만약 $\mathcal{V}$가 $\mathcal{W}$의 부분공간이면, 다음 성질이 성립한다.

Property D1: $\dim \mathcal{V} \leq \dim \mathcal{W}$이다.

Property D2: 만약 $\dim \mathcal{V} = \dim \mathcal{W}$이면 $\mathcal{V} = \mathcal{W}$이다.

Proof

$\boldsymbol{v}_1, \ldots, \boldsymbol{v}_k$는 $\mathcal{V}$에 대한 기저라 하자. Superset-Basis Lemma(Lemma 7.2.13)에 의하면, $\boldsymbol{v}_1, \ldots, \boldsymbol{v}_k$를 포함하는 $\mathcal{W}$에 대한 기저 B가 있다. 따라서, B의 크기는 적어도 k이다. 이것은 Property D1을 증명한다. 더욱이, 만약 B의 크기가 정확히 k이면 B는 $\boldsymbol{v}_1 \ldots, \boldsymbol{v}_k$ 이외의 다른 벡터는 포함하지 않는다. 이것은 $\mathcal{V}$의 기저는 또한 $\mathcal{W}$의 기저임을 보여 주며 Property D2를 증명한다. □

Example 7.2.15: $\mathcal{V} =$ Span $\{[1,2],[2,1]\}$라고 해 보자. 명백하게 $\mathcal{V}$는 $\mathbb{R}^2$의 부분공간이다. 하지만, 집합 $\{[1,2],[2,1]\}$은 일차독립이고 따라서 $\dim \mathcal{V} = 2$이다. $\dim \mathbb{R}^2 = 2$이므로, Property D1은 $\mathcal{V} = \mathbb{R}^2$임을 보여 준다.

Example 7.2.16: Example 7.2.4(295 페이지)에서 집합 $S = \{[-0.6, -2.1, -3.5, -2.2], [-1.3, 1.5, -0.9, -0.5], [4.9, -3.7, 0.5, -0.3], [2.6, -3.5, -1.2, -2.0], [-1.5, -2.5, -3.5, 0.94]\}$에

대해 고려해 보았다. $|S| = 5$이므로, $\dim \text{Span } S \leq 5$이다. S 내의 모든 벡터는 4-벡터이므로, Span S는 $\mathbb{R}^4$의 부분공간이고 $\dim \text{Span } S \leq 4$이다.

Example 7.2.16(299 페이지)의 주장을 사용하여 다음을 얻을 수 있다.

Proposition 7.2.17: D-벡터들로 구성된 임의의 집합의 랭크는 $|D|$보다 작거나 같다.

7.2.7 Grow 알로리즘의 종료

섹션 6.6.3에서 지적하였듯이, Grow 알고리즘은 모든 벡터공간은 기저를 가진다는 것을 *거의* 보여 준다. 하지만, 이 알고리즘이 종료하는지 아직 보여 주지 않았다. 이제, 차원 원리(Dimension Principle)를 사용하여 이것을 증명할 수 있다.

섹션 6.3.1의 Grow 알고리즘을 기억해 보자.

```
def GROW(V)
  S = ∅
  repeat while possible:
      find a vector v in V that is not in Span S, and put it in S.
```

Lemma 7.2.18 (Grow Algorithm Termination Lemma): 만약 $\dim \mathcal{V}$가 유한하면 GROW($\mathcal{V}$)은 종료된다.

Proof

각 이터레이션에서, 새로운 벡터가 S에 추가된다. 그러므로 k 이터레이션 후, $|S|$는 k와 같다. Grow-Algorithm Corollary(Corollary 6.5.10)에 의하면 알고리즘의 각 실행 시점에서 집합 S는 일차독립이고 k 이터레이션 후 rank $S = k$이다. S에 추가된 모든 벡터는 $\mathcal{V}$에 속하고, 그래서 Span S는 $\mathcal{V}$의 부분공간이다. $\dim \mathcal{V}$는 유한하다고 해 보자. 그러면 $\dim \mathcal{V}$ 이터레이션 후 $\dim \text{Span } S = \dim \mathcal{V}$이고, 따라서 Dimension Principle 의 Property D2에 의해, Span $S = \mathcal{V}$이다. 그러므로 알고리즘은 종료되어야 한다. 이 시점에 S는 $\mathcal{V}$에 대한 기저이다. □

$\dim \mathcal{V}$가 유한하다는 것을 어떻게 확신하는가? $\mathcal{V}$는 필드 $\boldsymbol{F}$상의 D-벡터들로 구성되는 벡터공간이라 해 보자. 이때 D는 유한집합이다. 그러면, $\mathcal{V}$는 $\boldsymbol{F}^D$의 부분공간이고, 그래서 Dimension Principle의 Property D1에 의해 $\dim \mathcal{V} \leq |D|$이다. 그러므로 다음을 얻는다.

Corollary 7.2.19: 유한한 D에 대해, $\boldsymbol{F}^D$의 임의의 부분공간은 기저이다.

이 책에서는 D가 유한집합인 경우의 D-벡터만을 고려한다. 섹션 6.6.3에서 언급하였듯이, 일반적인 경우에는 D가 부한집합인 경우의 D-벡너들도 고려해아 한다. 이러한 벡터들의 경우, 차원의 개념이 더욱 복잡해지고, 그래서 이 책에서는 다루지 않는다. 다만, 증명 없이 심지어 이러한 벡터들에 대해서도 모든 벡터공간은 기저를 가진다고 언급한다.

7.2.8 Rank 정리

앞의 몇몇 예제에서 살펴보았듯이 행랭크는 열랭크와 동일하다. 이제 왜 행랭크와 열랭크가 같은지 알아보자.

Theorem 7.2.20 (Rank Theorem): 임의의 행렬에 대해, 행랭크는 열랭크와 동일하다.

Proof

임의의 행렬 A에 대해 A의 행랭크는 A의 열랭크보다 작거나 같다. 동일한 주장을 A^T에 적용하면 A^T의 행랭크는 A^T의 열랭크보다 작거나 같다. 즉, A의 열랭크는 A의 행랭크보다 작거나 같다. 이 두 부등식을 결합하면 A의 행랭크는 A의 열랭크와 동일하다.

A는 행렬이라 하자. 행렬 A를 그 열들로 나타내 보자: $A = \begin{bmatrix} \boldsymbol{a}_1 & \cdots & \boldsymbol{a}_n \end{bmatrix}$. r은 A의 열랭크라 하고 $\boldsymbol{b}_1, \ldots, \boldsymbol{b}_r$은 A의 열공간에 대한 기저라 하자.

A의 각 열 $\boldsymbol{a}_j$에 대해 $\boldsymbol{u}_j$는 $\boldsymbol{a}_j$의 $\boldsymbol{b}_1, \ldots, \boldsymbol{b}_r$에 대한 좌표 표현이라 하자. 그러면, 행렬-벡터 곱셈의 선형결합 정의에 의해 다음과 같이 표현된다.

$$\begin{bmatrix} \boldsymbol{a}_j \end{bmatrix} = \begin{bmatrix} \boldsymbol{b}_1 & \cdots & \boldsymbol{b}_r \end{bmatrix} \begin{bmatrix} \boldsymbol{u}_j \end{bmatrix}$$

행렬-행렬 곱셈의 행렬-벡터 정의에 의하면, 다음과 같이 표현되며

$$\begin{bmatrix} \boldsymbol{a}_1 & \cdots & \boldsymbol{a}_n \end{bmatrix} = \begin{bmatrix} \boldsymbol{b}_1 & \cdots & \boldsymbol{b}_r \end{bmatrix} \begin{bmatrix} \boldsymbol{u}_1 & \cdots & \boldsymbol{u}_n \end{bmatrix}$$

이것을 다음처럼 쓸 수 있다.

$$A = BU$$

B는 r 개 열을 가지며 U는 r 개 행을 가진다.

이제, A와 B를 열 대신에 행들로 구성된 행렬로 생각해 보자.

$$\begin{bmatrix} \bar{\boldsymbol{a}}_1 \\ \hline \vdots \\ \hline \bar{\boldsymbol{a}}_m \end{bmatrix} = \begin{bmatrix} \bar{\boldsymbol{b}}_1 \\ \hline \vdots \\ \hline \bar{\boldsymbol{b}}_m \end{bmatrix} U$$

행렬-행렬 곱셈의 벡터-행렬 정의에 의하면, A의 행 i인 $\bar{\boldsymbol{a}}_i$는 B의 행 i인 $\bar{\boldsymbol{b}}_i$를 행렬 U에 곱한 것이다.

$$\begin{bmatrix} \\ \bar{\boldsymbol{a}}_i \\ \\ \end{bmatrix} = \begin{bmatrix} \\ \bar{\boldsymbol{b}}_i \\ \\ \end{bmatrix} \begin{bmatrix} & & \\ & U & \\ & & \end{bmatrix}$$

그러므로, 벡터-행렬 곱셈의 선형결합에 의하면 A의 모든 행은 U의 행들의 어떤 선형결합이다. 그러므로, A의 행공간은 U의 행공간의 부분공간이다. Proposition 7.2.8에 의해 U의 행공간의 차원은 r, 즉 U의 행의 수보다 작거나 같다. 그러므로, Dimension Principle의 Property D1에 의해 A의 행랭크는 r보다 작거나 같다.

이미 살펴보았듯이, 임의의 행렬 A에 대해 A의 행랭크는 A의 열랭크보다 작거나 같다. 임의의 행렬 M에 대해, 이 결과를 M에 적용하면 다음이 성립한다.

$$M\text{의 행랭크} \leq M\text{의 열랭크}$$

동일한 결과를 M^T에 적용하면 다음과 같다.

$$M^T\text{의 행랭크} \leq M^T\text{의 열랭크}$$

이것이 의미하는 것은 다음과 같다.

$$M\text{의 열랭크} \leq M\text{의 행랭크}$$

따라서, M의 행랭크는 M의 열랭크와 동일하다. □

Definition 7.2.21: 행렬의 *랭크*는 그 행렬의 열랭크와 동일하고, 이것은 또한 그 행렬의 행랭크와 같다.

7.2.9 간단한 인증 – 다시 보기

섹션 3.9.6의 간단한 인증기법에 대해 기억해 보자. 패스워드는 $GF(2)$상의 n-벡터 $\hat{\boldsymbol{x}}$이다. 컴퓨터는 사용자에게 시도(challenge)를 보내고 사용자는 여기에 응답한다.

- **시도(Challenge):** 컴퓨터는 랜덤 n-벡터 $\boldsymbol{a}$를 전송한다.
- **응답(Response):** 사용자는 $\boldsymbol{a} \cdot \hat{\boldsymbol{x}}$을 보낸다.

이 과정은 사용자가 패스워드 $\hat{\boldsymbol{x}}$을 안다고 컴퓨터가 믿을 때까지 계속된다.

이브(Eve)는 통신을 감청하여 m 개의 쌍 $\boldsymbol{a}_1, b_1, \ldots, \boldsymbol{a}_m, b_m$을 알게 된다고 해 보자. 이때, b_i는 시도 $\boldsymbol{a}_i$에 대한 올바른 응답이다. 섹션 3.9.9에서 보았듯이, 이브는 Span $\{\boldsymbol{a}_1, \ldots, \boldsymbol{a}_m\}$ 내의 임의의 시도에 대한 올바른 응답을 계산할 수 있다. $\boldsymbol{a} = \alpha_1 \boldsymbol{a}_1 + \cdots + \alpha_m \boldsymbol{a}_m$라고 하자. 그러면, 올바른 응답은 $\alpha_1 b_1 + \cdots + \alpha_m b_m$이다.

확률이론을 사용하여 이것이 가능하다는 것을 보여 줄 수 있나.

Fact 7.2.22: 아마도 랭크 rank $[\boldsymbol{a}_1, \ldots, \boldsymbol{a}_m]$은 $\min\{m, n\}$보다 크게 작지는 않을 것이다.

파이썬을 사용하여 이것을 시험해 볼 수 있다. $n = 100$으로 설정하고 m 개의 $GF(2)$상의 랜덤 n-벡터를 생성해 보자.

```
>>> from vec import Vec
>>> from random import randint
>>> from GF2 import one
>>> def rand_GF2(): return one if randint(0,1)==1 else 0
>>> def rand_GF2_vec(D): return Vec(D, {d:rand_GF2() for d in D})
>>> D = set(range(100))
```

모듈 independence에 프로시저, rank(L)이 제공된다.

```
>>> L = [rand_GF2_vec(D) for i in range(50)]
>>> from independence import rank
>>> rank(L)
50
```

일단 $m > n$이면, 아마도 Span $\{\boldsymbol{a}_1, \ldots, \boldsymbol{a}_m\}$은 $GF(2)^n$이다.

따라서, 이브는 *임의의* 시도에 대해 응답할 수 있다.

또한, 패스워드 $\hat{\boldsymbol{x}}$는 선형시스템: $\underbrace{\begin{bmatrix} \boldsymbol{a}_1 \\ \hline \vdots \\ \hline \boldsymbol{a}_m \end{bmatrix}}_{A} \begin{bmatrix} \boldsymbol{x} \end{bmatrix} = \underbrace{\begin{bmatrix} b_1 \\ \vdots \\ b_m \end{bmatrix}}_{\boldsymbol{b}}$ 에 대한 해이다.

$A\boldsymbol{x} = \boldsymbol{b}$의 해집합은 $\hat{\boldsymbol{x}} + \text{Null } A$이다.

일단 rank A가 n이 되면, A의 열들은 일차독립이고, 그래서 Null A는 자명하다(trivial). 이것은 유일한 해는 패스워드 $\hat{\boldsymbol{x}}$임을 암시하며, 이브는 solver을 사용하여 패스워드를 계산할 수 있다.

7.3 직합(Direct sum)

벡터들의 덧셈에 대한 개념은 잘 알고 있다. 이제, 벡터공간을 더하는 것에 대해 알아보자. 여기서 소개되는 개념은 다음 섹션에서 중요한 정리인 Kernel-Image Theorem을 증명하는 데 유용할 것이다. 또한, 다음 몇 개 장에서 다룰 개념인 직교성분에 대해 준비하는 데 도움이 될 것이다.

7.3.1 정의

$\mathcal{U}$와 $\mathcal{V}$는 필드 $\boldsymbol{F}$상의 D-벡터들로 구성된 두 개의 벡터공간이라 하자.

Definition 7.3.1: 만약 $\mathcal{U}$와 $\mathcal{V}$가 단지 영벡터만을 공유한다면 $\mathcal{U}$와 $\mathcal{V}$의 *직합*(direct sum)은 아래 집합이라고 정의하며,

$$\{u + v \ : u \in \mathcal{U}, v \in \mathcal{V}\}$$

$\mathcal{U} \oplus \mathcal{V}$로 나타낸다.

즉, $\mathcal{U} \oplus \mathcal{V}$는 $\mathcal{U}$의 벡터와 $\mathcal{V}$의 벡터의 모든 합으로 구성된 집합이다.

파이썬에서 U와 V의 직합을 구성하는 벡터들의 리스트는 다음과 같이 계산할 수 있다.

```
>>> {u+v for u in U for v in V}
```

U와 V의 카테시안 곱은 `[(u,v) for u in U for v in V]`로 표현된다는 것을 기억해 보자(파이썬은 집합이 아니라 리스트를 계산). 이것은 직합이 카테시안 곱과 유사하다는 것을 보여 준다. 즉, 두 개의 벡터들을 하나의 터플로 만드는 대신에 그것들을 더한다.

만약 $\mathcal{U}$와 $\mathcal{V}$가 영이 아닌 벡터를 공유하면 어떻게 될까? 이 경우는 직합을 형성하는 데 에러가 있다고 간주된다.

$GF(2)$상의 벡터들을 사용하여 예를 살펴보자.

Example 7.3.2: $\mathcal{U} = \text{Span}\ \{1000, 0100\}$, $\mathcal{V} = \text{Span}\ \{0010\}$라고 하자.

- $\mathcal{U}$ 내의 모든 영이 아닌 벡터는 첫 번째 또는 두 번째 위치(또는 두 위치 모두)에 1을 가지며 다른 위치에는 1을 가지지 않는다.
- $\mathcal{V}$ 내의 모든 영이 아닌 벡터는 세 번째 위치에만 1을 가진다.

그러므로, $\mathcal{U}$ 와 $\mathcal{V}$ 둘 모두에 있는 유일한 벡터는 영벡터이다. 따라서, $\mathcal{U} \oplus \mathcal{V}$는 $\mathcal{U} \oplus \mathcal{V} = \{0000+0000, 1000+0000, 0100+0000, 1100+0000, 0000+0010, 1000+0010, 0100+0010, 1100+0010\}$ 라고 정의된다. 이것은 $\{0000, 1000, 0100, 1100, 0010, 1010, 0110, 1110\}$와 동일하다.

$\mathbb{R}$상의 벡터들을 사용하여 몇몇 예를 들어 보자.

Example 7.3.3: $\mathcal{U} = \text{Span}\ \{[1,2,1,2], [3,0,0,4]\}$라 하고, $\mathcal{V}$는 $\begin{bmatrix} 0 & 1 & -2 & 0 \\ 1 & 0 & 0 & -1 \end{bmatrix}$의 영공간이라 하자.

- 벡터 $[2,-2,-1,2]$는 $[3,0,0,4] - [1,2,1,2]$이므로 $\mathcal{U}$ 내에 있다.
- 벡터 $[2,-2,-1,2]$는 또한 $\mathcal{V}$ 내에 있다. 이유는 아래와 같다.

$$\begin{bmatrix} 0 & 1 & -2 & 0 \\ 1 & 0 & 0 & -1 \end{bmatrix} \begin{bmatrix} 2 \\ -2 \\ -1 \\ 2 \end{bmatrix} = \begin{bmatrix} 0 \\ 0 \end{bmatrix}$$

그러므로, $V \oplus W$를 형성할 수 없다.

Example 7.3.4: $\mathcal{U} = \text{Span}\ \{[4,-1,1]\}$, $\mathcal{V} = \text{Span}\ \{[0,1,1]\}$라고 하자. $\mathcal{U}$와 $\mathcal{V}$ 각각은 단일 벡터의 생성이고, 그래서 직선을 형성한다.

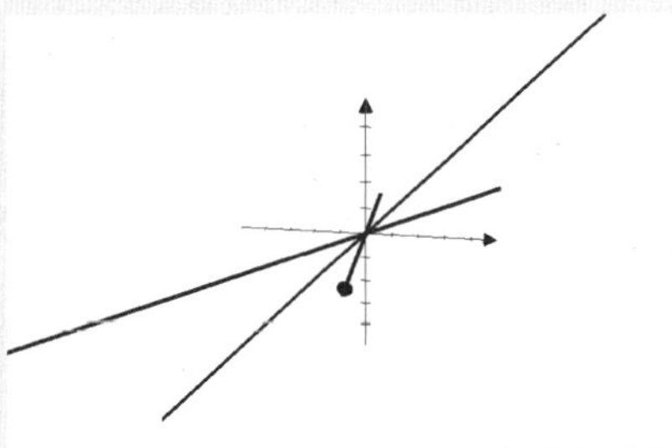

유일한 교점은 원점이다. 그래서, $\mathcal{U} \oplus \mathcal{V}$는 정의된다. 이 직합은 Span $\{[4,-1,1],[0,1,1]\}$이며 두 개의 직선을 포함하는 평면이다.

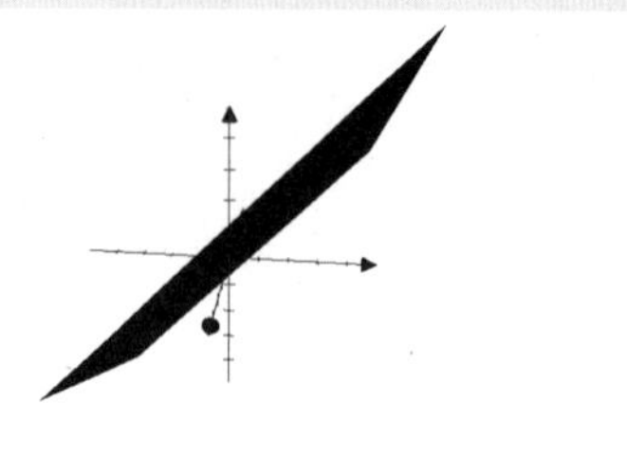

Proposition 7.3.5: 직합 $\mathcal{U} \oplus \mathcal{V}$은 벡터공간이다.

증명은 연습으로 남겨둔다.

7.3.2 직합에 대한 생성자

Example 7.3.4(304 페이지)에서, $\mathcal{U}$에 대한 생성자들의 집합과 $\mathcal{V}$에 대한 생성자들의 집합의 합집합을 구하면 직합 $\mathcal{U} \oplus \mathcal{V}$에 대한 하나의 생성자 집합이 얻어진다. 이것은 일반적으로 성립한다.

Lemma 7.3.6: 아래 집합의 합집합은

- $\mathcal{V}$의 생성자들의 집합
- $\mathcal{W}$의 생성자들의 집합

$\mathcal{V} \oplus \mathcal{W}$에 대한 생성자들의 집합이다.

Proof

$\mathcal{V} = \text{Span } \{\boldsymbol{v}_1, \ldots, \boldsymbol{v}_m\}$, $\mathcal{W} = \text{Span } \{\boldsymbol{w}_1, \ldots, \boldsymbol{w}_n\}$라고 해 보자.
그러면,

- $\mathcal{V}$ 내의 모든 벡터는 $\alpha_1 \boldsymbol{v}_1 + \cdots + \alpha_m \boldsymbol{v}_m$으로 표현될 수 있다.
- $\mathcal{W}$ 내의 모든 벡터는 $\beta_1 \boldsymbol{w}_1 + \cdots + \beta_n \boldsymbol{w}_n$으로 표현될 수 있다.

그래서, $\mathcal{V} \oplus \mathcal{W}$ 내의 모든 벡터는 다음과 같이 나타낼 수 있다.

$$\alpha_1 \boldsymbol{v}_1 + \cdots + \alpha_m \boldsymbol{v}_m \ + \ \beta_1 \boldsymbol{w}_1 + \cdots + \beta_n \boldsymbol{w}_n$$

□

Example 7.3.7: $\mathcal{U}$는 원점을 포함하는 평면을 구성하는 $\mathbb{R}^3$ 내 점들의 집합이라 하고, $\mathcal{V}$는 원점을 포함하는 직선을 구성하는 점들의 집합이라 하자.

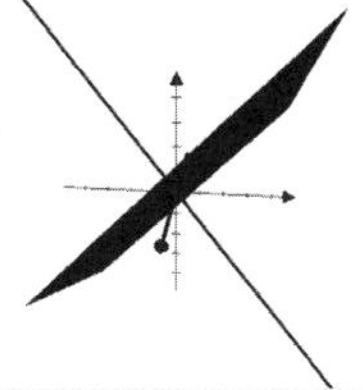

이 직선이 평면상에 있지 않으면, 이 직선과 평면의 교점은 원점이다. 따라서 이들의 직합이 정의되며 그것은 $\mathbb{R}^3$의 모든 점으로 구성된다.

7.3.3 직합에 대한 기저

Lemma 7.3.8 (Direct Sum Basis Lemma): $\mathcal{U}$의 기저와 $\mathcal{V}$의 기저의 합집합은 $\mathcal{U} \oplus \mathcal{V}$의 기저이다.

Proof

$\{\boldsymbol{u}_1, \ldots, \boldsymbol{u}_m\}$은 $\mathcal{U}$에 대한 기저라 하고, $\{\boldsymbol{v}_1, \ldots, \boldsymbol{v}_n\}$은 $\mathcal{V}$에 대한 기저라 하자. 기저는 생성자들의 집합이므로, 이전 lemma로부터 $\{\boldsymbol{u}_1, \ldots, \boldsymbol{u}_m, \boldsymbol{v}_1, \ldots, \boldsymbol{v}_n\}$은 $\mathcal{U} \oplus \mathcal{V}$에 대한 생성자들의 집합이라는 것을 안다. 기저라는 것을 보이기 위해서는 단지 일차독립이라는 것을 보여 주면 된다.

다음 식을 가정해 보자.

$$\mathbf{0} = \alpha_1\ \boldsymbol{u}_1 + \cdots + \alpha_m \boldsymbol{u}_m + \beta_1\ \boldsymbol{v}_1 + \cdots + \beta_n\ \boldsymbol{v}_n \tag{7.1}$$

그러면, 다음이 성립한다.

$$\underbrace{\alpha_1\ \boldsymbol{u}_1 + \cdots + \alpha_m\ \boldsymbol{u}_m}_{\text{in } \mathcal{U}} = \underbrace{(-\beta_1)\ \boldsymbol{v}_1 + \cdots + (-\beta_n)\ \boldsymbol{v}_n}_{\text{in } \mathcal{V}}$$

좌변은 $\mathcal{U}$ 내의 벡터이고, 우변은 $\mathcal{V}$ 내의 벡터이다.

$\mathcal{U} \oplus \mathcal{V}$의 정의에 의하면, $\mathcal{U}$와 $\mathcal{V}$ 둘 모두에 있는 유일한 벡터는 영벡터이다. 이것은 다음을 보여 준다.

$$\mathbf{0} = \alpha_1\ \boldsymbol{u}_1 + \cdots + \alpha_m\ \boldsymbol{u}_m$$

$$\mathbf{0} = (-\beta_1)\ \boldsymbol{v}_1 + \cdots + (-\beta_n)\ \boldsymbol{v}_n$$

일차독립성에 의해 이 선형결합은 자명해야 한다. 그래서, 식 (7.1)의 원래의 선형결합도 또한 자명해야 한다. 따라서, 기저들의 합집합은 일차독립이라는 것이 증명된다. □

기저의 정의에 의해 주어지는 아래 corollary는 Kernel-Image Theorem을 증명하는 데 사용될 것이다.

Corollary 7.3.9 (Direct-Sum Dimension Corollary): $\dim \mathcal{U} + \dim \mathcal{V} = \dim \mathcal{U} \oplus \mathcal{V}$

7.3.4 벡터의 고유분해(Unique decomposition)

정의에 의하면, $\mathcal{U} \oplus \mathcal{V} = \{\boldsymbol{u} + \boldsymbol{v} \ : \ \boldsymbol{u} \in \mathcal{U}, \boldsymbol{v} \in \mathcal{V}\}$이다. $\mathcal{U}$ 내의 벡터와 $\mathcal{V}$ 내의 벡터의 합으로서 동일한 벡터가 두 개의 다른 방식으로 나타날 수 있는가?

이 질문에 대한 답은 "아니오"라는 것을 다음에 알아본다. 만약 $\mathcal{U}$ 내의 벡터 $\boldsymbol{u}$와 $\mathcal{V}$ 내의 벡터 $\boldsymbol{v}$를 더하여 $\boldsymbol{w}$를 얻는다면, $\boldsymbol{w}$로부터 처음에 사용된 $\boldsymbol{u}$와 $\boldsymbol{v}$가 정확히 어떤 벡터인지 알아낼 수 있다.

Corollary 7.3.10 (Direct-Sum Unique Representation Corollary): $\mathcal{U} \oplus \mathcal{V}$ 내의 임의의 벡터는 $\boldsymbol{u} + \boldsymbol{v}$로 유일하게 표현된다. 여기서, $\boldsymbol{u} \in \mathcal{U}, \boldsymbol{v} \in \mathcal{V}$이다.

Proof

$\{\boldsymbol{u}_1, \ldots, \boldsymbol{u}_m\}$은 $\mathcal{U}$에 대한 기저이고, $\{\boldsymbol{v}_1, \ldots, \boldsymbol{v}_n\}$은 $\mathcal{V}$에 대한 기저라고 하자.
그러면, $\{\boldsymbol{u}_1, \ldots, \boldsymbol{u}_m, \boldsymbol{v}_1, \ldots, \boldsymbol{v}_n\}$은 $\mathcal{U} \oplus V$에 대한 기저이다.

$\boldsymbol{w}$는 $\mathcal{U} \oplus \mathcal{V}$ 내의 임의의 벡터라고 하자. $\boldsymbol{w}$는 다음과 같이 표현된다.

$$\boldsymbol{w} = \underbrace{\alpha_1 \boldsymbol{u}_1 + \cdots + \alpha_m \boldsymbol{u}_m}_{\text{in } \mathcal{U}} + \underbrace{\beta_1 \boldsymbol{v}_1 + \cdots + \beta_n \boldsymbol{v}_n}_{\text{in } \mathcal{V}} \tag{7.2}$$

$\boldsymbol{w}$를 $\boldsymbol{w} = \boldsymbol{u} + \boldsymbol{v}$로서 나타내는 임의의 방식을 고려해 보자. 여기서, $\boldsymbol{u}$는 $\mathcal{U}$ 내에 있고 $\boldsymbol{v}$는 $\mathcal{V}$ 내에 있다. $\boldsymbol{u}$를 $\mathcal{U}$의 기저에 대해 나타내고 $\boldsymbol{v}$를 $\mathcal{V}$의 기저에 대해 표현하면 다음을 얻는다.

$$\boldsymbol{w} = \gamma_1 \boldsymbol{u}_1 + \cdots + \gamma_m \boldsymbol{u}_m + \delta_1 \boldsymbol{v}_1 + \cdots + \delta_n \boldsymbol{v}_n$$

Unique-Representation Lemma에 의하면, $\gamma_1 = \alpha_1, \ldots, \gamma_m = \alpha_m, \delta_1 = \beta_1, \ldots, \delta_n = \beta_n$이다. 이것은 식 (7.2)가 $\boldsymbol{w}$는 $\mathcal{U}$ 내의 벡터와 $\mathcal{V}$ 내의 벡터의 합으로 유일하게 명시된다는 것을 보여준다. □

7.3.5 여부분공간(Complementary subspace)

Definition 7.3.11: 만약 $\mathcal{U} \oplus \mathcal{V} = \mathcal{W}$이면, $\mathcal{U}$와 $\mathcal{V}$는 $\mathcal{W}$의 *여부분공간*(complementary subspace)이라 한다.

Example 7.3.12: $\mathcal{U}$는 $\mathbb{R}^3$ 내의 평면이라 하자.

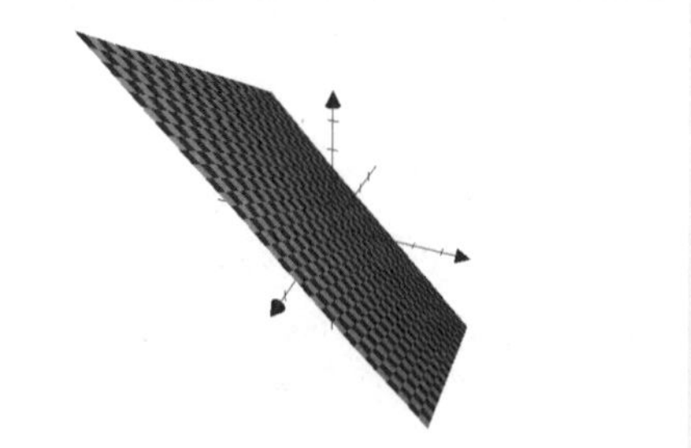

그러면, $\mathcal{U}$와 원점을 지나며 $\mathcal{U}$ 내에 놓여 있지 않은 임의의 직선은 $\mathbb{R}^3$의 여부분공간이다. 예를 들어,

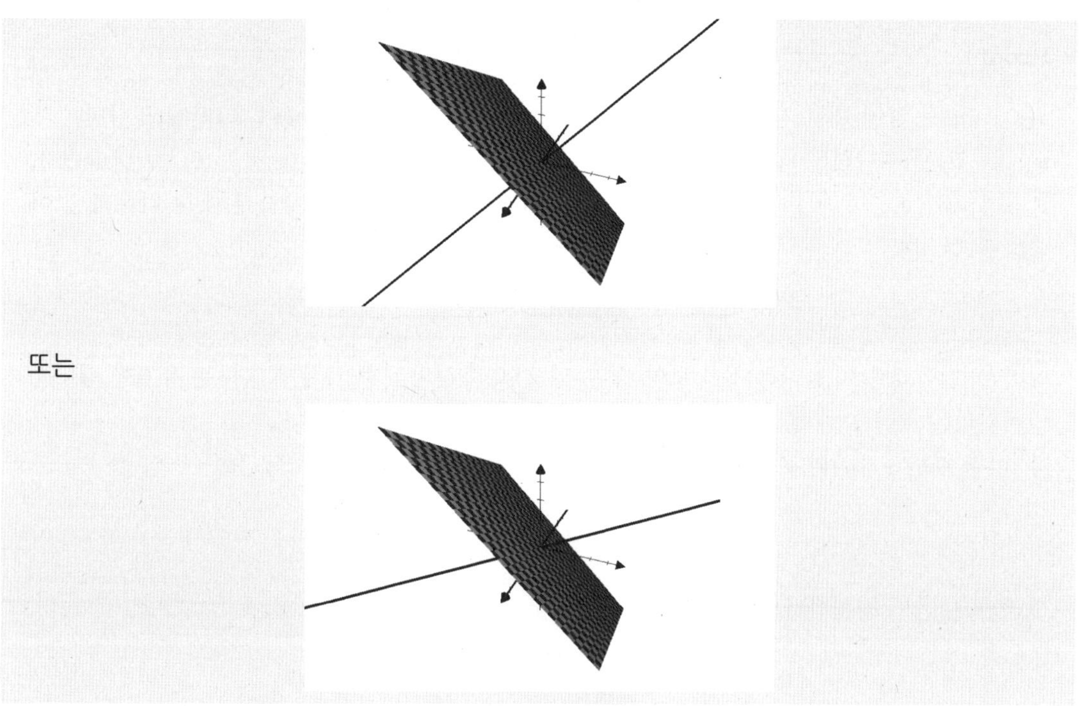

위 예는 $\mathcal{W}$의 주어진 부분공간 $\mathcal{U}$에 대해, $\mathcal{U}$와 여부분공간인 많은 다른 부분공간 $\mathcal{V}$가 존재할 수 있다는 것을 보여 준다.

Problem 7.3.13: 아래 각 부분에서, (Span S) $\oplus$ (Span T) $= \mathbb{R}^3$을 만족하는 $\mathbb{R}$상의 벡터들의 집합 T를 제시해 보자. 그리고, 일반 벡터 $[x, y, z]$을 $S \cup T$ 내의 벡터들의 선형결합으로 어떻게 표현할 수 있는지 보여라.

1. $S = \{[2, 1, 2], [1, 1, 1]\}$
2. $S = \{[0, 1, -1], [0, 0, 0]\}$

힌트: $[x, y, z]$을 표현하기 위해, 먼저 표준 기저벡터를 $S \cup T$에 대해 나타내 볼 수 있다.

Problem 7.3.14: 아래 각 부분에서, (Span S) $\oplus$ (Span T) $=$ GF(2)^{3}을 만족하는 GF(2)상의 벡터들의 집합 T를 제시해 보자. 그리고, 일반 벡터 $[x, y, z]$을 $S \cup T$ 내의 벡터들의 선형결합으로 어떻게 표현할 수 있는지 보여라.

1. $S = \{[1, 1, 0], [0, 1, 1]\}$
2. $S = \{[1, 1, 1]\}$

힌트: $[x, y, z]$을 표현하기 위해, 먼저 표준 기저벡터를 $S \cup T$에 대해 나타내 볼 수 있다.

Proposition 7.3.15: 임의의 벡터공간 $\mathcal{W}$와 $\mathcal{W}$의 임의의 부분공간 $\mathcal{U}$에 대해, $\mathcal{W} = \mathcal{U} \oplus \mathcal{V}$을 만족하는 $\mathcal{W}$의 부분공간 $\mathcal{V}$가 있다.

Proof

$u_1, \ldots, \boldsymbol{u}_k$는 $\mathcal{U}$에 대한 기저라고 하자. Superset-Basis Lemma(Lemma 7.2.13)에 의하면, $\boldsymbol{u}_1, \ldots, \boldsymbol{u}_k$를 포함하는 $\mathcal{W}$에 대한 기저가 있다. 이 기저를 $\{\boldsymbol{u}_1, \ldots, \boldsymbol{u}_k, \boldsymbol{v}_1, \ldots, \boldsymbol{v}_r\}$로 나타내자. $\mathcal{V} = \text{Span}\ \{\boldsymbol{v}_1, \ldots, \boldsymbol{v}_r\}$이라고 하자. $\mathcal{W}$ 내의 임의의 벡터 $\boldsymbol{w}$는 이 기저에 대해 다음과 같이 나타낼 수 있다.

$$\boldsymbol{w} = \underbrace{\alpha_1\, \boldsymbol{u}_1 + \cdots + \alpha_k\, \boldsymbol{u}_k}_{\text{in } \mathcal{U}} + \underbrace{\beta_1\, \boldsymbol{v}_1 + \cdots + \beta_r\, \boldsymbol{v}_r}_{\text{in } \mathcal{V}}$$

따라서, 만약 직합이 옳다는 것을 보여 줄 수 있으면, 즉 $\mathcal{U}$와 $\mathcal{V}$ 둘 모두에 속하는 유일한 벡터는 영벡터라는 것을 보여 줄 수 있으면 $\mathcal{W} = \mathcal{U} \oplus \mathcal{V}$임을 보여 주는 것이다.

어떤 벡터 $\boldsymbol{v}$가 $\mathcal{U}$와 $\mathcal{V}$ 둘 모두에 속한다고 해 보자. 즉,

$$\alpha_1\, \boldsymbol{u}_1 + \cdots + \alpha_k\, \boldsymbol{u}_k = \beta_1\, \boldsymbol{v}_1 + \cdots + \beta_r\, \boldsymbol{v}_r$$

그러면, 다음이 성립한다.

$$\mathbf{0} = \alpha_1\, \boldsymbol{u}_1 + \cdots + \alpha_k\, \boldsymbol{u}_k - \beta_1\, \boldsymbol{v}_1 - \cdots - \beta_r\, \boldsymbol{v}_r$$

이것이 의미하는 것은 $\alpha_1 = \cdots = \alpha_k = \beta_1 = \cdots = \beta_r = 0$이며, $\boldsymbol{v}$는 영벡터임을 보여 준다. □

7.4 차원과 선형함수

선형함수가 가역적인지 아닌지 판단할 수 있는 기준에 대해 알아볼 것이다. 이것은 또한 행렬이 가역적인지 판단하는 기준을 제공해 줄 것이다. 이러한 기준은 중요한 정리인 Kernel-Image 정리를 기반으로 할 것이며 또한 다른 질문에 대해 답하는 데 도움이 될 것이다.

7.4.1 선형함수의 가역성

선형함수 $f : \mathcal{V} \longrightarrow \mathcal{W}$가 가역적인지 어떻게 판단할 수 있을까? 알아야 하는 것은 f가 단사(one-to-one)인지 전사(onto)인지의 여부다.

One-to-One Lemma(Lemma 5.10.15)에 의하면, f가 단사함수일 필요충분조건은 그 커널(kernel)이 자명한 경우이다. Question 5.10.16에서 선형함수가 전사함수인지 판단할 수 있는 유사한 기준이 있는지 살펴보았다.

f의 이미지는 $\text{Im}\ f = \{f(\boldsymbol{v})\ : \boldsymbol{v} \in \mathcal{V}\}$이다. 따라서, f가 전사함수일 필요충분조건은 $\text{Im}\ f = \mathcal{W}$인 경우이다.

$\text{Im}\ f$가 $\mathcal{W}$의 부분공간임을 보여 줄 수 있다. Dimension Principle(Lemma 7.2.14)에 의하면, f가 전사함수일 필요충분조건은 $\dim \text{Im}\ f = \dim \mathcal{W}$이다.

선형함수 $f : U \longrightarrow W$는 만약 $\dim \text{Ker}\ f = 0$이고 $\dim \text{Im}\ f = \dim W$이면 가역적이다.

이것은 어떻게 정의역의 차원에 연관되는가? f가 가역적이기 위해서는 $\dim U = \dim W$이어야 한다고 생각할 수 있다. 이것은 더욱 더 강력하고 유용한 정리의 결과를 이용해 얻을 것이다.

7.4.2 가장 큰 가역적인 서브함수(Subfunction)

$f : \mathcal{V} \longrightarrow \mathcal{W}$는 반드시 가역적이지는 않은 선형함수라 하자.

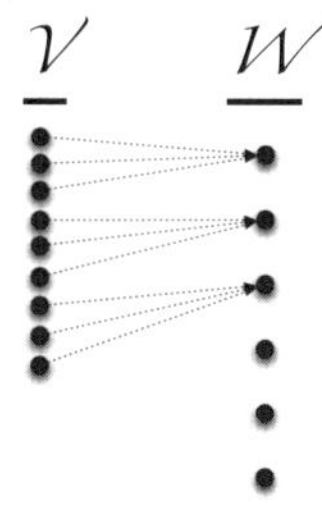

가역적인 서브함수 $f^* : \mathcal{V}^* \longrightarrow \mathcal{W}^*$을 정의해 보자.

여기서, "서브함수"란 $\mathcal{V}^*$는 $\mathcal{V}$의 부분집합이고 $\mathcal{W}^*$는 $\mathcal{W}$의 부분집합이며 f^*는 $\mathcal{V}^*$의 모든 원소에 대해 f와 동일하다는 것을 의미한다. $\mathcal{V}^*$에 대한 기저와 $\mathcal{W}^*$에 대한 기저도 선택할 것이다.

먼저, f^*가 전사함수가 되도록 $\mathcal{W}^*$를 선택한다. 이 단계는 쉽다. $\mathcal{W}^*$가 f의 상, 즉 정의역 원소들의 상(함수값)인 $\mathcal{W}$의 원소들이 되게 정의한다. $\boldsymbol{w}_1, \ldots, \boldsymbol{w}_r$은 $\mathcal{W}^*$에 대한 기저라고 하자.

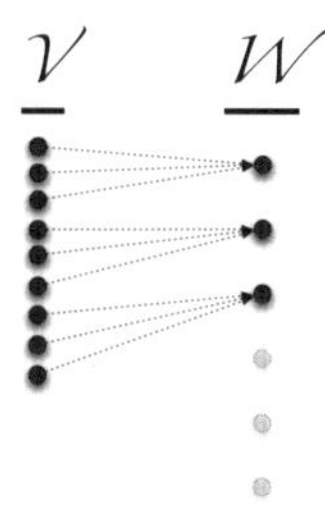

다음에, $\boldsymbol{v}_1, \ldots, \boldsymbol{v}_r$은 $\boldsymbol{w}_1, \ldots, \boldsymbol{w}_r$의 원상(pre-image)이라고 하자. 즉, $f(\boldsymbol{v}_1) = \boldsymbol{w}_1, \ldots, f(\boldsymbol{v}_r) = \boldsymbol{w}_r$을 만족하는 $\mathcal{V}$ 내의 임의의 벡터들 $\boldsymbol{v}_1, \ldots, \boldsymbol{v}_r$을 선택하자. 이제, $\mathcal{V}^*$는 Span $\{\boldsymbol{v}_1, \ldots, \boldsymbol{v}_r\}$라고 정의하자.

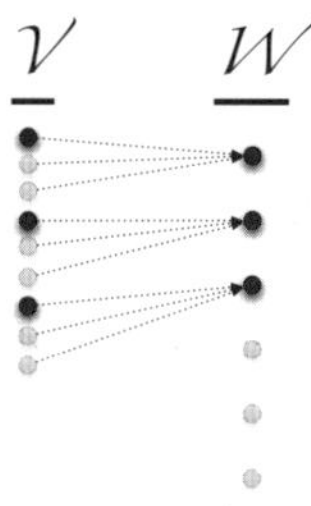

함수 $f^* : \mathcal{V}^* \longrightarrow \mathcal{W}^*$는 $f^*(\boldsymbol{x}) = f(x)$라고 정의한다.

Lemma 7.4.1: f^*는 전사함수이다.

Proof

$\boldsymbol{w}$는 공역 $\mathcal{W}^*$ 내의 임의의 벡터라고 하자. 다음을 만족하는 스칼라 $\alpha_1, \ldots, \alpha_r$이 있다.

$$\boldsymbol{w} = \alpha_1 \boldsymbol{w}_1 + \cdots + \alpha_r \boldsymbol{w}_r$$

f는 선형이므로,

$$\begin{aligned} & f(\alpha_1 \boldsymbol{v}_1 + \cdots + \alpha_r \boldsymbol{v}_r) \\ = \ & \alpha_1 f(\boldsymbol{v}_1) + \cdots + \alpha_r f(v_r) \\ = \ & \alpha_1 \boldsymbol{w}_1 + \cdots + \alpha_r \boldsymbol{w}_r \end{aligned}$$

따라서 $\boldsymbol{w}$는 $\alpha_1 \boldsymbol{v}_1 + \cdots + \alpha_r \boldsymbol{v}_r \in \mathcal{V}^*$의 상이다. □

Lemma 7.4.2: f^*는 단사함수이다.

Proof

One-to-One Lemma에 의하면, f^*의 커널(kernel)이 자명하다는 것만 보여주면 된다. $\boldsymbol{v}^*$는 $\mathcal{V}^*$ 내에 있고 $f(\boldsymbol{v}^*) = \mathbf{0}$라고 해 보자. $\mathcal{V}^* = \text{Span}\ \{\boldsymbol{v}_1, \ldots, \boldsymbol{v}_r\}$이므로, 다음을 만족하는 스칼라 $\alpha_1, \ldots, \alpha_r$이 존재한다.

$$\boldsymbol{v}^* = \alpha_1 \boldsymbol{v}_1 + \cdots + \alpha_r \boldsymbol{v}_r$$

양변에 f를 적용하면 다음을 얻는다.

$$\begin{aligned} \mathbf{0} &= f(\alpha_1 \boldsymbol{v}_1 + \cdots + \alpha_r \boldsymbol{v}_r) \\ &= \alpha_1 \boldsymbol{w}_1 + \cdots + \alpha_r \boldsymbol{w}_r \end{aligned}$$

$\boldsymbol{w}_1, \ldots, \boldsymbol{w}_r$은 일차독립이므로, $\alpha_1 = \cdots = \alpha_r = 0$이고, $\boldsymbol{v}^* = \mathbf{0}$이다. □

Lemma 7.4.3: $\boldsymbol{v}_1, \ldots, \boldsymbol{v}_r$은 $\mathcal{V}^*$에 대한 기저를 형성한다.

Proof

$\mathcal{V}^*$는 $\boldsymbol{v}_1, \ldots, \boldsymbol{v}_r$의 생성이라고 정의되므로, 이 벡터들이 일차독립이라는 것만 보여 주면 된다. 다음 식을 가정해 보자.

$$\mathbf{0} = \alpha_1 \boldsymbol{v}_1 + \cdots + \alpha_r \boldsymbol{v}_r$$

양변에 f를 적용하면 다음을 얻는다.

$$\begin{aligned} \mathbf{0} &= f(\alpha_1 \boldsymbol{v}_1 + \cdots + \alpha_r \boldsymbol{v}_r) \\ &= \alpha_1 \boldsymbol{w}_1 + \cdots + \alpha_r \boldsymbol{w}_r \end{aligned}$$

$\boldsymbol{w}_1, \ldots, \boldsymbol{w}_r$은 일차독립이므로, $\alpha_1 = \cdots = \alpha_r = 0$이라고 할 수 있다. □

Example 7.4.4: $A = \left[\begin{array}{c|c|c} 1 & 2 & 1 \\ 2 & 1 & 1 \\ 1 & 2 & 1 \end{array}\right]$이라 하고, $\boldsymbol{f} : \mathbb{R}^3 \longrightarrow \mathbb{R}^3$은 $f(\boldsymbol{x}) = A\boldsymbol{x}$라고 정의하자.

$\mathcal{W}^* = \text{Im } f = \text{Col } A = \text{Span } \{[1,2,1],[2,1,2],[1,1,1]\}$이라고 정의하자. $\mathcal{W}^*$에 대한 하나의 기저는 $\boldsymbol{w}_1 = [0,1,0]$, $\boldsymbol{w}_2 = [1,0,1]$이다.

이제, $\boldsymbol{w}_1$과 $\boldsymbol{w}_2$에 대한 원상을 선택하자. $A\boldsymbol{v}_1 = \boldsymbol{w}_1$, $A\boldsymbol{v}_2 = \boldsymbol{w}_2$에 대해 선택된 원상은 아래와 같다.

$$\boldsymbol{v}_1 = \left[\frac{1}{2}, -\frac{1}{2}, \frac{1}{2}\right]$$
$$\boldsymbol{v}_2 = \left[-\frac{1}{2}, \frac{1}{2}, \frac{1}{2}\right]$$

$\mathcal{V}^* = \text{Span } \{\boldsymbol{v}_1, \boldsymbol{v}_2\}$라고 하자. 그러면, $f^*(\boldsymbol{x}) = f(\boldsymbol{x})$에 의해 정의된 함수 $f^* : \mathcal{V}^* \longrightarrow \text{Im } f$은 전단사함수이다.

7.4.3 Kernel-Image 정리

함수 f에서 가역 서브함수 $f^* : \mathcal{V}^* \longrightarrow \mathcal{W}^*$를 구성하는 것은 서브함수의 정의역을 원래 선형함수 f의 커널에 연관시킨다.

Lemma 7.4.5: $\mathcal{V} = \text{Ker } f \oplus \mathcal{V}^*$

Proof

다음 두 가지 항목을 증명해야 한다.

1. Ker f와 $\mathcal{V}^*$는 영벡터만을 공유한다.
2. $\mathcal{V}$ 내의 모든 벡터는 Ker f 내의 벡터와 $\mathcal{V}^*$ 내의 벡터의 합이다.

이미 f^*의 커널은 자명하다는 것을 보여 주었다. 따라서, $\mathcal{V}^*$에 속하는 Ker f의 유일한 벡터는 영이고, 이로써 첫 번째 항목이 증명된다.

$\boldsymbol{v}$는 $\mathcal{V}$ 내의 임의의 벡터이고, $\boldsymbol{w} = f(\boldsymbol{v})$라고 하자. f^*는 전사함수이므로, 그 정의역 $\mathcal{V}^*$는 $f(\boldsymbol{v}^*) = \boldsymbol{w}$를 만족하는 벡터 $\boldsymbol{v}^*$를 포함한다. 그러므로, $f(\boldsymbol{v}) = f(\boldsymbol{v}^*)$이고, 그래서 $f(\boldsymbol{v}) - f(\boldsymbol{v}^*) = \mathbf{0}$, $f(\boldsymbol{v} - \boldsymbol{v}^*) = \mathbf{0}$이 성립된다. 따라서, $\boldsymbol{u} = \boldsymbol{v} - \boldsymbol{v}^*$는 Ker f 내에 있고 $\boldsymbol{v} = \boldsymbol{u} + \boldsymbol{v}^*$이다. 이것은 두 번째 항목을 증명한다. □

Example 7.4.6: Example 7.4.4(311 페이지)에 이어서, $A = \begin{bmatrix} 1 & 2 & 1 \\ 2 & 1 & 1 \\ 1 & 2 & 1 \end{bmatrix}$이라 하고, $f : \mathbb{R}^3 \longrightarrow \mathbb{R}^3$은 $f(\boldsymbol{x}) = A\boldsymbol{x}$에 의해 정의된다고 하자. $\mathcal{V}^*$에 대한 기저는 $\boldsymbol{v}_1 = [\frac{1}{2}, -\frac{1}{2}, \frac{1}{2}]$과 $\boldsymbol{v}_2 = [-\frac{1}{2}, \frac{1}{2}, \frac{1}{2}]$로 구성된다는 것을 기억해 보자.

f의 커널은 Span $\{[1,1,-3]\}$이다. 그러므로, $\mathcal{V} = (\text{Span } \{[1,1,-3]\}) \oplus (\text{Span } \{\boldsymbol{v}_1, \boldsymbol{v}_2\})$이다.

이제, Kernel-Image Theorem을 기술하고 그것을 증명해 보자.

Theorem 7.4.7 (Kernel-Image Theorem): 임의의 선형함수 $f : \mathcal{V} \to \mathcal{W}$에 대해,

$$\dim \mathsf{Ker}\ f + \dim \mathsf{Im}\ f = \dim \mathcal{V}$$

Proof

Lemma 7.4.5은 $\mathcal{V} = \text{Ker}\ f \oplus \mathcal{V}^*$임을 보여 준다. Direct-Sum Dimension Corollary에 의하면,

$$\dim \mathcal{V} = \dim \text{Ker}\ f + \dim \mathcal{V}^*$$

$\boldsymbol{v}_1, \ldots, \boldsymbol{v}_r$은 $\mathcal{V}^*$에 대한 기저를 형성하고, 이러한 벡터들의 수 r은 Im f에 대한 기저의 크기와 동일하다.

$$\dim \mathcal{V}^* = r = \dim \text{Im}\ f$$

이로써, 증명이 완료된다. □

7.4.4 선형함수의 가역성 – 다시 보기

이제, 선형함수의 가역성을 판단하는 데 좀 더 나은 기준을 제시할 수 있다.

Theorem 7.4.8 (Linear-Function Invertibility Theorem): $f : \mathcal{V} \longrightarrow \mathcal{W}$는 선형함수라고 하자. 그러면, f가 가역적일 필요충분조건은 $\dim \mathsf{Ker}\ f = 0$이고 $\dim \mathcal{V} = \dim \mathcal{W}$이다.

Proof

섹션 7.4.1에서 살펴보았듯이, f가 가역적일 필요충분조건은 $\dim \text{Ker}\ f = 0$이고 $\dim \text{Im}\ f = \dim \mathcal{W}$이다. Kernel-Image Theorem에 의하면, $\dim \text{Ker}\ f = 0$이고 $\dim \text{Im}\ f = \dim \mathcal{W}$일 필요충분조건은 $\dim \text{Ker}\ f = 0$이고 $\dim \mathcal{V} = \dim \mathcal{W}$이다. □

7.4.5 Rank-Nullity 정리

$R \times C$ 행렬 A에 대해, $f : \boldsymbol{F}^C \longrightarrow \boldsymbol{F}^R$을 $f(\boldsymbol{x}) = A\boldsymbol{x}$에 의해 정의하자. Kernel-Image Theorem에 의하면, $\dim \boldsymbol{F}^C = \dim \text{Ker}\ f + \dim \text{Im}\ f$이다. f의 커널은 A의 영공간이고, 행렬-벡터 곱셈의 선형결합 정의에 의해 f의 이미지는 A의 열공간이고, 따라서, 다음을 얻는다.

$$\dim \boldsymbol{F}^C = \dim \text{Null}\ A + \dim \text{Col}\ A$$

계속하면, $\boldsymbol{F}^C$의 차원은 $|C|$, 즉 A의 열의 개수이고 A의 열공간의 차원은 A의 랭크라고 한다. 마지막으로, 행렬 A의 영공간의 차원은 A의 *nullity*라고 한다. 그러므로, 다음을 얻는다.

Theorem 7.4.9 (Rank-Nullity Theorem): 임의의 n-열 행렬 A에 대해,

$$\mathsf{rank}\ A + \mathsf{nullity}\ A = n$$

7.4.6 체크섬(Checksum) 문제 – 다시 보기

앞의 체크섬 문제를 기억해 보면, 간단한 체크섬 함수는 $GF(2)$상의 n-벡터들을 $GF(2)$상의 64-벡터들로 매핑한다.

$$\boldsymbol{x} \mapsto [\boldsymbol{a}_1 \cdot \boldsymbol{x}, \ldots, \boldsymbol{a}_{64} \cdot \boldsymbol{x}]$$

원래의 "파일"은 n-벡터 $\boldsymbol{p}$로 나타내고, 전송 에러는 n-벡터 $\boldsymbol{e}$로 나타낸다. 그래서, 에러가 있는 파일은 $\boldsymbol{p}+\boldsymbol{e}$이다.

만약 에러가 균등분포에 따라 선택된다면,

$$\text{Probability}\,(\boldsymbol{p}+\boldsymbol{e}\text{가 } \boldsymbol{p}\text{와 동일한 체크섬을 가진다}) = \frac{2^{\dim \mathcal{V}}}{2^n}$$

여기서, $\mathcal{V}$는 다음 행렬의 영공간이다.

$$A = \begin{bmatrix} \boldsymbol{a}_1 \\ \hline \vdots \\ \hline \boldsymbol{a}_{64} \end{bmatrix}$$

체크섬 함수를 정의하는 벡터들 $\boldsymbol{a}_1, \ldots, \boldsymbol{a}_{64}$ 각각은 균등분포에 따라 선택된다고 해 보자. Fact 7.2.22에 의하면, ($n > 64$라고 가정할 경우) 아마도 rank $A = 64$일 것이다.

Rank-Nullity Theorem에 의하면,

$$\begin{aligned} \text{rank } A &+ \text{nullity } A &= n \\ 64 &+ \dim \mathcal{V} &= n \\ &\dim \mathcal{V} &= n - 64 \end{aligned}$$

그러므로,

$$\text{Probability} = \frac{2^{n-64}}{2^n} = \frac{1}{2^{64}}$$

따라서, 에러가 발견되지 않을 확률은 *아주* 작다.

7.4.7 행렬의 가역성

Question 5.13.20에 행렬 A가 가역적이 될 필요충분조건에 대한 질문이 있다.

Corollary 7.4.10: A는 $R \times C$ 행렬이라 하자. 그러면, A가 가역적이 될 필요충분조건은 $|R| = |C|$이고 A의 열들은 일차독립인 것이다.

Proof

$\boldsymbol{F}$는 필드라고 하자. $f : \boldsymbol{F}^C \longrightarrow \boldsymbol{F}^R$은 $f(\boldsymbol{x}) = A\boldsymbol{x}$로 정의하자. 그러면, A는 가역행렬이 될 필요충분조건은 f가 가역함수인 것이다.

Theorem 7.4.8에 의하면, f가 가역적일 필요충분조건은 $\dim \operatorname{Ker} f = 0$이고 $\dim \boldsymbol{F}^C = \dim \boldsymbol{F}^R$이다. 즉, $\dim \operatorname{Null} A = 0$이고 $|C| = |R|$이다. 더욱이, $\dim \operatorname{Null} A = 0$일 필요충분조건은 영벡터와 동일한 열들의 유일한 선형결합은 자명한 선형결합인 것이다. 즉, 행렬의 열들이 일차독립인 것이다. □

Corollary 7.4.11: 가역행렬의 전치행렬은 가역적이다.

Proof

A는 가역행렬이라고 해 보자. 그러면, A는 정방행렬이고 그 열들은 일차독립이다. n은 열들의 개수라고 하자. 행렬을 다음과 같이 표현하자.

$$A = \left[\begin{array}{c|c|c} \boldsymbol{v}_1 & \cdots & \boldsymbol{v}_n \end{array}\right] = \left[\begin{array}{c} \boldsymbol{a}_1 \\ \hline \vdots \\ \hline \boldsymbol{a}_n \end{array}\right]$$

그리고,

$$A^T = \left[\begin{array}{c|c|c} \boldsymbol{a}_1 & \cdots & \boldsymbol{a}_n \end{array}\right]$$

A의 열들은 일차독립이므로, A의 랭크는 n이다. A는 정방행렬이므로, n 개 행을 가진다. Rank Theorem에 의하면, A의 행랭크는 n이고, 그 행들은 일차독립이다.

전치행렬 A^T의 열들은 A의 행들이고, A^T의 열들은 일차독립이다. A^T는 정방행렬이고 그 열들은 일차독립이므로, Corollary 7.4.10에 의하면 A^T는 가역적이다. □

Lemma 5.13.11에서 보여주었듯이, *만약 A가 역행렬 A^{-1}을 가지면 AA^{-1}은 단위행렬이다.* 하지만 Example 5.13.18(216 페이지)에서 살펴보았듯이, 그 역이 항상 참인 것은 아니다. 즉, AB는 단위행렬이지만, A와 B는 서로의 역행렬이 되지 않는 그러한 행렬 A와 B가 존재한다. 한 가지 더 필요한 조건은 행렬이 정방행렬이어야 한다는 것이다.

Corollary 7.4.12: A와 B는 정방행렬이고 BA는 단위행렬이라고 해 보자. 그러면, A와 B는 서로의 역행렬이다.

Proof

A는 $R \times C$ 행렬이라고 해 보자. B는 $C \times R$ 행렬이다. 그러면, BA는 $C \times C$ 단위행렬, I_C이다.

먼저, A의 열들은 일차독립이라는 것을 보여 주자. $\boldsymbol{u}$는 $A\boldsymbol{u} = \boldsymbol{0}$을 만족하는 임의의 벡터라고 하자. 그러면, $B(A\boldsymbol{u}) = B\boldsymbol{0} = \boldsymbol{0}$이다. 한편, $(BA)\boldsymbol{u} = I_C\boldsymbol{u} = \boldsymbol{u}$이고, 그래서 $\boldsymbol{u} = \boldsymbol{0}$이다.

Corollary 7.4.10에 의하면, A는 가역적이다. A의 역행렬을 A^{-1}라고 하자. Lemma 5.13.11에 의하면 AA^{-1}은 $R \times R$ 단위행렬, $\mathbb{1}_R$이다.

$$\begin{aligned} BA &= I_C \\ BAA^{-1} &= \mathbb{1}_R A^{-1} \text{ 오른쪽에 } A^{-1}\text{을 곱하는 것에 의해} \\ BAA^{-1} &= A^{-1} \\ BI_R &= A^{-1} \text{ Lemma 5.13.11에 의해} \\ B &= A^{-1} \end{aligned}$$

□

Example 7.4.13: $\begin{bmatrix} 1 & 2 & 3 \\ 4 & 5 & 6 \end{bmatrix}$은 정방행렬이 아니다. 따라서, 이 행렬은 가역적일 수 없다.

Example 7.4.14: $\begin{bmatrix} 1 & 2 \\ 3 & 4 \end{bmatrix}$은 정방행렬이고 그 열들은 일차독립이다. 따라서, 이 행렬은 가역적이다.

Example 7.4.15: $\left[\begin{array}{c|c|c} 1 & 1 & 2 \\ 2 & 1 & 3 \\ 3 & 1 & 4 \end{array}\right]$은 정방행렬이지만 그 열들이 일차독립이 아니다. 따라서, 이 행렬은 가역적이지 않다.

7.4.8 행렬의 가역성과 기저 변경

섹션 6.8에서 보았듯이, 동일한 공간의 기저 $\boldsymbol{a}_1, \ldots, \boldsymbol{a}_n$과 $\boldsymbol{b}_1, \ldots, \boldsymbol{b}_m$에 대해, $m \times n$ 행렬 C가 존재하며, 이 행렬 C를 곱하면 $\boldsymbol{a}_1, \ldots, \boldsymbol{a}_n$에 대한 어떤 벡터의 좌표 표현이 동일한 벡터의 $\boldsymbol{b}_1, \ldots, \boldsymbol{b}_m$에 대한 좌표 표현으로 변환된다. 행렬 C는 가역적이다.

두 기저는 동일한 크기를 가져야 하며, 그래서 C는 사실 정방행렬이다. 이것은 Corollary 7.4.10에서 요구된 것과 같다.

7.5 소멸자(Annihilator)

섹션 4.3.3에서 살펴보았듯이, 벡터공간은 아래와 같은 두 개의 표현으로서 나타낼 수 있다.

- 벡터들로 구성된 유한집합의 생성,
- 동차 선형시스템의 해집합

이러한 각각의 표현은 유용하다. 섹션 4.5.5에서 보았듯이, 아핀공간도 아래와 같이 유사하게 표현할 수 있다.

- 벡터들로 구성된 유한집합의 아핀 hull,

- 선형시스템의 해집합

마찬가지로, 이 표현들도 아주 유용하다. 이러한 다른 표현들이 계산상 유용하게 쓰이려면 이러한 표현들 사이를 변경하는 계산방법이 있어야 한다.

7.5.1 표현 변환

아래 네 개의 변환 문제에 대한 계산방법이 필요하다.

Conversion Problem 1: 주어진 동차 선형시스템 $A\boldsymbol{x} = \mathbf{0}$에 대해, 벡터 $\boldsymbol{w}_1, \ldots, \boldsymbol{w}_k$를 찾아보자. 이 벡터들의 생성은 이 시스템의 해집합이다.

Conversion Problem 2: 주어진 벡터들 $\boldsymbol{w}_1, \ldots, \boldsymbol{w}_k$에 대해, 동차 선형시스템 $A\boldsymbol{x} = \mathbf{0}$을 찾아보자. 이 시스템의 해집합은 Span $\{\boldsymbol{w}_1, \ldots, \boldsymbol{w}_k\}$와 동일하다.

Conversion Problem 3: 주어진 선형시스템 $A\boldsymbol{x} = \boldsymbol{b}$에 대해, 벡터 $\boldsymbol{u}_1, \ldots, \boldsymbol{u}_k$를 찾아보자. 이 벡터들의 아핀 hull 은 그 시스템의 해집합이다(만약 그 해집합이 공집합이 아닌 경우).

Conversion Problem 4: 주어진 벡터들 $\boldsymbol{w}_1, \ldots, \boldsymbol{w}_k$에 대해, 선형시스템 $A\boldsymbol{x} = \mathbf{0}$을 찾아보자. 이 시스템의 해집합은 $\{\boldsymbol{w}_1, \ldots, \boldsymbol{w}_k\}$의 아핀 hull과 동일하다.

Conversion Problem 1은 아래와 같이 다시 서술할 수 있다.

주어진 행렬 A에 대해, A의 영공간에 대한 생성자들을 찾아보자.

이것은 섹션 6.10에 기술된 바로 그 Computational Problem 6.10.2이다. 이 문제에 대한 알고리즘들은 8장 및 10장에서 제공될 것이다. 사실, Conversion Problem 1에 대한 임의의 알고리즘을 서브루틴으로 사용하여 Conversion Problem 2 – 4를 풀 수 있다.

먼저, Conversion Problem 2를 고려해 보자. 이 문제는 Conversion Problem 1에 대한 알고리즘을 사용하여 풀 수 있으며 그 솔루션은 아주 놀랍다. 다음 섹션에서 이 솔루션에 대한 수학적 원리를 살펴볼 것이다.

다음에, Conversion Problem 3을 고려해 보자. 주어진 선형시스템 $A\boldsymbol{x} = \boldsymbol{b}$에 대해, 행렬-벡터 방정식을 풀기 위한 방법(`solver` 모듈에 의해 제공된 것과 같은)을 사용하여 해 $\boldsymbol{u}_1$(만약 해가 존재한다면)을 찾을 수 있다. 그다음에, Conversion Problem 1에 대한 알고리즘을 사용하여 대응하는 동차 선형시스템 $A\boldsymbol{x} = \mathbf{0}$의 해집합에 대한 생성자들 $\boldsymbol{w}_1, \ldots, \boldsymbol{w}_k$를 얻어 보자. 섹션 4.5.3에서 보았듯이, $A\boldsymbol{x} = \boldsymbol{b}$의 해집합은 다음과 같으며,

$$\boldsymbol{u}_1 + \text{Span}\,\{\boldsymbol{w}_1, \ldots, \boldsymbol{w}_k\}$$

이것은 $\boldsymbol{u}_1, \boldsymbol{w}_1 - \boldsymbol{u}_1, \ldots, \boldsymbol{w}_k - \boldsymbol{u}_k$의 아핀 hull이다.

마지막으로, Conversion Problem 4를 고려해 보자. 목적은 $\boldsymbol{w}_1, \ldots, \boldsymbol{w}_k$의 아핀 hull을 선형시스템의 해집합으로 나타내는 것이다. 섹션 4.5.3에서 보았듯이, 이 아핀 hull은 다음과 동일하다.

$$\boldsymbol{w}_1 + \text{Span}\,\{\boldsymbol{w}_2 - \boldsymbol{w}_1, \ldots, \boldsymbol{w}_k - \boldsymbol{w}_1\}$$

Conversion Problem 2에 대한 알고리즘을 사용하여 동차 선형시스템 $A\boldsymbol{x} = \mathbf{0}$을 찾아보자. 이 시스템의 해집합은 Span $\{\boldsymbol{w}_2 - \boldsymbol{w}_1, \ldots, \boldsymbol{w}_k - \boldsymbol{w}_1\}$이다. $\boldsymbol{b} = A\boldsymbol{w}_1$이라 하자. 이것은 $\boldsymbol{w}_1$이 행렬-벡터

방정식 $A\boldsymbol{x} = \boldsymbol{b}$의 한 해임을 보장하고 Lemma 4.6.1은 그 해집합이 다음과 같음을 보장한다.

$$\boldsymbol{w}_1 + \text{Span}\ \{\boldsymbol{w}_2 - \boldsymbol{w}_1, \ldots, \boldsymbol{w}_k - \boldsymbol{w}_1\}$$

여기서, 이 해집합은 $\boldsymbol{w}_1, \ldots, \boldsymbol{w}_k$의 아핀 hull이다.

Example 7.5.1: 평면 $\{[x, y, z] \in \mathbb{R}^3 : [4, -1, 1] \cdot [x, y, z] = 0\}$이 주어진다.

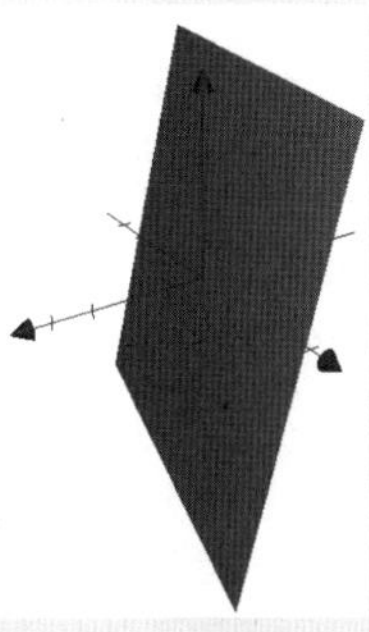

Conversion Problem 1에 대한 알고리즘에 의하면 이 평면은 또한 Span $\{[1, 2, -2], [0, 1, 1]\}$으로 표현될 수 있다.

Example 7.5.2: 직선 $\{[x, y, z] \in \mathbb{R}^3 : [1, 2, -2] \cdot [x, y, z] = 0, [0, 1, 1] \cdot [x, y, z] = 0\}$이 주어진다.

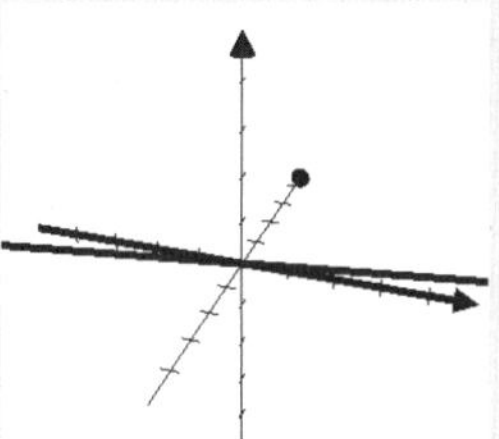

Conversion Problem 1에 대한 알고리즘에 의하면 이 직선은 또한 Span $\{[4, -1, 1]\}$으로 표현될 수 있다.

Example 7.5.3: 평면 Span $\{[1, 2, -2], [0, 1, 1]\}$이 주어진다. Conversion Problem 2에 대한 알고리즘에 의하면 이 평면은 또한 $\{[x, y, z] \in \mathbb{R}^3 : [4, -1, 1] \cdot [x, y, z] = 0\}$으로 표현될 수 있다.

Example 7.5.4: 직선 Span $\{[4, -1, 1]\}$이 주어진다. Conversion Problem 2에 대한 알고리즘에 의하면 이 직선은 또한 $\{[x, y, z] \in \mathbb{R}^3 : [1, 2, -2] \cdot [x, y, z] = 0, [0, 1, 1] \cdot [x, y, z] = 0\}$으로 표현될 수 있다.

Conversion Problems 1과 2는 명백하게 서로의 역이다. 이것은 Example 7.5.4(318 페이지)는 Example 7.5.2(318 페이지)의 역이고 Example 7.5.3(318 페이지)은 Example 7.5.4(318 페이지)의 역이라는 사실에 의해 나타내어진다.

하지만, Examples 7.5.1과 7.5.3에서 평면은 방정식 $[4, -1, 1] \cdot [x, y, z] = 0$으로 구성된 동차 선형시스템의 해집합 또는 $[1, 2, -2]$와 $[0, 1, 1]$의 생성 중 어느 하나로서 명시된다. Examples 7.5.2와 7.5.4에서 *동일한* 벡터들이 반대의 역할을 한다. 즉, 직선은 동차 선형시스템 $[1, 2, -2] \cdot [x, y, z] =$

$0, [0,1,1]\cdot[x,y,z]=0$의 해집합 또는 Span $\{[4,-1,1]\}$ 중 어느 하나로서 명시된다. 섹션 7.5.2에서 이러한 것들에 대해 살펴보기 시작할 것이다.

Example 7.5.5: 직선은 $\{[x,y,z]\in\mathbb{R}^3 : [5,2,4]\cdot[x,y,z]=13, [0,2,-1]\cdot[x,y,z]=3\}$으로 주어진다.

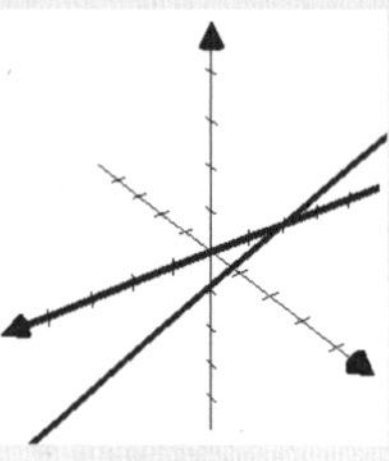

Conversion Problem 3에 대한 알고리즘에 의하면 이 직선은 $[3,1,-1]$과 $[1,2,1]$의 아핀 hull이다.

Example 7.5.6: 섹션 4.5.5에서는 빛과 삼각형이 교차하는 점을 어떻게 찾는지 보여 줌으로써 여러 가지 표현이 사용되는 것을 보여 주었다. 하나의 중요한 단계는 삼각형의 주어진 꼭지점들에 대해 이 삼각형을 포함하는 평면에 대한 방정식을 찾는 것이다. 꼭지점들은 $[1,1,1]$, $[2,2,3]$, $[-1,3,0]$이다.

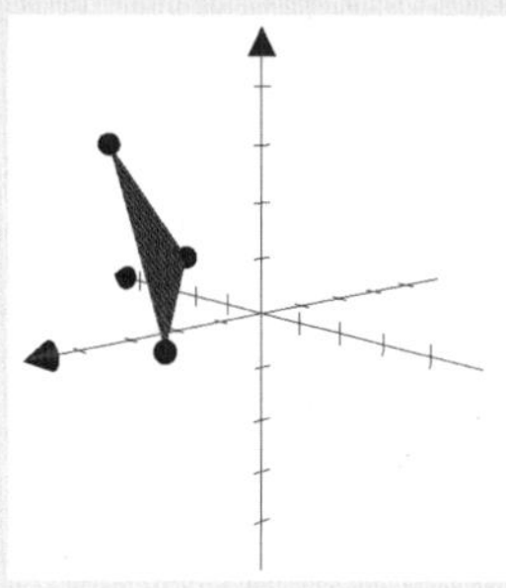

삼각형을 포함하는 평면은 꼭지점들의 아핀 hull이다. Conversion Problem 4에 대한 알고리즘에 의하면 이 평면은 $[5,3,-4]\cdot[x,y,z]=4$의 해집합이다.

7.5.2 벡터공간의 소멸자

이제, Conversion Problem 1에 대한 알고리즘이 Conversion Problem 2에 적용되게 하는 수학적 개념을 찾아보자.

Definition 7.5.7: $\boldsymbol{F}^n$의 부분공간 $\mathcal{V}$에 대해, $\mathcal{V}$의 *소멸자*는 $\mathcal{V}^o$로 표현되고 다음과 같다.

$$\mathcal{V}^o = \{\boldsymbol{u}\in\boldsymbol{F}^n \ : \ \boldsymbol{u}\cdot\boldsymbol{v}=0, \text{ 모든 벡터 } \boldsymbol{v}\in\mathcal{V} \text{ 에 대해 }\}$$

Conversion Problem 1은 행렬의 영공간에 대한 생성자들을 찾는 것에 관한 것이다. 벡터공간의 소멸자는 영공간과 무슨 관계가 있는가?

Lemma 7.5.8: $\boldsymbol{a}_1, \ldots, \boldsymbol{a}_m$은 $\mathcal{V}$에 대한 생성자들이라 하고, 행렬 A는 다음과 같다고 하자.

$$A = \begin{bmatrix} \boldsymbol{a}_1 \\ \hline \vdots \\ \hline \boldsymbol{a}_m \end{bmatrix}$$

그러면, $\mathcal{V}^o = \text{Null } A$이다.

Proof

$\boldsymbol{v}$는 $\boldsymbol{F}^n$의 벡터라고 하자. 그러면,

$\boldsymbol{v}$가 Null A 내에 있을 필요충분조건은 $\boldsymbol{a}_1 \cdot \boldsymbol{v} = 0, \ldots, \boldsymbol{a}_m \cdot \boldsymbol{v} = 0$이다.
필요충분조건은 모든 벡터 $\boldsymbol{a} \in \text{Span } \{\boldsymbol{a}_1, \ldots, \boldsymbol{a}_m\}$에 대해 $\boldsymbol{a} \cdot \boldsymbol{v} = 0$이다.
필요충분조건은 $\boldsymbol{v}$는 $\mathcal{V}^o$ 내에 있다.

□

Example 7.5.9 (Example over $\mathbb{R}$): $\mathcal{V} = \text{Span } \{[1,0,1],[0,1,0]\}$라 하자.
$\mathcal{V}^o = \text{Span } \{[1,0,-1]\}$임을 보여 보자:

- $[1,0,-1] \cdot [1,0,1] = 0$이고, $[1,0,-1] \cdot [0,1,0] = 0$이다.
  그러므로, Span $\{[1,0,1],[0,1,0]\}$ 내의 모든 벡터 $\boldsymbol{v}$에 대해 $[1,0,-1] \cdot \boldsymbol{v} = 0$이다.
- 임의의 스칼라 β에 대해, Span $\{[1,0,1],[0,1,0]\}$ 내의 모든 벡터 $\boldsymbol{v}$에 대해, 다음이 성립한다.
  $$\beta\,[1,0,-1] \cdot \boldsymbol{v} = \beta\,([1,0,-1] \cdot \boldsymbol{v}) = 0$$
- 어느 벡터 $\boldsymbol{u}$가 Span $\{[1,0,1],[0,1,0]\}$ 내의 모든 벡터 $\boldsymbol{v}$에 대해 $\boldsymbol{u} \cdot \boldsymbol{v} = 0$을 만족하는가? $[1,0,-1]$의 스칼라배만이 이것을 만족한다.

이 경우 $\dim \mathcal{V} = 2$이고 $\dim \mathcal{V}^o = 1$이다. 따라서,

$$\dim \mathcal{V} + \dim \mathcal{V}^o = 3$$

Example 7.5.10 (Example over $GF(2)$): $\mathcal{V} = \text{Span } \{[1,0,1],[0,1,0]\}$라 하자.
$\mathcal{V}^o = \text{Span } \{[1,0,1]\}$임을 보여 보자.

- $[1,0,1] \cdot [1,0,1] = 0$이고, $[1,0,1] \cdot [0,1,0] = 0$이다.
- 그러므로, Span $\{[1,0,1],[0,1,0]\}$ 내의 모든 벡터 $\boldsymbol{v}$에 대해, $[1,0,1] \cdot \boldsymbol{v} = 0$이다.
- 물론, Span $\{[1,0,1],[0,1,0]\}$ 내의 모든 벡터 $\boldsymbol{v}$에 대해, $[0,0,0] \cdot \boldsymbol{v} = 0$이다.
- $[1,0,1]$과 $[0,0,0]$이 유일한 그러한 벡터들이다.

이 경우, $\dim \mathcal{V} = 2$이고 $\dim \mathcal{V}^o = 1$이다. 따라서,

$$\dim \mathcal{V} + \dim \mathcal{V}^o = 3$$

Example 7.5.11 (Example over $\mathbb{R}$): $\mathcal{V} = \text{Span}\ \{[1,0,1,0],[0,1,0,1]\}$라 하자.
$\mathcal{V}^o = \text{Span}\ \{[1,0,-1,0],[0,1,0,-1]\}$임을 보여 줄 수 있다. 이 경우, $\dim \mathcal{V} = 2$이고 $\dim \mathcal{V}^o = 2$이다. 따라서,

$$\dim \mathcal{V} + \dim \mathcal{V}^o = 4$$

Remark 7.5.12: 섹션 4.4.4에서 제시된 선형대수학에 대한 전통적이고 추상적인 접근방식에서 소멸자는 다르게 정의되지만 여기서 사용하는 정의와 일관성이 있다.

7.5.3 Annihilator Dimension 정리

위의 각 예에서 $\mathcal{V}$의 차원과 그 소멸자의 차원의 합은 기반이 되는 공간의 차원과 동일하다.

Theorem 7.5.13 (Annihilator Dimension Theorem): 만약 $\mathcal{V}$와 $\mathcal{V}^o$가 $\boldsymbol{F}^n$의 부분공간이면, 다음이 성립한다.

$$\dim \mathcal{V} + \dim \mathcal{V}^o = n$$

Proof

A는 행렬이며 그 행공간은 $\mathcal{V}$라 하자. Lemma 7.5.8에 의하면 $\mathcal{V}^o = \text{Null}\ A$이다. Rank-Nullity Theorem에 의하면 rank A + nullity $A = n$이며, 이것은 $\dim \mathcal{V} + \dim \mathcal{V}^o = n$임을 의미한다.
□

Example 7.5.14: $A = \begin{bmatrix} 1 & 0 & 2 & 4 \\ \hline 0 & 5 & 1 & 2 \\ \hline 0 & 2 & 5 & 6 \end{bmatrix}$의 영공간에 대한 기저를 찾아보자.

$\mathcal{V} = \text{Row}\ A$라고 하자. Lemma 7.5.8에 의하면 A의 영공간은 소멸자 $\mathcal{V}^o$이다. A의 세 행은 일차독립이므로, $\dim \text{Row}\ A$는 3이다. 그래서, Annihilator Dimension Theorem에 의해, $\dim \mathcal{V}^o$은 $4-3=1$이다. 벡터 $[1, \frac{1}{10}, \frac{13}{20}, \frac{-23}{40}]$은 영과 A의 모든 행과의 도트곱을 가진다. 따라서, 이 벡터는 소멸자에 대한 기저를 형성하며, A의 영공간에 대한 기저를 형성한다.

7.5.4 $\mathcal{V}$에 대한 생성자에서 $\mathcal{V}^o$에 대한 생성자로, 그리고 그 반대로

Lemma 7.5.8은 행이 $\boldsymbol{a}_1,\ldots,\boldsymbol{a}_m$인 행렬의 영공간에 대한 생성자들을 찾는 알고리즘은 Span $\{\boldsymbol{a}_1,\ldots,\boldsymbol{a}_m\}$의 소멸자에 대한 생성자들을 찾는 알고리즘이라는 것을 보여 준다.

이러한 알고리즘이 있다고 하고 그것을 *Algorithm X*라 해 보자. 만약 벡터공간 $\mathcal{V}$에 대한 생성자들이 주어지면, 알고리즘은 소멸자 $\mathcal{V}^o$에 대한 생성자들을 출력한다.

벡터공간 $\mathcal{V}$에 대한 생성자들

↓

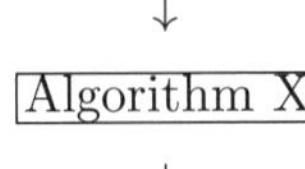

↓

소멸자 $\mathcal{V}^o$에 대한 생성자들

소멸자 $\mathcal{V}^o$에 대한 생성자들이 주어지면 어떨까? 그러면, 알고리즘은 소멸자의 소멸자에 대한 생성자들을 출력해야 한다.

소멸자 $\mathcal{V}^o$에 대한 생성자들

↓

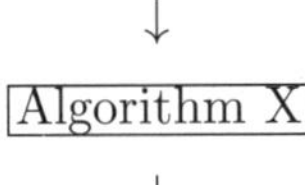

↓

소멸자의 소멸자 $(\mathcal{V}^o)^o$에 대한 생성자들

다음 섹션에서 소멸자의 소멸자는 원래의 공간이라는 것을 알게 된다. 이것이 의미하는 것은 만약 Algorithm X에 $\mathcal{V}$의 소멸자 $\mathcal{V}^o$에 대한 생성자들을 제공하면 이 알고리즘은 원래의 공간 $\mathcal{V}$에 대한 생성자들을 출력할 것이다.

소멸자 $\mathcal{V}^o$에 대한 생성자들

↓

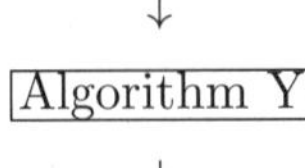

↓

원래의 공간 $\mathcal{V}$에 대한 생성자들

영공간과 소멸자 사이의 관계에 의하면, 이것이 의미하는 것은 행들이 출력벡터들인 그러한 행렬은 입력 벡터들의 생성을 그 영공간으로서 가진다. 따라서, Algorithm X는 Conversion Problem 1의 솔루션을 구함으로써 Conversion Problem 2의 솔루션을 또한 구한다. 이 두 문제는 서로 다르게 보이지만 사실상 동일한 것이다.

7.5.5 Annihilator 정리

Theorem 7.5.15 (Annihilator Theorem): $(\mathcal{V}^o)^o = \mathcal{V}$ (소멸자의 소멸자는 원래의 공간이다).

Proof

$\boldsymbol{a}_1, \ldots, \boldsymbol{a}_m$은 $\mathcal{V}$에 대한 기저라 하자. $\boldsymbol{b}_1, \ldots, \boldsymbol{b}_k$는 $\mathcal{V}^o$에 대한 기저라 하자. $\mathcal{V}$의 모든 벡터 $\boldsymbol{v}$에 대해 $\boldsymbol{b}_1 \cdot \boldsymbol{v} = 0$이므로,

$$\boldsymbol{b}_1 \cdot \boldsymbol{a}_1 = 0, \boldsymbol{b}_1 \cdot \boldsymbol{a}_2 = 0, \ldots, \boldsymbol{b}_1 \cdot \boldsymbol{a}_m = 0$$

유사하게, $i = 1, 2, \ldots, k$에 대해, $\boldsymbol{b}_i \cdot \boldsymbol{a}_1 = 0, \boldsymbol{b}_i \cdot \boldsymbol{a}_2 = 0, \ldots, \boldsymbol{b}_i \cdot \boldsymbol{a}_m = 0$이다.

다시 정리하면,

$$\boldsymbol{a}_1 \cdot \boldsymbol{b}_1 = 0, \boldsymbol{a}_1 \cdot \boldsymbol{b}_2 = 0, \ldots, \boldsymbol{a}_1 \cdot \boldsymbol{b}_k = 0$$

이것은 Span $\{\boldsymbol{b}_1, \ldots, \boldsymbol{b}_k\}$, 즉 $\mathcal{V}^o$ 내의 모든 벡터 $\boldsymbol{u}$에 대해 $\boldsymbol{a}_1 \cdot \boldsymbol{u} = 0$임을 의미한다. 이것은 $\boldsymbol{a}_1$이 $(\mathcal{V}^o)^o$ 내에 있음을 보여 준다.

유사하게, $\boldsymbol{a}_2$는 $(\mathcal{V}^o)^o$ 내에 있고, $\boldsymbol{a}_3$은 $(\mathcal{V}^o)^o$ 내에 있으며, ..., $\boldsymbol{a}_m$은 $(\mathcal{V}^o)^o$ 내에 있다. 그러므로, Span $\{\boldsymbol{a}_1, \boldsymbol{a}_2, \ldots, \boldsymbol{a}_m\}$ 내의 모든 벡터는 $(V^o)^o$ 내에 있다.

따라서, Span $\{\boldsymbol{a}_1, \boldsymbol{a}_2, \ldots, \boldsymbol{a}_m\}$은 $\mathcal{V}$이며, $(\mathcal{V}^o)^o$의 부분공간이다. Dimension Principle은 $\mathcal{V}$와 $\mathcal{V}^o$가 동일하다는 것을 증명하므로, 이제 남아 있는 것은 $\dim \mathcal{V} = \dim(\mathcal{V}^o)^o$임을 보이는 것이다.

Annihilator Dimension Theorem에 의하면, $\dim \mathcal{V} + \dim \mathcal{V}^o = n$이다. Annihilator Dimension Theorem을 $\mathcal{V}^o$에 적용하면, $\dim \mathcal{V}^o + \dim(\mathcal{V}^o)^o = n$이다.

이 식들을 결합하면 $\dim \mathcal{V} = \dim(\mathcal{V}^o)^o$이 성립한다. □

7.6 Review questions

- 벡터공간은 그 크기가 다른 기저를 가질 수 있는가?
- 벡터들로 구성된 집합의 랭크는 무엇인가?
- 행렬의 랭크는 무엇인가?
- 차원과 랭크의 차이는 무엇인가?
- 차원과 랭크는 어떻게 그래프에 적용되는가?
- Rank Theorem은 무엇인가?
- Dimension Principle은 무엇인가?
- 두 벡터공간은 언제 직합을 형성할 수 있는가?
- 두 벡터공간의 직합의 차원은 벡터공간의 차원에 어떻게 연관되는가?
- 차원은 선형함수가 가역적이기 위한 기준에 어떻게 사용될 수 있는가?
- Kernel-Image 정리는 무엇인가?
- Rank-Nullity 정리는 무엇인가?
- 차원은 행렬의 가역성에 대한 기준을 제공하는 데 어떻게 사용될 수 있는가?
- 벡터공간의 소멸자는 무엇인가?
- Annihilator 정리는 무엇인가?

7.7 Problems

Exchange Lemma를 사용한 Morphing

Problem 7.7.1: Exchange Lemma를 사용하여 하나의 스패닝포리스트를 다른 것으로 변환하는 것을 연습해 볼 것이다.

그림 7.1(a)의 캠퍼스 맵을 고려해 보자. 스패닝트리에 대한 Exchange Lemma를 사용하여

그림 7.1(a)의 스패닝포리스트 F_0 = {(W, K), (W,M), (P,W), (K,A)}을 그림 7.1(b)의 스패닝 포리스트 F_4 = {(P,K), (P,M), (P,A), (W,A)}로 변환해 보자. 변환의 각 단계를 보여 주기 위해 F_0, F_1, F_2, F_3, F_4를 그려야 한다.

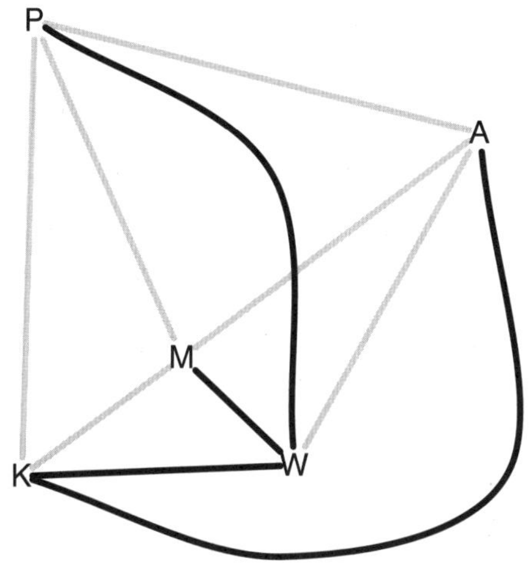

(a) 스패닝포리스트 F_0를 가진 캠퍼스 맵.

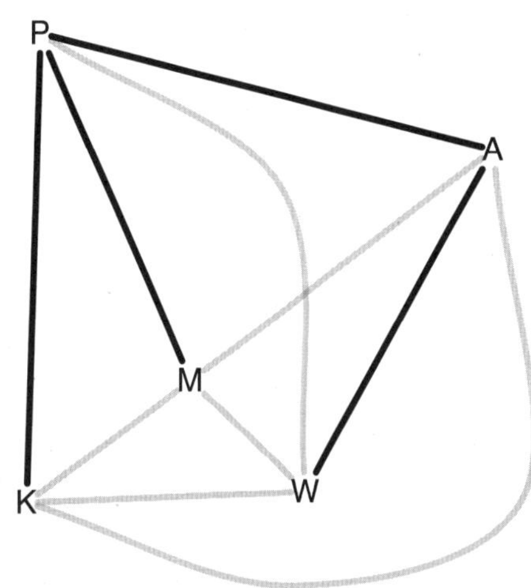

(b) 스패닝포리스트 F_4를 가진 캠퍼스 맵.

다음의 두 문제에서, Exchange Lemma를 반복 사용하여 집합 $S = \{\boldsymbol{w}_0, \boldsymbol{w}_1, \boldsymbol{w}_2\}$를 집합 $B = \{\boldsymbol{v}_0, \boldsymbol{v}_1, \boldsymbol{v}_2\}$로 변환해 보자. 각 단계에서, B의 한 벡터가 추가되고 S의 한 벡터가 제거된다. 벡터를 제거하는 것이 스패닝 벡터들의 집합을 변경하지 않도록 주의하자.

아래 표는 이터레이션을 추적하는 데 유용할 수 있다.

	S_i	A	$\boldsymbol{v}$ to inject	$\boldsymbol{w}$ to eject
i = 0	$\{\boldsymbol{w}_0, \boldsymbol{w}_1, \boldsymbol{w}_2\}$	$\emptyset$		
i = 1				
i = 2				
i = 3	$\{\boldsymbol{v}_0, \boldsymbol{v}_1, \boldsymbol{v}_2\}$	$\{\boldsymbol{v}_0, \boldsymbol{v}_1, \boldsymbol{v}_2\}$	-	

$\{\boldsymbol{w}_0, \boldsymbol{w}_1, \boldsymbol{w}_2\}$에서 $\{\boldsymbol{v}_0, \boldsymbol{v}_1, \boldsymbol{v}_2\}$로의 변환 과정에서, S_1(첫 번째 이터레이션 후)과 S_2(두 번째 이터레이션 후)를 구성하는 벡터들의 리스트를 명시해 보자.

Problem 7.7.2: $\mathbb{R}$상의 벡터들:

$$\boldsymbol{w}_0 = [1, 0, 0] \qquad \boldsymbol{v}_0 = [1, 2, 3]$$
$$\boldsymbol{w}_1 = [0, 1, 0] \qquad \boldsymbol{v}_1 = [1, 3, 3]$$
$$\boldsymbol{w}_2 = [0, 0, 1] \qquad \boldsymbol{v}_2 = [0, 3, 3]$$

Problem 7.7.3: $GF(2)$상의 벡터들:

$$\boldsymbol{w}_0 = [0, one, 0] \qquad \boldsymbol{v}_0 = [one, 0, one]$$
$$\boldsymbol{w}_1 = [0, 0, one] \qquad \boldsymbol{v}_1 = [one, 0, 0]$$
$$\boldsymbol{w}_2 = [one, one, one] \qquad \boldsymbol{v}_2 = [one, one, 0]$$

Problem 7.7.4: 이 문제에서, 다음 목적을 달성하는 프로시저를 작성하게 될 것이다.

- *input:* 벡터들의 리스트 S, 일차독립인 벡터들의 리스트 B. 여기서, Span S = Span B 이다.
- *output:* B의 벡터들과 어쩌면 S의 일부 벡터들을 포함하는 벡터들의 리스트 T. 이 리스트는 다음을 만족한다.
  - $|T| = |S|$,
  - Span T = Span S

이것은 그 자체로는 유용하지 않고 실제로 단순한 구현이 있다. 이러한 구현에서, T는 B 내의 벡터들과 $|T| = |S|$가 될 만큼 충분한 수의 S의 벡터들로 구성되도록 정의된다. 이 프로시저를 작성하는 것은 Morphing Lemma의 증명을 이해한다는 것을 보여 주기 위한 것이다. 그러므로, 이 프로시저는 증명 과정을 따라가야 한다. 즉, T는 각 이터레이션에서 Exchange Lemma를 사용하여 B의 한 벡터를 추가하고 $S - B$의 한 벡터를 제거함으로써 S로부터 단계적으로 얻어져야 한다. 이 프로시저는 S를 T로 변경(morphing)하는 데 사용되는 쌍(추가된 벡터, 제거된 벡터)들의 리스트를 리턴해야 한다.

이 프로시저는 `morph(S, B)`라 하고 그 스펙은 다음과 같다.

- *input:* 벡터들의 리스트 S, 일차독립인 벡터들의 리스트 B. 이때, Span S = Span B이다.
- *output:* $i = 1, 2, \ldots, k$에 대해 다음을 만족하는 벡터들의 쌍들로 구성된 k-원소 리스트 $[(\boldsymbol{z}_1, \boldsymbol{w}_1), (\boldsymbol{z}_2, \boldsymbol{v}_2), \ldots, (\boldsymbol{z}_k, \boldsymbol{w}_k)]$

$$\text{Span } S = \text{Span } S \cup \{\boldsymbol{z}_1, \boldsymbol{z}_2, \ldots, \boldsymbol{z}_i\} - \{\boldsymbol{w}_1, \boldsymbol{w}_2, \ldots, \boldsymbol{w}_i\}$$

  여기서, $k = |B|$이다.

이 프로시저는 루프를 사용한다. Problem 6.14.19로부터의 프로시저, `exchange(S, A, z)` 또는 Problem 6.14.14로부터의 프로시저, `vec2rep(veclist, u)` 또는 `solver` 모듈을 사용할 수 있다.

다음은 이 프로시저가 어떻게 사용되는 보여 준다.

```
>>> S = [list2vec(v) for v in [[2,4,0],[1,0,3],[0,4,4],[1,1,1]]]
>>> B = [list2vec(v) for v in [[1,0,0],[0,1,0],[0,0,1]]]
>>> for (z,w) in morph(S, B):
...   print("injecting ", z)
...   print("ejecting ", w)
...   print()
...
injecting
 0 1 2
------
 1 0 0
```

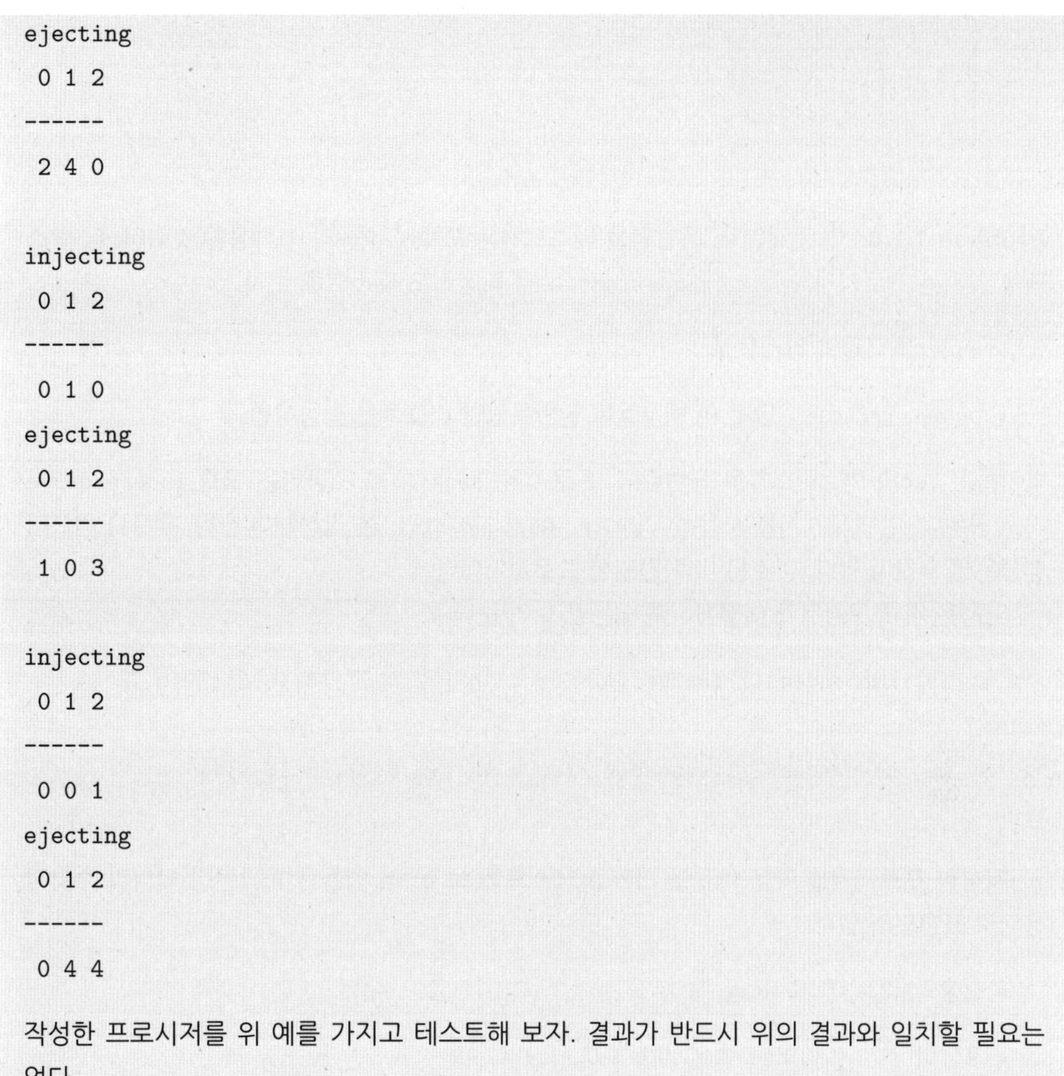

```
ejecting
 0 1 2
------
 2 4 0

injecting
 0 1 2
------
 0 1 0
ejecting
 0 1 2
------
 1 0 3

injecting
 0 1 2
------
 0 0 1
ejecting
 0 1 2
------
 0 4 4
```

작성한 프로시저를 위 예를 가지고 테스트해 보자. 결과가 반드시 위의 결과와 일치할 필요는 없다.

차원과 랭크

Problem 7.7.5: 다음의 각 행렬에 대해, (a) 행공간에 대한 기저를 제시하고, (b) 열공간에 대한 기저를 제시하고, (c) 행랭크는 열랭크와 동일하다는 것을 입증해 보자. 답이 옳다는 것을 보여라.

1. $\begin{bmatrix} 1 & 2 & 0 \\ 0 & 2 & 1 \end{bmatrix}$

2. $\begin{bmatrix} 1 & 4 & 0 & 0 \\ 0 & 2 & 2 & 0 \\ 0 & 0 & 1 & 1 \end{bmatrix}$

3. $\begin{bmatrix} 1 \\ 2 \\ 3 \end{bmatrix}$

4. $\begin{bmatrix} 1 & 0 \\ 2 & 1 \\ 3 & 4 \end{bmatrix}$

Problem 7.7.6: 이 문제에서, 독립임을 테스트하는 프로시저를 다시 작성할 것이다. 다음 스펙을 가지는 프로시저, `my_is_independent(L)`을 작성하고 테스트해 보자.

- *input:* 벡터들의 리스트 L
- *output:* 참(`True`), 만약 이 벡터들이 일차독립인 리스트를 형성하면.

벡터들은 `Vec`의 인스턴스들로 표현된다. 프로시저, `rank(L)`을 제공하는 모듈 `independence`가 제공된다. 이 프로시저를 사용하여 `my_is_independent(L)`을 작성해야 한다. 루프나 컴프리헨션은 필요하지 않다. 이것은 아주 간단한 프로시저이다.

다음은 이 프로시저가 어떻게 사용되는지 보여 준다.

```
>>> my_is_independent([list2vec(v) for v in [[2,4,0],[8,16,4],[0,0,7]]])
False
>>> my_is_independent([list2vec(v) for v in [[2,4,0],[8,16,4]]])
True
```

작성한 프로시저를 다음 예들을 가지고 테스트해 보자. 이 예들은 파이썬이 아니라 수학적 용어로 표현되어 있다.

- $\mathbb{R}$상의 $[[2,4,0],[8,16,4],[0,0,7]]$
- $\mathbb{R}$상의 $[[1,3,0,0],[2,1,1,0],[0,0,1,0],[1,1,4,-1]]$
- $GF(2)$상의 $[[one,0,one,0],[0,one,0,0],[one,one,one,one],[one,0,0,one]]$

Problem 7.7.7: 다음 스펙을 가지는 프로시저, `my_rank(L)`을 작성하고 테스트해 보자.

- *input:* Vecs 의 리스트 L
- *output:* L의 랭크

Problem 6.14.17로부터의 프로시저, `subset_basis(T)`을 사용할 수 있으며, 이 경우 루프는 필요 없다. 또한, Problem 6.14.16 또는 제공된 모듈 `independence`로부터의 프로시저, `is_independent(L)`을 사용할 수 있다. 이 경우, 프로시저는 루프를 필요로 한다.

다음은 이 프로시저가 어떻게 사용되는 보여 준다.

```
>>> my_rank([list2vec(v) for v in [[1,2,3],[4,5,6],[1.1,1.1,1.1]]])
2
```

작성한 프로시저를 다음 예들을 가지고 테스트해 보자.

- $\mathbb{R}$상의 $[[1,2,3],[4,5,6],[1.1,1.1,1.1]]$ (랭크는 2)

- $\mathbb{R}$상의 $[[1,3,0,0],[2,0,5,1],[0,0,1,0],[0,0,7,-1]]$
- $GF(2)$상의 $[[one,0,one,0],[0,one,0,0],[one,one,one,one],[0,0,0,one]]$

Problem 7.7.8: 만약 어떤 벡터공간이 n 차원이면 그 공간의 임의의 $n+1$ 벡터들은 일차독립이다.

직합(Direct sum)

Problem 7.7.9: 다음의 각 문제는 벡터공간의 두 부분공간 $\mathcal{U}$와 $\mathcal{V}$를 명시한다. $\mathcal{U} \cap \mathcal{V} = \{\mathbf{0}\}$인지 체크해 보자.

1. $GF(2)^4$의 부분공간: $\mathcal{U} = \text{Span}\ \{1010, 0010\}$이고 $\mathcal{V} = \text{Span}\ \{0101, 0001\}$라고 하자.
2. $\mathbb{R}^3$의 부분공간: $\mathcal{U} = \text{Span}\ \{[1,2,3],[1,2,0]\}$이고 $\mathcal{V} = \text{Span}\ \{[2,1,3],[2,1,3]\}$라고 하자.
3. $\mathbb{R}^4$의 부분공간: $\mathcal{U} = \text{Span}\ \{[2,0,8,0],[1,1,4,0]\}$이고 $\mathcal{V} = \text{Span}\ \{[2,1,1,1],[0,1,1,1]\}$라고 하자.

Problem 7.7.10: Proposition 7.3.5에 의하면 직합 $\mathcal{U} \oplus \mathcal{V}$은 벡터공간이다. 이것은 벡터공간을 정의한다는 것을 Property V1, V2, V3을 사용하여 증명해 보자.

직합의 고유 표현(unique representation)

Problem 7.7.11: 다음 스펙을 가지는 프로시저, `direct_sum_decompose(U_basis, V_basis, w)`을 작성하고 테스트해 보자.

- *input:* 벡터공간 $\mathcal{U}$에 대한 기저를 포함하는 리스트 *U_basis*, 벡터공간 $\mathcal{V}$에 대한 기저를 포함하는 리스트 *V_basis*, 그리고 직합 $\mathcal{U} \oplus \mathcal{V}$에 속하는 벡터 $\boldsymbol{w}$.
- *output:* 쌍 $(\boldsymbol{u}, \boldsymbol{v})$. 여기서, $\boldsymbol{w} = \boldsymbol{u} + \boldsymbol{v}$이고 $\boldsymbol{u}$는 $\mathcal{U}$에 속하고 $\boldsymbol{v}$는 $\mathcal{V}$에 속한다.

모든 벡터들은 `Vec`의 인스턴스들로 표현된다. 작성한 프로시저는 $\mathcal{U}$의 기저와 $\mathcal{V}$의 기저의 결합은 $\mathcal{U} \oplus \mathcal{V}$에 대한 기저라는 사실을 사용해야 한다. *solver* 모듈 또는 Problem 6.14.14로부터의 프로시저, `vec2rep(veclist, u)`을 사용해야 한다.

$\mathbb{R}$ 상에서:

주어진 `U_basis` $= \{[2,1,0,0,6,0],[11,5,0,0,1,0],[3,1.5,0,0,7.5,0]\}$,
`V_basis` $= \{[0,0,7,0,0,1],[0,0,15,0,0,2]\}$에 대해, 작성한 프로시저를 다음 각 벡터를 가지고 테스트해 보자.

1. $w = [2,5,0,0,1,0]$
2. $w = [0,0,3,0,0,-4]$
3. $w = [1,2,0,0,2,1]$

4. $w = [-6, 2, 4, 0, 4, 5]$

$GF(2)$ 상에서:

주어진 `U_basis` $= \{[one, one, 0, one, 0, one], [one, one, 0, 0, 0, one], [one, 0, 0, 0, 0, 0]\}$, `V_basis` $= \{[one, one, one, 0, one, one]\}$에 대해, 작성한 프로시저를 다음 각 벡터를 가지고 테스트해 보자.

1. $w = [0, 0, 0, 0, 0, 0]$
2. $w = [one, 0, 0, one, 0, 0]$
3. $w = [one, one, one, one, one, one]$

가역성 테스트

Problem 7.7.12: 다음 스펙을 가지는 프로시저, `is_invertible(M)`을 작성하고 테스트해 보자.

- *input:* `Mat`의 인스턴스 `M`
- *output:* 만약 `M`이 가역행렬이면 *참(True)*, 그렇지 않으면 *거짓(False)*.

작성한 프로시저는 루프나 컴프리헨션을 사용하지 않아야 한다. `matutil` 모듈과 `independence` 모듈로부터의 프로시저들을 사용할 수 있다.

작성한 프로시저를 다음 예들을 가지고 테스트해 보자.

$\mathbb{R}$ 상에서:

$$\begin{bmatrix} 1 & 2 & 3 \\ 3 & 1 & 1 \end{bmatrix} \quad \begin{bmatrix} 1 & 0 & 1 & 0 \\ 0 & 2 & 1 & 0 \\ 0 & 0 & 3 & 1 \\ 0 & 0 & 0 & 4 \end{bmatrix} \quad \begin{bmatrix} 1 & 0 \\ 0 & 1 \\ 2 & 1 \end{bmatrix} \quad \begin{bmatrix} 1 & 0 \\ 0 & 1 \end{bmatrix}. \quad \begin{bmatrix} 1 & 0 & 1 \\ 0 & 1 & 1 \\ 1 & 1 & 0 \end{bmatrix}$$

False True False True True

$GF(2)$ 상에서:

$$\begin{bmatrix} \text{one} & 0 & \text{one} \\ 0 & \text{one} & \text{one} \\ \text{one} & \text{one} & 0 \end{bmatrix} \quad \begin{bmatrix} \text{one} & \text{one} \\ 0 & \text{one} \end{bmatrix}$$

False True

$\mathbb{R}$상의 행렬과 $GF(2)$상의 행렬 사이의 유사함을 주목해 보자. 또한 하나는 가역적이고 다른 하나는 그렇지 않음에 주목하자.

역행렬 찾기

Problem 7.7.13: 다음 스펙을 가지는 프로시저, `find_matrix_inverse(A)`을 작성해 보자.

- *input:* $GF(2)$상의 가역행렬 A (`Mat`으로 표현됨)
- *output:* A의 역행렬 (또한, `Mat`으로 표현됨)

입력 및 출력 행렬들은 $GF(2)$상의 행렬임에 주의하자.

작성한 프로시저를 AA^{-1}와 $A^{-1}A$를 프린트하여 테스트해 보자.

작성한 프로시저를 $GF(2)$상의 다음 행렬들에 대해 테스트해 보자. (Note: 일단 작성한 프로시저가 행렬을 출력하면, 입력 및 출력 행렬들을 함께 곱하여 출력된 행렬이 입력 행렬의 역행렬인지 테스트해야 한다.

- $\begin{bmatrix} 0 & one & 0 \\ one & 0 & 0 \\ 0 & 0 & one \end{bmatrix}$
- $\begin{bmatrix} one & one & one & one \\ one & one & one & 0 \\ 0 & one & 0 & one \\ 0 & 0 & one & 0 \end{bmatrix}$
- $\begin{bmatrix} one & one & 0 & 0 & 0 \\ 0 & one & one & 0 & 0 \\ 0 & 0 & one & one & 0 \\ 0 & 0 & 0 & one & one \\ 0 & 0 & 0 & 0 & one \end{bmatrix}$

작성한 프로시저는 서브루틴으로서 `solver` 모듈의 프로시저, `solve`을 사용해야 한다. $GF(2)$를 사용하므로, 반올림 오차(rounding error)에 대해 걱정할 필요는 없다. 작성한 프로시저는 다음 결과에 기반으로 해야 한다.

> A와 B는 정방행렬이고 AB는 단위행렬이라고 하자. 그러면, A와 B는 서로의 역행렬이다.

특히, 작성한 프로시저는 AB는 단위행렬인 그러한 정방행렬 B를 찾으려고 해야 한다.

$$\left[\quad A \quad\right]\left[\quad B \quad\right] = \begin{bmatrix} 1 & & \\ & \ddots & \\ & & 1 \end{bmatrix}$$

이 목적을 위해 B와 열들로 구성된 단위행렬을 고려해 보자.

$$\left[\quad A \quad\right]\left[\begin{array}{c|c|c} \boldsymbol{b}_1 & \cdots & \boldsymbol{b}_n \end{array}\right] = \left[\begin{array}{c|c|c} 1 & & \\ & \cdots & \\ & & 1 \end{array}\right]$$

행렬-행렬 곱셈의 행렬-벡터 정의를 사용하여 이 행렬-행렬 방정식을 n 개의 행렬-벡터 방정식 ($\boldsymbol{b}_1$에 대해 한개, ..., $\boldsymbol{b}_n$에 대해 한개)의 컬렉션으로 해석할 수 있다. 따라서, B의 열들은 이 방정식들을 풀어서 얻을 수 있다.

Remember: 만약 A가 $R \times C$ 행렬이면 AB는 $R \times R$ 행렬이어야 하고, 그래서 B는 $C \times R$ 행렬이어야 한다.

Problem 7.7.14: 상삼각행렬의 역행렬을 찾는 프로시저, `find_triangular_matrix_inverse(A)`을 작성할 것이다.

- *input:* 영이 아닌 대각 원소들을 가진 상삼각행렬을 나타내는 `Mat`의 인스턴스 M
  행-라벨 집합과 열-라벨 집합은 $\{0, 1, 2 \ldots, n-1\}$의 형태라고 가정할 수 있다.
- *output:* M의 역행렬을 나타내는 Mat

이 프로시저는 모듈 `triangular`에 정의된 `triangular_solve`을 사용해야 한다. 이것은 또한 `matutil`의 프로시저들을 사용할 수 있다.

작성한 프로시저를 테스트해 보자.

```
>>> A = listlist2mat([[1, .5, .2, 4],[0, 1, .3, .9],[0,0,1,.1],[0,0,0,1]])
```

Chapter 8

가우스 소거법

이 장에서는 선형대수학의 계산 문제를 해결하기 위한 정교한 알고리즘을 소개한다. 이 방법은 흔히 가우스 소거법(*Gaussian elimination*)이라 불리지만, 가우스보다 대략 2천 년 이전에 쓰인 중국 책, *The Nine Chapters on the Mathematical Art*에 도시되어 있었다.

이 방법은 수년 뒤 유럽에서 재발견되었으며, 아이작 뉴턴(Isaac Newton)과 미셸 롤(Michel Rolle)에 의해 전체 내용이 기술되었고, 많은 다른 사람들에 의해 더 상세히 기술되었다. 가우스는 9장에서 다루는 문제와 같은 또 다른 계산 문제를 해결하는 데 이 방법을 적용하였다.

가우스는 이 방법을 "공통 소거법"이라고 하였다. 가우스는 계산 표현식을 위한 편리한 표기법(notation)을 도입하였는데, 아마도 이것 때문에 헨리 젠슨(Henry Jensen)이 1944년 "가우스 알고리즘"이라고 불렀으며, 지금까지도 그렇게 불리고 있다.

이 알고리즘은 명백히 행렬의 개념 이전에 나온 것이지만, 헨리 젠슨과 다른 사람들에 의해 행렬에 대한 것으로 재구성되었다. 이 알고리즘은 섹션 3.11에 기술된 후진대입법(backward substitution)과 연관되어 있다.

가우스 소거법이 가장 자주 적용되는 분야는 선형방정식의 시스템에 대한 해를 구하는 것이다. 가우스 소거법이 선형방정식의 해를 구하는 데 어떻게 사용되는지 나중에 살펴보겠지만 이것은 또한 다른 분야에서도 사용된다. 행렬에 대해 이 알고리즘을 구성하는 것은 그것의 더 넓은 적용 범위를 이해하는 데 도움이 된다.

전통적으로, 가우스 소거법은 실수 필드 $\mathbb{R}$상의 행렬들에 적용된다. 실제로 가우스 소거법이 부동소수점 연산을 사용하여 컴퓨터에서 실행될 때, 결과가 정확하도록 보장하는 데는 몇 가지 사항들이 관련된다. 이 장에서 $\mathbb{R}$상의 행렬에 적용되는 과정의 개요를 설명하지만, 주로 $GF(2)$상의 행렬에 적용되는 가우스 소거법에 중점을 둔다. 이 알고리즘은 다음에 적용된다.

- *주어진 벡터들의 생성에 대한 기저 찾기*. 이것은 또한 랭크에 대한 알고리즘을 제공하여 일차 종속을 테스트할 수도 있다.
- *행렬의 영공간에 대한 기저 찾기*.
- *행렬방정식의 해 구하기*(Computational Problem 5.5.13). 이것은 *주어진 벡터를 다른 주어진 벡터들의 선형결합으로 표현하는 것*과 동일하다(Computational Problem 4.1.8). 또한, 이것은 *선형방정식들의 시스템에 대한 해를 구하는 것*과 동일하다(Computational Problem 3.9.12 및 3.8.7).

8.1 사다리꼴(Echelon form)

사다리꼴(Echelon form) 행렬은 삼각행렬을 일반화한 것이다. 다음은 사다리꼴 행렬의 예를 보여 준다.

$$\begin{bmatrix} 0 & 2 & 3 & 0 & 5 & 6 \\ 0 & 0 & 1 & 0 & 3 & 4 \\ 0 & 0 & 0 & 0 & 1 & 2 \\ 0 & 0 & 0 & 0 & 0 & 9 \end{bmatrix}$$

- 행 0의 첫 번째 영이 아닌 엔트리는 열 1에 있다.
- 행 1의 첫 번째 영이 아닌 엔트리는 열 2에 있다.
- 행 2의 첫 번째 영이 아닌 엔트리는 열 4에 있다.
- 행 3의 첫 번째 영이 아닌 엔트리는 열 5에 있다.

Definition 8.1.1: $m \times n$ 행렬 A는 만약 다음 조건을 만족하면 *사다리꼴*이다. 즉, 임의의 행에 대해, 만약 그 행의 첫 번째 영이 아닌 엔트리가 위치 k에 있으면 그 행 이전의 모든 행의 첫 번째 영이 아닌 엔트리는 k보다 작은 어떤 위치에 있다.

이 정의에 의하면, A의 각 행에 대해 반복할 때마다 각 행의 첫 번째 영이 아닌 엔트리는 반드시 오른쪽으로 이동하여 오른쪽으로 내려가는 일종의 계단을 형성한다.

2	1	0	4	1	3	9	7
0	6	0	1	3	0	4	1
0	0	0	0	2	1	3	2
0	0	0	0	0	0	0	1

$\begin{bmatrix} 4 & 1 & 3 & 0 \\ 0 & 3 & 0 & 1 \\ 0 & 0 & 1 & 7 \\ 0 & 0 & 0 & 9 \end{bmatrix}$와 같은 삼각행렬은 특수한 경우이다. 즉, 행 i의 첫 번째 영이 아닌 엔트리는 열 i이다.

만약 사다리꼴 행렬에서 어떤 행이 모두 영이면, 그 행 다음에 오는 모든 행도 또한 모두 영이어야 한다. 아래 행렬은 그러한 예를 보여 준다.

$$\begin{bmatrix} 0 & 2 & 3 & 0 & 5 & 6 \\ 0 & 0 & 1 & 0 & 3 & 4 \\ 0 & 0 & 0 & 0 & 0 & 0 \\ 0 & 0 & 0 & 0 & 0 & 0 \end{bmatrix}$$

8.1.1 사다리꼴에서 행공간에 대한 기저로

사다리꼴로 된 행렬이 가지는 장점은 무엇인가?

Lemma 8.1.2: 만약 어떤 행렬이 사다리꼴이면, 영이 아닌 행들은 행공간에 대한 기저를 형성한다.

예를 들어, 다음 행렬

$$\begin{bmatrix} 0 & 2 & 3 & 0 & 5 & 6 \\ 0 & 0 & 1 & 0 & 3 & 4 \\ 0 & 0 & 0 & 0 & 0 & 0 \\ 0 & 0 & 0 & 0 & 0 & 0 \end{bmatrix}$$

의 행공간에 대한 기저는$\{\begin{bmatrix} 0 & 2 & 3 & 0 & 5 & 6 \end{bmatrix}, \begin{bmatrix} 0 & 0 & 1 & 0 & 3 & 4 \end{bmatrix}\}$이다.

특히, 다음 각 행렬에서와 같이 만약 모든 행이 영이 아니면,

$$\begin{bmatrix} 0 & 2 & 3 & 0 & 5 & 6 \\ 0 & 0 & 1 & 0 & 3 & 4 \\ 0 & 0 & 0 & 0 & 1 & 2 \\ 0 & 0 & 0 & 0 & 0 & 9 \end{bmatrix}, \begin{bmatrix} 2 & 1 & 0 & 4 & 1 & 3 & 9 & 7 \\ 0 & 6 & 0 & 1 & 3 & 0 & 4 & 1 \\ 0 & 0 & 0 & 0 & 2 & 1 & 3 & 2 \\ 0 & 0 & 0 & 0 & 0 & 0 & 0 & 1 \end{bmatrix}, \begin{bmatrix} 4 & 1 & 3 & 0 \\ 0 & 3 & 0 & 1 \\ 0 & 0 & 1 & 7 \\ 0 & 0 & 0 & 9 \end{bmatrix}$$

행들은 행공간에 대한 기저를 형성한다.

Lemma 8.1.2는 영이 아닌 행들은 명백하게 행공간을 생성하므로 이러한 벡터들이 일차독립이라는 것을 보여 주기만 하면 된다.

공식적 증명을 하기 전에 다음 행렬을 사용하여 살펴보자.

$$\begin{bmatrix} 4 & 1 & 3 & 0 \\ 0 & 3 & 0 & 1 \\ 0 & 0 & 1 & 7 \\ 0 & 0 & 0 & 9 \end{bmatrix}$$

Grow 알고리즘을 다시 기억해 보자.

```
def GROW(𝒱)
  S = ∅
  repeat while possible:
     find a vector v in 𝒱 that is not in Span S, and put it in S
```

Grow 알고리즘은 행렬의 각 행을 역순으로 S에 추가한다고 생각해 보자.

- 초기에 $S = \emptyset$이다.
- Span $\emptyset$은 $\begin{bmatrix} 0 & 0 & 0 & 9 \end{bmatrix}$을 포함하지 않으므로, 알고리즘은 이 벡터를 S에 추가한다.
- 이제, $S = \{\begin{bmatrix} 0 & 0 & 0 & 9 \end{bmatrix}\}$이다. Span S 내의 모든 벡터는 처음 세 위치에 영을 가지므로, Span S는 $[0, 0, 1, 7]$을 포함하지 않으며, 그래서 알고리즘은 이 벡터를 S에 추가한다.

- 이제, $S = \{\begin{bmatrix} 0 & 0 & 0 & 9 \end{bmatrix}, \begin{bmatrix} 0 & 0 & 1 & 7 \end{bmatrix}\}$이다. Span S 내의 모든 벡터는 처음 두 위치에 영을 가지므로, Span S는 $[0, 3, 0, 1]$을 포함하지 않으며, 그래서 알고리즘은 이 벡터를 S에 추가한다.
- 이제, $S = \{\begin{bmatrix} 0 & 0 & 0 & 9 \end{bmatrix}, \begin{bmatrix} 0 & 0 & 1 & 7 \end{bmatrix}, \begin{bmatrix} 0 & 3 & 0 & 1 \end{bmatrix}\}$이다. Span S 내의 모든 벡터는 첫 번째 위치에 영을 가지므로, Span S는 $\begin{bmatrix} 4 & 1 & 3 & 0 \end{bmatrix}$을 포함하지 않으며, 그래서 알고리즘은 이 벡터를 S에 추가하고 종료한다.

Grow-Algorithm Corollary(Corollary 6.5.10)에 의하면 집합 S는 일차독립이다.

이제, 동일한 주장을 좀 더 공식적으로 기술해 보자.

Proof

$\boldsymbol{a}_1, \ldots, \boldsymbol{a}_m$은 사다리꼴 행렬의 벡터들이라 하자. 이 벡터들이 일차독립인 것을 보여 주기 위해 Grow 알고리즘을 Span $\{\boldsymbol{a}_1, \ldots, \boldsymbol{a}_m\}$에 대해 실행한다. Grow 알고리즘이 $\boldsymbol{a}_m, \boldsymbol{a}_{m-1}, \ldots, \boldsymbol{a}_2, \boldsymbol{a}_1$을 순서대로 S에 추가하게 한다.

Grow 알고리즘이 $\boldsymbol{a}_m, \boldsymbol{a}_{m-1}, \ldots, \boldsymbol{a}_i$를 S에 추가한 후에 $\boldsymbol{a}_{i-1}$을 추가하고자 한다. 이 경우, $\boldsymbol{a}_{i-1}$이 Span S 내에 있지 않다는 것을 어떻게 알 수 있는가? $\boldsymbol{a}_{i-1}$의 첫 번째 영이 아닌 엔트리가 $k+1$ 번째 위치에 있다고 해 보자. 그러면, 사다리꼴의 정의에 의해, $\boldsymbol{a}_{i-1}$의 처음 k 개 엔트리들은 영이고, 그래서 $\boldsymbol{a}_i, \boldsymbol{a}_{i+1}, \ldots, \boldsymbol{a}_m$의 처음 $k+1$ 개 엔트리들은 영이다. 그러므로, Span S 내에 있는 모든 벡터들의 처음 $k+1$ 개 엔트리들은 영이다. $\boldsymbol{a}_{i-1}$의 $k+1$ 번째 엔트리는 영이 아니므로, 이 벡터는 Span S 내에 있지 않으며, 그래서 알고리즘은 이 벡터를 추가한다.
□

8.1.2 사다리꼴 행렬의 행리스트

행렬의 사다리꼴은 행과 관련된 것이 많으며, 행렬을 `Mat`의 인스턴스가 아니라 행 리스트, 즉 벡터들의 리스트로 나타낼 때 사다리꼴을 이용하면 편리하다.

벡터들을 처리할 때 $\{0, 1, 2, \ldots, n-1\}$ 형태의 집합이 아니라 임의의 유한 정의역 D에 대해 처리하고자 하므로, 라벨들(행렬의 열라벨들)의 순서를 정해야 한다. 이 목적을 위해, 다음과 같이 라벨들을 정렬한다.

```
col_label_list = sorted(rowlist[0].D, key=hash)
```

8.1.3 맨 왼쪽의 영이 아닌 위치에 의한 행들의 정렬

물론, 모든 행리스트가 사다리꼴인 것은 아니다. 여기서의 목적은 행 리스트에 의해 표현된 주어진 행렬에 대해 이 행렬을 사다리꼴 행렬로 변환하는 것이다. 정확하게 어떤 변환이 허용되는지는 나중에 알아볼 것이다.

시작으로, 사다리꼴이 될 가능성이 있는 `rowlist` 내 벡터들의 순서를 단순히 찾아보자. 사다리꼴의 정의는 맨 왼쪽의 영이 아닌 엔트리들의 위치에 따라 정렬되어야 한다는 것을 보여 주어야 함을 의미한다. 첫 번째 열에서 영이 아닌 엔트리를 가진 행을 찾고, 그다음에 두 번째 열에서 영이 아닌 엔트리를 가진 행을 찾는 방식의 단순한 알고리즘을 사용할 것이다. 이 알고리즘은 리스트 `new_rowlist`에 찾은 행들을 모을 것이다. 이 리스트는 처음에는 비어 있다.

```
new_rowlist = []
```

알고리즘은 정렬되지 않고 남아 있는 행들의 인덱스들의 집합 `rows_left`를 유지한다. 처음에는 `rows_left`에 모든 행들의 인덱스가 포함되어 있다.

```
rows_left = set(range(len(rowlist)))
```

알고리즘은 열라벨들을 순서대로 반복하여 현재 열에 영이 아닌 엔트리들을 가지는 남아 있는 행들의 인덱스의 리스트를 찾는다. 이것은 행들 중 하나를 찾아 그것을 `new_rowlist`에 추가하고, 추가된 행의 인덱스를 `rows_left`에서 제거한다.

```
for c in col_label_list:
    rows_with_nonzero = [r for r in rows_left if rowlist[r][c] != 0]
    pivot = rows_with_nonzero[0]
    new_rowlist.append(rowlist[pivot])
    rows_left.remove(pivot)
```

`new_rowlist`에 추가된 행은 *피봇행*(pivot row)이라 하고 열 `c`의 피봇행의 원소는 *피봇원소*(pivot element)라고 한다.

이제, 이 알고리즘을 다음 행렬을 가지고 시험해 보자.

$$\begin{bmatrix} 0 & 2 & 3 & 4 & 5 \\ 0 & 0 & 0 & 3 & 2 \\ 1 & 2 & 3 & 4 & 5 \\ 0 & 0 & 0 & 6 & 7 \\ 0 & 0 & 0 & 9 & 9 \end{bmatrix}$$

이터레이션 $c = 0$ 및 $c = 1$ 이후, `new_rowlist`는 다음과 같다.

$$\left[\begin{bmatrix} 1 & 2 & 3 & 4 & 5 \end{bmatrix}, \begin{bmatrix} 0 & 2 & 3 & 4 & 5 \end{bmatrix}\right]$$

그리고, `rows_left`는 $\{1, 2, 4\}$이다. 알고리즘은 $c = 2$ 이터레이션에서 문제가 발생한다. 왜냐하면, 열 2에 영이 아닌 엔트리를 가지는 행이 남아 있는 행들 중에 없기 때문이다. 위의 코드는 `list index out of range` 예외(exception)를 발생시킨다. 이 문제를 어떻게 해결할 수 있을까?

남아 있는 행들의 어느 것도 현재 열에 영이 아닌 엔트리를 가지지 않을 때, 알고리즘은 `new_rowlist` 또는 `rows_left`를 변경하지 않고 다음 열로 넘어가야 한다. 코드를 이렇게 바꾸면 다음과 같다.

```
for c in col_label_list:
    rows_with_nonzero = [r for r in rows_left if rowlist[r][c] != 0]
    if rows_with_nonzero != []:
        pivot = rows_with_nonzero[0]
        new_rowlist.append(rowlist[pivot])
        rows_left.remove(pivot)
```

이렇게 변경하면, 코드는 예외를 발생시키지는 않는다. 하지만, 종료 때 `new_rowlist`는 아래와 같고,

$$\begin{bmatrix} 1 & 2 & 3 & 4 & 5 \\ 0 & 2 & 3 & 4 & 5 \\ 0 & 0 & 0 & 3 & 2 \\ 0 & 0 & 0 & 6 & 7 \end{bmatrix}$$

이것은 사다리꼴의 정의에 위배된다. 네 번째 행의 첫 번째 영이 아닌 엔트리는 네 번째 위치에 있으므로, 모든 이전 행의 첫 번째 영이 아닌 엔트리는 세 번째 위치의 왼쪽에 있어야 한다. 하지만, 세 번째 행의 첫 번째 영이 아닌 엔트리는 네 번째 위치에 있다.

8.1.4 기본행덧셈 연산

하지만, 이 알고리즘을 고칠 방법은 있다. 어떤 열라벨 c에 대응하는 이터레이션에서, 대응하는 열에 영이 아닌 원소를 가지는 피봇행이 아닌 다른 행이 있으면 알고리즘은 *기본행덧셈 연산*(elementary row-addition operation)을 수행하여 그 원소를 영으로 만들어야 한다.

예를 들어, 주어진 아래의 행렬에 대해,

$$\begin{bmatrix} 0 & 2 & 3 & 4 & 5 \\ 0 & 0 & 0 & 3 & 2 \\ 1 & 2 & 3 & 4 & 5 \\ 0 & 0 & 0 & 6 & 7 \\ 0 & 0 & 0 & 9 & 8 \end{bmatrix}$$

4번째 열에 대응하는 이터레이션에서, 이 알고리즘은 네 번째 행 $\begin{bmatrix} 0 & 0 & 0 & 6 & 7 \end{bmatrix}$에서 두 번째 행 2 $\begin{bmatrix} 0 & 0 & 0 & 3 & 2 \end{bmatrix}$을 2번 빼야 한다. 얻어진 새로운 네 번째 행은 다음과 같다.

$$\begin{bmatrix} 0 & 0 & 0 & 6 & 7 \end{bmatrix} - 2\begin{bmatrix} 0 & 0 & 0 & 3 & 2 \end{bmatrix} = \begin{bmatrix} 0 & 0 & 0 & 6-6 & 7-4 \end{bmatrix} = \begin{bmatrix} 0 & 0 & 0 & 0 & 3 \end{bmatrix}$$

동일한 이터레이션 동안 알고리즘은 또한 다섯 번째 행 $\begin{bmatrix} 0 & 0 & 0 & 9 & 9 \end{bmatrix}$에서 두 번째 행 3 $\begin{bmatrix} 0 & 0 & 0 & 3 & 2 \end{bmatrix}$을 3번 뺀다. 얻어진 새로운 다섯 번째 행은 아래와 같다.

$$\begin{bmatrix} 0 & 0 & 0 & 9 & 9 \end{bmatrix} - 3\begin{bmatrix} 0 & 0 & 0 & 3 & 2 \end{bmatrix} = \begin{bmatrix} 0 & 0 & 0 & 0 & 3 \end{bmatrix}$$

결과 행렬은 다음과 같다.

$$\begin{bmatrix} 0 & 2 & 3 & 4 & 5 \\ 0 & 0 & 0 & 3 & 2 \\ 1 & 2 & 3 & 4 & 5 \\ 0 & 0 & 0 & 0 & 3 \\ 0 & 0 & 0 & 0 & 2 \end{bmatrix}$$

다섯 번째 열에 대응하는 이터레이션에서, 알고리즘은 $\begin{bmatrix} 0 & 0 & 0 & 3 \end{bmatrix}$을 피봇행으로 선택하고, 그것을 `new_rowlist`에 추가한다. 다음에, 알고리즘은 다섯 번째 행에서 네 번째 행의 2/3배를 뺀다. 얻어진 새로운 다섯 번째 행은 다음과 같다.

$$\begin{bmatrix} 0 & 0 & 0 & 0 & 2 \end{bmatrix} - \frac{2}{3}\begin{bmatrix} 0 & 0 & 0 & 0 & 3 \end{bmatrix} = \begin{bmatrix} 0 & 0 & 0 & 0 & 0 \end{bmatrix}$$

더 이상 열이 없으므로 알고리즘은 종료한다. 이 시점에서 `new_rowlist`는 다음과 같다.

$$\begin{bmatrix} 1 & 2 & 3 & 4 & 5 \\ 0 & 2 & 3 & 4 & 5 \\ 0 & 0 & 0 & 3 & 2 \\ 0 & 0 & 0 & 0 & 3 \end{bmatrix}$$

이것을 위한 코드는 아래와 같다.

```
    for c in col_label_list:
        rows_with_nonzero = [r for r in rows_left if rowlist[r][c] != 0]
        if rows_with_nonzero != []:
            pivot = rows_with_nonzero[0]
            rows_left.remove(pivot)
            new_rowlist.append(rowlist[pivot])
=>          for r in rows_with_nonzero[1:]:
=>              multiplier = rowlist[r][c]/rowlist[pivot][c]
=>              rowlist[r] -= multiplier*rowlist[pivot]
```

유일하게 달라진 것은 루프를 추가한 것인데, 이 루프에서 피봇행의 적절한 배수를 남아 있는 다른 행들에서 뺀다.

이 알고리즘이 완료될 때 `new_rowlist`는 원래 행렬의 행공간에 대한 기저가 됨을 증명할 것이다.

8.1.5 기본행덧셈 행렬에 의한 곱셈

한 행의 배수를 다른 행에서 빼는 것은 그 행렬을 *기본행덧셈 행렬*과 곱함으로써 이루어질 수 있다.

$$\begin{bmatrix} 1 & 0 & 0 & 0 \\ 0 & 1 & 0 & 0 \\ 0 & 0 & 1 & 0 \\ 0 & 0 & -2 & 1 \end{bmatrix} \begin{bmatrix} 1 & 2 & 3 & 4 & 5 \\ 0 & 2 & 3 & 4 & 5 \\ 0 & 0 & 0 & 3 & 2 \\ 0 & 0 & 0 & 6 & 7 \end{bmatrix} = \begin{bmatrix} 1 & 2 & 3 & 4 & 5 \\ 0 & 2 & 3 & 4 & 5 \\ 0 & 0 & 0 & 3 & 2 \\ 0 & 0 & 0 & 0 & 3 \end{bmatrix}$$

5장에서 살펴보았듯이, 이러한 행렬은 가역적이다. 아래 두 행렬은 서로의 역행렬이다.

$$\begin{bmatrix} 1 & 0 & 0 & 0 \\ 0 & 1 & 0 & 0 \\ 0 & 0 & 1 & 0 \\ 0 & 0 & -2 & 1 \end{bmatrix}, \begin{bmatrix} 1 & 0 & 0 & 0 \\ 0 & 1 & 0 & 0 \\ 0 & 0 & 1 & 0 \\ 0 & 0 & 2 & 1 \end{bmatrix}$$

8.1.6 행덧셈 연산은 행공간을 유지한다.

행렬을 사다리꼴로 변환하는 명목상의 목적은 그 행렬의 행공간에 대한 기저를 얻는 것이다. 나중에 증명하듯이, 행덧셈 연산은 행공간을 바꾸지 않는다. 그러므로, 변환된 행렬의 행공간에 대한 기저는 원래 행렬에 대한 기저이다.

Lemma 8.1.3: 행렬 A와 N에 대해, Row $NA \subseteq$ Row A이다.

Proof

$\boldsymbol{v}$는 Row NA의 임의의 벡터라고 하자. 즉, $\boldsymbol{v}$는 NA의 행들의 선형결합이다. 벡터-행렬 곱셈의

선형결합 정의에 의하면 다음을 만족하는 벡터 $\boldsymbol{u}$가 있다.

$$\boldsymbol{v} = \begin{bmatrix} \quad \boldsymbol{u}^T \quad \end{bmatrix} \left(\begin{bmatrix} \\ \quad N \quad \\ \\ \end{bmatrix} \begin{bmatrix} \\ \quad A \quad \\ \\ \end{bmatrix} \right)$$

$$= \left(\begin{bmatrix} \quad \boldsymbol{u}^T \quad \end{bmatrix} \begin{bmatrix} \\ \quad N \quad \\ \\ \end{bmatrix} \right) \begin{bmatrix} \\ \quad A \quad \\ \\ \end{bmatrix} \qquad \text{결합성에 의해}$$

이것은 $\boldsymbol{v}$가 A의 행들의 선형결합으로 표현될 수 있음을 보여 준다. □

Corollary 8.1.4: 행렬 A와 M에 대해, 만약 M이 가역적이면 Row MA = Row A이다.

Proof

$N = M$을 가지고 Lemma 8.1.3을 적용하면, Row $MA \subseteq$ Row A을 얻는다. $B = MA$라고 하자. M은 가역적이므로, 역행렬 M^{-1}가 존재한다. $N = M^{-1}$을 가지고 lemma를 적용하면 Row $M^{-1}B \subseteq$ Row B을 얻는다. $M^{-1}B = M^{-1}(MA) = (M^{-1}M)A = IA = A$이므로, Row $A \subseteq$ Row MA임이 증명된다. □

Example 8.1.5: 섹션 8.1.4의 예를 다시 살펴보자.

$$A = \begin{bmatrix} 0 & 2 & 3 & 4 & 5 \\ 0 & 0 & 0 & 3 & 2 \\ 1 & 2 & 3 & 4 & 5 \\ 0 & 0 & 0 & 6 & 7 \\ 0 & 0 & 0 & 9 & 8 \end{bmatrix}, M = \begin{bmatrix} 1 & 0 & 0 & 0 & 0 \\ 0 & 1 & 0 & 0 & 0 \\ 0 & 0 & 1 & 0 & 0 \\ 0 & 0 & -2 & 1 & 0 \\ 0 & 0 & 0 & 0 & 1 \end{bmatrix} \text{라고 하자.}$$

$$M\text{에 } A\text{를 곱하면 } MA = \begin{bmatrix} 0 & 2 & 3 & 4 & 5 \\ 0 & 0 & 0 & 3 & 2 \\ 1 & 2 & 3 & 4 & 5 \\ 0 & 0 & 0 & 0 & 3 \\ 0 & 0 & 0 & 9 & 8 \end{bmatrix} \text{이다.}$$

Lemma 8.1.3의 주장을 사용하여 Row $MA \subseteq$ Row A이고 Row $A \subseteq$ Row MA임을 보여 준다.

Row MA에 속하는 모든 벡터 $\boldsymbol{v}$는 다음과 같이 표현될 수 있다.

$$\boldsymbol{v} = \begin{bmatrix} u_1 & u_2 & u_3 & u_4 \end{bmatrix} MA$$

$$= \begin{bmatrix} u_1 & u_2 & u_3 & u_4 \end{bmatrix} \begin{bmatrix} 0 & 2 & 3 & 4 & 5 \\ 0 & 0 & 0 & 3 & 2 \\ 1 & 2 & 3 & 4 & 5 \\ 0 & 0 & 0 & 0 & 3 \\ 0 & 0 & 0 & 9 & 8 \end{bmatrix}$$

$$= \begin{bmatrix} u_1 & u_2 & u_3 & u_4 \end{bmatrix} \left(\begin{bmatrix} 1 & 0 & 0 & 0 & 0 \\ 0 & 1 & 0 & 0 & 0 \\ 0 & 0 & 1 & 0 & 0 \\ 0 & 0 & -2 & 1 & 0 \\ 0 & 0 & 0 & 0 & 1 \end{bmatrix} \begin{bmatrix} 0 & 2 & 3 & 4 & 5 \\ 0 & 0 & 0 & 3 & 2 \\ 1 & 2 & 3 & 4 & 5 \\ 0 & 0 & 0 & 6 & 7 \\ 0 & 0 & 0 & 9 & 8 \end{bmatrix} \right)$$

$$= \left(\begin{bmatrix} u_1 & u_2 & u_3 & u_4 \end{bmatrix} \begin{bmatrix} 1 & 0 & 0 & 0 & 0 \\ 0 & 1 & 0 & 0 & 0 \\ 0 & 0 & 1 & 0 & 0 \\ 0 & 0 & -2 & 1 & 0 \\ 0 & 0 & 0 & 0 & 1 \end{bmatrix} \right) \begin{bmatrix} 0 & 2 & 3 & 4 & 5 \\ 0 & 0 & 0 & 3 & 2 \\ 1 & 2 & 3 & 4 & 5 \\ 0 & 0 & 0 & 6 & 7 \\ 0 & 0 & 0 & 9 & 8 \end{bmatrix}$$

이것은 $\boldsymbol{v}$가 벡터와 행렬 A의 곱셈으로 표현될 수 있음을 보여 준다. 이것은 또한 $\boldsymbol{v}$가 Row A임을 보여 준다. Row MA 내의 모든 벡터는 또한 Row A에 속하므로, Row $MA \subseteq$ Row A이다.

또한, Row $A \subseteq$ Row MA임을 보여야 한다. $A = M^{-1}MA$이므로, Row $M^{-1}MA \subseteq$ Row MA임을 보여 주면 된다.

Row $M^{-1}MA$에 속하는 모든 벡터 $\boldsymbol{v}$는 다음과 같이 표현될 수 있다.

$$\boldsymbol{v} = \begin{bmatrix} u_1 & u_2 & u_3 & u_4 \end{bmatrix} M^{-1}MA$$

$$= \begin{bmatrix} u_1 & u_2 & u_3 & u_4 \end{bmatrix} \left(\begin{bmatrix} 1 & 0 & 0 & 0 & 0 \\ 0 & 1 & 0 & 0 & 0 \\ 0 & 0 & 1 & 0 & 0 \\ 0 & 0 & 2 & 1 & 0 \\ 0 & 0 & 0 & 0 & 1 \end{bmatrix} \begin{bmatrix} 1 & 0 & 0 & 0 & 0 \\ 0 & 1 & 0 & 0 & 0 \\ 0 & 0 & 1 & 0 & 0 \\ 0 & 0 & -2 & 1 & 0 \\ 0 & 0 & 0 & 0 & 1 \end{bmatrix} \begin{bmatrix} 0 & 2 & 3 & 4 & 5 \\ 0 & 0 & 0 & 3 & 2 \\ 1 & 2 & 3 & 4 & 5 \\ 0 & 0 & 0 & 6 & 7 \\ 0 & 0 & 0 & 9 & 8 \end{bmatrix} \right)$$

$$= \left(\begin{bmatrix} u_1 & u_2 & u_3 & u_4 \end{bmatrix} \begin{bmatrix} 1 & 0 & 0 & 0 & 0 \\ 0 & 1 & 0 & 0 & 0 \\ 0 & 0 & 1 & 0 & 0 \\ 0 & 0 & 2 & 1 & 0 \\ 0 & 0 & 0 & 0 & 1 \end{bmatrix} \right) \begin{bmatrix} 1 & 0 & 0 & 0 & 0 \\ 0 & 1 & 0 & 0 & 0 \\ 0 & 0 & 1 & 0 & 0 \\ 0 & 0 & -2 & 1 & 0 \\ 0 & 0 & 0 & 0 & 1 \end{bmatrix} \begin{bmatrix} 0 & 2 & 3 & 4 & 5 \\ 0 & 0 & 0 & 3 & 2 \\ 1 & 2 & 3 & 4 & 5 \\ 0 & 0 & 0 & 6 & 7 \\ 0 & 0 & 0 & 9 & 8 \end{bmatrix}$$

이것은 $\boldsymbol{v}$가 벡터와 행렬 MA의 곱셈으로 표현될 수 있음을 보여 준다. 이것은 또한 $\boldsymbol{v}$가 Row MA에 속한다는 것을 보여 준다.

8.1.7 가우스 소거법을 통한 기저, 랭크, 일차독립

작성한 프로그램은 프로시저, `row_reduce(rowlist)`에 포함되었다. 이 프로시저는 주어진 벡터들의 리스트 `rowlist`에 대해 그 리스트를 변경하고(mutate), 행덧셈 연산을 수행하며, `rowlist`와 동일한 생성을 가지는 사다리꼴로 된 벡터들의 리스트를 리턴한다. 반환된 벡터들의 리스트는 영벡터들을 포함하지 않으며, 그래서 `rowlist`의 생성에 대한 기저이다.

주어진 벡터들의 생성에 대한 기저를 찾는 프로시저를 가지고 있으므로, 랭크 및 일차독립에 대한 프로시저는 쉽게 작성할 수 있다. 하지만, 이것들이 정확한가?

8.1.8 가우스 소거법이 실패할 때

기저를 얻는 알고리즘은 수학적으로 정확하다는 것을 보여 주었다. 하지만, 파이썬은 부동소수를 사용하여 계산을 수행하고 산술연산은 근사적으로만 옳다. 따라서 파이썬의 계산 결과를 벡터 집합의 랭크를 결정하는 데 사용하기 어려울 수 있다.

예를 고려해 보자.

$$A = \begin{bmatrix} 10^{-20} & 0 & 1 \\ 1 & 10^{20} & 1 \\ 0 & 1 & -1 \end{bmatrix}$$

A의 행들은 일차독립이다. 하지만, 이 행들에 대해 `row_reduce`를 호출하면, 그 결과는 두 개의 행만 포함되어 행랭크는 2라고 결론을 내릴 수도 있다.

먼저, 열 $c = 0$에 대해, 알고리즘은 첫 번째 행 $\begin{bmatrix} 10^{-20} & 0 & 1 \end{bmatrix}$을 피봇행으로 선택한다. 두 번째 행 $\begin{bmatrix} 1 & 10^{20} & 1 \end{bmatrix}$에서 피봇행의 10^{20}배를 빼면 결과는 다음과 같아야 한다.

$$\begin{bmatrix} 1 & 10^{20} & 1 \end{bmatrix} - 10^{20} \begin{bmatrix} 10^{-20} & 0 & 1 \end{bmatrix} = \begin{bmatrix} 0 & 10^{20} & 1 - 10^{20} \end{bmatrix}$$

하지만, 파이썬에서 마지막 엔트리가 어떻게 계산되는지 알아보자.

```
>>> 1 - 1e+20
-1e+20
```

따라서, 파이썬에서 이 행덧셈 연산을 수행한 후 행렬은 다음과 같다.

$$\begin{bmatrix} 10^{-20} & 0 & 1 \\ 0 & 10^{20} & -10^{20} \\ 0 & 1 & -1 \end{bmatrix}$$

다음에, 열 $c = 1$에 대해, 알고리즘은 두 번째 행 $\begin{bmatrix} 0 & 10^{20} & -10^{20} \end{bmatrix}$을 피봇행으로 선택하고 이 피봇행의 10^{20}배를 세 번째 행에서 뺀다. 결과 행렬은 아래와 같다.

$$\begin{bmatrix} 10^{-20} & 0 & 1 \\ 0 & 10^{20} & -10^{20} \\ 0 & 0 & 0 \end{bmatrix}$$

마지막으로 남아 있는 세 번째 행은 열 $c = 2$에 영인 엔트리를 가지므로 피봇행이 선택되지 않고 알고리즘이 종료된다.

8.1.9 피봇팅 및 수치해석

부정확한 부동소수점 연산을 사용할 때 계산상의 에러는 피할 수 없지만, 가우스 소거법을 수정하여 어처구니 없는 결과가 발생하는 것은 피할 수 있다. *피봇팅*(Pivoting)은 피봇원소를 주의 깊게 선택하는 것을 말한다. 여기에는 두 가지 전략이 사용된다.

- *부분적 피봇팅*(partial pivoting): 열 c에 영이 아닌 엔트리를 가지는 행 중에서 절대값이 *가장 큰* 엔트리를 가지는 행을 선택한다.

- *완전 피봇팅*(complete pivoting): 미리 열의 순서를 선택하는 대신에 그때그때 피봇원소를 최대로 하는 각 열을 선택한다.

보통은 부분적 피봇팅이 실질적으로 사용된다. 왜냐하면, 구현하기 쉽고 실행속도가 빠르기 때문이다. 하지만, 이것은 이론적으로는 여전히 아주 큰 행렬에 대해 심각하게 나쁜 결과를 초래할 수 있다. 이에 반해 완전 피봇팅은 에러를 통제할 수 있다.

수치해석 분야는 정확하지 않은 연산을 사용하는 가우스 소거법과 같은 알고리즘을 사용할 때 발생되는 에러를 수학적으로 분석하기 위한 툴을 제공한다. 여기서 수치해석에 대해 다루지는 않는다. 단지, 수치 알고리즘의 문제점에 대해 알고 수학적 분석이 이러한 문제점을 피할 수 있는 알고리즘 개발을 도와줄 수 있다는 사실을 알았으면 한다.

정확하지 않은 연산을 사용하여 행렬의 랭크를 계산하는 것은 아주 어렵다. 일반적으로 인정되는 방법은 행렬의 *특이값분해*(singular value decomposition)를 사용한다. 이 개념은 나중에 나오는 장에서 다룬다.

8.2 $GF(2)$상의 가우스 소거법

가우스 소거법은 $GF(2)$상의 벡터들에 대해 수행될 수 있다. 이 경우, 모든 연산은 정확하고 수치적 문제는 발생하지 않는다.

하나의 예를 살펴보자. 다음 행렬을 가지고 시작한다.

	A	B	C	D
1	0	0	one	one
2	one	0	one	one
3	one	0	0	one
4	one	one	one	one

알고리즘은 열들을 A, B, C, D 순서로 반복하여 진행한다. 열 A에 대해, 알고리즘은 행 2를 피봇 행으로 선택한다. 행 3과 행 4는 열 A에 영이 아닌 엔트리를 가지므로, 알고리즘은 행-덧셈 연산을 수행하여 행 2를 행 3과 행 4에 더하여 다음 행렬을 얻는다.

	A	B	C	D
1	0	0	one	one
2	one	0	one	one
3	0	0	one	0
4	0	one	0	0

이제, 알고리즘은 행 B를 처리한다. 알고리즘은 행 4를 피봇행으로 선택한다. 나머지 행(행 1과 행 3)은 열 B에 영인 엔트리를 가지므로, 이 이터레이션에서는 행연산을 수행할 필요가 없고, 행렬은 변하지 않는다.

이제, 알고리즘은 열 C를 처리한다. 알고리즘은 행 1을 피봇행으로 선택한다. 남아 있는 다른 유일한 행은 행 3이며 알고리즘은 행-덧셈 연산을 수행하여 행 1을 행 3에 더하여 다음 행렬을 얻는다.

	A	*B*	*C*	*D*
1	0	0	one	one
2	one	0	one	one
3	0	0	0	one
4	0	one	0	0

마지막으로, 알고리즘은 열 D를 처리한다. 유일하게 남아 있는 행은 행 3이고 알고리즘은 이 행을 피봇행으로 선택한다. 남아 있는 다른 행이 없어므로 행-덧셈 연산은 수행할 필요가 없다. 모든 열에 대해 이터레이션이 완료되었다. `new_rowlist`에 의해 표현된 행렬은 다음과 같다.

	A	*B*	*C*	*D*
0	one	0	one	one
1	0	one	0	0
2	0	0	one	one
3	0	0	0	one

파일 `gaussian_examples.py`에 몇몇 다른 예제 행렬들이 있다.

8.3 다른 문제에 대해 가우스 소거법 사용하기

사다리꼴 행렬에서 영이 아닌 엔트리를 가지는 행들은 그 행렬의 행공간에 대한 기저를 형성한다는 것을 살펴보았다. 또한, 가우스 소거법을 사용하여 행공간을 변경하지 않고 행렬을 사다리꼴로 어떻게 변환하는지 살펴보았다. 이것을 이용하면 행렬의 행공간에 대한 기저를 찾는 알고리즘을 얻을 수 있다.

하지만, 가우스 소거법은 다른 문제들을 해결하는 데도 사용될 수 있다.

- 선형시스템의 해 구하기
- 영공간에 대한 기저 찾기

GF(2)상에서, 선형시스템의 해를 구하는 알고리즘은, 예를 들어 *Lights Out*의 인스턴스를 해결하는 데 사용될 수 있다. 이것은 간단한 인증기법에서 사용된 비밀 패스워드를 찾는 데도 사용될 수 있다. 또한, 이것은 파이썬의 난수발생기 `random`이 발생시킬 다음 난수(랜덤 넘버)를 예측하는 데 사용될 수도 있다(`resources.codingthematrix.com` 참조).

GF(2)상에서, 영공간에 대한 기저를 찾는 것은 기본적인 체크섬 함수로는 검출되지 않을 오류를 파일에 발생시키는 방법을 찾는 데 사용될 수 있다. 이것은 또한 정수 인수분해에 도움을 주도록 사용될 수 있다. 정수 인수분해는 아주 어려운 계산문제로, 웹브라우저를 통해 주고받는 신용카드 번호를 보호하는 데 흔히 사용되는 암호기법 RSA는 이러한 계산상의 어려움을 기반으로 한다.

8.3.1 가역행렬 M과 사다리꼴의 행렬 MA

가우스 소거법을 이러한 다른 문제들을 해결하는 데 사용하는 핵심은 입력 행렬을 사다리꼴 행렬로 만드는 데 사용되는 기본행-덧셈 연산을 추적하는 것이다.

기본행-덧셈 연산은 행렬에 적용될 수 있는데, 이것은 기본행-덧셈 행렬 M을 그 행렬과 곱함으로써 이루어진다. 행렬 A를 가지고 시작해 보자.

- 알고리즘은 하나의 행-덧셈 연산을 수행하여 행렬 $M_1 A$를 얻는다.
- 그다음에, 또 다른 행-덧셈 연산을 이 행렬에 대해 수행하여 행렬 $M_2 M_1 A$를 얻는다.

  ⋮

이렇게 계속하면, 만약 k가 행-덧셈 연산의 총 개수일 경우 마지막으로 얻어지는 행렬은 아래와 같다.

$$M_k M_{k-1} \cdots M_2 M_1 A$$

$\bar{M}$은 M_k에서 M_1까지의 곱이라 하자. 그러면, 가우스 소거법을 A에 적용한 최종 결과인 행렬은 $\bar{M}A$이다.

코드에서, 최종 결과 행렬은 그 행들이 올바른 순서로 되어 있지 않아 사다리꼴이 아니다. $\bar{M}$의 행들을 다시 정렬하면 MA가 사다리꼴 행렬이 되는 그러한 행렬 M을 얻을 수 있다.

더욱이, M_k에서 M_1까지의 행렬 각각은 가역적이므로 $\bar{M}$도 가역적이다. 따라서, $\bar{M}$은 정방행렬이고 그 행들은 일차독립이다. M은 행들을 다시 정렬함으로써 $\bar{M}$로부터 얻어지므로, M도 또한 정방행렬이고 그 행들은 일차독립이다. 이것은 비공식적으로 다음을 증명한 것이다.

Proposition 8.3.1: 임의의 행렬 A에 대해, MA는 사다리꼴 행렬인 그러한 가역 행렬 M이 있다.

8.3.2 행렬 곱셈없이 M 계산하기

실제로 M을 계산하는 데 이 모든 행렬-행렬 곱셈이 필요한 것은 아니다. 훨씬 더 효과적인 방법이 있다. 이 프로시저는 아래의 `rowlist`에 의해 표현되는 두 개의 행렬을 유지한다.

- 코드에서 `rowlist`에 의해 표현되는 변환되는 행렬
- 코드에서 `M_rowlist`에 의해 표현되는 변환하는 행렬

알고리즘은 변환하는 행렬과 입력 행렬의 곱이 `rowlist`에 의해 표현되는 행렬과 동일하게 되도록 유지한다.

$$\texttt{M\_rowlist}\,(\text{초기 행렬}) = \texttt{rowlist} \tag{8.1}$$

i 번째 행-덧셈 연산을 수행하는 것은 `rowlist`의 어느 한 행의 배수를 또 다른 행에서 빼는 것으로 구성된다. 이것은 행렬 `rowlist`를 행-덧셈 행렬 M_i와 곱하는 것과 동일하다. 불변식 (식 8.1)을 유지하기 위해, 식의 양변에 M_i을 곱한다.

$$M_i\,(\texttt{M\_rowlist})\,(\text{초기 행렬}) = M_i\,(\texttt{rowlist})$$

우변의 경우, 이 프로시저는 피봇행의 배수를 또 다른 행에서 뺀다.

좌변은 어떤가? `M_rowlist`가 M_i와 `M_rowlist`의 곱이 되도록 하기 위해, 프로시저는 `M_rowlist`에 대해 좌변과 유사하게 행-덧셈 연산을 수행하여 대응하는 행의 동일한 배수를 대응하는 행에서 뺀다.

Example 8.3.2: 다음 행렬을 사용하여 예를 실행해 보자.

$$A = \begin{bmatrix} 0 & 2 & 3 & 4 & 5 \\ 0 & 0 & 0 & 3 & 2 \\ 1 & 2 & 3 & 4 & 5 \\ 0 & 0 & 0 & 6 & 7 \\ 0 & 0 & 0 & 9 & 8 \end{bmatrix}$$

처음에, `rowlist`는 A의 행들로 구성된다. 불변식 (식 8.1)이 참이 되도록 하기 위해, 알고리즘은 `M_rowlist`를 단위행렬이 되게 초기화한다. 그러면 다음이 얻어진다.

$$\begin{bmatrix} 1 & & & & \\ & 1 & & & \\ & & 1 & & \\ & & & 1 & \\ & & & & 1 \end{bmatrix} \begin{bmatrix} 0 & 2 & 3 & 4 & 5 \\ 0 & 0 & 0 & 3 & 2 \\ 1 & 2 & 3 & 4 & 5 \\ 0 & 0 & 0 & 6 & 7 \\ 0 & 0 & 0 & 9 & 8 \end{bmatrix} = \begin{bmatrix} 0 & 2 & 3 & 4 & 5 \\ 0 & 0 & 0 & 3 & 2 \\ 1 & 2 & 3 & 4 & 5 \\ 0 & 0 & 0 & 6 & 7 \\ 0 & 0 & 0 & 9 & 8 \end{bmatrix}$$

첫 번째 행-덧셈 연산은 네 번째 행에서 두 번째 행의 2배를 뺀다. 알고리즘은 이 연산을 변환하는 행렬(좌변의 첫 번째 행렬)과 변환되는 행렬(우변의 행렬)에 적용하여 다음 결과를 얻는다.

$$\begin{bmatrix} 1 & & & & \\ & 1 & & & \\ & & 1 & & \\ & -2 & & 1 & \\ & & & & 1 \end{bmatrix} \begin{bmatrix} 0 & 2 & 3 & 4 & 5 \\ 0 & 0 & 0 & 3 & 2 \\ 1 & 2 & 3 & 4 & 5 \\ 0 & 0 & 0 & 6 & 7 \\ 0 & 0 & 0 & 9 & 8 \end{bmatrix} = \begin{bmatrix} 0 & 2 & 3 & 4 & 5 \\ 0 & 0 & 0 & 3 & 2 \\ 1 & 2 & 3 & 4 & 5 \\ 0 & 0 & 0 & 0 & 3 \\ 0 & 0 & 0 & 9 & 8 \end{bmatrix}$$

동일한 행렬 M_1을 좌변과 우변에 곱했으므로, 불변식은 여전히 참이다. 다음 행-덧셈 연산은 두 번째 행의 3배를 다섯 번째 행에서 빼는 것이다. 알고리즘은 이 연산을 변환하는 행렬과 변환되는 행렬에 적용하여 아래 결과가 얻어진다.

$$\begin{bmatrix} 1 & & & & \\ & 1 & & & \\ & & 1 & & \\ & -2 & & 1 & \\ & -3 & & & 1 \end{bmatrix} \begin{bmatrix} 0 & 2 & 3 & 4 & 5 \\ 0 & 0 & 0 & 3 & 2 \\ 1 & 2 & 3 & 4 & 5 \\ 0 & 0 & 0 & 6 & 7 \\ 0 & 0 & 0 & 9 & 8 \end{bmatrix} = \begin{bmatrix} 0 & 2 & 3 & 4 & 5 \\ 0 & 0 & 0 & 3 & 2 \\ 1 & 2 & 3 & 4 & 5 \\ 0 & 0 & 0 & 0 & 3 \\ 0 & 0 & 0 & 0 & 2 \end{bmatrix}$$

세 번째 및 마지막 행-덧셈 연산은 네 번째 행의 2/3 배를 다섯 번째 행에서 빼는 것이다. 알고리즘은 이 연산을 변환하는 행렬과 변환되는 행렬에 적용해야 한다. 변환하는 행렬의 네 번째 행은 $\begin{bmatrix} 0 & -2 & 0 & 1 & 0 \end{bmatrix}$이고 이 행의 2/3는 $\begin{bmatrix} 0 & -1\frac{1}{3} & 0 & \frac{2}{3} & 0 \end{bmatrix}$이다. 변환하는 행렬의 다섯 번째 행은 $\begin{bmatrix} 0 & -3 & 0 & 0 & 1 \end{bmatrix}$이고, 네 번째 행의 2/3배를 빼면 $\begin{bmatrix} 0 & -1\frac{1}{3} & 0 & -\frac{2}{3} & 0 \end{bmatrix}$이 얻어진다.

따라서, 식은 다음과 같이 된다.

$$\begin{bmatrix} 1 & & & & \\ & 1 & & & \\ & & 1 & & \\ & -2 & & 1 & \\ & -1\frac{1}{3} & & -\frac{2}{3} & \end{bmatrix} \begin{bmatrix} 0 & 2 & 3 & 4 & 5 \\ 0 & 0 & 0 & 3 & 2 \\ 1 & 2 & 3 & 4 & 5 \\ 0 & 0 & 0 & 6 & 7 \\ 0 & 0 & 0 & 9 & 8 \end{bmatrix} = \begin{bmatrix} 0 & 2 & 3 & 4 & 5 \\ 0 & 0 & 0 & 3 & 2 \\ 1 & 2 & 3 & 4 & 5 \\ 0 & 0 & 0 & 0 & 3 \\ 0 & 0 & 0 & 0 & 0 \end{bmatrix} \quad (8.2)$$

이 전략을 코드에 포함시키기 위해 두 가지 변경이 필요하다.

- 변수 M_rowlist를 초기화하여 단위행렬(1 또는 GF2.one 중 적절한 것을 사용하여)을 나타낸다.

```
M_rowlist = [Vec(row_labels, {row_label_list[i]:one}) for i in range(m)]
```

- 행-덧셈 연산이 rowlist에 대해 수행될 때마다 동일한 행-덧셈 연산을 M_rowlist에 대해 수행한다.

다음은 메인 루프를 보여 주며, 두 번째 변경을 보여 준다.

```
    for c in sorted(col_labels, key=hash):
        rows_with_nonzero = [r for r in rows_left if rowlist[r][c] != 0]
        if rows_with_nonzero != []:
            pivot = rows_with_nonzero[0]
            rows_left.remove(pivot)
            for r in rows_with_nonzero[1:]:
                multiplier = rowlist[r][c]/rowlist[pivot][c]
                rowlist[r] -= multiplier*rowlist[pivot]
=>              M_rowlist[r] -= multiplier*M_rowlist[pivot]
```

이것을 섹션 8.3에서 언급한 다른 문제들을 해결하는 데 유용하게 만들기 위해, 입력 행렬에 곱하면 사다리꼴 행렬이 되는 그러한 행렬 M을 제공해야 한다. 식 (8.2)에서 우변의 행렬은 행들의 순서가 잘못되어 있어 사다리꼴이 아니다. 따라서, M_rowlist에 의해 표현된 아래 행렬은 M이라고 할 수 없다.

$$\begin{bmatrix} 1 & & & & \\ & 1 & & & \\ & & 1 & & \\ & -2 & & 1 & \\ & -1\frac{1}{3} & & -\frac{2}{3} & \end{bmatrix}$$

행들은 맞지만, 순서는 다시 정렬되어야 한다.

행들의 순서를 맞게 정렬하는 간단한 방법이 있다. 앞에서 맨 왼쪽의 영이 아닌 위치에 의해 행들을 정렬하던 것을 기억해 보자(섹션 8.1.3). 거기서 피봇행들은 new_rowlist라는 리스트에 모았었다. 똑같은 개념을 사용하지만, 이번에는 피봇행들을 모으는 대신 M_rowlist의 대응하는 행들을 new_M_rowlist라고 하는 리스트에 모은다.

```
=>  new_M_rowlist = []
    for c in sorted(col_labels, key=hash):
        rows_with_nonzero = [r for r in rows_left if rowlist[r][c] != 0]
        if rows_with_nonzero != []:
            pivot = rows_with_nonzero[0]
            rows_left.remove(pivot)
=>          new_M_rowlist.append(M_rowlist[pivot])
            for r in rows_with_nonzero[1:]:
                multiplier = rowlist[r][c]/rowlist[pivot][c]
                rowlist[r] -= multiplier*rowlist[pivot]
                M_rowlist[r] -= multiplier*M_rowlist[pivot]
```

이 방식에는 한 가지 문제점이 있다. rowlist의 엔트리가 모두 영인 행들에 대응하는 M_rowlist의 행들은 첨부되지 않는다는 것이다. 이유는 엔트리가 모두 영인 행은 피봇행이 되지 않기 때문이다. 그러므로, 마지막에 이러한 행들을 new_M_rowlist에 첨부하는 또 다른 루프를 추가한다.

```
    for c in sorted(col_labels, key=hash):
        rows_with_nonzero = [r for r in rows_left if rowlist[r][c] != 0]
        if rows_with_nonzero != []:
            pivot = rows_with_nonzero[0]
            rows_left.remove(pivot)
            new_M_rowlist.append(M_rowlist[pivot])
            for r in rows_with_nonzero[1:]:
                multiplier = rowlist[r][c]/rowlist[pivot][c]
                rowlist[r] -= multiplier*rowlist[pivot]
                M_rowlist[r] -= multiplier*M_rowlist[pivot]
 => for r in rows_left: new_M_rowlist.append(M_rowlist[r])
```

모듈 echelon은 프로시저, transformation(A)를 포함한다. 이 프로시저는 MA가 사다리꼴 행렬이 되는 그러한 가역행렬 M을 리턴하며 위의 코드를 사용한다.

Example 8.3.3: 변환하는 행렬을 유지하는 또 다른 예가 있다.

$$\begin{bmatrix} 1 & 0 & 0 & 0 \\ 0 & 1 & 0 & 0 \\ 0 & 0 & 1 & 0 \\ 0 & 0 & 0 & 1 \end{bmatrix} \begin{bmatrix} 0 & 2 & 4 & 2 & 8 \\ 2 & 1 & 0 & 5 & 4 \\ 4 & 1 & 2 & 4 & 2 \\ 5 & 0 & 0 & 2 & 8 \end{bmatrix} = \begin{bmatrix} 0 & 2 & 4 & 2 & 8 \\ 2 & 1 & 0 & 5 & 4 \\ 4 & 1 & 2 & 4 & 2 \\ 5 & 0 & 0 & 2 & 8 \end{bmatrix}$$

$$\begin{bmatrix} 1 & 0 & 0 & 0 \\ 0 & 1 & 0 & 1 \\ 0 & -2 & 1 & 0 \\ 0 & 0 & 0 & 1 \end{bmatrix} \begin{bmatrix} 0 & 2 & 4 & 2 & 8 \\ 2 & 1 & 0 & 5 & 4 \\ 4 & 1 & 2 & 4 & 2 \\ 5 & 0 & 0 & 2 & 8 \end{bmatrix} = \begin{bmatrix} 0 & 2 & 4 & 2 & 8 \\ 2 & 1 & 0 & 5 & 4 \\ 0 & -1 & 2 & -6 & -6 \\ 5 & 0 & 0 & 2 & 8 \end{bmatrix}$$

$$\begin{bmatrix} 1 & 0 & 0 & 0 \\ 0 & 1 & 0 & 0 \\ 0 & -2 & 1 & 0 \\ 0 & -2.5 & 0 & 1 \end{bmatrix} \begin{bmatrix} 0 & 2 & 4 & 2 & 8 \\ 2 & 1 & 0 & 5 & 4 \\ 4 & 1 & 2 & 4 & 2 \\ 5 & 0 & 0 & 2 & 8 \end{bmatrix} = \begin{bmatrix} 0 & 2 & 4 & 2 & 8 \\ 2 & 1 & 0 & 5 & 4 \\ 0 & -1 & 2 & -6 & -6 \\ 0 & -2.5 & 0 & -10.5 & -2 \end{bmatrix}$$

$$\begin{bmatrix} 1 & 0 & 0 & 0 \\ 0 & 1 & 0 & 0 \\ .5 & -2 & 1 & 0 \\ 0 & -2.5 & 0 & 1 \end{bmatrix} \begin{bmatrix} 0 & 2 & 4 & 2 & 8 \\ 2 & 1 & 0 & 5 & 4 \\ 4 & 1 & 2 & 4 & 2 \\ 5 & 0 & 0 & 2 & 8 \end{bmatrix} = \begin{bmatrix} 0 & 2 & 4 & 2 & 8 \\ 2 & 1 & 0 & 5 & 4 \\ 0 & 0 & 4 & -5 & -2 \\ 0 & -2.5 & 0 & -10.5 & -2 \end{bmatrix}$$

8.4 가우스 소거법을 사용하여 행렬-벡터 방정식 풀기

행렬-벡터 방정식의 해를 구하고자 한다고 해 보자.

$$A\boldsymbol{x} = \boldsymbol{b} \tag{8.3}$$

MA가 사다리꼴 행렬 U가 되는 그러한 행렬 M을 계산하자. 그리고, 식 (8.3)의 양변에 M을 곱하면 다음을 얻는다.

$$MA\boldsymbol{x} = M\boldsymbol{b} \tag{8.4}$$

이것은 만약 원래의 방정식(식 (8.3))이 해 $\boldsymbol{u}$를 가지면 동일한 해는 새로운 방정식(식 (8.4))을 만족한다는 것을 보여 준다. 역으로, $\boldsymbol{u}$가 새로운 방정식의 해라고 해 보자. 그러면, $MA\boldsymbol{u} = M\boldsymbol{b}$이다. 양변에 M^{-1}을 곱하면 $M^{-1}MA\boldsymbol{u} = M^{-1}M\boldsymbol{b}$를 얻는다. 이것은 $A\boldsymbol{u} = \boldsymbol{b}$임을 의미하며, 그러므로 $\boldsymbol{u}$는 원래 방정식의 해라는 것을 보여 준다.

새로운 방정식 $MA\boldsymbol{x} = M\boldsymbol{b}$는 좌변의 행렬 MA가 사다리꼴이므로 원래 방정식보다 해를 구하기 더 쉽다.

8.4.1 행렬이 사다리꼴일 때 행렬-벡터 방정식의 해 구하기—가역적인 경우

U가 사다리꼴 행렬인 경우 행렬-벡터 방정식 $U\boldsymbol{x} = \boldsymbol{b}$의 해를 구하는 알고리즘을 제시할 수 있는가?

먼저, U가 가역행렬인 경우를 고려해 보자. 이 경우, U는 정방행렬이고 그 대각원소들은 영이 아니다. 이것은 상삼각행렬이며 후진대입법을 사용하여 방정식 $U\boldsymbol{x} = \bar{\boldsymbol{b}}$를 풀 수 있다. 후진대입법은 섹션 3.11.2에서 기술된 알고리즘이며 모듈 `triangular`에 정의된 프로시저, `triangular_solve(A, b)`에 구현되어 있다.

8.4.2 엔트리가 영인 행들에 대한 처리

이제 일반적인 경우를 고려해 보자. U가 삼각행렬이 될 수 없는 경우가 두 가지 있다.

- 엔트리가 모두 영인 행들이 있을 수 있다.
- U의 열들 중 어떠한 행도 그 행의 맨 왼쪽 영이 아닌 엔트리가 이 열에 위치하지 않는 그러한 열들이 있을 수 있다.

첫 번째 이슈는 다루기 쉽다. 엔트리가 영인 행들은 그냥 무시하면 된다.

방정식 $\boldsymbol{a}_i \cdot \boldsymbol{x} = b_i$를 고려해 보자. 이때, $\boldsymbol{a}_i = \mathbf{0}$이다.

- 만약 $b_i = 0$이면, 방정식은 $\boldsymbol{x}$ 값에 관계없이 항상 성립한다.
- 만약 $b_i \neq 0$이면, 방정식은 $\boldsymbol{x}$ 값에 관계없이 항상 성립하지 않는다.

따라서, 엔트리가 모두 영인 행들을 무시하는 것의 유일한 단점은 방정식이 해를 가지는지 그 여부를 알고리즘이 알지 못한다는 것이다.

8.4.3 관련없는 열들에 대한 처리

행렬 U는 엔트리가 모두 영인 행이 없다고 가정해 보자. 다음 예를 살펴보자.

	A	B	C	D	E
0	1		1		
1		2		3	
2				1	9

$$* \begin{bmatrix} x_a & x_b & x_c & x_d & x_e \end{bmatrix} = \begin{bmatrix} 1 \\ 1 \\ 1 \end{bmatrix}$$

모든 행에는 영이 아닌 엔트리가 있다. 어떤 열 c의 위치에 영이 아닌 맨 왼쪽 엔트리를 가지는 행이 하나도 없는 경우 그런 열은 버린다. 이 예제에서, 열 C 및 열 E를 버린 다음 시스템은 아래와 같다.

	A	B	D
0	1		
1		2	3
2			1

$$* \begin{bmatrix} x_a & x_b & x_d \end{bmatrix} = \begin{bmatrix} 1 \\ 1 \\ 1 \end{bmatrix}$$

이 시스템은 삼각형 형태이고 후진대입법을 사용하여 풀 수 있다. 솔루션은 숫자를 변수 x_a, x_b, x_d에 할당한다. 버려진 열에 대응하는 변수 x_c와 x_e는 어떻게 해야 하는가? 이 변수들은 그냥 영으로 설정한다. 행렬-벡터 곱셈의 선형결합 정의를 사용하여 살펴보면 버려진 열들은 선형결합에 아무것도 기여하는 것이 없다. 이것이 보여 주는 것은 이렇게 변수에 값을 할당한 솔루션은 버려진 열들을 다시 채워넣을 경우에도 맞는 솔루션이 된다는 것이다.

Problem 8.9.6에서, 행렬이 사다리꼴인 행렬-벡터 방정식에 대한 해를 찾고자 하는 프로시저를 작성할 것이다. 간단하지만 다루기 힘든 방법은 엔트리가 모두 영인 행들과 관련없는 열들을 삭제하여 새로운 행렬을 만들고 그다음에 `triangular_solve`를 사용하는 것이다.

또한, 더 간단하고 짧으며 더 세련된 솔루션이 있다. 이 코드는 `triangular_solve`를 약간 수정한 버전이다.

8.4.4 단순한 인증기법 공격하기 및 개선하기

섹션 3.9.7의 간단한 인증기법을 다시 살펴보자.

- 패스워드는 $GF(2)$상의 n-벡터 $\hat{\boldsymbol{x}}$이다.
- 컴퓨터는 *시도*로서 n-벡터 $\boldsymbol{a}$을 전송한다.
- 사용자는 *응답*으로 $\boldsymbol{a} \cdot \hat{\boldsymbol{x}}$을 전송한다.
- 시도-응답 과정은 사용자가 패스워드 $\hat{\boldsymbol{x}}$을 알고 있다고 컴퓨터가 확신할 때까지 반복된다.

통신을 감청하고 있는 이브는 m 개 쌍 $\boldsymbol{a}_1, b_1, \ldots, \boldsymbol{a}_m, b_m$에 대해 알게 된다. 이때, b_i는 시도 $\boldsymbol{a}_i$에 대한 올바른 응답이다. 그러면, 패스워드 $\hat{\boldsymbol{x}}$은 다음식에 대한 솔루션이다.

$$\underbrace{\begin{bmatrix} \boldsymbol{a}_1 \\ \hline \vdots \\ \hline \boldsymbol{a}_m \end{bmatrix}}_{A} \begin{bmatrix} \boldsymbol{x} \end{bmatrix} = \underbrace{\begin{bmatrix} b_1 \\ \vdots \\ b_m \end{bmatrix}}_{\boldsymbol{b}}$$

일단, rank A가 n이 되면 솔루션은 유일하게 되고, 이브는 가우스 소거법을 사용하여 그 솔루션을 찾아 패스워드를 얻을 수 있다.

의도적 실수를 도입하여 조금 더 안전하게 만들기 이 기법을 좀 더 안전하게 만드는 방법은 *실수*(mistakes)를 도입하는 것이다.

- 대략 전체 횟수의 1/6 정도, 사용자는 랜덤하게 *잘못된(wrong)* 도트곱을 전송한다.
- 컴퓨터는 사용자가 75% 정도 맞게 응답하면 패스워드를 알고 있다고 생각한다.

심지어 이브는 사용자가 실수를 하고 있다는 것을 알고 있더라도 정확하게 *어느* 회에 실수가 도입되는지 모른다. 가우스 소거법은 우변값 b_i의 일부가 맞지 않을 때 솔루션을 찾지 못한다. 사실, 엄청나게 많은 횟수의 시도-응답을 관찰하더라도 솔루션을 찾는 데 사용할 수 있는 알려진 효과적인 알고리즘은 없다. $GF(2)$상의 규모가 큰 행렬-벡터 방정식에 대한 "근사" 해를 찾는 것은 어려운 계산문제이다.

반대로, 다음 몇 장에서는 $\mathbb{R}$상의 행렬-벡터 방정식에 대한 근사 해를 찾는 것에 대해 알아볼 것이다.

8.5 영공간에 대한 기저 찾기

주어진 행렬 A에 대해, 벡터공간 $\{\boldsymbol{v} : \boldsymbol{v} * A = \boldsymbol{0}\}$에 대한 기저를 찾는 알고리즘을 기술해 보자. 이것은 A^T의 영공간이다.

첫 번째 단계는 가역행렬 M을 찾는 것이다. 이때, $MA = U$는 사다리꼴 행렬이 된다. 행렬-행렬 곱셈의 벡터-행렬 정의를 사용하기 위해 M과 U를 행들로 구성된 것으로 해석한다.

$$\begin{bmatrix} \boldsymbol{b}_1 \\ \hline \vdots \\ \hline \boldsymbol{b}_m \end{bmatrix} \begin{bmatrix} & & \\ & A & \\ & & \end{bmatrix} = \begin{bmatrix} \boldsymbol{u}_1 \\ \hline \vdots \\ \hline \boldsymbol{u}_m \end{bmatrix}$$

영벡터인 U의 각 행 $\boldsymbol{u}_i$에 대해 M의 대응하는 행 $\boldsymbol{b}_i$는 $\boldsymbol{b}_i * A = \boldsymbol{0}$인 성질을 가진다.

Example 8.5.1: A는 $GF(2)$상의 다음 행렬이라 해 보자.

$A =$

	A	B	C	D	E
a	0	0	0	one	0
b	0	0	0	one	one
c	one	0	0	one	0
d	one	0	0	0	one
e	one	0	0	0	0

`transformation(A)`을 사용하면, $MA = U$를 만족하는 변환하는 행렬M을 얻는다.

	a	b	c	d	e
0	0	0	one	0	0
1	one	0	0	0	0
2	one	one	0	0	0
3	0	one	one	one	0
4	one	0	one	0	one

$*$

	A	B	C	D	E
a	0	0	0	one	0
b	0	0	0	one	one
c	one	0	0	one	0
d	one	0	0	0	one
e	one	0	0	0	0

$=$

	A	B	C	D	E
0	one	0	0	one	0
1	0	0	0	one	0
2	0	0	0	0	one
3	0	0	0	0	0
4	0	0	0	0	0

우변 행렬의 행 3과 4는 영벡터이고, 좌변의 첫 번째 행렬 M의 행 3과 4는 벡터공간 $\{\boldsymbol{v} : \boldsymbol{v}*A = \mathbf{0}\}$에 속한다. 이들 두 벡터가 사실상 이 벡터공간에 대한 기저를 형성함을 보여 줄 것이다.

따라서, 알고리즘의 두 번째 단계는 U의 어느 행들이 영인지 찾고 M의 대응하는 행들을 선택하는 것이다.

선택된 M의 행들이 벡터공간 $\{\boldsymbol{v} : \boldsymbol{v} * A = \mathbf{0}\}$에 대한 기저라는 것을 보여 주기 위해, 다음 두 가지를 증명해야 한다.

- 선택된 행들은 일차독립이다.
- 선택된 행들은 벡터공간을 생성(span)한다.

M은 가역행렬이므로 정방행렬이고 그 열들은 일차독립이다. 그러므로, 이 행렬의 랭크는 열들의 개수와 같고 이것은 또한 행들의 개수와 같다. 따라서, 이 행렬의 행들도 일차독립이다(Corollary 7.4.11). 그러므로, 행들의 임의의 부분집합은 일차독립이다(Lemma 6.5.8).

선택된 행들이 벡터공간 $\{\boldsymbol{v} : \boldsymbol{v} * A = \mathbf{0}\}$을 생성한다는 것을 보여 주기 위해, 간접적인 방법을 이용한다. 선택된 행들의 개수를 s라고 하자. 이 행들은 벡터공간에 속하고 그래서 이 행들의 생성은 부분공간이다. 만약 선택된 행들의 랭크가 그 벡터공간의 차원과 동일하다는 것을 보여 줄 수 있으면, Dimension Principle(Lemma 7.2.14)의 Property D2에 의해 선택된 행들의 생성은 사실상 그 벡터공간과 동일하다는 것을 보여 줄 수 있다. 선택된 행들은 일차독립이므로, 이들의 랭크는 s와 동일하다.

A의 행의 개수를 m이라 하자. U는 동일한 수의 행을 가진다는 것에 주목하자. U는 두 가지 종류의 행, 즉 영이 아닌 행과 엔트리가 모두 영인 행을 가진다. 섹션 8.1.1에서 영이 아닌 행들은 Row A에 대한 기저를 형성한다. 그래서, 영이 아닌 행의 개수는 rank A이다.

$$\begin{aligned} m &= (U\text{의 영이 아닌 행수 개수}) + (U\text{의 엔트리가 모두 영인 행의 개수}) \\ &= \text{rank } A + s \end{aligned}$$

Rank-Nullity Theorem(Kernel-Image Theorem의 행렬 버전)에 의하면,

$$m = \text{rank } A + \text{nullity } A^T$$

그러므로, $s = \text{nullity } A^T$이다.

8.6 정수 인수분해

가우스는 200년 전에 다음과 같이 말하였다.

> 합성수에서 소수들을 구별해 내는 문제와 합성수를 소인수로 분해하는 문제는 산술에서 가장 중요하고 유용한 문제 중의 하나로 알려져 있다. 이 문제는 길게 논의하는 것이 불필요할 정도로 업계와 고대 및 현대 기하학자들의 관심을 사로잡았다. 더욱이, 과학 그 자체의 품위를 위해서는 이렇게 품격있고 유명한 문제에 대한 솔루션을 제시해야 할 것 같다. (칼 프레드릭 가우스(Carl Friedrich Gauss), *Disquisitiones Arithmeticae*, 1801)

소수는 1과 그 자신만을 인수로 가지는 1보다 큰 정수이다. 합성수는 소수가 아닌 1보다 큰 정수이다. 즉, 합성수는 1보다 큰 인수를 가지는 양의 정수이다. 정수론(number theory)의 기본 이론은 다음과 같다.

Theorem 8.6.1 (Prime Factorization Theorem): 임의의 양의 정수 N에 대해, 곱이 N이 되는 유일한 소수의 그룹이 존재한다.

예를 들어, 75는 그룹 $\{3, 5, 5\}$에 들어 있는 원소들의 곱이고, 126은 그룹 $\{2, 3, 3, 7\}$에 들어 있는 원소들의 곱이며, 23은 $\{23\}$에 들어 있는 원소의 곱이다. 한 그룹 내의 모든 원소는 소수이어야 한다. 만약 N이 소수이면, N에 대한 그룹은 단지 $\{N\}$이다.

숫자 N을 *인수분해*한다는 것은 대응하는 소수들의 그룹을 찾는다는 것을 의미한다. 가우스는 실제로 두 가지 문제를 언급하였다: (1) 합성수로부터 소수들을 구별해 내는 것 (2) 정수를 인수분해 하는 것. 첫 번째 문제는 이미 해결되었다. 두 번째 문제인 인수분해는 가우스의 시대 이후 인수분해 알고리즘에 엄청난 발전이 있었지만 아직 풀지 못했다.

가우스의 시대에는 정수의 인수분해는 단지 수학적 관심거리였다. 지금은 소수성(primality)과 인수분해는 RSA 암호체계의 핵심을 이루며, 매일 신용카드 번호와 다른 비밀을 안전하게 전송하는 데 사용된다. 웹브라우저에서 보안 웹사이트에 접속하면, 브라우저는 RSA에 기반을 둔 HTTPS 프로토콜을 사용하여 서버와 통신한다.

합성수 N을 소수들로 인수분해하는 것은 그렇게 어려운 부분이 아니다. 주어진 합성수 N에 대해, $N = ab$인 1보다 큰 임의의 정수 a 및 b를 찾는 알고리즘 `factor(N)`이 있다고 해 보자. 그러면, a와 b를 재귀적으로 인수분해함으로써 소인수분해를 얻을 수 있다.

```
def prime_factorize(N):
    if is_prime(N):
      return [N]
    a,b = factor(N)
    return prime_factorize(a)+prime_factorize(b)
```

어려운 것은 `factor(N)`을 신속하게 실행될 수 있도록 구현하는 것이다.

8.6.1 인수분해에 대한 첫 번째 시도

*나눗셈 시도(trial divisions)*가 관련된 알고리즘을 고려해 보자. 나눗셈 시도는 특정 정수 b에 대해 N이 b로 나누어지는지 테스트하는 것이다. 나눗셈 시도는 단순한 연산이 아니다. 이것은 정확한 산술연산이 이루어져야 하므로 부동소수(float)에 대한 연산보다 훨씬 더 느리다. 그렇지만, 그렇게 나쁘지는 않다.

몇몇 명백한 방법들을 고려해 보자. N의 인수를 찾는 가장 명백한 방법은 2와 $N-1$ 사이의 모든 수를 시도해 보는 것이다. 이것은 $N-2$ 번의 나눗셈 시도를 필요로 한다. 만약 10억 번의 나눗셈 시도가 허용된다면 최대 10억, 즉 9자리 수까지 인수분해를 할 수 있다.

```
def find_divisor(N):
  for i in range(2, N):
    if N % i == 0:
      return i
```

다음 클레임(claim)을 사용하면 알고리즘을 약간 개선할 수 있다.

Claim: 만약 N이 합성수이면, 자명하지 않은 인수는 $\sqrt{N}$보다 작거나 같다.

Proof

N은 합성수, b는 자명하지 않은 인수라고 하자. 만약 b가 $\sqrt{N}$보다 크지 않으면, 클레임은 성립한다. 만약 $b > \sqrt{N}$이면, $N/b < \sqrt{N}$이고 N/b는 $b \cdot (N/b) = N$을 만족하는 정수이다. □

클레임에 의하면 $\sqrt{N}$보다 작거나 같은 N의 인수를 찾으면 된다. 따라서, 단지 $\sqrt{N}$ 번의 나눗셈 시도를 수행하면 된다. 동일한 10억 번의 나눗셈 시도가 허용될 경우, 이제 10억 × 10억, 즉 18자리의 수까지 처리할 수 있다.

다음으로 개선할 만한 것은 $\sqrt{N}$보다 작거나 같은 소수들에 의한 나눗셈 시도만을 고려하는 것이다. Prime Number Theorem에 의하면, 숫자 K보다 작거나 같은 소수는 대략 $K/\ln(K)$이다. 이때, $\ln(K)$는 K의 자연로그를 의미한다. 그러므로, 이렇게 개선하면 대략 50배 정도 개선되어 이제 약 19자리의 수까지 처리할 수 있다.

하지만, RSA에서 숫자에 10자리를 더 추가하는 것은 쉬우며, 이렇게 되면 계산하는 데 10,000배 정도 시간이 더 걸린다.

다음에 다룰 lab 시간에 인수분해를 위한 좀 더 정교한 방법, 즉 이차 체(quadratic sieve)에 대해 알아볼 것이다. 이 방법의 핵심은 (예상할 수 있듯이) 선형대수에 기반을 두고 있다. 여전히 좀 더 정교한 인수분해 방법들이 있지만, 이 방법들도 유사한 방식으로 선형대수를 사용한다.

8.7 *Lab: 임계치 비밀 공유(Threshold Secret-Sharing)*

비밀을 두 개의 조각으로 나누어 그 비밀을 찾아내려면 두 조각을 모두 필요로 하는 방법에 대해 기억해 보자. 이 방법은 $GF(2)$를 사용하였다. 이것을 일반화하여 비밀을, 예를 들어, 4명의 조교(TA)들에게 분할하여 4명 모두가 있어야 비밀을 풀 수 있고 임의의 3명으로는 그 비밀을 푸는 것이 불가능하게 할 수 있다. 하지만, 4명의 조교가 모두 다 미팅에 나타나는 것에 의존하기에는 약간 위험 부담이 있다.

대신에, 임계치 비밀 공유 기법을 사용해 보자. 이 기법에서는, 예를 들어, 4명의 조교에게 비밀을 분할하고, 임의의 3명의 조교가 모이면 비밀을 풀 수 있지만 임의의 2명으로는 그 비밀을 풀 수 없다. $GF(2)$가 아닌 다른 필드를 사용하는 이러한 기법들이 있긴 하지만, $GF(2)$를 사용하여 이것을 할 수 있는지 알아보자.

8.7.1 *첫 번째 시도*

다음 예는 실패할 시도이다. $GF(2)$상의 5개 3-벡터: $\boldsymbol{a}_0, \boldsymbol{a}_1, \boldsymbol{a}_2, \boldsymbol{a}_3, \boldsymbol{a}_4$가 있다. 이 벡터들은 다음 요구조건을 만족한다고 해 보자.

Requirement: 모든 세 원소의 집합은 일차독립이다.

이 벡터들은 이 기법의 일부이고 모두에게 알려져 있다. 이제, 1-비트 비밀 s를 조교들 사이에 공유한다고 해 보자. 랜덤하게 $\boldsymbol{a}_0 \cdot \boldsymbol{u} = s$가 되는 3-벡터 $\boldsymbol{u}$를 선택한다. $\boldsymbol{u}$는 비밀로 유지하지만, 다른 도트곱을 계산한다.

$$\begin{aligned} \beta_1 &= \boldsymbol{a}_1 \cdot \boldsymbol{u} \\ \beta_2 &= \boldsymbol{a}_2 \cdot \boldsymbol{u} \\ \beta_3 &= \boldsymbol{a}_3 \cdot \boldsymbol{u} \\ \beta_4 &= \boldsymbol{a}_4 \cdot \boldsymbol{u} \end{aligned}$$

이제, 비트 β_1은 TA1에게 주고, β_2는 TA2, β_3은 TA3, 그리고 β_4는 TA4에게 준다. 어떤 TA에게 주어진 비트는 그 TA의 몫(share)이라고 한다.

먼저, 이 기법에 의하면 임의의 3명의 TA가 그들의 몫을 결합하여 비밀을 풀 수 있다고 주장해 보자.

TA1, 2, 3이 비밀을 풀고자 한다고 해 보자. 그들은 다음 행렬-벡터 방정식을 푼다.

$$\begin{bmatrix} \boldsymbol{a}_1 \\ \hline \boldsymbol{a}_2 \\ \hline \boldsymbol{a}_3 \end{bmatrix} \begin{bmatrix} x_1 \\ x_2 \\ x_3 \end{bmatrix} = \begin{bmatrix} \beta_1 \\ \beta_2 \\ \beta_3 \end{bmatrix}$$

세 명의 TA들은 우변의 비트들을 알고 있으므로 이 행렬-벡터 방정식을 구성할 수 있다. 벡터들 $\boldsymbol{a}_1, \boldsymbol{a}_2, \boldsymbol{a}_3$은 일차독립이므로, 이 행렬의 랭크는 3이고, 그래서 행렬의 열들도 또한 일차독립이다. 행렬은 정방행렬이고 그 열들은 일차독립이므로 이 행렬은 가역적이고 그래서 유일한 해가 존재한다. 그러므로, 해는 비밀 벡터 $\boldsymbol{u}$이어야 한다. TA들은 `solve`를 사용하여 $\boldsymbol{u}$를 찾아내고, $\boldsymbol{a}_0$와 도트곱을 실행하여 비밀 $\boldsymbol{s}$를 얻는다.

유사하게, 임의의 세 명의 TA는 그들의 몫을 결합하여 비밀 벡터 $\boldsymbol{u}$를 찾아내어 비밀을 얻을 수 있다.

이제, 두 명의 정직하지 않은 조교들인 TA1과 TA2가 다른 TA들에게 얘기하지 않고 몰래 비밀을 얻으려고 한다고 해 보자. 그들은 β_1과 β_2를 알고 있다. 이것들을 이용하여 비밀 s를 얻을 수 있는가? 답은 '아니오'이다. 그들이 가지고 있는 정보는 $s = 0$ 및 $s = \text{one}$ 모두와 일치한다. 다음 행렬은

$$\begin{bmatrix} \boldsymbol{a}_0 \\ \hline \boldsymbol{a}_1 \\ \hline \boldsymbol{a}_2 \end{bmatrix}$$

가역적이고, 다음 두 행렬방정식의 각각은

$$\begin{bmatrix} \boldsymbol{a}_0 \\ \hline \boldsymbol{a}_1 \\ \hline \boldsymbol{a}_2 \end{bmatrix} \begin{bmatrix} x_0 \\ x_1 \\ x_2 \end{bmatrix} = \begin{bmatrix} 0 \\ \beta_1 \\ \beta_2 \end{bmatrix}$$

$$\begin{bmatrix} \boldsymbol{a}_0 \\ \hline \boldsymbol{a}_1 \\ \hline \boldsymbol{a}_2 \end{bmatrix} \begin{bmatrix} x_0 \\ x_1 \\ x_2 \end{bmatrix} = \begin{bmatrix} \text{one} \\ \beta_1 \\ \beta_2 \end{bmatrix}$$

유일한 해를 가진다. 첫 번째 방정식에 대한 해는 $\boldsymbol{a}_0 \cdot \boldsymbol{v} = 0$을 만족하는 벡터 $\boldsymbol{v}$이고, 두 번째 방정식에 대한 해는 $\boldsymbol{a}_0 \cdot \boldsymbol{v} = \text{one}$을 만족하는 벡터 $\boldsymbol{v}$이다.

8.7.2 *동작되는 기법*

위 기법은 동작하는 것처럼 보인다. 뭐가 문제일까?

문제는 요구조건을 만족하는 5개의 3-벡터가 없다는 것이다. 위 기법이 동작할 만큼 충분한 수의 $GF(2)$상의 3-벡터는 없다.

대신에, 더 큰 벡터들을 고려해 보자. $GF(2)$상의 10개의 6-벡터 $\boldsymbol{a}_0, \boldsymbol{b}_0, \boldsymbol{a}_1, \boldsymbol{b}_1, \boldsymbol{a}_2, \boldsymbol{b}_2, \boldsymbol{a}_3, \boldsymbol{b}_3, \boldsymbol{a}_4, \boldsymbol{b}_4$를 찾아보자. 이 벡터들은 아래와 같이 5개의 쌍을 구성한다고 생각한다.

- $\boldsymbol{a}_0$과 $\boldsymbol{b}_0$으로 구성되는 쌍 0
- $\boldsymbol{a}_1$과 $\boldsymbol{b}_1$로 구성되는 쌍 1
- $\boldsymbol{a}_2$와 $\boldsymbol{b}_2$로 구성되는 쌍 2
- $\boldsymbol{a}_3$과 $\boldsymbol{b}_3$으로 구성되는 쌍 3
- $\boldsymbol{a}_4$와 $\boldsymbol{b}_4$로 구성되는 쌍 4

요구조건은 다음과 같다.

Requirement: 임의의 세 쌍에 대해, 대응하는 6개의 벡터들은 일차독립이다.

이 기법에서 두 비트 s와 t를 공유하도록 하기 위해, $\boldsymbol{a}_0 \cdot \boldsymbol{u} = s$와 $\boldsymbol{b}_0 \cdot \boldsymbol{u} = t$를 만족하는 비밀 6-벡터 $\boldsymbol{u}$를 선택한다. 그다음에, TA1에게 두 비트 $\beta_1 = \boldsymbol{a}_1 \cdot \boldsymbol{u}$와 $\gamma_1 = \boldsymbol{b}_1 \cdot \boldsymbol{u}$를 주고, TA2에게 두 비트 $\beta_2 = \boldsymbol{a}_2 \cdot \boldsymbol{u}$와 $\gamma_2 = \boldsymbol{b}_2 \cdot \boldsymbol{u}$를 주며, 이런식으로 진행한다. 따라서, 각 TA의 몫은 비트들의 쌍으로 구성된다.

복원 가능성(Recoverability): 임의의 세 TA가 함께 6×6 행렬을 가진 행렬-벡터 방정식을 풀어 $\boldsymbol{u}$를 얻을 수 있다. 그리하여, 그들은 비밀 비트 s와 t를 얻을 수 있다. 예를 들어, TA1, 2, 3이 함께 비밀을 알아내고자 한다고 해 보자. 그러면, 그들은 다음 방정식을 풀어 $\boldsymbol{u}$를 얻고 그리하여 비밀 비트들을 얻을 것이다.

$$\begin{bmatrix} \boldsymbol{a}_1 \\ \hline \boldsymbol{b}_1 \\ \hline \boldsymbol{a}_2 \\ \hline \boldsymbol{b}_2 \\ \hline \boldsymbol{a}_3 \\ \hline \boldsymbol{b}_3 \end{bmatrix} \begin{bmatrix} \\ \\ \boldsymbol{x} \\ \\ \\ \end{bmatrix} = \begin{bmatrix} \beta_1 \\ \gamma_1 \\ \beta_2 \\ \gamma_2 \\ \beta_3 \\ \gamma_3 \end{bmatrix}$$

벡터 $\boldsymbol{a}_1, \boldsymbol{b}_1, \boldsymbol{a}_2, \boldsymbol{b}_2, \boldsymbol{a}_3, \boldsymbol{b}_3$은 일차독립이므로, 행렬은 가역적이고, 그래서 이 방정식에 대한 유일한 해가 존재한다.

비밀 유지: 하지만, 임의의 두 TA에 대해, 그들이 가지고 있는 정보는 두 비밀 비트 s와 t에 대한 임의의 할당과 일치한다. TA1과 TA2는 정직하지 않으며 그들이 몰래 s와 t를 얻으려고 한다고 해 보자. 그들은 비트 $\beta_1, \gamma_1, \beta_2, \gamma_2$를 가지고 있다. 이 비트들이 $s = 0$과 $t = \text{one}$과 일치하는가? 이 비트들은 만약 다음 방정식을 푸는 벡터 $\boldsymbol{u}$가 있으면 일치한다.

$$\begin{bmatrix} \boldsymbol{a}_0 \\ \hline \boldsymbol{b}_0 \\ \hline \boldsymbol{a}_1 \\ \hline \boldsymbol{b}_1 \\ \hline \boldsymbol{a}_2 \\ \hline \boldsymbol{b}_2 \end{bmatrix} \begin{bmatrix} \\ \\ \boldsymbol{x} \\ \\ \\ \end{bmatrix} = \begin{bmatrix} 0 \\ \text{one} \\ \beta_1 \\ \gamma_1 \\ \beta_2 \\ \gamma_2 \end{bmatrix}$$

여기서, 우변의 처음 두 엔트리는 추측한 s와 t의 값이다.

벡터 $\boldsymbol{a}_0, \boldsymbol{b}_0, \boldsymbol{a}_1, \boldsymbol{b}_1, \boldsymbol{a}_2, \boldsymbol{b}_2$는 일차독립이므로, 행렬은 가역적이고, 그래서 유일한 해가 존재한다. 유사하게, 우변의 첫 두 엔트리에 어떤 값을 넣어도 정확하게 하나의 해가 있다. 이것은 TA1과 TA2의 묶은 s와 t의 진짜 값에 대해 아무것도 알려 주지 않는다는 것을 보여 준다.

8.7.3 *구현하기*

간단하게 만들기 위해, $\boldsymbol{a}_0 = [\text{one}, \text{one}, 0, \text{one}, 0, \text{one}]$, $\boldsymbol{b}_0 = [\text{one}, \text{one}, 0, 0, 0, \text{one}]$라고 정의한다.

```
>>> a0 = list2vec([one, one, 0, one, 0, one])
>>> b0 = list2vec([one, one, 0, 0, 0, one])
```

`list2vec`은 모듈 `vecutil`에 정의되어 있고 `one`은 `GF2`에 정의되어 있다.

8.7.4 *$\boldsymbol{u}$ 생성하기*

Task 8.7.1: 다음 스펙을 가지는 프로시저, `choose_secret_vector(s,t)`을 작성해 보자.

- *input:* $GF(2)$ 필드 원소 s 및 t(즉, 비트)
- *output:* $\boldsymbol{a}_0 \cdot \boldsymbol{u} = s$와 $\boldsymbol{b}_0 \cdot \boldsymbol{u} = t$를 만족하는 랜덤 6-벡터 $\boldsymbol{u}$

왜 출력이 랜덤이어야 하는가? 프로시저가 랜덤이 아니라고 해 보자. 출력벡터 $\boldsymbol{u}$는 두 비밀 비트에 의해 결정되었다. TA는 이 정보를 사용하여 $\boldsymbol{u}$의 값에 대한 추측을 잘할 수 있고 그러므로 s와 t의 값에 대한 추측을 잘할 수 있다.

여기서는 파이썬의 random 모듈을 사용하여 $GF(2)$의 슈도랜덤(pseudorandom) 원소들을 만들어 낼 수 있다.

```
>>> import random
>>> def randGF2(): return random.randint(0,1)*one
```

하지만, 만약 정말로 비밀을 유지하고 싶으면 이 방법을 사용하지 않는 것이 좋다. 파이썬의 random 모듈은 암호로 안전한 슈도랜덤 비트를 만들어 내지 않는다. 특히, 정직하지 않은 TA는 그의 몫을 사용하여 슈도랜덤 숫자 발생기의 상태를 알아내어 미래 슈도랜덤 숫자를 예측할 수 있어 이 기법의 보안을 깨뜨릴 수 있다(슈도랜덤 숫자 발생기의 상태를 알아내는 것은 아마도 짐작 했겠지만 $GF(2)$상의 선형대수를 사용한다).

8.7.5 *요구조건을 만족하는 벡터 찾기*

Task 8.7.2: 앞에서 $\boldsymbol{a}_0 = [\text{one}, \text{one}, 0, \text{one}, 0, \text{one}]$, $\boldsymbol{b}_0 = [\text{one}, \text{one}, 0, 0, 0, \text{one}]$라고 결정하였다. 아래 요구조건이 만족되는 $GF(2)$상의 벡터들 $\boldsymbol{a}_1, \boldsymbol{b}_1, \boldsymbol{a}_2, \boldsymbol{b}_2, \boldsymbol{a}_3, \boldsymbol{b}_3, \boldsymbol{a}_4, \boldsymbol{b}_4$를 선택해 보자.

임의의 세 쌍에 대해, 대응하는 여섯 개의 벡터들은 일차독립이다.

사용한 모든 코드와 찾아낸 벡터들을 답변에 포함하여라. 이 문제에 대한 솔루션은 컴퓨터로 제출하고 또한 프린트로 출력한 것을 제출해야 한다.

힌트: 8개의 랜덤 벡터들을 선택하여 그들이 요구조건을 만족하는지 테스트해 보자. 성공할 때까지 계속 반복하여라. 모듈 independence를 사용하여라.

8.7.6 *문자열 공유하기*

두 비트를 공유할 수 있기 때문에, 임의의 긴 문자열을 공유할 수 있다.

모듈 bitutil은 다음 프로시저들을 정의한다.

- str2bits(str). 이 프로시저는 문자열을 $GF(2)$ 값들의 리스트로 변환한다.
- bits2str(bitlist). 이 프로시저는 str2bits의 역이다.
- bits2mat(bitlist, nrows). 이 프로시저는 bitlist의 비트들을 사용하여 행렬을 nrows 행들로 채운다.
- mat2bits(M). 이 프로시저는 bits2mat의 역이다.

str2bits을 사용하여 문자열, 예를 들어, "Rosebud"을 비트들의 리스트로 변환할 수 있고, bits2mat을 사용하여 이 비트들의 리스트를 $2 \times n$ 행렬로 변환할 수 있다.

이 행렬의 각 열에 대해, Task 8.7.1의 프로시저, choose_secret_vector(s,t)을 사용하여 대응하는 비밀 벡터 $\boldsymbol{u}$를 얻을 수 있으며, 열들이 비밀 벡터들인 행렬 U를 구성할 수 있다.

TA들의 몫을 계산하기 위해, 다음 행렬과

$$\begin{bmatrix} \boldsymbol{a}_0 \\ \hline \boldsymbol{b}_0 \\ \hline \boldsymbol{a}_1 \\ \hline \boldsymbol{b}_1 \\ \hline \boldsymbol{a}_2 \\ \hline \boldsymbol{b}_2 \\ \hline \boldsymbol{b}_3 \\ \hline \boldsymbol{a}_4 \\ \hline \boldsymbol{b}_4 \end{bmatrix}$$

U를 곱한다. 곱의 두 번째 및 세 번째 행은 TA1에 대한 몫을 구성한다. 다른 TA에 대한 몫도 마찬가지 방식으로 구성된다.

8.8 *Lab: 정수를 인수분해하기*

8.8.1 *제곱근을 사용한 첫 번째 시도*

현대적인 인수분해 알고리즘을 향한 첫 단계에서, 다음을 만족하는 정수 a와 b를 찾는다고 해 보자.

$$a^2 - b^2 = N$$

그러면, 다음이 얻어진다.

$$(a - b)(a + b) = N$$

그래서, $a - b$와 $a + b$는 N의 약수(인수)이다. 우리가 기대하는 것은 이들이 자명하지 않은 약수이길 원한다(즉, $a - b$는 1도 아니고 N도 아니다).

Task 8.8.1: $a^2 - b^2 = N$을 만족하는 정수 a와 b를 찾기 위해, 다음 알고리즘을 구현하는 프로시저, `root_method(N)`을 작성해 보자.

- $\sqrt{N}$보다 큰 정수가 되게 정수 a를 초기화한다
- $\sqrt{a^2 - N}$이 정수인지 체크한다
- 만약 그렇다면, $b = \sqrt{a^2 - N}$이라 하고 $a - b$를 리턴한다
- 만약 그렇지 않다면, a의 값 중 그다음으로 큰 값을 가지고 반복한다

모듈 `factoring_support`는 다음 스펙을 가지는 프로시저, `intsqrt(x)`을 제공한다.

- *input:* 정수 x
- *output:* 정수 y. 이때, $y * y$는 x의 근사값이 되며, 만약 x가 완전제곱이면 $y * y$는 정확하게 x가 된다.

위 알고리즘의 구현에 `intsqrt(x)`을 사용해야 한다. $55, 77, 146771, 118$을 가지고 시험해 보자. 힌트: 이 프로시저는 단지 자명한 약수만 찾거나 혹은 무한 루프에 빠질 수 있다.

8.8.2 최대공약수에 대한 유클리드 알고리즘

좀 더 나은 방법을 얻기 위해, 약 2300년 전에 발견된 알고리즘인 최대공약수에 대한 유클리드 (Euclid) 알고리즘을 활용해 보자. 코드는 아래와 같다.

```
def gcd(x,y): return x if y == 0 else gcd(y, x % y)
```

Task 8.8.2: `gcd`에 대한 코드를 입력하거나 제공된 모듈 `factoring_support`에서 임포트하여 시험해 보자. 특히, 파이썬의 슈도랜덤 숫자 발생기(모듈 `random`의 프로시저, `randint(a,b)` 사용)를 사용하거나 또는 아주 큰 정수 r, s, t를 생성하기 위해 무작정 키보드를 두드려 보자. 그다음에, $a = r * s$, $b = s * t$로 설정하고 a와 b의 최대공약수 d를 찾는다. d는 다음 성질을 가지는 것을 확인해 보자.

- a는 d에 의해 나누어질 수 있다 ($a\%d$가 영이 됨을 체크하여 확인)
- b는 d에 의해 나누어질 수 있다.
- $d \geq s$

8.8.3 제곱근 사용하기 - 다시 보기

$a^2 - b^2$이 N과 동일하게 되는 그런 정수 a와 b를 찾는 것은 너무 어렵다. 그래서, 조건을 약간 완화하여 $a^2 - b^2$이 N에 의해 나누어질 수 있는 그러한 정수 a와 b를 찾아볼 것이다. 이러한 정수를 찾는다고 해 보자. 그러면, 다음을 만족하는 또 다른 정수 k가 있다.

$$a^2 - b^2 = kN$$

위 식은 다음과 같이 쓸 수 있다.

$$(a - b)(a + b) = kN$$

곱이 kN인 소수들의 그룹(bag of primes) 내 모든 소수는

- 곱이 k인 소수들의 그룹 또는 곱이 N인 소수들의 그룹 둘 중 어느 하나에 속하고,
- 곱이 $a - b$인 소수들의 그룹 또는 곱이 $a + b$인 소수들의 그룹 둘 중 어느 하나에 속한다.

N은 두 소수 p와 q의 곱이라고 해 보자. 만약 운이 좋다면 이 소수들 중 하나는 $a - b$에 대한 그룹에 속하고 다른 하나는 $a + b$에 대한 그룹에 속할 것이다. 만약 이렇게 되면, $a - b$와 N의 쵀대공약수는 자명하지 않을 것이다. 유클리드 알고리즘 덕분에 실제로 이 최대공약수를 계산할 수 있다.

Task 8.8.3: $N = 367160330145890434494322103$, $a = 67469780066325164$, $b = 9429601150488992$라고 하자. 그리고, $a * a - b * b$는 N에 의해 나누어짐을 입증해 보자. 이것은 $a - b$와 N의 최대공약수는 N의 자명하지 않은 약수일 가능성이 있음을 의미한다. `gcd` 프로시저를 사용하여 이것을 테스트하고 찾은 자명하지 않은 약수를 리포트하자.

하지만, 어떻게 이러한 정수들의 쌍을 찾을 수 있을까? 운이 좋기를 기대하는 대신에, 직접 해결할 수 있는 방법을 찾아야 한다. 정수 a와 b를 찾으려는 시도를 해 보자. 이 방법은 처음 천여 개의 소수들로 구성된 집합 primeset을 생성함으로써 시작한다. 만약 이 집합 내에 있는 소수들의 일부를 함께 곱하여(아마 하나의 소수를 한 번 이상 사용하여) 정수 x를 구성할 수 있으면, x는 *primeset* 상에서 인수분해 된다.

- $75 = 3 \cdot 5 \cdot 5$이므로, 75는 $\{2, 3, 5, 7\}$상에서 인수분해 된다.
- $30 = 2 \cdot 3 \cdot 5$이므로, 30은 $\{2, 3, 5, 7\}$상에서 인수분해 된다.
- $1176 = 2 \cdot 2 \cdot 2 \cdot 7 \cdot 7$이므로, 1176은 $\{2, 3, 5, 7\}$상에서 인수분해 된다.

소수들의 집합상에서 정수의 인수분해는 (소수, 지수)의 쌍들로 구성된 리스트로 나타낼 수 있다.

- $\{2, 3, 5, 7\}$상에서 75의 인수분해는 리스트 $[(3, 1), (5, 2)]$로 나타낼 수 있으며, 75는 하나의 3과 두 개의 5를 곱하면 얻어진다는 것을 나타낸다.
- 30의 인수분해는 리스트 $[(2, 1), (3, 1), (5, 1)]$로 나타낼 수 있으며, 30은 2, 3, 5를 각각 하나씩 곱하면 얻어진다는 것을 나타낸다.
- 1176의 인수분해는 리스트 $[(2, 3), (3, 1), (7, 2)]$로 나타낼 수 있으며, 1176은 3개의 2, 하나의 3, 두 개의 7을 곱하면 얻어진다는 것을 나타낸다.

각 쌍에서 첫 번째 수는 집합 *primeset*에 들어 있는 소수이고 두 번째 수는 지수이다.

$$\begin{aligned} 75 &= 3^1 5^2 \\ 30 &= 2^1 3^1 5^1 \\ 1176 &= 2^3 3^1 7^2 \end{aligned}$$

모듈 factoring_support은 다음 스펙을 가지는 프로시저, dumb_factor(x, primeset)을 정의한다.

- *input:* 정수 x와 소수들의 집합 *primeset*
- *output:* 만약 소수 $p_1, \ldots, \boldsymbol{p}_s$가 *primeset*에 있고 $x = p_1^{e_1} p_2^{e_2} \cdots p_s^{e_s}$을 만족하는 양의 정수 $e_1, e_2, \ldots, \boldsymbol{e}_s$(지수)가 있으면, 프로시저는 (소수, 지수)의 쌍들의 리스트 $[(p_1, e_1), (p_2, e_2), \ldots, (p_s, e_s)]$을 리턴한다. 만약 그렇지 않으면, 프로시저는 빈 리스트를 리턴한다.

몇몇 예를 살펴보자.

```
>>> dumb_factor(75, {2,3,5,7})
[(3, 1), (5, 2)]
>>> dumb_factor(30, {2,3,5,7})
[(2, 1), (3, 1), (5, 1)]
>>> dumb_factor(1176, {2,3,5,7})
[(2, 3), (3, 1), (7, 2)]
>>> dumb_factor(2*17, {2,3,5,7})
[]
>>> dumb_factor(2*3*5*19, {2,3,5,7})
[]
```

Task 8.8.4: *primeset*=$\{2, 3, 5, 7, 11, 13\}$라고 정의하자. 정수 $x = 12, x = 154, x = 2 * 3 * 3 * 3 * 11 * 11 * 13, x = 2 * 17, x = 2 * 3 * 5 * 7 * 19$에 대해 `dumb_factor(x, primeset)`을 시험해 보고 결과를 리포트하자.

Task 8.8.5: `GF2` 모듈로부터 값 `one`을 임포트하자. 주어진 정수 i에 대해 만약 i가 홀수이면 `one`을, 만약 i가 짝수이면 `0`을 리턴하는 프로시저, `int2GF2(i)`을 작성해 보자.

```
>>> int2GF2(3)
one
>>> int2GF2(4)
0
```

모듈 `factoring_support`은 P보다 작은 소수들로 구성된 집합을 리턴하는 프로시저, `primes(P)`을 정의한다.

Task 8.8.6: 모듈 `vec`으로부터 `Vec`을 임포트하자. 다음 스펙을 가지는 프로시저, `make_Vec(primeset, factors)`을 작성해 보자.

- *input:* 소수들의 집합 *primeset*과 리스트 *factors*=$[(p_1, a_1), (p_2, a_2), \ldots, (p_s, a_s)]$. 여기서, 리스트 *factors*는 `dumb_factor` 같은 것에 의해 생성된 리스트이고 모든 p_i는 *primeset*에 속한다.
- *output:* 정의역 *primeset*을 가지는 $GF(2)$상의 *primeset*-벡터 $\boldsymbol{v}$. 이때, $i = 1, \ldots, s$에 대해, $v[p_i]$ = `int2GF2`(a_i)을 만족한다.

예를 들어 보자.

```
>>> make_Vec({2,3,5,7,11}, [(3,1)])
Vec({3, 2, 11, 5, 7},{3: one})
>>> make_Vec({2,3,5,7,11}, [(2,17), (3, 0), (5,1), (11,3)])
Vec({3, 2, 11, 5, 7},{11: one, 2: one, 3: 0, 5: one})
```

Task 8.8.7: 정수 $N = 2419$을 인수분해하고자 한다고 해 보자(이것은 어렵지는 않지만 개념을 보여 주기에 충분히 큰 정수의 인수분해이다).

프로시저, `find_candidates(N, primeset)`을 작성해 보자. 이 프로시저는 주어진 인수분해할 정수 N과 소수들의 집합 *primeset*에 대해 `len(primeset)+1`인 정수 a를 찾는다. 여기서 $a \cdot a - N$은 `primeset` 상에서 완전히 인수분해 될 수 있다. 프로시저는 다음 두 리스트를 리턴한다.

- $a_0, a_1, a_2, \ldots$로 구성되는 리스트 `roots`. 이때, $a_i \cdot a_i - N$은 `primeset` 상에서 완전히 인수분해 될 수 있다.
- 리스트 `rowlist`. 이 리스트의 원소 i는 a_i에 대응하는 $GF(2)$상의 `primeset`-벡터이다. (즉, `make_vec`에 의해 생성되는 벡터).

이 알고리즘은 다음과 같이 초기화되어야 한다.

```
roots = []
rowlist = []
```

그다음에, $x =$ intsqrt(N)+2, intsqrt(N)+3, ...에 대해 그리고 x의 각 값에 대해 반복한다.

- 만약 $x \cdot x - N$이 *primeset* 상에서 완전히 인수분해 될 수 있으면,
  - x를 roots에 첨부하고,
  - $x \cdot x - N$의 인수들에 대응하는 벡터를 rowlist에 첨부한다.

적어도 *len(primeset)*+1 개의 원소들이 두 리스트에 모여질 때까지 계속한다.

작성한 프로시저를 find_candidates(N, primes(32))을 호출하여 $N = 2419$에 대해 시험해 보자.

다음은 이 계산결과를 요약해 보여 준다.

x	x^2-N	factored	result of dumb_factor	vector.f
51	182	$2 \cdot 7 \cdot 13$	$[(2,1),(7,1),(13,1)]$	$\{2:\text{one},13:\text{one},7:\text{one}\}$
52	285	$3 \cdot 5 \cdot 19$	$[(3,1),(5,1),(19,1)]$	$\{19:\text{one},3:\text{one},5:\text{one}\}$
53	390	$2 \cdot 3 \cdot 5 \cdot 13$	$[(2,1),(3,1),(5,1),(13,1)]$	$\{2:\text{one},3:\text{one},5:\text{one},13:\text{one}\}$
58	945	$3^3 \cdot 5 \cdot 7$	$[(3,3),(5,1),(7,1)]$	$\{3:\text{one},5:\text{one},7:\text{one}\}$
61	1302	$2 \cdot 3 \cdot \cdot 7 \cdot 31$	$[(2,1),(3,1),(7,1),(31,1)]$	$\{31:\text{one},2:\text{one},3:\text{one},7:\text{one}\}$
62	1425	$3 \cdot 5^2 \cdot 19$	$[(3,1),(5,2),(19,1)]$	$\{19:\text{one},3:\text{one},5:0\}$
63	1550	$2 \cdot 5^2 \cdot 31$	$[(2,1),(5,2),(31,1)]$	$\{2:\text{one},5:0,31:\text{one}\}$
67	2070	$2 \cdot 3^2 \cdot 5 \cdot 23$	$[[(2,1),(3,2),(5,1),(23,1)]$	$\{2:\text{one},3:0,5:\text{one},23:\text{one}\}$
68	2205	$3^2 \cdot 5 \cdot 7^2$	$[(3,2),(5,1),(7,2)]$	$\{3:0,5:\text{one},7:0\}$
71	2622	$2 \cdot 3 \cdot 19 \cdot 23$	$[(2,1),(3,1),(19,1),(23,1)]$	$\{19:\text{one},2:\text{one},3:\text{one},23:\text{one}\}$
77	3510	$2 \cdot 3^3 \cdot 5 \cdot 13$	$[(2,1),(3,3),(5,1),(13,1)]$	$\{2:\text{one},3:\text{one},5:\text{one},13:\text{one}\}$
79	3822	$2 \cdot 3 \cdot 7^2$	$[(2,1),(3,1),(7,1)]$	$\{2:\text{one},3:\text{one},13:\text{one},7:0\}$

따라서, 루프가 완료된 후 roots의 값은 다음의 리스트이어야 한다.

$$[51, 52, 53, 58, 61, 62, 63, 67, 68, 71, 77, 79]$$

그리고, rowlist의 값은 아래 리스트이어야 한다.

```
[Vec({2,3,5, ..., 31},{2: one, 13: one, 7: one}),
                        ⋮,
 Vec({2,3,5, ... , 31},{2: one, 3: one, 5: one, 13: one}),
 Vec({2,3,5, ..., 31}, {2: one, 3: one, 13: one, 7: 0})]
```

이제, 이 결과를 사용하여 N의 자명하지 않은 약수를 찾아보자.

위 표에서 53과 77에 대응하는 행들을 살펴보자. $53 * 53 - N$의 인수분해는 $2 \cdot 3 \cdot 5 \cdot 13$이다. $77 * 77 - N$의 인수분해는 $2 \cdot 3^3 \cdot 5 \cdot 13$이다. 그러므로, $(53 * 53 - N)(77 * 77 - N)$의 인수분해는 아래와 같다.

$$(2 \cdot 3 \cdot 5 \cdot 13)(2 \cdot 3^3 \cdot 5 \cdot 13) = 2^2 \cdot 3^4 \cdot 5^2 \cdot 13^2$$

지수들이 모두 짝수이므로, 위 곱은 완전제곱이며 다음 값의 제곱이다.

$$2 \cdot 3^2 \cdot 5 \cdot 13$$

따라서, 다음을 얻는다.

$$\begin{aligned}(53^2 - N)(77^2 - N) &= (2 \cdot 3^2 \cdot 5 \cdot 13)^2 \\ 53^2 \cdot 77^2 - kN &= (2 \cdot 3^2 \cdot 5 \cdot 13)^2 \\ (53 \cdot 77)^2 - kN &= (2 \cdot 3^2 \cdot 5 \cdot 13)^2\end{aligned}$$

Task 8.8.8: 약수를 찾기 위해, $a = 53 \cdot 77$, $b = 2 \cdot 3^2 \cdot 5 \cdot 13$이라 하고, gcd$(a - b, N)$을 계산해 보자. 적합한 N의 약수를 찾았는가?

유사하게, 52, 67, 그리고 71에 대응하는 행들을 살펴보자. 이러한 x의 값들에 대한 $x * x - N$의 인수분해는 다음과 같다.

$$3 \cdot 5 \cdot 19$$
$$2 \cdot 3^2 \cdot 5 \cdot 23$$
$$2 \cdot 3 \cdot 19 \cdot 23$$

그러므로, $(52 * 52 - N)(67 * 67 - N)(71 * 71 - N)$의 인수분해는 아래와 같다.

$$(3 \cdot 5 \cdot 19)(2 \cdot 3^2 \cdot 5 \cdot 23)(2 \cdot 3 \cdot 19 \cdot 23) = 2^2 \cdot 3^4 \cdot 5^2 \cdot 19^2 \cdot 23^2$$

이것도 또한 완전제곱이며 그 값은 아래 보여준 값의 제곱이 된다.

$$2 \cdot 3^2 \cdot 5 \cdot 19 \cdot 23$$

Task 8.8.9: 다시 N의 약수를 찾기 위해(연습 삼아서), $a = 52 \cdot 67 \cdot 71$, $b = 2 \cdot 3^2 \cdot 5 \cdot 19 \cdot 23$이라 하고 gcd$(a - b, N)$을 계산해 보자. 적합한 N의 약수를 찾았는가?

52, 67, 71에 대응하는 행들을 결합하면 완전제곱이 된다는 것은 어떻게 알았는가? 여기에 선행대수가 사용된다. 이러한 행들에 있는 벡터들의 합은 영벡터이다. A는 이러한 행들로 구성된 행렬이라 하자. $GF(2)$ 합이 영벡터인 A의 행들로 구성된 공집합이 아닌 집합을 찾는 것은, 벡터-행렬 곱셈의 선형결합 정의에 의하면, $\boldsymbol{v} * A$는 영벡터가 되는 그러한 영이 아닌 벡터 $\boldsymbol{v}$를 찾는 것과 같다. 즉, $\boldsymbol{v}$는 A^T의 영공간에 있는 영이 아닌 벡터이다.

이러한 벡터가 존재하는지는 어떻게 아는가? rowlist 내의 각 벡터는 primeset-벡터이고 그래서 K차원 공간에 있다. 이때, K = *len(primelist)*이다. 그러므로, 이러한 벡터들의 랭크는 최대 K이다. 하지만, rowlist는 적어도 $K + 1$ 벡터들로 구성된다. 따라서, 행들은 일차종속이다.

이러한 벡터는 어떻게 찾는가? 가우스 소거법을 사용하여 행렬을 사다리꼴로 변형할 때 적어도 하나는 반드시 영이 된다.

좀 더 상세히 말하면, rowlist 내의 벡터들을 사다리꼴로 변환하는 것을 나타내는 행렬 M을 찾는다. M의 마지막 행은 rowlist에 의해 나타내어진 원래 행렬이 곱해져 사다리꼴 행렬의 마지막 행을 얻는다. 이 마지막 행은 영벡터이다.

M을 계산하기 위해 제공된 모듈 echelon에 정의된 프로시저,
transformation_rows(rowlist_input)을 사용할 수 있다.

주어진 행렬 A(행들의 리스트 rowlist_input으로서 표현된)에 대해, 이 프로시저는 MA가 사다리꼴 행렬이 되게 하는 그러한 행렬 M(또한 행들의 리스트로서 표현된)을 리턴한다.

MA의 마지막 행은 영벡터이어야 하므로, 행렬-벡터 곱셈의 벡터-행렬 정의에 의하면 M과 A의 곱의 마지막 행은 영벡터이다. 벡터-행렬 곱셈의 선형결합 정의에 의하면 영벡터는 A의 행들의 선형결합이다. 이때, 계수들은 M의 마지막 행의 엔트리들에 의해 주어진다. M의 마지막 행은 다음과 같다.

```
Vec({0, 1, 2, 3, 4, 5, 6, 7, 8, 9, 10, 11},{0: 0, 1: one, 2: one, 4: 0,
     5: one, 11: one})
```

엔트리들 1, 2, 5, 11은 영이 아니라는 것에 주목해 보자. 이것은 rowlist의 대응하는 행들의 합은 영벡터라는 것을 말해 준다. 이것이 의미하는 것은 이러한 행들은 곱이 완전제곱이 되는 숫자들의 인수분해에 해당한다는 것이다. 이 숫자들은 285, 390, 1425, 그리고 3822이다. 이들의 곱은 605361802500이고 778050의 완전제곱이다. 그러므로, $b = 778050$이라고 설정한다. a는 x의 대응하는 값들(52, 53, 62, 79)의 곱으로 설정하며 그 값은 1395498888이다. $a - b$와 N의 최대공약수는 1이다. 불행하게도 이 방법은 동작하지 않는다.

여태까지 한 것이 아무 소용이 없다는 것인가? 그렇지는 않다. 행렬 A의 랭크는 *len(rowlist)*일 수 있지만 좀 더 작은 값일 수 있다. 결과적으로, MA의 마지막에서 두 번째 행도 또한 영벡터이다. M의 마지막에서 두 번째 행은 다음과 같다.

```
Vec({0, 1, 2, 3, 4, 5, 6, 7, 8, 9, 10, 11},{0: 0, 1: 0, 10: one, 2: one})
```

엔트리 10과 2가 영이 아니다. 그러므로, rowlist의 행 2(53에 대응하는 행)와 rowlist의 행 10(77에 대응하는 행)을 결합하면 완전제곱이 얻어질 것이다.

Task 8.8.10: 프로시저, find_a_and_b(v, roots, N)을 정의하자. 이 프로시저는 주어진 벡터 $\boldsymbol{v}$(M의 행들 중 하나), 리스트 roots, 그리고 인수분해할 정수 N에 대해 $a^2 - b^2$이 N의 배수가 되는 그러한 정수들의 쌍 (a, b)를 계산한다.

작성한 프로시저는 다음과 같이 동작해야 한다.

- alist는 벡터 $\boldsymbol{v}$의 영이 아닌 엔트리들에 대응하는 roots의 원소들로 구성된 리스트라고 한다(컴프리헨션을 사용하자).
- a는 이들 원소들의 곱이라 한다(모듈 factoring에 정의된 프로시저, prod(alist)을 사용하자).
- 유사하게, c는 $\{x \cdot x - N : x \in \text{alist}\}$의 곱이라 한다.
- b는 intsqrt(c)라고 한다.
- 어썰션(assertion)을 사용하여 b*b == c임을 입증한다.
- 쌍 (a, b)을 리턴한다.

작성한 프로시저를 $\boldsymbol{v}$가 M의 마지막 행이라고 하고 시험해 보자. $a - b$와 N이 자명하지 않은 공약수를 가지는지 알아보자. 만약 동작하지 않으면, $\boldsymbol{v}$가 M의 마지막에서 두 번째 행이라고 하고 시험해 보자. 이런 방식으로 계속 진행해 본다.

마지막으로, 위에서 언급한 전략을 더 큰 정수들에 시험해 볼 것이다.

Task 8.8.11: $N = 2461799993978700679$이라 하고 N을 인수분해 해 보자.

- *primelist*는 10000보다 작거나 같은 소수들로 구성된 집합이라 하자.
- `find_candidates(N, primelist)`을 사용하여 리스트 `roots`와 `rowlist`를 계산한다.
- `echelon.transformation_rows(rowlist)`을 사용하여 행렬 M을 얻는다.
- $\boldsymbol{v}$는 M의 마지막 행이라 하고, `find_a_and_b(v, roots, N)`을 사용하여 a와 b를 찾는다.
- $a - b$가 N과 자명하지 않은 공약수를 가지는지 체크한다. 만약 그렇지 않다면, $\boldsymbol{v}$가 M의 마지막에서 두 번째 행, 또는 마지막에서 세 번째 행.... 이라 하고 반복한다.

N의 자명하지 않은 약수를 제시한다.

Task 8.8.12: $N = 20672783502493917028427$이라 하고 N을 인수분해 해 보자. 이번에는 N이 훨씬 더 큰 수이므로 $K+1$ 개의 행을 찾는 데 훨씬 긴 시간, 아마도 컴퓨터에 따라 6분에서 10분이 걸릴 것이다. M을 찾는 데 몇 분이 걸릴 수 있다.

Task 8.8.13: M을 찾는 데 걸리는 시간을 줄이는 방법을 살펴보자. 프로시저 `echelon.transformation_rows`은 열-라벨들의 리스트를 선택적인 세 번째 인자로서 가진다. 이 리스트는 프로시저가 어느 순서로 열-라벨들을 처리할지 지시한다. 프로시저는 만약 `primeset`의 소수들로 구성된 리스트가 내림차순으로 정렬되어 있으면 훨씬 빨리 동작한다.

```
>>> M_rows = echelon.transformation_rows(rowlist,
                                      sorted(primeset, reverse=True))
```

왜 순서가 이러한 차이를 만드는가? 왜 이 순서가 잘 동작하는가? *힌트:* 큰 소수는 작은 소수보다 정수의 인수분해에 포함될 가능성이 더 낮다.

8.9 Review questions

- 사다리꼴(echelon form)은 무엇인가?
- 사다리꼴로 된 행렬의 랭크에 대해 무엇을 알 수 있는가?
- 행렬은 어떻게 가역행렬의 곱셈에 의해 사라디꼴로 변환되는가?
- 가우스 소거법은 행렬의 영공간에 대한 기저를 찾는 데 어떻게 사용될 수 있는가?
- 가우스 소거법은 행렬이 가역적일 때 행렬-벡터 방정식을 푸는 데 어떻게 사용될 수 있는가?

Problems

가우스 소거법 연습

Problem 8.9.1: $GF(2)$상의 다음 행렬에 대해 가우스 소거법을 손으로 실행해 보자.

열들을 A,B,C,D의 순서로 처리해 보자. 각각의 열-라벨들에 대해, 다음을 결정해 보자.

- 어느 행을 피봇행으로 선택하는가?
- 피봇행이 더해지는 행은 (만약 있다면) 어느 행인가?
- 결과 행렬은 무엇인가?

마지막으로, 결과 행렬의 행들의 순서를 다시 정렬하여 사다리꼴로 된 행렬을 얻는다.

Note: 각 행은 피봇행으로 오직 한 번 사용되고 열 c에 대한 피봇행은 그 열에 대해 영이 아닌 값을 가져야 한다. $GF(2)$상에서 행렬은 다음과 같다.

	A	B	C	D
0	*one*	*one*	0	0
1	*one*	0	*one*	0
2	0	*one*	*one*	*one*
3	*one*	0	0	0

사다리꼴 알아보기

Problem 8.9.2: 아래에 주어진 각 행렬은 거의 사다리꼴 형태이다. *MINIMUM* 숫자의 원소들의 값을 0으로 바꾸어 사다리꼴 행렬을 얻는다. 행렬의 행 또는 열들의 순서를 바꾸는 것은 허용되지 않는다. (Note: 이 문제의 경우, 가우스 소거법의 어떠한 단계도 실제로 수행할 필요가 없다.)

예: 주어진 행렬

$$\begin{bmatrix} 1 & 2 & 3 & 4 \\ 9 & 2 & 3 & 4 \\ 0 & 0 & 3 & 4 \\ 0 & 8 & 0 & 4 \end{bmatrix}$$

9와 8을 0으로 바꾼다. 그러면, 다음 행렬이 얻어 진다.

$$\begin{bmatrix} 1 & 2 & 3 & 4 \\ 0 & 2 & 3 & 4 \\ 0 & 0 & 3 & 4 \\ 0 & 0 & 0 & 4 \end{bmatrix}$$

이제, 아래 주어진 문제를 풀어 보자.

1. $\begin{bmatrix} 1 & 2 & 0 & 2 & 0 \\ 0 & 1 & 0 & 3 & 4 \\ 0 & 0 & 2 & 3 & 4 \\ 1 & 0 & 0 & 2 & 0 \\ 0 & 3 & 0 & 0 & 4 \end{bmatrix}$

2. $\begin{bmatrix} 0 & 4 & 3 & 4 & 4 \\ 6 & 5 & 4 & 2 & 0 \\ 0 & 0 & 0 & 0 & 1 \\ 0 & 0 & 0 & 0 & 2 \end{bmatrix}$

3. $\begin{bmatrix} 1 & 0 & 0 & 1 \\ 1 & 0 & 0 & 1 \\ 0 & 0 & 0 & 1 \end{bmatrix}$

4. $\begin{bmatrix} 1 & 0 & 0 & 0 \\ 0 & 1 & 0 & 0 \\ 1 & 1 & 0 & 0 \\ 0 & 0 & 0 & 1 \end{bmatrix}$

Problem 8.9.3: 프로시저, `is_echelon(A)`을 작성해 보자. 이 프로시저는 행 리스트들의 리스트로 된 행렬을 입력으로 받아들여 만약 그 행렬이 사다리꼴 형태이면 `True`, 그렇지 않으면 `False`를 리턴한다.

작성한 프로시저를 다음 행렬에 대해 시험해 보자.

$$\begin{bmatrix} 2 & 1 & 0 \\ 0 & -4 & 0 \\ 0 & 0 & 1 \end{bmatrix} \text{(True)}, \begin{bmatrix} 2 & 1 & 0 \\ -4 & 0 & 0 \\ 0 & 0 & 1 \end{bmatrix} \text{(False)}, \begin{bmatrix} 2 & 1 & 0 \\ 0 & 3 & 0 \\ 1 & 0 & 1 \end{bmatrix} \text{(False)}, \begin{bmatrix} 1 & 1 & 1 & 1 & 1 \\ 0 & 2 & 0 & 1 & 3 \\ 0 & 0 & 0 & 5 & 3 \end{bmatrix} \text{(True)}$$

행렬이 사다리꼴 형태일 때 행렬-벡터 방정식 풀기

행렬-벡터 방정식을 푸는 것을 고려해 보자.

	a	b	c	d	e
0	1		1		
1		2		3	
2				1	9

$$* [x_a, x_b, x_c, x_d, x_e] = [1, 1, 1]$$

여기서, 행렬은 사다리꼴 형태이다. 이것을 풀기 위한 알고리즘은 삼각시스템을 풀기 위한 알고리즘과 아주 유사하다. 차이는 이 알고리즘은 열들의 일부를 무시한다는 것이다. 특히, 어떤 행의 맨 왼쪽 영이 아닌 엔트리를 포함하지 않는 임의의 열은 무시된다.

위 예제의 경우, 이 알고리즘은 열 c와 e를 무시한다. 열 a는 행 0의 맨 왼쪽 영이 아닌 엔트리를 포함하고, 열 b는 행 1의 맨 왼쪽 영이 아닌 엔트리를 포함하며, 열 d는 행 2의 맨 왼쪽 영이 아닌 엔트리를 포함한다.

Problem 8.9.4: 다음의 각 행렬-벡터 방정식에 대한 해를 구하여라.

(a) $\begin{bmatrix} 10 & 2 & -3 & 53 \\ 0 & 0 & 1 & 2013 \end{bmatrix} * [x_1, x_2, x_3, x_4] = [1, 3]$

(b) $\begin{bmatrix} 2 & 0 & 1 & 3 \\ 0 & 0 & 5 & 3 \\ 0 & 0 & 0 & 1 \end{bmatrix} * [x_1, x_2, x_3, x_4] = [1, -1, 3]$

(c) $\begin{bmatrix} 2 & 2 & 4 & 3 & 2 \\ 0 & 0 & -1 & 11 & 1 \\ 0 & 0 & 0 & 0 & 5 \end{bmatrix} * [x_1, x_2, x_3, x_4, x_5] = [2, 0, 10]$

위 예들은 엔트리가 모두 영인 행을 가지지 않는다. 행렬이 엔트리가 모두 영인 행을 가지면 어떻게 해야 하는가? 그냥 무시하면 된다.

방정식 $\boldsymbol{a}_i \cdot \boldsymbol{x} = b_i$를 고려해 보자. 여기서, $\boldsymbol{a}_i = \mathbf{0}$이다.

- 만약 $b_i = 0$이면, 방정식은 $\boldsymbol{x}$ 값에 관계없이 항상 성립한다.
- 만약 $b_i \neq 0$이면, 방정식은 $\boldsymbol{x}$ 값에 관계없이 항상 성립하지 않는다.

따라서, 엔트리가 모두 영인 행을 무시하는 것의 유일한 단점은 방정식을 풀지 못할 수 있다는 것을 알고리즘이 알지 못한다는 것이다.

Problem 8.9.5: 다음의 각 행렬-벡터 방정식에 대해, 방정식이 해를 가지는지 알아보자. 만약 해를 가지는 경우, 그 해를 계산하여라.

(a) $\begin{bmatrix} 1 & 3 & -2 & 1 & 0 \\ 0 & 0 & 2 & -3 & 0 \\ 0 & 0 & 0 & 0 & 0 \end{bmatrix} * [x_1, x_2, x_3, x_4, x_5] = [5, 3, 2]$

(b) $\begin{bmatrix} 1 & 2 & -8 & -4 & 0 \\ 0 & 0 & 2 & 12 & 0 \\ 0 & 0 & 0 & 0 & 0 \\ 0 & 0 & 0 & 0 & 0 \end{bmatrix} * [x_1, x_2, x_3, x_4, x_5] = [5, 4, 0, 0]$

Problem 8.9.6: 다음 스펙을 가지는 프로시저, `echelon_solve(rowlist, label_list, b)`을 제시하여라.

- *input:* 어떤 정수 n에 대해, n 벡터들의 리스트 `rowlist`에 의해 표현된 사다리꼴 형태의 행렬, 행렬의 열들의 순서를 제공하는 열-라벨들의 리스트(즉, 벡터들의 정의역), 그리고 필드 원소들로 구성된 길이가 n인 리스트 $\boldsymbol{b}$
- *output:* 벡터 $\mathbf{x}$. $i = 0, 1, \ldots, n-1$에 대해, `rowlist`[i]와 $\mathbf{x}$의 도트곱은 만약 `rowlist`[i]

가 영벡터가 아니면 $\boldsymbol{b}[i]$와 동일하다.

명백히, 작성한 코드는 `solver` 모듈을 사용해서는 안 된다.

만약 작성한 프로시저를 부동소수를 가지고 사용하고자 한다면 이 프로시저는 매우 작은 숫자들을 영으로 해석할 것이다. 이 문제를 피하기 위해, 필드는 $GF(2)$라고 가정해야 한다($\mathbb{R}$에 대해서 동작하도록 솔루션을 수정할 수도 있다).

구현을 위한 힌트:

- 이 프로시저를 작성하는 가장 교묘한 방법은
  모듈 `triangular`의 프로시저, `triangular_solve(rowlist, label_list, b)`의 코드를 적용하는 것이다. 그 프로시저에서와 같이, 벡터 `x`를 영으로 초기화하고, 그다음에 `rowlist`의 마지막 행에서 첫 번째 행까지 반복하며 각 이터레이션에 `x`의 엔트리로 할당한다. 하지만, 이 프로시저에서 그 행의 첫 번째 영이 아닌 엔트리를 포함하는 열에 대응하는 변수에 할당해야 한다(만약 그 행에 영이 아닌 엔트리가 없으면 이터레이션은 아무것도 하지 않아야 한다). 이 방식에 의하면, 구현은 약 7줄로 구성될 만큼 매우 간단해진다. 코드는 `triangular_solve`에 대한 코드와 아주 유사하다.

- 위 방식이 이해되지 않는 사람을 위해, 위 방식보다 2배 정도 긴 또 다른 방식이 있다. 다음을 제거한 새로운 행렬-벡터 방정식을 구성한다.

  – 엔트리가 모두 영인 행.

  – 관련없는 열.

  그다음에, 모듈 `triangular`의 프로시저, `triangular_solve`를 사용하여 구성한 새로운 행렬-벡터 방정식을 푼다.

  엔트리가 모두 영인 행 제거하기: 행렬에서 엔트리가 모두 영인 행들을 제거할 때, 우변 벡터 b로부터 대응하는 엔트리들을 제거해야 한다. 행렬은 사다리꼴 형태이므로, 엔트리가 모두 영인 행들은 끝부분에 있다. 엔트리가 모두 영인 행들이 어느 것인지 찾아내고, 이 행들을 제거한 새로운 `rowlist`를 구성하며, 대응하는 엔트리들을 제거하여 새로운 우변 벡터 b를 구성한다.

  관련없는 열 제거하기: 남아 있는 각 행에 대해, 맨 왼쪽 영이 아닌 엔트리의 위치를 찾아낸다. 다음에, 맨 왼쪽 영이 아닌 엔트리들 중 어느 것도 포함하지 않는 열들을 제거한다.

  $A\boldsymbol{x} = \boldsymbol{b}$는 원래의 행렬-벡터 방정식이라 하고, $\hat{A}\hat{\boldsymbol{x}} = \hat{\boldsymbol{b}}$은 이러한 연산들에서 얻은 결과 중 하나라고 하자. 마지막으로, `triangular_solve`를 사용하여 $\hat{A}\hat{\boldsymbol{x}} = \hat{\boldsymbol{b}}$를 풀고, $\hat{\boldsymbol{u}}$를 그 해라고 하자. $\hat{\boldsymbol{u}}$의 정의역은 A라기보다는 $\hat{A}$의 열-라벨 집합과 동일하다. $\hat{\boldsymbol{u}}$로부터 $A\boldsymbol{x} = \boldsymbol{b}$에 대한 해 $\boldsymbol{u}$를 구성한다. $\boldsymbol{u}$의 정의역은 A의 열-라벨 집합이고 $\boldsymbol{u}$의 추가 엔트리들($\hat{\boldsymbol{u}}$에 의해 주어진 것)은 영으로 설정된다.

작성한 프로시저를 테스트할 몇 가지 예가 주어진다.

'A'	'B'	'C'	'D'	'E'
one	0	one	one	0
0	one	0	0	one
0	0	one	0	one
0	0	0	0	one

  , b = [one, 0, one, one] 이다.

  해는

'A'	'B'	'C'	'D'	'E'
one	one	0	0	one

  이다.

'A'	'B'	'C'	'D'	'E'
one	one	0	one	0
0	one	0	one	one
0	0	one	0	one
0	0	0	0	0

  , b = [one, 0, one, 0] 이다.

  해는

'A'	'B'	'C'	'D'	'E'
one	0	one	0	0

  이다.

Problem 8.9.7: 행렬이 사다리꼴 형태일 때 행렬-벡터 방정식을 푸는 프로시저를 개발하였으므로, 이것을 일반적인 경우에 대한 프로시저에 사용할 수 있다. 이 방법에 대해서는 이미 기술하였고 그 코드는 다음과 같다.

```
def solve(A, b):
    M = echelon.transformation(A)
    U = M*A
    col_label_list = sorted(A.D[1])
    U_rows_dict = mat2rowdict(U)
    rowlist = [U_rows_dict[i] for i in U_rows_dict]
    return echelon_solve(rowlist,col_label_list, M*b)
```

(열-라벨들이 서로 다른 유형, 예를 들어 정수와 문자열을 포함하는 경우 정렬하는 것이 문제가 될 수 있다.)

다음과 같은 행렬이 있다고 해 보자.

$A =$

	A	B	C	D
a	one	one	0	one
b	one	0	0	one
c	one	one	one	one
d	0	0	one	one

우변 벡터 $\boldsymbol{g}$=

a	b	c	d
one	0	one	0

라고 하자.

행렬-벡터 방정식 $A\boldsymbol{x} = \boldsymbol{g}$에 대한 해를 구하고자 한다고 해 보자. 해를 찾기 위해 가우스 소거법을 사용하는 데 있어 첫 번째 단계는 MA는 사다리꼴 형태가 되는 그러한 행렬 M을 찾는 것이다.

이 경우, $M =$

	a	b	c	d
0	one	0	0	0
1	one	one	0	0
2	one	0	one	0
3	one	0	one	one

, $MA =$

	A	B	C	D
0	one	one	0	one
1	0	one	0	0
2	0	0	one	0
3	0	0	0	one

이다.

위의 데이터와 프로시저를 사용하여 해를 찾는 것이 아니라 `echelon_solve`에 제공해야 하는 실질적인 인자들을 찾아내어 원래의 행렬-벡터 방정식에 대한 해를 찾는다.

$\{\boldsymbol{u} : \boldsymbol{u} * A = \boldsymbol{0}\} = A^T$에 대한 기저 찾기

Problem 8.9.8: $GF(2)$상의 행렬들을 고려해 보자. 행렬 A는 다음과 같다고 하자.

$A =$

	A	B	C	D	E
a	0	0	0	one	0
b	0	0	0	one	one
c	one	0	0	one	0
d	one	0	0	0	one
e	one	0	0	0	0

.

다음에, 행렬 M은 아래와 같고,

$M =$

	a	b	c	d	e
0	0	0	one	0	0
1	one	0	0	0	0
2	one	one	0	0	0
3	0	one	one	one	0
4	one	0	one	0	one

이것은 MA가 사다리꼴 형태의 행렬이 되게 하는 그러한 성질을 가진다. 즉,

$MA =$

	A	B	C	D	E
0	one	0	0	one	0
1	0	0	0	one	0
2	0	0	0	0	one
3	0	0	0	0	0
4	0	0	0	0	0

$\boldsymbol{u} * A = \boldsymbol{0}$을 만족하는 M의 행들 $\boldsymbol{u}$를 리스트 해 보자(이 행들은 A^T의 영공간에 있는 벡터들이다).

Problem 8.9.9: $GF(2)$상의 행렬들을 고려해 보자. 행렬 A는 다음과 같다고 하자.

$A =$

	A	B	C	D	E
a	0	0	0	one	0
b	0	0	0	one	one
c	one	0	0	one	0
d	one	one	one	0	one
e	one	0	0	one	0

다음에, 행렬 M은 아래와 같고,

$M =$

	a	b	c	d	e
0	0	0	one	0	0
1	0	0	one	one	0
2	one	0	0	0	0
3	one	one	0	0	0
4	0	0	one	0	one

이것은 MA가 사다리꼴 형태의 행렬이 되게 하는 그러한 성질을 가진다. 즉,

$MA =$

A	B	C	D	E	
0	one	0	0	one	0
1	0	one	one	one	one
2	0	0	0	one	0
3	0	0	0	0	one
4	0	0	0	0	0

$\boldsymbol{u} * A = \mathbf{0}$을 만족하는 M의 행들 $\boldsymbol{u}$를 리스트 해 보자(이 행들은 A^T의 영공간에 있는 벡터들이다).

Chapter 9

내적(Inner product)

이 장에서는 *길이*(length)와 *직교*(perpendicular)의 개념이 수학적 용어로 어떻게 해석되는지 알아본다. 주어진 어떤 점에 가장 가까운 주어진 직선상의 점을 찾는 문제에 대해 살펴본다. 다음 장에서는 이 문제의 일반화를 다룰 것이다.

9.1 *소방차* 문제

좌표 $[2, 4]$에 위치한 집이 불에 타고 있다. 집 주변을 지나가는 도로는 원점과 점 $[6, 2]$을 지나는 직선을 따라 있다. 도로가 집에서 충분히 가까운가? 소방차가 가지고 있는 호스는 길이가 오직 3.5 유닛밖에 안 된다. 집에서 가장 가까운 직선상의 어떤 지점으로 소방차를 몰고 갈 수 있으면, 불에 타고 있는 집을 구할 만큼 거리가 충분히 작을 것인가?

두 가지 질문이 떠오른다. 직선상의 어느 점이 그 집에서 가장 가까우며, 가장 가까운 거리는 얼마나 되는가?

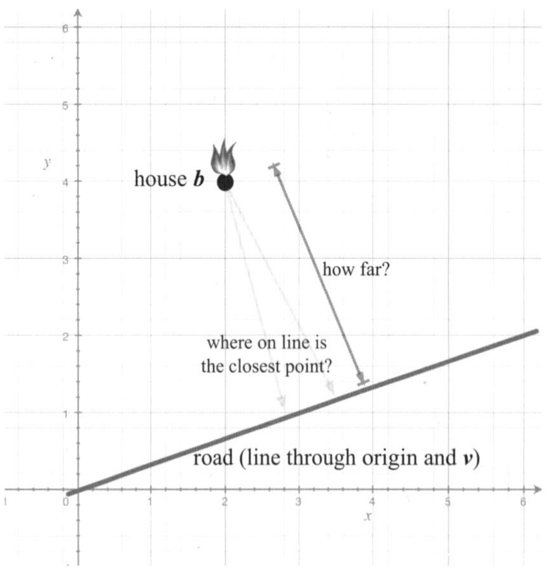

이것을 계산문제로 구성해 보자. 섹션 3.5.3을 기억해 보면, 원점을 지나는 직선은 벡터의 스칼라배들의 집합으로서 표현될 수 있다. 이 예에서, 도로는 직선 $\{\alpha[3, 1] \,:\, \alpha \in \mathbb{R}\}$을 따라 지나간다. 그러므로, 이 *소방차* 문제는 다음과 같이 구성될 수 있다.

Computational Problem 9.1.1: 하나의 주어진 벡터에 가장 가까운 다른 하나의 주어진 벡터의 생성 내에 있는 벡터(*소방차 문제*라고도 알려짐).

- *input:* 벡터 $\boldsymbol{v}$ 및 $\boldsymbol{b}$
- *output:* $\boldsymbol{b}$에 가장 가까운 직선 $\{\alpha \boldsymbol{v} \ : \ \alpha \in \mathbb{R}\}$상의 점

이 문제는 아직 완전히 구성되지 않았는데, 이유는 '*가장 가까운*'이 무엇을 의미하는지 밝히지 않았기 때문이다.

9.1.1 거리, 길이, norm, 내적

두 벡터 $\boldsymbol{p}$와 $\boldsymbol{b}$ 사이의 거리는 차분 $\boldsymbol{p} - \boldsymbol{b}$의 길이로 정의할 것이다. 이것은 벡터의 길이를 정의해야 한다는 것을 의미한다. 벡터에 대해 "길이"라는 용어를 사용하는 대신에 보통 *norm*을 사용한다. 벡터 $\boldsymbol{v}$의 norm은 $\|\boldsymbol{v}\|$로 표현된다. norm은 길이의 역할을 하므로, 다음의 *norm 성질*을 만족해야 한다.

Property N1: 임의의 벡터 $\boldsymbol{v}$에 대해, $\|\boldsymbol{v}\|$은 영이 아닌 실수이다.

Property N2: 임의의 벡터 $\boldsymbol{v}$에 대해, $\|\boldsymbol{v}\|$이 영이 될 필요충분조건은 $\boldsymbol{v}$가 영벡터인 것이다.

Property N3: 임의의 벡터 $\boldsymbol{v}$와 임의의 스칼라 α에 대해, $\|\alpha \, \boldsymbol{v}\| = |\alpha| \|\boldsymbol{v}\|$이다.

Property N4: 임의의 벡터 $\boldsymbol{u}$와 $\boldsymbol{v}$에 대해, $\|\boldsymbol{u} + \boldsymbol{v}\| \leq \|\boldsymbol{u}\| + \|\boldsymbol{v}\|$이다.

벡터의 norm을 정의하는 한 가지 방법은 *내적*(inner product)이라고 하는 벡터들에 대한 연산을 정의하는 것이다. 벡터 $\boldsymbol{u}$와 $\boldsymbol{v}$의 내적에 대한 표기법은 아래와 같다.

$$\langle \boldsymbol{u}, \boldsymbol{v} \rangle$$

내적은 어떤 공리(axiom)들을 만족해야 하며, 이 공리들에 대해서는 나중에 살펴본다.

하지만, 이러한 공리들을 만족하는 $GF(2)$에 대한 내적을 정의할 방법은 없다. 그러므로, 지금 이후에 다루는 내용에서는 $GF(2)$는 생각하지 않는다.

실수와 복소수의 경우에는 내적을 유연하게 정의할 수 있다. 하지만, 가장 자연스럽고 편리한 방법은 실수 벡터의 norm이 그 벡터를 나타내는 화살표의 길이(기하적 의미로)가 되게 하는 것이다.

일단, 내적이 정의되었으면, 벡터 $\boldsymbol{v}$의 norm은 다음과 같이 정의된다.

$$\|\boldsymbol{v}\| = \sqrt{\langle \boldsymbol{v}, \boldsymbol{v} \rangle} \tag{9.1}$$

9.2 실수 벡터들에 대한 내적

$\mathbb{R}$상의 벡터들에 대한 내적은 도트곱으로 정의된다.

$$\langle \boldsymbol{u}, \boldsymbol{v} \rangle = \boldsymbol{u} \cdot \boldsymbol{v}$$

실수 벡터들에 대한 내적의 몇몇 대수적 성질들은 도트곱의 성질들(이중선형성, 동질성, 대칭성)을 쉽게 따른다.

- *첫 번째 인자의 선형성:* $\langle \boldsymbol{u} + \boldsymbol{v}, \boldsymbol{w} \rangle = \langle \boldsymbol{u}, \boldsymbol{w} \rangle + \langle \boldsymbol{v}, \boldsymbol{w} \rangle$

- *대칭성:* $\langle \boldsymbol{u}, \boldsymbol{v} \rangle = \langle \boldsymbol{v}, \boldsymbol{u} \rangle$
- *동질성:* $\langle \alpha\, \boldsymbol{u}, \boldsymbol{v} \rangle = \alpha\, \langle \boldsymbol{u}, \boldsymbol{v} \rangle$

9.2.1 실수 벡터들의 norm

norm 함수가 어떤 형태인지 살펴보자.

$$\|\boldsymbol{v}\| = \sqrt{\langle \boldsymbol{v}, \boldsymbol{v} \rangle}$$

$\boldsymbol{v}$는 n-벡터라 하고, $\boldsymbol{v} = [v_1, \ldots, v_n]$으로 표현하자. 그러면,

$$\begin{aligned} \|\boldsymbol{v}\|^2 &= \langle \boldsymbol{v}, \boldsymbol{v} \rangle = \boldsymbol{v} \cdot \boldsymbol{v} \\ &= v_1^2 + \cdots + v_n^2 \end{aligned}$$

좀 더 일반적으로, 만약 $\boldsymbol{v}$가 D-벡터이면,

$$\|\boldsymbol{v}\|^2 = \sum_{i \in D} v_i^2$$

따라서 $\|\boldsymbol{v}\| = \sqrt{\sum_{i \in D} v_i^2}$이다.

이렇게 정의된 norm은 섹션 9.1.1의 *norm 성질*들을 만족하는가?

1. 첫 번째 성질에 따르면, $\|\boldsymbol{v}\|$은 실수이다. 이것은 모든 실수 벡터에 대해 사실인가? 모든 엔트리 v_i가 실수이고, 따라서 v_i^2은 음이 아닌 실수이다. 제곱의 합은 음이 아닌 실수이므로 $\|\boldsymbol{v}\|$은 음이 아닌 실수의 제곱근이고, 따라서 $\|\boldsymbol{v}\|$은 음이 아닌 실수이다.

2. 두 번째 성질에 따르면, $\|\boldsymbol{v}\|$이 영이 될 필요충분조건은 $\boldsymbol{v}$가 영벡터가 되는 것이다. 한편, 만약 $\boldsymbol{v}$가 영벡터가 아니면 적어도 하나의 영이 아닌 엔트리 $\boldsymbol{v}$가 있다. $\|\boldsymbol{v}\|^2$은 제곱의 합이므로 상쇄되는 것이 없다. 적어도 하나의 항은 양수이므로 합은 양수이다. 그러므로, 이 경우 $\|\boldsymbol{v}\|$은 양수이다.

3. 세 번째 성질에 따르면, 임의의 스칼라 α에 대해 $\|\alpha\, \boldsymbol{v}\| = |\alpha| \|\boldsymbol{v}\|$이다. 이 성질을 체크해 보자.

$$\begin{aligned} \|\alpha\, \boldsymbol{v}\|^2 &= \langle \alpha\, \boldsymbol{v}, \alpha\, \boldsymbol{v} \rangle && \text{norm의 정의에 의해} \\ &= \alpha\, \langle \boldsymbol{v}, \alpha\, \boldsymbol{v} \rangle && \text{내적의 동질성에 의해} \\ &= \alpha\, (\alpha\, \langle \boldsymbol{v}, \boldsymbol{v} \rangle) && \text{내적의 대칭성 및 동질성에 의해} \\ &= \alpha^2 \|\boldsymbol{v}\|^2 && \text{norm의 정의에 의해} \end{aligned}$$

   따라서, $\|\alpha\, \boldsymbol{v}\| = \alpha\, \|\boldsymbol{v}\|$이다.

Example 9.2.1: 2-벡터의 예를 고려해 보자. 벡터 $\boldsymbol{u} = [u_1, u_2]$의 길이는 무엇인가? 피타고라스 정리를 기억해 보자. 직각 삼각형의 세 변의 길이가 a, b, c이고 c가 빗변의 길이이면 다음이 성립한다.

$$a^2 + b^2 = c^2 \tag{9.2}$$

이 식을 사용하여 $\boldsymbol{u}$의 길이를 계산할 수 있다.

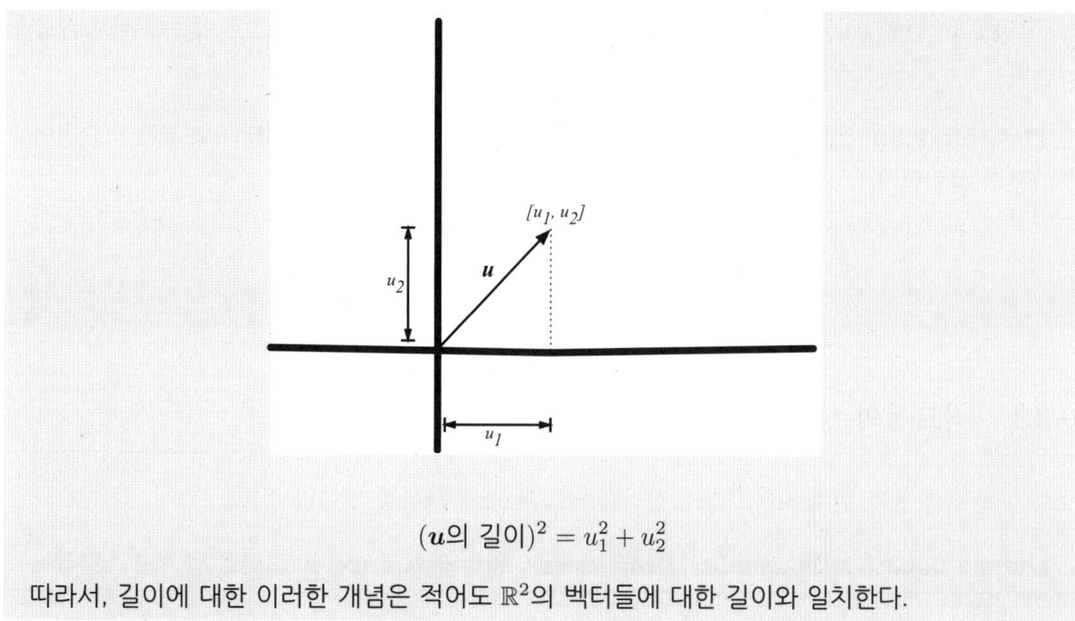

$$(\boldsymbol{u}\text{의 길이})^2 = u_1^2 + u_2^2$$

따라서, 길이에 대한 이러한 개념은 적어도 $\mathbb{R}^2$의 벡터들에 대한 길이와 일치한다.

9.3 직교성(Orthogonality)

직교(Orthogonal)는 *수직*(perpendicular)에 대한 수학적인 용어이다.

직교의 정의에 대해 알아보기 전에 그 동기에 대해 먼저 알아볼 것이다. 피타고라스 정리를 역으로 사용하여 피타고라스 정리가 성립되도록 직교의 개념을 정의할 것이다. $\boldsymbol{u}$와 $\boldsymbol{v}$는 벡터라고 하자. 이 벡터들의 길이는 $\|\boldsymbol{u}\|$와 $\|\boldsymbol{v}\|$이다. 이 벡터들의 평행이동을 생각하여 $\boldsymbol{v}$의 꼬리를 $\boldsymbol{u}$의 머리에 놓는다. 그러면, "빗변"은 $\boldsymbol{u}$의 꼬리에서 $\boldsymbol{v}$의 머리까지이며 $\boldsymbol{u}+\boldsymbol{v}$이다(여기서, 삼각형은 반드시 직각삼각형일 필요는 없다).

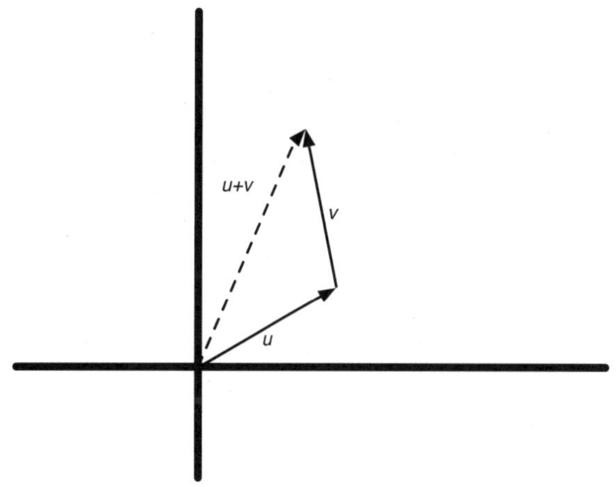

벡터 $\boldsymbol{u}+\boldsymbol{v}$("빗변")의 제곱의 길이는 다음과 같다.

$$\begin{aligned}
\|\boldsymbol{u}+\boldsymbol{v}\|^2 &= \langle \boldsymbol{u}+\boldsymbol{v}, \boldsymbol{u}+\boldsymbol{v}\rangle \\
&= \langle \boldsymbol{u}, \boldsymbol{u}+\boldsymbol{v}\rangle + \langle \boldsymbol{v}, \boldsymbol{u}+\boldsymbol{v}\rangle && \text{첫 번째 인자의 내적의 선형성에 의해} \\
&= \langle \boldsymbol{u}, \boldsymbol{u}\rangle + \langle \boldsymbol{u}, \boldsymbol{v}\rangle + \langle \boldsymbol{v}, \boldsymbol{u}\rangle + \langle \boldsymbol{v}, \boldsymbol{v}\rangle && \text{대칭성과 선형성에 의해} \\
&= \|\boldsymbol{u}\|^2 + 2\langle \boldsymbol{u}, \boldsymbol{v}\rangle + \|\boldsymbol{v}\|^2 && \text{대칭성에 의해}
\end{aligned}$$

마지막 표현이 $\|\boldsymbol{u}\|^2 + \|\boldsymbol{v}\|^2$이 될 필요충분조건은 $\langle \boldsymbol{u}, \boldsymbol{v}\rangle = 0$이 되는 것이다.

그러므로, 만약 $\langle \boldsymbol{u}, \boldsymbol{v} \rangle = 0$이면 $\boldsymbol{u}$와 $\boldsymbol{v}$는 *직교*라고 정의한다. 위에서 설명한 이유에 의해 다음을 얻는다.

Theorem 9.3.1 (실수 벡터들에 대한 피타고라스 정리): 만약 실수 벡터 $\boldsymbol{u}$와 $\boldsymbol{v}$가 직교하면 다음이 성립한다.

$$\|\boldsymbol{u} + \boldsymbol{v}\|^2 = \|\boldsymbol{u}\|^2 + \|\boldsymbol{v}\|^2$$

9.3.1 직교성의 성질

소방차 문제를 풀기 위해 피타고라스 정리를 다음과 함께 사용할 것이다.

Lemma 9.3.2 (Orthogonality Properties): 임의의 벡터 $\boldsymbol{u}$와 $\boldsymbol{v}$, 그리고 임의의 스칼라 α에 대해,

Property O1: 만약 $\boldsymbol{u}$가 $\boldsymbol{v}$와 직교하면 $\alpha\,\boldsymbol{u}$는 모든 스칼라 α에 대해 $\alpha\,\boldsymbol{v}$와 직교한다.

Property O2: 만약 $\boldsymbol{u}$와 $\boldsymbol{v}$ 둘 다 $\boldsymbol{w}$와 직교하면 $\boldsymbol{u} + \boldsymbol{v}$는 $\boldsymbol{w}$와 직교한다.

Proof

1. $\langle \boldsymbol{u}, \alpha\,\boldsymbol{v} \rangle = \alpha\,\langle \boldsymbol{u}, \boldsymbol{v} \rangle = \alpha\,0 = 0$

2. $\langle \boldsymbol{u} + \boldsymbol{v}, \boldsymbol{w} \rangle = \langle \boldsymbol{u}, \boldsymbol{w} \rangle + \langle \boldsymbol{v}, \boldsymbol{w} \rangle = 0 + 0$

□

Lemma 9.3.3: 만약 $\boldsymbol{u}$가 $\boldsymbol{v}$와 직교이면 임의의 스칼라 α, β에 대해 다음이 성립한다.

$$\|\alpha\,\boldsymbol{u} + \beta\,\boldsymbol{v}\|^2 = \alpha^2\|\boldsymbol{u}\|^2 + \beta^2\|\boldsymbol{v}\|^2$$

Proof

$$\begin{aligned}
(\alpha\,\boldsymbol{u} + \beta\,\boldsymbol{v}) \cdot (\alpha\,\boldsymbol{u} + \beta\,\boldsymbol{v}) &= \alpha\,\boldsymbol{u} \cdot \alpha\,\boldsymbol{u} + \beta\,\boldsymbol{v} \cdot \beta\,\boldsymbol{v} + \alpha\,\boldsymbol{u} \cdot \beta\,\boldsymbol{v} + \beta\,\boldsymbol{v} \cdot \alpha\,\boldsymbol{u} \\
&= \alpha\,\boldsymbol{u} \cdot \alpha\,\boldsymbol{u} + \beta\,\boldsymbol{v} \cdot \beta\,\boldsymbol{v} + \alpha\beta\,(\boldsymbol{u} \cdot \boldsymbol{v}) + \beta\alpha\,(\boldsymbol{v} \cdot \boldsymbol{u}) \\
&= \alpha\,\boldsymbol{u} \cdot \alpha\,\boldsymbol{u} + \beta\,\boldsymbol{v} \cdot \beta\,\boldsymbol{v} + 0 + 0 \\
&= \alpha^2\,\|\boldsymbol{u}\|^2 + \beta^2\,\|\boldsymbol{v}\|^2
\end{aligned}$$

□

Problem 9.3.4: 만약 $\boldsymbol{u}$와 $\boldsymbol{v}$가 직교라는 조건을 제거하면, Lemma 9.3.3은 참이 아니라는 것을 수치적 예를 사용하여 보여라.

Problem 9.3.5: 귀납법과 Lemma 9.3.3을 사용하여 다음의 일반화를 증명해 보자. $\boldsymbol{v}_1, \ldots, \boldsymbol{v}_n$은 서로 직교한다고 해 보자. 임의의 계수 $\alpha_1, \ldots, \alpha_n$에 대해 다음이 성립한다.

$$\|\alpha_1\boldsymbol{v}_1 + \cdots + \alpha_n\boldsymbol{v}_n\|^2 = \alpha_1^2\|\boldsymbol{v}_1\|^2 + \cdots + \alpha_n^2\|\boldsymbol{v}_n\|^2$$

9.3.2 평행 및 수직 성분으로 벡터 분해

소방차 문제에 대한 솔루션을 기술하기 위해 먼저 핵심 개념을 도입한다.

Definition 9.3.6: 임의의 벡터 $\boldsymbol{b}$와 $\boldsymbol{v}$에 대해, 만약 다음이 성립하면 벡터 $\boldsymbol{b}^{||\boldsymbol{v}}$와 $\boldsymbol{b}^{\perp\boldsymbol{v}}$은 각각 *$\boldsymbol{b}$의 $\boldsymbol{v}$를 따른 투영(projection)*과 *$\boldsymbol{b}$의 $\boldsymbol{v}$에 직교하는 투영*이라 정의한다.

$$\boldsymbol{b} = \boldsymbol{b}^{||\boldsymbol{v}} + \boldsymbol{b}^{\perp\boldsymbol{v}} \tag{9.3}$$

여기서, 어떤 스칼라 $\sigma \in R$에 대해,

$$\boldsymbol{b}^{||\boldsymbol{v}} = \sigma\,\boldsymbol{v} \tag{9.4}$$

이고

$$\boldsymbol{b}^{\perp\boldsymbol{v}}\text{은 } \boldsymbol{v}\text{에 직교한다} \tag{9.5}$$

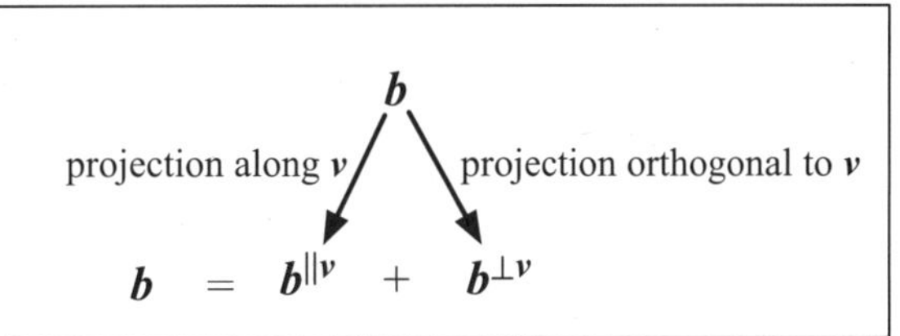

Example 9.3.7: 평면을 고려하고, 직선은 x-축, 즉 집합 $\{(x, y) : \; y = 0\}$이라고 해 보자. $\boldsymbol{b}$는 (b_1, b_2)이고 $\boldsymbol{v}$는 $(1, 0)$이라 해 보자. $\boldsymbol{v}$를 따른 $\boldsymbol{b}$의 투영은 $(b_1, 0)$이고, $\boldsymbol{v}$에 직교하는 $\boldsymbol{b}$의 투영은 $(0, b_2)$이다.

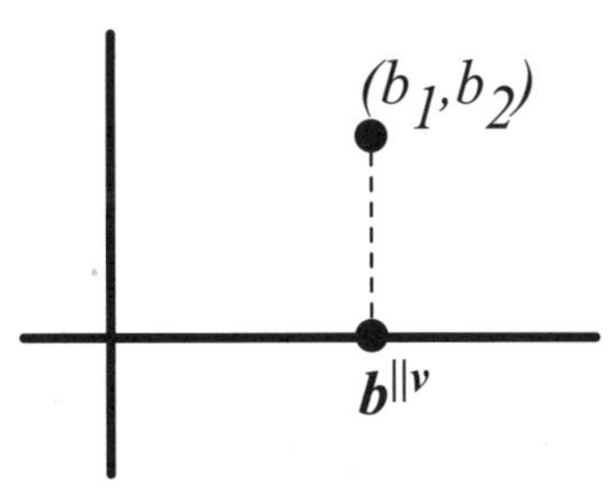

이것을 입증하기 위해 다음 식들을 고려해 보자.

- 식 (9.3)에 의하면 $(b_1, b_2) = (b_1, 0) + (0, b_2)$이어야 하고, 이것은 당연히 참이다.
- 식 (9.4)에 의하면 어떤 스칼라 σ에 대해 $(b_1, 0) = \sigma\,(1, 0)$이어야 하고, 이것은 σ가 b_1이 되게 선택될 경우 참이다.

- 식 (9.5)에 의하면 $(0, b_1)$이 $(1, 0)$에 직교해야 하고, 이것은 명백히 참이다.

$\boldsymbol{v}$가 영벡터일 때

만약 $\boldsymbol{v}$가 영벡터이면 무슨일이 생기는가? 이 경우, 식 (9.4)를 만족하는 유일한 벡터 $\boldsymbol{b}^{||\boldsymbol{v}}$은 영벡터이다. 식 (9.3)에 따르면, 이것은 $\boldsymbol{b}^{\perp}$가 $\boldsymbol{b}$와 동일해야 함을 의미한다. 다행스럽게도 이렇게 $\boldsymbol{b}^{\perp}$을 선택하는 것은 식 (9.5)를 만족한다. 즉, $\boldsymbol{b}^{\perp}$은 $\boldsymbol{v}$에 직교한다. 사실 $\boldsymbol{v}$가 영벡터일 때, 모든 벡터는 $\boldsymbol{v}$에 직교한다.

9.3.3 *소방차* 문제에 대한 해의 직교 성질

직교성은 *소방차* 문제를 푸는 데 도움이 된다.

Lemma 9.3.8 (Fire Engine Lemma): $\boldsymbol{b}$와 $\boldsymbol{v}$는 벡터라고 하자. $\boldsymbol{b}$에 가장 가까운 Span $\{\boldsymbol{v}\}$ 내의 점은 $\boldsymbol{b}^{||\boldsymbol{v}}$이고, 그 거리는 $\|\boldsymbol{b}^{\perp \boldsymbol{v}}$이다.

Example 9.3.9: Example 9.3.7(380 페이지)을 가지고 계속해 보자. Lemma에 따르면 직선 Span $\{(1, 0)\}$상에 있으며 (b_1, b_2)에 가장 가까운 점은 $\boldsymbol{b}^{||\boldsymbol{v}} = (b_1, 0)$이다.

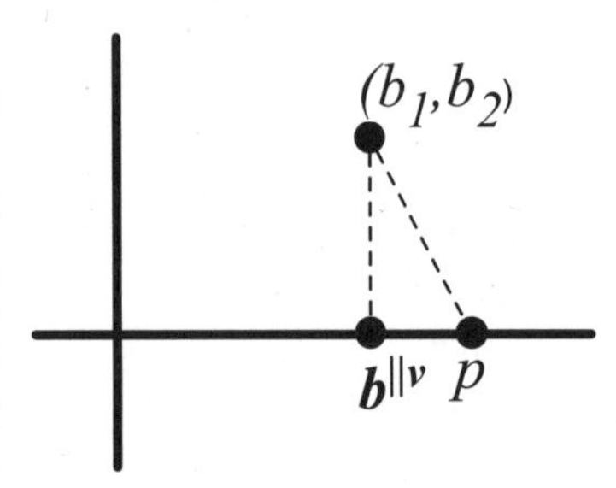

임의의 다른 점 $\boldsymbol{p}$에 대해, 점 (b_1, b_2), $\boldsymbol{b}^{||\boldsymbol{v}}$, 그리고 $\boldsymbol{p}$는 직각 삼각형을 형성한다. $\boldsymbol{p}$는 $\boldsymbol{b}^{||\boldsymbol{v}}$와 다르므로, 밑변은 영이 아니며 피타고라스 정리에 의하면 빗변의 길이는 높이보다 더 길다. 이것은 $\boldsymbol{p}$가 $\boldsymbol{b}^{||\boldsymbol{v}}$보다 (b_1, b_2)에서 더 멀리 떨어져 있다는 것을 보여 준다.

증명은 예제에서 사용된 것과 동일한 주장을 사용한다. 증명은 임의의 차원에 대해서 성립하지만 여기서는 $\mathbb{R}^2$의 그림을 보여 준다.

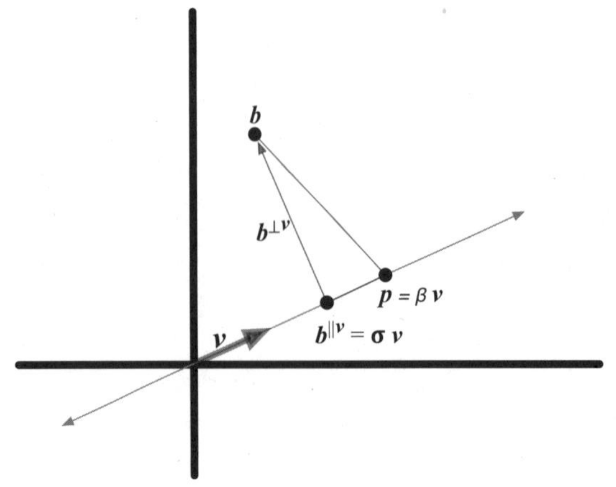

Proof

$\boldsymbol{p}$는 $L = \text{Span}\ \{\boldsymbol{v}\}$상의 임의의 점이라 하자. 세 점 $\boldsymbol{p}$, $\boldsymbol{b}^{||\boldsymbol{v}}$, $\boldsymbol{b}$는 삼각형을 형성한다. $\boldsymbol{p}$에서 $\boldsymbol{b}^{||\boldsymbol{v}}$로의 화살표는 $\boldsymbol{b}^{||\boldsymbol{v}} - \boldsymbol{p}$이다. $\boldsymbol{b}^{||\boldsymbol{v}}$에서 $\boldsymbol{b}$로의 화살표는 $\boldsymbol{b} - \boldsymbol{b}^{||\boldsymbol{v}}$이며 이것은 $\boldsymbol{b}^{\perp\boldsymbol{v}}$이다. $\boldsymbol{p}$에서 $\boldsymbol{b}$로의 화살표는 $\boldsymbol{b} - \boldsymbol{p}$이다.

$\boldsymbol{b}^{||\boldsymbol{v}}$와 $\boldsymbol{p}$는 둘 다 L상에 있으므로, 이 둘은 $\boldsymbol{v}$의 배수이고, 그들의 차분 $\boldsymbol{b}^{||\boldsymbol{v}} - \boldsymbol{p}$도 또한 $\boldsymbol{v}$의 배수이다. $\boldsymbol{b} - \boldsymbol{b}^{||\boldsymbol{v}}$은 $\boldsymbol{v}$와 직교하므로 이것은 Orthogonality Property 1(Lemma 9.3.2)에 의해 $\boldsymbol{b}^{||\boldsymbol{v}} - \boldsymbol{p}$와 또한 직교한다.

그리하여, 피타고라스 정리에 의하면 다음이 성립한다.

$$\|\boldsymbol{b} - \boldsymbol{p}\|^2 = \|\boldsymbol{b}^{||\boldsymbol{v}} - \boldsymbol{p}\|^2 + \|\boldsymbol{b} - \boldsymbol{b}^{||\boldsymbol{v}}\|^2$$

만약 $\boldsymbol{p} \neq \boldsymbol{b}^{||\boldsymbol{v}}$이면 $\|\boldsymbol{b}^{||\boldsymbol{v}} - \boldsymbol{p}\|^2 > 0$이고, 그래서 $\|\boldsymbol{b} - \boldsymbol{b}^{||\boldsymbol{v}}\| < \|\boldsymbol{b} - \boldsymbol{p}\|$이다.

$\boldsymbol{b}^{||\boldsymbol{v}}\|$에서 $\boldsymbol{b}$까지의 거리는 L상의 임의의 다른 점에서 $\boldsymbol{b}$까지의 거리보다 작다는 것을 보여주었다. 이 거리는 벡터 $\boldsymbol{b} - \boldsymbol{b}^{||\boldsymbol{v}}$의 길이이며, 이것은 $\|\boldsymbol{b}^{\perp\boldsymbol{v}}\|$이다. □

Example 9.3.10: $\boldsymbol{v}$가 영벡터인 경우는 어떤가? 이 경우, L은 전혀 직선이 아니고 단지 영벡터만으로 구성된 집합이다. 명백히, L에 있으며 $\boldsymbol{b}$에 가장 가까운 점은 L 내의 *유일한* 점, 즉 영벡터이고, 이것은 (섹션 9.3.2의 끝에서 살펴본 것과 같은 경우에) $\boldsymbol{b}^{||\boldsymbol{v}}$이다. 이 경우 벡터 $\boldsymbol{b}^{\perp\boldsymbol{v}}$은 단순히 $\boldsymbol{b}$이고 그 거리는 $\|\boldsymbol{b}\|$이다.

9.3.4 투영 및 가장 가까운 점 찾기

솔루션을 특징짓고 그것에 새로운 이름을 부여했는데, 실제로 이 솔루션은 어떻게 계산할 수 있는가? 식 (9.4)의 스칼라 σ를 계산하면 된다. 만약 $\boldsymbol{v}$가 영벡터이면, 살펴본 바와 같이 σ는 영이 되어야 한다. 만약 $\boldsymbol{v}$가 영벡터가 아니면, σ가 무엇이 되어야 하는지 다른 두 식으로부터 유도할 수 있다. 식 (9.5)에 따르면 $\langle \boldsymbol{b}^{\perp\boldsymbol{v}}, \boldsymbol{v}\rangle = 0$이어야 한다. 식 (9.3)을 사용하여 $\boldsymbol{b}^{\perp\boldsymbol{v}}$을 대체하면 $\langle \boldsymbol{b} - \boldsymbol{b}^{||\boldsymbol{v}}, \boldsymbol{v}\rangle = 0$이어야 한다는 것을 알 수 있다. 식 (9.4)을 사용하여 $\boldsymbol{b}^{||\boldsymbol{v}}$을 대체하면 $\langle \boldsymbol{b} - \sigma\,\boldsymbol{v}, \boldsymbol{v}\rangle = 0$이어야 함을 알 수 있다. 내적의 선형성과 동질성(섹션 9.2)을 사용하면, 다음이 성립해야 한다.

$$\langle \boldsymbol{b}, \boldsymbol{v}\rangle - \sigma\ \langle \boldsymbol{v}, \boldsymbol{v}\rangle = 0 \tag{9.6}$$

σ에 대해 풀면 다음을 얻는다.

$$\sigma = \frac{\langle \boldsymbol{b}, \boldsymbol{v}\rangle}{\langle \boldsymbol{v}, \boldsymbol{v}\rangle} \tag{9.7}$$

$\|\boldsymbol{v}\| = 1$인 특수한 경우에 식 (9.7)의 분모 $\langle \boldsymbol{v}, \boldsymbol{v}\rangle = 1$이 되어 다음과 같이 된다.

$$\sigma = \langle \boldsymbol{b}, \boldsymbol{v}\rangle \tag{9.8}$$

앞에서 보여 주었듯이, 만약 $\boldsymbol{b}$, $\boldsymbol{b}^{||\boldsymbol{v}}$, 그리고 $\boldsymbol{b}^{\perp\boldsymbol{v}}$가 Definition 9.3.6을 만족하면 σ는 식 (9.7)을 만족해야 한다. 공식적으로는 이것의 역도 성립함을 증명해야 한다. 즉, 식 (9.7)은 $\boldsymbol{b}^{||\boldsymbol{v}} = \sigma\,\boldsymbol{v}$와 $\boldsymbol{b}^{\perp\boldsymbol{v}} = \boldsymbol{b} - \boldsymbol{b}^{||\boldsymbol{v}}$가 Definition 9.3.6을 만족함을 의미한다는 것을 증명해야 한다.

증명은 단순히 위의 유도 과정의 반대로 하면 된다. 즉, 식 (9.7)은 식 (9.6)을 의미하고, 이것은 $\langle \boldsymbol{b} - \sigma\,\boldsymbol{v}, \boldsymbol{v}\rangle = 0$임을 의미하며 정의에 의해 요구된 것과 같이 $\boldsymbol{b}^{\perp\boldsymbol{v}}$가 $\boldsymbol{v}$와 직교한다는 것을 의미한다.

결론을 lemma로 요약하면 다음과 같다.

Lemma 9.3.11: 임의의 실수 벡터 $\boldsymbol{b}$와 $\boldsymbol{v}$에 대해,

1. $\boldsymbol{b} - \sigma\,\boldsymbol{v}$가 $\boldsymbol{v}$에 직교하는 그러한 σ가 있다.
2. Span $\{\boldsymbol{v}\}$상에 있으며 $\|\boldsymbol{b} - \boldsymbol{p}\|$을 최소화하는 점 $\boldsymbol{p}$는 $\sigma\,\boldsymbol{v}$이다.
3. σ의 값은 $\frac{\langle \boldsymbol{b},\boldsymbol{v}\rangle}{\langle \boldsymbol{v},\boldsymbol{v}\rangle}$이다.

Quiz 9.3.12: 파이썬으로 $\boldsymbol{v}$의 생성에 대한 $\boldsymbol{b}$의 투영을 리턴하는 프로시저, project_along(b, v)을 작성해 보자.

Answer

```
def project_along(b, v):
 sigma = ((b*v)/(v*v)) if v*v != 0 else 0
 return sigma * v
```

한 줄로 된 버전은 다음과 같다.

```
def project_along(b, v): return (((b*v)/(v*v)) if v*v != 0 else 0) * v
```

수학적으로는 project_along을 이렇게 구현하는 것이 맞다. 하지만, 부동소수의 반올림 오차 때문에 구현을 약간 변경할 필요가 있다.

흔히, 벡터 $\boldsymbol{v}$는 진짜 영벡터는 아니지만 현실적으로 영이 될 것이다. 만약 $\boldsymbol{v}$의 엔트리가 아주 작으면 프로시저는 $\boldsymbol{v}$를 영벡터로 취급한다. 즉, sigma에는 영이 할당되어야 한다. 만약 제곱 (squared) norm이, 예를 들어 10^{-20}보다 작거나 같으면, $\boldsymbol{v}$는 영벡터라고 간주할 것이다. 다음은 project_along 구현을 수정한 버전이다.

```
def project_along(b, v):
 sigma = (b*v)/(v*v) if v*v > 1e-20 else 0
 return sigma * v
```

project_along을 사용하여 $\boldsymbol{b}$의 직교투영을 찾는 프로시저를 작성해 보자.

Quiz 9.3.13: 파이썬으로, $\boldsymbol{v}$에 직교하는 $\boldsymbol{b}$의 투영을 리턴하는 프로시저, project_orthogonal_1(b, v)을 작성해 보자.

Answer

```
def project_orthogonal_1(b, v): return b - project_along(b, v)
```

이 프로시저들은 모듈 orthogonalization에 정의되어 있다.

9.3.5 *소방차* 문제에 대한 솔루션

Example 9.3.14: 이 장의 시작에서 기술한 *소방차* 문제로 돌아가 보자. 이 문제에서, $\boldsymbol{v} = [6, 2]$ 이고 $\boldsymbol{b} = [2, 4]$이다. 직선 $\{\alpha\boldsymbol{v} \;:\; \alpha \in \mathbb{R}\}$ 위에 있는 가장 가까운 점은 $\sigma\,\boldsymbol{v}$이며, σ는 다음과 같다.

$$\begin{aligned}\sigma &= \frac{\boldsymbol{v}\cdot\boldsymbol{b}}{\boldsymbol{v}\cdot\boldsymbol{v}}\\ &= \frac{6\cdot 2+2\cdot 4}{6\cdot 6+2\cdot 2}\\ &= \frac{20}{40}\\ &= \frac{1}{2}\end{aligned}$$

따라서, $\boldsymbol{b}$에 가장 가까운 점은 $\frac{1}{2}[6, 2] = [3, 1]$이다. $\boldsymbol{b}$까지의 거리는 $\|[2, 4]-[3, 1]\| = \|[-1, 3]\| = \sqrt{10}$이며, 이 값은 소방 호스의 길이인 3.5보다 조금 작다. 그래서, 불타는 집을 구할 수 있다!

소방차 문제는 주어진 벡터 $\boldsymbol{b}$에 "가장 근접하는" 직선 위의 벡터를 찾는 문제로 표현할 수 있다. 여기서, "가장 근접하는"이란 가장 가깝다는 의미이다. "가장 근접하는"이란 개념은 앞으로 다룰 장에서 몇 번 나올 것이다.

- 기본적인 데이터 분석 기법인 최소제곱(least-squares)/회귀(regression)
- 이미지 압축
- 또 다른 데이터 분석 기법인 주성분 분석(principal component analysis)
- 정보검색 기법(information retrieval)인 잠재 의미 분석(latent semantic analysis)
- 압축센싱(compressed sensing)

9.3.6 *외적(Outer product)과 투영

벡터 $\boldsymbol{u}$와 $\boldsymbol{v}$의 *외적*은 행렬-행렬 곱 $\boldsymbol{u}\boldsymbol{v}^T$으로 정의된다.

$$\begin{bmatrix} \\ \boldsymbol{u} \\ \\ \end{bmatrix}\begin{bmatrix} & \boldsymbol{v}^T & \end{bmatrix}$$

이 개념을 사용하여 행렬-벡터 곱으로 투영을 나타낸다.

영이 아닌 벡터 $\boldsymbol{v}$에 대해, *투영 함수* $\pi_{\boldsymbol{v}} : \mathbb{R}^n \longrightarrow \mathbb{R}^n$을 다음과 같이 정의한다.

$$\pi_{\boldsymbol{v}}(\boldsymbol{x}) = \boldsymbol{x}\text{의 }\boldsymbol{v}\text{에 대한 투영}$$

이 함수를 행렬-벡터 곱으로 나타낼 수 있는가? 이것은 선형함수인가?

지금은 $\|\boldsymbol{v}\| = 1$이라고 가정해 보자. 그러면, 투영에 대한 식은 더욱 더 간단해 진다.

$$\pi_{\boldsymbol{v}}(\boldsymbol{x}) = (\boldsymbol{v}\cdot\boldsymbol{x})\,\boldsymbol{v}$$

첫 번째 단계는 이 함수를 행 및 열 벡터의 개념을 사용하여 행렬-행렬 곱셈에 대해 나타낸다. 도트곱은 행벡터와 열벡터의 곱으로 대체된다.

$$\pi_{\boldsymbol{v}}(\boldsymbol{x}) = \begin{bmatrix} \\ \boldsymbol{v} \\ \\ \end{bmatrix} \left(\begin{bmatrix} & \boldsymbol{v}^T & \end{bmatrix} \begin{bmatrix} \\ \boldsymbol{x} \\ \\ \end{bmatrix} \right) = \underbrace{\left(\begin{bmatrix} \\ \boldsymbol{v} \\ \\ \end{bmatrix} \begin{bmatrix} & \boldsymbol{v}^T & \end{bmatrix} \right)}_{\text{행렬}} \underbrace{\begin{bmatrix} \\ \boldsymbol{x} \\ \\ \end{bmatrix}}_{\text{벡터}}$$

이것은 투영 함수 $\pi_{\boldsymbol{v}}(\boldsymbol{x})$가 행렬과 벡터의 곱이라는 것을 보여 준다. 물론, 이것은 Proposition 5.10.2를 따르고, 그러므로 선형함수이다.

외적은 나중에 행렬에 대한 근사를 고려할 때 다시 사용될 것이다.

Problem 9.3.15: 파이썬 프로시저, `projection_matrix(v)`을 작성해 보자. 이 프로시저는 주어진 벡터 $\boldsymbol{v}$에 대해 $\pi_{\boldsymbol{v}}(\boldsymbol{x}) = M\boldsymbol{x}$를 만족하는 그러한 행렬 M을 리턴한다. 작성한 프로시저는 $\|\boldsymbol{v}\| \neq 1$인 경우에도 맞게 동작해야 한다.

Problem 9.3.16: $\boldsymbol{v}$는 영이 아닌 n-벡터라고 해 보자. $\pi_{\boldsymbol{v}}(\boldsymbol{x}) = M\boldsymbol{x}$를 만족하는 행렬 M의 랭크는 무엇인가? 행렬-벡터 또는 행렬-행렬 곱셈에 대한 적절한 해석을 사용하여 답변을 설명해 보자.

Problem 9.3.17: $\boldsymbol{v}$는 영이 아닌 n-벡터라고 해 보자. M은 $\pi_{\boldsymbol{v}}(\boldsymbol{x}) = M\boldsymbol{v}$를 만족하는 행렬이라 하자.

1. M과 $\boldsymbol{v}$를 곱하기 위해 스칼라-스칼라 곱셈(즉, 보통의 곱셈)이 몇 개나 필요한가? n에 대한 간단한 식을 가지고 질문에 답변하고 그 답변이 타당함을 보여라.
2. $\boldsymbol{x}$는 열벡터, 즉 $n \times 1$ 행렬에 의해 표현된다고 해 보자. 두 개의 행렬 M_1과 M_2가 있다. $M_1(M_2\boldsymbol{x})$를 계산함으로써 $\pi_{\boldsymbol{v}}(\boldsymbol{x})$를 계산하는 데는 오직 $2n$개의 스칼라-스칼라 곱셈이 필요하다. 이것을 설명해 보자.

9.3.7 차원이 더 높은 경우에 대한 해결책

소방차 문제의 자연스런 일반화는 주어진 몇몇 벡터들의 생성에 있으며 주어진 벡터 $\boldsymbol{b}$에 가장 가까운 벡터를 찾는 것이다. 다음 lab에서, 이러한 계산문제에 대한 하나의 접근방식을 살펴볼 것이며, 그것은 *그래디언트 디센트*(gradient descent)에 기반을 두고 있다. 다음 장에서는 직교와 투영에 기반을 두고 있는 알고리즘을 살펴볼 것이다.

9.4 *Lab: 기계학습*

여기서는 초보적인 기계학습 알고리즘을 사용하여 피처(features)로부터 유방암을 진단하는 것에 대해 알아볼 것이다.

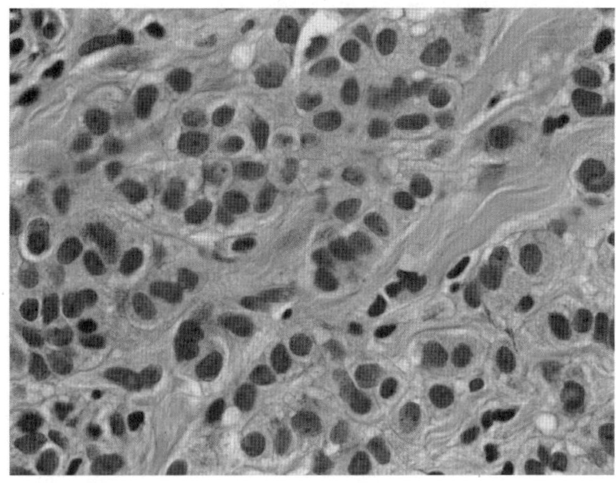

핵심 개념은 반복적인 방법인 *그래디언트 디센트*를 사용하여 "최상의" 가설을 찾는 것이다. 그래디언트 디센트법은 비선형함수를 거의 최소화하는 점을 찾는 데 유용한다. 이 방법은 매 이터레이션마다 비선형함수를 선형함수에 의해 근사시킨다.

이러한 특정 함수에 대해 최상의 점을 찾는 훨씬 더 빠르고 직접적인 방법이 있다. 직교화(orghogonalization)에서 이것을 다룰 것이다. 하지만, 그래디언트 디센트법은 좀 더 일반적인 관점에서 유용하고 알아둘 가치가 있다.

9.4.1 *데이터*

위스콘신 유방암 진단(Wisconsin Diagnostic Brest Cancer (WDBC)) 데이터의 일부가 주어진다. 환자 각각에 대해, 그 환자에 대한 유방종괴(breast mass)의 미세침흡인물(fine needle aspirate)의 디지털 이미지로부터 계산된 피처를 제공하는 벡터 $\boldsymbol{a}$가 주어진다. 피처는 이미지에 나타난 세포핵들의 특징을 기술한다. 목적은 이 세포들이 악성인지 또는 양성인지 결정하는 것이다.

피처가 계산되는 방법에 대한 간단한 설명이 아래에 있다. 각 세포핵에 대해 10개의 실수값이 계산된다.

- 반지름(중심에서 둘레에 있는 점들까지의 거리의 평균)
- 텍스처(texture)(그레이스케일 값의 표준편차)
- 둘레(perimeter)
- 면적
- 평활도(smoothness)(반지름의 지역편차)
- 컴팩트성(compactness)(둘레^2/ 면적)
- 오목성(concavity)(윤곽(contour)의 오목한 부분의 정도)
- 오목점 숫자(concave points)(윤곽의 오목한 부분의 수)
- 대칭
- 프렉탈 차원(fractal dimension)("해안선 근사(coastline approximation)")

각 이미지에 대해, 이러한 피처들의 평균, 표준오차, 가장 큰 측정값(세 개의 가장 큰 값의 평균)이 계산된다. 따라서, 각 표본(specimen)은 30개의 엔트리를 가진 벡터 $\boldsymbol{a}$로 표현된다. 정의역 D

는 이러한 피처들, 예를 들어 "radius (mean)", "radius (stderr)", "radius (worst)", "area (mean)" 등을 식별하는 30개의 문자열로 구성된다.

데이터 train.data와 validate.data를 포함하는 두 개의 파일이 제공된다.

모듈 cancer_data의 프로시저, read_training_data는 하나의 인자를 가지며, 그 인자는 파일의 경로 이름을 제공하는 문자열이다. 이 프로시저는 지정된 파일의 데이터를 읽어들여 쌍 $(A, \boldsymbol{b})$를 리턴한다.

- A는 Mat이고, 그 행 라벨들은 환자의 식별 번호들이고 열-라벨 집합은 D이다.
- $\boldsymbol{b}$는 벡터이고, 그 정의역은 환자 식별번호들의 집합이다. $\boldsymbol{b}[r]$은 만약 환자의 표본 r이 악성이면 1이고, 양성이면 -1이다.

Task 9.4.1: read_training_data를 사용하여 train.data 파일에 있는 데이터를 변수 $A, \boldsymbol{b}$로 읽어들여 보자.

9.4.2 *지도학습(Supervised learning)*

여기서의 목적은 *분류기*(classifier)를 선택하는 프로그램을 작성하는 것이다. 분류기는 주어진 피처 벡터 $\boldsymbol{a}$에 대해 티슈(tissue)가 악성인지 혹은 양성인지를 예측하는 함수 $C(\boldsymbol{y})$이다. 프로그램이 정확할 가능성이 높은 분류기를 선택하도록 하기 위해, 프로그램에는 *라벨을 붙인 예제* $(\boldsymbol{a}_1, b_1), \ldots, (\boldsymbol{a}_m, b_m)$으로 구성된 *트레이닝 데이터*(training data)가 주어진다. 각각의 라벨을 붙인 예제는 피처 벡터 $\boldsymbol{a}_i$와 대응하는 라벨 b_i로 구성된다. 여기서, b_i는 $+1$ 또는 -1이다(악성이면 $+1$, 양성이면 -1). 일단, 프로그램이 어떤 분류기를 선택하면, 정확한 답을 이미 알고 있는 라벨을 붙이지 않은 벡터 $\boldsymbol{a}$에 대해 이 분류기의 정확도를 테스트한다.

9.4.3 *가설 클래스*

분류기는 가능한 분류기들의 집합(*가설 클래스*)에서 선택된다. 이 경우(기계학습에서 흔히 발생하는 것처럼), 가설 클래스는 피처 벡터들의 공간 $\mathbb{R}^D$에서 $\mathbb{R}$로의 선형함수 $h(\cdot)$로 구성된다. 분류기는 이러한 함수에 대해 아래와 같이 정의 된다.

$$C(\boldsymbol{y}) = \begin{cases} +1 & \text{if } h(\boldsymbol{y}) \geq 0 \\ -1 & \text{if } h(\boldsymbol{y}) < 0 \end{cases}$$

각각의 선형함수 $h : \mathbb{R}^D \longrightarrow \mathbb{R}$에 대해, 다음을 만족하는 D-벡터 $\boldsymbol{w}$가 있다.

$$h(\boldsymbol{y}) = \boldsymbol{w} \cdot \boldsymbol{y}$$

따라서, 이러한 선형함수를 선택하는 것은 D-벡터 $\boldsymbol{w}$를 선택하는 것이 된다. $\boldsymbol{w}$를 선택하는 것은 가설 h를 선택하는 것과 같으므로, $\boldsymbol{w}$는 *가설 벡터*라고 한다.

주어진 가설 벡터 $\boldsymbol{w}$에 대해, 함수 $h(\boldsymbol{y}) = \boldsymbol{w} \cdot \boldsymbol{y}$를 사용하여 분류기에 의해 옳지 않게 예측되는 라벨을 붙인 예제의 수를 계산하는 프로시저를 작성할 것이다. 이 프로시저 작성을 좀 더 쉽게 하기 위해, 간단한 유틸리티(utility) 프로시저를 먼저 작성할 것이다.

Task 9.4.2: 다음 스펙을 가지는 프로시저, `signum(u)`을 작성해 보자.

- *input:* Vec $\boldsymbol{u}$
- *output:* $\boldsymbol{u}$와 동일한 정의역을 가지며 다음을 만족하는 Vec $\boldsymbol{v}$.

$$\boldsymbol{v}[d] = \begin{cases} +1 & \text{if } \boldsymbol{u}[d] \geq 0 \\ -1 & \text{if } \boldsymbol{u}[d] < 0 \end{cases}$$

예를 들어, `signum(Vec({'A','B'}, {'A':3, 'B':-2}))`은 아래와 같다.

```
Vec({'A', 'B'},{'A': 1, 'B': -1})
```

Task 9.4.3: 다음 스펙을 가지는 프로시저, `fraction_wrong(A, b, w)`을 작성해 보자.

- *input:* 행들이 피처 벡터들인 $R \times C$ 행렬 A, 엔트리들이 $+1$과 -1인 R-벡터 $\boldsymbol{b}$, 그리고 C-벡터 $\boldsymbol{w}$
- *output:* A의 행 라벨 r 중 (A의 행 r)$\cdot \boldsymbol{w}$의 부호가 $\boldsymbol{b}[r]$과 다른 것의 비율을 나타내는 분수

(힌트: 행렬-벡터 곱셈, 도트곱 및 작성한 `signum` 프로시저를 사용하여 어떠한 루프도 사용하지 않고 이 프로시저를 작성하는 교묘한 방법이 있다.)

$[1, 1, 1, ..., 1]$ 또는 $+1$ 및 -1들로 구성된 랜덤 벡터와 같은 간단한 가설 벡터를 선택하여 이 벡터가 데이터를 얼마나 잘 분류하는지 알아보자.

9.4.4 *트레이닝 데이터에 대한 에러를 최소화하는 분류기 선택하기*

함수 h는 어떻게 선택되는가? 트레이닝 데이터에 대한 선택된 함수 h의 에러를 측정하는 방법이 정의될 것이고 프로그램은 가설 클래스에 있는 모든 분류기들 중에서 최소 에러를 가지는 함수를 선택할 것이다.

가설의 에러를 측정하는 명백한 방법은 가설이 맞지 않는 라벨을 붙인 예제의 비율을 사용하는 것이다. 하지만, 이 방법으로는 이러한 기준에 대해 최상의 솔루션을 찾는 것이 너무 어렵다. 그래서, 에러를 측정하는 다른 방법들이 사용된다. 이 lab에서는 아주 기본적인 에러 측정 방법을 사용한다. 각각의 라벨을 붙인 예제 $(\boldsymbol{a}_i, b_i)$에 대해, 그 예제에 대한 h의 에러는 $(h(\boldsymbol{a}_i) - b_i)^2$이다. 만약 $h(\boldsymbol{a}_i)$가 b_i에 가까우면, 이 에러는 작다. 트레이닝 데이터에 대한 전체 에러는 라벨을 붙인 예제 각각에 대한 에러의 합이다.

$$(h(\boldsymbol{a}_1) - b_1)^2 + (h(\boldsymbol{a}_2) - b_2)^2 + \cdots + (h(\boldsymbol{a}_m) - b_m)^2$$

함수 $h(\cdot)$를 선택하는 것은 D-벡터 $\boldsymbol{w}$를 선택하는 것과 같고 $h(\boldsymbol{y}) = \boldsymbol{y} \cdot \boldsymbol{w}$라고 정의한 것을 기억해 보자. 대응하는 에러는 다음과 같다.

$$(\boldsymbol{a}_1 \cdot \boldsymbol{w} - b_1)^2 + (\boldsymbol{a}_2 \cdot \boldsymbol{w} - b_2)^2 + \cdots + (\boldsymbol{a}_m \cdot \boldsymbol{w} - b_m)^2$$

이제, 이 학습 알고리즘에 대한 목적을 얘기해 보자. 함수 $L : \mathbb{R}^D \longrightarrow \mathbb{R}$을 다음과 같이 정의해 보자.

$$L(\boldsymbol{x}) = (\boldsymbol{a}_1 \cdot \boldsymbol{x} - b_1)^2 + (\boldsymbol{a}_2 \cdot \boldsymbol{x} - b_2)^2 + \cdots + (\boldsymbol{a}_m \cdot \boldsymbol{x} - b_m)^2$$

이 함수는 트레이닝 데이터에 대한 *손실*(loss) 함수이다. 이것은 특정 가설 벡터 $\boldsymbol{w}$의 선택에 대한 에러를 측정하는 데 사용된다. 이 학습 알고리즘의 목적은 $L(\boldsymbol{w})$이 가능한한 작게 되도록 하는(다시 말하면, 함수 L을 *최소화*하는) 가설 벡터 $\boldsymbol{w}$를 선택하는 것이다.

이러한 특정 손실함수를 선택하는 한 가지 이유는 이 함수가 이 책에서 다루는 선형대수에 연관될 수 있기 때문이다. A는 행들이 트레이닝 예제들 $\boldsymbol{a}_1, \ldots, \boldsymbol{a}_m$인 행렬이라 하자. $\boldsymbol{b}$는 m-벡터라고 하고 i번째 엔트리는 b_i라고 하자. $\boldsymbol{w}$는 D-벡터라고 하자. 행렬-벡터 곱셈의 도트곱 정의에 의하면 벡터 $A\boldsymbol{w} - \boldsymbol{b}$의 엔트리 i는 $\boldsymbol{a}_i \cdot \boldsymbol{w} - b_i$이다. 그러므로, 이 벡터의 제곱 norm은 $(\boldsymbol{a}_1 \cdot \boldsymbol{w} - b_1)^2 + \cdots + (\boldsymbol{a}_m \cdot \boldsymbol{w} - b_m)^2$이다. 이것은 $\|A\boldsymbol{w} - \boldsymbol{b}\|^2$을 최소화하는 벡터 $\boldsymbol{w}$를 선택하는 여기서의 목적에 맞는다.

직교화를 다룰 때 이러한 계산문제는 직교성과 투영을 사용하는 알고리즘에 의해 풀 수 있다는 것을 살펴볼 것이다.

Task 9.4.4: 프로시저, `loss(A, b, w)`을 작성해 보자. 이 프로시저는 트레이닝 데이터 $A, \boldsymbol{b}$와 가설 벡터 $\boldsymbol{w}$를 입력으로 받아들여 $\boldsymbol{w}$에 대한 손실함수의 값 $L(\boldsymbol{w})$을 리턴한다. (힌트: 행렬곱셈과 도트곱을 사용하여 루프를 사용하지 않고 이것을 작성해야 한다.)

엔트리가 모두 1인 벡터 또는 +1과 −1들로 구성된 랜덤벡터와 같은 간단한 가설 벡터에 대해 손실함수의 값을 찾아 보자.

9.4.5 *힐 클라이밍(Hill-climbing)에 의한 비선형 최적화*

이 lab에서는 함수의 최소화를 찾는 데 일반적(generic)이고 흔하게 사용되는 휴리스틱(heuristic)인 *힐 클라이밍*(hill-climbing)을 사용한다. 이것을 *일반적*이라고 하는 이유는 아주 넓은 범위의 함수에 대해 사용될 수 있기 때문이다. 하지만, *휴리스틱*이라고 하는 이유는 이 방식이 진정한 최소값을 찾는다는 것을 일반적으로 보장할 수 없기 때문이다(흔히, 최소값을 찾지 못함). 일반적인 적용을 위해 잃는 것이 있기 마련이다.

힐 클라이밍은 솔루션 $\boldsymbol{w}$를 유지하고 반복적으로 그 솔루션에 작은 변경을 가한다. 여기서는 벡터 덧셈을 사용하여 솔루션을 변경한다. 따라서, 이 방법은 다음과 같은 일반적인 형태를 가진다.

initialize $\boldsymbol{w}$ to something
repeat as many times as you have patience for:
  $\boldsymbol{w} := \boldsymbol{w} + \textit{change}$
return $\boldsymbol{w}$

위에서 *change*는 $\boldsymbol{w}$의 현재 값에 의존하는 작은 벡터이다. 각 이터레이션에서 최적화되는 함수의 값을 개선하는 것이 목적이다.

솔루션 공간이 평면을 형성한다고 생각해 보자. 가능한 각 솔루션 $\boldsymbol{w}$는 최적화되는 함수에 의해 값이 할당된다. 각 솔루션의 값을 고도(altitude)라고 해 보자. 이 공간을 3차원 지형으로 시각화할 수 있다.

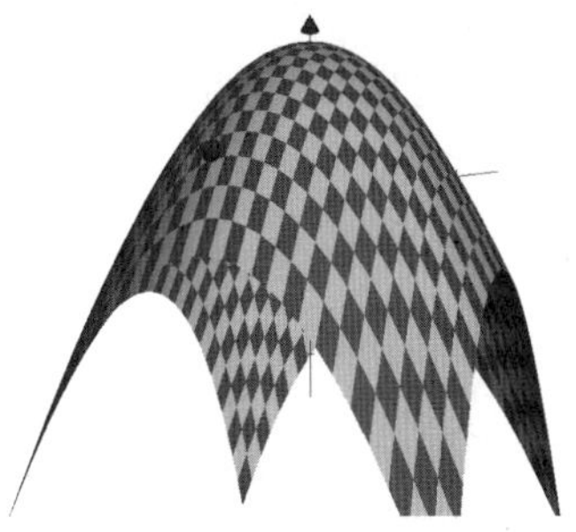

만약 함수를 *극대화하는 것*(maximizer)을 찾으려고 한다면, 알고리즘은 솔루션 $\boldsymbol{w}$를 점점 지형의 꼭대기로 이동한다. 그래서 이름이 *힐 클라이밍*이다.

여기서 우리의 목적은 가장 낮은 점을 찾는 것이므로 다음과 같이 시각화할 수 있다.

이 경우, 알고리즘은 힐의 아래로 내려가려고 한다.

힐 클라이밍의 전략은 지형이 단순할 때 잘 동작한다. 하지만, 이 알고리즘은 예를 들어 아래 그림과 같이 훨씬 복잡한 지형에 흔히 적용된다.

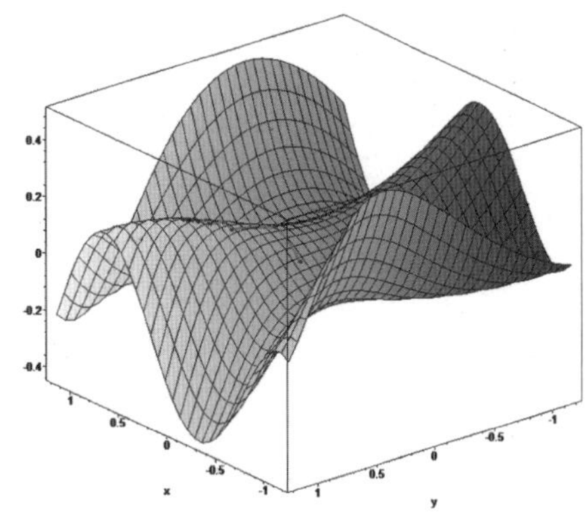

이러한 경우, 힐 클라이밍은 보통 함수에 대한 진정한 최소가 아닌 솔루션을 찾고서 종료된다. 직관적으로, 알고리즘은 골짜기의 최저점에 도달할 때까지 내려간다. 알고리즘은 가장 고도가 낮은 지점에 도착하지는 않았지만 더 이상 진행하지 못한다. 왜냐하면, 알고리즘은 내려가는 것만 허용되는데, 고도가 가장 낮은 지점은 골짜기에서 멀리 떨어진 어딘가에 있으며 주위에 고도가 더 낮은 지점이 없기 때문이다. 이러한 지점은 (*전역*(global)최소와 반대로) *국부*(local)최소라고 한다. 이것이 힐 클라이밍의 바람직하지 못한 측면이지만 피할수도 없다. 힐 클라이밍은 전역 최소를 찾는 함수에 적용될 수는 있지만 이것은 계산상 다루기 힘든 문제이다.

9.4.6 *그래디언트(Gradient)*

각 이터레이션에서 *change* 벡터는 어떻게 선택되는가?

Example 9.4.5: 최소화할 함수가 선형함수, 예를 들어 $f(\boldsymbol{w}) = \boldsymbol{c} \cdot \boldsymbol{w}$라고 해 보자. $\boldsymbol{c} \cdot \boldsymbol{u} < 0$를 만족하는 어떤 벡터 $\boldsymbol{u}$를 더하여 $\boldsymbol{w}$를 변경한다고 해 보자. 그러면 $f(\boldsymbol{w}+\boldsymbol{u}) < f(\boldsymbol{w})$이고 그래서 $\boldsymbol{w}+\boldsymbol{u}$를 $\boldsymbol{w}$에 할당함으로써 진행할 것이다. $\boldsymbol{u}$ 방향으로 움직이는 것은 함수의 값을 감소시킨다.

하지만, 이 lab에서 최소화될 함수는 선형함수가 아니다. 그러므로, 올바른 방향은 현재 어디에 있는지에 따라 다르다. 각각의 특정 지점 $\boldsymbol{w}$에 대해, *그 지점*에서 내려가는 경사도가 가장 큰 방향이 있다. 이 방향으로 움직여야 한다. 물론, 일단 조금 움직이면 경사도가 가장 큰 방향이 변할 것이다. 그래서 다시 계산하여 조금 움직인다. 움직일 방향을 다시 계산하기 전에 각 이터레이션에서 오직 조금만 움직일 수 있다.

함수 $f : \mathbb{R}^n \longrightarrow \mathbb{R}$에 대해, f의 *그래디언트*(gradient)는 ∇f라고 쓰며 $\mathbb{R}^n$에서 $\mathbb{R}^n$으로의 함수이다. 이 함수는 단일 숫자가 아니라 벡터를 출력한다. 임의의 특정 입력 벡터 $\boldsymbol{w}$에 대해, $\boldsymbol{w}$ 주변 입력에 대한 $f(\boldsymbol{x})$의 가장 경사가 급하게 상승하는 방향은 $\nabla f(\boldsymbol{w})$이며, 함수 ∇f의 값은 $\boldsymbol{w}$에 적용된다. 가장 경사가 급하게 하강하는 방향은 음의 $\nabla f(\boldsymbol{w})$이다.

그래디언트의 정의는 이 책에서 유일하게 미적분학(calculus)을 사용하는 곳이다. 만약 미적분학을 모르면 미분을 이해하지 못하겠지만 그래도 lab은 할 수 있다.

Definition 9.4.6: $f([x_1, \ldots, x_n])$의 그래디언트는 아래와 같이 정의된다.

$$\left[\frac{\partial f}{\partial x_1}, \ldots, \frac{\partial f}{\partial x_n}\right]$$

Example 9.4.7: 다시 한 번 단순한 경우로 돌아가 f는 선형함수: $f(\boldsymbol{x}) = \boldsymbol{c} \cdot \boldsymbol{x}$ 라 하자. 물론, 이것은 $f([x_1, \ldots, x_n]) = c_1 x_1 + \cdots + c_n x_n$임을 의미한다. x_i에 대한 f의 편도함수(partial derivative)는 c_i이다. 그러므로, $\nabla f([x_1, \ldots, x_n]) = [c_1, \ldots, c_n]$이다. 이 함수는 그 인자를 무시하며 그래디언트는 모든 곳에서 동일하다.

Example 9.4.8: 선형함수가 아닌 함수가 있다고 해 보자. 벡터 $\boldsymbol{a}$와 스칼라 b에 대해, $f(\boldsymbol{x}) = (\boldsymbol{a} \cdot \boldsymbol{x} - b)^2$라고 정의하자. $\boldsymbol{x} = [x_1, \ldots, x_n]$이라고 하자. 그러면, $j = 1, \ldots, n$에 대해, 다음이 성립한다.

$$\begin{aligned} \frac{\partial f}{\partial x_j} &= 2(\boldsymbol{a} \cdot \boldsymbol{x} - b)\frac{\partial}{\partial x_j}(\boldsymbol{a} \cdot \boldsymbol{x} - b) \\ &= 2(\boldsymbol{a} \cdot \boldsymbol{x} - b)a_j \end{aligned}$$

다음의 손실함수를 살펴보자.

$$L(\boldsymbol{x}) = \sum_{i=1}^{m}(\boldsymbol{a}_i \cdot \boldsymbol{x} - b_i)^2$$

이 손실함수를 선택한 한 가지 이유는 그 편도함수가 존재하고 계산하기 쉽기 때문이다(만약 미적분학을 약간 기억하고 있다면). $L(\boldsymbol{x})$의 x_j에 대한 편도함수는 아래와 같다.

$$\begin{aligned}\frac{\partial L}{\partial x_j} &= \sum_{i=1}^{m} \frac{\partial}{\partial x_j}(\boldsymbol{a}_i \cdot \boldsymbol{x} - b_i)^2 \\ &= \sum_{i=1}^{m} 2(\boldsymbol{a}_i \cdot \boldsymbol{x} - b_i)a_{ij}\end{aligned}$$

여기서, a_{ij}는 $\boldsymbol{a}_i$의 엔트리 j이다.

따라서, 벡터 $\boldsymbol{w}$에 대한 그래디언트 함수값은 벡터이며 이 벡터의 엔트리는 다음과 같다.

$$\sum_{i=1}^{m} 2(\boldsymbol{a}_i \cdot \boldsymbol{w} - b_i)a_{ij}$$

즉, 벡터는 다음과 같다.

$$\nabla L(\boldsymbol{w}) = \left[\sum_{i=1}^{m} 2(\boldsymbol{a}_i \cdot \boldsymbol{w} - b_i)a_{i1}, \ldots, \sum_{i=1}^{m} \nabla L(\boldsymbol{w}) = 2(\boldsymbol{a}_i \cdot \boldsymbol{w} - b_i)a_{in}\right]$$

위 식은 벡터 덧셈을 사용하여 다음과 같이 다시 쓸 수 있다.

$$\sum_{i=1}^{m} 2(\boldsymbol{a}_i \cdot \boldsymbol{w} - b_i)\boldsymbol{a}_i \tag{9.9}$$

Task 9.4.9: 프로시저, `find_grad(A, b, w)`을 작성해 보자. 이 프로시저는 트레이닝 데이터 $A, \boldsymbol{b}$와 가설 벡터 $\boldsymbol{w}$를 입력으로 받아들이고, 식 (9.9)을 사용하여 $\boldsymbol{w}$ 지점에서의 L의 그래디언트값을 리턴한다. (힌트: 행렬 곱셈, 행렬 전치 및 벡터 덧셈/뺄셈을 사용하여 루프를 사용하지 않고 작성할 수 있다.)

9.4.7 *그래디언트 디센트*

그래디언트 디센트의 개념은 벡터 $\boldsymbol{w}$를 반복적으로 업데이트하는 것이다. 각 이터레이션에서, 알고리즘은 $\boldsymbol{w}$에서의 그래디언트 값의 음수를 작은 스칼라로 곱한 것을 $\boldsymbol{w}$에 더한다. 이때, 이 스칼라는 *스텝 크기*(step size)라 하고 σ로 나타낸다.

스텝 크기는 왜 작은 값이어야 하는가? 큰 스텝 크기를 사용하면 각 이터레이션에서 알고리즘의 진전이 크다고 생각할 수 있다. 하지만, 가설 벡터가 변경될 때마다 그래디언트가 변경되므로, 오버슛(overshoot)을 방지하기 위해 작은 값을 사용하는 것이 안전한다(좀 더 정교한 방법은 계산이 진행됨에 따라 스텝 크기를 조절할 수도 있다).

그래디언트 디센트에 대한 기본 알고리즘은 다음과 같다.

Set σ to be a small number
Initialize $\boldsymbol{w}$ to be some D-vector
repeat some number of times:
  $\boldsymbol{w} := \boldsymbol{w} + \sigma(\nabla L(\boldsymbol{w}))$ return $\boldsymbol{w}$

Task 9.4.10: 프로시저, `gradient_descent_step(A, b, w, sigma)`을 작성해 보자. 이 프로시저는 주어진 트레이닝 데이터 $A, \boldsymbol{b}$와 가설벡터 $\boldsymbol{w}$에 대해 다음 가설벡터를 리턴한다.

다음 가설벡터는 그래디언트를 계산하고 이 그래디언트를 스텝 크기와 곱하여 그 결과를 현재의 가설벡터로부터 빼면 얻어진다. (뺄셈은 왜 하는가? 그래디언트는 가장 경사가 급하게 상승하는 방향이며 그 방향으로 함수가 증가한다는 것을 기억하자.)

Task 9.4.11: 프로시저, `gradient_descent(A, b, w, sigma, T)`을 작성해 보자. 이 프로시저는 입력으로 트레이닝 데이터 $A, \boldsymbol{b}$, 가설벡터에 대한 초기값 $\boldsymbol{w}$, 스텝 크기 σ, 그리고 이터레이션 수 T를 받아 들인다. 이 프로시저는 위에서 기술한 것과 같이 T 이터레이션 동안 그래디언트 디센트를 구현해야 하며 $\boldsymbol{w}$의 최종값을 리턴해야 한다. 이것은 `gradient_descent_step`을 서브루틴으로서 사용해야 한다.

이 프로시저는 매 30번째 정도의 이터레이션에 손실함수의 값을 출력해야 하고, 현재 가설벡터에 대한 옳지 않은 비율을 출력해야 한다.

Task 9.4.12: 작성한 그래디언트 디센트 코드를 트레이닝 데이터에 대해 시험해 보자. 옳지 않은 비율은 심지어 손실함수 값이 줄어들 때에도 증가할 수 있음에 주의 하자. 결국에는 손실함수의 값이 계속해서 감소함에 따라 옳지 않은 비율도 (어떤 포인트까지) 감소해야 한다.

알고리즘은 스텝 크기에 민감하다. 원칙적으로는 손실값이 매 이터레이션마다 줄어들어야 하지만, 스텝 크기가 너무 클 경우 그렇지 않은 현상이 발생할 수 있다. 한편, 만약 스텝 크기가 너무 작으면 이터레이션 횟수가 클 수 있다. 스텝 크기 $\sigma = 2 \cdot 10^{-9}$를 시험해 보고, 그다음에 $\sigma = 10^{-9}$를 시험해 보자.

알고리즘은 또한 $\boldsymbol{w}$의 초기값에 민감하다. 엔트리가 모두 1인 벡터를 가지고 시작해 보자. 그다음에 영벡터를 가지고 시작해 보자.

Task 9.4.13: 작성한 그래디언트 디센트 코드를 사용하여 가설벡터 $\boldsymbol{w}$를 찾은 후, 이 가설벡터가 파일 `validate.data`에 대해 얼마나 잘 동작하는지 알아보자. 옳지 않게 분류되는 샘플의 비율이 몇 퍼센트인가? 트레이닝 데이터에 대한 성공률보다 큰가 또는 작은가? 성능이 다른 것에 대해 설명할 수 있는가?

9.5 Review questions

- $\mathbb{R}$상의 벡터들에 대한 내적은 무엇인가?
- norm은 도트곱에 대해 어떻게 정의되는가?
- 두 벡터가 직교한다는 것은 무엇을 의미하는가?
- 벡터들에 대한 피타고라스 정리는 무엇인가?
- 벡터의 평행-수직 분해는 무엇인가?
- 어떤 벡터 $\boldsymbol{v}$에 직교하는 벡터 $\boldsymbol{b}$의 투영은 어떻게 찾는가?
- 선형대수는 비선형함수를 최적화하는 데 어떻게 도움이 되는가?

9.6 Problems

Norm

Problem 9.6.1: 다음의 각 문제에 대해, 주어진 벡터 $\boldsymbol{v}$의 norm을 계산하여라.

(a) $\boldsymbol{v} = [2, 2, 1]$

(b) $\boldsymbol{v} = [\sqrt{2}, \sqrt{3}, \sqrt{5}, \sqrt{6}]$

(c) $\boldsymbol{v} = [1, 1, 1, 1, 1, 1, 1, 1, 1]$

가장 가까운 벡터

Problem 9.6.2: 다음의 $\boldsymbol{a}, \boldsymbol{b}$의 각각에 대해, Span $\{\boldsymbol{a}\}$ 내에 있으며 $\boldsymbol{b}$에 가장 가까운 벡터를 찾아라.

1. $\boldsymbol{a} = [1, 2], \boldsymbol{b} = [2, 3]$
2. $\boldsymbol{a} = [0, 1, 0], \boldsymbol{b} = [1.414, 1, 1.732]$
3. $\boldsymbol{a} = [-3, -2, -1, 4], \boldsymbol{b} = [7, 2, 5, 0]$

a에 직교하는 투영 및 a상으로의 투영

Problem 9.6.3: 다음 $\boldsymbol{a}, \boldsymbol{b}$ 각각에 대해, $\boldsymbol{b}^{\perp \boldsymbol{a}}$와 $\boldsymbol{b}^{||\boldsymbol{a}}$을 찾아라.

1. $\boldsymbol{a} = [3, 0], \boldsymbol{b} = [2, 1]$
2. $\boldsymbol{a} = [1, 2, -1], \boldsymbol{b} = [1, 1, 4]$
3. $\boldsymbol{a} = [3, 3, 12], \boldsymbol{b} = [1, 1, 4]$

Chapter 10

직교화(Orthogonalization)

이 장의 첫 번째 목적은 다음 문제에 대한 알고리즘을 제시하는 것이다.

Computational Problem 10.0.1: *(여러 벡터들의 생성 내에 있는 가장 가까운 점)* 주어진 벡터 $\boldsymbol{b}$와 실수 벡터들 $\boldsymbol{v}_1, \ldots, \boldsymbol{v}_n$에 대해, Span $\{\boldsymbol{v}_1, \ldots, \boldsymbol{v}_n\}$ 내에 있으며 $\boldsymbol{b}$에 가장 가까운 벡터를 찾아보자.

Example 10.0.2:

$\boldsymbol{v}_1 = [8, -2, 2]$, $\boldsymbol{v}_2 = [4, 2, 4]$라고 하자. 이러한 벡터들은 평면을 생성한다. $\boldsymbol{b} = [5, -5, 2]$라고 하자.

Span $\{\boldsymbol{v}_1, \boldsymbol{v}_2\}$ 내에 있으며 $\boldsymbol{b}$에 가장 가까운 점을 찾아보자.

가장 가까운 점은 $[6, -3, 0]$이다.

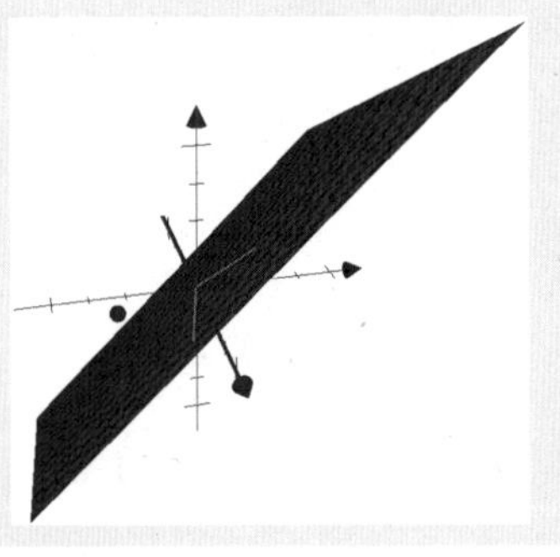

Computational Problem 10.0.1을 푸는 것은 그 자체로도 중요하지만, 이것을 통해 여러 다른 계산문제들을 풀 수 있는 기법들도 알아볼 것이다.

수정 버전에서는 Span $\{\boldsymbol{v}_1, \ldots, \boldsymbol{v}_n\}$ 내의 가장 가까운 점뿐만 아니라 이 점을 나타내는 선형결합의 계수들을 찾을 것이다.

$A = \left[\begin{array}{c|c|c} \\ \boldsymbol{v}_1 & \cdots & \boldsymbol{v}_m \\ \\ \end{array}\right]$라고 하자. 행렬-벡터 곱셈의 선형결합 정의에 의하면, Span $\{\boldsymbol{v}_1, \ldots, \boldsymbol{v}_m\}$ 내 벡터들의 집합은 $A\boldsymbol{x}$로 쓸 수 있는 바로 그 벡터들의 집합이다. 결과적으로, 계수들을 찾는 것은 $\|\boldsymbol{b} - A\boldsymbol{x}\|$을 최소화하는 벡터 $\boldsymbol{x}$를 찾는 것과 같다. 이것이 *최소제곱*(least-squares) 문제이다.

만약 행렬-벡터 방정식 $A\boldsymbol{x} = \boldsymbol{b}$가 솔루션을 가지면, 가장 가까운 벡터는 $\boldsymbol{b}$ 자신이고 최소제곱 솔루션은 행렬-벡터 방정식의 솔루션이다. 최소제곱 알고리즘의 장점은 행렬-벡터 방정식이 해를 가지지 않는 경우에도 사용할 수 있다는 것이다. 실제로 측정한 값에 기초하여 구성한 방정식은 해를 가지지 않는 경우가 허다하다.

최소제곱 문제에 대한 해를 찾는 과정에서 다음을 위한 알고리즘도 또한 발견하게 될 것이다.

- 선형독립성 테스트
- 주어진 벡터들의 생성의 기저를 찾기 위한 랭크
- 영공간의 기저 찾기. 섹션 7.5에서 알아보았듯이 이것은 소멸자(annihilator)의 기저를 찾는 것과 같다.

또한, *직교여공간*(orthogonal complement)에 대해 살펴볼 것이다. 이것은 $\mathbb{R}$상의 벡터들에 대해 직합(direct sum)과 소멸자의 개념을 합친 것이다.

10.1 복수의 벡터들에 직교하는 투영

가장 가까운 점 문제는 소방차 문제의 일반화이므로, 소방차 문제를 푸는 데 사용한 것과 동일한 개념, 즉 직교성과 투영을 사용하여 풀 수 있다.

10.1.1 벡터들의 집합에 대한 직교

Fire Engine Lemma의 일반화를 얘기하기 전에, 직교성의 개념을 확장할 필요가 있다. 지금까지는 한 벡터가 다른 벡터에 직교한다는 것이 무엇을 의미하는지 정의하였다. 이제, 한 벡터가 벡터들의 집합에 직교하는 것이 무엇을 의미하는지 정의한다.

Definition 10.1.1: 벡터 $\boldsymbol{v}$는 만약 그것이 $\mathcal{S}$ 내의 모든 벡터에 직교하면 벡터들의 집합 $\mathcal{S}$에 직교한다.

Example 10.1.2: 벡터 $[2, 0, -1]$은 $[0, 1, 0]$과 $[1, 0, -2]$에 직교하므로 집합 $\{[0, 1, 0], [1, 0, 2]\}$에 직교한다. 더욱이, 이것은 무한 집합 $\mathcal{V} = \text{Span}\,\{[0, 1, 0], [1, 0, 2]\}$에 직교한다. 왜냐하면, $\mathcal{V}$ 내의 모든 벡터는 $\alpha\,[0, 1, 0] + \beta\,[1, 0, 2]$이고 다음이 성립하기 때문이다.

$$\begin{aligned}\langle [2, 0, -1], \alpha\,[0, 1, 0] + \beta\,[1, 0, 2]\rangle &= \alpha\,\langle [2, 0, -1], [0, 1, 0]\rangle + \beta\,\langle [2, 0, -1], [1, 0, 2]\rangle \\ &= \alpha\,0 + \beta\,0\end{aligned}$$

Example 10.1.2(396 페이지)에 사용된 주장은 아주 일반적인 것이다.

Lemma 10.1.3: 벡터 $\boldsymbol{v}$가 벡터들 $\boldsymbol{a}_1, \ldots, \boldsymbol{a}_n$ 각각에 직교할 필요충분조건은 $\boldsymbol{v}$가 $\text{Span}\,\{\boldsymbol{a}_1, \ldots, \boldsymbol{a}_n\}$ 내의 모든 벡터에 직교하는 것이다.

Proof

$\boldsymbol{v}$는 $\boldsymbol{a}_1, \ldots, \boldsymbol{a}_n$에 직교한다고 해 보자. $\boldsymbol{w}$는 $\text{Span}\,\{\boldsymbol{a}_1, \ldots, \boldsymbol{a}_n\}$ 내의 임의의 벡터라고 하자. $\boldsymbol{v}$는 $\boldsymbol{w}$에 직교한다는 것을 보여 보자. 생성의 정의에 의하면 다음을 만족하는 계수 $\alpha_1, \ldots, \alpha_n$이 있다.

$$\boldsymbol{w} = \alpha_1\,\boldsymbol{a}_1 + \cdots + \alpha_n\,\boldsymbol{a}_n$$

그러므로, 직교성 성질(Lemma 9.3.2)을 사용하면 다음이 성립한다.

$$\begin{aligned}\langle \boldsymbol{v}, \boldsymbol{w}\rangle &= \langle \boldsymbol{v}, \alpha_1\, \boldsymbol{a}_1 + \cdots + \alpha_n\, \boldsymbol{a}_n\rangle \\ &= \alpha_1\, \langle \boldsymbol{v}, \boldsymbol{a}_1\rangle + \cdots + \alpha_n\, \langle \boldsymbol{v}, \boldsymbol{a}_n\rangle \\ &= \alpha_1\, 0 + \cdots + \alpha_n\, 0 \\ &= 0\end{aligned}$$

따라서, $\boldsymbol{v}$는 $\boldsymbol{w}$에 직교한다.

이제, $\boldsymbol{v}$는 Span $\{\boldsymbol{a}_1, \ldots, \boldsymbol{a}_n\}$의 모든 벡터에 직교한다고 해 보자. 생성 $\boldsymbol{a}_1, \ldots, \boldsymbol{a}_n$은 $\boldsymbol{a}_1, \ldots, \boldsymbol{a}_n$을 포함하므로 $\boldsymbol{v}$는 $\boldsymbol{a}_1, \ldots, \boldsymbol{a}_n$에 직교한다. □

Lemma 10.1.3 때문에, 벡터가 벡터공간에 직교한다는 것과 그 벡터공간에 대한 생성자들의 집합에 직교한다는 것을 구분하지 않는다.

10.1.2 벡터공간상으로의 투영 및 벡터공간에 직교하는 투영

유사하게, 투영의 개념을 일반화 해 보자.

Definition 10.1.4: 벡터 $\boldsymbol{b}$와 벡터공간 $\mathcal{V}$에 대해, $\boldsymbol{b}$의 $\mathcal{V}$상으로의 투영 ($\boldsymbol{b}^{||\mathcal{V}}$)과 $\boldsymbol{b}$의 $\mathcal{V}$에 직교하는 투영 ($\boldsymbol{b}^{\perp\mathcal{V}}$)을 정의해 보자. 그러면, 다음과 같이 쓸 수 있다.

$$\boldsymbol{b} = \boldsymbol{b}^{||\mathcal{V}} + \boldsymbol{b}^{\perp\mathcal{V}} \tag{10.1}$$

그리고, $\boldsymbol{b}^{||\mathcal{V}}$는 $\mathcal{V}$에 속하고, $\boldsymbol{b}^{\perp\mathcal{V}}$는 $\mathcal{V}$에 속하는 모든 벡터에 직교한다.

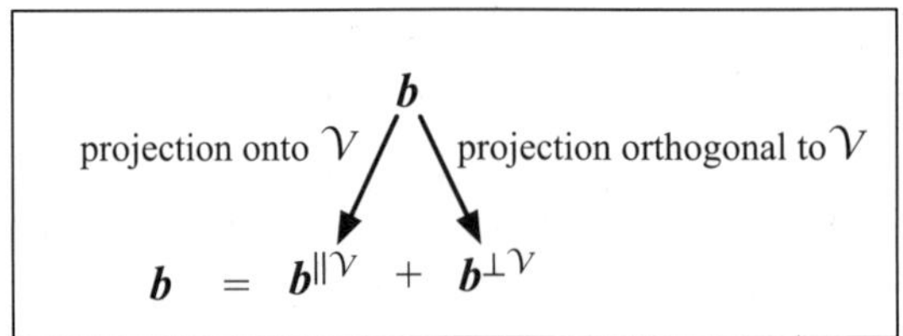

Example 10.1.5: Example 10.0.2(395 페이지)로 돌아가서, $\mathcal{V} = \text{Span}\ \{[8, -2, 2], [4, 2, 4]\}$라 하고 $\boldsymbol{b} = [5, -5, 2]$라고 하자. $\boldsymbol{b}$의 $\mathcal{V}$상으로의 투영은 $\boldsymbol{b}^{||\mathcal{V}} = [6, -3, 0]$이고, $\boldsymbol{b}$의 $\mathcal{V}$에 직교하는 투영은 $\boldsymbol{b}^{\perp\mathcal{V}} = [-1, -2, 2]$라고 주장해 보자. 이 주장을 증명하기 위해 이 벡터들은 다음 조건들을 만족한다는 것을 보여 줄 수 있다.

- $\boldsymbol{b} = \boldsymbol{b}^{||\mathcal{V}} + \boldsymbol{b}^{\perp\mathcal{V}}$인가? 만약 그렇다면, $[5, -5, 2] = [-1, -2, 2] + [6, -3, 0]$이다. ✓
- $\boldsymbol{b}^{||\mathcal{V}}$은 $\mathcal{V}$에 속하는가? 만약 그렇다면, $\boldsymbol{b}^{||\mathcal{V}} = 1\,[8, -2, 2] - \frac{1}{2}\,[4, 2, 4]$이다. ✓
- $\boldsymbol{b}\perp\mathcal{V}$은 $\mathcal{V}$에 직교하는가? 만약 그렇다면, $[-1, -2, 2] \cdot [8, -2, 2] = 0$이고 $[-1, -2, 2] \cdot [4, 2, 4] = 0$이다. ✓

따라서 이것이 솔루션이다. 하지만, 이 솔루션을 어떻게 계산할 수 있는가? 이 질문에 대답할 수 있기 전에 몇 가지 더 필요한 것이 있다.

이제, Fire Engine Lemma의 일반화를 얘기할 수 있다.

Lemma 10.1.6 (Generalized Fire Engine Lemma): $\mathcal{V}$는 벡터공간이라 하고, $\boldsymbol{b}$는 벡터라고 하자. $\mathcal{V}$에 속하며 $\boldsymbol{b}$에 가장 가까운 점은 $\boldsymbol{b}^{||\mathcal{V}}$이고 그 거리는 $\|\boldsymbol{b}^{\perp\mathcal{V}}\|$이다.

Proof

증명은 Fire Engine Lemma(Lemma 9.3.8)의 증명을 단순히 일반화한 것이다. 명백히, $\boldsymbol{b}$와 $\boldsymbol{b}^{||\mathcal{V}}$ 사이의 거리는 $\|\boldsymbol{b} - b^{||\mathcal{V}}\|$이며 그 값은 $\|\boldsymbol{b}^{\perp\mathcal{V}}\|$이다. $\boldsymbol{p}$는 $\mathcal{V}$의 임의의 점이라고 하자. $\boldsymbol{p}$는 $\boldsymbol{b}^{||\mathcal{V}}$보다 $\boldsymbol{b}$에 가깝지 않다는 것을 보여 보자.

다음과 같이 표현해 보자.

$$\boldsymbol{b} - \boldsymbol{p} = \left(\boldsymbol{b} - \boldsymbol{b}^{||\mathcal{V}}\right) + \left(\boldsymbol{b}^{||\mathcal{V}} - \boldsymbol{p}\right)$$

우변의 첫 번째 더해지는 합인자(summand)는 $\boldsymbol{b}^{\perp\mathcal{V}}$이다. 두 번째 합인자는 $\mathcal{V}$에 속하는 두 벡터의 차이이므로 $\mathcal{V}$ 내에 있다. $\boldsymbol{b}^{\perp\mathcal{V}}$는 $\mathcal{V}$에 직교하므로, 피타고라스 정리(Theorem 9.3.1)에 의하면 다음이 성립한다.

$$\|\boldsymbol{b} - \boldsymbol{p}\|^2 = \|\boldsymbol{b} - \boldsymbol{b}^{||\mathcal{V}}\|^2 + \|\boldsymbol{b}^{||\mathcal{V}} - \boldsymbol{p}\|^2$$

이것은 만약 $\boldsymbol{p} \neq \boldsymbol{b}^{||\mathcal{V}}$이면 $\|\boldsymbol{b} - \boldsymbol{p}\| > \|\boldsymbol{b} - \boldsymbol{b}^{||\mathcal{V}}\|$이 성립함을 보여 준다. □

이제, 이러한 투영을 찾는 프로시저를 제시해 보자. $\boldsymbol{b}^{\perp\mathcal{V}}$을 찾고 식 (10.1)을 사용하여 $\boldsymbol{b}^{||\mathcal{V}}$을 구하면 된다.

10.1.3 벡터들의 리스트에 직교하는 투영 – 첫 번째 시도

먼저, 다음 스펙을 가지는 프로시저, `project_orthogonal`을 작성해 보자.

- *input:* 벡터 $\boldsymbol{b}$, 벡터들의 리스트 *vlist*
- *output:* Span *vlist*에 직교하는 $\boldsymbol{b}$의 투영

섹션 9.3.4에서 사용된 $\boldsymbol{b}$의 벡터 $\boldsymbol{v}$에 직교하는 투영을 찾는 프로시저를 기억해 보자.

```
def project_orthogonal_1(b, v): return b - project_along(b, v)
```

벡터들의 리스트에 직교하도록 투영하기 위해, `project_orthogonal_1`을 따라하는 프로시저를 시도해 보자.

```
def project_orthogonal(b, vlist):
  for v in vlist:
     b = b - project_along(b, v)
  return b
```

이것은 짧고 우아하지만 결점이 있다. 이것은 지금 보여 주는 스펙을 만족하지 않는다. 벡터 $[1, 0]$과 $[\frac{\sqrt{2}}{2}, \frac{\sqrt{2}}{2}]$로 구성된 리스트 *vlist*를 고려해 보자. $\boldsymbol{b}$는 벡터 $[1, 1]$이라고 하자.

$\boldsymbol{b}_i$는 i 이터레이션 후 변수 $\boldsymbol{b}$의 값이라고 하자. $\boldsymbol{b}_0$은 $\boldsymbol{b}$의 초기값이며 $[1,1]$이다. 프로시저는 다음 계산을 수행한다.

$$\begin{aligned}
\boldsymbol{b}_1 &= \boldsymbol{b}_0 - ([1,1]\text{의 } [1,0]\text{을 따른 투영}) \\
&= \boldsymbol{b}_0 - [1,0] \\
&= [0,1] \\
\boldsymbol{b}_2 &= \boldsymbol{b}_1 - ([0,1]\text{의 } [\frac{\sqrt{2}}{2}, \frac{\sqrt{2}}{2}]\text{을 따른 투영}) \\
&= \boldsymbol{b}_1 - [\frac{1}{2}, \frac{1}{2}] \\
&= [-\frac{1}{2}, \frac{1}{2}]
\end{aligned}$$

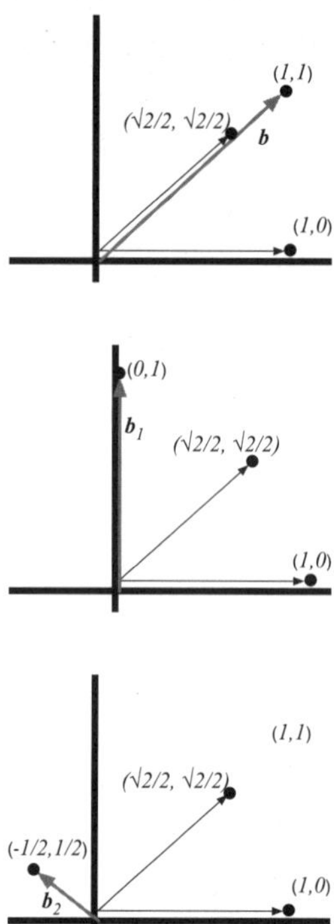

마지막에 프로시저는 $\boldsymbol{b}_2$를 리턴하며 그 값은 $[-\frac{1}{2}, \frac{1}{2}]$이다. 하지만, 이 벡터는 $[1,0]$, 즉 `vlist`의 첫 번째 벡터에 직교하지 않는다. 이것은 프로시저가 스펙을 따르지 않는다는 것을 보여 준다.

이 결점을 어떻게 교정할수 있을까? 만약 `vlist`에 속하는 벡터 각각에 따른 b의 투영을 먼저 찾고 그다음에 이들 투영을 b에서 모두 빼면 아마도 문제가 해결될 것이다. 이러한 수정된 알고리즘을 구현한 프로시저는 다음과 같다.

```
def classical_project_orthogonal(b, vlist):
  w = all-zeroes-vector
  for v in vlist:
    w = w + project_along(b, v)
  return b - w
```

하지만, 이 프로시저도 동작하지 않는다. 앞에서 명시된 입력 벡터에 대해, 출력 벡터는 $[-1,0]$이며, 이것은 `vlist`에 속하는 두 벡터 중 어느 것에도 직교하지 않는다.

10.2 서로 직교하는 벡터들의 리스트에 직교하는 b의 투영

위의 방식을 버리는 대신에 동작되는 특별한 경우를 고려해 보자.

Example 10.2.1:

$\boldsymbol{v}_1 = [1, 2, 1]$, $\boldsymbol{v}_2 = [-1, 0, -1]$이라 하고 $\boldsymbol{b} = [1, 1, 2]$라고 하자. 다시, $\boldsymbol{b}_i$는 i 이터레이션 후 $\boldsymbol{b}$의 값이라고 하자. 그러면, 다음이 성립한다.

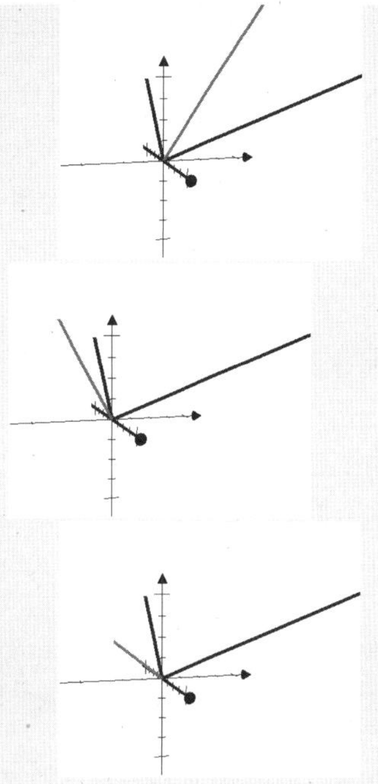

$$\begin{aligned} \boldsymbol{b}_1 &= \boldsymbol{b} - \frac{\boldsymbol{b} \cdot \boldsymbol{v}_1}{\boldsymbol{v}_1 \cdot \boldsymbol{v}_1} \boldsymbol{v}_1 \\ &= [1, 1, 2] - \frac{5}{6}[1, 2, 1] \\ &= \left[\frac{1}{6}, -\frac{4}{6}, \frac{7}{6}\right] \end{aligned}$$

$$\begin{aligned} \boldsymbol{b}_2 &= \boldsymbol{b}_1 - \frac{\boldsymbol{b}_1 \cdot \boldsymbol{v}_2}{\boldsymbol{v}_2 \cdot \boldsymbol{v}_2} \boldsymbol{v}_2 \\ &= \left[\frac{1}{6}, -\frac{4}{6}, \frac{7}{6}\right] - \frac{1}{2}[-1, 0, 1] \\ &= \left[\frac{2}{3}, -\frac{2}{3}, \frac{2}{3}\right] \end{aligned}$$

이때, $\boldsymbol{b}_2$는 $\boldsymbol{v}_1$ 및 $\boldsymbol{v}_2$에 직교한다.

$\boldsymbol{v}_2$는 $\boldsymbol{v}_1$에 직교한다고 해 보자. 그러면, $\boldsymbol{b}$의 $\boldsymbol{v}_2$를 따른 투영도 또한 $\boldsymbol{v}_1$에 직교한다(투영은 단순히 $\boldsymbol{v}_2$의 스칼라배이므로). 만약 $\boldsymbol{b}$가 $\boldsymbol{v}_1$에 직교하면(이것은 첫 번째 이터레이션 후 참이 됨), $\boldsymbol{v}_1$에 직교하는 어떤 것을 빼도 여전히 직교성은 유지된다.

이것을 공식적으로 알아보자.

$\langle \boldsymbol{v}_1, \boldsymbol{b} \rangle = 0$이고 $\langle \boldsymbol{v}_1, \boldsymbol{v}_2 \rangle = 0$이라고 가정해 보자. 그러면, 다음이 성립한다.

$$\begin{aligned} \langle \boldsymbol{v}_1, \boldsymbol{b} - \sigma\ \boldsymbol{v}_2 \rangle &= \langle \boldsymbol{v}_1, \boldsymbol{b} \rangle - \langle \boldsymbol{v}_1, \sigma\ \boldsymbol{v}_2 \rangle \\ &= \langle \boldsymbol{v}_1, \boldsymbol{b} \rangle - \sigma\ \langle \boldsymbol{v}_1, \boldsymbol{v}_2 \rangle \\ &= 0 + 0 \end{aligned}$$

앞에서 살펴본 결점이 있는 프로시저, `project_orthogonal(b,vlist)`로 돌아가 보자. 이 프로시저를 변경하여 결점을 고치려는 대신에 프로시저가 예상 결과를 충족할 수 있게 스펙을 바꿀 것이다. `vlist`가 *서로 직교하는* 벡터들로 구성될 경우, 즉 모든 $i \neq j$에 대해 리스트의 i 번째 벡터가 j 번째 벡터와 직교하는 경우 올바른 답이 구해질 것이다. 즉, 새로운 스펙은 다음과 같을 것이다.

- *input:* 벡터 $\boldsymbol{b}$, *서로 직교하는* 벡트들의 리스트 *vlist*
- *output: vlist*에 속하는 벡터들에 직교하는 $\boldsymbol{b}$의 투영 $\boldsymbol{b}^{\perp}$

입력에 대해 이렇게 제한하면 프로시저는 맞게 동작한다.

Problem 10.2.2: `b`$=[1, 1, 1]$와 `vlist`$= [\boldsymbol{v}_1, \boldsymbol{v}_2]$를 가지고 `project_orthogonal`을 호출할 때 수행되는 단계를 손으로 계산하여 보여라. 이때, $\boldsymbol{v}_1 = [0, 2, 2]$이고 $\boldsymbol{v}_2 = [0, 1, -1]$이다.

10.2.1 프로시저 project_orthogonal이 맞게 동작하는지 증명하기

Theorem 10.2.3 (project_orthogonal의 정확성): 벡터 $\boldsymbol{b}$와 서로 직교하는 벡터들의 리스트 vlist에 대해, 프로시저 project_orthogonal($\boldsymbol{b}$,vlist)은 $\boldsymbol{b}^{\perp}$을 리턴한다. 이때, $\boldsymbol{b}^{\perp}$은 vlist에 속하는 벡터들에 직교하며 $\boldsymbol{b} - \boldsymbol{b}^{\perp}$은 vlist에 속하는 벡터들의 생성에 속한다.

루프를 가지는 프로시저는 루프의 끝에서 갑자기 맞지 않게 된다. 프로시저가 맞다는 것을 증명하기 위해, i 이터레이션 후 i를 포함하는 어떤 구문(statement)이 $i = 0, 1, 2, \ldots$에 대해 참이라는 것을 보여 준다. 이러한 방식에 사용되는 구문은 *루프불변*(loop invariant)이라고 한다. 다음 lemma는 project_orthogonal이 맞다는 것을 증명하기 위한 루프불변을 제시한다. 직관적으로, 루프불변은 i 이터레이션 후 변수 b의 현재 값은 만약 vlist가 오직 i개 벡터만 가진 경우 리턴하게 되는 정확한 값이 될 것이라는 것이다.

Lemma 10.2.4 (project_orthogonal에 대한 루프불변): k =len(vlist)라고 하자. $i = 0, \ldots, k$에 대해, $\boldsymbol{b}_i$는 i 이터레이션 후 변수 b의 값이라고 하자. 그러면, 다음이 성립한다.

- $\boldsymbol{b}_i$는 vlist에 속하는 첫 i개 벡터들에 직교한다.
- $\boldsymbol{b} - \boldsymbol{b}_i$는 vlist에 속하는 첫 i개 벡터들의 생성에 속한다.

루프불변은 프로시저가 맞다는 것을 의미

project_orthogonal에 의해 리턴되는 벡터 $\boldsymbol{b}^{\perp}$은 모든 k 이터레이션 후 b의 값이며 $\boldsymbol{b}_k$로 나타낸다. 루프불변의 k에 i를 대입하면 다음을 얻는다.

> $\boldsymbol{b}_k$는 vlist의 첫 k개 벡터에 직교하고 $\boldsymbol{b} - \boldsymbol{b}_k$는 vlist의 첫 k개 벡터들의 생성에 속한다.

vlist는 정확하게 k개 벡터를 가지므로, 이것은 다음과 동일하다.

> $\boldsymbol{b}_k$는 vlist의 모든 벡터들에 직교하고 $\boldsymbol{b} - \boldsymbol{b}_k$는 Span vlist에 속한다.

이것은 ($\boldsymbol{b}^{\perp} = \boldsymbol{b}_k$임을 고려하면) theorem에서 주장하는 것이다.

루프불변의 증명

Proof

증명은 i에 대해 귀납법을 사용한다. $i = 0$인 경우, 루프불변은 참이다: $\boldsymbol{b}_0$은 첫 0 개 벡터들의 각각에 직교하고(모든 벡터가 그렇다), $\boldsymbol{b} - \boldsymbol{b}_0$은 첫 0개 벡터들의 생성에 속한다($\boldsymbol{b} - \boldsymbol{b}_0$은 영벡터이므로).

$i - 1$ 이터레이션에 대해 루프불변이 성립한다고 가정하자. 그다음에 i 이터레이션에 대해 루프불변이 성립함을 증명하면 된다. *vlist*를 $[\boldsymbol{v}_1, \ldots, \boldsymbol{v}_k]$로 나타내자.

i 번째 이터레이션에서 프로시저는 다음을 계산한다.

$$\boldsymbol{b}_i = \boldsymbol{b}_{i-1} - \texttt{project\_along}(b_{i-1}, \boldsymbol{v}_i)$$

프로시저 project_along에 대해 알고 있는 사실을 사용하여 아래와 같이 다시 쓸 수 있다.

$$\boldsymbol{b}_i = \boldsymbol{b}_{i-1} - \alpha_i \, \boldsymbol{v}_i \tag{10.2}$$

여기서, $\alpha_i = \frac{\langle \boldsymbol{b}_{i-1}, \boldsymbol{v}_i \rangle}{\langle \boldsymbol{v}_i, \boldsymbol{v}_i \rangle}$이다. 귀납 가설은 $\boldsymbol{b}_{i-1}$이 첫 $i-1$개 벡터들에 직교하는 $\boldsymbol{b}_0$의 투영이라는 것이다.

$\boldsymbol{b}_i$가 $\{\boldsymbol{v}_1, \ldots, \boldsymbol{v}_{i-1}, \boldsymbol{v}_i\}$에 속하는 각 벡터에 직교한다는 것을 증명해야 한다. α_i는 $\boldsymbol{b}_i$가 $\boldsymbol{v}_I^*$에 직교하는 것을 보장하도록 선택해야 한다. 그리고 각 $j < i$에 대해, $\boldsymbol{b}_i$가 $\boldsymbol{v}_j^*$에 직교한다는 것을 증명해야 한다.

$$\begin{aligned}
\langle \boldsymbol{b}_i, \boldsymbol{v}_j \rangle &= \langle \boldsymbol{b}_{i-1} - \alpha_i \boldsymbol{v}_i, \boldsymbol{v}_j \rangle \\
&= \langle \boldsymbol{b}_{i-1}, \boldsymbol{v}_j \rangle - \alpha_i \langle \boldsymbol{v}_i, \boldsymbol{v}_j \rangle \\
&= 0 - \alpha_i \langle \boldsymbol{v}_i, \boldsymbol{v}_j \rangle \text{ 귀납 가설에 의해} \\
&= 0 - \alpha_i 0 \text{ 상호 직교성에 의해}
\end{aligned}$$

또한, $\boldsymbol{b}_0 - \boldsymbol{b}_i$는 `vlist`의 첫 i개 벡터들의 생성에 속한다는것을 증명해야 한다. 귀납 가설에 의하면, $\boldsymbol{b}_0 - \boldsymbol{b}_{i-1}$은 $i-1$개 벡터들의 생성에 속한다. 그러므로 다음이 성립한다.

$$\begin{aligned}
\boldsymbol{b}_0 - \boldsymbol{b}_i &= \boldsymbol{b}_0 - (\boldsymbol{b}_{i-1} - \alpha_i \boldsymbol{v}_i) \text{ 식 (10.2) 에 의해} \\
&= (\boldsymbol{b}_0 - \boldsymbol{b}_{i-1}) + \alpha_i \boldsymbol{v}_i \\
&= (\text{첫 } i-1\text{개 벡터들의 생성에 속하는 벡터}) + \alpha_i \boldsymbol{v}_i \\
&= \text{첫 } i\text{개 벡터들의 생성에 속하는 벡터}
\end{aligned}$$

이것으로 루프불변에 대한 증명이 완료된다. □

`project_orthogonal`은 새로운 스펙을 만족한다는 것을 보였다.

루프불변에 대한 증명을 완료하여 Theorem 10.2.3에 대한 증명이 이루어졌고 프로시저가 옳다는 것이 입증되었다.

Problem 10.2.5: 섹션 10.1.3에서 두 개의 프로시저, `project_orthogonal`과 `classical_project_orthogonal`이 주어졌다. 이 섹션에서는 만약 `vlist`에 속하는 벡터들이 서로 직교하는 경우 `project_orthogonal(b,vlist)`은 그 벡터들에 직교하는 b의 투영을 맞게 계산한다는 것을 증명한다. 이 문제에서 `classical_project_orthogonal(b, vlist)`에 대한 것과 유사한 결과를 보여 줄 것이다.

Lemma 10.2.4의 증명에서와 같이, $\boldsymbol{b}_i$는 i 이터레이션 후 `project_orthogonal`의 변수 `b`의 값이라고 하자. $\boldsymbol{w}_i$는 i 이터레이션 후 `w`의 값이라고 하자. i에 대해 귀납법을 사용하여 다음 claim을 증명한다. 이 claim은 프로시저들이 동일한 벡터를 리턴해야 한다는 것을 보여 준다.

Claim: $i = 0, 1, 2, \ldots$에 대해,

$$\boldsymbol{b}_i = \boldsymbol{b} - \boldsymbol{w}_i$$

Problem 10.2.5는 `project_orthogonal`과 `classical_project_orthogonal`이 수학적으로 동일하다는 것을 보여 준다. 즉, *만약 산술연산이 완벽하게 정확하다면*, 이 둘은 동일한 답을 제공한다.

컴퓨터는 제한된 정밀도(근사) 산술연산을 사용하므로, 실제로 두 프로시저에서 얻는 답은 동일하지 않다. 고전적인 버전의 정확도가 약간 더 나쁘다.

10.2.2 project_orthogonal 보강하기

이제 당분간 파이썬에 맞추어 영이 최초 원소를 가리키는 인덱싱 방식을 사용할 것이다.

$\boldsymbol{b} - \boldsymbol{b}^{\perp}$이 벡터들 $\boldsymbol{v}_0, \ldots, \boldsymbol{v}_{k-1}$의 생성에 속한다는 사실은 다음과 같이 표현될 수 있다.

$$\boldsymbol{b} = \sigma_0 \, \boldsymbol{v}_0 + \cdots + \sigma_{k-1} \, \boldsymbol{v}_{k-1} + 1 \, \boldsymbol{b}^{\perp} \tag{10.3}$$

이 방정식에서 계수들 $\sigma_0, \ldots, \sigma_{k-1}$의 값들은 식 (10.2)에 명시된 계수들이다. σ_i는 $\sigma_i \, \boldsymbol{v}_i$가 $\boldsymbol{b}_{i-1}$의 $\boldsymbol{v}_i$에 따른 투영이 되는 그러한 계수이다.

식 (10.3)을 행렬 형태로 쓰면 다음을 얻는다.

$$\begin{bmatrix} \\ \boldsymbol{b} \\ \\ \end{bmatrix} = \begin{bmatrix} & & & \\ \boldsymbol{v}_0 & \cdots & \boldsymbol{v}_{k-1} & \boldsymbol{b}^{\perp} \\ & & & \end{bmatrix} \begin{bmatrix} \sigma_0 \\ \sigma_2 \\ \ddots \\ \sigma_{k-1} \\ 1 \end{bmatrix} \tag{10.4}$$

이제, project_orthogonal(b, vlist)을 보강한 버전인 aug_project_orthogonal(b, vlist)이라 불리는 프로시저를 작성해 보자. 이 프로시저는 다음 스펙을 가진다.

- *input:* 벡터 $\boldsymbol{b}$, 서로 직교하는 실수 벡터들의 리스트 $[\boldsymbol{v}_0, \ldots, \boldsymbol{v}_{k-1}]$
- *output:* 쌍 $(\boldsymbol{b}^{\perp}, sigmadict)$). 이 쌍은 다음을 만족한다.
  - 쌍의 첫 번째 원소는 $\boldsymbol{b}$의 투영 $\boldsymbol{b}^{\perp}$이며 이것은 Span $\{\boldsymbol{v}_0, \ldots, \boldsymbol{v}_{k-1}\}$에 직교한다
  - 쌍의 두 번째 원소는 딕셔너리 $sigmadict = \{0 : \sigma_0, 1 : \sigma_1, \ldots, (k-1) : \sigma_{k-1}, k : 1\}$이며, 이것은 다음을 만족한다.

$$\boldsymbol{b} = \sigma_0 \, \boldsymbol{v}_0 + \sigma_1 \, \boldsymbol{v}_1 + \ldots + \sigma_{k-1} \, \boldsymbol{v}_{k-1} + 1 \, \boldsymbol{b}^{\perp} \tag{10.5}$$

이전의 두 프로시저를 기반으로 다음을 얻는다.

```
def project_along(b, v):
 sigma = ((b*v)/(v*v)) if v*v != 0 else 0
 return sigma * v
```

그리고,

```
def project_orthogonal(b, vlist):
  for v in vlist:
     b = b - project_along(b, v)
  return b
```

첫 번째 프로시저는 $\boldsymbol{b}$의 또 다른 벡터 상으로의 투영을 어떻게 계산하는지 알려 준다. 이것을 보면 다음 식이 생각날 것이다.

$$\boldsymbol{b}^{||\boldsymbol{v}} = \sigma \, \boldsymbol{v}$$

여기서, σ는 만약 $\boldsymbol{v} \neq \boldsymbol{0}$이면 $\frac{\boldsymbol{b} \cdot \boldsymbol{v}}{\boldsymbol{v} \cdot \boldsymbol{v}}$와 동일하고, $\boldsymbol{v}$가 영벡터이면 영이다.

부동소수를 가지고 계산하는 현실적인 이유 때문에 첫 번째 프로시저는 벡터 v가 영벡터에 아주 가까우면 sigma에 영을 할당하도록 구현되어야 한다.

```
def project_along(b, v):
 sigma = ((b*v)/(v*v)) if v*v > 1e-20 else 0
 return sigma * v
```

두 번째 프로시저는 서로 직교하는 벡터들의 리스트에 직교하는 $\boldsymbol{b}$의 투영은 그 리스트에 속하는 각 벡터상으로의 투영을 뺌으로써 얻어진다는 것을 말해 준다.

프로시저, aug_project_orthogonal(b, vlist)은 project_orthogonal(b, vlist)을 기반으로 하며, 다른 점은 딕셔너리 sigmadict을 만들어서 식 (10.5)의 계수들의 값으로 그 딕셔너리를 채워야 한다는 것이다. *vlist*의 각 벡터에 대해 하나의 계수가 있고 값이 1인 $\boldsymbol{b}^{\perp}$의 계수가 하나 더 있다. 그러므로, 프로시저는 sigmadict을 계수가 1인 엔트리만으로 구성되도록 초기화한다.

```
def aug_project_orthogonal(b, vlist):
    sigmadict = {len(vlist):1}
    ...
```

프로시저는 *vlist*를 인덱싱하는 인덱스와 일치하는 인덱스를 가지고 sigmadict의 엔트리를 만들어야 하기 때문에, enumerate(vlist)을 사용하여 쌍 i, v에 대해 이터레이션 한다. 여기서, i는 vlist를 인덱싱하는 인덱스이고 v는 대응하는 원소이다.

```
def aug_project_orthogonal(b, vlist):
 sigmadict = {len(vlist):1}
 for i,v in enumerate(vlist):
   sigma = (b*v)/(v*v) if v*v > 1e-20 else 0
   sigmadict[i] = sigma
   b = b - sigma*v
 return (b, sigmadict)
```

좀 더 전통적이지만 덜 파이썬적인 방법은 단순히 인덱스에 대해 이터레이션하는 것이다.

```
def aug_project_orthogonal(b, vlist):
    sigmadict = {len(vlist):1}
    for i in range(len(vlist)):
        v = vlist[i]
        sigma = (b*v)/(v*v) if v*v > 1e-20 else 0
        sigmadict[i] = sigma
        b = b - sigma*v
    return (b, sigmadict)
```

이 프로시저들은 만약 1e-20을 영으로 바꾸면 수학적으로 맞다. 하지만, 여기에 주어진 프로시저들은 부동소수를 가지고 연산을 하는 경우에도 맞는 솔루션을 제공할 가능성이 높다.

프로시저, aug_project_orthogonal은 모듈 orthogonalization에 정의되어 있다.

이 프로시저의 정의가 완료되었으므로 이제 수학적인 관례에 더 잘 일치하도록 1이 최초 원소를 가리키는 어드레싱으로 돌아가자.

10.3 생성자들의 직교집합 만들기

우리의 목적은 임의의 벡터들 $\boldsymbol{v}_1, \ldots, \boldsymbol{v}_n$으로 구성된 집합의 생성에 직교하게 $\boldsymbol{b}$를 투영하는 것이었다. 하지만, 지금까지는 서로 직교하는 벡터들로 구성된 집합의 생성에 직교하게 $\boldsymbol{b}$를 투영하는데 성공하였다. 서로 직교하지 않을 수도 있는 벡터들 $\boldsymbol{v}_1, \ldots, \boldsymbol{v}_n$의 생성에 직교하게 $\boldsymbol{b}$를 투영하기 위해, 먼저 서로 직교하는 Span $\{\boldsymbol{v}_1, \ldots, \boldsymbol{v}_n\}$에 대한 생성자들을 찾아야 할 것이다.

그러므로, 새로운 문제인 *직교화*(orthogonalization)를 고려해 보자.

- *input:* 실수 벡터들의 리스트 $[\boldsymbol{v}_1, \ldots, \boldsymbol{v}_n]$
- *output:* 다음을 만족하는 서로 직교하는 벡터들 $\boldsymbol{v}_1^*, \ldots, \boldsymbol{v}_n^*$의 리스트.

$$\text{Span}\ \{v_1^*, \ldots, \boldsymbol{v}_n^*\} = \text{Span}\ \{\boldsymbol{v}_1, \ldots, \boldsymbol{v}_n\}$$

10.3.1 `orthogonalize` 프로시저

이 문제를 해결하는 개념은 `project_orthogonal`을 반복적으로 사용하여 점점 더 긴 서로 직교하는 벡터들의 리스트를 만드는 것이다. 먼저, $\boldsymbol{v}_1$을 고려해 보자. 집합 $\{v_1^*\}$은 서로 직교하는 벡터들의 집합이므로 $\boldsymbol{v}_1^* := \boldsymbol{v}_1$이라고 정의하자. 다음으로, $\boldsymbol{v}_2^*$는 $\boldsymbol{v}_1^*$에 직교하는 $\boldsymbol{v}_2$의 투영이라고 정의하자. 이제, $\{\boldsymbol{v}_1^*, \boldsymbol{v}_2^*\}$은 서로 직교하는 벡터들의 집합이다. 다음 단계에서 $\boldsymbol{v}_3^*$는 $\boldsymbol{v}_3$의 투영이고 $\boldsymbol{v}_1^*$과 $\boldsymbol{v}_2^*$에 직교한다고 정의하자. 이런식으로 계속 진행된다. 각 단계에서 `project_orthogonal`을 사용하여 그다음 직교하는 벡터를 찾는다. i 번째 이터레이션에서 $\boldsymbol{v}_i$를 $\boldsymbol{v}_1^*, \ldots, \boldsymbol{v}_{i-1}^*$에 직교하게 투영하여 $\boldsymbol{v}_i^*$를 찾는다.

```
def orthogonalize(vlist):
  vstarlist = []
  for v in vlist:
    vstarlist.append(project_orthogonal(v, vstarlist))
  return vstarlist
```

Theorem 10.2.3을 사용하는 간단한 귀납법으로 다음 lemma는 증명된다.

Lemma 10.3.1: `orthogonalize`의 실행 중에 `vstarlist`에 속하는 벡터들은 서로 직교한다.

특히, 실행 마지막의 리스트 `vstarlist`은 리턴되는 것이며 서로 직교하는 벡터들로 구성된다.

Example 10.3.2: 다음의 벡터들로 구성된 `vlist`에 대해 `orthogonalize`을 호출하면,

$$\boldsymbol{v}_1 = [2, 0, 0], \boldsymbol{v}_2 = [1, 2, 2], \boldsymbol{v}_3 = [1, 0, 2]$$

다음으로 구성된 리스트 `vstarlist`가 리턴된다.

$$\boldsymbol{v}_1^* = [2, 0, 0], \boldsymbol{v}_2^* = [0, 2, 2], \boldsymbol{v}_3^* = [0, -1, 1]$$

(1) 첫 번째 이터레이션에서, `v`는 $\boldsymbol{v}_1$이고 `vstarlist`가 비어 있어 `vstarlist`에 추가되는 첫 번째 벡터 $\boldsymbol{v}_1^*$는 $\boldsymbol{v}_1$ 자신이다.

(2) 두 번째 이터레이션에서, `v`는 $\boldsymbol{v}_2$이고 `vstarlist`는 $\boldsymbol{v}_1^*$만으로 구성되어 있어 $\boldsymbol{v}_2$의 $\boldsymbol{v}_1^*$에

직교하는 투영은 다음과 같다.

$$\begin{aligned} \boldsymbol{v}_2 - \frac{\langle \boldsymbol{v}_2, \boldsymbol{v}_1^* \rangle}{\langle \boldsymbol{v}_1^*, \boldsymbol{v}_1^* \rangle}\boldsymbol{v}_1^* &= [1,2,2] - \frac{2}{4}[2,0,0] \\ &= [0,2,2] \end{aligned}$$

(3) 세 번째 이터레이션에서, v는 $\boldsymbol{v}_3$이고 vstarlist는 $\boldsymbol{v}_1^*$와 $\boldsymbol{v}_2^*$로 구성되어 있어 $\boldsymbol{v}_2$의 $\boldsymbol{v}_1^*$에 직교하는 투영은 $[0,0,2]$이고 $[0,0,2]$의 $\boldsymbol{v}_2^*$에 직교하는 투영은 다음과 같다.

$$[0,0,2] - \frac{1}{2}[0,2,2] = [0,-1,1]$$

Example 10.3.3: Examples 10.0.2와 10.1.5에서 제기된 문제로 돌아가면, orthogonalize를 벡터들의 리스트 $[\boldsymbol{v}_1, \boldsymbol{v}_2]$에 대해 실행할 필요가 있다. 여기서, $\boldsymbol{v}_1 = [8,-2,2]$이고 $\boldsymbol{v}_2 = [4,2,4]$이다.

$\boldsymbol{v}_1^* = \boldsymbol{v}_1$로 설정하자. 다음에, $\boldsymbol{v}_2^*$는 $\boldsymbol{v}_1^*$에 직교하는 $\boldsymbol{v}_2$의 투영으로서 계산된다.

$$\begin{aligned} \boldsymbol{v}_2^* &= \boldsymbol{v}_2 - \texttt{project\_along}(\boldsymbol{v}_2, \boldsymbol{v}_1^*) \\ &= \boldsymbol{v}_2 - \frac{\langle \boldsymbol{v}_2, \boldsymbol{v}_1^* \rangle}{\langle \boldsymbol{v}_1^*, \boldsymbol{v}_1^* \rangle}\boldsymbol{v}_1^* \\ &= \boldsymbol{v}_2 - \frac{36}{72}\boldsymbol{v}_1^* \\ &= \boldsymbol{v}_2 - \frac{1}{2}[8,-2,2] \\ &= [0,3,3] \end{aligned}$$

결국, $[\boldsymbol{v}_1^*, \boldsymbol{v}_2^*] = [[8,-2,2],[0,3,3]]$을 얻는다.

Problem 10.3.4: orthogonalize가 $[\boldsymbol{v}_1, \boldsymbol{v}_2, \boldsymbol{v}_3]$에 적용될 때 수행되는 단계들을 손으로 계산하여 보여 주자. 여기서, $\boldsymbol{v}_1 = [1,0,2], \boldsymbol{v}_2 = [1,0,2]$, 그리고 $\boldsymbol{v}_3 = [2,0,0]$이다.

10.3.2 orthogonalize가 맞게 동작하는지 증명하기

orthogonalize가 스펙을 만족하는지 보여 주기 위해, 리턴되는 벡터들로 구성된 리스트의 생성이 입력으로 제공된 벡터들로 구성된 리스트의 생성과 동일함을 보여야 한다.

다음 루프불변을 사용하자.

Lemma 10.3.5: orthogonalize를 n-원소 리스트 $[\boldsymbol{v}_1, \ldots, \boldsymbol{v}_n]$에 적용하는 것을 고려해 보자. 알고리즘의 i 번째 이터레이션 후 Span vstarlist = Span $\{\boldsymbol{v}_1, \ldots, \boldsymbol{v}_i\}$이다.

Proof

증명은 i에 대한 귀납법을 사용한다. $i = 0$인 경우는 간단하다. $i-1$ 번째 이터레이션 후 vstarlist은 벡터들 $\boldsymbol{v}_1^*, \ldots, \boldsymbol{v}_{i-1}^*$로 구성된다. 이 시점에 lemma가 성립한다고 가정해 보자.

이것은 다음을 의미한다.

$$\text{Span}\ \{\boldsymbol{v}_1^*, \ldots, \boldsymbol{v}_{i-1}^*\} = \text{Span}\ \{\boldsymbol{v}_1, \ldots, \boldsymbol{v}_{i-1}\}$$

벡터 $\boldsymbol{v}_i$를 양변의 집합에 더하면 다음을 얻는다.

$$\text{Span}\ \{\boldsymbol{v}_1^*, \ldots, \boldsymbol{v}_{i-1}^*, \boldsymbol{v}_i\} = \text{Span}\ \{\boldsymbol{v}_1, \ldots, \boldsymbol{v}_{i-1}, \boldsymbol{v}_i\}$$

그러므로, 남아 있는 것은 $\text{Span}\ \{\boldsymbol{v}_1^*, \ldots, \boldsymbol{v}_{i-1}^*, \boldsymbol{v}_i^*\} = \text{Span}\ \{\boldsymbol{v}_1^*, \ldots, \boldsymbol{v}_{i-1}^*, \boldsymbol{v}_i\}$임을 보여 주면 된다.

i 번째 이터레이션에서 `project_orthogonal(`$\boldsymbol{v}_i$`, [`$\boldsymbol{v}_1^*, \ldots, \boldsymbol{v}_{i-1}^*$`])`을 사용하여 $\boldsymbol{v}_i^*$를 계산한다. 식 (10.3)에 의하면, 다음을 만족하는 스칼라 $\sigma_{i1}, \sigma_{i2}, \ldots, \sigma_{i,i-1}$가 있다.

$$\boldsymbol{v}_i = \sigma_{1i}\boldsymbol{v}_1^* + \cdots + \sigma_{i-1,i}\boldsymbol{v}_{i-1}^* + \boldsymbol{v}_i^* \tag{10.6}$$

이 식이 보여 주는 것은 다음 벡터들의 임의의 선형결합은

$$\boldsymbol{v}_1^*, \boldsymbol{v}_2^* \ldots, \boldsymbol{v}_{i-1}^*, \boldsymbol{v}_i$$

아래 벡터들의 선형결합으로 변환될 수 있고,

$$\boldsymbol{v}_1^*, \boldsymbol{v}_2^* \ldots, \boldsymbol{v}_{i-1}^*, \boldsymbol{v}_i^*$$

그 역도 성립한다는 것이다. □

직교화 과정은 수학자인 그램(Jørgen Pedersen Gram)과 슈미트(Erhard Schmidt)의 이름을 따서 종종 *Gram-Schmidt 직교화*라고 불린다.

Remark 10.3.6: 프로시저, `orthogonalize`를 두 번 실행한다고 해 보자. 한 번은 벡터들의 리스트를 가지고 그리고 또 한 번은 그 리스트의 역순으로 실행한다. 출력된 리스트는 서로의 역이 되지 않을 것이다. 이것은 `project_orthogonal(b, vlist)`과 대조를 이룬다. 벡터공간에 직교하는 벡터 $\boldsymbol{b}$의 투영은 유일하며 원칙적으로[a] `vlist`에 속하는 벡터들의 순서는 `project_orthogonal(b, vlist)`의 출력에 영향을 주지 않는다.

[a]하지만, 주목해야 하는 것은 리턴되는 정확한 벡터는 순서에 따라 다를 수 있다. 이유는 수학적 계산이 정확하지 않기 때문이다.

행렬방정식 (10.4)를 따라 (10.6)을 행렬 형태로 쓸 수 있다.

$$\begin{bmatrix} \\ \\ \boldsymbol{v}_1 & \boldsymbol{v}_2 & \boldsymbol{v}_3 & \cdots & \boldsymbol{v}_n \\ \\ \\ \end{bmatrix} = \begin{bmatrix} \\ \\ \boldsymbol{v}_1^* & \boldsymbol{v}_2^* & \boldsymbol{v}_3^* & \cdots & \boldsymbol{v}_n^* \\ \\ \\ \end{bmatrix} \begin{bmatrix} 1 & \sigma_{12} & \sigma_{13} & & \sigma_{1n} \\ & 1 & \sigma_{23} & & \sigma_{2n} \\ & & 1 & & \sigma_{3n} \\ & & & \ddots & \\ & & & & \sigma_{n-1,n} \\ & & & & 1 \end{bmatrix} \tag{10.7}$$

우변의 두 행렬은 특수하다는 것에 주목하자. 첫 번째 행렬은 서로 직교하는 열들을 가진다.

두 번째 행렬은 정방행렬이며 ij 엔트리는 만약 $i < j$이면 영이다. 기억하겠지만 이러한 행렬은 *상삼각행렬*이라 한다.

두 종류의 행렬에 대해서는 좀 더 살펴볼 것이다.

Example 10.3.7: 벡터 $\boldsymbol{v}_1 = [2, 0, 0]$, $\boldsymbol{v}_2 = [1, 2, 2]$, $\boldsymbol{v}_3 = [1, 0, 2]$로 구성되는 `vlist`에 대해, 직교하는 벡터들의 대응하는 리스트 `vstarlist`는 $\boldsymbol{v}_1^* = [2, 0, 0]$, $\boldsymbol{v}_2^* = [0, 2, 2]$, 그리고 $\boldsymbol{v}_3^* = [0, -1, 1]$로 구성된다. 대응하는 행렬방정식은 아래와 같다.

$$\left[\begin{array}{c|c|c} & & \\ \boldsymbol{v}_1 & \boldsymbol{v}_2 & \boldsymbol{v}_3 \\ & & \end{array}\right] = \begin{bmatrix} 2 & 0 & 0 \\ 0 & 2 & -1 \\ 0 & 2 & 1 \end{bmatrix} \begin{bmatrix} 1 & 0.5 & 0.5 \\ & 1 & 0.5 \\ & & 1 \end{bmatrix}$$

10.4 벡터들의 생성에 속하는 점에 *가장 가까운* 계산문제 풀기

이제, Problem 10.0.1, 즉 Span $\{\boldsymbol{v}_1, \ldots, \boldsymbol{v}_n\}$에 속하며 $\boldsymbol{b}$에 가장 가까운 벡터를 찾는 문제에 대한 알고리즘을 제시할 수 있다.

Generalized Fire Engine Lemma(Lemma 10.1.6)에 따라, 가장 가까운 벡터는 $\boldsymbol{b}^{||\mathcal{V}}$, 즉 $\boldsymbol{b}$의 $\mathcal{V} = \text{Span } \{\boldsymbol{v}_1, \ldots, \boldsymbol{v}_n\}$상으로의 투영이고, 이것은 $\boldsymbol{b} - \boldsymbol{b}^{\perp\mathcal{V}}$이다. 여기서, $\boldsymbol{b}^{\perp\mathcal{V}}$은 $\mathcal{V}$에 직교하는 $\boldsymbol{b}$의 투영이다.

$\boldsymbol{b}^{\perp\mathcal{V}}$을 찾는 데는 두 가지 방법이 있다.

- *첫 번째 방법:* 먼저, `orthogonalize`를 $\boldsymbol{v}_1, \ldots, \boldsymbol{v}_n$에 적용하여 $\boldsymbol{v}_1^*, \ldots, \boldsymbol{v}_n^*$을 얻는다. 그다음에 `project_orthogonal(`$\boldsymbol{b}$`[`$\boldsymbol{v}_1^*, \ldots, \boldsymbol{v}_n^*$`])`을 호출하여 $\boldsymbol{b}^{\perp\mathcal{V}}$을 결과로서 얻는다.

- *두 번째 방법:* `orthogonalize`가 $[\boldsymbol{v}_1, \ldots, \boldsymbol{v}_n, \boldsymbol{b}]$에 적용되어 $[\boldsymbol{v}_1^*, \ldots, \boldsymbol{v}_n^*, \boldsymbol{b}^*]$을 얻을 때 발생되는 바로 그 계산을 한다. `orthogonalize`의 마지막 이터레이션에서 벡터 $\boldsymbol{b}^*$는 $\boldsymbol{b}$를 $\boldsymbol{v}_1^*, \ldots, \boldsymbol{v}_n^*$에 직교하게 투영하여 얻는다. 따라서, $\boldsymbol{b}^* = \boldsymbol{b}^{\perp\mathcal{V}}$이다.

그러면, $\boldsymbol{b}^{||\mathcal{V}} = \boldsymbol{b} - \boldsymbol{b}^{\perp\mathcal{V}}$은 Span $\{\boldsymbol{v}_1, \ldots, \boldsymbol{v}_n\}$에 속하며 $\boldsymbol{b}$에 가장 가까운 벡터이다.

Example 10.4.1: Examples 10.0.2 및 10.1.5에서 제시된 문제로 돌아가 보자. $\boldsymbol{v}_1 = [8, -2, 2]$이고 $\boldsymbol{v}_2 = [4, 2, 4]$라고 하자. Example 10.3.3(406 페이지)에서 벡터 $v_1^* = [8, -2, 2]$와 $\boldsymbol{v}_2^* = [0, 3, 3]$은 동일한 공간을 생성하고 서로 직교한다는 것을 알았다. 그러므로, `project_orthogonal` $(\boldsymbol{b}, [\boldsymbol{v}_1^*, \boldsymbol{v}_2^*])$를 사용하여 이 공간상으로의 $\boldsymbol{b} = [5, -5, 2]$의 투영을 찾을 수 있다.

$i = 0, 1, 2$에 대해, $\boldsymbol{b}_i$는 i 이터레이션 후 `project_orthogonal`의 변수 $\boldsymbol{b}$의 값을 나타낸다고

하자.

$$\begin{aligned}
\boldsymbol{b}_1 &= \boldsymbol{b}_0 - \frac{\langle \boldsymbol{b}_0, \boldsymbol{v}_1^* \rangle}{\langle \boldsymbol{v}_1^*, \boldsymbol{v}_1^* \rangle} \boldsymbol{v}_1^* \\
&= \boldsymbol{b}_0 - \frac{3}{4}[8, -2, 2] \\
&= [-1, -3.5, 0.5] \boldsymbol{b}_2 \\
&= \boldsymbol{b}_1 - \frac{\langle \boldsymbol{b}_0, \boldsymbol{v}_2^* \rangle}{\langle \boldsymbol{v}_2^*, \boldsymbol{v}_2^* \rangle} \boldsymbol{v}_2^* \\
&= \boldsymbol{b}_1 - \frac{-1}{2}[0, 3, 3] \\
&= [-1, -2, 2]
\end{aligned}$$

결과 벡터 $\boldsymbol{b}_2$는 Span $\{\boldsymbol{v}_1^*, \boldsymbol{v}_2^*\}$에 직교하는 $\boldsymbol{b}$의 투영이고 그러므로 Span $\{\boldsymbol{v}_1, \boldsymbol{v}_2\}$에 직교하는 $\boldsymbol{b}$의 투영이다. 이유는 이들 두 생성은 동일한 집합이기 때문이다.

10.5 orthogonalize를 사용하여 다른 문제 풀기

orthogonalize를 사용하여 Span $\{\boldsymbol{v}_1, \ldots, \boldsymbol{v}_n\}$에 속하며 $\boldsymbol{b}$에 가장 가까운 벡터, 즉 $\boldsymbol{b}^{\|\mathcal{V}}$을 찾는 방법을 살펴보았다. 나중에 $\boldsymbol{b}^{\|}$의 $\{\boldsymbol{v}_1, \ldots, \boldsymbol{v}_n\}$에 대한 좌표 표현을 찾는 알고리즘을 제시할 것이다. 먼저, 다른 계산문제들을 푸는 데 직교화를 어떻게 사용할 수 있는지 알아보자.

서로 직교하는 벡터들에 대해 증명해야 할 것이 있다.

Proposition 10.5.1: 서로 직교하는 영이 아닌 벡터들은 일차독립이다.

Proof

$\boldsymbol{v}_1^*, \boldsymbol{v}_2^*, \ldots, \boldsymbol{v}_n^*$은 서로 직교하는 영이 아닌 벡터들이라 하자.

$\alpha_1, \alpha_2, \ldots, \alpha_n$은 다음 식을 만족하는 계수들이라고 해 보자.

$$\boldsymbol{0} = \alpha_1 \boldsymbol{v}_1^* + \alpha_2 \boldsymbol{v}_2^* + \cdots + \alpha_n \boldsymbol{v}_n^*$$

계수들이 모두 영임을 보여야 한다.

α_1이 영인 것을 보이기 위해, 양변에 $\boldsymbol{v}_1^*$과의 내적을 취해 보자.

$$\begin{aligned}
\langle \boldsymbol{v}_1^*, \boldsymbol{0} \rangle &= \langle \boldsymbol{v}_1^*, \alpha_1 \boldsymbol{v}_1^* + \alpha_2 \boldsymbol{v}_2^* + \cdots + \alpha_n \boldsymbol{v}_n^* \rangle \\
&= \alpha_1 \langle \boldsymbol{v}_1^*, \boldsymbol{v}_1^* \rangle + \alpha_2 \langle \boldsymbol{v}_1^*, \boldsymbol{v}_2^* \rangle + \cdots + \alpha_n \langle \boldsymbol{v}_1^*, \boldsymbol{v}_n^* \rangle \\
&= \alpha_1 \|\boldsymbol{v}_1^*\|^2 + \alpha_2 0 + \cdots + \alpha_n 0 \\
&= \alpha_1 \|\boldsymbol{v}_1^*\|^2
\end{aligned}$$

내적 $\langle \boldsymbol{v}_1^*, 0 \rangle$은 영이고, 그래서 $\alpha_1 \|\boldsymbol{v}_1^*\|^2 = 0$이다. $\boldsymbol{v}_1^*$은 영이 아니므로, 그 norm은 영이 아니다. 따라서, 유일한 해는 $\alpha_1 = 0$이다.

마찬가지 방식으로, $\alpha_2 = 0, \cdots, \alpha_n = 0$임을 보여 줄 수 있다. □

10.5.1 기저 계산하기

프로시저 orthogonalize는 vlist의 벡터들이 일차독립이어야 한다는 요구조건이 없다. 만약 벡터들이 일차독립이 아니면 무슨 일이 일어나는가?

$\boldsymbol{v}_1^*, \ldots, \boldsymbol{v}_n^*$은 orthogonalize($[\boldsymbol{v}_1, \ldots, \boldsymbol{v}_n]$)에 의해 리턴되는 벡터들이라 하자. 이 벡터들은 서로 직교하며 $\boldsymbol{v}_1, \ldots, \boldsymbol{v}_n$과 동일한 벡터공간을 생성한다. 하지만, 이 벡터들 중 일부는 영벡터일 수 있다. S는 $\{\boldsymbol{v}_1^*, \ldots, \boldsymbol{v}_n^*\}$의 부분집합이며 영이 아닌 벡터들이라 하자. 명백히, Span S = Span $\{\boldsymbol{v}_1^*, \ldots, \boldsymbol{v}_n^*\}$이다. 더욱이, Proposition 10.5.1에 의하면 S의 벡터들은 일차독립이다. 그러므로, 이 벡터들은 Span $\{\boldsymbol{v}_1^*, \ldots, \boldsymbol{v}_n^*\}$에 대한 기저이고, 또한 Span $\{\boldsymbol{v}_1, \ldots, \boldsymbol{v}_n\}$에 대한 기저이다.

따라서, 주어진 벡터들에 의해 생성된 벡터공간의 기저를 찾는 Computational Problem 6.10.1에 대한 알고리즘을 얻는다.

이 알고리즘에 대한 프로시저는 아래와 같다.

```
def find_basis([v_1, ..., v_n]):
    "Return the list of nonzero starred vectors"
    [v*_1, ..., v*_n] = orthogonalize([v_1, ..., v_n])
    return [v* for v* in [v*_1, ..., v*_n] if v* is not the zero vector]
```

추가로, 다음에 대한 알고리즘도 얻는다.

- 벡터들로 구성된 리스트의 랭크 찾기
- 벡터들 $\boldsymbol{v}_1, \ldots, \boldsymbol{v}_n$이 일차독립인지 테스트하기(Computational Problem 6.5.5)

10.5.2 부분집합 기저 계산하기

좀 더 교묘하게, 원래의 벡터들 $\boldsymbol{v}_1, \ldots, \boldsymbol{v}_n$의 부분집합으로 구성되는 Span $\{\boldsymbol{v}_1, \ldots, \boldsymbol{v}_n\}$의 기저를 찾을 수 있다. k는 영이 아닌 직교 벡터들이라 하고, $i_1, i_2, \ldots, i_k$는 증가하는 순서로 된 영이 아닌 직교 벡터들의 인덱스라 하자. 즉, 영이 아닌 직교 벡터들은 다음과 같다.

$$\boldsymbol{v}_{i_1}^*, \boldsymbol{v}_{i_2}^*, \ldots, \boldsymbol{v}_{i_k}^*$$

다음에, 아래의 대응하는 원래 벡터들은

$$\boldsymbol{v}_{i_1}, \boldsymbol{v}_{i_2}, \ldots, \boldsymbol{v}_{i_k}$$

기저 $\boldsymbol{v}_{i_1}^*, \boldsymbol{v}_{i_2}^*, \ldots, \boldsymbol{v}_{i_k}^*$와 동일한 공간을 생성한다고 주장해 보자. 이들은 기저와 동일한 크기를 가지므로, 원래의 k 벡터들도 또한 기저이다.

위 주장이 왜 참이 되는지 알아보기 위해, 다음을 호출하는 사고 실험(thought experiment)을 고려해 보자.

$$\texttt{orthogonalize}([\boldsymbol{v}_{i_1}, \boldsymbol{v}_{i_2}, \ldots, \boldsymbol{v}_{i_k}])$$

간단한 귀납법을 사용하면 $j = 1, \ldots, k$에 대해 vstarlist에 추가되는 벡터는 $\boldsymbol{v}_{i_j}^*$임을 보여 줄 수 있다. 이유는 project_orthogonal(v, vstarlist)는 투영을 계산할 때 vstarlist 내의 영벡터들을 실질적으로 무시하기 때문이다.

다음은 이 알고리즘에 대한 프로시저를 보여 준다.

def find_subset_basis($[\boldsymbol{v}_0, \ldots, \boldsymbol{v}_n]$):
  "Return the list of original vectors that correspond to nonzero starred vectors."
  $[\boldsymbol{v}_0^*, \ldots, \boldsymbol{v}_n^*]$ = orthogonalize($[\boldsymbol{v}_0, \ldots, \boldsymbol{v}_n]$)
  Return $[\boldsymbol{v}_i$ for i in $\{0, \ldots, n\}$ if $\boldsymbol{v}_i^*$ is not the zero vector$]$

10.5.3 augmented_orthogonalize

aug_project_orthgonal(b, vlist)에 기반으로 하여 다음 스펙을 가지는 프로시저, aug_orthogonalize(vlist)를 작성할 것이다.

- *input:* 벡터들의 리스트 $[\boldsymbol{v}_1, \ldots, \boldsymbol{v}_n]$
- *output:* 다음을 만족하는 벡터들의 리스트의 쌍 $([\boldsymbol{v}_1^*, \ldots, \boldsymbol{v}_n^*], [\boldsymbol{u}_1, \ldots, \boldsymbol{u}_n])$
  - $\boldsymbol{v}_1^*, \ldots, \boldsymbol{v}_n^*$은 서로 직교하는 벡터들이며 이들의 생성은 Span $\{\boldsymbol{v}_1, \ldots, \boldsymbol{v}_n\}$과 동일하다.
  - $i = 1, \ldots, n$에 대해,

$$\begin{bmatrix} \\ \\ \boldsymbol{v}_1 & \cdots & \boldsymbol{v}_n \\ \\ \\ \end{bmatrix} = \begin{bmatrix} \\ \\ \boldsymbol{v}_1^* & \cdots & \boldsymbol{v}_n^* \\ \\ \\ \end{bmatrix} \begin{bmatrix} \\ \\ \boldsymbol{u}_1 & \cdots & \boldsymbol{u}_n \\ \\ \\ \end{bmatrix}$$

```
def aug_orthogonalize(vlist):
    vstarlist = []
    sigma_vecs = []
    D = set(range(len(vlist)))
    for v in vlist:
        (vstar, sigmadict)= aug_project_orthogonal(v, vstarlist)
        vstarlist.append(vstar)
        sigma_vecs.append(Vec(D, sigmadict))
    return vstarlist, sigma_vecs
```

10.5.4 반올림 오차가 있는 경우에도 동작하는 알고리즘

주어진 알고리즘 find_basis와 find_subset_basis는 수학적으로는 맞지만 실제로는 동작하지 않을 것이다. orthogonalize에 의해 만들어지는 벡터들은 영벡터들이어야 하지만 실제로는 반올림 오차 때문에 영벡터가 아닐 것이다. 이러한 현상은 앞에서 project_along을 정의하는 데서 보았다. 한 가지 해결책은 만약 어떤 벡터의 제곱 norm이 아주 작은 값, 예를 들어, 10^{-20}보다 작은 값이면 그 값을 영으로 간주하는 것이다.

10.6 직교여공간(Orthogonal complement)

벡터 $\boldsymbol{b}$를 벡터공간 $\mathcal{V}$에 직교하게 투영하는 것에 대해 알아보았다. 다음으로, 전체 벡터공간을 또 다른 벡터공간에 직교하게 투영해 보자.

10.6.1 직교여공간의 정의

Definition 10.6.1: $\mathcal{W}$는 실수상의 벡터공간이라 하고, $\mathcal{U}$는 $\mathcal{W}$의 부분공간이라 하자. *$\mathcal{U}$의 $\mathcal{W}$에 대한 직교여공간*은 다음을 만족하는 집합 $\mathcal{V}$라고 정의된다.

$$\mathcal{V} = \{\boldsymbol{w} \in \mathcal{W} \;:\; \boldsymbol{w} \text{ 는 } \mathcal{U} \text{ 내의 모든 벡터에 직교한다}\}$$

집합 $\mathcal{V}$는 정의에 의해 $\mathcal{W}$의 부분집합이다. 하지만, 다음과 같이 말할 수도 있다.

Lemma 10.6.2: $\mathcal{V}$는 $\mathcal{W}$의 부분공간이다.

Proof

$\mathcal{V}$ 내의 임의의 두 벡터 $\boldsymbol{v}_1$과 $\boldsymbol{v}_2$에 대해, $\boldsymbol{v}_1 + \boldsymbol{v}_2$도 또한 $\mathcal{V}$에 속한다는 것을 보여 주고자 한다. $\mathcal{V}$의 정의에 의하면 벡터 $\boldsymbol{v}_1$과 $\boldsymbol{v}_2$는

(1) 둘 다 벡터공간 $\mathcal{W}$에 속하고,

(2) $\mathcal{U}$에 속하는 모든 벡터에 직교한다.

(1) 에 의하면 두 벡터의 합은 $\mathcal{W}$에 속한다. (2) 를 Lemma 9.3.2의 Orthogonality Property 2와 결합하면 이 합은 $\mathcal{U}$에 속하는 모든 벡터에 직교한다. 따라서 합은 $\mathcal{V}$에 속한다.

마찬가지로, 임의의 벡터 $\boldsymbol{v} \in \mathcal{V}$와 임의의 스칼라 $\alpha \in \mathbb{R}$에 대해, $\alpha\,\boldsymbol{v}$가 $\mathcal{V}$에 속한다는 것을 보여야 한다. $\boldsymbol{v}$는 벡터공간 $\mathcal{W}$에 속하므로, $\alpha\,\boldsymbol{v}$도 또한 $\mathcal{W}$에 속한다. $\boldsymbol{v}$는 $\mathcal{U}$에 속하는 모든 벡터에 직교하므로, Orthogonality Property 1에 따르면 $\alpha\,\boldsymbol{v}$도 또한 $\mathcal{U}$에 속하는 모든 벡터에 직교한다. 따라서 $\alpha\,\boldsymbol{v}$는 $\mathcal{V}$에 속한다. □

Example 10.6.3: $\mathcal{U} = \text{Span}\,\{[1,1,0,0],[0,0,1,1]\}$이라고 하자. $\mathcal{V}$는 $\mathbb{R}^4$에 속하는 $\mathcal{U}$의 직교여공간으로 나타내자. 어떤 벡터들이 $\mathcal{V}$에 대한 기저를 형성하는가?

$\mathcal{U}$ 내의 모든 벡터는 $[a,a,b,b]$ 형태를 가진다. 그러므로, $[c,-c,d,-d]$ 형태의 임의의 벡터는 $\mathcal{U}$ 내의 모든 벡터에 직교한다.

Span $\{[1,-1,0,0],[0,0,1,-1]\}$에 속하는 모든 벡터는 $\mathcal{U}$ 내의 모든 벡터에 직교한다. 그래서, Span $\{[1,-1,0,0],[0,0,1,-1]\}$은 $\mathcal{V}$의 부분공간이며 $\mathbb{R}^4$에 속하는 $\mathcal{U}$의 직교여공간이다. $\mathcal{U} \oplus \mathcal{V} = \mathbb{R}^4$이고 $\dim\mathcal{U} + \dim\mathcal{V} = 4$라는 것을 알고 있다. $\{[1,1,0,0],[0,0,1,1]\}$은 일차독립이고, 그래서 $\dim\mathcal{U} = 2$이고 $\dim\mathcal{V} = 2$라고 할 수 있다. $\{[1,-1,0,0],[0,0,1,-1]\}$은 일차독립이고, 그래서 $\dim \text{Span}\,\{[1,-1,0,0],[0,0,1,-1]\}$도 또한 2이다. 그러므로, 차원 원리(Dimension Principle)에 따르면 Span $\{[1,-1,0,0],[0,0,1,-1]\}$은 $\mathcal{V}$와 동일하다.

10.6.2 직교여공간과 직합(Direct sum)

이제, 직교여공간과 직합 사이의 연관성을 살펴본다.

Lemma 10.6.4: $\mathcal{V}$는 $\mathcal{U}$의 $\mathcal{W}$에 대한 직교여공간이라고 하자. $\mathcal{U} \cap \mathcal{V}$에 속하는 유일한 벡터는 영벡터이다.

Proof

$\mathcal{V}$에 속하는 벡터 $\boldsymbol{u}$는 $\mathcal{U}$ 내의 모든 벡터에 직교한다. 만약 $\boldsymbol{u}$도 또한 $\mathcal{U}$에 속하면, $\boldsymbol{u}$는 자기 자신과 직교한다, 즉 $\langle \boldsymbol{u}, \boldsymbol{u} \rangle = 0$이다. 두 번째 *norm 성질*(섹션 9.1.1 참조)에 의하면 이것은 $\boldsymbol{u}$가 영벡터임을 의미한다. □

$\mathcal{V}$는 $\mathcal{U}$의 $\mathcal{W}$에 대한 직교여공간이라고 해 보자. Lemma 10.6.4에 의해 직합 $\mathcal{U} \oplus \mathcal{V}$를 형성할 수 있다(섹션 7.3 참조). 이 직합은 다음의 집합이라고 정의된다.

$$\{\boldsymbol{u} + \boldsymbol{v} \ : \ \boldsymbol{u} \in \mathcal{U}, \boldsymbol{v} \in \mathcal{V}\}$$

다음 lemma는 $\mathcal{W}$가 $\mathcal{U}$와 $\mathcal{V}$의 직합이고, 그래서 $\mathcal{U}$와 $\mathcal{V}$는 $\mathcal{W}$의 여부분공간(complementary subspace)이라는 것을 보여 준다.

Lemma 10.6.5: 만약 $\mathcal{U}$의 $\mathcal{W}$에 대한 직교여공간이 $\mathcal{V}$이면,

$$\mathcal{U} \oplus \mathcal{V} = \mathcal{W}$$

Proof

증명하는 데 두 가지 방향이 있다.

1. $\mathcal{U} \oplus \mathcal{V}$의 모든 원소는 $\boldsymbol{u} \in \mathcal{U}$와 $\boldsymbol{v} \in \mathcal{V}$에 대해 $\boldsymbol{u} + \boldsymbol{v}$ 형태를 가진다. $\mathcal{U}$와 $\mathcal{V}$는 둘 다 벡터공간 $\mathcal{W}$의 부분집합이므로, 합 $\boldsymbol{u} + \boldsymbol{v}$는 $\mathcal{W}$에 속한다. 이것은 $\mathcal{U} \oplus \mathcal{V} \subseteq \mathcal{W}$임을 보여 준다.

2. $\mathcal{W}$에 속하는 임의의 벡터 $\boldsymbol{b}$에 대해, $\boldsymbol{b} = \boldsymbol{b}^{||\mathcal{U}} + \boldsymbol{b}^{\perp\mathcal{U}}$라고 나타내자. 여기서, $\boldsymbol{b}^{||\mathcal{U}}$는 $\boldsymbol{b}$의 $\mathcal{U}$상으로의 투영이고 $\boldsymbol{b}^{\perp\mathcal{U}}$은 $\boldsymbol{b}$의 $\mathcal{U}$에 직교하는 투영이다. 그러면, $\boldsymbol{b}^{||\mathcal{U}}$는 $\mathcal{U}$에 속하고 $\boldsymbol{b}^{\perp\mathcal{U}}$은 $\mathcal{V}$에 속한다. 그래서, $\boldsymbol{b}$는 $\mathcal{U}$에 속하는 벡터와 $\mathcal{V}$에 속하는 벡터의 합이다. 이것은 $\mathcal{W} \subseteq \mathcal{U} \oplus \mathcal{V}$임을 보여 준다.

□

11장에서는 이미지 압축에 사용되는 웨이브릿 기저(wavelet basis)를 정의하는 데 직교여공간과 직합 사이의 관계를 사용한다.

10.6.3 생성 또는 아핀 hull로 주어진 $\mathbb{R}^3$ 평면의 법선

"평면의 법선(normal to a plane)"이란 표현을 자주 보게 될 것이다. 여기서, "법선(normal)"이란 수직이라는 의미이다(섹션 10.1.1).

평면이 두 개의 3-벡터 $\boldsymbol{u}_1$과 $\boldsymbol{u}_2$의 생성으로 명시된다고 해 보자. 이 경우, 이 평면은 2차원의 벡터공간 $\mathcal{U}$이다.

$\boldsymbol{n}$은 $\mathcal{U}$에 직교하는 영이 아닌 벡터라고 하자. 그러면, Span $\{\boldsymbol{n}\}$은 $\mathbb{R}^3$에 속하는 $\mathcal{U}$의 직교여공간의 부분공간이다. 더욱이, Direct-Sum Dimension(7.3.9)에 의하면, 직교여공간의 차원은 $\dim \mathbb{R}^3 - \dim \mathcal{U} = 1$이다. 그래서, 차원 원리(Lemma 7.2.14)에 의해 직교여공간은 정확하게 Span $\{\boldsymbol{n}\}$이다. 따라서, Span $\{\boldsymbol{n}\}$에 속하는 임의의 영이 아닌 벡터는 법선 역할을 한다. 흔히, 이러한 역할을 하도록

선택되는 벡터는 Span $\{\boldsymbol{n}\}$에 속하는 norm이 1인 벡터이다.

Example 10.6.6: Example 10.4.1(408 페이지)에서 알아보았듯이, Span $\{[8,-2,2],[0,3,3]\}$에 직교하는 하나의 영이 아닌 벡터는 $[-1,-2,2]$이고, 이것은 법선벡터이다. norm이 1인 법선을 얻는 것은 $[-1,-2,2]$의 norm으로 나누면 되고, 얻어진 법선은 $[\frac{-1}{9},\frac{-2}{9},\frac{2}{9}]$이다.

유사하게, $\mathbb{R}^2$ 평면의 직선에 수직인 벡터를 제시할 수 있다. 평면에 있는 직선은 2-벡터 $\boldsymbol{u}_1$의 생성으로 주어진다고 해 보자. $\boldsymbol{u}_1$에 직교하는 임의의 영이 아닌 벡터 $\boldsymbol{n}$은 법선벡터(normal vector)이다.

이제, 평면은 $\boldsymbol{u}_1$, $\boldsymbol{u}_2$, $\boldsymbol{u}_3$의 아핀 hull로서 명시된다고 해 보자. 섹션 4.5.3에서 알아보았듯이 이 평면은 예를 들어 다음과 같이 쓸 수 있다.

$$\boldsymbol{u}_1+\text{Span}\,\{\boldsymbol{u}_2-\boldsymbol{u}_1,\boldsymbol{u}_3-\boldsymbol{u}_1\}$$

즉, 원점을 포함하는 평면의 평행이동으로서 나타낼 수 있다. 약간의 기하학적 직관에 의하면, 어떤 벡터가 이 새로운 평면에 수직이 될 필요충분조건은 그 벡터가 원래의 평면에 수직인 경우이다. 그러므로, 벡터공간 Span $\{\boldsymbol{u}_2-\boldsymbol{u}_1,\boldsymbol{u}_3-\boldsymbol{u}_1\}$의 법선 $\boldsymbol{n}$은 위에서 기술한 것과 같이 찾고, 이것은 또한 원래 평면의 법선이 된다.

10.6.4 직교여공간, 영공간, 소멸자

A는 R상의 $R\times C$ 행렬이라 하자. A의 영공간은 $A\boldsymbol{u}$가 영벡터가 되게 하는 C-벡터들 $\boldsymbol{u}$의 집합이다. 행렬-벡터 곱셈의 도트곱 정의에 의하면, 이것은 A의 각 행과의 도트곱이 영이 되는 그러한 C-벡터들 $\boldsymbol{u}$의 집합이다. $\mathbb{R}$상의 벡터들에 대한 내적은 도트곱이므로, 이것은 $\mathbb{R}^C$에 속하는 Row A의 직교여공간이 Null A임을 의미한다.

영공간과 소멸자 사이의 연관성에 대해서는 이미 (섹션 7.5.2에서) 살펴보았다. 즉, Row A의 소멸자는 Null A이다. 이것은 $\mathbb{R}^C$의 임의의 부분공간 $\mathcal{U}$에 대해 $\mathbb{R}^C$에 속하는 $\mathcal{U}$의 직교여공간은 소멸자 $\mathcal{U}^o$임을 의미한다.

Annihilator Theorem에 의하면, 소멸자는 원래의 공간이다. 이것은 $\mathbb{R}$상의(단지 $\mathbb{R}^C$가 아니라) 임의의 벡터공간 $\mathcal{W}$와 임의의 부분공간 $\mathcal{U}$에 대해 $\mathcal{U}$의 $\mathcal{W}$에 대한 직교여공간의 직교여공간은 $\mathcal{U}$ 자신이라는 것을 보여 주는 데 사용될 수 있다.

10.6.5 방정식으로 주어진 $\mathbb{R}^3$ 평면의 법선

평면의 법선을 찾는 문제로 돌아가 보자. 평면은 선형방정식에 대한 해집합으로 주어진다고 해 보자.

$$\{[x,y,z]\in\mathbb{R}^3\ :\ [a,b,c]\cdot[x,y,z]=d\}$$

섹션 4.6.1에서 살펴보았듯이, 해집합은 대응하는 동차선형방정식에 대한 해집합의 평행이동이다.

$$\{[x,y,z]\in\mathbb{R}^3\ :\ [a,b,c]\cdot[x,y,z]=0\}$$

$\mathcal{U}=$ Span $\{[a,b,c]\}$라 하자. 해집합 $\{[x,y,z]\in\mathbb{R}^3\ :\ [a,b,c]\cdot[x,y,z]=0\}$은 소멸자 $\mathcal{U}^o$이다. 소멸자 $\mathcal{U}^o$에 속하는 벡터들로 구성되는 평면의 법선을 찾고자 한다. 소멸자 $\mathcal{U}^o$에 직교하는 벡터들의 집합은 소멸자의 소멸자, 즉 $(\mathcal{U}^o)^o$이다. 하지만, Annihilator Theorem(Theorem 7.5.15)에 의하면, 소멸자의 소멸자는 원래의 공간 $\mathcal{U}$이다. 따라서, 법선이 될 수 있는 하나의 후보는 벡터 $[a,b,c]$ 자신이다.

10.6.6 직교여공간 계산하기

$\mathcal{U}$에 대한 기저 $\boldsymbol{u}_1, \ldots, \boldsymbol{u}_k$와 $\mathcal{W}$에 대한 기저 $\boldsymbol{w}_1, \ldots, \boldsymbol{w}_n$이 있다고 해 보자. $\mathcal{W}$에 속하는 $\mathcal{U}$의 직교여공간에 대한 기저는 어떻게 계산할 수 있을까?

여기서, `orthogonalize(vlist)`를 사용하는 방법을 살펴볼 것이다.

$$\text{vlist} = [\boldsymbol{u}_1, \ldots, \boldsymbol{u}_k, \boldsymbol{w}_1, \ldots, \boldsymbol{w}_n]$$

리턴되는 리스트는 $[\boldsymbol{u}_1^*, \ldots, \boldsymbol{u}_k^*, \boldsymbol{w}_1^*, \ldots, \boldsymbol{w}_n^*]$으로 나타내자.

이 벡터들은 입력 벡터들 $\boldsymbol{u}_1, \ldots, \boldsymbol{u}_k, \boldsymbol{w}_1, \ldots, \boldsymbol{w}_n$과 동일한 공간, 즉 차원이 n인 $\mathcal{W}$라 불리는 공간을 생성한다. 그러므로, 출력 벡터들 $\boldsymbol{u}_1^*, \ldots, \boldsymbol{u}_k^*, \boldsymbol{w}_1^*, \ldots, \boldsymbol{w}_n^*$ 중 정확하게 n개는 영이 아니다.

벡터들 $\boldsymbol{u}_1^*, \ldots, \boldsymbol{u}_k^*$는 $\boldsymbol{u}_1, \ldots, \boldsymbol{u}_k$와 동일한 공간을 가지며 모두 영이 아니다. 이유는 $\boldsymbol{u}_1, \ldots, \boldsymbol{u}_k$가 일차독립이기 때문이다. 그러므로, 나머지 벡터들 $\boldsymbol{w}_1^*, \ldots, \boldsymbol{w}_n^*$ 중 정확하게 $n-k$개는 영이 아니다. 이들의 모든 엔트리는 $\boldsymbol{u}_1, \ldots, \boldsymbol{u}_n$에 직교하며 $\mathcal{U}$에 속하는 모든 벡터에 직교한다. 그래서, $\mathcal{U}$의 직교여공간에 있다.

한편, Direct-Sum Dimension Corollary(Corollary 7.3.9)에 의하면, 직교여공간은 $n-k$ 차원을 가지며, 그래서 남아 있는 영이 아닌 벡터들은 직교여공간에 대한 기저이다.

다음은 알고리즘에 대한 슈도코드(pseudocode)를 보여 준다.

def find_orthogonal_complement(`U_basis`, `W_basis`):
  "Given a basis `U_basis` for $\mathcal{U}$ and a basis `W_basis` for $\mathcal{W}$,
  Returns a basis for the orthogonal complement of $\mathcal{U}$ with respect to $\mathcal{W}$"
  $[\boldsymbol{u}_1^*, \ldots, \boldsymbol{u}_k^*, \boldsymbol{w}_1^*, \ldots, \boldsymbol{w}_n^*]$ = `orthogonalize(U_basis, W_basis)`
  Return $[\boldsymbol{w}_i$ for i in $\{1, \ldots, n\}$ if $\boldsymbol{w}_i^*$ is not the zero vector$]$

Example 10.6.7: 이 알고리즘을 사용하여 $\mathbb{R}^3$에 속하는 Span $\{[8,-2,2],[0,3,3]\}$의 직교여공간에 대한 기저를 찾아보자. $\mathbb{R}^3$에 대한 표준 기저, 즉 $[1,0,0]$, $[0,1,0]$, $[0,0,1]$을 사용하자.

```
>>> L = [list2vec(v) for v in [[8,-2,2], [0,3,3], [1,0,0], [0,1,0], [0,0,1]]]
>>> Lstar = orthogonalize(L)
>>> print(Lstar[2])

     0     1     2
-------------------
 0.111 0.222 -0.222
>>> print(Lstar[3])

         0        1        2
----------------------------
 -8.33E-17 1.67E-16 5.55E-17
>>> print(Lstar[4])

        0       1       2
```

```
----------------------------
8.33E-17 5.55E-17 1.67E-16
```

Lstar의 세 번째 벡터 $[\frac{1}{9}, \frac{2}{9}, \frac{-2}{9}]$는 Span $\{[8,-2,2],[0,3,3]\}$에 직교하는 $[1,0,0]$의 투영이다. Lstar의 네 번째 및 다섯 번째 벡터는 영벡터이고, 그래서 $[\frac{1}{9}, \frac{2}{9}, \frac{-2}{9}]$는 직교여공간에 대한 기저에 속하는 유일한 벡터이다.

10.7 QR 인수분해

이제, 첫 번째 행렬 인수분해에 대해 살펴볼 준비가 되었다. 행렬 인수분해는 수학적 및 계산적 역할을 한다.

- *수학적*(Mathematical): 행렬 인수분해는 행렬의 본질에 대한 통찰을 제공한다. 각 인수분해는 행렬에 대해 생각하는 새로운 방식을 제시한다.
- *계산적*(Computational): 행렬 인수분해는 행렬이 포함된 계산문제들에 대한 해를 계산하는 방안을 제공한다.

정방행렬방정식과 최소-제곱 문제에 대한 해를 구하는 데 QR 알고리즘을 사용할 것이다. 식 (10.7)은 열이 $\boldsymbol{v}_1, \ldots, \boldsymbol{v}_n$인 행렬은 두 행렬의 곱으로 표현될 수 있다는 것을 의미한다.

- 열이 $\boldsymbol{v}_1^*, \ldots, \boldsymbol{v}_n^*$인 행렬은 서로 직교하고,
- 삼각행렬이다.

10.7.1 직교 및 열-직교 행렬

Definition 10.7.1: 서로 직교하는 벡터들은 만약 그들의 norm이 모두 1이면 *정규직교*(orthonormal) 한다고 한다. 행렬은 만약 그 열들이 정규직교하면 *열-직교*(column-orthogonal) 라고 한다. 정방 열-직교행렬(square column-orthogonal matrix)은 *직교* 행렬이라 한다.

용어들이 약간 혼란스러울 수 있다. 정규직교 열들을 가지는 행렬이 *정규직교* 행렬이라 불린다고 생각할 수 있다. 하지만, 일반적으로 이렇게 부르지는 않는다. Q는 열-직교 행렬이라 하고 그 열들은 $\boldsymbol{q}_1^*, \ldots, \boldsymbol{q}_n^*$이라고 나타내 보자. Q^T의 행들은 정규직교이다. 아래와 같이 표현할 수 있는 행렬곱셈 Q^TQ를 하면 무슨 일이 일어나는지 알아보자.

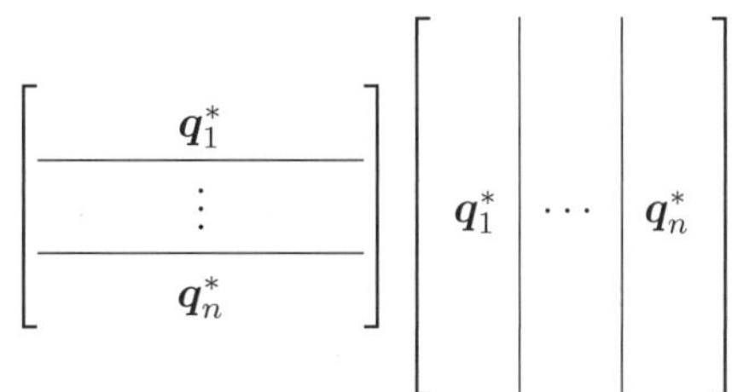

행렬-행렬 곱셈의 도트곱 정의에 의하면, 이 곱의 ij 엔트리는 첫 번째 행렬의 행 i와 두 번째 행렬의 열 j의 도트곱이다. 이 경우, ij 엔트리는 $q_i^* \cdot \boldsymbol{q}_j^*$이다. 만약 $i=j$이면, 이것은 $\boldsymbol{q}_i^* \cdot \boldsymbol{q}_i^*$이며 $\boldsymbol{q}_i^*$의 norm의 제곱, 즉 1이다. 만약 $i \neq j$이면, 이것은 서로 직교하는 두 벡터들의 도트곱이고 그 값은 영이다. 따라서, 도트곱의 ij 엔트리는 만약 $i=j$이면 1이고 그렇지 않으면 0이다. 다시 말하면, 도트곱은 단위행렬이다.

Lemma 10.7.2: 만약 Q가 열-직교행렬이면, Q^TQ는 단위행렬이다.

이제, 추가로 Q는 정방행렬, 즉 직교행렬이라 해 보자. Corollary 7.4.10에 의하면 Q^T와 Q는 서로의 역행렬이다.

Corollary 10.7.3 (직교행렬의 역): 만약 Q가 직교행렬이면, 그 역행렬은 Q^T이다.

10.7.2 행렬의 QR 인수분해 정의하기

Definition 10.7.4: $m \times n$ 행렬 $A(m \geq n)$의 QR 인수분해는 $A = QR$이다. 여기서, Q는 $m \times n$ 열-직교행렬 Q이고 R은 삼각행렬이다.

$$\begin{bmatrix} \\ \\ A \\ \\ \\ \end{bmatrix} = \begin{bmatrix} \\ \\ Q \\ \\ \\ \end{bmatrix} \begin{bmatrix} \\ R \\ \\ \end{bmatrix} \tag{10.8}$$

(여기서 기술한 것은 *완전(full)* QR 인수분해와 달리 때때로 *리듀스드*(reduced) QR 인수분해라고 한다.)

행렬 A에 대한 QR 인수분해가 계산문제를 푸는 데 어떻게 도움이 될 수 있는지에 대해서는 나중에 살펴볼 것이다. 지금은 입력 행렬 A의 QR 인수분해를 계산하는 문제에 대해 생각해 보자.

10.7.3 A의 열들이 일차독립이어야 하는 요구조건

A의 열들은 $\boldsymbol{v}_1, \ldots, \boldsymbol{v}_n$이라 하자. 식 (10.7)의 인수분해는 QR 인수분해의 정의를 거의 만족한다. 만족하지 못하는 것은 열 $\boldsymbol{v}_1^*, \ldots, \boldsymbol{v}_n^*$의 norm이 일반적으로 1이 되지 않는다는 것이다. 이것을 해결하기 위해, 열들을 *정규화*(normalize)하는 것, 즉 열 j를 $\|\boldsymbol{v}_j^*\|$로 나누는 것을 고려해 보자. 식 (10.7)의 등호를 유지하기 위해 삼각행렬의 *행* j를 $\|v_j^*\|$와 곱한다.

다음은 행렬 A의 QR 인수분해를 계산하기 위해 제안된 방법에 대한 프로시저이다.

```
def qr.factor(A):
    apply aug_orthogonalize to the columns of A to get
      • mutually orthogonal vectors and
      • corresponding coefficients
    let Q = matrix with normalized versions of these vectors
    let R = coefficient matrix with rows scaled return Q and R
```

이것을 실행할 때 무엇이 잘못 될 수 있는가? 만약 어떤 벡터 $\boldsymbol{v}_j^*$가 영벡터이면, $\|\boldsymbol{v}_j^*\| = 0$이고, 그래서 $\|\boldsymbol{v}_j^*\|$로 나눌수 없다.

영으로 나누는 것을 피하기 위해, `QR`에 전제 조건을 부여할 것이다. 전제 조건은 A의 열 $\boldsymbol{v}_1, \ldots, \boldsymbol{v}_n$은 일차독립이어야 한다는 것이다. 즉 열들은 Col A의 기저를 형성해야 한다.

영에 의한 나눗셈 없음

전제 조건이 의미하는 것은 Basis Theorem에 의하면 n보다 더 작은 수의 벡터를 가지는 Col A에 대한 생성자들의 집합은 없다는 것이다.

직교화 프로시저에 의해 리턴되는 벡터 $\boldsymbol{v}_1^*, \ldots, \boldsymbol{v}_n^*$을 고려해 보자. 이 벡터들은 Col A를 생성한다. 만약 이들 중 어느 하나가 영벡터이면, 나머지 $n-1$개의 벡터들이 Col A를 생성해야 하는 데 이것은 모순이다.

영이 아닌 R의 대각원소

A의 열들의 일차독립성은 또 다른 결과이다. 직교화 프로시저에 의해 리턴되는 계수 행렬은 대각 엔트리가 1인 상삼각행렬이다. 프로시저, `QR_special`은 계수 행렬의 행들을 대응하는 벡터 $\boldsymbol{v}_i^*$와 곱하여 R을 얻는다. 조금 전에 증명하였듯이 이러한 norm들은 영이 아니다(A의 열들이 일차독립이라고 가정하면). 그러면, (동일한 가정하에) R의 대각원소들은 영이 아니다. 이것은 후진 대입법이 삼각시스템을 푸는 데 사용되기 때문에 중요할 것이다.

Col Q = Col A

`aug_orthogonalize`에 의해 리턴되는 서로 직교하는 벡터들은 A의 열들과 동일한 공간을 생성한다. 이 벡터들은 정규화해도 변하지 않으므로 다음을 얻는다.

Lemma 10.7.5: A의 QR 인수분해에서, 만약 A의 열들이 일차독립이면 Col Q = Col A이다.

10.8 QR 인수분해 사용하여 행렬방정식 $A\boldsymbol{x} = \boldsymbol{b}$ 풀기

10.8.1 정방행렬인 경우

실수상의 행렬방정식 $A\boldsymbol{x} = \boldsymbol{b}$를 고려해 보자. 행렬 A는 정방행렬이고 A의 열들은 일차독립인 경우, QR 인수분해를 기반으로 하여 이 방정식을 푸는 방법이 있다.

푸는 방법을 제시하고 그것이 올바른 해를 구한다는 것을 증명하기 이전에, 이 방법이 기반으로 하고 있는 것에 대해 살펴보자.

A의 열들이 일차독립이라 하고 $A = QR$은 A의 QR 인수분해라고 해 보자. 이때, 다음 방정식을 만족하는 벡터를 찾고자 한다.

$$A\boldsymbol{x} = \boldsymbol{b}$$

A에 QR을 대입하면 다음을 얻는다.

$$QR\boldsymbol{x} = \boldsymbol{b}$$

양변의 항의 왼쪽에 Q^T을 곱하면 다음이 얻어진다.

$$Q^T QR\boldsymbol{x} = Q^T\boldsymbol{b}$$

Q의 열들은 정규직교이므로, Q^TQ는 단위행렬 $\mathbb{1}$이고 다음과 같이 쓸 수 있다.

$$\mathbb{1}R\boldsymbol{x} = Q^T\boldsymbol{b}$$

위 식은 아래와 같다.

$$R\boldsymbol{x} = Q^T\boldsymbol{b}$$

이미 보여 주었듯이, 방정식 $A\boldsymbol{x} = \boldsymbol{b}$를 만족하는 임의의 벡터 $\hat{\boldsymbol{x}}$는 또한 식 $R\boldsymbol{x} = \mathbb{Q}^T\boldsymbol{b}$를 만족해야 한다. 이것을 정리한 것이 다음 방법이다.

```
def QR_solve(A, b):
(assumes columns of A are linearly independent)
  find the QR factorization QR = A
  return the solution x̂ to Rx = Q^T b.
```

$\boldsymbol{b}' = Q^T\boldsymbol{b}$라고 하자. R은 대각 원소들이 영이 아닌 상삼각 정방행렬이므로, $R\boldsymbol{x} = \boldsymbol{b}'$에 대한 해는 후진 대입법을 사용하여 구할 수 있다(섹션 3.11.2와 모듈 `triangular` 참조).

10.8.2 정방행렬인 경우 솔루션의 정확성

`QR_solve`가 실제로 $A\boldsymbol{x} = \boldsymbol{b}$에 대한 해를 찾는지 아직 보여 주지 않았다.

- $A\boldsymbol{x} = \boldsymbol{b}$에 대한 임의의 해는 $R\boldsymbol{x} = Q^T\boldsymbol{b}$에 대한 해라는 것은 보여 주었다(이것은 심지어 A의 행의 개수가 열의 개수보다 더 많을 때에도 적용된다. 하지만, 이 경우 $A\boldsymbol{x} = \boldsymbol{b}$에 대한 해가 없을 수 있다).
- 대신에, $R\boldsymbol{x} = Q^T\boldsymbol{b}$에 대한 해는 $A\boldsymbol{x} = \boldsymbol{b}$에 대한 해라는 것을 보여야 한다(이것은 A의 행의 개수가 열의 개수보다 더 많을 때에는 반드시 참이 되는 것은 아니다. 하지만, 나중에 살펴보겠지만 $R\boldsymbol{x} = Q^T\boldsymbol{b}$에 대한 해는 $A\boldsymbol{x} = \boldsymbol{b}$에 대한 해에 가장 가까운 근사해이다).

Theorem 10.8.1: A는 정방행렬이고 그 열들은 일차독립이라고 해 보자. 위 알고리즘에 의해 얻어진 벡터 $\hat{\boldsymbol{x}}$은 방정식 $A\boldsymbol{x} = \boldsymbol{b}$를 만족한다.

Proof

$$R\hat{\boldsymbol{x}} = Q^T\boldsymbol{b}$$

양변의 항의 왼쪽에 Q를 곱하면 다음을 얻는다.

$$QR\hat{\boldsymbol{x}} = QQ^T\boldsymbol{b}$$

이것은 다음과 동등하다.

$$A\hat{\boldsymbol{x}} = QQ^T\boldsymbol{b}$$

A는 정방행렬이기 때문에 Q도 정방행렬이다. 그러므로, Q는 직교행렬이다(단지 열-직교가 아니라). 따라서 Corollary 10.7.3에 의해 Q의 역행렬은 Q^T이다.

그러므로, $QQ^T\boldsymbol{b} = \boldsymbol{b}$이고 다음이 성립한다.

$$A\hat{\boldsymbol{x}} = \boldsymbol{b}$$

□

행렬방정식을 푸는 (특수한 경우의) 계산문제에 대한 솔루션을 제시하였다. 이것은 *주어진 벡*

터를 다른 주어진 벡터들의 선형결합으로 표현하는 방법을 제시한다. 다음의 경우, $A\boldsymbol{x} = \boldsymbol{b}$에 대한 해를 구할 수 있다.

- 필드가 $\mathbb{R}$일 때
- A의 열들이 일차독립일 때
- A가 정방행렬일 때

위에서 마지막 두 가정을 회피하는 방법에 대해 알아볼 것이다. 먼저, A가 정방행렬이 아닌 경우 (나머지 두 가정은 유지)에 대해 살펴보자.

10.8.3 최소제곱 문제

필드는 $\mathbb{R}$이고 A의 열들은 일차독립이라고 가정하자. 먼저, 여기서 하고자 하는 것이 무엇인지 고려해 보자. A는 $R \times C$ 행렬이라 하고 함수 $f_A : \mathbb{R}^C \longrightarrow \mathbb{R}^R$는 $\boldsymbol{f}_A(\boldsymbol{x}) = A\boldsymbol{x}$로 정의하자. 정의역은 $\mathbb{R}^C$이고, 정의역의 차원은 $|C|$이다. 공역의 차원은 $|R|$이다. A의 행 개수가 열 개수보다 많은 경우 공역의 차원은 치역의 차원보다 더 크다. 그러므로, 공역에는 치역에는 없는 벡터들이 있고, 그래서 f_A는 전사함수가 아니다. 벡터 $\boldsymbol{b}$는 이러한 벡터 중 하나라고 해 보자. 그러면, $A\boldsymbol{x} = \boldsymbol{b}$에 대한 해는 없다.

이러한 경우 기대할 수 있는 것은 무엇인가? 이 장의 시작에서 두 가지 문제를 구별하였다.

- A의 열들의 선형결합 중에서 $\boldsymbol{b}$에 가장 가까운 벡터 찾기
- 가장 가까운 벡터를 선형결합으로 표현할 수 있는 계수들 찾기

직교화는 첫 번째 문제를 풀 수 있게 해 준다. $\boldsymbol{b}$에 가장 가까운 점은 $\boldsymbol{b}^{||}$이고, 이것은 A의 열공간상으로의 $\boldsymbol{b}$의 투영이다.

두 번째 문제는 Lab 9.4에서 다루었지만, 완전한 알고리즘은 제시하지 않았다.

Computational Problem 10.8.2: *최소제곱*

- *input:* $R \times C$ 행렬 A와 실수상의 R-벡터 $\boldsymbol{b}$
- *output:* $\|A\boldsymbol{x} - \boldsymbol{b}\|$을 최소화하는 벡터 $\hat{\boldsymbol{x}}$

섹션 5.5.4에서, 주어진 벡터 $\hat{\boldsymbol{x}}$에 대해 벡터 $\boldsymbol{b} - A\hat{\boldsymbol{x}}$를 *잉여벡터*(residual vector)라고 하였다. 최소제곱 문제의 목적은 이러한 잉여벡터의 norm을 최소화하는 벡터 $\hat{\boldsymbol{x}}$을 찾는 것이다.

10.8.4 열-직교행렬의 열들에 대한 좌표 표현

프로시저 `QR_solve`가 최소제곱 문제를 푼다는 것을 증명하기 전에, 이 증명과 다른 많은 증명에서 사용되는 lemma를 소개한다.

Lemma 10.8.3: Q는 열-직교 기저라 하고 $\mathcal{V} = \text{Col } Q$라고 하자. 그러면, 정의역이 Q의 행-라벨 집합과 동일한 임의의 벡터 $\boldsymbol{b}$에 대해, $Q^T\boldsymbol{b}$는 Q의 열들에 대한 $\boldsymbol{b}^{||\mathcal{V}}$의 좌표 표현이고 $QQ^T\boldsymbol{b}$는 $\boldsymbol{b}^{||\mathcal{V}}$ 자신이다.

Proof

$\boldsymbol{b} = \boldsymbol{b}^{\perp\mathcal{V}} + \boldsymbol{b}^{||\mathcal{V}}$라고 나타내 보자. $\boldsymbol{b}^{||\mathcal{V}}$은 $\mathcal{V}$ 내에 있으므로, 이것은 Q의 열 $\boldsymbol{q}_1, \ldots, \boldsymbol{q}_n$의 선형결합으로 표현될 수 있다.

$$\boldsymbol{b}^{||\mathcal{V}} = \alpha_1 \boldsymbol{q}_1 + \cdots + \alpha_n \boldsymbol{q}_n \tag{10.9}$$

그러면, $\boldsymbol{b}^{||\mathcal{V}}$의 좌표 표현은 $[\alpha_1, \ldots, \alpha_n]$이다. 이 벡터는 $Q^T\boldsymbol{b}$와 동일하다는 것을 보여야 한다.

행렬-벡터 곱셈의 도트곱 정의에 의하면, $Q^T\boldsymbol{b}$의 엔트리 j는 Q의 열 j와 $\boldsymbol{b}$의 도트곱이다. 이 도트곱은 α_j와 동일한가?

Q의 열 j는 $\boldsymbol{q}_i$이고 그 도트곱은 내적이다. 식 (10.9)를 사용하여 $\boldsymbol{q}_j$와 $\boldsymbol{b}$의 내적을 계산하자.

$$\begin{aligned}
\langle \boldsymbol{q}_j, \boldsymbol{b} \rangle &= \left\langle \boldsymbol{q}_j, \boldsymbol{b}^{\perp\mathcal{V}} + \boldsymbol{b}^{||\mathcal{V}} \right\rangle \\
&= \left\langle \boldsymbol{q}_j, \boldsymbol{b}^{\perp\mathcal{V}} \right\rangle + \left\langle \boldsymbol{q}_j, \boldsymbol{b}^{||\mathcal{V}} \right\rangle \\
&= 0 + \langle \boldsymbol{q}_j, \alpha_1 \boldsymbol{q}_1 + \cdots + \alpha_j \boldsymbol{q}_j + \cdots + \alpha_n \boldsymbol{q}_n \rangle \\
&= \alpha_1 \langle \boldsymbol{q}_j, \boldsymbol{q}_1 \rangle + \cdots + \alpha_j \langle \boldsymbol{q}_j, \boldsymbol{q}_j \rangle + \cdots + \alpha_n \langle \boldsymbol{q}_j, \boldsymbol{q}_n \rangle \\
&= \alpha_j
\end{aligned}$$

$j = 1, \ldots, n$에 대해, $\alpha_j = \langle \boldsymbol{q}_j, \boldsymbol{b} \rangle$임을 보여 주었다. 이것은 $Q^T\boldsymbol{b}$가 $\boldsymbol{q}_1, \ldots, \boldsymbol{q}_n$에 대한 $\boldsymbol{b}^{||\mathcal{V}}$의 좌표 표현이라는 것을 보여 준다.

벡터의 좌표 표현에서 벡터 자체를 얻기 위해서는 열들이 기저를 형성하는 행렬, 이 경우에는 Q를 곱한다. 따라서, $QQ^T\boldsymbol{b}$는 $\boldsymbol{b}^{||\mathcal{V}}$ 자신이다. □

10.8.5 A의 행 개수가 열 개수보다 더 많을 때 `QR_solve` 사용하기

여기서, 프로시저 `QR_solve`가 최소제곱 문제를 푼다는 것을 살펴본다. 목적은 $A\boldsymbol{x} - \boldsymbol{b}$를 최소화하는 벡터 $\hat{\boldsymbol{x}}$을 찾는 것이다. Generalized Fire Engine Lemma(Lemma 10.1.6)에 의하면, $A\hat{\boldsymbol{x}}$은 $\mathcal{V}$상으로의 투영 $\boldsymbol{b}^{||\mathcal{V}}$와 동일하다. 여기서, $\mathcal{V}$는 A의 열공간이다. 이것은 `QR_solve`(A)가 리턴하는 해 $\hat{\boldsymbol{x}}$에 대해 참인가?

`QR_solve`(A)는 다음을 만족하는 벡터 $\hat{\boldsymbol{x}}$을 리턴한다.

$$R\hat{\boldsymbol{x}} = Q^T\boldsymbol{b}$$

이 방정식의 양변에 Q을 곱하면 다음이 얻어진다.

$$QR\hat{\boldsymbol{x}} = QQ^T\boldsymbol{b}$$

A를 Q에 대입하면 다음을 얻는다.

$$A\hat{\boldsymbol{x}} = QQ^T\boldsymbol{b}$$

Lemma 10.7.5에 의해, $\mathcal{V}$는 또한 Q의 열공간이다. 그러므로, Lemma 10.8.3에 의해 $QQ^T\boldsymbol{b} = \boldsymbol{b}^{||\mathcal{V}}$이고 다음이 성립한다.

$$A\hat{\boldsymbol{x}} = \boldsymbol{b}^{||\mathcal{V}}$$

이것은 `QR_solve`(A)가 최소제곱 문제를 푼다는 것을 증명한다.

10.9 최소제곱의 응용

10.9.1 선형회귀(Linear regression)

최소제곱의 한 응용 예는 2차원 데이터에 가장 잘 일치하는 직선을 찾는 것이다.

나이 대비 뇌 중량에 대한 데이터가 있다고 해 보자.

나이	뇌 중량
45	4 lbs.
55	3.8
65	3.75
75	3.5
85	3.3

$f(x)$은 나이가 x인 사람의 뇌 중량을 가장 잘 예측하는 함수라고 하자. 45세 이후에 뇌 중량이 나이와 선형적으로 줄어든다는 가설을 세워 보자. 즉, 어떤 수 a, c에 대해, $f(x) = a + cx$이다. 여기서, 예측 에러의 제곱의 합을 최소화하는 a, c를 찾는 것이 목적이다. 관측에 의하면, $(x_1, y_1) = (45, 4), (x_2, y_2) = (55, 3.8), \ldots, (x_5, y_5) = (85, 3.3)$이다. 관측 i에서의 예측 에러는 $|f(x_i) - y_i|$이다. 예측 에러의 제곱의 합은 $\sum_i (f(x_i) - y_i)^2$이다.

다음은 한 예를 보여주는 그림이다(뇌 중량 데이터에 대해 실제로 그린 그림은 아님).

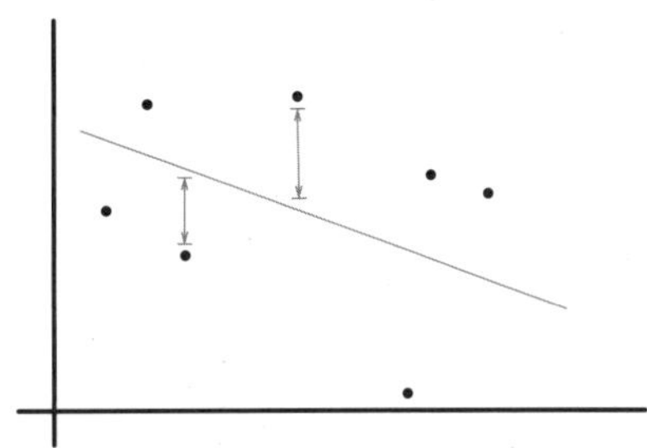

관측할 때 마다 예측값과 실제 값 사이의 차이 y를 측정한다. 이 예제에서 차이는 파운드로 측정된다.

점 (x_i, y_i)에서 직선까지의 거리는 측정하지 않는다. 점에서 직선까지의 거리를 측정하는 것은 이치에 맞지 않는다. 이 거리를 어떤 단위로 측정할 것인가? 수직 거리는 파운드로 측정되고 수평 거리는 연도로 측정된다.

그렇다면 왜 예측 에러의 *제곱*의 합을 최소화하려고 하는가? 한 가지 이유는 그렇게 할 수 있기 때문이다! 보다 더 중요한 이유는 왜 이것이 좋은 측도(measure)인지에 대해 확률이론에 기반을 둔 해석이 있기 때문이다. 만약 에러가 가우스 분포(또한 정규 분포라고도 함)라는 어떤 확률 분포에 의해 모델링 된다면, 이 측도를 최소화하는 것이 a, c를 찾는 가장 좋은 방법이라는 것을 보여 줄 수 있다.

하지만, 관측값이 직선으로부터 아주 멀리 떨어져 있을 수 있는 경우 이것은 좋은 모델이 아니다. *로버스트 통계*(Robust statistics)는 아웃라이어(outlier)가 흔한 경우에 적용하는 통계분야이다.

A는 행들이 $(1, x_1), (1, x_2), \ldots, (1, x_5)$인 행렬이라 하자. 행 i와 벡터 (a, c)의 도트곱은 $a + cx_i$이다. 즉, 이것은 $f(y) = a + cx$에 의해 예측된 i 번째 관측에 대한 값이다. 그러므로, 예측 벡터는 $A \cdot (a, c)$이다. 예측값과 관측값 사이의 차이를 나타내는 벡터(차분 벡터)는 $A(a, c) - (y_1, y_2, \ldots, y_k)$이고, 이 차이들의 제곱의 합은 이 차분 벡터의 제곱 norm이다. 그러므로, 최소제곱 방법은 제곱의 합을 최소화하는 쌍 (a, c), 즉 데이터에 가장 잘 일치되는 직선을 찾는 데 사용될 수 있다. 레지듀얼

(residual)의 제곱 norm은 데이터가 직선 모델에 얼마나 잘 일치되는지에 대한 측도이다.

10.9.2 이차함수 피팅(Quadratic fitting)

선 일치(피팅)(Line-fitting)는 데이터가 직선에 일치하게 될 것이라고 예상될 때 좋은 결과를 얻는다. 하지만, 데이터는 보통 좀 더 복잡한 패턴을 따른다고 예상된다. 예를 들어 보자.

이미지 내에서 어떤 특정 구조, 예를 들어 암(tumor)을 찾으려 한다고 해 보자. 각 픽셀에 대해, 그 픽셀을 중심으로 한 영역이 얼마나 암일 것 같은지에 대한 어떤 측도를 계산하는 선형 필터가 있다고 해 보자.

이 이미지를 $\mathbb{R}^n$에 속하며 각 픽셀에 대해 하나의 엔트리를 가지는 엄청난 크기의 벡터라고 하면, 선형 필터는 단지 $\mathbb{R}^n$에서 $\mathbb{R}^n$으로의 선형(일차)변환이다. 필터의 출력은 각 픽셀에 신호 세기를 할당한다.

우리의 목적은 필터의 결과로부터 암 중앙의 위치를 찾는 것이다. 하나의 픽셀은 하나의 점이 아니라 센서상의 한 영역에 대응한다는 것을 명심하자. 단지 어느 픽셀이 암의 중앙에 있는지 알고자 하는 것이 아니라 픽셀 영역 내에서 정확하게 어디에 있는지 알고자 한다. 이것을 서브픽셀 정확도라고 한다.

먼저, 1차원 이미지를 고려해 보자.

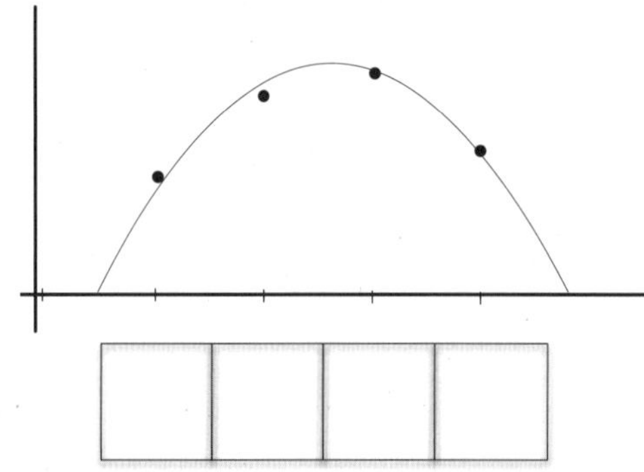

픽셀 위치들은 $x_1, \ldots, x_5$이고, 대응하는 신호 세기는 $y_1, \ldots, y_5$라고 해 보자. 신호 세기가 최대가 되는 것은 암의 정중앙일 것이라고 예상한다. 그러므로, 데이터에 가장 잘 일치하는 이차함수 $f(x) = u_0 + u_1 x + u_2 x^2$을 찾는다. 만약 이차함수가 올바른 형태(즉, 오목함수로 최대값을 가짐)를 가지면, 최대값의 x-위치가 암의 중앙이라고 결론을 내린다.

가장 잘 일치하는 이차함수를 찾기 위해, u_0, u_1, u_2를 어떤 최소제곱 문제의 미지수라고 하자. 이때, 이 최소제곱 문제는 레지듀얼의 norm을 최소화하도록 $\boldsymbol{u}$를 선택한다.

$$\left\| \begin{bmatrix} 1 & x_1 & x_1^2 \\ 1 & x_2 & x_2^2 \\ 1 & x_3 & x_3^2 \\ 1 & x_4 & x_4^2 \\ 1 & x_5 & x_5^2 \end{bmatrix} \cdot \begin{bmatrix} u_0 \\ u_1 \\ u_2 \end{bmatrix} - \begin{bmatrix} y_1 \\ y_2 \\ y_3 \\ y_4 \\ y_5 \end{bmatrix} \right\|$$

10.9.3 두 변수로 된 이차함수 피팅

유사한 기법은 2차원(또는 심지어 3차원) 이미지에도 적용될 수 있다. 2차원 이미지의 경우, 데이터는 $(x_1, y_1, z_1), \ldots, (x_m, y_m, z_m)$ 형태를 가지며, 여기서 각각의 i에 대해 z_i는 픽셀 (x, y)에서 측정된 신호 세기이다. 두 개의 변수로 된 이차함수를 찾는다.

$$f(x, y) = a + bx + cy + dxy + ex^2 + fy^2$$

가장 잘 일치하는 함수를 찾기 위해, 레지듀얼의 norm을 최소화한다.

$$\left\| \begin{bmatrix} 1 & x_1 & y_1 & x_1y_1 & x_1^2 & y_1^2 \\ 1 & x_2 & y_2 & x_2y_2 & x_2^2 & y_2^2 \\ \vdots & & & & & \\ 1 & x_m & y_m & x_my_m & x_m^2 & y_m^2 \end{bmatrix} \begin{bmatrix} a \\ b \\ c \\ d \\ e \\ f \end{bmatrix} - \begin{bmatrix} z_1 \\ z_2 \\ \vdots \\ z_m \end{bmatrix} \right\|$$

10.9.4 *산업스파이* 문제에서 근사 데이터 다루기

산업스파이 문제를 기억해 보자. 이 문제에서 주어진 행렬 M은 생산된 각 제품의 단위당 얼마나 많은 자원이 사용되었는지를 명시한다.

	metal	concrete	plastic	water	electricity
garden gnome	0	1.3	.2	.8	.4
hula hoop	0	0	1.5	.4	.3
slinky	.25	0	0	.2	.7
silly putty	0	0	.3	.7	.5
salad shooter	.15	0	.5	.4	.8

여기서의 목적은 사용된 각 자원의 양을 측정한 벡터 $\boldsymbol{b}$로부터 생산되는 각 제품의 개수를 찾는 것이다.

$\boldsymbol{b} =$

metal	concrete	plastic	water	electricity
226.25	1300	677	1485	1409.5

사용된 각 자원의 양을 알아내기 위해, 벡터-행렬방정식 $\boldsymbol{u}^T M = \boldsymbol{b}$를 풀어 다음을 얻을 수 있다.

gnome	hoop	slinky	putty	shooter
1000	175	860	590	75

좀 더 현실적인 시나리오는 사용된 자원들에 대한 근사값만을 얻을 수 있을 것이다.

$\tilde{\boldsymbol{b}} =$

metal	concrete	plastic	water	electricity
223.23	1331.62	679.32	1488.69	1492.64

이러한 근사값에 대한 솔루션을 구하면 다음을 얻는다.

gnome	hoop	slinky	putty	shooter
1024.32	28.85	536.32	446.7	594.34

이 결과는 상당히 오차가 크다. 좀 더 정확한 측정 없이 어떻게 출력의 정확도를 개선할 수 있을까? 측정 횟수를 증가해야 하는가!

뭔가 다른 것, 예를 들어 생성되는 폐수의 양을 측정해야 한다. 약간 더 큰 행렬 M을 가지고 시작해 보자

	metal	concrete	plastic	water	electricity	waste water
garden gnome	0	1.3	.2	.8	.4	.3
hula hoop	0	0	1.5	.4	.3	.35
slinky	.25	0	0	.2	.7	0
silly putty	0	0	.3	.7	.5	.2
salad shooter	.15	0	.5	.4	.8	.15

이제, 측정 항목이 하나 더 있다.

$\tilde{\boldsymbol{b}} =$

metal	concrete	plastic	water	electricity	waste water
223.23	1331.62	679.32	1488.69	1492.64	489.19

불행하게도 하나의 일차 방정식을 벡터-행렬방정식에 추가하면 이 방정식은 해를 가지지 않게 된다.

하지만, 최상의 솔루션을 찾는 데 여전히 최소제곱을 사용할 수 있다.

gnome	hoop	slinky	putty	shooter
1022.26	191.8	1005.58	549.63	41.1

위 결과는 실제 사용된 자원량에 훨씬 더 가까운 값이다. 즉, 입력의 정확도는 동일하지만 출력의 정확도는 개선된다.

10.9.5 *센서노드* 문제에서 근사 데이터 다루기

또 다른 예제로 *센서노드* 문제를 기억해 보자. 이 문제는 각 하드웨어 구성요소에 대한 전류 사용을 추정하는 것이다. `D = {'radio', 'sensor', 'memory', 'CPU'}`라고 정의하자. 이 문제에서 목적은 D-벡터 $\boldsymbol{u}$를 계산하는 것이며, $\boldsymbol{u}$는 각 하드웨어 구성요소에 대해 그 구성요소에 의해 사용된 전류를 나타낸다.

4개의 테스트 주기가 사용되었다. 각각의 테스트 주기에 대해 사용된 전체 전류량(mA-seconds)을 측정하여 $\boldsymbol{b} = [140, 170, 60, 170]$을 얻었다. 각 테스트 주기에 대해 얼마나 오랫동안 각 하드웨어 디바이스가 동작하는지 명시하는 벡터는 다음과 같다.

$$
\begin{aligned}
duration_1 &= \{\texttt{Vec(D, 'radio':0.1, 'CPU':0.3}\}) \\
duration_2 &= \{\texttt{Vec(D, 'sensor':0.2, 'CPU':0.4}\}) \\
duration_3 &= \{\texttt{Vec(D, 'memory':0.3, 'CPU':0.1}\}) \\
duration_4 &= \{\texttt{Vec(D, 'memory':0.5, 'CPU':0.4}\})
\end{aligned}
$$

$\boldsymbol{u}$를 얻기 위해, $A\boldsymbol{x} = \boldsymbol{b}$를 푼다. 여기서, A는 다음과 같다.

$$
A = \begin{bmatrix} duration_1 \\ \hline duration_2 \\ \hline duration_3 \\ \hline duration_4 \end{bmatrix}
$$

만약 측정이 정확하다면, 각 하드웨어 구성요소가 정말로 사용하는 전류값을 얻는다.

radio	sensor	CPU	memory
500	250	300	100

좀 더 현실적인 시나리오는 다음과 같은 근사 측정값을 얻을 것이다.

$$\tilde{\boldsymbol{b}} = [141.27, 160.59, 62.47, 181.25]$$

$A\boldsymbol{x} = \tilde{\boldsymbol{b}}$를 풀면 다음 벡터를 얻는다.

radio	sensor	CPU	memory
421	142	331	98.1

어떻게 더 정확한 결과를 얻을 수 있을까? 테스트 주기를 추가하여 최소제곱 문제를 푸는 것이다. 4개 대신 6개의 테스트 주기를 사용해 보자.

$duration_1 =$ `Vec(D, {'radio':0.1, 'CPU':0.3})`
$duration_2 =$ `Vec(D, {'sensor':0.2, 'CPU':0.4})`
$duration_3 =$ `Vec(D, {'memory':0.3, 'CPU':0.1})`
$duration_4 =$ `Vec(D, {'memory':0.5, 'CPU':0.4})`
$duration_5 =$ `Vec(D, {'radio':0.2, 'CPU':0.5})`
$duration_6 =$ `Vec(D, {'sensor':0.3, 'radio':0.8, 'CPU':0.9, 'memory':0.8})`
$duration_7 =$ `Vec(D, {'sensor':0.5, 'radio':0.3 'CPU':0.9, 'memory':0.5})`
$duration_8 =$ `Vec(D, {'radio':0.2 'CPU':0.6})`

이제, A를 다음과 같다고 하자.

$$A = \begin{bmatrix} duration_1 \\ \hline duration_2 \\ \hline \vdots \\ \hline duration_8 \end{bmatrix}$$

그리고, 측정 벡터로서 $\tilde{\boldsymbol{b}} = [141.27, 160.59, 62.47, 181.25, 247.74, 804.58, 609.10, 282.09]$을 사용하자. 그러면, 해가 존재하지 않는 행렬-벡터 방정식 $A\boldsymbol{x} = \tilde{\boldsymbol{b}}$가 얻어진다.

하지만, 최소-제곱 문제에 대한 솔루션은 아래와 같다.

radio	sensor	CPU	memory
451.40	252.07	314.37	111.66

이것은 실제 값에 훨씬 더 가까운 것이다. 이 예제에서도 역시 입력의 정확도는 동일하지만 더 많은 측정을 사용하여 출력의 정확도를 높였다.

10.9.6 기계학습 문제에서 최소제곱 방법 사용하기

유방암에 대한 기계학습 lab에서 트레이닝 데이터는 다음과 같이 구성되어 있다.

- 표본의 피처를 나타내는 벡터 $\boldsymbol{a}_1, \ldots, \boldsymbol{a}_m$
- $+1$(악성) 또는 -1(양성)을 명시하는 값 $b_1, \ldots, b_m$

여기서의 목적은 $\boldsymbol{a}_i \cdot \boldsymbol{w}$의 부호로 b_i의 부호를 예측할 수 있는 그러한 벡터 $\boldsymbol{w}$를 찾는 것이다.

이 목적을 수학적으로 정의된 것으로 바꾸면,

제곱 에러의 합 $(\boldsymbol{b}[1] - \boldsymbol{a}_1 \cdot \boldsymbol{w})^2 + \cdots + (\boldsymbol{b}[1] - \boldsymbol{a}_m \cdot \boldsymbol{w})^2$을 최소화하는 벡터 $\boldsymbol{w}$를 찾는 것이다.

여기서, $\boldsymbol{b} = [b_1, \ldots, \boldsymbol{b}_m]$이다.

기계학습에 대한 lab에서, 그래디언트 디센트(gradient descent)가 사용되었다. 이것은 매우 일반적으로 적용될 수 있는 기법이지만, 특정 문제에 대해 항상 최상의 솔루션을 제공하는 것은 아니며 여기서도 마찬가지다.

제시된 최적화 목적은 최소제곱 방법에 의해 해결될 수 있다는 것이 밝혀질 것이다. 위에서 언급한 수학적 목적은 아래 기술한 목적,

$$\left\| \begin{bmatrix} \\ \boldsymbol{b} \\ \\ \end{bmatrix} - \begin{bmatrix} \boldsymbol{a}_1 \\ \hline \vdots \\ \hline \boldsymbol{a}_m \end{bmatrix} \begin{bmatrix} \\ \boldsymbol{x} \\ \\ \end{bmatrix} \right\|^2 \text{을 최소화하는 벡터 } \boldsymbol{w}\text{를 찾는 것}$$

과 동등한 것이다. 이것은 최소제곱 문제이다. QR 인수분해에 기반을 둔 알고리즘을 사용하는 것은 그래디언트 디센트를 사용할 경우 필요한 시간의 일부를 사용하고도 최상의 솔루션, 즉 값을 정말로 최소화하는 솔루션을 찾는 것을 보장한다(이 문제에 그래디언트 디센트를 사용할 경우, 최적의 솔루션은 스텝 크기에 따라 다르다).

기계학습은 선형대수학의 정교한 기술들을 사용하여 심지어 더 나은 솔루션을 제공한다.

- 그래디언트 디센트를 사용하지만 학습 문제를 더 잘 모델링하는 손실함수를 사용
- 각 피처(feature)의 분산을 더 잘 반영하는 내적 사용
- 14장에서 다룰 *선형 프로그래밍*(linear programming) 사용
- 여기서는 다루어지지 않지만 심지어 더 일반적인 기법인 *컨벡스 프로그래밍*(convex programming) 사용

10.10 Review questions

- 벡터를 정규화한다는 것은 무엇을 의미하는가?
- 벡터들이 서로 직교한다는 것은 무엇을 의미하는가?
- 정규직교 벡터들은 무엇인가? 정규직교 기저는 무엇인가?
- Span $\{\boldsymbol{b}_1, \ldots, \boldsymbol{v}_n\}$에 속하며 $\boldsymbol{b}$에 가장 가까운 벡터는 어떻게 찾을 수 있는가?
- 서로 직교하는 벡터들 $\boldsymbol{v}_1, \ldots, \boldsymbol{v}_n$에 직교하는 벡터 $\boldsymbol{b}$의 투영은 어떻게 찾는가?
- (i) $\boldsymbol{v}_1, \ldots, \boldsymbol{v}_n$와 동일한 벡터공간을 생성하고 (ii) 서로 직교하는 벡터들은 어떻게 찾는가?
- 열-직교 행렬은 무엇인가? 직교행렬은 무엇인가?
- 직교행렬의 역행렬은 무엇인가?
- 어떻게 행렬-벡터 곱셈을 사용하여 벡터의 정규직교 기저에 대한 좌표 표현을 찾을 수 있는가?
- 행렬의 QR 인수분해는 무엇인가?
- 어떻게 QR 인수분해가 행렬방정식을 푸는 데 사용될 수 있는가?
- 어떻게 QR 인수분해가 계산될 수 있는가?

- 어떻게 QR 인수분해가 최소제곱 문제를 푸는 데 사용될 수 있는가?
- 어떻게 최소제곱 문제를 푸는 것이 데이터를 직선 또는 이차함수에 일치시키는 데 도움이 되는가?
- 어떻게 최소제곱 문제를 푸는 것이 더 정확한 결과를 얻는 데 도움이 되는가?
- 직교여공간은 무엇인가?
- 직교여공간과 직합(direct sum) 사이의 연관성은 무엇인가?

10.11 Problems

직교여공간

Problem 10.11.1: $\mathcal{W}$에 대해 $\mathcal{U}$의 직교여공간에 대한 생성자들을 찾아라. 여기서, $\mathcal{U}$와 $\mathcal{W}$는 다음과 같다.

1. $\mathcal{U} = \text{Span}\ \{[0,0,3,2]\}$, $\mathcal{W} = \text{Span}\ \{[1,2,-3,-1],[1,2,0,1],[3,1,0,-1],[-1,-2,3,1]\}$
2. $\mathcal{U} = \text{Span}\ \{[3,0,1]\}$, $\mathcal{W} = \text{Span}\ \{[1,0,0],[1,0,1]\}$
3. $\mathcal{U} = \text{Span}\ \{[[-4,3,1,-2],[-2,2,3,-1]\}$, $\mathcal{W} = \mathbb{R}^4$

Problem 10.11.2: 아래 각각이 왜 사실이 아닌지 설명하여라.

1. $\mathcal{U} = \text{Span}\ \{[0,0,1],[1,2,0]\}$와 $\mathcal{W} = \text{Span}\ \{[1,0,0],[1,0,1]\}$에 대해, $\mathcal{W}$에 속하며 $\mathcal{U}$의 직교여공간인 벡터공간 $\mathcal{V}$가 있다.
2. $\mathcal{U} = \text{Span}\ \{[3,2,1],[5,2,-3]\}$와 $\mathcal{W} = \text{Span}\ \{[1,0,0],[1,0,1],[0,1,1]\}$에 대해, $\mathcal{W}$에 속하는 $\mathcal{U}$의 직교여공간 $\mathcal{V}$는 벡터 $[2,-3,1]$을 포함한다.

Problem 10.11.3: $A = \begin{bmatrix} -4 & -1 & -3 & -2 \\ 0 & 4 & 0 & -1 \end{bmatrix}$라고 하자. 직교여공간을 사용하여 A의 영공간에 대한 기저를 찾아라.

법선벡터(Normal vector)

Problem 10.11.4: $\mathbb{R}^2$의 다음 각 직선에 대한 법선을 찾아라.

1. $\{\alpha\,[3,2] :\ \alpha \in \mathbb{R}\}$
2. $\{\alpha\,[3,5] :\ \alpha \in \mathbb{R}\}$

Problem 10.11.5: $\mathbb{R}^3$의 다음 각 평면에 대한 법선을 찾아라.

1. Span $\{[0,1,0],[0,0,1]\}$
2. Span $\{[2,1,-3],[-2,1,1]\}$
3. $[3,1,4]$, $[5,2,6]$, $[2,3,5]$의 아핀 hull

Problem 10.11.6: $\mathbb{R}^2$에 속하는 다음 각 벡터에 대해, 이 벡터를 법선으로 가지는 직선을 수학적으로 기술하여라.

1. $[0,7]$
2. $[1,2]$

Problem 10.11.7: 다음의 각 벡터에 대해, $\mathbb{R}^3$에 속하는 평면을 생성하는 벡터들의 집합을 제공하여라. 이때, 주어진 아래 각 벡터는 $\mathbb{R}^3$ 평면의 법선이다.

1. $[0,1,1]$
2. $[0,1,0]$

직교여공간과 랭크

Problem 10.11.8: Rank Theorem에 대해 또 다른 방식으로 증명해 보자. 이 증명은 실수 행렬들에 대해 동작한다.

Theorem: 실수 행렬 A에 대해, 행랭크는 열랭크와 동일하다.

증명은 다음과 같이 진행되어야 한다.

- Row A의 직교여공간은 Null A이다.
- 직교여공간과 직합의 관계(Lemma 10.6.5)와 Direct Sum Dimension Corollary(Corollary 7.3.9)을 사용하여 다음이 성립함을 보인다.

$$\dim \text{Row } A + \dim \text{Null } A = A \text{ 의 열의 개수}$$

- Kernel-Image Theorem(Theorem 7.4.7)을 사용하여 다음이 성립함을 보인다.

$$\dim \text{Col } A + \dim \text{Null } A = A \text{ 의 열의 개수}$$

- 위 식들을 결합하여 theorem을 얻는다.

QR 인수분해

Problem 10.11.9: 다음 스펙을 가지는 프로시저, `orthonormalize(L)`을 정의하는 모듈 `orthonormalization`을 작성해 보자.

- *input:* 일차독립인 Vecs의 리스트 L
- *output:* 정규직교인 Vecs의 리스트 L^*. 이때, $i = 1, \ldots, \text{len}(L)$에 대해, L^*의 첫 i Vecs와 L의 첫 i Vecs은 동일한 공간을 생성한다.

작성한 프로시저는 다음 아웃라인(outline)을 따라야 한다.

1. `orthogonalize(L)`을 호출한다.
2. 결과 벡터들의 norm들로 구성된 리스트를 계산한다.
3. 단계 1에서 얻은 각 벡터를 정규화하여 얻은 리스트를 리턴한다.

작성한 프로시저를 반드시 테스트해 보자.

입력이 $[4, 3, 1, 2], [8, 9, -5, -5], [10, 1, -1, 5]$에 대응하는 Vecs의 리스트로 구성될 경우, 작성한 프로시저는 $[0.73, 0.55, 0.18, 0.37], [0.19, 0.40, -0.57, -0.69], [0.53, -0.65, -0.51, 0.18]$에 근사하게 대응하는 vecs의 리스트를 리턴해야 한다.

Problem 10.11.10: 이미 작성한 모듈 `orthonormalization` 내에 다음 스펙을 가지는 프로시저, `aug_orthonormalize(L)`을 작성해 보자.

- *input:* Vecs의 리스트 L
- *output:* Vecs의 리스트들의 쌍 `Qlist`, `Rlist`. 이것은 다음을 만족한다.
  - `coldict2mat(L)`은 `coldict2mat(Qlist)` × `coldict2mat(Rlist)`와 동일하고,
  - `Qlist` = `orthonormalize(L)`

작성한 프로시저는 모듈 `orthogonalization`에 정의된 프로시저, `aug_orthogonalize(L)`을 호출함으로써 시작한다. 작성한 프로시저는 또한 다음 스펙을 가지는 서브루틴 `adjust(v, multipliers)`을 사용할 것을 제안한다.

- *input:* 정의역 $\{0, 1, 2, \ldots, n-1\}$의 Vec `v`와 스칼라들로 구성된 n-원소 리스트 `multipliers`
- *output:* `v`와 동일한 정의역을 가지는 Vec `w`. 이때, `w[i] = multipliers[i]*v[i]`이다.

다음은 `aug_orthonormalize(L)`을 테스트하기 위한 예이다.

```
>>> L = [list2vec(v) for v in [[4,3,1,2],[8,9,-5,-5],[10,1,-1,5]]]
>>> print(coldict2mat(L))

     0  1  2
   ---------
```

```
 0  |  4  8 10
 1  |  3  9  1
 2  |  1 -5 -1
 3  |  2 -5  5

>>> Qlist, Rlist = aug_orthonormalize(L)
>>> print(coldict2mat(Qlist))

            0      1      2
     ---------------------
 0  |   0.73  0.187  0.528
 1  |  0.548  0.403 -0.653
 2  |  0.183 -0.566 -0.512
 3  |  0.365 -0.695  0.181

>>> print(coldict2mat(Rlist))

           0    1      2
     ------------------
 0  |  5.48 8.03   9.49
 1  |     0 11.4 -0.636
 2  |     0    0   6.04

>>> print(coldict2mat(Qlist)*coldict2mat(Rlist))

       0  1  2
     ---------
 0  |  4  8 10
 1  |  3  9  1
 2  |  1 -5 -1
 3  |  2 -5  5
```

하지만, 수치적 계산은 근사값이라는 것을 잊지 말자.

```
>>> print(coldict2mat(Qlist)*coldict2mat(Rlist)-coldict2mat(L))

                0 1        2
     ----------------------
 0  |  -4.44E-16 0        0
 1  |          0 0 4.44E-16
 2  |  -1.11E-16 0        0
 3  |  -2.22E-16 0        0
```

Problem 10.11.11: 다음 행렬에 대해 QR 인수분해를 계산하여라. 연산을 위해 계산기 또는 컴퓨터를 사용할 수 있다.

1. $\begin{bmatrix} 6 & 6 \\ 2 & 0 \\ 3 & 3 \end{bmatrix}$

2. $\begin{bmatrix} 2 & 3 \\ 2 & 1 \\ 1 & 1 \end{bmatrix}$

QR 인수분해로 행렬-벡터 방정식 풀기

Problem 10.11.12: 프로시저, `QR_solve(A, b)`을 작성하고 테스트해 보자. A의 열들은 일차독립이라 가정하면, 이 프로시저는 $\|\boldsymbol{b} - A\hat{\boldsymbol{x}}\|$을 최소화하는 벡터 $\hat{\boldsymbol{x}}$을 리턴한다.

이 프로시저는 다음을 사용해야 한다.

- 모듈 `triangular`에 정의되어 있는 `triangular_solve(rowlist, label_list, b)`
- 모듈 `QR`에 정의되어 있는 프로시저, `factor(A)`. 모듈 `QR`은 Problem 10.11.9에서 작성한 프로시저, `aug_orthonormalize(L)`을 사용한다.

주목해야 하는 것은 `triangular_solve`에서 행렬은 행들의 리스트로 표현되어야 한다는 것이다. `QR.factor(R)`에 의해 리턴되는 행렬 R의 행-라벨들은 0,1,2,... 이다. 그래서, `mat2rowdict(R)`에 의해 리턴되는 딕셔너리를 사용하면 된다.

또한, `triangular_solve`에는 열-라벨들의 리스트 `label_list`가 제공되어야 한다. 그래야, `triangular_solve`가 `rowlist`에 속하는 벡터들을 삼각 시스템을 형성하는 것으로 해석하는 법을 알게 된다. 물론, R의 열-라벨들은 A의 열-라벨들이다. 여기서 제공하는 순서는 `QR.factor(A)`에 사용된 순서인 `sorted(A.D[1], key=repr)`와 일치하여야 한다.

작성한 프로시저가 어떤 3×2 및 3×3 행렬에 대해 동작하는 것을 보여 보자.

작성한 프로시저를 Problem 10.11.13에서 주어진 예제와 다음 예제에 대해 시험해 볼 수 있다.

```
>>> A=Mat(({'a','b','c'},{'A','B'}), {('a','A'):-1, ('a','B'):2,
              ('b','A'):5, ('b','B'):3,('c','A'):1, ('c','B'):-2})
>>> print(A)

        A  B
      -------
a  |   -1  2
b  |    5  3
c  |    1 -2
```

```
>>> Q, R = QR.factor(A)

>>> print(Q)

           0     1
     --------------
 a  |   -0.192  0.68
 b  |    0.962 0.272
 c  |    0.192 -0.68

>>> print(R)

         A    B
     ----------
 0  |  5.2 2.12
 1  |    0 3.54

>>> b = Vec({'a','b','c'}, {'a':1,'b':-1})
>>> x = QR_solve(A,b)
>>> x
Vec({'A', 'B'},{'A': -0.269..., 'B': 0.115...})
```

솔루션을 테스트하는 좋은 방법은 레지듀얼이 A의 열들에 (근사적으로) 직교하는지 확인하는 것이다.

```
>>> A.transpose()*(b-A*x)
Vec({'A', 'B'},{'A': -2.22e-16, 'B': 4.44e-16})
```

최소제곱(Least squares)

Problem 10.11.13: 다음의 각각에 대해, 행렬 A와 벡터 $\boldsymbol{b}$가 주어진다. 또한, A의 근사 QR 인수분해가 주어진다.

- $||A\hat{\boldsymbol{x}} - \boldsymbol{b}||^2$을 최소화하는 벡터 $\hat{\boldsymbol{x}}$을 찾아라.
- A의 열들은 (근사적으로) 레지듀얼 $\boldsymbol{b} - A\hat{\boldsymbol{x}}$에 직교한다는 것을 내적을 계산함으로써 증명하여라.
- $||A\hat{\boldsymbol{x}} - \boldsymbol{b}||$의 값을 계산하여라.

1. $A = \begin{bmatrix} 8 & 1 \\ 6 & 2 \\ 0 & 6 \end{bmatrix}$, $\boldsymbol{b} = [10, 8, 6]$

$$A = \underbrace{\begin{bmatrix} 0.8 & -0.099 \\ 0.6 & 0.132 \\ 0 & 0.986 \end{bmatrix}}_{Q} \underbrace{\begin{bmatrix} 10 & 2 \\ 0 & 6.08 \end{bmatrix}}_{R}$$

2. $A = \begin{bmatrix} 3 & 1 \\ 4 & 1 \\ 5 & 1 \end{bmatrix}$, $\boldsymbol{b} = [10, 13, 15]$

$$A = \underbrace{\begin{bmatrix} 0.424 & .808 \\ 0.566 & 0.115 \\ 0.707 & -0.577 \end{bmatrix}}_{Q} \underbrace{\begin{bmatrix} 7.07 & 1.7 \\ 0 & 0.346 \end{bmatrix}}_{R}$$

Problem 10.11.14: 다음의 각각에 대해, $||A\hat{\boldsymbol{x}} - \boldsymbol{b}||$을 최소화하는 벡터 $\hat{\boldsymbol{x}}$을 찾아보자. QR 인수분해에 기반을 둔 알고리즘을 사용해 보자.

1. $A = \begin{bmatrix} 8 & 1 \\ 6 & 2 \\ 0 & 6 \end{bmatrix}$, $\boldsymbol{b} = (10, 8, 6)$

2. $A = \begin{bmatrix} 3 & 1 \\ 4 & 1 \end{bmatrix}$, $\boldsymbol{b} = (10, 13)$

선형 회귀(Linear regression)

이 문제에서, 주어진 점들의 집합을 지나가는 "최상의" 직선을 찾을 것이다. 이를 위해, QR 인수분해를 사용하여 행렬이 상삼각행렬인 행렬방정식을 푼다. 모듈 `solver`을 사용할 수 있다.

모듈 `read_data`는 프로시저, `read_vectors(filename)`을 정의한다. 이 프로시저는 파일 이름을 받아들여 그 파일로부터 벡터들의 리스트를 읽어 들인다.

이 문제를 위해 제공되는 데이터는 이집트의 칼람(Kalam)에 사는 어떤 젊은 사람들에 대한 나이와 키를 나타낸다. 아이들의 키는 차이가 아주 많으므로, 이 데이터 세트는 18살에서 29살까지 각 나이별로 그 연령대에 속하는 사람들에 대한 *평균* 키를 제공한다. 데이터는 `age-height.txt` 파일에 있다.

Problem 10.11.15: 파이썬을 사용하여 나이(x)와 키(y) 사이의 관계에 가장 잘 근사하는 직선 $y = ax + b$를 정의하는 파라미터 a와 b에 대한 값을 찾아보자. 계산 작업을 보여 보자(즉, 파이썬 사용 과정에 대한 기록을 포함하여라).

기계학습에서의 최소제곱

Problem 10.11.16: 기계학습 lab에서 다루어진 문제에 대해 최소제곱 방법을 사용해 보자. 솔루션을 그래디언트 디센트를 사용해 얻은 것과 비교하여라.

Chapter 11

특수 기저(Special basis)

이 장에서는 두 개의 특수 기저에 대해 살펴본다. 각 기저는 법선 벡터들로 구성되며, 기저 변경은 행렬-벡터 곱셈을 계산하거나 혹은 행렬-벡터 방정식을 푸는 것보다 훨씬 더 빠르게 될 수 있다. 이러한 특수 기저는 응용에서 중요하다.

11.1 가장 가까운 k-스파스 벡터

만약에 벡터 $\boldsymbol{b}$가 많아야 k 개의 영이 아닌 엔트리를 가지면, $\boldsymbol{b}$는 k-스파스라고 한다. k-스파스 벡터는 컴팩트하게 나타낼 수 있다. k-스파스가 아닌 벡터 $\boldsymbol{b}$를 컴팩트하게 나타내고자 한다고 해보자. 그러면, 정확도를 포기해야 할 것이다. 이 경우, 나타내는 것은 $\boldsymbol{b}$가 아니라 $\boldsymbol{b}$와 유사한 벡터이다. 이것은 다음의 계산 문제를 제시한다.

- *input:* 벡터 $\boldsymbol{b}$, 정수 k
- *output:* $\boldsymbol{b}$에 가장 가까운 k-스파스 벡터 $\tilde{\boldsymbol{b}}$

만약 고려하는 필드가 $\mathbb{R}$이면, 가까움의 측도는 차분의 norm $\|\boldsymbol{b} - \tilde{\boldsymbol{b}}\|$이다.

이 문제를 푸는 간단한 프로시저로는 *억제에 의한 압축*(compression by suppression)이 있다. 이것은 $\boldsymbol{b}$에서 $\tilde{\boldsymbol{b}}$를 얻기 위해 가장 큰 k 개 엔트리 외 모두를 억제(즉, 영으로 할당)하는 것이다. 이 프로시저는 정말로 가장 가까운 k-스파스 벡터를 찾는다는 것을 증명할 수 있다. 하지만, 이보다 좀 더 일반적이고 유용한 것을 증명할 것이다. 프로시저, *compression-by-suppression*을 아래 이미지에 적용하는 것을 고려해 보자.

이 프로시저는 k 개 가장 흰 픽셀 이외의 모든 다른 픽셀들을 영으로 할당한다. 전체 픽셀 수의 1/4이 k인 경우 결과는 다음과 같다.

압축 결과는 거의 재앙 수준이다!

11.2 주어진 기저에 대한 표현이 k-스파스인 가장 가까운 벡터

문제는 전형적인 이미지 벡터의 경우에 심지어 가장 가까운 k-스파스 이미지 벡터도 원래의 이미지 벡터와 전혀 비슷하지 않다는 것이다. 이미지의 특성상 많은 픽셀들을 억제하면 이미지를 알아보기 어렵게 된다. 이미지 인식 시스템은 없어진 데이터를 채워 넣을 수 없다.

이미지를 저장하거나 전송하는 보통의 방법은 각 픽셀을 명시하는 것이다. 즉, 이러한 포맷을 이미지 벡터의 *표준* 기저에 대한 표현으로 생각한다. 대신에, 다른 기저에 대한 이미지 벡터의 표현을 저장하거나 전송하는 것을 고려해 보자. 만약 다른 기저에 대한 표현이 스파스(sparse)이면, 이 표현은 더 적은 수로 이루어지고 그래서 압축을 이룰 수 있다.

만약 표준 기저에 대한 표현이 스파스하지 않으면, 표현된 엔트리 중 영에 가까운 것을 억제(suppress)하여 스파스하게 만들 수 있다.

Computational Problem 11.2.1: *주어진 기저로 된 표현이 스파스인 가장 가까운 벡터*

- *input:* D-벡터 $\boldsymbol{b}$, 정수 k, $\mathbb{R}^D$에 대한 기저 $\boldsymbol{u}_1, \ldots, \boldsymbol{u}_{|D|}$
- *output:* $\boldsymbol{u}_1, \ldots, \boldsymbol{u}_{|D|}$에 대한 표현이 k-스파스인 벡터들 중에서 $\boldsymbol{b}$에 가장 가까운 벡터 $\tilde{\boldsymbol{b}}$

11.2.1 법선기저에 대한 좌표표현 찾기

억제에 의한 압축(compression by suppression)을 적용하는 첫 번째 단계는 원래의 이미지 벡터를 기저 $\boldsymbol{u}_1, \ldots, \boldsymbol{u}_n$에 대한 표현으로 바꾸는 것이다. $\boldsymbol{b}$를 원래의 이미지 벡터라 하고 $\boldsymbol{x}$로 표현한다고 하자. Q는 열들이 $\boldsymbol{u}_1, \ldots, \boldsymbol{u}_n$인 행렬이라 하자. 그러면, 행렬-벡터 곱셈의 선형결합 해석에 의해 $Q\boldsymbol{x} = \boldsymbol{b}$이다.

$\boldsymbol{x}$를 계산하는 데는 행렬방정식을 푸는 것이 필요한 것처럼 보인다. 원칙적으로 이러한 방정식을 푸는 데 `QR.solve`를 사용할 수 있다. 하지만, 필요한 스칼라 연산의 수가 대략 n^3이다. 100만 화소 이미지의 경우, 10^{18} 연산이 수행되어야 한다.

Computational Problem 11.2.1의 특수한 경우, 즉 기저 $\boldsymbol{u}_1, \ldots, \boldsymbol{u}_{|D|}$가 정규직교하는 경우에 대해 살펴볼 것이다. $n = |D|$라고 하자.

이 경우, Q는 직교행렬이다. Corollary 10.7.3에 의하면, Q의 역행렬은 Q^T이다. 그러므로, 방정식 $Q\boldsymbol{x} = \boldsymbol{b}$를 더 쉽게 풀 수 있다. 이 방정식의 각 항의 왼편에 Q^T을 곱하면 $\boldsymbol{x} = Q^T\boldsymbol{b}$를 얻는다. 따라서, 이미지 표현 $\boldsymbol{x}$을 계산하는 데 행렬-벡터 곱셈을 수행하기만 하면 된다. 이것은 단지 n^2 스칼라 연산을 필요로 한다.

더욱이, 이미지의 스파스 표현(sparse representation)을 전송하려고 한다. 어떤 사용자가 스파스 표현 $\tilde{\boldsymbol{x}}$를 다운로드 받는다고 해 보자. 이 사용자가 다운로드 받은 이미지를 볼 수 있게 하기 위해 사용자의 브라우저는 그 표현을 이미지 벡터로 바꾸어야 한다. 이를 위해 $Q\tilde{\boldsymbol{x}}$ 계산이 필요하고 약 n^2 스칼라 연산이 필요하다.

심지어 n^2 연산도 100만 화소 이미지의 경우 다소 비 현실적이다. 더욱이, 긴 이미지의 시퀀스인 동영상을 압축하려고 한다고 해 보자. 계산하는 데 필요한 시간은 훨씬 더 클 것이다.

계산을 간략하게 해주는 특정한 정규직교 기저인 *웨이브릿*(wavelet) 기저가 사용될 것이다.

11.2.2 Norm을 보존하는 열-직교행렬에 의한 곱셈

정규직교 기저는 또 하나의 좋은 성질을 가지고 있는 데, 그것은 norm을 보존하는 것이다.

Lemma 11.2.2: Q는 열-직교행렬이라 하자. 벡터에 Q를 곱해도 내적은 보존된다. 즉, 임의의 벡터 $\boldsymbol{u}$와 $\boldsymbol{v}$에 대해 다음이 성립한다.

$$\langle Q\boldsymbol{u}, Q\boldsymbol{v}\rangle = \langle \boldsymbol{u}, \boldsymbol{v}\rangle$$

Proof

내적은 도트곱으로 정의된다. 두 벡터 $\boldsymbol{a}$와 $\boldsymbol{b}$의 도트곱은 다음과 같이 나타낼 수 있다.

$$\begin{bmatrix} & \boldsymbol{a}^T & \end{bmatrix} \begin{bmatrix} \\ \boldsymbol{b} \\ \\ \end{bmatrix}$$

이것은 $\boldsymbol{a}^T\boldsymbol{b}$로 쓸 수 있다.

따라서, $\langle Q\boldsymbol{u}, Q\boldsymbol{v}\rangle$은 다음과 같이 표현된다.

$$\left(\begin{bmatrix} \\ & Q & \\ \\ \end{bmatrix}\begin{bmatrix} \\ \boldsymbol{u} \\ \\ \end{bmatrix}\right)^T \begin{bmatrix} \\ & Q & \\ \\ \end{bmatrix}\begin{bmatrix} \\ \boldsymbol{v} \\ \\ \end{bmatrix}$$

$\left(\begin{bmatrix} & Q & \end{bmatrix}\begin{bmatrix} \boldsymbol{u} \end{bmatrix}\right)^T$ 을 $\begin{bmatrix} \boldsymbol{u} \end{bmatrix}^T \begin{bmatrix} & Q^T & \end{bmatrix}$ 로 다시 쓰면, 다음이 얻어진다.

$$\left(\begin{bmatrix} & Q & \end{bmatrix}\begin{bmatrix} \boldsymbol{u} \end{bmatrix}\right)^T \begin{bmatrix} & Q & \end{bmatrix}\begin{bmatrix} \boldsymbol{v} \end{bmatrix}$$

$$= \begin{bmatrix} \boldsymbol{u} \end{bmatrix}^T \begin{bmatrix} & Q^T & \end{bmatrix}\begin{bmatrix} & Q & \end{bmatrix}\begin{bmatrix} \boldsymbol{v} \end{bmatrix}$$

$$= \begin{bmatrix} & \boldsymbol{u}^T & \end{bmatrix}\begin{bmatrix} & Q^T & \end{bmatrix}\begin{bmatrix} & Q & \end{bmatrix}\begin{bmatrix} \boldsymbol{v} \end{bmatrix}$$

$$= \begin{bmatrix} & \boldsymbol{u}^T & \end{bmatrix}\begin{bmatrix} \boldsymbol{v} \end{bmatrix}$$

이것은 $\boldsymbol{u}$와 $\boldsymbol{v}$의 도트곱이다. □

벡터 norm은 내적으로 정의되므로 다음을 얻는다.

Corollary 11.2.3: 임의의 열-직교행렬 Q와 벡터 $\boldsymbol{u}$에 대해, $||Q\boldsymbol{u}|| = ||\boldsymbol{u}||$이다.

$\boldsymbol{b}$와 $\tilde{\boldsymbol{b}}$는 두 개의 벡터이고, $\boldsymbol{x}$와 $\tilde{\boldsymbol{x}}$는 정규직교 기저 $\boldsymbol{u}_1, \ldots, \boldsymbol{u}_n$에 대한 $\boldsymbol{b}$와 $\tilde{\boldsymbol{b}}$의 표현이라 하자.

$Q = \begin{bmatrix} & & \\ \boldsymbol{u}_1 & \cdots & \boldsymbol{u}_n \\ & & \end{bmatrix}$ 라고 하자. $Q\boldsymbol{x} = \boldsymbol{b}$이고 $Q\tilde{\boldsymbol{x}} = \tilde{\boldsymbol{b}}$이므로, 위 corollary는 $||\boldsymbol{b} - \tilde{\boldsymbol{b}}|| = ||\boldsymbol{x} - \tilde{\boldsymbol{x}}||$ 임을 의미한다. 이것은 $\boldsymbol{b}$에 가까운 벡터를 찾는 것은 $\boldsymbol{x}$에 가까운 표현을 찾는 것과 동등함을 의미한다.

11.3 웨이브릿(Wavelets)

이미지와 사운드(소리)와 같은 신호를 나타내는 표준적 표현과 다른 방식의 표현에 대해 다룰 것이다. 이러한 표현들은 동일한 벡터공간에 대한 다른 기저로서 나타낸다.

어떤 목적(압축을 포함하여)을 위해서는 정규직교 기저를 사용하는 것이 편리하다.

흑백 이미지에 대해 생각해 보자. 512×512 이미지는 각 픽셀에 대한 밝기(intensity)를 가진다 (실제 이미지에서, 밝기는 정수이다. 하지만, 여기서는 실수로 간주한다).

아마도 이미지의 다운샘플링(downsampling) 개념에 대해 잘 알고 있을 것이다. 512×512 이미지는 256×256 이미지를 얻기 위해 다운샘플링될 수 있다. 크기가 큰 이미지는 작은 2×2 픽셀들의 블록으로 나누어지고, 각 블록은 하나의 픽셀로 대체된다. 이때, 블록을 대체하는 이 픽셀의 밝기는 그 블록 내 픽셀들의 밝기의 평균값이다. 256×256 이미지는 더 다운샘플링될 수 있고, 계속하여 1×1 이미지로 될 수 있다. 다운샘플링된 이미지의 밝기는 원래 이미지의 밝기의 평균이다. 이러한 반복된 서브샘플링의 아이디어에서 웨이브릿의 개념이 비롯되었다.

11.3.1 다른 해상도의 1차원 "이미지"

실제 이미지에 대한 웨이브릿을 직접 살펴보는 대신에, 1차원 이미지에 대한 웨이브릿에 대해 살펴볼 것이다. n-픽셀 1차원 이미지에 대한 전통적인 표현은 픽셀 밝기의 시퀀스 $x_0, x_1, \ldots, x_{n-1}$이다.

이미지에 대한 웨이브릿은 다른 해상도(다른 수의 픽셀 수)의 서브샘플들을 고려함으로써 얻을 것이다. 512-픽셀 이미지는 512-벡터로, 256-픽셀 이미지는 256-벡터로, 계속해서 이런식으로 표현하는 것을 고려하는 것은 자연스럽다. 하지만, 이런 모든 이미지들을 하나의 벡터공간 내의 벡터들로서 볼 수 있게 하는 선형대수적 기법을 사용할 것이다. 그래서, 직교여공간의 개념을 사용할 수 있다.

이러한 기법을 사용하기 위해, 하나의 기본 해상도 n을 선택하고 이것을 가장 높은 해상도라고 간주한다. 계산상의 편의를 위해 n은 2의 거듭제곱이어야 한다. lab에서, n은 512를 사용하지만, 여기서는 $n = 16$인 예를 살펴볼 것이다. 공간 $\mathbb{R}^{16}$은 $\mathcal{V}_{16}$으로 나타낸다.

$\mathcal{V}_{16}$에 대한 직교 기저에 대해, 표준 기저를 사용한다. 이러한 관점에서, 이 기저를 $\mathcal{V}_{16}$에 대한 *박스*(box) 기저라 하고 벡터 $\boldsymbol{b}_0^{16}, \boldsymbol{b}_1^{16}, \ldots, \boldsymbol{b}_{15}^{16}$라고 명명한다. 벡터를 표시하는 통상의 방법 대신에, 작은 정사각형으로 표시하여 이미지(비록 1차원 이미지이지만)를 나타낸다는 것을 표시한다. 기저 벡터들은 다음과 같다.

$\boldsymbol{b}_0^{16} =$	1	0	0	0	0	0	0	0	0	0	0	0	0	0	0	0
$\boldsymbol{b}_1^{16} =$	0	1	0	0	0	0	0	0	0	0	0	0	0	0	0	0
																$\vdots$
$\boldsymbol{b}_{15}^{16} =$	0	0	0	0	0	0	0	0	0	0	0	0	0	0	0	1

임의의 1차원 16-픽셀 이미지는 이들 기저 벡터들의 선형결합으로서 나타낼 수 있다. 예를 들어, 아래 이미지는

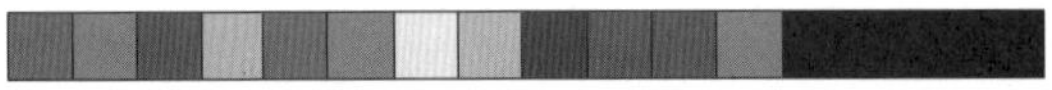

다음과 같이 표현될 수 있다.

$4 \times$

$+ \quad 5 \times$

$+$

$\vdots$

$+ \quad 0 \times$

16-픽셀 이미지들을 2배 다운샘플링하여 얻어진 8-픽셀 이미지들은 어떤가? 이러한 8-픽셀 이미지들은 세밀함은 떨어지지만 16-픽셀 이미지들처럼 보이게 하고자 한다. 예를 들어, 위 이미지를 다운샘플링하면 다음을 얻는다.

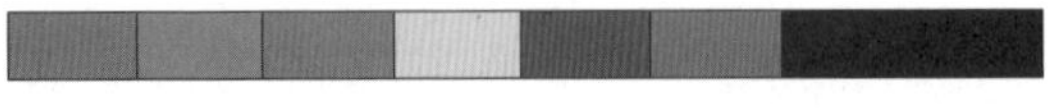

즉, $\mathbb{R}^{16}$에 속하는 벡터들로서 나타내고자 한다. 그러므로, $\mathcal{V}_8$을 $\mathbb{R}^{16}$내 벡터들의 집합으로 정의한다.

이때, 밝기 0은 1과 동일하고, 밝기 2는 3과 동일하며, 밝기 4는 5와 동일하며, 이런 방식으로 계속 진행된다. $\mathcal{V}_8$에 대해 사용할 자연스런 기저는 아래와 같다.

1	1	0	0	0	0	0	0	0	0	0	0	0	0	0	0

0	0	1	1	0	0	0	0	0	0	0	0	0	0	0	0

$\vdots$

0	0	0	0	0	0	0	0	0	0	0	0	0	0	1	1

이러한 벡터들을 $\boldsymbol{b}_0^8, \boldsymbol{b}_1^8, \ldots, \boldsymbol{b}_7^8$라고 하며, 이것을 $\mathcal{V}_8$에 대한 *박스* 기저라고 할 것이다. 이것들은 서로 직교한다.

유사하게, $\mathcal{V}_4, \mathcal{V}_2, \mathcal{V}_1$을 정의하자. $\mathcal{V}_4$의 이미지(앞서 나온 이미지를 다운샘플링하여 얻어진 것)는 아래와 같다.

$\mathcal{V}_2$의 이미지는 다음과 같다.

마지막으로, $\mathcal{V}_1$의 이미지는 아래와 같이 나타낸다.

아마도 $\mathcal{V}_4, \mathcal{V}_2, \mathcal{V}_1$에 대한 박스 기저를 알아낼 수 있을 것이다. 일반적으로, $\mathcal{V}_k$에 대한 박스 기저는 k 벡트들로 구성된다. 벡터 i는 위치 $ki, ki+1, ki+2, \ldots, ki+(k-1)$에 1을 가지고 다른 곳에서는 영을 가진다.

11.3.2 $\mathcal{V}_n$을 직합으로 분해하기

웨이브릿은 고해상도 이미지의 벡터공간에서 저해상도 이미지의 부분공간의 직교여공간을 고려함으로 인해 얻어진다. 2의 거듭제곱인 임의의 양의 정수 $k < n$에 대해, 웨이브릿 공간 $\mathcal{W}_k$는 $\mathcal{V}_{2k}$에 속하는 $\mathcal{V}_k$의 직교여공간이라고 정의하자. Orthogonal Complement Theorem에 의하면,

$$\mathcal{V}_{2k} = \mathcal{V}_k \oplus \mathcal{W}_k \tag{11.1}$$

$k = 8, 4, 2, 1$을 대입하면 다음을 얻는다.

$$\begin{aligned}
\mathcal{V}_{16} &= \mathcal{V}_8 \oplus \mathcal{W}_8 \\
\mathcal{V}_8 &= \mathcal{V}_4 \oplus \mathcal{W}_4 \\
\mathcal{V}_4 &= \mathcal{V}_2 \oplus \mathcal{W}_2 \\
\mathcal{V}_2 &= \mathcal{V}_1 \oplus \mathcal{W}_1
\end{aligned}$$

대입을 반복하여 정리하면, 다음을 얻는다.

$$\mathcal{V}_{16} = \mathcal{V}_1 \oplus \mathcal{W}_1 \oplus \mathcal{W}_2 \oplus \mathcal{W}_4 \oplus \mathcal{W}_8 \tag{11.2}$$

그러므로, $\mathcal{V}_{16}$에 대한 하나의 기저는 다음의 합집합이다.

- $\mathcal{V}_1$에 대한 기저

- $\mathcal{W}_2$에 대한 기저
- $\mathcal{W}_4$에 대한 기저
- $\mathcal{W}_8$에 대한 기저

Haar 기저라고 하는 이러한 기저를 유도할 것이다. *Haar* 기저를 형성하는 벡터들을 *웨이브릿* 벡터들이라고 한다.

좀 더 일반적으로는 아래와 같이 표현된다.

$$\begin{aligned} \mathcal{V}_n &= \mathcal{V}_{n/2} \oplus \mathcal{W}_{n/2} \\ \mathcal{V}_{n/2} &= \mathcal{V}_{n/4} \oplus \mathcal{W}_{n/4} \\ &\vdots \\ \mathcal{V}_4 &= \mathcal{V}_2 \oplus \mathcal{W}_2 \\ \mathcal{V}_2 &= \mathcal{V}_1 \oplus \mathcal{W}_1 \end{aligned}$$

따라서, 다음이 성립한다.

$$\mathcal{V}_n = \mathcal{V}_1 \oplus \mathcal{W}_1 \oplus \mathcal{W}_2 \oplus \mathcal{W}_4 \cdots \oplus \mathcal{W}_{n/2}$$

$\mathcal{V}_n$에 대한 *Haar* 기저는 $\mathcal{V}_1, \mathcal{W}_1, \mathcal{W}_2, \mathcal{W}_4, \ldots, \mathcal{W}_{n/2}$의 각각에 대한 특정 기저를 선택하고 그 기저들의 합집합을 구함으로써 얻는다.

11.3.3 웨이브릿 기저

$\mathcal{W}_8, \mathcal{W}_4, \mathcal{W}_2, \mathcal{W}_1$에 대한 기저를 유도해 보자. $\mathcal{W}_k$는 $\mathcal{V}_{2k}$에 속하는 $\mathcal{V}_k$의 직교여공간이다. 직교 기저를 가지는 공간의 직교여공간에 대한 생성자들을 계산하는 방법을 사용하자. 예를 들어, $\mathcal{W}_8$에 대한 생성자들을 얻기 위해 $\mathcal{V}_{16}$의 기저를 $\mathcal{V}_8$에 대한 기저에 직교하게 투영한다. 다수의 직교 벡터를 얻는데, 그중 절반은 영이고 나머지 절반은 $\mathcal{W}_8$에 대한 기저를 형성한다. 이 기저들은 $\boldsymbol{w}_0^8, \boldsymbol{w}_1^8, \ldots, \boldsymbol{w}_7^8$이라고 한다. 이것들은 어떤 형태를 가지는가?

첫 번째 웨이브릿 벡터는 $\mathcal{V}_8$의 기저 $\boldsymbol{b}_0^8, \ldots, \boldsymbol{b}_7^8$에 직교하는 $\boldsymbol{b}_0^{16}$의 투영이다. 즉, $\boldsymbol{b}_0^{16}$의 투영

$\boldsymbol{b}_0^{16} =$	1	0	0	0	0	0	0	0	0	0	0	0	0	0	0	0

은 다음의 기저에 직교한다.

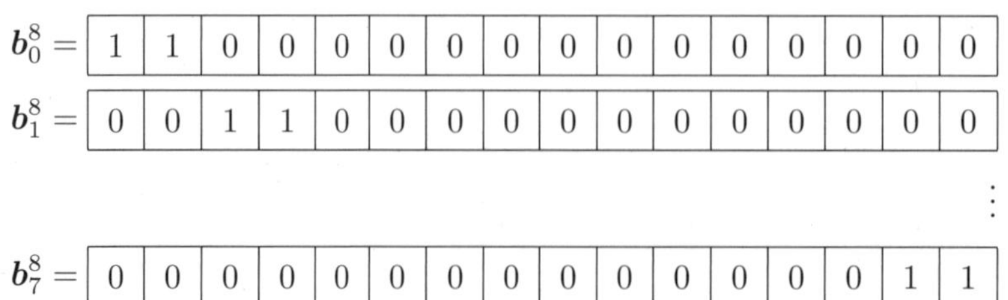

$\boldsymbol{b}_0^8 =$	1	1	0	0	0	0	0	0	0	0	0	0	0	0	0	0
$\boldsymbol{b}_1^8 =$	0	0	1	1	0	0	0	0	0	0	0	0	0	0	0	0
$\vdots$																
$\boldsymbol{b}_7^8 =$	0	0	0	0	0	0	0	0	0	0	0	0	0	0	1	1

$\boldsymbol{b}_0^{16}$의 $\boldsymbol{b}_0^8$을 따른 투영은 다음과 같다.

$$((\boldsymbol{b}_0^{16} \cdot \boldsymbol{b}_0^8)/(\boldsymbol{b}_0^8 \cdot \boldsymbol{b}_0^8))\boldsymbol{b}_0^8$$

분자는 1이고 분모는 2이다. 그래서, $\boldsymbol{b}_0^{16}$의 $\boldsymbol{b}_0^8$을 따른 투영은 아래와 같다.

.5	.5	0	0	0	0	0	0	0	0	0	0	0	0	0	0

이 벡터를 $\boldsymbol{b}_0^{16}$에서 빼면 다음을 얻는다.

.5	-.5	0	0	0	0	0	0	0	0	0	0	0	0	0	0

보통 `project_orthogonal`은 계속하여 $\boldsymbol{b}_1^8, \ldots, \boldsymbol{b}_7^8$에 직교하는 결과를 투영하지만, 이 결과는 이미 벡터들에 직교하며 그래서 이것은 첫 번째 기저 벡터 $\boldsymbol{w}_0^8$이다.

$\boldsymbol{b}_1^{16}$을 $\mathcal{V}_8$에 대한 기저에 직교하게 투영하는 것은 단지 $\boldsymbol{w}_0^8$의 음수를 제공하며, 계속하여 기저 $\boldsymbol{b}_0^8, \ldots, \boldsymbol{b}_7^8$에 직교하게 $\boldsymbol{w}_2^{16}$을 투영한다. $\boldsymbol{w}_2^{16}$은 $\boldsymbol{b}_1^8$을 제외한 이들 모든 벡터에 직교한다. 이 결과는 두 번째 기저 벡터이다.

$\boldsymbol{w}_1^8 =$	0	0	.5	-.5	0	0	0	0	0	0	0	0	0	0	0	0

마찬가지 방식으로 $\boldsymbol{w}_2^8, \boldsymbol{w}_3^8, \ldots, \boldsymbol{w}_7^8$을 얻는다. 이 기저 벡터들 각각은 동일한 형태를 가진다. 즉, 두 개의 인접한 엔트리들은 0.5와 -0.5를 가지며, 모든 다른 엔트리들은 영을 가진다.

이러한 각 벡터의 제곱 norm은 다음과 같다.

$$(\frac{1}{2})^2 + (\frac{1}{2})^2 = \frac{1}{4} + \frac{1}{4} = \frac{1}{2}$$

웨이브릿 벡터들 $\boldsymbol{w}_0^8, \ldots, \boldsymbol{w}_7^8$은 $\mathcal{V}_{16}$에 속하는 $\mathcal{V}_8$의 직교여공간 $\mathcal{W}_8$에 대한 직교 기저이다. 이러한 벡터들을 $\mathcal{V}_8$에 대한 박스 벡터들과 결합하면 $\mathcal{V}_{16}$에 대한 직교 기저를 얻는다.

$\mathcal{V}_8$에 속하며 $\mathcal{V}_4$의 직교여공간인 $\mathcal{W}_4$에 대한 기저를 구성하는 벡터들을 유도하는 데 동일한 방법을 사용한다. 즉, $\mathcal{V}_4$의 기저 벡터들에 직교하게 $\mathcal{V}_8$의 기저 벡터들을 투영한다. $\mathcal{W}_4$에 대한 결과 기저는 다음과 같다.

$\boldsymbol{w}_0^4 =$	.5	.5	-.5	-.5	0	0	0	0	0	0	0	0	0	0	0	0
$\boldsymbol{w}_1^4 =$	0	0	0	0	.5	.5	-.5	-.5	0	0	0	0	0	0	0	0
$\boldsymbol{w}_2^4 =$	0	0	0	0	0	0	0	0	.5	.5	-.5	-.5	0	0	0	0
$\boldsymbol{w}_3^4 =$	0	0	0	0	0	0	0	0	0	0	0	0	.5	.5	-.5	-.5

이러한 각 벡터의 제곱 norm은 아래와 같다.

$$(.5)^2 + (.5)^2 + (.5)^2 + (.5^2 = 4(.25) = 1$$

$\mathcal{W}_2$에 대한 기저는 다음과 같다.

$\boldsymbol{w}_0^2 =$	.5	.5	.5	.5	-.5	-.5	-.5	-.5	0	0	0	0	0	0	0	0
$\boldsymbol{w}_1^2 =$	0	0	0	0	0	0	0	0	.5	.5	.5	.5	-.5	-.5	-.5	-.5

이러한 벡터들의 제곱 norm은 $8(.5)^2 = 2$이다.

$\mathcal{W}_1$에 대한 기저는 단일 벡터로 구성된다.

$\boldsymbol{w}_0^1 =$	.5	.5	.5	.5	.5	.5	.5	.5	-.5	-.5	-.5	-.5	-.5	-.5	-.5	-.5

이것은 제곱 norm $16(.5)^2 = 4$를 가진다.

11.3.4 $\mathcal{V}_1$에 대한 기저

$\mathcal{V}_1$에 대한 기저는 1-픽셀 이미지의 공간이며 단일 벡터로 구성된다.

$\boldsymbol{b}_0^1$ =

1	1	1	1	1	1	1	1	1	1	1	1	1	1	1	1

이 벡터의 제곱 norm은 16이다.

벡터 $\boldsymbol{b}_0^1$은 아래 웨이브릿 벡터들과 함께

$$\boldsymbol{w}_0^8, \boldsymbol{w}_1^8, \boldsymbol{w}_2^8, \boldsymbol{w}_3^8, \boldsymbol{w}_4^8, \boldsymbol{w}_5^8, \boldsymbol{w}_6^8, \boldsymbol{w}_7^8,$$
$$\boldsymbol{w}_0^4, \boldsymbol{w}_1^4, \boldsymbol{w}_2^4, \boldsymbol{w}_3^4,$$
$$\boldsymbol{w}_0^2, \boldsymbol{w}_1^2,$$
$$\boldsymbol{w}_0^1$$

$\mathcal{V}^{16}$에 대한 Haar 웨이브릿 기저를 형성한다.

11.3.5 n이 일반적인 경우

n이 16이 아닌 일반적인 경우의 Haar 웨이브릿 기저를 고려하고자 한다.

모든 2의 거듭제곱 $s \leq n$에 대해, $\mathcal{W}_k$에 대한 기저 벡터들은 $\boldsymbol{w}_0^s, \ldots, \boldsymbol{w}_{k-1}^s$로 나타낸다. 벡터 $\boldsymbol{w}_i^s$는 엔트리 $(n/k)i, (n/k)i+1, \ldots, (n/k)i+n/2k-1$에는 $1/2$, 엔트리 $(n/k)i+n/2k, (n/k)i+n/2k+1, \ldots, (n/k)i+n/k-1$에는 $-1/2$, 그리고 모든 다른 엔트리에서는 영을 가진다.

그러므로, 이러한 각 벡터의 제곱 norm은 다음과 같다.

$$\|\boldsymbol{w}_i^s\|^2 = (n/k)\left(\frac{1}{2}\right)^2 = n/4s \tag{11.3}$$

$\mathcal{V}_1$에 대한 기저 벡터 $\boldsymbol{b}_0^1$은 n 개 엔트리의 각각에서 하나를 가진다. 그러므로, 이 벡터의 제곱 norm은 다음과 같다.

$$\|\boldsymbol{b}_0^1\|^2 = n \tag{11.4}$$

11.3.6 웨이브릿 변환의 첫 번째 단계

$\mathcal{V}_{16}$에 대한 초기의 기저는 박스 기저(box basis)이다. $\mathcal{V}_{16} = \mathcal{V}_8 \oplus \mathcal{W}_8$은 $\mathcal{V}_{16}$에 대한 또 다른 기저, 즉 $\mathcal{V}_8$에 대한 박스 기저와 $\mathcal{W}_8$에 대한 웨이브릿 기저의 합집합에 대응한다. 초기의 기저로 표현된 주어진 벡터 표현에 대해, 첫 번째 레벨 변환은 다른 기저에 대한 표현을 생성한다.

예를 들어, $\boldsymbol{v}$는 1차원 이미지 벡터라고 하자.

$$\begin{bmatrix} 4 & 5 & 3 & 7 & 4 & 5 & 2 & 3 & 9 & 7 & 3 & 5 & 0 & 0 & 0 & 0 \end{bmatrix}$$

이것은 아래와 같다.

이것을 초기의 기저에 대해 표현하면 다음과 같다.

$$\boldsymbol{v} = 4\,\boldsymbol{b}_0^{16} + 5\,\boldsymbol{b}_1^{16} + 3\,\boldsymbol{b}_2^{16} + \cdots + 0\boldsymbol{b}_{15}^{16}$$

입력 벡터는 이 선형결합의 계수들의 리스트로 표현된다.

```
>>> v = [4,5,3,7,4,5,2,3,9,7,3,5,0,0,0,0]
```

여기서의 목적은 이 벡터를 기저 $\boldsymbol{b}_0^8, \ldots, \boldsymbol{b}_7^8, \boldsymbol{w}_0^8, \ldots \boldsymbol{w}_7^8$에 대해 표현하는 것이다. 즉, 다음을 만족하는 $x_0, \ldots, x_7, y_0, \ldots, y_7$을 원한다.

$$\boldsymbol{v} = x_0\, \boldsymbol{b}_0^8 + \cdots + x_7\, \boldsymbol{b}_7^8 + y_0\, \boldsymbol{w}_0^8 + \cdots + y_7\, \boldsymbol{w}_7^8$$

우변의 벡터들은 서로 직교하므로, 우변의 각 항은 대응하는 벡터를 따른 $\boldsymbol{v}$의 투영이다. 그래서, 계수는 투영에 따른 식을 사용하여 찾을 수 있다.

$$\begin{aligned} x_i &= (\boldsymbol{v} \cdot \boldsymbol{b}_i^8)/(\boldsymbol{b}_i^8 \cdot \boldsymbol{b}_i^8) \\ y_i &= (\boldsymbol{v} \cdot \boldsymbol{w}_i^8)/(\boldsymbol{w}_i^8 \cdot \boldsymbol{w}_i^8) \end{aligned}$$

예를 들어, $\boldsymbol{b}_0^8$을 고려해 보자. $\boldsymbol{b}_0^8$의 엔트리 0과 1은 값 1을 가지므로 그 계수는 아래와 같다.

$$\begin{aligned} (\boldsymbol{v} \cdot \boldsymbol{b}_0^8)/(\boldsymbol{b}_0^8 \cdot \boldsymbol{b}_0^8) &= (4+5)/(1+1) \\ &= 4.5 \end{aligned}$$

즉, $\boldsymbol{b}_0^8$의 계수는 처음 두 엔트리들의 평균이며 그 값은 4.5이다. 일반적으로, $i = 0, 1, 2, \ldots, 7$에 대해, $\boldsymbol{b}_i^8$의 계수는 엔트리 $2i$와 $2i+1$의 평균이다. 다음은 이러한 계산 과정을 보여 준다.

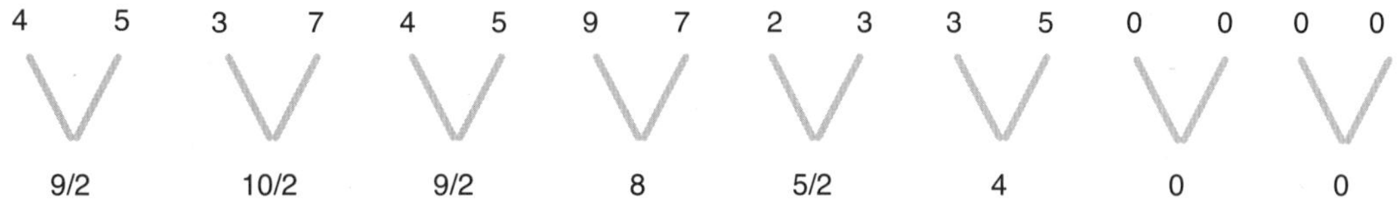

컴프리헨션을 사용하여 $\boldsymbol{b}_0^8, \ldots, \boldsymbol{b}_7^8$의 계수들로 구성된 리스트를 얻을 수 있다.

```
vnew = [(v[2*i]+v[2*i+1])/2 for i in range(len(v)//2)]
```

다음으로, $\boldsymbol{w}_0^8$의 계수를 찾기 위해 다시 투영에 따른 식을 사용한다.

$$\begin{aligned} (\boldsymbol{v} \cdot \boldsymbol{w}_0^8)/(\boldsymbol{w}_0^8 \cdot \boldsymbol{w}_0^8) &= \left(\frac{1}{2}4 - \frac{1}{2}5\right) / \left(\frac{1}{2}\frac{1}{2} + \frac{1}{2}\frac{1}{2}\right) \\ &= 4 - 5 \end{aligned}$$

즉, $\boldsymbol{w}_0^8$의 계수는 엔트리 0에서 엔트리 1을 뺀 것이다. 일반적으로, $i = 0, 1, 2, \ldots, 7$에 대해 $\boldsymbol{w}_i^8$의 계수는 엔트리 $2i$에서 엔트리 $2i+1$을 뺀 것이다.

직관적으로, 박스 벡터들의 계수들은 밝기 쌍들의 평균값들이고 웨이브릿 벡터들의 계수들은 그 차분값들이다.

11.3.7 후속 레벨의 웨이브릿 분해

지금까지는 한 레벨의 웨이브릿 분해만 다루었으며, 다음에 대해 살펴보았다.

- 박스 벡터들 $\boldsymbol{b}_0^{16}, \ldots, \boldsymbol{b}_{15}^{16}$의 계수들로 구성된 리스트에서 박스 벡터들 $\boldsymbol{b}_0^8, \ldots, \boldsymbol{b}_7^8$의 계수들로 구성된 리스트를 얻는 방법
- 대응하는 8개 웨이브릿 계수들, 즉 $\boldsymbol{w}_0^8, \ldots, \boldsymbol{w}_7^8$의 계수들을 계산하는 방법

박스 벡터들 $\boldsymbol{b}_0^{16}, \ldots, \boldsymbol{b}_{15}^{16}$의 계수들이 16-픽셀 1차원 이미지의 픽셀들의 밝기인 것처럼, 박스 벡터들 $\boldsymbol{b}_0^8, \ldots, \boldsymbol{b}_7^8$의 계수들을 16-픽셀 이미지를 서브샘플링해서 얻은 8-픽셀 1차원 이미지 픽셀들의 밝기로 생각하는 것이 도움이 된다.

다음 레벨의 웨이브릿 분해는 동일한 연산을 8-픽셀 이미지에 대해 수행하는 것으로 구성된다. 이 결과는 4-픽셀 이미지와 4개의 웨이브릿 계수이다.

또 다른 레벨의 웨이브릿 분해는 4-픽셀 이미지에 대해 수행되며, 2-픽셀 이미지와 2개의 웨이브릿 계수를 더 얻는다.

마지막 레벨의 웨이브릿 분해는 2-픽셀 이미지에 대해 수행되며, 1-픽셀 이미지와 1개의 웨이브릿 계수를 더 얻는다.

박스-벡터 계수들의 계산은 다음 그림처럼 수행된다.

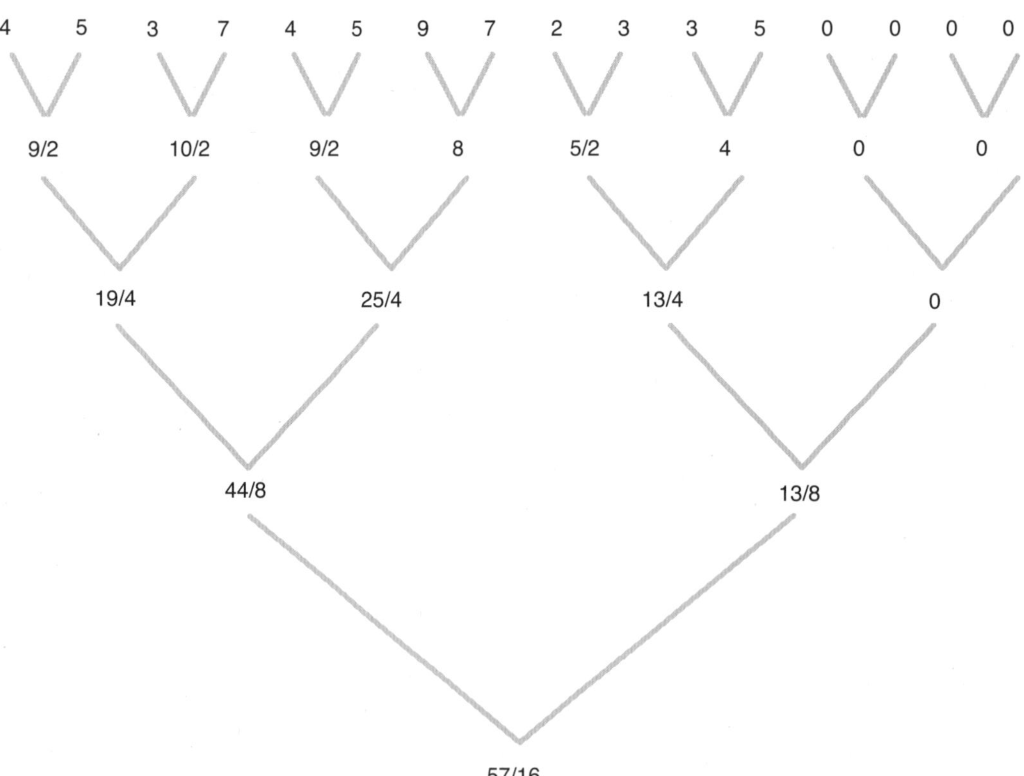

다음 그림은 박스-벡터 계수들과 웨이브릿 계수들(타원형)의 계산을 보여 준다.

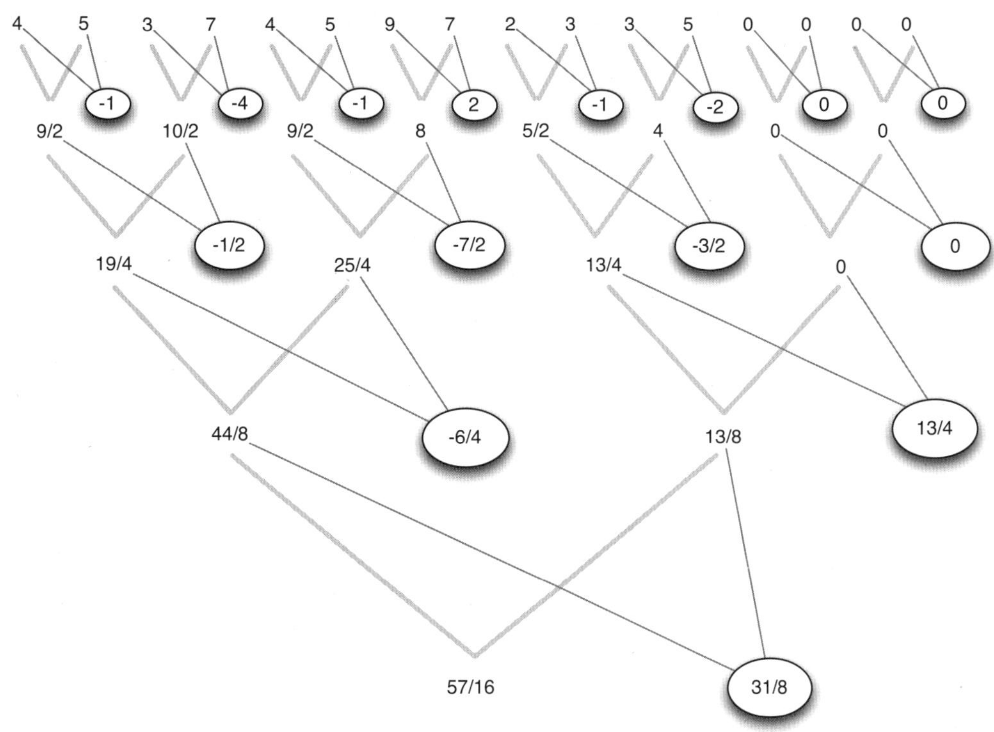

총 웨이브릿 계수의 수는 $8+4+2+1=15$이다. 원래의 벡터공간은 16차원이었으므로 이미지를 유일하게 표현하려면 하나의 수, 즉 1-픽셀 이미지를 구성하는 한 픽셀의 밝기가 더 필요하다.

이것이 $\mathcal{V}_{16}$에 대한 웨이브릿 변환이다. 입력은 원래의 1차원 이미지의 픽셀들의 밝기로 이루어진 리스트이다. 출력은 다음으로 구성된다.

- 15개 웨이브릿 계수, 즉 웨이브릿 벡터들의 계수

$$\begin{aligned} \boldsymbol{w}_0^8, \boldsymbol{w}_1^8, \boldsymbol{w}_2^8, \boldsymbol{w}_3^8, \boldsymbol{w}_4^8, \boldsymbol{w}_5^8, \boldsymbol{w}_6^8, \boldsymbol{w}_7^8, \\ \boldsymbol{w}_0^4, \boldsymbol{w}_1^4, \boldsymbol{w}_2^4, \boldsymbol{w}_3^4, \\ \boldsymbol{w}_0^2, \boldsymbol{w}_1^2, \\ \boldsymbol{w}_0^1 \end{aligned}$$

- 1-픽셀 이미지의 픽셀 밝기(전체 평균 밝기).

n-픽셀 1차원 이미지의 경우(n은 2의 거듭제곱), 입력은 원래 이미지의 픽셀들의 밝기로 구성된 리스트이고 출력은 다음과 같다.

- 웨이브릿 계수들. 그 수는 다음과 같다.

$$n/2 + n/4 + n/8 + \cdots + 2 + 1 = n - 1$$

- 전체 평균 밝기.

11.3.8 정규화하기(Normalizing)

기술한 기저들은 정규직교가 아니다. 그 이유는 이들의 norm이 1이 아니기 때문이다. 압축을 위해서는 벡터들을 정규직교 기저에 대해 표현하는 것이 더 낫다. 기저 벡터를 정규화하는 것은 기저를 그 벡터의 norm으로 나누것으로 구성된다. 보상을 위해, 대응하는 계수는 기저 벡터의 norm 으로 곱해야 한다. 아래의 주어진 벡터 $\boldsymbol{v}$에 대해,

$$\boldsymbol{v} = \alpha_1 \boldsymbol{v}_1 + \cdots + \alpha_n \boldsymbol{v}_n$$

정규화된 표현은 다음과 같다.

$$\boldsymbol{v} = (||\boldsymbol{v}_1||\alpha_1)\frac{\boldsymbol{v}_1}{||\boldsymbol{v}_1||} + \cdots + (||\boldsymbol{v}_n||\alpha_n)\frac{\boldsymbol{v}_n}{||\boldsymbol{v}_n||}$$

웨이브릿 계수들을 찾기 위해 앞에서 기술한 프로시저는 *정규화되지 않은* 기저 벡터들의 계수들을 생산한다. 그러므로, 마지막 단계에서 계수들이 정규화된 기저 벡터들의 계수가 되도록 조정되어야 한다.

- 식 (11.3)에 따르면, 정규화되지 않은 Haar 웨이브릿 기저 벡터 $\boldsymbol{w}_i^s$의 제곱 norm은 $n/4s$이다. 따라서, 계수는 $\sqrt{n/4s}$와 곱해져야 한다.
- 식 (11.4)에 따르면, $\mathcal{V}_1$에 대한 기저를 형성하는 박스 벡터 $\boldsymbol{b}_0^1$의 제곱 norm은 n이다. 따라서, 계수는 $\sqrt{n}$과 곱해져야 한다.

11.3.9 역방향 변환(Backward transform)

웨이브릿 변환의 출력은 원래의 벡터공간에 대한 기저를 형성하는 벡터들로 구성된 집합의 계수들로 구성된다. 이때, 정보의 손실이 없으므로 역변환을 할 수 있다. 역방향 변환은 웨이브릿 계수들을 사용하여 $\mathcal{V}_2, \mathcal{V}_4, \mathcal{V}_8, \ldots$ 의 박스 기저의 계수들을 순서대로 찾는다.

11.3.10 구현

Lab에서 순방향 및 역방향 변환을 구현할 것이다. 또한, 이 변환들이 어떻게 실제 2차원 이미지들을 변환하는 데 사용될 수 있는지 알아보고, 손실 있는 이미지 압축을 가지고 실험해 볼 것이다.

11.4 다항식 평가와 인터폴레이션(Interpolation)

차수가 d인 다항식(polynomial)은 다음 형태를 가지는 단일 변수의 함수이다.

$$f(x) = a_0 1 + a_1 x^1 + a_2 x^2 + \cdots + a_d x^d$$

여기서, $a_0, a_1, \ldots, a_d$는 스칼라 값이며, 이들을 다항식의 *계수*라고 한다. 차수가 d인 다항식을 계수 $(a_0, a_1, a_2, \ldots, a_d)$로 구성된 $(d+1)$-벡터로 명시할 수 있다.

어떤 수 r에 대한 다항식의 *값*은 단지 r에 대한 함수값이다. 즉, r을 x에 대입했을 때의 값이다. 다항식을 *평가*한다는 것은 그 다항식의 값을 얻는 것을 의미한다. 예를 들어, 다항식 $2 + 3x + x^2$을 7에 대해 평가하면 72를 얻는다.

만약 주어진 수 r에 대한 다항식의 값이 영이면, r은 그 다항식의 근(root)이라고 한다.

Theorem 11.4.1: 임의의 영이 아닌 차수가 d인 다항식 $f(x)$에 대해, f의 함수값이 영이 되는 x 값의 수는 많아야 d이다.

a_1을 제외한 모든 계수가 영이 되지 않는다면 다항식은 선형(일차)함수가 아니다. 하지만, 선형함수들이 숨어 있다. 즉, 주어진 수 r에 대해, 계수들의 벡터 $(a_0, a_1, a_2, \ldots, a_d)$를 가지는 함수는 r에 대응하는 다항식의 값을 출력한다. 예를 들어, r은 2이고 d는 3이라고 하자. 대응하는 선형함수는 다음과 같다.

$$g((a_0, a_1, a_2, a_3)) = a_0 + a_1 2 + a_2 4 + a_3 8$$

이 함수는 행렬-열벡터 곱으로 나타낼 수 있다.

$$\begin{bmatrix} 1 & 2 & 4 & 8 \end{bmatrix} \begin{bmatrix} a_0 \\ a_1 \\ a_2 \\ a_3 \end{bmatrix}$$

임의의 값 r에 대해, 왼쪽의 행렬은 다음과 같다.

$$\begin{bmatrix} r^0 & r^1 & r^2 & r^3 \end{bmatrix}$$

좀 더 일반적으로, k 개의 수 $r_0, r_1, \ldots, r_{k-1}$을 가지고 있다고 해 보자. 대응하는 선형함수는 차수 d인 다항식을 명시하는 계수들의 벡터 $(a_0, \ldots, a_d)$를 가지고 다음 요소로 구성되는 벡터를 출력한다.

- r_0에 대한 다항식의 값
- r_1에 대한 다항식의 값
- $\vdots$
- r_{k-1}에 대한 다항식의 값

다음은 $d = 3$인 경우에 대해 행렬-열벡터 곱으로 표현된 이러한 선형함수를 보여 준다.

$$\begin{bmatrix} r_0^0 & r_0^1 & r_0^2 & r_0^3 \\ r_1^0 & r_1^1 & r_1^2 & r_1^3 \\ r_2^0 & r_2^1 & r_2^2 & r_2^3 \\ r_3^0 & r_3^1 & r_3^2 & r_3^3 \\ \vdots & & & \\ r_{k-1}^0 & r_{k-1}^1 & r_{k-1}^2 & r_{k-1}^3 \end{bmatrix} \begin{bmatrix} a_0 \\ a_1 \\ a_2 \\ a_3 \end{bmatrix}$$

임의의 d에 대해, 선형함수는 다음과 같은 방식으로 나타낼 수 있다.

$$\begin{bmatrix} r_0^0 & r_0^1 & r_0^2 & \cdots & r_0^d \\ r_1^0 & r_1^1 & r_1^2 & \cdots & r_1^d \\ r_2^0 & r_2^1 & r_2^2 & \cdots & r_2^d \\ r_3^0 & r_3^1 & r_3^2 & \cdots & r_3^d \\ \vdots & & & & \\ r_{k-1}^0 & r_{k-1}^1 & r_{k-1}^2 & \cdots & r_{k-1}^d \end{bmatrix} \begin{bmatrix} a_0 \\ a_1 \\ a_2 \\ \vdots \\ a_d \end{bmatrix}$$

Theorem 11.4.2: $k = d+1$이고 $r_0, \ldots, r_{k-1}$이 모두 같지 않은 경우, 이 함수는 가역함수이다.

Proof

차수가 d인 두 개의 다항식 $f(x)$와 $g(x)$가 있고, $f(r_0) = g(r_0), f(r_1) = g(r_1), \ldots, f(r_d) = g(r_d)$라고 해 보자. 세 번째 다항식 $h(x) = f(x) - g(x)$라고 정의하자. 그러면, h는 차수가 d보다 작거나 같고, $h(r_0) = h(r_1) = \cdots = h(r_d) = 0$이다. 그러므로, theorem 11.4.1에 의해 $h(x)$는 영다항식(zero polynomial)이고, 이것은 $f(x) = g(x)$임을 보여 준다. □

차수가 d인 다항식의 $r_0, \ldots, r_d$에 대응하는 주어진 값에 대해, 그 다항식의 계수들을 리턴하는 함수가 있다. 다항식의 값들로부터 계수들을 얻는 과정은 *다항식 인터폴레이션*이라고 한다. 따라서, 다항식 평가와 다항식 인터폴레이션은 역함수이다.

차수가 d인 다항식을 계수들에 대해 정의하였지만, $r_0, \ldots, r_d$에 대한 값들로 표현할 수도 있다. 이러한 두 표현은 각기 장점이 있다. 예를 들어,

- 만약 완전히 새로운 수에 대해 다항식을 평가하고자 한다면, 계수들을 가지고 있는 것이 편리하다.
- 만약 두 다항식을 곱하고자 한다면, 다항식 값들에 대한 표현을 사용하는 것이 더 쉽다. 즉, 다항식의 곱셈은 대응하는 값들을 곱하면 된다.

사실, 계수들에 대해 주어진 두 개의 차수가 d인 다항식을 곱하는 알려진 가장 빠른 알고리즘은 (a) 계수에 대한 표현을 값에 기반을 둔 표현으로 바꾸고, (b) 이러한 값에 기반을 둔 표현을 사용하여 곱셈을 수행하며, (c) 곱셈 결과를 다시 계수에 대한 표현으로 바꾸는 것으로 구성된다.

빠른 알고리즘이 되려면 다항식을 임의의 수에 대해 평가해서는 안 되며 평가에 사용될 수를 잘 선택해야 한다. 이러한 핵심 서브루틴이 패스트 푸리에 알고리즘(Fast Fourier Algorithm)이다.

11.5 푸리에 변환(Fourier transform)

사운드 클립(sound clip)은 진폭 샘플들(amplitude samples)의 시퀀스로서 디지털 방식으로 저장될 수 있다. 마이크로폰(microphone)을 아날로그-디지털 변환기에 연결하자. 이 변환기는 디지털 방식으로 표현되는 진폭의 시퀀스를 어떤 속도로(예를 들어, 초당 40,000 샘플로) 출력할 것이다. 예를 들어, 2초 분량의 사운드가 있다고 해 보자. 이것은 80,000개의 수에 해당하며 80,000-벡터로서 나타낼 수 있다. 이것은 표준 기저에 대한 표현이다.

순음(pure tone)은 사인파(sine wave)이다. 이산 푸리에(Discrete Fourier) 기저는 사인파들로 구성된다. 만약 사운드 샘플이 순음을 샘플링한 결과이고 이 순음의 주파수가 주의 깊게 선택된다면, 푸리에 기저로 된 사운드 샘플의 표현은 단지 하나의 영이 아닌 엔트리가 있는 아주 스파스(sparse)한 것이 될 것이다. 좀 더 일반적으로, 만약 사운드 샘플이 함께 더해진 단지 몇몇 순음들로 구성되면 푸리에 표현은 여전히 스파스할 것이다.

다음은 두 개의 순음을 혼합하여 얻어진 신호의 예를 보여 준다.

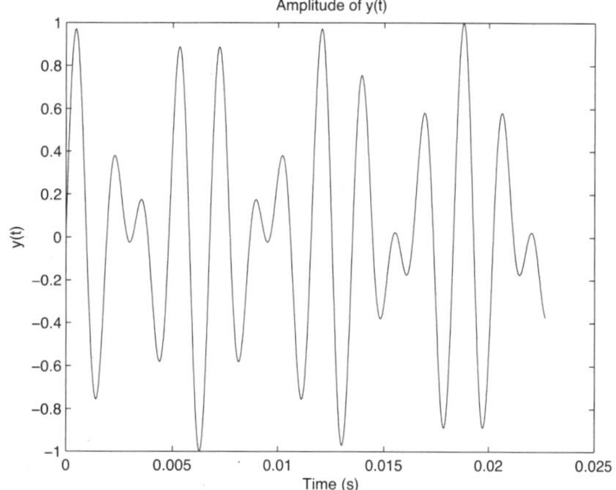

다음은 이 신호를 푸리에 기저에 대한 좌표표현으로 나타낸 것이다.

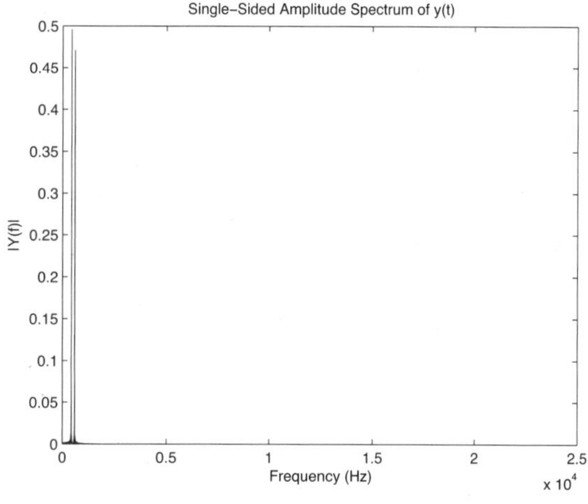

아래 그림은 랜덤숫자 발생기에 의해 생성된 신호를 보여 준다. 랜덤하게 발생된 신호는 *노이즈*(잡음)라고 한다.

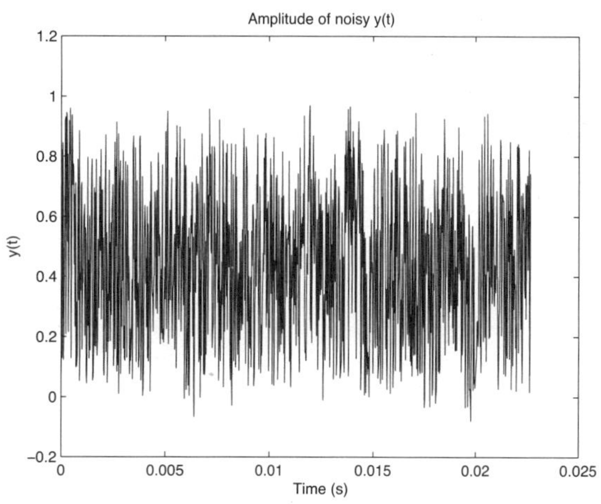

노이즈가 두 개의 순음으로 구성된 신호에 더해질 경우, 그것은 여전히 랜덤하게 보이지만 귀는 노이즈에 대한 두 개의 음(tone)을 구별해 낼 수 있다. 또한, 푸리에 변환도 이것들을 구별할 수 있다. 다음은 노이즈와 신호가 합쳐진 신호의 푸리에 기저에 대한 좌표표현을 나타낸 것이다.

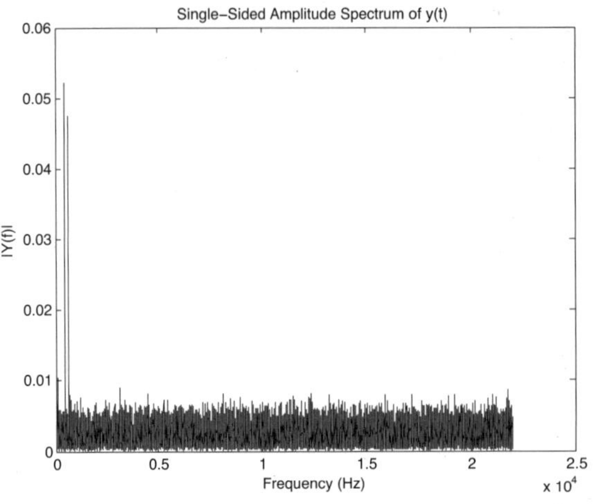

값이 작은 계수들을 억제(suppress)할 경우 다음이 얻어진다.

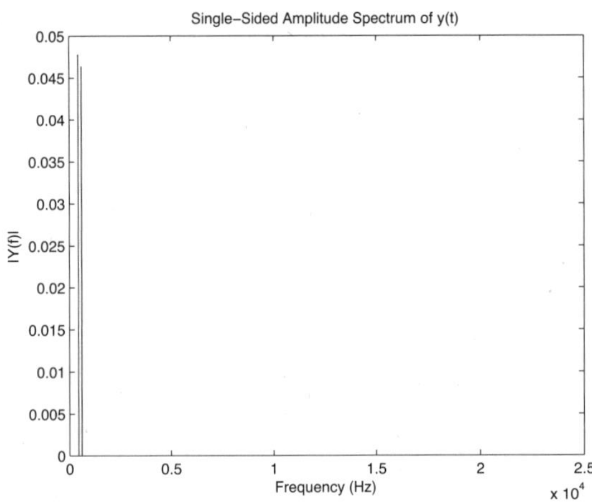

이 표현을 표준 기저에 대한 표현으로 변환하면 다음을 얻는다.

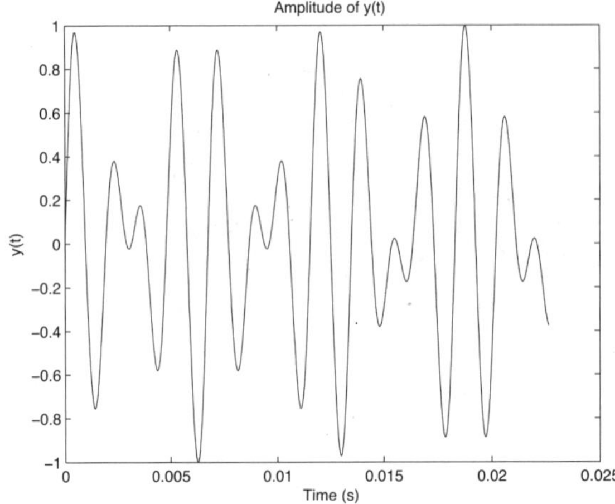

이것은 원래의 신호처럼 보이고 원래의 신호처럼 들린다.

11.6 이산 푸리에 변환

11.6.1 지수의 법칙

지수 표현은 두 개의 지수 법칙에 대해 익숙하므로 다루기 쉽다. 첫 번째 지수 법칙은 섹션 2.4.9에서 다루었다.

$e^u e^v = e^{u+v}$ (밑(base)이 같은 두 지수의 곱은 그 지수부들의 합과 같다).

두 번째 지수 법칙은 다음과 같다.

$(e^u)^v = e^{uv}$ (지수의 합성은 그 지수부들의 곱과 같다).

11.6.2 n개 스톱워치(Stopwatch)

ω은 $e^{(2\pi/n)\mathbf{i}}$을 나타낸다고 하자. $F(t) = \omega^t$로 정의되는 함수 $F : \mathbb{R} \longrightarrow \mathbb{C}$를 고려해 보자. $t = 0$에서, $F(t)$는 $1 + 0\mathbf{i}$에 위치된다. t가 증가함에 따라, $F(t)$는 단위원(unit circle)을 돌아 $t = n, 2n, 3n, \ldots$인 경우 $1 + 0\mathbf{i}$로 되돌아온다. 따라서, $F(t)$는 주기가 n이다(그러므로, 주파수는 $1/n$이다). $F(t)$를 반시계 방향으로 도는 스톱워치라고 생각해 보자.

이러한 개념에 기반을 둔 n개 스톱워치를 정의하며 각각은 서로 다른 속도로 돈다고 하자. 하지만, 이들 n개 스톱워치는 $F(t)$보다 훨씬 작다. 모든 스톱워치들의 원의 반지름은 1이 아니라 $\frac{1}{\sqrt{n}}$이다(반지름이 작게 선택하여 이들 함수의 값들에 대한 벡터의 norm이 1이 되게 한다).

함수 $F_1 : \mathbb{R} \longrightarrow \mathbb{C}$을 다음과 같이 정의하자.

$$F_1(t) = \frac{1}{\sqrt{n}}\omega^t \tag{11.5}$$

따라서, $F_1(t)$는 $F(t)$와 같은데 단지 크기만 작다. 예를 들어, $F(0) = \frac{1}{\sqrt{n}} + 0\mathbf{i}$이다. $F_1(t)$의 주기는 $F(t)$와 마찬가지로 n이다.

$k = 0, 1, 2, \ldots, n-1$에 대해, $F_k(t) = \frac{1}{\sqrt{n}}(\omega^k)^t$라고 정의하자.

함수 $F_0(t), F_1(t), F_2(t), \ldots, F_{n-1}(t)$의 각각은 $t = 0$에서 값 $\frac{1}{\sqrt{n}} + 0\mathbf{i}$를 가진다. 하지만, t가 증가함에 따라 이들은 속도는 다르지만 모두 반지름이 $\frac{1}{\sqrt{n}}$인 원을 따라 돈다.

- $F_2(t)$는 t가 $n/2$일 때 처음으로 $\frac{1}{\sqrt{n}} + 0\mathbf{i}$로 돌아온다.
- $F_3(t)$는 $t = n/3$일 때 처음으로 돌아 온다.

따라서, $F_k(t)$의 주기는 n/k이다.

- $F_0(t)$의 주기는 $n/0$, 즉, 무한대이다. 왜냐하면, $F_0(t)$는 전혀 움직이지 않는다(시계 바늘은 항상 $\frac{1}{\sqrt{n}} + 0\mathbf{i}$를 가리킨다).

11.6.3 이산 푸리에 공간: 기저 함수 샘플링하기

푸리에 해석은 함수들을 이러한 시계들의 선형결합으로서 표현할 수 있게 해 준다. 여기서 다루는 *이산 푸리에 해석*은 $t = 0, 1, 2, \ldots, n-1$에서 샘플링된 함수 $s(t)$를 동일한 시간에서 샘플링된 시계들 $F_0(t), F_1(t), F_2(t), \ldots, F_{n-1}(t)$의 선형결합을 사용하여 나타낸다.

신호 $s(t)$의 샘플들은 벡터에 저장된다.

$$\boldsymbol{s} = \begin{bmatrix} s(0) \\ s(1) \\ s(2) \\ \vdots \\ s(n-1) \end{bmatrix}$$

유사하게, 시계 $F_j(t)$의 샘플들을 벡터로 나타낸다.

$$\begin{bmatrix} F_j(0) \\ F_j(1) \\ F_j(2) \\ \vdots \\ F_j(n-1) \end{bmatrix}$$

목적은 신호의 샘플들로 구성되는 벡터 $\boldsymbol{s}$가 어떻게 시계들의 샘플들로 구성되는 벡터들의 선형결합으로 표현될 수 있는지 보여 주는 식을 나타내는 것이다. 이 선형결합에서 계수들은 *푸리에 계수*라고 한다.

다행히, 이것을 어떻게 구성할지 알고 있다. 시계-벡터들을 열로서 가지는 행렬 $\mathcal{F}$를 구성하고, 푸리에 계수들 $\phi_0, \phi_1, \phi_2, \ldots, \phi_{n-1}$(각 시계에 대해 하나씩)의 벡터 ϕ를 구성하며, 행렬-벡터 곱셈의 선형결합 해석에 기반을 둔 행렬방정식 $\mathcal{F}_n \boldsymbol{f} = \boldsymbol{s}$를 나타낸다. 좀 더 명시적으로 나타내면, 방정식은 다음과 같다.

$$\begin{bmatrix} F_0(0) & F_1(0) & F_2(0) & & F_{n-1}(0) \\ F_0(1) & F_1(1) & F_2(1) & & F_{n-1}(1) \\ F_0(2) & F_1(2) & F_2(2) & & F_{n-1}(2) \\ F_0(3) & F_1(3) & F_2(3) & & F_{n-1}(3) \\ F_0(4) & F_1(4) & F_2(4) & & F_{n-1}(4) \\ F_0(5) & F_1(5) & F_2(5) & \cdots & F_{n-1}(5) \\ \vdots & \vdots & \vdots & & \vdots \\ F_0(n-1) & F_1(n-1) & F_2(n-1) & & F_{n-1}(n-1) \end{bmatrix} \begin{bmatrix} \phi_0 \\ \phi_1 \\ \phi_2 \\ \vdots \\ \phi_{n-1} \end{bmatrix} = \begin{bmatrix} s(0) \\ s(1) \\ s(2) \\ s(3) \\ s(4) \\ s(5) \\ \vdots \\ s(n-1) \end{bmatrix}$$

이 방정식은 신호의 두 가지 표현, 즉 신호의 샘플들에 대한 표현과 (샘플링된) 시계들의 가중치를 부여한 합으로서의 표현을 서로 연관시킨다.

각각의 표현은 유용하다.

- `.wav` 파일은 사운드 신호를 신호의 샘플들에 대해 나타내며, 시계들에 대한 표현은 어느 주파수가 사운드에서 더 중요한지 알려 준다. 신호는 첫 번째 형태로 얻어지지만(아날로그-디지털 변환기에 연결된 마이크로폰은 샘플들을 생성한다), 이 신호를 해석하는 데는 종종 두 번째 형태로의 변환을 필요로 한다.

- 자기공명 이미징에서, 신호는 대략 푸리에 계수들의 벡터 ϕ 로서 얻어지지만, 디지털 이미지를 만들어 내는 데는 샘플들 $\boldsymbol{s}$가 필요하다.

방정식 $\mathcal{F}_n\phi = \boldsymbol{s}$는 두 표현 사이의 변환 방법을 알려 준다.

- 주어진 $\boldsymbol{f}$에 대해, 왼쪽에 $\mathcal{F}_n$을 곱하여 $\boldsymbol{s}$를 얻을 수 있다.

- 주어진 $\boldsymbol{s}$에 대해, 행렬방정식의 해를 구함으로써 또는 왼쪽에 역행렬 $\mathcal{F}_n^{-1}$를 곱함으로써 ϕ를 얻을 수 있다.

11.6.4 푸리에 행렬의 역행렬

보통은 선형시스템을 푸는 것이 행렬의 역행렬을 계산하여 그것을 곱하는 것보다 더 선호되는 방식이다. 하지만, 푸리에 행렬은 아주 특수한 경우이다. 푸리에 행렬의 역행렬은 푸리에 행렬 그 자체와 아주 유사하다.

먼저, 푸리에 행렬을 특수한 행렬의 스칼라배로서 기술할 것이다. ω는 $e^{\theta \mathbf{i}}$ 형태의 복소수라고 하자. 다음의 행렬을 $W(\omega, n)$로 표시한다.

- 행-라벨과 열-라벨 집합이 $\{0, 1, 2, 3, \ldots, n-1\}$이고,

- 엔트리 rc는 $\omega^{r \cdot c}$와 동일하다.

즉,

$$W(\omega, n) = \begin{bmatrix} \omega^{0\cdot 0} & \omega^{0\cdot 1} & \omega^{0\cdot 2} & & \omega^{0\cdot(n-1)} \\ \omega^{1\cdot 0} & \omega^{1\cdot 1} & \omega^{1\cdot 2} & & \omega^{1\cdot(n-1)} \\ \omega^{2\cdot 0} & \omega^{2\cdot 1} & \omega^{2\cdot 2} & & \omega^{2\cdot(n-1)} \\ \omega^{3\cdot 0} & \omega^{3\cdot 1} & \omega^{3\cdot 2} & \cdots & \omega^{3\cdot(n-1)} \\ \omega^{4\cdot 0} & \omega^{4\cdot 1} & \omega^{4\cdot 2} & & \omega^{4\cdot(n-1)} \\ \omega^{5\cdot 0} & \omega^{5\cdot 1} & \omega^{5\cdot 2} & & \omega^{5\cdot(n-1)} \\ \vdots & \vdots & \vdots & & \vdots \\ \omega^{(n-1)\cdot 0} & \omega^{(n-1)\cdot 1} & \omega^{(n-1)\cdot 2} & & \omega^{(n-1)\cdot(n-1)} \end{bmatrix}$$

비록 컴퓨터로 이러한 행렬을 실제로 표현할 이유는 전혀 없지만, 파이썬으로 나타내면 다음과 같다.

```
def W(w, n):
  R=set(range(n))
  return Mat((R,R), {(r,c):w**(r*c) for r in R for c in R})
```

다음에, $\mathcal{F}_n = \frac{1}{\sqrt{n}} W(e^{2\pi \mathbf{i}/n}, n)$라고 쓸 수 있다.

Theorem 11.6.1 (Fourier Inverse Theorem): $\mathcal{F}_n^{-1} = \frac{1}{\sqrt{n}} W(e^{-2\pi \mathbf{i}/n}, n)$.

Fourier Inverse Theorem에 대한 증명은 다음 lemma를 증명하면 충분하다.

Lemma 11.6.2: $W(e^{2\pi \mathbf{i}/n}, n) W(e^{-2\pi \mathbf{i}/n}, n) = n\,\mathbb{1}$.

Proof

ω는 $e^{2\pi \mathbf{i}/n}$을 나타낸다고 하자. $e^{-2\pi \mathbf{i}/n} = (e^{2\pi \mathbf{i}/n})^{-1} = \omega^{-1}$이다. 행렬-행렬 곱셈의 도트곱 정의에 의하면 위 곱의 엔트리 rc는 $W(e^{2\pi \mathbf{i}/n}, n)$의 행 r과 $W(e^{-2\pi \mathbf{i}/n}, n)$의 열 c의 도트곱이고, 이것은 다음과 같이 표현된다.

$$\begin{aligned} & \omega^{r0}\omega^{-0c} + \omega^{r1}\omega^{-1c} + \omega^{r2}\omega^{-2c} + \cdots \omega^{r(n-1)}\omega^{-(n-1)c} \quad (11.6) \\ = \; & \omega^{0(r-c)} + \omega^{1(r-c)} + \omega^{2(r-c)} + \cdots + \omega^{(n-1)(r-c)} \text{ 지수의 덧셈 법칙에 의해} \end{aligned}$$

두 가지 가능성이 있다. 만약 $r = c$이면, 식 (11.6)의 각 지수는 0이 되어 다음이 얻어진다.

$$\begin{aligned} & \omega^0 + \omega^0 + \omega^0 + \cdots + \omega^0 \\ = \; & 1 + 1 + 1 + \cdots + 1 \\ = \; & n \end{aligned}$$

$r \neq c$라고 해 보자. 지수의 곱셈 법칙에 의하면 식 (11.6)은 다음과 같다.

$$(\omega^{r-c})^0 + (\omega^{r-c})^1 + (\omega^{r-c})^2 + \cdots + (\omega^{r-c})^{n-1} \quad (11.7)$$

z를 이 식의 값이라고 하고 z는 영임을 증명한다. $r \neq c$이고 r과 c 둘 다 0과 $n-1$ 사이에

있으므로 ω^{r-c}는 1이 아니다. 하지만, z에 ω^{r-c}를 곱하면 z를 얻는다. 즉,

$$\omega^{r-c}z = z$$

그래서,

$$(\omega^{r-c} - 1)z = 0$$

그러므로, $z = 0$이다.

이제, z에 ω^{r-c}를 곱하면 z를 얻는다는 것을 보임으로써 증명을 완료한다.

$$\begin{aligned}
\omega^{r-c}z = \omega^{r-c} & ((\omega^{r-c})^0 + (\omega^{r-c})^1 + (\omega^{r-c})^2 + \cdots + (\omega^{r-c})^{n-2} + (\omega^{r-c})^{n-1}) \\
= & (\omega^{r-c})^1 + (\omega^{r-c})^2 + (\omega^{r-c})^3 + \cdots + (\omega^{r-c})^{n-1} + (\omega^{r-c})^n \\
= & (\omega^{r-c})^1 + (\omega^{r-c})^2 + (\omega^{r-c})^3 + \cdots + (\omega^{r-c})^{n-1} + (\omega^n)^{r-c} \\
= & (\omega^{r-c})^1 + (\omega^{r-c})^2 + (\omega^{r-c})^3 + \cdots + (\omega^{r-c})^{n-1} + 1^{r-c} \\
= & (\omega^{r-c})^1 + (\omega^{r-c})^2 + (\omega^{r-c})^3 + \cdots + (\omega^{r-c})^{n-1} + (\omega^0)^{r-c} \\
= & z
\end{aligned}$$

□

11.6.5 패스트 푸리에 알고리즘

샘플의 개수 n은 보통 아주 크다. 그래서 이러한 계산을 하는 데 필요한 시간에 대해 생각할 필요가 있다. $\mathcal{F}$ 또는 $\mathcal{F}^{-1}$에 의한 필요한 곱셈은 n^2인 것처럼 보인다. 하지만,

- $\mathcal{F}$를 곱하는 것은 $W(e^{2\pi \mathbf{i}/n}, n)$을 곱한 후에 $\frac{1}{\sqrt{n}}$로 스케일링함으로써 구할 수 있다.
- 마찬가지로, $\mathcal{F}^{-1}$를 곱하는 것은 먼저 $W(e^{-2\pi \mathbf{i}/n}, n)$을 곱한 후 스케일링함으로써 구할 수 있다.

패스트 푸리에 변환 (FFT)이라 불리는 알고리즘이 있는데, 이것은 다음 조건들이 만족할 경우, $W(\omega, n)$을 곱하기 위한 빠른 알고리즘이다.

FFT 전제 조건(Precondition)

- n은 2의 거듭제곱이다
- $\omega^n = 1$이다

이 알고리즘은 $O(n \log n)$ 시간이 필요하며, n이 클 경우 단순 행렬-벡터 곱셈보다 훨씬 빠르다.

11.6.6 FFT 유도하기

다음은 FFT$(\omega, \boldsymbol{s})$의 스펙을 보여 준다.

- *input:* n개 복소수로 구성된 리스트 $\boldsymbol{s} = [s_0, s_1, s_2, \ldots, s_{n-1}]$(여기서, n은 2의 거듭제곱), $\omega^n = 1$을 만족하는 복소수 ω.

- *output:* 복소수들의 리스트 $[z_0, z_1, z_2, \ldots, z_{n-1}]$. 이때, $k = 0, 1, 2, \ldots, n-1$에 대해 다음이 성립한다.

$$z_k = s_0(\omega^k)^0 + s_1(\omega^k)^1 + s_2(\omega^k)^2 + \cdots + s_{n-1}(\omega^k)^{n-1} \tag{11.8}$$

리스트 $\boldsymbol{s}$를 다항식 함수로 해석하면 편리하다.

$$s(x) = s_0 + s_1x + s_2x^2 + \cdots + s_{n-1}x^{n-1}$$

그러면, 식 (11.8)은 출력 리스트의 원소 k는 입력 ω^k에 대한 $s(x)$의 값이라는 것을 의미한다.

알고리즘의 첫 번째 단계는 리스트 $\boldsymbol{s} = [s_0, s_1, s_2, \ldots, s_{n-1}]$을 각기 절반의 원소들로 구성되는 두 개의 리스트로 나누는 것이다.

- $\boldsymbol{s}_{even}$은 $\boldsymbol{s}$의 짝수번 원소들로 구성된다.

$$\boldsymbol{s}_{even} = [s_0, s_2, s_4, \ldots, s_{n-2}]$$

- $\boldsymbol{s}_{odd}$는 $\boldsymbol{s}$의 홀수번 원소들로 구성된다.

$$\boldsymbol{s}_{odd} = [s_1, s_2, s_3, \ldots, s_{n-1}]$$

$\boldsymbol{s}_{even}$과 $\boldsymbol{s}_{odd}$는 다항식 함수를 나타내는 것으로 해석될 수 있다.

$$\begin{aligned} s_{even}(x) &= s_0 + s_2x + s_4x^2 + s_6x^3 + \cdots + s_{n-2}x^{\frac{n-2}{2}} \\ s_{odd}(x) &= s_1 + s_3x + s_5x^2 + s_7x^3 + \cdots + s_{n-1}x^{\frac{n-2}{2}} \end{aligned}$$

FFT의 근간은 다음 방정식이며, 이것은 다항식 $s(x)$를 다항식 $s_{even}(x)$와 $s_{odd}(x)$로 표현하는 것이다.

$$s(x) = s_{even}(x^2) + x \cdot s_{odd}(x^2) \tag{11.9}$$

이 방정식으로 인해, $(\omega^0)^2, (\omega^1)^2, (\omega^2)^2, \ldots, (\omega^{n-1})^2$에서 $s_{even}(x)$와 s_{odd}를 평가하고 대응하는 값들을 결합함으로써 FFT의 목적($\omega^0, \omega^1, \omega^2, \ldots, \omega^{n-1}$에서 $s(x)$를 평가하는 것)이 이루어진다.

$$\begin{aligned} s(\omega^0) &= s_{even}((\omega^0)^2) + \omega^0 s_{odd}((\omega^0)^2) \\ s(\omega^1) &= s_{even}((\omega^1)^2) + \omega^1 s_{odd}((\omega^1)^2) \\ s(\omega^2) &= s_{even}((\omega^2)^2) + \omega^2 s_{odd}((\omega^2)^2) \\ s(\omega^3) &= s_{even}((\omega^3)^2) + \omega^3 s_{odd}((\omega^3)^2) \\ &\vdots \\ s(\omega^{n-1}) &= s_{even}((\omega^{n-1})^2) + \omega^{n-1} s_{odd}((\omega^{n-1})^2) \end{aligned} \tag{11.10}$$

마치 FFT는 n개의 다른 값들로 $s_{even}(x)$와 $s_{odd}(x)$를 평가해야 하는 것처럼 보이지만, 사실은 아래 값들이 모두 다른 것은 아니다.

$$(\omega^0)^2, (\omega^1)^2, (\omega^2)^2, (\omega^3)^2, \ldots, (\omega^{n-1})^2$$

Precondition 11.6.5 때문에 $\omega^n = 1$이다. 그래서, 다음이 성립한다.

$$\begin{array}{rcccl}
(\omega^0)^2 & = & (\omega^0)^2(\omega^{\frac{n}{2}})^2 & = & (\omega^{0+\frac{n}{2}})^2 \\
(\omega^1)^2 & = & (\omega^1)^2(\omega^{\frac{n}{2}})^2 & = & (\omega^{1+\frac{n}{2}})^2 \\
(\omega^2)^2 & = & (\omega^2)^2(\omega^{\frac{n}{2}})^2 & = & (\omega^{2+\frac{n}{2}})^2 \\
(\omega^3)^2 & = & (\omega^3)^2(\omega^{\frac{n}{2}})^2 & = & (\omega^{3+\frac{n}{2}})^2 \\
 & \vdots & & & \\
(\omega^{\frac{n}{2}-1})^2 & = & (\omega^{\frac{n}{2}})^2(\omega^{\frac{n}{2}})^2 & = & (\omega^{\frac{n}{2}-1+\frac{n}{2}})^2
\end{array} \tag{11.11}$$

이것은 $s_{even}(x)$와 $s_{odd}(x)$가 평가되어야 하는 서로 다른 수의 개수가 단지 다음의 $n/2$개라는 것을 보여 준다.

$$(\omega^0)^2, (\omega^1)^2, (\omega^2)^2, (\omega^3)^2, \ldots, (\omega^{\frac{n}{2}-1})^2$$

이것은 아래와 동일하다.

$$(\omega^2)^0, (\omega^2)^1, (\omega^2)^2, (\omega^2)^3, \ldots, (\omega^2)^{\frac{n}{2}-1}$$

더욱이, 결과값은 FFT에 대한 재귀호출(recursive call)을 사용하여 얻을 수 있다.

- $s_{even}(x)$의 값은 다음을 호출함으로써 얻어진다.

$$\texttt{f0} = \mathrm{FFT}(\omega^2, [s_0, s_2, s_4, \ldots, s_{n-2}])$$

- $s_{odd}(x)$ 값은 다음을 호출함으로써 얻어진다.

$$\texttt{f0} = \mathrm{FFT}(\omega^2, [s_1, s_3, s_5, \ldots, s_{n-1}])$$

이들 서술문이 실행된 후 `f0`과 `f1`은 다음과 같다.

$$\texttt{f0} = [s_{even}((\omega^2)^0),\ s_{even}((\omega^2)^1),\ s_{even}((\omega^2)^2),\ s_{even}((\omega^2)^3),\ \ldots,\ s_{even}((\omega^2)^{\frac{n}{2}-1})]$$

$$\texttt{f1} = [s_{odd}((\omega^2)^0),\ s_{odd}((\omega^2)^1),\ s_{odd}((\omega^2)^2),\ s_{odd}((\omega^2)^3),\ \ldots,\ s_{odd}((\omega^2)^{\frac{n}{2}-1})]$$

일단 값들이 재귀호출에 의해 계산되면, FFT는 이 값들을 식 (11.10)을 사용하여 결합하고 다음을 얻는다.

$$[s(\omega^0), s(\omega^1), s(\omega^2), s(\omega^3), \ldots, s(\omega^{\frac{n}{2}-1}), s(\omega^{\frac{n}{2}}), s(\omega^{\frac{n}{2}+1}), s(\omega^{\frac{n}{2}+2}), \ldots, s(\omega^{n-1})]$$

처음 $n/2$ 값들은 예상하는 대로 얻어진다.

$$\begin{array}{lcrcl}
[s(\omega^0),\ s(\omega^1),\ s(\omega^2),\ s(\omega^3),\ \ldots,\ s(\omega^{\frac{n}{2}-1})] & = & [s_{even}(((\omega^2)^0) & + & \omega^0 \cdot s_{odd}((\omega^2)^0), \\
 & & s_{even}((\omega^2)^1) & + & \omega^1 \cdot s_{odd}((\omega^2)^1), \\
 & & s_{even}((\omega^2)^2 & + & \omega^2 \cdot s_{odd}((\omega^2)^2), \\
 & & s_{even}((\omega^2)^3) & + & \omega^3 \cdot s_{odd}((\omega^2)^3), \\
 & & & \vdots & \\
 & & s_{even}((\omega^2)^{\frac{n}{2}-1}) & + & \omega^{\frac{n}{2}-1} \cdot s_{odd}((\omega^2)^{\frac{n}{2}-1})]
\end{array}$$

이것은 컴프리헨션 $[\texttt{f0}[j] + \omega^j * \texttt{f0}[j] \text{ for } j \text{ in range}(n//2)]$을 사용하여 계산할 수 있다:

마지막 $n/2$ 값들은 식 (11.11)을 사용하여 유사하게 계산된다.

$$
\begin{aligned}
[s(\omega^{\frac{n}{2}}),\ s(\omega^{\frac{n}{2}+1}),\ s(\omega^{\frac{n}{2}+2}),\ s(\omega^{\frac{n}{2}+3}),\ \ldots,\ s(\omega^{n-1})] \quad = \quad & [s_{even}((\omega^2)^0) && + && \omega^{\frac{n}{2}} \cdot s_{odd}((\omega^2)^0), \\
& s_{even}((\omega^2)^1) && + && \omega^{\frac{n}{2}+1} \cdot s_{odd}((\omega^2)^1), \\
& s_{even}((\omega^2)^2 && + && \omega^{\frac{n}{2}+2} \cdot s_{odd}((\omega^2)^2), \\
& s_{even}((\omega^2)^3) && + && \omega^{\frac{n}{2}+3} \cdot s_{odd}((\omega^2)^3), \\
& \vdots \\
& s_{even}((\omega^2)^{\frac{n}{2}-1}) && + && \omega^{n-1} \cdot s_{odd}((\omega^2)^{\frac{n}{2}-1})]
\end{aligned}
$$

이것도 또한 컴프리헨션 $\left[\texttt{f0}[j] + \omega^{j+\frac{n}{2}} * \texttt{f0}[j] \text{ for } j \text{ in range}(n//2)\right]$을 사용하여 계산할 수 있다: .

11.6.7 FFT 코딩하기

마지막으로, FFT에 대한 파이썬 코드를 제공한다. 재귀(recursion)에 대한 기본 상태(base case)는 입력 리스트 $\boldsymbol{s}$가 $[s_0]$인 경우이다. 이 경우, 다항식 $s(x)$는 s_0이고, 그래서 임의의 수(특별히 1)에서 이 다항식의 값은 s_0이다. 만약 이 기본 상태가 성립하지 않으면, FFT는 입력 리스트의 짝수번 엔트리들과 홀수번 엔트리들에 대해 재귀적으로 호출된다. 리턴되는 값들은 식 (11.9)에 따라 $s(x)$의 값들을 계산하는 데 사용된다.

```
def FFT(w, s):
 n = len(s)
 if n==1: return [s[0]]
 f0 = FFT(w*w, [s[i] for i in range(n) if i % 2 == 0])
 f1 = FFT(w*w, [s[i] for i in range(n) if i % 2 == 1])
 return [f0[j]+w**j*f1[j] for j in range(n//2)] +
        [f0[j]-w**(j+n//2)*f1[j] for j in range(n//2)]
```

FFT의 실행 시간에 대한 분석은 예를 들어 Mergesort(기본 알고리즘 클래스에서 흔히 분석하는 알고리즘)와 유사하다. FFT에 필요한 연산 수는 $O(n \log n)$이다.

Remark: 리스트의 길이 n이 2의 거듭제곱이 아닌 경우, 한 가지 옵션은 입력 시퀀스 $\boldsymbol{s}$에 0을 채워 길이가 2의 배수가 되게 하는 것이다. FFT는 또한 n의 특정 값이 되게 할 수 있다.

11.7 복소수의 필드에 대한 내적

실수의 필드에 대한 내적은 도트곱으로 정의하였다. 내적에서 한 가지 요구 조건은 어떤 벡터와 그 자신의 내적은 norm이고, norm에 대한 한 가지 요구 조건은 그 값이 음수가 아닌 실수여야 한다는 것이다. 하지만, 복소수 필드 $\mathbb{C}$상의 벡터의 도트곱은 반드시 음수가 아니어야 하는 것은 아니다. 예를 들어, 1-벡터 $[\mathbf{i}]$와 그 자신의 도트곱은 -1이다. 다행히 내적의 정의를 약간 변경하면 벡터들이 모두 실수 엔트리를 가지는 경우와 동일한 결과를 제공한다.

복소수의 공액(conjugate)에 대해 기억해 보자. z의 공액복소는 $\bar{z}$로 나타내며 $z.\text{real} - z.\text{imag}$로 정의된다. z와 $\bar{z}$의 곱은 $|z|$로 표현되는 z의 절대값이고, 그 값은 음수가 아닌 실수이다.

Example 11.7.1: $e^{\theta \mathbf{i}}$의 값은 복소평면 위의 점이고, 이것은 단위원상에 위치하며, 인수 θ, 즉 복소수 $\cos\theta + (\sin\theta)\mathbf{i}$를 가진다. 그러므로, 공액 복소수는 $\cos\theta - (\sin\theta)\mathbf{i}$이고, 이것은 $\cos(-\theta) + (\sin(-\theta))\mathbf{i}$와 동일하며 $e^{-\theta\mathbf{i}}$이다. 따라서, 공액 복소수는 허수 지수(imaginary exponent)의 부호를 바꾸는 것과 동일하다.

$\boldsymbol{z} = e^{\theta\mathbf{i}}$에 대해, z와 $\bar{z}$의 곱은 무엇인가? 지수의 덧셈 법칙을 사용하면 $\boldsymbol{z}\bar{\boldsymbol{z}} = e^{\theta\mathbf{i}}e^{-\theta\mathbf{i}} = e^{\theta\mathbf{i}-\theta\mathbf{i}} = e^0 = 1$이다.

$\mathbb{C}$상의 벡터 $\boldsymbol{v} = [z_1, \ldots, z_n]$에 대해, $\boldsymbol{v}$의 각 엔트리를 공액복소수로 바꾸어 만들어지는 벡터를 $\bar{\boldsymbol{v}}$로 나타낸다.

$$\bar{\boldsymbol{v}} = [\bar{z}_1, \ldots, \bar{z}_n]$$

물론, $\boldsymbol{v}$의 엔트리들이 실수이면, $\bar{\boldsymbol{v}}$는 $\boldsymbol{v}$와 동일하다.

Definition 11.7.2: 복소수 필드상의 벡터들에 대한 내적은 다음과 같이 정의된다.

$$\langle \boldsymbol{u}, \boldsymbol{v} \rangle = \bar{\boldsymbol{u}} \cdot \boldsymbol{v}$$

만약 $\boldsymbol{u}$의 엔트리들이 실수이면 내적은 $\boldsymbol{u}$와 $\boldsymbol{v}$의 도트곱이다.

이 정의는 벡터와 그 자신의 내적은 음수가 아님을 보장한다. $\boldsymbol{v} = [z_1, \ldots, z_n]$은 $\mathbb{C}$상의 n-벡터라고 하자. 그러면, 다음과 같이 쓸 수 있다.

$$\begin{aligned} \langle \boldsymbol{v}, \boldsymbol{v} \rangle &= [\bar{z}_1, \ldots, \bar{z}_n] \cdot [z_1, \ldots, z_n] && (11.12) \\ &= \bar{z}_1 z_1 + \cdots + \bar{z}_n z_n \\ &= |z_1|^2 + \cdots + |z_n|^2 && (11.13) \end{aligned}$$

이것은 음수가 아닌 실수이다.

Example 11.7.3: ω는 $e^{\theta\mathbf{i}}$ 형태의 복소수라고 하자. $\boldsymbol{v}$는 $W(\omega, n)$의 열 c라고 하자. 그러면, $\boldsymbol{v}$와 $\bar{\boldsymbol{v}}$는 다음과 같다.

$$\boldsymbol{v} = [\omega^{0\cdot c}, \omega^{1\cdot c}, \ldots, \omega^{(n-1)\cdot c}]$$
$$\bar{\boldsymbol{v}} = [\omega^{-0\cdot c}, \omega^{-1\cdot c}, \ldots, \omega^{-(n-1)\cdot c}]$$

따라서, 다음이 성립한다.

$$\begin{aligned} \langle \boldsymbol{v}, \boldsymbol{v} \rangle &= \omega^{0\cdot c}\omega^{-0\cdot c} + \omega^{1\cdot c}\omega^{-1\cdot c} + \cdots + \omega^{(n-1)\cdot c}\omega^{-(n-1)\cdot c} \\ &= \omega^0 + \omega^0 + \cdots + \omega^0 \\ &= 1 + 1 + \cdots + 1 \\ &= n \end{aligned}$$

이것은 Lemma 11.6.2의 증명에서 보여준 첫 번째 경우이다.

내적을 정의하였으므로, 식 (9.1)에서처럼 벡터의 norm을 정의해 보자.

$$\|\boldsymbol{v}\| = \sqrt{\langle \boldsymbol{v}, \boldsymbol{v} \rangle}$$

식 (11.13)은 벡터의 norm은 음수가 아니고(Norm Property N1) 벡터가 영벡터인 경우에만 영임 (Norm Property N2)을 보장한다.

Example 11.7.3(462 페이지)은 $W(\omega, n)$의 열의 제곱 norm은 n이고, 그래서 $\mathcal{F}_n$의 열의 norm 은 1임을 보여 준다.

벡터를 열벡터(1-열 행렬)로 해석하는 관례에 대해 기억해 보자. 곱 $\boldsymbol{u}^T\boldsymbol{v}$는 유일한 엔트리가 $\boldsymbol{u}\cdot\boldsymbol{v}$ 인 행렬이다. 유사하게, $\mathbb{C}$상의 벡터들에 대해 곱 $\boldsymbol{u}^H\boldsymbol{v}$는 유일한 엔트리가 $\langle\boldsymbol{u},\boldsymbol{v}\rangle$인 행렬이다. 사실, 다음 방정식은 벡터들이 $\mathbb{C}$상에 있든 혹은 $\mathbb{R}$상에 있든 관계없이 성립한다.

$$\boldsymbol{u}^H\boldsymbol{v} = \begin{bmatrix} \langle\boldsymbol{u},\boldsymbol{v}\rangle \end{bmatrix} \tag{11.14}$$

$\mathbb{R}$상의 벡터들에 대한 내적은 대칭적이다. 반면에, $\mathbb{C}$상의 벡터들에 대한 내적은 그렇지 않다.

Example 11.7.4: $\boldsymbol{u} = [1+2\mathbf{i}, 1]$, $\boldsymbol{v} = [2, 1]$라고 하자. 그러면, 다음처럼 계산된다.

$$\begin{aligned}
\begin{bmatrix} \langle\boldsymbol{u},\boldsymbol{v}\rangle \end{bmatrix} &= \begin{bmatrix} 1-2\mathbf{i} & 1 \end{bmatrix}\begin{bmatrix} 2 \\ 1 \end{bmatrix} \\
&= \begin{bmatrix} 2-4\mathbf{i}+1 \end{bmatrix} \\
\begin{bmatrix} \langle\boldsymbol{v},\boldsymbol{u}\rangle \end{bmatrix} &= \begin{bmatrix} 2 & 1 \end{bmatrix}\begin{bmatrix} 1+2\mathbf{i} \\ 1 \end{bmatrix} \\
&= \begin{bmatrix} 2+4\mathbf{i}+1 \end{bmatrix}
\end{aligned}$$

$\mathbb{R}$상의 벡터들에 대해 정의하였듯이, $\mathbb{C}$상의 벡터들에 대한 직교성(orthogonality)을 정의한다. 만약 두 벡터의 내적이 영이면, 이 벡터들은 직교한다.

Example 11.7.5: $\boldsymbol{u} = [e^{0\cdot\pi\mathbf{i}/2}, e^{1\cdot\pi\mathbf{i}/2}, e^{2\cdot\pi\mathbf{i}/2}, e^{3\cdot\pi\mathbf{i}/2}]$, $\boldsymbol{v} = [e^{0\cdot\pi\mathbf{i}}, e^{1\cdot\pi\mathbf{i}}, e^{2\cdot\pi\mathbf{i}}, e^{3\cdot\pi\mathbf{i}}]$라고 하자. 그러면, 다음과 같이 나타낼 수 있다.

$$\begin{aligned}
\langle\boldsymbol{u},\boldsymbol{v}\rangle &= \bar{\boldsymbol{u}}\cdot\boldsymbol{v} \\
&= [e^{-0\cdot\pi\mathbf{i}/2}, e^{-1\cdot\pi\mathbf{i}/2}, e^{-2\cdot\pi\mathbf{i}/2}, e^{-3\cdot\pi\mathbf{i}/2}]\cdot[e^{0\cdot\pi\mathbf{i}}, e^{1\cdot\pi\mathbf{i}}, e^{2\cdot\pi\mathbf{i}}, e^{3\cdot\pi\mathbf{i}}] \\
&= e^{-0\cdot\pi\mathbf{i}/2}e^{0\cdot\pi\mathbf{i}} + e^{-1\cdot\pi\mathbf{i}/2}e^{1\cdot\pi\mathbf{i}} + e^{-2\cdot\pi\mathbf{i}/2}e^{2\cdot\pi\mathbf{i}} + e^{-3\cdot\pi\mathbf{i}/2}e^{3\cdot\pi\mathbf{i}} \\
&= e^{0\cdot\pi\mathbf{i}/2} + e^{1\cdot\pi\mathbf{i}/2} + e^{2\cdot\pi\mathbf{i}/2} + e^{3\cdot\pi\mathbf{i}/2}
\end{aligned}$$

마지막의 합은 영이다(파이썬으로 시험해 보거나 또는 Lemma 11.6.2에 대한 증명의 마지막 부분을 살펴보자).

Example 11.7.6: 좀 더 일반적으로, Lemma 11.6.2에 대한 증명의 두 번째 경우는 $W(e^{2\pi\mathbf{i}/n}, n)$ 의 두 개의 같지 않은 열들은 직교한다는 것을 보여 준다.

Definition 11.7.7: $\mathbb{C}$상의 행렬 A의 *에르미트 수반행렬*(Hermitian adjoint)은 A^H로 나타내는데, 이것은 A의 전치행렬에서 각 원소의 공액복소수를 취함으로써 얻어진 행렬이다.

Definition 11.7.8: $\mathbb{C}$상의 행렬 A는 만약 A가 정방행렬이고 $A^H A$가 단위행렬이면 *유니터리*(unitary)이다.

Fourier Inverse Theorem(Theorem 11.6.1)은 푸리에 행렬이 유니터리임을 보여 준다.

유니터리 행렬은 직교행렬의 복소수 버전이다. 직교행렬의 전치행렬은 그 직교행렬의 역행렬인 것처럼 다음이 성립한다.

Lemma 11.7.9: 유니터리 행렬의 에르미트 수반행렬은 그 유니터리 행렬의 역행렬이다.

더욱이, 직교행렬에 의한 곱셈이 norm을 보존하는 것처럼, 유니터리 행렬에 의한 곱셈도 norm을 보존한다.

9장과 10장에서 보여준 결과는 전치행렬을 유니터리 행렬로 바꾸어 $\mathbb{C}$상에 대한 벡터와 행렬에 대해 성립하도록 적용할 수 있다.

11.8 순환행렬(Circulant matrix)

숫자(실수 또는 허수) a_0, a_1, a_2, a_3에 대해, 다음 행렬을 고려해 보자.

$$A = \begin{bmatrix} a_0 & a_1 & a_2 & a_3 \\ a_3 & a_0 & a_1 & a_2 \\ a_2 & a_3 & a_0 & a_1 \\ a_1 & a_2 & a_3 & a_0 \end{bmatrix}$$

두 번째 행은 첫 번째 행을 오른쪽으로 한자리 순환 시프트하여 얻을 수 있다. 마찬가지로, 세 번째 행은 두 번째 행을 한자리 순환 시프트하여, 그리고 네 번째 행은 세 번째 행을 한자리 순환 시프트하여 얻을 수 있다.

Definition 11.8.1: $\{0, 1, \ldots, n-1\} \times \{0, 1, \ldots, n-1\}$ 행렬 A는 만약 다음이 만족하면 *순환행렬*이라고 한다.

$$A[i, j] = A[0, (i-j) \bmod n]$$

즉, A는 다음의 형태를 가진다.

$$\begin{bmatrix} a_0 & a_1 & a_2 & \cdots & a_{n-3} & a_{n-2} & a_{n-1} \\ a_{n-1} & a_0 & a_1 & \cdots & a_{n-4} & a_{n-3} & a_{n-2} \\ a_{n-2} & a_{n-1} & a_0 & \cdots & a_{n-3} & a_{n-2} & a_{n-3} \\ & & & \vdots & & & \\ a_2 & a_3 & a_4 & \cdots & a_{n-1} & a_0 & a_1 \\ a_1 & a_2 & a_3 & \cdots & a_{n-2} & a_{n-1} & a_0 \end{bmatrix}$$

아마도 순환행렬은 단순히 호기심의 대상이지 실제 응용과는 관계가 없다고 생각할 수 있다. Example 5.6.6(177 페이지)을 고려해 보자. 이 예제에서는 오디오 클립을 더 긴 오디오 세그먼트와 매칭하기 위해 많은 도트곱을 계산한다. 예제에서 언급하였듯이, 이러한 모든 도트곱을 찾는 것은 행렬-벡터 곱셈으로 구성될 수 있다. 이 경우, 행렬은 순환행렬이다. 각 행은 짧은 시퀀스를 긴 시퀀스의 특정 서브시퀀스에 매칭한다.

이 섹션에서는 행렬-벡터 곱셈이 일반적 알고리즘보다 훨씬 더 빠르게 수행될 수 있다는 것을 보여 준다. 일반적 알고리즘으로는 n^2번의 곱셈이 필요하다. 이 계산은 호출당 $O(n \log n)$ 시간이 필요한 두어 번의 FFT 호출과 n번의 곱셈으로 수행될 수 있다는 것을 살펴볼 것이다(곱셈은 복소수를 사용하여 수행되어야 하므로 추가적인 시간이 필요하다. 하지만, 정교한 알고리즘은 여전히 n이 클 경우 여전히 일반적 알고리즘보다 훨씬 빠르다).

유사한 현상은 어떤 패턴과 2차원 이미지의 도트곱을 계산할 때에도 발생한다. 여기서 다루지는 않지만, 이 문제를 처리하는 데 FFT 기반의 알고리즘을 확장하는 것은 어렵지 않다.

11.8.1 순환행렬에 푸리에 행렬의 열 곱하기

A는 $n \times n$ 순환행렬이라 하자. 행렬 A와 행렬 $W(\omega, n)$의 열을 곱할 때 흥미로운 현상이 발생한다. 예를 들어, $n = 4$를 가지고 시작해 보자. $[a_0, a_1, a_2, a_3]$은 A의 첫 번째 행이라고 하자. $W(\omega, 4)$는 다음과 같다.

$$\begin{bmatrix} \omega^{0\cdot 0} & \omega^{0\cdot 1} & \omega^{0\cdot 2} & \omega^{0\cdot 3} \\ \omega^{1\cdot 0} & \omega^{1\cdot 1} & \omega^{1\cdot 2} & \omega^{1\cdot 3} \\ \omega^{2\cdot 0} & \omega^{2\cdot 1} & \omega^{2\cdot 2} & \omega^{2\cdot 3} \\ \omega^{3\cdot 0} & \omega^{3\cdot 1} & \omega^{3\cdot 2} & \omega^{3\cdot 3} \end{bmatrix}$$

$j = 0, 1, 2, 3$에 대해, $W(\omega, 4)$의 열 j는 벡터 $[\omega^{0\cdot j}, \omega^{1\cdot j}, \omega^{2\cdot j}, \omega^{3\cdot j}]$이다. 행렬-벡터 곱의 첫 번째 엔트리는 A의 첫 번째 행과 $W(\omega, 4)$의 열 j의 도트곱이며, 그 결과는 아래와 같다.

$$a_0\omega^{j\cdot 0} + a_1\omega^{j\cdot 1} + a_2\omega^{j\cdot 2} + a_3\omega^{j\cdot 3} \tag{11.15}$$

A의 두 번째 행은 $[a_3, a_0, a_1, a_2]$이다. 그러므로, 행렬-벡터 곱셈의 두 번째 엔트리는 다음과 같다.

$$a_3\omega^{j\cdot 0} + a_0\omega^{j\cdot 1} + a_1\omega^{j\cdot 2} + a_2\omega^{j\cdot 3} \tag{11.16}$$

이 두 번째 엔트리는 첫 번째 엔트리에 ω^j를 곱하여 얻을 수 있다. 마찬가지로, 세 번째 엔트리는 첫 번째 엔트리에 $\omega^{j\cdot 2}$를 곱하여 얻을 수 있고, 네 번째 엔트리는 첫 번째 엔트리에 $\omega^{j\cdot 3}$을 곱하여 얻을 수 있다.

λ_j를 행렬-벡터 곱의 첫 번째 엔트리라고 하면, 곱은 $[\lambda_j\omega^{j\cdot 0}, \lambda_j\omega^{j\cdot 1}, \lambda_j\omega^{j\cdot 2}, \lambda_j\omega^{j\cdot 3}]$의 형태를 가진다. 즉, A와 $W(\omega, 4)$의 열 j의 곱은 스칼라-벡터 곱, λ_j와 $W(\omega, 4)$의 열 j의 곱이다.

이것은 매우 특별한 성질이며, 13장에서 아주 상세히 살펴볼 것이다. 지금은, 이 결과를 방정식으로 나타내 보자.

$$\lambda_j \begin{bmatrix} \omega^{0\cdot j} \\ \omega^{1\cdot j} \\ \omega^{2\cdot j} \\ \omega^{3\cdot j} \end{bmatrix} = \begin{bmatrix} a_0 & a_1 & a_2 & a_3 \\ a_3 & a_0 & a_1 & a_2 \\ a_2 & a_3 & a_0 & a_1 \\ a_1 & a_2 & a_3 & a_0 \end{bmatrix} \begin{bmatrix} \omega^{0\cdot j} \\ \omega^{1\cdot j} \\ \omega^{2\cdot j} \\ \omega^{3\cdot j} \end{bmatrix}$$

$W(\omega, n)$의 각 열에 대한 방정식이 있다. 행렬-행렬 곱셈의 행렬-벡터 정의를 사용하여 이들 네 개의 방정식을 하나로 합쳐볼 것이다.

열들이 아래와 같은 행렬은

$$\lambda_0 \begin{bmatrix} \omega^{0\cdot 0} \\ \omega^{1\cdot 0} \\ \omega^{2\cdot 0} \\ \omega^{3\cdot 0} \end{bmatrix} + \lambda_1 \begin{bmatrix} \omega^{0\cdot 1} \\ \omega^{1\cdot 1} \\ \omega^{2\cdot 1} \\ \omega^{3\cdot 1} \end{bmatrix} + \lambda_2 \begin{bmatrix} \omega^{0\cdot 2} \\ \omega^{1\cdot 2} \\ \omega^{2\cdot 2} \\ \omega^{3\cdot 2} \end{bmatrix} + \lambda_3 \begin{bmatrix} \omega^{0\cdot 3} \\ \omega^{1\cdot 3} \\ \omega^{2\cdot 3} \\ \omega^{3\cdot 3} \end{bmatrix}$$

다음과 같이 나타낼 수 있다.

$$\begin{bmatrix} \omega^{0\cdot 0} & \omega^{0\cdot 1} & \omega^{0\cdot 2} & \omega^{0\cdot 3} \\ \omega^{1\cdot 0} & \omega^{1\cdot 1} & \omega^{1\cdot 2} & \omega^{1\cdot 3} \\ \omega^{2\cdot 0} & \omega^{2\cdot 1} & \omega^{2\cdot 2} & \omega^{2\cdot 3} \\ \omega^{3\cdot 0} & \omega^{3\cdot 1} & \omega^{3\cdot 2} & \omega^{3\cdot 3} \end{bmatrix} \begin{bmatrix} \lambda_0 & 0 & 0 & 0 \\ 0 & \lambda_1 & 0 & 0 \\ 0 & 0 & \lambda_2 & 0 \\ 0 & 0 & 0 & \lambda_3 \end{bmatrix}$$

그래서, 위 방정식을 다음과 같이 쓸 수 있다.

$$\begin{bmatrix} \omega^{0\cdot 0} & \omega^{0\cdot 1} & \omega^{0\cdot 2} & \omega^{0\cdot 3} \\ \omega^{1\cdot 0} & \omega^{1\cdot 1} & \omega^{1\cdot 2} & \omega^{1\cdot 3} \\ \omega^{2\cdot 0} & \omega^{2\cdot 1} & \omega^{2\cdot 2} & \omega^{2\cdot 3} \\ \omega^{3\cdot 0} & \omega^{3\cdot 1} & \omega^{3\cdot 2} & \omega^{3\cdot 3} \end{bmatrix} \begin{bmatrix} \lambda_0 & 0 & 0 & 0 \\ 0 & \lambda_1 & 0 & 0 \\ 0 & 0 & \lambda_2 & 0 \\ 0 & 0 & 0 & \lambda_3 \end{bmatrix} = \begin{bmatrix} a_0 & a_1 & a_2 & a_3 \\ a_3 & a_0 & a_1 & a_2 \\ a_2 & a_3 & a_0 & a_1 \\ a_1 & a_2 & a_3 & a_0 \end{bmatrix} \begin{bmatrix} \omega^{0\cdot 0} & \omega^{0\cdot 1} & \omega^{0\cdot 2} & \omega^{0\cdot 3} \\ \omega^{1\cdot 0} & \omega^{1\cdot 1} & \omega^{1\cdot 2} & \omega^{1\cdot 3} \\ \omega^{2\cdot 0} & \omega^{2\cdot 1} & \omega^{2\cdot 2} & \omega^{2\cdot 3} \\ \omega^{3\cdot 0} & \omega^{3\cdot 1} & \omega^{3\cdot 2} & \omega^{3\cdot 3} \end{bmatrix}$$

또는, 더 간단하게 다음처럼 쓸 수 있다.

$$W(\omega, 4)\ \Lambda = A\ W(\omega, 4)$$

여기서, Λ는 대각행렬 $\begin{bmatrix} \lambda_0 & 0 & 0 & 0 \\ 0 & \lambda_1 & 0 & 0 \\ 0 & 0 & \lambda_2 & 0 \\ 0 & 0 & 0 & \lambda_3 \end{bmatrix}$이다. 푸리에 행렬 $\mathcal{F}_4$는 $\frac{1}{2}W(\omega, 4)$이므로, 방정식을 다음과 같이 쓸 수 있다.

$$\mathcal{F}_4 \Lambda = A\ \mathcal{F}_4$$

여기서, 양변의 $\frac{1}{2}$은 약분되어 없어진다. 방정식의 양변의 오른쪽에 $\mathcal{F}_4$의 역행렬을 곱하면, 다음을 얻는다.

$$\mathcal{F}_4\ \Lambda\ \mathcal{F}_4^{-1} = A$$

이제, A는 $n \times n$ 행렬이라고 해 보자. 그러면, 다음의 중요한 방정식이 얻어진다.

$$\mathcal{F}_n\ \Lambda\ \mathcal{F}_n^{-1} = A \tag{11.17}$$

여기서, Λ는 어떤 $n \times n$ 대각행렬이다.

행렬-벡터 곱 $A\boldsymbol{v}$를 계산하고자 한다고 해 보자. 위 방정식으로부터 이것은 $\mathcal{F}_n\ \Lambda\ \mathcal{F}_n^{-1}\ \boldsymbol{v}$와 동일하다는 것을 안다. 이것은 결합성을 사용하여 다음과 같이 나타낼 수 있다.

$$\mathcal{F}_n(\Lambda(\mathcal{F}_n^{-1}\boldsymbol{v}))$$

따라서, 단일 행렬-벡터 곱셈 $A\boldsymbol{v}$를 일련의 세개의 연속적인 행렬-벡터 곱셈으로 대체하였다. 이렇게 하면 무엇이 좋은가? 이 새로운 행렬-벡터 곱셈의 각각은 아주 특별한 행렬을 사용한다. 벡터에 $\mathcal{F}_n^{-1}$ 또는 $\mathcal{F}_n$을 곱하는 것은 FFT를 사용하면 $O(n \log n)$ 시간에 할 수 있다. 벡터에 Λ를 곱하는 것은 쉽다. 벡터의 각 엔트리는 Λ의 대응하는 대각 엔트리에 의해 곱해진다. 따라서, 이 모든 곱셈을 수행하는 데 걸리는 총 시간은 $O(n \log n)$이며, 이것은 일반적 행렬-벡터 곱셈 알고리즘을 사용하는 경우 필요한 $O(n^2)$보다 훨씬 빠르다.

11.8.2 순환행렬과 기저 변경

식 (11.17)의 해석은 중요하다. 이 식의 왼쪽에 $\mathcal{F}_n^{-1}$을 곱하고 오른쪽에 $\mathcal{F}$를 곱하여 변환해 보자. 결과는 다음과 같다.

$$\Lambda = \mathcal{F}_n^{-1} A \mathcal{F}_n \tag{11.18}$$

$\mathcal{F}_n$의 열들은 기저, 즉 이산 푸리에 기저를 형성한다. 벡터에 $\mathcal{F}_n$을 곱하는 것은 이 기저에 대한 벡터의 좌표표현을 벡터 자체로 변경하는 `rep2vec`에 대응한다. $\mathcal{F}_n^{-1}$을 곱하는 것은 벡터를 이산 푸리에 기저에 대한 벡터의 좌표표현으로 변경하는 `vec2rep`에 대응한다. 식 (11.18)은 함수 $\boldsymbol{x} \mapsto A\boldsymbol{x}$를 이산 푸리에 기저의 관점에서 보면 아주 간단하다는 것을 나타낸다. 즉, 단순히 좌표의 각각을 어떤 수로 곱한 것이다.

식 (11.18)은 행렬 A의 *대각화*라고 한다. 대각화는 13장에서 중요하게 다룬다.

11.9 *Lab: 압축을 위해 웨이브릿 사용하기*

이 lab에서는 벡터 클래스 `Vec`을 사용하지 않고 리스트와 딕셔너리를 사용할 것이다. 단순하게 하기 위해, 모든 벡터의 원소의 개수는 2의 거듭제곱이라고 하자.

Note: 비록 이 lab의 목적은 스파스(sparse) 표현을 달성하는 것이지만, 간단하게 하기 위해 모든 값들, 심지어 영도 가지고 있을 것이다.

- 표준 기저에 대한 좌표표현은 리스트로서 저장될 것이다. 특히, 이미지의 각 행은 리스트로 나타낼 것이다.
- Haar 웨이브릿 기저에 대한 좌표표현은 딕셔너리로 나타낼 것이다.

예를 들어, $n = 16$이라고 하자. 벡터 $\boldsymbol{v}$의 표준 기저에 대한 표현은 아래와 같다.

```
>>> v = [4,5,3,7,4,5,2,3,9,7,3,5,0,0,0,0]
```

여기서, `v[`i`]`는 표준 기저 벡터 b_i^{16}의 계수이다.

정규화되지 않은 Haar 웨이브릿 기저는 다음 벡터들로 구성된다.

$$\begin{aligned} \boldsymbol{w}_0^8, \boldsymbol{w}_1^8, \boldsymbol{w}_2^8, \boldsymbol{w}_3^8, \boldsymbol{w}_4^8, \boldsymbol{w}_5^8, \boldsymbol{w}_6^8, \boldsymbol{w}_7^8,\\ \boldsymbol{w}_0^4, \boldsymbol{w}_1^4, \boldsymbol{w}_2^4, \boldsymbol{w}_3^4,\\ \boldsymbol{w}_0^2, \boldsymbol{w}_1^2,\\ \boldsymbol{w}_0^1,\\ \boldsymbol{b}_0^1 \end{aligned}$$

표기의 편의를 위해, $\boldsymbol{w}_0^0$을 사용하여 $\boldsymbol{b}_0^1$을 나타낸다.

Haar 웨이브릿 기저에 대한 $\boldsymbol{v}$의 표현은 다음 키들을 가지고 딕셔너리에 저장된다.

$$\begin{aligned}(8,0),(8,1),(8,2),(8,3),(8,4),(8,5),(8,6),(8,7),\\(4,0),(4,1),(4,2),(4,3),\\(2,0),(2,1),\\(1,0),\\(0,0)\end{aligned}$$

여기서, 키 $(8,0)$에 연관된 값은 $\boldsymbol{w}_0^8$의 계수이고, 키 $(1,0)$에 연관된 값은 $\boldsymbol{w}_0^1$의 계수이며, 키 $(0,0)$에 연관된 값은 $\boldsymbol{w}_0^0$의 계수(즉, 전체 밝기 평균)이다.

예를 들어, 앞에서 주어진 벡터 $\boldsymbol{v}$에 대한 표현은 다음과 같다.

```
{(8, 3): -1, (0, 0): 3.5625, (8, 2): -1, (8, 1): -4, (4, 1): 2.0,
 (4, 3): 0.0, (8, 0): -1, (2, 1): 6.0, (2, 0): 1.25, (8, 7): 0,
(4, 2): 4.0, (8, 6): 0, (1, 0): 1.125, (4, 0): -0.5, (8, 5): -2,
 (8, 4): 2}
```

이것은 *정규화되지 않은 기저 벡터*들에 대한 표현이라는 것을 잊지 말자. 이 표현을 찾는 프로시저를 작성할 것이다. 그다음에, 이 프로시저를 정규화된 기저 벡터들에 대한 표현을 리턴하는 또 다른 프로시저에서 사용할 것이다.

11.9.1 *정규화되지 않은 순방향 변환(Unnormalized forward transform)*

Task 11.9.1: 다음 스펙을 가지는 프로시저, `forward_no_normalization(v)`을 작성해 보자.

- *input:* $\mathbb{R}^n$의 벡터를 나타내는 리스트. 여기서, n은 2의 거듭제곱이다.
- *output:* 정규화되지 않은 Haar 웨이브릿 기저에 대한 입력 벡터의 표현을 나타내는 딕셔너리. $\boldsymbol{w}_i^j$의 계수에 대한 키는 터플 (j,i)이다.

시작할 수 있는 슈도코드(pseudocode)는 다음과 같다.

```
def forward_no_normalization(v):
 D = {}
 while len(v) > 1:
    k = len(v)
    # v is a k-element list
    vnew = ... compute downsampled 1-d image of size k//2 from v ...
    # vnew is a k//2-element list
    w = ... compute unnormalized coefficients of basis for W(k/2) ...
    # w is a list of coefficients
    D.update( ...dictionary with keys (k//2, 0), (k//2, 1), ...,
                 (k//2, k//2-1) and values from w ...)
    v = vnew
 # v is a 1-element list
```

```
D[(0,0)] = v[0]  #store the last coefficient
return D
```

아래는 테스트할 수 있도록 예를 보여 준다.

```
>>> forward_no_normalization([1,2,3,4])
{(2, 0): -1, (1, 0): -2.0, (0, 0): 2.5, (2, 1): -1}
>>> v=[4,5,3,7,4,5,2,3,9,7,3,5,0,0,0,0]
>>> {(8,3): -1, (0,0): 3.5625, (8,2): -1, (8,1): -4, (4,1): 2.0, (4,3): 0.0,
 (8,0): -1, (2,1): 6.0, (2,0): 1.25, (8,7): 0, (4,2): 4.0, (8,6): 0,
 (1,0): 1.125, (4,0): -0.5, (8,5): -2, (8,4): 2}
```

몇몇 작은 1차원 이미지에 대해 시험해 보자. 이들 이미지에서 주변 픽셀들, 예를 들어 $[1,1,2,2]$와 $[0,1,1,1,-1,1,0,1,100,101,102,100,101,100,99,100]$ 사이에는 많은 유사성이 있다. 그다음에, 주변 픽셀들이 상당히 다른 이미지들에 대해 시험해 보자. 결과 계수들의 크기에 어떤 차이가 있는가?

11.9.2 순방향 변환에서의 정규화

웨이브릿 기저를 도입하는 데서 계산하였듯이, 웨이브릿 기저 벡터 $\boldsymbol{w}_i^s$의 정규화되지 않은 제곱 norm은 $n/(4s)$이다. 전체 평균 밝기에 대응하는 특수 기저 벡터 $\boldsymbol{w}_0^0$는 아래와 같다.

$$[1,1,\ldots,1]$$

따라서, 이 기저 벡터의 제곱 norm은 $1^2+1^2+\cdots+1^2$이고 그 값은 n이다.

앞서 보았듯이, 정규화되지 않은 기저 벡터의 계수를 대응하는 정규화된 기저 벡터의 계수로 변경하기 위해서는 정규화되지 않은 기저 벡터의 norm을 곱한다. 따라서, 계수들을 정규화하는 것은 $\boldsymbol{w}_i^s$의 계수에 $\sqrt{n/(4s)}$를 곱하는 것을 의미한다. 단, $\boldsymbol{w}_0^0$의 계수에는 $\sqrt{n}$이 곱해져야 한다.

Task 11.9.2: 프로시저, `normalize_coefficients(n, D)`를 작성해 보자. 이 프로시저는 주어진 원래 공간의 차원 n과 `forward_no_normalization(v)`에 의해 리턴되는 형태의 딕셔너리 D에 대해 정규화된 계수들을 가진 대응하는 딕셔너리를 리턴한다.

다음은 예를 보여 준다.

```
>>> normalize_coefficients(4, {(2,0):1, (2,1):1, (1,0):1, (0,0):1})
{(2, 0): 0.707..., (1, 0): 1.0, (0, 0): 2.0, (2, 1): 0.707...}
>>> normalize_coefficients(4, forward_no_normalization([1,2,3,4]))
(2, 0): -0.707, (1, 0): -2.0, (0, 0): 5.0, (2, 1): -0.707}
```

Task 11.9.3: 정규화된 Haar 웨이브릿 기저에 대한 표현을 찾기 위한 프로시저, `forward(v)`를 작성해 보자. 이 프로시저는 단순히 `forward_no_normalization`과 `normalize_coefficients`을 결합해야 한다.

예로서, $[1,2,3,4]$의 순방향 변환을 찾아보자. $\boldsymbol{w}_0^2$와 $\boldsymbol{w}_1^2$의 정규화되지 않은 계수들은 둘 다 -1이다. 이들 벡터의 제곱 norm은 $1/2$이고, 그래서 이러한 원 계수들(raw coefficients)에는 $\sqrt{1/2}$이 곱해져야 한다.

서브샘플링된 2-픽셀 이미지는 $[1.5, 3.5]$이다. 이것은 다음 이터레이션을 위해 v에 할당된 값이다. $\boldsymbol{w}_0^1$의 정규화되지 않은 계수는 -2이다. $\boldsymbol{w}_0^1$의 제곱 norm은 1이고, 그래서 원 계수에는 $\sqrt{1}$이 곱해져야 한다.

서브샘플링된 1-픽셀 이미지는 $[2.5]$이다. 그래서, $\boldsymbol{w}_0^0 = \boldsymbol{b}_0^1$의 계수는 2.5이다. $\boldsymbol{w}_0^0$의 제곱 norm은 4이다. 그래서, 이 계수에는 $\sqrt{4}$가 곱해져야 한다.

그러므로, 딕셔너리의 출력은 다음과 같아야 한다.

```
{(2, 0): -sqrt(1/2), (2,1): -sqrt(1/2), (1, 0): -2, (0, 0): 5}
```

작성한 프로시저를 주변 픽셀들 사이에 작은 차이와 큰 차이가 있는 1차원 이미지들에 대해 시험해 보자.

11.9.3 *억제(Suppression)에 의한 압축*

이 압축 방법은 절대값이 주어진 임계값보다 작은 모든 계수들을 영으로 만드는 것이다.

Task 11.9.4: 프로시저, `suppress(D, threshold)`를 작성해 보자. 이 프로시저는 정규화된 기저에 대한 벡터의 표현을 나타내는 주어진 딕셔너리 D에 대해 동일한 형태이지만 절대값이 임계값보다 작은 모든 값을 영으로 바꾼 딕셔너리를 리턴한다. 이를 위해 간단한 컴프리헨션을 사용할 수 있어야 한다.

예를 들어 보자.

```
>>> suppress(forward([1,2,3,4]), 1)
{(2, 0): 0, (1, 0): -2.0, (0, 0): 5.0, (2, 1): 0}
```

Task 11.9.5: 주어진 딕셔너리에 대해 영이 아닌 값들의 백분율을 리턴하는 프로시저, `sparsity(D)`를 작성해 보자. 백분율 값이 작을수록 압축율은 더 좋다.

```
>>> D = forward([1,2,3,4])
>>> sparsity(D)
1.0
>>> sparsity(suppress(D, 1))
0.5
```

11.9.4 *비정규화하기(Unnormalizing)*

이제, 우리는 1차원 이미지를 압축하는 데 필요한 프로시저들을 가지고 있으며, 영에 가까운 값들을 억제하여 스파스 표현을 얻는다. 하지만, 압축된 표현으로부터 원래 이미지를 복원하는 것도 필요하다. 이 목적을 위해, 웨이브릿 계수들의 딕셔너리에 대응하는 리스트를 계산하는 프로시저, `backward(D)`가 필요하다.

첫 번째 단계는 정규화한 것을 원상복구 하는 것, 즉 비정규화하는 것이다.

Task 11.9.6: `normalize_coefficients(n, D)`와 기능적으로 반대로 동작하는 프로시저, `unnormalize_coefficients(n, D)`를 작성해 보자.

11.9.5 *정규화되지 않은 역방향 변환(Unnormalized backward transform)*

Task 11.9.7: 프로시저, `backward_no_normalization(D)`를 작성해 보자. 이 프로시저는 주어진 정규화되지 않은 웨이브릿 계수들의 딕셔너리에 대해 대응하는 리스트를 생성한다. 이것은 `foward_no_normalization(v)`의 반대 기능을 해야 한다.

시작할 수 있는 슈도코드는 다음과 같다.

```
def backward_no_normalization(D):
  n = len(D)
  v =   (the one-element list whose entry is the coefficient of b_0^0)
  while len(v) < n:
    k = 2 * len(v)
    v =  (a k-element list)
  return v
```

작성한 프로시저를 테스트하여 `forward_no_normalization(v)`와 기능적으로 반대가 되는지 확인해 보자.

11.9.6 *역방향 변환*

Task 11.9.8: 웨이브릿 역변환을 계산하는 프로시저, `backward(D)`를 작성해 보자. 이것은 단순히 `unnormalize_coefficients(n, D)`와 `backward_no_normalization(D)`을 결합하는 것이다.

작성한 프로시저를 테스트하여 `forward(v)`의 반대로 동작하는지 확인해 보자.

2차원 이미지 처리하기

2차원 Haar 웨이브릿 기저가 있다. 여기서, 우리는 2차원 기저와 약간 다른 방식을 사용할 것이다.

11.9.7 *보조 프로시저*

Problem 5.17.19에서 다음 스펙을 가지는 프로시저, `dictlist_helper(dlist, k)`를 작성하였다.

- *input:*
  - 모두 동일한 키를 가지는 딕셔너리들의 리스트 `dlist`
  - 키 `k`
- *output:* i 번째 원소가 `dlist`의 i 번째 딕셔너리의 키 `k`에 대응하는 값인 리스트

이 프로시저는 간단한 컴프리헨션이다.

11.9.8 *2차원 웨이브릿 변환*

여기서의 목적은 2차원 이미지에 대한 웨이브릿으로 된 표현을 찾는 것이다.

m 행과 n 열의 이미지 파일을 가지고 시작해 보자. 모듈 `image`를 사용하여 리스트들로 구성된 리스트 표현을 얻는다. 이 리스트는 m-원소 리스트이며, 각 원소는 n-원소 리스트이다.

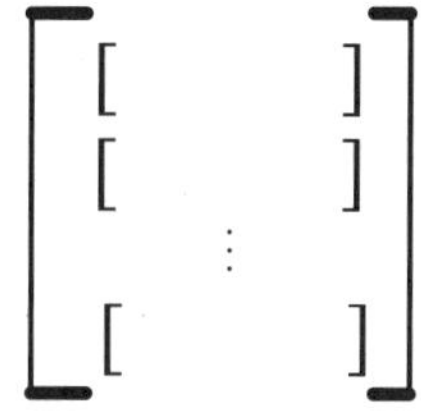

이미지의 각 행을 변환하는 데 `forward(v)` 프로시저가 사용될 것이다. `forward(v)`의 출력은 딕셔너리이며, 그 결과는 n-원소 딕셔너리들의 m-원소 리스트인 dictlist이다.

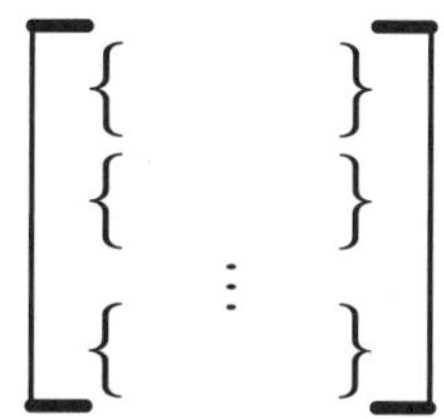

다음으로, 우리는 `forward(v)`를 적용할 수 있는 열들을 얻고자 한다. 각 키 k에 대해, 각 딕셔너리는 대응하는 값을 가진다. 따라서, 각 키 k에 대해, m-원소 리스트를 추출할 수 있으며, 이 리스트는 다음으로 구성된다.

- 첫 번째 딕셔너리의 엔트리 k
- 두 번째 딕셔너리의 엔트리 k

  ⋮

- m 번째 딕셔너리의 엔트리 k

그리고, 각 키 k를 대응하는 m-원소 리스트에 매핑하는 딕셔너리를 생성한다. 이것은 listdict 표현이다.

(8,0) (8,1) (0,0)

$\cdots$

마지막으로, `forward(v)`를 적용하여 각 리스트를 딕셔너리로 변환하여 dictdict를 얻을 것이다.

(8,0) (8,1) (0,0)

$\cdots$

이것이 이미지의 웨이브릿 변환을 나타내는 것이다.

11.9.9 순방향 2차원 변환

이제, 프로시저, `forward2d(listlist)`를 작성할 것이다. 이것은 이미지의 listlist 표현을 웨이브릿 계수들의 dictdict 표현으로 변환하는 것이다.

입력 *listlist*는 n-원소 리스트들의 m-원소 리스트이다. 내부의 각 리스트는 픽셀 밝기들로 구성된 행이다. 간단하게 하기 위해, m과 n은 2의 거듭제곱이라고 가정한다.

Step 1: `forward(v)`를 사용하여 이미지의 각 행을 변환한다. 각 행에 대해, 결과는 딕셔너리이다. 모든 딕셔너리는 동일한 집합의 키를 가진다. 이 딕셔너리들을 m-원소 리스트 `D_list`에 저장한다.

Step 2: 이것은 "전치(transpose)" 형태의 단계이며 열들에 대해 접근하게 해 준다. 각 키 k에 대해, 다음으로 이루어지는 m-원소 리스트를 구성한다.

- 첫 번째 딕셔너리의 엔트리 k
- 두 번째 딕셔너리의 엔트리 k

  ⋮
- m 번째 딕셔너리의 엔트리 k

이 리스트를 키 k를 사용하여 딕셔너리 `L_dict`에 저장한다. 따라서, `L_dict`은 n-원소 딕셔너리이며 각 원소는 m-원소 리스트이다.

Step 3: `forward(v)`를 사용하여 이들 각 리스트를 변환하여 딕셔너리 `D_dict`을 얻는다. `D_dict`의 각 원소는 딕셔너리로 대체된다.

그러면, 결과는 m-원소 딕셔너리들의 n-원소 딕셔너리이다.

Task 11.9.9: 프로시저, `forward2d(vlist)`를 작성하여 다음을 수행해 보자.

- Step 1은 간단한 리스트 컴프리헨션이다.
- Step 2는 프로시저, `dictlist_helper(dlist, k)`을 사용하는 딕셔너리 컴프리헨션이다.
- Step 3은 딕셔너리 컴프리헨션이다.

첫째, 작성한 프로시저를 $[[1, 2, 3, 4]]$와 같은 1×4 이미지에 대해 테스트해 보자. 이러한 이미지에 대해 1차원 변환과 맞아야 한다. 첫 번째 단계는 다음을 제공해야 한다.

```
[{(2,0): -0.707..., (1,0): -2.0, (0,0): 5.0, (2,1): -0.707...}]
```

두 번째 단계, "전치" 단계는 다음을 제공해야 한다.

```
{(2,0): [-0.707...], (1,0): [-2.0], (0,0): [5.0], (2,1): [-0.707...]}
```

세 번째와 마지막 단계는 다음을 제공해야 한다.

```
{(2,0): {(0,0): -0.707...}, (1,0): {(0,0): -2.0},
 (0,0): {(0,0): 5.0}, (2,1): {(0,0): -0.707...}}
```

```
{(2,0): {(0,0): -0.35...}, (1,0): {(0,0): -1.0},
 (0,0): {(0,0): 5.0}, (2,1): {(0,0): -0.35...}}
```

다음으로, 2×4 이미지 $[[1,2,3,4],[2,3,4,3]]$에 대해 테스트해 보자. 첫 번째 단계는 다음을 제공해야 한다.

```
{(2, 0): -0.707..., (1, 0): -2.0, (0, 0): 5.0, (2, 1): -0.707...},
 {(2, 0): -0.707..., (1, 0): -1.0, (0, 0): 6.0, (2, 1): 0.707...}]
```

두 번째 "전치" 단계는 다음을 제공해야 한다.

```
{(2, 0): [-0.707..., -0.707...], (1, 0): [-2.0, -1.0],
 (0, 0): [5.0, 6.0], (2, 1): [-0.707..., 0.707...]}
```

세 번째와 마지막 단계는 다음을 제공해야 한다.

```
{(2, 0): {(1, 0): 0.0, (0, 0): -1}, (1, 0): {(1, 0): -0.707...,
 (0, 0): -2.121...}, (0, 0): {(1, 0): -0.707..., (0, 0): 7.778...},
 (2, 1): {(1, 0): -1, (0, 0): 0.0}}
```

Task 11.9.10: `suppress(D,threshold)`의 2차원 버전인 `suppress2d(D_dict, threshold)`을작성해 보자. 이것은 `forward2d(vlist)`에 의해 리턴되는 것과 같은 딕셔너리들로 구성된 딕셔너리 내의 절대값이 *임계값*보다 작은 값들을 억제한다.

Task 11.9.11: `sparsity(D)`의 2차원 버전인 `sparsity2d(D_dict)`를 작성해 보자.

11.9.10 *보조 프로시저 더 보기*

Task 11.9.12: 다음 스펙을 가지는 프로시저, `listdict2dict(L_dict, i)`를 작성해 보자.

- *input:* 모두 길이가 동일한 리스트들의 딕셔너리 L_dict와 리스트의 인덱스 i
- *output:* L_dict와 동일한 키들을 가지는 딕셔너리. 여기서, 키 k는 L_dict[i]의 원소 i에 매핑된다.

Task 11.9.13: listdict 표현(리스트들의 딕셔너리)을 dictlist 표현(딕셔너리들의 리스트)으로 변경하는 프로시저, `listdict2dictlist(listdict)`를 작성해 보자.

(8,0) (8,1) (0,0)

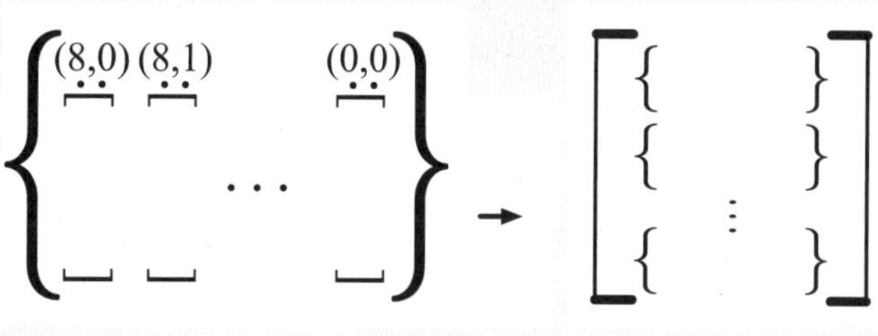

11.9.11 *2차원 역방향 변환*

2차원 역방향 변환을 수행하는 프로시저를 작성할 것이다. 변환 과정을 검토해 보자.

Step 1: 입력은 dictdict이다. 이 단계는 `backward(D)`를 적용하여 내부의 각 딕셔너리를 리스트로 변환하여 listdict를 얻는다.

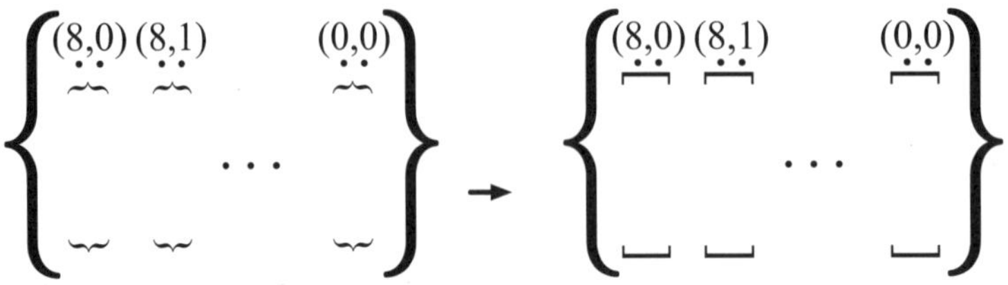

(8,0) (8,1) ... (0,0) → (8,0) (8,1) ... (0,0)

Step 2: 이것은 "전치(transpose)" 형태 단계로 listdict를 dictlist로 변환한다.

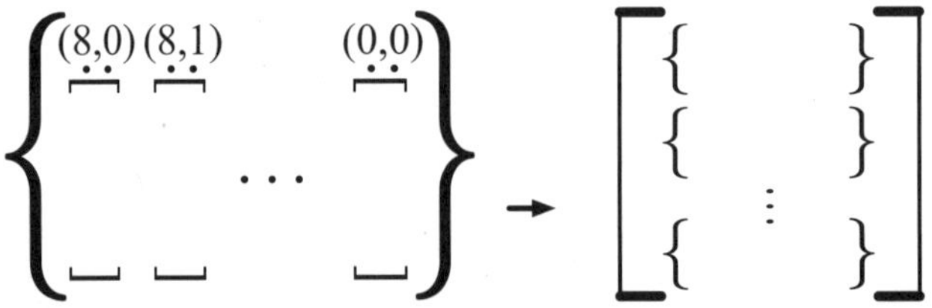

(8,0) (8,1) ... (0,0) → [{ } { } ⋮ { }]

Step 3: 이 단계는 `backward(D)`를 각각의 내부 딕셔너리에 적용하여 listlist를 얻는다.

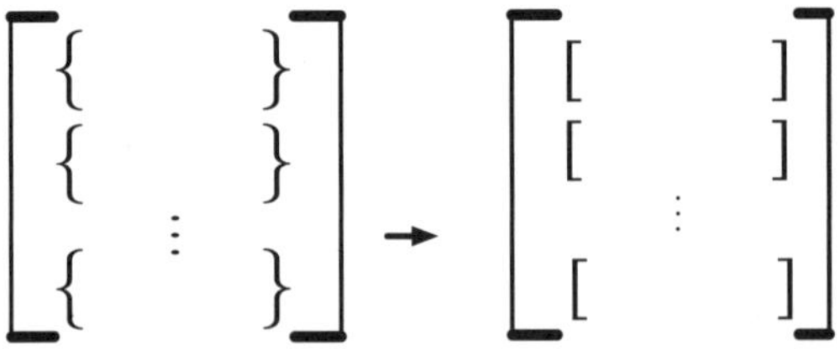

[{ } { } ⋮ { }] → [[ ] [ ] ⋮ [ ]]

Task 11.9.14: `forward2d(vlist)`의 기능과 반대로 동작하는 `backward2d(dictdict)`를 작성하여 테스트해 보자.

11.9.12 *이미지 압축 실험하기*

Task 11.9.15: 차원이 2의 거듭제곱인 이미지를 나타내는 `.png` 파일을 선택하자[a]. `resources.codingthematrix.com` 웹사이트에 몇몇 `.png` 파일의 예가 제공된다. 컴퓨터의 응용 프로그램을 사용하여 이미지를 디스플레이해 보자.

[a]이미지를 "패딩(pad)"하도록 코드를 바꾸어 필요한대로 영을 채워 넣을 수 있다.

Task 11.9.16: 다음 스펙을 가지는 프로시저, `image_round(image)`를 작성해 보자.

- *input:* 부동소수들의 리스트들로 구성된 리스트로 나타낸 흑백 이미지
- *output:* 정수들의 리스트들로 구성된 리스트로 나타낸 대응하는 흑백 이미지. 이때, 정수들은 입력 이미지의 부동소수들을 반올림하고 그들의 절대값을 취하여 255보다 큰 값은

255로 대체하여 얻어진다.

Task 11.9.17: 모듈 `image`에서 프로시저 `file2image(filename)`와 `color2gray(image)`를 임포트하고 그것들을 표현식 `color2gray(file2image(filename))`에 사용하여 이미지를 리스트들의 리스트로 읽어 들이자.

모듈 `image`의 프로시저 `image2display`를 사용하여 이미지를 디스플레이해 보자. `forward2d`를 사용하여 2-D Haar 웨이브릿 변환을 계산하자. 그다음에, `backward2d`를 적용하여 리스트들로 구성된 리스트 표현을 얻는다. 이 표현을 `image_round`를 사용하여 처리하고, 그 결과를 `image2display`를 사용하여 디스플레이하거나 또는 프로시저 `image2file(filename,vlist)`을 사용하여 파일에 기록한 다음에 그 파일을 디스플레이한다. 디스플레이한 이미지가 원래 이미지처럼 보이도록 해 보자.

Task 11.9.18: 마지막으로, `suppress2d(D_dict, threshold)`와 `sparsity2d(D_dict)`를 사용하여 원하는 정도의 압축을 달성하는 임계값을 찾아보자. 역방향 변환을 적용하고 그 결과를 `image_round`를 사용하여 처리한 다음에 `image2display` 또는 `image2file`을 사용하여 확인해 보고 원래 이미지에 얼마나 가까운지 알아보자.

Task 11.9.19: 다른 이미지들에 대해 시험해 보자. 동일한 임계값으로 잘 동작하는지 확인해 보자.

11.10 Review Questions

- 왜 함수 $\boldsymbol{x} \mapsto Q\boldsymbol{x}$는 Q가 열-직교행렬일 때 도트곱을 보존하는가? 그것은 왜 norm을 보존하는가?
- 주어진 기저로 된 표현이 k-스파스인 가장 가까운 벡터는 어떻게 찾는가? 가장 가까운 벡터를 찾는 이유는 무엇인가?
- 벡터와 그 벡터의 좌표표현 사이의 변경을 빠르게 해주는 알고리즘이 존재하게 하는 기저를 원하는 이유는 무엇인가?
- 웨이브릿 기저는 무엇인가? 이것은 어떻게 직합과 직교여공간의 개념을 보여 주는가?
- 웨이브릿 기저로 된 벡터의 표현을 계산하는 과정은 무엇인가?
- $\mathbb{C}$상의 벡터들에 대한 내적은 무엇인가?
- 에르미트 수반행렬은 무엇인가?
- 이산 푸리에 기저는 순환행렬과 어떤 관계가 있는가?

11.11 Problems

다른 기저로 된 투영과 표현

이 문제들은 정교한 알고리즘을 제공하는 것에 관한 것처럼 보이지만, 솔루션은 단지 간단한 연산들만 포함해야 한다. 행렬-벡터 곱셈, 벡터-행렬 곱셈, 행렬-행렬 곱셈과 도트곱, 그리고 전치를 포함할 수 있다. 작성한 코드는 어떠한 서브루틴도 사용해서는 안 된다(물론, 작성한 코드는 Mats 및 Vecs 에 정의된 연산을 사용해야 한다.)

각 문제에서 프로시저의 본문(body)은 아주 짧다는 것을 알게 될 것이다. 만약 작성한 프로시저의 본문이 복잡하면(예를 들어, 루프 또는 심지어 컴프리헨션을 포함하면), 뭔가 잘못하고 있는 것이다.

짧은 솔루션을 제공하려고 노력해 보자.

선형대수학에 대한 이해를 사용하여 가능한한 간단한 솔루션을 제시해 보자.

Problem 11.11.1: 다음에 대한 프로시저, `orthogonal_vec2rep(Q, b)`을 작성해 보자.

- *input:* 직교행렬 Q, 라벨 집합이 Q의 열-라벨 집합과 동일한 벡터 $\boldsymbol{b}$
- *output:* Q의 행들에 대한 $\boldsymbol{b}$의 좌표표현

작성한 코드는 모듈 `mat`을 사용해야 하고, 다른 모듈 및 프로시저들은 사용해서는 안 된다.

Test case: $Q = \begin{bmatrix} \frac{1}{\sqrt{2}} & \frac{1}{\sqrt{2}} & 0 \\ \frac{1}{\sqrt{3}} & -\frac{1}{\sqrt{3}} & \frac{1}{\sqrt{3}} \\ -\frac{1}{\sqrt{6}} & \frac{1}{\sqrt{6}} & \frac{2}{\sqrt{6}} \end{bmatrix}$, $\boldsymbol{b} = \begin{bmatrix} 10 & 20 & 30 \end{bmatrix}$인 경우,

$[21.213, 11.547, 28.577]$을 얻어야 한다.

Problem 11.11.2: 다음에 대한 프로시저, `orthogonal_change_of_basis(A, B, a)`를 작성해 보자.

- *input:*
  - 두 개의 직교 행렬 A와 B. 여기서, A의 행-라벨 집합은 열-라벨 집합과 동일하며 B의 행 및 열-라벨 집합들과도 동일하다.
  - A의 행들에 대한 벡터 v의 좌표표현 a.
- *output:* B의 열들에 대한 v의 좌표표현.

재미삼아 작성한 프로시저의 본문을 대략 다섯 문자(`return`을 포함하지 않고) 정도로 제한해 보자.

Test case: $A = B = \begin{bmatrix} \frac{1}{\sqrt{2}} & \frac{1}{\sqrt{2}} & 0 \\ \frac{1}{\sqrt{3}} & -\frac{1}{\sqrt{3}} & \frac{1}{\sqrt{3}} \\ -\frac{1}{\sqrt{6}} & \frac{1}{\sqrt{6}} & \frac{2}{\sqrt{6}} \end{bmatrix}$, $\boldsymbol{a} = [\sqrt{2}, \frac{1}{\sqrt{3}}, \frac{2}{\sqrt{6}}]$인 경우,

$[0.876, 0.538, 1.393]$을 얻어야 한다.

Problem 11.11.3: 다음 스펙에 대한 프로시저, `orthonormal_projection_orthogonal(W, b)`을 작성해 보자.

- *input:* 행들이 정규직교인 행렬 W, 라벨 집합이 W의 열-라벨 집합인 벡터 $\boldsymbol{b}$.
- *output:* W의 행공간에 직교하는 $\boldsymbol{b}$의 투영.

재미삼아 작성하는 프로시저의 본문을 대략 여섯 문자(`return`은 고려하지 않고)로 제한해 보자. 여섯 문자 정도로 된 표현식은 좋은 수학적 구문이 아닐 것이다. 19 문자를 사용하면 제대로 표현할 수 있다. (힌트: 먼저, W의 행공간으로의 $\boldsymbol{b}$의 투영을 찾는다.)

Test case: $W = \begin{bmatrix} \frac{1}{\sqrt{2}} & \frac{1}{\sqrt{2}} & 0 \\ \frac{1}{\sqrt{3}} & -\frac{1}{\sqrt{3}} & \frac{1}{\sqrt{3}} \end{bmatrix}$, $\boldsymbol{b} = [10, 20, 30]$인 경우,

$\begin{bmatrix} -11\frac{2}{3} & 11\frac{2}{3} & 23\frac{1}{3} \end{bmatrix}$을 얻어야 한다.

Chapter 12

특이값 분해(Singular Value Decomposition)

앞 장에서 특수한 행렬인 Haar 기저 행렬, 푸리에 행렬, 순환행렬에 대해 살펴보았다. 이러한 행렬의 특징은 곱셈 연산을 빨리할 수 있다는 것이다. 더욱이, 이러한 행렬은 저장공간 요구조건이 아주 낮다. Haar 및 푸리에 행렬은 프로시저에 의해 함축적으로 표현될 수 있고, 순환행렬은 단지 첫 번째 행을 저장함으로써 표현될 수 있다. 순환행렬의 다른 행들은 첫 번째 행으로부터 얻을 수 있다.

12.1 로우-랭크(Low-rank) 행렬에 의한 행렬의 근사

12.1.1 로우-랭크 행렬의 이점

로우-랭크 행렬은 동일한 이점을 가진다. 랭크가 1인 행렬을 고려해 보자. 모든 행들은 1차원 공간에 놓여 있다. $\{\boldsymbol{v}\}$는 이 공간에 대한 기저라고 하자. 행렬의 모든 행은 $\boldsymbol{v}$의 어떤 스칼라배이다. $\boldsymbol{u}$는 그 엔트리들이 이러한 스칼라배들인 벡터라고 하자. 그러면, 행렬은 $\boldsymbol{u}\boldsymbol{v}^T$로 나타낼 수 있다. 이러한 표현은 작은 저장공간을 필요로 한다. 즉, 랭크 1인 $m \times n$ 행렬에 대해 단지 $m+n$ 개의 숫자들이 저장되어야 한다. 더욱이, 행렬 $\boldsymbol{u}\boldsymbol{v}^T$에 벡터 $\boldsymbol{w}$를 곱하기 위해 다음 방정식을 사용한다.

$$\left(\begin{bmatrix} \\ \boldsymbol{u} \\ \\ \end{bmatrix}\begin{bmatrix} \quad \boldsymbol{v}^T \quad \end{bmatrix}\right)\begin{bmatrix} \\ \boldsymbol{w} \\ \\ \end{bmatrix} = \begin{bmatrix} \\ \boldsymbol{u} \\ \\ \end{bmatrix}\left(\begin{bmatrix} \quad \boldsymbol{v}^T \quad \end{bmatrix}\begin{bmatrix} \\ \boldsymbol{w} \\ \\ \end{bmatrix}\right)$$

이것은 행렬-벡터 곱은 두 개의 도트곱을 계산함으로써 구해질 수 있다는 것을 보여 준다.

심지어 행렬의 랭크가 1보다 큰 경우에도, 만약 행렬의 랭크가 작으면 몇몇 동일한 이점을 가진다. 예를 들어, 랭크가 2인 행렬은 다음과 같이 표현될 수 있다.

$$\left[\begin{array}{c|c} & \\ \boldsymbol{u}_1 & \boldsymbol{u}_2 \\ & \end{array}\right]\left[\begin{array}{c} \boldsymbol{v}_1^T \\ \hline \boldsymbol{v}_2 \end{array}\right]$$

그래서, 컴팩트하게 저장될 수 있고 벡터와의 곱셈을 빠르게 할 수 있다.

하지만, 관찰 데이터에서 발생되는 행렬 대부분은 로우-랭크가 아니다. 다행스러운 것은 때때로 로우-랭크의 근사행렬이 거의 원래 행렬 그 자체만큼이나 잘 동작한다는 것이다. 심지어 어떤 경우는 근사 행렬이 더 낫다. 이 장에서 주어진 행렬에 대한 최적의 랭크-k 행렬을 찾는 방법에 대해 알아볼 것이다. 이때, 랭크-k 행렬은 주어진 행렬에 가장 가까운 것이다. 두 개의 분석 방법을 포함하여 다양한 응용 분야가 있다. 이러한 분석 방법 중 하나는 *주성분 분석*(principal components analysis)(PCA)이라 하고 다른 하나는 *잠재 의미 분석*(latent semantic indexing)이라고 한다.

12.1.2 행렬의 Norm

주어진 행렬에 가장 가까운 랭크-k 행렬을 찾는 문제를 정의하기 위해 행렬들에 대한 거리를 정의하는 것이 필요하다. 벡터들의 경우, 거리는 norm으로 주어지고, norm은 내적으로 정의된다. $\mathbb{R}$상의 벡터들에 대해 내적은 도트곱이라고 정의하였다. 11장에서 보았듯이, 복소수들에 대한 내적은 약간 다르다. 이 장에서는 복소수에 대해서는 고려하지 않고 $\mathbb{R}$상의 벡터와 행렬만 고려한다. 그러므로, 내적은 단순히 도트곱이고, 그래서 벡터의 norm은 단순히 그 엔트리들의 제곱의 합의 제곱근이다. 그렇다면, 행렬의 norm은 어떻게 정의할수 있는가?

아마도 가장 자연스러운 행렬 norm은 행렬 A를 벡터로 해석함으로써 얻는다. $m \times n$ 행렬은 mn-벡터에 의해 표현된다. 즉, 벡터는 행렬의 각 엔트리에 대해 하나의 엔트리를 가진다. 벡터의 norm은 엔트리들의 합의 제곱근이다. 그래서, 이것이 행렬 A의 norm을 측정하는 방법이다. 이러한 norm은 *프로베니우스*(Frobenius) norm이라고 한다.

$$||A||_F = \sqrt{\sum_i \sum_j A[i,j]^2}$$

Lemma 12.1.1: A의 프로베니우스 norm의 제곱은 A의 행들의 제곱의 합과 동일하다.

Proof

A는 $m \times n$ 행렬이라 하자. A를 그 행들로 나타내자: $A = \begin{bmatrix} \boldsymbol{a}_1 \\ \hline \vdots \\ \hline \boldsymbol{a}_m \end{bmatrix}$. 각각의 행라벨 i에 대해, 다음과 같이 쓸 수 있다.

$$\|\boldsymbol{a}_i\|^2 = \boldsymbol{a}_i[1]^2 + \boldsymbol{a}_i[2]^2 + \cdots + \boldsymbol{a}_i[n]^2 \tag{12.1}$$

이 식을 프로베니우스 norm의 정의에 대입하면 다음을 얻는다.

$$\begin{aligned} \|A\|_F^2 &= \left(A[1,1]^2 + A[1,2]^2 + \cdots + A[1,n]^2\right) + \cdots + \left(A[m,1]^2 + A[m,2]^2 + \cdots + A[m,n]^2\right) \\ &= \|\boldsymbol{a}_1\|^2 + \cdots \|\boldsymbol{a}_m\|^2 \end{aligned}$$

□

유사한 방식으로 열들에 대해서도 또한 성립한다.

12.2 트롤리 노선 위치(*Trolley-line-location*) 문제

소방차 문제와 반대 개념의 문제를 가지고 시작해 보자. 이것을 *트롤리 노선 위치*(trolley-line-location) 문제라고 하자. 벡터 $\boldsymbol{a}_1, \ldots, \boldsymbol{a}_m$으로 명시된 m개 주택의 주어진 위치에 대해,

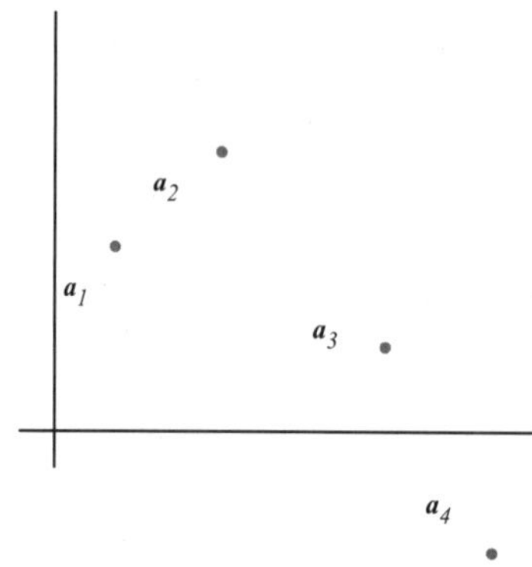

트롤리 노선을 어디에다 위치시킬지 선택해야 한다. 트롤리 노선은 다운타운(원점으로 나타냄)을 지나가야 하고 직선이어야 한다.

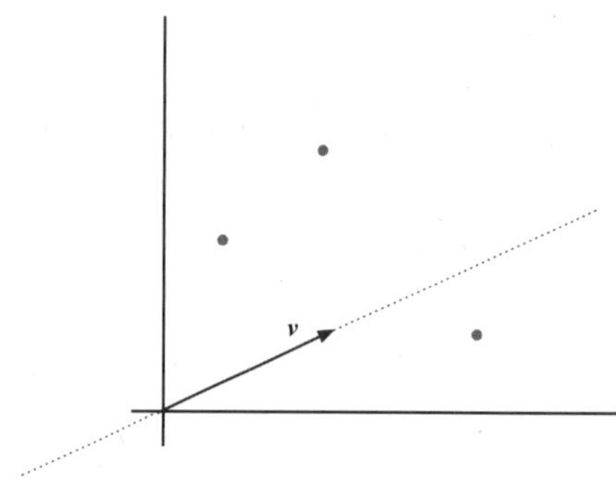

목적은 트롤리 노선을 m 개 주택에 가능한한 가깝게 배치하는 것이다.

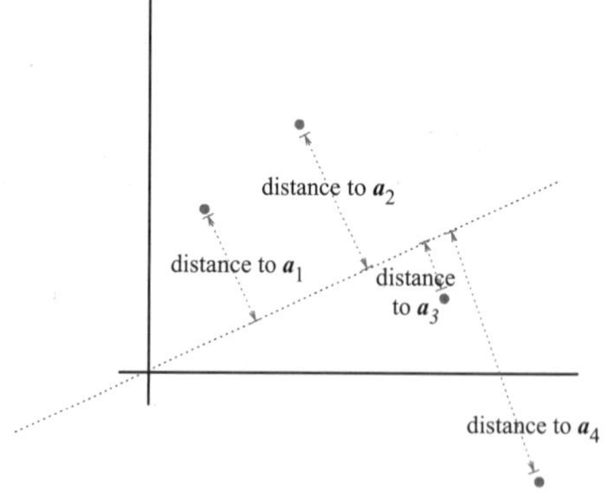

지금까지 문제가 완전히 명시된 것은 아니다. 만약 주택이 하나밖에 없으면(즉, 하나의 벡터 $\boldsymbol{a}_1$), 솔루션은 자명하다. 트롤리 노선을 원점과 $\boldsymbol{a}_1$을 지나는 직선을 따라 건설하면 된다. 이 경우, 주택에서 트롤리 노선까지의 거리는 영이다. 만약 많은 벡터들 $\boldsymbol{a}_1, \ldots, \boldsymbol{a}_m$이 있으면, 이 벡터들에서 트롤리 노선까지의 거리를 어떻게 측정해야 하는가? 각 벡터 $\boldsymbol{a}_i$는 트롤리 노선으로부터 자신까지의 거리 d_i를 가진다. $[d_1, \ldots, d_m]$을 어떻게 결합하여야 최소값이 되는 단일 값을 얻을 수 있는가? 최소제곱에서처럼, 벡터 $[d_1, \ldots, d_m]$의 norm을 최소화한다. 이것은 이 벡터의 norm의 제곱, 즉 $d_1^2 + \cdots + d_m^2$을 초소화하는 것과 동일하다.

그리고, 어떠한 형태로 결과 노선이 명시되어야 하는가? 단위 norm 벡터 $\boldsymbol{v}$에 의해 나타내면

트롤리 노선은 Span $\{\boldsymbol{v}\}$이다.

Computational Problem 12.2.1: *Trolley-Line-location problem:*

- *input:* 벡터 $\boldsymbol{a}_1, \ldots, \boldsymbol{a}_m$
- *output:* 다음을 최소화하는 단위 벡터 $\boldsymbol{v}$

$$(\boldsymbol{a}_1\text{에서 Span }\{\boldsymbol{v}\}\text{까지의 거리})^2 + \cdots + (\boldsymbol{a}_m\text{에서 Span }\{\boldsymbol{v}\}\text{까지의 거리})^2 \tag{12.2}$$

12.2.1 트롤리 노선 위치 문제에 대한 솔루션

각 벡터 $\boldsymbol{a}_i$에 대해, $\boldsymbol{a}_i = \boldsymbol{a}_i^{\|\boldsymbol{v}} + \boldsymbol{a}_i^{\perp\boldsymbol{v}}$라고 나타내자. 여기서, $\boldsymbol{a}_i^{\|\boldsymbol{v}}$는 $\boldsymbol{v}$에 따른 $\boldsymbol{a}_i$의 투영이고 $\boldsymbol{a}_i^{\perp\boldsymbol{v}}$는 $\boldsymbol{v}$에 직교하는 투영이다. 그러면, 다음과 같이 쓸 수 있다.

$$\vdots$$
$$\boldsymbol{a}_m^{\perp\boldsymbol{v}} = \boldsymbol{a}_m - \boldsymbol{a}_m^{\|\boldsymbol{v}}$$

피타고라스 정리에 의하면, 다음이 성립한다.

$$\begin{aligned} \|\boldsymbol{a}_1^{\perp\boldsymbol{v}}\|^2 &= \|\boldsymbol{a}_1\|^2 - \|\boldsymbol{a}_1^{\|\boldsymbol{v}}\|^2 \\ &\vdots \\ \|\boldsymbol{a}_m^{\perp\boldsymbol{v}}\|^2 &= \|\boldsymbol{a}_m\|^2 - \|\boldsymbol{a}_m^{\|\boldsymbol{v}}\|^2 \end{aligned}$$

$\boldsymbol{a}_i$에서 Span $\{\boldsymbol{v}\}$까지의 거리는 $\|\boldsymbol{a}_i^{\perp\boldsymbol{v}}\|$이므로, 다음이 성립한다.

$$\begin{aligned} (\boldsymbol{a}_1\text{에서 Span }\{\boldsymbol{v}\}\text{까지의 거리})^2 &= \|\boldsymbol{a}_1\|^2 - \|\boldsymbol{a}_1^{\|\boldsymbol{v}}\|^2 \\ &\vdots \\ (\boldsymbol{a}_m\text{에서 Span }\{\boldsymbol{v}\}\text{까지의 거리})^2 &= \|\boldsymbol{a}_m\|^2 - \|\boldsymbol{a}_m^{\|\boldsymbol{v}}\|^2 \end{aligned}$$

수직으로 더하면 다음을 얻는다.

$$\begin{aligned} \textstyle\sum_i(\boldsymbol{a}_i\text{에서 Span }\{\boldsymbol{v}\}\text{까지의 거리})^2 &= \|\boldsymbol{a}_1\|^2 + \cdots + \|\boldsymbol{a}_m\|^2 - \left(\|\boldsymbol{a}_1^{\|\boldsymbol{v}}\|^2 + \cdots + \|\boldsymbol{a}_m^{\|\boldsymbol{v}}\|^2\right) \\ &= \|A\|_F^2 - \left(\|\boldsymbol{a}_1^{\|\boldsymbol{v}}\|^2 + \cdots + \|\boldsymbol{a}_m^{\|\boldsymbol{v}}\|^2\right) \end{aligned}$$

여기서, A는 Lemma 12.1.1에 의하면 행들이 $\boldsymbol{a}_1, \ldots, \boldsymbol{a}_m$인 행렬이다.

$\boldsymbol{v}$는 norm이 1인 벡터이므로 $\boldsymbol{a}_i^{\|\boldsymbol{v}} = \langle \boldsymbol{a}_i, \boldsymbol{v}\rangle\ \boldsymbol{v}$라는 사실을 사용하여 $\|\boldsymbol{a}_i^{\|\boldsymbol{v}}\|^2 = \langle \boldsymbol{a}_i, \boldsymbol{v}\rangle^2$을 얻는다. 그래서, 다음처럼 나타낼 수 있다.

$$\textstyle\sum_i(\boldsymbol{a}_i\text{에서 Span }\{\boldsymbol{v}\}\text{까지의 거리})^2 = \|A\|_F^2 - \left(\langle \boldsymbol{a}_1, \boldsymbol{v}\rangle^2 + \langle \boldsymbol{a}_2, \boldsymbol{v}\rangle^2 + \cdots + \langle \boldsymbol{a}_m, \boldsymbol{v}\rangle^2\right) \tag{12.3}$$

다음으로, $\left(\langle \boldsymbol{a}_1, \boldsymbol{v}\rangle^2 + \langle \boldsymbol{a}_2, \boldsymbol{v}\rangle^2 + \cdots + \langle \boldsymbol{a}_m, \boldsymbol{v}\rangle^2\right)$은 $\|A\boldsymbol{v}\|^2$로 대체될 수 있다는 것을 보여 준다. 행렬-벡터 곱셈의 도트곱 해석에 의하면, 다음과 같이 나타낼 수 있다.

$$\begin{bmatrix} \boldsymbol{a}_1 \\ \hline \vdots \\ \hline \boldsymbol{a}_m \end{bmatrix} \begin{bmatrix} \\ \boldsymbol{v} \\ \\ \end{bmatrix} = \begin{bmatrix} \langle \boldsymbol{a}_1, \boldsymbol{v}\rangle \\ \vdots \\ \langle \boldsymbol{a}_m, \boldsymbol{v}\rangle \end{bmatrix} \tag{12.4}$$

그래서, 다음이 성립한다.

$$\|A\boldsymbol{v}\|^2 = \left(\langle \boldsymbol{a}_1, \boldsymbol{v}\rangle^2 + \langle \boldsymbol{a}_2, \boldsymbol{v}\rangle^2 + \cdots + \langle \boldsymbol{a}_m, \boldsymbol{v}\rangle^2\right)$$

이것을 식 (12.3)에 대입하면, 다음을 얻는다.

$$\sum_i (\boldsymbol{a}_i\text{에서 Span } \{\boldsymbol{v}\}\text{까지의 거리})^2 \quad = \quad \|A\|_F^2 \quad - \quad \|A\boldsymbol{v}\|^2 \tag{12.5}$$

그러므로, 최상의 벡터 $\boldsymbol{v}$는 $\|A\boldsymbol{v}\|^2$을 최대화하는(동등하게 $\|A\boldsymbol{v}\|$을 최대화하는) 단위 벡터이다. 이제, 적어도 원칙적으로는 트롤리 노선 문제, 즉 Computational Problem 12.2.1에 대한 솔루션을 안다.

```
def trolley_line_location(A):
    Given a matrix A, find the vector v_1
    minimizing ∑_i(distance from row i of A to Span {v_1})^2
    v_1 = arg max{||Av|| : ||v|| = 1}
    σ_1 = ||Av_1||
    return v_1
```

arg max 표기법은 $\|A\boldsymbol{v}\|$의 값이 최대가 되게 하는 것(이 경우에는 norm이 1인 벡터 $\boldsymbol{v}$)을 의미한다.

지금까지, $\boldsymbol{v}_1$을 실제로 어떻게 계산하는지 명시하지 않았으므로 이것은 단지 원칙적인 솔루션이다. 13장에서는 $\boldsymbol{v}_1$을 근사시키는 방법에 대해 기술할 것이다.

Definition 12.2.2: σ_1은 A의 *첫 번째 특이값*(singular value)이라 하고, $\boldsymbol{v}_1$은 *첫 번째 오른쪽 특이 벡터*라고 한다.

Example 12.2.3: $A = \begin{bmatrix} 1 & 4 \\ 5 & 2 \end{bmatrix}$라 하자. 그래서, $\boldsymbol{a}_1 = [1, 4]$, $\boldsymbol{a}_2 = [5, 2]$이다. 이 경우, $||A\boldsymbol{v}||$을 최대가 되게 하는 단위벡터는 $\boldsymbol{v}_1 \approx \begin{bmatrix} 0.78 \\ 0.63 \end{bmatrix}$이다. σ_1은 $||A\boldsymbol{v}_1||$을 나타내는 데 사용되며, 그 값은 대략 6.1이다.

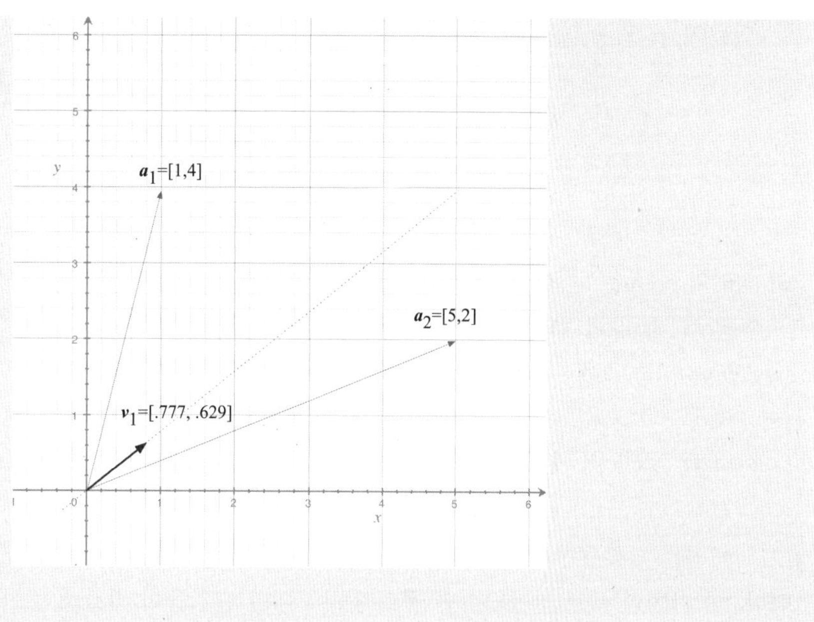

다음 정리는 trolley_line_location(A)은 가장 가까운 벡터공간을 찾는다는 것을 말하며 이미 증명되었다.

Theorem 12.2.4: A는 $\mathbb{R}$상의 $m \times n$ 행렬이고, 이 행렬의 행들은 $\boldsymbol{a}_1, \dots, \boldsymbol{a}_m$이라고 하자. $\boldsymbol{v}_1$은 A의 첫 번째 오른쪽 특이벡터라고 하자. 그러면, Span $\{\boldsymbol{v}_1\}$은 다음을 최소화하는 1차원 벡터공간 $\mathcal{V}$이다.

$$(\boldsymbol{a}_1\text{에서 }\mathcal{V}\text{까지의 거리})^2 + \cdots + (\boldsymbol{a}_m\text{에서 }\mathcal{V}\text{까지의 거리})^2$$

A의 행들에 가장 가까운 벡터공간은 얼마나 가까운가?

Lemma 12.2.5: 제곱 거리(squared distances)의 합의 최소값은 $||A||_F^2 - \sigma_1^2$이다.

Proof

식 (12.5)에 따르면, 제곱 거리는 $\sum_i ||\boldsymbol{a}_i||^2 - \sum_i ||\boldsymbol{a}_i^{||\boldsymbol{v}}||^2$이다. Lemma 12.1.1에 의해, 첫 번째 합은 $||A||_F^2$이다. 두 번째 합은 σ_1이라고 이름을 붙인 $||A\boldsymbol{v}_1||$의 제곱이다. □

Example 12.2.6: Example 12.2.3(483 페이지)에서, 제곱 거리의 합을 계산해 보자.

먼저, $\boldsymbol{a}_1$의 $\boldsymbol{v}_1$에 직교하는 투영을 찾는다.

$$\begin{aligned}
\boldsymbol{a}_1 - \langle \boldsymbol{a}_1, \boldsymbol{v}_1 \rangle \, \boldsymbol{v}_1 &\approx [1,4] - (1 \cdot 0.78 + 4 \cdot 0.63)[0.78, 0.63] \\
&\approx [1,4] - 3.3\,[0.78, 0.63] \\
&\approx [-1.6, 1.9]
\end{aligned}$$

이 벡터의 norm은 약 2.5이며 이것은 $\boldsymbol{a}_1$에서 Span $\{\boldsymbol{v}_1\}$까지의 거리이다.

다음에, $\boldsymbol{a}_2$의 $\boldsymbol{v}_1$에 직교하는 투영을 찾는다.

$$\begin{aligned}\boldsymbol{a}_2 - \langle \boldsymbol{a}_1, \boldsymbol{v}_1 \rangle \boldsymbol{v}_1 &\approx [5,2] - (5 \cdot 0.78 + 2 \cdot 0.63)[0.78, 0.63] \\ &\approx [5,2] - 5.1\,[0.78, 0.63] \\ &\approx [1, -1.2]\end{aligned}$$

이 벡터의 norm은 대략 1.6이며, 이것은 $\boldsymbol{a}_2$에서 Span $\{\boldsymbol{v}_1\}$까지의 거리이다.

따라서, 제곱 거리의 합은 약 $2.5^2 + 1.6^2$이며, 이것은 약 8.7이다.

Lemma 12.2.5에 따르면, 제곱 거리의 합은 $||A||_F^2 - \sigma_1^2$이어야 한다. A의 제곱 프로베니우스는 $1^2 + 4^2 + 5^2 + 2^2 = 46$이고, 첫 번째 특이값은 약 6.1이다. 그래서, $||A||_F^2 - \sigma_1^2$은 약 8.7이다. Lemma 12.2.5은 이 예제의 경우 성립한다.

경고: 에러는 부분공간까지의 거리에 의해 측정된다. 벡터의 norm은 모든 엔트리를 동일하게 취급한다. 이 기법이 서로 연관되려면 엔트리들에 대한 단위들이 적절해야 한다.

Example 12.2.7: $\boldsymbol{a}_1, \ldots, \boldsymbol{a}_{100}$은 미국의 상원의원들에 대한 투표 기록이라고 하자(politics lab에서 사용된 것과 동일한 데이터). 이것들은 ± 1 값의 엔트리들을 가지는 46-벡터들이다.

$\boldsymbol{a}_1, \ldots, \boldsymbol{a}_{100}$에서 Span $\{\boldsymbol{v}\}$까지의 최소제곱 거리를 최소화하는 단위 norm 벡터 $\boldsymbol{v}$를 찾고, 이들 각 벡터의 $\boldsymbol{v}$에 따른 투영을 그림으로 나타낸다.

이 결과는 그렇게 의미 있는 것은 아니다. 중도파와 보수파들의 투영이 매우 유사하다.

Snowe	0.106605199	moderate Republican from Maine
Lincoln	0.106694552	moderate Republican from Rhode Island
Collins	0.107039376	moderate Republican from Maine
Crapo	0.107259689	conservative moderate Republican from Idaho
Vitter	0.108031374	conservative moderate Republican from Louisiana

한쪽으로 크게 편향된 하나의 아웃라이어(outlier)가 있는데, 그것은 Russ Feingold이다.

나중에 이 데이터로 돌아와 다시 시험해 볼 것이다.

12.2.2 행렬에 대한 랭크-1 근사

트롤리 노선 위치 문제에 대한 솔루션을 기반으로 하여 또 다른 계산 문제(*주어진 행렬에 대한 최상의 랭크-1 근사를 찾는 문제*)에 대한 솔루션을 얻을 것이다. 벡터에 대한 최상의 k-스파스 근사(11장)를 찾는 데 있어서, "최상의(best)"이 의미하는 것은 "원래의 벡터에 가장 가까운"을 말한다. 여기서, 벡터들 사이의 거리는 보통때와 같이 norm에 의해 측정된다. 여기서, 원래의 행렬과 그 근사행렬 사이의 거리를 유사하게 측정하고자 한다. 이를 위해서는 행렬에 대한 norm이 필요하다.

12.2.3 최상의 랭크-1 근사

이제, *랭크-1 근사* 문제를 정의해 보자.

Computational Problem 12.2.8: *Rank-one approximation:*

- *input:* 영이 아닌 행렬 A
- *output:* 프로베니우스 norm에 따라 A에 가장 가까운 랭크-1 행렬 $\tilde{A}$

목적은 $||A - \tilde{A}||_F$을 최소화하는 랭크-1 행렬 $\tilde{A}$를 찾는 것이다.

$$\tilde{A} = \arg\min\{||A - B||_F \ : \ B\text{는 랭크 1을 가진다}\}$$

어떤 랭크-1 행렬 $\tilde{A}$가 있다고 해 보자. 이것은 A에 얼마나 가까운가? A와 $\tilde{A}$ 사이의 제곱 거리를 살펴보자. Lemma 12.1.1에 의하면,

$$\|A - \tilde{A}\|_F^2 = \|A - \tilde{A} \text{ 의 행 } 1\|^2 + \cdots + \|A - \tilde{A} \text{ 의 행 } m\|^2 \tag{12.6}$$

이것이 의미하는 것은 A에 대한 거리를 최소화하기 위해서는 $\tilde{A}$의 각 행이 A의 대응하는 행에 가능한한 가깝게 되도록 선택되어야 한다는 것을 말한다. 한편, $\tilde{A}$는 랭크가 1이어야 한다. 즉, 어떤 벡터 $\boldsymbol{v}$에 대해, $\tilde{A}$의 각 행은 Span $\{\boldsymbol{v}\}$ 내에 있어야 한다. 그러므로, A까지의 거리를 최소화하기 위해 일단 $\boldsymbol{v}$가 선택되면 $\tilde{A}$를 아래와 같이 선택해야 한다.

$$\tilde{A} = \begin{bmatrix} \boldsymbol{a}_1\text{에 가장 가까운 Span } \{\boldsymbol{v}\} \text{ 내의 벡터} \\ \hline \vdots \\ \hline \boldsymbol{a}_m\text{에 가장 가까운 Span } \{\boldsymbol{v}\} \text{ 내의 벡터} \end{bmatrix} \tag{12.7}$$

따라서, $i = 1, \ldots, m$에 대해, 다음과 같이 나타낼 수 있다.

$$\|A - \tilde{A}\text{의 행 } i\| = \boldsymbol{a}_i\text{에서 Span } \{\boldsymbol{v}\}\text{까지의 거리}$$

식 (12.6)과 결합하면, 일단 $\boldsymbol{v}$를 선택하면 최상의 근사 $\tilde{A}$는 다음을 만족한다.

$$\|A - \tilde{A}\|^2 = (\boldsymbol{a}_1\text{에서 Span } \{\boldsymbol{v}\}\text{까지의 거리})^2 + \cdots + (\boldsymbol{a}_m\text{에서 Span } \{\boldsymbol{v}\}\text{까지의 거리})^2$$

Theorem 12.2.4에 의하면, Span $\{\boldsymbol{v}\}$까지의 제곱 거리의 합을 최소화하기 위해서는 $\boldsymbol{v}$를 $\boldsymbol{v}_1$, 즉 첫 번째 오른쪽 특이값이 되게 선택해야 한다. 그러면, Lemma 12.2.5에 의해 제곱 거리의 합은 $||A||_F^2 - \sigma_1^2$이다. 그러므로 다음을 얻는다.

Theorem 12.2.9: $||A - \tilde{A}||_F$을 최소화하는 랭크-1 행렬 $\tilde{A}$는 다음과 같다.

$$\tilde{A} = \begin{bmatrix} \boldsymbol{a}_1\text{에 가장 가까운 Span } \{\boldsymbol{v}_1\} \text{ 내의 벡터} \\ \hline \vdots \\ \hline \boldsymbol{a}_m\text{에 가장 가까운 Span } \{\boldsymbol{v}_1\} \text{ 내의 벡터} \end{bmatrix} \tag{12.8}$$

이 경우, $\|A - \tilde{A}\|_F^2 = \|A\|^2 - \sigma_1^2$이다.

12.2.4 최상의 랭크-1 근사에 대한 표현

식 (12.8)은 $\tilde{A}$를 명시하지만, 이것을 표현하는 더 나은 방법이 있다. $\boldsymbol{a}_i$에 가장 가까운 Span $\{\boldsymbol{v}_1\}$의 벡터는 $\boldsymbol{a}_i^{\|\boldsymbol{v}_1}$이며, 이것은 $\boldsymbol{a}_i$의 Span $\{\boldsymbol{v}_1\}$상으로의 투영이다. 식 $\boldsymbol{a}_i^{\|\boldsymbol{v}_1} = \langle \boldsymbol{a}_i, \boldsymbol{v}_1 \rangle \, \boldsymbol{v}_1$을 사용하여

다음을 얻는다.

$$\tilde{A} = \begin{bmatrix} \langle \boldsymbol{a}_1, \boldsymbol{v}_1 \rangle \, \boldsymbol{v}_1^T \\ \hline \vdots \\ \hline \langle \boldsymbol{a}_m, \boldsymbol{v}_1 \rangle \, \boldsymbol{v}_1^T \end{bmatrix}$$

벡터-행렬 곱셈의 선형결합 해석을 사용하여 이것을 두 벡터의 외적으로 나타낼 수 있다.

$$\tilde{A} = \begin{bmatrix} \langle \boldsymbol{a}_1, \boldsymbol{v}_1 \rangle \\ \vdots \\ \langle \boldsymbol{a}_m, \boldsymbol{v}_1 \rangle \end{bmatrix} \begin{bmatrix} \quad \boldsymbol{v}_1^T \quad \end{bmatrix} \tag{12.9}$$

식 (12.4)에 의해, 외적의 첫 번째 벡터를 $A\boldsymbol{v}_1$으로 나타낼 수 있다. 식 (12.9)에 대입하여 다음을 얻는다.

$$\tilde{A} = \begin{bmatrix} \\ A\boldsymbol{v}_1 \\ \\ \end{bmatrix} \begin{bmatrix} \quad \boldsymbol{v}_1^T \quad \end{bmatrix} \tag{12.10}$$

σ_1은 $\|A\boldsymbol{v}_1\|$이라고 정의하였다. $\boldsymbol{u}_1$은 $\sigma_1 \, \boldsymbol{u}_1 = A\boldsymbol{v}_1$을 만족하는 norm-1 벡터라고 정의한다. 그러면, 식 (12.10)을 다음과 같이 다시 쓸 수 있다.

$$\tilde{A} = \sigma_1 \begin{bmatrix} \\ \boldsymbol{u}_1 \\ \\ \end{bmatrix} \begin{bmatrix} \quad \boldsymbol{v}_1^T \quad \end{bmatrix} \tag{12.11}$$

Definition 12.2.10: A의 *첫 번째 왼쪽 특이값*(left singular vector)은 $\sigma_1 \, \boldsymbol{u}_1 = A\boldsymbol{v}_1$을 만족하는 벡터 $\boldsymbol{u}_1$라고 정의한다. 여기서, σ_1과 $\boldsymbol{v}_1$은 각각 첫 번째 특이값과 첫 번째 오른쪽 특이벡터이다.

Theorem 12.2.11: A에 대한 최상의 랭크-1 근사는 $\sigma_1 \, \boldsymbol{u}_1 \boldsymbol{v}_1^T$이다. 여기서 σ_1은 A의 첫 번째 특이값이고 $\boldsymbol{u}_1$은 첫 번째 왼쪽 특이벡터이며 $\boldsymbol{v}_1$은 첫 번째 오른쪽 특이벡터이다.

Example 12.2.12: Example 12.2.3(483 페이지)에서 보았듯이, 행렬 $A = \begin{bmatrix} 1 & 4 \\ 5 & 2 \end{bmatrix}$에 대해, 첫 번째 오른쪽 특이벡터는 $\boldsymbol{v}_1 \approx \begin{bmatrix} 0.78 \\ 0.63 \end{bmatrix}$이고, 첫 번째 특이값 σ_1은 약 6.1이다. 첫 번째 왼쪽

특이벡터는 $\boldsymbol{u}_1 \approx \begin{bmatrix} 0.54 \\ 0.84 \end{bmatrix}$이며, 이것은 $\sigma_1 \boldsymbol{u}_1 = A\boldsymbol{v}_1$임을 의미한다.

그러면, 다음과 같이 쓸 수 있다.

$$\begin{aligned} \tilde{A} &= \sigma_1 \boldsymbol{u}_1 \boldsymbol{v}_1^T \\ &\approx 6.1 \begin{bmatrix} 0.54 \\ 0.84 \end{bmatrix} \begin{bmatrix} 0.78 & 0.63 \end{bmatrix} \\ &\approx \begin{bmatrix} 2.6 & 2.1 \\ 4.0 & 3.2 \end{bmatrix} \end{aligned}$$

$$\begin{aligned} A - \tilde{A} &\approx \begin{bmatrix} 1 & 4 \\ 5 & 2 \end{bmatrix} - \begin{bmatrix} 2.6 & 2.1 \\ 4.0 & 3.2 \end{bmatrix} \\ &\approx \begin{bmatrix} -1.56 & 1.93 \\ 1.00 & -1.23 \end{bmatrix} \end{aligned}$$

그래서, $A - \tilde{A}$의 제곱 프로베니우스 norm은 아래와 같다.

$$1.56^2 + 1.93^2 + 1^2 + 1.23^2 \approx 8.7$$

이것은 Theorem 12.2.9와 일치하는가? Theorem 12.2.9에 따르면, $||A - \tilde{A}||_F^2 = ||A||_F^2 - \sigma_1^2$이며, 이것은 Example 12.2.6(484 페이지)에서 계산했을 때 약 8.7이었다.

12.2.5 가장 가까운 1차원 아핀공간

섹션 12.2에서 트롤리 노선 문제를 정의할 때, 트롤리 노선은 원점을 지나간다고 규정하였다. 이것은 트롤리 노선 문제를 가장 가까운 1차원 *벡터공간*을 찾는 문제에 대응시키기 위해 필요한 것이었다. 1차원 벡터공간은 원점을 지나는 직선이다. 4장을 기억해 보면 임의의 직선(반드시 원점을 지날 필요는 없음)은 *아핀공간*이다.

트롤리 노선 기법을 적용하여 또한 이 문제를 풀 수 있다. 주어진 점 $\boldsymbol{a}_1, \ldots, \boldsymbol{a}_m$에 대해, 점 $\bar{\boldsymbol{a}}$를 선택하고, 다음에 $\bar{\boldsymbol{a}}$를 빼어서 각 입력 점들을 평행이동하면 다음과 같다.

$$\boldsymbol{a}_1 - \bar{\boldsymbol{a}}, \ldots, \boldsymbol{a}_m - \bar{\boldsymbol{a}}$$

이러한 평행이동된 점들에 가장 가까운 1차원 벡터공간을 찾고, 그다음에 $\bar{\boldsymbol{a}}$를 더하여 그 벡터공간을 평행이동한다.

좀 전에 기술한 과정이 *가장 가까운* 아핀공간을 맞게 찾는지는 어떻게 $\bar{\boldsymbol{a}}$를 선택하는냐에 달려 있다. $\bar{\boldsymbol{a}}$에 대한 최상의 선택은 직관적으로 봐서 입력 점들의 *센트로이드*(centroid)이고, 다음과 같이 나타낸다.

$$\bar{\boldsymbol{a}} = \frac{1}{m}(\boldsymbol{a}_1 + \cdots + \boldsymbol{a}_m)$$

증명은 생략한다.

주어진 점들의 센트로이드를 찾고, 다음에 그 센트로이드를 빼어서 주어진 점들을 평행이동하는 것은 점들에 대한 *센터링*(centering)이라고 한다.

Example 12.2.13: Example 12.2.7(485 페이지)을 다시 보자. 여기서, $\boldsymbol{a}_1, \ldots, a_{100}$은 미국 상원의원들의 투표 기록이다. 이번에는 데이터를 센터링한 후에 가장 가까운 1차원 벡터공간 Span $\{\boldsymbol{v}_1\}$을 찾는다.

$\boldsymbol{v}$에 따라 투영하면 결과는 더 잘 펴져 있다.

원점의 왼쪽에 있는 상원중 단지 3명만이 공화당 의원이다.

```
>>> {r for r in senators if is_neg[r] and is_Repub[r]}
{'Collins', 'Snowe', 'Chafee'}
```

그리고, 이 세 의원은 그 당시 상원 내에서 가장 중도적인 공화당 의원이다. 유사하게, 원점의 오른쪽에 있는 의원중 단지 3명만이 민주당 의원이다.

12.3 가장 가까운 차원-k 벡터공간

트롤리 노선 문제를 더 높은 차원으로 일반화하면 다음과 같다.

Computational Problem 12.3.1: *closest low-dimensional subspace:*

- *input:* 벡터 $\boldsymbol{a}_1, \ldots \boldsymbol{a}_m$과 양의 정수 k
- *output:* 다음을 최소화하는 k-차원 벡터공간 V_k에 대한 기저

$$\sum_i (\boldsymbol{a}_i\text{에서 } V_k\text{까지의 거리})^2$$

트롤리 노선 문제는 $k = 1$인 단순히 특수한 경우이며, 1차원 벡터공간에 대한 기저를 찾는다. trolley_line_location(A)의 솔루션은 $||A\boldsymbol{v}||$을 최대가 되게 하는 단위 norm 벡터 $\boldsymbol{v}$로 구성되는 기저이다. 여기서, A는 행들이 $\boldsymbol{a}_1, \ldots, \boldsymbol{a}_m$인 행렬이다.

12.3.1 특이값 및 특이벡터를 찾는 *Gedanken* 알고리즘

이 알고리즘의 자연스런 일반화는 *정규직교* 기저를 찾는 것이다. 이터레이션 i에서, 선택된 벡터 $\boldsymbol{v}$는 $||A\boldsymbol{v}||$을 최대가 되게 하는 것이며, 이것은 이전에 선택된 모든 벡터들에 직교한다.

- $\boldsymbol{v}_1$은 $||A\boldsymbol{v}||$을 최대가 되게 하는 norm-1 벡터 $\boldsymbol{v}$
- $\boldsymbol{v}_2$는 $\boldsymbol{v}_1$에 직교하며 $||A\boldsymbol{v}||$을 최대가 되게 하는 norm-1 벡터 $\boldsymbol{v}$
- $\boldsymbol{v}_3$은 $\boldsymbol{v}_1$ 및 $\boldsymbol{v}_2$에 직교하며 $||A\boldsymbol{v}||$을 최대가 되게 하는 norm-1 벡터 $\boldsymbol{v}$
- $\vdots$

다음은 이 알고리즘에 대한 슈도코드이다.

주어진 $m \times n$ 행렬 A에 대해, 벡터 $\boldsymbol{v}_1, \ldots, \boldsymbol{v}_{\text{rank } A}$를 찾는다. 이때, $k = 1, 2, \ldots, \text{rank }(A)$에 대해, $\sum_i(A$의 행 i에서 $\mathcal{V}_k$까지의 거리$)^2$을 최소화하는 k-차원 부분공간 $\mathcal{V}$는 Span $\{\boldsymbol{v}_1, \ldots, \boldsymbol{v}_k\}$이다.

def find_right_singular_vectors(A):

for $i = 1, 2, \ldots$

$\boldsymbol{v}_i = \arg\max\{\|A\boldsymbol{v}\| \ : \ \|\boldsymbol{v}\| = 1, \boldsymbol{v}$ is orthogonal to $\boldsymbol{v}_1, \boldsymbol{v}_2, \ldots \boldsymbol{v}_{i-1}\}$

$\sigma_i = \|A\boldsymbol{v}_i\|$

until $A\boldsymbol{v} = \mathbf{0}$ for every vector $\boldsymbol{v}$ orthogonal to $\boldsymbol{v}_1, \ldots, \boldsymbol{v}_i$

let r be the final value of the loop variable i.

return $[\boldsymbol{v}_1, \boldsymbol{v}_2, \ldots, \boldsymbol{v}_r]$

프로시저, trolley_line_location(A)와 마찬가지로, 지금까지는 각 arg max을 계산하는 방법을 얘기하지 않았기 때문에 이 프로시저는 완전히 명시되지는 않는다. 사실, 이것은 어떻게 보아도 이러한 벡터들을 계산하는 최상의 알고리즘은 아니다. 하지만, 생각하는 데는 도움이 된다. 이것은 *Gedanken* 알고리즘이다.

Definition 12.3.2: 벡터 $\boldsymbol{v}_1, \boldsymbol{v}_2, \ldots, \boldsymbol{v}_r$은 A의 *오른쪽 특이벡터*이고, 대응하는 실수 $\sigma_1, \sigma_2, \ldots, \sigma_r$은 A의 *특이값*들이다.

12.3.2 특이값 및 오른쪽 특이벡터들의 성질

다음 성질은 비교적 자명하다.

Proposition 12.3.3: 오른쪽 특이벡터들은 정규직교한다.

Proof

이터레이션 i에서, $\boldsymbol{v}_i$는 norm이 1이고 $\boldsymbol{v}_1, \ldots, \boldsymbol{v}_{i-1}$에 직교하는 벡터들 중에서 선택된다. □

Example 12.3.4: Examples 12.2.3과 12.2.6의 행렬 $A = \begin{bmatrix} 1 & 4 \\ 5 & 2 \end{bmatrix}$를 다시 보자. 첫 번째 오른쪽 특이벡터는 $\boldsymbol{v}_1 \approx \begin{bmatrix} 0.78 \\ 0.63 \end{bmatrix}$이고, 첫 번째 특이값 σ_1은 약 6.1이다. 그러므로, 두 번째 오른쪽 특이벡터는 $\begin{bmatrix} 0.78 \\ 0.63 \end{bmatrix}$에 직교하는 벡터들 중에서 선택되어야 한다. 그래서, 두 번째 오른쪽 특이벡터는 $\begin{bmatrix} 0.63 \\ -0.78 \end{bmatrix}$이고 대응하는 특이값 $\sigma_2 \approx 2.9$이다.

벡터 $\boldsymbol{v}_1$과 $\boldsymbol{v}_2$는 명백히 직교한다. σ_2는 σ_1보다 작다는 것에 주목하자. 이유는 두 번째 최대

화는 더 작은 후보 집합에 대해 수행되므로 첫 번째 값보다 더 클 수 없다.

벡터 $\boldsymbol{v}_1$과 $\boldsymbol{v}_2$는 직교하고 영이 아니므로, 이들은 일차독립이고 그러므로 $\mathbb{R}^2$을 생성한다.

다음은 또 다른 성질이며 이것도 거의 자명하다.

Proposition 12.3.5: 특이값들은 음수가 아니며 내림차순(descending order)이다.

Proof

각 특이값은 벡터의 norm이므로 음수가 아니다. 각 $i > 1$에 대해, $\boldsymbol{v}_i$가 선택되는 벡터들의 집합은 $\boldsymbol{v}_{i-1}$이 선택된 벡터들의 집합의 부분집합이다. 그래서, 이터레이션 i에서 달성할 수 있는 최대값은 이터레이션 $i-1$에서 달성할 수 있는 최대값보다 크지 않다. 이것은 $\sigma_i \leq \sigma_{i-1}$임을 의미한다. □

이제, 전혀 자명하지 않은 특이값 분해의 핵심인 약간 놀라운 사실에 대해 살펴본다.

Lemma 12.3.6: A의 모든 행은 오른쪽 특이벡터의 생성에 속한다.

Proof

$\mathcal{V} = \text{Span}\,\{\boldsymbol{v}_1, \ldots, \boldsymbol{v}_r\}$라 하자. $\mathcal{V}^o$는 $\mathcal{V}$의 소멸자(annihilator)라고 하고, $\mathcal{V}^o$는 $\mathcal{V}$에 직교하는 모든 벡터들로 구성된다는 것을 기억하자. 루프 종료 조건에 의해, $\mathcal{V}^o$에 속하는 임의의 벡터 $\boldsymbol{v}$에 대해 곱 $A\boldsymbol{v}$는 영벡터이다. 그래서, A의 행들은 $\boldsymbol{v}$에 직교한다. 소멸자의 소멸자 $(\mathcal{V}^o)^*$는 $\mathcal{V}^o$에 직교하는 모든 벡터들로 구성되며, 그래서 A의 행들은 $(\mathcal{V}^o)^*$에 속한다. Theorem 7.5.15, Annihilator Theorem에 의하면 $(\mathcal{V}^o)^o$은 $\mathcal{V}$와 동일하다. 이것은 A의 행들이 $\mathcal{V}$에 속한다는 것을 보여 준다. □

12.3.3 특이값 분해

Lemma 12.3.6에 따르면 A의 각 행 $\boldsymbol{a}_i$는 오른쪽 특이벡터들의 선형결합이다.

$$\boldsymbol{a}_i = \sigma_{i1}\,\boldsymbol{v}_1 + \cdots + \sigma_{ir}\,\boldsymbol{v}_r$$

$\boldsymbol{v}_1, \ldots, \boldsymbol{v}_r$은 정규직교하므로, j 번째 항 $\sigma_{ij}\,\boldsymbol{v}_j$는 j 번째 오른쪽 특이벡터 $\boldsymbol{v}_j$에 따른 $\boldsymbol{a}_i$의 투영이고 그 계수 σ_{ij}는 $\boldsymbol{a}_i$와 $\boldsymbol{v}_j$의 내적이다.

$$\boldsymbol{a}_i = \langle \boldsymbol{a}_i, \boldsymbol{v}_1 \rangle\, \boldsymbol{v}_1 + \cdots + \langle \boldsymbol{a}_i, \boldsymbol{v}_r \rangle\, \boldsymbol{v}_r$$

벡터-행렬 곱셈의 도트곱 정의를 사용하여 이것을 다음과 같이 표현한다.

$$\boldsymbol{a}_i = \begin{bmatrix} \langle \boldsymbol{a}_i, \boldsymbol{v}_1 \rangle & \cdots & \langle \boldsymbol{a}_i, \boldsymbol{v}_r \rangle \end{bmatrix} \begin{bmatrix} \quad \boldsymbol{v}_1^T \quad \\ \hline \vdots \\ \hline \boldsymbol{v}_r^T \end{bmatrix}$$

이 모든 방정식들을 결합하고 행렬-행렬 곱셈의 벡터-행렬 정의를 사용하여 A를 행렬-행렬 곱으로 표현할 수 있다.

$$\begin{bmatrix} \boldsymbol{a}_1^T \\ \hline \boldsymbol{a}_2^T \\ \hline \vdots \\ \hline \boldsymbol{a}_m^T \end{bmatrix} = \begin{bmatrix} \langle \boldsymbol{a}_1, \boldsymbol{v}_1 \rangle & \cdots & \langle \boldsymbol{a}_1, \boldsymbol{v}_r \rangle \\ \langle \boldsymbol{a}_2, \boldsymbol{v}_1 \rangle & \cdots & \langle \boldsymbol{a}_2, \boldsymbol{v}_r \rangle \\ & \vdots & \\ \langle \boldsymbol{a}_m, \boldsymbol{v}_1 \rangle & \cdots & \langle \boldsymbol{a}_m, \boldsymbol{v}_r \rangle \end{bmatrix} \begin{bmatrix} \boldsymbol{v}_1^T \\ \hline \vdots \\ \hline \boldsymbol{v}_r^T \end{bmatrix}$$

이 방정식을 더 간단하게 나타낼 수 있다. 우변의 첫 번째 행렬의 j 번째 열은 다음과 같다.

$$\begin{bmatrix} \langle \boldsymbol{a}_1, \boldsymbol{v}_j \rangle \\ \langle \boldsymbol{a}_2, \boldsymbol{v}_j \rangle \\ \vdots \\ \langle \boldsymbol{a}_m, \boldsymbol{v}_j \rangle \end{bmatrix}$$

이것은 선형결합의 도트곱 정의에 의해 $A\boldsymbol{v}_j$이다. 이러한 벡터들에 대한 이름이 있으면 편리하다.

Definition 12.3.7: $\sigma_j \boldsymbol{u}_j = A\boldsymbol{v}_j$를 만족하는 벡터 $\boldsymbol{u}_1, \boldsymbol{u}_2, \ldots, \boldsymbol{u}_r$은 A의 *왼쪽 특이벡터*(left singular vectors)이다.

Proposition 12.3.8: 왼쪽 특이벡터들은 정규직교이다.

(증명은 섹션 12.3.10에 주어진다.)

왼쪽 특이벡터의 정의를 사용하여 $\sigma_j \boldsymbol{u}_j$를 $A\boldsymbol{v}_j$에 대입하면 결과는 다음과 같다.

$$\begin{bmatrix} \\ A \\ \\ \end{bmatrix} = \begin{bmatrix} \sigma_1 \boldsymbol{u}_1 & \cdots & \sigma_r \boldsymbol{u}_r \end{bmatrix} \begin{bmatrix} \boldsymbol{v}_1^T \\ \hline \vdots \\ \hline \boldsymbol{v}_r^T \end{bmatrix}$$

마지막으로, $\sigma_1, \ldots, \sigma_r$을 대각행렬로 분리하면 다음 방정식을 얻는다.

$$\begin{bmatrix} \\ A \\ \\ \end{bmatrix} = \begin{bmatrix} \boldsymbol{u}_1 & \cdots & \boldsymbol{u}_r \end{bmatrix} \begin{bmatrix} \sigma_1 & & \\ & \ddots & \\ & & \sigma_r \end{bmatrix} \begin{bmatrix} \boldsymbol{v}_1^T \\ \hline \vdots \\ \hline \boldsymbol{v}_r^T \end{bmatrix} \tag{12.12}$$

Definition 12.3.9: 행렬 A의 *특이값 분해*는 A의 인수분해 $A = U\Sigma V^T$이다. 여기서, 행렬 U, Σ, 그리고 V는 다음 세 가지 성질을 가진다.

Property S1: Σ는 대각행렬이고 그 엔트리들 $\sigma_1, \ldots, \sigma_r$은 양수이고 내림차순이다.

Property S2: V는 열-직교행렬이다.

Property S3: U는 열-직교행렬이다.

(때때로 이것은 *축소(리듀스드)*(reduced) 특이값 분해라고 한다).

위에서 정립한 것을 아래와 같이 표현할 수 있다.

Theorem 12.3.10: $\mathbb{R}$상의 모든 행렬 A는 특이값 분해를 가진다.

Proof

식 (12.12)는 A를 행렬 U, Σ, 그리고 V로 인수분해한 것을 보여 준다. Property S1은 Proposition 12.3.5를 따른다. Property S2는 Proposition 12.3.3을 따른다. Property S3은 Proposition 12.3.8을 따른다. □

프로시저, `def find_right_singular_vectors`(A)는 A의 특이값 분해를 찾는 데 가장 효과적인 방법은 아니다. 최고의 알고리즘을 찾는 것은 이 책의 범위를 벗어난다. 하지만, 프로시저 `factor(A)`를 가지고 있는 모듈 `svd`가 제공되며, 이것은 주어진 행렬 A에 대해 $A = U\Sigma * V^T$를 만족하는 (U, Σ, V)를 리턴한다.

특이값 분해는 전치에 대해 대칭성이 있다. 행렬 곱의 전치의 성질에 의하면(Proposition 5.11.14) 다음이 성립한다.

$$\begin{aligned} A^T &= (U\Sigma V^T)^T \\ &= V\Sigma^T U^T \\ &= V\Sigma U^T \end{aligned}$$

이유는 Σ의 전치행렬은 Σ 자신이기 때문이다.

A^T의 SVD는 A의 SVD에서 U와 V를 바꾸면 된다.

SVD는 수학적 개념 및 계산적 도구로서 중요하다는 것을 알게 될 것이다.

12.3.4 가장 가까운 k-차원 공간을 찾는 데 오른쪽 특이벡터 사용하기

이제, 오른쪽 특이벡터를 사용하여 Computational Problem 12.3.1을 다루는 방법을 보여 준다.

먼저, 이 솔루션이 얼마나 좋은지 살펴본다.

Lemma 12.3.11: $\boldsymbol{v}_1, \ldots, \boldsymbol{v}_k$는 벡터공간 $\mathcal{V}$에 대한 정규직교 벡터 기저라고 하자. 그러면,

$$(\boldsymbol{a}_1\text{에서 }\mathcal{V}\text{까지의 거리})^2 + \cdots + (\boldsymbol{a}_m\text{에서 }\mathcal{V}\text{까지의 거리})^2$$

은 $\|A\|_F^2 - \|A\boldsymbol{v}_1\|^2 - \|A\boldsymbol{v}_2\|^2 - \cdots - \|A\boldsymbol{v}_k\|^2$이다.

Proof

섹션 12.2.1에 주어진 것과 동일한 주장을 사용한다. 각 벡터 $\boldsymbol{a}_i$에 대해, $\boldsymbol{a}_i = \boldsymbol{a}_i^{\|\mathcal{V}} + \boldsymbol{a}_i^{\perp\mathcal{V}}$라고 표현하자. 피타고라스 정리에 의하면, $\|\boldsymbol{a}_1^{\perp\mathcal{V}}\|^2 = \|\boldsymbol{a}_1\|^2 - \|\boldsymbol{a}_1^{\|\mathcal{V}}\|^2$이다. 그러므로, 제곱 거리의

합은 다음과 같다.

$$\left(\|\boldsymbol{a}_1\|^2 - \|\boldsymbol{a}_1^{\|\mathcal{V}}\|^2\right) + \cdots + \left(\|\boldsymbol{a}_m\|^2 - \|\boldsymbol{a}_m^{\|\mathcal{V}}\|^2\right)$$

이것은 아래와 동일하다.

$$\left(\|\boldsymbol{a}_1\|^2 + \cdots + \|\boldsymbol{a}_m\|^2\right) + \left(\|\boldsymbol{a}_1^{\|\mathcal{V}}\|^2 + \cdots + \|\boldsymbol{a}_m^{\|\mathcal{V}}\|^2\right)$$

첫 번째 합 $\|\boldsymbol{a}_1\|^2 + \cdots + \|\boldsymbol{a}_m\|^2$은 $\|A\|_F^2$와 동일하다. 두 번째 합은 다음과 같다.

$$\begin{aligned}
&\|\boldsymbol{a}_1^{\|\mathcal{V}}\|^2 + \cdots + \|\boldsymbol{a}_m^{\|\mathcal{V}}\|^2 \\
&= \left(\|\boldsymbol{a}_1^{\|\boldsymbol{v}_1}\|^2 + \cdots + \|\boldsymbol{a}_1^{\|\boldsymbol{v}_k}\|^2\right) + \cdots + \left(\|\boldsymbol{a}_m^{\|\boldsymbol{v}_1}\|^2 + \cdots + \|\boldsymbol{a}_m^{\|\boldsymbol{v}_k}\|^2\right) \\
&= \left(\langle \boldsymbol{a}_1, \boldsymbol{v}_1\rangle^2 + \cdots + \langle \boldsymbol{a}_1, \boldsymbol{v}_k\rangle^2\right) + \cdots + \left(\langle \boldsymbol{a}_m, \boldsymbol{v}_1\rangle^2 + \cdots + \langle \boldsymbol{a}_m, \boldsymbol{v}_k\rangle^2\right)
\end{aligned}$$

이들 내적을 다시 정리하면 다음이 얻어진다.

$$\begin{aligned}
&\left(\langle \boldsymbol{a}_1, \boldsymbol{v}_1\rangle^2 + \langle \boldsymbol{a}_2, \boldsymbol{v}_1\rangle^2 + \cdots + \langle \boldsymbol{a}_m, \boldsymbol{v}_1\rangle^2\right) + \cdots + \left(\langle \boldsymbol{a}_1, \boldsymbol{v}_k\rangle^2 + \langle \boldsymbol{a}_2, \boldsymbol{v}_k\rangle^2 + \cdots + \langle \boldsymbol{a}_m, \boldsymbol{v}_k\rangle^2\right) \\
&= \|A\boldsymbol{v}_1\|^2 + \cdots + \|A\boldsymbol{v}_k\|^2
\end{aligned}$$

□

다음 정리는 첫 k 개 오른쪽 특이벡터들의 생성은 최상의 솔루션이라는 것을 의미한다.

Theorem 12.3.12: A는 $m \times n$ 행렬이라 하고 $\boldsymbol{a}_1, \ldots, \boldsymbol{a}_m$은 이 행렬의 행이라 하자. $\boldsymbol{v}_1, \ldots, \boldsymbol{v}_r$은 이 행렬의 오른쪽 특이벡터들이라 하고, $\sigma_1, \ldots, \sigma_r$은 그 특이값들이라 하자. 임의의 양의 정수 $k \leq r$에 대해, Span $\{\boldsymbol{v}_1, \ldots, \boldsymbol{v}_k\}$은 k-차원 벡터공간 $\mathcal{V}$이며 이것은 다음을 최소화한다.

$$(\boldsymbol{a}_1\text{에서 }\mathcal{V}\text{까지의 거리})^2 + \cdots + (\boldsymbol{a}_m\text{에서 }\mathcal{V}\text{까지의 거리})^2$$

그리고, 제곱 거리의 합의 최소값은 $\|A\|_F^2 - \sigma_1^2 - \sigma_2^2 - \cdots - \sigma_k^2$이다.

Proof

Lemma 12.3.11에 의하면, 공간 $\mathcal{V} = \text{Span}\ \{\boldsymbol{v}_1, \ldots, \boldsymbol{v}_k\}$에 대한 제곱 거리의 합은 아래와 같다.

$$\|A\|_F^2 - \sigma_1^2 - \sigma_2^2 - \cdots - \sigma_k^2 \tag{12.13}$$

이것이 최소값임을 증명하기 위해서는 임의의 다른 k-차원 벡터공간 $\mathcal{W}$에 대한 제곱 거리의 합이 위의 값보다 작지 않다는 것을 보여야 한다.

임의의 k-차원 벡터공간 $\mathcal{W}$는 정규직교 기저를 가진다. $\boldsymbol{w}_1, \ldots, \boldsymbol{w}_k$는 이러한 기저라고 하자. 이 벡터들을 Lemma 12.3.11에 적용하면, $\boldsymbol{a}_1, \ldots, \boldsymbol{a}_m$에서 $\mathcal{W}$까지의 제곱 거리들의 합은 다음과 같다.

$$\|A\|_F^2 - \|A\boldsymbol{w}_1\|^2 - \|A\boldsymbol{w}_2\|^2 - \cdots - \|A\boldsymbol{w}_k\|^2 \tag{12.14}$$

$\mathcal{V}$가 가장 가깝다는 것을 보여 주기 위해, (12.14)의 값이 (12.13)의 값보다 작지 않다는 것을 보여야 한다. 이를 위해 $\|A\boldsymbol{w}_1\|^2 + \cdots + \|A\boldsymbol{w}_k\|^2 \leq \sigma_1^2 + \cdots + \sigma_k^2$임을 보여야 한다. W는 열이 $\boldsymbol{w}_1, \ldots, \boldsymbol{w}_k$인 행렬이라 하자. 그러면, Lemma 12.1.1의 열 버전에 의해 $\|AW\|_F^2 = \|A\boldsymbol{w}_1\|^2 + \cdots + \|A\boldsymbol{w}_k\|^2$이 성립한다. 그러므로, $\|AW\|_F^2 \leq \sigma_1^2 + \cdots + \sigma_k^2$임을 보여야 한다.

Theorem 12.3.10에 의해, A는 $A = U\Sigma V^T$로 인수분해 될 수 있다. 여기서, V의 열들은 $\boldsymbol{v}_1, \ldots, \boldsymbol{v}_r$이고 U와 V는 열-직교이며 Σ는 대각원소가 $\sigma_1, \ldots, \sigma_r$인 대각행렬이다. A를 치환하면 $\|AW\|_F^2 = \|U\Sigma V^T W\|_F^2$이다. U는 열-직교이므로, U에 의한 곱은 norm을 보존하고, 따라서 $\|U\Sigma V^T W\|_F^2 = \|\Sigma V^T W\|_F^2$이다.

X는 행렬 $V^T W$라고 하자. 증명은 열과 행에 대한 X의 두 가지 다른 해석을 사용하여 이루어진다.

첫째, $\boldsymbol{x}_1, \ldots, \boldsymbol{x}_k$는 X의 열이라 하자. $j = 1, \ldots, k$에 대해, 행렬-행렬 곱셈의 행렬-벡터 해석에 의하면 $\boldsymbol{x}_j = V^T \boldsymbol{w}_j$이다. 행렬-벡터 곱셈의 도트곱 해석에 의하면 $\boldsymbol{x}_j = [\boldsymbol{v}_1 \cdot \boldsymbol{w}_j, \ldots, \boldsymbol{v}_r \cdot \boldsymbol{w}_j]$이며, 이것은 $\boldsymbol{w}_j$의 Span $\{\boldsymbol{v}_1, \ldots, \boldsymbol{v}_r\}$상으로의 투영을 나타낸 $\boldsymbol{v}_1, \ldots, \boldsymbol{v}_r$에 대한 좌표표현이다. 그러므로, 투영 자체는 $V\boldsymbol{x}_j$이다. norm이 1인 벡터를 공간상으로 투영한 것은 norm이 1 이하이므로 $\|V\boldsymbol{x}_j\| \leq 1$이다. V는 열-직교 행렬이므로, $\|V\boldsymbol{x}_j\| = \|\boldsymbol{x}_j\|$이고, 따라서 $\boldsymbol{x}_j$의 norm은 1 이하이다. 이것은 $\|X\|_F^2 \leq k$임을 보여준다.

둘째, $\boldsymbol{y}_1, \ldots, \boldsymbol{y}_r$는 X의 행이라 하자. $i = 1, \ldots, r$에 대해, 행렬-행렬 곱셈의 벡터-행렬 해석에 의하면 $\boldsymbol{y}_i = \boldsymbol{v}_i^T W$이다. 벡터-행렬 곱셈의 도트곱 해석에 의하면 $\boldsymbol{y}_i = [\boldsymbol{v}_i \cdot \boldsymbol{w}_1, \ldots, \boldsymbol{v}_i \cdot \boldsymbol{w}_k]$이며, 이것은 $\boldsymbol{v}_j$의 $\mathcal{W}$상으로의 투영을 나타낸 $\boldsymbol{w}_1, \ldots, \boldsymbol{w}_r$에 대한 좌표표현이다. 앞에서와 동일한 주장을 사용하면 $\boldsymbol{v}_i$는 norm이 1이므로 그 좌표표현의 norm은 1 이하이다. 이것은 X의 각 행 $\boldsymbol{y}_i$의 norm이 1 이하임을 보여준다.

이제, ΣX를 고려해 보자. Σ는 대각원소가 $\sigma_1, \ldots, \sigma_r$인 대각행렬이므로, ΣX의 행 i는 X의 행 i에 σ_i를 곱한 값, 즉 $\sigma_i \boldsymbol{y}_i$이다. 그러므로, ΣX의 프로베니우스 norm 제곱은 $\sigma_1^2\|\boldsymbol{y}_1\|^2 + \cdots + \sigma_r^2\|\boldsymbol{y}_r\|^2$이다.

이제 $\sigma_1^2\|\boldsymbol{y}_1\|^2 + \cdots + \sigma_r^2\|\boldsymbol{y}_r\|^2 \leq \sigma_1^2 + \cdots + \sigma_k^2$임을 보여보자. $i = 1, \ldots, k$에 대해 $\|\boldsymbol{y}_i\|^2 \leq 1$임을 보였다. $\|X\|_F^2 \leq k$이므로, $\|\boldsymbol{y}_1\|^2 + \cdots + \|\boldsymbol{y}_r\|^2 \leq k$도 성립한다.

β_i를 다음과 같이 정의하자.

$$\beta_i = \begin{cases} \sigma_i^2 - \sigma_k^2 & \text{if } i \leq r \\ 0 & \text{otherwise} \end{cases}$$

그러면, $i = 1, \ldots, r$에 대해 $\sigma_i^2 \leq \beta_i + \sigma_k^2$이다($\sigma_1, \ldots, \sigma_r$이 증가하지 않는 순서라는 사실을 사용).

그러므로,

$$\begin{aligned}
\sigma_1^2\|\boldsymbol{y}_1\|^2 + \cdots + \sigma_r^2\|\boldsymbol{y}_r\|^2 &\leq (\beta_1 + \sigma_k^2)\|\boldsymbol{y}_1\|^2 + \cdots + (\beta_r + \sigma_k^2)\|\boldsymbol{y}_r\|^2 \\
&= (\beta_1\|\boldsymbol{y}_1\|^2 + \cdots + \beta_r\|\boldsymbol{y}_r\|^2) + (\sigma_k^2\|\boldsymbol{y}_1\|^2 + \cdots + \sigma_k^2\|\boldsymbol{y}_r\|^2) \\
&\leq (\beta_1 + \cdots + \beta_r) + \sigma_k^2(\|\boldsymbol{y}_1\|^2 + \cdots + \|\boldsymbol{y}_r\|^2) \\
&\leq (\sigma_1^2 + \cdots + \sigma_k^2 - k\sigma_k^2) + \sigma_k^2 k \\
&= \sigma_1^2 + \cdots + \sigma_k^2
\end{aligned}$$

이것으로 증명이 완료된다. □

12.3.5 A에 대한 최상의 랭크-k 근사

섹션 12.2.4에서 보았듯이, A에 대한 최상의 랭크-1 근사는 $\sigma_1 \boldsymbol{u}_1 \boldsymbol{v}_1^T$이다. 이제, 이것을 일반화한다.

Theorem 12.3.13: $k \leq \text{rank}\, A$에 대해, A의 최상의 랭크-k 근사는 다음과 같다.

$$\tilde{A} = \sigma_1\, \boldsymbol{u}_1 \boldsymbol{v}_1^T + \cdots + \sigma_k\, \boldsymbol{u}_k \boldsymbol{v}_k^T \tag{12.15}$$

이때, $\|A - \tilde{A}\|_F^2 = \|A\|_F^2 - \sigma_1^2 - \sigma_2^2 - \cdots - \sigma_k^2$이다.

Proof

증명은 섹션 12.2.2의 주장에 대한 간단한 일반화이다. $\tilde{A}$는 A에 대한 랭크-k 근사라고 하자. Lemma 12.1.1에 의하면 다음이 성립한다.

$$\|A - \tilde{A}\|_F^2 = \|A - \tilde{A}\text{의 행 }1\|^2 + \cdots + \|A - \tilde{A}\text{의 행 }m\|^2 \tag{12.16}$$

$\tilde{A}$가 k보다 작거나 같은 랭크를 가지기 위해서는 차원 k의 어떤 벡터공간 $\mathcal{V}$가 있어야 하며, 여기서 $\tilde{A}$의 모든 행은 $\mathcal{V}$에 속한다. 일단, $\mathcal{V}$가 선택되면, 식 (12.16)에 의해 $\tilde{A}$의 최상의 선택은 다음과 같다.

$$\tilde{A} = \begin{bmatrix} \boldsymbol{a}_1\text{에 가장 가까운 }\mathcal{V}\text{에 속하는 벡터} \\ \hline \vdots \\ \hline \boldsymbol{a}_m\text{에 가장 가까운 }\mathcal{V}\text{에 속하는 벡터} \end{bmatrix} \tag{12.17}$$

이렇게 선택된 경우, 다음과 같이 나타낼 수 있다.

$$\|A - \tilde{A}\|^2 = (\boldsymbol{a}_1\text{에서 }\mathcal{V}\text{까지의 거리})^2 + \cdots + (\boldsymbol{a}_m\text{에서 }\mathcal{V}\text{까지의 거리})^2$$

Theorem 12.3.12에 의하면, $\mathcal{V}$까지의 제곱 거리들의 합을 최소화기 위해서는 $\mathcal{V}$가 첫 k 개 오른쪽 특이벡터들의 생성이 되게 선택되어야 하고, 그 제곱 거리들의 합은 $\|A\|_F^2 - \sigma_1^2 - \sigma_2^2 - \cdots - \sigma_k^2$이다.

$i = 1, \ldots, m$에 대해, $\boldsymbol{a}_i$에 가장 가까운 $\mathcal{V}$에 속하는 벡터는 $\boldsymbol{a}_i$의 $\mathcal{V}$상으로의 투영이고, 다음과 같이 쓸 수 있다.

$$\begin{aligned} \boldsymbol{a}_i\text{의 }\mathcal{V}\text{상으로의 투영} &= \boldsymbol{a}_i\text{의 }\boldsymbol{v}_1\text{에 따른 투영} + \cdots + \boldsymbol{a}_i\text{의 }\boldsymbol{v}_m\text{에 따른 투영} \\ &= \langle \boldsymbol{a}_i, \boldsymbol{v}_1\rangle\, \boldsymbol{v}_1 + \cdots + \langle \boldsymbol{a}_i, \boldsymbol{v}_k\rangle\, \boldsymbol{v}_k \end{aligned}$$

식 (12.17)에 대입하고 행렬의 덧셈 정의를 사용하면 다음을 얻는다.

$$\begin{aligned} \tilde{A} &= \begin{bmatrix} \langle \boldsymbol{a}_1, \boldsymbol{v}_1\rangle\, \boldsymbol{v}_1 \\ \hline \vdots \\ \hline \langle \boldsymbol{a}_m, \boldsymbol{v}_1\rangle\, \boldsymbol{v}_1 \end{bmatrix} + \cdots + \begin{bmatrix} \langle \boldsymbol{a}_1, \boldsymbol{v}_k\rangle\, \boldsymbol{v}_k \\ \hline \vdots \\ \hline \langle \boldsymbol{a}_m, \boldsymbol{v}_k\rangle\, \boldsymbol{v}_k \end{bmatrix} \\ &= \sigma_1 \begin{bmatrix} \\ \boldsymbol{u}_1 \\ \\ \end{bmatrix} \begin{bmatrix} \quad \boldsymbol{v}_1 \quad \end{bmatrix} + \cdots + \sigma_k \begin{bmatrix} \\ \boldsymbol{u}_k \\ \\ \end{bmatrix} \begin{bmatrix} \quad \boldsymbol{v}_k \quad \end{bmatrix} \end{aligned}$$

□

12.3.6 최상의 랭크-k 근사에 대한 행렬 형태

식 (12.15)에 따르면, A에 대한 최상의 랭크-k 근사는 k개 랭크-1 행렬들의 합이다. 행렬-행렬 및 행렬-벡터 곱셈의 정의를 사용하여 식 (12.15)는 다음과 같이 다시 쓸 수 있다는 것을 보여 줄 수 있다.

$$\tilde{A} = \begin{bmatrix} \\ \boldsymbol{u}_1 & \cdots & \boldsymbol{u}_k \\ \\ \end{bmatrix} \begin{bmatrix} \sigma_1 & & \\ & \ddots & \\ & & \sigma_k \end{bmatrix} \begin{bmatrix} \boldsymbol{v}_1^T \\ \vdots \\ \boldsymbol{v}_k^T \end{bmatrix}$$

A의 특이값 분해, 즉 $A = U\Sigma V^T$와 유사하게 다음과 같이 나타낼 수 있다.

$$\tilde{A} = \tilde{U}\tilde{\Sigma}\tilde{V}^T$$

여기서, $\tilde{U}$는 U의 처음 k개 열들로 구성되고, $\tilde{V}$는 V의 처음 k개 열들로 구성되며, $\tilde{\Sigma}$는 대각행렬이며 이 대각 행렬의 원소들은 Σ의 처음 k개 대각원소들이다.

12.3.7 영이 아닌 특이값들의 개수는 rank A이다

Lemma 12.3.6에 따르면, 알고리즘 `find_right_singular_vectors`(A)에 의해 제공되는 오른쪽 특이벡터들의 개수 r은 적어도 A의 랭크이다.

k = rank A라고 하자. 이 k 값에 대해, A에 대한 최상의 랭크-k 근사는 A 자신이다. 이것은 임의의 특이값들 $\sigma_{1+\text{rank } A}, \sigma_{2+\text{rank } A}, \ldots$은 영이어야 한다는 것을 보여 준다. 그러므로, 알고리즘 `find_right_singular_vectors`(A)에서, rank A 이터레이션 이후 $\boldsymbol{v}_1, \ldots, \boldsymbol{v}_{\text{rank } A}$에 직교하는 모든 벡터 $\boldsymbol{v}$에 대해 $A\boldsymbol{v} = \mathbf{0}$이다. 따라서, 이터레이션의 수 r은 정확히 rank A이다.

A의 SVD를 다시 고려해 보자.

$$\begin{bmatrix} \\ A \\ \\ \end{bmatrix} = \underbrace{\begin{bmatrix} \\ \boldsymbol{u}_1 & \cdots & \boldsymbol{u}_r \\ \\ \end{bmatrix}}_{U} \underbrace{\begin{bmatrix} \sigma_1 & & \\ & \ddots & \\ & & \sigma_r \end{bmatrix}}_{\Sigma} \underbrace{\begin{bmatrix} \boldsymbol{v}_1^T \\ \vdots \\ \boldsymbol{v}_r^T \end{bmatrix}}_{V^T}$$

행렬-행렬 곱셈의 벡터-행렬 정의에 의해, A의 각 행은 $U\Sigma$와 V^T의 곱의 대응하는 행이다. 그러므로, 벡터-행렬 곱셈의 선형결합 정의에 의하면, A의 각 행은 V^T의 행들의 선형결합이다. 한편, V^T의 행들은 서로 직교하고 영이 아니어서 일차독립이다(Proposition 10.5.1). 그리고, 행들의 랭크는 rank A이고 이들의 생성의 차원은 정확히 rank A이다. 따라서, Dimension Principle(Lemma 7.2.14)에 의해, Row A는 Row V^T와 동일하다.

유사하게, Col A는 Col U와 동일하다는 것을 보여 준다. A의 각 열은 U와 ΣV^T의 열과의 곱이고, $\dim \text{Col } A = \text{rank } A = \dim \text{Col } U$이다. 그래서, Col A = Col U이다.

요약하면 다음과 같다.

Proposition 12.3.14: A의 특이값 분해 $U\Sigma V^T$에서, Col U = Col A이고 Row V^T = Row A이다.

12.3.8 수치 랭크(Numerical rank)

사실, 부동소수 엔트리를 가지는 행렬의 랭크를 계산하거나 또는 심지어 정의하는 것도 간단한 문제가 아니다. A의 열들은 일차종속일 수 있지만, 부동소수 에러 때문에 열들에 대해 `orthogonalize` 프로시저를 실행할 때 모두 영이 아닌 벡터들을 얻을 수 있다. 또는, 컴퓨터에서 표현된 행렬은 부동소수로는 엔트리들을 정확하게 표현할 수 없는 어떤 "트루(true)" 행렬에 대한 근사 행렬일 수 있다. 트루 행렬의 랭크는 표현된 행렬과 다를 수 있다. 실질적인 문제로서, 랭크에 대한 어떤 유용한 정의가 필요하며 *수치 랭크*(numerical rank)가 사용된다. 행렬의 수치 랭크는 아주 작은 특이값을 얻기 전에 구해지는 특이값들의 개수로 정의된다.

12.3.9 가장 가까운 k-차원 아핀공간

가장 가까운 k-차원 벡터공간이 아니라 가장 가까운 k-차원 아핀공간을 찾기 위해, 섹션 12.2.5에서 기술한 센터링 기법을 사용할 수 있다. 센터링 기법은 입력 점들 $\boldsymbol{a}_1, \ldots, \boldsymbol{a}_m$의 센트로이드 $\bar{\boldsymbol{a}}$를 찾아 그것을 입력 점들의 각각으로부터 뺀다. 그다음에, $\boldsymbol{a}_1 - \bar{\boldsymbol{a}}, \ldots, \boldsymbol{a}_m - \bar{\boldsymbol{a}}$에 가장 가까운 k-차원 벡터공간에 대한 기저 $\boldsymbol{v}_1, \ldots, \boldsymbol{v}_k$를 찾는다. 원래의 점들 $\boldsymbol{a}_1, \ldots, \boldsymbol{a}_m$에 가장 가까운 k-차원 아핀공간은 다음과 같이 나타낸다.

$$\{\bar{\boldsymbol{a}} + \boldsymbol{v} \ : \ \boldsymbol{v} \in \text{Span}\ \{\boldsymbol{v}_1, \ldots, \boldsymbol{v}_k\}\}$$

증명은 생략한다.

Example 12.3.15: Examples 12.2.7과 12.2.13의 미국 상원 투표 데이터로 돌아가 보자. 상원의원들의 투표 기록들을 가장 가까운 1차원 벡터상으로의 투영에 기초하여 그들을 수직선 위에 그려보자. 이제, 가장 가까운 2차원 아핀공간을 찾을 수 있으며, 투표 기록들을 이 공간상으로 투영하여 그 좌표들을 상원의원들을 나타내는 데 사용할 수 있다.

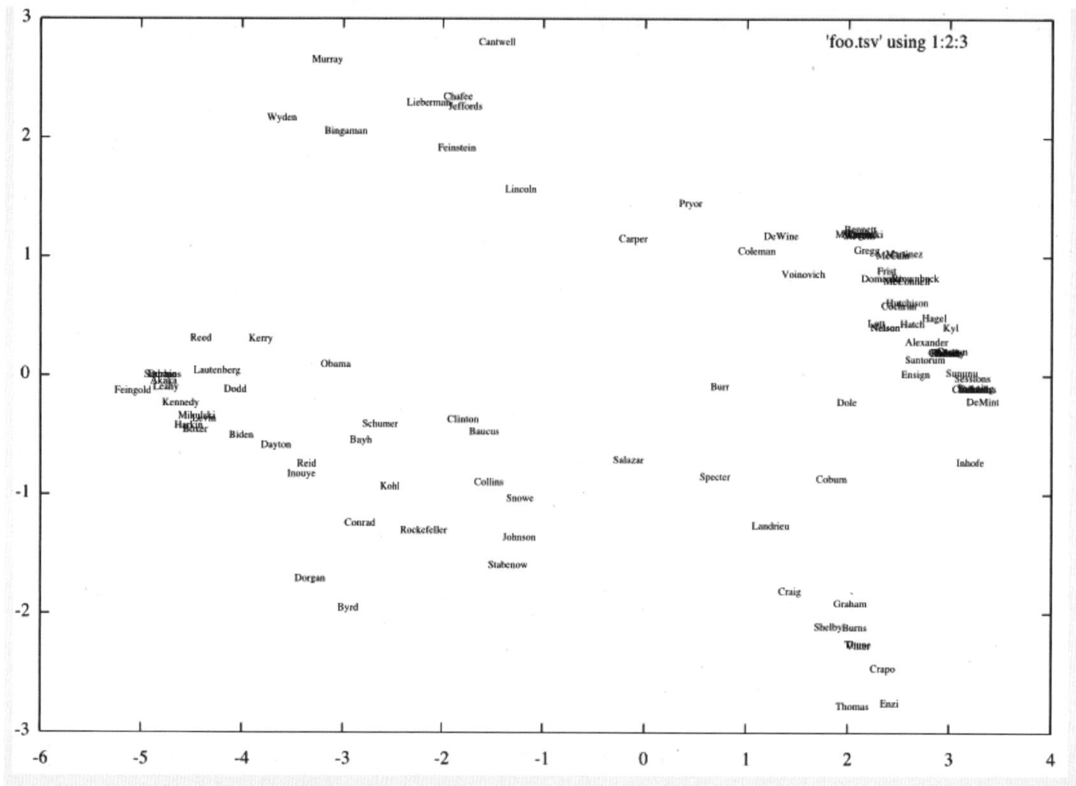

12.3.10 U는 열-직교임을 증명

코시-슈바르츠(Cauchy-Schwartz) 부등식의 정의에 따르면, 벡터 $\boldsymbol{a}$와 $\boldsymbol{b}$에 대해 $|\boldsymbol{a}\cdot\boldsymbol{b}| \leq \|\boldsymbol{a}\|\|\boldsymbol{b}\|$이 성립한다. $\boldsymbol{b} = \boldsymbol{b}^{\|\boldsymbol{a}} + \boldsymbol{b}^{\perp\boldsymbol{a}}$라고 해 보자. 피타고라스 정리에 의하면 $\|\boldsymbol{b}\|^2 = \|\boldsymbol{b}^{\|\boldsymbol{a}}\|^2 + \|\boldsymbol{b}^{\perp\boldsymbol{a}}\|^2$이다. 따라서, $\|\boldsymbol{b}\|^2 \geq \|\boldsymbol{b}^{\|\boldsymbol{a}}\|^2 = \|\frac{\boldsymbol{b}\cdot\boldsymbol{a}}{\boldsymbol{a}\cdot\boldsymbol{a}}\boldsymbol{a}\|^2 = (\frac{\boldsymbol{b}\cdot\boldsymbol{a}}{\|\boldsymbol{a}\|^2})^2\|\boldsymbol{a}\|^2 = \frac{(\boldsymbol{b}\cdot\boldsymbol{a})^2}{\|\boldsymbol{a}\|^2}$이 성립한다. 그러므로, $\|\boldsymbol{b}\|^2\|\boldsymbol{a}\|^2 \geq (\boldsymbol{b}\cdot\boldsymbol{a})^2$이 되어 코시-슈바르츠 부등식이 증명된다.

특이값 분해의 성질 Property S3에 따르면 왼쪽 특이벡터들의 행렬 U는 열-직교이다. 이제, 이 성질을 증명한다.

왼쪽 특이벡터들 $\boldsymbol{u}_1, \ldots, \boldsymbol{u}_r$의 norm은 1이 되게 구성된다. 이 특이벡터들은 서로 직교한다는 것을 보여야 한다. $i = 1, 2, \ldots, k$에 대해 벡터 $\boldsymbol{u}_i$는 $\boldsymbol{u}_{i+1}, \ldots, \boldsymbol{u}_r$과 직교한다는 것을 k에 대한 귀납법으로 증명한다. 그다음에 $k = r$로 설정하면 결과가 증명된다.

특이벡터와 특이값의 정의에 의하면 다음이 성립한다.

$$AV = \left[\begin{array}{c|c|c|c|c|c|c} \sigma_1\boldsymbol{u}_1 & \cdots & \sigma_{k-1}\boldsymbol{u}_{k-1} & \sigma_k\boldsymbol{u}_k & \sigma_{k+1}\boldsymbol{u}_{k+1} & \cdots & \sigma_r\boldsymbol{u}_r \end{array}\right]$$

귀납적 가설에 의하면, $\boldsymbol{u}_k$는 $\boldsymbol{u}_1, \ldots, \boldsymbol{u}_{k-1}$과 직교한다. $\boldsymbol{u}_k$는 norm이 1이고, $\boldsymbol{u}_k \cdot \sigma_k\boldsymbol{u}_k = \sigma_k$이다. 아래와 같이 식을 정의해 보자.

$$\begin{aligned} \beta_{k+1} &= \boldsymbol{u}_k \cdot \boldsymbol{u}_{k+1} \\ \beta_{k+2} &= \boldsymbol{u}_k \cdot \boldsymbol{u}_{k+2} \\ &\vdots \\ \beta_r &= \boldsymbol{u}_k \cdot \boldsymbol{u}_r \end{aligned}$$

그러면, 다음이 성립한다.

$$\boldsymbol{u}_k^T AV = [\ 0\ \cdots\ 0\ \sigma_k\ \beta_{k+1}\ \cdots\ \beta_r\ ] \tag{12.18}$$

$\beta_{k+1}, \ldots, \beta_r$이 모두 0이라는 것을 보여주는 것이 목적인데, 왜냐하면 이것이 $\boldsymbol{u}_k$가 $\boldsymbol{u}_{k+1}, \ldots, \boldsymbol{u}_r$과 직교한다는 것을 보여주기 때문이다.

$\boldsymbol{w} = [\ 0\ \cdots\ 0\ \sigma_k\ \beta_{k+1}\ \cdots\ \beta_r\ ]$이라 하자. 그러면, $\|\boldsymbol{w}\|^2 = \sigma_k^2 + \beta_{k+1}^2 + \cdots + \beta_r^2$이다. V는 열-직교행렬이므로, $\|V\boldsymbol{w}\|^2 = \|\boldsymbol{w}\|^2$이며, 따라서 다음이 성립한다.

$$\|V\boldsymbol{w}\|^2 = \sigma_k^2 + \beta_{k+1}^2 + \cdots + \beta_r^2 \tag{12.19}$$

더욱이, $\boldsymbol{w}$의 첫 $k-1$개 엔트리들이 영이므로 벡터 $V\boldsymbol{w}$는 V의 나머지 $r-(k-1)$개 열의 선형결합이다. V의 열들은 서로 직교하므로, $V\boldsymbol{w}$는 $\boldsymbol{v}_1, \ldots, \boldsymbol{v}_{k-1}$에 직교한다. $\boldsymbol{v} = V\boldsymbol{w}/\|V\boldsymbol{w}\|$라고 하자. 그러면, $\boldsymbol{v}$는 norm이 1이고 $\boldsymbol{v}_1, \ldots, \boldsymbol{v}_{k-1}$에 직교한다. $\beta_{k+1}, \ldots, \beta_r$이 모두 영인 경우가 아니면 $\|A\boldsymbol{v}\| > \|A\boldsymbol{v}_k\|$임을 보여줘 $\boldsymbol{v}_k$ 선택이 모순임을 보여줄 것이다.

식 (12.18)에 의해 $(\boldsymbol{u}_k^T AV) \cdot \boldsymbol{w} = \sigma_k^2 + \beta_{k+1}^2 + \cdots + \beta_r^2$이다. Cauchy-Schwartz 부등식에 의하면, $|\boldsymbol{u}_k \cdot (AV\boldsymbol{w})| \leq \|\boldsymbol{u}_k\|\|AV\boldsymbol{w}\|$이다. 따라서, $\|\boldsymbol{u}_k\| = 1$이므로 $\|AV\boldsymbol{w}\| \geq \sigma_k^2 + \beta_{k+1}^2 + \cdots + \beta_r^2$이다. 이 부등식을 (12.19)와 결합하면 다음을 얻을 수 있다.

$$\frac{\|AV\boldsymbol{w}\|}{\|V\boldsymbol{w}\|} \geq \frac{\sigma_k^2 + \beta_{k+1}^2 + \cdots + \beta_r^2}{\sqrt{\sigma_k^2 + \beta_{k+1}^2 + \cdots + \beta_r^2}} \tag{12.20}$$

이것은 $\beta_{k+1}, \ldots, \beta_r$이 모두 영인 경우가 아니면 σ_k^2보다 크다. 이것으로 귀납 단계 및 증명이 완료된다.

12.4 특이값 분해 사용하기

특이값 분해는 선형대수적 계산에 중요한 도구로 알려져 있다.

12.4.1 최소제곱에 SVD 사용하기

섹션 10.8.5에서 행렬 A의 QR 인수분해는 $\|A\boldsymbol{x} - \boldsymbol{b}\|$를 최소화하는 벡터 $\hat{\boldsymbol{x}}$을 찾는 *최소제곱* 문제를 푸는 데 사용될 수 있다는 것을 알아보았다. 하지만, 그 알고리즘은 오직 A의 열들이 일차독립인 경우에만 적용될 수 있다. 여기서는 특이값 분해가 최소제곱 문제를 푸는 또 다른 방법을 제공한다는 것을 살펴본다. 이 방법은 A의 열들이 일차독립이지 않아도 된다.

```
def SVD_solve(A, b):
    U, Σ, V = svd.factor(A)
    return VΣ^{-1}U^T b
```

이 알고리즘은 역행렬을 곱하는 것이 필요한 것처럼 보이지만, 이 행렬은 (영이 아닌 대각 원소 $\sigma_1, \ldots, \sigma_{\text{rank } A}$를 가지는) 대각행렬이어서 역행렬에 의한 곱은 함수 $f([y_1, y_2, \ldots, y_r]) = [\sigma_1^{-1}y_1, \sigma_2^{-1}y_2, \ldots, \sigma_r^{-1}y_r]$을 적용하는 것과 같다.

이 알고리즘이 올바른 솔루션을 리턴하는 것을 보이기 위해, $\hat{\boldsymbol{x}} = V\Sigma^{-1}U^T\boldsymbol{b}$가 리턴되는 벡터라고 하자. 왼쪽에 V^T를 곱하여 다음 방정식을 얻는다.

$$V^T\hat{\boldsymbol{x}} = \Sigma^{-1}U^T\boldsymbol{b}$$

왼쪽에 Σ를 곱하여 다음을 얻는다.

$$\Sigma V^T \hat{\boldsymbol{x}} = U^T \boldsymbol{b}$$

왼쪽에 U를 곱하여 다음을 얻는다.

$$U\Sigma V^T \hat{\boldsymbol{x}} = UU^T \boldsymbol{b}$$

치환하여 다음을 얻는다.

$$A\hat{\boldsymbol{x}} = UU^T \boldsymbol{b}$$

이 방정식은 최소제곱 문제를 푸는 데 QR_solve(A)를 사용하는 것이 타당하다는 것을 보여 주는 방정식과 유사하다. Lemma 10.8.3에 의하면 $UU^T\boldsymbol{b}$는 $\boldsymbol{b}$의 Col U상으로의 투영 $\boldsymbol{b}^{\|\text{Col } U}$이다. Proposition 12.3.14에 의해, Col U = Col A이고, 그래서 $UU^T\boldsymbol{b}$는 $\boldsymbol{b}$의 Col A상으로의 투영이다. 그러므로, Generalized Fire Engine Lemma는 $\hat{\boldsymbol{x}}$가 올바른 최소제곱 솔루션이라는 것을 보여 준다.

12.5 PCA

다시 데이터를 분석하는 문제로 돌아가 보자. Lab 과제는 *주성분 분석*(principal component analysis)의 개념을 이미지에 적용한 아이겐페이스(eigenface)를 다룬다(이 경우에, 이미지는 얼굴이다). 그러므로, 이것을 예로서 사용할 것이다.

각 이미지는 약 32k 픽셀들로 구성되며, $\mathbb{R}^{32000}$의 벡터로서 표현될 수 있다. 다음은 말도 되지 않는 첫 번째 가설(crazy hypothesis)이다.

> *Crazy hypothesis, 버전 1:* 얼굴 이미지들의 집합은 10차원 벡터 부분공간에 있다.

먼저, 특정한 방향에서 특정한 스케일로 찍은 얼굴에 대해서만 고려할 것이다. 그렇다고 하더라도 실질적인 것에 전혀 가깝지 않을 것이다.

> *Crazy hypothesis, 버전 2:* 10차원 아핀공간이 있다. 얼굴 이미지들은 이 아핀공간에 가깝다.

만약 이 가설이 맞다면, 이미지가 아핀공간까지의 거리에 기초한 얼굴인지 추측할 수 있을 것이다.

가설이 사실이라고 한다면, 어떤 10차원 아핀공간을 사용해야 하는가? 벡터 $\boldsymbol{a}_1, \ldots, \boldsymbol{a}_{20}$으로 표현된 20개의 얼굴 이미지 예가 있다고 해 보자. 이들 벡터에 가장 가까운 10차원 아핀공간을 찾아내 보자.

이미 어떻게 하는지 방법은 알고 있다. 먼저, 섹션 12.3.9를 따라 $\boldsymbol{a}_1, \ldots, \boldsymbol{a}_{20}$의 센트로이드 $\bar{\boldsymbol{a}}$를 찾는다. 두 번째, $\boldsymbol{a}_1 - \bar{\boldsymbol{a}}, \ldots, \boldsymbol{a}_{20} - \bar{\boldsymbol{a}}$에 가장 가까운 10차원 벡터공간에 대한 정규직교 기저 $\boldsymbol{v}_1, \ldots, \boldsymbol{v}_{10}$을 찾는다. $\boldsymbol{v}_1, \ldots, \boldsymbol{v}_{10}$은 아래 행렬의 SVD $U\Sigma V^T$에 있는 행렬 V의 처음 10개 열이다.

$$A = \begin{bmatrix} \boldsymbol{a}_1 - \bar{\boldsymbol{a}} \\ \hline \vdots \\ \hline \boldsymbol{a}_{20} - \bar{\boldsymbol{a}} \end{bmatrix}$$

마지막으로, 원하는 10차원 아핀공간은 다음과 같다.

$$\{\bar{\boldsymbol{a}} + \boldsymbol{v} \ : \ \boldsymbol{v} \in \text{Span }\{\boldsymbol{v}_1, \ldots, \boldsymbol{v}_{10}\}\}$$

주어진 벡터 $\boldsymbol{w}$에 대해, $\boldsymbol{w}$와 이 아핀공간 사이의 거리를 어떻게 계산하는가?

평행이동을 사용한다. $\boldsymbol{w}$와 이 아핀공간 사이의 거리는 $\boldsymbol{w} - \bar{\boldsymbol{a}}$와 10차원 벡터공간 Span $\{\boldsymbol{v}_1, \ldots, \boldsymbol{v}_{10}\}$ 사이의 거리와 동일하다. 기저는 정규직교이므로 거리를 계산하는 것은 아주 쉽다. 하지만, 계산하는 방법에 대해서는 지금은 언급하지 않는다.

12.6 *Lab: 아이겐페이스(Eigenface)*

주성분 분석을 사용하여 몇몇 얼굴 이미지를 분석할 것이다. 이 lab에서 얼굴 이미지들은 어느정도 정렬되어 있어 문제가 쉬워진다. 각 이미지는 166×189 크기를 가지며, 정의역 $D = \{0, 1, \ldots, 165\} \times \{0, 1, \ldots, 188\}$인 $\mathbb{R}$상의 D-벡터로 표현된다. 이 이미지의 파이썬 표현은
`{(x,y) for x in  range(166) for y in range(189)}`이다.

20개의 얼굴 이미지를 가지고 시작한다. 이것들은 20차원 공간을 생성한다. PCA를 사용하여 10차원 아핀공간을 계산할 것이다. 이 아핀공간은 20개 이미지들에 대한 거리 제곱의 합을 최소화하는 10차원 아핀공간이다. 그다음에, 일부는 얼굴이고 일부는 얼굴이 아닌 다른 이미지들로부터 이 공간까지의 거리를 찾을 것이다. 얼굴이 아닌 이미지로부터의 거리는 얼굴 이미지로부터의 거리보다 더 멀게 되기를 희망한다.

두 개의 이미지들의 집합이 주어진다. 하나의 집합은 20개의 얼굴 이미지로 구성되며, 다른 집합은 일부는 얼굴 이미지이며 일부는 그렇지 않은 다양한 이미지들로 구성된다. 또한, 이미지들을 파이썬으로 로딩하는 것을 도와주기 위해 모듈 `eigenfaces`가 제공된다.

Task 12.6.1: 20개의 얼굴 이미지들을 파이썬으로 로딩하여 0에서 19까지의 정수들을 이미지들을 나타내는 Vecs에 매핑하는 딕셔너리를 구성해 보자.

Task 12.6.2: 얼굴 이미지들 $\boldsymbol{a}_1, \ldots, \boldsymbol{a}_{20}$의 센터로이드 $\boldsymbol{a}$를 계산하고 대응하는 이미지를 (모듈 `image`에 정의되어 있는 프로시저, `image2display`를 사용하여) 디스플레이해 보자. 임의의 이미지 벡터(얼굴 이미지와 분류되지 않은 이미지들)에 대해, *센터링된 이미지 벡터*는 센터로이드를 빼어서 얻는다. 얼굴 이미지들의 센터링된 이미지 벡터들로 구성되는 딕셔너리를 구성해 보자.

모듈 `svd`는 행렬의 SVD를 계산하는 프로시저, `factor`를 포함한다. 특히, `svd.factor(A)`는 $A = U\Sigma V^T$를 만족하는 트리플 (U, Σ, V)을 리턴한다.

Task 12.6.3: 행들이 센터링된 이미지 벡터들인 행렬 A를 구성해 보자. 모듈 `svd`에 정의되어 있는 프로시저, `factor(A)`는 A의 SVD, 즉 $A = U\Sigma V^T$를 만족하는 트리플 (U, Σ, V)을 리턴한다. A의 행공간은 V^T의 행공간, 즉 V의 열공간과 동일하다.

이제, 20개의 센터링된 얼굴 이미지 벡터들에 가장 가까운 10차원 벡터공간에 대한 정규직교 기저를 찾아 보자. SVD를 `matutil`의 프로시저들과 함께 사용할 수 있다.

Task 12.6.4: 다음 스펙을 가지는 프로시저, `projected_representation(x, M)`을 작성해 보자.

- *input:* 벡터 $\boldsymbol{x}$와 정규직교 열들을 가지는 행렬 M. 이때, $\boldsymbol{x}$의 정의역은 M의 행-라벨 집합과 동일하다.

- *output:* M의 열들에 대한 투영 $\boldsymbol{x}^{||\mathcal{V}}$의 좌표 표현. 여기서, $\mathcal{V} = \text{Col } M$이다.

힌트: 이것은 이전에 살펴본 적이 있다.
디버깅을 위해, 모듈 `eigenfaces`는 행렬 `test_M`과 벡터 `test_x`를 정의한다.
`projected_representation`을 이들에 적용하면 다음 결과가 얻어진다.
`{0: 21.213203435596423, 1: 11.547005383792516}`

Task 12.6.5: 다음 스펙을 가지는 프로시저, `projection_length_squared(x, M)`을 작성해 보자.

- *input:* 벡터 $\boldsymbol{x}$와 정규직교 열들을 가지는 행렬 M. 이때, $\boldsymbol{x}$의 라벨 집합은 M의 행-라벨들과 동일하다.
- *output:* $\boldsymbol{x}$의 M의 열들에 의해 생성된 공간으로의 투영에 대한 norm의 제곱.

힌트: 정규직교 열들을 가진 행렬에 의한 곱셈에 의해 보존되는 것은 무엇인가?
디버깅을 위해, 이 프로시저에 `test_x, test_M`을 적용하면 583.3333333333333이 얻어진다.

Task 12.6.6: 다음 스펙을 가지는 프로시저, `distance_squared(x, M)`을 작성해 보자.

- *input:* 벡터 $\boldsymbol{x}$와 정규직교 열들을 가진 행렬 M. 이때, $\boldsymbol{x}$의 라벨 집합은 M의 행-라벨들과 동일하다.
- *output:* $\boldsymbol{x}$에서 M의 열들에 의해 생성된 벡터공간까지의 거리의 제곱.

힌트: $\boldsymbol{x}$의 평행-수직 분해를 M의 열공간에 대해 사용하여라. 그리고, 피타고라스 정리를 사용하여라.
디버깅을 위해, 이 프로시저에 `test_x, test_M`을 적용하면 816.6666666666667이 얻어진다.

Task 12.6.7: 프로시저 `distance_squared`를 사용하여 이미지를 분류할 것이다. 먼저, 이미 얼굴 이미지라는 것을 알고 있는 이미지를 고려해 보자. 이 이미지들에서 선택된 아이겐페이스들의 부분공간까지의 거리들로 구성된 리스트를 계산한다(센터링된 이미지 벡터들을 가지고 작업한다는 것을 기억하자). 왜 이 거리들은 영이 아닌가?

Task 12.6.8: 다음으로, 분류되지 않은 각 이미지 벡터에 대해, 평균 페이스벡터를 뺌으로써 벡터를 센터링하고 Problem 12.6.3에서 찾은 아이겐페이스들의 부분공간으로부터 센터링된 이미지 벡터까지의 제곱 거리를 찾아 보자. 찾은 거리들을 기반으로 하여 어느 이미지들이 얼굴이고 어느 것이 얼굴이 아닌지 추정해 보자.

Task 12.6.9: 분류되지 않은 각 이미지를 디스플레이하여 추정한 것을 검사해 보자. 얼굴이 아닌 이미지들의 제곱 거리가 얼굴 이미지들의 제곱 거리보다 정말로 더 큰가?

주어진 이미지가 얼굴인지 아닌지 결정하기 위해 선택할 하나의 임계값은 무엇인가?

Task 12.6.10: 이제, 분류기를 구성하였으므로, 아이겐페이스들에 대해 자세히 들여다 보자. 아이겐페이스들의 부분공간상으로 투영된 페이스가 원래 이미지와 얼마나 많이 닮았는지 검사하는 것은 흥미로운 일이다. 프로시저, `project`를 작성해 보자.

- *input:* 벡터 $\boldsymbol{x}$와 정규직교 행렬 M. 이때, $\boldsymbol{x}$의 엔트리 수는 M의 행들의 수와 같다.
- *output:* $\boldsymbol{x}$의 M의 열들에 의해 생성되는 공간으로의 투영.

힌트: `projected_representation`을 사용하여라.

Task 12.6.11: 다양한 얼굴의 투영을 디스플레이하고 그것들을 원래의 얼굴 이미지와 비교해 보자(디스플레이하기 전에 평균 페이스 벡터를 센터링된 이미지 벡터들에 더하는 것을 잊지 말자). 투영이 원래 이미지와 닮았는가?

Task 12.6.12: 얼굴이 아닌 이미지의 투영을 디스플레이하고 그것을 원래 이미지와 비교해 보자. 투영이 얼굴 이미지와 닮았는가? 설명할 수 있는가?

12.7 Review questions

- 동일한 행-라벨들과 열-라벨들을 가지는 두 벡터 사이의 거리를 측정하는 한 가지 방법은 무엇인가?
- 행렬의 특이값은 무엇인가? 왼쪽 특이벡터와 오른쪽 특이벡터는 무엇인가?
- 행렬의 특이값 분해(SVD)는 무엇인가?
- 주어진 벡터들 $\boldsymbol{a}_1, \ldots, \boldsymbol{a}_m$에 대해, $\boldsymbol{a}_1, \ldots, \boldsymbol{a}_m$에 가장 가까운 1차원 벡터공간은 어떻게 찾을 수 있는가? 가장 가깝다는 의미는 무엇인가?
- 주어진 정수 k에 대해, $\boldsymbol{a}_1, \ldots, \boldsymbol{a}_m$에 가장 가까운 k-차원 벡터공간은 어떻게 찾을 수 있는가?
- 주어진 행렬 A와 정수 k에 대해, A에 가장 가까운 랭크가 k보다 작거나 같은 행렬은 어떻게 찾을 수 있는가?
- 이러한 행렬을 찾는 것은 무엇에 사용되는가?
- 최소제곱 문제를 푸는 데 SVD는 어떻게 사용될 수 있는가?

12.8 Problems

프로베니우스 norm

Problem 12.8.1: 프로시저, `squared_Frob(A)`를 작성해 보자. 이 프로시저는 $\mathbb{R}$상의 주어진 Mat에 대해 그 프로베니우스 norm의 제곱을 리턴한다.

작성한 프로시저를 테스트해 보자. 예를 들면, 아래 결과가 얻어진다.

$$\left\| \begin{bmatrix} 1 & 2 & 3 & 4 \\ -4 & 2 & -1 & 0 \end{bmatrix} \right\|_F^2 = 51$$

Problem 12.8.2: 다음에 대한 수치적 반례를 제시해 보자.

> A는 행렬이라 하고, Q는 열-직교 행렬이라 하자. 만약 AQ가 정의되면, $\|AQ\|_F = \|A\|_F$이다.

간단한 행렬들에 대한 SVD 연습

Problem 12.8.3: 행렬 A와 SVD $A = U\Sigma V^T$는 다음과 같다.

$$A = \begin{bmatrix} 1 & 0 \\ 0 & 2 \\ 0 & 0 \end{bmatrix}, \quad U = \begin{bmatrix} 0 & 1 \\ 1 & 0 \\ 0 & 0 \end{bmatrix}, \quad \Sigma = \begin{bmatrix} 2 & 0 \\ 0 & 1 \end{bmatrix}, \quad V^T = \begin{bmatrix} 0 & 1 \\ 1 & 0 \end{bmatrix}$$

1. 벡터 $\boldsymbol{x} = (1, 2)$에 대해, $V^T\boldsymbol{x}$, $\Sigma(V^T\boldsymbol{x})$, 그리고 $U(\Sigma(V^T\boldsymbol{x}))$를 계산하여라.
2. 벡터 $\boldsymbol{x} = (2, 0)$에 대해, $V^T\boldsymbol{x}$, $\Sigma(V^T\boldsymbol{x})$, 그리고 $U(\Sigma(V^T\boldsymbol{x}))$를 계산하여라.

Problem 12.8.4: 아래의 각 행렬은 행 및 열 라벨들이 표시되어 있다. 각 행렬에 대해, SVD를 계산하여라. 알고리즘을 사용하지 말고 SVD에 대한 이해를 사용하자. Σ의 행 및 열들은 연속된 정수들 $0, 1, 2, \ldots$로 표시되어야 하며, 그래서 $\Sigma[0, 0]$은 첫 번째 특이값이다. SVD를 구성하는 행렬들을 곱하여 답이 맞다는 것을 확인하여라.

1. $A =$

	c_1	c_2
r_1	3	0
r_2	0	−1

2. $B =$

	c_1	c_2
r_1	3	0
r_2	0	4

3. $C =$

	c_1	c_2
r_1	0	4
r_2	0	0
r_3	0	0

가장 가까운 랭크-k 행렬

Problem 12.8.5: 다음의 각 행렬에 대해 가장 가까운 랭크-2 행렬을 찾아보자. $m \times n$ 행렬에 대해, 답을 두 행렬의 곱 GH로서 제시하여라. 여기서, G는 $m \times 2$ 행렬이고 H는 $2 \times n$ 행렬이다.

1. $A = \begin{bmatrix} 1 & 0 & 1 \\ 0 & 2 & 0 \\ 1 & 0 & 1 \\ 0 & 1 & 0 \end{bmatrix}$

   A의 SVD, $A = U\Sigma V^T$:

$$U = \begin{bmatrix} 0 & -\sqrt{0.5} & 0 \\ \sqrt{0.8} & 0 & \sqrt{0.2} \\ 0 & -\sqrt{0.5} & 0 \\ \sqrt{0.2} & 0 & -\sqrt{0.8} \end{bmatrix}, \ \Sigma = \begin{bmatrix} \sqrt{5} & 0 & 0 \\ 0 & 2 & 0 \\ 0 & 0 & 0 \end{bmatrix}, \ V^T = \begin{bmatrix} 0 & 1 & 0 \\ -\sqrt{0.5} & 0 & -\sqrt{0.5} \\ \sqrt{0.5} & 0 & -\sqrt{0.5} \end{bmatrix}$$

2. $B = \begin{bmatrix} 0 & 0 & 1 \\ 0 & 0 & 1 \\ 1 & 0 & 0 \\ 0 & 1 & 0 \end{bmatrix}$

   B의 SVD, $B = U\Sigma V^T$:

$$U = \begin{bmatrix} \sqrt{2}/2 & 0 & 0 \\ \sqrt{2}/2 & 0 & 0 \\ 0 & 0 & -1 \\ 0 & -1 & 0 \end{bmatrix}, \ \Sigma = \begin{bmatrix} \sqrt{2} & 0 & 0 \\ 0 & 1 & 0 \\ 0 & 0 & 1 \end{bmatrix}, \ V^T = \begin{bmatrix} 0 & 0 & 1 \\ 0 & -1 & 0 \\ -1 & 0 & 0 \end{bmatrix}$$

로우-랭크 행렬의 로우-랭크 표현 계산하기

Problem 12.8.6: 경고: 쉽지 않으며 생각이 필요한 문제

다음의 계산문제를 고려해 보자.

로우-랭크 행렬의 로우-랭크 표현 계산하기

- *input:* 행렬 A와 양의 정수 k
- *output:* 한 쌍의 행렬 B, C(이때, $A = BC$이고 B는 많아야 k개 열을 가진다) 또는 *'FAIL'* (만족하는 행렬 쌍이 없는 경우)

이러한 문제에 대한 알고리즘은 A의 SVD를 사용하여 얻을 수 있다. 하지만, 앞 장에서 살펴본 툴들만을 사용하는 알고리즘도 있다.

이러한 알고리즘을 기술하고, 파이썬 슈도코드를 제시하며, 왜 이 알고리즘이 동작하는지 설명하여라.

SVD를 가지고 $m \times m$ 행렬 방정식 풀기

Problem 12.8.7: 다음 스펙을 가지는 파이썬 프로시저, `SVD_solve(U, Sigma, V, b)`를 작성하여라.

- *input:* 정방행렬 `A = U Sigma` V^T의 SVD. `U`, Sigma, `V`는 정방행렬이라고 가정하고 서로 곱셈 가능하다고 가정할 수 있다.
- *output:* `(U*Sigma*`V^T`) x = b`를 만족하는 벡터 `x`, 또는 "FAIL"(만약 `A`가 비가역적인 경우).

작성한 프로시저는 `mat`이외의 어떠한 모듈도 사용해서는 안 된다.

작성한 프로시저를 다음 예를 사용하여 테스트해 보자.

행렬 $A = \begin{bmatrix} 1 & 1 & 0 \\ 1 & 0 & 1 \\ 0 & 1 & 1 \end{bmatrix}$은 다음 SVD, $A = U\Sigma V^T$를 가진다.

$$U = \begin{bmatrix} -\frac{1}{\sqrt{3}} & \frac{1}{\sqrt{6}} & \frac{1}{\sqrt{2}} \\ -\frac{1}{\sqrt{3}} & \frac{1}{\sqrt{6}} & -\frac{1}{\sqrt{2}} \\ -\frac{1}{\sqrt{3}} & -\frac{2}{\sqrt{6}} & 0 \end{bmatrix}, \quad \Sigma = \begin{bmatrix} 2 & 0 & 0 \\ 0 & 1 & 0 \\ 0 & 0 & 1 \end{bmatrix}, \quad V^T = \begin{bmatrix} -\frac{1}{\sqrt{3}} & -\frac{1}{\sqrt{3}} & -\frac{1}{\sqrt{3}} \\ \frac{2}{\sqrt{6}} & -\frac{1}{\sqrt{6}} & -\frac{1}{\sqrt{6}} \\ 0 & \frac{1}{\sqrt{2}} & -\frac{1}{\sqrt{2}} \end{bmatrix}$$

그리고, $\boldsymbol{b} = [2, 3, 3]$이다.

Chapter 13

고유벡터(Eigenvector)

13.1 비연속 동적 프로세스 모델링

시간적으로 변화하는 비연속적인 동적 프로세스를 연구하는 데 행렬이 어떻게 도움이 되는지 알아보자. 이를 위해 최초의 인터넷 웜(worm)인 RTM 웜을 예로 들어 살펴볼 것이다. 웜이 네트워크를 통해 퍼져나가는 것은 동적인 프로세스이며, 여기서 설명하는 기법이 이러한 동적 프로세스를 이해하는 데 도움이 된다. 이 장의 뒷부분에서는 구글(Google)의 공동 창업자인 Brin과 Page에 의해 처음으로 제안된 웹 페이지의 순위(rank)를 결정하는 데 사용되는 PageRank의 개념에 대해 알아본다.

13.1.1 이자가 붙는 은행계좌

간단한 예를 가지고 시작해 보자. 이 예제는 너무 단순하여 행렬을 사용할 필요조차 없지만, 좀 더 복잡한 문제를 다루기 위한 준비의 일환으로 행렬을 사용한다.

이자가 붙는 두 개의 은행계좌에 돈을 예치한다고 가정해 보자. 첫 번째 계좌는 연간 5%, 두 번째 계좌는 연간 3%의 이자를 준다. t년이 경과한 후 이 두 계좌에 남아 있는 잔고를 2-벡터로 나타내면 $\boldsymbol{x}^{(t)} = \begin{bmatrix} \text{첫 번째 계좌의 잔고} \\ \text{두 번째 계좌의 잔고} \end{bmatrix}$이다.

매년 증가하는 계좌의 잔고는 행렬을 이용한 식을 사용하여 다음과 같이 나타낼 수 있다.

$$\boldsymbol{x}^{(t+1)} = \begin{bmatrix} a_{11} & a_{12} \\ a_{21} & a_{22} \end{bmatrix} \boldsymbol{x}^{(t)}$$

이 예제에서, $a_{11} = 1.05$, $a_{22} = 1.03$, $a_{12} = a_{21} = 0$이므로 결과는 다음과 같다.

$$\boldsymbol{x}^{(t+1)} = \begin{bmatrix} 1.05 & 0 \\ 0 & 1.03 \end{bmatrix} \boldsymbol{x}^{(t)} \tag{13.1}$$

A를 행렬 $\begin{bmatrix} 1.05 & 0 \\ 0 & 1.03 \end{bmatrix}$이라 하자. 이 경우, A는 대각행렬이다.

$\boldsymbol{x}^{(100)}$와 $\boldsymbol{x}^{(0)}$를 비교해서 보여주기 위해 식 (13.1)을 반복해서 적용해 보자.

$$\begin{aligned} \boldsymbol{x}^{(100)} &= A\boldsymbol{x}^{(99)} \\ &= A(A\boldsymbol{x}^{(98)}) \\ &= A(A(A\boldsymbol{x}^{(97)})) \\ &\vdots \\ &= \underbrace{A \cdot A \cdots A}_{100 \text{ times}} \boldsymbol{x}^{(0)} \end{aligned}$$

여기서, 행렬의 곱 $A \cdot A \cdots A$는 A^{100}이다. 행렬 A는 대각행렬이므로, A^{100}의 원소(entry)는 쉽게 계산할 수 있다. 즉, 대각원소는 $1.05^{100} \approx 131.5$와 $1.03^{100} \approx 19.2$이고 대각원소가 아닌 나머지 두 개는 모두 영이다.

예를 들어, 처음에 각 계좌에 $1(1 달러)를 예치했을 경우, $t = 100$년 후 첫 번째 계좌 잔고는 $131, 두 번째 계좌는 $19가 된다. 시간이 지남에 따라 첫 번째 계좌의 잔고가 두 번째 계좌 잔고에 비해 압도적으로 많아지게 된다. 따라서, 두 번째 계좌에 처음 예치한 금액이 총액에 미치는 영향은 거의 없어지게 된다.

여기서 사용한 예제는 두 계좌 사이에 상호 연관성이 전혀 없어 아주 단순하며, 굳이 행렬을 사용하여 모델링할 필요조차 없다.

13.1.2 피보나치 수(Fibonacci numbers)

이제, 피보나치 수에 대해 알아보자.

$$F_{k+2} = F_{k+1} + F_k$$

피보나치 수는 토끼의 개체 수 증가에 대한 문제를 나타내는데서 유래되었다. 문제를 단순화하기 위해, 토끼의 성별은 무시하고 단위생식(parthenogenesis)을 통해 개체 수가 늘어난다고 가정하며 다음을 만족한다고 가정하자.

- 매월 각 성인 토끼는 한 마리의 아기 토끼를 낳는다
- 아기 토끼는 성인이 되는 데 한 달이 소요된다
- 토끼는 죽지 않는다

이러한 프로세스의 한 단계는 행렬-벡터 곱을 사용하여 나타낼 수 있다. 현재의 개체 수는 2-벡터를 사용하여 $\boldsymbol{x} = \begin{bmatrix} x_1 \\ x_2 \end{bmatrix}$라고 하자. 이때, x_1은 성인 토끼 수, 그리고 x_2는 아기 토끼 수를 나타낸다.

t 개월 후의 토끼 수를 $\boldsymbol{x}^{(t)}$라 하자. 그러면, $t+1$ 개월 후의 토끼 수 $\boldsymbol{x}^{(t+1)}$는 t 개월 후의 토끼 수를 나타내는 벡터 $\boldsymbol{x}^{(t)}$에 행렬을 곱한 형태로 나내낼 수 있다:

$$\boldsymbol{x}^{(t+1)} = A\boldsymbol{x}^{(t)}$$

행렬 A의 원소는 다음과 같이 구한다.

$$\begin{bmatrix} t+1 \text{ 개월 후 성인 토끼 수} \\ t+1 \text{ 개월 후 아기 토끼 수} \end{bmatrix} = \underbrace{\begin{bmatrix} a_{11} & a_{12} \\ a_{21} & a_{22} \end{bmatrix}}_{A} \begin{bmatrix} t \text{ 개월 후 성인 토끼 수} \\ t \text{ 개월 후 아기 토끼 수} \end{bmatrix}$$

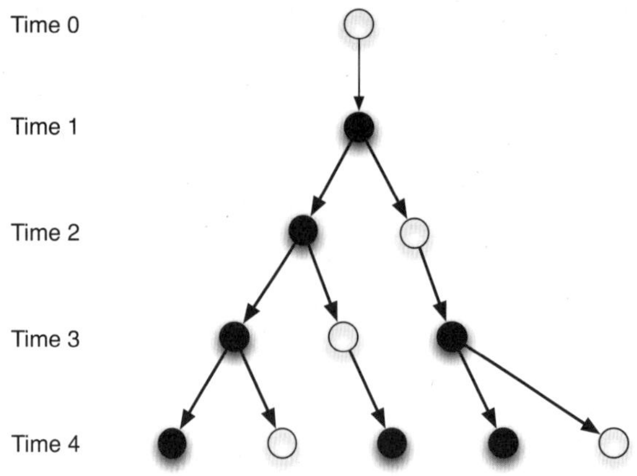

Figure 13.1: 흰색 원은 아기 토끼, 검은색 원은 성인 토끼를 나타낸다. 각 성인 토끼는 한 달에 한 마리의 아기 토끼를 낳아 한 달 뒤 총 토끼 수는 두 마리가 된다. 각 아기 토끼는 한 달 만에 성인 토끼가 된다.

$t+1$ 개월 후의 성인 토끼 수는 t 개월 후의 성인 토끼 수와 아기 토끼 수를 더하면 된다(토끼는 죽지 않으며, 아기 토끼는 1개월에 성인 토끼가 됨). 따라서, $a_{11} = a_{12} = 1$이다. 또한, $t+1$ 개월 후의 아기 토끼 수는 t 개월 후의 성인 토끼 수와 같다(모든 성인 토끼는 매월 1마리의 새끼를 낳고, 아기 토끼는 성인이 될 때까지 아기를 낳을 수 없음). 따라서, $a_{21} = 1$, $a_{22} = 0$이다. 그러므로,

행렬 $A = \begin{bmatrix} 1 & 1 \\ 1 & 0 \end{bmatrix}$이다.

명백히, 토끼의 개체 수는 시간이 지남에 따라 증가한다. 궁금한 것은 어떤 속도로 그 숫자가 증가하며, 또 개체 수 증가를 시간에 대한 함수로 어떻게 표현하느냐 하는 것이다.

은행계좌 예제에서와 같이 $\boldsymbol{x}^{(t)} = A^t\boldsymbol{x}^{(0)}$이다. 어떻게 하면 직접 계산하지 않고 $\boldsymbol{x}^{(t)}$의 원소들을 t에 대한 식으로 추정할 수 있을까? 은행계좌 예제에서는 A가 대각 행렬이었으므로 쉽게 가능했다. 이번 경우는 A가 대각행렬이 아니지만, 방법은 있다.

Fact 13.1.1: $S = \begin{bmatrix} \frac{1+\sqrt{5}}{2} & \frac{1-\sqrt{5}}{2} \\ 1 & 1 \end{bmatrix}$라 하자. 그러면, $S^{-1}AS$는 대각행렬 $\begin{bmatrix} \frac{1+\sqrt{5}}{2} & 0 \\ 0 & \frac{1-\sqrt{5}}{2} \end{bmatrix}$ 이다.

행렬 S의 계산과 해석에 대해서는 나중에 다룬다. 지금은 이것이 어떻게 사용되는지 알아보자.

$$\begin{aligned} A^t &= \underbrace{A \cdot A \cdots A}_{t \text{ times}} \\ &= (S\Lambda S^{-1})(S\Lambda S^{-1})\cdots(S\Lambda S^{-1}) \\ &= S\Lambda^t S^{-1} \end{aligned}$$

Λ는 대각행렬이므로 Λ^t를 계산하는 것은 쉽다. λ_1과 λ_2를 대각원소라고 하자. 그러면, Λ^t는 대각원소가 λ_1^t와 λ_2^t인 대각행렬이다.

행렬 A에 대해, $\Lambda = \begin{bmatrix} \frac{1+\sqrt{5}}{2} & \\ & \frac{1-\sqrt{5}}{2} \end{bmatrix}$이다. 즉, $\lambda_1 = \frac{1+\sqrt{5}}{2}$이고 $\lambda_2 = \frac{1-\sqrt{5}}{2}$이다.

$|\lambda_1|$은 $|\lambda_2|$보다 크기 때문에, 원소는 대략 $(\lambda_1)^t$만큼 커진다.

심지어, 행렬 S를 모른다고 하더라도 다음 claim을 사용하면 정확한 식을 구해낼 수 있다.

Claim: 임의의 주어진 시작 벡터 $\boldsymbol{x}^{(0)}$에 대하여, $i = 1, 2$인 경우 다음을 만족하는 수 a_1, b_1, a_2, b_2가 있다.

$$\boldsymbol{x}^{(t)}\text{의 엔트리 } i = a_i\lambda_1^t + b_i\lambda_2^t \tag{13.2}$$

Proof

$\begin{bmatrix} c_1 \\ c_2 \end{bmatrix} = S^{-1}\boldsymbol{x}^{(0)}$라 하자. 그러면, $\Lambda^t S^{-1}\boldsymbol{x}^{(0)} = \begin{bmatrix} c_1\lambda_1^t \\ c_2\lambda_2^t \end{bmatrix}$이다.

$S = \begin{bmatrix} s_{11} & s_{12} \\ s_{21} & s_{22} \end{bmatrix}$라고 하면 다음과 같이 나타낼 수 있다.

$$\begin{aligned} S\Lambda^t S^{-1}\boldsymbol{x}^{(0)} &= S\begin{bmatrix} c_1\lambda_1^t \\ c_2\lambda_2^t \end{bmatrix} \\ &= \begin{bmatrix} s_{11}c_1\lambda_1^t + s_{12}c_2\lambda_2^t s_{21}c_1\lambda_1^t + s_{22}c_2\lambda_2^t \end{bmatrix} \end{aligned}$$

따라서, $a_i = s_{i1}c_1$, $b_i = s_{i2}c_2$로 설정하면 claim이 증명된다. □

예를 들어, $\boldsymbol{x}^{(0)} = \begin{bmatrix} 1 \\ 0 \end{bmatrix}$라 하자. 이 상황은 초기에 한 마리의 성인 토끼가 있고 아기 토끼는 하나도 없는 경우에 해당한다. 한 달 후에는 한 마리의 성인 토끼와 한 마리의 아기 토끼가 있게 된다. 따라서, $\boldsymbol{x}^{(1)} = \begin{bmatrix} 1 \\ 1 \end{bmatrix}$이다. 이것을 식 (13.2)에 대입하면 다음이 얻어진다.

$$\begin{aligned} a_1\lambda_1^1 + b_1\lambda_2^1 &= 1 \\ a_2\lambda_1^1 + b_2\lambda_2^1 &= 1 \end{aligned}$$

2개월 후에는 2마리의 성인 토끼와 한 마리의 아기 토끼가 있다. 그래서, $\boldsymbol{x}^{(2)} = \begin{bmatrix} 2 \\ 1 \end{bmatrix}$이다. 이것을 식 (13.2)에 대입하면 다음이 얻어진다.

$$\begin{aligned} a_1\lambda_1^2 + b_1\lambda_2^2 &= 2 \\ a_2\lambda_1^2 + b_2\lambda_2^2 &= 1 \end{aligned}$$

따라서, 4개의 미지수 a_1, b_1, a_2, b_2에 대해 아래와 같이 4개의 식이 구해지고,

$$\begin{bmatrix} \lambda_1 & \lambda_2 & 0 & 0 \\ 0 & 0 & \lambda_1 & \lambda_2 \\ \lambda_1^2 & \lambda_2^2 & 0 & 0 \\ 0 & 0 & \lambda_1^2\lambda_2^2 & \end{bmatrix}\begin{bmatrix} a_1 \\ b_1 \\ a_2 \\ b_2 \end{bmatrix} = \begin{bmatrix} 1 \\ 1 \\ 2 \\ 1 \end{bmatrix}$$

이것을 풀면, 다음과 같이 미지수에 대한 값을 각각 구할 수 있다.

$$\begin{bmatrix} a_1 \\ b_1 \\ a_2 \\ b_2 \end{bmatrix} = \begin{bmatrix} \frac{5+\sqrt{5}}{10} \\ \frac{5-\sqrt{5}}{10} \\ \frac{1}{\sqrt{5}} \\ \frac{-1}{\sqrt{5}} \end{bmatrix}$$

이 미지수 값을 사용하여 t 개월 후의 성인 토끼 개체 수를 구하면 다음과 같다.

$$\boldsymbol{x}^{(t)}[1] = \frac{5+\sqrt{5}}{10}\left(\frac{1+\sqrt{5}}{2}\right)^t + \frac{5-\sqrt{5}}{10}\left(\frac{1-\sqrt{5}}{2}\right)^t$$

예를 들어, $t = 3, 4, 5, 6...$을 대입하면, t 개월 후 성인 토끼 개체 수는 $3, 5, 8, 13....$이 된다.

13.2 피보나치 행렬의 대각화(Diagonalization)

행렬 S에 대해 생각해 보자. 토끼의 개체 수를 성인 토끼 수와 아기 토끼 수를 나타내는 두 개의 원소를 가진 벡터로 나타내는 방식은 응용 측면에서는 자연스러운 방식이다. 하지만 분석 목적을 위해서라면 편리하지는 않다.

분석을 좀 더 쉽게 하기 위해 기저(섹션 6.8)를 변경해 보자. 행렬 S의 두 열을 기저로서 사용한다.

$$\boldsymbol{v}_1 = \begin{bmatrix} \frac{1+\sqrt{5}}{2} \\ 1 \end{bmatrix}, \boldsymbol{v}_2 = \begin{bmatrix} \frac{1-\sqrt{5}}{2} \\ 1 \end{bmatrix}$$

벡터 $\boldsymbol{v}_1$과 $\boldsymbol{v}_2$에 대한 $\boldsymbol{x}^{(t)}$의 좌표표현을 $\boldsymbol{u}^{(t)}$라 하고, $\boldsymbol{u}^{(t+1)}$을 $\boldsymbol{u}^{(t)}$에 연관시키는 식을 유도해 보자.

- (`rep2vec`) $\boldsymbol{u}^{(t)}$를 벡터 $\boldsymbol{x}^{(t)}$로 변환하기 위해 S를 $\boldsymbol{u}^{(t)}$에 곱한다
- (1개월 후에 대한 표현) $\boldsymbol{x}^{(t)}$를 사용하여 $\boldsymbol{x}^{(t+1)}$을 나타내기 위해 A를 $\boldsymbol{x}^{(t)}$에 곱한다
- (`vec2rep`) $\boldsymbol{v}_1$과 $\boldsymbol{v}_2$에 대한 좌표표현으로 되돌아가기 위해 S^{-1}를 곱한다

행렬-행렬 곱과 함수 합성 사이의 연관성(섹션 5.11.3)에 의하면, 위의 세 단계는 행렬 $S^{-1}AS$를 곱함으로서 수행된다.

$S^{-1}AS$는 대각행렬 $\begin{bmatrix} \frac{1+\sqrt{5}}{2} & 0 \\ 0 & \frac{1-\sqrt{5}}{2} \end{bmatrix}$이므로 다음 식을 얻을 수 있다.

$$\boldsymbol{u}^{(t+1)} = \begin{bmatrix} \frac{1+\sqrt{5}}{2} & 0 \\ 0 & \frac{1-\sqrt{5}}{2} \end{bmatrix} \boldsymbol{u}^{(t)} \tag{13.3}$$

이 식은 은행 계좌의 잔고 증가를 모델링하는 식 (13.1)처럼 단순하다. 식 (13.3)을 참조하면 피보나치 수가 대략 $\left(\frac{1+\sqrt{5}}{2}\right)^t$의 속도로 증가하는 이유를 쉽게 알 수 있다. 벡터 $\boldsymbol{v}_1$에 대응하는 좌표는 *정확하게* $\left(\frac{1+\sqrt{5}}{2}\right)^t$의 속도로 증가하고, $\boldsymbol{v}_2$에 대응하는 좌표는 $\left(\frac{1-\sqrt{5}}{2}\right)^t$의 속도로 증가한다.

여기서 사용된 기법을 *대각화(diagonalization)*라고 한다. 어떤 정방행렬은 그 오른쪽에 다른 정방행렬 S를, 그리고 왼쪽에 역행렬 S^{-1}를 곱하면 대각행렬이 된다. 행렬의 대각화는 섹션 11.8.2에서도 다루었다. 거기서는 순환행렬(circulant matrix)이 이산 푸리에 행렬을 사용하여 대각화될 수 있음을 살펴보았다. 순환행렬의 대각화는 패스트 푸리에 변환을 사용하여 순환행렬을 곱하는 것을 빨리 계산할 수 있으므로 유용하였다. 행렬의 대각화가 분석 목적을 위해 유용할 수 있다는 것을 알았으므로, 이제 좀 더 일반적인 경우를 고려해 보자.

13.3 고유값과 고유벡터

이 장에서는 분석에 기본이 되는 개념을 소개한다.

Definition 13.3.1: 정방행렬 A에 대하여, 스칼라(scalar)인 λ와 영이 아닌 벡터 $\boldsymbol{v}$에 대해 $A\boldsymbol{v} = \lambda\boldsymbol{v}$가 만족하는 경우, λ는 A의 *고유값(eigenvalue)*, $\boldsymbol{v}$는 대응하는 *고유벡터(eigenvector)* 라고 한다.

만약 λ가 행렬 A의 고유값이면, 대응하는 고유벡터는 무수히 많다. 집합 $\{\boldsymbol{v} : A\boldsymbol{v} = \lambda\boldsymbol{v}\}$는 벡터공간이며 고유값 λ에 대응하는 *고유공간(eigenspace)*이라 한다. 고유공간에 있는 임의의 영이 아닌 벡터는 고유벡터로 간주된다. 하지만, 일반적으로 고유벡터의 크기(norm)가 1이라는 제한을 두는 것이 다루기에 편리하다.

Example 13.3.2: 이자가 붙는 두 개의 계좌를 모델링하는 데 사용된 행렬 $\begin{bmatrix} 1.05 & 0 \\ 0 & 1.03 \end{bmatrix}$ 은 고유값 1.05와 1.03을 가진다. 첫 번째 고유값에 대응하는 고유벡터는 $[1, 0]$이고, 두 번째 고유값에 대응하는 고유벡터는 $[0, 1]$이다.

Example 13.3.3: 좀 더 일반적으로 표현하기 위해 A를 아래와 같은 대각행렬이라 하자.

$$A = \begin{bmatrix} \lambda_1 & & \\ & \ddots & \\ & & \lambda_n \end{bmatrix}$$

이 경우, 고유벡터와 고유값은 무엇인가? 표준 기저 벡터 $\boldsymbol{e}_1, \ldots, \boldsymbol{e}_n$에 대해, $A\boldsymbol{e}_1 = \lambda_1, \ldots, A\boldsymbol{e}_n = \lambda_n\boldsymbol{e}_n$이므로, $\boldsymbol{e}_1, \ldots, \boldsymbol{e}_n$은 고유벡터이고 대각원소인 $\lambda_1, \ldots, \lambda_n$은 고유값이다.

Example 13.3.4: 피보나치 수를 분석하는 데 사용된 행렬 $\begin{bmatrix} 1 & 1 \\ 1 & 0 \end{bmatrix}$의 고유값은 $\lambda_1 = \frac{1+\sqrt{5}}{2}$, $\lambda_2 = \frac{1-\sqrt{5}}{2}$이다. λ_1에 대응하는 고유벡터는 $\begin{bmatrix} \frac{1+\sqrt{5}}{2} \\ 1 \end{bmatrix}$, λ_2에 대응하는 고유벡터 는 $\begin{bmatrix} \frac{1-\sqrt{5}}{2} \\ 1 \end{bmatrix}$ 이다.

Example 13.3.5: 행렬 A의 한 고유값은 0이라고 하자. 이 고유값에 대응하는 고유벡터는 $A\boldsymbol{v} = 0\,\boldsymbol{v}$를 만족하는 영이 아닌 벡터 $\boldsymbol{v}$이다. 즉, 벡터 $\boldsymbol{v}$는 $A\boldsymbol{v}$가 영벡터가 되게 하는 영이 아닌 벡터이다. 이 경우, 벡터 $\boldsymbol{v}$는 영공간(null space)에 속한다. 역으로, 만약 행렬 A의 영공간이 자명하지 않으면 0은 A의 고유값이다.

Example 13.3.5(514 페이지)는 고유값 0에 대응하는 고유벡터(즉, 영공간에 속하는 영이 아닌 벡터)를 찾는 방법을 제안한다. 다른 고유값들은 어떻게 찾는지 알아보자.

행렬 A의 고유값을 λ, 대응하는 고유벡터를 $\boldsymbol{v}$라고 하자. 그러면, $A\boldsymbol{v} = \lambda\,\boldsymbol{v}$이다. 즉, $A\boldsymbol{v} - \lambda\,\boldsymbol{v}$는

영벡터이다. $A\boldsymbol{v} - \lambda\,\boldsymbol{v}$는 $(A - \lambda\,\mathbb{1})\boldsymbol{v}$라 할 수 있고, 따라서 $(A - \lambda\,\mathbb{1})\boldsymbol{v}$는 영벡터이다. 이것은 벡터 $\boldsymbol{v}$가 $A - \lambda\,\mathbb{1}$의 영공간에 속하는 영이 아닌 벡터임을 의미한다. 따라서, $A - \lambda\,\mathbb{1}$은 비가역적이다(어떤 행렬이 비가역적이란 것은 그 행렬의 역행렬이 없음을 의미).

역으로, $A - \lambda\,\mathbb{1}$이 비가역적이라고 하자. $A - \lambda\,\mathbb{1}$은 정방행렬이므로 자명하지 않은 영공간을 가져야 한다. 벡터 $\boldsymbol{v}$를 이 영공간에 속하는 영이 아닌 벡터라고 하자. 그러면, $(A - \lambda)\boldsymbol{u} = \mathbf{0}$이므로 $A\boldsymbol{u} = \lambda\boldsymbol{u}$이다.

Lemma 13.3.6: A를 정방행렬이라 하자.

- λ가 A의 고유값이 될 필요충분조건은 $A - \lambda\,\mathbb{1}$이 비가역적인 경우이다
- 만약 λ가 A의 고유값이면, 대응하는 고유공간은 $A - \lambda\,\mathbb{1}$의 영공간이다

Example 13.3.7: 행렬 $A = \begin{bmatrix} 1 & 2 \\ 3 & 4 \end{bmatrix}$라고 하자. $\lambda_1 = \frac{5+\sqrt{33}}{2}$은 A의 고유값이다.

$B = A - \lambda_1\mathbb{1}$이라 할 경우, 고유값 λ_1에 대응하는 고유벡터 $\boldsymbol{v}_1$은 아래와 같이 찾는다.

```
>>> A = listlist2mat([[1,2],[3,4]])
>>> lambda1 = (5+sqrt(33))/2
>>> B = A - lambda1*identity({0,1}, 1)
>>> cols = mat2coldict(B)
>>> v1 = list2vec([-1, cols[0][0]/cols[1][0]])
>>> B*v1
Vec({0, 1},{0: 0.0, 1: 0.0})
>>> A*v1
Vec({0, 1},{0: -5.372281323269014, 1: -11.744562646538029})
>>> lambda1*v1
Vec({0, 1},{0: -5.372281323269014, 1: -11.744562646538029})
```

Corollary 13.3.8: 만약 λ가 행렬 A의 고유값일 경우, λ는 또한 A^T의 고유값이다.

Proof

λ를 행렬 A의 고유값이라 하자. Lemma 13.3.6에 의하면, $A - \lambda\,\mathbb{1}$은 자명하지 않은 영공간을 가지며, 따라서 비가역적이다. Corollary 7.4.11에 의해, $(A - \lambda\,\mathbb{1})^T$도 또한 비가역적이다. $(A - \lambda\,\mathbb{1})^T = A^T - \lambda\,\mathbb{1}$이므로, Lemma 13.3.6에 의해 λ는 A^T의 고유값이다. □

사실, $(A - \lambda\,\mathbb{1})^T = A^T - \lambda\,\mathbb{1}$으로 쓸 수 있으면 유용하다. 하지만, 이것은 $\mathbb{1}$을 임의의 행렬로 바꾸면 성립하지 않는다.

다음으로, 고유값이 여기서 다루는 분석과 무슨 상관관계가 있는지에 대해서 알아보자.

13.3.1 유사성과 대각화 가능성(Diagonalizability)

Definition 13.3.9: 가역행렬 S에 대해 $S^{-1}AS = B$가 만족되면 두 정방행렬 A와 B는 '유사 혹은 닮은(*similar*)' 행렬이라고 한다.

Proposition 13.3.10: 유사행렬(similar matrix)들은 동일한 고유값을 가진다.

Proof

λ를 행렬 A의 고유값이라 하고, $\boldsymbol{v}$를 대응하는 고유벡터라 하자. 그러면, $A\boldsymbol{v} = \lambda\boldsymbol{v}$가 성립한다. $S^{-1}AS = B$라 하고 $\boldsymbol{w} = S^{-1}\boldsymbol{v}$라 하자. 그러면 다음이 성립한다.

$$\begin{aligned} B\boldsymbol{w} &= S^{-1}AS\boldsymbol{w} \\ &= S^{-1}ASS^{-1}\boldsymbol{v} \\ &= S^{-1}A\boldsymbol{v} \\ &= S^{-1}\lambda\boldsymbol{v} \\ &= \lambda S^{-1}\boldsymbol{v} \\ &= \lambda\boldsymbol{w} \end{aligned}$$

따라서, λ는 행렬 B의 고유값이다. □

Example 13.3.11: 나중에 다루겠지만, 행렬 U는 상삼각행렬이므로, 행렬 $A = \begin{bmatrix} 6 & 3 & -9 \\ 0 & 9 & 15 \\ 0 & 0 & 15 \end{bmatrix}$ 의 고유값은 이 행렬의 대각원소들인 6, 9, 15이다. 행렬 $B = \begin{bmatrix} 92 & -32 & -15 \\ -64 & 34 & 39 \\ 176 & -68 & -99 \end{bmatrix}$는 $B = S^{-1}AS$인 성질을 가진다. 여기서, $S = \begin{bmatrix} -2 & 1 & 4 \\ 1 & -2 & 1 \\ -4 & 3 & 5 \end{bmatrix}$이다. 그러므로, B의 고유값도 또한 6, 9, 15이다.

Definition 13.3.12: 만약 어떤 정방행렬 A가 대각행렬과 유사행렬이면, 즉 대각행렬 Λ에 대해 $S^{-1}AS = \Lambda$를 만족하는 가역행렬 S가 있으면, A는 '대각화 가능하다(*diagonalizable*)'라고 한다.

$S^{-1}AS = \Lambda$는 $A = S\Lambda S^{-1}$와 동등하며, 이것은 Fact 13.1.1과 토끼의 개체 수 분석에서 사용된 형태이다.

이제, 대각화 가능한 것과 고유값 사이의 관계에 대해 살펴보자.

앞서 살펴본 Example 13.3.3(514 페이지)에서, 만약 Λ가 대각행렬 $\begin{bmatrix} \lambda_1 & & \\ & \ddots & \\ & & \lambda_n \end{bmatrix}$이면, 이 행렬의 고유값은 그 대각원소들인 $\lambda_1, \ldots, \lambda_n$이다.

만일 행렬 A와 Λ가 유사행렬이면, Proposition 13.3.10에 의해, A의 고유값은 Λ의 고유값 즉, Λ의 대각원소들이다.

좀 더 자세히 살펴보기 위해, $S^{-1}AS = \Lambda$라고 해 보자. 양변의 왼쪽에 S를 곱하면 다음 식을 얻는다.

$$AS = S\Lambda$$

행렬-행렬 곱셈의 행렬-벡터 정의를 사용하면, 행렬 AS의 열 i는 A에 S의 열 i를 곱한 것이다. 벡터-행렬 정의를 사용하면, 행렬 $S\Lambda$의 열 i는 λ_i에 S의 열 i를 곱한 것이다. 따라서, 위 식은 각 i에 대해, A에 S의 열 i를 곱한 것은 λ_i에 S의 열 i를 곱한 것과 같다는 것을 의미한다. 그래서, 이 경우, $\lambda_1, \ldots, \lambda_n$은 고유값들이고, S의 대응하는 각 열은 대응하는 각 고유벡터이다. 행렬 S는 가역적이므로 이 행렬의 열들은 일차독립이다. 이 내용은 아래 lemma로 정리할 수 있다.

Lemma 13.3.13: 만약 $\Lambda = S^{-1}AS$가 대각행렬이면, Λ의 대각원소들은 고유값들이고, S의 열들은 일차 독립인 고유벡터들이다.

역으로, $n \times n$ 행렬 A가 n개의 일차독립인 고유벡터 $\boldsymbol{v}_1, \ldots, \boldsymbol{v}_n$을 가진다고 하자. 그리고 $\lambda_1, \ldots, \lambda_n$은 대응하는 고유값들이라고 하자. 행렬 S를 $\left[\begin{array}{c|c|c} & & \\ \boldsymbol{v}_1 & \cdots & \boldsymbol{v}_n \\ & & \end{array}\right]$으로 나타내고, Λ를 행렬 $\begin{bmatrix} \lambda_1 & & \\ & \ddots & \\ & & \lambda_n \end{bmatrix}$라고 하자. 그러면, $AS = S\Lambda$이다. 더욱이, S는 정방행렬이고 그 열들은 일차독립이므로 가역행렬이다. 위 식의 오른쪽에 S^{-1}를 곱하면 $A = S\Lambda S^{-1}$가 구해진다. 이것은 A가 대각화 가능하다는 것을 보여주며, 아래 lemma로 정리할 수 있다.

Lemma 13.3.14: 만약 $n \times n$ 행렬 A가 n개의 일차독립인 고유벡터를 가지면 A는 대각화 가능하다.

위 두 lemma를 결합하면, 다음 정리를 얻는다.

Theorem 13.3.15: $n \times n$ 행렬이 대각화 가능할 필요충분조건은 이 행렬이 n개의 일차독립인 고유벡터를 가지는 것이다.

13.4 고유벡터에 대한 좌표표현

섹션 13.2에서 다룬 분석 기법을 좀 더 일반적인 맥락에서 다시 살펴보자. 일차독립인 고유벡터의 존재는 반복된 행렬-벡터 곱셈의 결과를 분석하는 데 매우 유용하다.

A를 $n \times n$ 행렬이라 하고, $t = 1, 2, \ldots$에 대해, $x^{(t)} = A^t \boldsymbol{x}^{(0)}$라 하자. 또한, 행렬 A는 대각화 가능하다고 가정하자. 즉, $S^{-1}AS = \Lambda$를 만족하는 가역행렬 S와 대각행렬 Λ가 존재한다. $\lambda_1, \ldots, \lambda_n$은 Λ의 대각원소라 하자. 이 대각원소들은 A의 고유값이다. 그리고, $\boldsymbol{v}_1, \ldots, \boldsymbol{v}_n$은 대응하는 고유벡터라 하자. 이 고유벡터들은 행렬 S의 열이다. 고유벡터들에 대한 $\boldsymbol{x}^{(t)}$의 좌표표현을 $\boldsymbol{u}^{(t)}$라고 하자. 그러면, $x^{(t)} = A^t \boldsymbol{x}^{(0)}$는 훨씬 단순한 형태로 표현된다.

$$\begin{bmatrix} \\ \boldsymbol{u}^{(t)} \\ \\ \end{bmatrix} = \begin{bmatrix} \lambda_1^t & & \\ & \ddots & \\ & & \lambda_n^t \end{bmatrix} \begin{bmatrix} \\ \boldsymbol{u}^{(0)} \\ \\ \end{bmatrix} \tag{13.4}$$

위 식이 단순한 이유는 $\boldsymbol{u}^{(0)}$의 해당 원소에 대응하는 고유값의 t 제곱을 곱하면 $\boldsymbol{u}^{(t)}$의 각 원소가 구해지기 때문이다.

이것을 다른 각도에서 한 번 살펴보자.

고유벡터들은 $\mathbb{R}^n$에 대한 기저를 형성한다. 따라서, 임의의 벡터 $\boldsymbol{x}$는 고유벡터들의 일차결합으로 나타낼 수 있다.

$$\boldsymbol{x} = \alpha_1 \boldsymbol{v}_1 + \cdots + \alpha_n \boldsymbol{v}_n$$

위 식의 양변의 왼쪽에 A를 곱해보자.

$$\begin{aligned} A\boldsymbol{x} &= A(\alpha_1 \boldsymbol{v}_1) + \cdots + A(\alpha_n \boldsymbol{v}_n) \\ &= \alpha_1 A\boldsymbol{v}_1 + \cdots + \alpha_n A\boldsymbol{v}_n \\ &= \alpha_1 \lambda_1 \boldsymbol{v}_1 + \cdots + \alpha_n \lambda_n \boldsymbol{v}_n \end{aligned}$$

같은 방식으로 $A(A\boldsymbol{x})$를 계산하면, 다음과 같이 된다.

$$A^2\boldsymbol{x} = \alpha_1 \lambda_1^2 \boldsymbol{v}_1 + \cdots + \alpha_n \lambda_n^2 \boldsymbol{v}_n$$

좀 더 일반적으로, 임의의 음이 아닌 정수 t에 대해 다음과 같이 쓸 수 있다.

$$A^t\boldsymbol{x} = \alpha_1 \lambda_1^t \boldsymbol{v}_1 + \cdots + \alpha_n \lambda_n^t \boldsymbol{v}_n \tag{13.5}$$

이제, 어떤 고유값의 절대값이 다른 것들보다 약간이라도 큰 경우를 생각해 보자. 이때, t가 충분히 클 경우, 식 (13.5)의 우변은 절대값이 큰 고유값이 포함된 항에 의해 결정되고 다른 항들은 상대적으로 작은 값이 될 것이다.

특히, λ_1의 절대값이 다른 모든 고유값보다 크다고 가정해 보자. 이 경우, t가 충분히 크다면 $A^t\boldsymbol{x} \approx \alpha_1 \lambda_1^t \boldsymbol{v}_1$이 될 것이다.

실제로, 절대값이 1보다 작은 고유값에 대응하는 항은 t가 증가함에 따라 그 값이 점점 작아지게 된다.

13.5 인터넷 웜(Internet Worm)

1988년에 인터넷에 유포된 웜을 생각해 보자. 웜은 네트워크를 통해 복제되어 퍼져나가는 프로그램이다. 다시 말하면, 하나의 컴퓨터에서 실행되는 프로그램 인스턴스가 다른 주변 컴퓨터에 침투하여 이들 컴퓨터에 자신의 복사본을 만들어 실행되게 하는 것이다.

1988년의 웜은 컴퓨터에 피해를 주지는 않았지만 결국 인터넷상의 상당 수 컴퓨터를 장악(탈취)하였고, 감염된 컴퓨터들은 웜을 실행하는 데 컴퓨팅 시간의 대부분을 사용하게 되었다. 각 감염된 컴퓨터가 이렇게 대부분의 컴퓨팅 시간을 사용하게 된 이유는 많은 수의 독립적인 웜 프로그램 인스턴스가 실행되었기 때문이다.

이 웜 프로그램을 만든 사람인 로버트 모리스(Robert T. Morris, Jr.)는 이런 문제를 방지하기 위한 약간의 노력을 한 것 같다. 즉, 각 웜은 동일 컴퓨터에서 실행되는 다른 웜이 있는지 체크하도록 만들어졌으며, 만약 동일 컴퓨터에서 실행되고 있는 웜이 여러 개 있으면 그중 하나는 실행 중지하도록 되어 있다. 하지만, 웜은 1/7의 확률로 이런 체크를 하는 대신 자신을 '죽지 않는(immortal)' 웜으로 지정한다. 이렇게 지정된 웜은 아무런 체크도 하지 않고 계속 실행된다.

결과적으로, 감염된 각 컴퓨터는 모든 리소스를 다 사용할 때까지 많은 웜 인스턴스를 실행하게 되었다.

이러한 동작을 나타내는 매우 단순한 모델을 분석해 보자. 예를들어, 인터넷은 삼각형으로 연결된 세 개의 컴퓨터로 구성되어 있다고 가정하자. 매 이터레이션마다 각 웜은 1/10의 확률을 가지고 각각의 이웃하는 컴퓨터에 하나의 자식 웜(child worm), 즉 새로운 웜 인스턴스를 생성한다. 일반적인(mortal) 웜은 1/7의 확률로 '죽지 않는' 웜이 되고, 나머지 경우에는 실행이 종료된다.

이 모델에는 램덤성(randomness)이 포함되어 있어 임의의 이터레이션 후에 각 컴퓨터에 얼마나 많은 웜이 실행되고 있는지 정확하게 알 수 없다. 하지만, 실행되는 웜 수의 기대값은 구할 수 있다.

분석을 위해 벡터 $\boldsymbol{x} = (x_1, y_1, x_2, y_2, x_3, y_3)$를 사용한다. 여기서, $i = 1, 2, 3$이고, x_i는 컴퓨터 i에 있는 일반적인 웜 수의 기대값, 그리고 y_i는 컴퓨터 i에 있는 죽지 않는 웜 수의 기대값이다.

$t = 0, 1, 2, \ldots,$에 대해, $\boldsymbol{x}^{(t)} = (x_1^{(t)}, y_1^{(t)}, x_2^{(t)}, y_2^{(t)}, x_3^{(t)}, y_3^{(t)})$라 하자. 모델에 따르면, 컴퓨터 1에 있는 임의의 일반적인 웜은 컴퓨터 2 또는 3에 있는 웜의 자식 웜이다. 그러므로, $t+1$ 이터레이션 후 컴퓨터 1에 있는 일반적인 웜 수의 기대값은 t 이터레이션 후 컴퓨터 2와 3에 있는 웜 수의 기대값에 1/10을 곱한 것이다. 따라서, 다음 식이 얻어 진다.

$$x_1^{(t+1)} = \frac{1}{10}x_2^{(t)} + \frac{1}{10}y_2^{(t)} + \frac{1}{10}x_3^{(t)} + \frac{1}{10}y_3^{(t)}$$

컴퓨터 1에 있는 일반적인 웜은 1/7의 확률로 죽지 않는 웜이 된다. 그리고, 이전에 죽지 않는 웜으로 지정되었던 것은 그대로 유지된다. 그러므로, 다음과 같이 쓸 수 있다.

$$y_1^{(t+1)} = \frac{1}{7}x_1^{(t)} + y_1^{(t)}$$

$x_2^{(t+1)}$와 $y_2^{(t+1)}$, 그리고 $x_3^{(t+1)}$와 $y_3^{(t+1)}$에 대한 식도 마찬가지로 나타낼 수 있다. 따라서, 다음 식이 얻어진다.

$$\boldsymbol{x}^{(t+1)} = A\boldsymbol{x}^{(t)}$$

여기서, 행렬 A는 다음과 같다.

$$A = \begin{bmatrix} 0 & 0 & 1/10 & 1/10 & 1/10 & 1/10 \\ 1/7 & 1 & 0 & 0 & 0 & 0 \\ 1/10 & 1/10 & 0 & 0 & 1/10 & 1/10 \\ 0 & & 1/7 & 1 & 0 & 0 \\ 1/10 & 1/10 & 1/10 & 1/10 & 0 & 0 \\ 0 & 0 & 0 & 0 & 1/7 & 1 \end{bmatrix}$$

이 행렬은 일차독립인 고유벡터들을 가지며, 가장 큰 고유값은 약 1.034이다(다른 고유값들은 절대값이 1보다 작다). 가장 큰 고유값이 1보다 크므로, 이터레이션 횟수가 증가함에 따라 웜 수는 지수적

(기하급수적)으로 늘어난다. A^t의 가장 큰 고유값은 약 1.034^t이다. 이 값의 크기를 한 번 가늠해 보자. $t = 100$일 경우, 이 값은 겨우 29이다. 하지만, $t = 200$일 경우 약 841, $t = 500$일 경우 2백만, $t = 600$일 경우 약 6억이 된다.

이 예제에서 행렬 A는 충분히 작으므로 t 값이 작을 경우 웜 수의 기대값을 계산할 수 있다. 처음에 컴퓨터 1에 하나의 일반적인 웜이 실행된다고 가정해 보자. 이에 대응하는 벡터 $x^{(0)} = (1, 0, 0, 0, 0, 0)$이다. 이 경우, 600번의 이터레이션 후 기대되는 웜 수는 약 120만이 된다.

13.6 고유값의 존재

어떤 상황에서 정방행렬이 고유값을 가지도록 보장할 수 있을까? 행렬이 대각화 가능하면 되는지 알아보자.

13.6.1 양의 정부호(Positive-Definite)행렬과 양의 준정부호(Positive-Semidefinite)행렬

A를 임의의 가역행렬이라고 하자. 이 행렬에 특이값 분해(SVD)를 적용하면 다음과 같다.

$$\begin{bmatrix} \\ & A & \\ \\ \end{bmatrix} = \begin{bmatrix} \\ & U & \\ \\ \end{bmatrix} \begin{bmatrix} \sigma_1 & & \\ & \ddots & \\ & & \sigma_n \end{bmatrix} \begin{bmatrix} \\ & V^T & \\ \\ \end{bmatrix}$$

다음의 행렬 곱 $A^T A$를 생각해 보자. SVD를 사용하면 다음 식이 얻어진다.

$$\begin{aligned} A^T A &= \begin{bmatrix} \\ & V & \\ \\ \end{bmatrix} \begin{bmatrix} \sigma_1 & & \\ & \ddots & \\ & & \sigma_n \end{bmatrix} \begin{bmatrix} \\ & U^T & \\ \\ \end{bmatrix} \begin{bmatrix} \\ & U & \\ \\ \end{bmatrix} \\ &\qquad \begin{bmatrix} \sigma_1 & & \\ & \ddots & \\ & & \sigma_n \end{bmatrix} \begin{bmatrix} \\ & V^T & \\ \\ \end{bmatrix} \\ &= \begin{bmatrix} \\ & V & \\ \\ \end{bmatrix} \begin{bmatrix} \sigma_1 & & \\ & \ddots & \\ & & \sigma_n \end{bmatrix} \begin{bmatrix} \sigma_1 & & \\ & \ddots & \\ & & \sigma_n \end{bmatrix} \begin{bmatrix} \\ & V^T & \\ \\ \end{bmatrix} \\ &= \begin{bmatrix} \\ & V & \\ \\ \end{bmatrix} \begin{bmatrix} \sigma_1^2 & & \\ & \ddots & \\ & & \sigma_n^2 \end{bmatrix} \begin{bmatrix} \\ & V^T & \\ \\ \end{bmatrix} \end{aligned}$$

위 식의 왼쪽에 V^T를 곱하고 오른쪽에 V를 곱하면, 다음 식이 얻어진다.

$$V^T(A^T A)V = \begin{bmatrix} \sigma_1^2 & & \\ & \ddots & \\ & & \sigma_n^2 \end{bmatrix}$$

여기서, A^TA는 대각화 가능하고 고유값은 A의 특이값(singular value)의 제곱이다.

이 고유값들은 모두 양의 실수이다.

더욱이, A^TA는 대칭이다. 이것은 전치행렬을 구해보면 알 수 있다.

$$(A^TA)^T = A^T(A^T)^T = A^TA$$

즉, A^TA의 전치행렬은 그 자신과 동일하다.

Definition 13.6.1: 고유값이 모두 양의 실수인 대칭행렬은 *양의 정부호*행렬이라 한다.

행렬 A가 가역행렬인 경우 A^TA 형태의 행렬은 양의 정부호행렬이다. 또한, 역으로 임의의 양의 정부호행렬은 어떤 가역행렬 A에 대해 A^TA의 형태로 쓸 수 있다.

양의 정부호행렬과 그 일종인 *양의 준정부호행렬*은 많은 물리적 시스템을 모델링하는 데 중요하며, 알고리즘과 기계학습(machine learning) 분야에서 점점 중요도가 높아지고 있다.

13.6.2 고유값이 모두 다른 행렬

이 장에서는 정방행렬을 대각화 가능하게 하는 또 다른 조건에 대해 알아본다.

Lemma 13.6.2: 행렬 A의 모두 다른(*distinct*) 고유값으로 이루어진 임의의 집합 T에 대해, 대응하는 고유벡터들은 일차독립이다.

Proof

고유벡터들이 일차종속이라고 가정해 보자. 다음 식

$$\mathbf{0} = \alpha_1 \boldsymbol{v}_1 + \cdots + \alpha_r \boldsymbol{v}_r \tag{13.6}$$

은 T에 속하는 고유값들에 대응하는 고유벡터들의 부분집합으로 구성된 일차결합(선형결합)이며, 특히 최소 크기의 부분집합으로 된 일차결합이라고 하자. 그리고, $\lambda_1, \ldots, \lambda_r$은 대응하는 고유벡터라 하자.

그러면 다음이 성립한다.

$$\begin{aligned} \mathbf{0} &= A(\mathbf{0}) \\ &= A(\alpha_1 \boldsymbol{v}_1 + \cdots + \alpha_r \boldsymbol{v}_r) \\ &= \alpha_1 A\boldsymbol{v}_1 + \cdots + \alpha_r A\boldsymbol{v}_r \\ &= \alpha_1 \lambda_1 \boldsymbol{v}_1 + \cdots + \alpha_r \lambda_r \boldsymbol{v}_r \end{aligned} \tag{13.7}$$

따라서, $\boldsymbol{v}_1, \ldots, \boldsymbol{v}_r$ 사이에 새로운 일차종속이 얻어진다. λ_1을 식 (13.6)에 곱하고 그것을 식 (13.7)에서 빼면 다음 식을 얻는다.

$$\mathbf{0} = (\lambda_1 - \lambda_1)\alpha_1 \boldsymbol{v}_1 + (\lambda_2 - \lambda_1)\alpha_2 \boldsymbol{v}_2 + \cdots + (\lambda_r - \lambda_1)\alpha_r \boldsymbol{v}_r$$

첫 번째 계수는 영이므로 다음과 같이 쓸 수 있다.

$$\mathbf{0} = (\lambda_2 - \lambda_1)\alpha_2 \boldsymbol{v}_2 + \cdots + (\lambda_r - \lambda_1)\alpha_r \boldsymbol{v}_r$$

위 식은 식 (13.6)보다 더 작은 수의 벡터를 가지는데, 이것은 가정에 모순된다. □

Lemma 13.6.2와 Lemma 13.3.14를 결합하면 다음을 얻는다.

Theorem 13.6.3: n개의 모두 다른 고유값을 가지는 $n \times n$ 행렬은 대각화 가능하다.

랜덤 원소를 가지는 $n \times n$ 행렬은 n개의 모두 다른 고유값을 가질 가능성이 높다. 따라서, 이 정리는 *대부분*의 정방행렬은 대각화 가능하다는 것을 의미한다.

또한, $n \times n$ 행렬 중 n개의 모두 다른 고유값을 가지지는 않지만 대각화 가능한 것이 있다. 가장 단순한 예는 $n \times n$ 단위행렬이다. 단위행렬의 고유값은 모두 1이지만 명백히 대각화가 가능하다.

13.6.3 대칭행렬

고유값의 맥락에서 보면, 다음으로 중요한 행렬의 종류는 대칭행렬이다.

Theorem 13.6.4 (대칭행렬의 대각화): A를 $\mathbb{R}$상의 대칭행렬이라 하자. 그러면, $Q^T AQ = \Lambda$를 만족하는 직교행렬 Q와 실수값(real-valued) 대각행렬 Λ가 존재한다.

이 정리는 나중에 증명하게 될 다른 정리의 결과로 성립된다.

위 정리가 중요하게 간주되는데, 그 이유는 대칭행렬 A에 대해 A가 곱할 수 있는 모든 벡터를 고유벡터들의 일차결합으로 나타낼 수 있고, 따라서 섹션 13.4의 분석 방법을 적용할 수 있다는 것을 의미하기 때문이다.

식 (13.4)에는 약간 복잡한 내용이 숨겨져 있는데, 그것은 고유값 $\lambda_1, \ldots, \lambda_n$ 중 일부는 복소수가 될 수 있다는 것이다. 하지만, A가 대칭행렬이면 모든 고유값은 실수이어야 한다.

13.6.4 상삼각(Upper-triangular)행렬

하지만, 모든 정방행렬이 대각화되는 것은 아니다. 간단한 예로, 행렬 $A = \begin{bmatrix} 1 & 1 \\ 0 & 1 \end{bmatrix}$은 대각화되지 않는다. 이 행렬은 비록 피보나치 행렬과 비슷해 보이지만, $S^{-1}AS$가 대각행렬이 되게 하는 가역행렬 S가 존재하지 않는다.

상삼각행렬에 대해 살펴보자. 좀 전에 대각화할 수 없는 행렬의 예로 보여 준 $\begin{bmatrix} 1 & 1 \\ 0 & 1 \end{bmatrix}$은 상삼각행렬이다.

Lemma 13.6.5: 상삼각행렬 U의 대각원소는 U의 고유값이다.

Proof

Lemma 13.3.6에 의해 어떤 수 λ가 행렬 U의 고유값이 될 필요충분조건은 $U - \lambda \mathbb{1}$이 비가역적인 경우이다. 그러나, $U - \lambda \mathbb{1}$은 상삼각행렬이다. 그러므로, Lemma 5.13.13에 의하면 $U - \lambda \mathbb{1}$이 비가역적일 필요충분조건은 대각원소 중 적어도 하나가 영인 경우이다. $U - \lambda \mathbb{1}$의 대각원소가 영일 필요충분조건은 λ가 U의 대각원소 중 하나인 경우이다. □

Example 13.6.6: 행렬 $U = \begin{bmatrix} 5 & 9 & 9 \\ 0 & 4 & 7 \\ 0 & 0 & 3 \end{bmatrix}$ 인 경우를 고려해 보자. 이 행렬의 대각원소는 5, 4, 3이고, 이 대각원소들은 이 행렬의 고유값이다.

예를 들어,

$$U - 3\mathbb{1} = \begin{bmatrix} 5-3 & 9 & 9 \\ 0 & 4-3 & 7 \\ 0 & 0 & 3-3 \end{bmatrix} = \begin{bmatrix} 2 & 9 & 9 \\ 0 & 1 & 7 \\ 0 & 0 & 0 \end{bmatrix}$$

위 행렬은 영인 대각원소를 가지므로 비가역적이다.

U의 대각원소로 하나의 값이 여러 번 사용될 수 있다. 예를 들어, 행렬 $U = \begin{bmatrix} 5 & 9 & 9 \\ 0 & 4 & 7 \\ 0 & 0 & 5 \end{bmatrix}$에서 5는 대각원소로서 2번 사용된다.

Definition 13.6.7: 상삼각행렬 U의 *스펙트럼(spectrum)*은 대각원소들의 중복집합(multiset)이다. 중복집합에 포함되는 각각의 수는 U의 대각원소에 나타나는 횟수만큼 나타난다.

Example 13.6.8: $\begin{bmatrix} 5 & 9 & 9 \\ 0 & 4 & 7 \\ 0 & 0 & 5 \end{bmatrix}$의 스펙트럼은 중복집합 $\{5, 5, 4\}$이다(중복집합에서 숫자가 표시되는 순서는 상관없지만 중복된 횟수는 유지해야 한다).

다음 섹션에서는 상삼각행렬에 대해 살펴본 것을 활용하여 일반적인 정방행렬에 대해 알아본다.

13.6.5 일반적인 정방행렬

먼저, 정방행렬의 고유값에 대한 두 개의 중요한 theorem을 살펴보자. 이 theorem들에 대한 증명은 좀 복잡하다. 따라서, 여기서 설명하려는 내용의 흐름에 방해되지 않도록 증명은 섹션 13.11에서 할 것이다.

Theorem 13.6.9: $\mathbb{C}$상의 모든 정방행렬은 고유값을 가진다.

이 정리는 단지 복소수 고유값이 존재한다는 것을 의미한다. 사실상 아주 단순한 행렬도 실수가 아닌 복소수 고유값을 가진다. $\begin{bmatrix} 1 & 1 \\ -1 & 1 \end{bmatrix}$의 고유값은 $1 + \mathbf{i}$와 $1 - \mathbf{i}$이다. 여기서, $\mathbf{i} = \sqrt{-1}$이다. 이 행렬의 고유값은 복소수이므로 대응하는 고유벡터도 또한 복소수이다.

Theorem 13.6.9는 모든 정방행렬이 대각화 가능하다는 것을 보여주는 것이 아니라(왜냐하면, 이것은 사실이 아님) 모든 정방행렬은 삼각화 가능하다(triangularizable)는 것을 보여주는 정리에 대한 토대를 제공한다.

Theorem 13.6.10: 임의의 $n \times n$ 행렬 A에 대해, $Q^{-1}AQ$가 상삼각행렬이 되게 하는 유니터리(unitary)행렬 Q가 존재한다.

Example 13.6.11: $A = \begin{bmatrix} 12 & 5 & 4 \\ 27 & 15 & 1 \\ 1 & 0 & 1 \end{bmatrix}$라 하자. 그러면, 다음이 얻어진다.

$$Q^{-1}AQ = \begin{bmatrix} 25.2962 & 21.4985 & 4.9136 \\ 0 & 2.84283 & -2.76971 \\ 0 & 0 & -0.139057 \end{bmatrix}$$

여기서, $Q = \begin{bmatrix} 0.355801 & -0.886771 & -0.29503 \\ -0.934447 & 0.342512 & 0.0974401 \\ -0.0146443 & -0.310359 & 0.950506 \end{bmatrix}$이다.

특히, 모든 행렬은 상삼각행렬과 유사하다. 이 정리는 고유값을 계산하는 실용적 알고리즘의 기본이 된다. 이런 알고리즘은 행렬을 반복적으로 변환하여 점점 상삼각행렬에 가까워지게 하며, QR인수분해에 기반을 두고 있다. 자세한 내용은 이 책의 범위를 벗어나 다루지 않는다.

섹션 13.4에서 기술한 분석을 통해 행렬이 대각화 가능할 때 행렬의 고차 지수를 벡터에 곱한 것의 결과를 이해할 수 있다. 이러한 기법은 행렬이 대각화 되지 않을 때에도 유사한 정보를 줄 수 있게 일반화시킬 수 있지만, 여기서 상세한 내용을 다루지는 않는다. 다행스러운 점은 실제로 사용되는 행렬은 흔히 대각화 가능하다는 것이다.

다음 섹션에서 주어진 행렬에 대해 크기가 가장 큰 고유값에 대한 근사값(대응하는 근사 고유벡터)을 찾는 가장 기본적인 알고리즘에 대해 기술한다.

13.7 누승법(Power method)

A는 대각화 가능한 행렬로 n개의 서로 다른 고유값 $\lambda_1, \ldots, \lambda_n$을 가진다고 하자. 고유값을 크기순으로 정렬하면 $|\lambda_1| \geq |\lambda_2| \geq \cdots \geq |\lambda_n|$이다. 그리고, $\boldsymbol{v}_1, \ldots, \boldsymbol{v}_n$은 일차독립인 고유벡터이다. (복소수 $x + iy$의 절대값 $|\lambda|$은 이 복소수를 x, y 평면의 한 점으로 간주할 경우 원점으로부터 이 점까지의 거리로 정의된다.)

어떤 랜덤벡터 $\boldsymbol{x}_0$를 선택하고 임의의 음수가 아닌 정수 t에 대해 $\boldsymbol{x}_t = A^t\boldsymbol{x}_0$라 하자.

$\boldsymbol{x}_0$를 고유벡터에 대하여 나타내면 아래와 같다.

$$\boldsymbol{x}_0 = \alpha_1\boldsymbol{v}_1 + \cdots + \alpha_n\boldsymbol{v}_n$$

그러면, 다음과 같이 쓸 수 있다.

$$\boldsymbol{x}_t = \alpha_1\lambda_1^t\boldsymbol{v}_1 + \cdots + \alpha_n\lambda_n^t\boldsymbol{v}_n \tag{13.8}$$

$\boldsymbol{x}_0$는 랜덤하게 선택되었으므로, 이것이 $\boldsymbol{v}_2, \ldots, \boldsymbol{v}_n$으로 생성된 $n-1$ 차원 공간에 있을 가능성은 낮다. 그러므로, α_1은 영이 아닐 가능성이 크다.

$\alpha_1 \neq 0$, $|\lambda_1|$이 $|\lambda_2|$보다 실질적으로 크다고 해 보자. 그러면, 식 (13.8)에 있는 $\boldsymbol{v}_1$의 계수는 다른 모든 계수들보다 더 빠르게 커져 결국 (t값이 충분히 클 경우) 다른 계수들보다 압도적으로 커지게

된다. 따라서, $\boldsymbol{x}_t$는 $\alpha_1\lambda_1^t\boldsymbol{v}_1 + error$의 형태로 나타낼 수 있다. 여기서, $error$는 $\alpha_1\lambda_1^t\boldsymbol{v}_1$보다 훨씬 작은 벡터이다. $\boldsymbol{v}_1$이 고유벡터이므로, $\alpha_1\lambda_1^t\boldsymbol{v}_1$도 또한 고유벡터이다. 그러므로, $\boldsymbol{x}_t$는 결국 고유벡터에 근사한 벡터, 즉 *근사 고유벡터*(*approximate* eigenvector)가 된다. 더욱이, $A\boldsymbol{x}_t$는 $\lambda_1\boldsymbol{x}_t$로 수렴하게 될 것이므로 $\boldsymbol{x}_t$로부터 대응하는 고유값 λ_1을 추정할 수 있다.

마찬가지로, 만약 처음 q개 고유값들이 동일하거나 혹은 아주 비슷하고, $q+1$ 번째 고유값이 앞의 q개 고유값보다 절대값이 작을 경우, $\boldsymbol{x}_t$는 처음 q개 고유벡터의 일차결합으로 표현되는 벡터에 가까워져 근사 고유벡터가 된다.

이처럼 절대값이 가장 큰 고유값에 가까운 근사 고유값과 이 근사 고유값에 대응하는 근사 고유벡터를 찾는 방법을 *누승법*이라고 한다. 이 방법은 벡터에 행렬 A를 곱하는 것에 대한 계산상의 복잡도가 낮을 때 매우 유용하다. *누승법*은 행렬-벡터 곱셈만 필요하므로 A가 스파스 행렬(sparse matrix)이면 계산 복잡도가 낮다.

하지만, *누승법*이 항상 성립하는 것은 아니다. 행렬 $\begin{bmatrix} 0 & 1 \\ -1 & 0 \end{bmatrix}$을 고려해 보자. 이 행렬은 절대값이 동일한 두 개의 서로 다른 고유값을 가진다. 이 경우, *누승법*을 사용하여 얻을 수 있는 벡터는 두 개의 고유벡터가 혼합되어 있는 형태가 된다. 이런 문제를 처리하고 다른 고유값들을 얻는 데 사용될 수 있는 좀 더 나은 방법이 필요하다.

13.8 Markov 체인(Markov chain)

이 섹션에서 확률 모델의 일종인 *Markov 체인*에 대해 알아본다. Markov 체인에 대한 첫 번째 예제는 컴퓨터 아키텍처 분야 내용으로 살펴보겠지만, 우선 Markov 체인을 일종의 개체 수 문제로 바꾸어 생각해 본다.

13.8.1 개체 수 이동에 대한 모델링

댄스클럽(dance club)을 생각해 보자. 일부 사람들은 무대(dance floor) 위에 있고, 다른 사람들은 무대 옆에 서 있다. 여러분은 무대 옆에 서 있다가 마음에 드는 곡이 나오기 시작하면 무대 위로 올라가 춤을 추기 시작한다. 일단 무대 위에 이미 올라가 있는 경우, 여러분은 비록 꼭 좋아하는 곡이 아니더라도 그 무대 위에 계속 있으려고 하는 경향을 보인다.

매번 곡이 시작할 때 무대 옆에 서 있는 사람들 중 56%가 무대 위로 올라가고, 무대 위에 있는 사람들 중 12%가 무대를 내려간다. 이러한 천이(전이)규칙(transition rule)을 행렬을 사용하여 표현하면 무대 위에 있는 사람들과 무대 옆에 서 있는 사람들이 장기적으로 어떤 비율을 보이는지 연구할 수 있다.

댄스클럽에 새롭게 들어가는 사람과 클럽을 나오는 사람은 없다고 가정하자. $\boldsymbol{x}^{(t)} = \begin{bmatrix} x_1^{(t)} \\ x_2^{(t)} \end{bmatrix}$는 t 번째 곡이 끝난 후 시스템의 상태를 나타낸다고 하자. 여기서, $x_1^{(t)}$는 무대 옆에 서 있는 사람의 수를 나타내고, $x_2^{(t)}$는 무대 위에 있는 사람의 수를 나타낸다. 이 천이규칙은 성인 토끼와 아기 토끼 사이의 개체 수를 나태내는 시스템과 유사한 식으로 표현된다:

$$\begin{bmatrix} x_1^{(t+1)} \\ x_2^{(t+1)} \end{bmatrix} = \begin{bmatrix} 0.44 & 0.12 \\ 0.56 & 0.88 \end{bmatrix} \begin{bmatrix} x_1^{(t)} \\ x_2^{(t)} \end{bmatrix}$$

이 시스템은 새로운 사람이 시스템에 유입되지도 않고 또한 시스템을 떠나지도 않으므로 전체 개체 수가 변하지 않는다. 이것이 토끼 개체 수를 나타내는 시스템과 다른 점이다. 위 식에서 행렬의 각 열의 합이 정확히 1이 된다는 사실이 이를 반영한다.

각 위치에 있는 사람들의 수에 대한 비율을 장기적인 관점에서 연구하는 데 행렬 대각화를 사용할 수 있다. 행렬 $A = \begin{bmatrix} 0.44 & 0.12 \\ 0.56 & 0.88 \end{bmatrix}$는 두 개의 고유값을 가지며, 그 값은 1과 0.32이다. 2×2 정방행렬 A는 두 개의 서로 다른 고유값을 가지므로 Lemma 13.3.14에 따르면 항상 대각화가 가능하다. 즉, 대각 행렬 $\Lambda = \begin{bmatrix} 1 & 0 \\ 0 & 0.32 \end{bmatrix}$에 대해 $S^{-1}AS = \Lambda$를 만족하는 행렬 S가 존재한다. 이러한 행렬 S중 하나는 $S = \begin{bmatrix} 0.209529 & -1 \\ 0.977802 & 1 \end{bmatrix}$이다. $A = S\Lambda S^{-1}$라고 쓰면, t 번째 곡이 끝난 후 두 위치에 있는 사람들 수 $\boldsymbol{x}^{(t)}$에 대한 식을 초기 상태의 각 위치별 사람 수를 나타내는 $\boldsymbol{x}^{(0)}$를 사용하여 나타낼 수 있다.

$$\begin{aligned}
\begin{bmatrix} x_1^{(t)} \\ x_2^{(t)} \end{bmatrix} &= \left(S\Lambda S^{-1}\right)^t \begin{bmatrix} x_1^{(0)} \\ x_2^{(0)} \end{bmatrix} \\
&= S\Lambda^t S^{-1} \begin{bmatrix} x_1^{(0)} \\ x_2^{(0)} \end{bmatrix} \\
&= \begin{bmatrix} 0.21 & -1 \\ 0.98 & 1 \end{bmatrix} \begin{bmatrix} 1 & 0 \\ 0 & .32 \end{bmatrix}^t \begin{bmatrix} 0.84 & 0.84 \\ -0.82 & 0.18 \end{bmatrix} \begin{bmatrix} x_1^{(0)} \\ x_2^{(0)} \end{bmatrix} \\
&= \begin{bmatrix} 0.21 & -1 \\ 0.98 & 1 \end{bmatrix} \begin{bmatrix} 1^t & 0 \\ 0 & .32^t \end{bmatrix} \begin{bmatrix} 0.84 & 0.84 \\ -0.82 & 0.18 \end{bmatrix} \begin{bmatrix} x_1^{(0)} \\ x_2^{(0)} \end{bmatrix} \\
&= 1^t(0.84x_1^{(0)} + 0.84x_2^{(0)}) \begin{bmatrix} 0.21 \\ 0.98 \end{bmatrix} + (0.32)^t(-0.82x_1^{(0)} + 0.18x_2^{(0)}) \begin{bmatrix} -1 \\ 1 \end{bmatrix} \\
&= 1^t\left(x_1^{(0)} + x_2^{(0)}\right) \begin{bmatrix} 0.18 \\ 0.82 \end{bmatrix} + (0.32)^t\left(-0.82x_1^{(0)} + 0.18x_2^{(0)}\right) \begin{bmatrix} -1 \\ 1 \end{bmatrix} \qquad (13.9)
\end{aligned}$$

비록 t 번째 곡이 끝난 후 두 위치에 있는 사람들의 수는 두 위치에 서 있는 초기 사람 수에 따라 다르지만, 곡 수가 증가할수록 초기값에 대한 의존성이 점차 줄어든다. 즉, t가 증가할수록 $(0.32)^t$ 값이 점점 작아져 위 식의 두 번째 항이 점점 작아지게 된다. $t = 10$이면 $(0.32)^t = 0.00001$, $t = 20$이면 $(0.32)^t = 0.0000000001$이 된다. 위 식에서 첫 번째 항은 행렬 $\begin{bmatrix} 0.18 \\ 0.82 \end{bmatrix}$을 시스템에 있는 총 사람 수와 곱한 값이다. 따라서, 연주되는 곡 수가 증가할수록 무대 위에 있는 사람 수의 비율은 82%에 점점 가까워진다.

13.8.2 선택된 특정 한 사람에 대한 모델링

이번에는 수학적인 개념은 변경하지 않으면서 앞서 설명한 내용에 대한 해석을 다르게 해 보자. 댄스클럽에 있는 사람들 모두에 대한 모델링 대신 특정 한 사람(예를 들어, Randy)에 대해 모델링해 보자. Randy는 무대 위 또는 무대 옆으로 임의로(randomly) 이동한다. 그는 무대 옆에 서 있을 경우(상태 S_1), 다음 곡이 시작될 때 무대 위(상태 S_2)로 옮겨갈 확률은 0.56이다. 따라서, 무대 옆에 계속 남아 있을 확률은 0.44이다. 반면에, 무대 위에 있는 경우, 다음 곡이 시작될 때 무대 위에 계속 남아 있을 확률은 0.88이며, 무대 옆으로 옮겨갈 확률은 0.12이다. 이러한 상태 천이가 일어날 확률을 *천이확률(transition probability)*이라고 한다. Randy의 행동은 다음 그림과 같이 나타낼 수 있다.

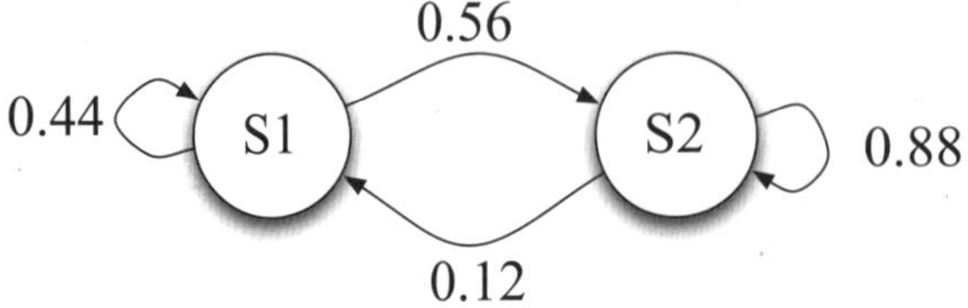

댄스클럽에서 첫 번째 곡이 시작되기 전에 Randy가 무대 위에 있을지 또는 무대 옆에 서 있을지 안다고 가정해 보자. Randy는 임의로 위치를 옮기므로 t 번째 곡이 연주된 후 그가 어디에 있을지를 지정하는 공식을 얻을 수는 없다. 하지만, t 번째 곡 이후 Randdy의 위치에 대한 *확률분포*를 지정하는 식은 구할 수 있다. t 번째 곡 이후 Randy가 무대 옆에 서 있을 확률을 $x_1^{(t)}$, 무대 위에 있을 확률을 $x_2^{(t)}$라 하자. 확률분포에서 확률의 합은 1이 되어야 하며, 따라서 $x_1^{(t)} + x_2^{(t)} = 1$이다. 천이확률에 따르면 다음 식이 여전히 성립한다.

$$\begin{bmatrix} x_1^{(t+1)} \\ x_2^{(t+1)} \end{bmatrix} = \begin{bmatrix} .44 & .12 \\ .56 & .88 \end{bmatrix} \begin{bmatrix} x_1^{(t)} \\ x_2^{(t)} \end{bmatrix}$$

따라서, 섹션 13.8.1의 분석을 그대로 적용하면, 식 (13.9)에 의해 연주된 곡의 수 t가 증가할수록 $\begin{bmatrix} x_1^{(t)} \\ x_2^{(t)} \end{bmatrix}$ 값은 Randy가 시작한 위치에 상관없이 $\begin{bmatrix} 0.18 \\ 0.82 \end{bmatrix}$에 매우 빠르게 접근하게 된다.

13.8.3 Markov 체인 정의

음수가 아닌 수를 원소로 가지는 행렬로서, 이 행렬의 각 열에 포함된 원소의 합이 1이 되는 행렬을 *확률행렬(stochastic matrix)*(또는 열-확률행렬)이라고 한다.

n-state(상태) Markov 체인은 다음 특징을 가지는 이산 랜덤 프로세스(discrete-time random process)이다.

- 매시간 시스템은 n개 상태(이를테면, $1, \cdots, n$) 중 하나의 상태에 있다
- 어떤 시간 t에 시스템이 상태 j에 있을 경우, 시간 $t+1$에 시스템이 상태 i $(i = 1, \cdots, n)$에 있을 확률은 $A[i, j]$가 되는 행렬 A가 있다

다시 말하면, $A[i, j]$는 시스템 상태가 j에서 i로 천이하는 확률, $j \to i$ 천이확률(transition probability)이다.

Randy의 위치는 2-state Markov 체인으로 기술된다.

13.8.4 메모리 액세스에 대한 공간적 지역성 모델링

Randy의 행동을 기술하는 2-state Markov 체인은 실제로 컴퓨터 메모리의 캐시(cache)를 모델링하는 문제에서 비롯되었다. 컴퓨터 시스템은 메모리에서 데이터를 가져오는 데 걸리는 지연 시간이 클 수 있어 성능 개선을 위해 캐시를 사용한다. 기본적으로 중앙처리장치(CPU)는 작은 메모리 공간(캐시)을 가지고 있으며, 이 캐시에는 메모리에서 가져온 값들을 임시로 저장하여 동일한 메모리 공간에 대한 다음 요청을 좀 더 빨리 처리할 수 있게 한다.

만약 시간 t에 CPU가 주소(address) a에 있는 데이터를 요청하면, 시간 $t+1$에 CPU는 주소 $a+1$에 있는 데이터를 요청할 가능성이 높다. 이것은 CPU의 명령 처리 관점에서 사실이다. 왜냐하면, 만약 CPU가 (예를 들어, *if* 문 또는 loop의 결과인) 분기 명령(branch instruction)을 실행하는 경우가 아니라면, 시간 $t+1$에 실행될 명령은 시간 t에 실행될 명령 바로 다음에 저장되기 때문이다. 이것은 또한 데이터를 가져오는 경우에도 적용되는데, 그 이유는 프로그램 실행은 종종 배열(array)(예를 들어, 파이썬의 리스트)의 모든 요소를 반복적으로 액세스하기 때문이다.

이러한 이유 때문에, 캐시는 CPU가 어떤 위치에 저장된 값을 요청할 때 (아마도 16개의 다른 위치에 존재할 수 있는) 데이터의 블록을 가져와 저장하도록 설계된다. 만약 CPU가 액세스할 다음 주소가 이 블록내에 있으면(예를 들어, 바로 옆 주소), CPU는 요청한 값을 메모리에서 가져올 동안 기다릴 필요가 없게 된다.

시간상 연속적으로 이루어지는 메모리 액세스 요청이 연속된 메모리의 주소에 대해 이루어지는지의 여부를 예측하기 위한 모델이 있으면 컴퓨터를 설계하는 사람에게 도움이 될 것이다.

매우 단순한 모델로 양면이 균일하지 않은(biased) 하나의 동전을 생각해 보자. 매시간 단계(timestep)에 다음과 같이 나타낼 수 있다.

$$\text{Probability}[\text{시간 } t+1\text{에 요청된 주소는 } 1 + \text{시간 } t\text{에 요청된 주소}] = 0.6$$

하지만, 이것은 지나치게 단순화된 모델이다. 일단, 연속된 주소가 시간 t와 $t+1$에 요청된다면, 시간 $t+2$에 요청될 주소도 또한 연속적일 가능성이 매우 높다.

아래와 같은 2-state Markov 체인이 훨씬 더 정확한 모델이다.

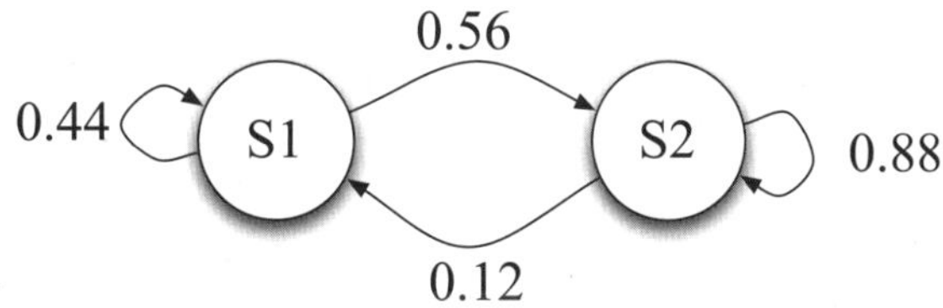

여기서, 시스템 상태는 CPU가 연속적인 일련의 메모리 위치를 읽고 있는 과정에 있는지 또는 관련되어 있지 않은 메모리 위치를 읽고 있는 과정에 있는지에 대응한다.

시스템이 상태 S1에 있다고 가정하자. 이것은 CPU가 어떤 주소를 요청하는 것에 해당한다. 다음에, 시스템은 그림에 표시된 확률을 가지고 S1에서 나가는 두 개의 화살표 중 하나를 따라 상태를 천이한다. 하나의 화살표는 S1으로 되돌아가는 것인데, 이것은 CPU가 첫 번째 요청한 주소와 관련이 없는 다른 주소를 요청하는 경우에 해당한다. 다른 화살표는 상태 S2로 천이하는 것인데, 이것은 CPU가 이전에 요청된 주소 바로 옆에 있는 주소를 요청하는 것에 해당한다. 상태 S2에 있는 시스템은 다음 시간 단계에 0.88의 확률로 S2에 머물고(즉, 또 다른 연속된 주소에 대한 요청 발생), 0.12의 확률로 상태 S1으로 되돌아 간다(연관되지 않은 주소에 대한 요청 발생).

섹션 13.8.2의 분석은 시스템이 어느 상태에서 시작하든 상관없이 시간이 지남에 따라 확률분포가 대략 $\begin{bmatrix} 0.18 \\ 0.82 \end{bmatrix}$에 접근한다는 것을 보여 준다. 상태 S1에 있다는 것은 CPU가 연속된 주소에 대해 (실행 시간이 1인) 실행명령을 처음으로 발생시키는 것을 의미한다. 시스템은 대략 전체 시간의 18% 동안 상태 S1에 있으므로 이러한 실행명령의 평균 실행 시간은 $1/0.18 = 5.55$이다.

이러한 분석은 다른 예측도 가능하게 확장될 수 있어, 캐시 크기, 블록 크기, 그리고 다른 파라미터들을 선택하는 데에도 도움이 될 수 있다.[1]

13.8.5 문서에 대한 모델링

수학자인 Markov는 지금 Markov 체인이라 불리는 모델을 만들어 러시아 시(Russian poetry)에서 "모음(vowel)" 상태와 "자음(consonant)" 상태 사이의 천이(transition)를 연구하였다. Markov 체인과 이를 일반화한 것은 자연어(natural language) 이해와 원문 분석(textual analysis)에 상당히 많이 활용되었다. 여기서, 별로 중요하지는 않지만 한 가지 응용 예를 살펴보자. 앤드류 플롯킨(Andrew Plotkin)(때로는 Zarf로 알려짐)은 문서를 처리하여 Markov 체인을 생성하는 프로그램을 작성하였다. 이렇게 생성된 Markov 체인의 상태를 나타내는 것은 단어들이다. 단어 w_1과 w_2에 대해, w_1에서 w_2로의 천이확률은 문서에서 w_1이 얼마나 자주 w_2 앞에 나오는지에 기반을 둔다. 일단, Markov 체인이 구성되면, 새로운 임의의 문서를 만들 수 있다. 어떤 단어로 시작하여 Markov 체인의 천이확률에 따라 랜덤하게 다음 단어로 천이하는 과정을 반복하면 된다. 이렇게 만들어진 문서는, 비록 무의미하긴 하지만, 원래 문서와 비슷하다.

13.8.6 다른 여러 가지 분야에 대한 모델링

Markov 체인은 컴퓨터 분야에 활용도가 아주 높다:

- 시스템 리소스(resource) 사용에 대한 분석
- Markov 체인 Monte Carlo
- Hidden Markov 모델(암호 해독, 음성 인식, AI, 금융, 생물학에 사용됨)

또 다른 예로는 Google의 PageRank를 들 수 있다.

또한, Markov Decision Porcess(Markov 결정 프로세스)와 같은 확장 Markov 모델(augmented Markov model)에 대한 것도 있다. Markov 시스템에서 중요한 것은 어떤 상태의 값은 바로 이전 상태의 값에 의해서만 영향을 받는다는 것이다. 그러므로, 시스템의 미래 상태를 예측하기 위해 필요한 것은 과거 정보가 아니라 현재 상태이다. 이것을 *Markov 가정*(*Markov assumption*)이라 하며, 모델링할 때 대단히 유용한 개념이다.

13.8.7 Markov 체인의 시불변 분포

아마도 Markov 체인에서 가장 중요한 개념은 시불변 분포(*stationary distribution*)에 관한 것이다. 시불변 분포는 시간적으로 변하지 않는 Markov 체인의 상태에 대한 확률분포이다. 다시 말해, 만약 Randy의 상태에 대한 확률 분포가 어떤 시간 t에서 시불변 분포이면, 그 후 어떤 시간에서도 확률분포는 동일할 것이다.

[1] "An analytical cache model," Anant Agarwal, Mark Horowitz, and John Hennessy, *ACM Transactions on Computer Systems*, Vol. 7, No. 2, pp. 184-215.

물론 이것이 Randy가 움직이지 않는다는 것을 말하는 것은 아니다. Randy는 위치를 여러 번 바꾼다. 시불변 분포는 랜덤 변수의 값 자체에 대해 말하는 것이 아니라 랜덤 변수의 확률 분포에 대해 기술하는 것이다.

그러면, 어떤 상황에서 Markov 체인이 시불변 분포를 가지며, 어떻게 찾는지 알아보자.

앞에서 살펴보았듯이, 시간 t에서의 확률 분포 $\boldsymbol{x}^{(t)}$와 시간 $t+1$에서의 확률 분포 $\boldsymbol{x}^{(t+1)}$은 식 $\boldsymbol{x}^{(t+1)} = A\boldsymbol{x}^{(t)}$에 의해 연관된다. $\boldsymbol{v}$를 천이행렬 A를 가지는 Markov 체인의 상태에 대한 확률 분포라 가정하자. 이 경우, $\boldsymbol{v}$가 시불변 분포인 것은 $\boldsymbol{v}$가 다음식을 만족하는 것과 같다.

$$\boldsymbol{v} = A\boldsymbol{v} \tag{13.10}$$

이 식은 1이 고유벡터 $\boldsymbol{v}$를 가지는 행렬 A의 고유값이라는 의미이다.

13.8.8 시불변 분포가 존재하기 위한 충분조건

어떤 경우에 Markov 체인이 시불변 분포를 가지는지 알아보자.

A를 열 확률행렬(column stochastic matrix)이라 하자. 그러면, 각 열의 모든 원소들의 합은 1이 된다. 따라서 행렬 $A - I$의 각 열은 모든 원소의 합이 영이 되는 벡터이다. 이것은 $A - I$가 특이행렬(singular matrix)임을 나타낸다. 그러므로, 원소의 합이 영이 되는 열들의 자명하지 않은 (nontrivial) 일차결합으로 된 벡터 $\boldsymbol{v}$가 존재한다. 이것은 1이 고유값이고 $\boldsymbol{v}$가 대응하는 고유벡터란 것을 보여 준다.

그렇지만 이것은 $\boldsymbol{v}$가 확률분포라는 것을 보여주는 것은 아니다. 왜냐하면, 벡터 $\boldsymbol{v}$가 음수의 엔트리를 가질 수 있기 때문이다(항상 $\boldsymbol{v}$를 스케일하여 원소들의 합이 1이 되게 할 수 있음).

음이 아닌 고유벡터의 존재를 보장해 주는 theorem들이 있다. 여기서는 다루고 있는 내용에 관련된 간단한 조건을 보여 준다.

Theorem: *만약 확률행렬의 모든 원소가 양수이면, 고유값 1에 대응하는 영이 아닌 고유벡터가 있으며, 모든 다른 고유값의 절대값은 1보다 작다.*

이 경우 시불변 분포는 어떻게 찾을 수 있을까? 다른 고유값들은 절대값이 1보다 작으므로 누승법을 사용하여 근사 고유벡터를 찾을 수 있다.

13.9 웹 사용자 모델링: PageRank

구글이 웹 페이지의 순위를 정하는 데 사용하는 (또는 사용했던) PageRank는 랜덤 웹 사용자(여기서, Randy라고 하자)의 개념에 기반을 두고 있다. Randy는 어떤 랜덤 웹 페이지에서 시작하여 다음과 같이 다음 페이지를 선택한다.

- Randy는 현재 웹 페이지에서 0.85의 확률로 어느 하나의 링크(link)를 선택하여 링크된 페이지를 방문한다.
- Randy는 0.15의 확률로 어떤 랜덤 웹 페이지로 이동한다(Randy가 어떻게 랜덤 웹 페이지를 찾는지는 신경쓰지 말자).

두 번째 항목 때문에, 웹 페이지의 모든 쌍 i, j에 대해, 만약 Randy가 현재 페이지 j를 보고 있다면 그가 다음에 볼 페이지는 페이지 i가 될 양수인 확률이 존재한다. 따라서, 위 정리를 적용하면 시불변 분포가 있으며 누승법으로 그것을 찾을 수 있다.

시불변 분포는 각 웹 페이지에 확률을 할당한다. PageRank가 이 확률이다. 확률이 높은 페이지일수록 더 나은 것으로 간주된다. 따라서, 이론적인 구글의 검색 알고리즘은 다음과 같이 동작한다. 사용자가 일련의 단어를 사용하여 검색 요청을 하면 구글은 검색어들을 포함하는 페이지를 확률이 높은 순서로 보여 준다.

PageRank 벡터(시불변 분포)는 특정 검색 요청에 종속적이지 않아 한 번 계산하면 모든 추후 검색 요청에 사용될 수 있다(물론, 구글은 웹 페이지의 변화를 참작하여 주기적으로 PageRank 벡터를 다시 계산한다).

13.10 *행렬식(Determinant)

이 섹션에서는 행렬식에 대해 몇 가지 알아보자. 행렬식은 수학적 논의에는 도움이 되지만, 행렬 계산에는 거의 도움이 되지 않는다. 2×2 행렬의 행렬식에 기반을 둔 계산 기법을 사용하여 다각형의 면적을 계산하는 예를 살펴보자.

13.10.1 평행사변형의 면적

Quiz 13.10.1: A를 2×2 행렬이라 하고, 이 행렬의 열 $\boldsymbol{a}_1, \boldsymbol{a}_2$는 직교한다고 하자. 이때 다음 직사각형의 면적을 구하여라.

$$\{\alpha_1 \boldsymbol{a}_1 + \alpha_2 \boldsymbol{a}_2 \ : 0 \leq \alpha_1, \alpha_2 \leq 1\} \tag{13.11}$$

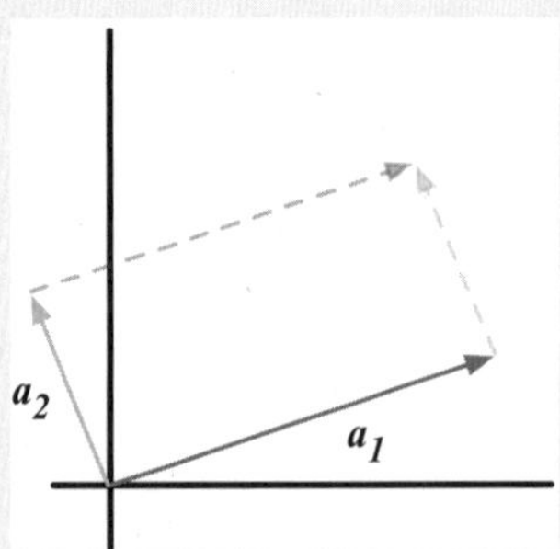

Answer

직사각형의 면적은 두 변의 길이의 곱이므로, $\|\boldsymbol{a}_1\| \, \|\boldsymbol{a}_2\|$이다.

Example 13.10.2: 만약 A가 대각행렬, 예를 들어, $A = \begin{bmatrix} 2 & 0 \\ 0 & 3 \end{bmatrix}$이면, 이 행렬의 열에 의해 결정되는 직사각형은 대각원소의 절대값의 곱(즉 6)과 동일한 면적을 가진다.

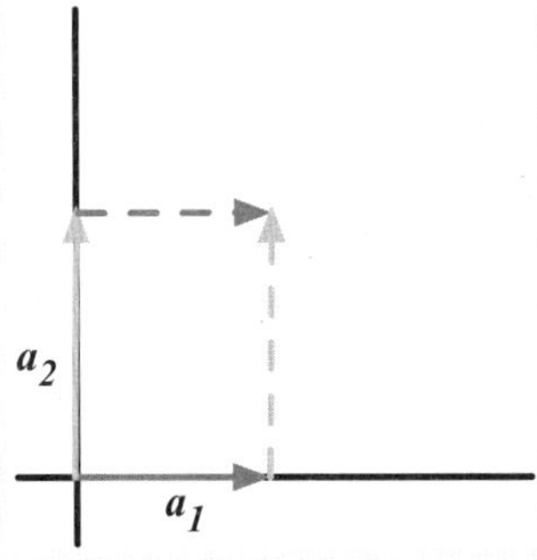

Example 13.10.3: 행렬 $A = \begin{bmatrix} \sqrt{2} & -\sqrt{9/2} \\ \sqrt{2} & \sqrt{9/2} \end{bmatrix}$ 라 하자. 그러면 A의 열은 서로 직교하고, 그 길이는 각각 2와 3이다. 따라서, 사각형의 면적은 6이다.

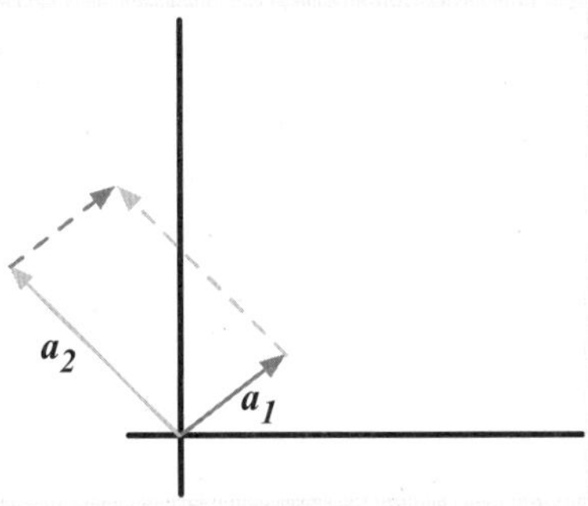

Example 13.10.4: 좀 더 일반적으로, A는 $n \times n$ 행렬이고, 이 행렬의 열 $\boldsymbol{a}_1, \ldots, \boldsymbol{a}_n$은 직교한다고 하자. 이 경우, hyperrectangle의 부피는 n개 변의 길이의 곱, 즉 $||\boldsymbol{a}_1||\ ||\boldsymbol{a}_2|| \cdots ||\boldsymbol{a}_n||$ 이다.

$$\{\alpha_1 \boldsymbol{a}_1 + \cdots + \alpha_n \boldsymbol{a}_n \ : 0 \leq \alpha_1, \ldots, \alpha_n \leq 1\} \tag{13.12}$$

Example 13.10.5: 이제, $\boldsymbol{a}_1, \boldsymbol{a}_2$는 직교한다는 가정을 없애보자. 집합 (13.11)은 평행사변형이 된다.

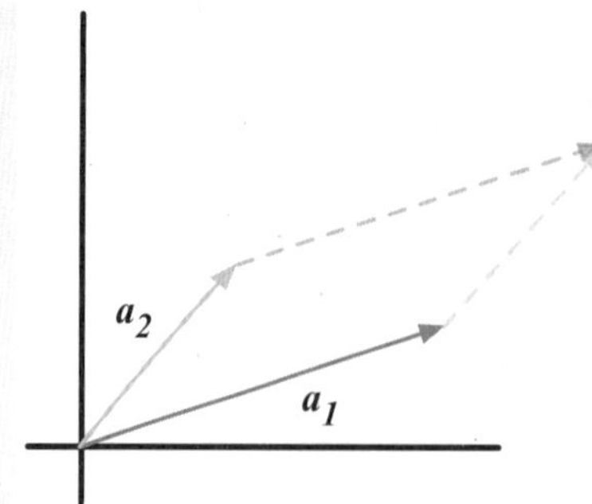

이 평행사변형의 면적은 어떻게 될까? 기본 기하학 이론에 따르면 평행사변형의 면적은 밑변의 길이와 높이의 곱이다.

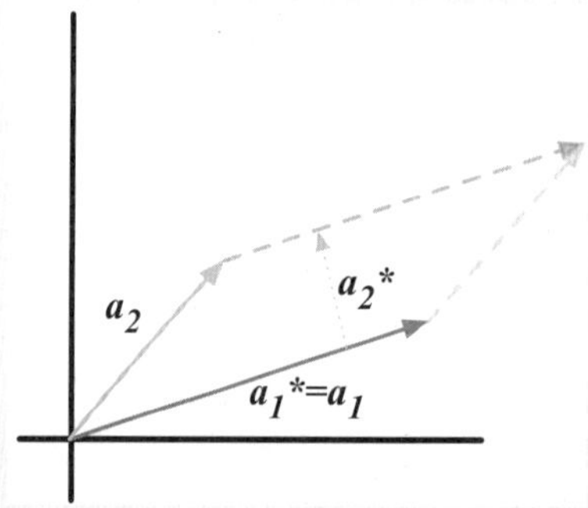

$\boldsymbol{a}_1^* = \boldsymbol{a}_1$이라고 하자. $\boldsymbol{a}_1$을 평행사변형의 밑변으로 간주하자. 높이 $\boldsymbol{a}_2^*$는 $\boldsymbol{a}_2$의 투영이며 $\boldsymbol{a}_1^*$와 직교한다고 하자. 그러면, 면적은 $||\boldsymbol{a}_1^*||\ ||\boldsymbol{a}_2^*||$가 된다.

평행사변형 면적의 성질

- 만약 $\boldsymbol{a}_1$과 $\boldsymbol{a}_2$가 직교이면, 면적은 $||\boldsymbol{a}_1||\ ||\boldsymbol{a}_2||$이다.
- 좀 더 일반적으로, 면적은 $||\boldsymbol{a}_1^*||\ ||\boldsymbol{a}_2^*||$로 표현되며, 여기서 $\boldsymbol{a}_1^*, \boldsymbol{a}_2^*$는 $\boldsymbol{a}_1, \boldsymbol{a}_2$을 직교화한 벡터이다.
- 임의의 한 벡터 $\boldsymbol{a}_i (i = 1$ 또는 $i = 2)$에 스칼라 α를 곱하는 것은 $\boldsymbol{a}_i^*$에 α를 곱하는 것과 같으며, 또한 면적을 $|\alpha|$와 곱하는 것과 같다.
- $\boldsymbol{a}_1$의 임의의 스칼라배(즉, $\boldsymbol{a}_1$에 임의의 스칼라를 곱한 값)를 $\boldsymbol{a}_2$에 더해도 $\boldsymbol{a}_2^*$는 변화지 않으며, 따라서, $\boldsymbol{a}_1$과 $\boldsymbol{a}_2$에 의해 정의된 평행사변형의 면적도 변화지 않는다.
- 만약 $\boldsymbol{a}_2^*$가 영벡터이면 면적은 영이다. 이 사실은 벡터 $\boldsymbol{a}_1, \boldsymbol{a}_2$가 일차종속이면 면적이 영이라는 것을 보여 준다.
- 평행사변형의 정의 13.11은 $\boldsymbol{a}_1$과 $\boldsymbol{a}_2$에 대하여 대칭적이다. 따라서, 이 벡터들을 서로 교환해도 평행사변형은 바뀌지 않으며 면적도 바뀌지 않는다.

13.10.2 평행육면체(Parallelepiped)의 부피

n 차원에 대해 앞 섹션과 동일한 방식으로 생각해 보자. $\boldsymbol{a}_1, \ldots, \boldsymbol{a}_n$을 n개 벡터라 하자. 아래 집합은 평행육면체(*parallelepiped*)라는 형태가 된다.

$$\{\alpha_1\, \boldsymbol{a}_1 + \cdots + \alpha_n\, \boldsymbol{a}_n \;:\; 0 \le \alpha_1, \ldots, \alpha_n \le 1\}$$

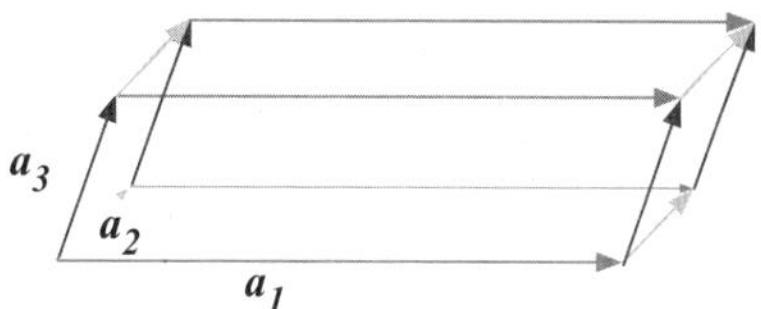

이 평행육면체의 부피는 열을 직교화해 $\boldsymbol{a}_1^*, \ldots, \boldsymbol{a}_n^*$를 구하고, 이들의 길이를 곱하면 구할 수 있다.

2차원인 경우와 마찬가지로 다음 성질이 성립한다.

평행육면체의 성질

- 만약 $\boldsymbol{a}_1, \ldots, \boldsymbol{a}_n$이 직교이면, 부피는 $||\boldsymbol{a}_1||\ ||\boldsymbol{a}_2|| \cdots ||\boldsymbol{a}_n||$이다.
- 좀 더 일반적으로, 부피는 $||\boldsymbol{a}_1^*||\ ||\boldsymbol{a}_2^*|| \cdots ||\boldsymbol{a}_n^*||$로 표현되며, 여기서 $\boldsymbol{a}_1^*, \boldsymbol{a}_2^*, \ldots, \boldsymbol{a}_n^*$은 $\boldsymbol{a}_1, \boldsymbol{a}_2, \ldots, \boldsymbol{a}_n$을 직교화한 벡터이다.
- 임의의 한 벡터 $\boldsymbol{a}_i$에 스칼라 α를 곱하는 것은 $\boldsymbol{a}_i^*$에 α를 곱하는 것과 같으며, 또한 부피에 $|\alpha|$를 곱하는 것과 같다.
- 임의의 $i < j$에 대해, $\boldsymbol{a}_i$의 배수를 $\boldsymbol{a}_j$에 더해도 $\boldsymbol{a}_j^*$는 변하지 않으며, 따라서 부피도 변하지 않는다.
- 만약 벡터 $\boldsymbol{a}_1, \ldots, \boldsymbol{a}_n$이 일차종속이면, 부피는 영이다.
- 벡터들의 순서를 바꾸어도 부피는 변하지 않는다.

13.10.3 평행사변형 면적을 이용한 다각형의 면적 표현

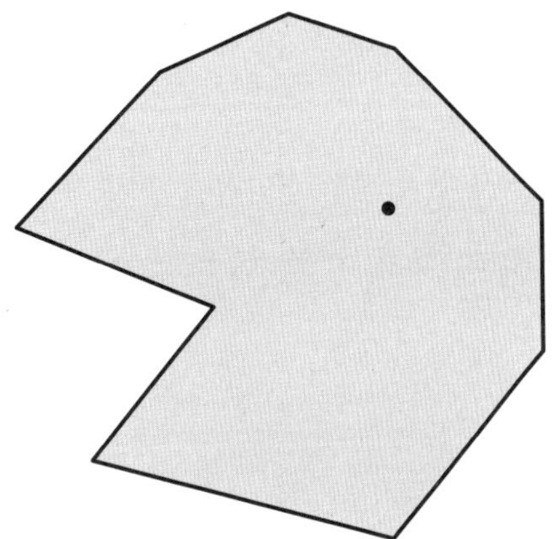

그래픽 분야의 계산 문제를 고려하여 단순한 다각형의 면적을 계산해 보자.

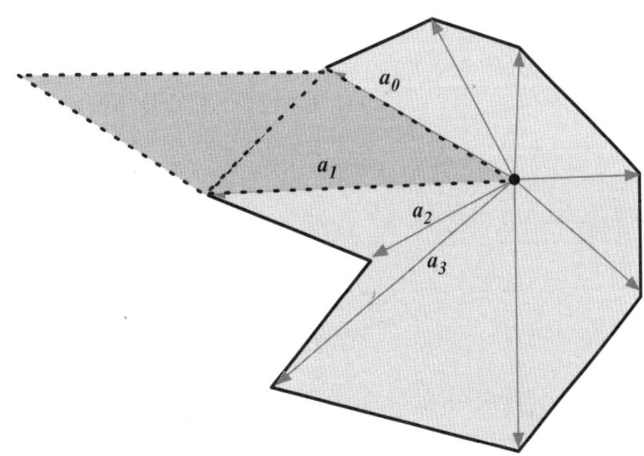

$\boldsymbol{a}_0, \ldots, \boldsymbol{a}_{n-1}$을 (x, y) 쌍으로 표현한 다각형의 꼭지점이라 하자. 그림에서, 점은 원점의 위치를 나타낸다.

다각형의 면적은 n개 삼각형의 면적으로 나타낼 수 있다.

- $\boldsymbol{a}_0$와 $\boldsymbol{a}_1$로 형성된 삼각형
- $\boldsymbol{a}_1$와 $\boldsymbol{a}_2$로 형성된 삼각형
  ⋮
- a_{n-2}와 $\boldsymbol{a}_{n-1}$로 형성된 삼각형
- $\boldsymbol{a}_{n-1}$와 $\boldsymbol{a}_0$로 형성된 삼각형

$\boldsymbol{a}_0$와 $\boldsymbol{a}_1$로 형성된 삼각형을 복사하여 원래 삼각형에 붙이면 평행사변형 $\{\alpha_0\boldsymbol{a}_0 + \alpha_1\boldsymbol{a}_1 \ : \ 0 \leq \alpha_0, \alpha_1 \leq 1\}$이 된다.

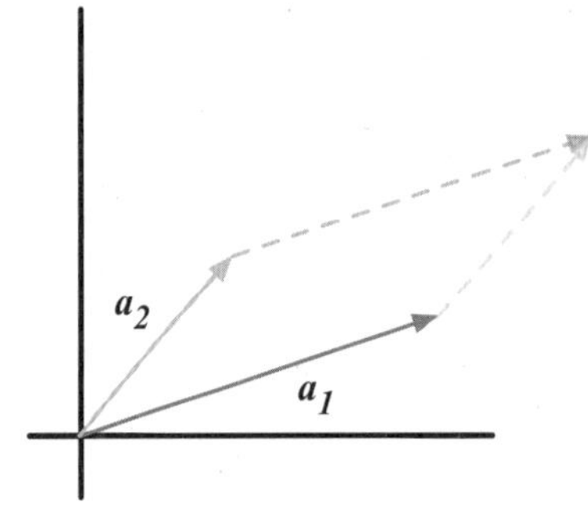

그러므로, 삼각형의 면적은 평행사변형 면적의 절반이다. 따라서, 삼각형 면적을 모두 더하면 다각형의 면적을 얻는다.

$$\frac{1}{2}(\text{area}(\boldsymbol{a}_0, \boldsymbol{a}_1) + \text{area}(\boldsymbol{a}_1, \boldsymbol{a}_2) + \cdots + \text{area}(\boldsymbol{a}_{n-1}, \boldsymbol{a}_0)) \tag{13.13}$$

하지만, 이런 방식으로는 면적을 구할 수 없는 다각형이 있다.

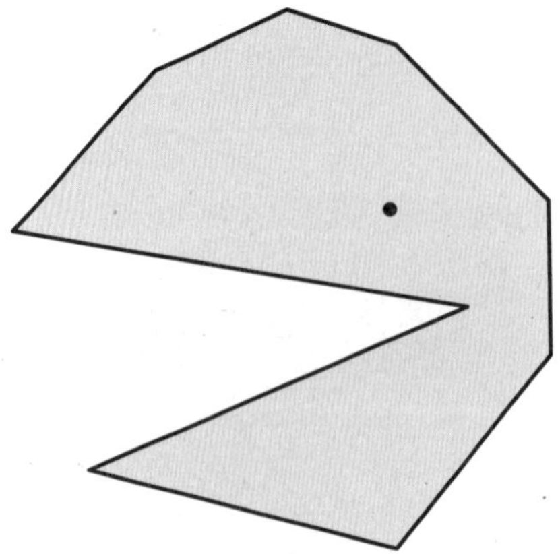

예를 들어, $\boldsymbol{a}_i$와 $\boldsymbol{a}_{i+1}$로 형성된 삼각형이 일부 겹쳐져 있고 심지어 다각형 내에 포함되지 않는 경우가 있기 때문이다.

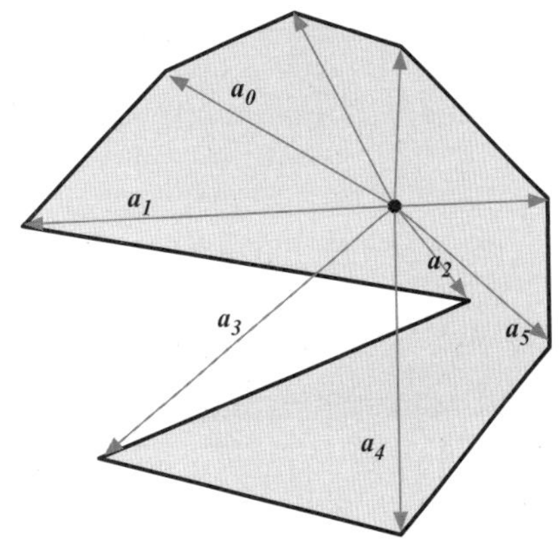

이런 이유 때문에, 부호를 가지는 면적(*signed* area)을 고려한다. 벡터 $\boldsymbol{a}_i$와 $\boldsymbol{a}_{i+1}$로 형성된 평행사변형의 부호를 가지는 면적의 부호는 이들 벡터가 이 평행사변형에 대해 어떻게 배열되었는지에 따라 결정된다. 아래 그림에 보여준 것과 같이, 만약 a_1은 평행사변형에 대해 반시계방향으로, 그리고 $\boldsymbol{a}_2$는 시계방향으로 향하면 면적은 양수이다.

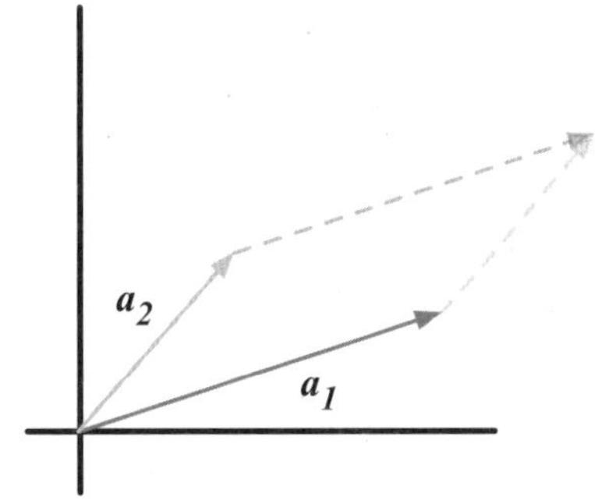

반면에, 아래와 같이 $\boldsymbol{a}_2$는 반시계 방향으로, $\boldsymbol{a}_1$은 시계방향으로 향하면, 면적은 음수가 된다.

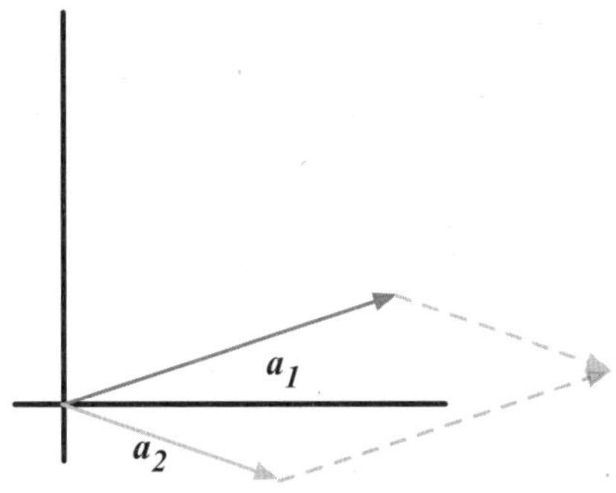

부호를 가지는 면적을 식 (13.13)에 적용하면 모든 간단한 다각형에 적용되는 식을 얻는다.

$$\frac{1}{2}(\text{signed area}(\boldsymbol{a}_0, \boldsymbol{a}_1) + \text{signed area}(\boldsymbol{a}_1, \boldsymbol{a}_2) + \cdots + \text{signed area}(\boldsymbol{a}_{n-1}, \boldsymbol{a}_0)) \tag{13.14}$$

이 식은 사용하기 편리한데, 그 이유는 $\boldsymbol{a}_1$과 $\boldsymbol{a}_2$에 의해 정의된 평행사변형의 부호를 가지는 면적이 단순한 형태를 가지기 때문이다. A를 2×2 행렬, 이 행렬의 열을 $\boldsymbol{a}_1, \boldsymbol{a}_2$라 하자. 그러면, 부호를 가지는 면적은 $A[1,1]A[2,2] - A[2,1]A[1,2]$이다.

13.10.4 행렬식

부호를 가지는 면적은 2×2 행렬의 *행렬식(determinant)*이다. 좀 더 일반적으로, 행렬식은 일종의 함수이다.

$$\det : \text{실수의 정방행렬} \longrightarrow \mathbb{R}$$

열 $\boldsymbol{a}_1, \ldots, \boldsymbol{a}_n$을 가지는 $n \times n$ 행렬 A에 대해, $\det A$의 값은 벡터 $\boldsymbol{a}_1, \ldots, \boldsymbol{a}_n$에 의해 정의되는 평행육면체의 *부호를 가지는* 부피(signed volume)이다. 부호는 벡터들 사이의 관계에 따라 결정되지만 절대값은 부피이다. 아래에 몇몇 간단한 예를 소개한다.

행렬식의 간단한 예

- $\boldsymbol{a}_1, \ldots, \boldsymbol{a}_n$은 표준 기저벡터 $\boldsymbol{e}_1, \ldots, \boldsymbol{e}_n$이라 하자. 그러면, A는 단위행렬이다. 이 경우 평행육면체는 n차원의 단위 (하이퍼)큐브((hyper)cube)이고 $\det A$는 1이다.
- 여러 가지 양수로 벡터들을 확대/축소(scale)하자. 평행육면체는 더 이상 큐브(cube)가 아니라 n 차원 (hyper)rectangle이며, A는 양수의 대각원소를 가지는 대각행렬이 되고 $\det A$는 이 대각원소들의 곱이다.
- 벡터들을 회전하여 서로 간의 관계는 동일하게 유지되지만 더 이상 축(axis) 위에 있지 않게 하자. 이것은 hyperrectangle을 회전하는 효과이지만 $\det A$는 변하지 않는다.

좀 더 일반적으로 말하면, 평행육면체의 부피에 대한 성질은 행렬식의 성질에 해당된다.

행렬식의 성질 A를 $n \times n$ 행렬이라 하고, $A = \left[\begin{array}{c|c|c} \boldsymbol{a}_1 & \cdots & \boldsymbol{a}_2 \end{array}\right]$로 표시하자.

- 만약 $\boldsymbol{a}_1, \ldots, \boldsymbol{a}_n$이 직교하면, $|\det A| = ||\boldsymbol{a}_1||\,||\boldsymbol{a}_2|| \cdots ||\boldsymbol{a}_n||$이다
- 일반적으로는 $|\det A| = ||\boldsymbol{a}_1^*||\,||\boldsymbol{a}_2^*|| \cdots ||\boldsymbol{a}_n^*||$이다
- 열 $\boldsymbol{a}_i$에 α를 곱하는 것은 행렬식에 α를 곱하는 것과 같다

$$\det \left[\begin{array}{c|c|c|c|c} \boldsymbol{a}_1 & \cdots & \alpha\boldsymbol{a}_i & \cdots & \boldsymbol{a}_n \end{array}\right] = \alpha \det \left[\begin{array}{c|c|c|c|c} \boldsymbol{a}_1 & \cdots & \boldsymbol{a}_i & \cdots & \boldsymbol{a}_n \end{array}\right]$$

- 임의의 $i < j$에 대해, $\boldsymbol{a}_i$의 배수를 $\boldsymbol{a}_j$에 더하여도 행렬식은 변하지 않는다

$$\det \left[\begin{array}{c|c|c|c|c} \\ \boldsymbol{a}_1 & \cdots & \boldsymbol{a}_i & \cdots & \boldsymbol{a}_n \\ \\ \end{array} \right] = \det \left[\begin{array}{c|c|c|c|c} & & \boldsymbol{a}_i & & \\ \boldsymbol{a}_1 & \cdots & + & \cdots & \boldsymbol{a}_n \\ & & \boldsymbol{a}_j & & \end{array} \right]$$

행렬식에 대해 기억해야 할 가장 중요한 것은 다음과 같다.

Proposition 13.10.6: 정방행렬 A가 가역적이 될 필요충분조건은 A의 행렬식이 영이 아니어야 한다.

Proof

$\boldsymbol{a}_1, \ldots, \boldsymbol{a}_n$을 행렬 A의 열이라 하고, $\boldsymbol{a}_1^*, \ldots, \boldsymbol{a}_n^*$을 프로시저 `orthogonalize`$([\boldsymbol{a}_1, \ldots, \boldsymbol{a}_n])$의 결과로 얻은 벡터, 즉 직교벡터라고 하자. 그러면, A가 가역적이지 않을 필요충분조건은 $\boldsymbol{a}_1, \ldots, \boldsymbol{a}_n$이 일차종속인 경우, $\boldsymbol{a}_1^*, \ldots, \boldsymbol{a}_n^*$의 적어도 하나는 영벡터인 경우, $\|\boldsymbol{a}_1^*\| \, \|\boldsymbol{a}_2^*\| \cdots \|\boldsymbol{a}_n^*\|$는 영인 경우, 행렬식이 영인 경우이다. □

일반적으로, 행렬이 가역적인지를 결정하기 위해서는 Proposition 13.10.6을 사용해야 한다고 가르쳐 왔다. 하지만, 이 방법은 부동 소수점(floating-point) 표현을 사용하는 경우에는 좋은 생각이라 할 수 없다.

Example 13.10.7: R을 영이 아닌 대각원소들을 가진 상삼각행렬이라 하자.

$$\begin{bmatrix} r_{11} & r_{12} & r_{13} & \cdots & r_{1n} \\ & r_{22} & r_{23} & \cdots & r_{2n} \\ & & r_{33} & \cdots & r_{3n} \\ & & & \ddots & \\ & & & & r_{nn} \end{bmatrix}$$

$\boldsymbol{r}_1, \ldots, \boldsymbol{r}_n$은 이 행렬의 열이고, $\boldsymbol{r}_1^*, \ldots, \boldsymbol{r}_n^*$는 `orthogonalize`$([\boldsymbol{r}_1, \ldots, \boldsymbol{r}_n])$의 결과로 얻은 직교벡터라고 하자.

- $\boldsymbol{r}_1^* = \boldsymbol{r}_1$은 표준 기저벡터 $\boldsymbol{e}_1$의 배수이다
- $\boldsymbol{r}_2^*, \ldots, \boldsymbol{r}_n^*$은 $\boldsymbol{r}_1$에 수직으로 투영한 것이므로, 이들 벡터의 첫 번째 엔트리는 영이다
- 그러므로, $\boldsymbol{r}_2^*$는 $\boldsymbol{e}_2$의 배수이고, $\boldsymbol{r}_2^*$의 두 번째 엔트리는 $\boldsymbol{r}_2$의 두 번째 엔트리와 동일하다 $\vdots$
- 따라서, $\boldsymbol{r}_n^*$은 $\boldsymbol{e}_n$의 배수이고, $\boldsymbol{r}_n^*$의 n번째 엔트리는 $\boldsymbol{r}_n$의 n번째 엔트리와 동일하다

열이 $\boldsymbol{r}_1^*, \ldots, \boldsymbol{r}_n^*$인 행렬은 대각행렬이고, 이런 대각행렬의 대각원소는 R의 대각원소와 동일하다. 이러한 행렬과 R의 행렬식은 대각원소의 곱이다.

행렬식 함수는 지금까지 살펴본 부피에 대한 성질로는 분명해 보이지 않는 두 가지 중요한 성질을 가지고 있다.

Multilinearity: $\det A$는 행렬 A의 각 원소의 일차 함수이다.

Multiplicativity: $\det(AB) = (\det A)(\det B)$

13.10.5 *행렬식 함수를 통해 나타낸 고유값의 특성

이 섹션에서는 행렬식 함수가 특성다항식(characteristic polynomial)의 개념과 어떻게 관계되는지 간단하게 소개한다. 특성다항식은 모든 해/근(root)이 고유값인 다항식이다. 이것은 수학적으로는 중요하지만, 계산상 도움이 되지 않는다.

$\boldsymbol{n} \times n$ 행렬 A와 스칼라 x에 대해 다음 행렬을 고려해 보자.

$$\begin{bmatrix} x & & \\ & \ddots & \\ & & x \end{bmatrix} - A$$

i 번째 대각원소는 $x_i - A[i,i]$이다. Multilinearity에 의하면,

$$\det\left(\begin{bmatrix} x & & \\ & \ddots & \\ & & x \end{bmatrix} - A\right)$$

는 x의 다항식 함수이고 이 다항식의 차수는 n 또는 그 이하이다. 이것을 A의 *특성다항식*(*characteristic polynomial*)이라 한다. 즉, A의 특성다항식은 $p_A(x) = \det(xI - A)$이다.

Proposition 13.10.6은 정방행렬의 행렬식이 영이 될 필요충분조건은 행렬이 비가역적, 즉 행렬의 열이 일차종속인 경우이다. 그러므로, λ에 대해, $p_A(\lambda) = 0$일 필요충분조건은 행렬 $\lambda\mathbb{1} - A$가 일차종속인 열을 가지는 경우, 이 행렬의 영공간이 양의 차수를 가지는 경우, $(\lambda\mathbb{1} - A)\boldsymbol{v}$가 영벡터인 영이 아닌 벡터 $\boldsymbol{v}$가 존재하는 경우, λ가 A의 고유값인 경우이다.

Theorem 13.10.8: 특성다항식 $p_A(x)$를 가지는 정방행렬 A에 대해, $p_A(\lambda) = 0$을 만족하는 λ는 A의 고유값들이다.

전통적으로, 고유값을 계산하는 방식으로 Theorem 13.10.8을 사용해 왔다. 즉, 특성다항식의 계수들을 찾고 그 다항식의 해를 찾는 것이다. 이 방식은 행렬이 작을 때(크기가 4×4인 행렬까지)는 문제 없다. 하지만, 크기가 큰 행렬에 대해서는 좋은 방식이 아니다. 그 이유는 특성다항식의 계수를 찾는 것이 쉽지 않고, 4차 이상의 다항식의 해를 구하는 것이 쉽지 않으며, 부동 소수점으로 표현된 수가 사용될 경우 계산의 정확도가 떨어질 가능성이 높기 때문이다.

Example 13.10.9: 행렬 $A = \begin{bmatrix} 2 & 1 \\ 0 & 3 \end{bmatrix}$이라 하자. 아래 행렬의 행렬식은 $(x-2)(x-3)$이다.

$$\begin{bmatrix} x & \\ & x \end{bmatrix} - \begin{bmatrix} 2 & 1 \\ 0 & 3 \end{bmatrix} = \begin{bmatrix} x-2 & 1 \\ 0 & x-3 \end{bmatrix}$$

따라서, A의 고유값은 2, 3이다. 주목할 것은 행렬 $\begin{bmatrix} 2 & 0 \\ 0 & 3 \end{bmatrix}$은 동일한 특성다항식(그러므로, 동일한 고유값)을 가진다는 것이다.

Example 13.10.10: 대각행렬 $A = \begin{bmatrix} 1 & & \\ & 1 & \\ & & 2 \end{bmatrix}$와 $B = \begin{bmatrix} 1 & & \\ & 2 & \\ & & 2 \end{bmatrix}$를 고려해 보자.

각 행렬에 대해, 고유값은 1과 2이다. 하지만, A의 특성다항식은 $(x-1)(x-1)(x-2)$이고, B의 특성다항식은 $(x-1)(x-2)(x-2)$이다.

13.11 *고유값 관련 몇몇 정리에 대한 증명

13.11.1 고유값의 존재

Theorem 13.6.9을 다시 언급하고 그것을 증명해 보자.

$\mathbb{C}$상의 모든 정방행렬은 고유값을 가진다.

여기서, 보여주는 증명은 정통적인 방식은 아니다. 왜냐하면, 증명 과정이 이 책의 다른 곳에서는 한 번도 언급되거나 증명된적이 없는 대수학의 기본정리에 의존하기 때문이다.

Proof

A를 $\mathbb{C}$상의 $n \times n$ 행렬이라 하고, $\boldsymbol{v}$를 $\mathbb{C}$상의 n-벡터라고 하자. 벡터 $\boldsymbol{v}, A\boldsymbol{v}, A^2\boldsymbol{v}, \ldots, A^n\boldsymbol{v}$를 고려해 보자. 이 $n+1$ 개 벡터들은 $\mathbb{C}^n$에 속하며, 따라서 일차종속이어야 한다. 그러므로, 영벡터는 다음과 같이 자명하지 않은 일차결합으로 표현될 수 있다.

$$\mathbf{0} = \alpha_0\, \boldsymbol{v} + \alpha_1\, A\boldsymbol{v} + \alpha_2\, A^2\boldsymbol{v} + \cdots + \alpha_n\, A^n\boldsymbol{v}$$

이것을 다시 쓰면 아래와 같다.

$$\mathbf{0} = \left(\alpha_0\, \mathbb{1} + \alpha_1\, A + \alpha_2\, A^2 + \cdots + \alpha_n\, A^n\right) \boldsymbol{v} \tag{13.15}$$

$\{1, 2, \ldots, n\}$에 속하는 가장 큰 정수를 k라 하고, $\alpha_k \neq 0$을 만족한다고 하자(일차결합이 자명하지 않으므로 이러한 정수가 존재한다).

이제, 다음 다항식을 고려해 보자.

$$\alpha_0 + \alpha_1 x + \alpha_2 x^2 + \cdots + \alpha_k x^k \tag{13.16}$$

여기서, $\alpha_k \neq 0$이다. 대수학의 기본정리에 의하면, 이 다항식은 다른 모든 k차 다항식처럼 어떤 복소수 $\beta, \alpha_1, \alpha_2, \ldots, \alpha_k$ $(\beta \neq 0)$에 대해 다음과 같은 형태로 나타낼 수 있다.

$$\beta(x - \lambda_1)(x - \lambda_2) \cdots (x - \lambda_k) \tag{13.17}$$

다항식 (13.16)을 (13.17) 처럼 나타낼 수 있다는 것의 의미는 (13.17)을 전개하면 (13.16)을 얻을 수 있다는 것이다. 만약

$$\beta(A - \lambda_1 \mathbb{1})(A - \lambda_2 \mathbb{1}) \cdots (A - \lambda_k \mathbb{1}) \tag{13.18}$$

을 전개하면 다음 식이 얻어진다.

$$\alpha_0 \mathbb{1} + \alpha_1 A + \alpha_2 A^2 + \cdots + \alpha_k A^k \tag{13.19}$$

따라서, 식 (13.18)과 식 (13.19)는 동일하다. 이것을 식 (13.15)에 대입하면 다음 식이 얻어진다.

$$\mathbf{0} = \beta(A - \lambda_1 \mathbb{1})(A - \lambda_2 \mathbb{1}) \cdots (A - \lambda_k \mathbb{1})\boldsymbol{v} \tag{13.20}$$

영이 아닌 벡터 $\boldsymbol{v}$는 행렬곱 $(A-\lambda_1\mathbb{1})(A-\lambda_2\mathbb{1})\cdots(A-\lambda_k\mathbb{1})$의 영공간에 포함된다. 따라서, 이 행렬곱은 비가역적이다. 가역행렬의 곱은 가역행렬이므로(Proposition 5.13.14), 행렬 $A - \lambda_i \mathbb{1}$ 중 적어도 하나는 비가역적이어야 한다. 그러므로, Lemma 13.3.6에 의해 λ_i는 A의 고유값이다.

□

13.11.2 대칭행렬의 대각화

Theorem 13.6.9는 정방행렬이 고유값을 가지지만 행렬의 모든 원소가 실수라 하더라도 그 고유값은 복소수가 될 수 있음을 보여 준다. 하지만, Theorem 13.6.4를 다시 고려해 보자.

> A를 $\mathbb{R}$상의 $n \times n$ 대칭행렬이라 하자. 그러면, $Q^T AQ = \Lambda$를 만족하는 직교행렬 Q와 대각행렬 Λ가 $\mathbb{R}$상에 존재한다.

이 정리는 대칭행렬 A가 $\mathbb{R}$상의 대각행렬과 유사행렬임을 의미하며, 그래서 A의 고유값은 실수이어야 함을 의미한다. 이것을 먼저 증명해 보자.

Lemma 13.11.1: 만약 A가 대칭행렬이면, 이 행렬의 고유값은 실수이다.

Proof

λ를 A의 고유값이라 하고, $\boldsymbol{v}$를 이 고유값에 대응하는 고유벡터라고 하자. 그러면, 다음 식과 같이 쓸 수 있다.

$$(A\boldsymbol{v})^H \boldsymbol{v} = (\lambda\, \boldsymbol{v})^H \boldsymbol{v} = (\lambda\, \mathbb{1}\boldsymbol{v})^H \boldsymbol{v} = \boldsymbol{v}^H (\lambda\, \mathbb{1})^H \boldsymbol{v} = \boldsymbol{v}^H (\bar{\lambda}\, \mathbb{1})\boldsymbol{v} = \boldsymbol{v}^H \bar{\lambda} \boldsymbol{v} = \bar{\lambda} \boldsymbol{v}^H \boldsymbol{v}$$

위 식은 $\begin{bmatrix} \lambda & & \\ & \ddots & \\ & & \lambda \end{bmatrix}^H = \begin{bmatrix} \bar{\lambda} & & \\ & \ddots & \\ & & \bar{\lambda} \end{bmatrix}$ 란 사실을 사용하여 정리한 것이다.

한편, A는 대칭행렬이고 실수 원소를 가진다. 그러므로 $A^H = A$이다. 이것을 적용하면 다음을 얻는다.

$$(A\boldsymbol{v})^H \boldsymbol{v} = v^H A^H \boldsymbol{v} = v^H A \boldsymbol{v} = \boldsymbol{v}^H \lambda \boldsymbol{v} = \lambda \boldsymbol{v}^H \boldsymbol{v}$$

$\boldsymbol{v}^H \boldsymbol{v}$는 영이 아니므로, $\bar{\lambda} = \lambda$이다. 이것은 λ의 허수 부분(imaginary part)이 영임을 의미한다.
□

이제, Theorem 13.6.4를 증명하자.

Proof

증명은 귀납법(induction)을 사용한다. Theorem 13.6.9는 행렬 A는 고유값을 가진다는 것을 보여 준다. 이 고유값을 λ_1이라 하자. Lemma 13.11.1에 의하면, λ_1은 실수이다. Lemma 13.3.6에 의해, $A - \lambda \mathbb{1}$의 영공간에 존재하는 영이 아닌 벡터는 고유벡터이다. 따라서, 실수상에 고유벡터 $\boldsymbol{v}_1$이 존재한다. 고유벡터 $\boldsymbol{v}_1$은 크기(norm)가 1이라 하자.

$\boldsymbol{q}_1, \boldsymbol{q}_2, \ldots, \boldsymbol{q}_n$을 $\mathbb{R}^n$에 대한 정규직교(orthonormal) 기저이고 $\boldsymbol{q}_1 = \boldsymbol{v}_1$이라 하자. 이러한 기저는 `orthogonalize`$([\boldsymbol{v}_1, \boldsymbol{e}_1, \boldsymbol{e}_2, \ldots, \boldsymbol{e}_n])$에 의해 직교화된 영이 아닌 벡터들을 찾으면 얻을 수 있다. 여기서, $\boldsymbol{e}_1, \boldsymbol{e}_2, \ldots, \boldsymbol{e}_n$은 $\mathbb{R}^n$에 대한 표준 기저벡터이다. Q_1을 열이 $\boldsymbol{q}_1, \ldots, \boldsymbol{q}_n$인 행렬이라 하자. 그러면, Q는 직교행렬이고, 그 전치행렬은 역행렬과 같다. $A\boldsymbol{q}_1 = \lambda_1 \boldsymbol{q}_1$이고 $\boldsymbol{q}_1$은 $\boldsymbol{q}_2, \ldots, \boldsymbol{q}_n$과 직교하므로 다음과 같이 나타낼 수 있다.

$$Q_1^T A Q_1 = \left[\begin{array}{c} \boldsymbol{q}_1^T \\ \hline \vdots \\ \hline \boldsymbol{q}_n^T \end{array}\right] \left[\begin{array}{c} \quad A \quad \end{array}\right] \left[\begin{array}{c|c|c} \boldsymbol{q}_1 & \cdots & \boldsymbol{q}_n \end{array}\right]$$

$$= \left[\begin{array}{c} \boldsymbol{q}_1^T \\ \hline \vdots \\ \hline \boldsymbol{q}_n^T \end{array}\right] \left[\begin{array}{c|c|c} A\boldsymbol{q}_1 & \cdots & A\boldsymbol{q}_n \end{array}\right]$$

$$= \left[\begin{array}{c|c} \lambda_1 & ? \\ \hline 0 & \\ \vdots & A_2 \\ 0 & \end{array}\right]$$

여기서, A_2는 마지막 $n-1$ 개의 행과 열로 이루어진 $(n-1) \times (n-1)$ 부분행렬이다. 다음으로, 물음표 ("?")로 표시된 원소는 영이 됨을 보여 주자. $A^T = A$이므로, $Q_1^T A Q_1$을 전치(transpose)하면 다음과 같이 쓸 수 있다:

$$(Q_1^T A Q_1)^T = Q_1^T A^T (Q_1^T)^T = Q_1^T A^T Q_1 = Q_1^T A Q_1$$

따라서, $Q_1^T A Q_1$은 대칭행렬이다. 이 행렬의 첫 번째 열에서 첫 번째 원소 외 나머지는 모두 영이므로, 대칭행렬 특성에 의해 첫 번째 행의 첫 번째 원소 외 나머지도 모두 영이다.

만약 $n = 1$이면, A_2는 행과 열이 없다. 따라서, $Q_1^T AQ_1$은 대각행렬이므로 정리는 성립한다.

이제, $n > 1$인 경우를 가정해 보자. 귀납적 가정(inductive hypothesis)에 의해 A_2는 대각화 가능하다. 즉, $Q_2^{-1}A_2Q_2$는 대각행렬 Λ_2가 되게 하는 직교행렬 Q_2가 존재한다. $\bar{Q}_2$를 다음의 행렬이라고 하자.

$$\bar{Q}_2 = \left[\begin{array}{c|ccc} 1 & 0 & \cdots & 0 \\ \hline 0 & & & \\ \vdots & & Q_2 & \\ 0 & & & \end{array}\right]$$

그러면, $\bar{Q}_2$의 역행렬은 다음과 같다.

$$\bar{Q}_2^{-1} = \left[\begin{array}{c|ccc} 1 & 0 & \cdots & 0 \\ \hline 0 & & & \\ \vdots & & Q_2^{-1} & \\ 0 & & & \end{array}\right]$$

또한, 다음 행렬은 대각행렬이다.

$$\begin{aligned} \bar{Q}_2^{-1}Q_1^{-1}AQ_1\bar{Q}_2 &= \left[\begin{array}{c|ccc} 1 & 0 & \cdots & 0 \\ \hline 0 & & & \\ \vdots & & Q_2^{-1} & \\ 0 & & & \end{array}\right] \left[\begin{array}{c|c} \lambda_1 & ? \\ \hline 0 & \\ \vdots & A_2 \\ 0 & \end{array}\right] \left[\begin{array}{c|ccc} 1 & 0 & \cdots & 0 \\ \hline 0 & & & \\ \vdots & & Q_2 & \\ 0 & & & \end{array}\right] \\ &= \left[\begin{array}{c|c} \lambda_1 & ? \\ \hline 0 & \\ \vdots & Q_2^{-1}A_2Q_2 \\ 0 & \end{array}\right] \\ &= \left[\begin{array}{c|c} \lambda_1 & ? \\ \hline 0 & \\ \vdots & \Lambda_2 \\ 0 & \end{array}\right] \end{aligned}$$

$Q = Q_1\bar{Q}_2$로 설정하면 정리가 성립되어 증명이 완료된다. □

13.11.3 삼각화(Triangularization)

Theorem 13.6.10을 다시 기술하고 증명해 보자.

> 임의의 $n \times n$ 행렬 A에 대해, $Q^{-1}AQ$가 상삼각행렬이 되게 하는 유니터리 행렬(unitary matrix) Q가 존재한다.

이 정리에 대한 증명은 조금 전에 살펴본 증명과 아주 유사한 방식으로 기술할 수 있다.

Proof

섹션 11.7에서 언급된 몇몇 정의 및 사실을 생각해 보자. 행렬 M의 에르미트 수반행렬(Hermitian adjoint matrix)(M^H로 표현)은 행렬 M을 전치한 다음에 각 원소의 공액(conjugate)을 취하여 얻어진 행렬이다. 만약 $M^H = M^{-1}$이면, 행렬 M은 유니터리 행렬이다.

증명은 귀납법에 의존한다. Theorem 13.6.9는 행렬 A는 고유값을 가진다는 것을 보여 준다. 여기서, 이 고유값을 λ_1이라 하자. 벡터 $\boldsymbol{v}_1$을 λ_1에 대응하는 크기가 1인 고유벡터라 하자. 다음에, $\mathbb{C}^n$에 대한 정규직교 기저$\boldsymbol{q}_1, \boldsymbol{q}_2, \ldots, \boldsymbol{q}_n$을 구성한다. 이때 $\boldsymbol{q}_1 = \boldsymbol{v}_1$이다.

> (이 기저를 찾기 위해, $\mathbb{C}^n$에 대한 표준 기저를 구성하는 $\boldsymbol{e}_1, \ldots, \boldsymbol{e}_n$에 대해 `orthogonalize`($[\boldsymbol{v}_1, \boldsymbol{e}_1, \boldsymbol{e}_2, \ldots, \boldsymbol{e}_n]$)를 사용하여 직교화한다. 그 결과 중 하나의 영벡터를 버리고 나면, 남아 있는 벡터들이 $\mathbb{C}^n$에 대한 기저를 형성한다. 이때 첫 번째 벡터는 $\boldsymbol{v}_1$이다.
>
> 이런 방법은 벡터 $\boldsymbol{v}_1$이 복소수 원소를 가질 수 있어 정확하다고 할 수는 없다. 그래서 `orthogonalize`에 대해 살펴볼 때 복소수 원소를 가지는 벡터를 고려하지 않았었다. 하지만, 섹션 11.7에 기술된 복소수 내적을 사용하도록 `orthogonalize`을 변경할 수 있다.)

Q_1을 열이 $\boldsymbol{q}_1, \ldots, \boldsymbol{q}_n$인 행렬이라 하자. 그러면, Q_1은 유니터리 행렬이고, 이 행렬의 에르미트 수반행렬은 그 역행렬과 같다. $A\boldsymbol{q}_1 = \lambda_1 \boldsymbol{q}_1$이고 $\boldsymbol{q}_1$은 $\boldsymbol{q}_2, \ldots, \boldsymbol{q}_n$과 직교하므로, 다음과 같이 나타낼 수 있다.

$$\begin{aligned}
Q_1^H A Q_1 &= \begin{bmatrix} \boldsymbol{q}_1^H \\ \hline \vdots \\ \hline \boldsymbol{q}_n^H \end{bmatrix} \begin{bmatrix} & A & \end{bmatrix} \begin{bmatrix} \boldsymbol{q}_1 & \cdots & \boldsymbol{q}_n \end{bmatrix} \\
&= \begin{bmatrix} \boldsymbol{q}_1^H \\ \hline \vdots \\ \hline \boldsymbol{q}_n^H \end{bmatrix} \begin{bmatrix} A\boldsymbol{q}_1 & \cdots & A\boldsymbol{q}_n \end{bmatrix} \\
&= \left[\begin{array}{c|c} \lambda_1 & ? \\ \hline 0 & \\ \vdots & A_2 \\ 0 & \end{array}\right]
\end{aligned}$$

여기서, 물음표("?")로 표시한 부분은 값이 무엇이든 상관없는 원소를 나타낸 것이고, A_2는 마지막 $n-1$ 개의 행과 열로 이루어진 $(n-1) \times (n-1)$ 부분행렬이다.

만약 $n = 1$이면, A_2는 행과 열이 없다. 따라서, $Q_1^H A Q_1$은 상삼각행렬이므로 정리는 성립한다.

이제, $n > 1$인 경우를 가정해 보자. 귀납적 가정에 의해 A_2는 삼각화 가능하다. 즉, $Q_2^{-1}A_2Q_2$은 상삼각행렬 U_2가 되게 하는 유니터리 행렬 Q_2가 존재한다. $\bar{Q}_2$를 다음의 행렬이라고 하자.

$$\bar{Q}_2 = \left[\begin{array}{c|ccc} 1 & 0 & \cdots & 0 \\ \hline 0 & & & \\ \vdots & & Q_2 & \\ 0 & & & \end{array}\right]$$

그러면, $\bar{Q}_2$의 역행렬은 다음과 같다.

$$\bar{Q}_2^{-1} = \left[\begin{array}{c|ccc} 1 & 0 & \cdots & 0 \\ \hline 0 & & & \\ \vdots & & Q_2^{-1} & \\ 0 & & & \end{array}\right]$$

또한, 다음 행렬은 상삼각행렬이다.

$$\begin{aligned} \bar{Q}_2^{-1}Q_1^{-1}AQ_1\bar{Q}_2 &= \left[\begin{array}{c|ccc} 1 & 0 & \cdots & 0 \\ \hline 0 & & & \\ \vdots & & Q_2^{-1} & \\ 0 & & & \end{array}\right] \left[\begin{array}{c|c} \lambda_1 & ? \\ \hline 0 & \\ \vdots & A_2 \\ 0 & \end{array}\right] \left[\begin{array}{c|ccc} 1 & 0 & \cdots & 0 \\ \hline 0 & & & \\ \vdots & & Q_2 & \\ 0 & & & \end{array}\right] \\ &= \left[\begin{array}{c|c} \lambda_1 & ? \\ \hline 0 & \\ \vdots & Q_2^{-1}A_2Q_2 \\ 0 & \end{array}\right] \\ &= \left[\begin{array}{c|c} \lambda_1 & ? \\ \hline 0 & \\ \vdots & U_2 \\ 0 & \end{array}\right] \end{aligned}$$

$Q = Q_1\bar{Q}_2$로 설정하면 정리가 성립되어 증명이 완료된다. □

13.12 *Lab: Pagerank*

13.12.1 *개념*

구글이 웹 페이지의 "중요도"(또는 rank)를 결정하는 데 최초로[2] 사용한 PageRank로 알려진 알고리즘을 구현한다.

PageRank의 기본 개념은 다음과 같다.

> 랜덤 웹 사용자, 예를 들어 Randy의 행동을 기술하는 Markov 체인을 정의한다. 이 Markov 체인의 시불변 분포를 고려하여 어떤 웹 페이지의 가중치(weight)는 시불변

[2]정확하게 구글이 최초로 사용했는지는 모르지만 그렇게 알려져 있다. 현재, 이 알고리즘의 상세한 내용은 알려져 있지 않지만, PageRank의 개념이 여전히 중요한 역할을 할 것이라고 생각한다.

분포에서 그 웹 페이지의 확률로 정의한다.

먼저, 아주 초보적인 Markov 체인을 기술하고, 이것을 어떻게 개선할지 알아보자.

Randy는 랜덤 웹 사용자이다. 그는 매 이터레이션마다 현재 웹 페이지에서 다른 페이지로 나가는 링크(link)를 선택하여 그 페이지를 방문한다(만약 현재 웹 페이지에 다른 페이지로 나가는 링크가 없으면, Randy는 현재 페이지에 머물러 있는다).

이 초보적인 PageRank 시스템이 어떻게 동작하는지 알아보기 위해 조그만 예를 고려해 보자. 이 예제는 단지 6개의 웹 페이지로 구성되어 있으며, *Thimble-Wide Web*이라고 하자.

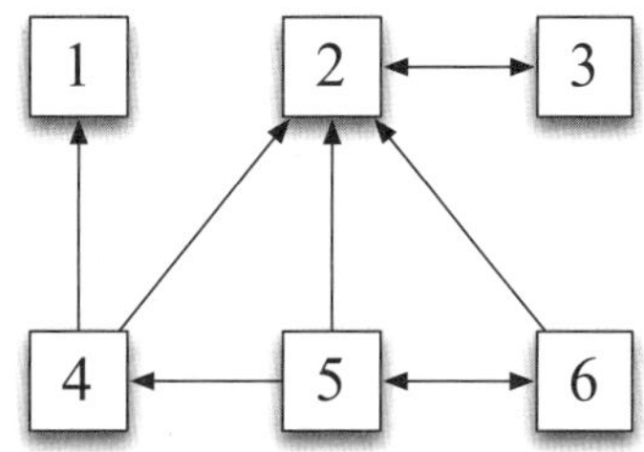

이 Markov 체인에 대한 천이 확률은 다음과 같다.

$A_1 =$

	1	2	3	4	5	6
1	1			$\frac{1}{2}$		
2			1	$\frac{1}{2}$	$\frac{1}{3}$	$\frac{1}{2}$
3		1				
4					$\frac{1}{3}$	
5						$\frac{1}{2}$
6					$\frac{1}{3}$	

여기서, 열 j는 페이지 j를 보고 있는 웹 사용자가 페이지 1부터 6까지 천이할 확률을 나타낸다. 만약 페이지 j에서 다른 페이지로 나가는 링크가 없으면, 웹 사용자는 1의 확률로 페이지 j에 머물러 있게 된다. 다른 페이지로 나가는 링크가 있으면, 링크된 각 페이지는 동일한 확률을 가진다. 즉, 페이지 j가 d개의 링크를 가질 경우, 웹 사용자가 링크된 각 페이지로 천이할 확률은 $1/d$이다. 웹 사용자가 페이지 j에서 링크가 없는 페이지로 천이할 확률은 영이다. 다시 말하면, A_{ij}는 웹 사용자가 페이지 j에서 페이지 i로 천이할 확률을 포함한다.

예를 들어, 페이지 5는 페이지 2, 4, 6에 링크되어 있다. 따라서, 웹 사용자가 페이지 5에서 링크된 페이지 2, 4, 6으로 천이할 확률은 각각 1/3이다. 위에서 보여준 행렬은 각 열의 원소의 합이 1이 되므로 명백히 *확률행렬*이고, 실질적으로 Markov 체인을 나타내는 것이다.

이 Markov 체인을 따를 경우, 임의의 이터레이션 후, Randy가 각 페이지에 있을 가능성은 얼마나 될까? Randy가 있을 가능성이 가장 높은 페이지는 어느 것인가? 이 질문에 대한 답은 Randy가 처음 시작한 페이지와 이터레이션 수에 의해 결정된다.

- 만약 Randy가 페이지 6에서 시작하여 짝수 번 이터레이션한다면, 그가 페이지 3에 있을 확률은 약 0.7, 페이지 2에 있을 확률은 0.2, 그리고 페이지 1에 있을 확률은 0.1이 된다
- 만약 그가 페이지 6에서 시작하여 홀수 번 이터레이션한다면, 페이지 2와 페이지 3에 있을 확률이 바뀐 것을 제외하고는 앞의 확률분포와 거의 동일하다
- 만약 그가 페이지 4에서 시작한다면, 그가 페이지 1에 있을 확률은 약 0.5 이고, 페이지 3(짝수 번 이터레이션할 경우) 또는 페이지 2(홀수 번 이터레이션할 경우)에 있을 확률도 약 0.5이다

누승법을 사용하여 확정적인 페이지 순위를 계산하려고 하면, 여기서 기술한 Markov 체인에는 두 가지 잘못된 점이 있다.

1. Randy가 어떤 상태에서 빠져 나올 수 없는 곳이 있다. 하나는 페이지 2와 3 상태이고 다른 하나는 페이지 1이다

2. Markov 체인의 일부가 주기적인 동작을 유발한다. 일단, Randy가 페이지 2와 3 상태에 들어가면, 확률분포는 각 이터레이션마다 변경된다.

첫 번째 항목은 복수의 시불변 분포가 존재함을 의미한다. 두 번째 항목은 누승법이 수렴되지 않을 수 있음을 의미한다.

바람직하게는 Markov 체인은 단 하나의 시불변 분포을 가지고 있어야 하고, 웹 페이지에 가중치를 할당하는 데 이 시불변 분포를 사용할 수 있어야 한다. 또한, 페이지 순위를 계산하는 데 누승법을 사용할 수 있어야 한다. 하지만, Randy가 단순히 각 단계에서 다른 페이지로 나가는 링크를 랜덤하게 선택하는 Markov 체인으로는 이것을 이룰 수 없다.

아주 단순한 Markov 체인을 고려해 보자. 이 Markov 체인에서 웹 사용자는 어느 페이지에 있든 현재 페이지에서 균등하고 랜덤하게(uniformly at random) 선택된 어떤 페이지로 이동한다.[3] 이경우, Thimble-Wide Web에 대한 천이행렬은 다음과 같다.

$$A_2 = \begin{array}{c|cccccc} & 1 & 2 & 3 & 4 & 5 & 6 \\ \hline 1 & \frac{1}{6} & \frac{1}{6} & \frac{1}{6} & \frac{1}{6} & \frac{1}{6} & \frac{1}{6} \\ 2 & \frac{1}{6} & \frac{1}{6} & \frac{1}{6} & \frac{1}{6} & \frac{1}{6} & \frac{1}{6} \\ 3 & \frac{1}{6} & \frac{1}{6} & \frac{1}{6} & \frac{1}{6} & \frac{1}{6} & \frac{1}{6} \\ 4 & \frac{1}{6} & \frac{1}{6} & \frac{1}{6} & \frac{1}{6} & \frac{1}{6} & \frac{1}{6} \\ 5 & \frac{1}{6} & \frac{1}{6} & \frac{1}{6} & \frac{1}{6} & \frac{1}{6} & \frac{1}{6} \\ 6 & \frac{1}{6} & \frac{1}{6} & \frac{1}{6} & \frac{1}{6} & \frac{1}{6} & \frac{1}{6} \end{array}$$

이 Markov 체인은 이전에 살펴본 Markov 체인이 가지고 있던 문제점을 피할 수 있는 장점이 있다. 즉, 웹 사용자가 어떤 상태에 고착되지 않으며 고정된 주기적 동작이 없다. 결과적으로, 이 Markov 체인은 시불변 분포를 하나만 가지며(모든 페이지에 동일한 확률이 할당됨), 이 시불변 분포는 누승법을 사용하여 계산할 수 있다.

반면에, 이 Markov 체인은 Thimble-Wide Web의 구조를 제대로 반영하지 못한다. 시불변 분포를 사용하여 가중치를 할당한다는 것은 어리석은 일이다.

대신에, 두 Markov 체인을 결합하여 사용해 보자. 즉, 새로운 Markov 체인의 천이행렬은 다음과 같다.

$$A = 0.85A_1 + 0.15A_2 \tag{13.21}$$

A_1의 각 열의 원소합은 모두 1이고, A_2의 각 열의 원소합도 모두 1이다. 그러므로, $0.85A_1 + 0.15A_2$의 각열의 원소합도 모두 1이 된다.

행렬 A에 대응하는 Markov 체인은 다음 규칙을 따르는 웹 사용자를 나타낸다.

- Randy는 0.85의 확률로 현재 웹 페이지에 링크된 페이지 중 하나를 선택하여 그 페이지로 이동한다

[3]이것은 현실적인 모델이 아니다. 왜냐하면, 일반적인 웹 사용자가 실제로 어떻게 웹 페이지를 균등하고 랜덤하게 선택하는지 알기 어렵기 때문이다.

- Randy는 0.15의 확률로 균등하고 랜덤하게 선택된(현재 페이지에 링크되어 있지 않은) 어떤 페이지로 이동한다

두 번째 항목은 웹 사용자가 가끔은 현재 방문중인 웹에 지루함을 느낄 수 있다는 사실을 모델링하는 것에 불과하다고 생각할 수도 있다. 하지만, 이것은 수학적으로 중요한 역할을 한다. 행렬 A는 모든 원소가 양수인 행렬이다. 따라서, 하나의 유일한 시불변 분포가 존재하며, 누승법을 적용하면 이 시불변 분포에 수렴한다.

n개의 페이지를 가지는 웹에 대해, A_1은 $n \times n$ 행렬이고, 이 행렬의 ij 원소는 다음과 같다.

- 1, 만약 $i = j$이고 페이지 j에서 다른 페이지로 나가는 링크가 없으면
- $1/d_j$, 만약 페이지 j에 d_j개의 다른 페이지로 나가는 링크가 있고 그중 하나가 페이지 i로 연결된다면
- 0, 위의 두 경우가 아니면

A_2는 $n \times n$ 행렬이고 각 원소는 $1/n$이다.

13.12.2 *대규모 데이터셋(Dataset)에 대한 처리*

이 lab에서는 위키피디아(Wikipedia)의 기사(article)와 같은 대규모 데이터셋을 다룬다. 위키피디아의 모든 기사를 다루기에는 실행 시간이 너무 많이 걸릴 것이다. 그러므로, 문자열 `mathemati`, `sport`, `politic`, `literat`, `law`을 포함하는 기사 중에서 선택한 약 825,000개의 기사를 포함하는 일부 데이터에 대해 작업을 한다. 이렇게 선택한 데이터셋은 거의 모든 종류의 기사를 포함한다. 예를 들어, 인상파 화가 마네(Edward Manet)에 대한 기사도 이 데이터셋에 포함되는데, 이유는 '마네의 아버지는 그가 변호사가 되기를 원했다'라는 문구에 문자열 'law'가 포함되어 있기 때문이다.

대규모 데이터셋을 처리하는 데는 몇 가지 어려움이 있다. 그래서, 실행시간과 메모리 사용을 효과적으로 줄일 수 있도록 코드를 작성하는 것이 필요하다. 다음은 이를 위한 몇 가지 지침을 나열한 것이다.

- 행렬과 벡터의 스파스(sparse) 표현을 적극 활용하여 계산에 이용한다
- 꼭 필요하지 않으면 데이터의 사본을 만들지 않는다. 예를 들어, 코드에서 행렬과 벡터의 라벨로서 위키피디아 엔트리들의 제목으로 이루어진 집합을 여러 번 사용해야 할 것이다. 이 경우, 이 집합의 사본을 절대 만들지 말고 이 집합에 대한 할당(assignment)을 사용하자(할당은 사본을 만들지 않고 메모리 참조(reference)만 만든다).
- 대규모 데이터셋을 가지고 코드를 실행하기 전에 작은 테스트 예를 사용하여 코드를 테스트한다
- 파일에 변경이 있은 후 이 파일을 다시 로드(load)할 경우에는 `imp` 모듈을 사용하여 `pagerank` 모듈을 다시 임포트할 필요가 없게 한다(파이썬을 시작할 때 `from imp import reload`을 사용하자. 그런다음, `pagerank`을 다시 임포트하지 않고 파일을 다시 로드하기 위해 `reload(myfile)`을 사용하자).
- 대규모 데이터셋에 대한 계산을 진행 중에는 웹 브라우저와 같은 다른 프로그램을 사용하지 않는다

- 계산에 충분한 시간을 할애한다. 누승법은 5분에서 10분 정도의 시간이 소요될 것이다

제안한 대로 행렬-벡터 곱을 구현한다면 `mat` 모듈은 잘 동작할 것이다. 만약 문제가 있다면, 제공된 `mat` 모듈을 사용하자.

13.12.3 *누승법을 사용한 PageRank 구현*

선형대수학에서 누승법은 절대값이 가장 큰 고유값에 대응하는 근사 고유벡터를 구하는 데 매우 유용한 방법이다. 여기서 사용하게 될 행렬 A는 앞에서 주어진 것이다. 랜덤 벡터 $\boldsymbol{v}$에 대해, $A^k\boldsymbol{v}$(A^k는 A를 k번 반복해 곱함)는 A의 가장 큰 고유값에 대응하는 고유벡터에 가까운 근사 고유벡터가 된다.

$A^k v$를 반복하여 계산해 보자. 벡터 $\boldsymbol{v}$를 유지하고, 매 이터레이션마다 $\boldsymbol{v} := A\boldsymbol{v}$ 규칙을 사용하여 갱신(업데이트)하자. 몇 번(예를 들어, 5번) 반복한 후에 중지하면, A는 825372×825372이고, v는 825372-벡터이다. 문제는 이렇게 A 또는 A_2를 나타내는 데 메모리 공간이 너무 많이 필요하고, 또 이런 행렬을 벡터와 곱하는 데 너무 많은 시간이 소요된다는 것이다. 여기서는 A의 구조를 활용하여 누승법의 각 이터레이션을 좀 더 효과적으로 계산해 보자. $A = 0.85A_1 + 0.15A_2$이므로, 각 항을 분리하여 처리하면 분배성(distributivity)에 의해 $A\boldsymbol{v} = 0.85A_1\boldsymbol{v} + 0.15A_2\boldsymbol{v}$이 된다.

A_2 처리

벡터 $\boldsymbol{w} = 0.85A_1\boldsymbol{v}$를 계산하였다고 해 보자. $0.15A_2\boldsymbol{v}$를 $\boldsymbol{w}$에 더하려고 하면 어떻게 해야 할까? 특히, A_2를 구하지 않고도 이것이 가능할까?

A_1 계산

입력 데이터는 정방행렬 `L`이고, 이 행렬의 영이 아닌 원소는 모두 1이다. 행렬 `L`은 위키피디아 기사들 사이의 링크구조를 나타낸다. 특히, 만일 기사 c가 기사 r에 링크되면, `L`의 rc 원소는 1이다.

테스트를 위해, 모듈 `pagerank_test`가 제공된다. 이 모듈은 Thimble-Wide Web의 링크구조를 나타내는 행렬 `small_links`를 정의하며, 또한 대응하는 행렬 `A2`를 정의한다.

Task 13.12.1: 다음 스펙을 가지는 프로시저, `find_num_links`를 작성해 보자.

- *input:* 위에서 기술한 링크구조를 나타내는 정방행렬 `L`
- *output:* 행렬 `L`의 열을 나타내는 라벨로 이루어진 벡터 `num_links`. `num_links`의 원소 c는 각 열의 라벨 c에 대해 `L`의 열 c에 있는 영이 아닌 원소들의 개수이다.

행렬 `L`에 대해 루프 또는 컴프리헨션을 사용하지 않고 프로시저를 작성해 보자.

Task 13.12.2: 다음 스펙을 가지는 프로시저, `make_Markov`를 작성해 보자.

- *input:* 위에서 기술한 링크구조를 나타내는 정방행렬 `L`
- *output:* 이 프로시저는 새로운 출력을 제공하지 않는다. 대신에, `L`의 원소를 변경(*mutate*)하여 A_1의 역할을 하게 한다.

A_1에 대해서는 앞에서 이미 기술되었다. 새로운 행렬을 리턴하는 대신 기존 행렬을 변경하는 것은 메모리 공간을 절약할 수 있다. 이 프로시저는 `find_num_links`를 사용해야 한다.

행렬 `small_links`를 사용하여 프로시저를 테스트해 보자. 그리고, 얻어진 행렬이 맞는지 반드시 확인해 보자.

위키피디아 엔트리들 사이의 링크구조를 기술하는 행렬 `links`가 주어진다. 이 행렬의 행과 열의 라벨은 위키피디아 엔트리들의 제목이다.

Task 13.12.3: 다음 스펙을 가지는 프로시저, `power_method`를 작성해 보자.

- *input:*
  - 행렬 A_1
  - 프로시저의 이터레이션 수
- *output:* 근사 시불변 분포 또는 시불변 분포의 스칼라배

초기 벡터는 영이 아닌 어떤 것이어도 상관없지만, 원소가 모두 1인 벡터 사용을 추천한다.

누승법이 얼마나 잘 수렴하는지 보기 위해, 매 이터레이션마다 다음 비율을 출력한다.

$$(\text{이터레이션 이전 } v\text{의 norm})/(\text{이터레이션 이후 } v\text{의 norm})$$

고유값 1에 대응하는 고유벡터에 대한 근사 고유벡터가 점점 나아짐에 따라 이 비율은 점점 1에 가까워져야 한다.

Thimble-Wide Web에 대해 얻은 행렬 A_1을 사용하여 코드를 테스트해보자. `pagerank_test` 모듈은 `A2`를 정의하여 얻어진 벡터가 A의 근사 고유벡터인지 테스트할 수 있게 해 준다. 다음 벡터의 스칼라배가 고유벡터로서 얻어져야 한다.

```
{1: 0.5222, 2: 0.6182, 3: 0.5738, 4: 0.0705, 5: 0.0783, 6: 0.0705}
```

13.12.4 *데이터셋(Dataset)*

모듈 `pagerank`를 임포트하는 것은 아래에 기술한 몇몇 변수와 프로시저의 작업공간(workspace)으로 들어가는 것을 의미한다.

1. `read_data`: 이 lab을 위해 필요한 데이터를 읽어 들이는 함수. 이 함수는 실행하는 데 몇 분이 걸리므로 필요한 경우에 단 한 번만 사용하자. 이 함수는 위키피디아 기사들 사이의 링크구조를 나타내는 행렬인 `links`를 리턴한다.

2. `find_word`: 어떤 단어를 입력으로 받아 이 단어를 포함하는 기사들의 제목에 대한 리스트를 리턴하는 프로시저(몇몇 단어는 연관된 기사가 너무 많거나 너무 적으므로 고려하지 않는다. 이런 단어의 경우, `find_word`는 빈 리스트 또는 `None`을 리턴한다).

`http://en.wikipedia.org`에서 어떤 주어진 이름을 가진 기사의 내용을 볼 수 있다. 이런 기사 제목은 모두 소문자이다. 반면에, 위키피디아 기사는 대문자와 소문자 둘 다 포함할 수 있다. 또한, 이 데이터셋은 생성된 후 시간이 좀 지났기 때문에 일부 기사는 내용이 변경되었을 수도 있다.

Task 13.12.4: 얼마나 많은 문서가 jordan이란 단어를 포함하는지 알아보자. jordan을 포함하는 기사들의 리스트에 있는 첫 번째 제목은 alabama이다. 위키피디아 페이지를 열고 왜 그런지 알아보자.

13.12.5 *질의(Query) 처리*

다음으로, 질의를 지원하는 코드를 작성할 필요가 있다.

Task 13.12.5: 다음 스펙을 가지는 프로시저, wikigoogle을 작성해 보자.

- *input:*
  - 하나의 단어 w
  - 원하는 결과의 개수 k
  - 페이지 랭크(pagerank) 고유벡터 $\boldsymbol{p}$
- *output:* 입력 단어를 포함하는 위키피디아 기사들 중 k개 상위 페이지 랭크를 가지는 기사의 이름에 대한 리스트

먼저, find_word를 사용하여 w를 포함하는 기사들의 리스트 related를 얻는다. 다음에, related.sort(key= lambda x:p[x], reverse=True)를 사용하여 페이지 랭크 벡터에 대하여 내림차순으로 리스트를 정열한다(키워드 key는 리스트의 원소를 숫자에 매핑하는 함수를 지정하게 해준다. lambda x:p[x]은 주어진 x에 대해 p[x]를 리턴하는 프로시저를 정의하는 방식이다).
마지막으로, 리스트의 첫 k개 원소를 리턴한다.

Task 13.12.6: power_method를 사용하여 위키피디아에 쓰여 있는 단어들에 대한 페이지 랭크 고유벡터를 계산해 보자. "jordan" , "obama", "tiger", "matrix"을 사용한 질의를 통해 최상위 몇몇 페이지들의 제목을 알아보자. 어떤 기사들이 최상위에 있고, 왜 그런지 이유를 설명할 수 있는가? 최상위에 올라온 결과들은 find_word가 순위 없이 리턴하는 첫 몇 개 기사들보다 어떤 의미에서 더 연관성이 높거나 혹은 중요하다고 할 수 있는가?

13.12.6 *페이지 랭크 왜곡하기*

특별히 스포츠에 관심이 많아 PageRank를 사용하지만 스포츠란 단어에 대해 편향되게 처리 하고자 한다고 해 보자.

행렬 A_{sport}를 $n \times n$ 천이행렬이라 하자. 여기서, 모든 페이지는 제목이 sport인 페이지로 천이된다. 다시 말해, sport란 행은 원소가 모두 1이고, 나머지 행의 원소는 모두 영이다.

이 경우, $0.55A_1+0.15A_2+0.3A_{\text{sport}}$는 어떤 Markov 체인의 천이행렬이다. 이 Markov 체인에서, Randy는 가끔씩 sport 기사로 이동한다.

Task 13.12.7: 유사하게 편향된 Markov 체인의 시불변 분포에 근사시키는 누승법에 대한 프로시저를 작성해 보자. 이 프로시저를 power_method_biased라고 하자. 이것은 power_method

와 유사하지만, 이동하게 될 상태(즉, 기사)의 라벨 r인 파라미터를 하나 더 가진다. 또한, 이 프로시저는 행렬 $0.55A_1+0.15A_2+0.3A_r$의 근사 고유벡터를 출력해야 한다. A_r이 생성되지 않게 코드를 작성해 보자. 그리고, 대규모 데이터셋에 적용하기 전에 Thimble-Wide Web을 사용하여 코드를 테스트하는 것을 잊지 말자.

sport에 편향된 Markov 체인의 시불변 분포를 계산해 보자(다른 순위결정 방법을 가지고 얻어진 결과와 비교 가능하게 계산 결과를 저장해 놓자).

앞에서 사용한 몇몇 질의에 대해 최상위에 올라오는 페이지들이 다른지 확인해 보자. 또한, 편애하는 대신 차별하는 방향으로 왜곡하는 것도 가능하다. mathematics, law, politics, literature.... 등에 대해서도 적용해 보자.

13.12.7 *Optional: 복수의 단어에 대한 질의 처리*

Task 13.12.8: wikigoogle과 유사한 함수 wikigoogle2를 작성해 보자. 이 함수는 단어들의 *리스트*를 전달인자로 받아들여 리스트의 단어 모두를 포함하는 기사들 중 k개 상위 페이지 랭크를 가지는 기사의 제목을 리턴한다. 몇몇 질의에 대해 검색엔진을 사용해 보자.

13.13 Review questions

- 행렬 A가 고유값을 가지기 위한 조건은 무엇인가?
- 행렬의 고유값과 고유벡터는 무엇인가?
- 어떤 종류의 문제에 고유값과 고유벡터가 유용한가?
- 대각화가능 행렬은 무엇인가?
- 고유값은 가지지만 대각화 가능하지 않은 행렬의 예는 무엇인가?
- 어떤 조건하에서 행렬이 대각화 가능한가? (답이 하나 이상 가능)
- 대각화 가능 행렬의 장점은 무엇인가?
- 어떤 조건하에서 행렬이 일차 독립인 고유값들을 가지는가?
- 일차 독립인 고유값들을 가지는 행렬의 장점은 무엇인가?
- 어떤 조건하에서 행렬이 정규직교 고유벡터들을 가지는가?
- 누승법은 무엇인가? 이것은 무엇에 유용한가?
- 행렬식은 무엇인가?
- 행렬식이 어떻게 부피에 관련되는가?
- 어떤 행렬이 행렬식을 가지는가?
- 어떤 행렬이 영이 아닌 행렬식을 가지는가?
- 행렬식은 고유값과 무슨 관계가 있는가?

- Markov 체인은 무엇인가?

- Markov 체인은 고유벡터들과 무슨 관계가 있는가?

13.14 Problems

고유값 및 고유벡터 연습

고유값과 고유벡터들을 계산하는 알고리즘을 제시하지는 않았다. 하지만, 이 섹션에서는 개념에 대한 이해를 확실히 하기 위해 고유벡터와 고유값 문제가 주어진다.

Problem 13.14.1: 각각의 행렬에 대해, 고유값과 관련 고유벡터를 찾아보자. 손으로 계산해 보자. 알고리즘은 필요하지 않을 것이다.

a) $\begin{bmatrix} 1 & 2 \\ 1 & 0 \end{bmatrix}$

b) $\begin{bmatrix} 1 & 1 \\ 3 & 3 \end{bmatrix}$

c) $\begin{bmatrix} 6 & 0 \\ 0 & 6 \end{bmatrix}$

d) $\begin{bmatrix} 0 & 4 \\ 4 & 0 \end{bmatrix}$

Problem 13.14.2: 다음의 각 문제에서 행렬과 일부 고유값이 주어진다. 대응하는 고유벡터를 찾아라.

a) $\begin{bmatrix} 7 & -4 \\ 2 & 1 \end{bmatrix}$, 고유값 $\lambda_1 = 5,\ \lambda_2 = 3$.

b) $\begin{bmatrix} 4 & 0 & 0 \\ 2 & 0 & 3 \\ 0 & 1 & 2 \end{bmatrix}$, 고유값 $\lambda_1 = 3,\ \lambda_2 = -1$.

Problem 13.14.3: 주어진 행렬과 고유벡터에 대해 대응하는 고유값을 찾아라.

a) $\begin{bmatrix} 1 & 2 \\ 4 & 3 \end{bmatrix}$, $\boldsymbol{v}_1 = [\frac{1}{\sqrt{2}}, -\frac{1}{\sqrt{2}}]$, $\boldsymbol{v}_2 = [1, 2]$

b) $\begin{bmatrix} 5 & 0 \\ 1 & 2 \end{bmatrix}$, $\boldsymbol{v}_1 = [0, 1]$, $\boldsymbol{v}_2 = [3, 1]$

복소 고유값

Problem 13.14.4: $A = \begin{bmatrix} 0 & -1 \\ 1 & 0 \end{bmatrix}$이라고 하자. 두 개의 (정규화되지 않은) 고유벡터 $\boldsymbol{v}_1 = \begin{bmatrix} 1 \\ \mathbf{i} \end{bmatrix}$, $\boldsymbol{v}_2 = \begin{bmatrix} 1 \\ -\mathbf{i} \end{bmatrix}$가 있다.

1. 고유벡터 $\boldsymbol{v}_1$에 대응하는 고유값 λ_1을 찾고, 행렬-벡터 곱셈을 사용하여 구한 값이 고유값임을 보여라.
2. 고유벡터 $\boldsymbol{v}_2$에 대응하는 고유값 λ_2를 찾고, 행렬-벡터 곱셈을 사용하여 구한 값이 고유값임을 보여라.

파이썬을 사용하여 고유벡터 계산하기

고유값과 고유벡터를 계산하는 프로시저가 포함된 모듈이 제공될 것이다.

고유값 근사

Problem 13.14.5: 행렬 A가 주어져 있다.

$$\begin{bmatrix} 1 & 2 & 5 & 7 \\ 2 & 9 & 3 & 7 \\ 1 & 0 & 2 & 2 \\ 7 & 3 & 9 & 1 \end{bmatrix}$$

a) 누승법을 사용하여 값이 가장 큰 고유값 λ_1에 대응하는 근사 고유벡터를 구하여라.

b) λ_1에 대한 근사값을 찾아라.

c) 모듈 `numpy_versions`의 프로시저 `eig`를 사용하여 A의 고유값들을 찾아라.

d) λ_1에 대한 근사값과 (c)에서 얻은 λ_1의 값과 비교하여라.

Problem 13.14.6: 다음을 증명하여라.

Lemma 13.14.7: A는 가역행렬이라고 해 보자. 절대값이 가장 작은 A의 고유값은 절대값이 가장 큰 A^{-1}의 고유값의 역수이다.

Problem 13.14.8: Problem 13.14.6의 lemma는 절대값이 가장 작은 A의 고유값은 절대값이 가장 큰 A^{-1}의 고유값의 역수라는 것을 보여 준다. 누승법을 사용하여 절대값이 가장 작은 A의 고유값의 근사치를 어떻게 계산할 수 있는가? A의 역행렬을 계산해서는 안 된다. 대신에, 또 다른 방식인 행렬 방정식을 풀어라.

이 방식을 아래 행렬 A에 사용해 보자.

$$A = \begin{bmatrix} 1 & 2 & 1 & 9 \\ 1 & 3 & 1 & 3 \\ 1 & 2 & 9 & 5 \\ 6 & 4 & 3 & 1 \end{bmatrix}$$

Problem 13.14.9: k는 숫자라 하고 A는 $n \times n$ 행렬, 그리고 I는 단위행렬이라 하자. $\lambda_1, \ldots, \lambda_m$ $(m \leq n)$은 A의 고유값들이라 하자. $A - kI$의 고유값들은 무엇인가? 제시한 답이 타당함을 보여라.

Problem 13.14.10: Problem 13.14.8의 lemma와 Problem 13.14.9의 결과를 어떻게 사용하여 다음의 계산문제를 처리할 수 있는가?

- *input:* 행렬 A, A의 고유값 λ_i의 근사치인 k(A의 어떤 다른 고유값보다도 λ_i에 더 가까움)
- *output:* 고유값의 더 나은 근사치

이 방법을 다음의 데이터에 어떻게 사용하는지 보여라.

$$A = \begin{bmatrix} 3 & 0 & 1 \\ 4 & 8 & 1 \\ 9 & 0 & 0 \end{bmatrix}, \quad k = 4$$

Markov 체인과 고유벡터

Problem 13.14.11: 기상 상태는 다음의 Markov 체인에 따라 변한다고 해 보자.

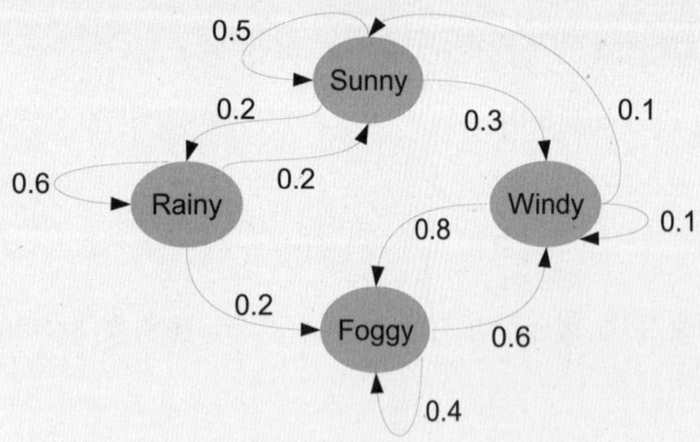

Markov 가정에 따르면, 내일의 기상 상태는 오늘의 기상 상태에만 의존하여 변한다. 예를 들어, 만약 오늘 *Sunny*이면, 내일 *Windy*일 확률이 0.3이다. 이 문제에서는 기상 상태의 장기적인 (long-term) 확률분포를 찾을 것이다.

a) 행 및 열 라벨 `{'S','R','F','W'}` ("Sunny", "Rainy", "Foggy", "Windy"에 대응)을 가지는 천이행렬 A를 제시하여라. A의 엔트리 (i, j)는 상태 j에서 상태 i로 천이하는 확률이어야 한다. 파이썬으로 이 행렬을 표현하는 `Mat`을 구성하여라.

b) 확률분포는 {'S','R','F','W'}-벡터로 나타낼 수 있다. 만약 $\boldsymbol{v}$가 오늘의 기상 상태에 대한 확률분포이면, $A\boldsymbol{v}$는 내일의 기상 상태에 대한 확률분포이다.

   Windy일 확률이 1이 되는 확률분포를 나타내는 벡터 $\boldsymbol{v}$를 표현해 보자. 다음날에 대한 기상 상태에 대한 확률분포인 벡터 $A\boldsymbol{v}$를 계산하여라. 이것은 위 그림과 일치하는가?

c) 균등 분포를 나타내는 벡터 $\boldsymbol{v}$를 표현해 보자. 그리고 $A\boldsymbol{v}$를 계산하여라.

d) 시작할 때의 확률분포는 모든 기상 상태에 대해 균등 분포라고 한다면, 400일이 지난 후 기상 상태에 대한 확률분포는 무엇인가?

e) 앞 부분에 기초하여 하나의 고유값과 대응하는 고유벡터를 찾아보자.

Chapter 14

선형 프로그램(Linear program)

14.1 식단 문제(Diet problem)

1930년대 및 1940년대 미국군은 군인들의 영양 요구조건을 만족하는 최소 비용 식단을 찾고자 하였다. 경제학자 조지 스티글러(George Stigler)는 77가지의 식품과 9가지 영양 요구조건을 고려하였다. 그는 1939년에 연간 39.93달러가 필요하다고 추정하였다. 그는 9가지 식품과 5가지 영양소를 선택하였다. 1945년에 발표된 이 솔루션은 다음과 같다. 연간 식단은 밀가루 370파운드, 연유 57캔, 양배추 111파운드, 시금치 25파운드, 그리고 건조한 콩 285파운드이며, 일 년에 1939년 달러 가치로는 39.93달러이고 1945년 가치로는 96달러이다.

몇 년 뒤에 확실히 최상의 솔루션을 찾을 수 있는 알고리즘, *심플렉스*(simplex) 알고리즘이 개발되었다. 그 당시에는 알고리즘을 실행할 컴퓨터가 없었으므로, 사람들과 탁상용 계산기가 사용되었다. 솔루션을 찾는 데 한 사람이 하루에 처리하는 양으로 계산하면 120명의 노력이 필요하다. 최상의 솔루션은 밀가루, 소의 간, 양배추, 시금치, 건조한 콩을 사용하여 39.69달러가 들었으며 이것은 스티글러의 솔루션보다 24센트 더 싸다.

1998년에 찾은 솔루션은 더 최근의 필요 영양소에 대한 이해와 가격을 반영하며 다음과 같다. 밀가루 412.45컵, 으깬 귀리(rolled oats) 587.65컵, 우유 6095.5온스, 땅콩버터 945.35숟가락, 라드(lard) 945.35숟가락, 소의 간 2.6426온스, 바나나 438개, 오렌지 85.41개, 채썰은 양배추 204.765컵, 당근 79.935개, 감자 140.16개, 돼지고기와 콩(돼지고기와 콩을 주재료로 만든 요리) 108.405컵으로 구성된다. 가격은 연간 536.55달러이다.

14.2 선형 프로그램으로 식단 문제 구성하기

이러한 문제는 어떻게 구성될 수 있는가? 각 식품에 대한 변수 $x_1, \ldots, x_{77}$을 도입해보자. 변수 x_j는 식단의 식품 j의 단위 수를 나타낸다. 예를 들어, x_1은 하루에 소비될 콩의 파운드 수를 나타낼 수 있다. 각 변수 x_j에 대해, 비용 c_j가 결부된다. 예를 들어, c_1은 콩 1파운드의 비용을 달러로 나타낸 것일 수 있다.

목적함수(objective function)는 비용 $c_1x_1 + \cdots + c_{77}x_{77}$이고, 목적은 어떤 제약조건에서 비용을 최소화하는 것이다.

각각의 영양소 조건을 나타내기 위해, *일차 부등식*, 즉 다음 형태의 부등식이 있다.

$$f(x_1, \ldots, x_{77}) \geq b$$

여기서, $f : \mathbb{R}^{77} \to \mathbb{R}$은 일차함수이다. 이 함수는 $f(x_1, \ldots, x_{77}) = a_1x_1 + \ldots + a_{77}x_{77}$으로 나타낼 수 있고 제약조건은 아래 형태를 가진다.

$$a_1x_1 + \ldots + a_{77}x_{77} \geq b$$

어떤 사람이 하루에 2000칼로리를 섭취한다는 조건을 표현하고자 한다고 해 보자. a_1은 콩 1파운드당 칼로리 양이어야 하고, ..., a_{77}은 식품 77의 1유닛(unit)당 칼로리 양, 그리고 b는 2000이어야 한다.

여기서, 일차 부등식은 선형 *제약조건*이라고 하는데, 이유는 그것이 솔루션을 제약하기 때문이다. 칼슘, 비타민 A, 리보플래빈(Riboflavin), 아스코르빈 산(ascorbic acid) 등에 대해서도 유사한 제약조건이 있다.

지금까지 솔루션은 충분하지 않다. 이유는 어떤 식품의 경우 양이 음수가 될 수도 있기 때문이다. 이것은 각 변수 x_j에 대한 추가적인 선형 제약조건을 더하면 해결된다.

$$x_j \geq 0$$

선형 제약조건들의 집합은 행렬 A와 벡터 $\boldsymbol{x} = (x_1, \ldots, x_{77})^T$의 곱에 대한 단일 제약조건으로 요약될 수 있다.

$$A\boldsymbol{x} \geq \boldsymbol{b}$$

A의 각 행은 $\boldsymbol{b}$의 대응하는 엔트리와 함께 단일 선형 제약조건이다. 제약조건 i는 A의 행 i와 $\boldsymbol{x}$의 도트곱이 b의 엔트리 i보다 크거나 같아야 한다. 각 영양소에 대한 행(식단은 그 필요 영양소를 충분히 포함한다는 제약조건에 대응)과 각 식품에 대한 행(식품의 양이 음수가 아니어야 한다는 제약조건에 대응)이 있다.

목적함수 $c_1x_1 + \cdots + c_{77}x_{77}$은 도트곱 $\boldsymbol{c} \cdot \boldsymbol{x}$로 나타낼 수 있다. 그래서, 다음과 같이 요약할 수 있다.

$$\min \boldsymbol{c} \cdot \boldsymbol{x} \text{ subject to}$$
$$A\boldsymbol{x} \geq b$$

이것은 *선형 프로그램*의 한 예이다(이것은 컴퓨터 프로그래밍에서 얘기하는 프로그램이 아니다).

14.3 선형 프로그램의 유래

조지 댄치그(George Dantzig)는 수리통계학의 두 개의 유명한 난제를 풀었다. 그가 어떻게 이 문제를 풀게 되었는가? 어느 날 그는 수업시간에 늦게 참석하게 되었는데, 칠판에 적혀 있던 문제들을 받아 적었다. 그는 이 문제들을 숙제로 생각하고 그것들을 풀었다.

박사학위(Ph.D.)를 받은 후 댄치그는 직장을 구하고 있었다. 그때는 2차대전 중이었다. 그에 의하면, ''나의 국방부 동료들은 내가 다른 직장을 구하려 하지 않도록 하기 위해, 기획 과정(planning process)을 기계화하는 데 내가 무엇을 할 수 있을지 보고 싶다고 하였다. 나는 시차별 배치(time-staged deployment), 훈련 및 군수보급 프로그램(training and logistical supply program) 등을 좀 더 빠르게 계산하는 방법을 찾도록 요청받았다. 군대에서는 훈련, 군수보급 및 전투부대의 배치에 대한 다양한 계획 또는 제안된 스케줄을 *프로그램*이라고 한다. '프로그램' 이란 용어는 컴퓨터가 문제를 푸는 데 사용되는 명령어들의 집합이란 뜻으로 사용되기 오래 전에 선형 프로그램에서 사용되었다.''

군대를 위해 일했던 댄치그는 선형프로그램의 개념과 이를 위한 그의 알고리즘, 심플렉스 알고리즘을 개발하였다. 이것은 전쟁이 끝날 때까지 비밀로 하였다(러시아의 레오니드 칸토르비치(Leonid Kantorovich)가 댄치그보다 약간 먼저 이 개념을 생각하였다).

댄치그는 폰 노이만(von Neumann)에게 이 새로운 아이디어에 대해 얘기하였다. *"나는 폰 노이만에게 (다른 사람에게 하는 것처럼) 공군의 문제에 대해 설명하려고 하였다. 나는 활동(activity)과 항목(item) 등에 대해 선형프로그램 모델의 구성을 얘기하기 시작하였다. 그는 내가 생각하기에 평소답지 않은 어떤 행동을 하였다. 그는 '요점을 말하라' 며 조바심을 내며 말했다. 나는 속으로 '좋아, 만약 성급하게 군다면 그렇게 해 주지' 라며 칠판에 문제의 기하 및 대수적 버전을 적었다. 폰 노이만은 일어서며 '아 그거'라고 말했다. 그다음에, 그는 한 시간 반 동안 선형프로그램의 수학적 이론에 대한 강의를 진행하였다.*

내가 눈을 크게 뜨고 입을 벌리고 앉아 있는 것을 본 폰 노이만은 말했다. '내가 이 모든 것을 마술사처럼 순식간에 소매에서 꺼내는 것이라고 생각하지 않기를 원한다. 나는 최근에 오스카 모르겐슈테른(Oscar Morgenstern)과 함께 게임이론에 대한 책을 집필했다. 내가 지금 하고 있는 것은 이 두 문제가 동일하다는 것을 유추하는 것이다. 지금 내가 개요를 말하고 있는 이론은 게임에 대해 개발한 것과 유사한 것이다.'

댄치그는 결국 그의 아이디어를 수학계에 공유하였다. *"위스콘신에서 미팅이 있었고, 해롤드 호텔링(Harold Hotelling)과 폰 노이만 같은 저명한 통계학자와 수학자들이 참석하였다. 나는 알려지지 않은 젊은 사람으로서, 선형프로그램의 개념을 유명한 청중들에게 처음으로 발표한다는 생각에 얼마나 두려웠는지 기억한다.*

내가 발표를 마친 후, 의장은 토론을 해보자고 하였다. 보통 때와 같이 잠깐 동안 침묵이 흘렀다. 그런 다음, 누군가 손을 들었다. 그는 호텔링이었다. 호텔링에 대해 서둘러 설명한다면, 그는 뚱뚱한 사람이었다. 그는 바다에서 수영하는 것을 좋아했었는데, 그가 바다에서 수영할 때면 수면이 인지할 수 있을 만큼 올라간다고 했다. 이런 고래같이 거대한 사람이 미팅룸의 뒤쪽에서 일어섰다. 그의 뚱뚱한 얼굴은 모든 것을 다 알고 있는 것 같은 미소를 지었다. 그는 '하지만, 우리 모두는 세상이 비선형적이라는 것을 알고 있다'라고 하였다. 그는 나의 모델에 대해 이러한 파괴적인 비평을 말한 후 당당하게 자리에 앉았다. 그리고, 사람들에게 거의 알려지지도 않은 나는 필사적으로 올바른 응답을 찾으려고 하고 있었다.

"갑자기 청중석에서 다른 누군가가 손을 들었다. 그는 폰 노이만이었다. '의장님, 의장님', 그가 말하길 '만약 발표자가 괜찮다면, 내가 그를 위해 응답을 하고 싶다'고 하였다. 물론 나는 동의하였고, 폰 노이만은 이렇게 말했다. '발표자는 그의 발표 주제를 "선형프로그램"이라 하고 공리들(axioms)을 주의 깊게 언급하였다. 만약 이 공리들을 만족하는 응용이 있으면 발표한 모델을 사용하라. 만약 그렇지 않다면, 사용하지 않으면 된다.' 그리고, 그는 자리에 앉았다."

댄치그와 폰 노이만의 생각이 옳았다. 선형프로그램은 다양한 문제를 구성하는 데 아주 유용하다. 선형프로그램은 좀 전에 논의했던 것과 같은 자원 할당 문제들에 자주 사용된다. 하지만, 그것은 훨씬 더 넓은 분야에 응용된다.

14.3.1 용어(Terminology)

LP $\min\{\boldsymbol{cx} \ : \ A\boldsymbol{x} \geq \boldsymbol{b}\}$을 고려해 보자.

- 제약조건, 즉 $A\hat{\boldsymbol{x}} \geq \boldsymbol{b}$을 만족하는 벡터 $\hat{\boldsymbol{x}}$는 LP에 대한 *실현 가능한*(feasible) 솔루션이라고 한다.

- 선형프로그램은 만약 실현 가능한 솔루션이 존재하면 *실현 가능하다*고 한다.
- 실현 가능한 솔루션 $\hat{\boldsymbol{x}}$의 *값*은 $\boldsymbol{c}\hat{\boldsymbol{x}}$이다.
- 선형프로그램의 *값*은 실현 가능한 솔루션의 최소값이다(선형프로그램은 LP를 최소화하는 것이므로).
- 실현 가능한 솔루션 $\hat{\boldsymbol{x}}$은 만약 그 값이 LP의 값이면, 즉 $\hat{\boldsymbol{x}}$가 최소를 달성하면 *최적의*(optimal) 솔루션이라 한다.
- 선형프로그램은 만약 실현은 가능하지만 최소값이 없으면 *바운드되지 않는다*(unbounded) 고 한다. 이러한 경우는 임의의 수 t에 대해 값이 t보다 작은 실현 가능한 솔루션이 있으면 발생한다.

이러한 정의들은 또한 최대화 선형프로그램(maximization linear program), 즉 $\max\{\boldsymbol{cx} \ : \ A\boldsymbol{x} \leq \boldsymbol{b}\}$에 적용될 수 있다.

14.3.2 다른 형태의 선형프로그램

여러 가지 방식으로 선형프로그램 문제를 서술할 수 있다.

Minimization/Maximization 여기서는 아래 형태가 사용되었다.

$$\min\{\boldsymbol{c} \cdot \boldsymbol{x} \ : \ A\boldsymbol{x} \geq \boldsymbol{b}\} \tag{14.1}$$

선형프로그램 문제가 식 (14.1) 형태로 주어진다고 해 보자. $\boldsymbol{c}_{=} - \boldsymbol{c}$라고 하자. 그러면, $\boldsymbol{c} \cdot \boldsymbol{x}$를 최소화하는 것은 $\boldsymbol{c}_{-} \cdot \boldsymbol{x}$를 최대화하는 것과 같다. 그래서, 이 문제는 다음과 같이 나타낼 수 있다.

$$\max\{\boldsymbol{c}_{-} \cdot \boldsymbol{x} \ : \ A\boldsymbol{x} \geq b\} \tag{14.2}$$

이 선형프로그램의 *값*은 동일하지 않다. 하지만, 동일한 솔루션 $\boldsymbol{x}$는 "최상의"에 대한 정의가 무엇이든 최상의 값을 달성한다.

크거나 같은 / 작거나 같은 유사하게, 선형 제약조건에 ≤을 사용한다. 하지만, ≥을 사용할 수 있다. $A_{-} = -A$이고 $\boldsymbol{b}_{-} = -\boldsymbol{b}$라고 하자. 그러면, 제약조건 $A\boldsymbol{x} \leq b$은 $A_{-}\boldsymbol{x} \geq \boldsymbol{b}_{-}$와 동일하다. 그래서, 문제는 다음과 같이 다시 쓸 수 있다.

$$\max\{\boldsymbol{c}_{-} \cdot \boldsymbol{x} \ : \ A_{-}\boldsymbol{x} \geq \boldsymbol{b}_{-}\} \tag{14.3}$$

등식 제약조건 허용 어떤 제약조건은 일차 부등식 대신에 일차 *등식*을 사용할 수 있다. 등식 제약조건 $\boldsymbol{a} \cdot \boldsymbol{x} = b$는 한 쌍의 부등식 제약조건 $\boldsymbol{a} \cdot \boldsymbol{x} \leq b$와 $a \cdot \boldsymbol{x} \geq b$와 동등하다.

완전 부등식(strict inequality) 허용 않됨 완전 부등식(예를 들어, $\boldsymbol{a} \cdot \boldsymbol{x} > b$)은 허용되지 않는다.

14.3.3 정수 선형프로그램

선형프로그램 $\min\{\boldsymbol{c}\cdot\boldsymbol{x} \ : \ A\boldsymbol{x} \geq \boldsymbol{b}\}$에는 변수들이 정수값을 가져야 한다는 요구조건이 없다. 더욱이, 선형 제약조건을 사용하여 이 조건을 부여하는 편리한 방법도 없다. 선형프로그램의 솔루션은 흔히 변수들에 분수값(fractional value)이 할당된다.

하지만, 선형프로그램의 어떤 부류는 사실상 정수 솔루션을 보장하는 것이 있다. 이러한 선형프로그램에 대한 분석은 선형대수를 사용하지만 이 책의 범위를 벗어나 여기서는 다루지 않는다.

더욱이, *정수 선형프로그램*의 분야가 연구되어 왔는데, 여기서는 정수 제약조건이 추가되도록 허용된다. 이러한 것은 일반적으로 솔루션을 구하는 데 계산상 훨씬 더 어렵다. 사실, 정수 선형프로그램은 NP-hard이다. 하지만, 보통의 (분수) 선형프로그램은 정수 선형프로그램에서 중요한, 사실상 가장 중요한, 도구이다. 또한, *근사 알고리즘*에 대한 분야가 개발되어 거의 최적의 정수 솔루션을 찾는다. 여기에서 선형프로그램의 이론은 아주 중요한 역할을 한다.

14.4 선형프로그램의 기하학: 다면체와 꼭지점

식단 문제로 다시 돌아가 보자. 상황을 그림으로 그릴 수 있게 오직 두 가지 종류의 식품, 라드와 쌀만 고려할 것이다. x는 파우드로 나타낸 라드의 무게라 하고 y는 쌀의 무게를 파운드로 나타낸 것이라고 하자. 영양소 요구조건은 제약조건 $10x + 2y \geq 5$, $x + 2y \geq 1$, $x + 8y \geq 2$으로 표현된다. 최소화하고자 하는 비용은 라드의 경우 파운드당 13센트이고 쌀의 경우 파운드당 8센트이다. 따라서, 목적함수는 $13x + 8y$이다.

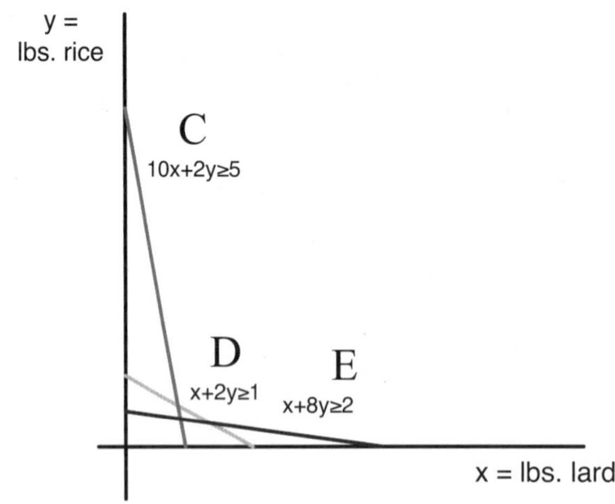

두 개의 다른 제약조건: $x \geq 0$, $y \geq 0$이 있다.

선형 제약조건을 고려해 보자. 이것은 공간 $\mathbb{R}^2$을 두 개로 나누며, 이것을 *반공간*(half-spaces)이라 한다. 하나의 반공간은 제약조건에 의해 허용되고 다른 하나는 금지된다.

좀 더 일반적으로, 공간 $\mathbb{R}^n$에서 벡터 $\boldsymbol{a}$와 스칼라 β는 반공간 $\{\boldsymbol{x} \in \mathbb{R}^n \ : \ \boldsymbol{a}\cdot\boldsymbol{x} \geq \beta\}$을 결정한다.

예를 들어, 제약조건 $y \geq 0$을 고려해 보자. 하나의 반공간(허용된 것)은 x축의 윗 부분(x축도 포함)이고, 나머지 반공간은 x축의 아랫 부분(x축도 포함)이다.

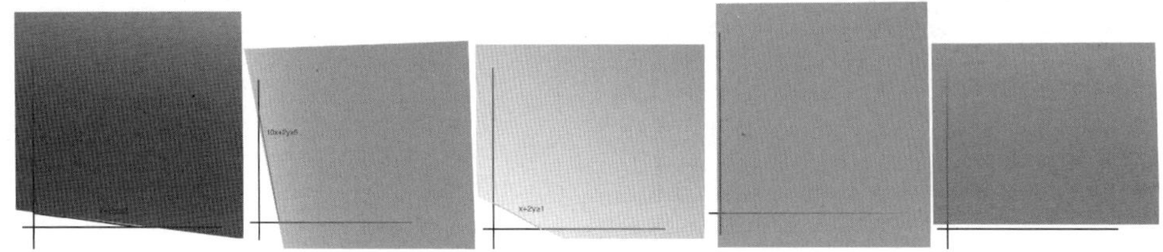

몇 개의 선형 제약조건을 가지며 각각은 허용되는 반공간을 정의하는 경우, 실현 가능한 영역은 이들 반공간들의 교점이다. 반공간들로 이루어진 유한집합의 교점은 *다면체*(polyhedron)라고 한다.

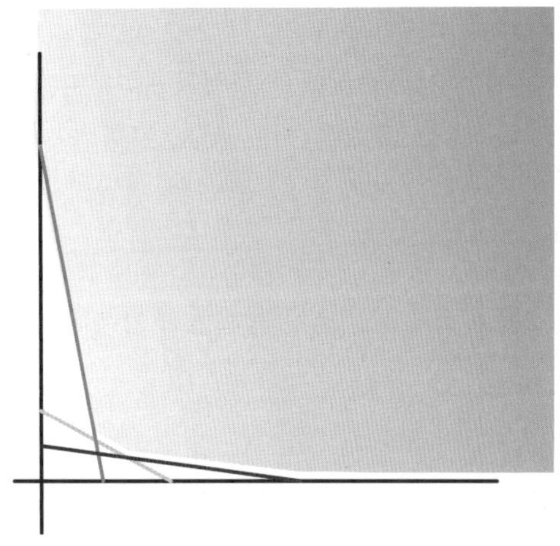

보통, 다면체는 12면체(dodecahedron)와 같은 3차원 정규 객체로 생각된다.

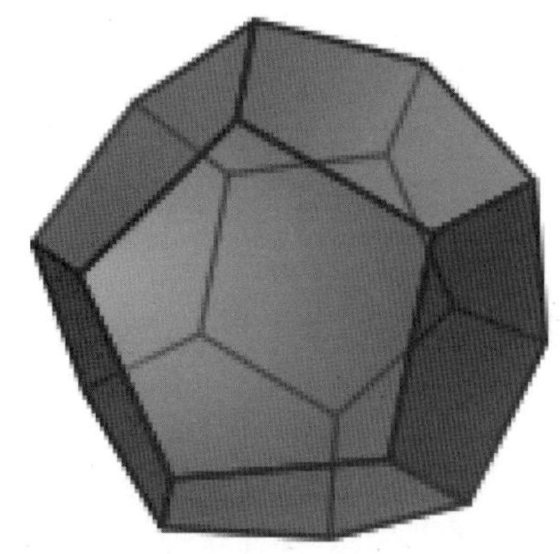

하지만, 이 용어는 비정규적이고 고차원 구조, 심지어 무한 구조에도 사용된다. 여기서 다루는 쌀-라드 다면체는 2차원이지만 무한 구조이다.

유한 3차원 다면체의 표면은 *꼭지점*(vertices)(점, 즉 0차원), *모서리*(edges)(선분, 즉 1차원), 그리고 *면*(faces)(2차원)을 가진다. 대부분의(전부는 아님) 더 높은 차원의 다면체도 또한 꼭지점, 모서리를 가진다.

Quiz 14.4.1: 꼭지점을 가지지 않는 다면체의 예를 제시해 보자.

Answer

단일 반공간으로 구성된 n차원 다면체는 만약 $n \geq 2$이면 꼭지점을 가지지 않는다. 심지어 더 간단하게는, 반공간의 공집합의 교점에 의해 정의된 $\mathbb{R}^n$ 내의 다면체는 $\mathbb{R}^n$ 전체이다.

$A\boldsymbol{x} \geq \boldsymbol{b}$은 일차 부등식의 시스템(연립 일차부등식)이라 하자. 그리고 A는 $m \times n$이라 해 보자. 그러면, 이 시스템은 m개 일차 부등식으로 구성된다.

$$\boldsymbol{a}_1\boldsymbol{x} \geq b_1, \ldots, \boldsymbol{a}_m\boldsymbol{x} \geq b_m$$

여기서, $\boldsymbol{a}_1, \ldots, \boldsymbol{a}_m$은 A의 행들이고 $b_1, \ldots, b_m$은 $\boldsymbol{b}$의 엔트리들이다.

Definition 14.4.2: *일차 부등식의 서브시스템*(subsystem)은 이들 부등식의 부분집합으로 형성되는 시스템이다.

예를 들어, 첫 세 개의 부등식이 서브시스템을 형성하거나, 또는 첫 번째와 마지막, 또는 하나를 제외한 모든것, 또는 모두 다, 또는 공집합(어느 것도 포함 안 됨)이 서브시스템을 형성한다. 서브시스템은 $A_{\square}\boldsymbol{x} \geq \hat{\boldsymbol{b}}_{\square}$로 쓸 수 있고, 여기서 $A_{\square}$는 A의 행들의 부분집합으로 구성되고 $\hat{\boldsymbol{b}}$은 $\boldsymbol{b}$의 대응하는 엔트리들로 구성된다.

Definition 14.4.3: 벡터 $\hat{\boldsymbol{x}}$은 $\boldsymbol{a}\cdot\hat{\boldsymbol{x}} = b$ 인 경우 *등호를 포함하여* 부등식 $\boldsymbol{a}\cdot\boldsymbol{x} \geq b$을 만족한다고 한다.

Definition 14.4.4: 다면체 $P = \{\boldsymbol{x} \ : \ A\boldsymbol{x} \geq \boldsymbol{b}\}$ 내의 벡터 $\boldsymbol{v}$는 만약 $A\boldsymbol{x} \geq \boldsymbol{b}$의 서브시스템 $A_{\square}\boldsymbol{x} \geq \boldsymbol{b}_{\square}$이 있으면 P의 *꼭지점*이다. 이때, $\boldsymbol{v}$는 행렬 방정식 $A_{\square}\boldsymbol{x} = \hat{\boldsymbol{b}}_{\square}$에 대한 유일한 해이다.

n은 열들의 수라고 하자.

Lemma 14.4.5: P 내의 벡터 $\boldsymbol{v}$가 꼭지점이 될 필요충분조건은 $\boldsymbol{v}$가 n개 일차독립인 일차 부등식을 *등호를 포함하여* 만족하는 것이다.

단순화한 식단 문제를 고려해 보자. $x + 8y = 2, x + 2y = 1$을 만족하는 점은 꼭지점이다.

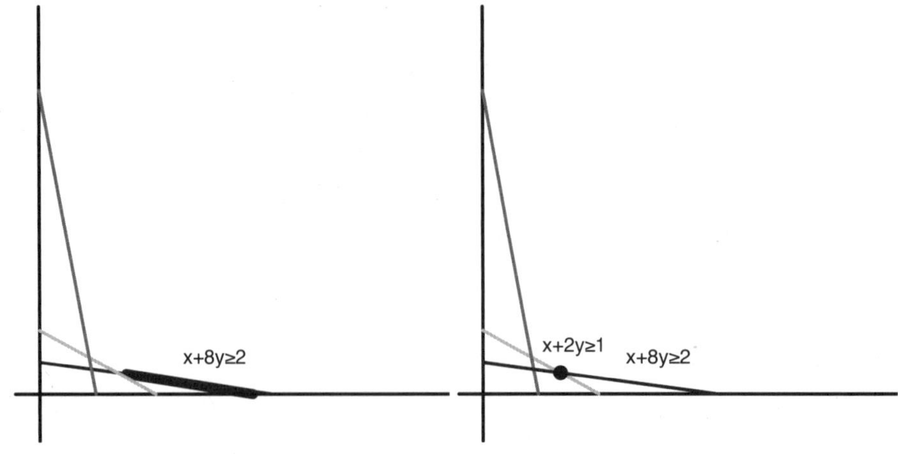

다른 꼭지점들은 $10x + 2y = 5, y = 0$을 만족하는 점, $x + 8y = 2, x = 0$을 만족하는 점, 그리고 원점이다.

$10x + 2y = 5, x + 2y = 1$을 만족하는 점은 어떤가? 이 점은 실현 가능하지 않아 꼭지점을 구성하지 않는다.

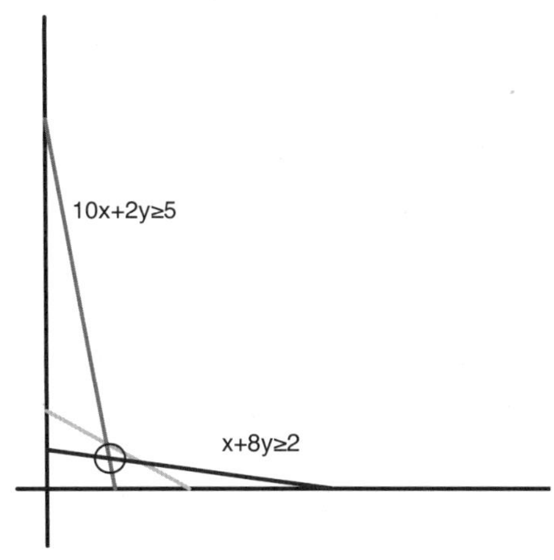

14.5 다면체의 꼭지점인 최적의 솔루션

꼭지점들에 대해 좋은 점은 선형프로그램에 대한 솔루션을 찾을 때 (보통은) 꼭지점만 신경쓰면 된다는 것이다.

Theorem 14.5.1: 다음 선형프로그램을 고려해 보자.

$$\min\{\boldsymbol{c}\boldsymbol{x} \;:\; A\boldsymbol{x} \geq \boldsymbol{b}\} \tag{14.4}$$

A의 열들은 일차독립이고 이 선형프로그램은 값을 가진다고 해 보자. 그러면, 최적의 솔루션인 대응하는 다면체 $P = \{\boldsymbol{x} \;:\; A\boldsymbol{x} \geq \boldsymbol{b}\}$의 꼭지점이 있다.

현실에서 발생되는 많은 선형프로그램은 A의 열들이 일차독립인 성질을 가진다. 더욱이, 선형프로그램을 이러한 성질을 가지는 동등한 선형프로그램으로 변환하는 방법들이 있다.

14.6 선형프로그램에 대한 열거 알고리즘

이 theorem은 Theorem 14.5.1의 조건들을 만족하는 선형프로그램 $\min\{\boldsymbol{c}\boldsymbol{x} \;:\; A\boldsymbol{x} \geq \boldsymbol{b}\}$에 대한 최적의 솔루션을 찾는 방법을 제안한다. 여기서, Theorem 14.5.1의 조건들은 모든 꼭지점에 대해 시도해 보는 것이다. 이 알고리즘은 *열거*(enumerative) 알고리즘이라고 하는데, 이유는 꼭지점들을 열거하기 때문이다.

꼭지점들을 열거하기 위해, 알고리즘은 A의 행들로 구성되는 모든 n 부분집합들을 열거한다. 여기서, n은 A의 열들의 개수이다.

열거 알고리즘에 대해 좀 더 자세하게 기술하면 다음과 같다.

- A의 행들로 구성된 각각의 n-원소 부분집합 $R_\square$에 대해, 만약 이러한 행들에 의해 형성된 행렬 $A_\square$가 가역적이면,
  - $\boldsymbol{v}$는 대응하는 시스템 $A_\square\boldsymbol{x} = \boldsymbol{b}_\square$에 대한 솔루션이라 하고,
  - $\boldsymbol{v}$가 모든 제약조건 $A\boldsymbol{x} \geq \boldsymbol{b}$을 만족하는지 알아보자. 만약 만족한다면, 그것은 꼭지점이다.

- 각 꼭지점에서 목적값(objective value)을 계산하고 그 목적값이 가장 큰 꼭지점을 출력해 보자.

Example 14.6.1: 두 개의 부등식 $10x + 2y \geq 5$, $x + 2y \geq 1$을 고려해 보자. 이것들을 등식 $10x + 2y = 5, x + 2y = 1$으로 바꾸고 풀면 $x = 4/9$와 $y = 5/18$를 얻는다. 따라서, (x, y)는 직선 $10x + 2y = 5, x + 2y = 1$의 교점에 있는 꼭지점이다.

이 알고리즘에 필요한 단계는 유한하다. m개 제약조건이 있다고 해 보자. n-원소 부분집합의 개수는 $\binom{m}{n}$인데, 이 값은 만약 m과 n이 크면(그리고 m과 n이 가깝지 않으면) 엄청 큰 값이 된다. 알고리즘은 이 모든 부분집합을 고려해야 하므로 m이 작지 않으면 실행하는 데 많은 시간이 필요하다.

14.7 선형프로그램의 쌍대성(Duality)에 대한 소개

댄치그가 폰 노이만과의 운명적인 만남에서 배웠던 한 가지 아이디어는 *선형프로그램의 쌍대성*이었다. 한참 전에 아래 내용에 대해 알아보았다.

> V에 속하는 벡터들로 구성된 일차독립 집합의 최대 크기는 V를 생성하는 벡터들로 구성된 집합의 최소 크기와 동일하다.

지금 여기서 다루고 있는 것은 최소화 문제와 최대화 문제 사이의 관계와 유사한 것이다.

아래 두 선형프로그램을 살펴보자.

$$\min\{\boldsymbol{c} \cdot \boldsymbol{x} \ : \ A\boldsymbol{x} \geq \boldsymbol{b}\} \tag{14.5}$$

$$\max\{\boldsymbol{b} \cdot \boldsymbol{y} \ : \ \boldsymbol{y}^T A = \boldsymbol{c}, \boldsymbol{y} \geq 0\} \tag{14.6}$$

두 번째 선형프로그램은 첫 번째 것의 *듀얼*(dual)이라고 한다. 이런 관점에서, 첫 번째 것은 *프라이멀*(primal) 선형프로그램이라고 한다.

LP Duality Theorem에 따르면, 프라이멀 LP의 값은 듀얼 LP의 값과 동일하다. 보통 그렇듯이, 두 개의 양이 동일하다는 것을 증명하는 데는 각각이 다른 것보다 크지 않다는 것을 증명하는 것이 관련된다. 여기서, 최소화 LP의 값은 최대화 LP의 값보다 작지 않다는 것을 증명한다. 이것은 *약한 쌍대성*(weak duality)이라고 한다.

Lemma 14.7.1 (Weak Duality): 최소화 LP(프라이멀)의 값은 최대화 LP(듀얼)보다 크거나 같다.

Proof

$\hat{\boldsymbol{x}}$와 $\hat{\boldsymbol{y}}$은 각기 프라이멀 및 듀얼 선형프로그램에 대한 임의의 실현 가능한 솔루션이라 하자. $\hat{\boldsymbol{y}}A = \boldsymbol{c}$이므로 다음이 성립한다.

$$\boldsymbol{c} \cdot \hat{\boldsymbol{x}} = (\hat{\boldsymbol{y}}^T A)\hat{\boldsymbol{x}} = \hat{\boldsymbol{y}}^T (A\hat{\boldsymbol{x}})$$

마지막 표현은 합이다.

$$\sum_i \hat{\boldsymbol{y}}[i]\,(A\hat{\boldsymbol{x}})[i] \tag{14.7}$$

여기서, $\hat{\boldsymbol{y}}[i]$와 $(A\hat{\boldsymbol{x}})[i]$는 각기 $\hat{\boldsymbol{y}}$와 $A\hat{\boldsymbol{x}}$의 엔트리 i를 나타내는 데 사용된다. $\hat{\boldsymbol{x}}$은 프라이멀 LP에 대한 실현 가능한 솔루션이므로, $A\hat{\boldsymbol{x}} \geq \boldsymbol{b}$이다. 이것은 각 i에 대해 다음을 의미한다.

$$(A\hat{\boldsymbol{x}})[i] \geq \boldsymbol{b}[i]$$

이 부등식의 양변에 $\boldsymbol{y}[i]$를 곱하고 $\boldsymbol{y}[i] \geq 0$임을 사용하면 다음을 얻는다.

$$\boldsymbol{y}[i]\,(A\hat{\boldsymbol{x}})[i] \geq \boldsymbol{y}[i]\,\boldsymbol{b}[i]$$

이 부등식을 모든 라벨 i에 대해 합하면 다음과 같다.

$$\sum_i \hat{\boldsymbol{y}}[i]\,(A\hat{\boldsymbol{x}})[i] \geq \sum_i \boldsymbol{y}[i]\,\boldsymbol{b}[i]$$

우변은 $\boldsymbol{y} \cdot \boldsymbol{b}$이다. 그러므로, 아래 식이 증명된다.

$$\boldsymbol{c} \cdot \hat{\boldsymbol{x}} \geq \boldsymbol{y} \cdot \boldsymbol{b}$$

□

약한 쌍대성을 증명하는 것은 완전 쌍대성(full duality) 정리를 증명하는 과정이다. 프라이멀 실행가능 솔루션 $\hat{\boldsymbol{x}}$와 듀얼 실현 가능 솔루션 $\hat{\boldsymbol{y}}$가 존재한다는 것을 보여 줄 수 있다고 해 보자. 이때, 대응하는 목적함수 값 $\boldsymbol{c} \cdot \hat{\boldsymbol{x}}$와 $\hat{\boldsymbol{y}} \cdot \boldsymbol{b}$는 동일하다.

- 약한 쌍대성에 의하면, $\boldsymbol{c} \cdot \hat{\boldsymbol{x}}$은 $\hat{\boldsymbol{y}} \cdot \boldsymbol{b}$보다 작을 수 없다. 그래서, $\boldsymbol{c} \cdot \hat{\boldsymbol{x}}$은 사실상 이룰 수 있는 최소이고 이 값은 최소화 LP의 값이다.
- 마찬가지로, $\hat{\boldsymbol{y}} \cdot \boldsymbol{b}$는 $\boldsymbol{c} \cdot \hat{\boldsymbol{x}}$보다 더 클 수 없다. 그래서, $\hat{\boldsymbol{y}} \cdot \boldsymbol{b}$는 최대값이다.

따라서, 값들이 동일한 프라이멀 및 듀얼 실현 가능 솔루션들을 단순히 보여 주는 것은 이들 솔루션이 사실상 최적이라는 것을 의미한다.

이 값들이 동일하게 되는 조건을 유도하기 위해, $\boldsymbol{y}[i]\,(A\hat{\boldsymbol{x}})[i] \geq \boldsymbol{y}[i]\,\boldsymbol{b}[i]$인 것을 보여 주는 논의를 좀 더 주의 깊게 알아보자.

Lemma 14.7.2 (Complementary Slackness): $\hat{\boldsymbol{x}}$와 $\hat{\boldsymbol{y}}$은 각기 최대화 및 최소화 LP에 대한 실현 가능 솔루션이라 해 보자. 만약 각 i에 대해 $(A\hat{\boldsymbol{x}})[i] = \boldsymbol{b}[i]$ 또는 $\boldsymbol{y}[i] = 0$이면, 이 솔루션들의 값들은 동일하고 솔루션들은 최적이다.

Proof

약한 쌍대성을 증명할 때 다음이 성립함을 보였다.

$$\boldsymbol{c} \cdot \hat{\boldsymbol{x}} = \sum_i \hat{\boldsymbol{y}}[i]\,(A\hat{\boldsymbol{x}})[i] \tag{14.8}$$

그리고, 각각의 i에 대해 다음이 성립함을 보였다.

$$\boldsymbol{y}[i](A\hat{\boldsymbol{x}})[i] \geq \boldsymbol{y}[i]\,\boldsymbol{b}[i] \tag{14.9}$$

아래 내용에 주목해 보자.

- 만약 $(A\hat{\boldsymbol{x}})[i] = \boldsymbol{b}[i]$이면, 좌변과 우변은 사실상 동일하다
- 만약 $\boldsymbol{y}[i] = 0$이면, 좌변과 우변은 둘 다 영이고, 그래서 동일하다

이 둘 중 어느 경우이든 다음이 성립한다.

$$\boldsymbol{y}[i](A\hat{\boldsymbol{x}})[i] = \boldsymbol{y}[i]\boldsymbol{b}[i] \tag{14.10}$$

따라서, 만약 각 i에 대해 $(A\hat{\boldsymbol{x}})[i] = \boldsymbol{b}[i]$ 또는 $\boldsymbol{y}[i] = 0$이면, 식 (14.10)을 모든 i에 대해 더하면 다음이 얻어진다.

$$\sum_i \boldsymbol{y}[i](A\hat{\boldsymbol{x}})[i] = \sum_i \boldsymbol{y}[i]\boldsymbol{b}[i]$$

이것은 식 (14.8)에 의해 $\boldsymbol{c}\cdot\hat{\boldsymbol{x}} = \boldsymbol{y}\cdot\boldsymbol{b}$임을 의미한다. □

Complementary-Slackness 조건들은 최적성(optimality)을 증명하는 기법을 제공한다. 이 기법을 다음에 다루는 알고리즘에 사용할 것이다. 이 알고리즘은 듀얼 역할을 하고, 선형프로그램을 푸는 효과적인 방법을 제공하며, 본질적으로 쌍대성을 증명한다.

*본질적으로*란 단어를 사용한 이유는 또 다른 가능성이 있기 때문이다. 프라이멀 또는 듀얼은 실현 가능하지 않거나 또는 바운드되지 않을 수 있다. 심플렉스 알고리즘은 프라이멀 LP가 바운드되지 않는다는 것을 알면 종료된다.

14.8 심플렉스 알고리즘

조지 댄치그에 의한 심플렉스 알고리즘을 소개한다. 이 알고리즘은 다면체의 꼭지점들을 반복적으로 검사하여 어느 것이 최상인지 결정한다. 심플렉스 알고리즘이 모든 꼭지점들을 방문하게 하는 잘못된 선형프로그램이 있지만, 대부분의 선형프로그램의 경우 방문하는 꼭지점의 수는 그렇게 많지 않고 알고리즘은 결과적으로 아주 실용적이다.

심플렉스 알고리즘은 다년간 연구되고 개선되어 실행시간을 줄이는 다양한 기법들이 있다. 여기서는 아주 기본적인 버전에 대해서 살펴볼 것이다(아마 이런 버전은 실제로 사용하지는 않을 것이다).

심플렉스 알고리즘은 다음의 반복적인 방법을 사용하여 최적의 꼭지점을 찾는다. 일단, 하나의 꼭지점 $\boldsymbol{v}$를 검사하고 또 다른 꼭지점을 검사할 준비가 되면, 방문할 다음 꼭지점은 $\boldsymbol{v}$와 모서리를 공유해야 한다. 더욱이, 가장 중요한 것은 알고리즘이 다음 꼭지점을 선택하는 방식이다. 이 방식은 새로운 꼭지점에 대한 목적함수의 값이 현재 꼭지점에 대한 목적함수의 값보다 더 나쁘지 않게 보장하도록 다음 꼭지점을 선택하는 것이다. 이상적으로는 새로운 꼭지점의 값은 사실상 이전 꼭지점에서의 값보다 더 낫다. 이것은 알고리즘이 현재 이터레이션에서 진전이 이루어지게 한다. 비록 이것은 사실일 가능성이 많지만 알고리즘이 현재 꼭지점을 나타내는 방식 때문에 보장되지는 않는다는 것을 알아볼 것이다.

이런 전략으로는 어려움이 발생한다. 선형프로그램과 관련된 다면체가 꼭지점을 가지지 않으면

어떻게 하는가? 다면체는 꼭지점을 가진다고 가정하고 이 문제는 다루지 않을 것이다(이것은 A의 열들이 일차독립이라고 가정하면 충분하다).

또 다른 어려움이 있다. 이 알고리즘은 시작할 꼭지점을 어떻게 찾는가? 이것을 위한 기법이 있으며 나중에 다룰 것이다.

14.8.1 종료(Termination)

알고리즘은 언제 종료해야 하는지 어떻게 아는가? 방법은 선형프로그램의 쌍대성을 사용하는 것이다.

선형프로그램 $\min\{\boldsymbol{c}\cdot\boldsymbol{x} \,:\, A\boldsymbol{x} \geq \boldsymbol{b}\}$에 대응하는 듀얼 선형프로그램은 $\max\{\boldsymbol{y}\cdot\boldsymbol{b} \,:\, y^T A = \boldsymbol{c}, \boldsymbol{y} \geq 0\}$이다. 앞에서 증명한 약한 쌍대성에 따르며, 만약 $\hat{\boldsymbol{x}}$와 $\hat{\boldsymbol{y}}$가 각기 프라이멀 및 듀얼 선형프로그램에 대한 실현 가능 솔루션이고 $\boldsymbol{c}\hat{\boldsymbol{x}} = \hat{\boldsymbol{y}}^T\boldsymbol{b}$이면, $\hat{\boldsymbol{x}}$와 $\hat{\boldsymbol{y}}$는 *최적의* 솔루션이다. 각 단계에서, 심플렉스 알고리즘은 원래의 선형프로그램에 대한 실현 가능 솔루션 $\hat{\boldsymbol{x}}$와 $\boldsymbol{c}\hat{\boldsymbol{x}} = \hat{\boldsymbol{y}}\boldsymbol{b}$를 만족하는 벡터 $\hat{\boldsymbol{y}}$을 구할 것이다. 만약 $\hat{\boldsymbol{y}}$가 실현 가능 솔루션이면, 그것과 $\hat{\boldsymbol{x}}$은 최적이다. 만약 $\hat{\boldsymbol{y}}$가 실현 가능 솔루션이 아니면 심플렉스 알고리즘은 또 다른 단계를 취할 것이다.

14.8.2 현재 솔루션 나타내기

R은 A의 행-라벨들의 집합(그리고, $\boldsymbol{b}$에 대한 라벨들의 집합)이라 하자. 그리고 n은 열들의 개수라고 하자. 열거 알고리즘처럼, 심플렉스 알고리즘은 꼭지점들을 정의하는 n-행 *서브시스템* $A_\square\boldsymbol{x} \geq \boldsymbol{b}_\square$에 대해 이터레이션함으로써(즉, $A_\square\boldsymbol{x} = \boldsymbol{b}_\square$에 대한 유일한 솔루션이 꼭지점이 되게) 꼭지점들에 대해 반복적으로 수행한다. 알고리즘은 변수 $R_\square$을 사용하여 현재 서브시스템을 추적한다. 여기서, 현재 서브시스템의 값은 R의 n-원소 부분집합이다.

하지만, 서브시스템과 꼭지점들 사이에 완벽한 대응은 유지되지 않는다.

- $A_\square$의 행들이 일차독립인 임의의 서브시스템 $A_\square\boldsymbol{x} \geq \boldsymbol{b}_\square$에 대해, 대응하는 행렬 방정식 $A_\square\boldsymbol{x} = \boldsymbol{b}_\square$을 만족하는 유일한 벡터 $\hat{\boldsymbol{x}}$가 있다. 하지만, $\hat{\boldsymbol{x}}$은 다른 일차 부등식들을 만족하지 않을 수 있고, 이러한 경우 꼭지점이 되지 않는다.

- 어떤 선형프로그램에서는 몇 개의 다른 서브시스템들이 동일한 꼭지점 $\boldsymbol{v}$를 생기게 한다. 이러한 현상은 *퇴화*(degeneracy)라고 한다. 기하학적으로, 이것은 $\boldsymbol{v}$가 n보다 더 많은 반공간의 경계에 있다는 것을 의미한다. 예를 들어, 3 차원에서 꼭지점이 3개보다 더 많은 평면들의 교점에 있는 것이다.

특별히 첫 번째 이슈는 심플렉스 구현에 대한 입력이 꼭지점에 대응하는 집합 $R_\square$을 포함하도록 함으로써 회피한다. 심플렉스 알고리즘은 어떤 단계를 취할 때마다 $R_\square$이 꼭지점에 대응하게 유지하도록 보장함으로써 나머지를 처리할 것이다.

퇴화 때문에, 심플렉스 알고리즘의 몇몇 이터레이션은 모두 동일한 꼭지점에 대응하는 몇몇 다른 집합들 $R_\square$을 포함할 수 있다. 이러한 이유 때문에, 심플렉스 알고리즘이 루프에서 빠져나오지 못하는 상황이 발생하지 않도록 하기 위한 조치가 필요하다.

14.8.3 피봇 단계(Pivot step)

심플렉스 알고리즘의 이터레이션은 *피봇*(pivot) 단계라고 한다. 이제, 피봇 단계에 대해 상세히 기술한다.

$R_\square$은 A의 n개 행-라벨들로 구성된 집합이고, A의 대응하는 행들은 일차독립이며, 대응하는 벡터 $\hat{\boldsymbol{x}}$은 꼭지점이라 가정하자.

서브시스템 추출 $A_\square$는 라벨들이 $R_\square$에 있는 행들로 구성된 A의 부분행렬(submatrix)이라 하자. $\boldsymbol{b}_\square$는 라벨들이 $R_\square$에 있는 엔트리들로 구성된 $\boldsymbol{b}$의 부분벡터(subvector)라고 하자.

```
A_square = Mat((R_square, A.D[1]), {(r,c):A[r,c] for r,c in A.f if r in R_square})
b_square = Vec(R_square, {k:b[k] for k in R_square})
```

현재 꼭지점의 위치 찾기 시스템 $A_\square \boldsymbol{x} = \boldsymbol{b}_\square$를 풀어서 현재 꼭지점 $\hat{\boldsymbol{x}}$을 얻는다.

```
x = solve(A_square, b_square)
```

모든 $r \in R_\square$에 대해, 다음이 성립한다.

$$(A\hat{\boldsymbol{x}})[r] = \boldsymbol{b}[r] \tag{14.11}$$

듀얼 LP에 대한 가능한 실현 가능 솔루션 찾기 시스템 $\boldsymbol{y}_\square A_\square = \boldsymbol{c}$를 푼다. $\hat{\boldsymbol{y}}_\square$은 솔루션이라고 하자.

```
y_square = solve(A_square.transpose(), c)
```

$R_\square$은 $\hat{\boldsymbol{y}}_\square$의 라벨-집합이다. $\hat{\boldsymbol{y}}$은 정의역 R을 가지는 벡터라고 하자. 이 정의역은 R에 속하는 각 라벨에 대해 $R_\square$의 정의역에 속하지 않는 것에 영을 넣음으로써 $\hat{\boldsymbol{y}}_\square$으로부터 구해진다. 파이썬으로는 다음과 같이 쓸 것이다.

```
y = Vec(R, y_square.f) # uses sparsity convention
```

그러므로, R 내에 있지만 $R_\square$에 있지 않는 모든 r에 대해, 다음이 성립한다.

$$\boldsymbol{y}[r] = 0 \tag{14.12}$$

만약 $\hat{\boldsymbol{y}}$의 모든 엔트리가 음수가 아니면 $\hat{\boldsymbol{y}}$은 듀얼 선형프로그램에 대한 실현 가능 솔루션이다. 더욱이, 이러한 경우, 식 (14.11) 및 (14.12)와 Complementary Slackness Lemma에 의해 $\hat{\boldsymbol{y}}$와 $\hat{\boldsymbol{x}}$은 각 선형프로그램에 대한 최적의 솔루션이고 심플렉스 알고리즘 실행이 종료된다.

```
if min(y.values()) >= 0: return ('OPTIMUM', x) #found optimum!
```

그렇지 않다면, 어느 방향으로 단계를 취할지 선택해야 한다. r^-은 $\hat{\boldsymbol{y}}$의 엔트리가 음수인 라벨이다.[1]

```
R_leave = {i for i in R if y[i] < 0} #labels at which y is negative
r_leave = min(R_leave, key=hash) #choose first label where y is negative
```

$\boldsymbol{d}$는 라벨 집합이 R인 벡터라고 하자. 이 벡터의 엔트리 r^-은 1이고 모든 다른 엔트리들은 영이다. $\boldsymbol{w}$는 $A_\square \boldsymbol{x} = \boldsymbol{d}$에 대한 유일한 솔루션이라 하자.

[1] 무한 루프에 빠지는 것을 방지하기 위해, r^-은 정렬된 순서로 첫 번째 그러한 라벨이어야 한다.

```
d = Vec(R_square, {r_leave:1})
w = solve(A_square, d)
```

$\boldsymbol{w}$가 목적함수를 감소시키는 방향으로 움직이면, 임의의 양수 δ에 대해 다음이 성립한다.

$$\boldsymbol{c}\cdot(\hat{\boldsymbol{x}}+\delta\,\boldsymbol{w})-\boldsymbol{c}\cdot\hat{\boldsymbol{x}} = \delta(\boldsymbol{c}\cdot\boldsymbol{w}) = \delta\,(\hat{\boldsymbol{y}}^T A)\cdot\boldsymbol{w} = \delta\,\hat{\boldsymbol{y}}^T(A\boldsymbol{w}) = \delta\,\hat{\boldsymbol{y}}^T\boldsymbol{d} = \delta\sum_i \boldsymbol{y}[i]\boldsymbol{d}[i] = \delta\,\boldsymbol{y}[r^-] < 0$$

더욱이, $r \neq r^-$을 만족하는 $A_\square$의 임의의 행 $\boldsymbol{a}_r$에 대해 $d_r = 0$이므로, 다음과 같이 쓸 수 있다.

$$\boldsymbol{a}_r \cdot \boldsymbol{w} = 0$$

그래서, 다음이 얻어진다.

$$\boldsymbol{a}_r \cdot (\hat{\boldsymbol{x}} + \delta\,\boldsymbol{w}) = \boldsymbol{a}_r \cdot \hat{\boldsymbol{x}} + \delta 0 = \boldsymbol{a}_r \cdot \hat{\boldsymbol{x}} = b_r$$

따라서, 대응하는 부등식 $\boldsymbol{a}_r\cdot\boldsymbol{x} \geq b_r$은 엄격하게 유지되고 δ에 대한 값을 선택하도록 유지된다.

R^+은 A의 행 $\boldsymbol{a}_i$의 라벨들로 구성된 집합이라 하자. 이때, $\boldsymbol{a}_i \cdot \boldsymbol{w} < 0$이다.

```
Aw = A*w # compute once because we use it many times
R_enter = {r for r in R if Aw[r] < 0}
```

만약 R^+가 공집합이면, 선형프로그램의 목적값은 무한대이고 심플렉스 알고리즘은 실행 종료된다.

```
if len(R_enter)==0: return ('UNBOUNDED', None)
```

그렇지 않으면, R^+ 내의 각 r에 대해, 다음과 같이 표현하자.

$$\delta_r = \frac{\boldsymbol{a}_r \cdot \hat{\boldsymbol{x}} - \boldsymbol{b}_r}{\boldsymbol{a}_r \cdot \boldsymbol{w}}$$

$\delta = \min\{\delta_r \ : \ r \in R^+\}$이라 하자. r^+은 $\delta_{r^+} = \delta$를 만족하는 라벨[2]이라 하자.

```
Ax = A*x # compute once because we use it many times
delta_dict = {r:(b[r] - Ax[r])/(Aw[r]) for r in R_enter}
delta = min(delta_dict.values())
r_enter = min({r for r in R_enter if delta_dict[r] == delta}, key=hash)[0]
```

$R_\square$에서 r^-을 제거하고 r^+을 $R_\square$에 추가한다.

```
R_square.discard(r_leave)
R_square.add(r_enter)
```

심플렉스 알고리즘은 일련의 이러한 피봇 단계들로 구성된다. 결국,[3] 심플렉스 알고리즘은 최적의 솔루션을 찾았음을 발견하거나 또는 LP가 바운드되지 않음을 발견하게 된다.

위에서 개요를 보여준 알고리즘은 모듈 simplex의 프로시저, simplex_step과 optimize에 주어진다. 한 가지 중요한 차이가 있다. 알고리즘이 부동소수 연산에 대해 동작하기 위해서는 숫자가 “충분히 음수이면(negative enough)”, 즉, 예를 들어 -10^{-10}보다 작으면 그 수를 음수로 고려한다.

[2]무한 루프에 빠지는 것을 방지하기 위해, r^+는 정렬된 순서로 첫 번째 그러한 라벨이어야 한다.

[3]심플렉스 알고리즘이 절대로 무한 루프에 빠지지 않게 보장하도록 r^-와 r^+를 선택할 수 있다는 것을 보여줄 수 있다.

14.8.4 간단한 예

작은 식단 문제를 가지고 살펴보자. 제약 조건은 아래와 같다.

$$\begin{aligned}
\texttt{C}: 2 * \text{rice} + 10 * \text{lard} &\geq 5 \\
\texttt{D}: 2 * \text{rice} + 1 * \text{lard} &\geq 1 \\
\texttt{E}: 8 * \text{rice} + 1\text{lard} &\geq 2 \\
\texttt{rice-nonneg}: \text{rice} &\geq 0 \\
\texttt{lard-nonneg}: \text{lard} &\geq 0
\end{aligned}$$

이것은 $A\boldsymbol{x} \geq \boldsymbol{b}$로 표현될 수 있고, 여기서 A와 $\boldsymbol{b}$는 다음과 같다.

$A =$

	rice	lard
C	2	10
D	2	1
E	8	1
lard-nonneg	0	1
rice-nonneg	1	0

$\boldsymbol{b} =$

C	5
D	1
E	2
lard-nonneg	0
rice-nonneg	0

목적함수는 $\boldsymbol{c} \cdot \boldsymbol{x}$이고, 여기서 $\boldsymbol{c} =$

rice	lard
1	1.7

이다.

부등식 E와 `rice-nonneg`를 타이트(tight)하게 하는 점을 시작 꼭지점으로 사용할 것이며, 이 점은 아래 방정식들을 만족한다.

$$\begin{aligned}
8 * \text{rice} + 1 * \text{lard} &= 2 \\
1 * \text{rice} &= 0
\end{aligned}$$

따라서, $R_\square =$ {E, `rice-nonneg`}이고 $A_\square$ 및 $\boldsymbol{b}_\square$는 다음과 같다.

$A_\square =$

	rice	lard
E	8	1
rice-nonneg	1	0

$\boldsymbol{b}_\square =$

E	2
rice-nonneg	0

방정식 $A_\square \boldsymbol{x} = \boldsymbol{b}_\square$를 풀어 아래 솔루션을 얻는다.

$\hat{\boldsymbol{x}} =$

rice	lard
0.0	2.0

방정식 $\boldsymbol{y}_\square^T A = \boldsymbol{c}$를 풀어 솔루션으로서 다음을 얻는다.

$\hat{\boldsymbol{y}}_\square =$

rice-nonneg	E
-12.6	1.7

$\hat{\boldsymbol{y}}$의 나머지 엔트리들을 영으로 채우면 다음 벡터가 얻어진다.

$\hat{\boldsymbol{y}} =$

rice-nonneg	lard-nonneg	C	D	E
-12.6	0	0	0	1.7

$\hat{\boldsymbol{y}}$의 대응하는 엔트리가 음수이므로, 제거되는 제약조건이 `rice-nonneg`가 되게 선택한다(보통, 이러한 엔트리가 하나 이상 있을 수 있다).

이제, 어느 방향으로 움직일지 방향 $\boldsymbol{w}$를 선택한다. $\boldsymbol{d}$는 $R_\square$-벡터라고 하고, 이 벡터의 유일한 영이 아닌 값은 제거되는 제약조건에 대응하는 엔트리의 값 1이다. $\boldsymbol{w}$는 $A_\square \boldsymbol{w} = \boldsymbol{d}$를 만족하는 벡터라고 하자. 즉, $\boldsymbol{w} =$

rice	lard
1.0	-8.0

이다. $\hat{\boldsymbol{x}}$에 $\hat{\boldsymbol{x}} + \delta\boldsymbol{w}$를 대입하여 이것을 확인해 보자.

1. 목적함수의 값을 개선한다.

2. 제거되는 제약조건을 위반하지 않는다.

3. $R_\square$ 내의 다른 제약조건의 엄격성(tightness)을 보존한다.

목적함수에서 변경된 것은 $\delta(\boldsymbol{c} \cdot \boldsymbol{w})$이며, 이것은 $\delta(1 \cdot 1.0 + 1.7 \cdot -8)$이므로 -12.6δ이다. 이 변경은 음수(양수의 δ에 대해)이므로, 목적함수의 값은 줄어든다. 목적함수의 값을 최소화하고자 하므로 이 과정은 계속될 것이다.

$\boldsymbol{a}_r \cdot \boldsymbol{w} = 1$이 되게 $\boldsymbol{d}$를 선택하였다. 여기서, $\boldsymbol{a}_r$은 제거되는 제약조건에 대응하는 A의 행이다. 그러므로, 제약조건 $\boldsymbol{a}_r \cdot \boldsymbol{x} \geq b_r$의 좌변에서 변경된 것은 δ이고, 그래서 좌변은 증가하며, 그 결과 제약조건은 점점 느슨해 진다.

임의의 다른 제약조건 $\boldsymbol{a}_r\boldsymbol{x} \leq b_r$(여기서, $r \in R_\square$)에 대해 $\boldsymbol{a}_r \cdot \boldsymbol{w} = 0$이 되도록 $\boldsymbol{d}$를 선택하였다. 그래서, 변경은 제약조건의 좌변에 영향을 주지 않는다. 따라서, $R_\square$의 다른 제약조건은 엄격하게 유지된다.

다음으로, $R_\square$에 속하지 않는 어느 제약조건들이 이 변경의 결과로 엄격해지는지 찾는다. 임의의 그러한 제약조건 $\boldsymbol{a}_r \cdot \boldsymbol{x} \leq b_r$에 대해, 좌변은 $\boldsymbol{a}_r \cdot \boldsymbol{w}$가 음수인 경우에만 감소한다. 그러므로, 어느 제약조건들이 이 성질을 가지는지 결정하고자 한다. $A\boldsymbol{w}$를 계산하여 다음을 얻는다.

$A\boldsymbol{w} =$

rice-nonneg	lard-nonneg	C	D	E
1.0	-8.0	-78.0	-6.0	0.0

이 경우, $R_\square$에 속하지 않는 모든 제약조건들은 이 성질을 가진다. 이러한 제약조건들 중 어느 것이 가장 먼저 엄격해 질 것인지(δ를 증가함에 따라) 찾기 위해, 각 제약조건에 대한 다음의 비율을 계산한다.

$$\frac{\boldsymbol{b}[r] - (A\boldsymbol{x})[r]}{(A\boldsymbol{w})[r]}$$

각 제약조건에 대해, 대응하는 비율은 그 제약조건이 엄격해지기 위한 δ의 값이다. 비율은 아래와 같다.

```
{'C': 0.19, 'D': 0.17, 'lard-nonneg': 0.25}
```

따라서, 첫 번째로 엄격해지는 제약조건은 `D` 제약조건이다. 그러므로, 이 제약조건은 $R_\square$에 포함되어야 한다. 그러므로, $R_\square$에서 `rice-nonneg`를 제거하고 `D`를 추가한다. 이제, $R_\square =$\{`D`, `E`\}이다.

새로운 시스템 $A_\square \boldsymbol{x} = \boldsymbol{b}_\square$를 풀어 다음을 얻는다.

$\hat{\boldsymbol{x}} =$

rice	lard
0.17	0.67

시스템 $\boldsymbol{y}_\square A_\square = \boldsymbol{c}$를 풀면 다음이 얻어진다.

$\boldsymbol{y}_\square =$

D	E
2.1	-0.4

$\hat{\boldsymbol{y}}$의 다른 엔트리들을 영으로 채우면 다음을 얻는다.

$$\hat{\boldsymbol{y}} = \begin{array}{ccccc} \text{rice-nonneg} & \text{lard-nonneg} & \text{C} & \text{D} & \text{E} \\ \hline 0 & 0 & 0 & 2.1 & -0.4 \end{array}$$

그래서, 제거되는 제약조건은 `E`여야 한다.

이동할 방향을 나타내는 벡터 $\boldsymbol{w}$는 $\begin{array}{cc} \text{rice} & \text{lard} \\ \hline 0.17 & -0.33 \end{array}$ 이다. 엄격해질 수 있는 제약조건들은 `C`와 `lard-nonneg`이다. 어느 제약조건이 먼저 엄격하게 될 것인지 알아보기 위해, 대응하는 비율을 계산한다.

```
{'C': 0.67, 'lard-nonneg': 2.0}
```

그리고, `C`가 추가되는 제약조건이어야 한다고 결론을 내린다. `E`를 제거하고 `C`를 추가하여 $R_\square$을 업데이트한다. 이제, $R_\square$은 `C`와 `D`로 구성된다. $A_\square \boldsymbol{x} = \boldsymbol{b}_\square$를 풀어 다음을 얻는다.

$$\hat{\boldsymbol{x}} = \begin{array}{cc} \text{rice} & \text{lard} \\ \hline 0.28 & 0.44 \end{array}$$

$\boldsymbol{y}_\square = \boldsymbol{c}$를 풀어 다음을 얻는다.

$$\boldsymbol{y}_\square = \begin{array}{cc} \text{C} & \text{D} \\ \hline 0.13 & 0.37 \end{array}$$

그리고, $\hat{\boldsymbol{y}}$의 나머지 엔트리들을 영으로 채워 다음을 얻는다.

$$\hat{\boldsymbol{y}} = \begin{array}{ccccc} \text{rice-nonneg} & \text{lard-nonneg} & \text{C} & \text{D} & \text{E} \\ \hline 0 & 0 & 0.13 & 0.37 & 0 \end{array}$$

이것은 음이 아닌 벡터이므로, $\hat{\boldsymbol{y}}$은 듀얼에 대한 실현 가능 솔루션이고, 그래서 프라이멀과 듀얼 솔루션들(동일한 값 1.03을 가짐)은 각각의 선형프로그램에 대해 최적이다.

14.9 꼭지점 찾기

이제 모든 준비가 끝났다. 문제를 선형프로그램 문제 $\min\{\boldsymbol{c} \cdot \boldsymbol{x} : A\boldsymbol{x} \geq \boldsymbol{b}\}$로 구성하였고, 심플렉스 알고리즘이 어떻게 동작하는지 알았으며, 심지어 동작하는 심플렉스 알고리즘 코드도 있다. 남은 것은 이 코드를 실행하는 것이다. `optimize`에 대한 인자들을 살펴보자. 행렬 A, 벡터 $\boldsymbol{b}$의 우변, 목적함수 벡터 $\boldsymbol{c}$, 그리고... 이것은 무엇인가? 시작 꼭지점을 명시하는 행-라벨들의 라벨들로 구성된 집합 $R_\square$? 하지만, 다면체 $\{\boldsymbol{x} : A\boldsymbol{x} \geq \boldsymbol{b}\}$에 속하는 단 하나의 벡터도 아는 것이 없고 꼭지점은 더더욱 모른다!

걱정하지 말자. 심플렉스 알고리즘이 도와줄 수 있다. 방법은 풀고자 하는 선형프로그램을 새로운 선형프로그램으로 변환하는 것이다. 이때, 이 새로운 선형프로그램은 약간 더 큰 선형프로그램으로 꼭지점을 쉽게 계산할 수 있고 그 솔루션은 원래의 꼭지점을 제공한다. 행렬 A는 $m \times n$ 행렬이라 해 보자. A의 열들은 일차독립이라고 가정하므로, $m \geq n$이다.

알고리즘은 다음 그림과 같이 도시할 수 있다.

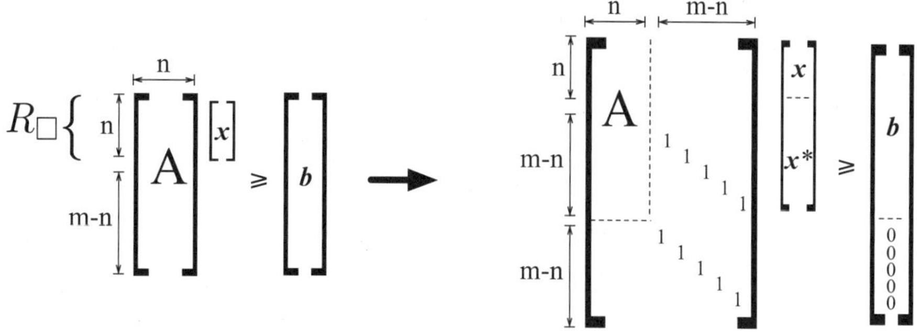

$R_\square$은 행-라벨들의 n-원소 부분집합이라 하자. $\hat{\boldsymbol{x}}$은 등호를 포함하여 대응하는 제약조건을 만족하는 벡터라고 하자.

```
A_square = Mat((R_square, A.D[1]),
               {(r,c):A[r,c] for r,c in A.f if r in R_square})
b_square = Vec(R_square, {k:b[k] for k in R_square})
x = solve(A_square, b_square)
```

(만약 $\hat{\boldsymbol{x}}$이 모든 제약조건을 다 만족하면 그것은 꼭지점이지만, 이런 경우가 발생할 가능성은 매우 낮다). 이제, 알고리즘은 각 제약조건마다 하나씩 $m-n$개의 새로운 변수를 생성한다. 이때, 각 제약조건의 라벨 r은 $R_\square$에 속하지 않는다.

$R_\square$에 속하지 않는 행-라벨 r에 대해, r^*을 사용하여 새로운 변수와 새로운 제약조건을 식별하는 새로운 라벨을 나타낸다. x_{r^*}는 제약조건 r에 대응하는 새로운 변수를 나타내는 데 사용된다. 그러면, 새로운 제약조건은 다음과 같다.

$$r^*: \quad x_{r^*} \geq 0$$

알고리즘은 또한 이 새로운 변수 x_{r^*}을 제약조건 r에 추가한다. 반면에, 제약조건 r이 아래 형태를 가지기 이전에

$$r: \quad \boldsymbol{a} \cdot \boldsymbol{x} \geq \boldsymbol{b}[r]$$

알고리즘은 그것을 다음과 같이 변경한다.

$$r: \quad \boldsymbol{a} \cdot \boldsymbol{x} + x_{r^*} \geq \boldsymbol{b}[r]$$

만약 원래의 제약조건이 $\hat{\boldsymbol{x}}$에 의해 만족되지 않으면($\boldsymbol{a} \cdot \hat{\boldsymbol{x}}$은 $\boldsymbol{b}[r]$보다 더 작다), 이 새로운 제약조건은 x_{r^*}에 충분히 큰 값을 할당함으로써 만족될 수 있다. 사실, 정확하게 $\boldsymbol{b}[r] - \boldsymbol{a} \cdot \hat{\boldsymbol{x}}$을 x_{r^*}에 할당하는 것은 그 새로운 제약조건이 *등호를 포함하여* 만족된다는 것을 의미한다. 한편, 만약 원래의 제약조건이 $\hat{\boldsymbol{x}}$에 의해 만족되지 않으면($\boldsymbol{a} \cdot \hat{\boldsymbol{x}}$이 적어도 $\boldsymbol{b}[r]$이다), 그 새로운 제약조건은 만약 영을 x_{r^*}에 할당하면 여전히 만족된다. 그래서, 다음 제약조건은 등호를 포함하여 만족된다.

$$r: \quad x_{r^*} \geq 0$$

다음은 새로운 일차부등식의 시스템을 생성하는 코드이다. 이것은 프로시저 `new_name(r)`을 사용하여 r에서 라벨 r^*을 얻고, 프로시저 `dict_union`을 사용하여 딕셔너리들의 합집합을 계산한다.

```
A_x = A*x
missing = A.D[0].difference(R_square) # set of row-labels not in R_square
```

```
extra = {new_name(r) for r in missing}
f = dict_union(A.f,
               {(r,new_name(r)):1 for r in missing},
               {(e, e):1 for e in extra})
A_with_extra = Mat((A.D[0].union(extra), A.D[1].union(extra)), f)
b_with_extra = Vec(b.D.union(extra), b.f) # use sparsity convention
```

원래 n개의 변수가 있었다. 그래서, $R_\square$은 n개 행-라벨들을 가졌다. 알고리즘은 $m-n$개 변수들을 추가하였고 그래서 $m-n$개 행-라벨들을 $R_\square$에 추가하여 새로운 집합 $R^*_\square$을 얻어야 한다. 알고리즘은 위에서 개요를 서술한 논리를 따른다.

- 만약 제약조건 r이 $\hat{\boldsymbol{x}}$에 의해 만족되지 않으면, r을 $R^*_\square$에 포함한다
- 만약 제약조건 r이 $\hat{\boldsymbol{x}}$에 의해 만족되면, r^*을 $R^*_\square$에 포함한다

결과는 증가된 선형프로그램에서 라벨들이 $R^*_\square$에 있는 제약조건들이 꼭지점을 정의한다는 것이다. 코드는 다음과 같다.

```
new_R_square = R_square |
               {r if A_x[r]-b[r] < 0 else new_name(r) for r in missing}
```

알고리즘은 이 꼭지점을 시작 꼭지점으로 사용하여 심플렉스를 실행할 수 있다. 무엇이 최소화되는가? 심플렉스를 실행하는 목적은 모든 변수들 x_{r^*}이 영으로 설정되는 꼭지점을 찾는 것이다. 그러므로, 목적함수는 모든 새로운 변수들의 합이 되게 설정된다.

```
c = Vec(A.D[1].union(extra), {e:1 for e in extra})
answer= optimize(A_with_extra, b_with_extra, c, new_R_square)
```

만약 심플렉스가 목적함수 값이 영이 되는 솔루션을 찾는다면, 이 솔루션은 원래의 선형프로그램의 꼭지점에 대응한다.

```
basis_candidates=list(new_R_square | D[0])
R_square.clear()
R_square.update(set(basis_candidates[:n]))
```

만약 그렇지 않다면, 원래 선형프로그램의 시스템은 솔루션이 없어야 한다.

전체 프로시저 `find_vertex`은 모듈 `simplex`에 포함되어 있다.

14.10 게임이론

게임이론의 목적은 전략적 의사결정을 모델링하는 것이다. 이 주제는 중요하며 매우 광범위하게 적용된다. 초기에는 군사 계획에, 더욱 최근에는 생물학, 경매, 심지어 인터넷 라우팅(routing)에도 사용된다.

여기서는 매우 단순한 모델을 살펴볼 것이다.

- 두 명의 플레이어
- 완전한 정보(complete information)

- 결정론적 게임(deterministic game)

또한, 게임은 아주 간단하다고 가정할 것이다. 각 플레이어는 한 번 움직이고, 플레이어들은 동시에 게임을 한다.

게임이론의 목적은 사람들이 어떤 상황에 어떻게 응답할 것인지 예측하는 것이라고 주장할 수 있다. 하지만, 게임이론은 사람들에 대한 두 가지 가정을 필요로 한다. 사람들은 탐욕적이고(greedty) 의심이 많다(suspicious)는 가정이 필요하다. '탐욕적인(greedy)'이란 의미는 사람은 그가 할 수 있는 최대 이익을 추구할 것이라는 것이다. '의심 많은(suspicious)'이란 의미는 사람은 다른 플레이어도 또한 탐욕적이라고 가정할 것이라는 것이다.

두 명의 플레이어를 각각 *행 플레이어*와 *열 플레이어*라고 하자. m은 행 플레이어가 취할 수 있는 움직임의 개수라 하고, k는 열 플레이어가 취할 수 있는 움직임의 개수라고 하자.

이 게임은 두 개의 $m \times k$ 행렬, *행-플레이어 성과행렬*(payoff matrix) R 및 *열-플레이어 성과행렬* C에 의해 나타낼 수 있다. 이것들을 해석하는 방법은 아래와 같다.

> 행 플레이어는 움직임 i를 선택하고 열 플레이어는 움직임 j를 선택한다고 해 보자. 그러면, 행 플레이어는 R_{ij} 달러를 벌게 되고 열 플레이어는 C_{ij} 달러를 벌게 된다.

이것을 엄청 단순화하여 *제로섬 게임*(zero-sum game)을 고려해 보자. 만약 행 플레이어와 열 플레이어가 버는 돈이 각각 서로에게서 빼앗아 온 것이라면 게임은 제로섬이다. 많은 게임이 이렇다. 특히, 이것이 의미하는 것은 임의의 주어진 플레이에서 한 플레이어는 이기고 다른 플레이어는 진다는 것이다(비기는 것도 허용된다).

좀 더 공식적으로, 제로섬 게임에서 임의의 움직임 i, j에 대해, 행 플레이어의 성과는 열 플레이어의 성과의 정반대이다.

이러한 제약에서는 게임을 표현하는 데 하나의 행렬이면 충분하다. 예를 들어, 열 플레이어의 성과행렬이 C이면, 행 플레이어의 성과행렬은 $-C$라는 것을 유추할 수 있다. 이제, 이러한 게임을 왜 제로섬 게임이라고 하는지 알 수 있다. 임의의 움직임 i, j에 대해, 두 플레이어의 성과의 합은 영이다. 지금 부터는 열 플레이어의 성과행렬을 나타내는 데 A를 사용할 것이다.

	c	d
a	100	1
b	-2	-1

이 게임에서, 행 플레이어는 두 가지 가능한 움직임 a 및 b 를 가지고, 열 플레이어는 두 가지 가능한 움직임 c 및 d를 가진다. 표시된 성과는 열 플레이어의 성과이다.

열 플레이어는 100을 보고 탐욕스러워 질 수 있다. "만약 움직임 c를 선택하면 100을 얻을 가능성이 있다." 하지만, 만약 열 플레이어이가 그의 상대에 대해 추론하였다면, 그는 행 플레이어가 움직임 a를 선택하는 경우에만 100을 얻을 수 있는데, 만약 행 플레이어가 탐욕스럽다면 이런 경우는 절대 일어나지 않을 것이라는 것을 깨달을 것이다. 행 플레이어가 움직임 a를 선택할 이유가 없다. 그래서, 열 플레이어는 행 플레이어가 움직임 b를 선택할 것이라고 가정해야 한다. 이 경우, 열 플레이어가 얻을 수 있는 가능한 결과는 -2와 -1이다. 열 플레이어는 더 나은 결과를 얻기 위해 움직임 d를 선택해야 한다.

플레이어들은 "이성적으로"(즉, 탐욕과 의심을 가지고) 플레이 한다고 가정하면, 게임의 결과를 예측할 수 있다. 움직임은 b와 d일 것이고 성과는 -1일 것이다. 게임의 *값*(value)은 두 플레이어가 이성적으로 플레이할 때의 성과라고 정의한다. 이 게임에서 결과값은 100을 1000 또는 백만으로 바꾸어도 변하지 않는다.

열 플레이어의 생각은 다음과 같이 이해될 수 있다. “나는 상대방에게 가능한 최악의(가장 손해가 큰) 움직임에서 나의 성과를 최대화하는 전략을 선택하고자 한다. 즉, 상대방은 나의 전략을 추측하여 그의 최상의 대응전략을 선택할 수 있다고 가정한다. 나는 상대의 대응전략이 나에게 최소한의 영향을 미치도록 나의 전략을 선택하고자 한다.”

즉, 열 플레이어는 다음에 따라 선택한다.

$$\max_{\text{column strategy } j} \left(\min_{\text{row strategy } i} A_{ij} \right)$$

이것은 *최대최소*(maximin)라고 한다.

행 플레이어도 유사하게 선택한다. 개념은 같지만, 행렬 A는 열 플레이어의 성과를 나타내므로 행 플레이어는 값이 작은 엔트리들을 선호한다. 따라서, 행 플레이어는 다음에 따라서 선택한다.

$$\min_{\text{row strategy } i} \left(\max_{\text{column strategy } j} A_{ij} \right)$$

이것은 *최소최대*(minimax)라고 한다.

이제, ‘가위(scissors) 바위(rock) 보(papers)’를 고려해 보자. 다음은 성과행렬 A이다.

	paper	scissors	rock
paper	0	1	-1
scissors	-1	0	1
rock	1	-1	0

여기서 게임이론의 예측은 어떻게 되는가? 만약 행 플레이어가 항상 ‘보’를 선택할 납득할만한 이유가 있다면, 열 플레이어는 그 이유를 알게 될 것이고 그래서 이 선택을 예측할 수 있으므로 항상 ‘가위’를 선택한다. 행 플레이어가 선택할 수 있는 임의의 움직임에 대해 동일한 논리가 성립한다.

하나의 움직임을 선택하여 그것을 고수하는 전략은 순수전략(pure strategy)이라고 한다. 만약 플레이어들이 순수전략만을 사용하도록 제한된다면, 게임이론은 이 상황에 대해 얘기할 것이 없다.

열 플레이어가 최대최소 추론을 사용하려고 한다고 해 보자. “만약 나는 ‘보’를 선택하고 상대방이 그것을 안다면, 그는 ‘가위’를 선택하여 나를 이길 것이다(성과 -1). 마찬가지로 내가 ‘가위’ 또는 ‘바위’ 어느 순수전략을 선택하든 최대최소는 성과 -1을 예측한다.”

이와 달리 게임이론은 *혼합전략*(mixed strategy)을 고려한다. 혼합전략은 순수전략의 *확률분포*이다.

최대최소/최소최대 개념을 혼합전략에 적용할 수 있다. 열 플레이어는 그가 사용할 수 있는 각 혼합전략을 고려한다. 각각의 혼합전략에 대해, 그는 상대방이 취할 수 있는 최상의 대응전략을 알아낸다. 그것은 상대방의 순수전략을 고려하는 것으로 충분하다.[4] 그러면, 그는 상대방의 대응전략이 최소 영향을 미치도록 그의 전략을 선택한다.

이 경우, 성과는 행렬의 단일 엔트리가 아니라 랜덤 분포의 *기대값*(expected value)이다. 따라서, 열 플레이어는 다음을 고려한다.

$$\max_{\text{mixed strategies } \boldsymbol{x}} \left(\min_{\text{move } i} (\boldsymbol{x}\text{와 } i\text{에 대한 기대 성과}) \right)$$

여기서, $\boldsymbol{x}$는 열 플레이어의 움직임들에 대한 확률분포이다. 즉, $j = 1, \ldots, k$에 대해 $\boldsymbol{x}$의 엔트리 j는 움직임 j를 선택할 확률이다. “$\boldsymbol{x}$와 i에 대한 기대 성과”란 행 플레이어가 움직임 i를 선택하고 열 플레이어는 $\boldsymbol{x}$의 확률분포에 따라 움직임을 선택할 때 기대되는 성과를 의미한다. $A_{i\cdot}$는 A의 행 i라

[4]상대방의 전략을 여기서의 순수전략에 제한하는 것은 혼합전략을 허용하는 것과 동일한 결과를 가져온다.

하자. 그러면, 기대 성과는 $A_{i\cdot} \cdot \boldsymbol{x}$이다. 만약 열 플레이어가 움직임 j를 선택하면 성과는 A_{ij}이고, 이 선택의 확률은 $\boldsymbol{x}[j]$이다. 그래서, 기대값은 $\sum_j \boldsymbol{x}[j]A_{ij}$이며, 이것은 $\boldsymbol{x} \cdot A_{i\cdot}$이다.

열 플레이어가 취할 수 있는 움직임들에 대한 확률분포들로 구성된 집합은 무한집합이며, 그래서 최대값은 무한집합에 대한 것이다. 하지만, 이것에 신경쓰지 않아도 된다. 이 집합을 $\{\boldsymbol{x} \in \mathbb{R}^k \ : \ \mathbf{1} \cdot \boldsymbol{x} = 1, \boldsymbol{x} \geq \mathbf{0}\}$으로 특징지을 수 있다. 여기서, $\mathbf{1}$은 엔트리가 모두 1인 벡터이다.

열 플레이어의 혼합전략을 고려해 보자. 여기서, 각 움직임은 1/3의 확률을 가지고 선택된다. 행 플레이어는 *'보'*를 선택한다고 해 보자. 대응하는 행에 대한 성과는(열 플레이어가 선택한 *'보'*, *'가위'*, *'바위'* 각각에 대응하여) 0, 1, 그리고 -1이다. 이 경우 기대 성과는 $\frac{1}{3} \cdot 0 + \frac{1}{3} \cdot 1 + \frac{1}{3} \cdot (-1)$이고, 이 값은 영이다.

대신에, 만약 행 플레이어가 *'가위'*를 선택하면, 기대 성과는 역시 영이다. 만약 행 플레이어가 '바위'를 선택해도 마찬가지다. 따라서, 혼합전략 $\boldsymbol{x} = (1/3, 1/3, 1/3)$은 성과 0을 가져 온다.

이제, $\boldsymbol{y}$는 행 플레이어의 혼합전략이라 하자. 이때, 각 움직임은 확률 1/3을 가진다. 동일한 방식의 계산에 의하면 성과는 역시 0이 된다.

아직 증명하지는 않았지만, $\boldsymbol{x}$와 $\boldsymbol{y}$는 열 및 행 플레이어 각각에 대한 최상의 혼합전략이라는 것이 밝혀질 것이다. 따라서, 이 게임에 대해 다음 성질이 있다.

Property 1: 최대최소 및 최소최대는 동일한 기대 성과를 예측한다.

Property 1은 행 및 열 플레이어 둘 다 최소최대/최대최소 추론을 사용하여 게임을 분석한다고 가정하면 그들은 게임의 값에 대해 동일한 결론에 도달한다는 것을 보여 준다.

Property 2: 어느 플레이어도 그의 전략으로부터 벗어남으로써 얻는 이득은 없다.

이것은 최소최대 추론이 옳다는 것을 보여 준다. 만약 행 플레이어가 그의 최소최대 전략을 고수한다면, 열 플레이어가 최대최소 전략 이외의 다른 전략을 사용하는 것은 어리석은 짓일 것이다. 왜냐하면 최대최소 이외의 다른 전략으로는 더 나쁜 기대 성과를 얻을 것이기 때문이다. 마찬가지로, 만약 열 플레이어가 그의 최대최소 전략을 고수하면, 행 플레이어는 최소최대 이외의 다른 전략을 취하는 것은 어리석은 짓일 것이다.

행 플레이어는 동일한 확률의 전략을 고수한다고 가정하면, 열 플레이어는 다른 전략을 선택하면 결과가 더 나빠지며, 그 반대도 마찬가지다. 행 플레이어와 열 플레이어 각각에 대해 하나씩으로 이루어진 혼합전략의 쌍은 *평형*(equilibrium)이라 한다. 왜냐하면, 플레이어들의 탐욕스러움이 그들로 하여금 계속하여 이 전략들을 사용하게 할 것이기 때문이다.

14.11 선형프로그램으로 구성하기

게임이론에 대한 폰 노이만의 가장 근본적인 기여는 *최소최대 정리*(minimax theorem)이다. 이 정리에 따르면, 임의의 두 플레이어에 대해 완전한 정보로 구성된 제로섬 게임에서 최소최대와 최대최소는 동일한 값을 제공하며 평형을 이룬다.

이 정리는 선형프로그래밍보다 15년 이상 전에 증명되었다. 하지만, 나중에 알고 보니 최소최대 정리는 선형프로그램의 쌍대성의 단순한 결과이다.

최소최대와 최대최소를 선형프로그램으로서 구성하기 위한 기법이 있다.

열 플레이어는 혼합전략, 즉 움직임 1과 k 사이에서 확률분포를 선택하려고 한다. 즉, 확률분포는 영이 아닌 숫자를 그 합이 1이 되도록 1과 k 사이의 각 값에 할당하는 것이다. 즉, 열 플레이어는 $\boldsymbol{x} \geq \mathbf{0}$이고 $\mathbf{1} \cdot \boldsymbol{x} = 1$이 되도록 k-벡터 $\boldsymbol{x}$를 선택해야 한다. 여기서, $\mathbf{1}$은 엔트리가 모두 1인 벡터를 나타낸다.

λ는 열 플레이어가 보장하고자 하는 기대 성과라고 하자. 열 플레이어는 전략 $\boldsymbol{x}$를 사용하여 행 플레이어의 모든 순수전략에 대해 그 기대 성과가 적어도 λ가 되도록 할 수 있다. $\boldsymbol{a}_1, \ldots, \boldsymbol{a}_m$은 성과행렬의 행들이라 하자. 그러면, 행 플레이어가 움직임 i를 선택할 때 기대되는 성과는 $\boldsymbol{a}_i \cdot \boldsymbol{x}$이다. 따라서, 열 플레이어는 만약 $i = 1, \ldots, m$에 대해 $\boldsymbol{a}_i \cdot \boldsymbol{x} \geq \lambda$일 경우 적어도 λ의 기대 성과를 달성할 수 있다. 열 플레이어의 목적은 그가 달성할 수 있는 기대 성과를 최대화하는 혼합전략 $\boldsymbol{x}$를 선택하는 것이므로, 다음의 선형프로그램을 얻는다.

$$\max \lambda \ : \ \boldsymbol{x} \geq \boldsymbol{0}, \boldsymbol{1} \cdot \boldsymbol{x} = 1, \boldsymbol{a}_i \cdot \boldsymbol{x} \geq \lambda \text{ for } i = 1, \ldots, m$$

$\boldsymbol{b}_1, \ldots, \boldsymbol{b}_k$는 A의 열들이라 하자. 행 플레이어에 대한 유사한 선형프로그램은 다음과 같다.

$$\min \delta \ : \ \boldsymbol{y} \geq \boldsymbol{0}, \boldsymbol{1} \cdot \boldsymbol{y} = 1, \boldsymbol{b}_j \cdot \boldsymbol{y} \geq \lambda \text{ for } j = 1, \ldots, k$$

마지막으로, 간단한 수학을 사용하면 이 두 선형프로그램은 서로의 듀얼이고 그래서 동일한 값을 가진다는 것을 보여줄 수 있다.[5] 또한, 평형 성질도 증명할 수 있다.

14.12 비제로섬 게임(Nonzero-sum games)

비제로섬 게임은 분석하기 더 힘들다. 죄수의 딜레마(Prisoner's Dilemma)는 대표적인 예이다. 존 내쉬(John Nash)는 지금은 *내쉬 평형*(Nash equilibrium)이라 불리는 개념을 구성하여 모든 게임은 그러한 평형을 가진다는 것을 증명한 공로로 노벨상을 수상하였다.

14.13 *Lab: 선형프로그램을 통한 학습*

선형 프로그래밍에 기초한 새로운 학습 알고리즘을 가지고 유방암 데이터셋을 다시 검사해 볼 것이다.

이전의 기계학습 lab에서와 같이, 목적은 분류기를 선택하는 것이다. 이번에는 분류기는 벡터 $\boldsymbol{w}$와 스칼라 γ에 의해 명시될 것이다. 그러면, 분류기는 다음과 같다.

$$C(\boldsymbol{x}) = \begin{cases} \text{만약 } \boldsymbol{x} \cdot \boldsymbol{w} > \gamma \text{ 이면,} & \text{악성} \\ \text{만약 } \boldsymbol{x} \cdot \boldsymbol{w} < \gamma \text{ 이면,} & \text{양성} \end{cases}$$

가장 정확한 분류기를 찾기 위한 노력으로, 여기서의 목적은 트레이닝 데이터에 대해 가능한한 정확하게 분류가 이루어지도록 $\boldsymbol{w}$와 γ을 선택하는 것이다.

트레이닝 데이터는 벡터 $\boldsymbol{a}_1, \ldots, \boldsymbol{a}_m$과 스칼라 $d_1, \ldots, d_m$으로 구성된다. 각각의 환자 ID i에 대해, 벡터 $\boldsymbol{a}_i$는 그 환자에 대한 이미지의 특징(features)을 명시하고 d_i는 셀들이 악성(+1) 인지 또는 양성(−1)인지를 나타낸다.

당분간은 트레이닝 데이터에 대해 완벽하게 동작하는 분류기가 가설 클래스 내에 존재한다고 해보자. 즉, 다음을 만족하는 벡터 $\boldsymbol{w}$와 스칼라 γ가 있다.

- 만약 $d_i = +1$이면, $\boldsymbol{a}_i \cdot \boldsymbol{w} > \gamma$이다
- 만약 $d_i = -1$이면, $\boldsymbol{a}_i \cdot \boldsymbol{w} < \gamma$이다

[5]이 사실을 사용하여 앞에서 분석되었던 게임에 대해, 열 플레이어의 혼합전략 $\boldsymbol{x}$와 행 플레이어의 혼합전략 $\boldsymbol{y}$는 각각 동일한 기대 성과를 제공한다는 것을 발견하였으므로, 약한 쌍대성은 각각이 최적의 혼합전략이라는 것을 보여 준다.

지금까지는 $\boldsymbol{a}_i \cdot \boldsymbol{w}$가 γ보다 *어느 정도* 더 크거나 또는 더 작아야 하는지 얘기하지 않았다. 영이 아닌 어떤 양 만큼이어야 한다. 예를 들어, 그 차이가 $\frac{1}{10}$이라고 해 보자. $\boldsymbol{a}_i$와 γ에 10을 곱하면, 사실상 다음을 보장할 수 있다.

- 만약 $d_i = +1$이면, $\boldsymbol{a}_i \cdot \boldsymbol{w} \geq \gamma + 1$이다
- 만약 $d_i = -1$이면, $\boldsymbol{a}_i \cdot \boldsymbol{w} \leq \gamma - 1$이다

이러한 $\boldsymbol{w}$와 γ을 찾는 문제를 일차부등식으로 구성할 수 있다. γ와 $\boldsymbol{w}$의 엔트리들을 변수들로서 고려해 보자. 임의의 환자 i에 대해, 다음 둘 중 어느 하나의 선형 제약조건을 얻는다.
만약 $d_i = +1$이면,

$$\boldsymbol{a}_i \cdot \boldsymbol{w} - \gamma \geq 1$$

또는, 만약 $d_i = -1$이면,

$$\boldsymbol{a}_i \cdot \boldsymbol{w} - \gamma \leq -1$$

그러면, 이러한 일차부등식을 만족하는 임의의 솔루션은 트레이닝 데이터에 대해 완벽하게 동작하는 분류기를 제공할 것이다.

물론, 이렇게 기대하는 것은 일반적으로 너무 많은 것을 희망하는 것이다. 분류기가 트레이닝 데이터에 대해 에러를 범할 수 있게 허용하고, 이러한 에러를 최소화하고자 한다. 그러므로, 각 제약조건에 대해 새로운 “슬롭(slop)” 변수 z_i를 도입하여 그 제약조건이 만족되게 해 보자. 만약 $d_i = +1$이면, 새로운 제약조건은 아래와 같다.

$$\boldsymbol{a}_i \cdot \boldsymbol{w} + z_i \geq \gamma + 1 \tag{14.13}$$

그리고, 만약 $d_i = -1$이면, 새로운 제약조건은 다음과 같다.

$$\boldsymbol{a}_i \cdot \boldsymbol{w} - z_i \leq \gamma - 1 \tag{14.14}$$

에러가 작게 되길 원하므로, 선형프로그램 `minimize` $\sum_i z_i$를 가질 것이다. 또한, 슬롭 변수들은 영이 아니어야 한다.

$$z_i \geq 0 \tag{14.15}$$

일단, 이 선형프로그램에 대한 최적의 솔루션을 얻게 되면, $\boldsymbol{w}$와 γ에 대한 값들을 찾아 나머지 데이터에 대해 분류기를 테스트할 수 있다.

14.13.1 *트레이닝 데이터 읽어 들이기*

데이터를 읽어 들이기 위해 모듈 `cancer_data`에 있는 프로시저 `read_training_data`를 사용하자. 이 프로시저는 두 개의 인자를 취하는데, 하나는 데이터 파일의 경로이름을 제공하는 문자열이고 다른 하나는 특징들의 집합 D이다. 이 프로시저는 명시된 파일에 있는 데이터를 읽어 들여 쌍 $(A, \boldsymbol{b})$을 리턴한다. 여기서,

- A는 Mat이며, 그 행 라벨들은 환자의 식별번호이고 그 열-라벨 집합은 D이다.
- $\boldsymbol{b}$는 벡터이며, 그 정의역은 환자 식별번호들로 구성된 집합이고 $\boldsymbol{b}[r]$은 만약 환자 r의 표본이 악성이면 1이고 양성이면 -1이다.

트레이닝을 위해 파일 train.data을 사용하자. 일단, 분류기가 선택되면, 그것을 파일 validate.data에 있는 데이터에 대해 테스트할 수 있다.

만약 두 번째 인자가 생략되면, 모든 사용 가능한 특징들이 사용될 것이다. 사용 가능한 특징들은

'radius(x)', 'texture(x)', 'perimeter(x)', 'area(x)'

이며, 여기서 x는 **평균**(mean), **표준편차**(stderr), 또는 **최악의 값**(worst)이다.

이 선형프로그램 구현은 다소 느리므로, 특징들의 부분집합, 예를 들어 {'area(worst)','smoothness(worst)', 'texture(mean)'}을 사용할 것을 권고한다.

14.13.2 *선형프로그램 설정하기*

선형프로그램을 푸는 심플렉스 구현이 제공될 것이므로, 문제는 선형프로그램을 설정하는 것이다. 원하는 선형프로그램이 $\min\{\boldsymbol{c}\cdot\boldsymbol{x} \ : \ A\boldsymbol{x}\geq\boldsymbol{b}\}$이 되도록 행렬 A, 벡터 $\boldsymbol{b}$, 그리고 벡터 $\boldsymbol{c}$를 생성할 필요가 있다.

A의 열-라벨들

A의 열-라벨들과 $\boldsymbol{c}$의 정의역은 이 선형프로그램의 변수들의 이름일 것이다. 변수들은 γ, $\boldsymbol{w}$의 엔트리들, 그리고 슬롭 변수 z_i이다. 각 변수에 대한 라벨을 선택해야 한다. γ에 대해 라벨 'gamma'를 사용한다.

$\boldsymbol{w}$의 엔트리들은 특징(feature)들에 대응한다. 그러므로, 특징들의 이름을 라벨로서 사용한다 (예를 들어 'area(worst)').

마지막으로, 슬롭 변수 z_i를 고려한다. 각 환자 ID에 대해 하나씩 있으므로, 환자 ID를 라벨로서 사용한다.

A의 행-라벨들

A의 행들은 제약조건들에 대응한다. 두 가지 종류의 제약조건이 있으며, 그들은 주요 제약조건들 (부등식 (14.13) 및 (14.14))과 슬롭 변수들에 대한 비음수 제약조건들(부등식 (14.15))이다.

- 주요 제약조건의 라벨은 대응하는 환자 ID이어야 한다.
- 환자 ID i 당 하나의 슬롭 변수 z_i가 있다. 환자 ID의 음수 $-i$를 대응하는 비음수 제약조건의 라벨로서 사용하는 것이 편리하다.

14.13.3 *주요 제약조건들*

A를 구성하기 위해 행-딕셔너리를 만들어 matutil.rowdict2mat을 사용할 것이다.

먼저, 악성 샘플들에 대한 주요 제약조건들에 대해 집중한다. 부등식 (14.13)은 다음과 같이 다시 쓸 수 있다.

$$\boldsymbol{a}_i\cdot\boldsymbol{w}+z_i-\gamma\geq 1$$

이것은 대응하는 행은 다음과 같아야 한다는 것을 의미한다.

- 특징(feature)들의 계수들은 $\boldsymbol{a}_i$의 엔트리들이다
- z_i의 계수는 1이어야 한다
- γ의 계수는 -1이어야 한다

이 부등식의 우변은 1이고, 그래서 $b_i = 1$로 설정해야 한다.

다음으로 양성 샘플들에 대한 제약조건을 고려해 보자. 부등식 (14.14)의 양변에 -1을 곱하면 다음이 얻어진다.

$$-\boldsymbol{a}_i \cdot \boldsymbol{w} + z_i \geq 1 - \gamma$$

이것은 다음과 같이 다시 쓸 수 있다.

$$-\boldsymbol{a}_i \cdot \boldsymbol{w} + z_i + \gamma \geq 1$$

이것은 대응하는 행은 다음과 같아야 한다는 것을 의미한다.

- 특징들의 계수들은 $-\boldsymbol{a}_i$($\boldsymbol{a}_i$의 음수)의 엔트리들이다
- z_i의 계수는 1이어야 한다
- γ의 계수는 1이어야 한다

이 부등식의 우변은 1이고, 그래서 $b_i = 1$로 설정해야 한다.

Task 14.13.1: 다음 스펙을 가지는 프로시저, `main_constraint(i, a_i, d_i, features)`를 작성해 보자.

- *input:* 환자 ID `i`, 특징 벡터 `a_i`, 진단 `d_i`(+1 또는 -1), 그리고 집합 `features`
- *output:* A의 행 i이어야 하는 벡터 $\boldsymbol{v}_i$

작성한 프로시저를 어떤 데이터에 대해 시험해 보자. 결과 벡터 $\boldsymbol{v}_i$가 맞는지 체크해 보자.

- 특징 라벨에 대한 엔트리는 만약 `d_i`가 +1이면 양수, `d_i`가 -1이면 음수이어야 한다
- 라벨 i에 대한 엔트리는 1이다
- 라벨 `'gamma'`에 대한 엔트리는 만약 `d_i`가 +1이면 음수, `d_i`가 -1이면 양수이어야 한다

14.13.4 *비음수(Nonnegativity) 제약조건*

각 환자 ID i에 대해 변수 z_i가 있는데, 이 변수의 라벨은 정수 i이고 제약조건은 $z_i \geq 0$이다. 이 제약조건에 대응하는 A의 행은 i로 표신된 열의 위치에서는 1을 가져야 하고 다른 위치에서는 영을 가져야 한다.

14.13.5 *행렬 A*

Task 14.13.2: 다음 스펙을 만족하는 프로시저

`make_matrix(feature_vectors, diagnoses, features)`

를 작성해 보자.

- *input:* 환자 ID들을 특징 벡터들에 매핑하는 딕셔너리 `feature_vectors`, 환자 ID들을 +1/-1에 매핑하는 벡터 `diagnoses`, 그리고 특징 라벨들의 집합 `features`
- *output:* 선형프로그램에 사용될 행렬 A

양의 정수(환자 ID)들로 표시된 A의 행들은 주요 제약조건들에 대한 벡터들이어야 한다. 음의

정수(환자 ID의 음수)들로 표시된 것들은 비음수 제약조건들에 대한 벡터들이어야 한다.

14.13.6 *우변의 벡터* $\boldsymbol{b}$

$\boldsymbol{b}$의 정의역은 A의 행-라벨 집합이고, 이것은 환자 ID(주요 제약조건들의 라벨)들과 환자 ID의 음수(비음수 제약조건들의 라벨)들이다. 주요 제약조건의 경우 우변은 1이고, 비음수 제약조건의 경우 우변은 0이다.

Task 14.13.3: 주어진 환자 ID들의 집합에 대해 우변 벡터 $\boldsymbol{b}$를 리턴하는 프로시저를 작성해 보자.

14.13.7 *목적함수 벡터* $\boldsymbol{c}$

벡터 $\boldsymbol{c}$의 정의역은 A의 열-라벨들의 집합과 같다. 목적은 슬랙 변수들의 합 $\sum_i z_i$을 최소화하는 것이다. 슬랙 변수들의 라벨은 환자 ID i이고, 그래서 $\boldsymbol{c}$는 각 환자 ID i를 1에 매핑한다(다른 위치는 0이다).

Task 14.13.4: 주어진 환자 ID들과 특징 라벨들에 대해 목적함수 벡터 $\boldsymbol{c}$를 리턴하는 프로시저를 작성해 보자.

14.13.8 *함께 결합하기*

Task 14.13.5: 정의한 프로시저들을 사용하여 행렬 A와 벡터 $\boldsymbol{b}$ 및 $\boldsymbol{c}$를 구성해 보자.

14.13.9 *꼭지점 찾기*

심플렉스 구현에는 A, $\boldsymbol{b}$ 그리고 $\boldsymbol{c}$ 뿐만 아니라 다면체의 꼭지점에 대한 사양(specification) $\{\boldsymbol{x} : A\boldsymbol{x} \geq \boldsymbol{b}\}$이 필요하다. 꼭지점을 찾는 것은 관련된(그리고 다소 더 큰) 선형프로그램을 푸는 것을 포함한다. 모듈 `simplex`는 프로시저 `find_vertex(A,b,R_square)`를 정의한다.

n은 A의 열들의 개수라고 하자(즉, 변수들의 개수). `R_square`을 환자 ID들과 충분한 수의 환자 ID들의 음수로 구성된 집합으로 초기화하여 크기가 n인 집합을 형성한다. 프로시저 `find_vertex(A,b,R_square)`은 `R_square`를 변경할 것이다. 이 프로시저는 종료될 때 만약 성공적이면 `R_square`가 꼭지점을 정의하는 A의 행-라벨들의 집합이 될 것이다(이 프로시저는 만약 성공적이었다면 `True`를 리턴한다).

`find_vertex` 동작의 대부분은 심플렉스 알고리즘을 실행하는 것이다. 심플렉스 알고리즘은 몇 분(또는 많은 특징(feature)들이 사용될 경우 훨씬 더 많이)이 걸릴 수 있다. 프로시저는 현재 이터레이션 수와 (괄호안에) 솔루션의 현재 값을 출력한다. 이 응용에서 심플렉스 알고리즘의 값은 (거의) 영이 되어야 한다.

14.13.10 *선형프로그램 풀기*

일단 `find_vertex`가 종료되면, `R_square`은 선형프로그램을 푸는 데 사용될 준비가 된다. 모듈 `simplex`는 프로시저 `optimize(A,b,c,R_square)`를 포함한다. 이 프로시저는 최적의 솔루션 $\hat{\boldsymbol{x}}$을 리턴한다(만약 선형프로그램의 값이 바운드되는 경우이면). 이것은 또한 `R_square`를 변경한다.

14.13.11 *결과 사용하기*

최적의 LP 솔루션 $\hat{\boldsymbol{x}}$은 $\boldsymbol{w}$ 및 γ에 대한 값들을 포함한다는 것을 기억하자.

Task 14.13.6: gamma를 최적의 LP 솔루션의 엔트리 'gamma'의 값이라고 정의하자. w는 최적의 LP 솔루션의 특징(feature) 엔트리들로 구성된 벡터라고 하자.

분류 프로시저, C(feature_vector)을 정의하자. 이 프로시저는 만약 w*feature_vector > gamma이면 +1을, 그렇지 않으면 -1을 리턴한다.

Task 14.13.7: 작성한 분류 프로시저를 트레이닝 데이터에 대해 테스트해 보자. 몇 개의 에러가 발생되는가?

Task 14.13.8: 확인 데이터를 로딩하여 작성한 분류 프로시저를 이 데이터에 대해 테스트해 보자. 몇 개의 에러가 발생되는가? (모든 특징들을 사용하여 17개의 에러를 얻었다. 여러분은 더 작은 수의 특징들을 사용할 것이므로 에러 수가 다를 수 있다).

14.14 압축 센싱(Compressed sensing)

가우스 소거법의 한 버전은 2000년 전 중국의 책에 기술되었다. 벡터에 대한 깁스(Gibbs)의 강의록은 1880년대에 출판되었다. 직교화의 방법은 그램(Gram)에 의해 1883년에 발표되었지만, 라플라스(Laplace)와 코시(Cauchy)의 연구(work)까지 거슬러 올라간다. 최소 제곱 방법은 르장드르(Legendre)에 의해 1806년에 발표되었다. 패스트 푸리에 변환은 쿨리(Cooley)와 터키(Tukey)에 의해 1965년에 개발되었지만, 분명히 가우스가 먼저 1805년에 개발하였다. 요즈음, 이 알고리즘은 특이값 분해를 계산하는 데 골럽(Golub)과 카한(Kahan)에 의해 1965년에 발표된 형태로 가장 많이 사용되고 있지만, 특이값 분해 자체는 적어도 1889년 실베스터(Sylvester)의 발견까지 거슬러 올라간다. 최근에 그래픽과 디지털 신호 처리의 관점에서 웨이브릿에 대해 많은 연구가 있었지만, Haar는 그의 기저를 1909년에 개발하였다.

적어도, 이 책의 끝에서는 현 세기의 계산 방법의 개요를 간단하게 소개한다.

14.14.1 MRI 이미지를 더 빨리 얻기

Wired 매거진의 기사[6]에 2살 된 브라이스(Bryce)라는 환자에 대한 이야기가 있다. "소아 방사선 학자는 엄청나게 고해상도의 스캔(scan)이 필요하다. 하지만, 그런 스캔을 하려면 어린 환자가 전혀 움직이지 않아야 한다. 만약 브라이스가 단 한 번의 호흡을 하더라도 이미지는 흐릿하게 나올 것이다. 이것은 호흡을 멈출 정도로 마취해야 한다는 것을 의미한다. 보통의 MRI로 이미지를 찍는 데 2분은 걸린다. 하지만, 만약 마취 의사가 브라이스의 호흡을 그만큼 정지시킨다면, 그의 상태가 나쁜 간이 문제가 아니다."

스포일러 경고(Spoiler alert): 브라이스의 생명을 구했다. 방사선 학자는 보통의 MRI 스캔을 사용하는 대신에 오직 40초만 필요한 단축 스캔을 사용하였다. 하지만, 그렇게 얻어진 데이터는 이미지를 정확하게 명시할 만큼 충분하지 않았다.

[6] 2010년 2월 22일

만약 이미지가 $\mathbb{R}$상의 n-벡터라면, 이미지를 얻는 데는 센서들이 n개 수치를 수집하여 리포트하는 것이 필요하다. 그렇지 않으면, 관측과 일치하는 무수한 벡터들이 있다. 또는, 차원에 대한 우리의 이해가 그렇게 믿게 할 것이다.

여기에는 허점이 있다. 이것은 보통 이미지는 압축될 수 있다는 사실에 의해 드러난다. 적절한 기저에 대한 이미지의 좌표 표현을 계산하여 이 좌표 표현에서 크기가 작은 엔트리들을 영으로 설정하였다. 그 결과는 원래의 이미지에 지각적으로 가까운 이미지 표현이다. 이러한 종류의 압축에 대한 효과는 실제 이미지가 올바른 기저에 대해 표현될 때 스파스(sparse)한 특별한 경향을 보이는 것으로 해석된다.

압축 센싱의 개념은 '만약 그렇다면 왜 애써서 이 모든 수치들을 얻으려고 하는가?'이다. 실제 이미지들은 압축되어 더 적은 측정으로 동일한 이미지를 얻을 수 있다는 사실을 이용할 수 있는가?

물론, 동일한 개념은 다른 신호들, 즉 오디오, 지진 데이터 등에도 적용된다. 여기서 소개되는 간단한 설명에서, 신호는 이미지이고 압축이 적용될 수 있는 기저는 2차원 Haar 웨이브릿 기저라고 생각해 볼 것이다.

14.14.2 구조(Rescue)를 위한 계산

세상에 공짜는 없다. 더 적은 관측으로부터 동일한 데이터를 얻기 위해서는 더 많은 계산이 필요하다. 더 적은 수치들로부터 이미지(또는 그것이 무엇이든)를 얻는 과정은 많은 계산을 필요로 한다. 하지만, 데이터를 얻는 것은 비용이 많이 들고 계산하는 데는 점점 비용이 적게 드는 시대가 있다.

아마 여기서 의미하는 계산의 개념에는 익숙할 것이다. 기저의 변경과 선형 프로그래밍이 그것이다.

압축 센싱에서(이미지 압축에서와 같이) 두 개의 기저가 있다. 원래의 기저에 대해서는 이미지가 얻어지고 다른 기저(예를 들어, 2차원 Haar 웨이브릿 기저)에 대해서는 그 이미지가 스파스하게 표현될 것이라고 기대된다. 원래 기저를 표준 기저라고 가정한다. $\boldsymbol{q}_1, \ldots, \boldsymbol{q}_n$은 후자의 다른 기저라고 하고 Q는 이 벡터들을 열로서 가지는 행렬이라 하자.

주어진 벡터의 Haar 기저에 대한 좌표 표현 $\boldsymbol{u}$에 대해, 벡터 그 자체(즉, 표준 기저에 대한 표현)는 $Q^T\boldsymbol{u}$이고, $i = 1, \ldots, n$에 대해, 그 벡터 자체의 엔트리 i는 $q_i^T\boldsymbol{u}$이다.

$\boldsymbol{w}$는 표준기저에 대해 표현된 참(true) 이미지라고 하자. 어떤 k개의 수치가 센싱되었다고 해보자. 즉, 센싱 장치는 $\boldsymbol{w}$의 엔트리들 $i_1, \ldots, i_k$, 즉 $\boldsymbol{w}[i_1], \ldots, \boldsymbol{w}[i_k]$을 기록하였다. 다른 엔트리들에 대해서는 알려진 것이 없다.

압축 센싱의 목적은 관측과 일치하는 가장 스파스한 좌표 표현 $\boldsymbol{u}$를 찾는 것이다. $\boldsymbol{x}$를 모르는 좌표 표현에 대한 벡터 변수로 사용한다. $\boldsymbol{x}$는 다음 선형방정식들을 사용한 관측과 일치해야 한다.

$$\begin{aligned} \boldsymbol{q}_{i_1}^T\boldsymbol{x} &= \boldsymbol{w}[i_1] \\ &\vdots \\ \boldsymbol{q}_{i_k}^T\boldsymbol{x} &= \boldsymbol{w}[i_k] \end{aligned}$$

목적은 이 방정식들을 만족하는 가장 스파스한 벡터 $\boldsymbol{x}$를 찾는 것이다. 즉, 이 방정식들을 만족하면서 가장 작은 수의 영이 아닌 엔트리들을 가지는 벡터 $\boldsymbol{x}$를 찾는 것이다.

불행하게도, 일차 등식들을 만족하면서 영이 아닌 엔트리들의 수를 정말로 최소화하는 그런 알고리즘은 알려진 것이 없다. 엔트리들의 모든 가능한 집합을 시도해 보는 것과 같은 시간이 매우 많이 걸리는 알고리즘은 제외한다. 다행스러운 것은 매우 잘 동작하는 다른 방법이 있다는 것이다. 영이 아닌 엔트리들의 수를 최소화하는 대신에, $\boldsymbol{x}$의 절대값들의 합을 최소화하는 것이다.

이 방법이 언제 동작하는지에 대한(사용된 기저와 관측의 수 및 그 분포에 따라 다름) 수학적인 내용은 이 책의 범위를 벗어난다. 하지만, $\boldsymbol{x}$의 절대값의 합을 어떻게 최소화하는지에 대해서는 뭔가 얘기할 수 있다.

$\boldsymbol{x} = [x_1, \ldots, x_n]$으로 표현하자. 새로운 변수 $z_1, \ldots, z_n$을 도입하고 각 변수 z_i에 대해 두 개의 일차 부등식을 도입하자.

$$z_1 \geq x_1, \qquad z_1 \geq -x_1$$
$$\vdots$$
$$z_n \geq x_n, \qquad z_n \geq -x_n$$

그다음에, 심플렉스 알고리즘(또는 선형 프로그래밍을 위한 어떤 다른 알고리즘)을 사용하여 이들 부등식과 위에서 소개한 일차 방정식들을 만족하는 조건하에서 합 $z_1 + \cdots + z_n$을 최소화 한다.

$i = 1, \ldots, k$에 대해, z_i는 적어도 x_i 및 $-x_i$가 되어야 하므로, 그것은 적어도 $|z_i|$이다. 한편, z_i에 대해서는 다른 제약조건이 없다. 그래서, $z_1 + \cdots + z_n$을 최소화하는 것이 의미하는 것은 임의의 최적 솔루션에서 z_i는 정확하게 $|x_i|$가 될 것이라는 것이다.

14.14.3 응용 분야

압축 센싱에 대한 수학적 및 계산적 연구는 계속되고 있다. 천문학(센서들은 비싸고 이미지들은 아주 스파스한 경우)에서 의학((더 빠른 MRI 스캔) 및 지진 영상을 사용한 탐사(유사한 기술들이 다년간 사용되어 오고 있음)까지 다양한 분야에서 압축 센싱에 대한 응용이 연구되고 있다. 많은 다른 분야의 응용도 개발될 것이다.

14.15 Review questions

- 선형프로그램은 무엇인가?
- 자원 할당 문제를 어떻게 선형프로그램으로 구성할 수 있는가?
- 선형프로그램은 어떤 다른 형태로 표현될 수 있는가?
- 선형프로그램의 쌍대성은 무엇인가?
- 심플렉스 알고리즘의 근간은 무엇인가?
- 선형 프로그래밍과 플레이어가 두 사람인 제로섬 게임 사이의 관계는 무엇인가?

14.16 Problems

다면체로서의 선형프로그램

Problem 14.16.1: 어떤 초콜렛 공장은 2종류의 캔디, N&N과 비너스(Venus)를 생산한다. N&N 1팩당 가격은 $1이고 비너스바는 $1.6이다. N&N 한 팩을 만드는 데 50그램의 땅콩, 100그램의 초콜렛, 그리고 50그램의 설탕이 사용된다. 비너스바 한 개는 150그램의 초콜렛, 50그램의 카라멜, 그리고 30그램의 설탕으로 만들어진다. 이 공장에는 1000그램의 초콜렛, 300그램의 설탕, 200그램의 땅콩, 그리고 300그램의 카라멜이 남아 있다. 이익을 극대화하기 위해 이 공장은 몇 개의 N&N 팩과 비너스바를 생산해야 하는지 결정해 보자.

1. 변수 x_1과 x_2를 사용하여 이 문제에 대한 선형프로그램을 제시해 보자. 제약조건과 목적함수를 명시하여라.

2. 제시한 선형프로그램의 실현 가능한 영역을 그림으로 나타내어라.

3. 실현 가능한 영역의 각 꼭지점에서의 이익을 계산하고 최상의 솔루션을 리포트하여라.

심플렉스의 단계들

Problem 14.16.2: 다음 스펙을 가지는 프로시저, `find_move_helper(A, r)`를 작성해 보자. 모듈 `mat` 이외에 하나 또는 두 개의 모듈을 더 사용할 수 있다.

- *input:* $\mathbb{R}$상의 $n \times n$ 가역 행렬 A, 행-라벨 r

- *output:* 벡터 $\boldsymbol{w}$. 이때, $A\boldsymbol{w}$의 엔트리 r은 1이고 모든 다른 엔트리들은 0이다.

테스트 예: $A = \begin{bmatrix} 1 & 1 & 0 \\ 0 & 1 & 1 \\ 1 & 0 & 1 \end{bmatrix}$은 행-라벨 집합 및 열-라벨 집합 $\{1, 2, 3\}$을 가지는 행렬이라 하고 $i = 3$이라 하자. 그러면, 출력은 $[1/2, -1/2, 1/2]$이어야 한다.

Problem 14.16.3: 다음 스펙을 가지는 프로시저, `find_move_direction(A, x, r)`을 작성해 보자.

- *input:*
  - $\mathbb{R}$상의 $n \times n$ 가역 행렬 A
  - A와 동일한 열-라벨 집합을 가지는 벡터 $\hat{\boldsymbol{x}}$
  - 행-라벨 r

- *output:* 벡터 $\boldsymbol{w}$. 여기서, 모든 양수 δ에 대해, $A(\hat{\boldsymbol{x}} + \delta\boldsymbol{w})$의 모든 엔트리는 $A\hat{\boldsymbol{x}}$의 대응하는 엔트리와 동일하며, $A(\hat{\boldsymbol{x}} + \delta\boldsymbol{w})$의 엔트리 r만 $A\hat{\boldsymbol{x}}$의 엔트리 r보다 더 크다.

힌트: Problem 14.16.2의 프로시저, `find_move_helper(A, r)`을 사용하여라.

테스트 예: Problem 14.16.2의 입력을 $\hat{\boldsymbol{x}} = [2, 4, 6]$과 함께 사용한다.

Problem 14.16.4: 다음 스펙을 가지는 프로시저, `find_move(A, x, r)`을 작성해 보자.

- *input:*
  - $\mathbb{R}$상의 $n \times n$ 가역 행렬 A
  - 양의 벡터 $\hat{\boldsymbol{x}}$. 이 벡터의 라벨 집합은 A의 열-라벨 집합과 동일하다.
  - 행-라벨 r

- *output:* 다음을 만족하는 양의 스칼라 δ와 벡터 $\boldsymbol{w}$
  - $A(\hat{\boldsymbol{x}} + \delta\boldsymbol{w})$의 모든 엔트리는 $A\hat{\boldsymbol{x}}$의 대응하는 엔트리와 동일하며, 예외적으로 $A(\hat{\boldsymbol{x}} + \delta\boldsymbol{w})$의 엔트리 r은 $A\hat{\boldsymbol{x}}$의 엔트리 r보다 더 크다.
  - $\hat{\boldsymbol{x}} + \delta\boldsymbol{w}$는 음수가 아니다.
  - $\boldsymbol{w}$가 양의 벡터이거나 또는 $\hat{\boldsymbol{x}} + \delta\boldsymbol{w}$의 어떤 엔트리는 영이다.

힌트: Problem 14.16.3의 `find_move_direction(A, x, r)`을 사용하여 $\boldsymbol{w}$를 선택한다. 일단 $\boldsymbol{w}$가 선택되면, 마지막 두 성질이 참이되게 δ를 선택한다. $\hat{\boldsymbol{x}} + \delta\boldsymbol{w}$가 음수가 되지 않게 하는 가능한 한 큰 δ를 선택한다(코드를 작성하기 전에 계산을 먼저 해보고, $\hat{\boldsymbol{x}}$와 $\boldsymbol{w}$에 대해 δ가 얼마나 큰 값이 될 수 있는지 계산해 본다).

테스트 예: Problem 14.16.3의 예제를 사용한다. 출력은 이전과 같은 벡터 $\boldsymbol{w}$이고 $\delta = 8$이어야 한다.

심플렉서 사용하기

Problem 14.16.5: 심플렉스 알고리즘을 사용하여 Problem 14.16.1의 선형프로그램을 풀어보자. 심플렉스 알고리즘의 각 피봇 단계 후 듀얼 솔루션 $\hat{\boldsymbol{y}}$을 보여라. 실현 가능한 영역을 나타내는 그래프의 복사본에 각 $\hat{\boldsymbol{y}}$의 방향을 보여라.

힌트: 제약조건 중 두 개는 $x_1 \geq 0$와 $x_2 \geq 0$이다. 이들 두 제약조건을 사용하여 초기의 꼭지점을 정의한다.

Problem 14.16.6: 아이스크림 밴은 세 개의 이웃하는 시티 A, B, C에 아이스크림을 배달한다. 시티 A, B, C에서 각각 평균 $35, $50, $55의 이익을 얻는다. 시티 A, B, C에 대한 배달 비용은 매일 $20, $30, $35이다. B 시티의 아이들은 일주일에 4일 이상 아이스크림을 사지 않을 것이다. 비용은 주당 $195를 초과해서는 안 된다.

목적은 이익을 극대화하기 위해 아이스크림 밴은 일주일에 며칠 각 시티를 방문해야 하는지 찾는 것이다. 각 변수들을 정의하여 선형프로그램을 구성하고 심플렉스를 사용하여 그것을 풀어보자.